本书出版
得到国家重点文物保护专项补助经费资助

江西抚河流城先秦时期遗址
考古调查报告Ⅱ
—— 金溪县 （上） ——

江西省文物考古研究所
西北大学文化遗产学院 编著
抚州市文物博物管理所
金溪县文物管理所

文物出版社

图书在版编目（CIP）数据

江西抚河流域先秦时期遗址考古调查报告.2，金溪县／江西省文物考古研究所等编著. — 北京：文物出版社，2017.5

ISBN 978 – 7 – 5010 – 5015 – 4

Ⅰ.①江…　Ⅱ.①江…　Ⅲ.①文化遗址 – 考古调查 – 调查报告 – 金溪县　Ⅳ.①K878.05

中国版本图书馆 CIP 数据核字（2017）第 099609 号

江西抚河流域先秦时期遗址考古调查报告Ⅱ（金溪县）

编　　著：江西省文物考古研究所　西北大学文化遗产学院
　　　　　抚州市文物博物管理所　金溪县文物管理所

责任编辑：陈　峰　宋　丹
封面设计：程星涛
责任印制：陈　杰
出版发行：文物出版社
社　　址：北京市东直门内北小街 2 号楼
邮政编码：100007
网　　址：http：//www.wenwu.com
邮　　箱：web@wenwu.com
经　　销：新华书店
印　　刷：北京鹏润伟业印刷有限公司
开　　本：889mm×1194mm　1/16
印　　张：53
版　　次：2017 年 5 月第 1 版
印　　次：2017 年 5 月第 1 次印刷
书　　号：ISBN 978 – 7 – 5010 – 5015 – 4
定　　价：990.00 元（全二册）

序

江西省文物考古研究所所长　徐长青

江西在地理上自成单元，境域东、南、西三面高山连绵，北面开阔。以鄱阳湖为核心、以赣江和抚河、信江、饶河、修河等五大河流为主干的向心水系，孕育出江西自古就相对封闭、自成体系的基本文化底蕴，它们是江西原始文化的重要发祥地。在远古时期，由于生产力水平的限制，人类活动基本囿于这种地理形势之内，使得远古时期江西具有强烈的区域文化特点。

江西地区的考古调查始于20世纪中叶。1947~1955年，以饶惠元先生为代表的江西考古先驱在清江（今樟树）盆地发现了筑卫城、营盘里等47处古文化遗址，并发表《江西清江新石器时代遗址》调查报告，拉开了江西考古调查研究的序幕。80年代开始的第二次文物普查，在全省范围内以设区市行政区划为单元，省考古工作队派专家分片区负责指导，是迄今有计划、有目的、最深入、最全面的一次考古调查，发现古遗址、墓葬、窑址、城址千余处，时间涵盖新石器时代至商周时期。调查发现鄱阳湖平原、清江盆地拥有我省最密集的古遗址群，凭借宽阔浩渺的鄱阳湖和肥沃延绵的赣江下游水网，孕育出密集分布的古遗址、古城址，并最终成为江西最发达、等级最高的古文明区域；修河奉水支系山背盆地约20平方公里范围内发现古文化遗址48处，属于具有相对独立的区域性聚落遗址群；此外，在潦河、袁水、信江、抚河两岸以及赣江上游都发现了比较密集的先秦遗址。在基本建设过程中，一些零星的考古调查也常有惊人发现。《江西先秦考古》、《中国南方古代印纹陶》、"山背文化"、"樊城堆文化"、"筑卫城文化"、"吴城文化"、"万年文化"等就是在此背景下完成的。调查获得的先秦遗址信息，成为20世纪最后二十年省考古所发掘研究的最重要信息来源，赣北新石器时代文化序列得到初步确立，商周文化面貌有了梗概性认识。这些重要发现激励我们，有组织、科学、系统的区域考古调查，对于江西文物考古研究是何等重要！它是提高江西文物考古综合研究水平不可或缺的重要方式和基础，也是我们努力追求的方向。

抚河流域位于江西省中东部，处在江西原始文化的核心地带。多年的考古发掘研究表明，这里的原始文化面貌既有本地因素，又兼具赣江流域特色，在商代还明显与福建沿海海洋文化存在互动关系。以抚河流域为中心孕育的临川文化，特色鲜明，底蕴深厚，魅力无穷。它与庐陵文化一道，是江西赣文化起源的双引擎。然而，从考古学角度，赣江流域尤其是赣江中下游地区，在新石器晚期就出现了诸如筑卫城、樊城堆等雄踞一方的古国霸主，在商代就诞生了威仪四方的新干商代青铜王国和樟树吴城方国都邑，其原始文化—古城—古国的嬗变历程已经比较清晰，但是我们对抚河流域的理解却始终是片段式模糊不清，对抚河流域进行系统科学规范的考古调查，并展开全方位的研究迫在眉睫。

2014 年，在国家文物局的大力支持下，江西省文物考古研究所与西北大学文化遗产学院、武汉大学空间信息与数字工程研究中心、西安弘道文化遗产保护工程有限公司及抚州市文博单位，设计了抚河流域先秦遗址系列调查（2014～2017）这一课题，得到国家文物局批复并获得重点文物保护专项经费资助。本课题以四年为周期，旨在紧扣江西先秦时期文化遗存分布的规律和特点，以抚河流域为区域研究框架，以新石器时代至秦为时间节点，县域内以河流水系为基本单元，采用区域调查方式，辅以现代科技及探测、检测、记录手段，通过实地踏查，重点勘探，围绕考古研究，阐释文物价值，尽最大可能构建抚河流域先秦文化的考古学编年序列，复原抚河流域古代人类的聚落形态、生产、生活环境和方式，丰富江西古代文化面貌和内涵，并助推江西考古研究稳健发展。

该项工作自 2014 年 10 月开始启动，计划在四年内陆续完成抚河流域及支流所涉崇仁、乐安、宜黄、金溪、资溪、东乡、临川、南城、黎川、南丰、广昌等县/区。从目前工作的情况看是成果显著的，各县/区经调查发现的先秦遗址成几何倍数增长，上限为距今约 5000 年的新石器时代晚期新余拾年山文化二期，下限至战国时期。同时对调查发现的相关遗存采用了一系列科技手段进行分析，对石器进行了微痕研究，寻找器物的功能和使用方法；对陶器进行了超景深显微分析和 X 射线荧光光谱分析，研究陶片的结构组成、制作工艺、功能作用以及埋藏环境等，这些都是江西考古的有益尝试。在进行聚落形态和文化谱系的对比研究时专家们还发现了抚河流域与赣江流域、信江流域的古文化遗存在文化面貌上存在的差异性，这也是多年来，江西先秦考古对这一区域文化谱系差异认识的重要补充。这充分说明，较大范围内的区域考古调查，对于一个地区的古文化聚落形态研究、考古学文化编年和文化谱系的建立具有十分重要的意义。

江西抚河流域先秦时期遗址考古调查系列报告就是我们为揭示抚河流域先秦时期文化面貌奉献的第一手原始材料，尽管还有许多不尽如人意的地方，但是真实可靠、朴素自然。字里行间记录了远古抚河流域先民们筚路褴缕的奋斗场景。我们相信，四年以后本课题结项时，抚河流域的先秦文明一定会鲜活地呈现在世人面前。

是为序。

2016 年 12 月 28 日

目　录

插图目录

图版目录

第一章　前言

　　抚河是江西境内的主要河流之一，从崇山峻岭汇聚多条支流注入鄱阳湖，与赣江等河流一道孕育并促进了古代江西地区农业发展与社会进步。对抚河流域先秦时期遗址进行考古工作，无疑对揭示该区域物质文化史、区域文化发展特征、区域社会演进规律等方面具有十分重要的意义。由于抚河流域以往开展考古工作较少，区域考古学文化面貌及聚落形态不甚明了，亟待进行考古调查与发掘工作。正是基于以上各方面的考虑，我们启动了"江西抚河流域先秦时期遗址考古调查与发掘"工作，该项目得到了国家文物局的批准及经费支持。在国家文物局及江西省文物局等部门的领导下，由江西省文物考古研究所、西北大学文化遗产学院、西安弘道文化遗产保护工程有限公司、抚州市文物博物管理所及各县区文博机构联合组成考古调查队，对抚河流域所涉及的 10 县 2 区进行详细的考古调查工作。以抚河干流及支流为重点调查对象，对区域内先秦时期遗址进行"拉网式"调查，并选择具有代表性的遗址进行考古试掘，对深入揭示抚河流域先秦时期文化面貌和聚落形态，为进一步进行深入综合研究提供了充足的实物资料。通过 2014～2015 年的考古工作，已完成了对乐安、宜黄、崇仁、金溪、资溪、东乡、临川等县区的调查，并组织人员对采集遗物进行整理，及时出版调查报告，2015 年出版的《江西抚河流域先秦时期遗址考古调查报告 I》便是对乐安、宜黄两县调查成果的报告。本报告是对金溪县调查所获的详细刊布，继之有崇仁、临川、资溪、东乡等县区调查资料的报道。

第一节　项目概况

一　项目缘起

　　江西省处于长江中游地区，地理位置优越，自然资源丰富。发达的水系是区域内先民生产、生活的重要条件。江西省文物考古工作开展较早，历经几代人的不懈努力，文物考古资料积累得到了丰富，对区域历史研究与文明进程探索做出了重要贡献。但仍需注意的是，由于江西境内山脉、河流较多，地域文化面貌复杂，各地区考古工作开展不均衡，部分地区考古工作仍是空白。面对严峻的现实，江西省文物考古研究所通过调研、分析，制定《江西抚河流域先秦遗址 2014—2017 年考古调查立项报告》，旨在通过专业人员对以往工作薄弱的抚河流域进行考古调查、勘探与发掘，并利用现代科技手段建立抚河流域先秦时期遗址地理信息系统及考古资料数据库。希望在一系列工作的基础上，构建抚河流域的文化编年序列，了解先秦时期聚落形态等信息。同时以此工作为范例，总结工作方法和经验，进一步完善和制定其他流域先秦遗址的考古计划，为最终建立江西省区域文化编年序列提供丰富的第一手调查资料。

二　工作范围

本项目是以江西境内抚河流域为考古工作对象，主要对抚河干流及其支流进行考古调查、勘探及发掘工作，以获得丰富的区域文化信息。

抚河是鄱阳湖水系的主要河流之一，其发源于武夷山西麓广昌县驿前乡的血木岭，上游又称盱江。抚河由广昌县而下，纳南丰、南城、金溪、抚州、临川、进贤、南昌等地支流后汇入鄱阳湖。河流全长 312 公里，流域面积 1.5811 万平方公里。一般称盱江为上游，河流两侧山势较高，河谷狭窄；抚州以下为下游，河岸为冲积台地，地势略显平坦。抚河流域属于亚热带湿润季风区，植被茂盛，水资源丰富，是适宜人类居住的佳地。

本项目的工作范围主要集中在抚河流域，从行政区划上来看，抚河流域绝大部分位于抚州市境内。抚州位于赣东地区，辖 1 区、10 县和 1 经济开发区（临川区、南城县、黎川县、南丰县、崇仁县、乐安县、宜黄县、金溪县、资溪县、东乡县、广昌县、金巢经济开发区）。抚州市东邻福建省建宁县、泰宁县、光泽县、邵武市，南接江西省赣州市石城县、宁都县，西连吉安市永丰县、新干线和宜春市的丰城市，北毗鹰潭市的贵溪市、余干县和南昌市进贤县。区域南北长 222 公里，东西宽约 169 公里，总面积约 18816.92 平方公里，占江西省总面积的 11.27%。抚州市辖区以抚河水系为主，信江、赣江两大水系为辅，共计有三大水系，大小河流 470 余条。

三　工作方法

本项目的工作对象为抚河流域先秦时期遗址，采用考古调查、勘探、发掘的方法，严格按照《田野考古工作规程》进行野外工作。在调查与勘探过程中，充分利用空间信息技术，将科技手段贯穿于整个考古工作之中，达到提高野外工作水平的目的。

田野考古调查采用野外踏查的方式，调查主要集中在河流两岸的山坡、台地及平地上凸起的小台地等地形。通过人为踏查确定遗址，再进行精细的考古勘探，明确遗址的堆积情况和分布范围。利用 RTK、小型航拍器对遗址进行测绘与高空拍照，获得有关遗址的更多信息。

野外调查与勘探工作结束之后，将调查采集标本进行清洗、绘图、测量、描述，将器物标本与已发现遗存进行比较分析，以获得该遗址的相对年代信息。

通过以上基础资料分析，将调查与勘探所获资料进行整合，利用 ArcGIS 等软件，建立抚河流域先秦时期遗址的考古地理信息系统；利用数据处理软件建立抚河流域先秦时期遗址数据库。

第二节　金溪县调查工作概况

"江西抚河流域先秦时期遗址考古调查与发掘项目"自 2014 年 10 月正式启动，2014 年底至

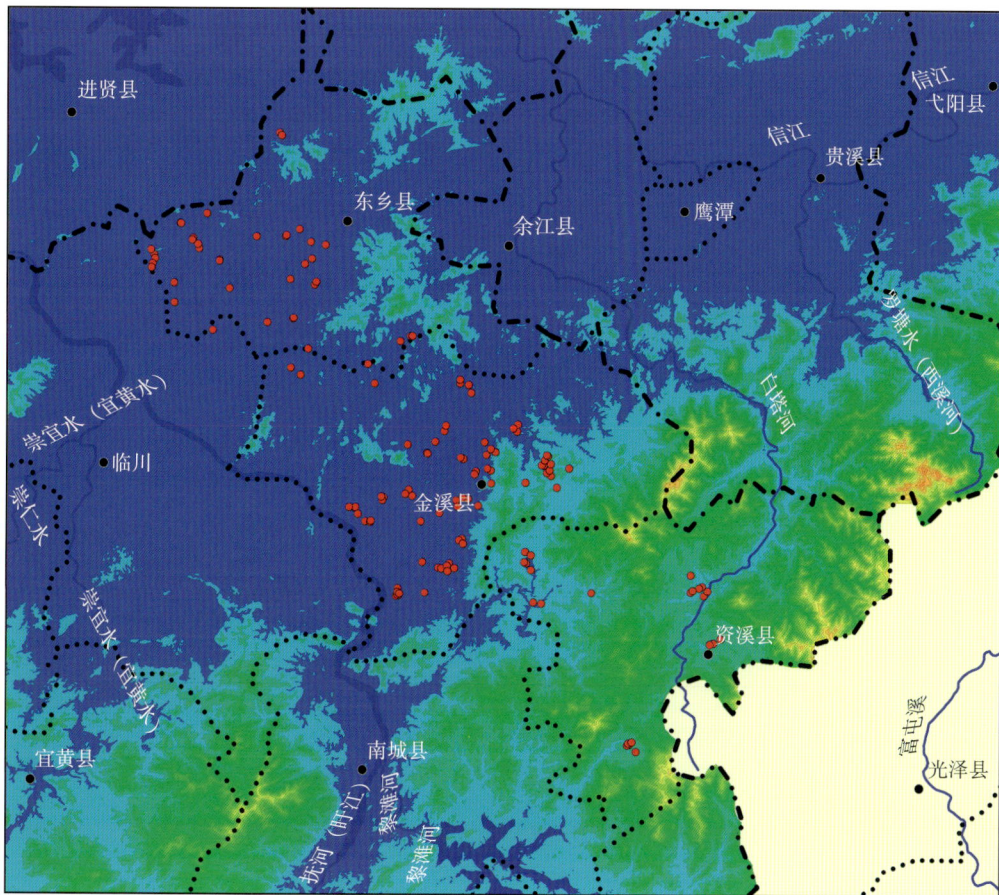

图一　2015 年抚河流域考古调查发现遗址示意图

2015 年初完成对乐安、宜黄、崇仁三县的调查工作，并于 2015 年 10 月出版有关乐安、宜黄两县的考古调查资料。按照项目计划，2015 年 11 月至 2016 年 2 月，先后对金溪县、资溪县、东乡县及临川区进行考古调查与勘探工作（图一）。在金溪县的调查过程中，发现遗址数量较多，且在该区域内首次发现多处先秦时期的环壕遗址，这一发现为强化区域文化面貌及聚落形态等方面的认识提供了十分重要的考古信息。由于金溪县所调查遗址数量较多，采集遗物十分丰富，受篇幅等方面的限制，本报告将金溪县调查收获进行专门介绍。

金溪县调查所获先秦时期遗址共 104 处，其中发现环壕类遗址 44 处，岗地类遗址 60 处。通过本年度的考古工作，不仅获得十分丰富的实物遗存，且对抚河流域先秦时期聚落形态认识取得了重要突破，环壕聚落与山岗聚落相互依附关系的认识，对提高田野调查工作、对了解区域内人地关系等方面都具有十分重要的积极意义。

一　工作区域

依据《江西抚河流域先秦遗址 2014—2017 年考古调查立项报告》计划，2015 年对金溪县进行考古调查。金溪县的考古调查工作主要集中在区域内河流沿岸及邻近各支流的山脚或河岸开阔地带。该县处于江西东部、抚河中游，地处武夷山脉与鄱阳湖平原的过渡地带。该县位于抚州市东南，东与贵溪市、鹰潭市、资溪县交界，南与南城县相接，西与抚州市相邻，北连东乡、余江两县。地理坐标为：东经 116°27′~117°03′，北纬 27°41′~28°06′。该县境内水系发达，水量充沛，有信江水系支流、抚河水系支流与干流等水系。本次调查主要以金溪县境内抚河及其支流为重点对象，并对县境信江水系的河流进行了详细调查。

二 人员构成

本年度对金溪县考古调查工作中的地面踏查部分由江西省文物考古研究所、西北大学文化遗产学院及抚州市文博管理所、金溪县文物保护所组织实施；遗址的探勘、测绘、航空拍照、器物绘图与拓片等技术工作由西安弘道文化遗产保护工程有限公司负责。以下对各项工作人员进行介绍：

1. 江西省文物考古研究所

项目负责：王上海（副所长、研究员）

业务人员：严振洪（副研究员）、张杰（副研究员）、余琦（副研究员）、赵耀（馆员）、余志忠（德安县博物馆、特聘人员）

2. 西北大学文化遗产学院

负责人：冉万里（考古学系副主任、教授）

业务人员：豆海锋（副教授、博士）、习通源（讲师、博士）、硕士研究生数名

3. 西安弘道文化遗产保护工程有限公司

负责人：程林泉（研究员）

业务人员：毛林林、史智伟、史一甜、程威嘉、张弥、王森、史三虎、李宝兴、吴磊、王倩、张满财及调查、钻探、测绘、资料录入等人员若干名

4. 抚州市文物博物管理所

负责人：王淑娇（所长）、丁潮康（副所长、副研究员）

业务人员：抚州市文博管理所工作人员

5. 金溪县文物管理所

负责人：吴泉辉

业务人员：许挺、全建武、林家琛

三 调查收获与存在问题

1. 主要收获

①新发现多处先秦时期遗址

本年度对金溪县的调查收获颇丰，发现先秦时期遗址 104 处，其中环壕类遗址 44 处。大大增加了该地区古遗址数量，特别是环壕类遗址的发现，对揭示该地区先秦时期聚落形态多样性有重要的意义。所发现的多处遗址均采集到丰富的陶器、石器等标本，对了解诸遗址的文化面貌及相对年代的判定均有重要作用。

②发现多处环壕类遗址为区域内考古工作的新突破

本年度在金溪的调查过程中，辨识并发现多处环壕类遗址。该类遗址形态多样，或在平地垒土

形成，或在山脚挖出壕沟、亦有在山顶挖出壕沟。各类环壕规模大小有异，应存在等级方面的差异。抚河流域为江西境内发现环壕数量最多的地域，虽然目前尚未发现面积超过 25 万平方米以上的环壕聚落，但从小型环壕聚落如此星罗棋布般的分布，似乎可以揭示先秦时期人类在抵御外敌或处理人地关系方面所具有的积极能动性。环壕聚落建造所需大量劳动力及聚落规模间的差异都体现了当时社会结构的复杂化特征。因此，有关环壕聚落的发现和研究，将有助于区域社会复杂化进程方面的深入讨论。

③初步建构抚河中游地区先秦时期文化序列

通过对金溪县 100 多处遗址采集所获遗物的初步分析，基本可以建立该地区从新石器时代晚期至汉代以前的文化演变序列。总体上可划分为新石器晚期、夏至早商时期、商代晚期、西周时期、东周时期等阶段。由于金溪县东部与信江邻近，该地区所见遗存与信江流域有较多的相似性，特别是商时期遗存与鹰潭角山遗址所见同类器十分相近。

④为该区域田野考古调查提供了十分丰富的经验

在金溪县的调查过程中，依据地形特征寻找遗址已得到较好的实践。金溪县以丘陵为主，河流较多，河流两岸台地及丘陵坡前多见有遗址。除此之外，本次调查还积累了难得的实践经验：首先，利用卫星照片寻找环壕遗址。在高清卫星图片上，利用植被和地形的差异，可以明显寻找到呈方形或长方形的环壕遗址，由于内壕地势较低，多成水田，此类环壕形状极为规则，较容易寻找。其次，以环壕遗址为中心，在其周边地区寻找岗地遗址。在调查过程中，以环壕遗址为中心，向周边两公里范围进行辐射调查，常发现不同规模的岗地遗址。再次，从空间上观察，某些区域所见环壕较为集中，且相距较近，部分地域发现多个小型环壕聚落有围绕更大型聚落的现象。这些都是今后对该区域进行考古调查的宝贵经验。

2. 存在问题

①山区调查难度大，调查存在"遗漏"的可能

所调查遗址往往植被茂密，地表难以采集到遗物。由于植被茂密，遗址采集遗物困难，对遗址的年代和性质判断产生不利影响。只能通过钻探了解地层堆积，获知该地点是否为古代遗址。对环壕聚落的功能、产生的动因及发展规律还需要进一步的深入工作。由于环壕遗址一般植被茂密，很难采集到遗物，即使钻探也只能了解地层堆积，偶尔有零星陶片碎渣，对遗址的年代判断帮助不大。从部分被破坏的环壕采集遗物来看，遗址堆积较厚，延续时间较长，或由新石器时代延续至东周时期。因此，要对遗址的年代进行更加精确地判断，还需要进行适当的试掘工作。对环壕聚落产生原因有待进一步探讨，或是防御或是抵御洪水，需要进行选择性发掘与科技分析相结合来解答。

②对岗地类遗址与环壕类遗址的关系有待进一步研究

调查所见环壕与岗地两类遗址，考察需要在建立年代判断的基础上，并对其进行文化性质等方面的考量。有关环壕的功能目前仍不明晰，从钻探结果来看，此类环壕聚落一般堆积较厚，延续时间较长，多为新石器时代晚期至东周时期。而岗地类遗址也发现有不同时期的遗存，说明岗地和环壕遗址有存在共时的情况。考虑到环壕的建造需要大量的劳动力和时间，或许可以推测，环壕聚落代表了等级略高人群的居住场所。有关环壕的功能及其与岗地遗址关系的判断，还有待考古发掘来解决。

③遗址破坏严重，文化遗产保护工作亟待加强

本年度调查的遗址数量较多，采集遗物十分丰富。十分痛心的是，采集遗物丰富的遗址均破坏严重，多被取土、建筑、耕地所破坏。在发现一处遗址的同时，该遗址也面临着已被破坏或即将被破坏的"命运"。因此，保护文化遗产需深入人心，应唤起公众对文化遗产的保护意识。

第三节　本报告编写体例及相关说明

一　报告编写体例

本报告系"江西抚河流域先秦时期遗址考古调查与发掘项目"的年度成果，2015 年先后对四县区进行了调查工作，由于受篇幅的限制，本报告仅以金溪县调查所获为主要内容，其余县区调查成果将陆续刊出。

本报告编写体例与以往调查报告相同，侧重资料的翔实报道。报告共分为五章：第一章为前言，是对项目开展情况与年度工作的介绍与总结，并对报告编写体例及相关问题进行说明；第二章是对金溪县地理环境与历史沿革的介绍；第三章对调查所获遗址进行介绍，将调查所见遗址分为两类，即环壕类遗址与岗地类遗址，并对两者进行了详细介绍；第四章是对本次调查所获遗存的科技分析，主要包括印纹硬陶器成分分析及制陶工艺分析；第五章为结语，是对该地区调查工作的总结，对区域文化序列及聚落结构进行了初步分析。报告最后附有遗址调查统计表及调查日记摘录等内容。

二　本报告相关说明

1. 遗址名称编号说明

本报告对诸遗址所获遗物进行介绍时，为了描述方便，对遗址名称进行了编号。编号原则是以调查年份、遗址所在县名的第一个字的拼音简写，与遗址名称前两个字的拼音字母缩写组合而成，如"金溪县车家岭遗址"编号为"2015JCJ"，"2015"为调查年份，"J"代表金溪县，"CJ"代表车家岭遗址。由于区域内部分遗址名称前两个字母缩写有相同的可能，本报告则选择遗址名称三个字或多个字的字母缩写，以示区别。此外，由于部分地域遗址所在小地名不清，本报告以遗址所在的村名进行命名，如果同一区域发现多处遗址，且小地名不清，则在已知地点名后增加"Ⅰ"、"Ⅱ"、"Ⅲ"等字母加以区分，如金溪县高坊水库发现九处遗址，Ⅰ号和Ⅸ号遗址编号为："2015JGFⅠ"、"2015JGFⅨ"。

2. 图版说明

为了便于读者阅读，本报告将器物图版附于每个遗址报道之后，同时将遗址远景、航拍照片、重要遗物发现、地层剖面等图版均直接插入正文，尊重读者的阅读习惯。

3. 附录说明

本报告附录除了对调查遗址进行统计之外，另附有考古调查队员的日记摘录，并插入照片，用以展示调查过程中的工作场景，展示报告正文未有的调查所遇风土人情及考古队员的生活点滴。

第二章　自然环境与历史沿革

第一节　自然环境

金溪县位于东经 116°27′ 至 117°02′，北纬 27°41′ 至 28°06′ 之间，居赣之东，与贵溪、资溪、南城、临川、东乡、余江 6 县为邻（图二）。地形图状如鸡冠花，东西部宽出，南部狭缩。县境属鄱阳湖平原与武夷山的过渡地带，地势东南高，西北低，由东南向西北缓缓倾斜，东部为弋阳—玉山侵蚀剥蚀红岩丘陵盆地，西部属赣抚中游河谷阶地丘陵区，中部和西北部低丘岗地广布，西南边境为平坦的抚河冲积平原。总面积为 1358 平方公里[①]。

一　地形与地貌

金溪境内有元古界震旦系尚元群老底层，为基底层。中生界侏罗系、白垩系地层覆盖在基底层，加里东期侵入岩体之上。

金溪县地形为东南高西北低，县境形状如鸡冠花，东西部宽出，北部宛似锯齿，形状似花冠，南部狭缩，形似花柄（图三）。

全县地貌有山地、丘陵、平原三大类型。县内有海拔高度 500～1363 米，相对高度 300 米以上的中、低山地 20.35 万亩，占总面积 10%，分布在县境东南部边缘。海拔高度 100～500 米，相对高度 50～200 米的丘陵面积 142.47 万亩，占总面积 70%。海拔 100 米，相对高度 50 米以下的平原面积 40.7 万亩，占总面积 20%。

县境内主要土壤类型有水稻土、红壤、紫色土、潮土、山地黄壤五个类型。

金溪县境内群山环抱，丘陵起伏，山地海拔高度 500～1363 米。主要的山峰有：

崖山　又称岩头峰，笔架峰，在县东，距县城约 30 公里，雄壮陡绝，谷深洞奥，南接云林，东连琵琶，上有三老峰、龙潭，下有汤家洞、黄家山、龙须井。海拔 1363.4 米，为金溪县最高峰。

出云峰　位于县东，距县城约 25 公里，海拔 1278 米，为云林三十六峰中的最高峰，因山峰直插云天而得名。

西岗山　位于县东，距县城约 22 公里，主峰海拔 1233.4 米，系武夷山支脉，盛产木材、

[①]　金溪县志编纂领导小组：《金溪县志》，新华出版社，1992 年。

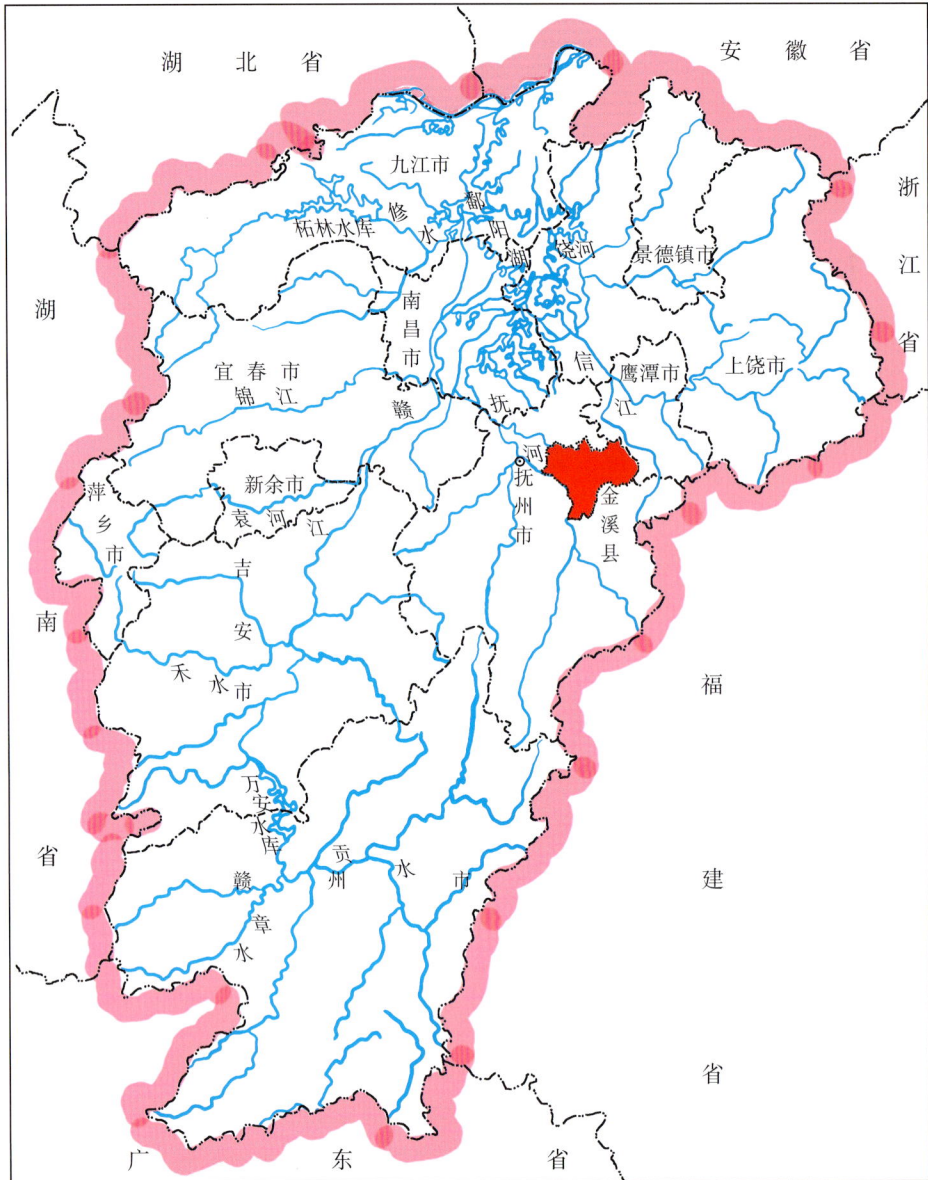

图二 金溪县位置图

毛竹。

　　天门岭　位于县东，距县城约30公里，海拔1230.4米，岭上生长灌木林，因岭高似天门而得名。

　　东岗山　位于县东，距县城约25公里，主峰海拔1167.1米，为武夷山支脉，盛产木材、毛竹。

　　云头岭　位于县东，距县城约35公里，海拔1150米，岭上有松、杉、毛竹和杂灌木，因岭上云雾缭绕而得名。

　　中源寺峰　位于县东，距县城约35公里，海拔1131米。

　　金溪县境内水系发达，水量充沛，有信江水系支流、抚河水系支流及干流等6条河流贯穿县境，总长为272.4公里，水资源较为丰富（图四）。

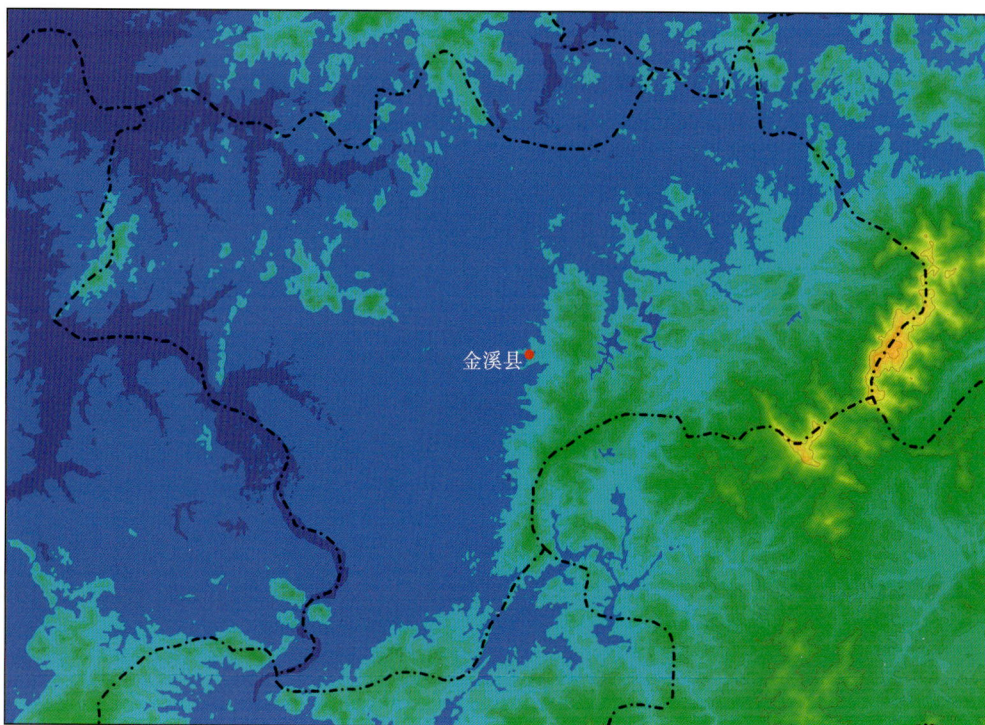

图三　金溪县地形示意图

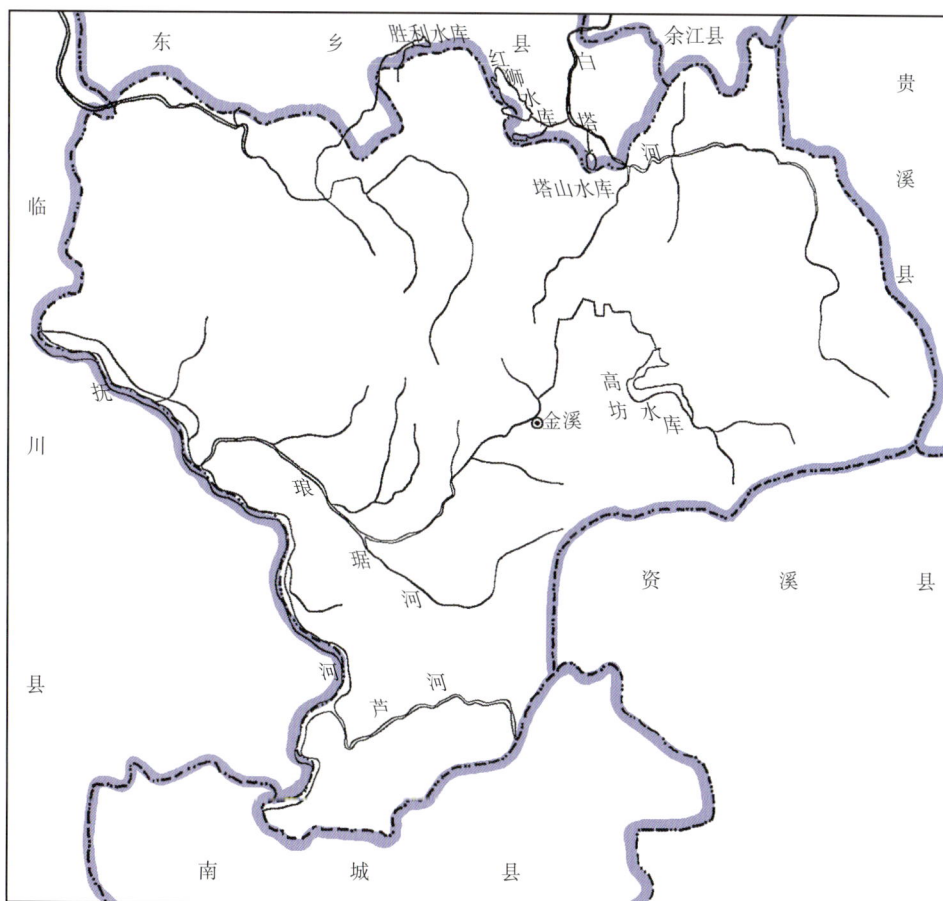

图四　金溪县水系示意图

抚河　旧称汝水，分布于金溪县西南，源出于广昌，因流经抚州而得名。该河到长兴入金溪境，流经石门、琅琚等乡镇，长 49.3 公里，为金溪与临川县界河。

芦河　别名清江，抚河支流，在县南，源出资溪，到黄狮渡入金溪境，流经石门乡，至鸣山口注入抚河。主河道长 59.6 公里，在县境约 16 公里。

金溪水　又称琅琚河，抚河支流，源自上幕岭，流经秀谷镇、左坊、琅琚等乡镇，到疏山潭注入抚河。主河道长 33 公里。

齐冈水　又称双陈河，抚河支流，在县西北。其源有三：一出于金窟，流经杨坊桥、竹桥；一出于肖公、潭湖一带，流经官家边，在下车村合流成一股；一出于崇麓坪上水库，两股水在合市塘霞村汇合，流经陈坊，在东乡与北港汇合，至进贤柴埠口注入抚河。主河道长 49 公里。

青田水　又名高坊河，在县东北，源于资溪，流经黄通入高坊水库，再经朱溪、青田、陆坊，至刘坊村与三港水汇合，注入白塔河。主河道长 40.5 公里。

三港水　又名何源港、对桥河，在县东北。其源有二：一出于贵溪，流经河源、孔坊、对桥、太坪；一出于西岗山，流经上太坪、高桥、旸田、上傅。两股水在龚家朱家坊汇合后，又在刘坊村与青田水汇合，注入白塔河。主河道长 41 公里。

二　气候

金溪属亚热带湿润气候区，四季分明，气候温和，雨水充沛，光照充足，无霜期长，但受季风气候影响，温度和降水变幅较大，干湿比较明显。

该地区春季时冷时暖，多阴雨，气温回升快；夏季天气晴热，干旱少雨，常见高温闷热天气；秋季气候温凉，天气晴朗少雨；冬季温低湿小，天气干冷，晴朗天气多霜、冰冻。

金溪县年平均气温为 17.1℃，最冷月 1 月平均气温 5.5℃，最热月 7 月平均气温 29.4℃。

该县降水量年平均 1856 毫米，全年降水量分配不均，差异较大，4~6 月占全年降水量的 48%，1~3 月占 22%，7~9 月占 19%，10~12 月占 11%。

无霜期年平均为 258 天，年平均初霜期为 11 月 24 日，终霜期为 3 月 1 日。

第二节　历史沿革

一　历史沿革

金溪县所辖区域春秋战国时期属吴国，越灭吴后属越，楚灭越又属楚。秦时属于九江郡。汉初，属淮南国，后属豫章郡南城县之地。东汉时候属豫章郡临汝县地。三国时，属吴国临川郡临汝县地。南北朝时，金溪的隶属与三国时相同。隋时，属抚州临川县地。唐时，仍属临川县，在今县址上设上幕镇，并在镇东的白面坞与金窟山、宝山设置了冶炼场。五代十国时，金溪先属吴国、后属南唐的抚州临川县。公元 958 年，南唐以临川县的上幕镇及靠近该镇的归政乡设置了金溪场。

宋淳化五年（公元 994 年），临川县的归德、顺德、顺政连同原来的归政共四乡被立为金溪县，属抚州管辖。金溪正式建县。元属抚州路。明、清时，金溪县均属抚州府。民国初，金溪属豫章道。民国二十一年金溪属江西第五行政区，民国二十四年金溪属江西第七行政区。

1949年5月7日，金溪县获得解放，属赣东北区贵溪督察专员公署，同年8月改属抚州专区。1967年，金溪属抚州地区。2000年10月，金溪属抚州市。

二　行政区划

1984年，金溪县（图五）共设16乡（黄通、何源、对桥、陆坊、崇麓、合市、陈坊积、琉璃、大仙岭、枫山、双塘、琅琚、石门、芦河、左坊、珊城），2镇（秀谷、浒湾），1个垦殖场（沟树），1个林场（高桥），150个村民委员会（包括3个分场），1376个村民小组。1985年，双塘乡改为双塘镇，是年底，全县共设15个乡、3个镇、1个垦殖场、1个林场、150个村民委员会、1348个村民小组[①]。

秀谷镇为县城所在地，全镇面积19平方公里。浒湾镇位于县城西部，南与临川县嵩湖乡隔水相望，占地0.84平方公里。双塘镇位于县城北部，东靠陆坊乡，南与崇麓、珊城乡接壤，西与合市乡毗邻，北与东乡县虎形乡垦殖场交界，占地70平方公里。石门乡位于县城西南，东靠芦河、左坊乡，西隔抚河与临川的鹏田和青泥乡相望，南与南城县岳口乡接壤，北与琅琚镇毗邻，占地94

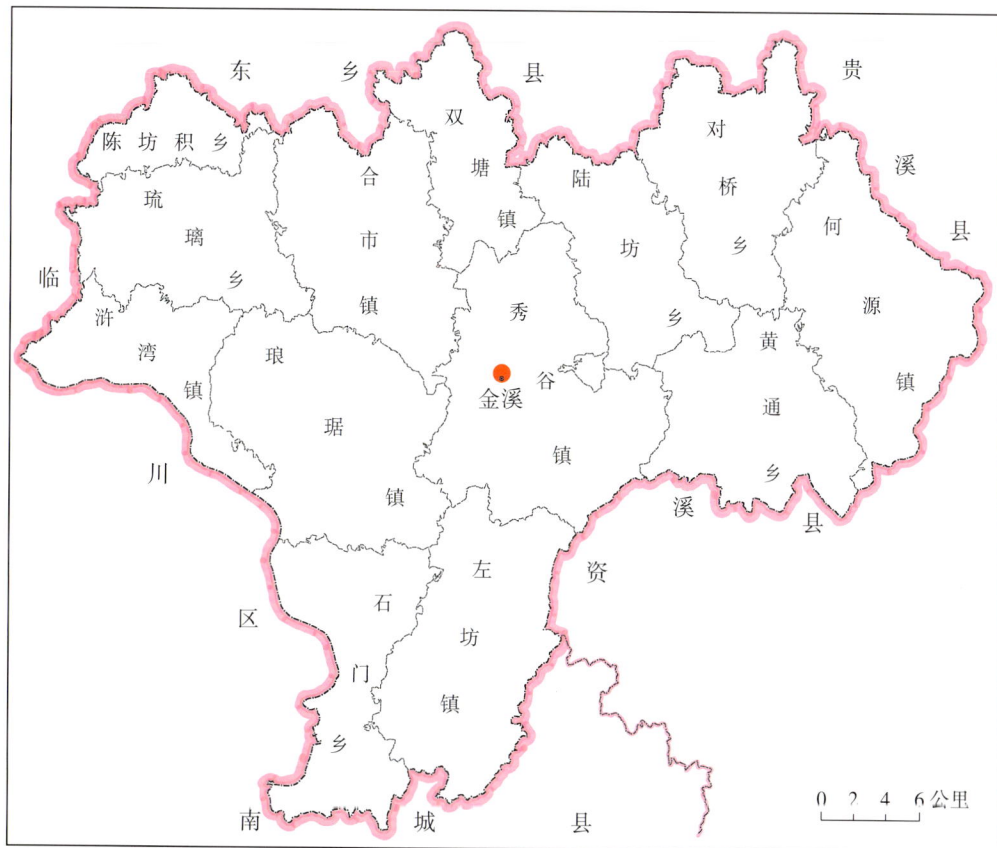

图五　金溪县行政区划图

① 金溪县志编纂领导小组：《金溪县志》，新华出版社，1992年。

平方公里。琅琚镇位于县城西部，东连珊城乡，南与石门乡毗邻，西邻抚河与临川县青泥乡相望，西南与大仙岭乡接壤，北与枫山乡交界，占地 80 平方公里。琉璃乡位于县城西北，东靠合市和崇麓乡，南邻大仙岭乡，西界临川县七里岗乡，北邻陈坊积乡和东乡县的黎圩乡，占地 96 平方公里。陈坊积乡位于县城西北，东、南两面紧靠琉璃乡，西与临川县太阳、七里岗乡毗邻，北与东乡县岗上积乡、黎圩乡接壤，占地 36 平方公里。合市镇位于县城西北，东邻双塘镇，南靠崇麓乡，西与琉璃乡毗邻，北与东乡县黎圩乡接壤，占地 66 平方公里。陆坊乡位于县城北面，东与对桥乡毗邻，南与黄通、琉璃乡接壤，西与双塘镇相连，北与东乡县瑶圩乡、红光垦殖场交界，占地 86 平方公里。对桥乡位于县城东北部，东邻何源乡和贵溪市鱼塘乡，南接高桥林场，西连陆坊乡和红光垦殖场，北靠余江县塘朝源农场，占地 106 平方公里。何源乡位于县城东部，东北界贵溪市的上清乡，东南邻贵溪市耳口林场，西靠高桥林场及黄通乡，西北与对桥乡相连，占地 87 平方公里。黄通乡位于县城东部，东与沟树垦殖场接壤，西与陆坊乡相邻，南与资溪县高田乡、嵩市镇交界，北与高桥林场毗邻，占地 88 平方公里。

2000 年以后，金溪县各乡镇进行调整、合并，但大多乡镇所辖区域变化不大。

第三章　金溪县先秦时期遗址

本年度在金溪县调查遗址 104 处，绝大多数遗址为新发现，特别是对该区域内先秦时期环壕聚落的确认，为此次调查的重大发现。所调查的诸遗址中，据地形与分布特征可划分为两类，即环壕类遗址与岗地类遗址。以下分别对两类遗址进行介绍。

第一节　环壕类遗址

本年度调查环壕遗址共 44 处，以下从遗址地理位置、出土遗物及年代与性质等方面对诸遗址进行介绍：

一　上城环壕遗址

1. 遗址概况

上城环壕遗址位于合市镇田南村委会上城村村口东南部（图六），距上城村约 170 米，西为通往上城村的村路，隔村路与招家斜遗址相望。遗址所在水系属双陈河支流，距遗址东侧约 200 米有河水流经（图七）。该遗址地理坐标为：北纬 27°56′39.0″，东经 116°42′47.5″，海拔 75 米。

该遗址为一处环壕遗址，分布于一处称为乌龟墩的台地上，主要由近长方形高台及其南侧相接小型台地和壕沟组成。南北长约 150 米，东西宽约 110 米，台地顶部地势较为平缓，中部稍低（图八）。遗址所在台地高于周围稻田平面约 5 米，地表被竹子、杂草和灌木丛覆盖，植被非常茂密（图九）。

野外勘探过程中，发现有晚期墓葬，发现早期堆积可划分为四个重点分布区，编号Ⅰ区—Ⅳ区（图一〇）。

堆积Ⅰ区，位于遗址长方形高台北部，呈不规则形分布，长径约 65 米，短径约 29 米，面积约为 2205.8 平方米。堆积内包含有灰烬、红烧土块和陶片。堆积Ⅱ区，位于长方形高台地中部，呈不规则形分布，长径约 34 米，短径约 20 米，面积为 403.5 平方米，堆积内包含有灰烬、红烧土块和陶片。堆积Ⅲ区，位于长方形高台地南部，呈不规则形，长径约 62 米，短径约 7 米，面积为 264.4 平方米，堆积内包含有灰烬、红烧土块和陶片。堆积Ⅳ区，位于长方形高台南端中部向外伸出部分，呈不规则形，长径约 60 米，短径约 50 米，面积为 1967 平方米，堆积内包含有灰烬、红烧土块和陶片。

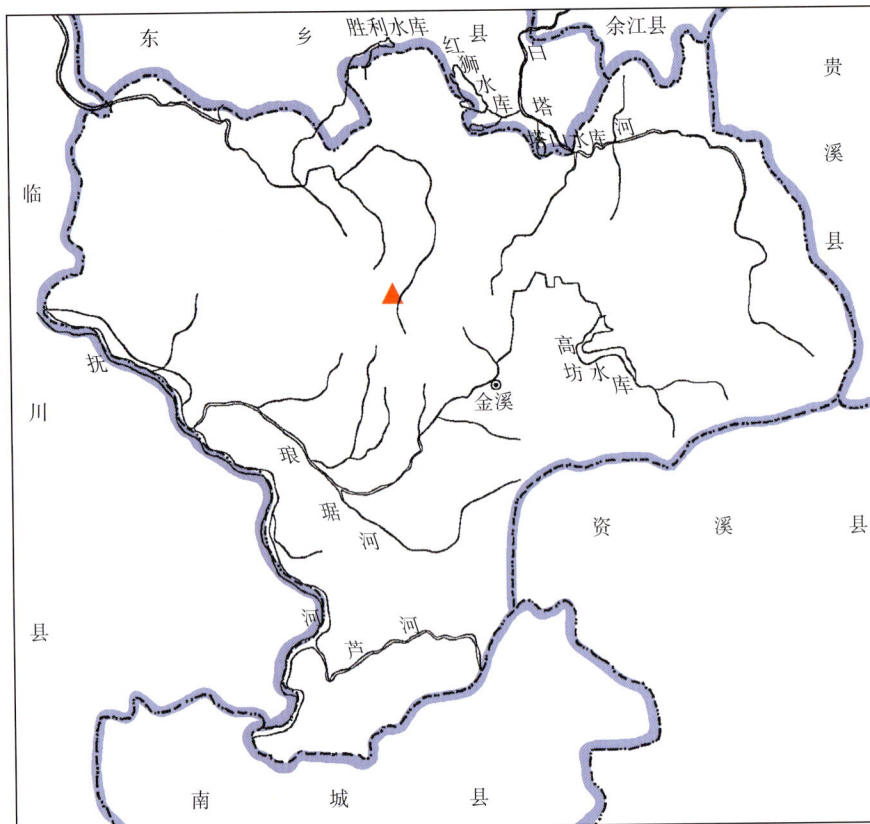

图六　上城环壕遗址位置图

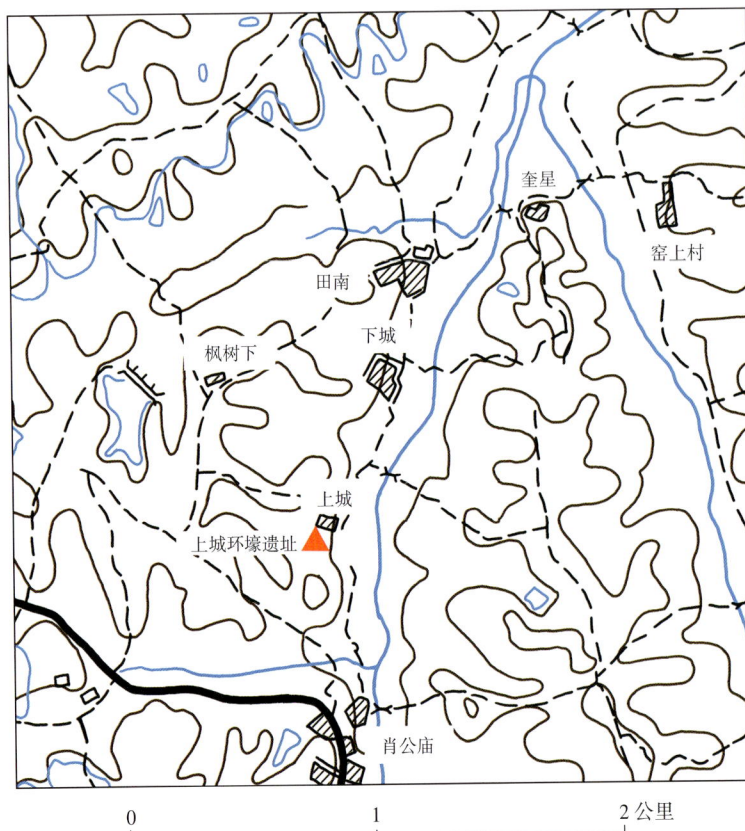

图七　上城环壕遗址地貌图

图八 上城环壕遗址航拍图

图九 上城环壕遗址远景图（由西南向东北）

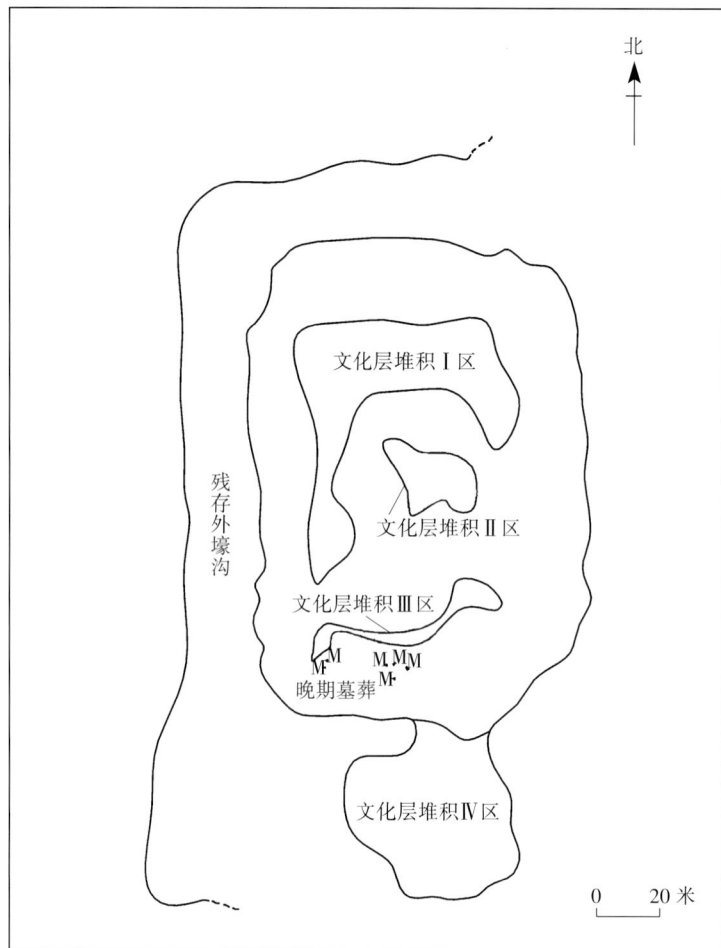

图一〇 上城环壕遗址勘探平面图

2. 遗物介绍

上城环壕遗址由于地表植被茂盛，采集遗物较少，主要为陶器残片和少量石器。

（1）石器

石刀 2件。

2015JSCH：1，青灰色砂岩磨制而成，弧背，双面磨制成刃，背部见有一对钻穿孔。长9.0、宽4.5厘米（图一一，1；图版一，4）。

2015JSCH：2，青灰色砂岩磨制而成，单面斜刃，制作较为规整。长10.8、宽8.2厘米（图一一，2）。

（2）陶器

以印纹硬陶为主，多为灰褐色或灰色，纹饰主要有绳纹、雷纹、变体雷纹、交错绳纹、短线纹，器形主要为罐（图一二）；夹砂陶以褐陶为主，纹饰见有交错绳纹，器形有圈足、鼎足等。

罐 6件。

2015JSCH：3，灰色硬陶，侈口，卷沿，圆唇。器表施雷纹及弦纹。口径18.0、残高9.0厘米（图一三，1；图版一，1）。

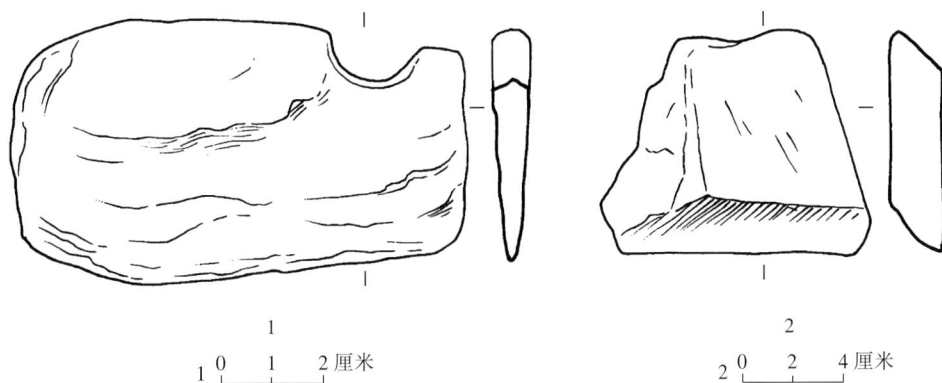

图一一　上城环壕遗址采集石器

1、2. 石刀（2015JSCH：1、2015JSCH：2）

图一二　上城环壕遗址采集陶片纹饰拓片

1. 变体雷纹　2. 交错绳纹　3. 雷纹　4. 绳纹　5. 短线纹

　　2015JSCH：4，黄褐色硬陶，侈口，折沿，斜方唇，斜肩。肩部施方格纹，大部被抹平，腹部施折线纹。口径22.0、残高8.0厘米（图一三，3；图版一，2）。

　　2015JSCH：5，黄褐色硬陶，侈口，宽折沿，方唇内折。器表施方格纹。残高5.2厘米（图一三，6）。

　　2015JSCH：6，夹砂黄褐陶，侈口，折沿，方唇。器表施绳纹。口径20.0、残高4.6厘米（图一三，5）。

　　2015JSCH：7，灰色硬陶，侈口，宽折沿，方唇内折。器表施绳纹。残高4.0厘米（图一三，7）。

　　2015JSCH：8，夹砂红褐陶，侈口，折沿，圆唇。素面。残高6.4厘米（图一三，2）。

　　圈足　1件。

　　2015JSCH：10，夹砂灰陶，矮圈足，足底微外撇。素面。底径12.4、残高3.2厘米（图一三，4）。

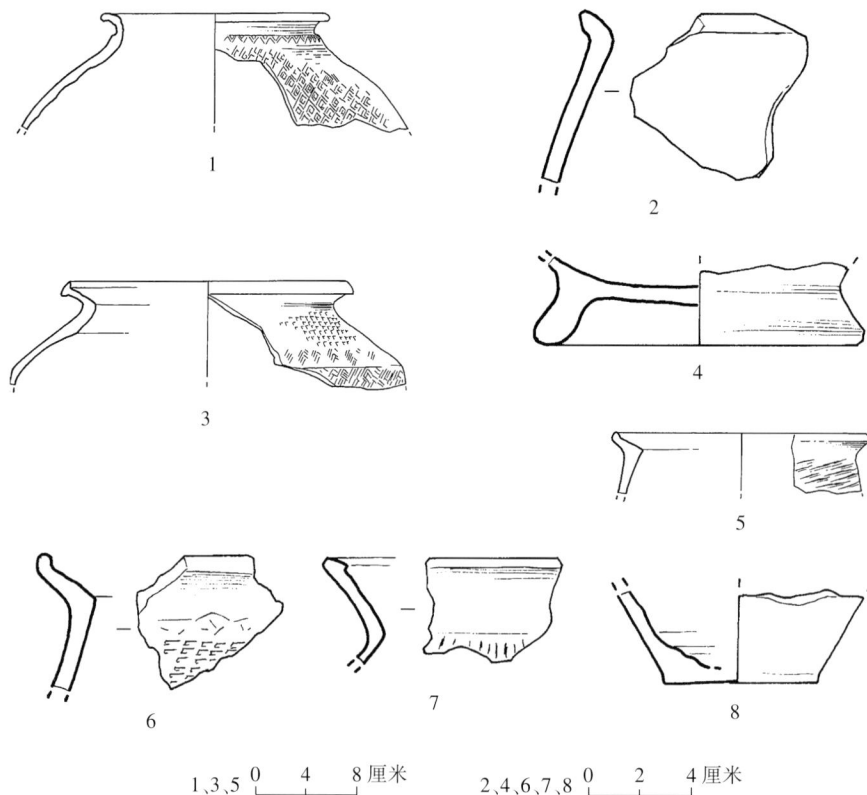

图一三 上城环壕遗址采集陶器

1~3、5~7. 罐（2015JSCH：3、2015JSCH：8、2015JSCH：4、2015JSCH：6、2015JSCH：5、2015JSCH：7） 4. 圈足（2015JSCH：10） 8. 器底（2015JSCH：9）

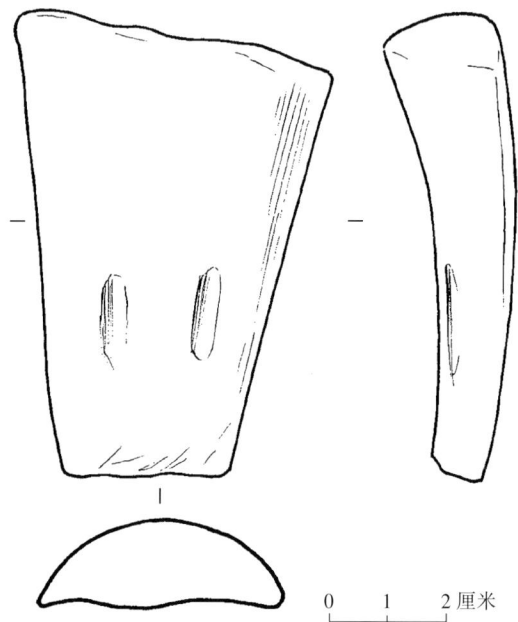

图一四 上城环壕遗址采集陶鼎足（2015JSCH：11）

器底 1件。

2015JSCH：9，夹砂红褐陶，斜腹，平底。内外壁可见明显轮制痕迹。底径6.0、残高3.2厘米（图一三，8）。

鼎足 1件。

2015JSCH：11，夹砂灰褐陶，扁状足。一侧可见两道竖向短刻槽。残高7.3厘米（图一四；图版一，3）。

3. 遗址性质与年代

上城环壕遗址结构较为特殊，壕沟内高台北侧近长方形，南侧紧邻一不规则小型台地。小台地与大台地相接，由小台地顺坡而上可至大台地，大小相接的台地形式在该地区比较少见。与周边地区同时期的遗址相比较，可大致推断该环壕聚落的年代。采集遗物中所见的印纹硬陶纹饰以绳纹、雷纹、方格纹等为代表。器形见有印纹硬陶罐、夹砂陶刻槽鼎足，与抚河上游比较，在乐安县角峰山第 2 组遗存、月形山遗址可见到与上城环壕遗址所采集陶器相似的残片。前者年代为西周晚期至春秋时期。上城环壕遗址采集遗物较为单纯，可推断年代为西周至春秋时期，对该遗址年代的明确判断还有待于考古发掘来解决。

上城环壕遗址是一处典型的环壕类遗址。其结构较为特殊，对其进行研究有助于抚河流域聚落类型与聚落结构的深入揭示。上城环壕遗址与招家斜岗地类遗址相邻，两者距离约 50 米。通过对两个遗址采集遗物的年代判断，两者存在共时特征。说明东周时期环壕内外均有人群居住和活动。壕沟内外是否存在人群等级方面的差异，还有待于考古发掘来揭示。总之，上城环壕聚落的发现有助于区域内先秦时期文化序列的建立和社会演进等方面的深入研究。

1. 陶罐（2015JSCH：3）　　　　2. 陶罐（2015JSCH：4）

3. 鼎足（2015JSCH：11）　　　　4. 石刀（2015JSCH：1）

图版一　上城环壕遗址采集遗物

二　丁家山环壕遗址

1. 遗址概况

丁家山环壕遗址位于秀谷镇先锋村朱家村小组的丁家山上（图一五）。遗址北部有小溪，东依丘陵边缘，东南部为傅家庄，西距先锋村村委会约 200 米（图一六），济广高速（G35）从遗址中部南北向穿过。该遗址地理坐标为：北纬 27°52′50.2″，东经 116°46′35.5″，海拔为 96 米。

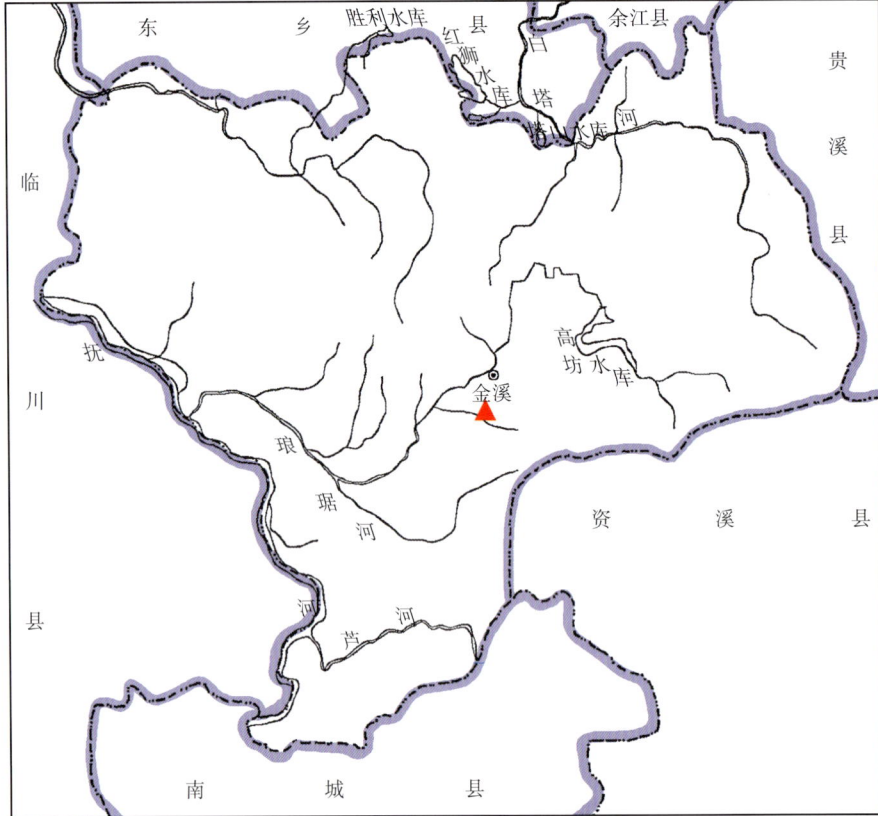

图一五　丁家山环壕遗址位置图

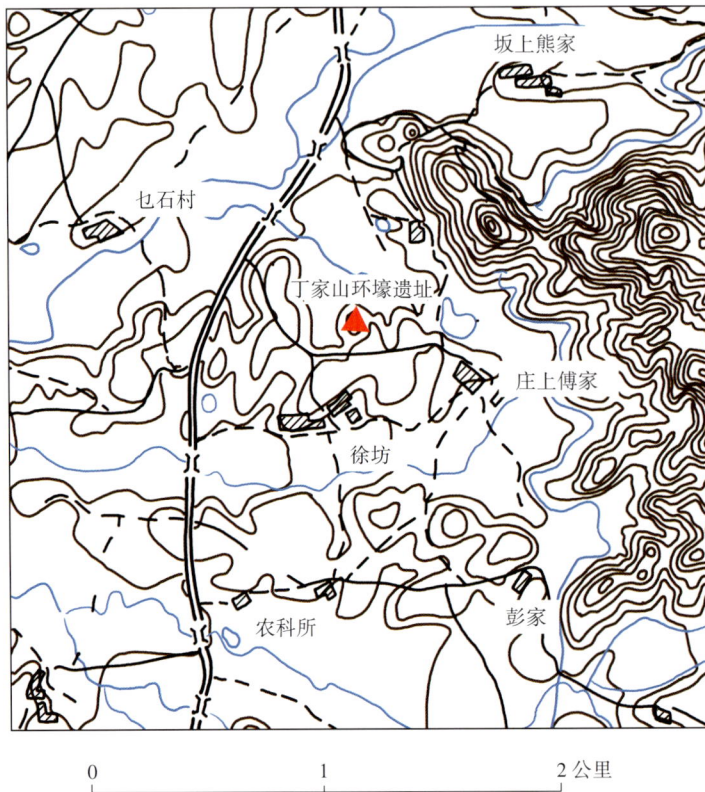

图一六　丁家山环壕遗址地貌图

该遗址整体呈近长方形，中部为一台地，平面近方形，局部被高速公路破坏。台地高于周围稻田约 3～6 米，地势中部高，四周低。台地长径约 104.2 米，短径约 92.7 米（图一七）。台地表面被竹子和灌木丛覆盖，植被非常茂密。台地中部被济广高速南北贯穿，破坏较为严重（图一八）。台地外围为壕沟，地势较低，壕沟外侧为平地，高于壕沟约 1～2 米。四周环壕宽度略有差异，一般宽约 16～28 米（图一九）。调查过程中采集有鼎足和方格纹、篮纹、云雷纹、绳纹等印纹硬陶片。

图一七 丁家山环壕遗址航拍图

图一八 丁家山环壕遗址远景图（由西向东）

图一九　丁家山环壕遗址壕沟（由西南向东北）

后期勘探过程中，在台地东南部发现一地层堆积区域，平面呈不规则形，长径约 44.6 米，短径约 10 米，面积约 300.6 平方米。文化层发现有早晚两层堆积，晚期堆积距地表约 0.5 米，厚约 0.8 米，堆积内包含少量灰烬和烧土块；早期堆积距地表约 2 ~ 4.5 米，堆积内包含灰烬和烧土块。

2. 遗物介绍

由于遗址植被茂密，地表遗物少见。仅采集到少量陶片。采集陶片以硬陶和夹砂陶为主。硬陶以灰色、灰褐色为多，纹饰有雷纹、绳纹、菱格纹、小方格纹和交错线纹（图二○），器形有罐、

图二○　丁家山环壕遗址采集陶片纹饰拓片

1. 雷纹　2. 绳纹　3. 菱格纹　4 ~ 7. 小方格纹　8. 交错线纹

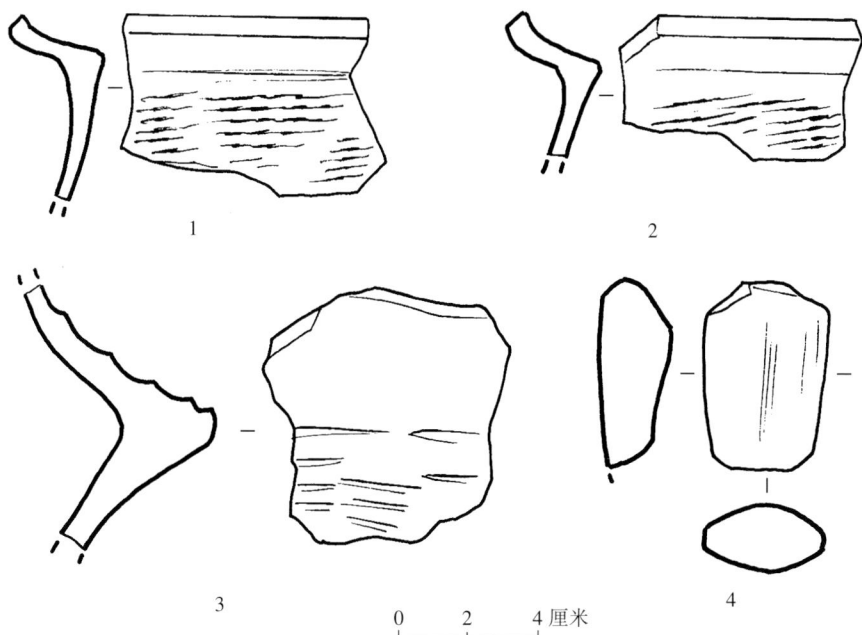

图二一 丁家山环壕遗址采集遗物

1、2. 罐（2015JDJS：2、2015JDJS：1） 3. 甗腰（2015JDJS：3） 4. 鼎足（2015JDJS：4）

瓮等；夹砂陶为灰色、黄褐色，纹饰见有绳纹、交错线纹，器形主要有罐、甗、鼎（足）等。

罐 2件。

2015JDJS：1，灰色硬陶，侈口，折沿内凹，方唇。器表施绳纹。残高4.0厘米（图二一，2；图版二，2）。

2015JDJS：2，灰色硬陶，侈口，折沿微凹，方唇。器表施交错绳纹。残高5.0厘米（图二一，1）。

甗腰 1件。

2015JDJS：3，夹砂灰褐陶，斜弧腹，窄腰隔。下腹部施绳纹。残高7.1厘米（图二一，3；图版二，1）。

鼎足 1件。

2015JDJS：4，夹砂红褐陶，扁柱状。素面。残高5.2厘米（图二一，4）。

3. 遗址性质与年代

丁家山环壕遗址位于金溪县城东南侧，临近东侧山地，地理位置优越。从水系上来看，遗址附近小溪与河流属琅琚河支流，自东向西流经。该地区地势较为平坦，是古代人类居住、生活的适宜之地。

（1）年代判断

虽然丁家山环壕遗址采集遗物较少，通过现场调查与走访当地村民，并结合采集遗物的比较分析，基本可判断该遗址有较长的延续时间。对当地村民曾采集到的鼎足进行观察，该件鼎足器形较大，呈瓦状外弧，器表戳印凹窝，其形态与新石器时代晚期所见鼎足近同；遗址所采集的陶罐，折沿内凹，其形态与乐安县月形山、角峰山①等遗址所见同类器相近，同时也与赣江流域的樟树彭家山遗址②所见较为相近，后者的年代被判断为西周早中期；遗址所见鬲腰在该地区商代晚期至西周时期较为常见，此类鬲腰与抚河上游地区乐安、宜黄等县所见较为相近，年代也应为西周时期；遗址采集素面扁柱状鼎足特征明确，为素面，扁柱状，器表未见戳印等装饰，与抚河上游地区所见鼎足相比较，该鼎足主要流行于东周时期。通过以上初步分析，可以看出，该遗址从新石器时代晚期延续至东周时期，说明古人在该遗址居住、生活较长时间。

（2）环壕特征与性质

整体上来看，丁家山环壕遗址虽被破坏，环壕形制保存较完整。中部台地近方形，高出四周环壕3~6米，壕沟绕中部台地一周，形制较为规则。壕沟外侧为平地，高出壕沟1~2米。经勘探，壕沟外可见地层堆积，且有二次堆积现象。结合诸现象，可以看出丁家山环壕遗址应是人为有意识修建而成，外围壕沟为人工挖成，壕沟内高台为人工堆土垫起。本年度在金溪及周边县区有较多此类环壕遗址的发现，该类环壕一般平面呈方形，偶见圆形者，为抚河中游地区具有代表性的聚落形式。从地形上观察，抚河中游地区多为丘陵地带，水系发达，河道较宽，此类环壕聚落既可防御水患，亦可抵御外敌入侵，是该地区先秦时期十分典型的遗址类型。从聚落延续时间较为久远可以看出，此类建筑需要较多的人力来修建，其优点较多，适合古人长期居住与活动。

丁家山环壕遗址的发现，对该地区聚落形态、文化面貌的深入研究都提供了十分重要的考古资料。值得注意的是，在金溪县城外围，发现多处环壕聚落围绕，其中便包括丁家山环壕遗址，县城城区目前发现有戴家山、釜山等遗址，其中釜山遗址堆积十分丰富，其与周边环壕聚落的关系还有待深入研究。

1. 鬲腰（2015JDJS：3）　　　　2. 罐口沿（2015JDJS：1）

图版二　丁家山环壕遗址采集陶器

---

① 江西省文物考古研究所、西北大学文化遗产学院、抚州市文物博物管理所、宜黄县文物管理所、乐安县博物馆：《江西抚河流域先秦时期遗址考古调查报告Ⅰ（乐安县·宜黄县）》，文物出版社，2015年。

② 江西省文物考古研究所、江西省樟树市博物馆：《江西樟树彭家山西周遗址发掘简报》，《南方文物》1999年第3期。

三 里汪环壕遗址

1. 遗址概况

里汪环壕遗址位于秀谷镇五里桥村委会里汪村新建民房北部（图二二），南邻里汪村，东北距梅家村约380米，西距206国道约550米，东距济广高速（G35）约480米（图二三）。该遗址地理坐标为：北纬27°57′01.7″，东经116°47′34.0″，海拔89米。

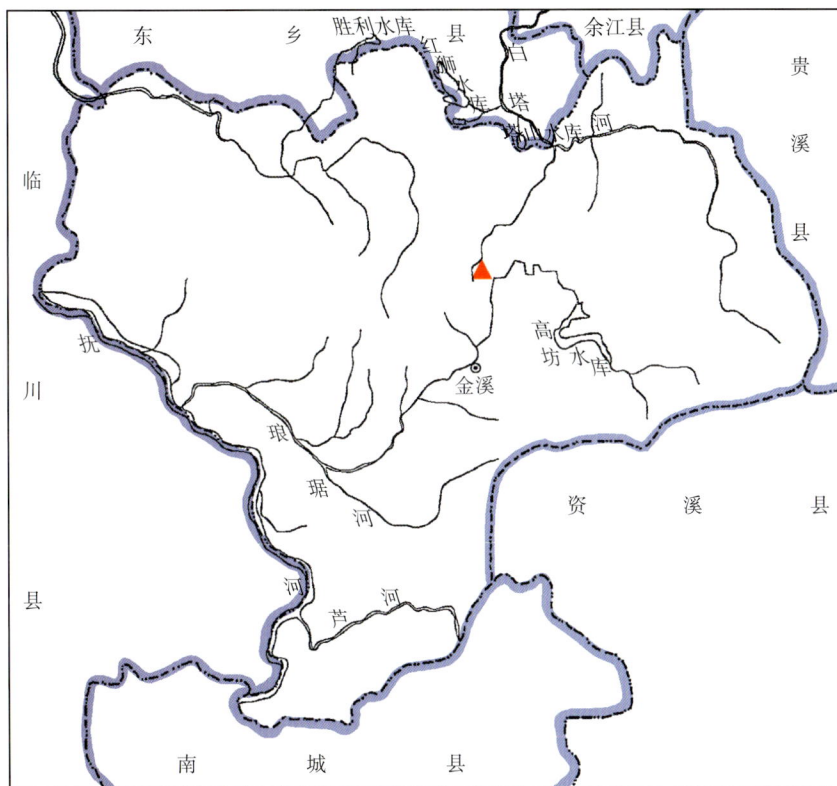

图二二 里汪环壕遗址位置图

该遗址为一处环壕遗址，区域平面呈不规则形，主要由中部近椭圆形高台地、四周壕沟和壕沟外台地组成（图二四）。中部椭圆形台地长径约81米，短径约60米，台地高于四周稻田约4~6米，顶部地势较平缓，地表种植橘子树（图二五）。四周壕沟现仅存有北侧，壕沟现宽4~10米，有北壕沟外台地宽约40~60米，高于周围地表约6米。

野外调查勘探过程中，中部台地发现大面积地层堆积，基本覆盖整个台地之上。堆积区可划分为三个重点分布区，编号Ⅰ区—Ⅲ区（图二六）。

堆积Ⅰ区，位于遗址西部，距地表约0.8米发现地层堆积，深约0.9米，堆积内包含少量灰烬和烧土块。堆积Ⅱ区，位于遗址中部，堆积较不明显，距地表约1.0米发现地层，堆积厚约0.3~0.4米，地层堆积内包含少量灰烬和烧土块。堆积Ⅲ区，位于遗址东部，堆积距地表约2.0米出现，厚约0.6米，堆积内包含大量灰烬和烧土块。

里汪环壕遗址位于双陈河支流沿岸，地理环境较为优越，与其他遗址相比较，该环壕形状较

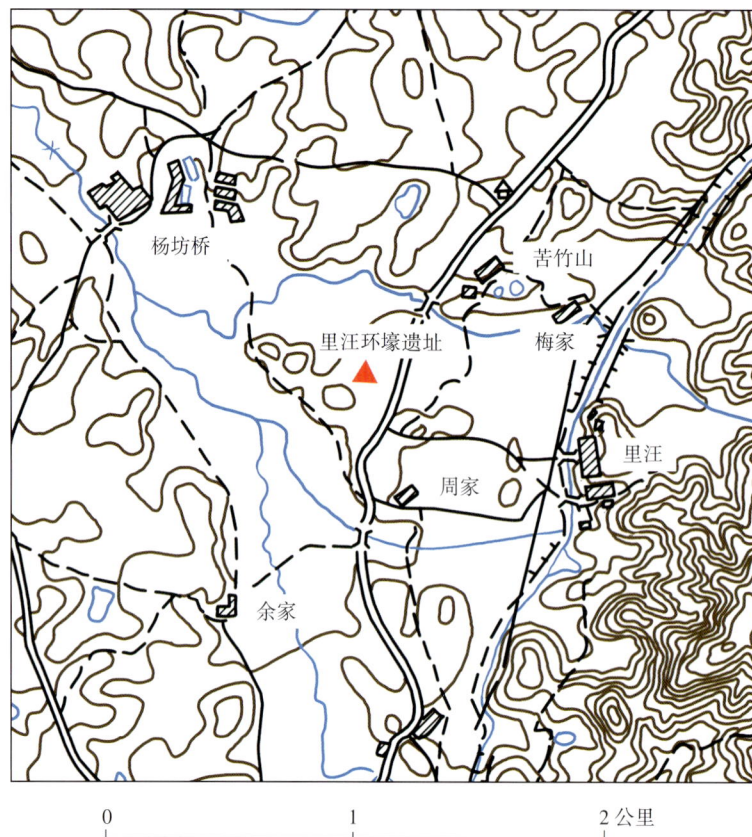

图二三　里汪环壕遗址地貌图

图二四　里汪环壕遗址航拍图

图二五　里汪环壕遗址远景图（由南向北）

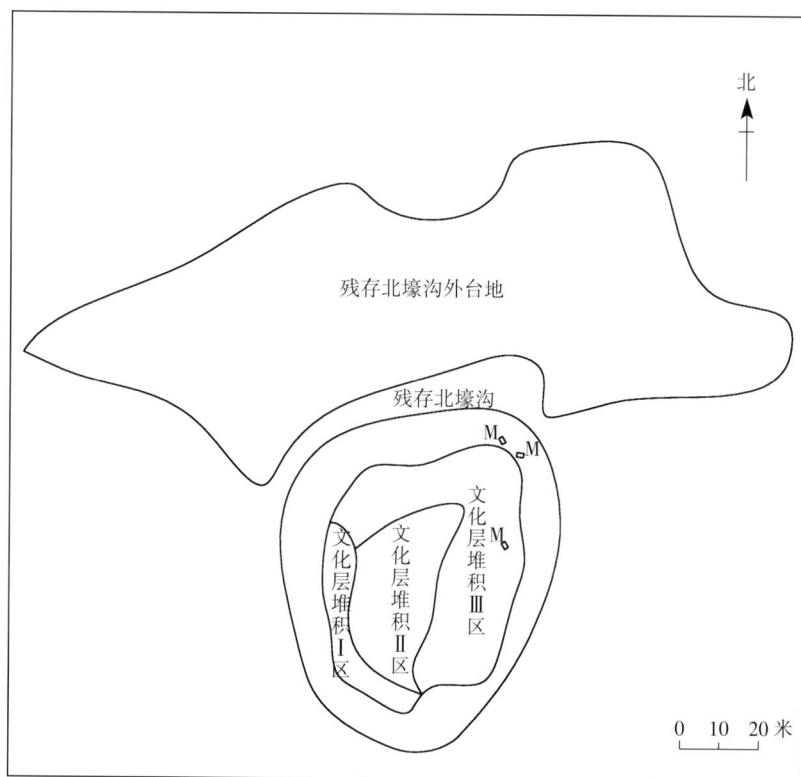

图二六　里汪环壕遗址勘探平面图

为少见。遗址地表采集到石器、陶器等遗物，以下逐一进行介绍。

2. 遗物介绍

采集遗物主要为石器和陶器。石器见有石锛，陶器见有鼎（足）、罐、陶刀等。

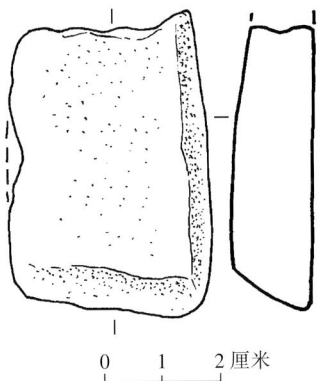

图二七　里汪环壕遗址采集石锛
（2015JLWH：1）

（1）石器

石锛　1件。

2015JLWH：1，黄褐色砂岩制成，顶端残，两侧斜直，单面磨成斜刃，上下面平整，器表较为光滑。高5.2、宽3.5、厚1.4厘米（图二七；图版三，3）。

（2）陶器

里汪环壕遗址采集的陶器以硬陶、夹砂陶为主。硬陶多为灰色、灰褐色，纹饰有波浪纹、菱格纹、绳纹、变体雷纹和交错线纹（图二八），器形有罐、钵等；夹砂陶多为灰褐色、黄褐色，纹饰有绳纹，器形有罐、鼎（足）、圈足等。

图二八　里汪环壕遗址采集陶片纹饰拓片
1. 菱格纹　3. 波浪纹　8. 小方格纹　2、6、7. 绳纹　4、10. 变体雷纹　5、9. 交错线纹

陶罐　4件。

2015JLWH：2，灰色硬陶，侈口，微卷沿，圆唇。素面。口径10.0、残高2.0厘米（图二九，1）。

2015JLWH：3，灰色硬陶，侈口，折沿，宽圆唇。素面。残高3.6厘米（图二九，3）。

2015JLWH：4，灰色硬陶，近直口，方唇，沿面内凸。素面。残高3.4厘米（图二九，4）。

2015JLWH：5，夹砂灰陶，侈口，卷沿，弧腹。素面。口径14.0、残高4.0厘米（图二九，2；图版三，2）。

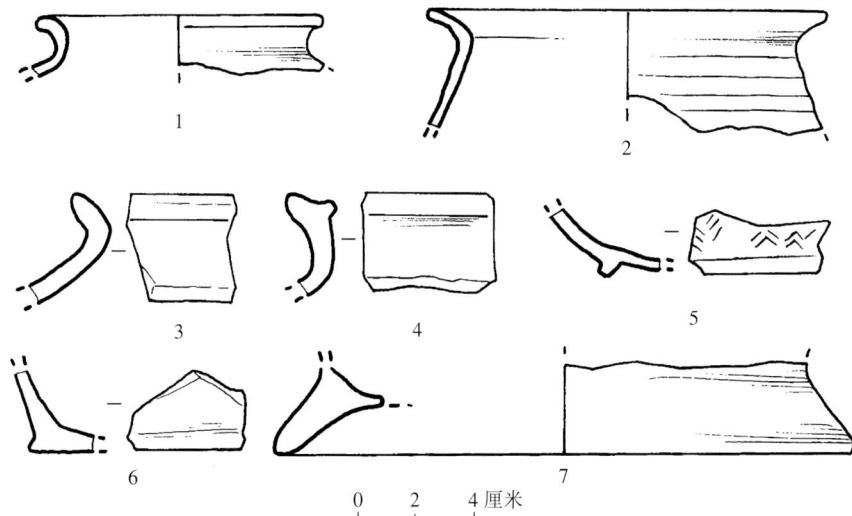

图二九　里汪环壕遗址采集陶器

1～4. 罐（2015JLWH：2、2015JLWH：5、2015JLWH：3、2015JLWH：4）　5～7. 器底（2015JLWH：7、2015JLWH：6、2015JLWH：8）

器底　3件。

2015JLWH：6，夹砂黄褐陶，斜直腹，平底。素面。残高2.6厘米（图二九，6）。

2015JLWH：7，灰色硬陶，斜弧腹，矮圈足。器表施折线纹。残高2.2厘米（图二九，5）。

2015JLWH：8，夹粗砂黄褐陶，矮圈足。底端外撇。素面。圈足径20.0、残高3.2厘米（图二九，7）。

鼎足　3件。

2015JLWH：9，夹砂黄褐陶，扁状足。一侧足根部有一按窝。残高8.0厘米（图三〇，3；图版三，1）。

2015JLWH：10，夹砂黄褐陶，扁柱状。一侧可见一竖向凹槽。残高10.0厘米（图三〇，2）。

2015JLWH：11，夹砂灰褐陶，宽扁状。素面。残高6.2厘米（图三〇，1）。

陶刀　1件。

2015JLWH：12，夹砂灰褐陶，弧背，单面刃，两侧残断，近背部有一圆形穿孔。一面可见刻划弧线纹。残宽3.1、残高3.5厘米（图三〇，4；图版三，4）。

3. 遗址性质与年代

里汪环壕遗址平面近椭圆形，形制较为特殊。该遗址所在区域有多处环壕和岗地类聚落发现，揭示该区域具有适宜古人居住的自然条件。对采集到的陶片进行比较分析，可以看出，印纹硬陶多见菱格纹、变体雷纹、交错线纹、绳纹等纹饰，器形见有扁状鼎足、多口罐等。比较来看，所见陶器具有西周晚期至春秋时期特征，器表见有一圆形按窝鼎足的年代可至商代晚期或更早，素面扁状鼎足多见于抚河流域，从乐安县、宜黄县调查结果来看，此类足多见于春秋时期。因此，里汪环壕遗址的年代大致为商代晚期至春秋时期。

里汪环壕遗址的发现与初步研究，增添了环壕遗址的形制种类，为区域聚落等级与结构的深入探讨提供了重要信息。

1、2、3 0　2　4 厘米
4 0　1　2 厘米

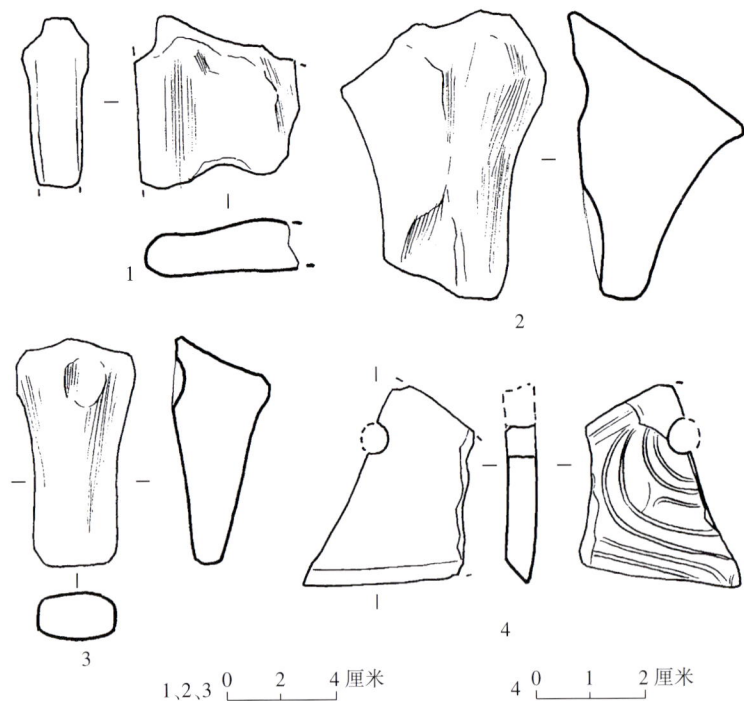

图三〇　里汪环壕遗址采集遗物
1、2、3 陶鼎足（2015JLWH：11、2015JLWH：10、2015JLWH：9）　4. 陶刀（2015JLWH：12）

1. 鼎足（2015JLWH：9）

2. 陶罐（2015JLWH：5）

3. 石锛（2015JLWH：1）

4. 陶刀（2015JLWH：12）

图版三　里汪环壕遗址采集遗物

四　后龙岗环壕遗址

1. 遗址概况

后龙岗环壕遗址位于陈坊积乡岐山后科村后龙岗（图三一），南侧 500 米为艾家村，东南约 1000 米为江下村，西侧约 500 米为枫山村，北侧约 700 米为白仙村（图三二）。该遗址地理坐标为：北纬 28°04′19.1″，东经 116°33′46.2″，海拔 47 米。

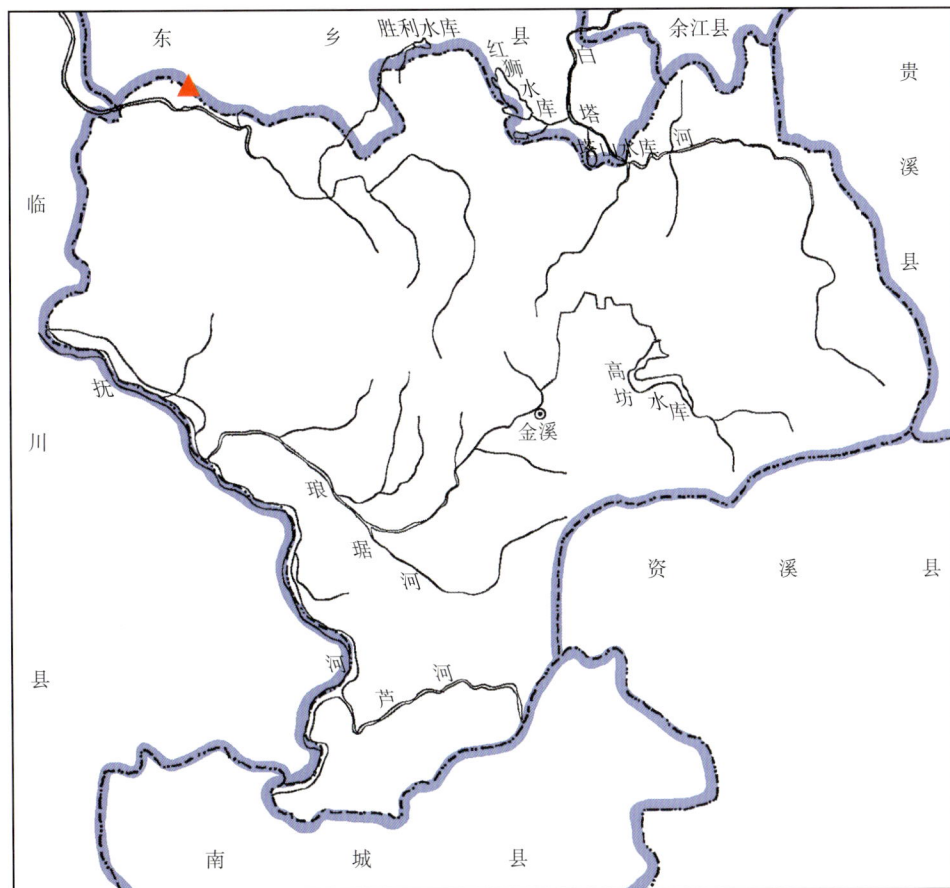

图三一　后龙岗环壕遗址位置图

该遗址平面近方形，边长约 90 米。北侧壕沟宽约 15 米，壕沟北侧为台地。中部台地西、南侧外地势平坦，为现代稻田。北部台地高于东、西两侧地表约 4～4.5 米。中部台地地势四周高中间稍低（图三三），地表为人工栽植的栀子树，植被较茂密（图三四、三五）。后龙岗环壕遗址已基本具备环壕遗址的特征，如中部台地北部壕沟及北部外围台地结构完整，其余各处遭到破坏不见壕沟外围台地。

野外调查勘探过程中，发现地层堆积主要分布于北部台地，平面近圆环形，内径约 30 米，外径约 46 米。距地表深约 0.4～0.8 米发现文化层，厚约 0.4 米，堆积内包含灰烬、烧土块和少量陶片（图三六）。

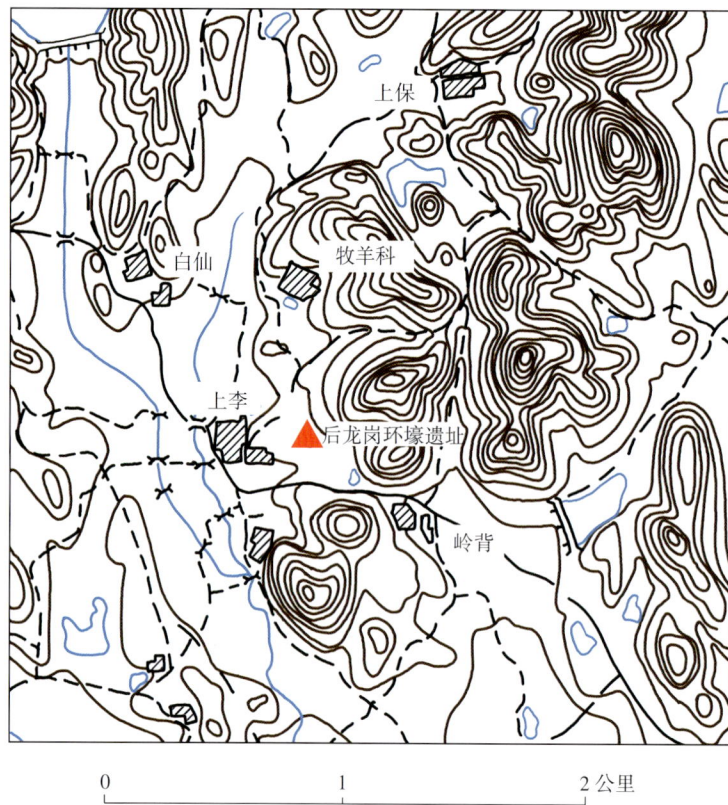

图三二　后龙岗环壕遗址地貌图

图三三　后龙岗环壕遗址航拍图

图三四　后龙岗环壕遗址远景图（自北向南）

图三五　后龙岗环壕遗址远景图（自南向北）

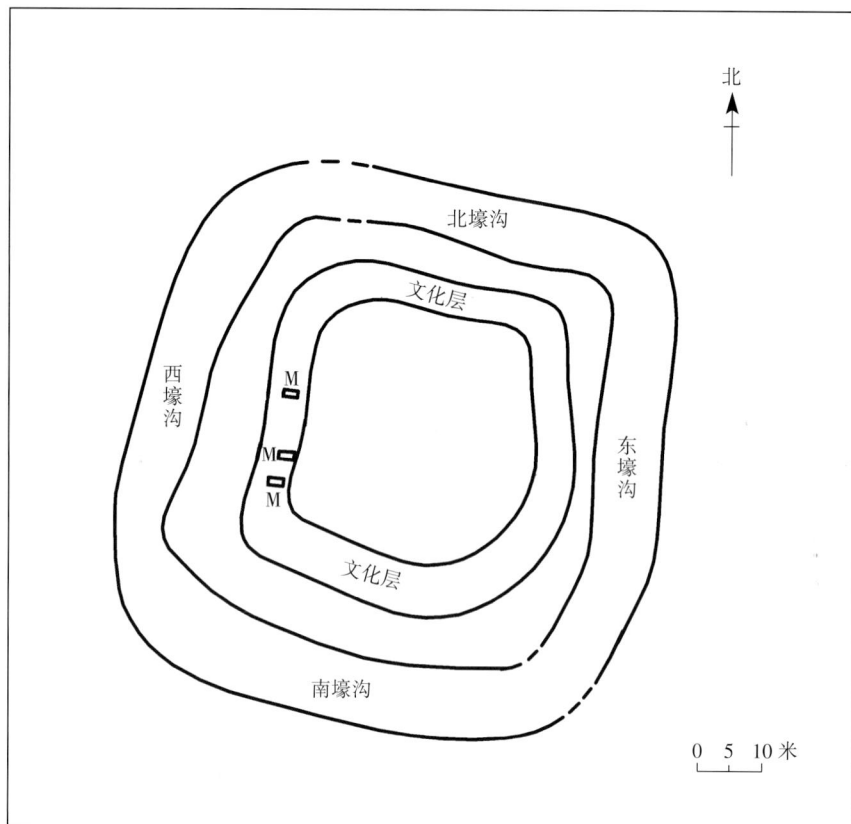

图三六　后龙岗环壕遗址勘探平面图

2. 遗物介绍

后龙岗遗址采集遗物较为丰富，可分为石器和陶器两类。

（1）石器

石镞　4件。

2015JHLG：2，青色砂岩制成，锋残，刃锋利，中部起脊，截面呈菱形，锥状铤。器表磨制光滑。残长6.4厘米（图三七，3；图版四，3）。

2015JHLG：3，青色砂岩磨制而成，锋残，两刃锋利，中部起脊截面呈菱形。器表磨制光滑。残长4.2厘米（图三七，4）。

2015JHLG：4，青色砂岩磨制而成，两刃锋利，中部起脊，截面呈菱形，锥状铤，略残。器表磨制光滑。残长8.5厘米（图三七，2；图版四，2）。

2015JHLG：5，青色砂岩磨制而成，前锋残，两刃锋利，中部起脊，截面呈菱形，锥状铤，略残。器表磨制光滑。残长5.2厘米（图三七，1）。

石刀　2件。

2015JHLG：1，青色砂岩磨制而成，两端残，上下端磨制弧刃。器表磨制光滑。残长4.5、高3.5厘米（图三七，5）。

2015JHLG：7，灰色砂岩制而成，呈长方形，两端残，四周平直，制作较为规整。残长14.6、宽约7.0厘米（图三八，1）。

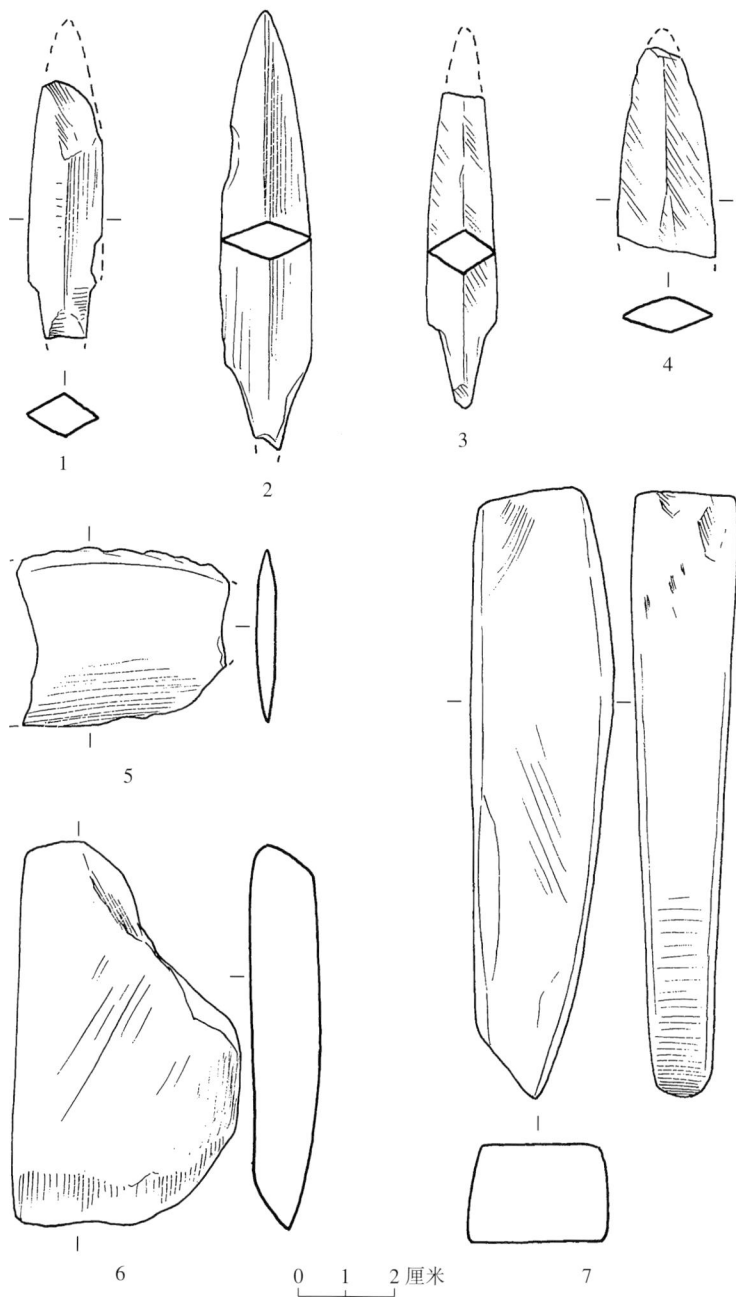

图三七 后龙岗环壕遗址采集石器

1~4. 石镞（2015JHLG：5、2015JHLG：4、2015JHLG：2、2015JHLG：3） 5. 石刀（2015JHLG：1） 6. 石铸（2015JHLG：9） 7. 石凿（2015JHLG：6）

砺石 1件。

2015JHLG：8，黄褐色砂岩磨制而成，形状不规则，两侧平直，上下研磨面内凹。磨制较为光滑。长14.2、高9.8厘米（图三八，2）。

石铸 1件。

2015JHLG：9，青灰色闪长岩磨制而成，顶端残，两侧平直，单面刃。器表较为光滑。残长7.8、宽4.7厘米（图三七，6；图版五，2）。

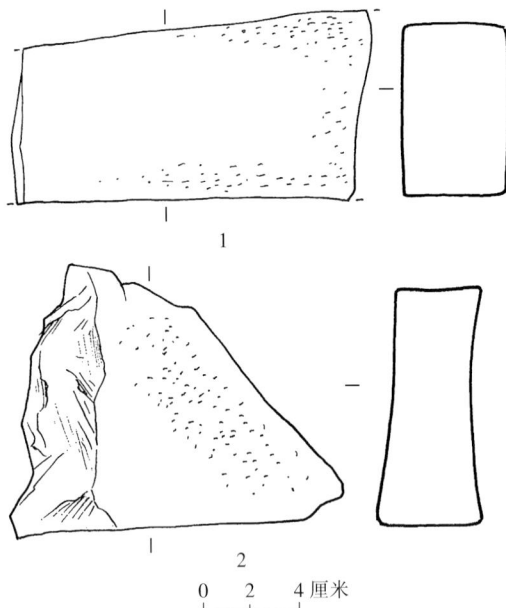

图三八　后龙岗环壕遗址采集石器

1. 石刀（2015JHLG：7）　　2. 砺石（2015JHLG：8）

石凿　1件。

2015JHLG：6，青灰色砂岩磨制而成，呈长方形，顶端平整，四周平直，单面刃。器表较为光滑。残长12.4厘米（图三七，7；图版五，5）。

（2）陶器

后龙岗遗址采集陶器主要以夹砂陶为主，陶色多为灰褐色、褐色及浅红色，纹饰较少，多见戳印纹，器形主要有鼎、罐等；印纹硬陶较少，陶色多为灰色，纹饰多见方格纹、绳纹、折线纹、菱格纹、雷纹（图三九），器形见有罐。

罐　3件。

2015JHLG：10，夹砂灰陶，侈口，宽折沿内凹，方唇。器表施粗绳纹。残高6.0厘米（图四〇，3）。

2015JHLG：11，夹砂灰陶，侈口，宽折沿内凹，方唇。器表施绳纹。残高5.0厘米（图四〇，2）。

2015JHLG：12，灰褐色硬陶，侈口，微卷沿，圆唇。器表施网格纹。残高4.0厘米（图四〇，1；图版四，5）。

罐底　1件。

2015JHLG：13，褐色硬陶，斜腹，平底。器表可见斜线纹。残高5.0厘米（图四〇，5）。

圈足　4件。

2015JHLG：14，夹砂灰陶，矮圈足，近底端微外撇。素面。底径10.8、残高4.6厘米（图四〇，4）。

2015JHLG：15，夹砂灰陶，矮圈足。素面。底径7.6、残高2.0厘米（图四〇，7）。

2015JHLG：16，夹砂黄陶，矮圈足，近底端微外撇。素面。底径2.4、残高11.6厘米（图四

图三九 后龙岗环壕遗址采集陶片纹饰拓片

1、5、6. 绳纹 2. 折线纹 3. 小方格纹 4. 绳纹＋折线纹 7、8. 菱格纹 9. 雷纹

〇，8)。

2015JHLG：91，夹砂红褐陶，平底，喇叭状圆足，底部有一圆形穿孔。素面。残高6.6厘米（图四〇，6）。

鼎足 74件。数量较多，据形态可分为五型：

A型：6件。截面为"T"字形。

2015JHLG：27，夹砂黄褐陶。素面。残高5.0厘米（图四一，2）。

2015JHLG：49，夹砂红褐陶。素面。残高6.6厘米（图四一，4）。

2015JHLG：50，夹砂灰褐陶。素面。残高7.2厘米（图四一，3）。

2015JHLG：51，夹砂黄褐陶。素面。残高6.0厘米（图四一，5）。

2015JHLG：52，夹砂黄褐陶。素面。残高8.4厘米（图四一，6）。

2015JHLG：53，夹砂红褐陶。足根部有一对按压凹窝。残高4.6厘米（图四一，1）。

B型：8件。宽扁状，足外斜，器表见有较多戳印凹窝。

2015JHLG：17，夹砂灰陶。素面。残高4.0厘米（图四五，7）。

2015JHLG：23，夹粗砂黄褐陶，截面呈椭圆形。两侧遍布戳印凹窝。残高9.6厘米（图四三，

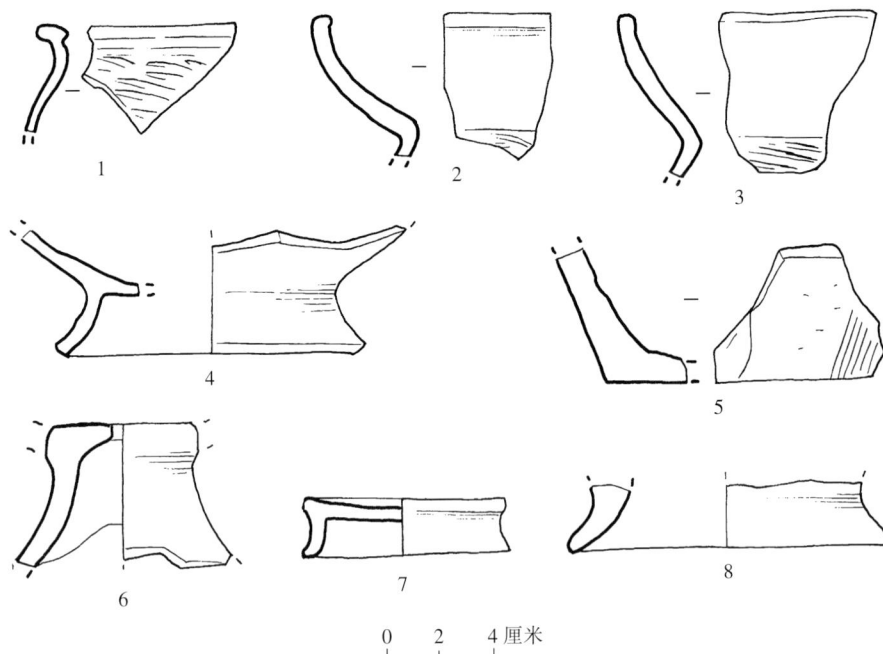

图四〇　后龙岗环壕遗址采集遗物

1~3. 罐口沿（2015JHLG：12、2015JHLG：11、2015JHLG：10）　4、6、7、8. 圈足（2015JHLG：14、2015JHLG：91、2015JHLG：15、2015JHLG：16）

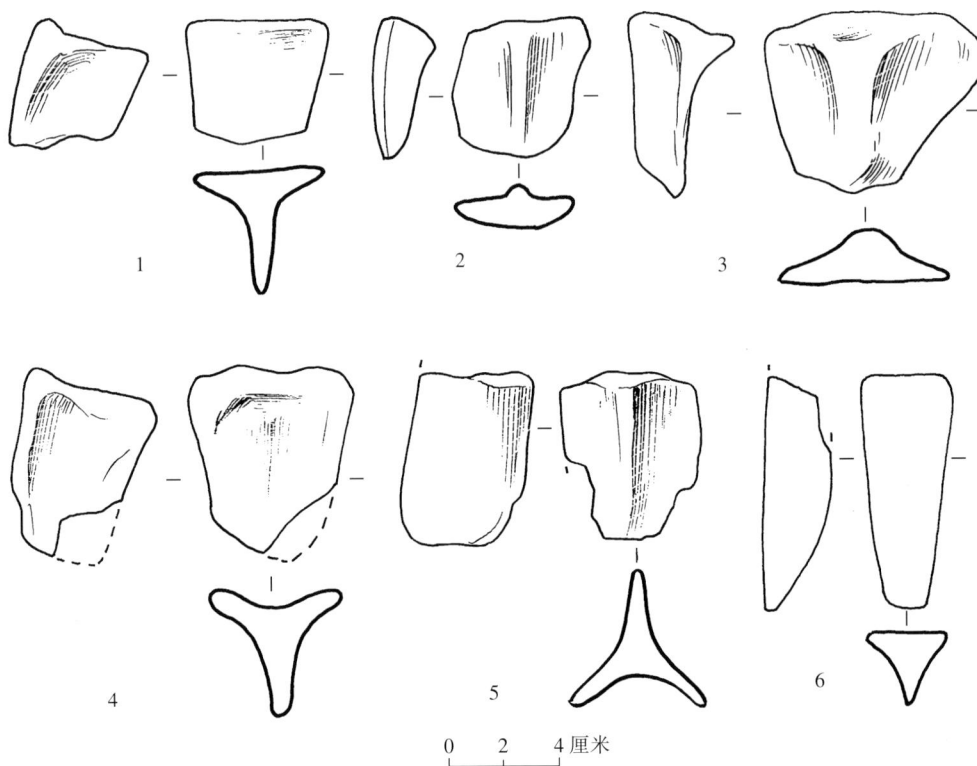

图四一　后龙岗环壕遗址采集鼎足

1~6. A 型鼎足（2015JHLG：53、2015JHLG：27、2015JHLG：50、2015JHLG：49、2015JHLG：51、2015JHLG：52）

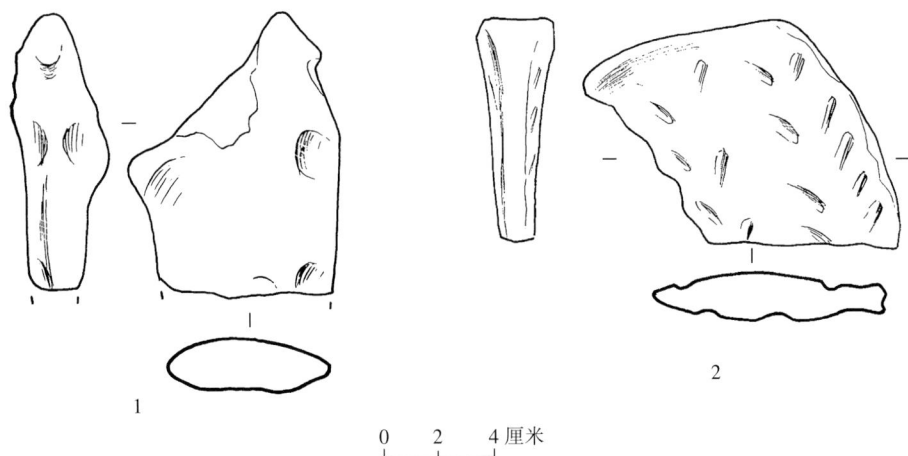

图四二　后龙岗环壕遗址采集鼎足
1. Da 型（2015JHLG：71）　　2. B 型（2015JHLG：84）

11；图版五，3）。

2015JHLG：70，夹砂红陶，外侧边缘可见按压凹窝。残高6.0厘米（图四三，6）。

2015JHLG：84，夹砂黄褐陶，内外侧可见斜向戳印纹。残高8.0厘米（图四二，2；图版五，4）。

2015JHLG：86，夹砂灰陶，器表见有戳印凹窝纹。残高7.0厘米（图四三，10）。

2015JHLG：87，夹砂黄褐陶，器表可见多个戳印凹窝。残高7.0厘米（图四三，9）。

2015JHLG：88，夹砂红褐陶，器表两侧均有短戳印纹。残高4.6厘米（图四三，4）。

2015JHLG：89，夹砂红褐陶，器表可见戳印凹窝。残高7.0厘米（图四三，2）。

C 型：1 件。瓦状扁足。

2015JHLG：30，夹砂黄褐陶，两侧边缘内卷。素面。残高7.8厘米（图四五，1）。

D 型：19 件。宽扁状，据有无按压窝痕，可分为两亚型：

Da 型：10 件。有按压窝。

2015JHLG：22，夹粗砂灰陶，边缘可见按窝痕。高5.8厘米（图四三，7）。

2015JHLG：36，夹粗砂红陶，外侧有两对按压凹窝痕。高9.0厘米（图四三，12）。

2015JHLG：44，夹砂灰陶，截面呈扁圆形，外侧边缘见有按压窝痕。残高6.0厘米（图四五，9）。

2015JHLG：55，夹砂黄褐陶，外侧边缘有两对按压凹窝。高6.6厘米（图四三，1；图版五，1）。

2015JHLG：56，夹砂红褐陶，边缘见有浅凹窝。残高6.7厘米（图四三，3）。

2015JHLG：57，夹砂红陶，外侧边缘见有按压窝痕。高6.0厘米（图四五，8）。

2015JHLG：61，夹砂灰陶，边缘可见按压痕。高5.0厘米（图四五，8）。

2015JHLG：68，夹粗砂黄褐陶，截面呈扁圆形，外侧边缘见有按压窝痕。残高7.0厘米（图四五，4）。

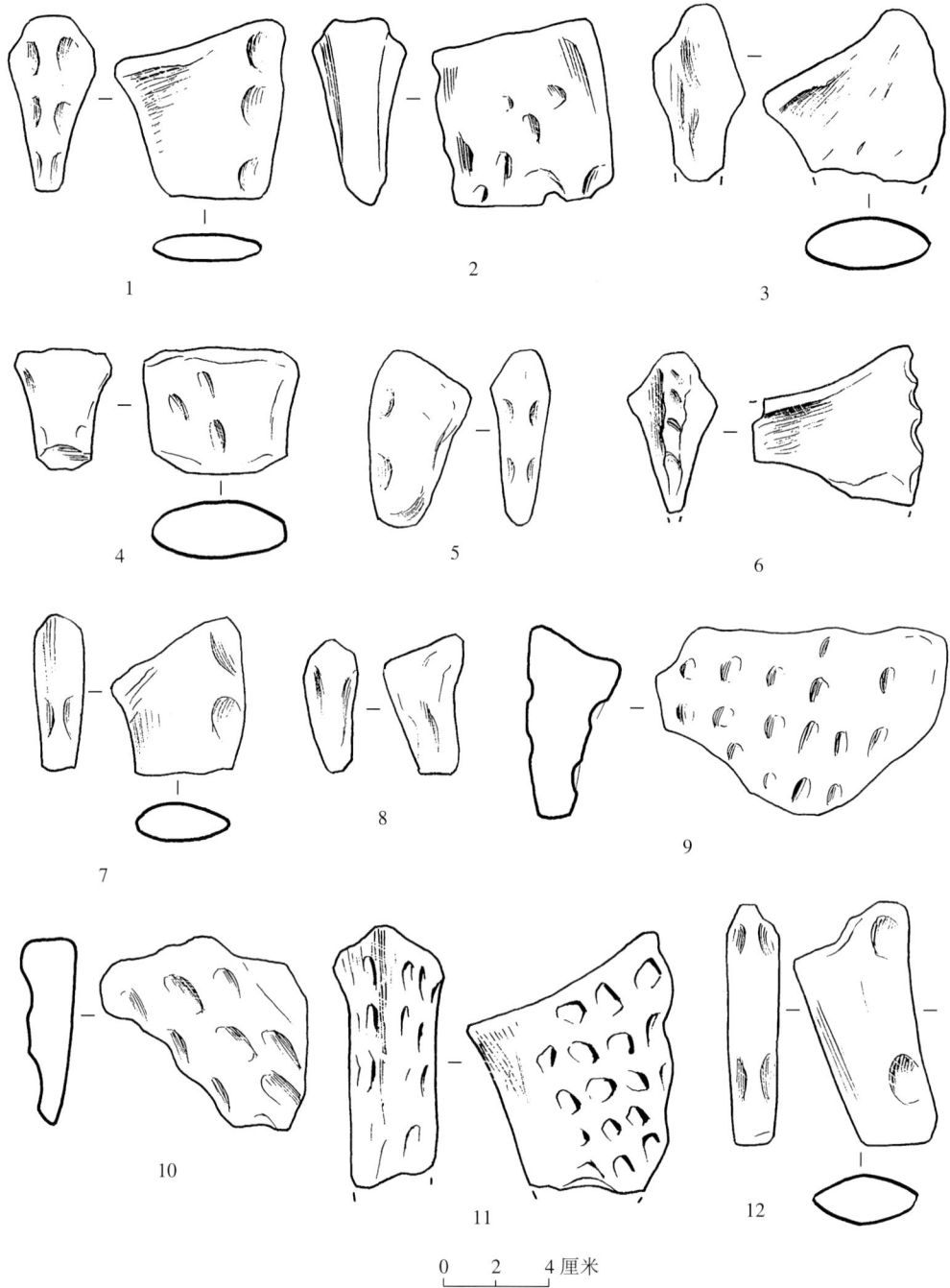

图四三　后龙岗环壕遗址采集鼎足

1、3、5、7、8、12. Da 型鼎足（2015JHLG：55、2015JHLG：56、2015JHLG：83、2015JHLG：22、2015JHLG：61、2015JHLG：36）

2、4、6、9～11. B 型鼎足（2015JHLG：89、2015JHLG：88、2015JHLG：70、2015JHLG：87、2015JHLG：86、2015JHLG：23）

2015JHLG：71，夹砂灰褐陶，外侧边缘有一对按压凹窝。残高10.0厘米（图四二，1）。

2015JHLG：83，夹砂黄陶，边缘可见两对按压窝痕。高6.6厘米（图四三，5）。

Db 型：9 件。无按压窝。

2015JHLG：33，夹砂灰褐陶。素面。残高7.2厘米（图四六，1）。

2015JHLG：54，夹砂灰陶。素面。残高8.0厘米（图四四，4）。

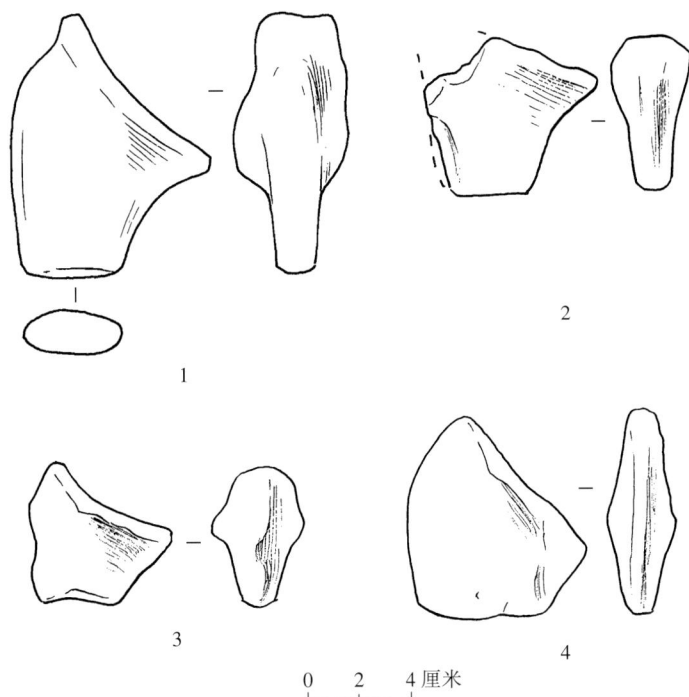

图四四　后龙岗环壕遗址采集鼎足

1～4. Db 型鼎足（2015JHLG：67、2015JHLG：75、2015JHLG：72、2015JHLG：54）

2015JHLG：58，夹砂红褐陶。素面。残高 7.0 厘米（图四六，6）。

2015JHLG：67，夹粗砂红褐陶。素面。残高 10.0 厘米（图四四，1）。

2015JHLG：69，夹砂红褐陶。素面。残高 7.0 厘米（图四六，2）。

2015JHLG：72，夹砂黄褐陶。素面。残高 5.4 厘米（图四四，3）。

2015JHLG：75，夹砂红陶。素面。残高 6.0 厘米（图四四，2）。

2015JHLG：76，夹砂灰黑陶。素面。残高 7.4 厘米（图四八，2）。

2015JHLG：82，夹砂黄褐陶。素面。残高 6.0 厘米（图四八，4）。

E 型：40 件。扁柱状鼎足。

2015JHLG：18，夹粗砂黄陶。素面。残高 10.4 厘米（图四五，3）。

2015JHLG：19，夹粗砂灰褐陶。素面。残高 3.8 厘米（图四六，7）。

2015JHLG：20，夹粗砂红褐陶。素面。残高 8.0 厘米（图四七，3）。

2015JHLG：21，夹粗砂灰陶。素面。残高 6.4 厘米（图四六，11）。

2015JHLG：24，夹砂浅灰陶。两侧各有一道浅凹痕。残高 8.0 厘米（图四七，1）。

2015JHLG：25，夹砂灰陶。素面。残高 6.8 厘米（图四五，6）。

2015JHLG：26，夹砂灰陶。扁足外弧。素面。残高 7.0 厘米（图四五，4）。

2015JHLG：28，夹砂黄陶。素面。残高 6.6 厘米（图四七，5）。

2015JHLG：29，夹砂红陶。内侧有一道竖向凸棱。残高 5.4 厘米（图四七，8）。

2015JHLG：31，夹砂灰褐陶。素面。残高 5.2 厘米（图四七，13）。

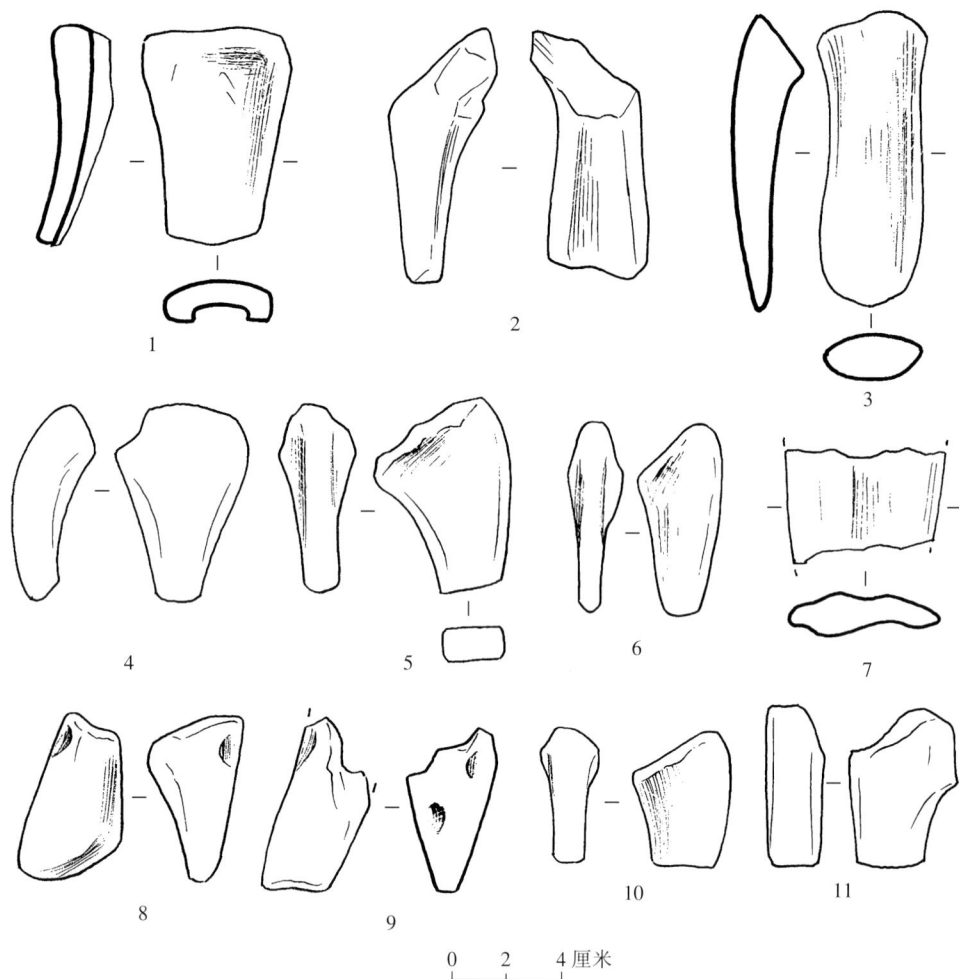

图四五　后龙岗环壕遗址采集鼎足

1. C 型鼎足（2015JHLG：30）　　2～6、10、11. E 型鼎足（2015JHLG：42、2015JHLG：18、2015JHLG：26、2015JHLG：81、2015JHLG：25、2015JHLG：80、2015JHLG：40）　　7. B 型鼎足（2015JHLG：17）　　8、9. Da 型鼎足（2015JHLG：57、44）

2015JHLG：32，夹砂黄陶。素面。残高6.0厘米（图四六，12）。

2015JHLG：34，夹砂灰陶，足底捏制成锥状。素面。残高5.0厘米（图四七，11）。

2015JHLG：35，夹砂黄褐陶。素面。残高6.6厘米（图四七，12）。

2015JHLG：37，夹砂灰褐陶。素面。残高6.6厘米（图四七，10）。

2015JHLG：38，夹砂灰陶。素面。残高5.9厘米（图四七，14）。

2015JHLG：39，夹砂灰陶。素面。残高5.0厘米（图四七，16）。

2015JHLG：40，夹砂灰陶。素面。残高5.8厘米（图四五，11）。

2015JHLG：41，夹砂红陶。素面。残高5.0厘米（图四六，9）。

2015JHLG：42，夹砂红褐陶。素面。残高9.0厘米（图四五，2）。

2015JHLG：43，夹砂灰陶。素面。残高5.8厘米（图四七，9）。

2015JHLG：45，夹砂红褐陶。素面。残高5.6厘米（图四七，15）。

2015JHLG：46，夹砂黄褐陶。素面。残高8.4厘米（图四七，2）。

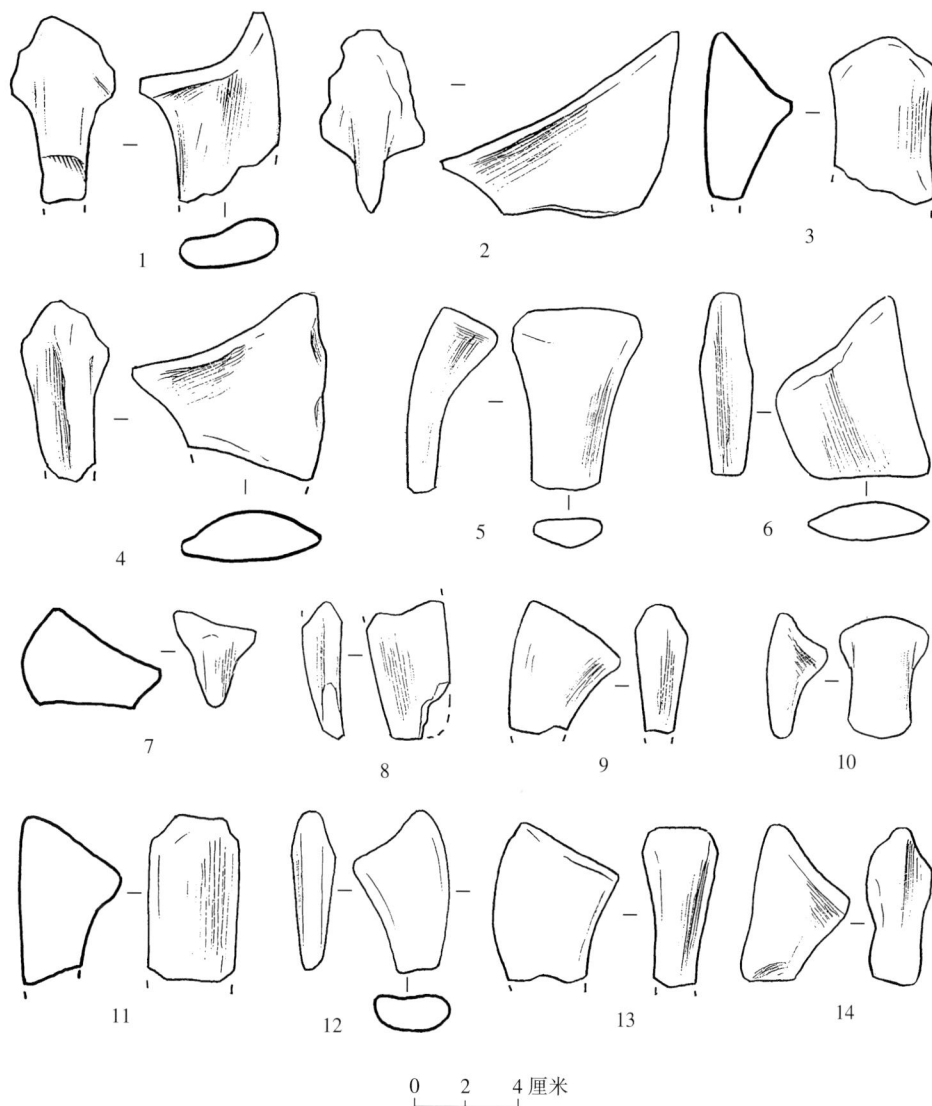

图四六 后龙岗环壕遗址采集鼎足

1、2、6. Db 型鼎足（2015JHLG：33、2015JHLG：69、2015JHLG：58） 3、5、7～14. E 型鼎足（2015JHLG：66、2015JHLG：60、
2015JHLG：19、2015JHLG：62、2015JHLG：41、2015JHLG：65、2015JHLG：21、2015JHLG：32、2015JHLG：64、2015JHLG：59）
4. Da 型鼎足（2015JHLG：68）

　　2015JHLG：47，夹砂灰褐陶。素面。残高 8.0 厘米（图四七，7）。

　　2015JHLG：48，夹砂黄褐陶。素面。残高 5.4 厘米（图四七，6）。

　　2015JHLG：59，夹砂红褐陶。素面。残高 6.0 厘米（图四六，14）。

　　2015JHLG：60，夹砂红褐陶。素面。残高 7.0 厘米（图四六，5、4）。

　　2015JHLG：62，夹砂黄褐陶，截面呈扁圆形，一侧有一道竖向浅凹槽。残高 5.2 厘米（图四
六，8）。

　　2015JHLG：63，夹粗砂红褐陶，器足外弧。素面。残高 10.0 厘米（图四八，9）。

　　2015JHLG：64，夹砂红褐陶，一侧有按压圆窝纹。残高 6.2 厘米（图四六，13）。

　　2015JHLG：65，夹粗红褐陶。素面。残高 4.8 厘米（图四六，10）。

图四七　后龙岗环壕遗址采集鼎足

1～16. E 型鼎足（2015JHLG：24、2015JHLG：46、2015JHLG：20、2015JHLG：90、2015JHLG：28、2015JHLG：48、2015JHLG：47、2015JHLG：29、2015JHLG：43、2015JHLG：37、2015JHLG：34、2015JHLG：35、2015JHLG：31、2015JHLG：38、2015JHLG：45、2015JHLG：39）

2015JHLG：66，夹砂红褐陶。素面。残高6.4厘米（图四六，3）。

2015JHLG：73，夹砂红褐陶。素面。残高7.2厘米（图四八，8）。

2015JHLG：74，夹砂灰陶。素面。残高6.4厘米（图四八，7）。

2015JHLG：77，夹砂红褐陶。素面。残高8.0厘米（图四八，1）。

2015JHLG：78，夹砂黑褐陶。素面。残高5.2厘米（图四八，3）

2015JHLG：79，夹砂黄褐陶。素面。残高6.4厘米（图四八，6）。

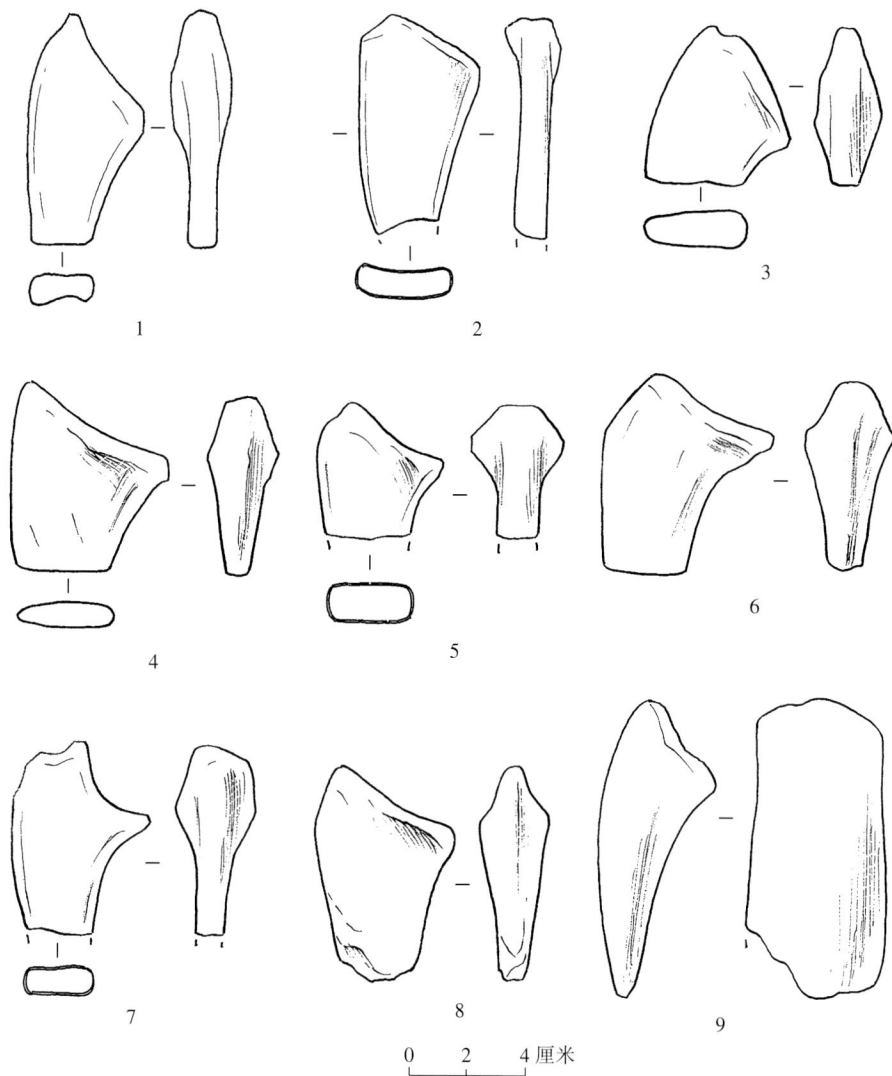

图四八　后龙岗环壕遗址采集鼎足

1、3、5、6~9. E 型（2015JHLG：77、2015JHLG：78、2015JHLG：85、2015JHLG：79、2015JHLG：74、2015JHLG：73、2015JHLG：63）　2、4. Db 型（2015JHLG：76、2015JHLG：82）

2015JHLG：80，夹砂红陶。素面。残高 5.0 厘米（图四五，10）。

2015JHLG：81，夹砂灰褐陶。素面。残高 6.8 厘米（图四五，5）。

2015JHLG：85，夹砂灰陶。素面。残高 4.4 厘米（图四八，5）。

2015JHLG：90，夹砂红褐陶。素面。残高 7.0 厘米（图四七，4）。

陶刀　1 件。

2015JHLG：92，夹砂灰陶，半月形，单面斜刃，近背部有一圆形穿孔。素面。残长 5.6、高 3.4 厘米（图四九，2；图版四，1）。

陶垫　1 件。

2015JHLG：93，夹砂红褐陶，圆锥状，顶端呈圆弧状。素面。高 7.0 厘米（图四九，1；图版四，6）。

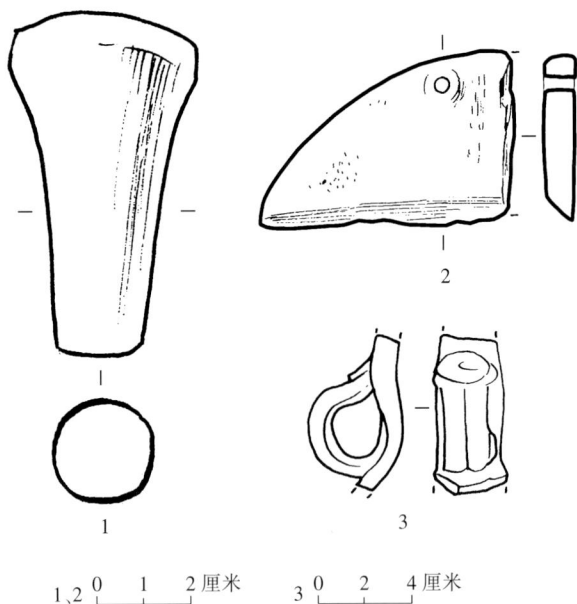

1,2 ⊢—┴—┴—┤ 厘米   3 ⊢—┴—┤ 厘米
      0   1   2   0   2   4

图四九　后龙岗环壕遗址采集遗物
1. 陶垫（2015JHLG：93）　　2. 陶刀（2015JHLG：92）　　3. 附耳（2015JHLG：94）

附耳　1件。

2015JHLG：94，灰色硬陶，桥形附耳，耳中部有一道凹槽。残高6.4厘米（图四九，3）。

3. 遗址性质与年代

后龙岗遗址是一处典型的环壕聚落。在遗址中部台地采集到较多遗物，从器类来看，不仅有生活用器，亦有石镞等武器，可以推断环壕中部台地应是古人居住之地。中部台地之外人工挖成的壕沟应具有排水或防御功能。

后龙岗遗址地表采集到较多遗物，与周边遗存相比较，可将所获遗存划分为以下三个年代组：

第1组：以A型、B型、C型鼎足为代表，这一阶段鼎足为宽扁状，器表多见戳印窝痕，亦见有呈舌状鼎足者。在抚河流域新石器时代末期多见此类鼎足，如在模头岗、茶山等遗址均见有此类鼎足，可推断该组年代为新石器时代末期或略晚。

第2组：以D型鼎足、卷沿陶罐为代表。纹饰多见雷纹和折线纹，这一阶段所见鼎足多为宽扁状，部分边缘见有按压窝痕，部分未见按窝。区域内亦有较多这一时期遗存发现，其年代可推定为商代晚期至西周时期。

第3组：以E型鼎足为代表。这一阶段鼎足为扁柱状，均为素面。在抚河流域广泛分布这一阶段的遗存，其年代应为西周晚期至春秋时期。

通过以上初步分析，可推断后龙岗环壕遗址的年代为新石器时代末期至春秋时期，遗址延续时间较长。该遗址的发现，为区域聚落形态的多样性提供了材料，亦为区域内文化序列建立提供了十分重要的考古资料。

1. 陶刀（2015JHLG：92）

2. 石镞（2015JHLG：4）

3. 石镞（2015JHLG：2）

4. 鼎足（2015JHLG：60）

5. 陶罐（2015JHLG：12）

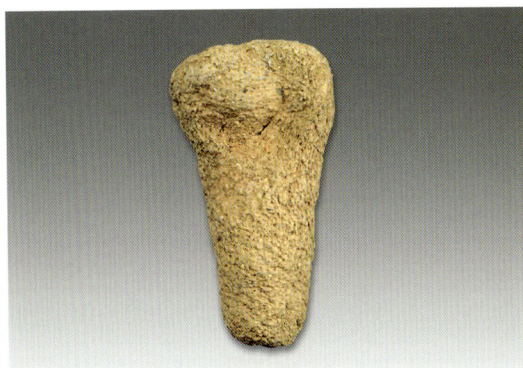

6. 陶垫（2015JHLG：93）

图版四 后龙岗环壕遗址采集遗物

1. 鼎足（2015JHLG：55）

2. 石锛（2015JHLG：9）

3. 圈足（2015JHLG：23）

4. 圈足（2015JHLG：84）

5. 石凿（2015JHLG：6）

图版五　后龙岗环壕遗址采集遗物

五　城上龚家环壕遗址

1. 遗址概况

城上龚家环壕遗址位于对桥镇龚家村委会城上龚家村，沿着城上龚家村外围分布（图五〇），北距太坪村约960米，206国道自遗址中部东西向贯穿，西北部有655乡道自206国道向北穿过，西距朱家坊村约870米。该遗址地理坐标为：北纬28°01′54.3″，东经116°51′58.2″，海拔63米。遗址所处区域地势较平坦，外侧为低矮山岗。该遗址位于瑶河支流沿岸，地理环境较为优越（图五一）。

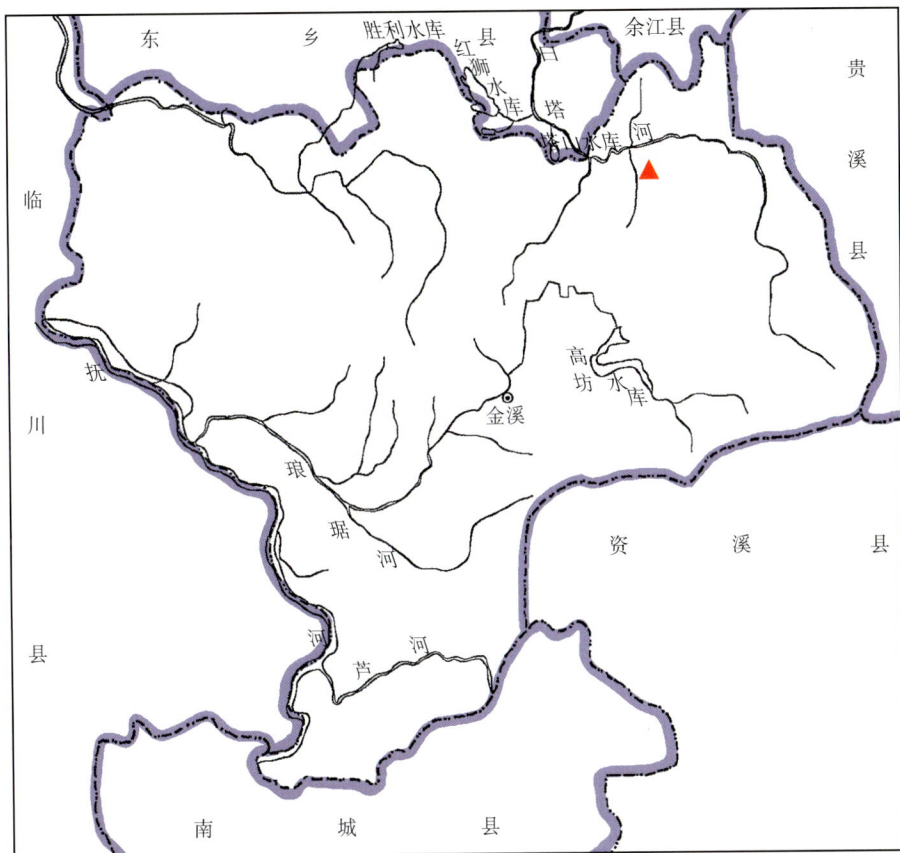

图五〇　城上龚家环壕遗址位置图

该遗址由中心台地和四周壕沟组成，遗址长径约622.4米，短径约460.7米，面积约20万平方米。遗址所在台地中心区域为村庄，受生产活动影响，破坏严重。仅在村庄北部、南部等台地保存相对较好（图五二）。遗址地表植被覆盖较为茂密（图五三）。台地整体高于周围稻田约1～7米不等，在中心台地边缘发现有残留人工垒墙遗迹，宽约4～10米。壕沟仅有东壕沟局部和北壕沟残部，现存宽度约22～67米，壕沟内现大部分为稻田。

野外调查勘探过程中，在中心台地发现五个重点堆积分布区，编号Ⅰ区—Ⅴ区。

堆积Ⅰ区位于中心区域西北部，平面呈不规则环形，宽约25.95～71.07米，面积约2989.2平方米，堆积距地表深约0.8～1.1米，厚约2.2～2.7米，堆积内包含烧土块和灰烬。该区域北部外围边缘发现疑似有夯土遗迹，夯土遗迹距地表深约1.4～1.7米，厚约0.7～1.4米，其有堆积分布，

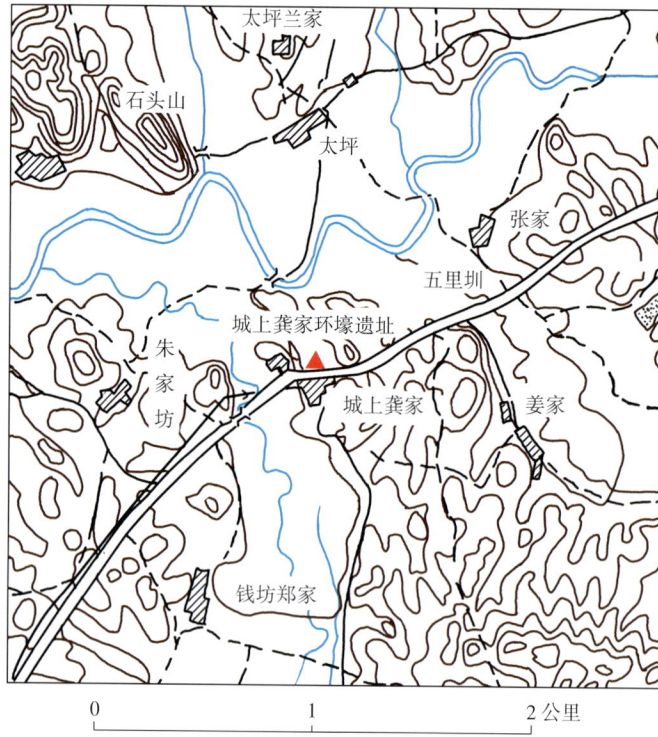

图五一　城上龚家环壕遗址地貌图

图五二　城上龚家环壕遗址航拍图

图五三 城上龚家环壕遗址远景图（由东南向西北）

距地表深约 2.1~3.1 米，厚约 0.4~1.4 米，堆积内包含部分烧土块和灰烬。

堆积 II 区位于中心区域东北部，平面呈不规则形，长径约 96.02 米，短径 27 米，面积约 2215.11 平方米，堆积距地表深约 0.5~1.2 米，厚约 0.5~1.6 米，堆积内包含部分烧土块和灰烬。

堆积 III 区位于中心区域东南部，平面呈不规则形，长径约 102.3 米，短径 68.5 米，面积约 5139.2 平方米，堆积距地表深约 1 米，厚约 0.4 米，堆积内发现有陶片。

堆积 IV 区位于中心区域南侧，平面呈不规则形，长径约 48.25 米，短径 34.2 米，面积约 1088.31 平方米，堆积距地表深约 0.6~1 米，厚约 0.6~0.7 米，堆积内包含部分烧土块和灰烬。

堆积 V 区位于中心区域西南部台地上，区域平面呈不规则形，长径约 41.1 米，短径 19.9 米，面积约 411.9 平方米，堆积距地表深约 1~1.2 米，厚约 1.4~1.9 米，堆积内包含部分烧土块和灰烬，在文化层下发现有疑似夯土遗迹，距地表深约 2 米，厚约 1.3 米。

2. 遗物介绍

城上龚家环壕遗址采集遗物较少，仅有 1 件石锛和一定数量的陶鼎足。

（1）石器

石锛 1 件。

2015JCG：1，青灰色砂岩磨制而成，顶部平整，两侧斜直，单面斜刃，一侧中部有段。器表磨制光滑。高 5.8、宽 4.0 厘米（图五四；图版六，5）。

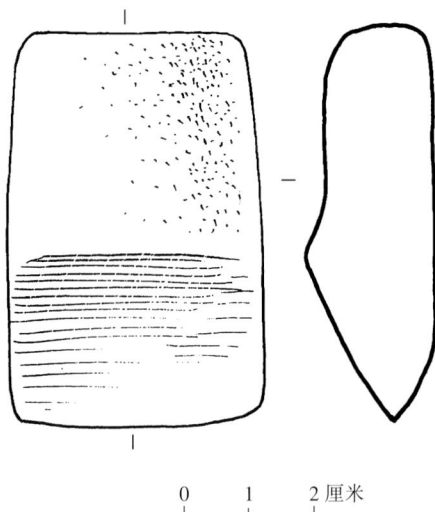

图五四　城上龚家环壕遗址采集石锛（2015JCG：1）

（2）陶器

陶器以夹砂陶为多，印纹硬陶器较少，夹砂陶主要以灰色、灰白色为主，多为素面，器形主要有鼎足、罐、鬲等；印纹硬陶见有少量雷纹（图五五，1）、席纹（图五五，2）。

图五五　城上龚家环壕遗址采集陶片纹饰拓片
1. 雷纹　2. 席纹

鼎足，11件。据形态可分为两型：

A型：2件。截面为三棱形。

2015JCG：6，夹砂灰陶。素面。残高8.8厘米（图五六，1；图版六，4）

2015JCG：13，夹砂黄褐陶。素面。残高7.0厘米（图五六，2）。

B型：9件。宽扁状鼎足，据器表有无按窝，可分为两亚型：

Ba型：5件。边缘见有按压窝痕。

2015JCG：3，夹砂灰陶，一侧足上部可见两对按压凹窝。残高9.8厘米（图五七，9；图版六，2）。

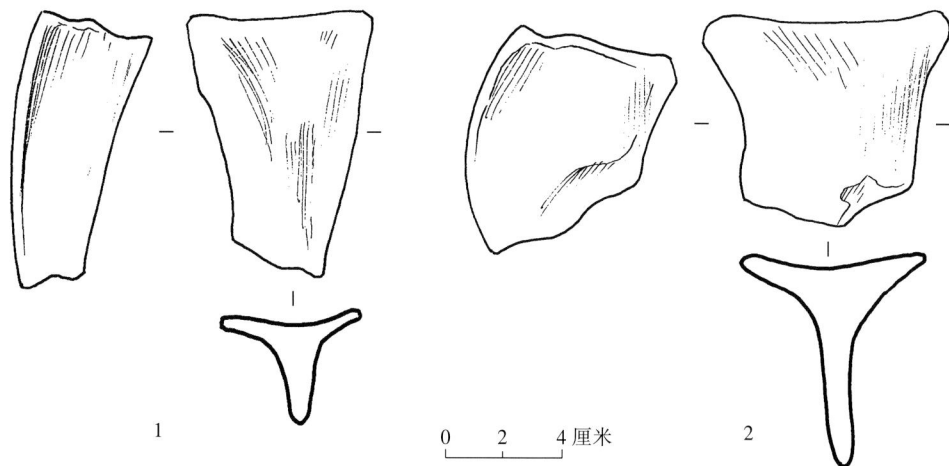

图五六 城上龚家环壕遗址采集陶鼎足
1. 鼎足（2015JCG：6） 2. 鼎足（2015JCG：13）

2015JCG：5，夹砂灰陶，一侧足上部可见两对按压凹窝。残高7.0厘米（图五七，1）。

2015JCG：8，夹砂黄褐陶，一侧足上部可见两对按压凹窝。残高8.0厘米（图五七，2；图版六，1）。

2015JCG：9，夹砂灰陶，一侧足上部有一对按压凹窝。残高12.0厘米（图五七，10）。

2015JCG：10，夹砂灰陶，一侧足上部有两对按压凹窝。残高8.0厘米（图五七，3）。

Bb型：4件。未见按压窝痕。

2015JCG：2，夹砂灰褐陶。素面。残高9.6厘米（图五七，8）。

2015JCG：4，夹砂灰白陶。素面。残高5.8厘米（图五七，6）。

2015JCG：7，夹砂红褐陶。素面。残高11.0厘米（图五七，4；图版五，3）。

2015JCG：12，夹砂灰褐陶。素面。残高8.0厘米（图五七，5）。

鬲足 1件。

2015JCG：11，夹砂灰褐陶，袋状空心足，实足根。素面。残高4.4厘米（图五七，7；图版六，6）。

3. 遗址性质与年代

城上龚家环壕遗址结构完备，由中部台地、壕沟及外围台地构成，是一处典型的环壕聚落。从遗址面积来看，该遗址中部台地面积约20万平方米，远远大于周边其他环壕遗址。一般环壕面积约1万平方米，且有多数环壕面积小于1万平方米，城上龚家环壕的发现为区域聚落等级划分提供了重要材料。

对采集遗物进行分析，大致可划分为两个年代组：

第1组，以A型鼎足为代表，该类鼎足在周边遗址亦有所见，其年代可推定为新石器时代末期至夏代。第2组：以B型鼎足为代表，该类鼎足亦在抚河流域常见，其年代多被划定为西周时期或略晚。

由以上分析可见，城上龚家遗址的存在年代延续较长，且该面积较大，为目前该区域所见最大

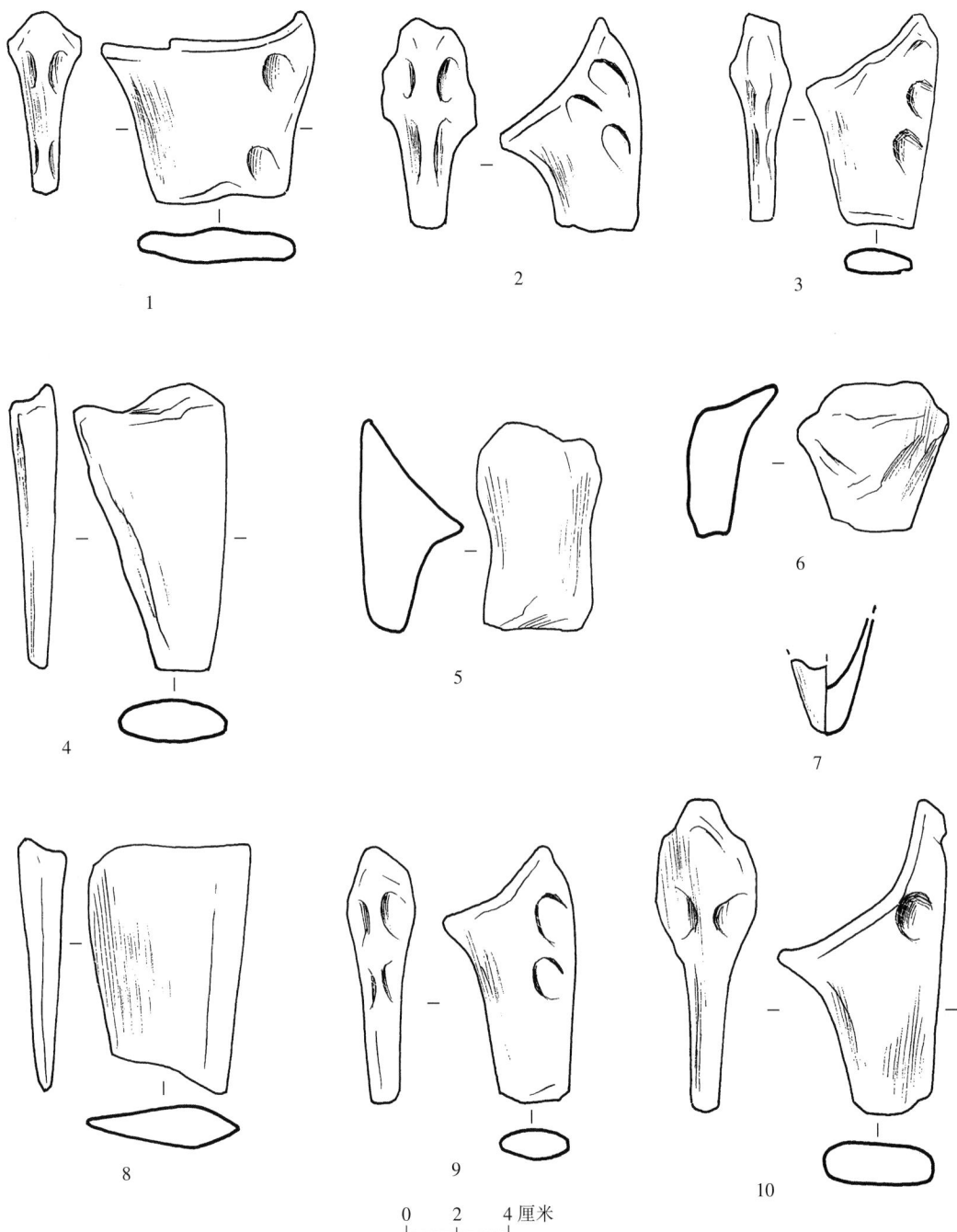

图五七　城上龚家环壕遗址采集陶器

1~3、9、10. Ba 型鼎足（2015JCG：5、2015JCG：8、2015JCG：10、2015JCG：3、2015JCG：9）　4~6、8. Bb 型鼎足（2015JCG：7、2015JCG：12、2015JCG：4、2015JCG：2）　7. 鬲足（2015JCG：11）

的环壕遗址。对该遗址进行考古工作，不仅有利于区域先秦社会演进的研究，也有助于区域文明过程的深入研究与探讨。

1. 鼎足（2015JCG∶8）

2. 鼎足（2015JCG∶3）

3. 鼎足（2015JCG∶7）

4. 鼎足（2015JCG∶6）

5. 石锛（2015JCG∶1）

6. 鬲足（2015JCG∶11）

图版六　城上龚家环壕遗址采集遗物

六 常丰村城墩上环壕遗址

1. 遗址概况

常丰村城墩上环壕遗址位于琉璃乡波源村委会常丰村（图五八），北距村道约 180 米，南距莲塘村约 1.2 公里，西距宋家边村约 750 米。遗址位于双陈河支流沿岸（图五九），地理环境优越。该遗址地理坐标为：北纬 27°57′05.4″，东经 116°36′46.0″，海拔 65 米。

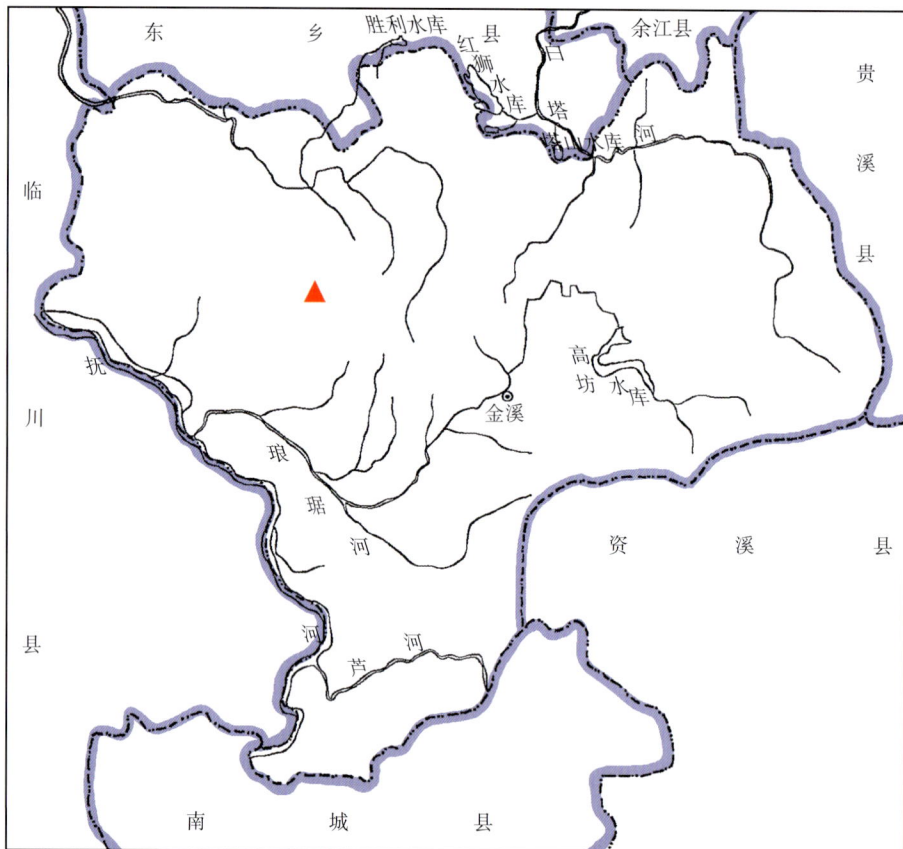

图五八 常丰村城墩上环壕遗址位置图

该遗址为一处环壕遗址，由中部不规则形高台地、四周壕沟和壕沟外台地组成（图六〇），中部台地平面近方形，长径约 58.4 米，短径约 51.7 米，台地地势北高南低。遗址所在台地高于周围稻田约 2~4 米，地表为杉树林，植被茂密。现仅存北壕沟西端和西壕沟北端，残存宽度约 13.1~24.9 米，壕沟内现为稻田。西壕沟外侧和南壕沟外侧可见台地残部，其中西壕沟外台地残部宽约 5.9~15.4 米，整体高于周围高台约 2~3 米，地表被树木、杂草及灌木丛覆盖。南壕沟外墙体残部宽约 4.4~10.7 米，整体高于周围高台约 3 米，上部被树木、杂草和灌木丛覆盖（图六一）。

野外调查勘探过程中，发现中部台地有文化堆积层。集中分布区域大致为东北部边沿地带、西南部边沿地带和中部三个区域（图六二）。文化层堆积Ⅰ区，平面呈不规则形分布，宽约 8.5~10.2 米，面积约 524 平方米，其中晚期堆积距地表深约 0.3~0.9 米，厚约 0.3~0.5 米，堆积内包含部分灰烬和烧土块；早期堆积距地表约 2.4~2.9 米，厚约 0.2~0.6 米，堆积内包含部分灰烬和

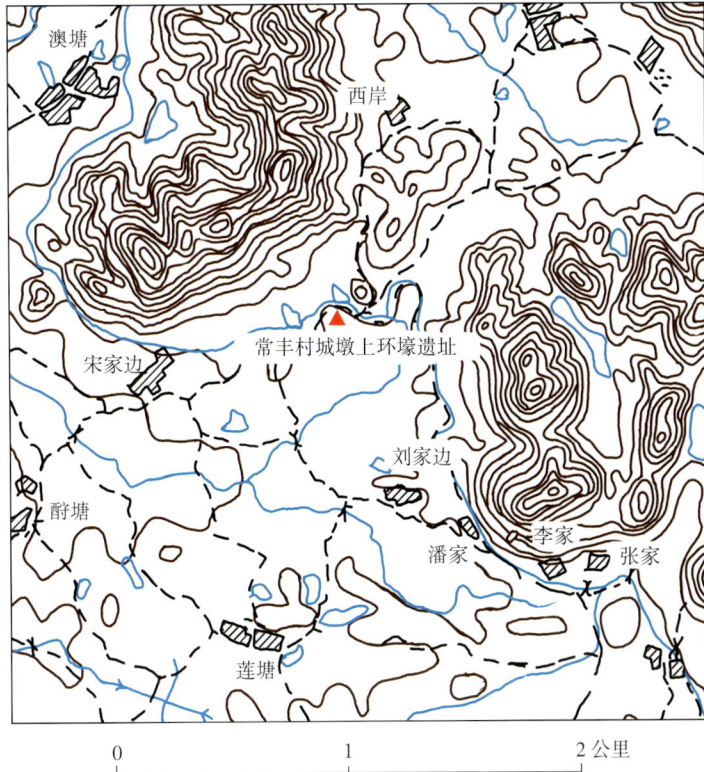

图五九 常丰村城墩上环壕遗址地貌图

图六〇 常丰村城墩上环壕遗址航拍图

图六一　常丰村城墩上环壕遗址远景图（由东向西）

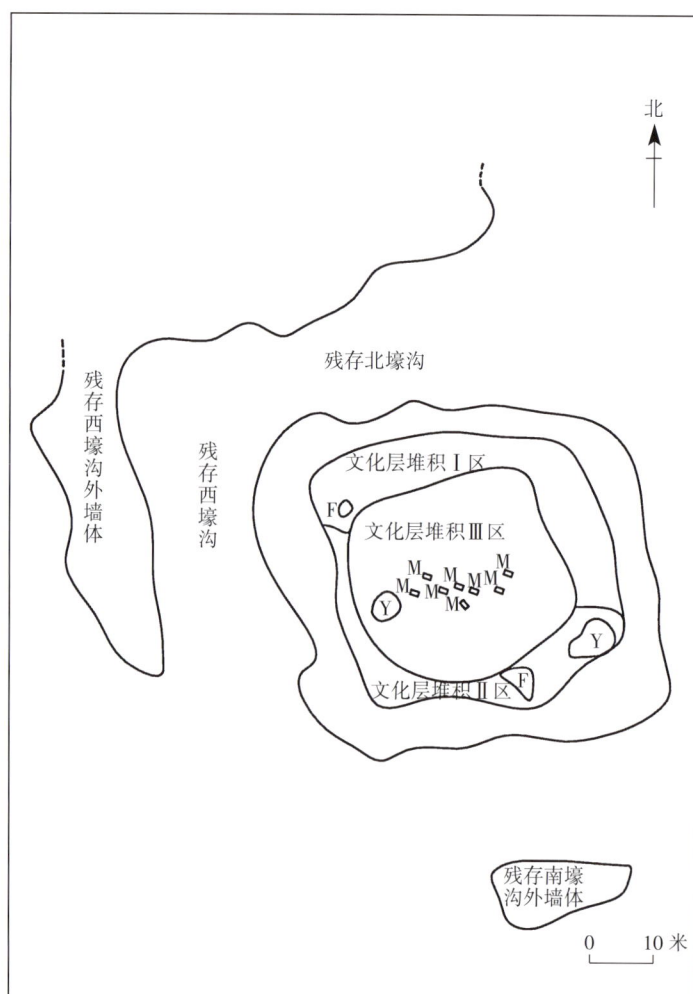

图六二　常丰村城墩上环壕遗址勘探平面图

烧土块，早晚层之间疑似有夯土遗迹。文化层堆积Ⅱ区平面呈不规则形分布，宽约 2.5~9.2 米，面积约 356 平方米，堆积距地表深约 2.1 米，厚约 0.3 米，堆积内包含部分灰烬和烧土块，该文化层堆积之上疑似有夯土遗迹。中部文化层堆积Ⅲ区，平面为不规则形，长径约 32 米，短径 29.3 米，面积约 828 平方米，堆积距地表深约 0.8~1.2 米，厚约 0.3~0.6 米，堆积内包含部分灰烬和烧土块。勘探发现有房址、窑址及晚期墓葬等遗迹。

2. 遗物介绍

常丰村城墩上环壕遗址采集遗物较少，主要器类有石器和陶器。

（1）石器

主要器形有石矛、石刀，均为磨制。

石矛　1 件。

2015JCFC：1，青灰色闪长岩磨制而成，平面近三角形，一端成尖状，一侧斜直，一侧残。器表磨制光滑。残高 5.0 厘米（图六三，1）。

石刀　1 件。

2015JCFC：2，黄褐色砂岩磨制而成，一端残半，背部及一端残，单面刃，近背部有两圆形对钻穿孔，器表磨制光滑。残高 2.7 厘米（图六三，2；图版七，1）。

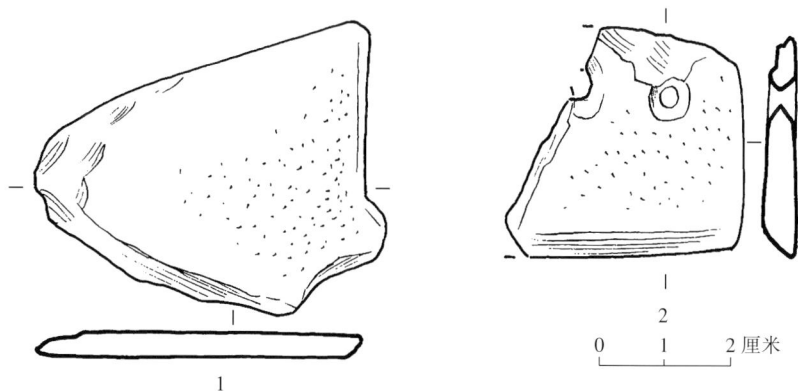

图六三　常丰村城墩上环壕遗址采集石器
1. 石矛（2015JCFC：1）　2. 石刀（2015JCFC：2）

（2）陶器

常丰村城墩上环壕遗址采集陶器较少，以硬陶为主，夹砂陶较少；硬陶主要为灰褐色，纹饰有菱格纹、方格纹、交错绳纹（图六四，2、3）、"回"字与凸钉纹组合纹（图六四，1）等，器形见有陶罐；夹砂陶主要为黄褐色，以素面为主，仅见绳纹，器形有豆、罐、鼎（足）等。

盆　1 件。

2015JCFC：3，灰褐色硬陶，侈口，折沿，方唇，圆弧腹。器表施菱格纹。口径 15.0、残高 6.4 厘米（图六五，1；图版七，3）。

罐　1 件。

2015JCFC：4，灰褐色硬陶，侈口，折沿，沿面有一周凸棱，圆唇。器表施菱格纹。残高 5.2

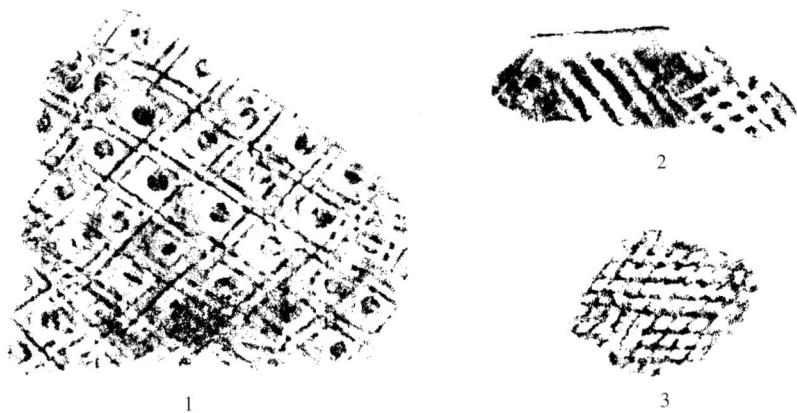

图六四　常丰村城墩上环壕遗址采集陶片纹饰拓片

1. "回"字+凸钉组合纹　2、3. 交错绳纹

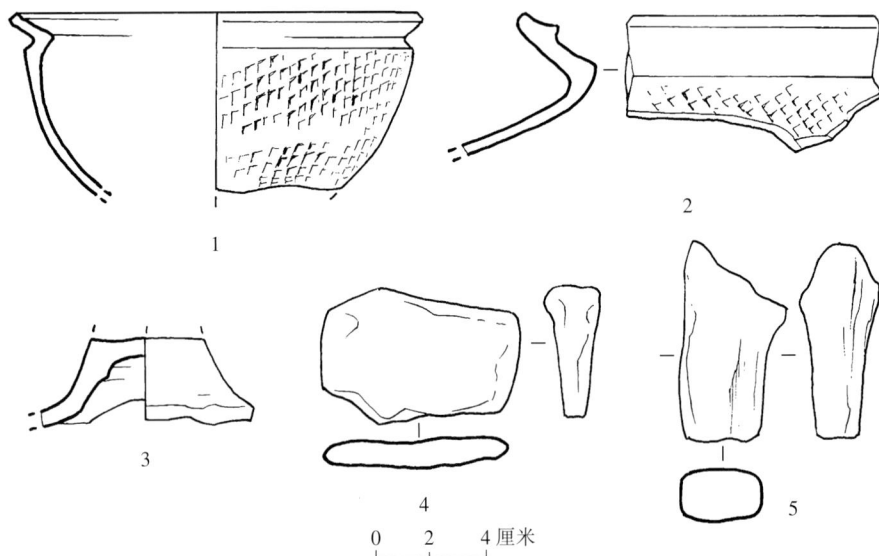

图六五　常丰村城墩上环壕遗址采集陶器

1. 陶盆（2015JCFC：3）　2. 陶罐（2015JCFC：4）　3. 豆柄（2015JCFC：5）　4、5. 鼎足（2015JCFC：7、2015JCFC：6）

厘米（图六五，2；图版七，4）。

豆柄　1件。

2015JCFC：5，夹砂灰褐陶，喇叭状底座。素面。残高3.2厘米（图六五，3）。

鼎足　2件。

2015JCFC：6，夹砂灰白陶，截面呈椭圆形。素面。残高7.0厘米（图六五，5；图版七，2）。

2015JCFC：7，夹砂灰陶，宽扁状。素面。残高4.6厘米（图六五，4）。

3. 遗址性质与年代

常丰村城墩上遗址是一处典型的环壕聚落，结构上均具备抚河流域先秦时期环壕聚落的特征。从遗址采集到的陶器来看，器形主要有罐、盆及鼎足，器表多见方格纹，鼎足多扁状，部分边缘见有按窝纹。与周边遗址比较，城墙山环壕略早于该遗址，前者年代为晚商至西周时期，可推断常丰村城墩上遗址的年代为西周时期或略晚。

该环壕遗址的发现与初步分析为区域文化序列建立、聚落形态演进研究提供了十分重要的实物资料。抚河流域此类环壕聚落的研究，有助于该地域社会复杂化进程的深入探讨。

1. 石刀（2015JCFC：2）

2. 鼎足（2015JCFC：6）

3. 陶盆（2015JCFC：3）

4. 陶罐（2015JCFC：4）

图版七　常丰村城墩上环壕遗址采集遗物

七　豪猪墩环壕遗址

1. 遗址概况

豪猪墩环壕遗址位于琅琚镇杨公桥村委会城上刘家村东南（图六六），西北距城上刘家村约400米，东南距揭坊王家约900米，南距禾场山约680米。遗址处于琅琚河沿岸，地势平坦，水资源丰富（图六七）。该遗址地理坐标为：北纬27°53′41.2″，东经116°41′07.5″，海拔67米。

该遗址为一处环壕遗址，区域平面呈不规则形，主要由中部近方形高台地和四周壕沟组成。中部台地长径约90米，短径约87.4米，台地高于四周稻田约1～3米（图六八），台地地势北高南低，台地上被树木、杂草和灌木丛覆盖（图六九、图七○）。壕沟中北部、东部和西部南端保存相对较好，现存宽度约15～22米。四周壕沟现存基本已为稻田。壕沟外围三面地势略高，为壕沟外台地。

野外调查勘探过程中，在遗址中部台地发现大面积地层堆积，基本覆盖整个台地之上。豪猪墩

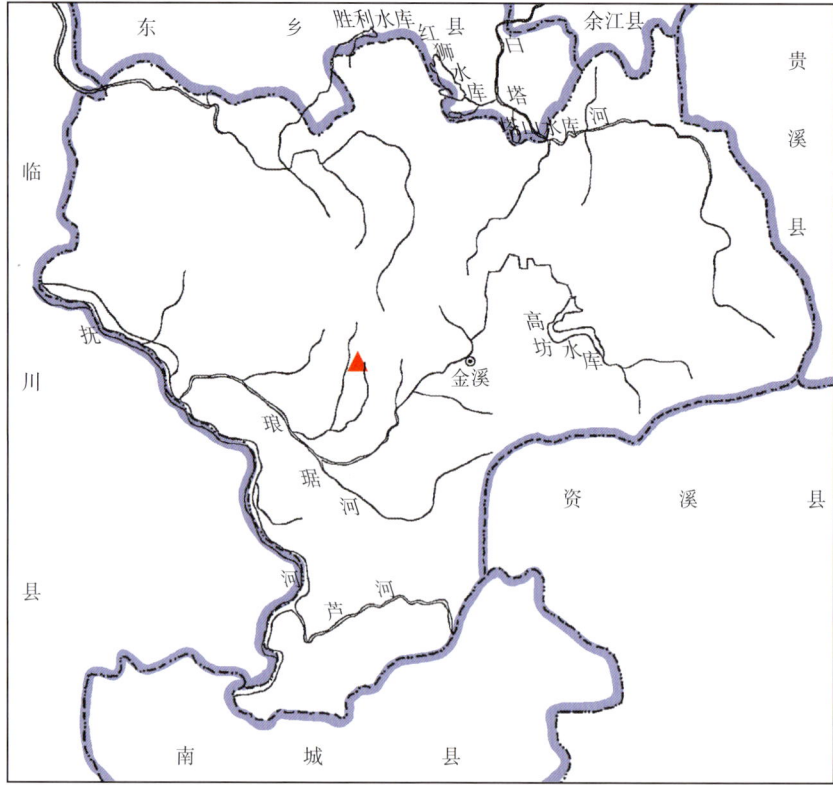

图六六　豪猪墩环壕遗址位置图

图六七　豪猪墩环壕遗址地貌图

图六八　豪猪墩环壕遗址航拍图

图六九　豪猪墩环壕遗址远景图（由南向北）

图七〇　豪猪墩环壕遗址远景图（由西向东）

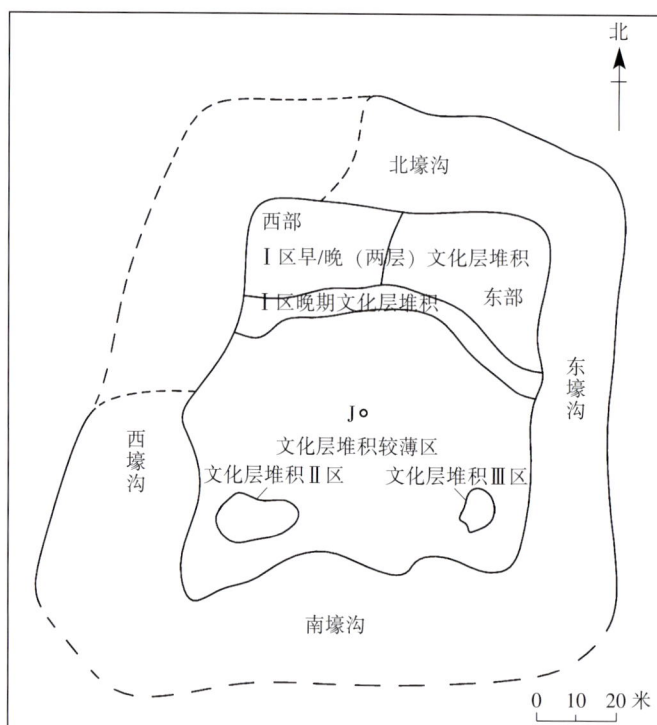

图七一　豪猪墩环壕遗址勘探平面图

遗址所在地域地势平坦，中部台地应为人工堆起，外围台地则利用地形。该遗址采集遗物较为丰富，以下逐一进行介绍（图七一）。

2. 遗物介绍

豪猪墩环壕遗址采集遗物较为丰富，见有石器和较多陶器。

（1）石器

石锛　1件。

2015JHZ：2，青石磨制而成，顶部平整，一侧磨制圆弧，刃部残。残高4.1厘米（图七二，2）。

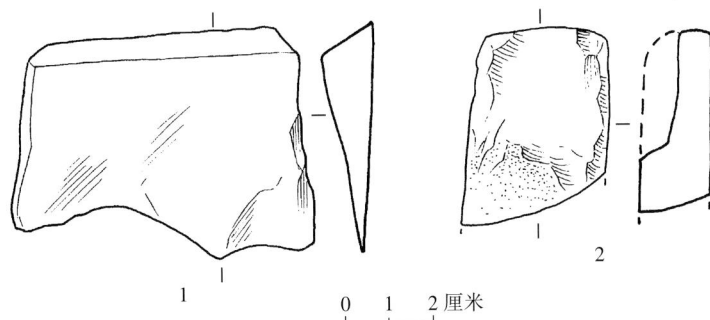

图七二　豪猪墩环壕遗址采集遗物

1. 陶刀（2015JHZ：1）　2. 石锛（2015JHZ：2）

（2）陶器

豪猪墩环壕遗址采集陶器以夹砂陶为多，见有灰色，灰白色，泥质陶较少，器形见有鼎、罐；印纹硬陶器主要为灰色，纹饰多见折线纹（图七四，2～5）、绳纹、方格纹（图七三，1、4、7、8、9）、交错线纹（图七三，3）、菱格纹（图七三，5）等。器形主要有罐、鼎、豆等。

图七三　豪猪墩环壕遗址采集陶片纹饰拓片

1、4、7、8、9. 小方格纹　2. 交错短线纹　3. 交错线纹　5. 菱格纹　6. 绳纹＋附加堆纹

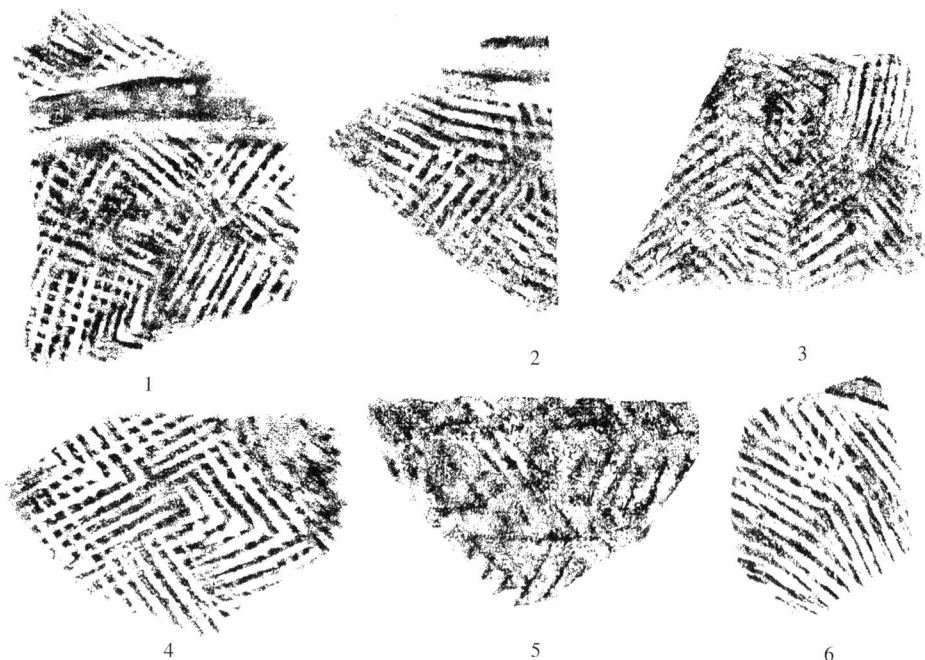

图七四　豪猪墩环壕遗址采集陶片纹饰拓片
1、6. 交错线纹　2~5. 折线纹

罐　10件。据腹部和口沿特征可分为三型：

A型：6件。弧腹，宽折沿。

2015JHZ：3，夹砂灰白陶，侈口，圆唇。素面。口径19.8、残高3.6厘米（图七五，1）。

2015JHZ：5，灰色硬陶，侈口。器表饰雷纹。残高4.6厘米（图七五，6）。

2015JHZ：6，灰色硬陶，侈口，沿面内凹，方唇。施方格纹。口径20.0、残高3.7厘米（图七五，11）。

2015JHZ：8，夹砂灰陶，侈口，圆唇内折。器表施绳纹，纹痕较浅。口径17.4、残高6.6厘米（图七五，10）。

2015JHZ：9，夹砂灰陶，侈口，方唇。素面。口径20.6、残高5.4厘米（图七五，2）。

2015JHZ：10，夹砂灰陶，侈口，方唇。器表饰粗绳纹。残高5.0厘米（图七五，5）。

B型：3件。斜肩，卷沿。

2015JHZ：4，灰色硬陶，侈口，微卷沿，尖圆唇。素面。口径6.6、残高3.0厘米（图七五，7）。

2015JHZ：11，灰色硬陶，侈口，圆唇。素面。残高4.0厘米（图七五，4）。

2015JHZ：12，泥质灰白陶，卷沿，圆唇。素面。残高3.6厘米（图七五，8）。

C型：1件。小直口，鼓腹。

2015JHZ：15，夹砂灰陶，火候较低。素面。残高5.7厘米（图七五，9）。

盆　1件。

2015JHZ：13，红褐色硬陶，侈口，尖圆唇，深弧腹。器表饰绳纹。口径20.0、残高10.0厘米（图七五，3；图版八，2）。

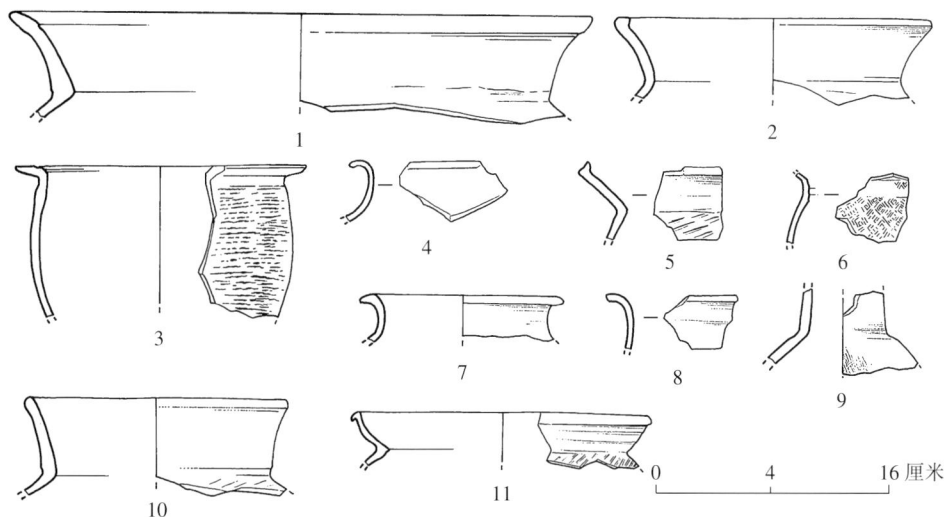

图七五　豪猪墩环壕遗址采集陶器

1、2、5、6、10、11. A 型罐（2015JHZ：3、2015JHZ：9、2015JHZ：10、2015JHZ：5、2015JHZ：8、2015JHZ：6）　3. 盆
（2015JHZ：13）　4、7、8. B 型罐（2015JHZ：11、2015JHZ：4、2015JHZ：12）9. C 型罐（2015JHZ：15）

豆　8 件。

2015JHZ：14，泥质灰陶，竹节状残柄。素面。残高 2.6 厘米（图七六，8）。

2015JHZ：18，夹砂灰白陶，浅盘，斜弧腹，弧底。器底内见有刻划纹饰。残高 3.0 厘米（图
七六，2）。

2015JHZ：19，夹砂黄褐陶，喇叭口状底座。素面。残高 6.4 厘米（图七六，7）。

2015JHZ：21，夹砂灰白陶，弧底，残柄。素面。残高 2.4 厘米（图七六，6）。

2015JHZ：49，夹砂黄褐陶，喇叭口状底座。素面。残高 3.0 厘米（图七六，3）。

2015JHZ：50，夹砂黄褐陶，弧底，喇叭口状底座，矮柄。素面。残高 6.2 厘米（图七六，4；
图版八，1）。

2015JHZ：51，夹砂灰白陶，弧底，喇叭口状底座。素面。残高 8.4 厘米（图七六，1）。

2015JHZ：52，夹砂灰褐陶，残豆柄。素面。残高 5.1 厘米（图七六，5）。

鼎　1 件。

2015JHZ：17，夹砂灰陶，折腹，凸棱明显，足残。素面。残高 6.0 厘米（图七六，9）。

鼎足　24 件。数量较多，据形态可划分为四型。

A 型：5 件。截面呈"T"字形。

2015JHZ：29，夹砂灰陶。素面。残高 16.4 厘米（图七七，3；图版八，4）。

2015JHZ：32，夹砂红褐陶。素面。残高 8.6 厘米（图七七，4）。

2015JHZ：33，夹砂黄褐陶。素面。残高 8.2 厘米（图七七，5）。

2015JHZ：36，夹砂灰陶。素面。残高 10.0 厘米（图七七，7）。

2015JHZ：37，夹砂灰陶。素面。残高 13.0 厘米（图七七，8；图版八，5）。

B 型：1 件。瓦状足。

2015JHZ：28，夹砂黄褐陶。素面。残高 9.2 厘米（图七八，2）。

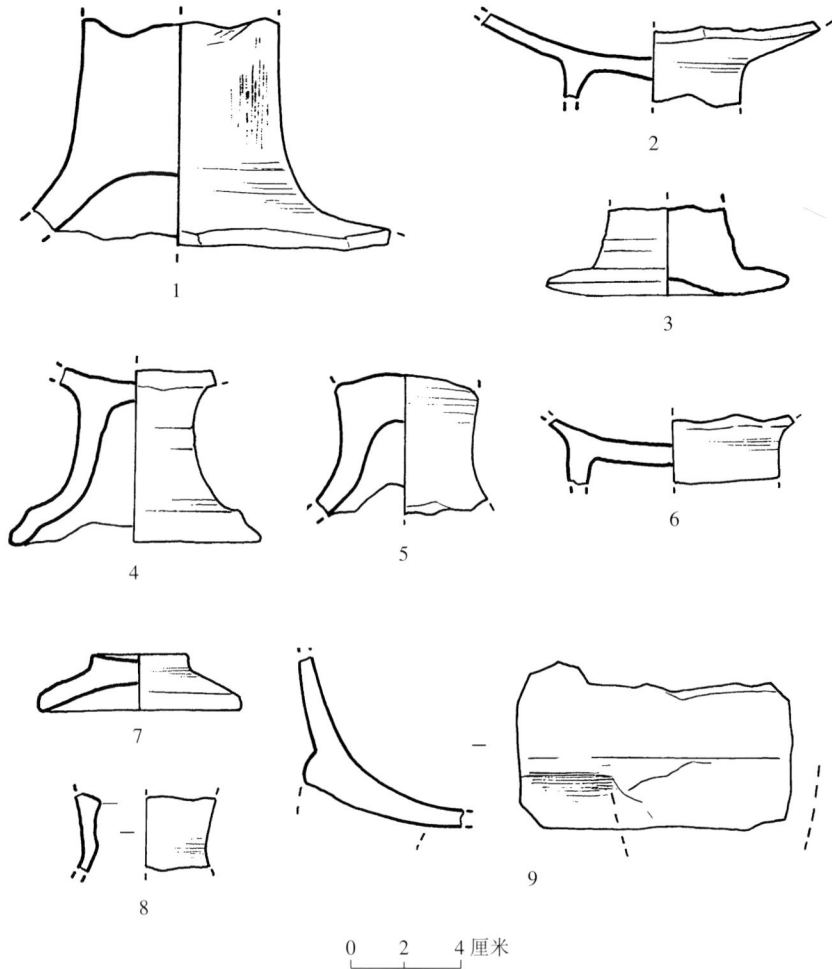

图七六　豪猪墩环壕遗址采集陶器

1～8. 豆（2015JHZ：51、2015JHZ：18、2015JHZ：49、2015JHZ：50、2015JHZ：52、2015JHZ：21、2015JHZ：19、2015JHZ：14）
　9. 鼎（2015JHZ：17）

C型：4件。宽扁状足。

2015JHZ：26，夹砂灰陶，一侧足上部有按压凹痕。残高9.2厘米（图七八，15）。

2015JHZ：46，夹砂黄褐陶。素面。残高8.0厘米（图七八，13）。

2015JHZ：47，夹砂黄褐陶。素面。残高7.4厘米（图七八，12）。

2015JHZ：48，夹砂黄褐陶。器表见有戳印纹。残高7.0厘米（图七八，14）。

D型：14件。扁柱状足。

2015JHZ：25，夹砂灰陶。素面。残高11.6厘米（图七七，6）。

2015JHZ：27，夹砂灰白陶，足顶部有戳印三角纹，一侧有短刻槽。残高18.0厘米（图七七，1；图版八，3）。

2015JHZ：30，夹砂黄褐陶。素面。残高13.6厘米（图七八，4）。

2015JHZ：31，夹砂灰陶。素面。残高3.8厘米（图七八，11）。

2015JHZ：34，夹砂灰陶。素面。残高7.8厘米（图七八，5）。

2015JHZ：35，夹砂灰陶，一侧足上部有按压圆凹痕。残高16.6厘米（图七七，2）。

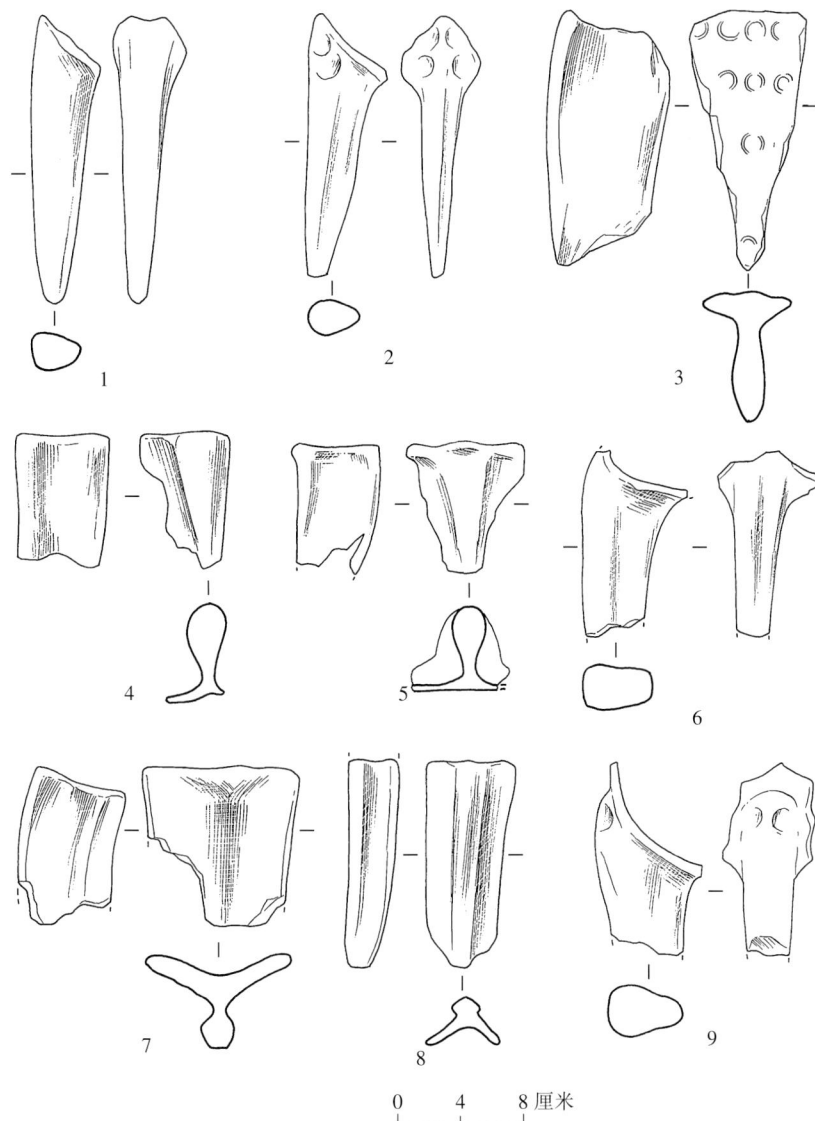

图七七 豪猪墩环壕遗址采集陶器

1、2、6、9. D 型鼎足（2015JHZ：27、2015JHZ：35、2015JHZ：25、2015JHZ：43）　3～5、7、8. A 型鼎足（2015JHZ：29、2015JHZ：32、2015JHZ：33、2015JHZ：36、2015JHZ：37）

2015JHZ：38，夹砂灰陶。素面。残高 5.6 厘米（图七八，7）。

2015JHZ：39，夹砂黄褐陶。素面。残高 10.6 厘米（图七八，3）。

2015JHZ：40，夹砂黄褐陶。素面。残高 10.0 厘米（图七八，8）。

2015JHZ：41，夹砂灰陶。素面。残高 7.7 厘米（图七八，9）。

2015JHZ：42，夹砂灰褐陶，一侧平直。素面。残高 7.0 厘米（图七八，6）。

2015JHZ：43，夹砂灰褐陶，一侧足上部有按压凹痕。残高 12.0 厘米（图七七，9）。

2015JHZ：44，夹砂灰褐陶。素面。残高 4.0 厘米（图七八，10）。

2015JHZ：45，夹砂灰褐陶。素面。残高 9.0 厘米（图七八，1）

圈足　5 件。

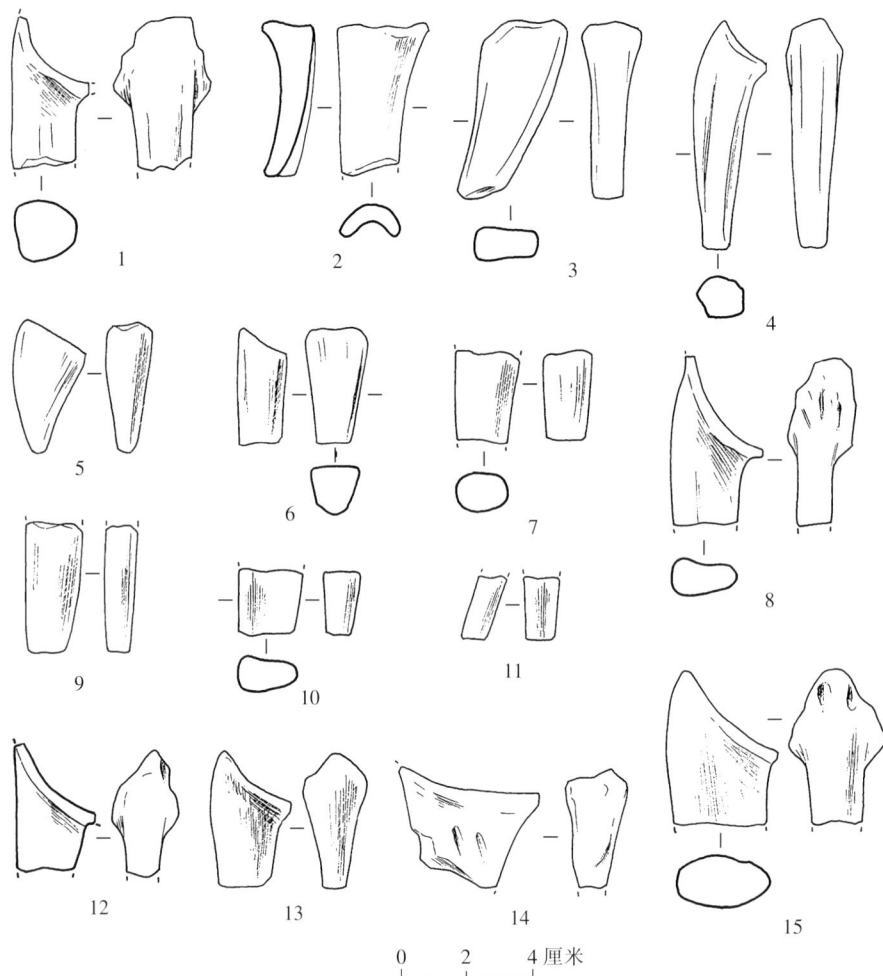

图七八　豪猪墩环壕遗址采集陶器

1、3～11. D 型鼎足（2015JHZ：45、2015JHZ：39、2015JHZ：30、2015JHZ：34、2015JHZ：42、2015JHZ：38、2015JHZ：40、2015JHZ：41、2015JHZ：44、2015JHZ：31）　2. B 型鼎足（2015JHZ：28）12～15. C 型鼎足（2015JHZ：47、2015JHZ：46、2015JHZ：48、2015JHZ：26）

　　2015JHZ：16，夹砂红褐陶，弧腹，假圈足。素面。底径7.4、残高3.2厘米（图七九，5）。

　　2015JHZ：20，夹砂灰褐陶，矮圈足，近底端外撇。素面。底径13.1、残高3.4厘米（图七九，7）。

　　2015JHZ：22，夹砂灰陶，高圈足外撇，中部有一圆形穿孔。残高4.2厘米（图七九，1）。

　　2015JHZ：23，夹砂灰陶，矮圈足，近底端外撇。底径13.0、残高3.9厘米（图七九，4）。

　　2015JHZ：24，灰褐色硬陶，矮圈足，近底端外撇。素面。底径11.0、残高3.4厘米（图七九，6）。

　　陶杯　2件。

　　2015JHZ：7，泥质黄褐陶，竹节状残柄，柄底可见圆形穿孔。素面。残高5.8厘米（图七九，3）。

　　2015JHZ：53，泥质浅红陶，竹节状残柄，平底。素面。残高5.4厘米（图七九，2）。

陶刀　1件。

2015JHZ：1，夹砂红褐陶，平面近梯形，两侧斜直，上下面平整，刃部残。残高5.2、残宽7.2厘米（图七二，1）。

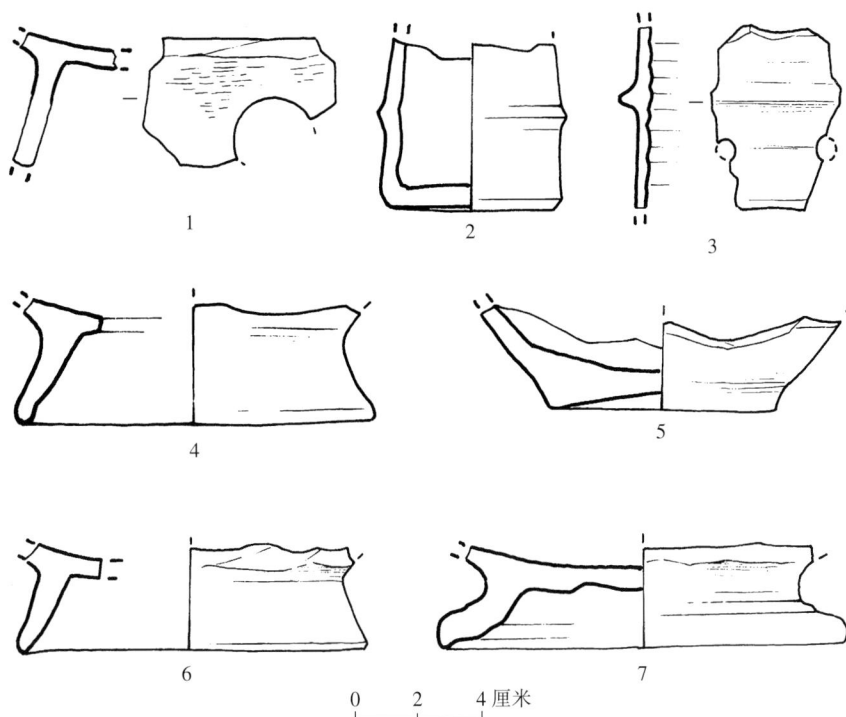

图七九　豪猪墩环壕遗址采集陶器

1、4~7. 圈足（2015JHZ：22、2015JHZ：23、2015JHZ：16、2015JHZ：24、2015JHZ：20）　2、3. 杯（2015JHZ：53、2015JHZ：7）

3. 遗址性质与年代

豪猪墩遗址是一处典型的环壕聚落，属平地起建而成。在琅琚河及其支流一带，发现有较多此类环壕遗址。从金溪县来看，环壕聚落主要分布在琅琚河、双陈河及瑶河、芦河等抚河支流水系。抚河中游属于低矮丘陵地带，丘陵之间有较大面积平坦地形，适合古人在此生活。这种地形有丰富的水资源，又有防御洪水的地理条件。因此，抚河中游地区是该区域社会复杂化程度最高的区域。

该遗址采集遗物较多，可据陶器特征，将遗址调查所获划分为三个年代组：

第1组：以A、B型鼎足，夹砂灰白陶器为代表。此类鼎足在多个遗址均有见到，其年代为新石器时代末至夏代。

第2组：深腹盆、高柄豆、折线纹硬陶为代表。这一阶段所见陶器与母猪嘴、知青砖厂等遗址所见同类器相近，其年代应为商代。

第3组：以C、D型鼎足，A型陶罐及菱格纹、方格纹硬陶为代表。该组器类在周边地区多有发现，宽折沿罐具有西周时期陶罐特征，陶鼎足亦有西周晚期至东周时期特征。因此，叮初步判断该组年代为西周至春秋时期。

豪猪墩遗址的发现，增加了区域内环壕聚落的数量，为抚河流域先秦时期聚落演进、社会复杂化过程研究提供了十分重要的考古资料。

1. 陶豆柄（2015JHZ：50）

2. 陶罐（2015JHZ：13）

3. 陶鼎足（2015JHZ：27）

4. 陶鼎足（2015JHZ：29）

5. 陶鼎足（2015JHZ：37）

图版八　豪猪墩环壕遗址采集陶器

八　白沿村Ⅰ号环壕遗址

白沿村Ⅰ号环壕遗址位于左坊镇白沿村委会白沿村南部（图八〇），北距 635 乡道约 300 米，东南距汤家村约 1.7 公里，西距 966 县道约 1.9 公里（图八一）。该遗址地理坐标为：北纬 27°48′41.6″，东经 116°42′25.3″，海拔 61 米。

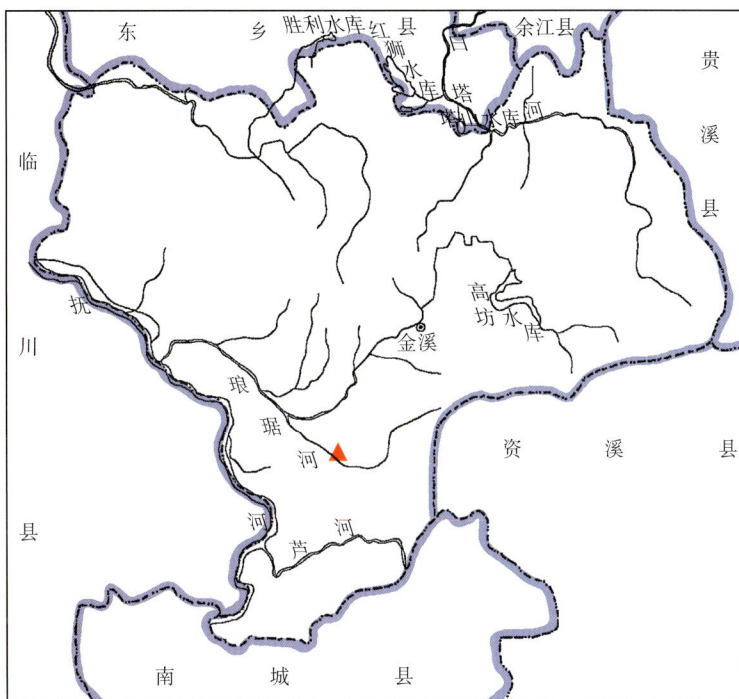

图八〇　白沿村Ⅰ号环壕遗址位置图

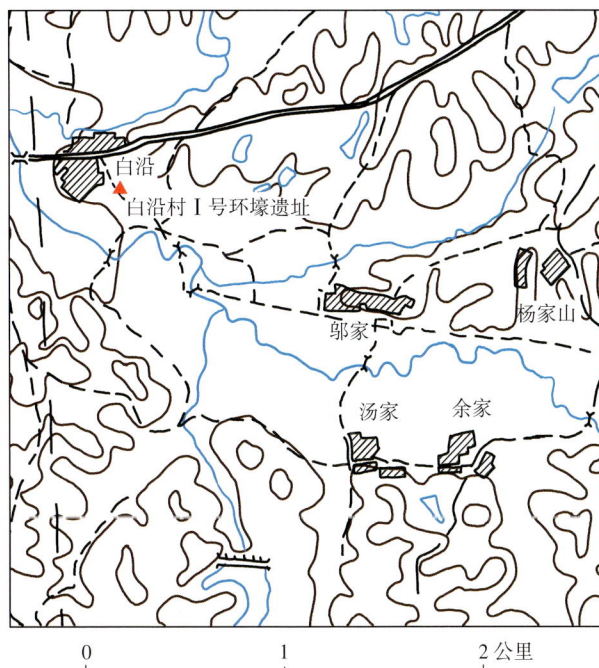

图八一　白沿村Ⅰ号环壕遗址地貌图

　　该遗址为一处环壕聚落，平面呈近长方形台地。台地长径约83.4米，短径约65.9米，台地地势北高南低（图八二），台地顶部高于四周稻田约2~4米。遗址现存台地地表被毛竹、杂草和灌木丛覆盖，植被非常茂密（图八三）。台地四周为稻田，壕沟外侧台地已被破坏，壕沟宽度亦不明。

图八二　白沿村Ⅰ号环壕遗址航拍图

图八三　白沿村Ⅰ号环壕遗址远景图（由南向北）

野外调查勘探过程中，台地分布有大面积地层堆积，基本覆盖整个台地之上。堆积分为北部（堆积Ⅰ区）、南部（堆积Ⅱ区）和中部（堆积Ⅲ区）三个区域。

堆积Ⅰ区平面呈不规则形，长径约72.8米，短径约34.3米，面积约1088平方米，晚期堆积距地表约0.7~0.8米，厚约0.2米，堆积内包含部分灰烬和烧土块；早期堆积距地表约2.4~3米，厚约0.9~1.2米，堆积内包含大量灰烬和烧土块；两层堆积之间疑似有夯土迹象，距地表1.2~1.6米，厚1.2~1.4米，土质较致密。堆积Ⅱ区，平面呈不规则半环形，宽约9.1~14.0米，堆积距地表约1.4米，厚约0.6米，堆积内包含部分灰烬和烧土块。堆积Ⅲ区平面呈不规则形，长径约41.3米，短径约38.1米，面积约1622.5平方米，堆积距地表约1米，厚约0.3米，堆积内包含部分灰烬和烧土块。在该区域发现有房址等多处遗迹。

白沿村Ⅰ号遗址处于琅琚河支流沿岸，区域地势平坦，台地应为人工堆筑而成，遗址为台地状，其东南部为Ⅱ号遗址，西北部为Ⅴ号遗址，东北部约100米为Ⅲ号遗址，东部约100米为Ⅳ号遗址。从诸遗址的分布情况来看，该区域应是一处遗址群，各台地相对独立又相邻较近。Ⅰ、Ⅱ、Ⅳ、Ⅴ号遗址之间的低洼地带。应具有壕沟的功能。

该遗址采集遗物较少，但从勘探所获陶器碎块可推定，遗址的年代应为先秦时期，有待更多的考古工作来对遗址进行更为准确的年代判断。该遗址的发现为区域聚落形态及其演进提供了十分重要的考古资料。

九 白沿村Ⅱ号环壕遗址

1. 遗址概况

白沿村Ⅱ号环壕遗址位于左坊镇白沿村委会白沿村南部（图八四），北距635乡道约370米，东南距汤家村约1.4公里，西距966县道约1.9公里。遗址所在区域地势平坦，属琅琚河支流沿岸地带（图八五）。该遗址地理坐标为：北纬27°48′40.4″，东经116°42′28.4″，海拔62米。

该遗址为一处环壕聚落，仅存中部台地，平面呈不规则形，长径约78.5米，短径约62米。遗址所在台地高于四周稻田约2~3米，台地外部高于中部，遗址西部有水渠通过（图八六）。地表被毛竹、杂草和灌木丛覆盖，植被非常茂密（图八七）。

野外调查勘探过程中，发现文化层堆积基本覆盖整个台地。按照分布可划分为两个区域。堆积Ⅰ区，位于遗址西部，平面近"U"字形，宽约8.6~15.7米，面积约1027平方米，该区域有两层堆积，上层堆积距地表深约1米出现，厚0.4米，堆积内包含少量灰烬和烧土块；下层堆积距地表深约2.6米，厚0.6~0.9米，堆积内包含少量灰烬和烧土块；上下层之间疑似有夯土遗迹，距地表1.4米出现，厚约1.2米，土质较致密。地表采集少量陶片。堆积Ⅱ区，位于遗址东半部，平面呈不规则形，长径约78.5米，短径约62米，面积约2945平方米，堆积距地表深约1米，厚0.3~1.0米，堆积包含有灰烬和烧土块。

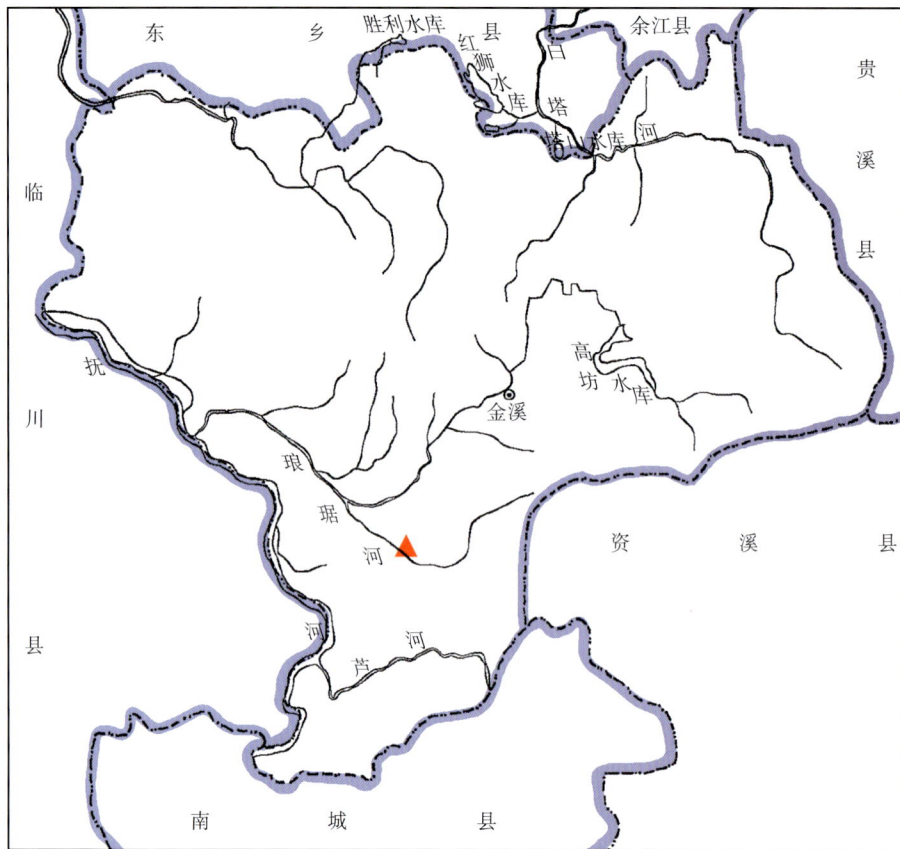

图八四　白沿村Ⅱ号环壕遗址位置图

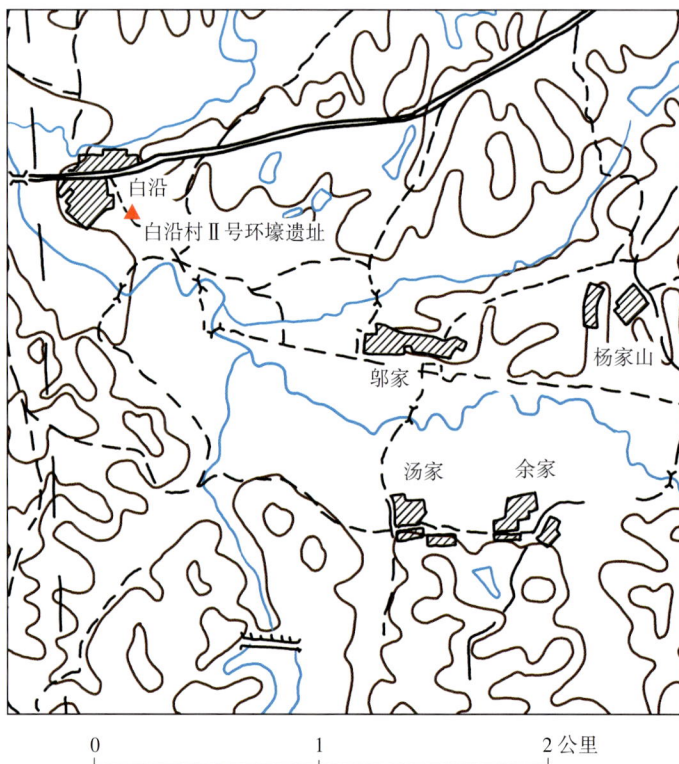

图八五　白沿村Ⅱ号环壕遗址地貌图

图八六　白沿村Ⅱ号环壕遗址航拍图

图八七　白沿村Ⅱ号环壕遗址远景图（由西向东）

2. 遗物介绍

白沿村Ⅱ号遗址采集遗物较少，见有少量石器和陶器残片。

（1）石斧　1件。

2015JBYⅡ：1，黄褐色砂岩磨制而成，截面近三角形，两端残，底部有打制痕迹，器表磨制较

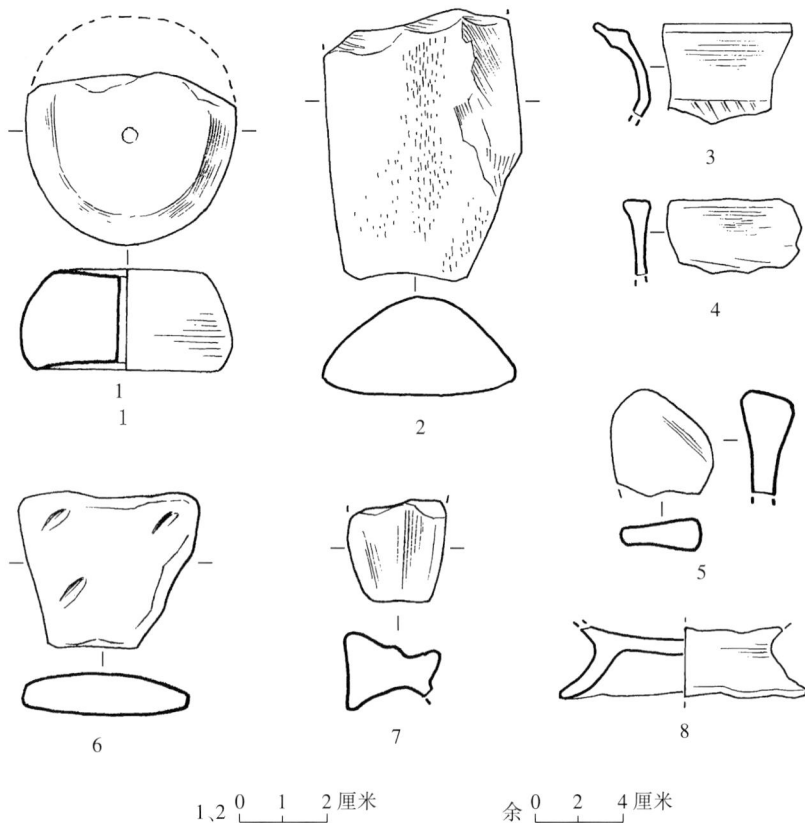

图八八　白沿村Ⅱ号环壕遗址采集遗物

1. 陶纺轮（2015JBYⅡ：8）　2. 石斧（2015JBYⅡ：1）　3、4. 陶罐（2015JBYⅡ：4、2015JBYⅡ：2）　5、6、7. 鼎足（2015JBYⅡ：7、2015JBYⅡ：5、2015JBYⅡ：3）　8. 圈足（2015JBYⅡ：6）

为光滑。残长6.0、宽4.4厘米（图八八，2）。

（2）陶器

白沿村Ⅱ号遗址采集陶器以夹砂陶为主，硬陶较少。夹砂陶多为灰色、灰褐色，另见灰白色，仅见戳印纹，多为素面，器形有陶罐、陶纺轮和陶鼎（足）等；硬陶以灰色为主，可见绳纹，器形有陶罐等。

罐　2件。

2015JBYⅡ：2，夹砂灰褐陶，直口，平沿。素面。残高3.4厘米（图八八，4）。

2015JBYⅡ：4，灰色硬陶，侈口，宽卷沿，圆唇，沿面有一周凸棱。器表施折线纹。残高4.4厘米（图八八，3；图版九，2）。

圈足　1件。

2015JBYⅡ：6，夹粗砂白陶，近平底，矮圈足，近底端微外撇。素面。残高3.0、圈足径11.4厘米（图八八，8）。

鼎足　3件。

2015JBYⅡ：3，夹砂灰陶，扁状足。素面。残高4.4厘米（图八八，7）。

2015JBYⅡ：5，夹砂黄褐陶，扁足，两侧均有戳印短刻槽。残高6.8厘米（图八八，6；图版九，3）。

2015JBYⅡ：7，夹砂黄褐陶，扁平状。素面。残高4.6厘米（图八八，5）。

纺轮　1件。

2015JBYⅡ：8，夹砂灰黑陶，鼓状，上下面平整，四周圆鼓，中部有一圆形穿孔。直径4.7、孔径0.3厘米（图八八，1；图版九，1）。

3. 遗址性质与年代

白沿村Ⅱ号遗址与Ⅰ号、Ⅳ号、Ⅴ号遗址共同构成了白沿村环壕遗址群，各遗址之间以壕沟相隔，其面积均不大，但相邻较近，应具有密切联系。将采集到的遗物与周边遗址进行比较，所见鼎足为扁平状，此类器表可见刻槽，其年代应为西周或略晚。所见宽卷沿罐，与乐安县黄泥坪①等遗址所见相近，其年代为西周晚至春秋时期。

因此，可以推断白沿村Ⅱ号遗址的年代为西周晚期至春秋时期，白沿村Ⅱ号遗址及相邻遗址的发现，为区域聚落形态及聚落结构的深入研究提供了重要的考古资料，有关诸遗址的更多分析，还有待更多的考古工作。

1. 陶纺轮（2015JBYⅡ：8）　　　　　2. 陶罐（2015JBYⅡ：4）

3. 鼎足（2015JBYⅡ：5）

图版九　白沿村Ⅱ号环壕遗址采集陶器

① 江西省考古研究所、西北大学文化遗产学院、抚州市文物博物管理所、宜黄县文物管理所、乐安博物馆：《江西抚河流域先秦时期遗址考古调查报告Ⅰ（乐安县、宜黄县）》，文物出版社，2015年。

一〇 白沿村Ⅲ号环壕遗址

该遗址位于左坊镇白沿村委会白沿村南部（图八九），北距635乡道约360米，东南距汤家村约1.5公里，西距966县道约2公里（图九〇）。该遗址地理坐标为：北纬27°48′41.3″，东经116°42′30.7″，海拔63米。

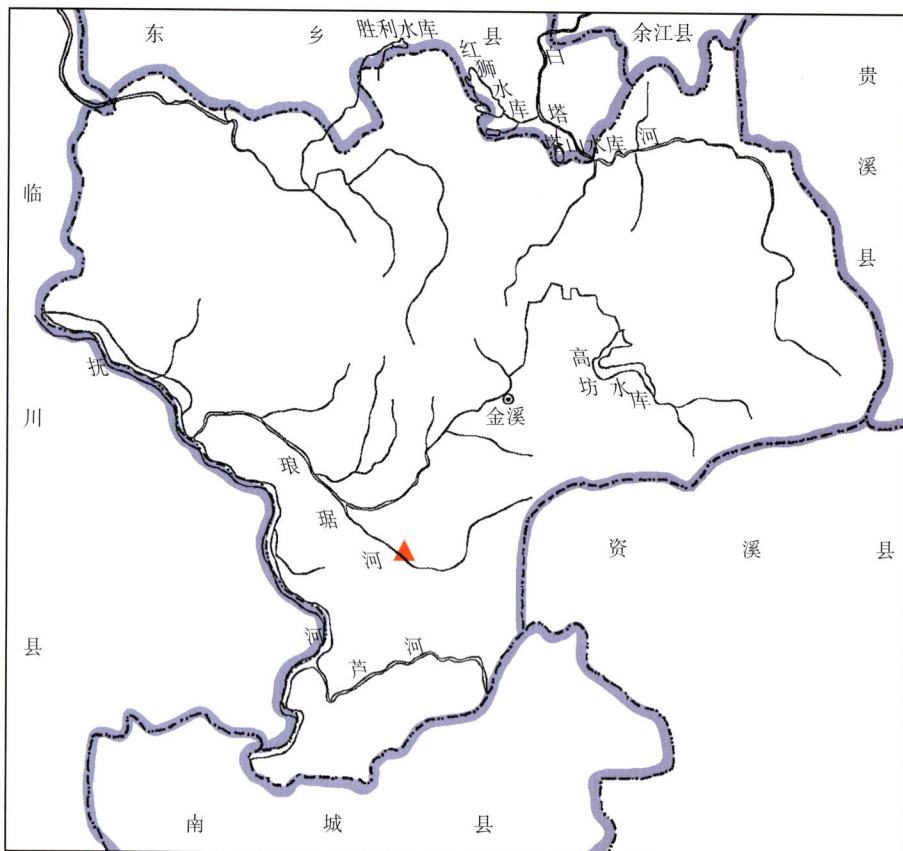

图八九　白沿村Ⅲ号环壕遗址位置图

白沿村Ⅲ号遗址位于Ⅰ、Ⅱ、Ⅳ、Ⅴ号遗址的北侧。Ⅰ、Ⅱ、Ⅳ、Ⅴ号遗址呈东西向排列成线。遗址为平面近长方形台地，台地长径约48.9米，短径约33.1米（图九一），台地顶部高于四周稻田约2米，地势较平缓，台地顶部已被人为平整为农田，见有橘子树和菜地，四周现为稻田（图九二）。在野外调查勘探过程中，该台地发现大面积地层堆积，基本覆盖整个高台地之上。一般距地表约深0.6~0.8米，厚约0.9~1.0米，堆积内包含少量灰烬和烧土块。

总体上看，该遗址与其他四处遗址相同，均为人工堆垒成高台，外围成为排水而用的壕沟。此类环壕遗址是古人聪明才智的体现。遗址地表未见有遗物，仅在勘探过程中，地层堆积中发现有少量陶器碎块。推定其年代为先秦时期。白沿村几处遗址的发现对区域环壕聚落结构及聚落演进研究提供了十分重要的考古资料。

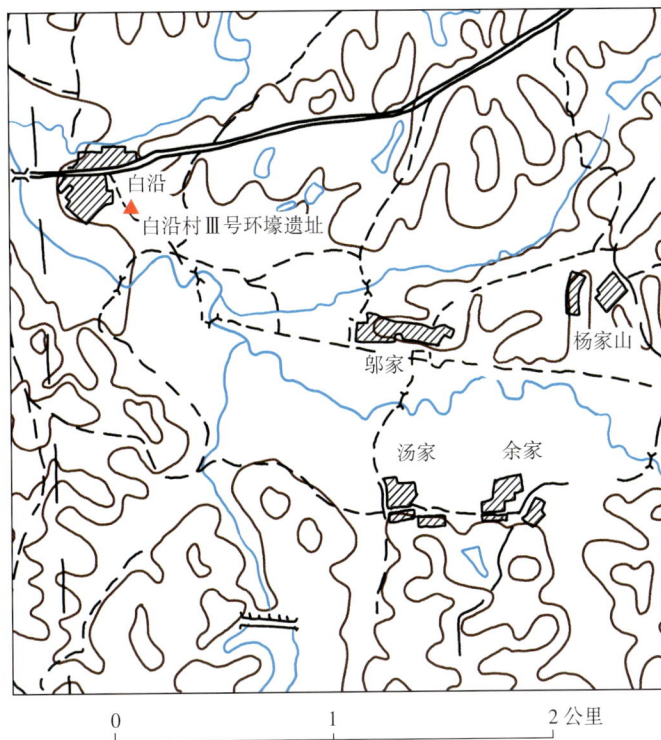

图九〇　白沿村Ⅲ号环壕遗址地貌图

图九一　白沿村Ⅲ号环壕遗址航拍图

图九二　白沿村Ⅲ号环壕遗址远景图（由北向南）

一一　白沿村Ⅳ号环壕遗址

1. 遗址介绍

白沿村Ⅳ号环壕遗址位于左坊镇白沿村委会白沿村南部（图九三），北距 635 乡道约 280 米，东南距汤家村约 1.6 公里，西距 966 县道约 1.9 公里（图九四）。该遗址地理坐标为：北纬 27°48′43.8″，东经 116°42′29.5″，海拔 63 米。

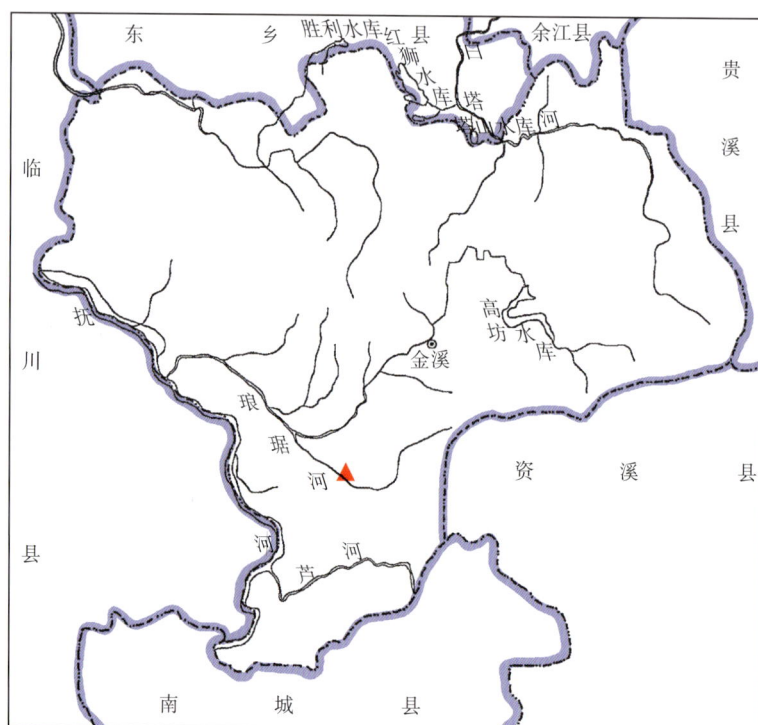

图九三　白沿村Ⅳ号环壕遗址位置图

该遗址为一处环壕遗址，仅存中部台地，平面呈不规则形，长径约48.3米，短径约37.1米。遗址所在台地高于四周稻田约1~3米，台地四周边沿略高（图九五）。台地四周地表为毛竹、杂草和灌木丛覆盖，植被茂密，中部为草地（图九六）。

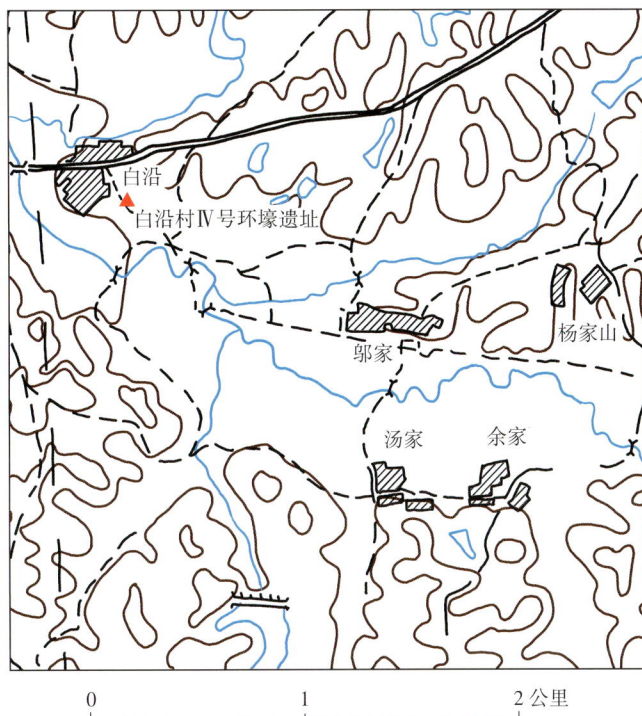

图九四　白沿村Ⅳ号环壕遗址地貌图

图九五　白沿村Ⅳ号环壕遗址航拍图

图九六　白沿村Ⅳ号环壕遗址远景图（由西向东）

　　野外调查勘探过程中，发现文化层沿台地边缘呈不规则环形分布，宽约2.7~11.2米，面积约556.65平方米，堆积距地表深约1米，厚约0.3~1米，堆积包含灰烬和烧土块。勘探过程中发现房址2座，灰坑1座。白沿村Ⅳ号环壕遗址采集遗物较少，对遗址的年代判断存在较大困难。

　　2. 遗物介绍

　　陶器以夹砂陶较多，硬陶较少。夹砂陶多为灰色、灰褐色，以素面为主，器形主要有罐、豆等；硬陶为灰褐色，纹饰有绳纹（图九七），器形见有罐。

图九七　白沿村Ⅳ号环壕遗址采集陶片纹饰拓片

　　罐　1件。

　　2015JBYⅣ：1，夹砂灰陶，近直口，微卷沿，圆唇。素面。残高3.8厘米（图九八，1）。

　　豆柄　1件。

　　2015JBYⅣ：2，夹砂灰陶，空心状柄，矮圈足。素面。残高1.8厘米（图九八，2）。

　　3. 遗址性质与年代

　　白沿村Ⅳ号遗址属于抚河流域先秦时期较为典型的环壕聚落，白沿村所见几处台地相组合，形成了一种面积较大的环壕遗址组合，这种聚落结构为区域内少见。

由于采集陶器数量较少，对遗址的年代判断较为困难。由夹砂陶多于硬陶来看，其年代有稍早的可能，因此，可初步推断白沿村Ⅳ号遗址的年代为商周时期。

该遗址及其邻近环壕的发现，增加了区域内聚落形态的种类，为抚河流域先秦时期聚落演进研究提供了十分重要的考古资料。

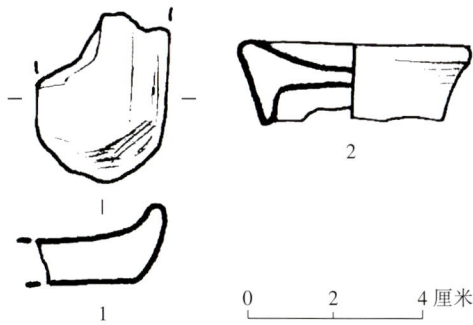

图九八 白沿村Ⅳ号环壕遗址采集陶器
1. 罐（2015JBYⅣ:1）2. 豆柄（2015JBYⅣ:2）

一二 白沿村Ⅴ号环壕遗址

白沿村Ⅴ号环壕遗址位于左坊镇白沿村委会白沿村南部（图九九），北距635乡道约230米，东南距汤家村约1.7公里，西距966县道约1.7公里（图一○○）。该遗址地理坐标为：北纬27°48′43.0″，东经116°42′22.6″，海拔61米。

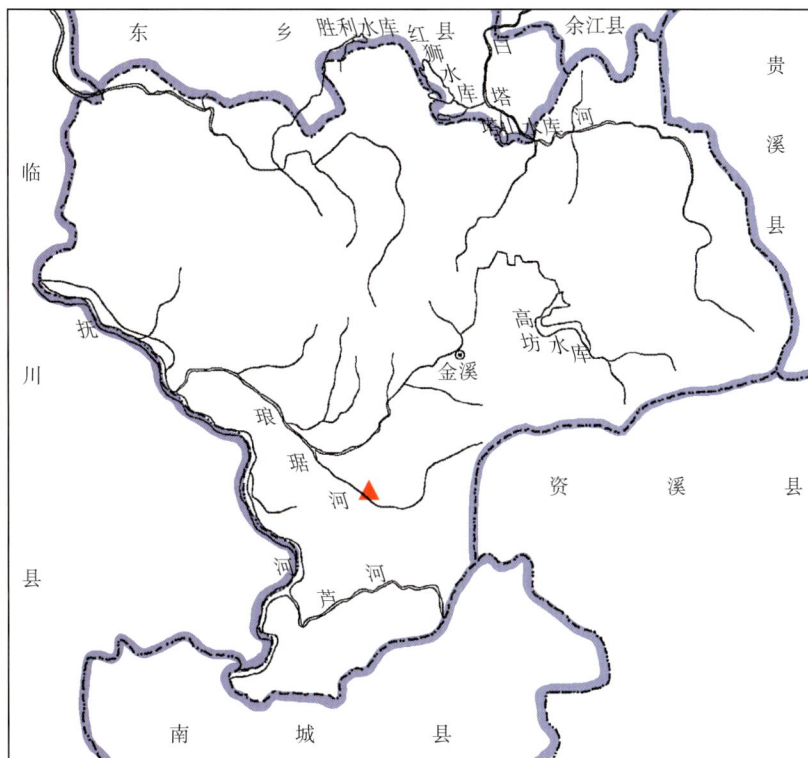

图九九 白沿村Ⅴ号环壕遗址位置图

该遗址为一处环壕聚落，仅存中心台地，台地平面呈不规则形，台地长径约57.2米，短径约38.1米。台地高于四周稻田约2~4米，台地地势东高西低（图一○一）。地表被毛竹、杂草和灌木丛覆盖，植被非常茂密（图一○二）。

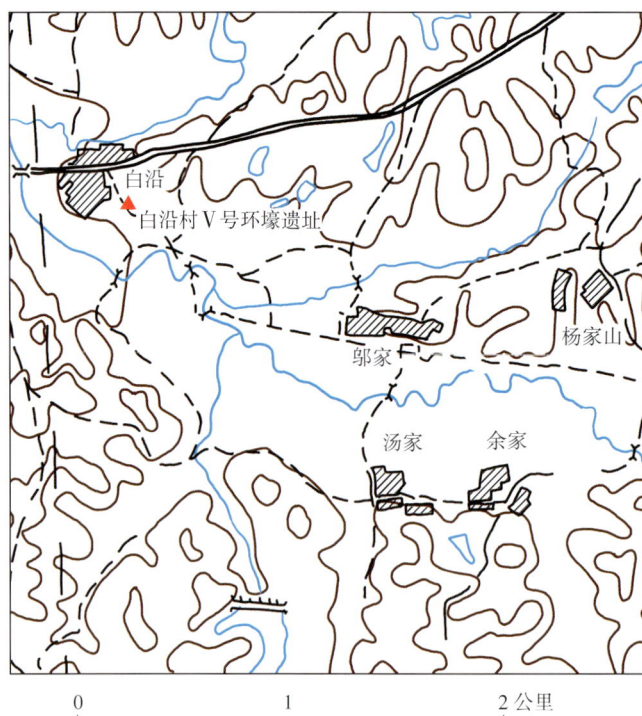

图一〇〇　白沿村Ⅴ号环壕遗址地貌图

图一〇一　白沿村Ⅴ号环壕遗址航拍图

图一〇二　白沿村Ⅴ号环壕遗址远景图（由北向南）

　野外调查勘探过程中，发现有居址等遗迹，在台地东部发现地层堆积，平面呈不规则形分布，长径约 44.2 米，短径约 22.9 米，面积约 650 平方米。堆积距地表深约 1.8 ~ 2 米，厚约 0.4 ~ 0.6米。堆积内包含灰烬和烧土块，堆积之上疑似有夯土迹象，距地表深约 1 米出现，厚约 0.8 ~ 1.0米。地表采集到少量陶片。

　白沿村Ⅴ号遗址是一处典型的环壕聚落，遗址中部台地应为人工堆垒而成，Ⅴ号遗址与其他四处遗址组成了环壕聚落群。由于遗址采集遗物较少，对遗址的年代判断较为困难，通过遗址形态与勘探所见陶器碎块结合分析，可推定该遗址的年代为先秦时期。白沿村Ⅴ号遗址的发现为区域内聚落形态及其演进研究提供了重要的考古资料。

一三　井上村环壕遗址

1. 遗址概况

　井上村环壕遗址位于琅琚镇城上村委会邹坊郑家西南 230 米处（图一〇三），东南距城上胡家村约 480 米，东南距揭坊王家约 1.1 公里，东距温源全家约 1.3 公里，北距 316 国道约 2.1 公里（图一〇四）。该遗址地理坐标为：北纬 27°53′59.3″，东经 116°41′22.6″，海拔 72 米。

　该遗址为一处环壕遗址，平面呈不规则形，主要由中部不规则形台地、台地北部延伸长条形台地、四周壕沟及壕沟外台地组成。中部不规则形台地长径约 74 米，短径约 58 米，台地高于四周农田约 2 米，地势较平缓，西南部边缘略高，台地北部延伸台地长约 45 米，宽 10 ~ 18 米，高于周围农田约 2 ~ 3 米。四周壕沟宽度约 17 ~ 33 米。壕沟外台地现存残宽 4.5 ~ 15 米（图一〇五）。遗址中部台地已被人为平整，壕沟现为农田，北部壕沟已被破坏（图一〇六）。壕沟外台地大多被破坏，仅残存西北、东北和西部。

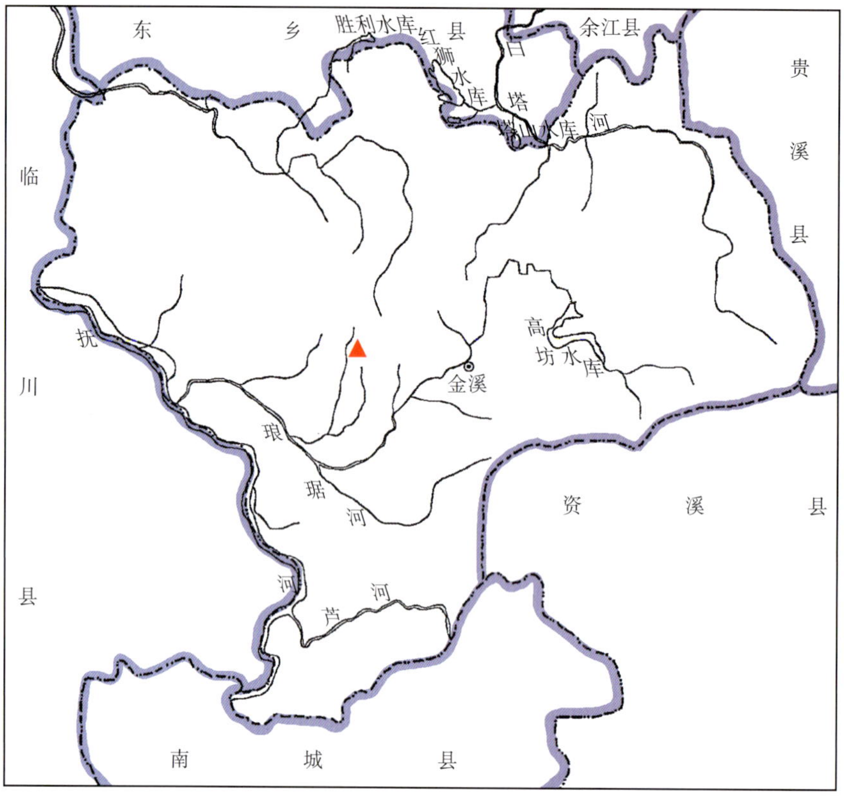

图一〇三　井上村环壕遗址位置图

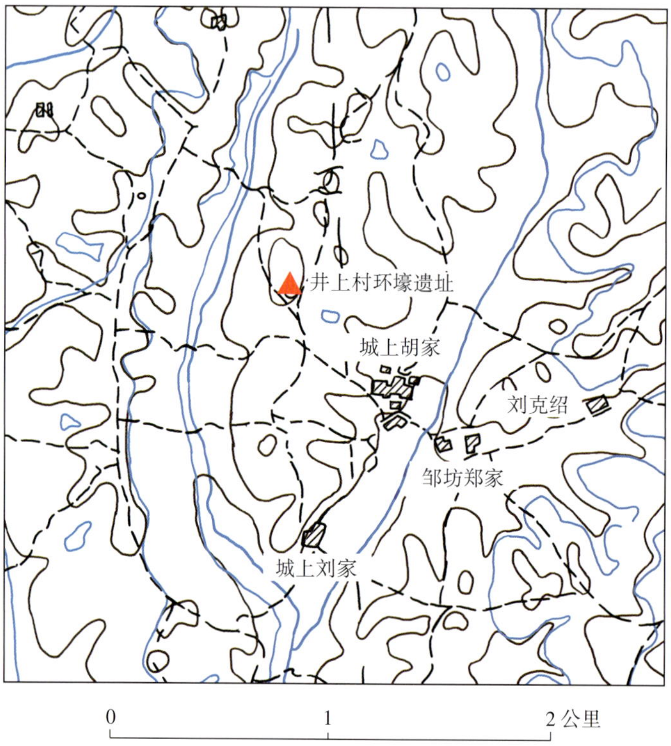

0　　　　　　　　1　　　　　　　2公里

图一〇四　井上村环壕遗址地貌图

图一〇五　井上村环壕遗址航拍图

图一〇六　井上村环壕遗址远景图（由北向南）

　　勘探过程中，在中部台地发现大面积文化层堆积。堆积集中分布于三个区域，以两道环线将整个区域分为外环、内环和中心区域（与同心圆类似）。其中外环区域堆积较薄，距地表深约 1.5 米出现，厚约 0.5 米，宽度约 1 米，包含大量灰烬、烧土块和部分陶片；内环区域堆积较厚，距地表深约 0.8 米，厚约 1.3 米结束，宽度约 10～17 米，堆积内包含大量灰烬、烧土块和部分陶片；中心区域堆积较浅，距地表约深 0.5 米，厚约 0.4 米，平面呈不规则形，长径约 45 米，短径约 33.8 米，包含少量灰烬和烧土块。遗址断面可见较明显的地层堆积（图一〇七、一〇八、一〇九）。

图一〇七　井上村环壕遗址剖面图

图一〇八　井上村环壕遗址堆积剖面图

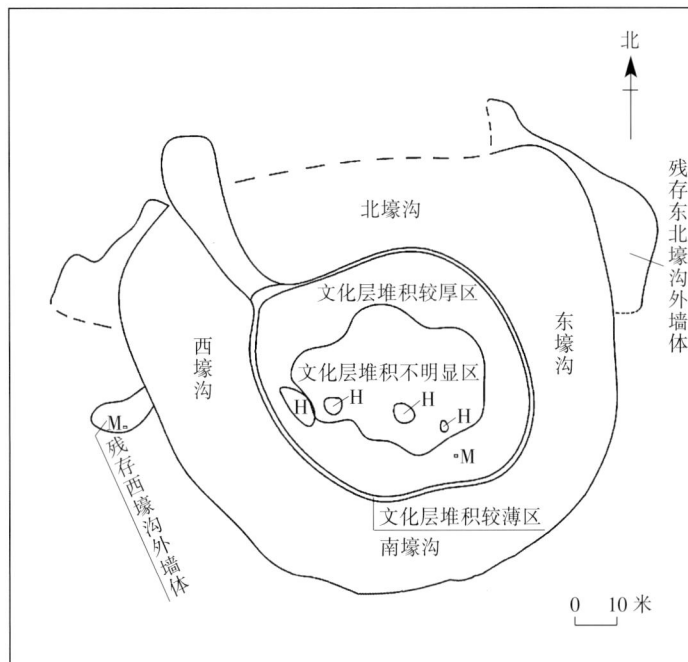

图一〇九 井上村环壕遗址勘探平面图

2. 遗物介绍

井上村环壕遗址采集遗物较为丰富，主要为石器和陶器。

（1）石器

采集遗物较少，以砂岩为主，多磨制，器形有砺石等。

砍砸器 1件。

2015JJS：2，灰褐色砂岩打制而成，形状不规则，一端见有打击痕迹，器表较为粗糙。残高6.6、宽10.6、厚1.7厘米（图一一〇，1；图版一〇，3）。

砺石 1件。

2015JJS：1，黄褐色砂岩制成，形状不规则，上下面均有磨制使用痕迹。残高17.2、宽10.6、厚5.4厘米（图一一〇，2；图版一〇，2）。

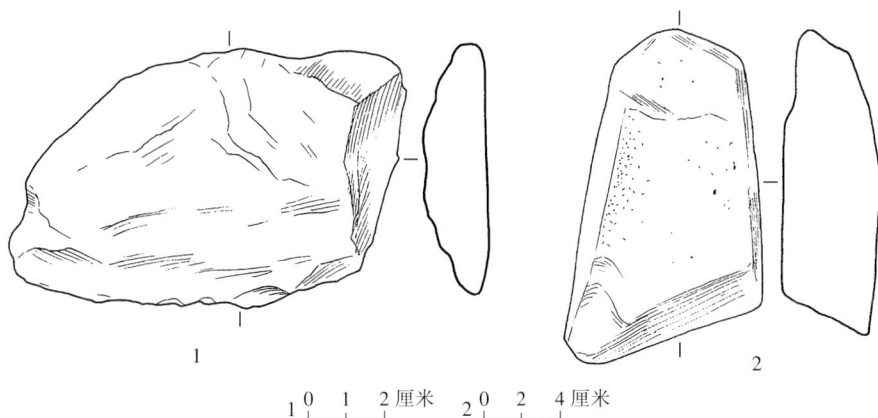

图一一〇 井上村环壕遗址采集石器
1. 砍砸器（2015JJS：2） 2. 砺石（2015JJS：1）

（2）陶器

采集遗物较多，以夹砂陶为主，陶色有灰色、灰褐色、灰白色、黄褐色等，纹饰见有绳纹（图一一一，2~5）和交错绳纹（图一一一，1）。器形有罐、鼎、豆盘、纺轮等。

图一一一　井上村环壕遗址采集陶片纹饰拓片
1. 交错绳纹　2~5. 绳纹

鼎足　33件。据形态可分为以下五型：

A型：9件。铲状扁足，器表多见戳印凹窝。

2015JJS：7，夹砂浅黄陶，两侧均可见数排对向斜短刻槽。残高7.4厘米（图一一三，3）。

2015JJS：17，夹砂灰褐陶，边缘中部见有一对按压凹窝。残高10.0厘米（图一一二，4）。

2015JJS：19，夹砂黄褐陶，一侧有数排戳印刻槽，一侧有戳印凹窝。残高9.2厘米（图一一三，1）。

2015JJS：20，夹砂黄褐陶，两侧均有戳印凹窝，底部有捏制痕迹。残高7.0厘米（图一一三，4）。

2015JJS：21，夹砂红陶，一面施数排戳印纹。残高5.2厘米（图一一三，5）。

2015JJS：24，夹砂灰陶，两侧均可见数排斜向短刻槽。残高11.0厘米（图一一二，6；图版一一，3）。

2015JJS：26，夹砂灰褐陶，一侧足上部起脊，脊两侧各有一排圆形凹窝。残高8.0厘米（图一一二，5）。

2015JJS：32，夹砂黄褐陶，一侧足上部有按压凹窝，同侧可见数排竖向戳印凹窝。残高14.6厘米（图一一二，1；图版一〇，6）。

2015JJS：33，夹粗砂灰白陶，两侧均可见数排竖向刻槽。残高11.6厘米（图一一二，2；图版一一，1）。

B型：3件。舌状足。

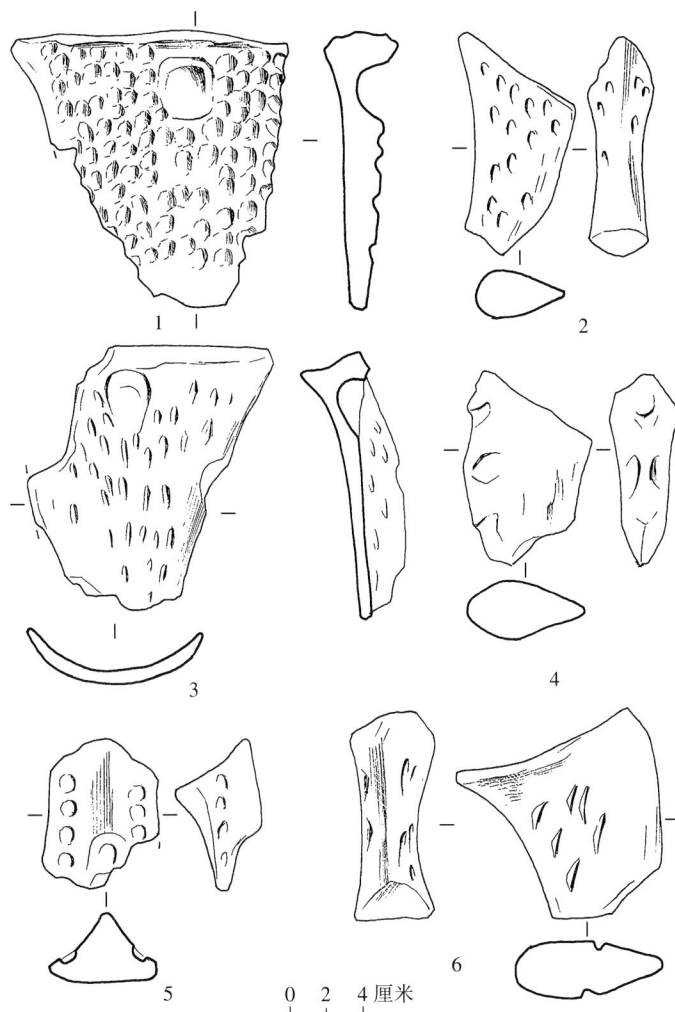

图一一二 井上村环壕遗址采集陶鼎足

1、2、4~6. A 型鼎足（2015JJS：32、2015JJS：33、2015JJS：17、2015JJS：26、2015JJS：24） 3. B 型鼎足（2015JJS：22）

2015JJS：22，夹砂灰陶，近顶端见有一按压凹窝，器表可见数排竖向短刻槽。残高 14.0 厘米（图一一二，3；图版一〇，5）。

2015JJS：31，夹砂灰褐陶，一侧可见斜向短刻槽。残高 10.0 厘米（图一一三，2；图版一一，4）。

2015JJS：41，夹砂灰陶。素面。残高 9.8 厘米（图一一五，6）。

C 型：1 件。截面呈"T"字形足。

2015JJS：29，夹砂灰褐陶。素面。残高 9.0 厘米（图一一六，1）。

D 型：3 件。宽扁状足。

2015JJS：13，夹砂灰陶。素面。残高 7.4 厘米（图一一六，7）。

2015JJS：23，夹砂灰褐陶。素面。残高 6.0 厘米（图一一四，5）。

2015JJS：45，夹砂灰陶，一侧足上部有一竖向短刻槽。残高 7.8 厘米（图一一六，3）。

E 型：17 件。扁柱状足。

2015JJS：6，夹砂灰黑陶。素面。残高 8.8 厘米（图一一四，2）。

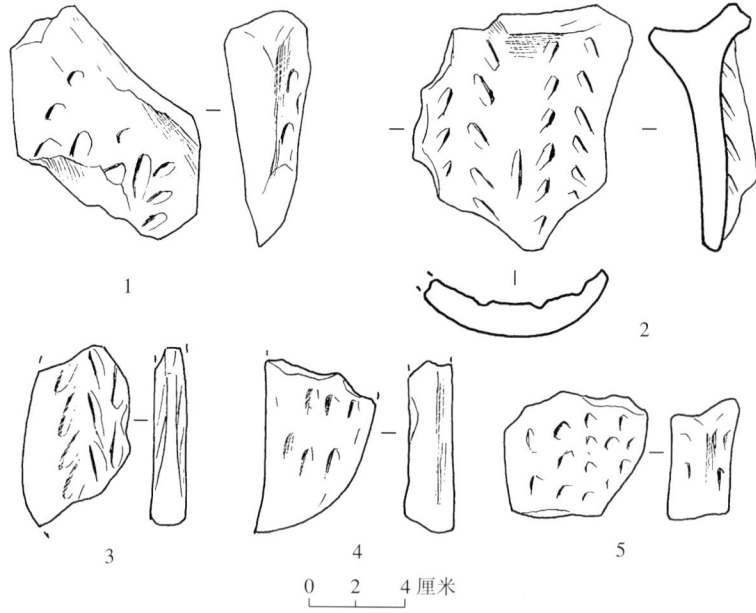

图一一三　井上村环壕遗址采集陶鼎足

1、3～5. A 型鼎足（2015JJS：19、2015JJS：7、2015JJS：20、2015JJS：21）　2. B 型鼎足（2015JJS：31）

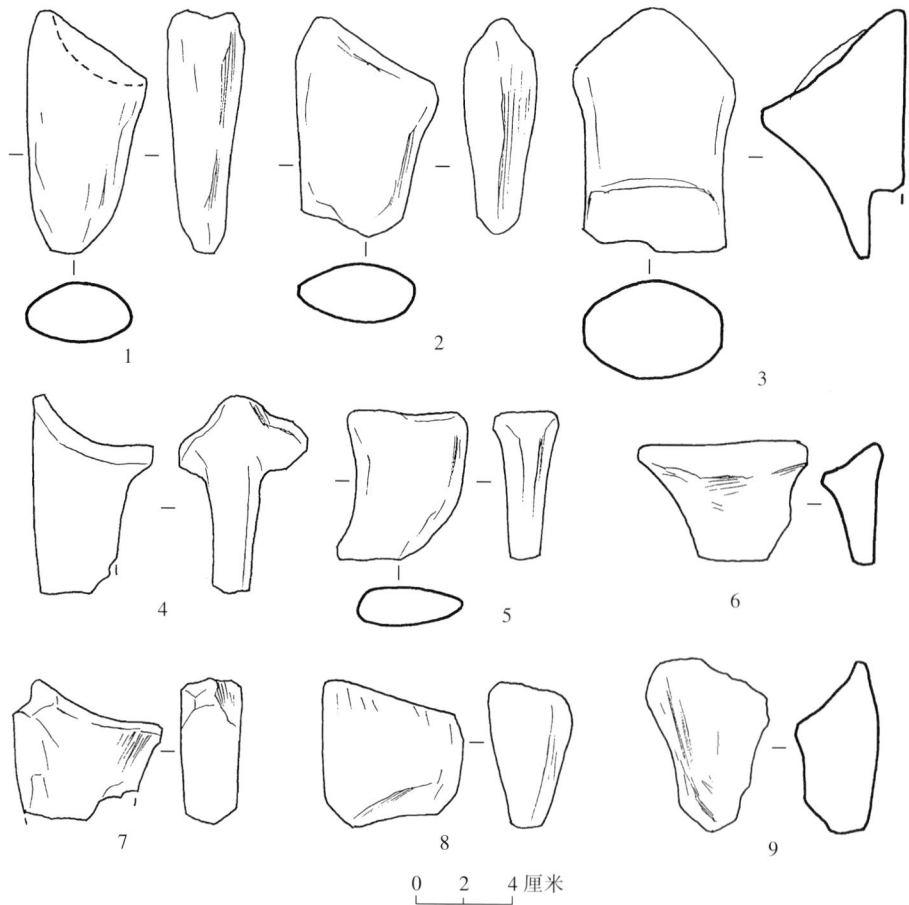

图一一四　井上村环壕遗址采集陶鼎足

1～4、6～9. E 型鼎足（2015JJS：8、2015JJS：6、2015JJS：10、2015JJS：15、2015JJS：12、2015JJS：11、2015JJS：16、2015JJS：14）

5. D 型鼎足（2015JJS：23）

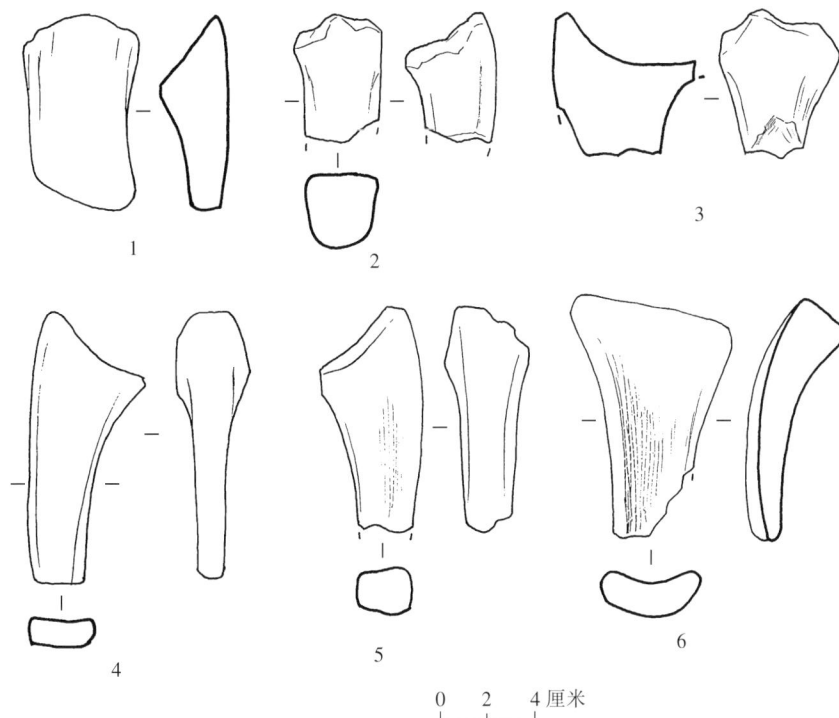

图一一五　井上村环壕遗址采集陶鼎足

1～5. E 型鼎足（2015JJS：18、2015JJS：27、2015JJS：28、2015JJS：30、2015JJS：40）　6. B 型鼎足（2015JJS：41）

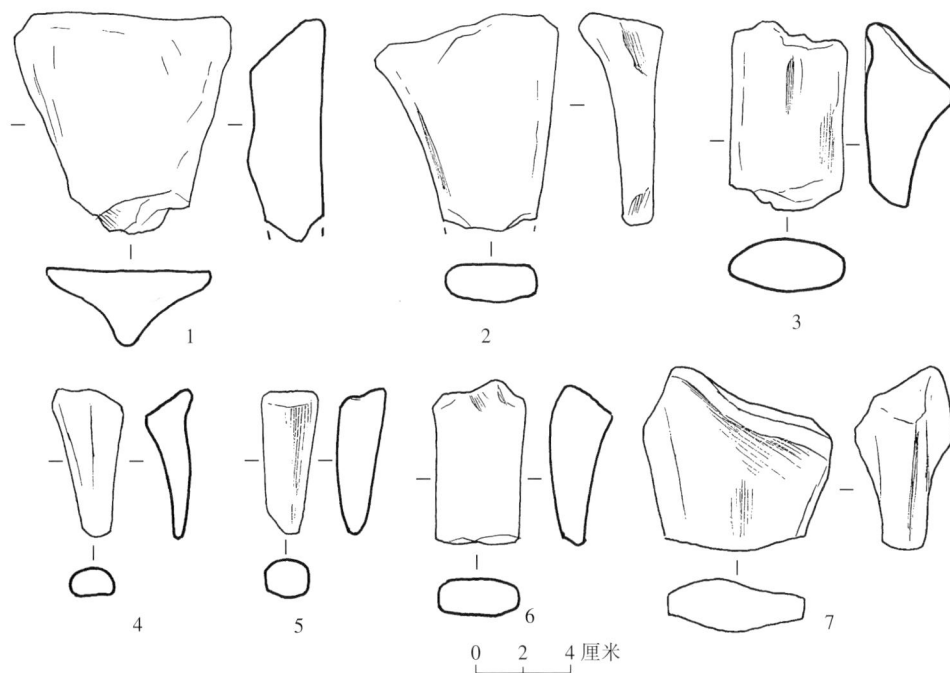

图一一六　井上村环壕遗址采集陶鼎足

1. C 型鼎足（2015JJS：29）　2、4～6. E 型鼎足（2015JJS：43、9、42、44）　3、7. D 型鼎足（2015JJS：45、2015JJS：13）

2015JJS：8，夹砂浅黄陶。素面。残高10.0厘米（图一一四，1）。

2015JJS：9，夹砂浅黄陶，呈锥状。素面。残高6.0厘米（图一一六，4）。

2015JJS：10，夹砂黄褐陶。素面。残高10.0厘米（图一一四，3）。

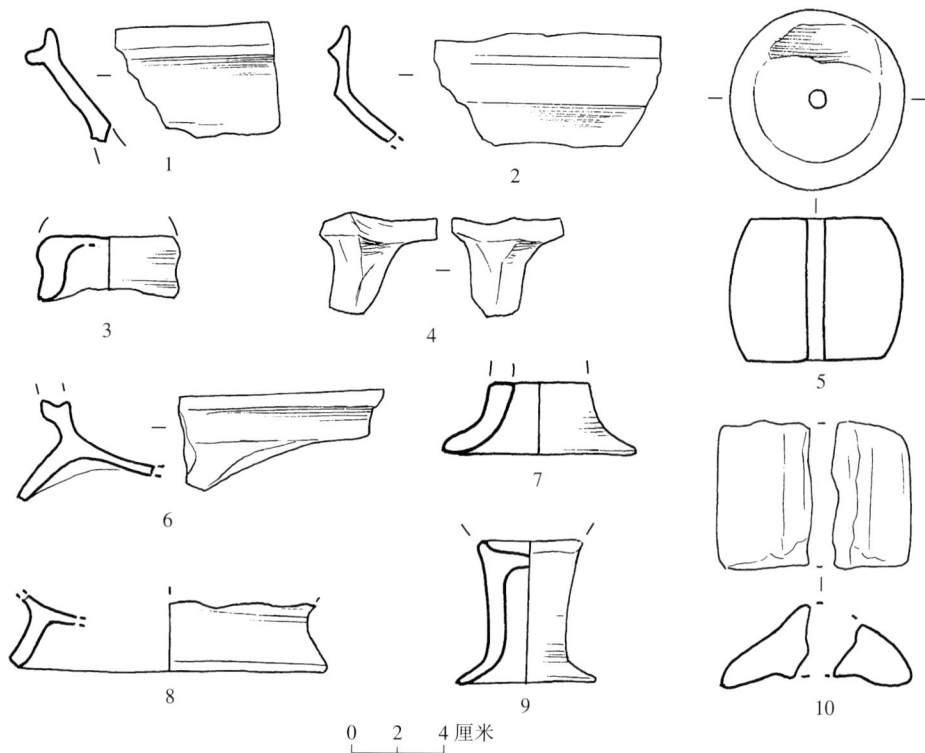

图一一七　井上村环壕遗址采集遗物

1、2. 豆盘（2015JJS：3、2015JJS：39）　3. 器盖（2015JJS：35）　4. 器足（2015JJS：25）　5、10. 纺轮（2015JJS：38、4）　6. 圈足盘（2015JJS：5）　7、8. 圈足（2015JJS：36、2015JJS：34）　9. 豆柄（2015JJS：37）

2015JJS：11，夹砂浅黄陶，截面呈扁圆形。素面。残高6.0厘米（图一一四，7）。

2015JJS：12，夹砂灰陶。素面。残高5.0厘米（图一一四，6）。

2015JJS：14，夹砂灰陶。素面。残高7.0厘米（图一一四，9）。

2015JJS：15，夹砂灰陶。素面。残高8.0厘米（图一一四，4）。

2015JJS：16，夹砂灰陶。素面。残高6.0厘米（图一一四，8）。

2015JJS：18，夹砂浅黄陶。素面。残高8.0厘米（图一一五，1）。

2015JJS：27，夹砂灰陶。素面。残高5.2厘米（图一一五，2）。

2015JJS：28，夹砂灰褐陶。素面。残高6.0厘米（图一一五，3）。

2015JJS：30，夹砂灰褐陶。素面。残高11.0厘米（图一一五，4；图版一一，2）。

2015JJS：40，夹砂浅灰陶。素面。残高9.2厘米（图一一五，5）。

2015JJS：42，夹砂红褐陶。素面。残高6.0厘米（图一一六，5）。

2015JJS：43，夹砂灰陶。素面。残高9.0厘米（图一一六，2）。

2015JJS：44，夹砂灰陶，一侧足上部有一按压凹窝。残高6.8厘米（图一一六，6）。

圈足盘　1件。

2015JJS：5，夹砂灰陶，浅腹，矮圈足。素面。残高4.0厘米（图一一七，6）。

豆盘　2件。

2015JJS：3，夹砂灰陶，圆唇，斜腹，沿下见有一凸棱，浅盘。素面。残高4.8厘米（图一一七，1）。

2015JJS：39，夹粗砂灰陶，直口，口沿下有一周凸棱，折盘。素面。残高4.8厘米（图一一七，2；图版·〇，1）。

器足　1件。

2015JJS：25，灰褐色硬陶，矮柱状，可见捏制痕迹。残高4.0厘米（图一一七，4）。

圈足　2件。

2015JJS：34，夹砂黄褐陶，矮圈足，近底端外撇。素面。残高3.0厘米（图一一七，8）。

2015JJS：36，夹砂灰陶，喇叭口状底座。素面。残高3.0厘米（图一一七，7）。

器盖　1件。

2015JJS：35，夹砂红褐陶，圆柄状。素面。残高2.8厘米（图一一七，3）。

豆柄　1件。

2015JJS：37，泥质黄褐陶，近平底，空心柄，喇叭口状底座。素面。残高6.0厘米（图一一七，9）。

陶纺轮　2件。

2015JJS：38，夹砂灰褐陶，呈鼓状，上下面平整，四周圆弧，中部有一圆形穿孔。素面。直径3.8、孔径0.4厘米（图一一七，5；图版一〇，4）。

2015JJS：4，夹砂褐陶，纺轮残块。素面。厚6.0厘米（图一一七，10）。

3. 遗址性质与年代

井上村环壕遗址是一处较为典型的环壕聚落，遗址处于琅琚河沿岸，地理环境条件优越。由于遗址采集遗物较为丰富，可供年代比较的遗物较多。通过观察，可将所获遗存分为三个年代组。

第1组：以A、B型鼎足为代表，该组鼎足在广丰社山头遗址[①]见有同类器，在金溪县也有多处发现，其年代为新石器时代末期。

第2组：以C型鼎足为代表，此类鼎足在乐安县甲山遗址[②]有所见到，其年代可暂推断为商代晚期及西周时期。

第3组：以E型鼎足为代表，该类鼎足在抚河流域多见，代表了一个时代的特征，其年代可为春秋时期。

通过以上对该遗址年代的推断可以看出，该环壕堆积较厚，延续时间亦较长，从新石器时代末期延至东周时期。从目前抚河流域发现多处环壕遗址来看，较多遗址从新石器时代末期始建，有较长延续时间，此种聚落形态被古人长时间所接受。该遗址的发现与初步分析，为区域文化序列建立及聚落形态研究提供了十分重要的考古资料。

---

① 江西省文物考古研究所、厦门大学人类学系、广丰县文物管理所：《江西广丰社山头遗址发掘》，《东南文化》1993年第4期。

② 江西省考古研究所、西北大学文化遗产学院、抚州市文物博物管理所、宜黄县文物管理所、乐安县博物馆：《江西抚河流域先秦时期遗址考古调查报告Ⅰ（乐安县、宜黄县）》，文物出版社，2015年。

1. 豆盘（2015JJS：39）

2. 砺石（2015JJS：1）

3. 砍砸器（2015JJS：2）

4. 陶纺轮（2015JJS：38）

5. 鼎足（2015JJS：22）

6. 鼎足（2015JJS：32）

图版一〇　井上村环壕遗址采集遗物

1. 鼎足（2015JJS：33）

2. 鼎足（2015JJS：30）

3. 鼎足（2015JJS：24）

4. 鼎足（2015JJS：31）

图版一一　井上村环壕遗址采集鼎足

一四　茶家垅环壕遗址

茶家垅环壕遗址位于双塘镇双塘村委会双塘村东北部（图一一八），南邻里汪村，北距冠源村约1.1公里，西距942县道约680米，东距淳城村约970米（图一一九）。该遗址地理坐标为：北纬28°02′30.7″，东经116°44′31.0″，海拔69米。

该遗址为一处环壕聚落，平面呈不规则形，由中部近方形台地和四周壕沟组成。中部台地边长约76米，台地高于四周稻田约4米，台地中部低四周边缘高（图一二〇）。台地被竹子、杂草和灌木丛覆盖，植被较为茂密（图一二一）。壕沟北部和西部保存较好，壕沟现存宽5~20米，壕沟内为稻田。

遗址处于双陈河支流沿岸，遗址利用缓坡状山岗地形，在缓坡边缘人工挖出壕沟，中部台地与壕沟外台地均为原有地形。这类环壕聚落的建造特征应是环壕最初的形成方式。由于遗址地表采集遗物较少，通过聚落形态和少量陶器碎块可大致推断遗址年代为先秦时期。

茶家垅环壕遗址的发现，不仅增加了区域环壕遗址的数量，也为抚河流域先秦时期聚落形态演进研究提供了重要的考古资料。

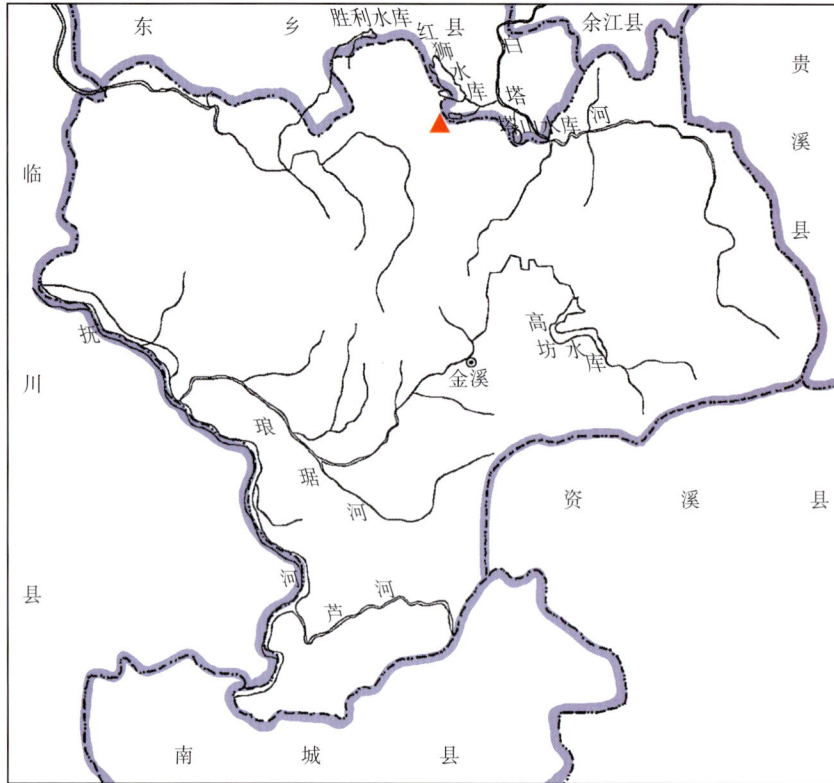

图一一八　茶家垅环壕遗址位置图

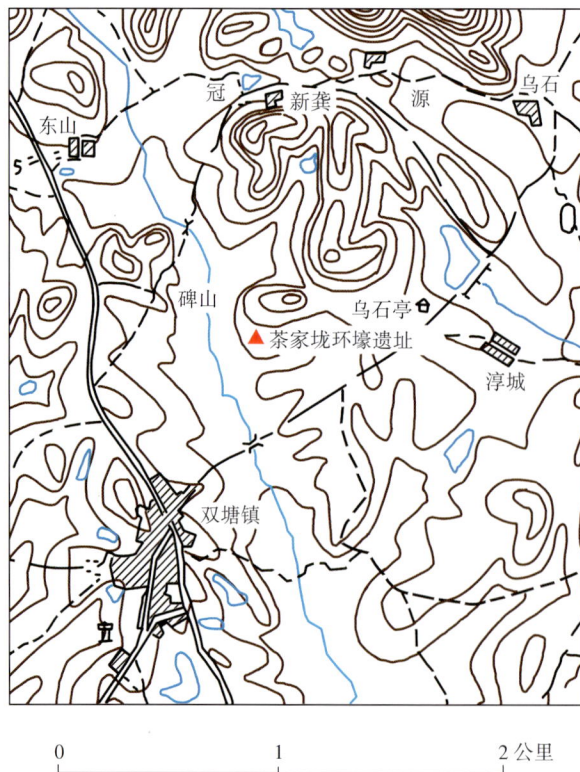

图一一九　茶家垅环壕遗址地貌图

图一二〇　茶家垅环壕遗址航拍图

图一二一　茶家垅环壕遗址远景图（由西向东）

一五　车门村城墩上环壕遗址

　　车门村城墩上环壕遗址位于合市镇车门村委会车门村东北部（图一二二），北距 945 县道约 1.57 公里，东距水东约 600 米，西南距车门村民居约 170 米（图一二三）。该遗址地理坐标为：北纬 27°58′55.9″，东经 116°41′56.6″，海拔 57 米。

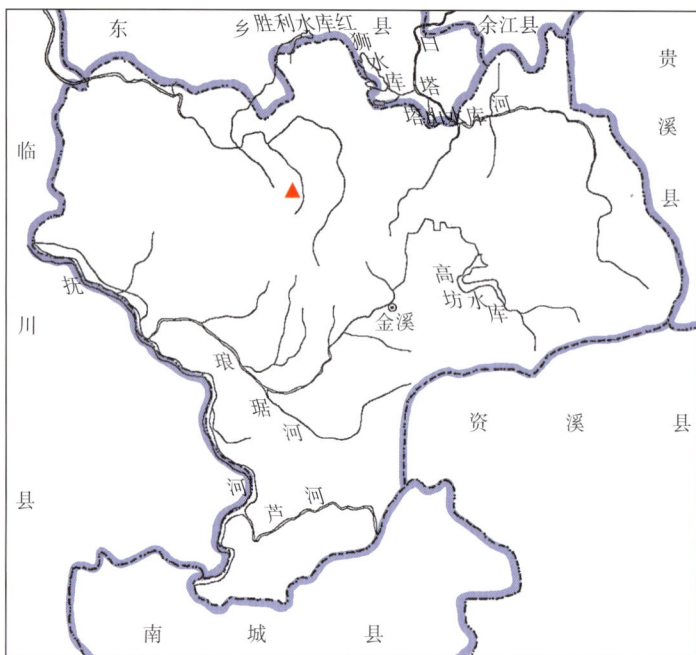

图一二二　车门村城墩上环壕遗址位置图

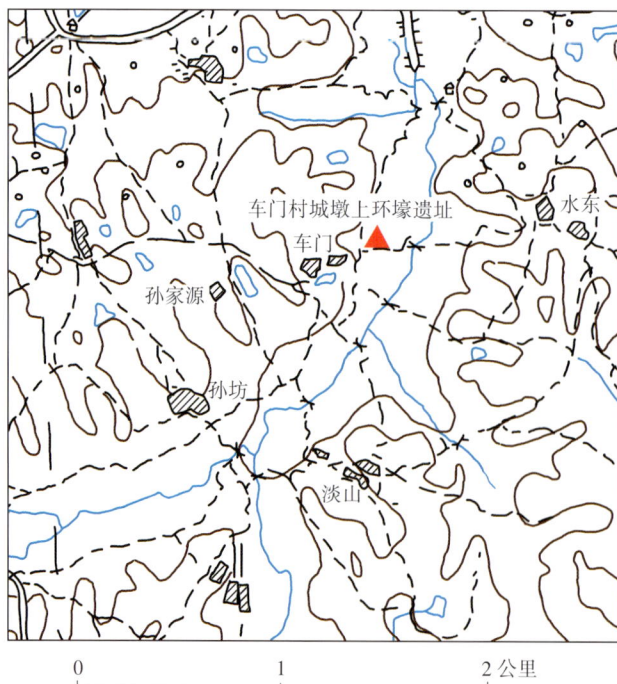

图一二三　车门村城墩上环壕遗址地貌图

该遗址为一处环壕聚落，平面呈近长方形，长径约53米，短径约46.7米，整体地势为四周高中间低（图一二四）。遗址所在台地高于周围稻田约1~3米，台地地表被竹子、杂草和灌木丛覆盖，植被较为茂密（图一二五）。遗址破坏严重，台地外围壕沟隐约可见，壕沟外台地已遭破坏。

图一二四　车门村城墩上环壕遗址航拍图

图一二五　车门村城墩上环壕遗址远景图（由南向北）

野外调查勘探过程中，发现文化层主要分布于遗址所在高台边沿区域，呈不规则环形分布，宽约5~11米，面积约799平方米，堆积距地表深约0.6~0.8米，厚0.3~0.6米，包含部分灰烬和烧土块，地表发现有少量陶片。

车门村城墩上环壕遗址处于双陈河支流沿岸，遗址所在区域地形平坦，中部台地应为人工堆垒而成。由于遗址植被茂密，采集遗物十分困难，仅在地表发现零星夹砂陶片，可初步推断遗址的年代为先秦时期，具体年代的判断还有待更多的考古工作。

车门村城墩上环壕遗址是一处典型的环壕聚落，其建造特征与金溪县其他的环壕聚落有较多的相似性，该遗址的发现对区域环壕聚落形态及其演进研究提供了重要的考古资料。

一六　城湖村城墩上Ⅰ号环壕遗址

城湖村城墩上Ⅰ号环壕遗址位于陈坊积乡城湖村委会城湖村城墩上，为一户居民所居之地（图一二六）。西北距945县道约20米，东北部为城湖村，东南距涂坊村约330米，东南距饶坊邓家约900米（图一二七）。该遗址地理坐标为：北纬28°02′56.9″，东经116°32′27.3″，海拔39米。

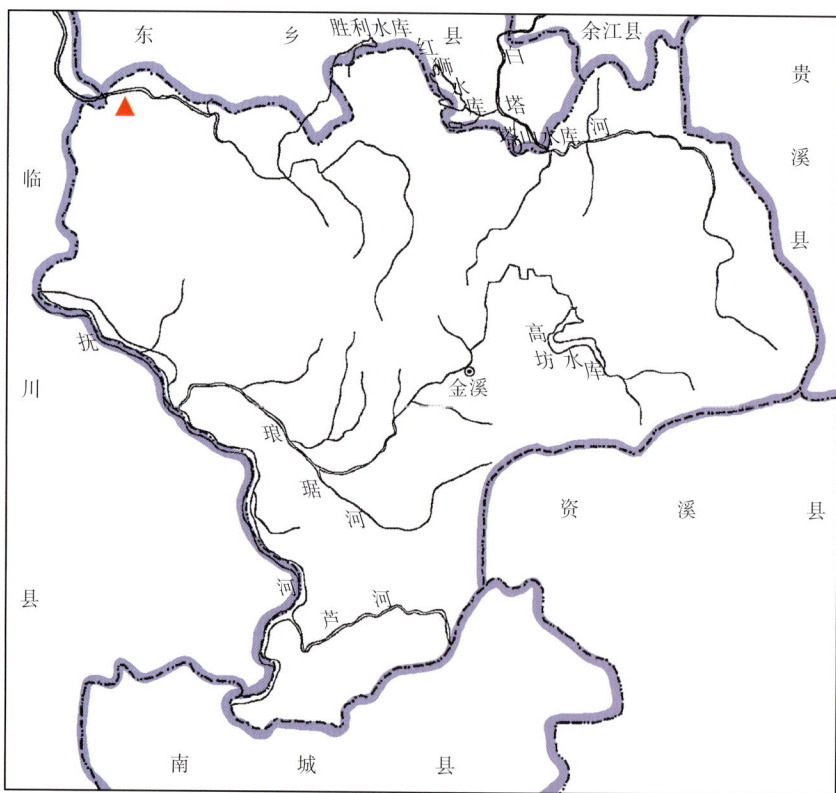

图一二六　城湖村城墩上Ⅰ号环壕遗址位置图

该遗址为一处环壕遗址，仅存一高台，平面呈不规则形，地表中部低四周高（图一二八）。台地高于周围地表约2~4米，台地为村民的房屋和橘园（图一二九、一三○）。

田野勘探过程中，少见地层堆积，或与遗址破坏严重有关。从该类聚落形态可大致推断其年代应为先秦时期，对于该遗址还有待更深入的考古工作。

图一二七 城湖村城墩上Ⅰ号环壕遗址地貌图

图一二八 城湖村城墩上Ⅰ号环壕遗址航拍图

图一二九　城湖村城墩上Ⅰ号环壕遗址远景图（由南向北）

图一三〇　城湖村城墩上Ⅰ号环壕遗址远景图（由北向南）

　　城湖村城墩上Ⅰ号环壕遗址的发现不仅增加了区域内环壕遗址的数量，亦为区域聚落演进等研究提供了重要考古资料。

一七 城湖村城墩上Ⅱ号环壕遗址

城湖村城墩上Ⅱ号环壕遗址位于陈坊积乡城湖村委会城湖村城墩上（图一三一），北距945县道约1.3公里，东南距横路村约300米，西北距饶坊邓家约320米（图一三二）。该遗址地理坐标为：北纬28°02′24.8″，东经116°33′11.3″，海拔49米。

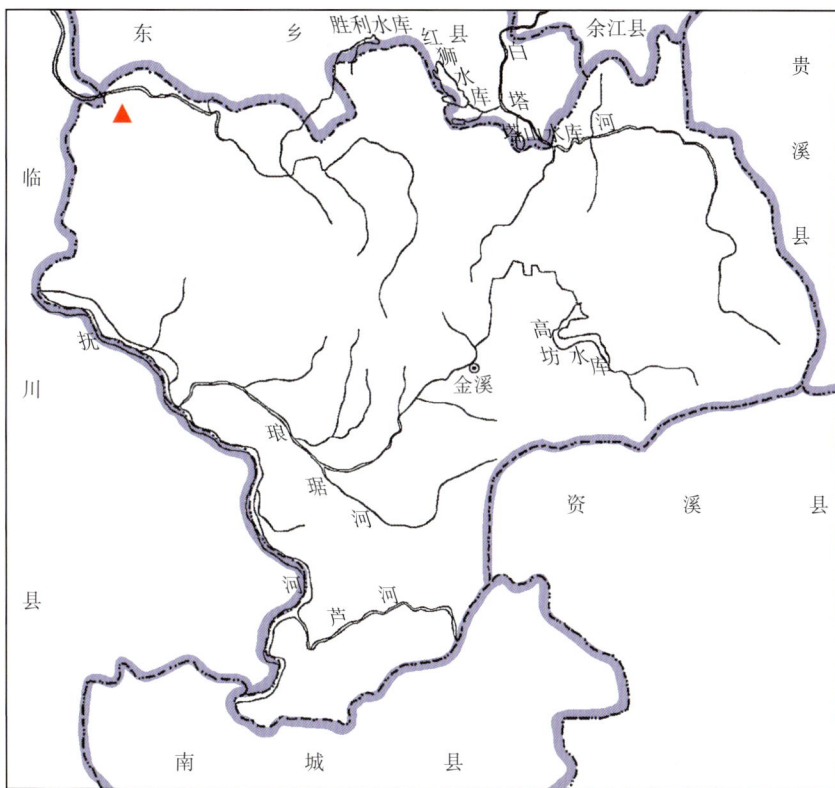

图一三一 城湖村城墩上Ⅱ号环壕遗址位置图

该遗址为一处环壕聚落，整体呈不规则形，长径约65米，短径约58米。中部台地呈近方形，长62米，宽56米。壕沟围绕中部台地，仅存三面，宽9～20米。外围台地为山岗缓坡地形，在山岗边缘挖出壕沟（图一三三）。中部台地高于周围稻田约2～3米，地势中、西部稍低，其余三边稍高，地表被灌木丛和杂草覆盖，植被茂密（图一三四）。遗址位于云山河沿岸，环壕临近河道，古人利用地形建造适应生活条件的聚落结构。

野外调查勘探过程中，发现地层堆积可划分为三个区域（图一三五）。堆积Ⅰ区，位于台地北部，平面呈不规则形，长径约7.6米，短径约5.5米，距地表深约0.8米，厚0.2米，堆积内部包含少量灰烬和陶片碎渣。堆积Ⅱ区，位于台地东北部，平面近圆形，直径约4米，距地表深约1.5米，厚约0.3米，包含少量灰土。堆积Ⅲ区，位于台地东部，平面呈不规则形，长径约8米，短径约5.2米，距地表约0.8米发现堆积，厚约0.4米，堆积内部包含灰烬、烧土块和陶片。

该遗址采集了少量陶片，可初步判断其年代为先秦时期。遗址的发现不仅增加了环壕聚落的数量，同时也为区域聚落形态及其演进过程提供了十分重要的考古资料。

图一三二　城湖村城墩上Ⅱ号环壕遗址地貌图

图一三三　城湖村城墩上Ⅱ号环壕遗址航拍图

图一三四 城湖村城墩上Ⅱ号环壕遗址远景图（由西向东）

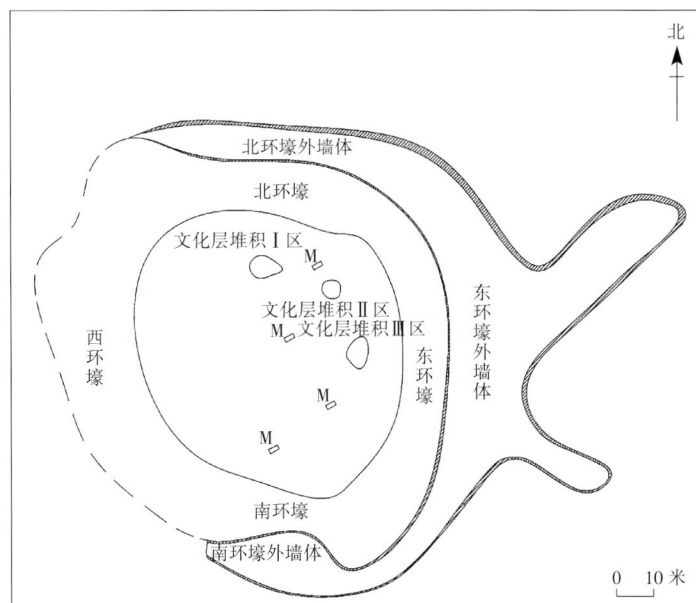

图一三五 城湖村城墩上Ⅱ号环壕遗址勘探平面图

一八 城墙山环壕遗址

1. 遗址概况

城墙山环壕遗址位于琉璃乡东源村村委会城丘村城墙山（图一三六），东北距东源村约770米，西距苏坊源约730米。遗址位于云山河沿岸，区域内水系发达（图一三七）。该遗址地理坐标为：北纬28°01′48.4″，东经116°36′01.0″，海拔52米。

该遗址为一处环壕遗址，仅存中部台地。台地平面呈不规则形，长径约86.7米，短径约67.5

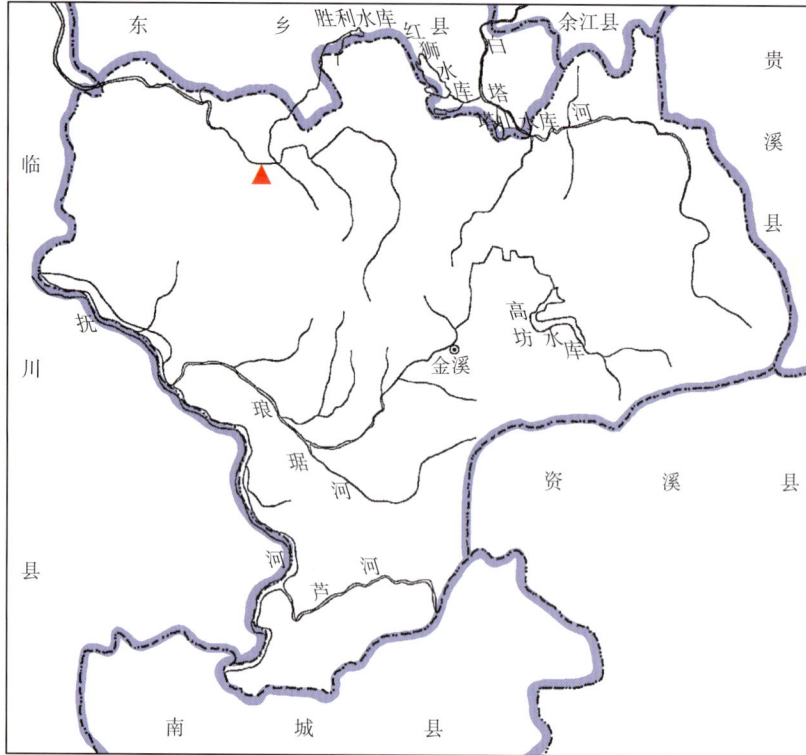

图一三六　城墙山环壕遗址位置图

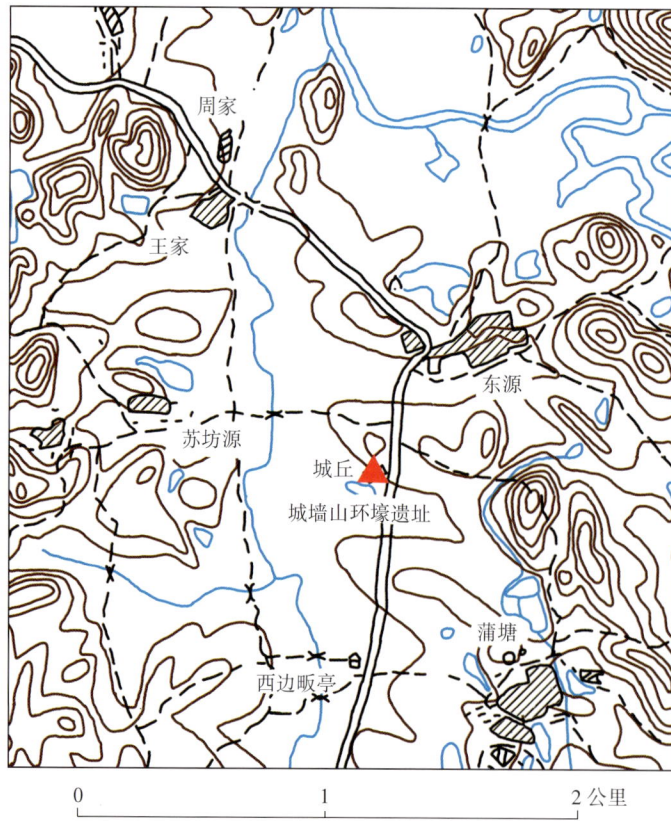

图一三七　城墙山环壕遗址地貌图

米（图一三八）。遗址所在台地地势较平坦，东、西、南部为民居，北部为竹林（图一三九），西部有一条人为挖成的道路，道路两侧发现有断面。

图一三八　城墙山环壕遗址航拍图

图一三九　城墙山环壕遗址远景图（由北向南）

野外勘探过程中，发现台地西部有文化层（图一四〇），平面呈不规则形，长径约49.3米，短径约9.6米，面积约为550.6平方米，距地表深约0.3～0.8米，厚约0.5米，堆积内包含有少量灰烬、烧土块和陶片，另在地表采集少量陶片。

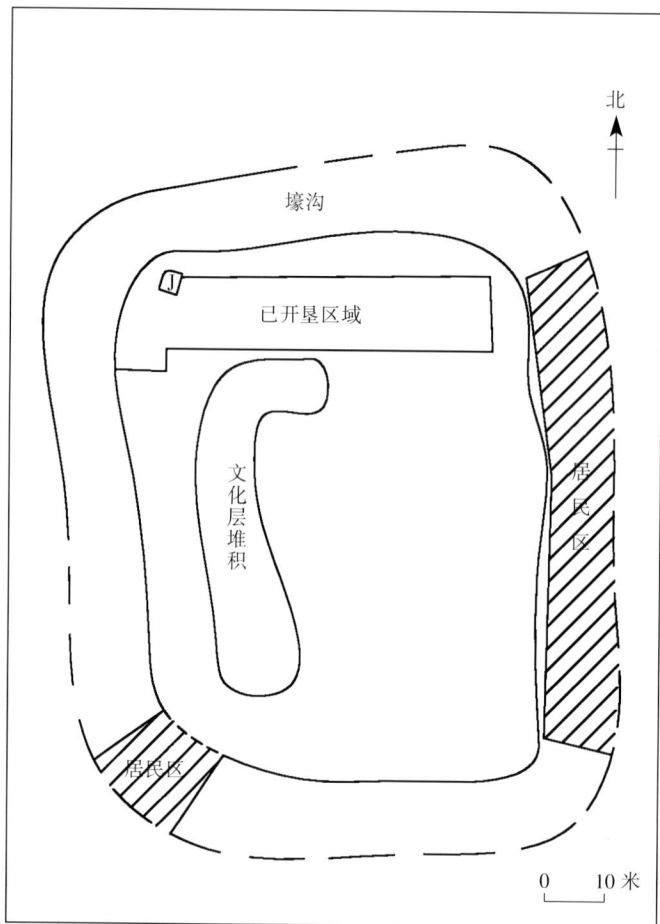

图一四〇　城墙山环壕遗址勘探平面图

2. 遗物介绍

该遗址采集遗物较少，所获主要为陶器残片。

陶器以夹砂陶及硬陶为主。硬陶多为灰褐色、黄褐色，纹饰有折线纹（图一四一，1、2）、雷纹（图一四一，4）、方格纹、菱格纹和交错绳纹（图一四一，6）等，器形见有陶罐；夹砂陶为灰色、灰褐色，多为素面，仅见绳纹（图一四一，3、5），器形见有陶罐。

罐口沿　4件。

2015JCQ：1，灰色硬陶，侈口，折沿，方唇。器表施雷纹。口径7.0、残高3.2厘米（图一四二，1）。

2015JCQ：2，灰色硬陶，侈口，宽折沿，圆唇。颈部有一周凸棱。残高3.4厘米（图一四二，3；图版一二，3）。

2015JCQ：3，灰色硬陶，侈口，折沿。器表施小菱格纹。残高4.0厘米（图一四二，4；图版一二，2）。

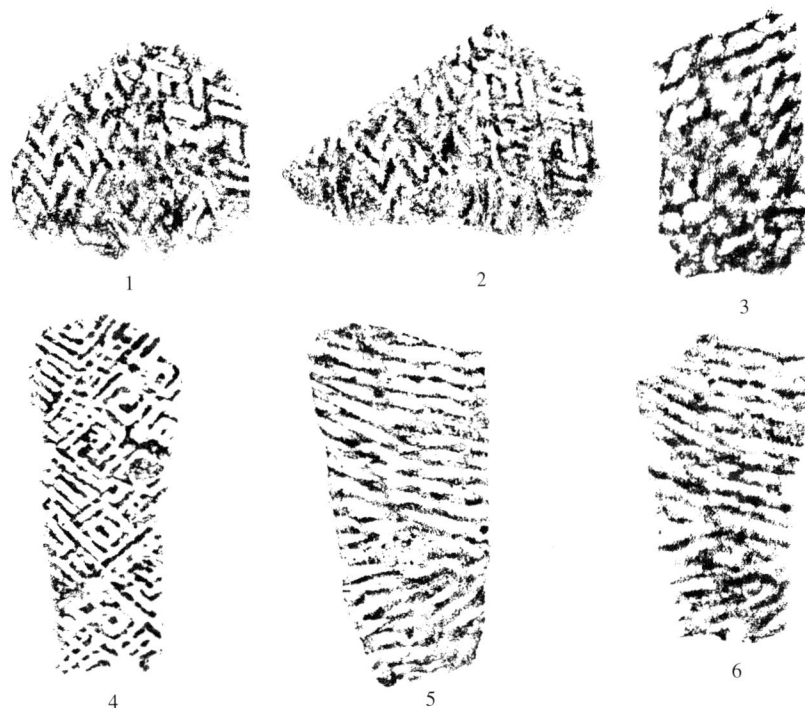

图一四一　城墙山环壕遗址采集陶片纹饰拓片
1、2. 折线纹　3、5. 绳纹　4. 雷纹　6. 交错绳纹

2015JCQ：4，黄褐色硬陶，侈口，折沿，弧腹，方唇。器表施绳纹。残高 3.0 厘米（图一四二，2；图版一二，1）。

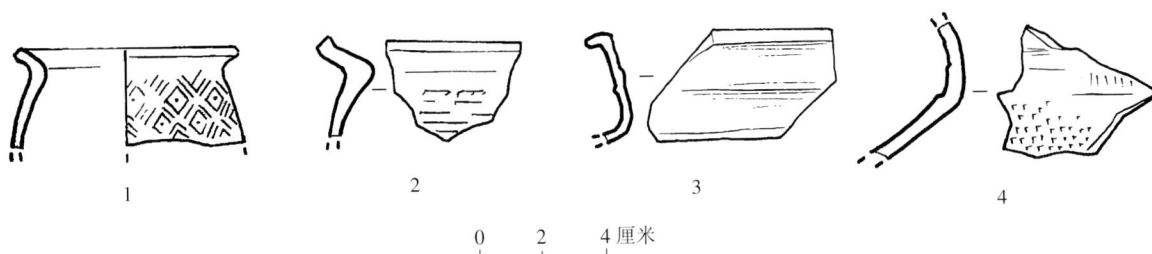

图一四二　城墙山环壕遗址采集陶罐
1~4. 罐口沿（2015JCQ：1、2015JCQ：4、2015JCQ：2、2015JCQ：3）

3. 遗址性质与年代

城墙山遗址是一处典型的环壕聚落，中部台地、壕沟及外围台地构成了该环壕聚落的基本形态。遗址所处地势较低平，古人在此堆土增高地势。从该地居民多居于遗址之上可以看出，台地最大之功能应与防御水患有关。

从采集陶片来看，该遗址文化面貌较为单纯，以硬陶为多，纹饰主要为折线纹、雷纹和绳纹，器形多见折沿罐。与周边遗存比较来看，该遗址与抚河流域商代晚期至西周时期所见陶器较为相近，年代也应相近。因此，可初步判断城墙山遗址的年代为商代晚期至西周时期。该环壕遗址的发现为区域聚落形态增加了新的内容，为区域内先秦时期聚落演进提供了重要考古资料。

1. 陶罐（2015JCQ：4）

2. 陶罐（2015JCQ：3）

3. 陶罐（2015JCQ：2）

图版一二　城墙山环壕遗址采集遗物

一九　城塘山环壕遗址

1. 遗址概况

城塘山环壕遗址位于琉璃乡桂家村委会中宋村城塘山（图一四三），西距 946 县道约 610 米，东距岭下源村约 200 米，北距中宋村约 380 米。遗址处于云山河支流沿岸，为平地建起的环壕聚落（图一四四）。该遗址地理坐标为：北纬 27°59′50.2″，东经 116°36′50.2″，海拔 54 米。

该遗址为一处环壕聚落，由中部高台及壕沟外侧南台地组成（图一四五）。中部台地平面呈不规则形，长径约 70 米，短径约 51 米，台地地势四周高中间稍低，地表被竹林和灌木丛覆盖，植被较为茂密。台地四周为壕沟，宽约 10～20 米，壕沟内部现为水塘。壕沟外围南部台地平面呈不规则形，长径约 80 米，短径约 50 米，高于周围稻田约 4 米，台地上部地势较平缓，北部稍高，东北角有上台地的道路，台地地表为杂草和灌木丛覆盖，十分茂密（图一四六）。

野外调查勘探过程中，发现地层堆积主要分布于两个区域（图一四七）。一是中部台地，堆积平面近椭圆形，长径约 49.6 米，短径约 36.6 米，面积约 1498.5 平方米，距地表约 0.8～1.4 米可见文化层，深 1～1.3 米，包含大量灰烬、烧土块和陶片。另一处堆积位于壕沟外围南部台地，平面呈不规则形，长径约 12.8 米，短径约 5.7 米，面积约 53.1 平方米，距地表约 0.7 米见文化层，厚约 0.2 米，包含少量灰烬、烧土块和陶片。另外，该遗址勘探发现较多晚期墓葬。

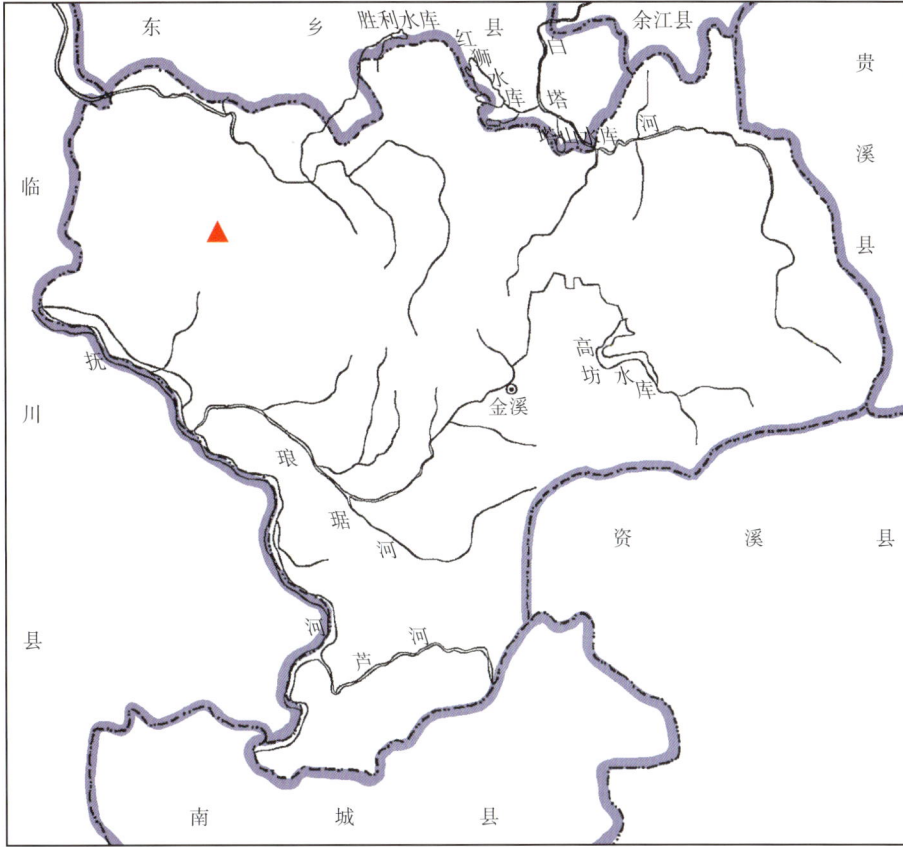

图一四三 城塘山环壕遗址位置图

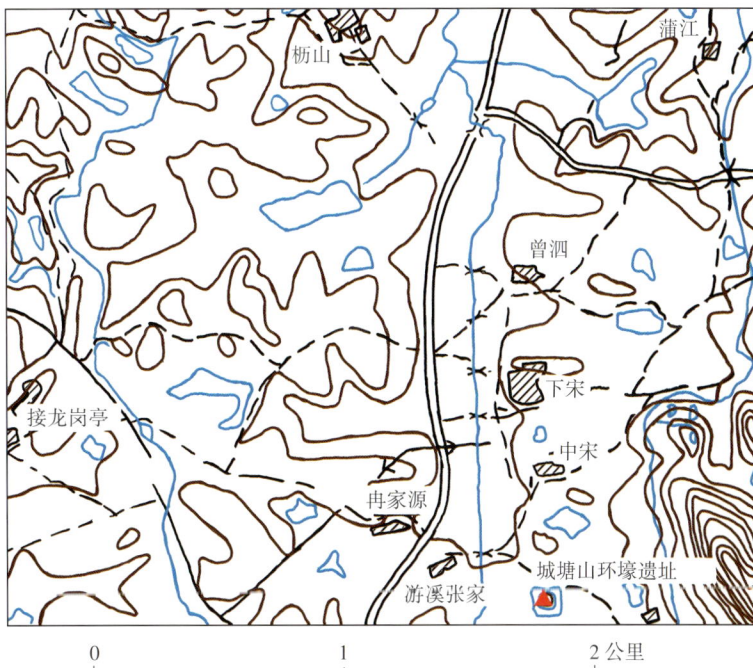

图一四四 城塘山环壕遗址地貌图

图一四五　城塘山环壕遗址航拍图

图一四六　城塘山环壕遗址远景图（自西向东）

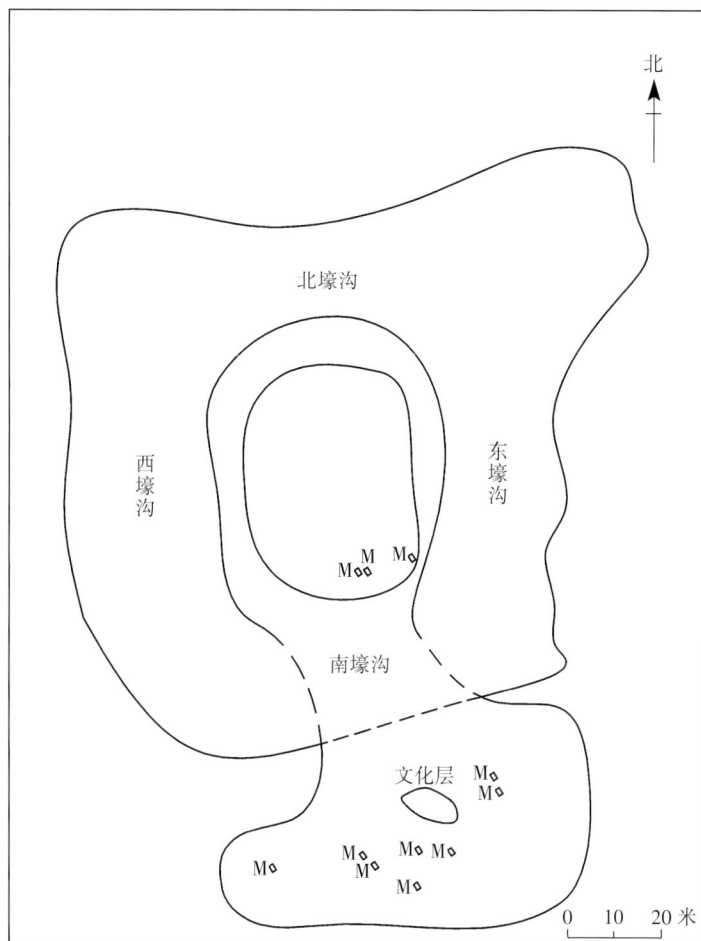

图一四七　城塘山环壕遗址勘探平面图

2. 遗物介绍

该遗址采集遗物较少，仅见有陶器残片。

陶器以夹砂陶为主，硬陶很少。夹砂陶多为灰褐色，素面较多，少见绳纹，器形有罐、豆、鼎（足）等；硬陶多为灰色，纹饰有方格纹（图一四八），器形有罐等。

图一四八　城塘山环壕遗址采集陶片饰拓片

罐　2件。

2015JCT：1，灰色硬陶，敛口，方唇，唇面内凹。素面。残高4.0厘米（图一四九，6）。

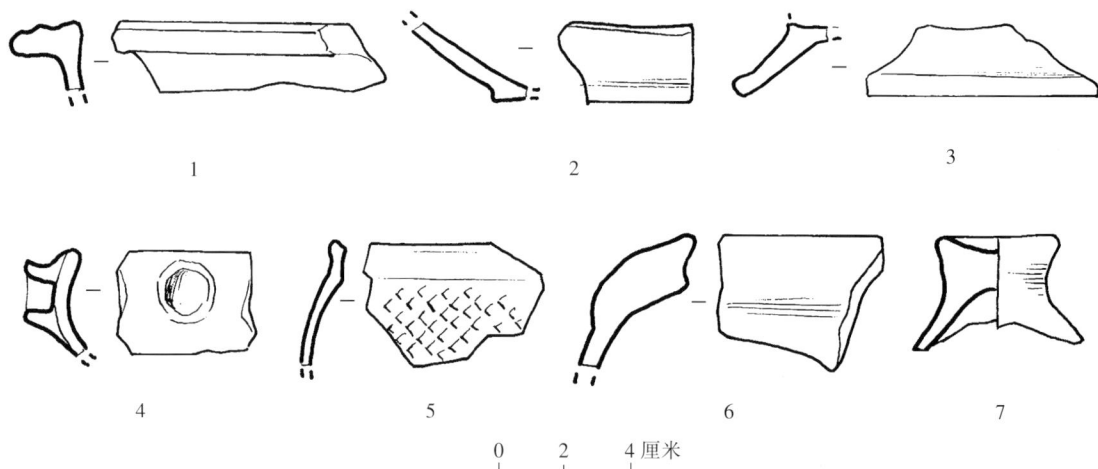

图一四九　城塘山环壕遗址采集陶器

1. 陶盆（2015JCT：2）　2、7. 器底（2015JCT：6、2015JCT：10）　3. 圈足（2015JCT：5）　4. 带把罐（2015JCT：4）　5、6. 罐（2015JCT：3、2015JCT：1）

2015JCT：3，灰色硬陶，侈口，方唇。器表施方格纹。残高3.8厘米（图一四九，5）。

带流罐　1件。

2015JCT：4，灰色硬陶，敛口，圆唇，口沿外按有圆柱形器流。素面，内外壁可见轮制痕迹。残高3.0厘米（图一四九，4）。

圈足　1件。

2015JCT：5，灰褐色硬陶，高圈足，喇叭状足外撇。素面。残高2.4厘米（图一四九，3）。

器底　2件。

2015JCT：6，灰色硬陶，斜直腹，平底。内外壁可见轮制痕迹。残高2.2厘米（图一四九，2）。

2015JCT：10，夹砂灰褐陶，器形较小，喇叭状圈座。素面。残高3.4厘米（图一四九，7）。

陶盆　1件。

2015JCT：2，灰色硬陶，敛口，宽平沿，圆唇，沿面有数道凹槽。素面。残高2.0厘米（图一四九，1）。

鼎足　9件。

2015JCT：7，夹砂黄褐陶，扁平状。素面。残高7.2厘米（图一五〇，1）。

2015JCT：8，夹砂灰褐陶，扁锥状足。素面。残高4.8厘米（图一五〇，4；图版一三，2）。

2015JCT：9，夹砂灰陶，扁锥状足。素面。残高3.8厘米（图一五〇，5；图版一三，3）。

2015JCT：11，夹砂灰陶，扁平状足。素面。残高6.0厘米（图一五〇，6）。

2015JCT：12，夹砂灰褐陶，截面呈椭圆形。素面。残高5.0厘米（图一五〇，7）。

2015JCT：13，夹砂灰陶，扁平状足。素面。残高5.2厘米（图一五〇，8）。

2015JCT：14，夹砂灰褐陶，扁平状足，两侧内捏呈铲状。残高8.4厘米（图一五〇，3）。

2015JCT：15，夹砂灰褐陶，扁平状足，侧面近顶部有按压痕迹。残高10.4厘米（图一五〇，

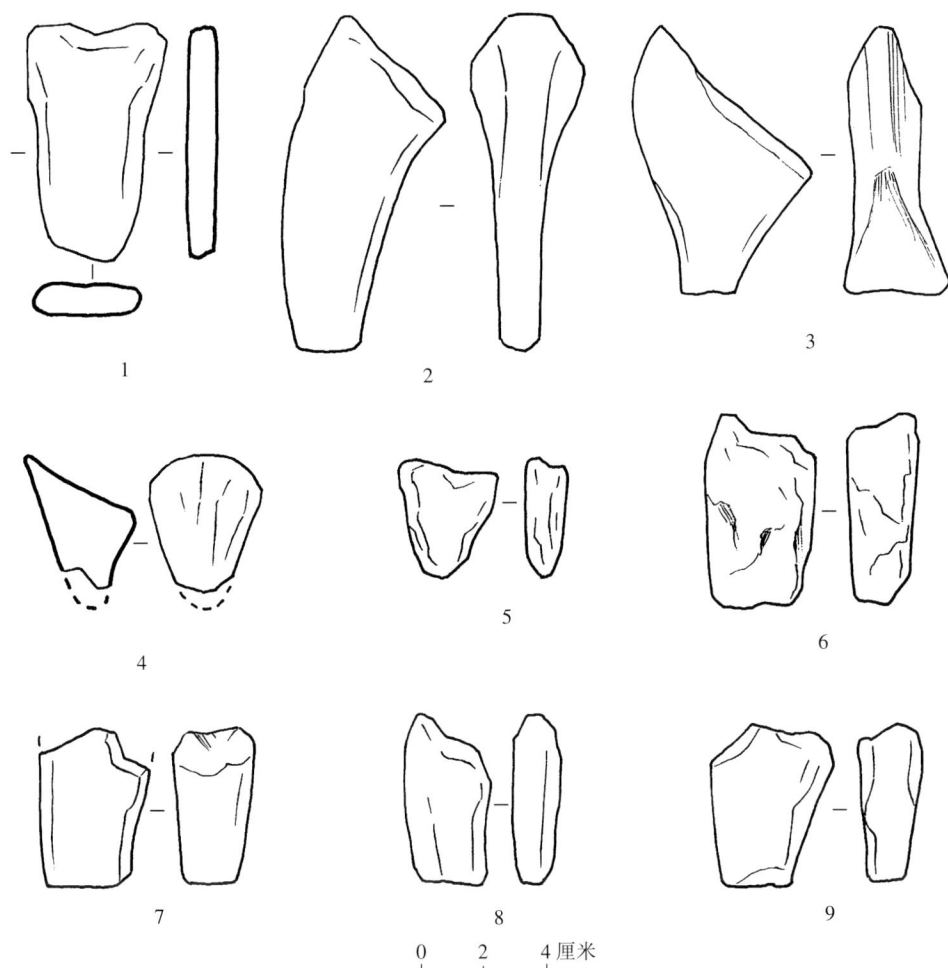

图一五〇　城塘山环壕遗址采集陶鼎足

1~9. 鼎足（2015JCT：7、2015JCT：15、2015JCT：14、2015JCT：8、2015JCT：9、2015JCT：11、2015JCT：12、2015JCT：13、2015JCT：16）

2；图版一三，1）。

　　2015JCT：16，夹砂灰褐陶，扁平状足。素面。残高5.0厘米（图一五〇，9）。

　　3. 遗址性质与年代

　　城塘山环壕遗址是一处典型的环壕聚落，从结构上来看，城塘山环壕遗址与其他环壕类遗址略有差异，除了中部高台壕沟之外，遗址外围台地破坏严重。壕沟南侧所见较大面积台地特征与其他遗址不甚相同，仅在上城环壕遗址发现有相近似的聚落形态，其应代表了一种环壕聚落类型。

　　城塘山环壕遗址采集到较为丰富的遗物，所见陶鼎足为扁状，与西周晚期至春秋时期鼎足形态相近，所见方格纹硬陶罐等器，亦具有这时期的特征。因此，可推断城塘山环壕遗址的年代主要集中在西周晚期至春秋时期。城塘山环壕遗址的发现，为区域聚落形态与人地关系等方面的深入研究提供了十分重要的考古资料。

1. 鼎足（2015JCT：15）　　　　2. 鼎足（2015JCT：8）

3. 鼎足（2015JCT：9）

图版一三　城塘山环壕遗址采集遗物

二〇　城仔下环壕遗址

1. 遗址概况

城仔下环壕遗址位于琅琚镇陈河村委会杨建桥村的西北部（图一五一），北距金抚高速约1.7公里，东南距陈河村约1.2公里，西南距琅琚村约580米。遗址位于琅琚河支流沿岸，处于多条古河道相交之地，地理位置十分优越（图一五二）。该遗址地理坐标为：北纬27°51′41.1″，东经116°42′17.0″，海拔67米。

该遗址为一处环壕聚落，区域平面呈不规则形，由中部近方形台地、四周壕沟和南壕沟外台地组成。中部台地长径约55.6米，短径约46.5米，台地顶部高于四周壕沟底部约2～4米，台地顶部地势较平缓，东北角略高。壕沟现存有北壕沟、东壕沟北端和南壕沟，四周壕沟宽约11～13.2米。南壕沟外台地平面呈不规则形，长径约48.3米，短径约26.6米，整体高于壕沟底部约2～3米（图一五三）。遗址现存中部台地地表为毛竹、杂草和灌木丛覆盖，植被非常茂密。壕沟内现为水田。南壕沟外台地地表为毛竹、杂草和灌木丛覆盖，植被非常茂密（图一五四、一五五）。

城仔下环壕遗址是利用山岗缓坡地形，将岗地边缘挖成壕沟，中部台地及外围台地均为自然地形。由于遗址地表植被茂密，采集遗物较少，仅发现有少量陶片。

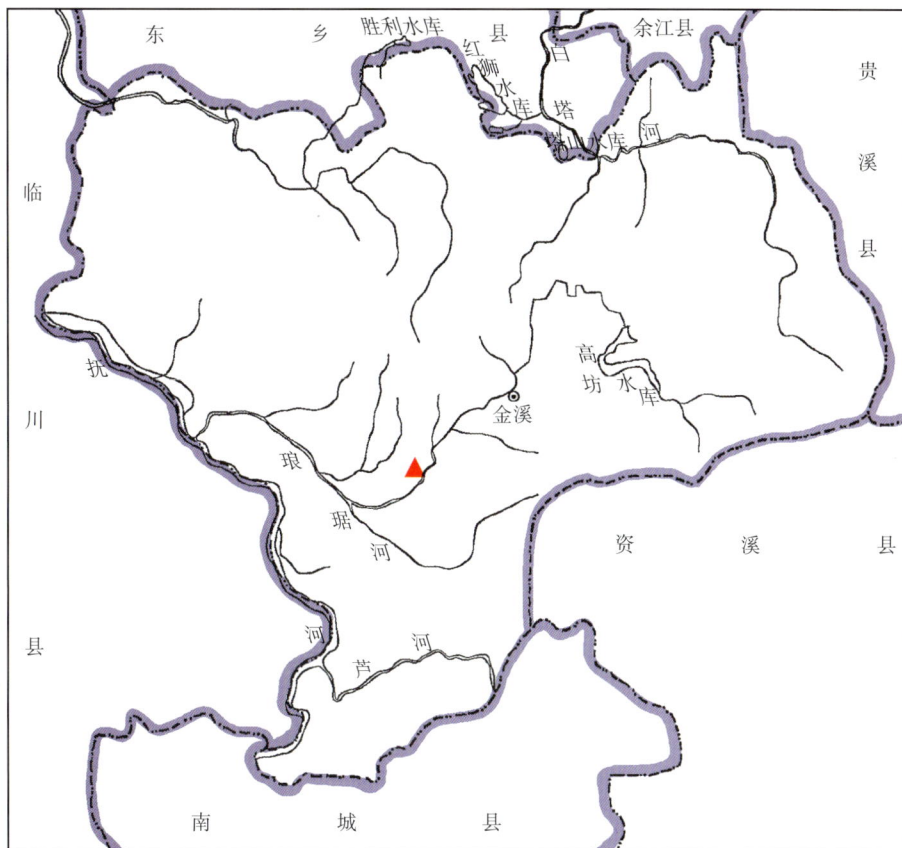

图一五一　城仔下环壕遗址位置图

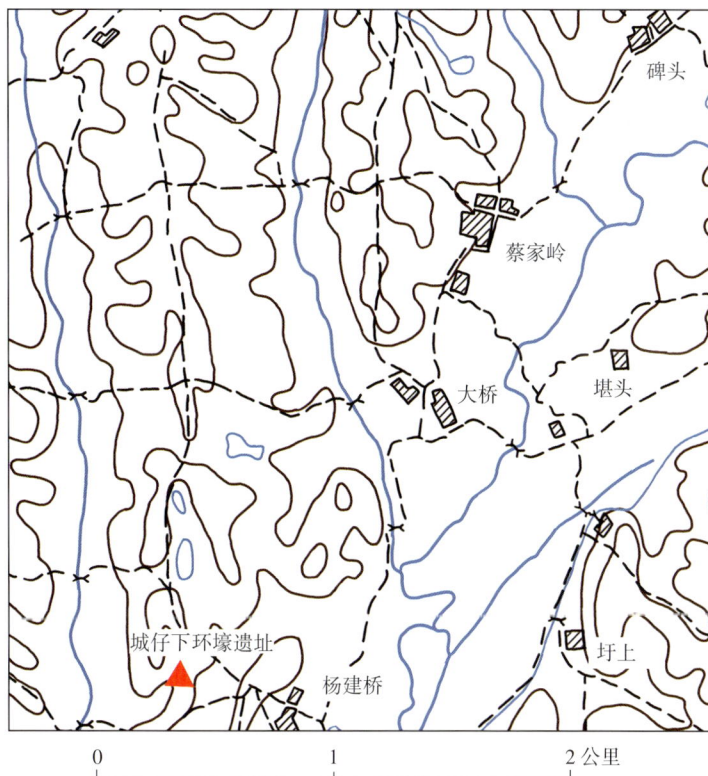

图一五二　城仔下环壕遗址地貌图

图一五三　城仔下环壕遗址航拍图

图一五四　城仔下环壕遗址远景图（由北向南）

图一五五　城仔下环壕遗址远景图（由东向西）

2. 遗物介绍

发现遗物较少，陶器以夹砂陶为主，硬陶很少。夹砂陶以灰色、灰褐色为多，烧成温度较低，多为素面，器形有陶罐、陶鼎（足）等；硬陶为灰褐色，纹饰有绳纹（图一五六，1）和线纹，器形可见陶罐等。

鼎足　1件。

2015JCZ：1，夹砂灰褐陶，扁平状，一侧足上部有一按压凹窝。残高5.6厘米（图一五六，2）。

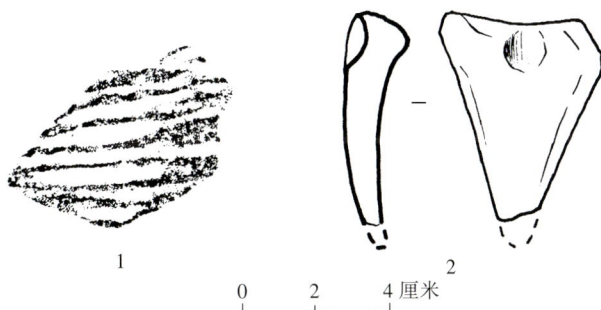

图一五六　城仔下环壕遗址采集器物及纹饰
1. 绳纹　2. 鼎足（2015JCZ：1）

3. 遗址性质与年代

城仔下环壕遗址是一处典型的环壕聚落，从遗址采集遗物来看，所见扁状鼎足，年代为商代晚期至西周时期。有关该遗址年代的准确判断，还有待更多的考古工作。

城仔下环壕遗址的发现不仅增加了抚河流域先秦遗址的数量，亦增加了先秦聚落的类型，为区域聚落形态的演进研究提供了十分重要的考古资料。

二一　大月山环壕遗址

1. 遗址概况

大月山环壕遗址位于左坊镇严家村委会郑家村西南部（图一五七），北距严家村约270米，东距206国道约1.2公里，东南距东田村约2.3公里。该遗址利用低矮岗地挖出壕沟，留出中部台地与壕沟外围台地。遗址处于琅琚河支流沿岸，所在区域水系发达，地势较为平坦（图一五八）。该遗址地理坐标为：北纬27°48′14.8″，东经116°44′51.4″，海拔72米。

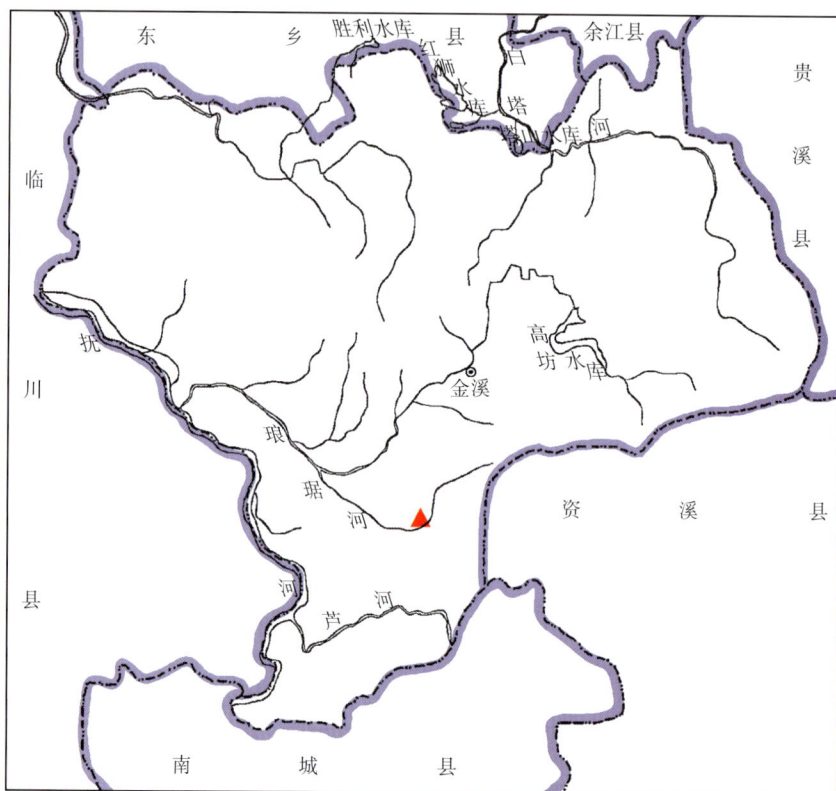

图一五七　大月山环壕遗址位置图

该遗址平面呈不规则形，由中部不规则形台地（当地人称大月山）、四周壕沟和西壕沟外残存台地（当地人称小月山）组成。中部不规则形台地长径约43.5米，短径约36.5米，台地上部高于四周稻田约2~3米，台地整体地势北高南低。四周壕沟现仅存西壕沟和北壕沟东端，壕沟内现为稻田，壕沟现存宽度约24~28米。西壕沟外残存台地平面呈不规则形，现存宽度约6~11米，高于周围稻田约2米（图一五九）。遗址地表被竹、杂草和灌木丛覆盖，植被非常茂密（图一六〇）。

野外调查勘探过程中，发现两处地层堆积。堆积Ⅰ区位于遗址中部，平面呈不规则形，长径约18.3米，短径约10.8米，面积约122平方米，堆积距地表约深2.6~2.7米，厚约0.3~0.4米，堆积内包含部分灰烬和烧土块。堆积Ⅱ区位于遗址南部，平面呈不规则形，长径约35.6米，短径

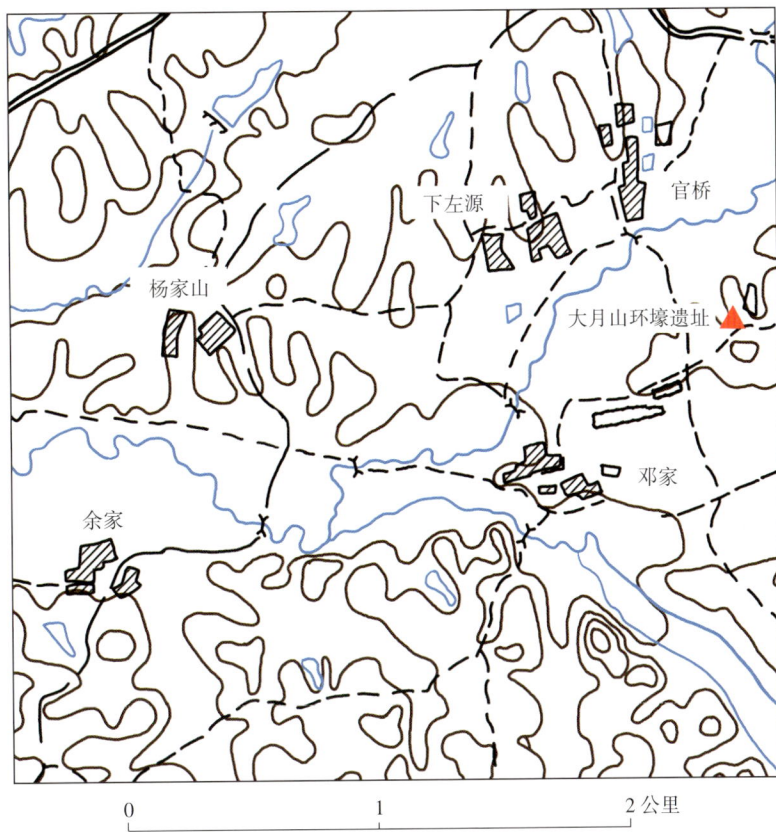

图一五八　大月山环壕遗址地貌图

图一五九　大月山环壕遗址航拍图

图一六〇　大月山环壕遗址远景图（由西向东）

约22.7米，面积约321.5平方米，堆积距地表深约1.2~1.3米，厚约0.2~0.3米，堆积内包含部分灰烬和烧土块。在该区域内深约0.5~0.8米处发现有一层黄褐色黏土，该层推测为人工堆砌而成。

2. 遗物介绍

大月山环壕遗址采集遗物较少，仅见夹砂灰褐色陶，素面，器形为盆。

陶盆　1件。

2015JDY：1，夹砂灰陶，敞口，斜方唇。素面。残高3.2厘米（图一六一，1）。

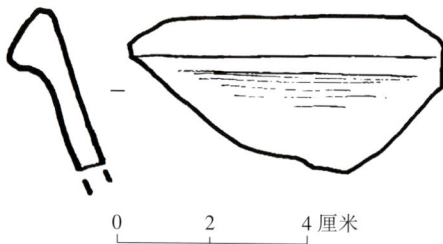

图一六一　大月山环壕遗址采集陶器
1. 陶盆（2015JDY：1）

3. 遗址性质与年代

大月山环壕遗址属于一处典型的环壕聚落。从建造方式来看，大月山环壕遗址利用天然平缓山岗进行人工修建，与平地堆土修建相比可大大减少工程量，前者仅需要挖出环壕，这是古人对生存环境的有效改造。

遗址采集遗物较少，年代判断较为困难。整体上看，可推测该环壕的年代为商周时期，有关该遗址的具体年代还需要开展更多的田野考古工作。大月山环壕遗址的发现，为该区域先秦聚落形态提供了新材料，大月山环壕遗址利用地形挖出壕沟的做法代表了一种环壕建造类型，其与平地起建类型构成了该区域环壕聚落建造的主要方式。

二二 古城墩环壕遗址

1. 遗址概况

古城墩环壕遗址位于左坊镇汤家村委会杨家山村西南部（图一六二），北距635乡道约1.3公里，东距639乡道约430米，南距639乡道约670米。遗址处于琅琚河支流沿岸，地势平坦（图一六三）。该遗址地理坐标为：北纬27°48′27.0″，东经116°43′34.5″，海拔76米。

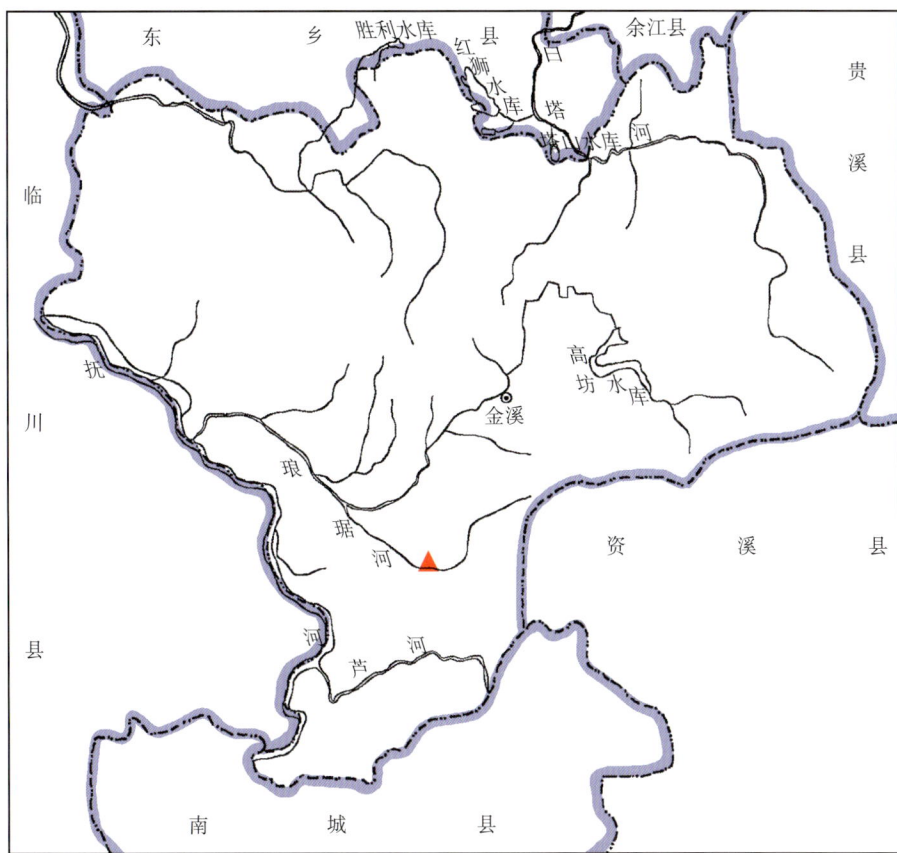

图一六二　古城墩环壕遗址位置图

遗址平面呈不规则形，主要由中部近方形高台和四周壕沟组成。中部台地长径约74米，短径约44.5米，台地上整体地势北高南低，高于周围壕沟底部约4米。壕沟现存宽度约3.3～9.8米（图一六四）。中部台地地表被毛竹、杂草和灌木丛覆盖，植被非常茂密。四周壕沟保存较好，壕沟内现为树林，植被非常茂密（图一六五）。

野外调查勘探过程中，在中部台地发现大范围文化层，沿着台地外缘分布，平面近不规则环形，宽约7.8～32.4米，文化层距地表深约0.8～1米出现，厚约0.7米，堆积内包含灰烬和烧土块。该遗址勘探发现有灰坑及近代墓葬等遗迹（图一六六）。

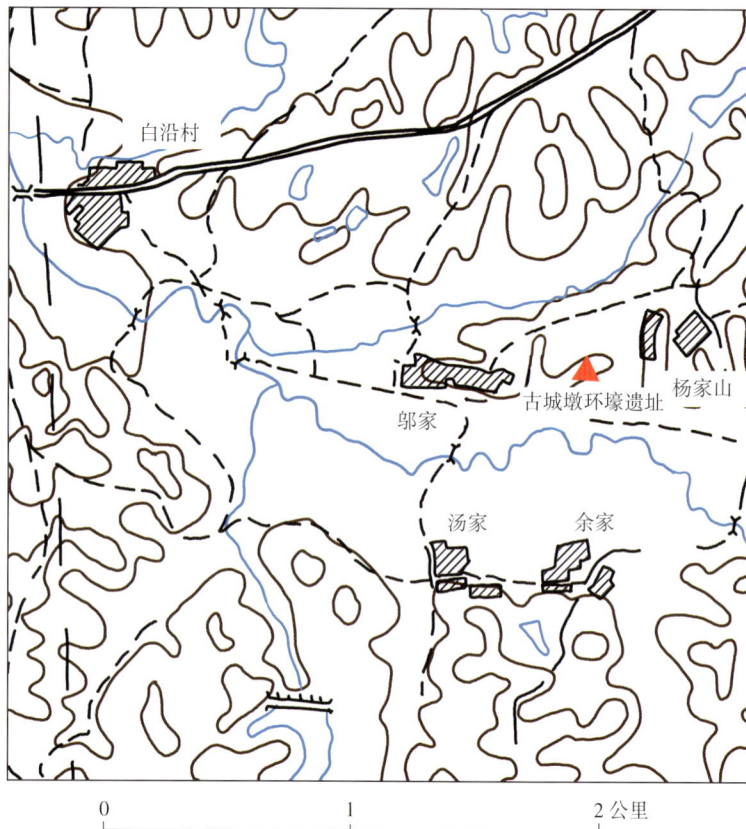

图一六三　古城墩环壕遗址地貌图

图一六四　古城墩环壕遗址航拍图

图一六五　古城墩环壕遗址远景图（由北向南）

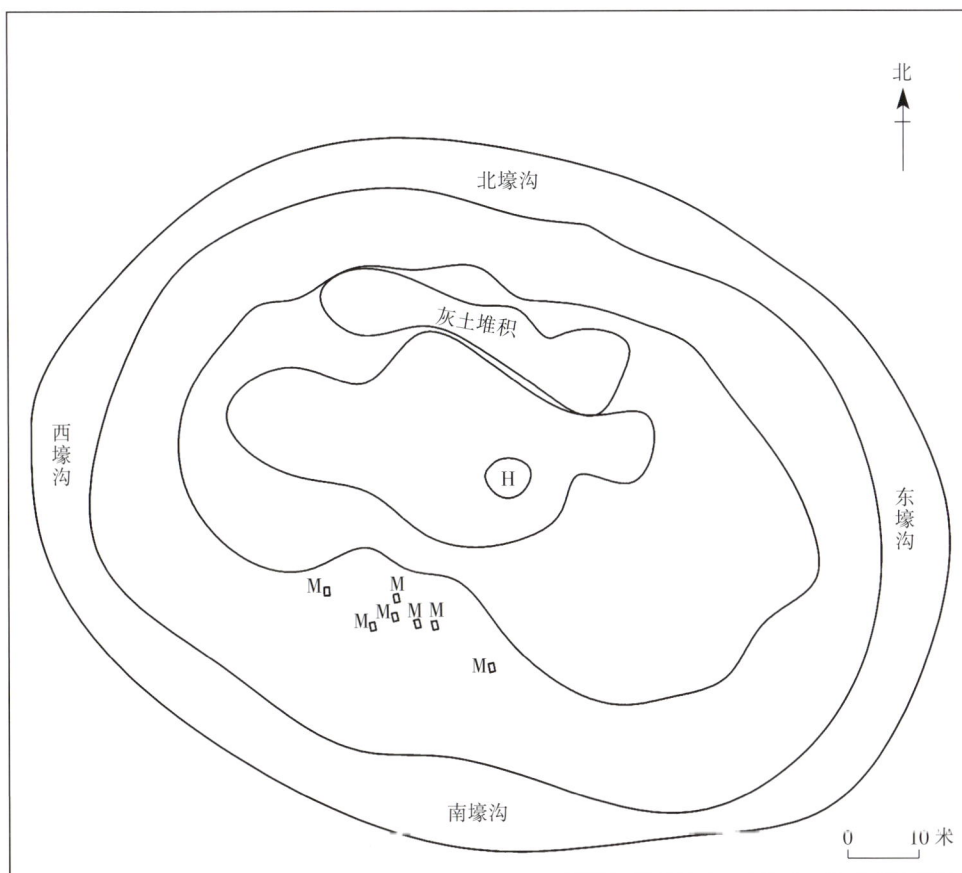

图一六六　古城墩环壕遗址勘探平面图

2. 遗物介绍

古城墩环壕遗址陶器以夹砂陶为主，硬陶很少。夹砂陶多为灰褐色、黄褐色，较多素面，少见绳纹，纹痕较浅，器形有罐、鼎（足）等；硬陶多为黄褐色，均为素面，器形有罐等。

陶罐 1件。

2015JGC：1，夹砂灰陶，侈口，尖圆唇。素面。残高4.0厘米（图一六七，3）。

鼎足 2件。

2015JCY：2，夹砂灰褐陶，柱状足。素面。残高6.8厘米（图一六七，1）。

2015JCY：3，夹砂红褐陶，瓦状扁足。素面。残高3.2厘米（图一六七，2）。

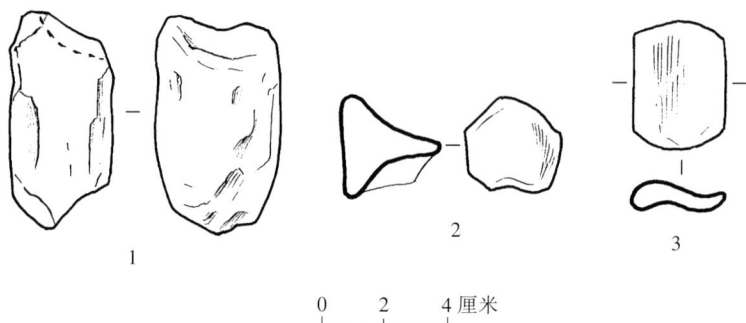

0   2   4厘米

图一六七　古城墩环壕遗址采集陶器
1、2. 鼎足（2015JGC：2、2015JGC：3）　3. 陶罐（2015JGC：1）

3. 遗址性质与年代

古城墩环壕遗址是一处典型的环壕聚落，遗址中心台地、壕沟外台地被人为破坏。由于遗址地面植被茂密，采集遗物较少，只能依靠陶器残片来推断遗址的年代。所见鼎足均为扁状，一件呈弧面瓦状，一件扁柱状，与周边遗存相比，瓦状鼎足的年代略早，或已进入夏代纪年范围；扁柱状鼎足年代为东周时期。通过初步比较，可以看出遗址延续时间较长，该地是古人长时间居住、生活之所。

古城墩环壕遗址的发现，增加了区域内环壕遗址的数量，为抚河流域聚落形态演进与社会复杂化进程研究提供了十分重要的考古资料。

二三　和尚山环壕遗址

和尚山环壕遗址位于左坊镇严家村委会郑家村西南部（图一六八），东距严家村约1公里，东北距下左源约970米，西北距杨家山约740米。该遗址地理坐标为：北纬27°48′25.4″，东经116°44′18.2″，海拔70米（图一六九）。

该遗址为一处环壕聚落，区域平面呈不规则形，主要由中部近方形台地和四周壕沟组成。中部台地长径约56.4米，短径约48.9米，台地顶部高于四周稻田约3～4米，台地地势较平缓（图一七○）。中部台地地表为毛竹林，非常茂密。四周现存有北壕沟、东壕沟北端和南壕沟西端，壕沟宽约10～20米，壕沟内现为稻田（图一七一）。野外调查勘探过程中，发现地层堆积可分为三层。

遗址处于琅琚河支流附近，地形较为平坦，中部台地应为人工堆垒而成，属于典型的环壕聚

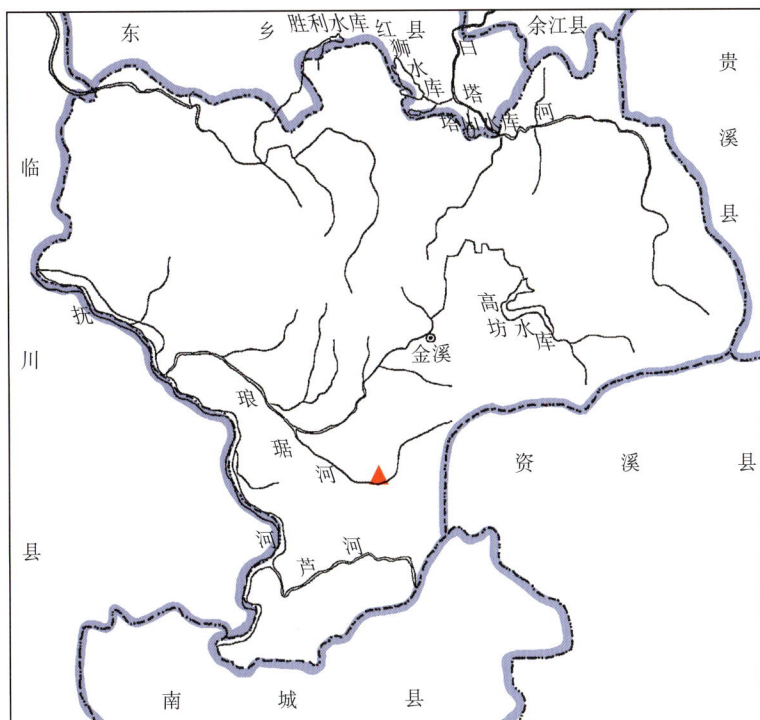

图一六八 和尚山环壕遗址位置图

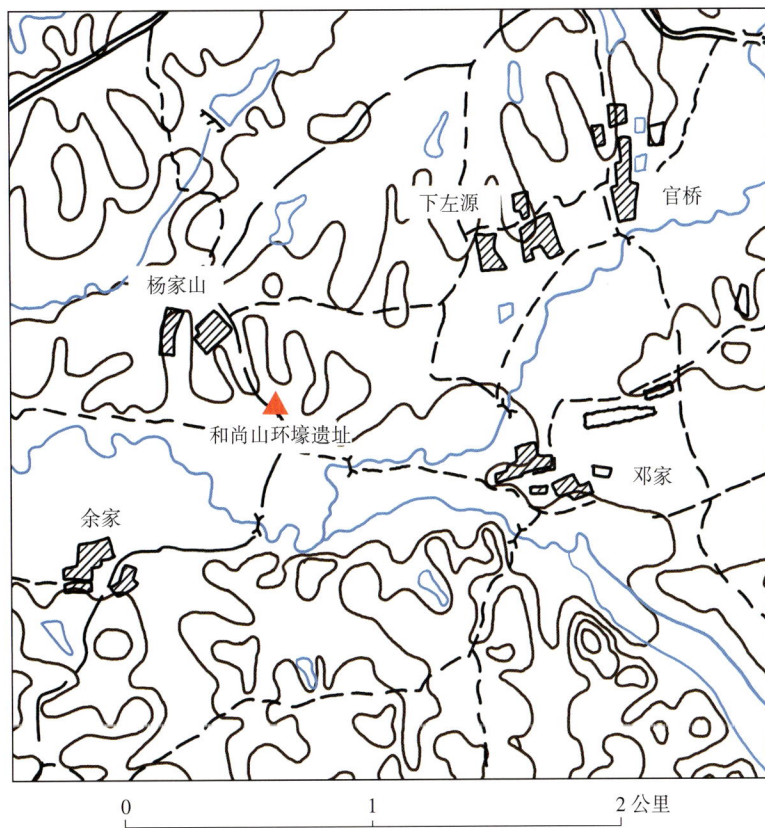

图一六九 和尚山环壕遗址地貌图

图一七〇　和尚山环壕遗址航拍图

图一七一　和尚山环壕遗址远景图（由北向南）

落。遗址地表尚未采集到遗物，仅在勘探过程中发现零星陶器碎块，可据此大致推断遗址的年代不会太晚，应属于先秦时期，有关该遗址准确的年代判断，还需要更深入的考古工作。和尚山环壕遗址的发现为区域聚落形态及其演进提供了重要的考古资料。

二四 河墩下环壕遗址

河墩下环壕遗址位于琅琚镇牛车板村西部，西北距新南坑村约760米，东南距窑上山遗址约250米，南距966县道约700米（图一七二）。该遗址地理坐标为：北纬27°53′28.7″，东经116°39′18.1″，海拔57米（图一七三）。

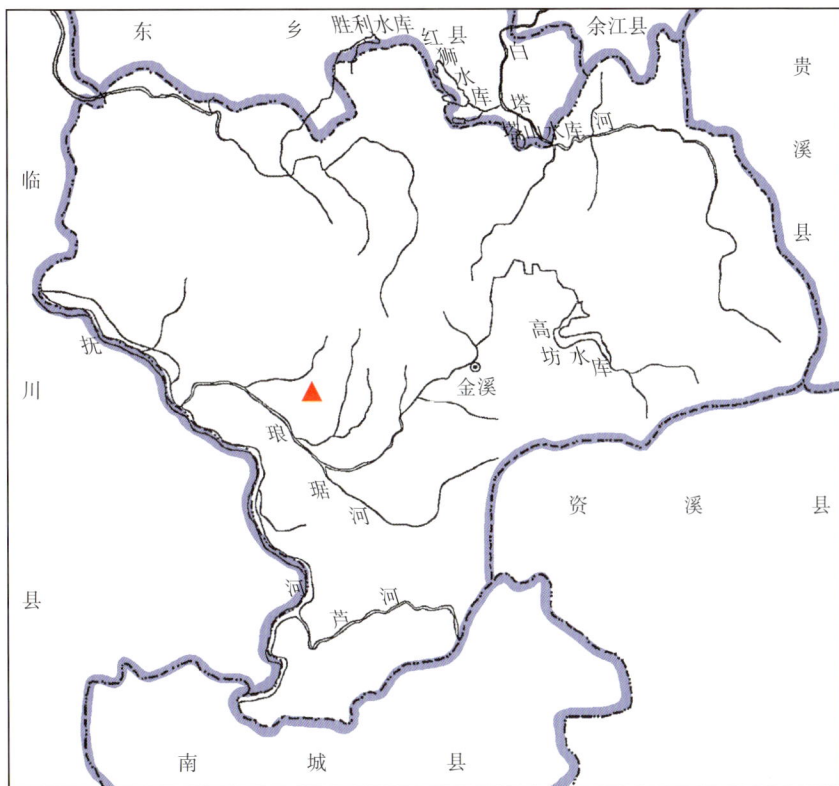

图一七二　河墩下环壕遗址位置图

在遗址中部台地发现地层堆积，平面呈不规则形，长径约31米，短径约26米，面积约740平方米，距地表约0.4~1.0米可见文化层，厚约0.9米，堆积内包含灰烬、烧土块和陶片。遗址由中部台地、壕沟及外围台地组成，壕沟外围台地受后期破坏严重，仅在北、西、南三侧见有局部残留。中部台地平面呈近长方形，长约49米，宽约41米，台地高于壕沟底约3~5米。壕沟呈近方形围绕台地，各段宽度不一，约32~39米（图一七四），壕沟现为农田。遗址各台地上均被树木、竹子、杂草灌木丛覆盖，植被较为茂密（图一七五，图一七六）。经勘探，在遗址中部台地发现大量晚期墓葬（图一七七）。

由于植被十分茂密，地表尚未采集到遗物，仅在钻探过程中发现零星陶片碎块。通过比较，可大致将该遗址的年代判断为先秦时期。河墩下环壕遗址的发现，为区域内先秦时期聚落形态及其演进研究提供了十分重要的考古资料。

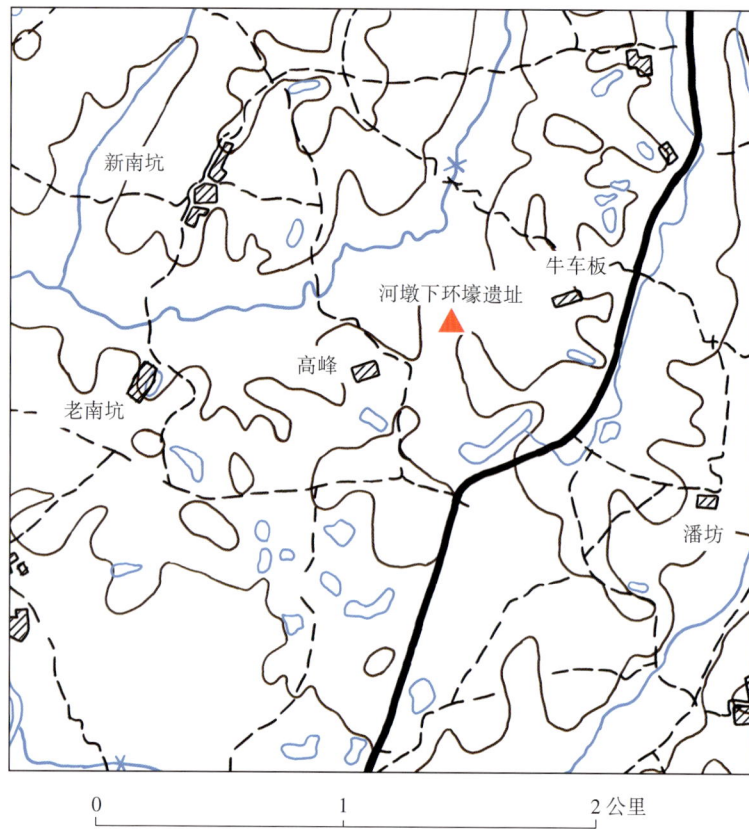

图一七三　河墩下环壕遗址地貌图

图一七四　河墩下环壕遗址航拍图

图一七五　河墩下环壕遗址远景图（由西北向东南）

图一七八　河墩下环壕遗址远景图（由西向东）

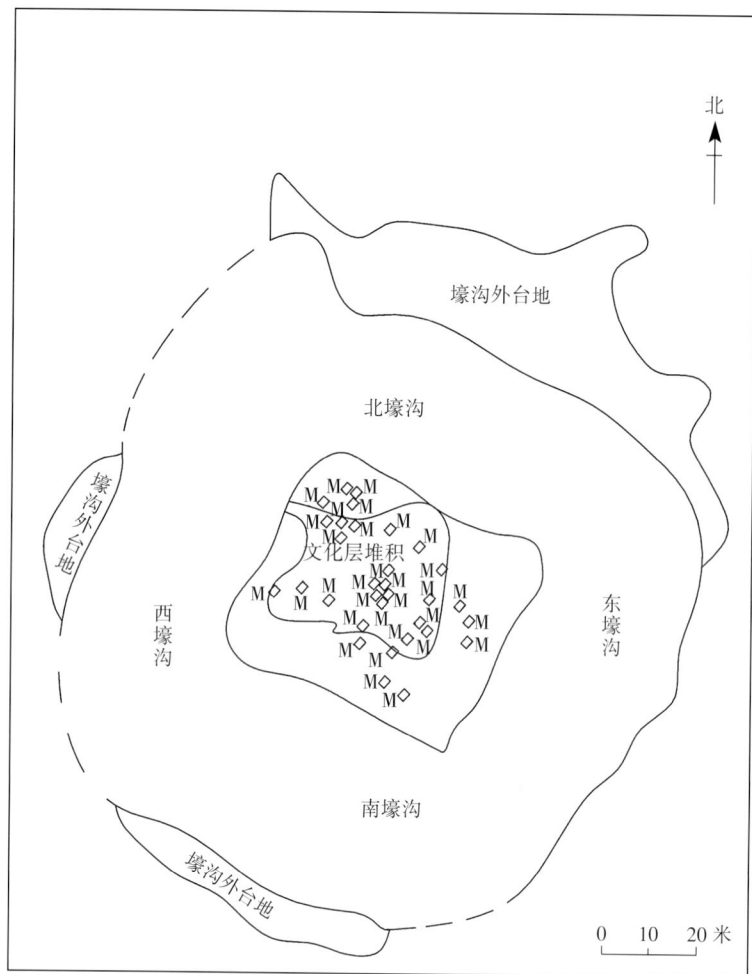

图一七七　河墩下环壕遗址勘探平面图

二五　后城墩环壕遗址

后城墩环壕遗址位于陈坊积乡润湖村委会苏坊源村北部，北距945县道约720米，东距945县道约880米，南距苏坊源村约200米（图一七八）。该遗址地理坐标为：北纬28°02′01.4″，东经116°35′34.3″，海拔53米（图一七九）。

遗址为一处环壕聚落，由中部台地和四周壕沟组成。中部台地平面呈不规则形，长径约105.6米，短径约85.6米。顶部呈现四周高，中部略低的地势。中部台地高于周围地表约1～3米，四周壕沟除东南部壕沟被破坏外，其他区域壕沟保存较好。壕沟现存宽约4～10.5米（图一八〇）。台地与壕沟地表均为树林，植被非常茂密（图一八一）。

野外调查勘探过程中，在台地东南部发现一处文化层，平面为不规则形，长径约13.1米，短径约11.6米，面积约112.6平方米，堆积距地表深约1米，厚约1米，堆积内包含灰烬和烧土块，并发现有少量陶片。

后城墩环壕遗址位于云山河流域，地势较为平坦，中部台地应是人工堆垒而成。该环壕聚落采集遗物较少，仅有少量陶器碎块发现。可初步推测该遗址的年代为先秦时期。在抚河流域有较多环

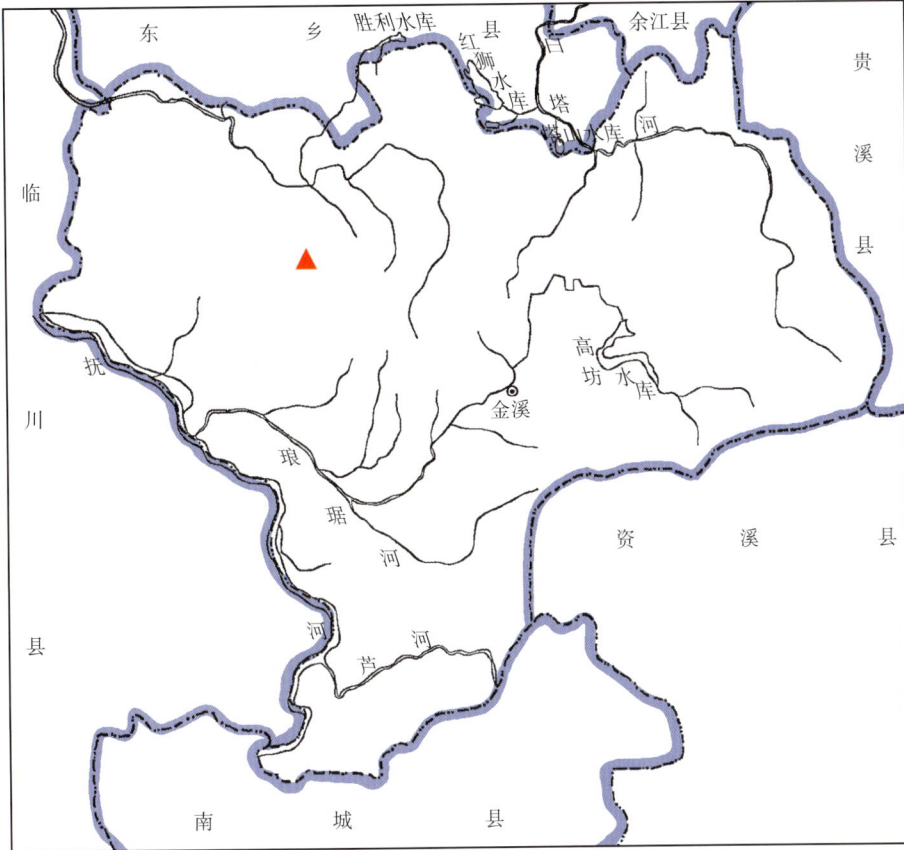

图一七八　后城墩环壕遗址位置图

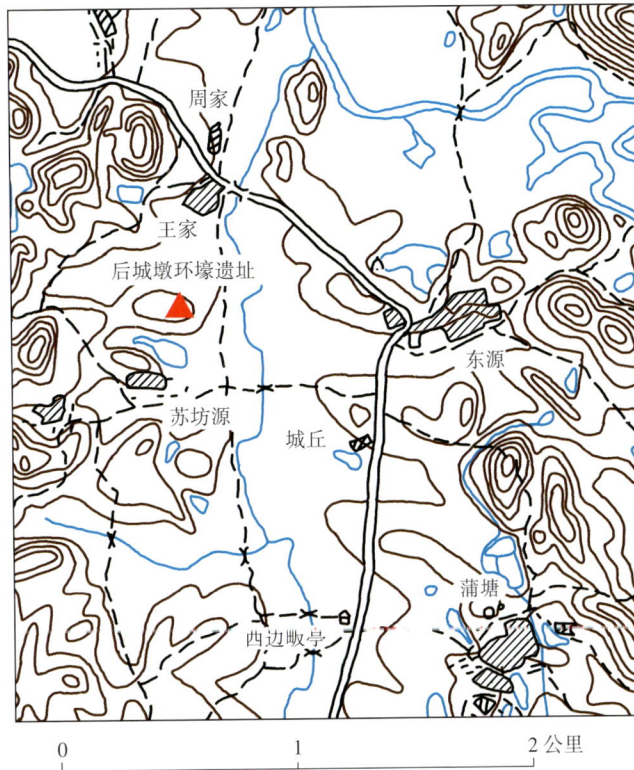

图一七九　后城墩环壕遗址地貌图

图一八〇　后城墩环壕遗址航拍图

图一八一　后城墩环壕遗址远景图（由南向北）

壕聚落发现，此类聚落的修建是社会复杂化的体现，建造环壕需要大量劳动力，亦需要社会组织与人群间的协调关系，这样就形成了多层社会结构。因此，后城墩环壕遗址的发现为区域聚落形态及社会演进研究提供了十分重要的考古资料。

二六　前城墩环壕遗址

前城墩环壕遗址位于陈坊积乡润湖村委会苏坊源村南部（图一八二），北距苏坊源村约 280 米，东距 945 县道约 760 米，南距栎山村约 1 公里（图一八三）。该遗址地理坐标为：北纬 28°01′42.2″，东经 116°35′35.2″，海拔 56 米。

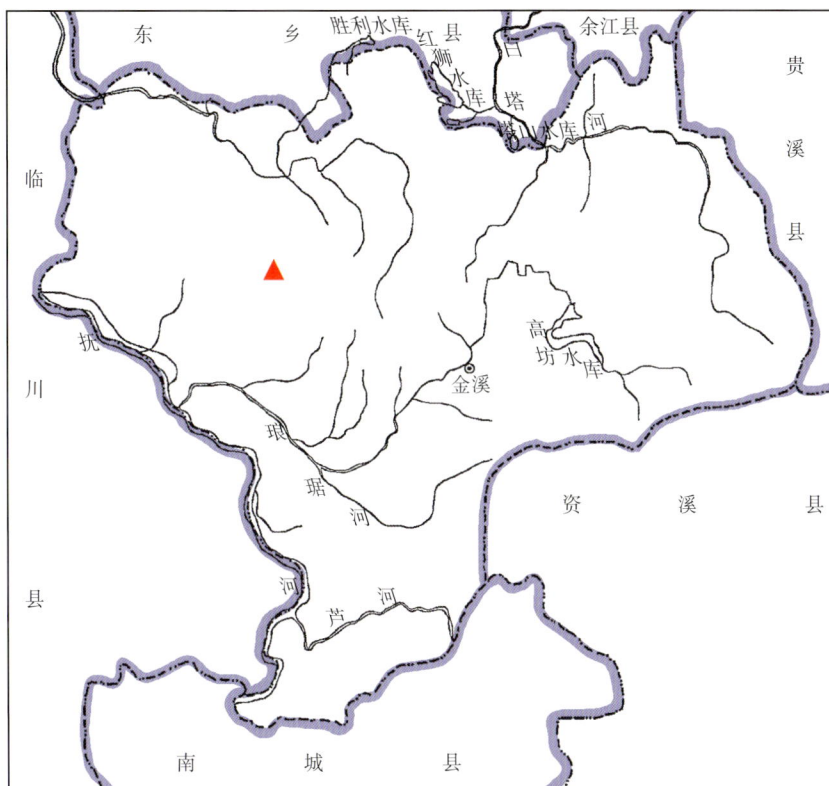

图一八二　前城墩环壕遗址位置图

该遗址为一处环壕聚落，由中部台地和四周壕沟组成。中部不规则形台地长径约 101.1 米，短径约 83.2 米。台地顶部地势东高西低，南部有一低洼区域（图一八四）。台地高于周围地平约 4~6 米，顶部为杉树林，植被非常茂密。四周壕沟保存较好，现存宽度约 4.1~10.6 米，壕沟内现为稻田。壕沟外为缓坡地带，亦种植树木（图一八五）。

野外调查勘探过程中，发现地层堆积主要分布于台地北半部边沿地带，平面呈不规则半环状（图一八六），宽约 2.1~9.3 米，面积约 974.7 平方米，堆积距地表深约 0.8~1.8 米，厚约 0.3~0.6 米，包含部分灰烬和烧土块。钻探发现一处房址，位于台地中部，平面呈不规则形，长径约 8.4 米，短径约 6 米，面积约 36.7 平方米，房址距地表深约 0.8 米，厚约 0.9 米，堆积包含部分灰烬和烧土块。

前城墩环壕遗址是一处典型的环壕聚落，该遗址平面不甚规整，由中部台地、壕沟及外围台地构成，已具备环壕聚落的特征。遗址所在为山前缓坡地带，应是人工挖出壕沟，用以排水或防御之用。

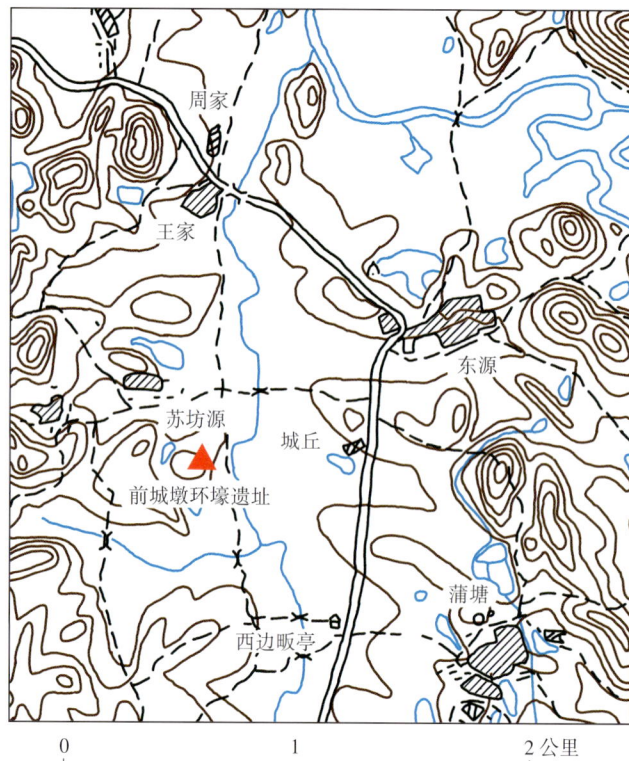

图一八三　前城墩环壕遗址地貌图

图一八四　前城墩环壕遗址航拍图

图一八五　前城墩环壕遗址远景图（由北向南）

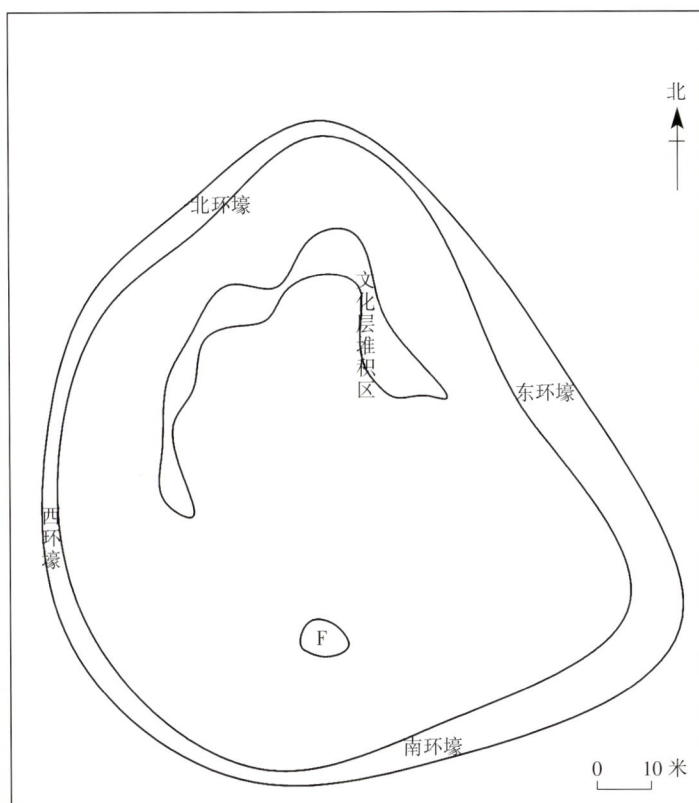

图一八六　前城墩环壕遗址勘探平面图

由于该遗址地表植被茂盛，尚未采集到陶片，仅在勘探过程中，发现灰土夹杂有少量陶片碎块。从陶质陶色来看，遗址年代并非汉代以后，可大致推定为先秦时期。该遗址的发现，增加了区域内先秦时期环壕聚落的数量，同时也有助于区域内聚落形态的深入研究。

二七　金盆架环壕遗址

1. 遗址概况

金盆架环壕遗址位于左坊镇江坊村委会东排村东北部（图一八七），东北距徐源村约 2.3 公里，东距吴郑村约 2.2 公里，西南距东排村约 430 米（图一八八）。该遗址地理坐标为：北纬 27°46′26.2″，东经 116°42′35.9″，海拔 69 米。

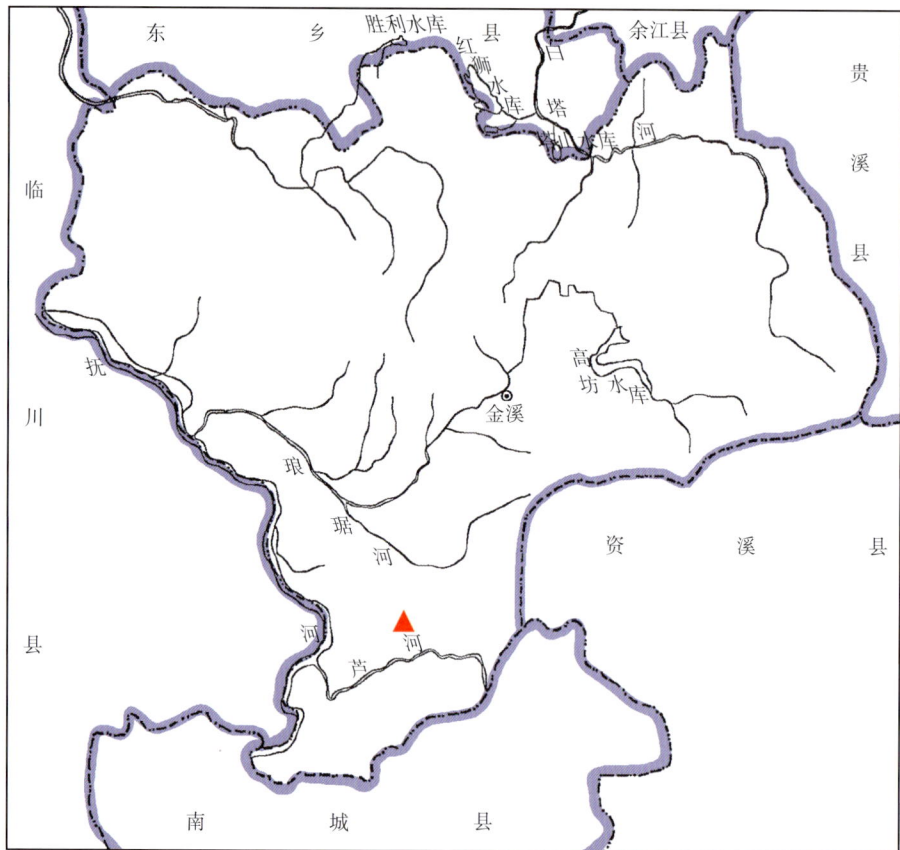

图一八七　金盆架环壕遗址位置图

该遗址由中部台地和四周壕沟组成，平面呈不规则形。中部高台近方形，长径约 56.1 米，短径约 59.3 米（图一八九）。台地顶部地势呈中部低四周高，地表被毛竹、杂草和灌木丛覆盖，植被非常茂密。中部台地高于周围稻田约 4~5 米。四周壕沟保存较好，现存宽度约 6.4~16.8 米。北壕沟和西壕沟现为稻田，南壕沟有一水塘，东壕沟内部为树林。壕沟外三面为山岗，一面为低平稻田。可以看出，该环壕聚落的建造应是利用山岗地形人工挖凿壕沟而成（图一九○）。

野外调查勘探过程中，发现地层堆积基本沿着整个台地外缘分布，平面呈不规则环形，宽约 10.5~24.4 米，西南部较窄，其他区域较宽，面积约 2096 平方米，堆积距地表深约 1.7~2.9 米，厚约 0.2 米，堆积较薄，包含有灰烬和烧土块。由于地表植被茂盛，仅采集到少量遗物。

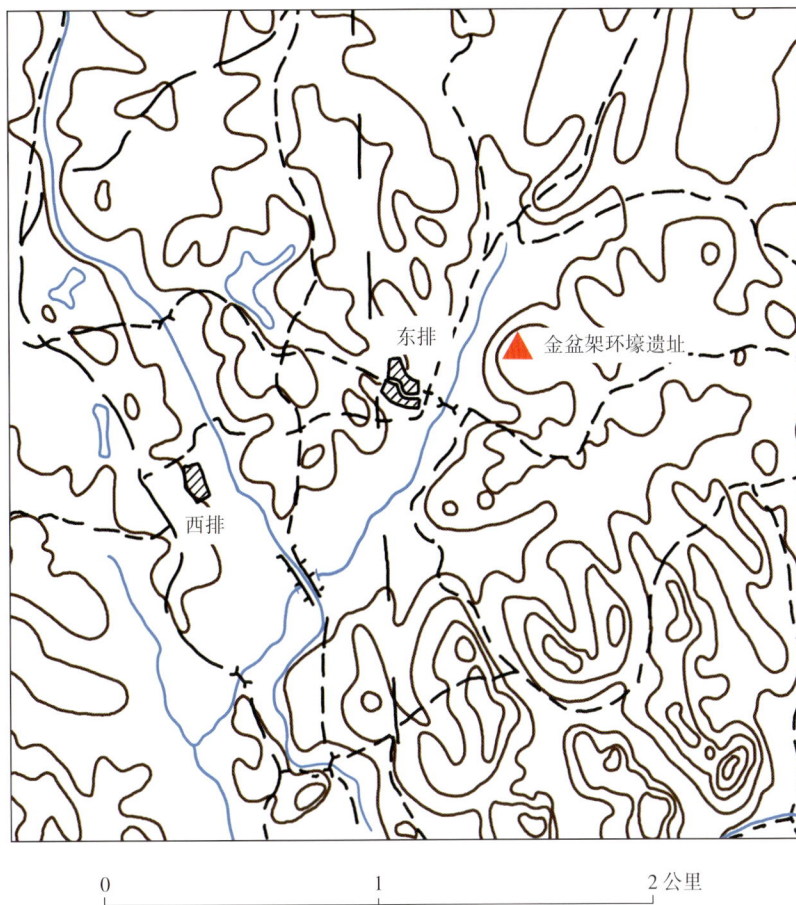

图一八八 金盆架环壕遗址地貌图

图一八九 金盆架环壕遗址航拍图

图一九〇　金盆架环壕遗址远景图（由北向南）

2. 遗物介绍

该遗址仅采集到少量陶器，以夹砂陶为主，硬陶较少。夹砂陶多为灰色、灰褐色，多素面，器形有罐、鼎（足）等；硬陶多为灰陶，素面，器形仅有罐。

鼎足　1件。

2015JJP：1，夹砂黄褐陶，截面近圆形。素面。残高8.6厘米（图一九一）。

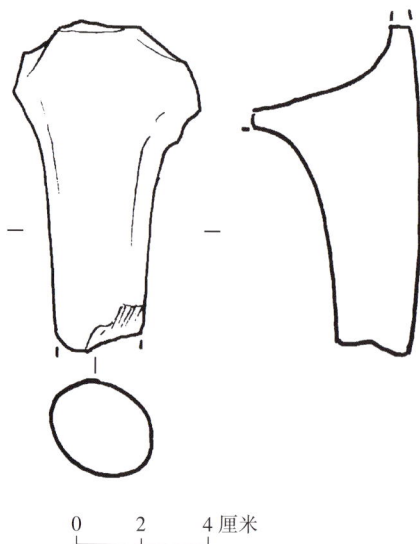

图一九一　金盆架环壕遗址
采集鼎足（2015JJP：1）

3. 遗址性质与年代

金盆架环壕遗址是一处典型的环壕聚落，其应属于利用地形人工挖出壕沟的建造方式，中部台地及外围台地均利用原有山岗地势。该遗址采集遗物较少，可辨器形仅有鼎足，从鼎足形态来看，为柱状、素面，其与春秋时期所见鼎足形态相近。可推测该遗址采集遗物的年代为春秋时期，由于遗址采集遗物较少，不排除该遗址有其他时期的遗存的可能。

金盆架环壕遗址的发现为区域聚落形态研究增加了新的资料，金溪县环壕聚落的发现与研究对抚河流域先秦时期社会复杂化进程研究有着重要的推动作用，有关此类环壕聚落的具体年代和功能等问题，还需要进行更多的考古工作。

二八 堪头高山环壕遗址

堪头高山环壕遗址位于秀谷镇合源村委会堪头村（图一九二）。西距村道约 30 米，南距堪头村民居约 30 米（图一九三）。该遗址地理坐标为：北纬 27°52′18.6″，东经 116°43′42.2″，海拔 71 米。

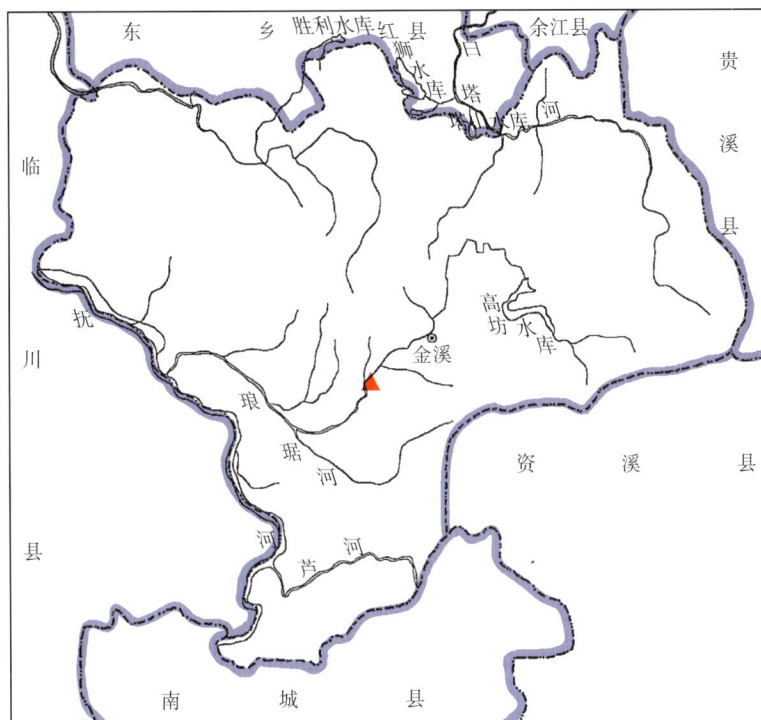

图一九二　堪头高山环壕遗址位置图

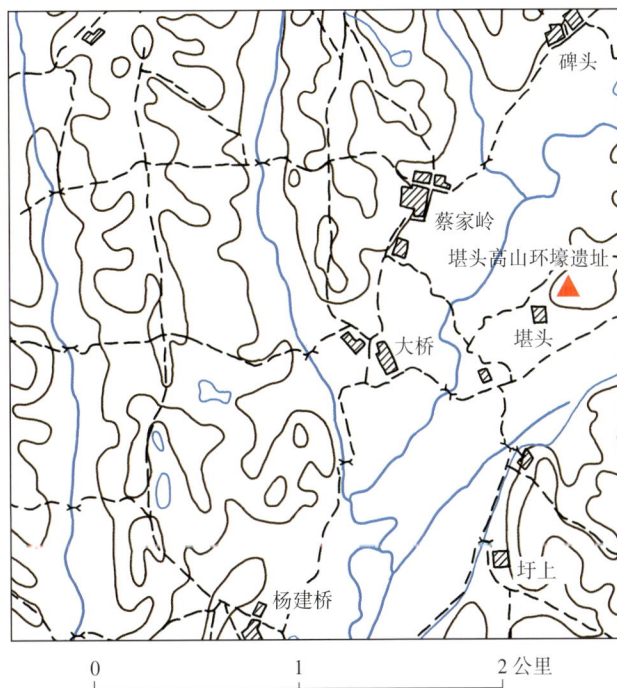

图一九三　堪头高山环壕遗址地貌图

遗址由中部台地、壕沟及外围台地组成，中部台地平面近长方形，长约 84 米，宽约 74 米，高于壕沟底面约 3 ~ 5 米（图一九四）。台地表面被灌木和杂草丛等覆盖，植被较为茂密。中心台地外围为壕沟，宽约 12 ~ 24 米。壕沟外围台地借用缓坡地势，形状不甚规则（图一九五）。经勘探，该遗址中心台地发现大面积文化层堆积，堆积距地表深 0.8 ~ 1.0 米，厚约 2.1 ~ 4.0 米。另外，该遗址发现有大量晚期墓葬（图一九六）。

图一九四　堪头高山环壕遗址航拍图

图一九五　堪头高山环壕遗址远景图（由西南向东北）

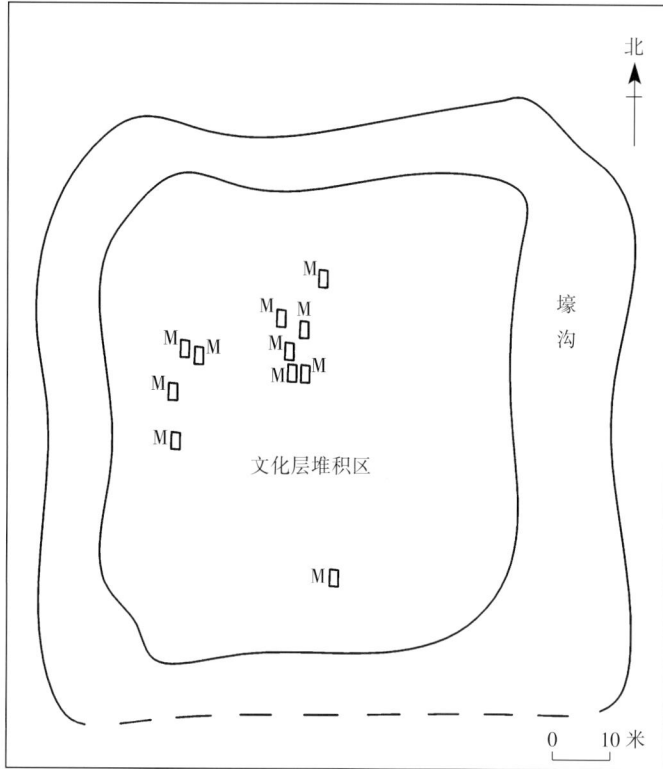

图一九六　堪头高山环壕遗址勘探平面图

由于地表植被茂密，采集遗物较少，主要为陶器。以夹砂陶为主，多见绳纹（图一九七，3），器形有鼎足；只有印纹硬陶残片，多为灰褐色，纹饰见有交错绳纹、菱格纹（图一九七，1、2、4）。

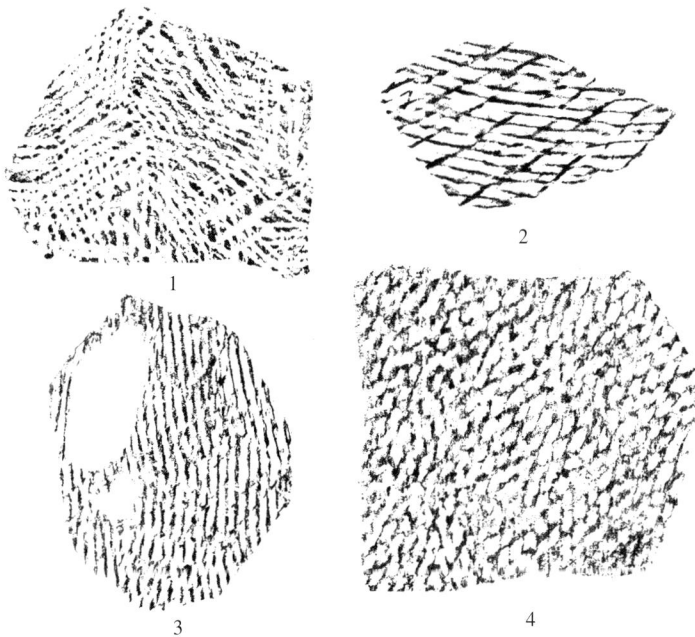

图一九七　堪头高山环壕遗址采集陶片纹饰拓片
1. 交错绳纹　2、4. 菱格纹　3. 绳纹

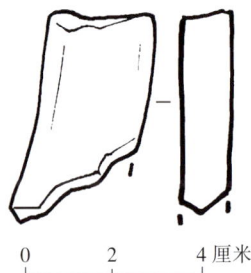

图一九八　堪头高山环壕遗址
采集陶鼎足（2015JKT：1）

鼎足　1件。

2015JKT：1，夹砂灰白陶，扁足。素面。残高4.6厘米
（图一九八）。

堪头高山环壕遗址是一处典型的环壕聚落，遗址利用缓
坡挖出壕沟，形成既可排水又可防御的环壕聚落形态。由于
采集遗物较少，遗址年代判断较为困难。从陶器纹饰来看，
硬陶流行菱格纹和交错绳纹，具有西周时期纹饰风格。所见
陶鼎足为素面，扁柱状，是春秋时期常见的器形。因此，可
以推定堪头高山环壕遗址的年代为西周晚期至春秋时期。

堪头高山环壕遗址保存较为完整，代表了区域聚落形态的典型特征，以方形为基本形式，由中部
台地、壕沟及外围台地三部分组成。该遗址的发现，为区域聚落形态演进提供了重要的考古资料。

二九　科城环壕遗址

科城环壕遗址位于秀谷镇塘山村委会科城村北部（图一九九），西北距官边村约440米，东北
距源南周家约600米，南距科城村约220米（图二○○）。该遗址地理坐标为：北纬27°58′44.6″，
东经116°44′10.0″，海拔59米。

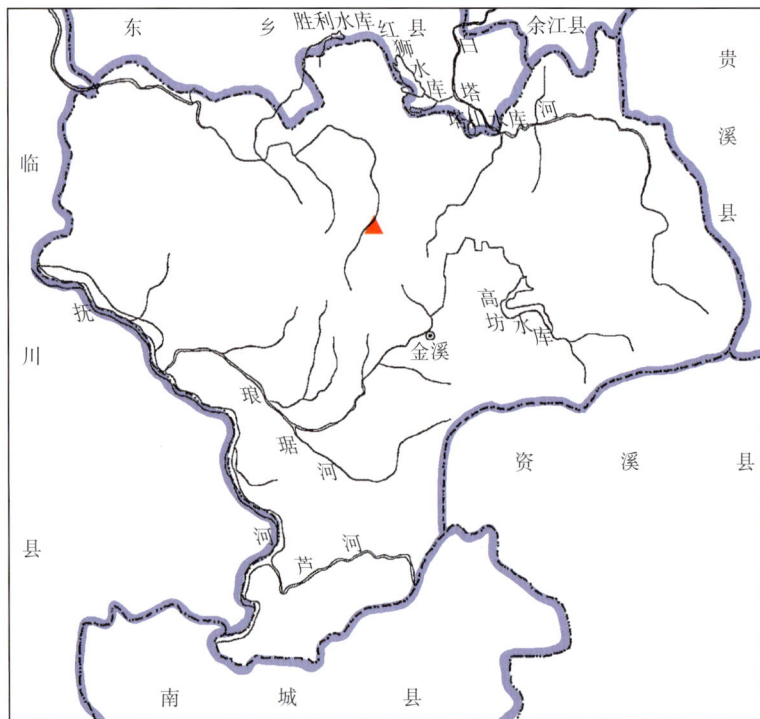

图一九九　科城环壕遗址位置图

该遗址为一处环壕聚落，遗址平面呈不规则形，主要由中部近长方形台地、四周壕沟和壕沟外
围台地组成（图二○一）。中部台地长径约53米，短径约46米，台地高于四周稻田约2～3米，台

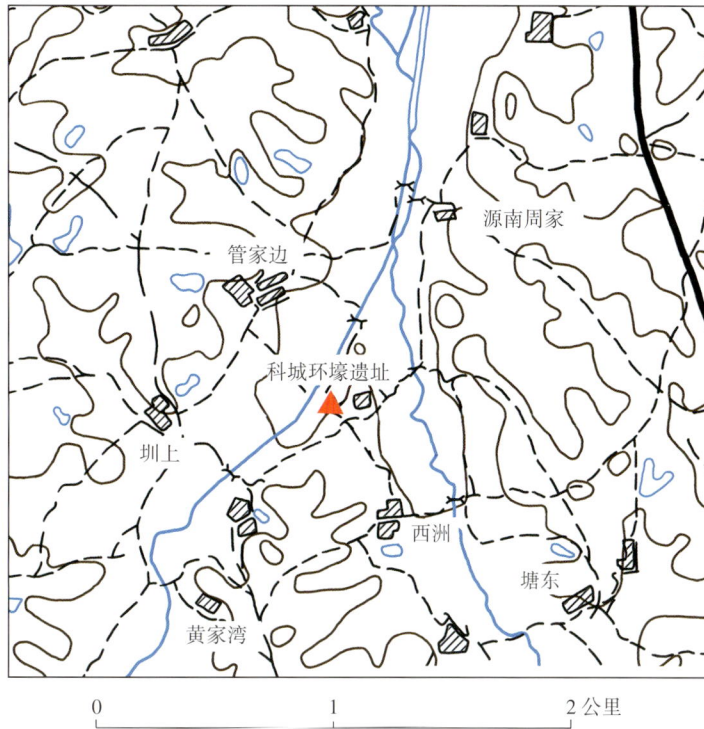

图二〇〇　科城环壕遗址地貌图

地顶端地势较平缓，北部边缘稍高。遗址现存中部台地被竹子、杂草和灌木丛覆盖，植被非常茂密。现存有北壕沟和南壕沟东端残部，宽约13～22米。壕沟现为稻田，壕沟外仅存南壕沟外台地残部，现存台地宽约3～33米，高于周围地表约2米。地表为竹子、树木、杂草和灌木丛覆盖，植被非常茂密（图二〇二、二〇三）。

图二〇一　科城环壕遗址航拍图

图二〇二　科城环壕遗址远景图（由西向东）

图二〇三　科城环壕遗址远景图（由北向南）

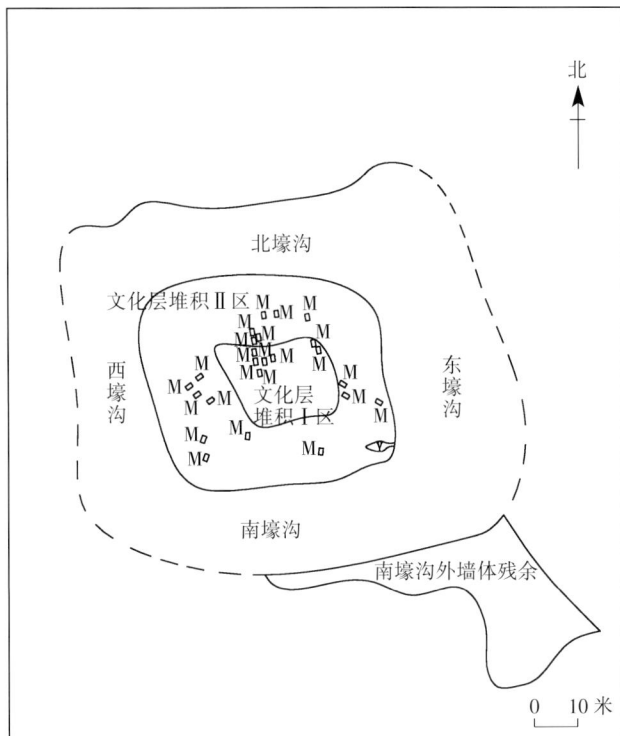

图二〇四 科城环壕遗址勘探平面图

勘探过程中，中部台地发现大面积地层堆积，分布于整个台地之上。堆积可分为两层，晚期堆积和早期堆积之间疑似存在夯土迹象，堆积分布区域可分为外环和中心两个区域。文化层Ⅰ区晚期堆积距地表深约0.5米，厚约0.2米，内包含灰烬和烧土块；其下分布有致密夯土遗迹，夯土遗迹距地表深约0.7~0.8米，厚约0.6~0.7米，夯土遗迹为黄褐色黏土，包含部分黄色、黑色、红色和白色风化石渣，土质较硬；早期堆积距地表深约1.4~1.5米，厚约0.1~0.2米，堆积包含大量灰烬和烧土块。文化层Ⅱ区堆积距地表深约0.8米，厚约0.8米，堆积内包含大量灰烬和烧土块；其下可见有夯土遗迹，距地表深约1.4~1.6米，厚约1~1.5米，夯土遗迹为黄褐色黏土，包含部分黄色、黑色、红色和白色风化石渣，土质较硬；早期距地表约2.4~3.1米出现，厚约0.3米，文化层堆积内包含大量灰烬和烧土块。另发现有大量晚期墓葬（图二〇四）。

遗址位于双陈河支流附近，地势较为平坦，中部台地及外围台地应是人工堆垒而成。从形制上来看，科城环壕遗址是一处典型的环壕聚落，由于地表未采集到遗物，仅在钻探过程中发现少量陶片碎块，可初步推定遗址的年代为先秦时期。

科城环壕遗址的发现，增加了区域内环壕遗址的数量，也为抚河流域先秦时期聚落及其演进过程研究提供了十分重要的考古资料。

三〇 奎星环壕遗址

1. 遗址概况

遗址位于合市镇田南村委会之南奎星村（图二〇五）。东南距窑上村约500米，北距全坊村约1公里，西南为田南村（图二〇六）。该遗址地理坐标为：北纬27°57′33.8″，东经116°43′21.4″，海拔

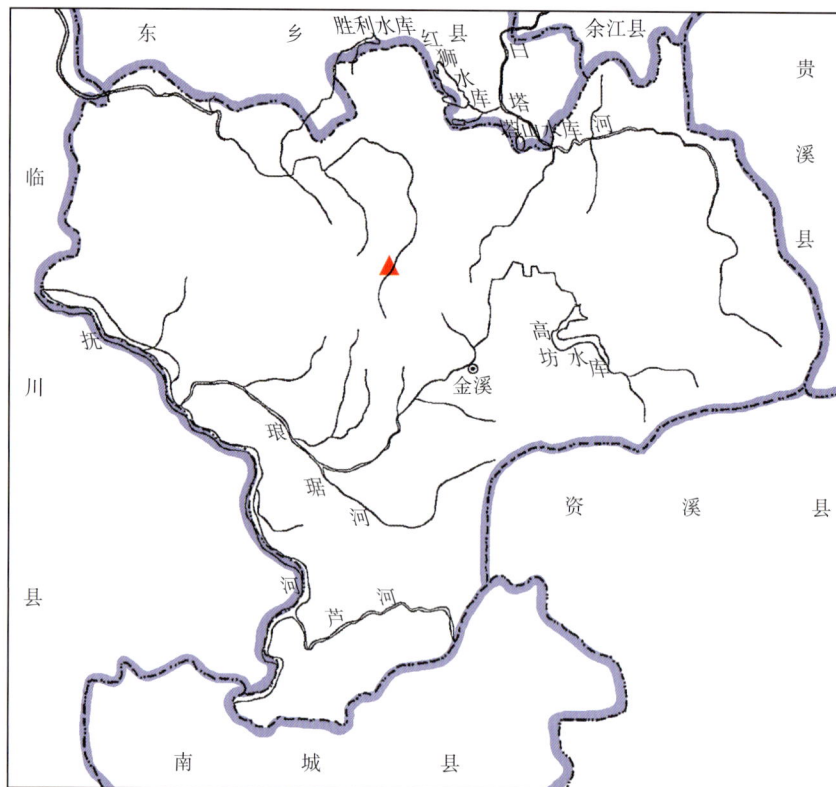

图二〇五　奎星环壕遗址位置图

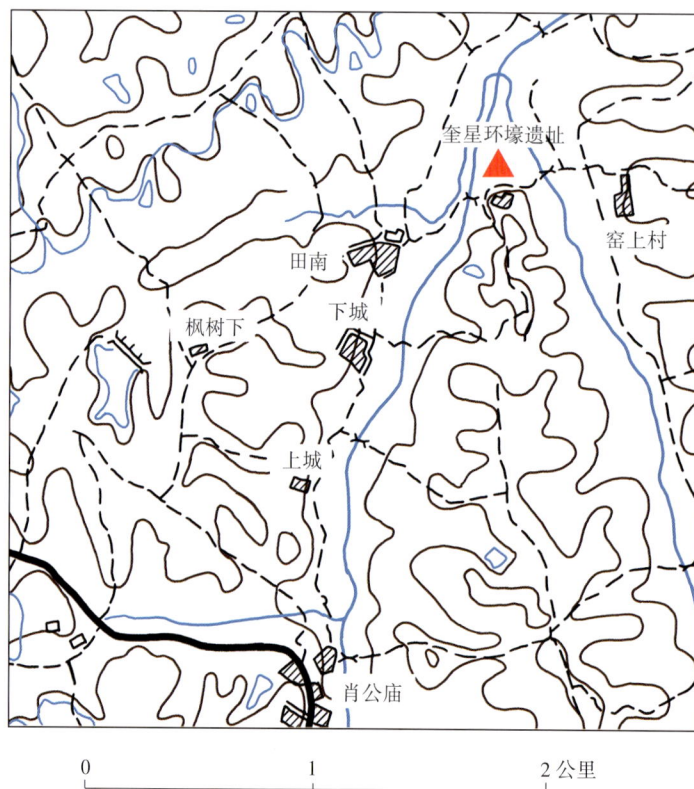

图二〇六　奎星环壕遗址地貌图

图二〇七 奎星环壕遗址航拍图

图二〇八 奎星环壕遗址远景图（由南向北）

64 米。遗址呈不规则形，长径约 198 米，短径约 122 米（图二〇七）。为一高台地带，地势较平缓，地表覆盖有竹木和灌木丛等，植被非常茂密。遗址主要由南部台地区域和北部长条状区域组成，遗址北侧残存环壕宽度约为 6～15 米，环壕形态基本保留（图二〇八）。

　　该遗址为一处典型环壕聚落，由于居民建房及水塘储水，中部台地及外围台地均遭破坏。遗址位于双陈河两条支流交汇的三角地带，地理位置优越，适合古人居住生活。

由于遗址破坏严重，且植被茂密，地表采集遗物较为困难，仅采集到少量鼎足残片。

2. 遗物介绍

仅采集到两件陶鼎足，均为夹砂陶。采集陶片以灰色、黄褐色陶居多，素面为主，在鼎足上见有按压凹窝痕。

2015JKX：1，夹砂黄褐陶，扁平状足，一侧可见两按压凹窝。残高 4.9 厘米（图二〇九，2）。

2015JKX：2，夹砂黄褐陶，扁平状足。素面。残高 5.2 厘米（图二〇九，1）。

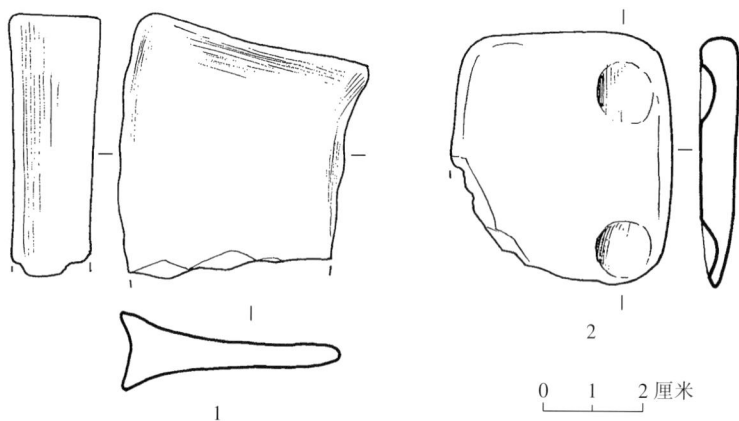

图二〇九　奎星环壕遗址采集陶鼎足
1、2. 鼎足（2015JKX：2、2015JKX：1）

3. 遗址性质与年代

分布于双陈河各支流沿岸的环壕与岗地聚落数量较多。这一区域地势较为平坦，遗址多分布于河流沿岸。环壕遗址平地起建，或选择略高山坡人工挖成壕沟，这两种遗址是抚河中游地带的主要聚落形式。

对采集到的陶鼎足与周边所见遗存进行比较，素面扁状鼎足多为春秋时期常见，鼎足表面见有圆形凹窝特征，其年代或略早。因此，可推断奎星环壕的年代为西周晚期至春秋时期。有关遗址的准确年代推断，有待于更为深入的研究。奎星环壕遗址的发现与研究，对区域聚落形态及结构的深入认识提供了十分重要的考古资料。

三一　莲花墩环壕遗址

莲花墩环壕遗址位于对桥镇太坪村委会下太坪村南部（图二一〇），北距太坪村约 100 米，南距城上龚家村约 860 米，西距济广高速约 770 米（图二一一）。该遗址地理坐标为：北纬 28°02′21.9″，东经 116°51′54.5″，海拔 58 米。

该遗址为一处环壕聚落，由中部台地和外围壕沟组成。台地平面近长方形，长径约 70 米，短径约 46.7 米，台地顶部四周低中间高（图二一二）。台地四周均为稻田，高于周围约 1~2 米，地表为竹林，植被较为茂密。在台地西北部有残存壕沟，宽约 14.6~20 米，壕沟内现为农田（图二一三）。

野外调查勘探过程中，在台地南侧中部发现一处文化层堆积区域，平面呈不规则形，长径约 14

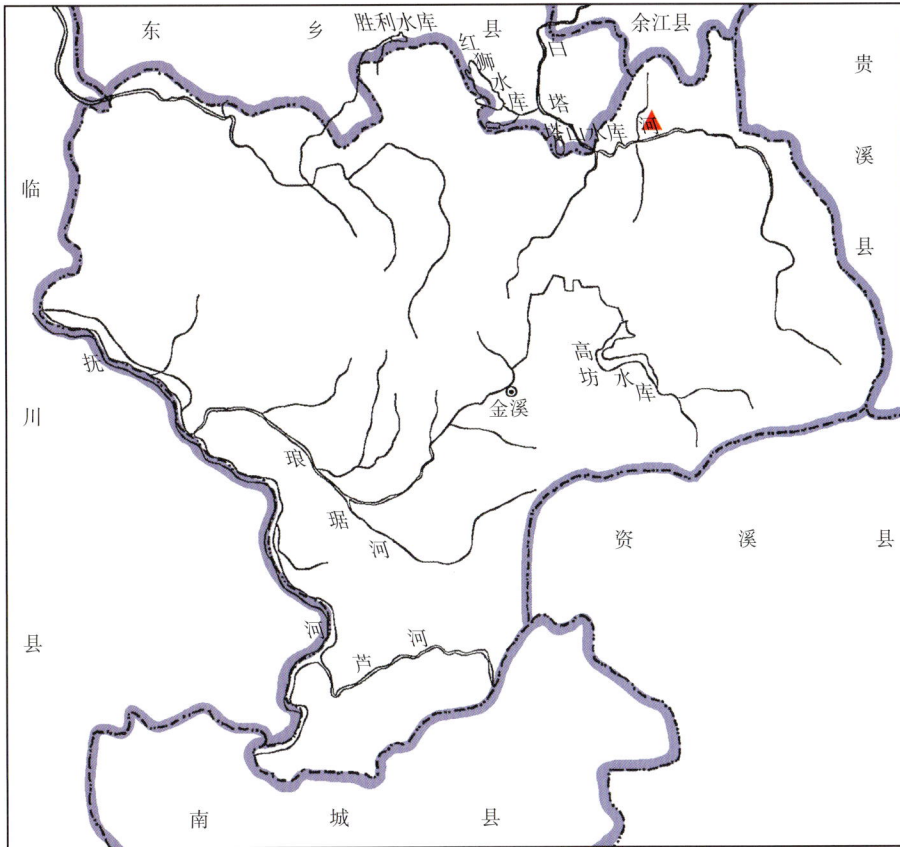

图二一○　莲花墩环壕遗址位置图

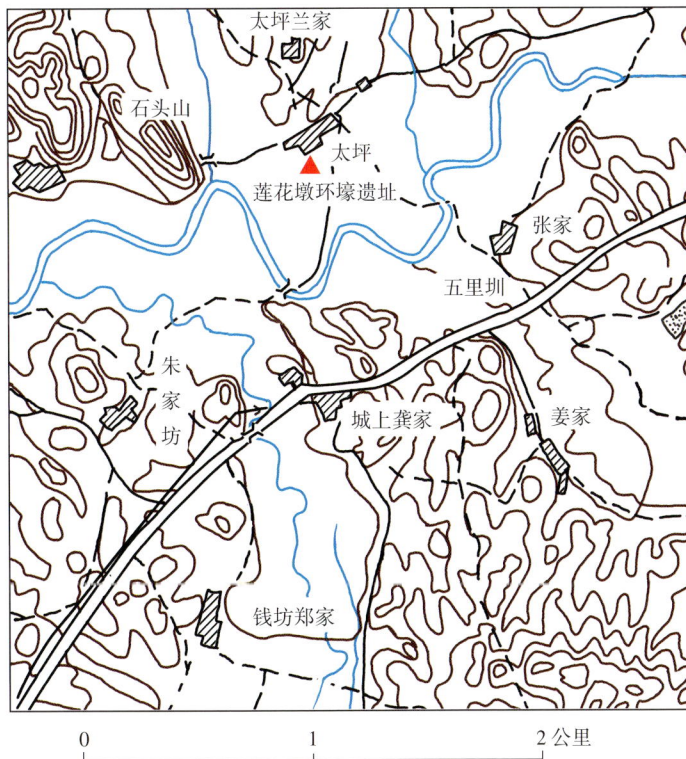

图二一一　莲花墩环壕遗址地貌图

图二一二　莲花墩环壕遗址航拍图

图二一三　莲花墩环壕遗址远景图（由东向西）

米，短径约 6 米，面积约 67 平方米，距地表深约 0.4 米，厚约 0.6 米，堆积内包含部分灰烬和烧土块。

遗址位于瑶河沿岸，地势平坦，中部台地应为人为堆垒而起。遗址地表植被茂密，未采集到遗物，仅在勘探过程中发现陶器残块，可大致推断该遗址的年代为先秦时期。

莲花墩环壕遗址的发现不仅增加了区域内环壕聚落的数量，也为聚落演进研究提供了十分重要的考古资料。

三二 路边倪家村磨盘山环壕遗址

1. 遗址概况

路边倪家村磨盘山环壕遗址位于何源镇孔坊村委会路边倪家村北部（图二一四），北距杨家源村约 760 米，西距 637 乡道约 970 米，南距倪家村约 780 米（图二一五）。该遗址地理坐标为：北纬 28°00′25.5″，东经 116°58′24.9″，海拔 95 米。

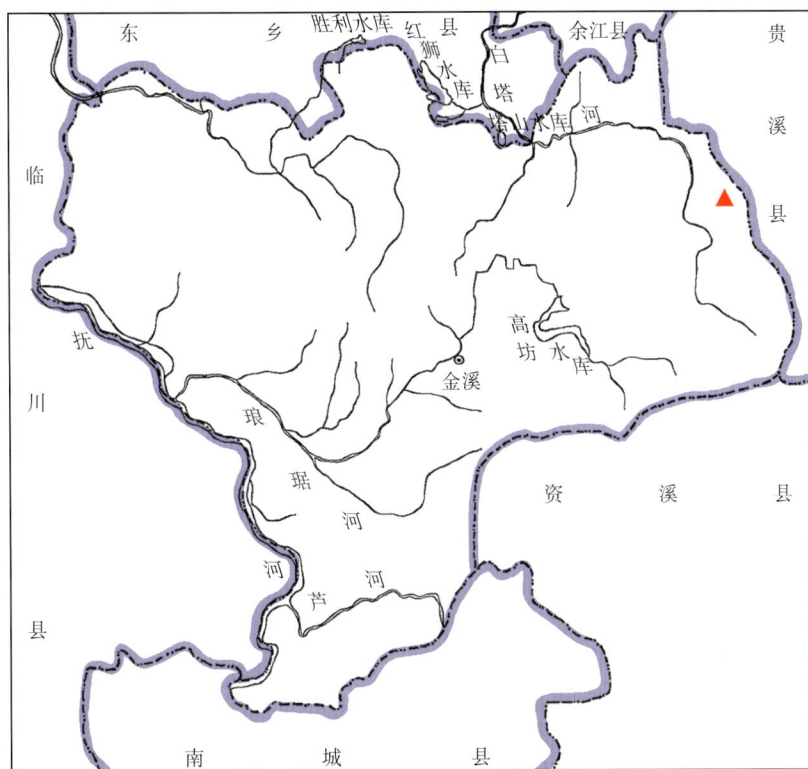

图二一四 路边倪家村磨盘山环壕遗址位置图

该遗址为一处环壕聚落，由中部不规则形台地、四周壕沟和壕沟外台地组成。中部台地平面呈不规则形，长径约 97 米，短径约 75.5 米。表面地势较平缓（图二一六）。台地顶部高于周围稻田约 5～7 米，地表为毛竹林，植被非常茂密。台地外围为壕沟，壕沟内为稻田，现存宽度约 10.4～26.4 米。壕沟外为缓坡地带，为山岗地貌（图二一七）。

2. 遗物介绍

路边倪家村磨盘山环壕遗址采集遗物较少，主要为陶器残片。以硬陶为多，见有灰色或灰褐

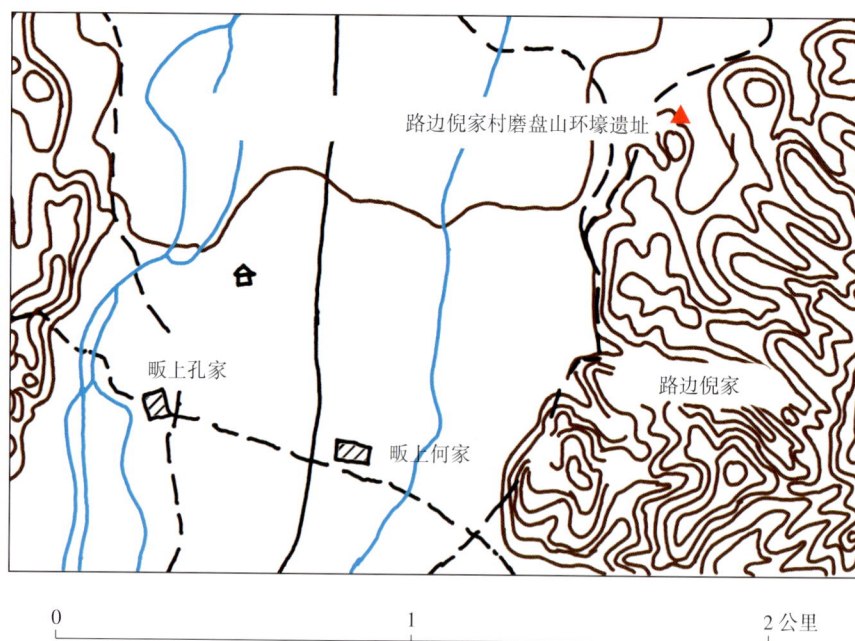

图二一五　路边倪家村磨盘山环壕遗址地貌图

图二一六　路边倪家村磨盘山环壕遗址航拍图

图二一七　路边倪家村磨盘山环壕遗址远景图（由东向西）

色，纹饰多见折线纹、短线纹（图二一八，1）、绳纹（图二一八，2、3）、变体雷纹（图二一八，4）等，器形见有陶罐；夹砂陶较少，多为灰褐色，纹饰见有绳纹，器形有罐、豆等。

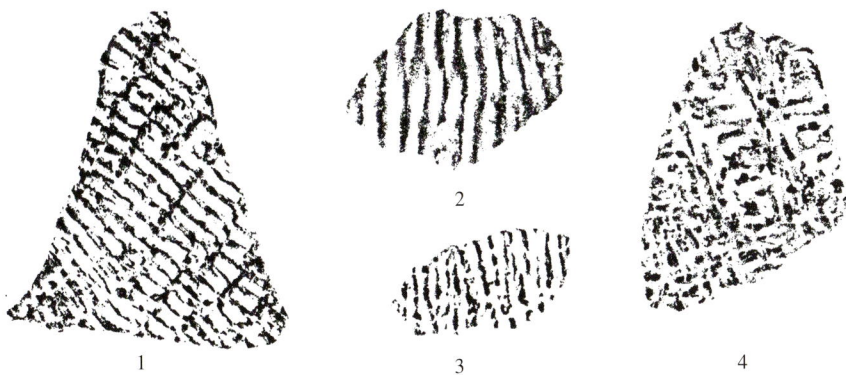

图二一八　路边倪家村磨盘山环壕遗址采集陶片纹饰拓片
1. 短线纹　2、3. 绳纹　4. 变体雷纹

罐　4件。

2015JMP：1，黄褐色硬陶，直口，方唇，口沿下有一周凸棱。残高3.2厘米（图二一九，6）。

2015JMP：2，灰褐色硬陶，侈口，宽折沿。颈内外壁可见轮制痕迹。残高3.2厘米（图二一九，5）。

2015JMP：3，黄褐色硬陶，敛口，折沿。内外壁可见轮制痕迹。残高2.8厘米（图二一九，1）。

2015JMP：4，黄褐色硬陶，侈口，折沿，圆唇，斜肩。沿面有一周凸棱，器表施折线纹。残高3.2厘米（图二一九，2）。

豆　2件。

2015JMP：5，夹砂灰黑陶，空心柄。残高2.8厘米（图二一九，3）。

2015JMP：6，夹砂灰陶，残豆盘，敛口，平沿，弧腹。素面。残高3.2厘米（图二一九，4）。

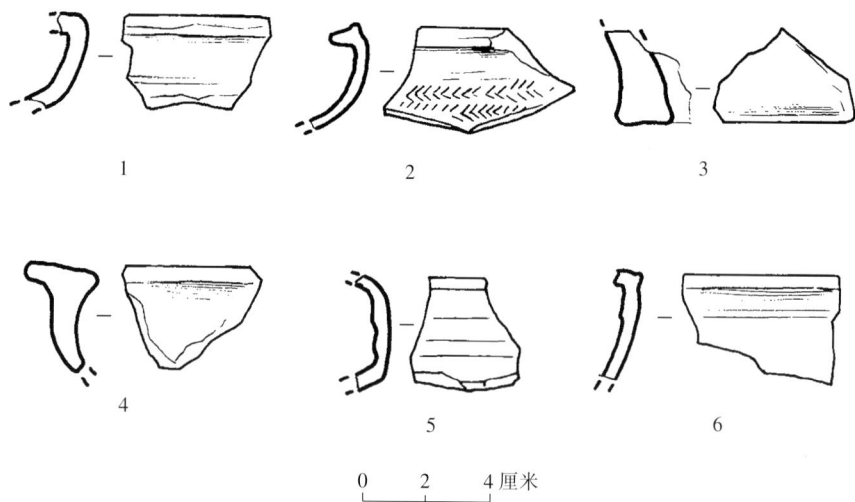

图二一九　路边倪家村磨盘山环壕遗址采集陶器

1、2、5、6.罐（2015JMP：3、2015JMP：4、2015JMP：2、2015JMP：1）　　3、4.豆（2015JMP：5、2015JMP：6）

3. 遗址性质与年代

遗址位于瑶河支流沿岸，所处地形为山岗缓坡，环壕建于缓坡边缘，利用地形人工挖出壕沟。此类环壕形态在其他流域亦有发现。整体上看，抚河中游地区所见环壕聚落的建造分为三种形态：第一种为平地起建，堆起中部台地和外围台地，未堆起部分成为壕沟；第二种一般分布于山岗缓坡边缘地带，利用缓坡，人为挖出壕沟；第三种位于山岗顶部，利用地形挖成环状壕沟，该种环壕突出防御功能。

路边倪家村磨盘山环壕聚落地表采集遗物较少，结合勘探所见零星陶片碎块，可以推断该遗址的年代为商周时期，如所见陶罐及纹饰具有商周时期陶器特征。该环壕聚落的发现为区域聚落结构及聚落演进研究提供了重要的考古资料。

三三　麻山环壕遗址

麻山环壕遗址位于秀谷镇塘山村委会麻山村北部（图二二〇、二二一），北距651乡道约480米，南距麻山村约380米，西南距窑上村约1.7公里，东距望家墩约1.2公里。该遗址地理坐标为：北纬27°57′50.0″，东经116°44′39.0″，海拔65米。

该遗址为一处环壕聚落，平面大致呈三角形，主要由中部不规则形台地、外围壕沟和壕沟外台地组成。中部不规则形台地长径约124米，短径约107米，台地高于四周稻田约3米，台地顶部地势为中部低四周高。壕沟仅存南壕沟和西壕沟南端残部，壕沟宽约15～30米（图二二二）。壕沟外现仅存南壕沟外台地残部，宽约5～17米，高于周围地表约3米（图二二三）。

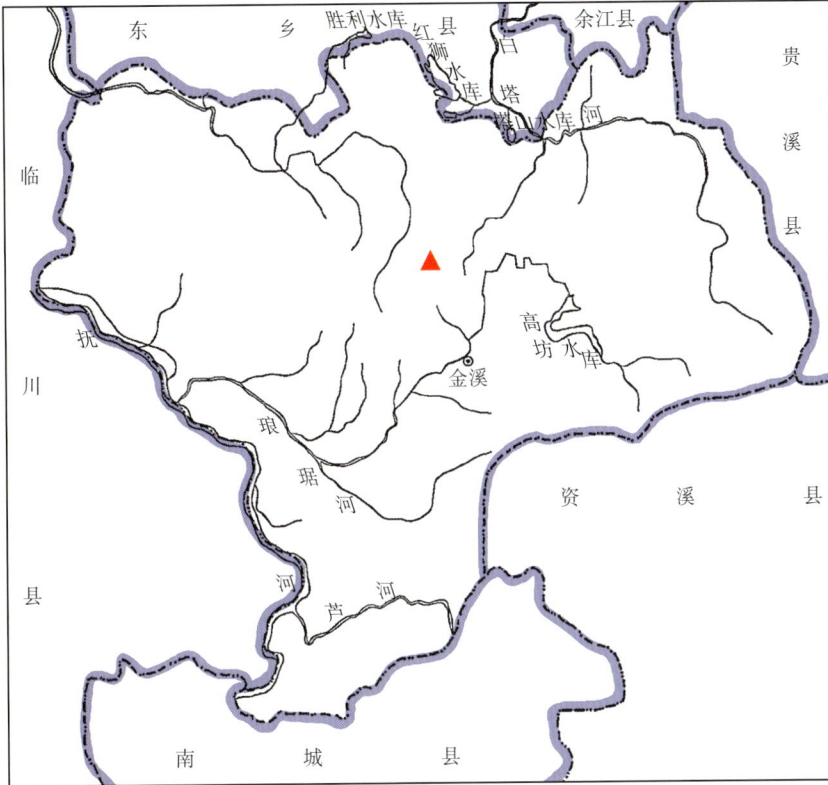

图二二〇　麻山环壕遗址位置图

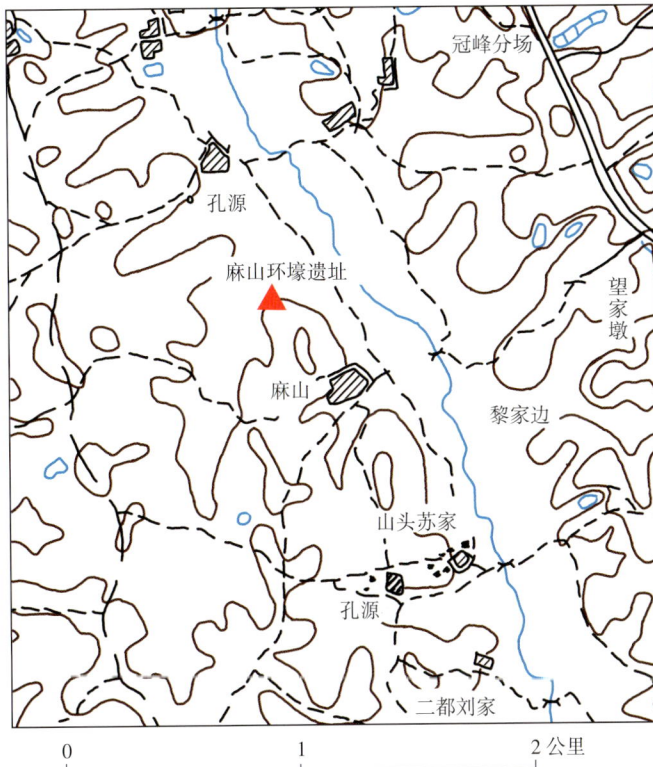

图二二一　麻山环壕遗址地貌图

图二二二　麻山环壕遗址航拍图

图二二三　麻山环壕遗址远景图（由西北向东南）

　　野外调查勘探过程中，在中部台地发现大面积文化层堆积，分布于台地边缘地带。堆积平面呈不规则环形，堆积距地表深约 1.3~2.0 米，厚约 0.3~0.6 米，堆积内包含部分灰烬、烧土块和少

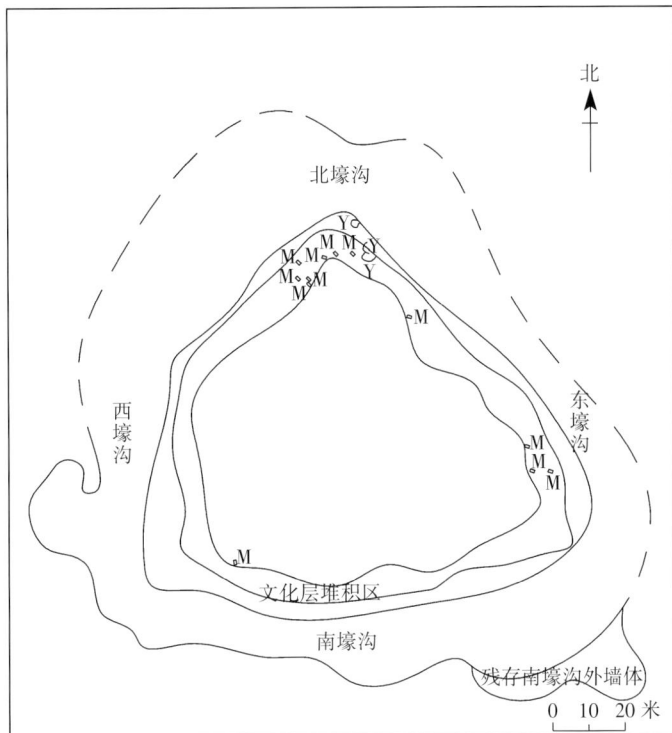

图二二四 麻山环壕遗址勘探平面图

量陶片。另发现有较多晚期墓葬（图二二四）。

麻山环壕遗址位于双陈河支流沿岸，遗址利用山岗缓坡地形，在山岗边缘人工挖出壕沟，用以排水及防御，这种利用自然条件对聚落进行改造的做法，充分展现了古人的聪明才智。由于遗址地表植被茂盛，未能采集到遗物，仅在钻探过程中，发现零星陶片碎块，通过遗址形态及发现的陶片线索，初步推定遗址的年代为先秦时期。该遗址的发现为区域先秦时期聚落形态研究提供了十分重要的考古资料。

三四 盘亭城墩上环壕遗址

1. 遗址概况

盘亭城墩上环壕遗址位于左坊镇左坊村委会盘亭村西南部（图二二五），西距范坊村约 470 米，东距 206 国道约 350 米，南距左坊镇约 500 米。遗址位于琅琚河支流沿岸，其东侧为山地边缘（图二二六）。该遗址地理坐标为：北纬 27°50′02.1″，东经 116°45′29.9″，海拔 88 米。

该遗址为一处环壕聚落，平面近圆角方形，主要由中部近方形高台地和东北部壕沟组成。中部台地长径约 87.6 米，短径约 76.7 米，台地高于四周稻田约 2～4 米，台地地势为北高南低。东北部壕沟现存宽约 14～30 米（图二二七）。遗址植被茂密（图二二八、二二九）。

勘探过程中，在中部台地发现大面积文化层堆积，主要集中在三个区域：I区位于遗址西北部，平面呈不规则形，长径约 34.9 米，短径约 25.4 米，I 区内堆积可分为早晚两层，其中晚期堆积距地表深约 0.6～0.8 米，厚约 0.6 米，包含灰烬、烧土块和少量陶片；早期堆积距地表深约 2～2.2 米，厚约 1.5～2.3 米，包含灰烬、烧土块和少量陶片，两层堆积之间发现有疑似夯土迹象，夯土距地

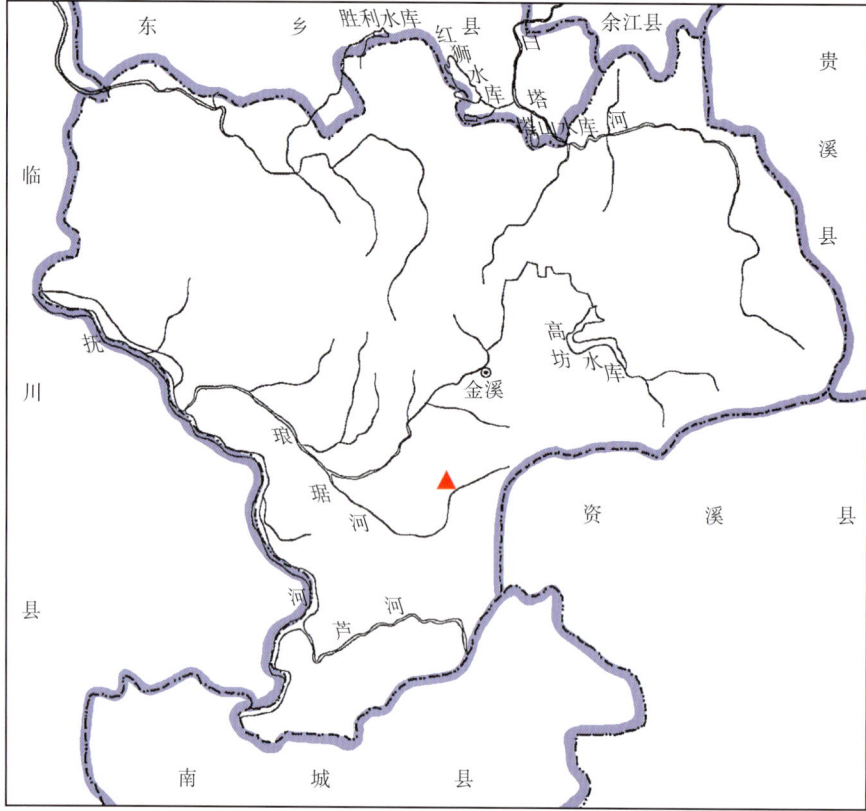

图二二五　盘亭城墩上环壕遗址位置图

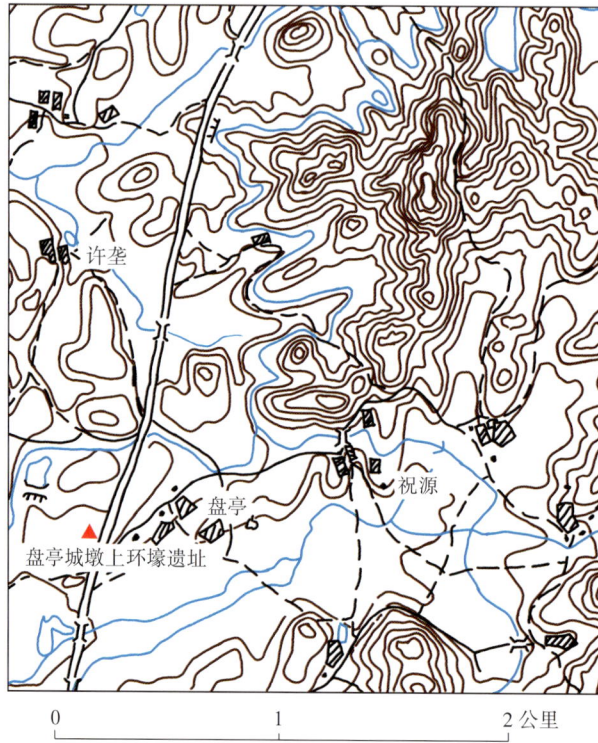

图二二六　盘亭城墩上环壕遗址地貌图

图二二七　盘亭城墩上环壕遗址航拍图

图二二八　盘亭城墩上环壕遗址远景图（由南向北）

表深约1.2~1.4米，厚约0.8米，为红色黏土，含少量风化石渣，质较硬。Ⅱ区除西北部及四周以外区域，平面呈不规则环形，宽度约为5.1~28.1米，距地表深约0.6~0.8米，厚约0.8~1.6米，包含灰烬、烧土块和少量陶片。Ⅲ区位于遗址中部，平面呈不规则形，长径约63.2米，短径约42.1米，堆积距地表深约0.6~0.8米，厚约1.4~2.4米，包含灰烬、烧土块和少量陶片。此外，中部台地经勘探也发现了三座晚期墓葬（图二三〇）。

盘亭城墩上环壕遗址属于典型环壕类聚落。由于壕沟内台地植被茂密，采集遗物困难，只能通过勘探来了解此环壕的基本堆积情况。以下对采集遗物进行简要介绍。

图二二九　盘亭城墩上环壕遗址远景图（由北向南）

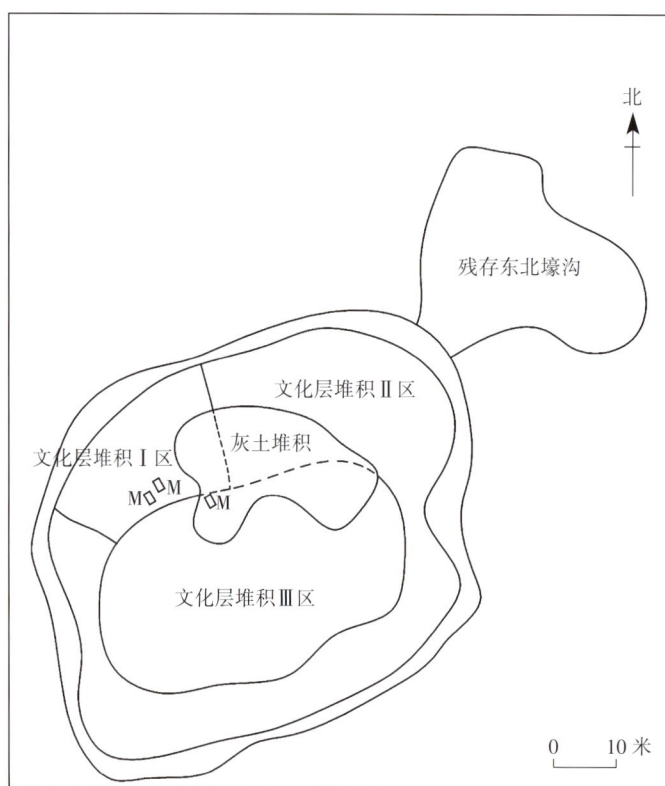

图二三〇　盘亭城墩上环壕遗址勘探平面图

2. 遗物介绍

采集遗物主要为陶器。陶器以夹砂陶为主，灰褐色，硬陶较少，见有灰褐色，纹饰见有席纹，器形见有鼎（足）等。

罐 1件。

2015JPC：1，红褐色硬陶，近直口，圆唇，沿部外凸，竖颈。口沿以下施席纹。残高4.0厘米（图二三一，3）。

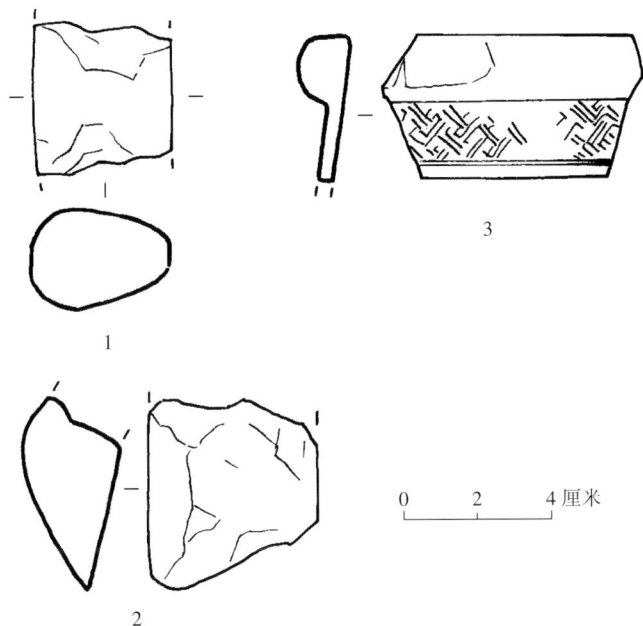

图二三一 盘亭城墩上环壕遗址采集陶器
1、2. 鼎足（2015JPC：2、2015JPC：3） 3. 罐（2015JPC：1）

鼎足 2件。

2015JPC：2，夹砂灰褐陶，截面呈椭圆形。素面。残高4.0厘米（图二三一，1）。

2015JPC：3，夹砂灰褐陶，扁平状足。素面。残高5.0厘米（图二三一，2）。

3. 遗址性质与年代

由于受农田破坏，遗址壕沟及外围台地仅存少部。中部台地堆积较厚，且在局部钻探出疑似夯土的遗迹，是否是人工夯筑台地外围墙体，目前尚不清晰，有待于进一步考古工作的验证。

将遗址采集遗物与周边地区比较，所见扁柱状鼎足为抚河流域常见，年代应为春秋时期。所见直口厚唇陶罐，器表饰席纹，或有年代略早的特征。因此，可推定城墩上环壕遗址的年代为西周晚期至春秋时期。

盘亭城墩上环壕遗址的发现丰富了区域内先秦聚落的种类，为建立文化序列、探讨聚落结构等课题均提供了十分重要的考古资料。

三五 彭家山环壕遗址

1. 遗址概况

彭家山环壕遗址位于陆坊乡官桥村委会赤岭源村西部（图二三二），北距樟树岭村约 300 米，东距赤岭源村民居约 110 米，西距济广高速约 340 米（图二三三）。南部有一小溪。该遗址地理坐标为：北纬 27°58′31.8″，东经 116°49′17.5″，海拔 75 米。

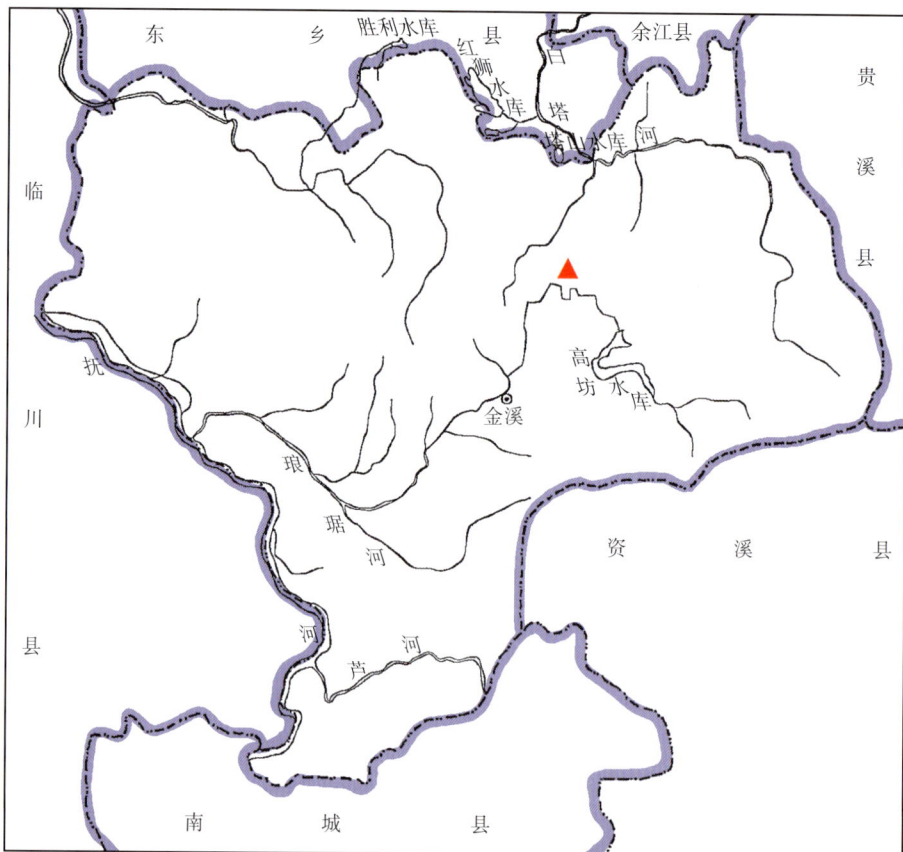

图二三二　彭家山环壕遗址位置图

该遗址为一处环壕聚落，由中部高台、四周壕沟和壕沟外台地组成。中部台地平面呈不规则形，长径约 106 米，短径约 87.8 米，地势呈四周高中部低（图二三四）。遗址四周壕沟现存有北壕沟、东壕沟和南壕沟残部，宽度约 22～30 米，西壕沟外墙体残部宽约 6.2～15.5 米。东南部为水塘，其余部分为稻田，台地及壕沟地表均为杂草和灌木丛覆盖，植被茂密（图二三五）。遗址所在台地整体高于周围约 2～6 米，在中部台地边缘发现宽约 2～5 米墙体，应为人工堆起（图二三六）。

野外调查勘探过程中，发现大面积文化堆积层分布于台地中部，其平面呈不规则形，长径约 69.8 米，短径约 47.6 米，面积约 3461 平方米，地表以下 1 米处可见文化层，厚约 0.5～0.7 米。堆积包含灰烬和烧土块。

图二三三　彭家山环壕遗址地貌图

图二三四　彭家山环壕遗址航拍图

图二三五　彭家山环壕遗址远景图（由北向南）

图二三六　彭家山环壕遗址台地边缘墙体图

2. 遗物介绍

彭家山环壕遗址采集遗物数量较少，主要见有陶器残片。所见陶器以硬陶为主，夹砂陶较少。硬陶主要为灰褐色、黄褐色，纹饰有"米"字纹、方格纹、雷纹、菱格纹、交错线纹、折线纹和绳

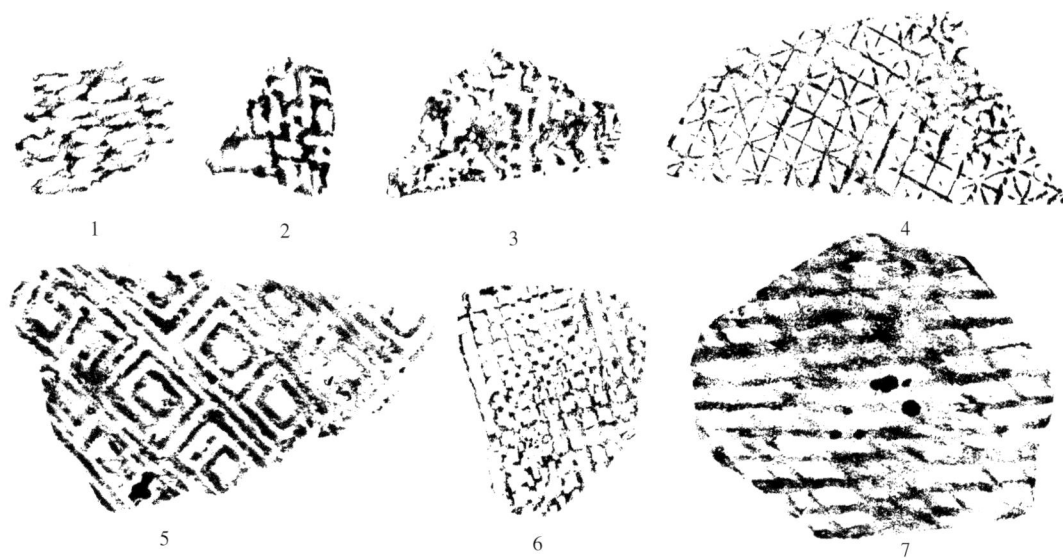

图二三七 彭家山环壕遗址采集陶片纹饰拓片

1、7. 菱格纹 2、3. 折线纹 4. "米" 字纹 5. "回" 字纹 6. 小方格纹

纹（图二三七），器形主要有陶罐、陶盆等；夹砂陶多为灰色及黄褐色，纹饰多为素面，仅见绳纹，器形有陶罐、陶鼎（足）等。

（1）石器

石镞 2件。

2015JPJ：1，青灰色砂岩磨制而成，上下两端残，中部起脊，截面呈五边形，两侧刃较锋利，器表磨制光滑。残长3.2、宽2.1厘米（图二三八，1；图版一四，3）。

2015JPJ：2，青色砂岩磨制而成，上下两端残，中部起脊，截面呈五边形，两侧刃较锋利，器表磨制光滑。残长2.1、宽2.1厘米（图二三八，2；图版一四，2）。

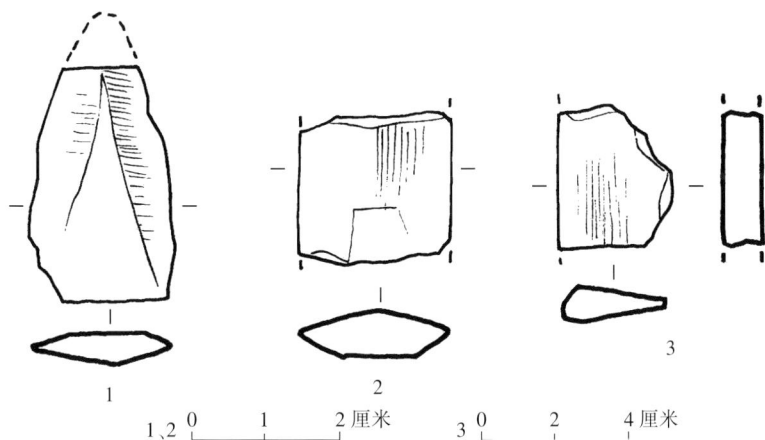

图二三八 彭家山环壕遗址采集遗物

1. 石镞（2015JPJ：1） 2. 石镞（2015JPJ：2） 3. 鼎足（2015JPJ：3）

（2）陶器

盆　1件。

2015JPJ：5，黄褐色硬陶，敛口，窄平沿，圆唇。素面。残高4.4厘米（图二三八，1）。

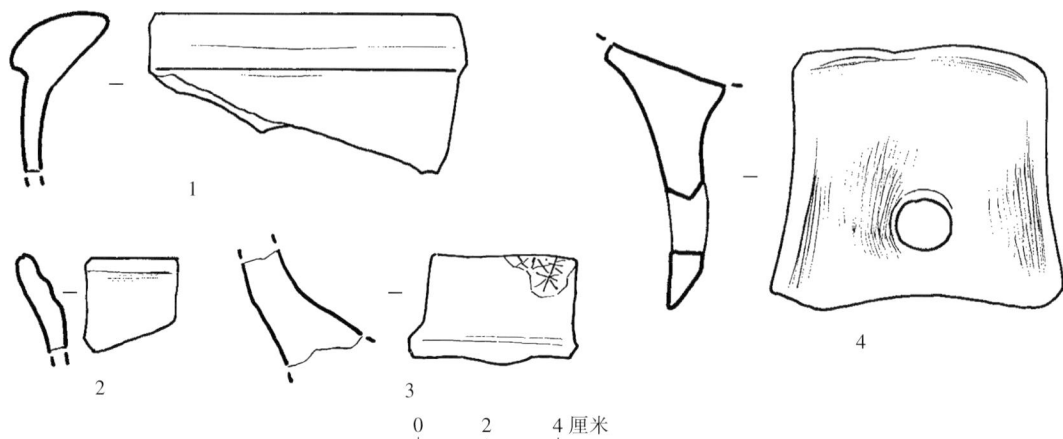

图二三九　彭家山环壕遗址采集陶器

1. 盆（2015JPJ：5）　　2. 罐（2015JPJ：4）　　3. 器底（2015JPJ：6）　　4. 鼎足（2015JPJ：7）

罐　2件。

2015JPJ：4，灰色硬陶，侈口，圆唇。素面。残高2.6厘米（图二三九，2）。

器底　1件。

2015JPJ：6，灰色硬陶，斜直腹，平底。腹部饰米格纹。残高3.4厘米（图二三九，3）。

鼎足　2件。

2015JPJ：3，浅黄色夹砂陶，扁平状足。素面。残高1.9厘米（图二三九，3）。

2015JPJ：7，夹砂黄褐陶，扁平状足，中部有一圆形穿孔。残高7.4厘米（图二三九，4；图版一四，1）。

3. 遗址性质与年代

彭家山环壕遗址位于高坊河沿岸，遗址东侧大科山发现有遗址和墓地。彭家山环壕紧依大科山，处于山地边缘地开挖壕沟，并垒土成墙。该遗址应是一处结构完备的环壕聚落。

将采集到的遗物与周边地区所见遗址进行比较，可初步判断环壕的年代。遗址采集到的硬印纹陶片见有“回”字纹、菱格纹、折线纹等，扁状鼎足见有穿孔，此类遗存的年代可推定为西周时期。采集所见的“米”字形纹，小方格纹硬陶片，其年代大致为春秋晚期至战国时期。由此，初步判断彭家山环壕的年代为西周至战国时期。

彭家山环壕遗址特征明显，是一处结构完备的环壕聚落。该遗址的发现推动了区域内聚落形态与结构研究的深入，为区域内先秦社会演进研究提供了重要的实物资料。

1. 鼎足（2015JPJ：7）

2. 石镞（2015JPJ：2）

3. 石镞（2015JPJ：1）

图版一四 彭家山环壕遗址采集遗物

三六 葫芦墩环壕遗址

葫芦墩环壕遗址位于陆坊乡上李村委会上李村葫芦墩（图二四〇）。遗址东南距樟树岭约 600 米，距西北侧高速公路约 1 公里，北部 400 米为毛洪殿村（图二四一）。该遗址地理坐标为：北纬 27°58′49.0″，东经 116°49′38.4″，海拔 73 米。

该遗址为一处环壕聚落，由中部近方形台地、四周壕沟及沟外台地组成，中部台地地势北高南低，长径约 63.5 米，短径约 53.9 米（图二四二）。台地高于周围稻田约 2～5 米，地表为毛竹林，植被非常茂密。四周壕沟现存有南壕沟和东壕沟，壕沟宽度约 13～18 米，壕沟内现为稻田。壕沟外东南侧为台地，植被茂密（图二四三）。

葫芦墩环壕遗址位于瑶河支流沿岸，地势平坦，中部台地应为人工堆垒而成，外围台地部分已被破坏。遗址植被茂密，采集遗物较为困难，仅在遗址壕沟采集到少量陶器残片。另在勘探过程中，发现少量陶器碎块。整体上来看，该遗址的年代应为先秦时期，具体年代的判断，还需要更加深入的考古工作。葫芦墩环壕遗址的发现，对区域聚落形态及演进过程研究都具有重要的意义。

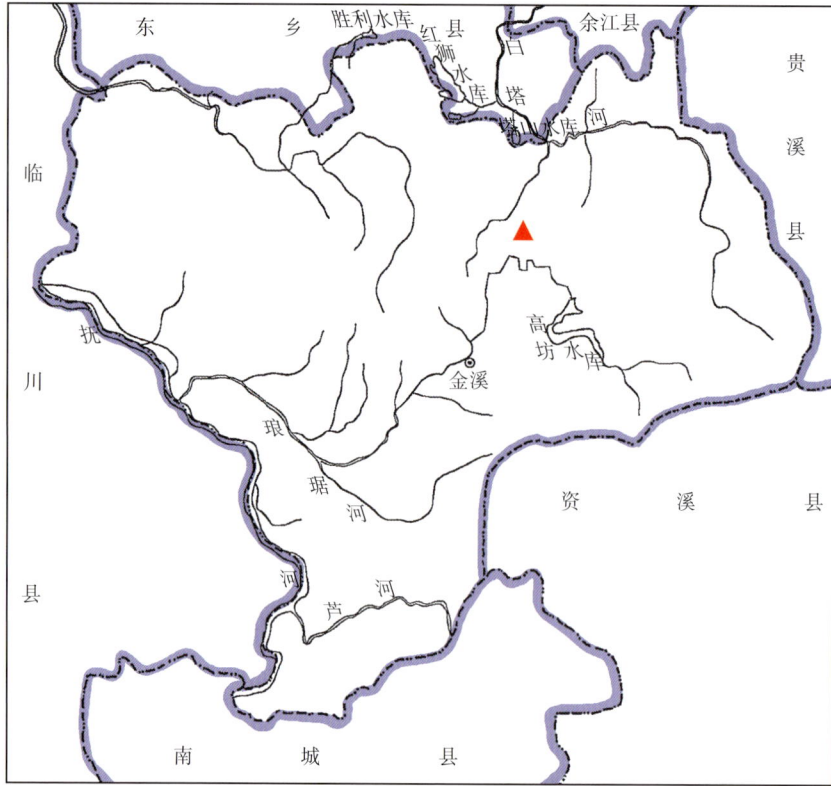

图二四〇　葫芦墩环壕遗址位置图

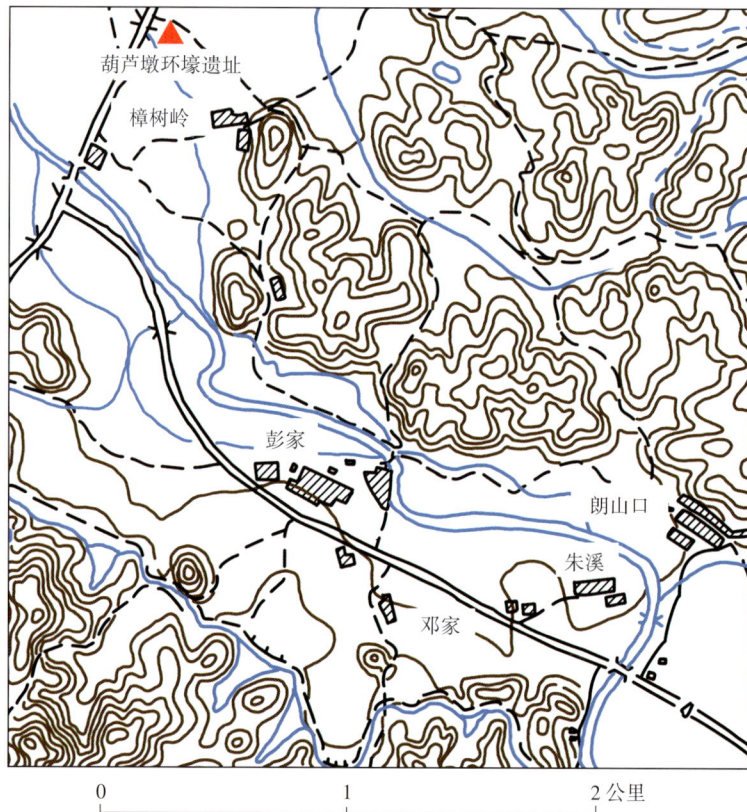

图二四一　葫芦墩环壕遗址地貌图

图二四二 葫芦墩环壕遗址航拍图

图二四三 葫芦墩环壕遗址远景图（由北向南）

三七 山城下环壕遗址

山城下环壕遗址位于对桥镇横源村东南部（图二四四），北距 943 县道约 1150 米，东北距塔下陈家村约 500 米，东南距程家村约 810 米（图二四五）。该遗址地理坐标为：北纬 27°59′46.4″，东经 116°54′36.1″，海拔 74 米。

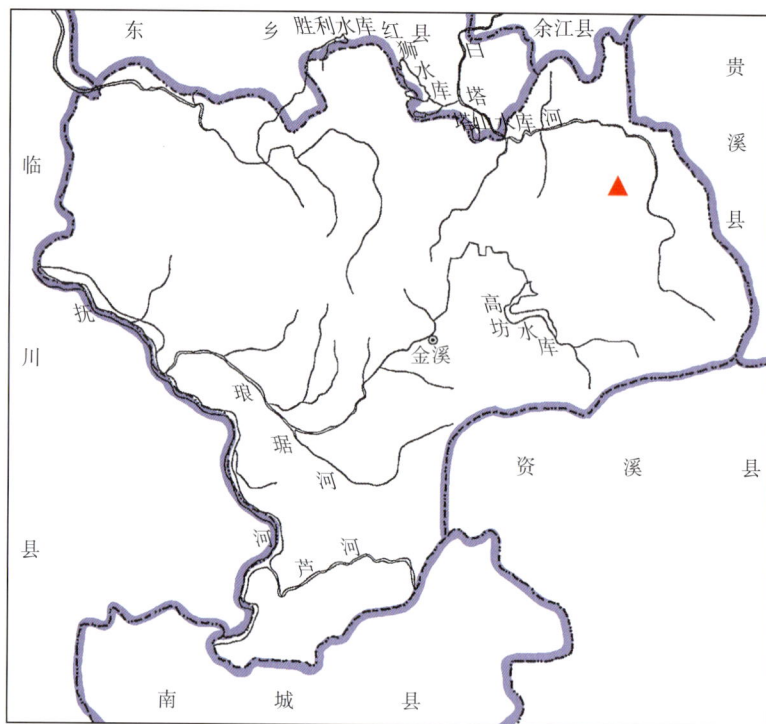

图二四四　山城下环壕遗址位置图

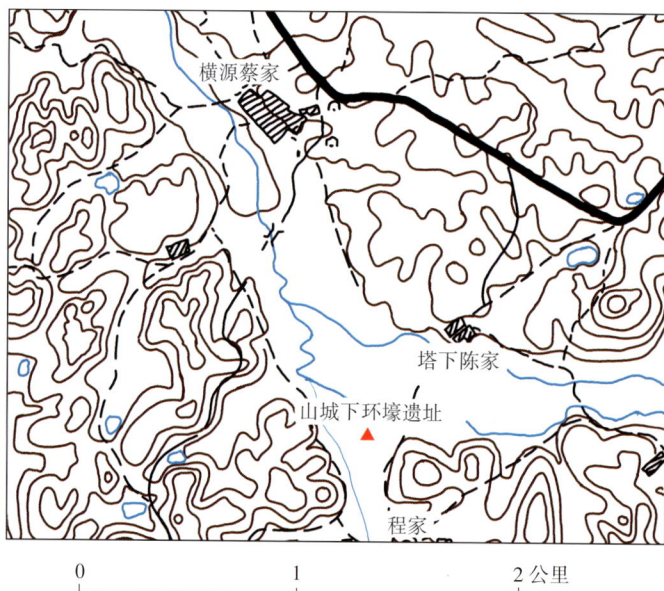

图二四五　山城下环壕遗址地貌图

该遗址为一处环壕聚落，中部为一台地，平面呈不规则形，长径约 60.9 米，短径约 56.7 米（图二四六）。遗址所在台地四周为稻田，台地高于周围约 1～2 米，地表为竹林，植被较为茂密。因生产建设，遗址被人为破坏，台地四周壕沟及外围台地均已不见（图二四七）。

图二四六　山城下环壕遗址航拍图

图二四七　山城下环壕遗址远景图（由西向东）

山城下环壕遗址位于瑶河支流，区域内水系较为发达，遗址所在地势较为平坦，中部台地应为人工堆垒而成。遗址地表植被茂密，采集遗物困难，通过勘探所见陶片碎渣及聚落形态等特征，可将山城下环壕遗址的年代推定为先秦时期。该遗址的发现，不仅增加了区域内环壕遗址的数量，同时也为区域聚落形态研究提供了重要的考古资料。

三八　珊田郑家禾斛山环壕遗址

珊田郑家禾斛山环壕遗址位于秀谷镇珊田郑家村东南部约 110 米处（图二四八），东北距下郑村约 700 米。遗址西部 70 米处为现代民居（图二四九）。该遗址地理坐标为：北纬 27°52′44.8″，东经 116°45′03.6″，海拔 68 米。

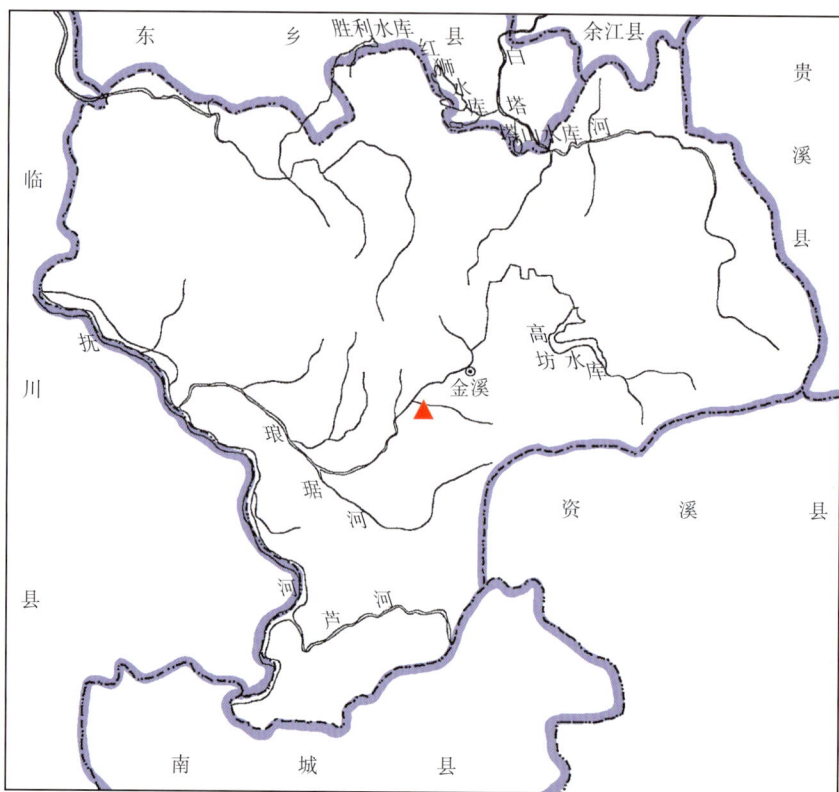

图二四八　珊田郑家禾斛山环壕遗址位置图

该遗址为一处环壕聚落，中部台地近方形，边长约 120 米（图二五〇）。中部为一独立台地，台地顶部地势中间低四周高，地形由中部呈缓坡状向四周延伸。台地被为人为栽植的栀子树覆盖，十分茂密。台地外围为壕沟，现为稻田，稻田低于台地约 5～6 米。中部台地边缘地势略高，应为人工堆起，一般宽约为 5～7 米，推测为人工修筑的矮墙。在台地东、西两侧边缘中部发现有缺口，或为上下出入口，或是遭后人破坏，目前不得而知。南北侧壕沟宽约 26～29 米，东侧壕沟已被破坏，西侧仅留局部壕沟（图二五一）。

在遗址西南角被现代人破坏处清理地层剖面来看，中部台地边缘应为人工垒筑而起，地层为倾斜状，土层较为致密（图二五二）。

图二四九　珊田郑家禾斛山环壕遗址地貌图

图二五〇　珊田郑家禾斛山环壕遗址航拍图

图二五一　珊田郑家禾斛山环壕遗址远景图（由东向西）

图二五二　珊田郑家禾斛山环壕遗址地层剖面

图二五三　珊田郑家禾斛山环壕遗址采集陶片纹饰拓片
1. 小方格纹　2. 方格纹 + 凸钉纹

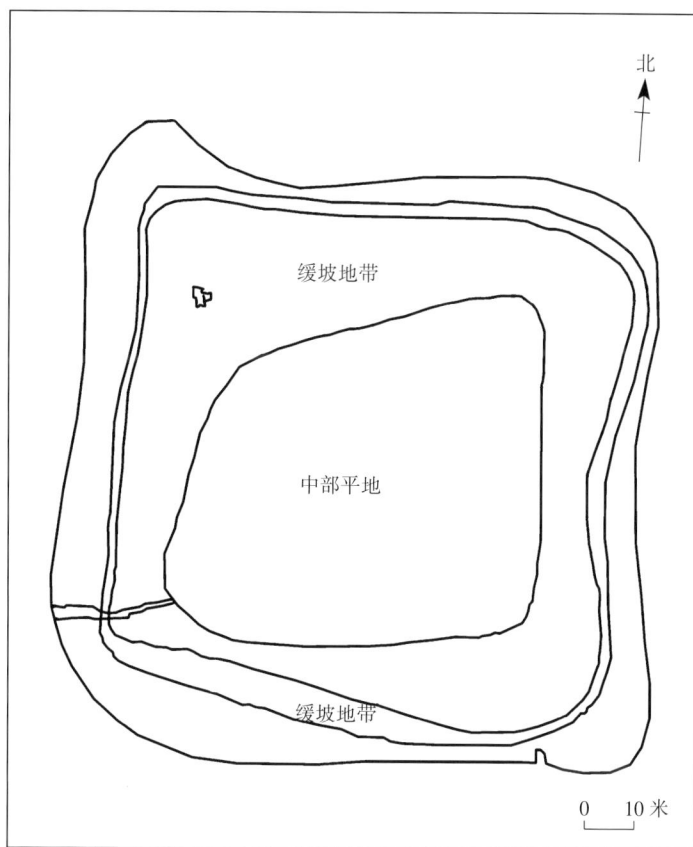

图二五四　珊田郑家禾斛山环壕遗址勘探平面图

　　珊田郑家禾斛山环壕遗址是一处典型的环壕聚落，其形制完备，具有中部高台、壕沟、外围台地，中部台地边缘发现有近似矮墙迹象。在遗址地表采集到少量夹砂陶片，纹饰见有小方格纹、方格纹与凸钉纹组合纹饰（图二五三）。经勘探，中部台地亦见有灰土堆积（图二五四）。由此，可以推断，该遗址的年代应为先秦时期。珊田郑家禾斛山环壕遗址是目前发现形制最为完备的环壕聚落，该遗址的发现为区域聚落形态的多样化特征及社会复杂化进程研究提供了十分重要的考古资料。

三九　上洋村环壕遗址

上洋村环壕遗址位于合市镇上洋村西部（图二五五），东距村道约 100 米，南距村道约 40 米，西侧约 15 米有一水渠（图二五六）。该遗址地理坐标为：北 28°01′52.5″，东经 116°38′45.5″，海拔 50 米。

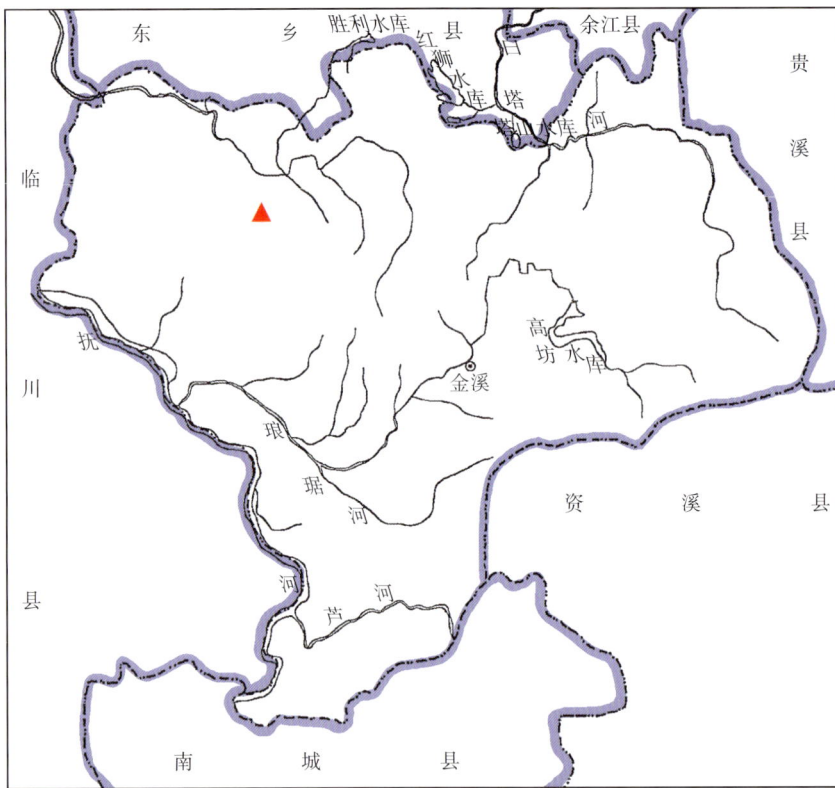

图二五五　上洋村环壕遗址位置图

该遗址为一环壕聚落，仅见中部台地。平面近长方形，长径约 76 米，短径约 47 米（图二五七）。台地地势较为平缓，西部稍高。中部台地高于周围稻田约 3 米，台地现被竹子及灌木丛覆盖，四周为稻田（图二五八、二五九）。中部台地之外壕沟及外围台地均被后期所破坏。

野外调查勘探过程中，发现文化层堆积位于台地中部，大致呈椭圆形分布，长径约 36 米，短径约 30 米，面积约为 628 平方米，距地表深约 0.8～1.2 米可见文化层，厚约 0.7 米，包含灰烬、烧土块和少量陶片。

上洋村环壕遗址属于一处典型环壕聚落，由于后期破坏，遗址壕沟及沟外台地已不存在。从建造特征来看，遗址所在地域为云山河支流沿岸地带，地势平坦。由于地表采集遗物较为困难，从钻探所获陶器碎渣来看，该遗址应为先秦时期。上洋村环壕遗址的发现，为区域内聚落形态的深入研究提供了重要的考古资料。

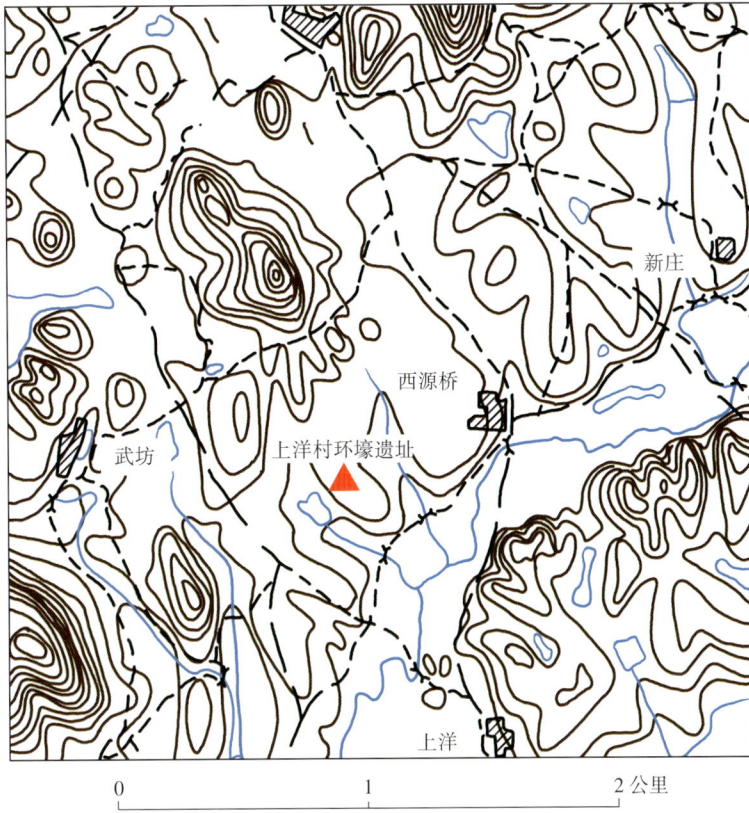

图二五六 上洋村环壕遗址地貌图

图二五七 上洋村环壕遗址航拍图

图二五八　上洋村环壕遗址远景图（由北向南）

图二五九　上洋村环壕遗址远景图（由南向北）

四〇 西湖村环壕遗址

1. 遗址概况

西湖村环壕遗址位于秀谷镇岗东村委会西湖村砖厂南边（图二六〇）。因砖厂取土，遗址局部已被破坏。东距西湖村约 800 米，南距周家庄约 380 米。西北距湖家岭约 810 米（图二六一）。该遗址地理坐标为：27°56′16.0″，东经 116°45′31.0″，海拔 73 米。

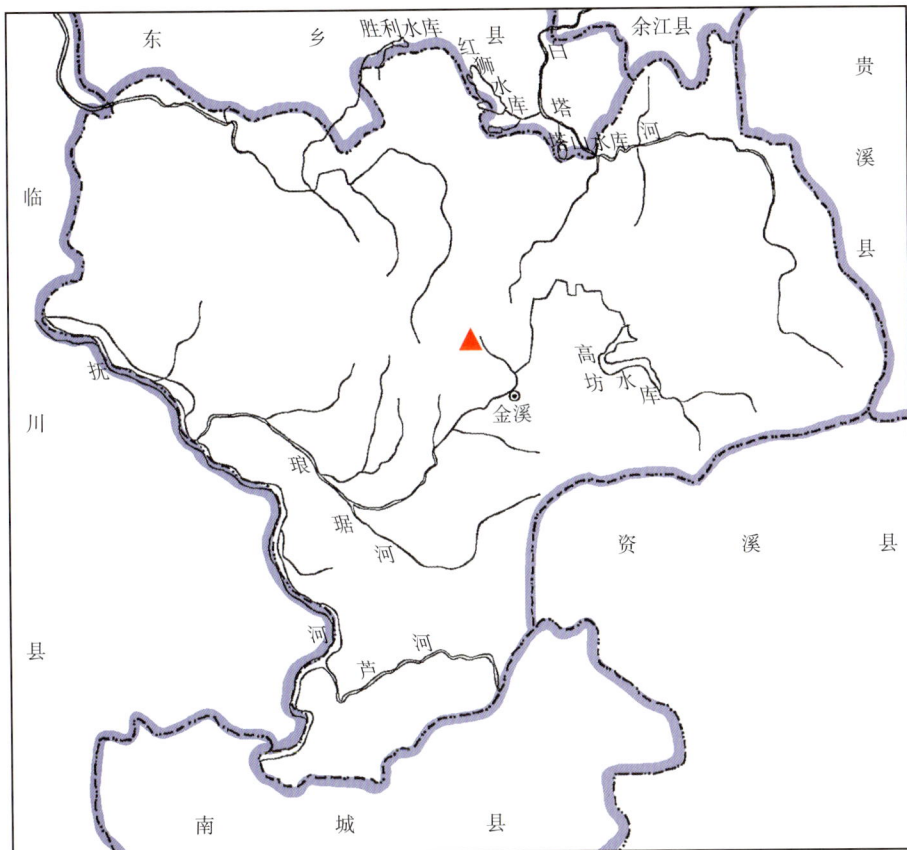

图二六〇 西湖村环壕遗址位置图

该遗址为一处环壕遗址，平面呈不规则形，由中部不规则形台地、四周壕沟和壕沟外台地组成（图二六二）。中部不规则形台地高于四周农田约 2 米，台地地势较平缓，壕沟现存有东、南、北侧东段残部和西侧壕沟南端残部，壕沟现存宽约 13.2 ~ 30 米，壕沟外台地现存有西壕沟外、北壕沟外和东壕沟外台地残部，现存宽约 4.5 ~ 10.5 米，其中西壕沟外台地残部和北壕沟外台地残部相连，整体高于地表约 1 ~ 2 米，东壕沟外台地残部高于周围地表约 2 米。

野外勘探过程中，发现遗址东北部已被人为平整，地表种植橘子树，其余区域为树林，植被非常茂密。东壕沟和北壕沟东段残部已为农田，南壕沟东半部为稻田，西半部与西壕沟南端残部为水塘。壕沟外台地为树木、杂草和灌木丛覆盖，植被非常茂密（图二六三）。遗址北部有一砖厂，砖厂烧砖取土和建设厂房对遗址破坏严重。根据其地层堆积可将文化层区域划分为两个重点分布区，编号Ⅰ区和Ⅱ区。Ⅰ区位于台地东北部，总长约 75.1 米，整体宽度约 5.2 ~ 9.2 米，面积约为 407.6

图二六一　西湖村环壕遗址地貌图

图二六二　西湖村环壕遗址航拍图

图二六三　西湖村环壕遗址远景图（由南向北）

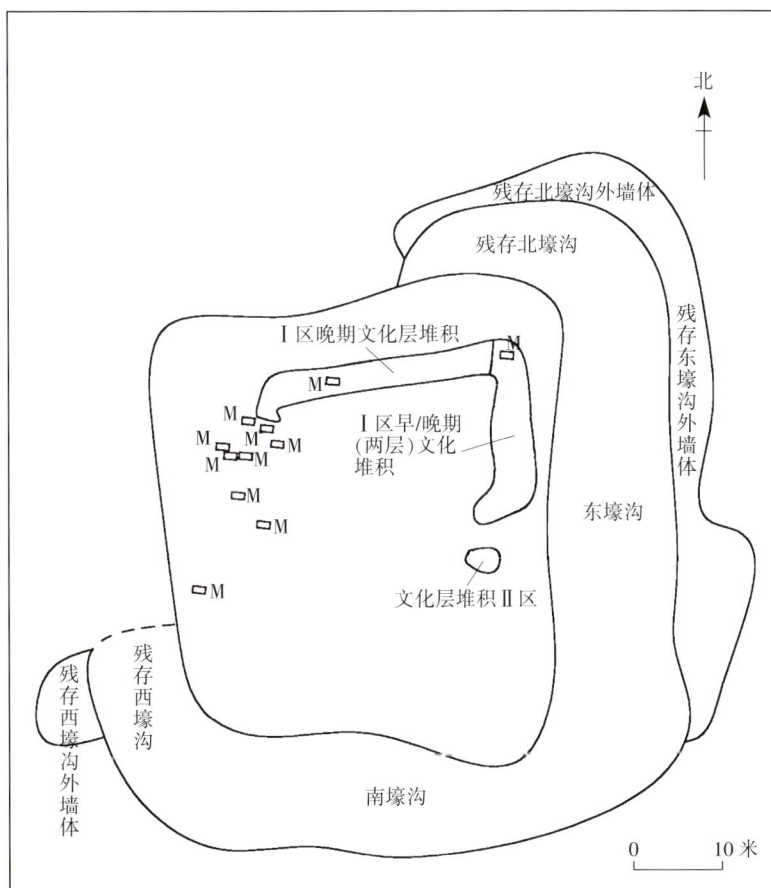

图二六四　西湖村环壕遗址勘探平面图

平方米。该堆积区可分为北部和东部两个部分，北部较长，长约49.4米，此区域堆积较厚，距地表深约0.7米发现文化层，厚约1.2米，包含大量灰烬和烧土块；东部区域较短，长约25.7米，该区域内有早晚两层堆积，晚期堆积距地表深约0.3米发现文化层，厚约0.8米，包含灰烬和烧土块；早期堆积距地表深约1.1米，厚约0.3米，包含灰烬和烧土块。Ⅱ区位于台地东部中间位置，平面近椭圆形，长径为5.9米，短径约为3.8米，面积约为17.7平方米，该区域堆积距地表约1.1米出现，厚约0.3米，包含大量灰烬和烧土块（图二六四）。

2. 遗物介绍

该遗址采集遗物较少，见有石器和陶器。

（1）石器

石锛　1件。

2015JXHC：1，灰褐色砂岩磨制而成，平面近长方形，顶端平直，上下面平整，两侧斜直，单面刃，器表磨制较平整。残高5.1、宽3.0、厚1.0厘米（图二六五，1）。

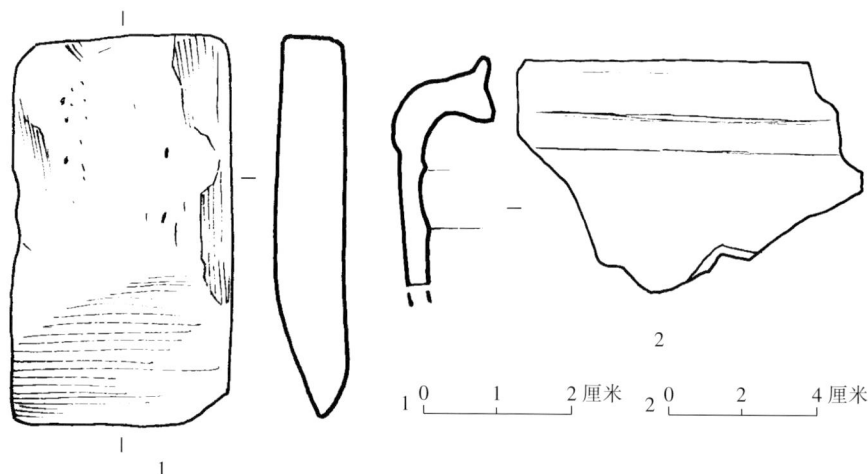

图二六五　西湖村环壕遗址采集遗物
1. 石锛（2015JXHC：1）　2. 罐（2015JXHC：2）

（2）陶器

陶器以硬陶为主，夹砂陶较少。硬陶多为灰色、灰褐色，纹饰有叶脉纹、菱格纹、交错绳纹、绳纹和小方格纹（图二六六），器形有罐、碗等；夹砂陶多为灰褐色、黄褐色，以素面居多，器形有罐和鼎（足）等。

罐　1件。

2015JXHC：2，灰色硬陶，敛口内折沿，方唇，直腹。素面。残高6.0厘米（图二六五，2）。

3. 遗址性质与年代

西湖村环壕遗址属于一处典型环壕聚落。该聚落临近西湖砖厂遗址，其与丁家山环壕均围绕金溪县城分布，对研究岗地聚落与环壕聚落关系、诸环壕聚落之间关系等方面提供了十分重要的考古资料。

由于遗址采集遗物较少，对遗址年代判断带来较大困难。遗址采集陶片中硬陶纹饰见有叶脉

图二六六 西湖村环壕遗址采集陶片纹饰拓片
1. 交错绳纹 2. 叶脉纹 3. 小方格纹 4、6. 菱格纹 5. 绳纹

纹、菱格纹、方格纹、交错绳纹等。与周边遗存比较，其与乐安县东排山遗址、坡脑上等遗址所见遗存相近，年代为西周晚期至春秋时期。

西湖村环壕遗址的发现与初步研究，增加了区域环壕聚落的数量，为聚落形态与结构研究提供了重要的实物资料。

四一 下左源禾斛坪环壕遗址

1. 遗址概况

下左源禾斛坪环壕遗址位于左坊镇严家村委会下左源村东南部（图二六七），西北距下左源村约 140 米，东距龙子源约 1 公里，西距 639 乡道约 1.1 公里（图二六八）。该遗址地理坐标为：北纬 27°48′35.9″，东经 116°44′27.7″，海拔 73 米。

该遗址为一处环壕聚落，主要由中部台地、四周壕沟和壕沟外台地组成（图二六九）。中部近方形台地长径约 78.4 米，短径约 66.6 米，台地顶部地势较平缓，高于四周稻田约 2～4 米。四周壕沟保存较好，现存宽度约 10～26 米。壕沟外台地现存宽度约 6～80 米，高于周围稻田约 2～4 米。遗址中部台地北部和西部为稻田，东部和南部为水塘，地表被毛竹、杂草和灌木丛覆盖，植被非常茂密（图二七〇）。北壕沟和西壕沟现为稻田，南壕沟和东壕沟为水塘。现存东壕沟外台地、南壕沟外台地、北壕沟外残存东端台地及西壕沟外残存南端台地。

野外调查勘探过程中，中部台地发现大面积文化层堆积。一般堆积距地表深约 1.6～2 米，厚约 0.4～1.2 米，包含灰烬和烧土块，堆积外围区域（除西侧中部区域外）之上疑似有夯土迹象，距地表深约 1 米，厚约 0.7～1 米。此外，在中部台地发现有多处晚期墓葬分布（图二七一）。

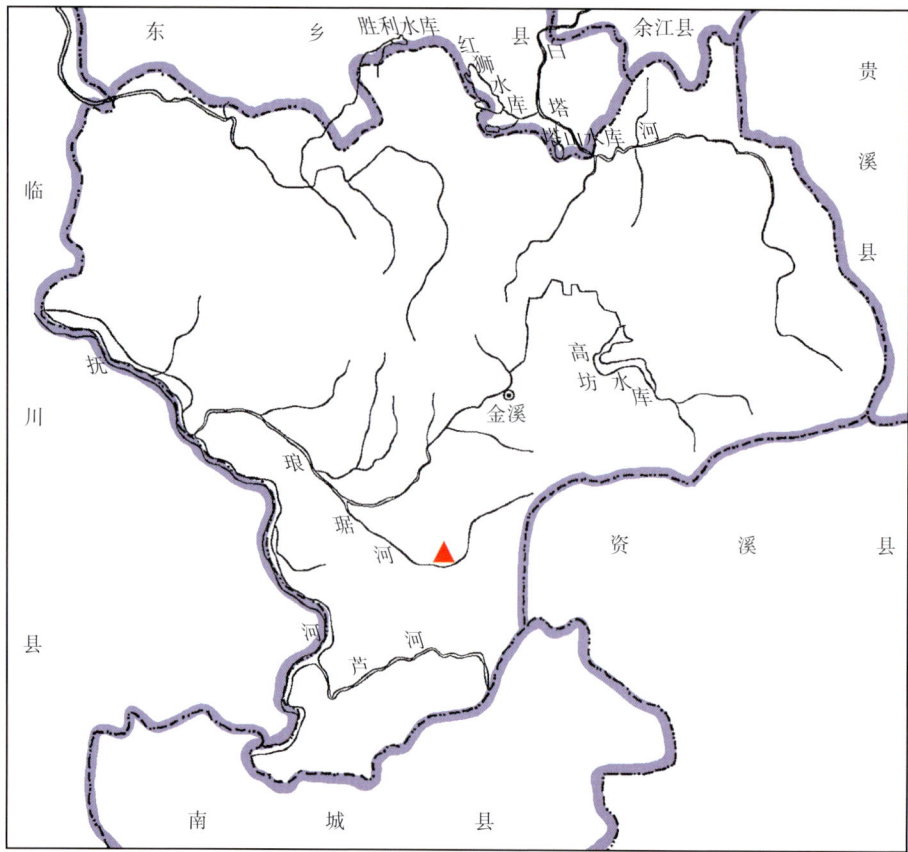

图二六七　下左源禾斛坪环壕遗址位置图

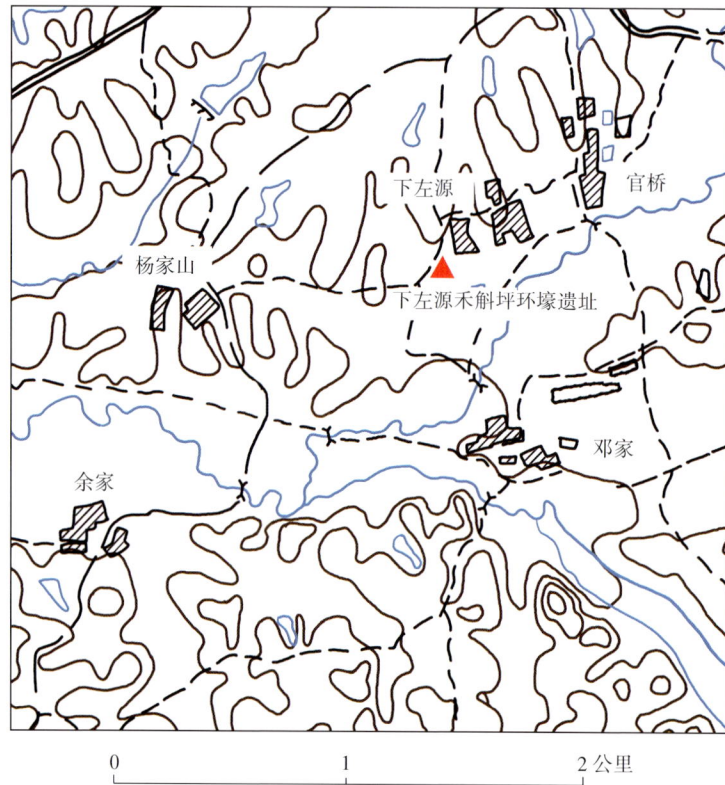

图二六八　下左源禾斛坪环壕遗址地貌图

图二六九　下左源禾斛坪环壕遗址航拍图

图二七〇　下左源禾斛坪环壕遗址远景图（由南向北）

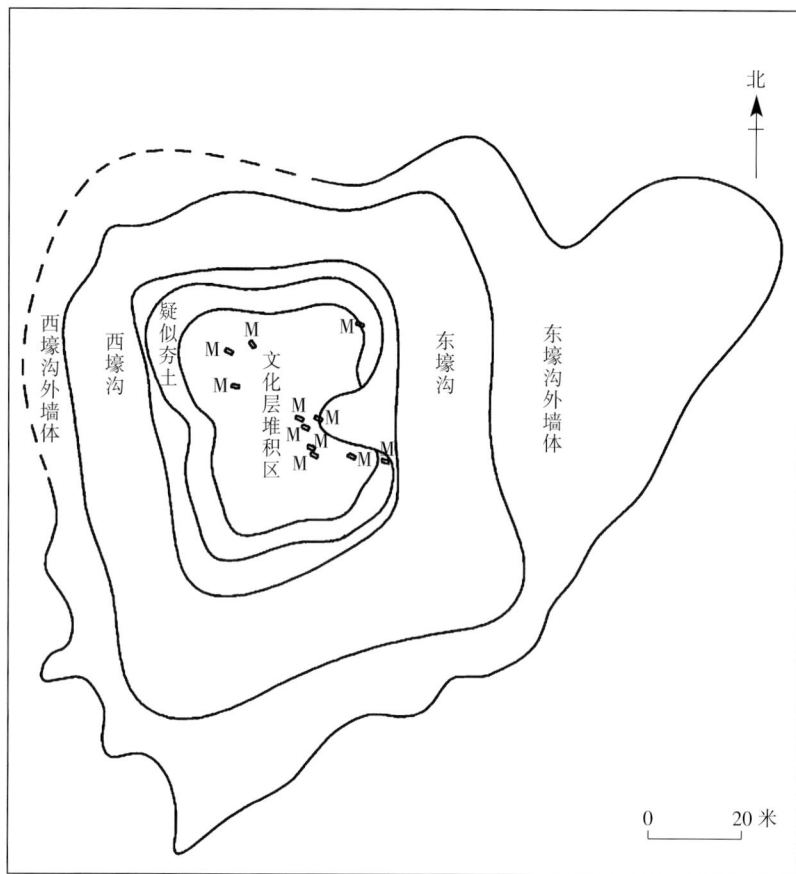

图二七一　下左源禾斛坪环壕遗址勘探平面图

2. 遗物介绍

该环壕聚落位于琅琚河支流沿岸，所在区域地势较低，附近可见较矮丘陵。遗址地表植被茂密，采集遗物较少，仅见少量陶片。

陶器以夹砂陶为主，硬陶较少。夹砂陶以灰色、灰褐色为主，多为素面，仅见戳印纹，器形有陶罐、陶鼎（足）等；硬陶多为灰褐色，纹饰有交错绳纹（图二七二，2）、菱格纹（图二七二，1），器形有陶罐等。

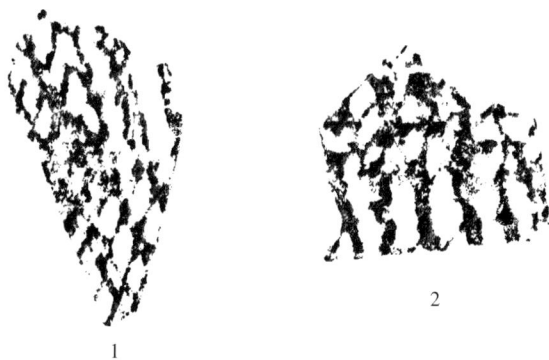

图二七二　下左源禾斛坪环壕遗址采集陶片纹饰拓片
1. 菱格纹　2. 交错绳纹

鼎足　2 件。

2015JXHH∶1，夹砂灰陶，扁状平足，器表见有按压凹窝。残高 8.0 厘米（图二七三，1）。

2015JXHH∶2，夹砂灰陶，瓦状扁足。素面。残高 13.0 厘米（图二七三，2）。

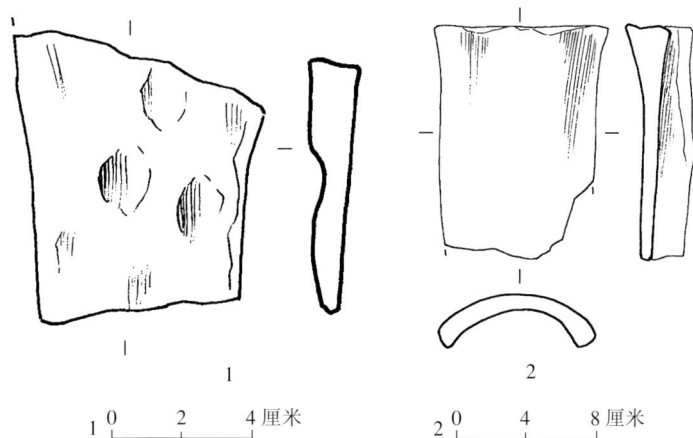

图二七三　下左源禾斛坪环壕遗址采集陶鼎足
1、2. 鼎足（2015JXHH∶1、2015JXHH∶2）

3. 遗址性质与年代

下左源禾斛坪环壕遗址属于典型环壕聚落。遗址邻近河流，自然环境十分优越。从遗址采集到鼎足与周边遗址进行比较，可大致推断遗址的年代。弧状扁足在广丰社山头[①]、新余拾年山遗址[②]新石器时代晚期遗存有相近器形发现；所见凹窝装饰的扁状鼎足亦具有较早的特征。因此，可推测下左源禾斛坪环壕遗址采集遗物的年代为新石器时代末至夏代。

下左源禾斛坪环壕遗址的发现为区域先秦时期聚落研究提供了重要资料，对该区域环壕聚落的研究，有助于区域社会演进的深入探索。

四二　杨家坪墩环壕遗址

杨家坪墩环壕遗址位于左坊镇江坊村委会南部杨家坪墩（图二七四），北距江坊村约 300 米，东南距朱何徐约 1000 米，西距中洲上村约 380 米（图二七五）。该遗址地理坐标为：北纬 27°44′48.4″，东经 116°42′09.5″，海拔 58 米。

该遗址为一处环壕聚落，由中部台地和四周壕沟组成。中部台地近长方形，长径约 109.3 米，短径约 81.4 米（图二七六）。现存的东、南两侧壕沟，宽度约 29.7～34.6 米。遗址所在台地高于周围稻田约 1～5 米，台地顶部地势北高南低，地表为杂草和灌木丛覆盖，植被较为茂密。台地外仅存东、南两侧壕沟，现为稻田（图二七七）。

---

① 江西省文物考古研究所、厦门大学人类学系、广丰县文物管理所：《江西广丰社山头遗址发掘》，《东南文化》1993 年第 4 期。

② 江西省文物考古研究所、厦门大学人类学系、新余市博物馆：《江西新余市拾年山遗址》，《考古学报》1991 年第 3 期。

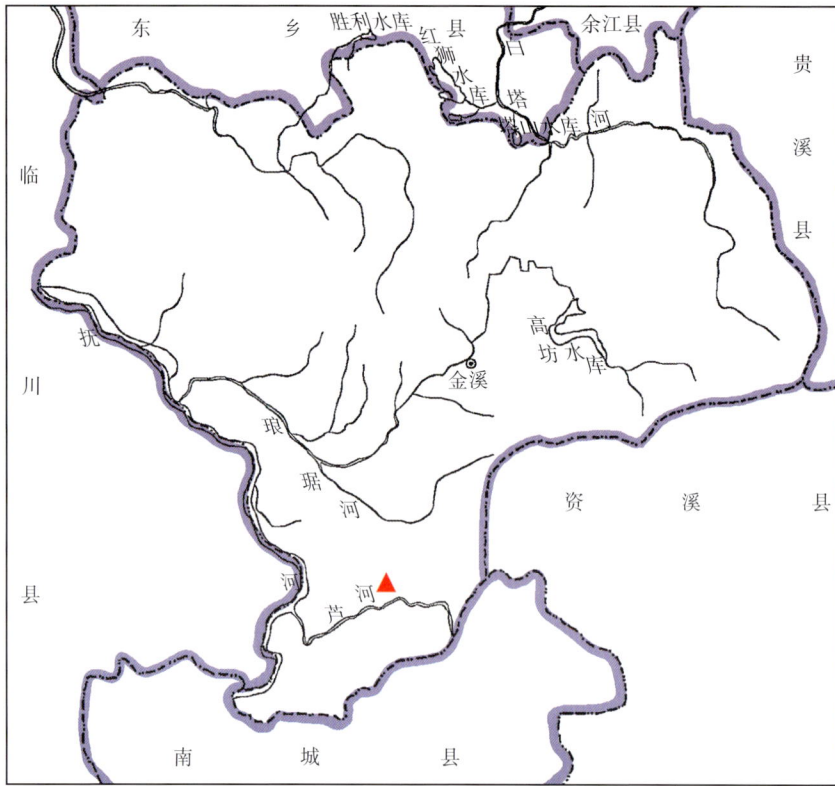

图二七四　杨家坪墩环壕遗址位置图

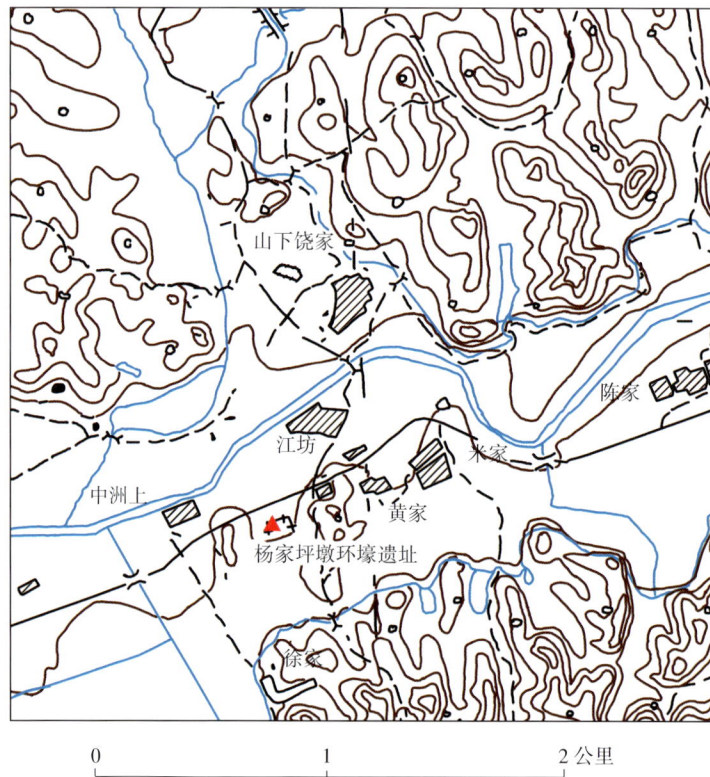

图二七五　杨家坪墩环壕遗址地貌图

图二七六　杨家坪墩环壕遗址航拍图

图二七七　杨家坪墩坏壕遗址远景图（由西向东）

野外调查勘探过程中，发现文化层堆积位于台地西北部，所在区域平面呈不规则形，长径约38.5米，短径约13.4米，面积约453.2平方米，堆积距地表深约1.5米，厚约0.4米，堆积包含灰烬和烧土块，该堆积之上疑似有夯土迹象，距地表深约0.8米，厚约0.7米。

杨家坪墩环壕遗址是一处典型的环壕聚落，其邻近琅琚河支流，地势平坦，中部台地应为人工堆建而成。此类环壕聚落的建造方式为该区域最为常见。由于遗址植被茂密，采集遗物十分困难，仅在勘探过程中发现灰烬中留有陶片残渣，呈夹砂灰褐色或灰黑色。从环壕形制及陶片残渣等方面可推断，杨家坪墩环壕遗址的年代应为先秦时期，有关该遗址的具体年代还有待更多的考古工作。该遗址的发现为抚河流域先秦时期聚落形态演进研究提供了重要的考古资料。

四三 祝坊村环壕遗址

祝坊村环壕遗址位于琅琚镇枫山村委会祝坊村东部（图二七八），北距316国道约120米，东距何家畈村约410米，西距祝坊村约230米（图二七九）。该遗址地理坐标为：北纬27°55′17.4″，东经116°40′16.6″，海拔72米。

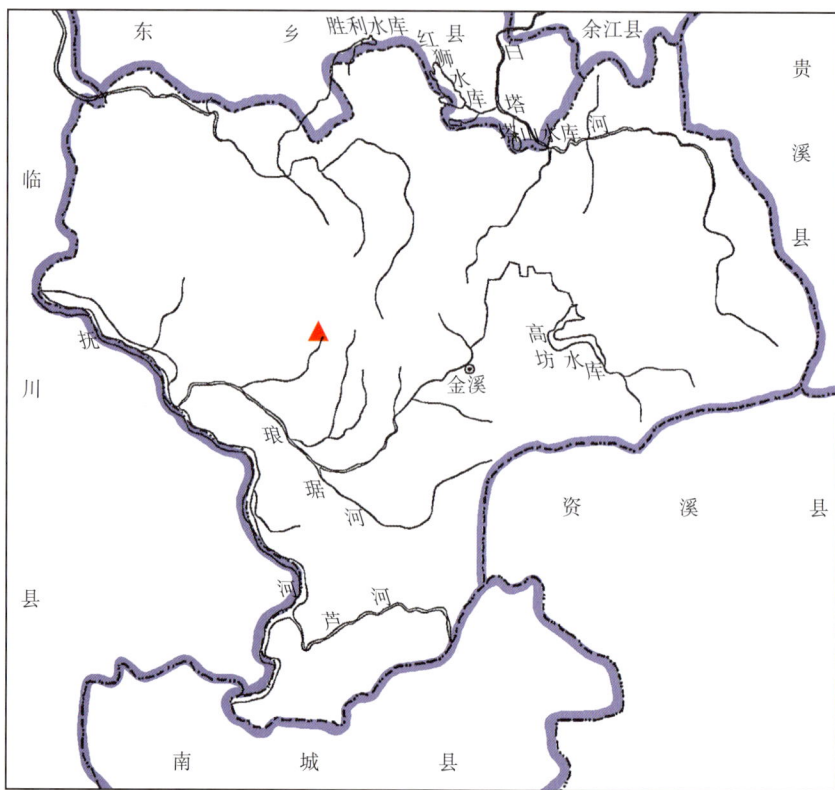

图二七八 祝坊村环壕遗址位置图

该遗址为一处环壕聚落，平面呈不规则形，主要由中部不规则形台地、四周壕沟和残存南壕沟外侧台地组成（图二八○）。中部台地长径约71米，短径约38.2米，台地上部高于周围稻田约1~3米。四周壕沟仅北壕沟、南壕沟和西壕沟北端残留，壕沟现存宽度约14.6~34.3米，残存南壕沟外台地宽约6~42.6米，整体高于周围高台约2~3米（图二八一）。

勘探过程中，在遗址中部台地东北部发现1座房址，平面近椭圆形，长径约3米，短径约2.5米，面积约6.2平方米，房址内堆积距地表深约1米，厚约0.3米，堆积包含灰烬和烧土块。

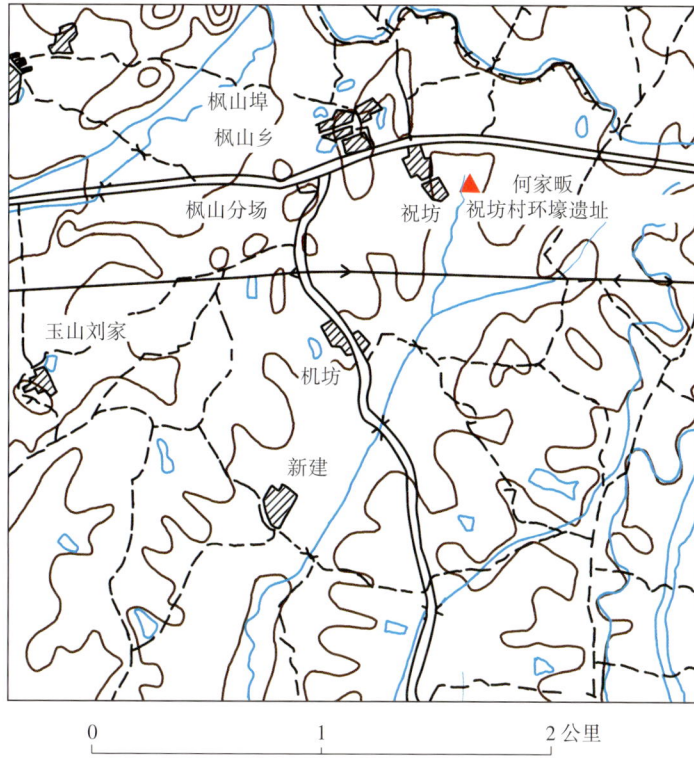

图二七九　祝坊村环壕遗址地貌图

图二八〇　祝坊村环壕遗址航拍图

图二八一　祝坊村环壕遗址远景图（由西向东）

祝坊村环壕遗址位于琅琚河沿岸，遗址所在地域地形平坦，环壕聚落中部台地应为人工堆建而成。由于遗址植被茂密，地表采集遗物十分困难，钻探所获夹砂陶残渣。因此，通过环壕形制与陶片残块综合考虑，可认定该遗址应为先秦时期环壕聚落，有关该遗址的具体年代，应需要进一步的考古工作。

四四　周家塘环壕遗址

周家塘环壕遗址位于合市镇杨桂林村周家塘山（图二八二），东距杨桂林村约200米，东距966县道约230米，西南距婿坊村1公里。总面积约4129平方米（图二八三）。该遗址地理坐标为：北纬28°03′13.6″，东经116°38′14.0″，海拔62米。

周家塘环壕遗址为一台地，高于周围稻田约3米，平面呈不规则形，长径约67米，短径约63米（图二八四）。台地被竹子和灌木丛覆盖，地势四周高中部低（图二八五）。四周为壕沟，一般宽约15～25米，壕沟外台地破坏较为严重，外围大部分为稻田。遗址处于双陈河支流沿岸，遗址利用山岗缓坡地形在山岗边缘进行人工修建，挖出壕沟，古人居住于中部台地之上。

野外勘探过程中，发现一文化层堆积区域，平面呈不规则形，长径约65米，短径约44米，面积约为2141平方米，距地表深约0.8～1.2米，厚约0.7米。堆积包含有灰烬、烧土块、陶片和草木灰。此外，在遗址中部有三座晚期墓葬发现（图二八六）。

该遗址为一典型环壕聚落，现存部分主要为中部高台地及四周壕沟，其西部和北部环壕保存较好。遗址利用山岗地形建造而成，地理环境较为优越。从采集所获陶片来看，遗址的年代大致为先秦时期。遗址的具体年代还有待进一步的考古工作。该遗址的发现为区域文化序列建立及聚落形态研究提供了重要的实物资料。

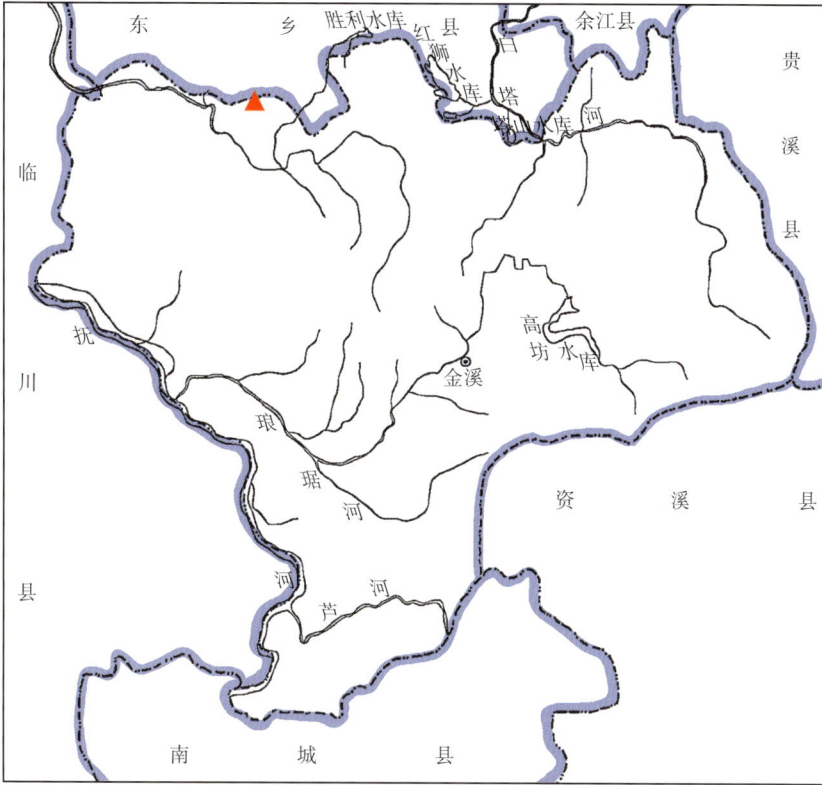

图二八二　周家塘环壕遗址位置图

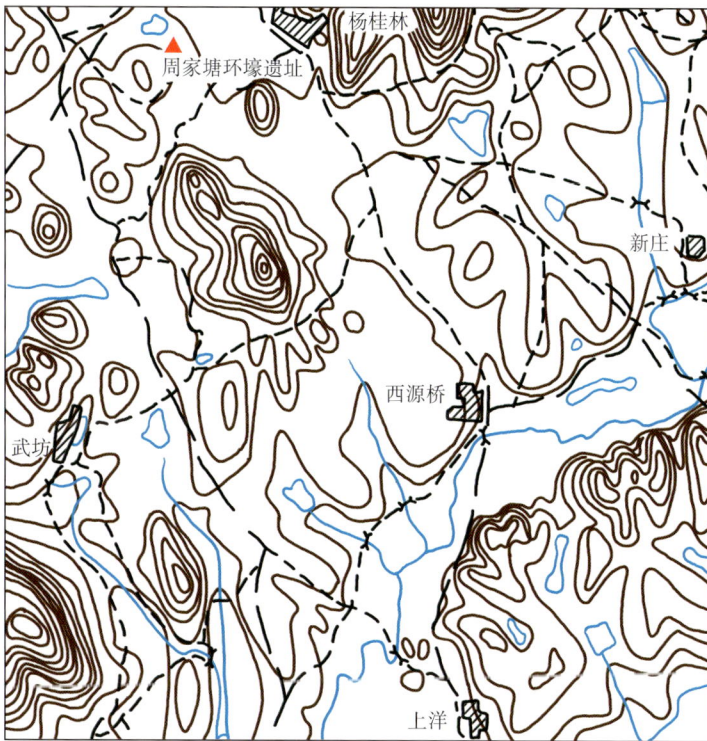

图二八三　周家塘环壕遗址地貌图

图二八四　周家塘环壕遗址航拍图

图二八五　周家塘环壕遗址远景图（由东向西）

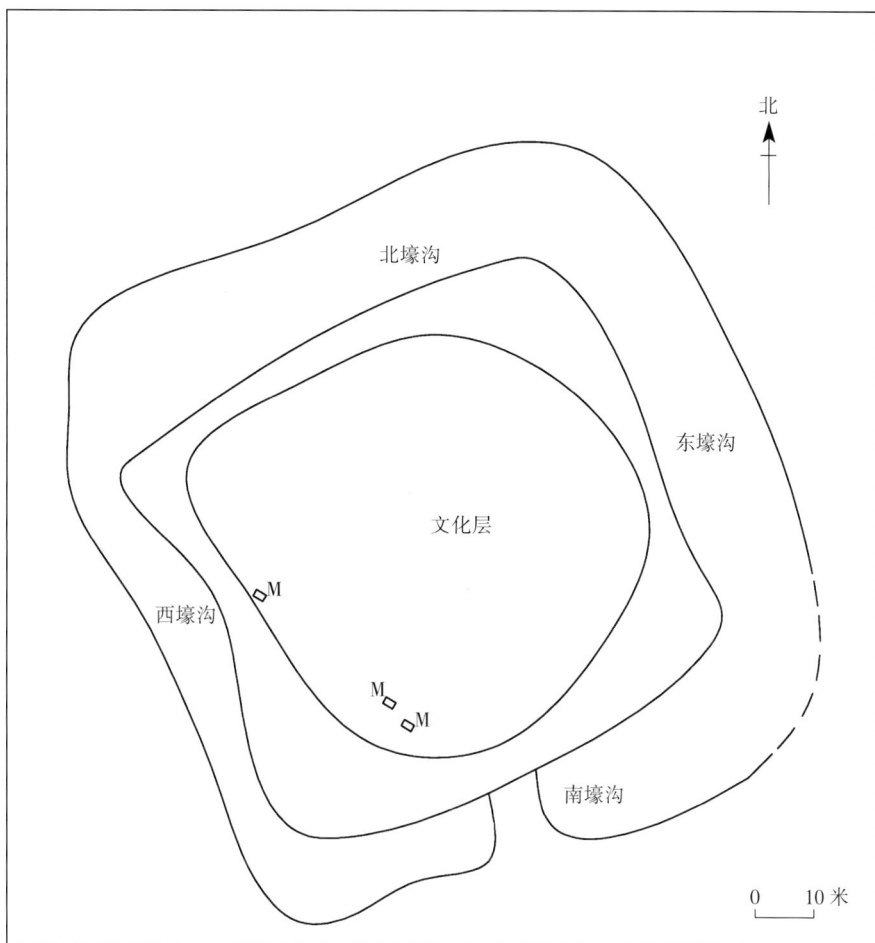

图二八六　周家塘环壕遗址勘探平面图

第二节　岗地类遗址

一　坪上遗址

1. 遗址概况

该遗址位于琅琚镇安吉村委会坪上聂家村西南部（图二八七），西北与坪上相邻，东南部距山上聂家约350米，中部有南北向的村道经过。遗址南侧为金溪—抚州高速公路，北侧为金东水渠，东北部为一水塘（图二八八）。该遗址地理坐标为：北纬27°52′41.9″，东经116°36′43.7″，海拔69米。遗址整体呈不规则形，地势中部高四周低，表面被树木、灌木和杂草丛等覆盖，植被较为茂密（图二八九）。

遗址所在的区域属于抚河支流琅琚河流域。地形为较矮丘陵，该区域发现古代遗址数量较多。

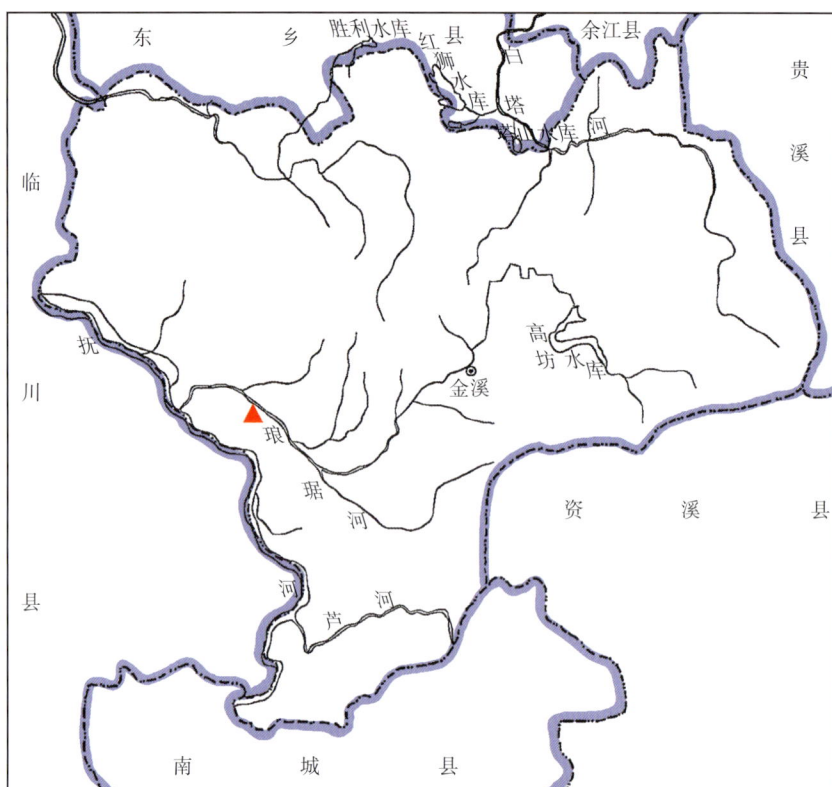

图二八七　坪上遗址位置图

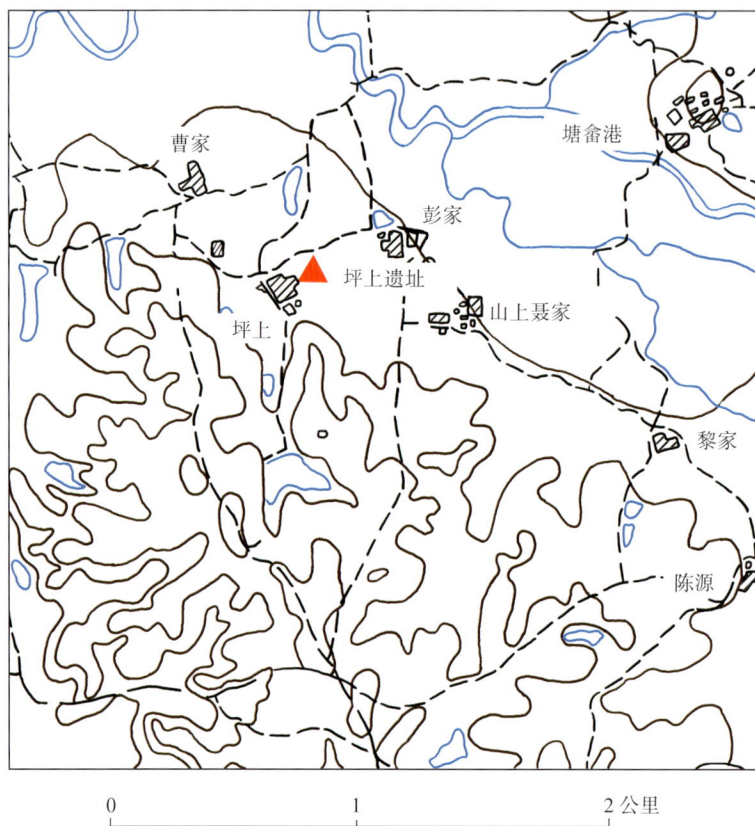

图二八八　坪上遗址地貌图

图二八九　坪上遗址远景图（由南向北）

图二九○　坪上遗址采集器物图

2. 遗物介绍

该遗址采集遗物较为丰富，主要有石器和陶器（图二九○）。陶器以印纹硬陶为主，夹砂陶略少。

（1）石器

坪上遗址采集遗物石器较少，器形有砺石和石锛。

石锛　1件。

2015JPS：1，黄褐色砂岩磨制而成，顶端及两侧平整，单面斜刃，上下面较为粗糙。残长3.8、宽1.6厘米（图二九一，4）。

砺石　2件。

2015JPS：2，黄褐色砂岩制成，一端残，截面呈三角形，器表较为光滑。残长8.3、宽5.0厘米（图二九一，3）。

2015JPS：3，红褐色砂岩制成，两端残，两侧平直，一面磨制内凹，器表较为光滑。残长15.2、宽11.0厘米（图二九一，1；图版一五，6）。

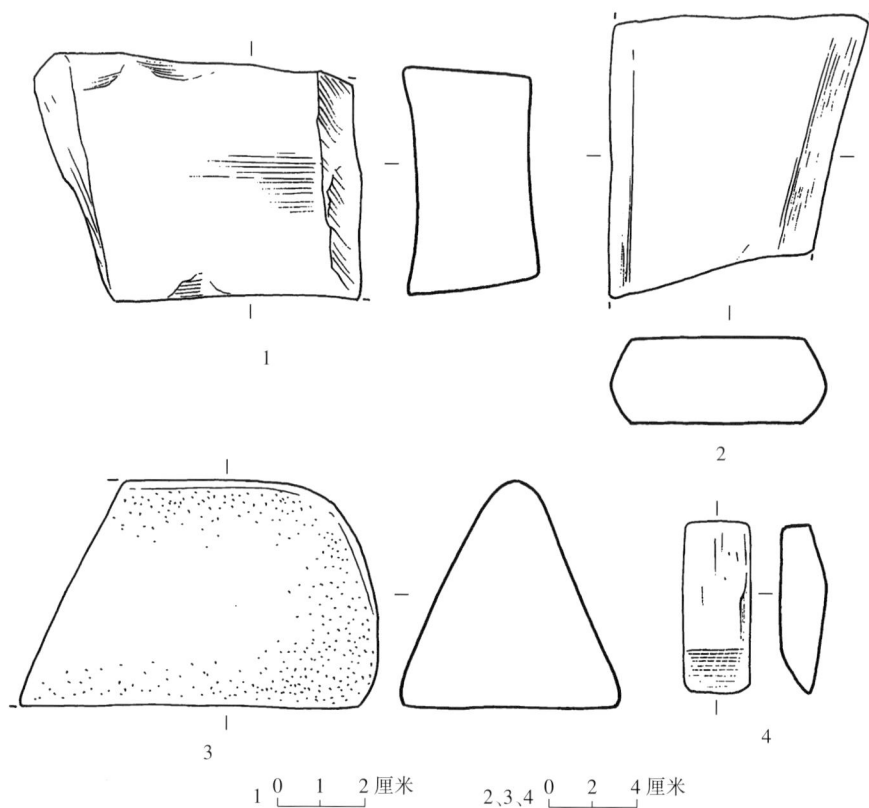

图二九一　坪上遗址采集遗物

1、3. 砺石（2015JPS：3、2015JPS：2）　2. 陶鼎足（2015JPS：4）　4. 石锛（2015JPS：1）

（2）陶器

陶器以硬陶为主，夹砂陶较少。硬陶多为灰褐色、黄褐色，纹饰有折线纹（图二九二，7、10、11；图二九三，1、6）、绳纹（图二九二，1～6、8、9）、雷纹（图二九三，8）、弦纹（图二九三，4）、"S"形刻划纹（图二九三，2、10、11）、波浪纹（图二七三，7）等，器形有陶罐、陶瓮等；夹砂陶多为黄褐色、灰褐色，纹饰有粗绳纹、线纹，器形有陶罐、陶鬶、陶鼎（足）、陶纺轮等。

罐口沿　19件。据腹部和口沿形态，可分为三型：

图二九二　坪上遗址采集陶片纹饰拓片
1~6、8、9. 绳纹　7、10、11. 折线纹

A 型：9 件。鼓腹，据口沿特征分为两亚型：

Aa 型：6 件。折沿。

2015JPS：8，泥质灰白陶，侈口，方唇。器表施交错刻划纹。残高 4.0 厘米（图二九四，1；图版一五，3）。

2015JPS：18，黄褐色硬陶，敛口，平折沿，圆唇。口沿下施交错折线纹，部分被抹平。残高 5.2 厘米（图二九四，7）。

2015JPS：27，灰黑色硬陶，平折沿。口沿下可见戳印痕迹。残高 3.8 厘米（图二九四，9）。

2015JPS：24，灰色硬陶，侈口，斜方唇。素面。残高 3.1 厘米（图二九五，5）。

2015JPS：21，灰褐色硬陶，侈口，圆唇，唇面内凹。器表施绳纹。残高 3.2 厘米（图二九五，6）。

2015JPS：9，灰褐色硬陶，侈口，圆唇。器表施绳纹，部分被抹平。残高 3.2 厘米（图二九

图二九三　坪上遗址采集陶片纹饰拓片

1、6. 折线纹　2、10、11."S"形刻划纹　3. 短线纹　4. 凹弦纹　5、9. 方格纹　7. 波浪纹　8. 雷纹

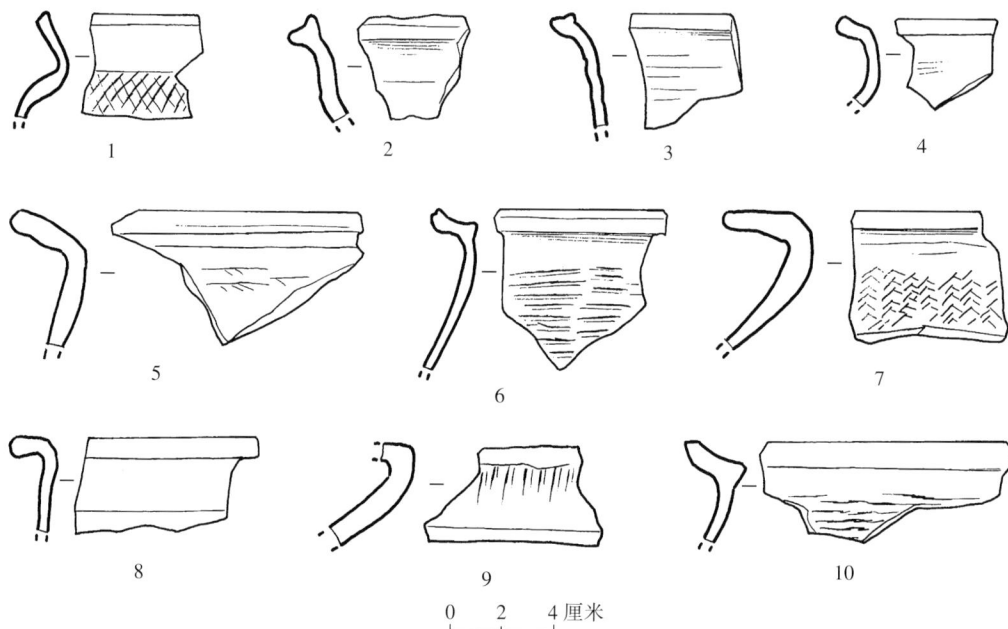

图二九四　坪上遗址采集陶罐

1、7、9. Aa型罐口沿（2015JPS：8、2015JPS：18、2015JPS：27）　2. Bb型罐口沿（2015JPS：26）　3、5、6、10. Ba型罐口沿（2015JPS：12、2015JPS：10、2015JPS：11、2015JPS：22）　4. Ab型罐口沿（2015JPS：13）　8. C型罐口沿（2015JPS：14）

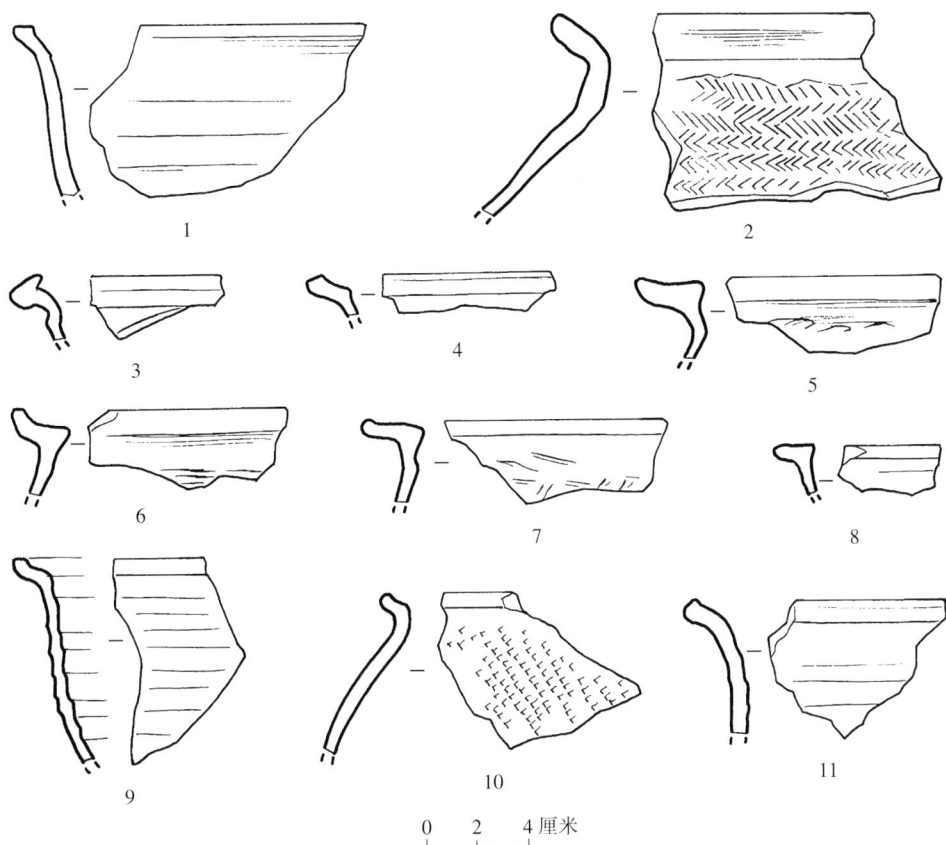

图二九五 坪上遗址采集陶器

1、9、11. 盆（2015JPS：7、2015JPS：23、2015JPS：25） 2. Ab 型罐口沿（2015JPS：6） 3、4、8. Bb 型罐口沿（2015JPS：16、2015JPS：20、2015JPS：19） 5~7. Aa 型罐口沿（2015JPS：24、2015JPS：21、2015JPS：9） 10. Ba 型罐口沿（2015JPS：15）

五，7）。

Ab 型：3 件。卷沿。

2015JPS：13，灰色硬陶，侈口，圆唇。器表施短线纹，部分被抹平。残高 3.5 厘米（图二九四，4）。

2015JPS：6，黄褐色硬陶，侈口，圆唇。器表施折线纹，部分被抹平。残高 7.6 厘米（图二九五，2；图版一五，4）。

2015JPS：17，灰色硬陶，微侈口，圆唇，沿面有数道刻槽。残高 3.0 厘米（图二九八，6）。

B 型：9 件。弧腹。可分为两亚型：

Ba 型：5 件。外弧腹。

2015JPS：12，灰褐色硬陶，侈口，卷沿，方唇。素面。残高 4.4 厘米（图二九四，3）。

2015JPS：10，黄褐色硬陶，侈口，折沿，圆唇。器表施折线纹，部分被抹平。残高 5.2 厘米（图二九四，5）。

2015JPS：11，灰色硬陶，侈口，折沿，圆唇，沿面有一周凸棱。器表施绳纹。残高 6.2 厘米（图二九四，6）。

2015JPS：22，黄褐色硬陶，微敛口，折沿，圆唇，唇面微内凹。器表施绳纹。残高 3.8 厘米（图二九四，10）。

2015JPS：15，黄褐色硬陶，敛口，卷沿，圆唇。器表施菱格纹。残高 6.0 厘米（图二九五，10）。

2015JPS：5，黄褐色硬陶，侈口，折沿，方唇，圆鼓腹。沿面可见轮制痕迹。器表施交错折线纹。残高 15.0 厘米（图二九六；图版一五，2）。

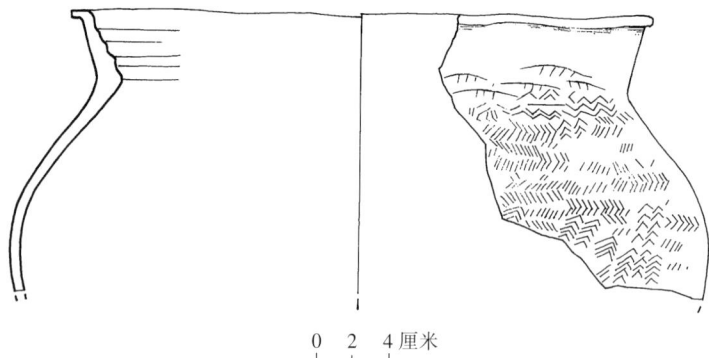

图二九六　坪上遗址采集陶罐口沿（Ba 型）（2015JPS：5）

Bb 型：4 件。内弧腹。

2015JPS：26，灰褐色硬陶，敞口，方唇，唇面内凹。内外壁可见轮制痕迹。残高 4.0 厘米（图二九四，2）。

2015JPS：16，灰色硬陶，侈口，斜方唇。素面。残高 2.4 厘米（图二九五，3）。

2015JPS：20，灰色硬陶，侈口，折沿，圆唇，唇面有一周凸棱。残高 1.6 厘米（图二九五，4）。

2015JPS：19，夹砂灰陶，近直口，平沿，圆唇。素面。残高 1.8 厘米（图二九五，8）。

C 型：1 件。直腹。

2015JPS：14，灰色硬陶，卷沿，圆唇。素面。残高 3.6 厘米（图二九四，8）。

罐底　3 件。

2015JPS：31，灰褐色硬陶，斜直腹，平底。内外壁可见轮制痕迹。残高 4.6 厘米（图二九八，2）。

2015JPS：30，黄褐色硬陶，斜直腹，平底。内外壁可见轮制痕迹。残高 2.8 厘米（图二九八，3）。

2015JPS：32，夹砂灰陶，平底微内凹。内底可见轮制痕迹。残高 1.6 厘米（图二九八，4）。

盆　3 件。

2015JPS：7，夹砂灰陶，微侈口，折沿，方唇，斜弧腹。内外壁可见轮制痕迹。残高 6.4 厘米（图二九五，1）。

2015JPS：23，夹砂灰陶，侈口，折沿，圆唇，斜弧腹。器表施凸弦纹。残高 7.8 厘米（图二九五，9）。

2015JPS：25，黄褐色硬陶，侈口，卷沿，方唇，斜弧腹。内外壁可见轮制痕迹。残高 5.2 厘米（图二九五，11）。

钵　1 件。

2015JPS：29，夹砂灰陶，直口，圆唇，弧腹，平底。内外壁可见轮制痕迹。高 3.4 厘米（图二九八，1）。

甗腰　2 件。

2015JPS：33，夹砂灰褐陶，窄腰隔。器表施绳纹，部分被抹平。残高 6.4 厘米（图二九七，1）。

2015JPS：28，夹砂黄褐陶，斜腹，窄腰隔。器表施交错线纹。残高 10.0 厘米（图二九七，2；图版一五，5）。

鼎足　2 件。

2015JPS：4，灰褐色硬陶，截面呈椭圆形。素面。残高 6.3、宽 5.9 厘米（图二九一，2）。

2015JPS：34，夹砂红褐陶，平面近梯形，截面呈椭圆形。素面。残高 7.6 厘米（图二九八，5）。

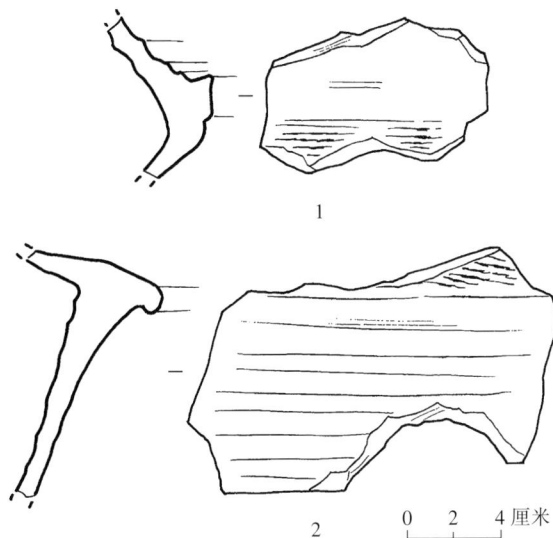

图二九七　坪上遗址采集甗腰
1、2. 甗腰（2015JPS：33、2015JPS：28）

纺轮　1 件。

2015JPS：35，夹砂灰陶，圆饼状，上下面平整，四周外鼓，中部有一圆形穿孔。素面。直径 4.8、孔径 0.7 厘米（图二九九；图版一五，1）。

3. 遗址性质与年代

坪上遗址距琅琚河较近，属较为典型的岗地类遗址。该遗址附近发现有坪上、老鼠山等遗址，揭示了该区域是古人选择生活居住的合适地点。将采集到的陶器与周边遗址进行比较，来判断坪上遗址的大致年代。整体上可将坪上遗址划分为两个年代组：

第 1 组：以折沿罐、甗形器、陶钵、斜腹盆、绳纹、雷纹、折线纹等印纹硬陶片为代表。与周

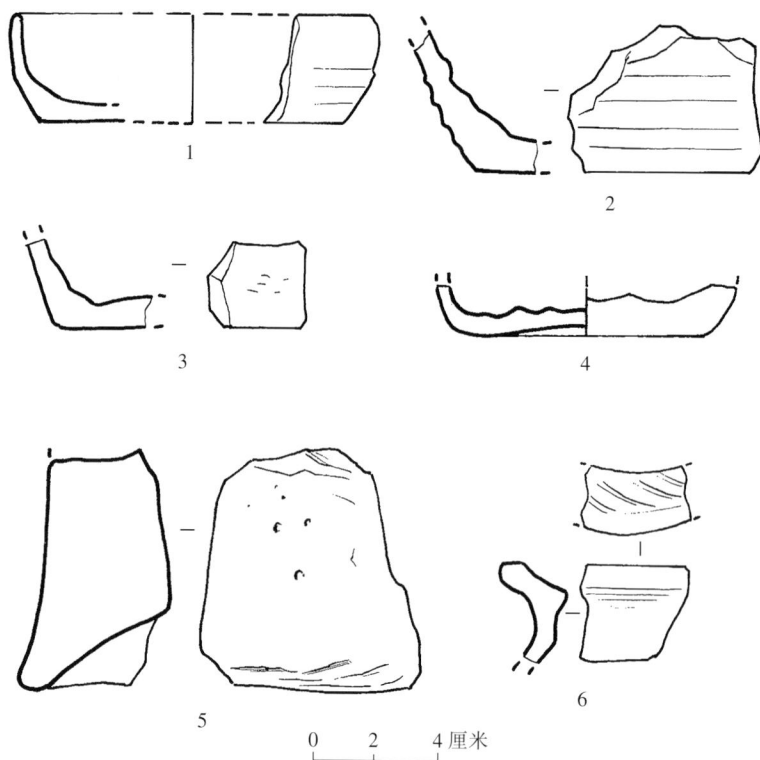

图二九八　坪上遗址采集陶器

1. 钵（2015JPS：29）　　2、3、4. 罐底（2015JPS：31、2015JPS：30、2015JPS：32）　　5. 鼎足（2015JPS：34）　　6. Ab 型罐口沿（2015JPS：17）

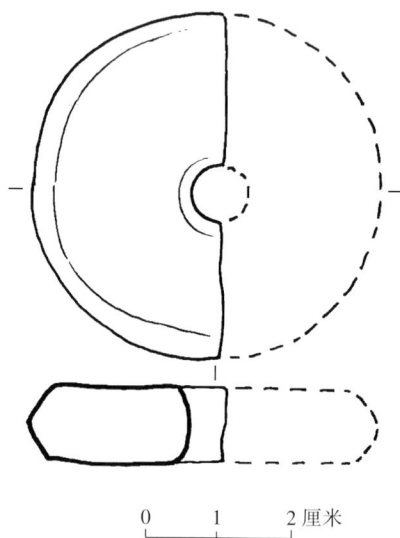

图二九九　坪上遗址采集纺轮（2015JPS：35）

边比较，所见折沿罐口部形态与跑马场遗址二组相近，该组所见折线纹陶片年代略早。因此，该组年代大致为晚商至西周早期。

第 2 组：以方格纹、"S"形刻划纹、波浪纹硬陶及扁柱状鼎足为代表，其年代晚于第 1 组，具有东周时期文化特征。

　　总体上看，坪上遗址发现遗存较为丰富，存续时间较长，是一处典型的商周时期岗地类聚落。该遗址的发现与初步分析为区域文化序列建立、聚落形态研究，均提供了十分难得的考古资料。

1. 陶纺轮（2015JPS：35）

2. 陶罐（2015JPS：5）

3. 陶罐（2015JPS：8）

4. 陶罐（2015JPS：6）

5. 甗腰（2015JPS：28）

6. 砺石（2015JPS：3）

图版一五　坪上遗址采集遗物

二 山上聂家遗址

1. 遗址概况

该遗址位于琅琚镇安吉村委会山上聂家村南部（图三〇〇），西南距老鼠山遗址约 320 米，西部与坪上遗址相邻，北距山上聂家村约 240 米（图三〇一）。遗址整体呈不规则形，长径约 100 米，短径约 61.4 米。遗址为山岗坡地，地势东高西低，地表被杂草和灌木丛等覆盖，植被较为茂密。遗址东部有一村道，村道两侧见有断面，西北部有一水塘，东南部为民居（图三〇二）。该遗址地理坐标为：北纬 27°52′32.6″，东经 116°36′51.2″，海拔 71 米。

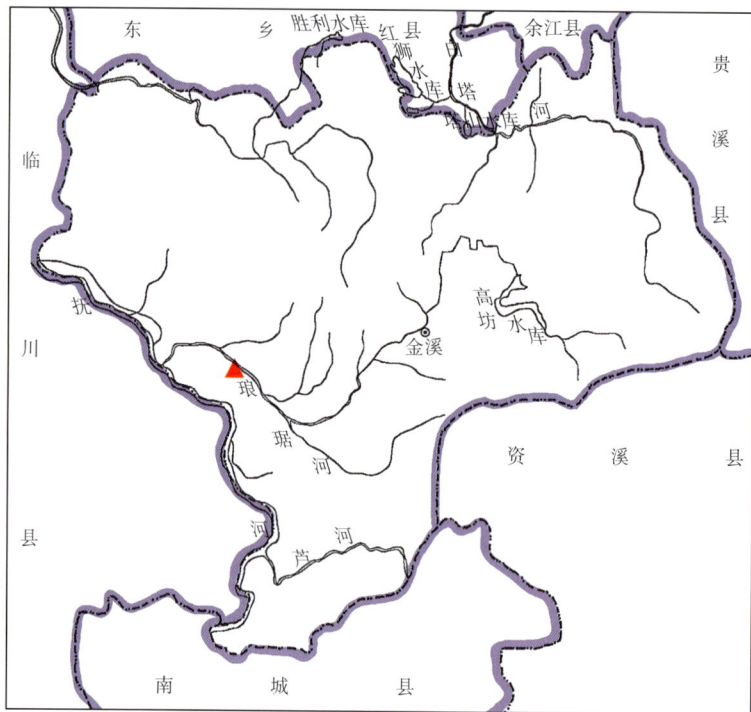

图三〇〇 山上聂家遗址位置图

遗址位于琅琚河支流沿岸，与抚河相距较近。山上聂家遗址大多被现代民房所破坏，地表采集遗物较丰富，见有石器、陶器。

2. 遗物介绍

（1）石器

发现数量较少，仅有石刀与石锛各一件。

石锛 1 件。

2015JSN：28，黄褐色砂岩制成，截面呈椭圆形，两端残，器表磨制光滑。残高 6.2 厘米（图三〇三，3）。

石刀 1 件。

2015JSN：1，青灰色闪长岩磨制而成，平面呈梯形，弧背，近背部有两圆形对钻穿孔，单面斜刃，器表磨制光滑。长 4.4、宽 3.5 厘米（图三〇三，5；图版一六，3）。

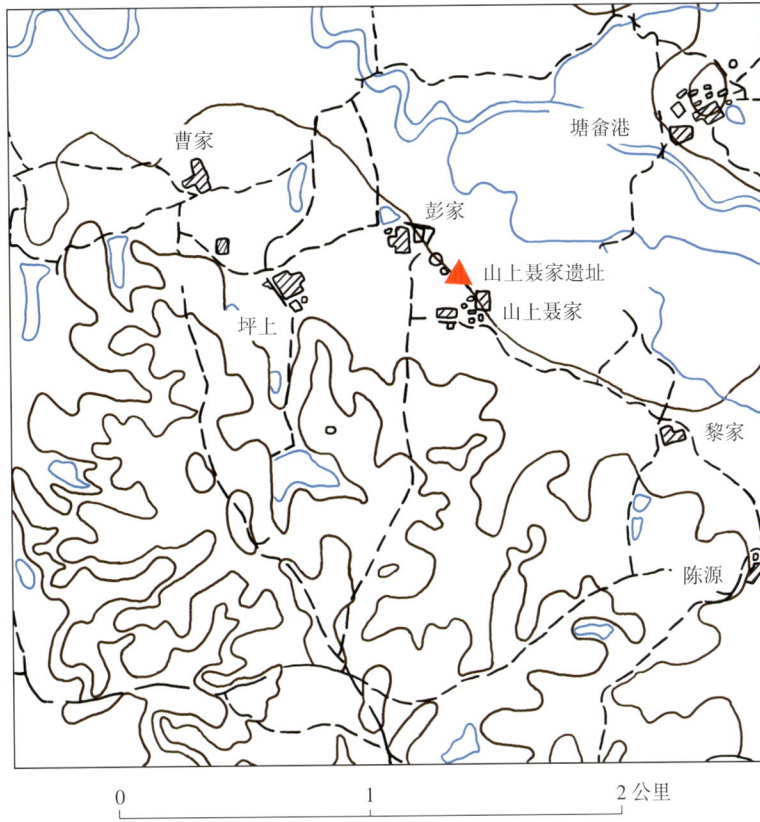

图三〇一　山上聂家遗址地貌图

图三〇二　山上聂家遗址远景图（由北向南）

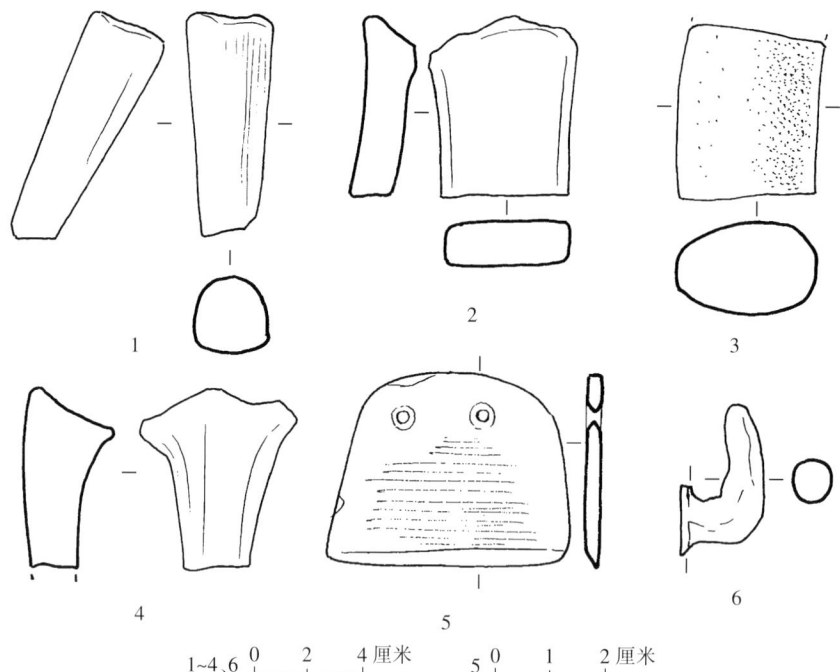

图三〇三　山上聂家遗址采集遗物

1、2、4. 鼎足（2015JSN：25、2015JSN：26、2015JSN：27）　3. 石锛（2015JSN：28）　5. 石刀（2015JSN：1）　6. 器耳（2015JSN：29）

（2）陶器

陶器以印纹硬陶为主，以灰色或灰白色为多，纹饰见有折线纹（图三〇四，4、7、8）、绳纹（图三〇四，5；图三〇五，3~7）、云雷纹、刻划纹（图三〇四，3）、水波纹（图三〇四，1）、短线纹（图三〇四，2、9、10）、变体"S"形纹（图三〇四，6）、凹弦纹（图三〇五，1）、线纹（图三〇五，2）、席纹（图三〇五，8）等，器形主要有高领罐等；夹砂陶数量较少，多见灰白色或灰褐色，纹饰见有绳纹，器形有鬲、罐。

罐　13件。据腹部和口沿特征可划分为三型：

A型：8件。矮领，斜弧腹。

2015JSN：19，灰色硬陶，直口，圆唇。器表局部饰绳纹。残高5.6厘米（图三〇六，1）。

2015JSN：15，黄褐色硬陶，微折沿，方唇。器表施折线纹。残高5.8厘米（图三〇六，2；图版一六，1）。

2015JSN：11，灰黑色硬陶，折沿，斜方唇，唇面内凹。颈内壁可见轮制痕迹，器表施短线纹。残高4.6厘米（图三〇六，3；图版一六，5）。

2015JSN：9，灰黑色硬陶，卷沿，尖圆唇，沿面有数道凹槽。残高3.6厘米（图三〇六，5）。

2015JSN：2，灰色硬陶，窄折沿，圆唇，唇面内凹。颈内壁可见轮制痕迹，器表戳印短线纹。残高4.2厘米（图三〇六，8）。

2015JSN：13，灰色硬陶，侈口，平折沿，圆唇。内外壁可见轮制痕迹，素面。残高2.4厘米（图三〇六，9）。

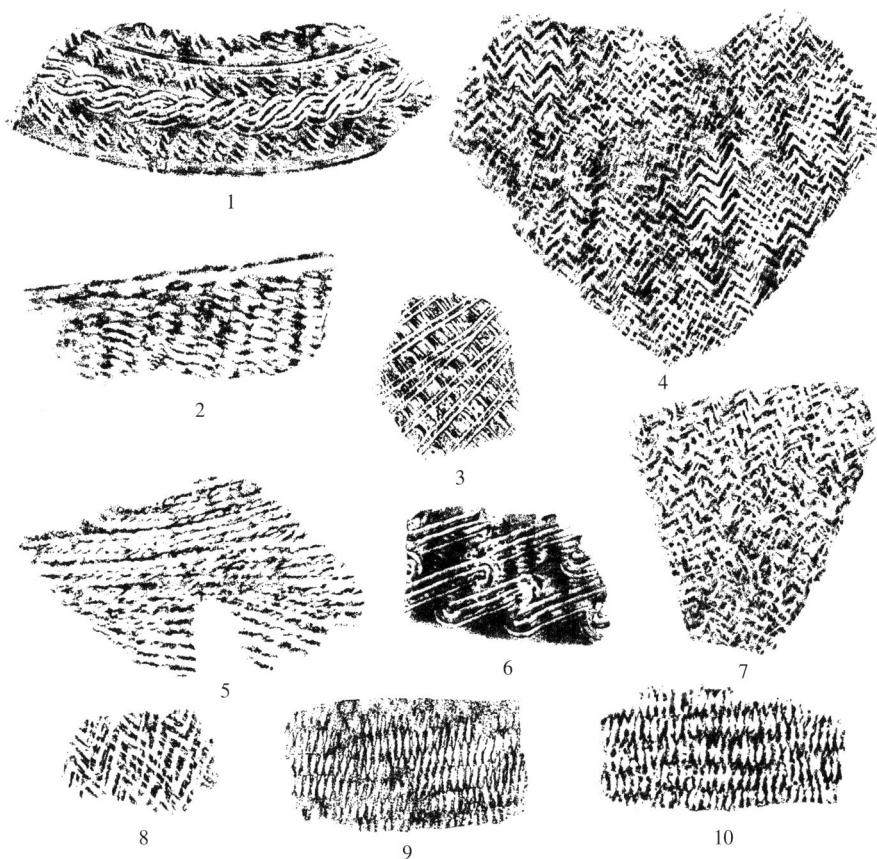

图三〇四 山上聂家遗址采集陶片纹饰拓片
1. 水波纹 2、9、10. 短线纹 3. 刻划纹 4、7、8. 折线纹 5. 绳纹 6. 变体"S"形纹

图三〇五 山上聂家遗址采集陶片纹饰拓片
1. 凹弦纹 2. 线纹 3~7. 绳纹 8. 席纹

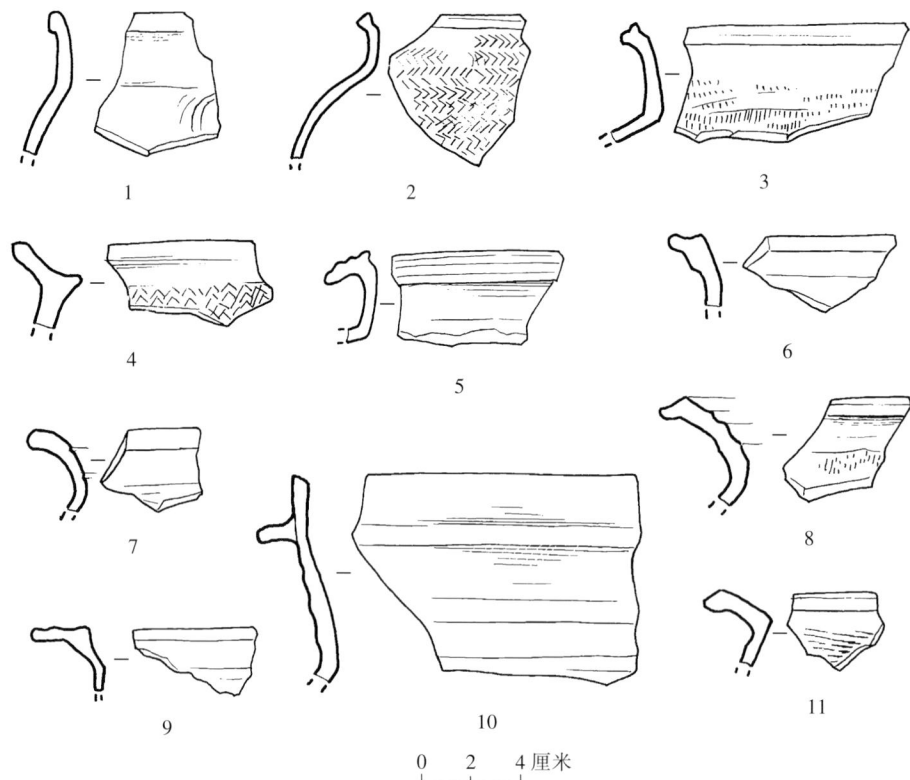

图三〇六　山上聂家遗址采集陶罐

1、2、3、5、8、9. A 型罐（2015JSN：19、2015JSN：15、2015JSN：11、2015JSN：9、2015JSN：2、2015JSN：13）　4、6、7、
11. B 型罐（2015JSN：18、2015JSN：3、5、2015JSN：12）　10. C 型罐（2015JSN：8）

　　2015JSN：10，灰色硬陶，斜方唇，唇面有四道凹槽。颈内壁可见轮制痕迹，器表施折线纹。口径18.0、残高4.2厘米（图三〇七，1）。

　　2015JSN：7，灰色硬陶，折沿，方唇，沿面有一周凸棱。颈内壁可见轮制痕迹，器表施折线纹。口径22.0、残高5.0厘米（图三〇七，3）。

　　B 型：4件。侈口，弧腹。

　　2015JSN：18，灰黑色硬陶，折沿，尖唇，沿面内凹。器表施折线纹。残高3.4厘米（图三〇六，4）。

　　2015JSN：3，灰褐色硬陶，折沿，圆唇，沿面内凹。内外壁可见轮制痕迹。残高2.8厘米（图三〇六，6）。

　　2015JSN：5，黄褐色硬陶，卷沿，圆唇。器表施绳纹，部分被抹平。残高3.2厘米（图三〇六，7）。

　　2015JSN：12，灰色硬陶，折沿，斜方唇。器表施绳纹。残高3.0厘米（图三〇六，11）。

　　C 型：1件。直口，沿下见有錾。

　　2015JSN：8，夹砂灰陶，方唇，口沿外有一周凸棱。素面。残高8.4厘米（图二八六，10；图版一七，1）。

　　盆　2件。

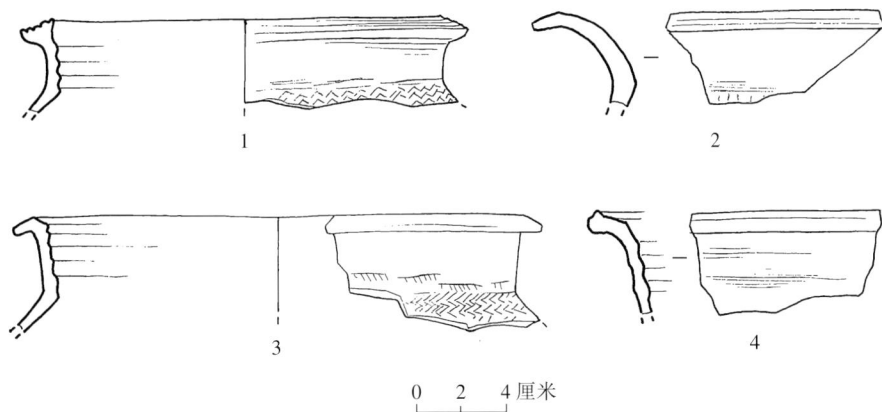

图三〇七　山上聂家遗址采集陶器

1、3. A 型罐（2015JSN：10、2015JSN：7）　2、4. 盆（2015JSN：4、2015JSN：6）

2015JSN：4，黄褐色硬陶，侈口，卷沿，圆唇。内外壁可见轮制痕迹。残高 4.2 厘米（图三〇七，2）。

2015JSN：6，灰色硬陶，侈口，卷沿，圆唇。内外壁可见轮制痕迹。残高 4.4 厘米（图三〇七，4）。

器底　3 件。

2015JSN：22，夹砂灰陶，斜弧腹，平底。内外壁可见明显轮制痕迹。残高 4.4 厘米（图三〇八，1）。

2015JSN：24，灰色硬陶，斜弧腹，平底。素面。残高 3.4 厘米（图三〇八，2）。

2015JSN：23，灰色硬陶，斜直腹，平底。内外壁可见明显轮制痕迹。底径 11.6 厘米，残高 3.0 厘米（图三〇八，3）。

钵　1 件。

2015JSN：20，灰褐色硬陶，敞口，方唇，内敛，斜直腹，平底。内外壁可见明显轮制痕迹。

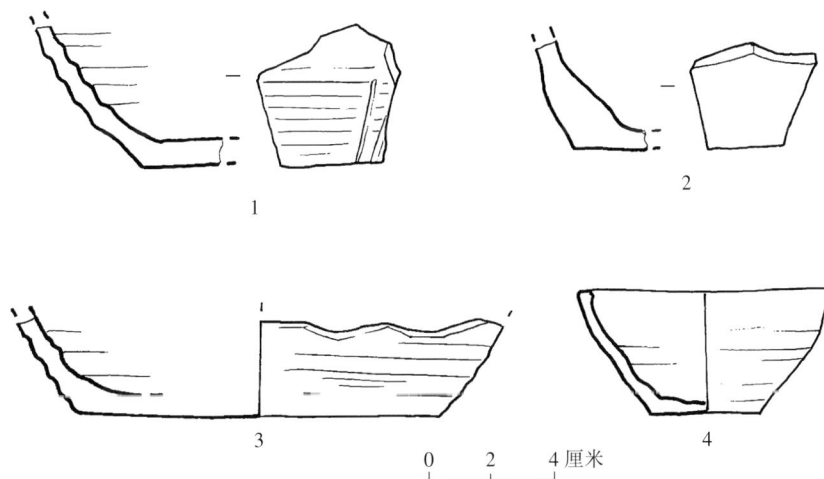

图三〇八　山上聂家遗址采集陶器

1~3. 器底（2015JSN：22、2015JSN：24、2015JSN：23）　4. 钵（2015JSN：20）

口径8.0、底径3.6、高4.0厘米（图三〇八，4；图版一六，4）。

甑腰　4件。

2015JSN：16，夹砂灰褐陶，斜直腹，窄腰隔。内外壁可见轮制痕迹。残高6.6厘米（图三〇九，1；图版一六，6）。

2015JSN：14，夹砂黄褐陶，斜直腹，窄腰隔。素面。残高6.0厘米（图三〇九，2）。

2015JSN：21，夹砂黄褐陶，斜直腹，窄腰隔。内外壁可见明显轮制痕迹。残高4.8厘米（图三〇九，3）。

2015JSN：17，夹砂灰褐陶，斜直腹，窄腰隔。内外壁可见轮制痕迹。残高8.2厘米（图三〇九，4；图版一七，2）。

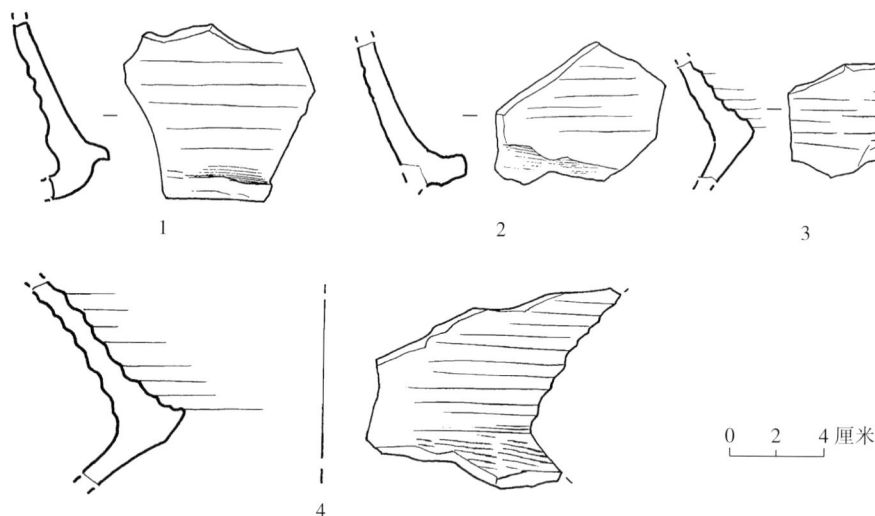

图三〇九　山上聂家遗址采集甑腰
1~4. 甑腰（2015JSN：16、2015JSN：14、2015JSN：21、2015JSN：17）

鼎足　3件。

2015JSN：25，夹砂黄褐陶，圆柱状。素面。残高8.0厘米（图三〇三，1）。

2015JSN：26，夹砂灰陶，扁圆形。素面。高6.4厘米（图三〇三，2）。

2015JSN：27，夹砂灰陶，扁柱状，截面呈椭圆形。素面。残高6.4厘米（图三〇三，4；图版一六，2）。

器耳　1件。

2015JSN：29，夹砂灰陶，手制，平面呈倒"7"形，截面圆形，器表较粗糙。残高5.2厘米（图三〇三，6）。

3. 遗址性质与年代

山上聂家遗址是一处典型的岗地类聚落，遗址地处坡地，自然环境较为优越。地表采集遗物较丰富，可大致将其划分为两个阶段：

第1组：以各类陶罐、甑形器、折线纹、绳纹、席纹硬陶等为代表。所见陶罐多为矮领，口沿内侧见有凹槽等特征。此类陶器为商代所流行，可以推定该组的年代为商时期。

第2组：以扁柱状足、变体"S"形纹、水波纹硬陶等为代表。该组所见鼎足为东周时期常见，年代应为春秋时期。

通过以上初步分析，山上聂家遗址的年代主要为商代及春秋时期。该遗址的发现为区域文化序列建立及聚落形态演进提供了十分重要的考古资料。

1. 陶罐（2015JSN：15）

2. 陶足（2015JSN：27）

3. 石刀（2015JSN：1）

4. 陶钵（2015JSN：20）

5. 陶罐（2015JSN：11）

6. 甗腰（2015JSN：16）

图版一六　山上聂家遗址采集遗物

1. 陶罐（2015JSN：8）　　　　2. 甗腰（2015JSN：17）

图版一七　山上聂家遗址采集遗物

三　老鼠山遗址

1. 遗址概况

该遗址位于琅琚镇山上聂家村西南部，金抚高速路东南侧（图三一〇）。东北距山上聂家遗址约 320 米，北距坪上遗址约 250 米，南距 946 县道约 800 米，西北距安吉村约 910 米（图三一一）。该遗址地理坐标为：北纬 27°52′22.0″，东经 116°36′42.2″，海拔 79 米。遗址地形为山岗缓坡，地

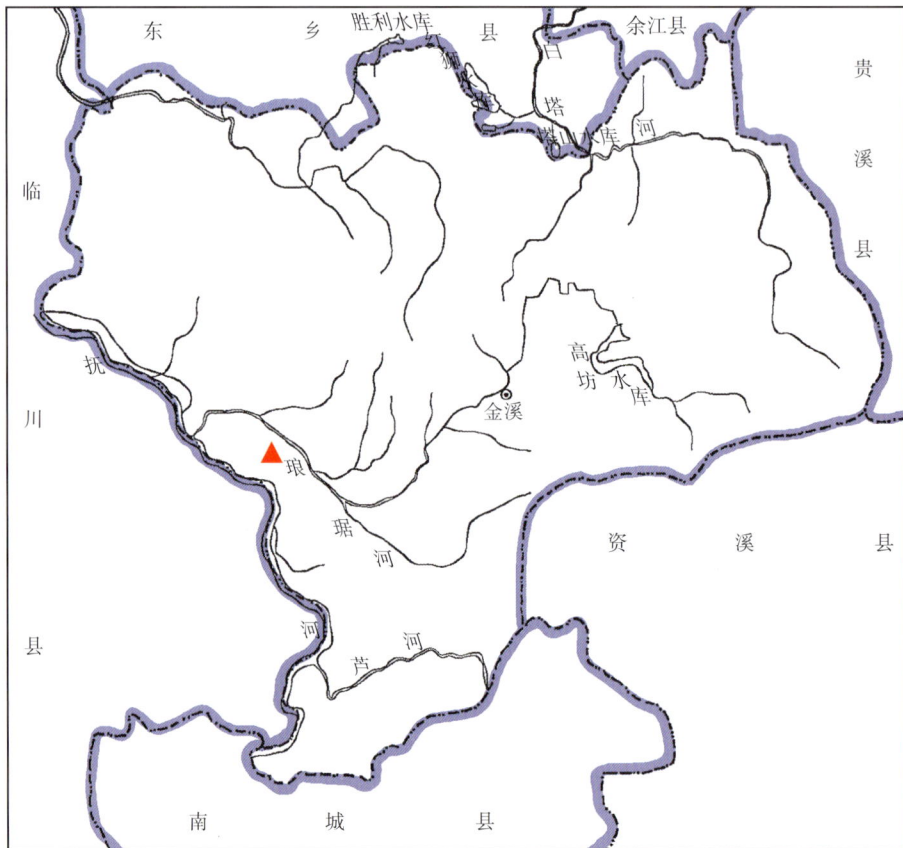

图三一〇　老鼠山遗址位置图

势东高西低，地表被树木、杂草和灌木丛等覆盖，植被较为茂密。坡地北部大部分被人为取土破坏，栽植为稀疏松林（图三一二）。老鼠山遗址与山上聂家、坪上遗址距离较近，均为岗地类聚落，此类聚落集中分布的特征在抚河上游多见。遗址所在位置处于芦河与抚河之间地域，地形为低矮丘陵。老鼠山遗址采集到遗物主要为陶器，对其介绍如下。

图三一一 老鼠山遗址地貌图

图三一二 老鼠山遗址远景图（由东向西）

2. 遗物介绍

陶器以硬陶为主，夹砂陶较少。硬陶以灰褐色、黄褐色为主，纹饰有折线纹（图三一三，1、8）、绳纹（图三一三，2、6、9、10）、短线纹（图三一三，3、4）、菱格纹和方格纹（图三一三，5、7），器形有陶罐等；夹砂陶以灰褐色为主，纹饰以素面居多，仅见绳纹，器形有罐、甗等。

图三一三　老鼠山遗址采集陶片纹饰拓片
1、8. 折线纹　2、6、9、10. 绳纹　3、4. 短线纹　5、7. 方格纹

罐口沿　2件。

2015JLSS：2，浅黄色硬陶，侈口，折沿，沿面内凹。素面。残高4.2厘米（图三一四，1）。

2015JLSS：1，灰色硬陶，侈口，折沿，尖圆唇，沿面有一周凸棱。器表施菱格纹。残高3.4厘米（图三一四，3）。

罐底　1件。

2015JLSS：5，灰褐色硬陶，弧腹，平底。素面。残高3.6厘米（图三一四，2）。

甗腰　2件。

2015JLSS：4，夹砂灰褐陶，斜腹，窄腰隔。素面。残高5.0厘米（图三一四，4）。

2015JLSS：3，夹砂黄褐陶，斜弧腹，窄腰隔。器表施绳纹，大部分被抹平。残高5.0厘米（图三一四，5）。

3. 遗址性质与年代

老鼠山遗址属于典型岗地类聚落，其与相邻近的山上聂家、坪上等遗址关系较为密切。将采集陶器残片与其他遗址所见进行对比分析，可大致推定该遗址的年代。遗址所见方格纹、折线纹具有

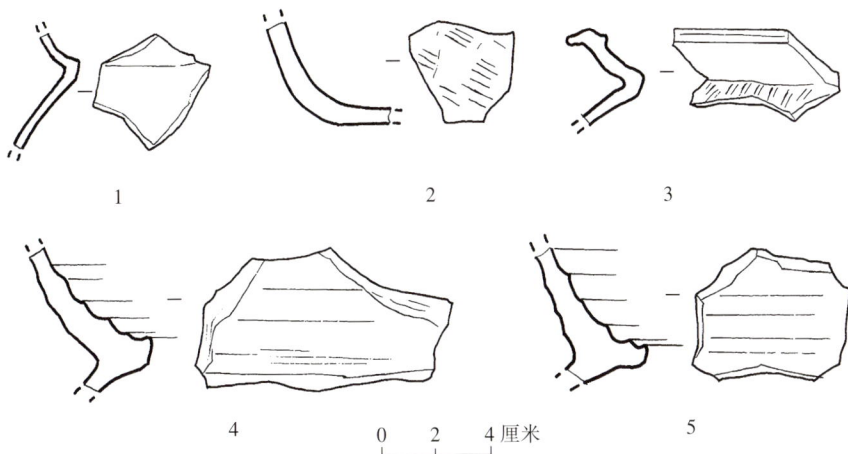

图三一四 老鼠山遗址采集陶器

1、3. 罐口沿（2015JLSS：2、2015JLSS：1） 2. 罐底（2015JLSS：5） 4、5. 甗腰（2015JLSS：4、2015JLSS：3）

商周时代纹饰风格；所见宽折沿罐、甗腰等器，与坪上遗址第 1 组、石坑遗址偏早年代组所见同类器较为相近。因此，可推定老鼠山遗址的年代为商代晚期至西周早中期。

老鼠山遗址的发现与初步研究，为区域内聚落结构的深入分析及抚河流域先秦时期文化序列建构都提供了十分重要的实物资料。

四 塘山遗址

1. 遗址概况

该遗址位于琅琚镇陈源村委会朝暾村东部（图三一五），北邻 946 县道，南距熊司村约 800 米，

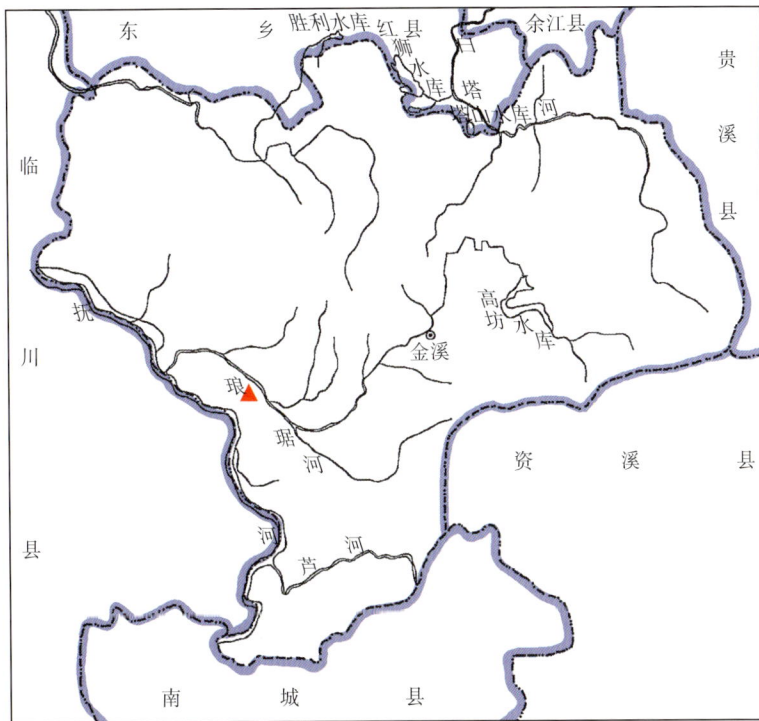

图三一五 塘山遗址位置图

东距渣溪遗址约 480 米，西距朝暾村约 540 米。遗址东部为农田和橘子林，西部为稻田，西南部为稻田，有一水塘，东南部为大面积橘子林（图三一六）。该遗址地理坐标为：北纬 27°52′22.0″，东经 116°36′42.2″，海拔 79 米。遗址为一缓坡岗地，地势较平缓，东南部稍高，地表被板栗树、杂草和灌木丛等覆盖，植被较为茂密（图三一七）。遗址分布于芦河沿岸，地理环境优越。

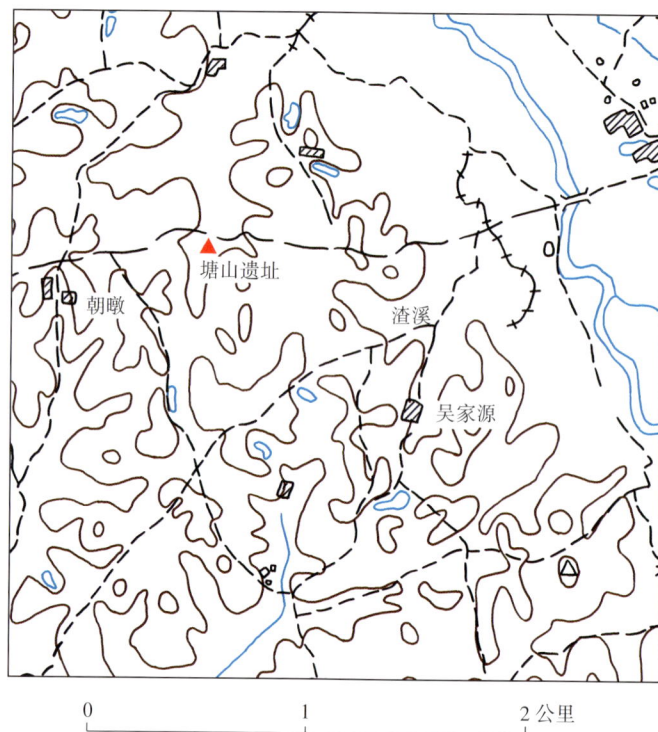

图三一六　塘山遗址地貌图

图三一七　塘山遗址远景图（由西向东）

2. 遗物介绍

塘山遗址植被茂密，采集遗物较少。器类主要为陶器，另采集一件玉纺轮。以下逐一进行介绍。

（1）陶器

采集陶器以夹砂陶为主，硬陶很少。夹砂陶以灰色、灰褐色为主，以素面居多，仅见戳印纹，器形有罐、豆、鼎（足）等；硬陶以灰褐色多见，纹饰见有绳纹（图三一八，1），器形有罐、盆等。

图三一八 塘山遗址采集陶片绳纹拓片

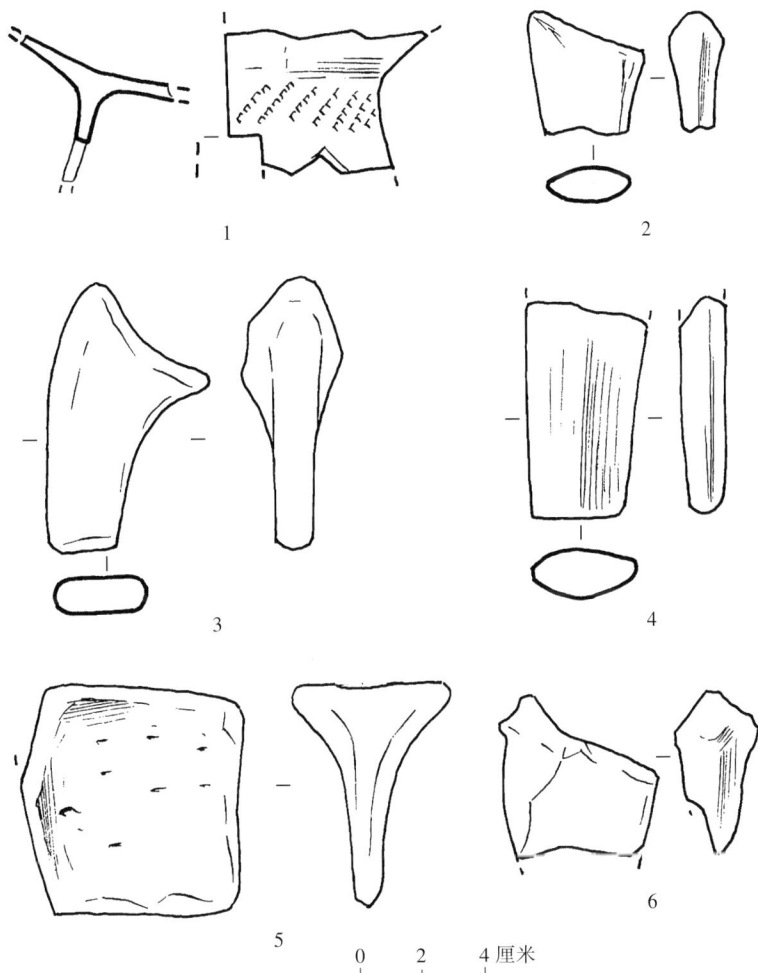

图三一九 塘山遗址采集陶器

1. 圈足（2015JTS：7）　2～6. 鼎足（2015JTS：2、2015JTS：3、2015JTS：6、2015JTS：5、2015JTS：4）

圈足

2015JTS：7，夹砂红褐陶，弧底，圈足残。器表施斜向戳印纹，圈足上可见近圆形镂孔。残高4.6厘米（图三一九，1；图版一八，1、2）。

鼎足　5件。

2015JTS：2，夹砂红褐陶，截面呈椭圆形，侧足上部有一对按压凹窝。残高3.8厘米（图三一九，2）。

2015JTS：3，夹砂灰褐陶，扁平状。素面。残高8.4厘米（图三一九，3；图版一八，3）。

2015JTS：6，夹砂灰褐陶，扁足。素面。残高6.8厘米（图三一九，4）。

2015JTS：5，夹砂红褐陶，截面呈三棱状。素面。残高7.0厘米（图三一九，5；图版一八，4）。

2015JTS：4，夹砂灰陶，扁平状足。素面。残高5.0厘米（图三一九，6）。

（2）玉器

玉纺轮，1件。

2015JTS：1，青灰色玉石磨制而成，圆饼状，上下面平整，边缘内弧，有一对钻圆形穿孔，器表磨制光滑。直径3.0、孔径0.3、厚1.0厘米（图三二〇；图版一八，5）。

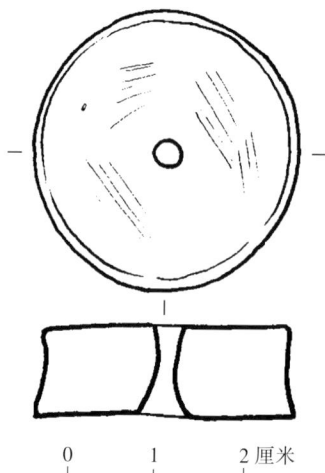

0　　1　　2厘米

图三二〇　塘山遗址采集玉纺轮（2015JTS：1）

3. 遗址性质与年代

塘山遗址是一处典型的岗地类聚落。遗址紧邻芦河，与抚河相距不远，区域内水系发达，遗址所在山岗为古人居住生活地的首选地带。将采集到的陶器与周边地区进行比较，塘山遗址所见扁柱状鼎足为东周时期常见器形。所见方格纹圈足、宽扁状鼎足年代有略早的时代特征。综合来看，采集遗物的年代应为春秋或略早时期。

塘山遗址的发现与初步分析，为区域文化序列的完善，聚落形态的深入研究提供了十分重要的考古资料。

1. 圈足（2015JTS：7）

2. 圈足（2015JTS：7）

3. 鼎足（2015JTS：3）

4. 鼎足（2015JTS：5）

5. 玉纺轮（2015JTS：1）

图版一八　塘山遗址采集遗物

五 渣溪遗址

1. 遗址概况

渣溪遗址位于琅琚镇陈源村委会渣溪村西北部（图三二一），北邻 946 县道，南距吴家源村约 540 米，西距塘山遗址约 480 米，西北距张芳村 700 米（图三二二）。遗址中北部为一片民房，南部为树林，东部为一村道，村道东侧为民居，西部为农田。该遗址地理坐标为：北纬 27°51′49.4″，东经 116°38′12.4″，海拔 68 米。遗址近长方形，中北部已被民居覆盖，仅留有东、西、南三侧长条形地带。长条形地带高于周围地表约 1 ~ 2 米，上部地势较平缓，表面被树木、竹子、杂草等覆盖，植被较为茂密（图三二三 ~ 三二六）。

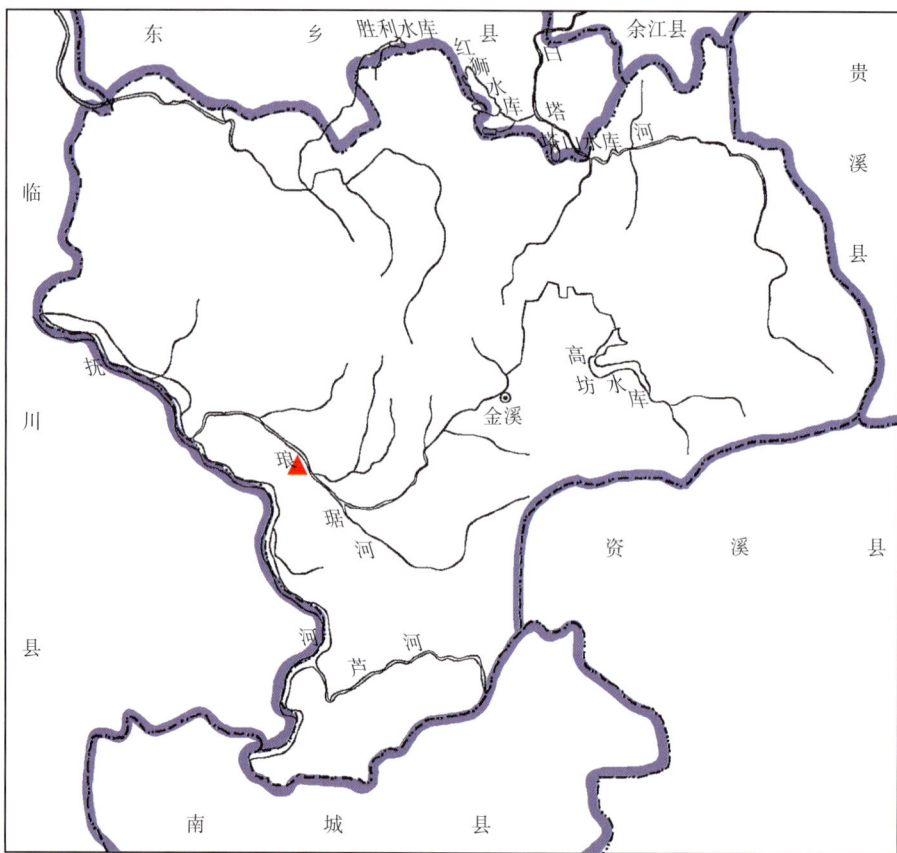

图三二一 渣溪遗址位置图

该遗址位于琅琚河沿岸，与抚河相距不远，地势略高。因民居建设，遗址被破坏严重，多处被挖掘深约 1 ~ 2 米，仅局部留下原生地层堆积。

2. 地层堆积

（1）遗迹

该遗址东侧紧邻现代水渠断面处，发现文化层堆积，断面清理后，发现一处灰坑，编号为 H1。该灰坑堆积厚约 1.5 米，地层可划分为两层，第一层为灰黑色，第二层为红褐色。

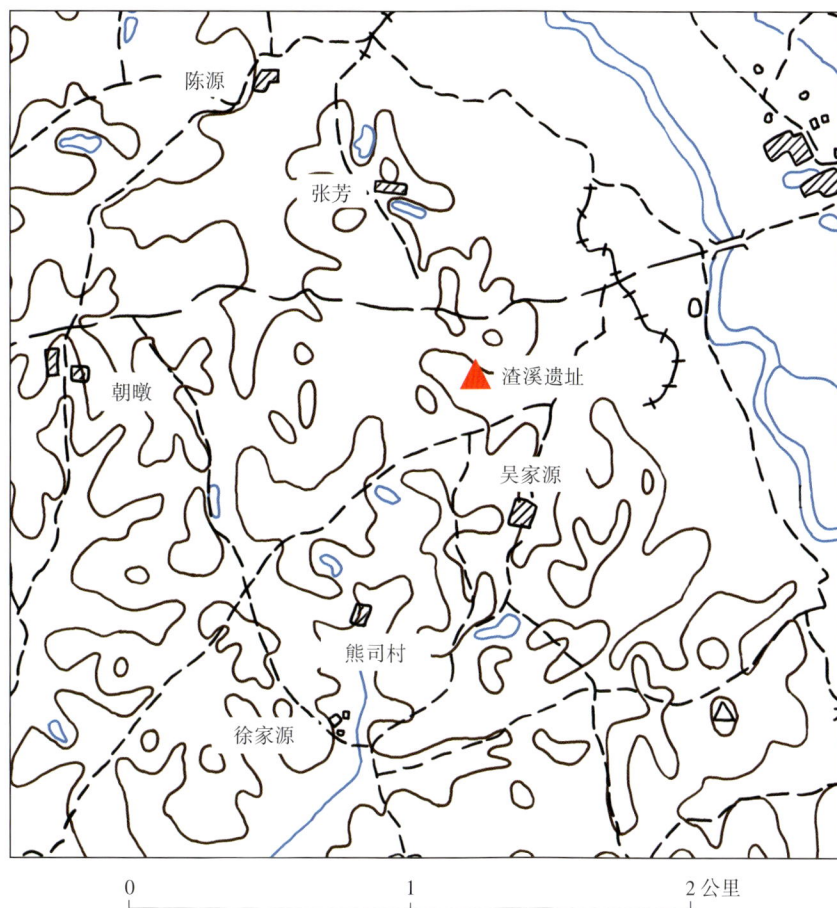

图三二二 渣溪遗址地貌图

图三二三 渣溪遗址远景图（由北向南）

图三二四　渣溪遗址远景图（由东向西）

图三二五　渣溪遗址远景图（由西向东）

图三二六 渣溪遗址 H1 剖面图

（2）遗物

H1 出土较多陶器，以下逐一进行介绍。

罐 4 件。

2015JZXH1①: 3，夹砂灰陶，侈口，宽折沿。素面。残高 5.4 厘米（图三二七，1）。

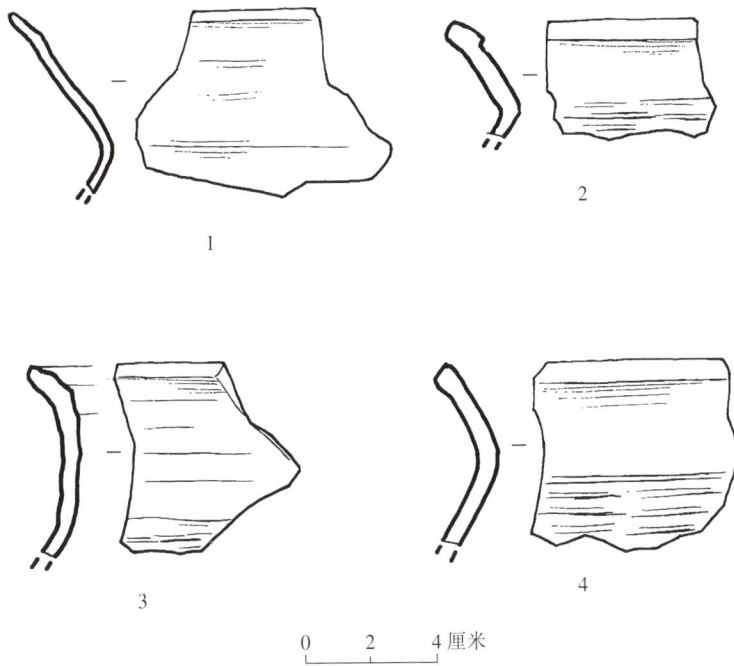

图三二七 渣溪遗址 H1 采集陶罐
1~4. 罐（2015JZXH1①: 3、2015JZXH1①: 1、2015JZXH1①: 4、2015JZXH1①: 2）

2015JZXH1①：1，夹砂灰陶，侈口，宽折沿，圆唇，沿面有一周凸棱。器表饰绳纹。残高3.6厘米（图三二七，2）。

2015JZXH1①：4，灰色硬陶，高领，微卷沿，圆唇。内外壁可见明显轮制痕迹。残高5.7厘米（图三二七，3）。

2015JZXH1①：2，夹砂黄褐陶，侈口，折沿，圆唇。器表施绳纹。残高5.4厘米（图三二七，4）。

鼎足　7件。

2015JZXH1①：11，夹砂黄褐陶，扁平状，足侧上部见有一对按压凹窝。残高6.0厘米（图三二八，1）。

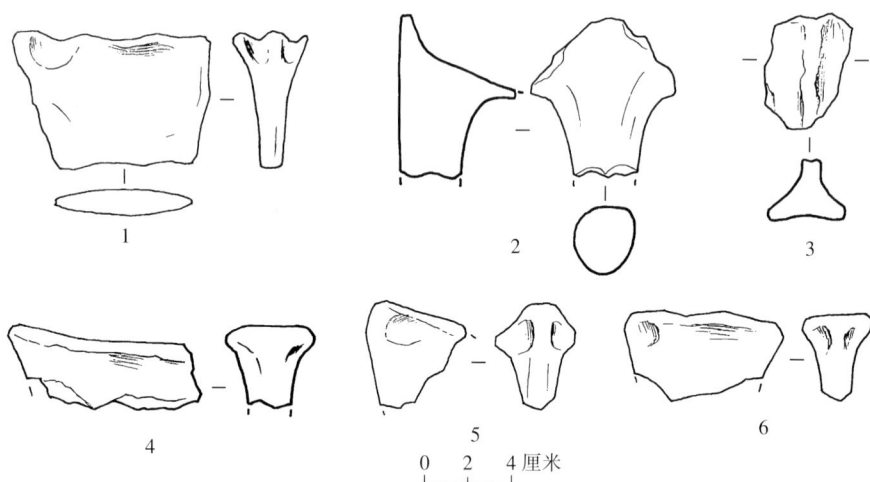

图三二八　渣溪遗址 H1 采集陶鼎足

1~6. 鼎足（2015JZXH1①：11、2015JZXH1①：7、2015JZXH1①：9、2015JZXH1①：8、2015JZXH1①：6、2015JZXH1①：10）

2015JZXH1①：7，夹砂灰陶，截面呈椭圆形。素面。残高7.2厘米（图三二八，2）。

2015JZXH1①：9，夹砂黄褐陶，截面呈三棱状。素面。残高5.2厘米（图三二八，3）。

2015JZXH1①：8，夹砂灰褐陶，扁平状。素面。残高3.6厘米（图三二八，4）。

2015JZXH1①：6，夹砂灰褐陶，扁柱状，足侧上部有一对按压凹窝。残高4.8厘米（图三二八，5）。

2015JZXH1①：10，夹砂灰陶，扁平状，足侧上部有一对按压凹窝。残高4.0厘米（图三二八，6）。

2015JZXH1①：5，夹砂黄褐陶，扁平状，足侧顶部有一对按压凹窝。残高6.0厘米（图三二九）。

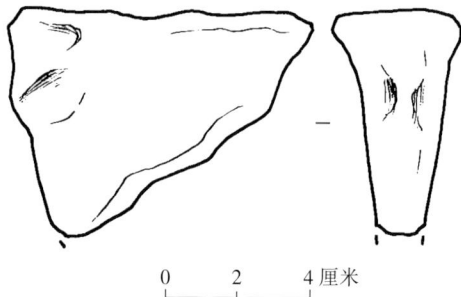

图三二九　渣溪遗址 H1 采集陶鼎足（2015JZXH1①：5）

3. 遗物介绍

由于遗址破坏严重，地面采集较为丰富的遗物，主要为石器和陶器。

（1）石器

遗址采集石器数量较少，器类主要为砺石和石锛。

砺石　1件。

2015JZX：2，青灰色砂岩磨制而成，形状不规则，两端残，一侧斜直，上下研磨面较为平整。残宽5.0、高8.1厘米（图三三〇，1）。

石锛　1件。

2015JZX：1，青灰色闪长岩磨制而成，两侧及顶端残，单面刃，器表磨制规整。残高5.3、宽2.3厘米（图三三〇，2；图版一九，1）。

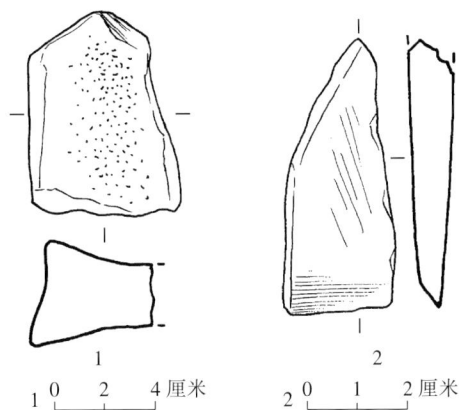

图三三〇　渣溪遗址采集石器

1. 砺石（2015JZX：2）　　2. 石锛（2015JZX：1）

（2）陶器

以印纹硬陶为多，夹砂陶略少。印纹硬陶以灰色为主，纹饰见有绳纹（图三二二，1、2、7）、短线纹（图三三二，3）、方格纹（图三三一，1、2、4、5、6）、菱格纹（图三三一，3）、交错绳纹（图三三二，4、6；图三三三，5）、细绳纹（图三三二，5）、折线纹（图三三三，2、4）、雷纹（图三三三，1、3）等，器形见有钵、盆、罐等；夹砂陶多为灰色或灰白色，纹饰见有绳纹，器形见有鼎（足）、罐等。

罐　20件。据形态差异可分为三型：

A型：17件。侈口，折沿。据口部特征分为两亚型：

Aa型：9件。宽折沿。

2015JZX：5，灰色硬陶，方唇。器表施绳纹。残高6.4厘米（图三三四，1）。

2015JZX：4，夹砂黄褐陶，斜方唇。器表施粗线纹，纹痕较浅。残高7.0厘米（图三三四，2）。

2015JZX：6，夹砂黄陶，斜方唇。器表施粗绳纹。残高9.0厘米（图三三四，3；图版二〇，1）。

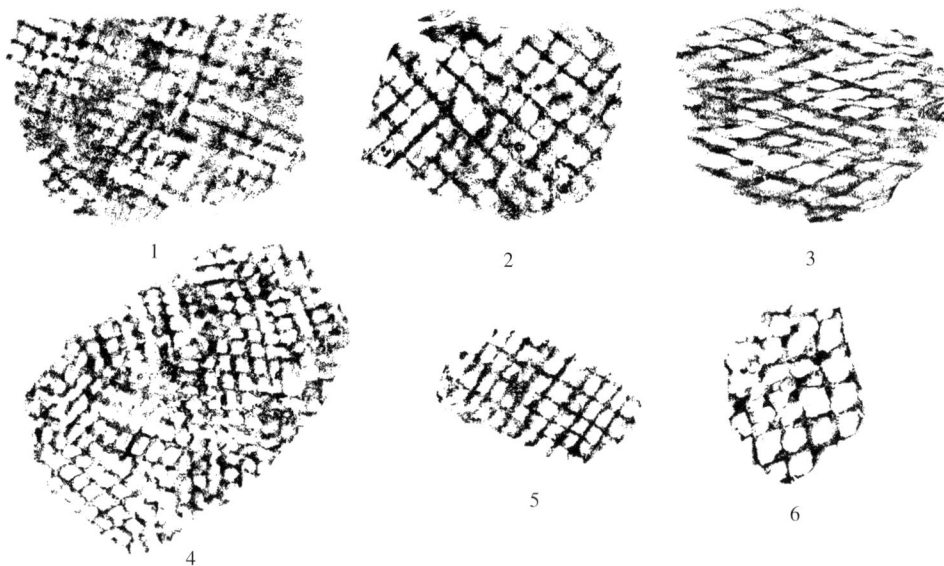

图三三一　渣溪遗址采集陶片纹饰拓片

1、2、4、5、6. 方格纹　3. 菱格纹

图三三二　渣溪遗址采集陶片纹饰拓片

1、2、7. 绳纹　3. 短线纹　5. 细绳纹　4、6. 交错绳纹

图三三三 渣溪遗址采集陶片纹饰拓片
1、3. 雷纹　2、4. 折线纹　5. 交错绳纹

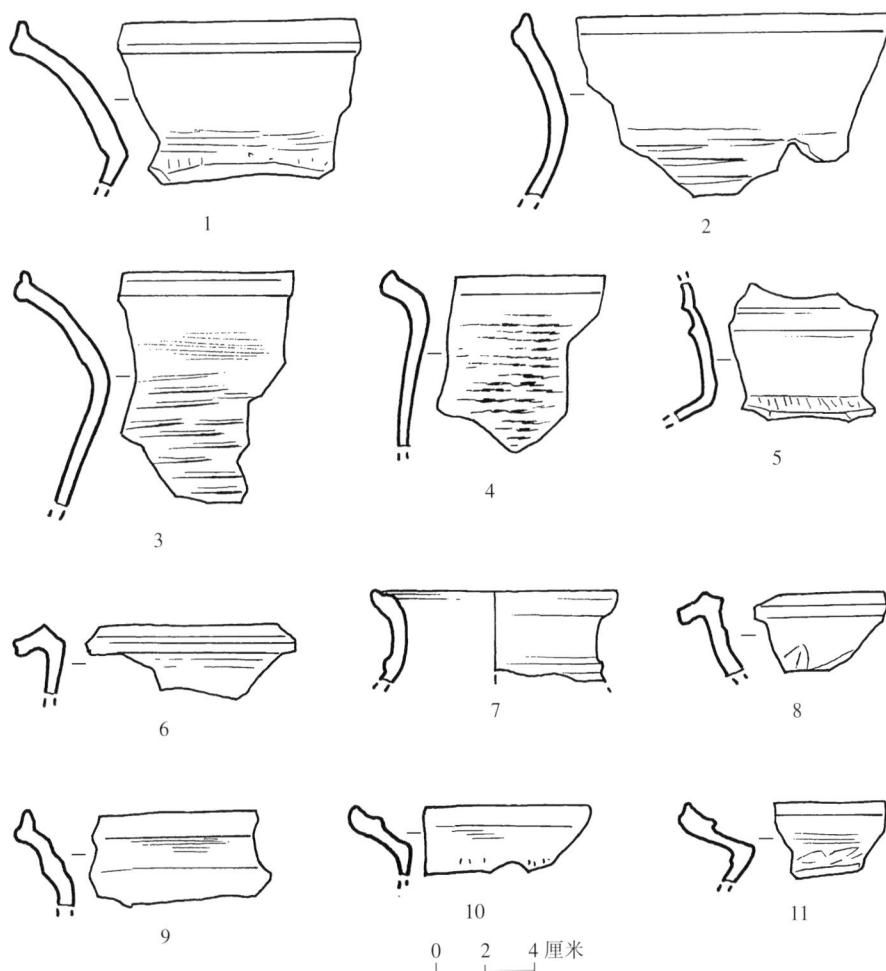

图三三四 渣溪遗址采集陶器

1、2、3、9、10、11. Aa 型罐口沿（2015JZX：5、2015JZX：4、2015JZX：6、2015JZX：23、2015JZX：10、2015JZX：9）　4、
7. Ab 型罐口沿（2015JZX：20、2015JZX：7）　5. B 型罐口沿（2015JZX：12）　6、8. 盆（2015JZX：13、2015JZX：11）

2015JZX：23，夹砂灰陶，斜方唇，沿面见有凸棱。素面。残高3.8厘米（图三三四，9）。

2015JZX：10，黄褐色硬陶，圆唇，沿面有一道凸棱。器表施折线纹。残高2.6厘米（图三三四，10）。

2015JZX：9，夹砂黄陶，方唇，沿内侧有一周凸棱。残高3.0厘米（图三三四，11）。

2015JZX：3，灰色硬陶，斜方唇。器表施绳纹。口径22.0、残高5.8厘米（图三三六，1）。

2015JZX：19，夹砂浅黄陶，圆唇，沿面有一周凸棱。残高2.4厘米（图三三六，2）。

2015JZX：26，夹砂黄陶，圆唇。器表施粗绳纹。残高7.6厘米（图三三六，4）。

Ab 型：8件。窄折沿。

2015JZX：20，灰褐色硬陶，斜方唇，沿面内凹。器表施绳纹。残高6.6厘米（图三三四，4；图版一九，3）。

2015JZX：7，灰褐色硬陶，尖圆唇，沿面有三周凹槽，颈下部有一周凸棱。口径10.0、残高3.6厘米（图三三四，7；图版二〇，2）。

2015JZX：17，灰色硬陶，圆唇。器表施细绳纹。残高6.2厘米（图三三五，1；图版一九，4）。

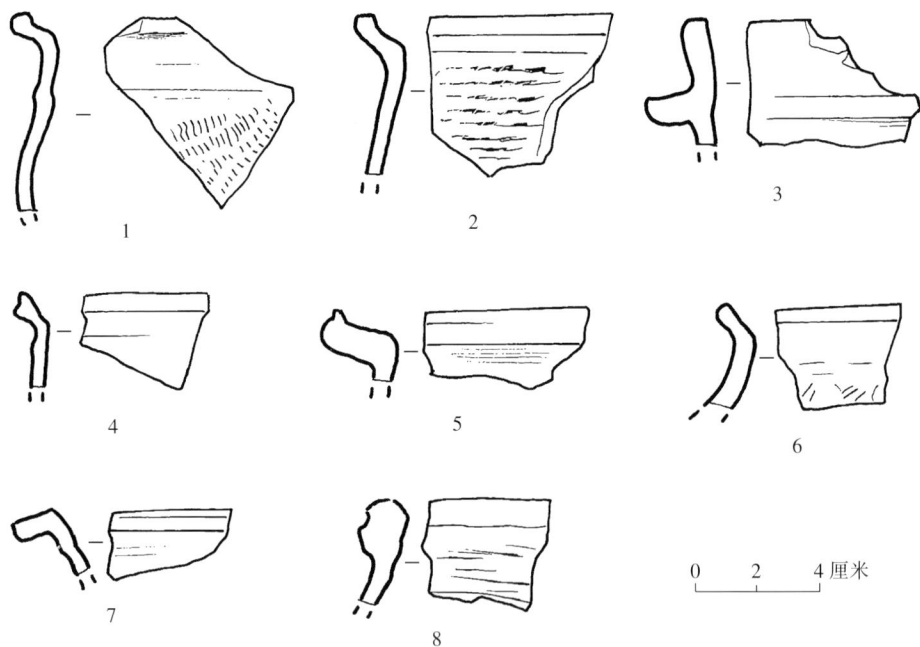

图三三五　渣溪遗址采集陶罐

1、2、4、5、6、7. Ab 型罐口沿（2015JZX：17、2015JZX：8、2015JZX：14、2015JZX：15、2015JZX：21、2015JZX：16）　3、8. C 型罐口沿（2015JZX：18、2015JZX：22）

2015JZX：8，灰色硬陶，圆唇，沿面内凹。器表施绳纹。残高5.0厘米（图三三五，2）。

2015JZX：14，灰黑色硬陶，方唇内凹。内外壁可见轮制痕迹。残高2.9厘米（图三三五，4）。

2015JZX：15，黄色硬陶，斜方唇。素面。残高2.2厘米（图三三五，5）。

2015JZX：21，灰色硬陶，方唇。器表施折线纹。残高 3.2 厘米（图三三五，6）。

2015JZX：16，灰褐色硬陶，方唇。素面。残高 2.1 厘米（图三三五，7）。

B 型：1 件。斜肩，高领。

2015JZX：12，灰褐色硬陶，高领，斜肩，颈部有两周凸棱。器表施菱格纹。残高 5.4 厘米（图三三四，5）。

C 型：2 件。直口。

2015JZX：18，灰褐色硬陶，近直口，方唇，口沿下有一周凸棱。素面。残高 4.0 厘米（图三三五，3）。

2015JZX：22，灰褐色硬陶，圆唇，口沿下有一周凸棱。器表施绳纹。残高 3.4 厘米（图三三五，8）。

盆 3 件。

2015JZX：13，灰褐色硬陶，近直口，斜折沿，方唇，沿面有一周凸棱。素面。残高 2.6 厘米（图三三四，6）。

2015JZX：11，灰色硬陶，敞口，窄折沿，方唇，沿面有一周凸棱。素面。残高 3.1 厘米（图三三四，8）。

2015JZX：25，灰色硬陶，斜腹，平底。内外壁可见轮制痕迹。底径 8.0、残高 4.2 厘米（图三三七，2）。

钵 1 件。

2015JZX：24，灰色硬陶，敞口，圆唇，斜腹，平底。内壁可见轮制痕迹。口径 12.0、底径 8.0、残高 4.0 厘米（图三三六，3）。

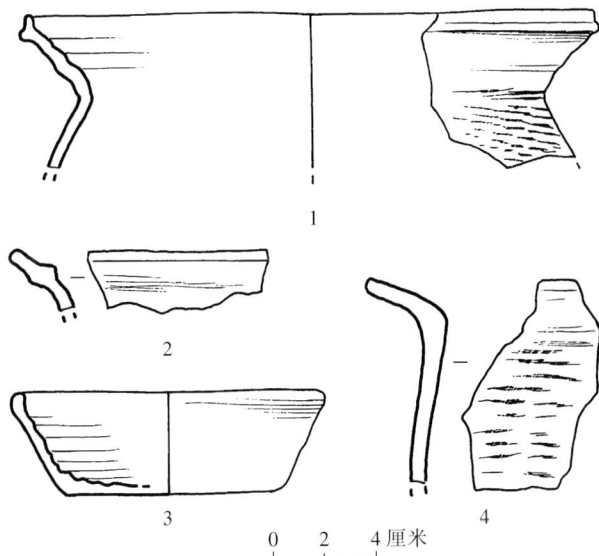

图三三六 渣溪遗址采集陶器

1、2、4. Aa 型罐口沿（2015JZX：3、2015JZX：19、2015JZX：26） 3. 钵（2015JZX：24）

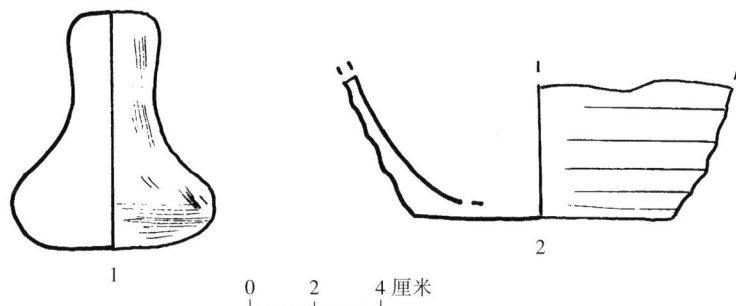

图三三七　渣溪遗址采集陶器

1. 陶垫（2015JZX：46）　2. 陶盆（2015JZX：25）

陶垫　1件。

2015JZX：46，夹砂灰陶，柱状柄，底端呈半球形。素面。高7.0厘米（图三三七，1；图版一九，2）。

鼎足　19件。数量较多，据截面形态，可分为两型：

A型：7件。宽扁状足，据边缘有无按压窝痕，分为两亚型：

Aa型：4件。鼎足边缘见有按压窝痕。

2015JZX：29，夹砂灰陶，足侧上部有两对按压凹窝。残高7.2厘米（图三三九，5）。

2015JZX：34，夹砂灰陶，足侧上部有三对按压凹窝。残高8.6厘米（图三三九，4）。

2015JZX：27，夹砂黄褐陶，足侧顶部见有一对按压凹窝。残高8.0厘米（图三三八，4）。

2015JZX：28，夹砂灰陶，足侧上部有一对按压凹窝。残高5.6厘米（图三三八，5）。

Ab型：3件。鼎足边缘未见按压窝痕。

2015JZX：30，夹砂灰陶。素面。残高6.0厘米（图三三八，1）。

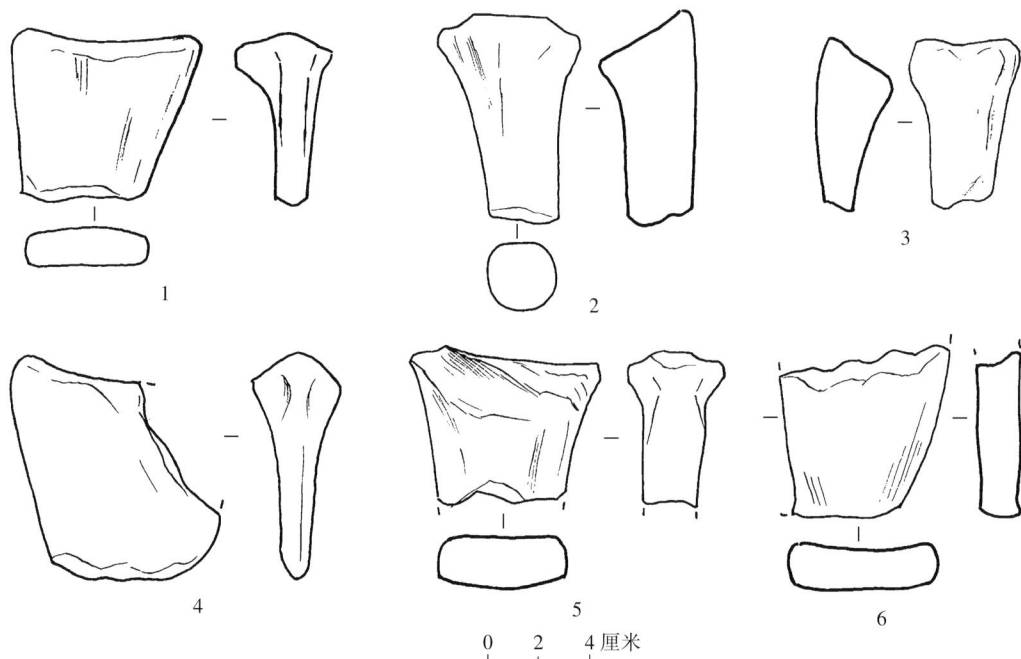

图三三八　渣溪遗址采集陶鼎足

1、4、5、6. Ab型鼎足（2015JZX：30、2015JZX：27、2015JZX：28、2015JZX：35）　2、3. B型鼎足（2015JZX：32、2015JZX：40）

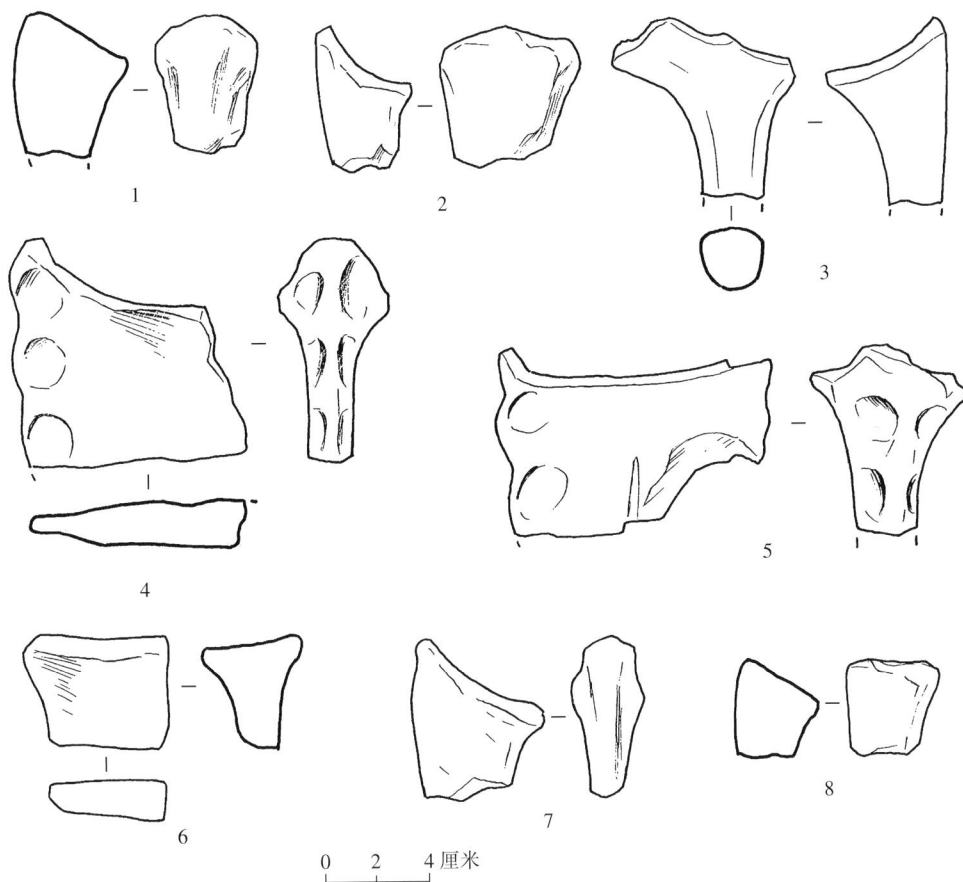

图三三九 渣溪遗址采集陶鼎足

1、2、3、7、8. B 型鼎足（2015JZX：44、2015JZX：33、2015JZX：39、2015JZX：36、2015JZX：37） 4、5. Aa 型鼎足（2015JZX：29、2015JZX：34） 6. Ab 型鼎足（2015JZX：31）

2015JZX：35，夹砂灰陶，足底部有捏制痕迹。残高 6.0 厘米（图三三八，6）。

2015JZX：31，夹砂浅黄陶。素面。残高 4.4 厘米（图三三九，6）。

B 型：12 件。扁柱状鼎足。

2015JZX：32，夹砂黄褐陶。素面。残高 8.0 厘米（图三三八，2）。

2015JZX：40，夹砂灰陶，足侧中部有竖向短刻槽。残高 6.2 厘米（图三三八，3）。

2015JZX：44，夹砂灰褐陶。素面。残高 5.2 厘米（图三三九，1）。

2015JZX：33，夹砂灰褐陶。素面。残高 5.6 厘米（图三三九，2）。

2015JZX：39，夹砂灰陶。素面。残高 7.2 厘米（图三三九，3）。

2015JZX：36，夹砂黄褐陶。素面。残高 6.2 厘米（图三三九，7）。

2015JZX：37，夹砂黄褐陶。素面。残高 3.8 厘米（图三三九，8）。

2015JZX：38，夹砂灰陶。素面。残高 6.0 厘米（图三四〇，1）。

2015JZX：45，夹砂黄褐陶。素面。残高 4.2 厘米（图三四〇，2）。

2015JZX：41，夹砂灰陶。素面。残高 5.2 厘米（图三四〇，3）。

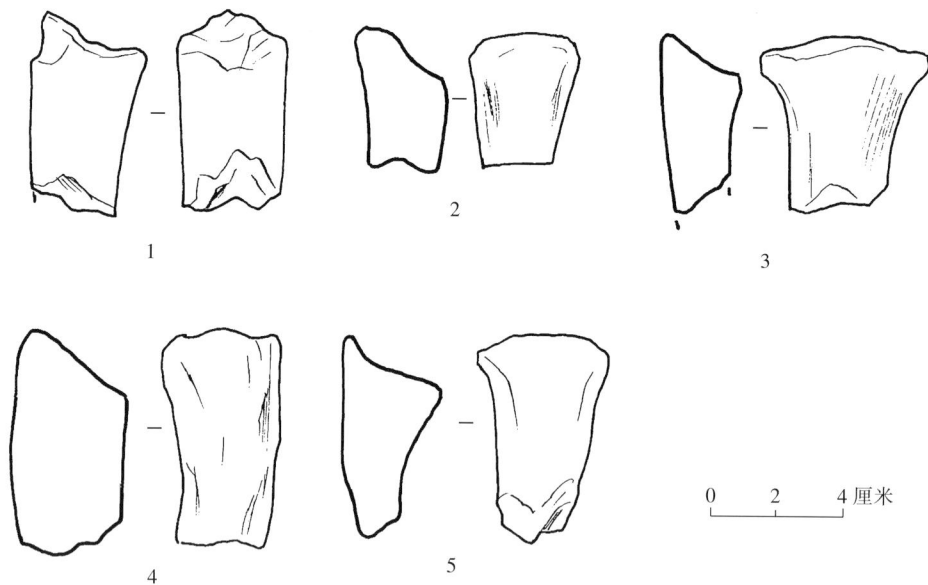

图三四〇　渣溪遗址采集陶鼎足

1~5.B 型鼎足（2015JZX：38、2015JZX：45、2015JZX：41、2015JZX：43、2015JZX：42）

2015JZX：43，夹砂黄褐陶。素面。残高 6.8 厘米（图三四〇，4）。

2015JZX：42，夹砂黄褐陶。素面。残高 6.0 厘米（图三四〇，5）。

4. 遗迹性质与年代

渣溪遗址邻近抚河，属于典型的坡地型岗地类聚落，从采集遗物与周边遗址比较来看，渣溪遗址所获遗存可分为以下三个年代组：

第 1 组：以 C 型陶罐为代表。该类器主要为夹砂陶，与新石器时代末期遗存较为相近，如牛家山遗址所见直口罐与渣溪遗址所见相近。因此，本组的年代应为新石器时代末期。

第 2 组：以 Aa 型陶罐、A 型陶鼎足、雷纹、折线纹、菱格纹硬陶为代表。该组所见陶器以印纹硬陶为多，所见陶鼎足为宽扁状，边缘见有按压窝痕。与周边相比较，金溪县有多处遗址见有该类陶器，年代可断定为商代晚期至西周时期。

第 3 组：该组以 Ab 型陶罐、B 型陶鼎足、方格纹硬陶为代表。该组陶器多以硬陶为主，器形与诸多东周时期遗存相近，如与渣溪遗址相近的山上聂家遗址便有这一时期的遗存，此类扁柱状鼎足具有东周时期文化特征。因此，该组年代应为西周晚期至春秋时期。

渣溪遗址的发现为区域文化序列建立及聚落形态研究提供了丰富的考古资料。该遗址破坏十分严重，居民建房日益扩大，遗址保护亟待加强。

1. 石锛（2015JZX：1）

2. 陶垫（2015JZX：46）

3. 陶罐（2015JZX：20）

4. 陶罐（2015JZX：17）

图版一九　渣溪遗址采集遗物

1. 陶罐（2015JZX：6）

2. 陶盆（2015JZX：7）

图版二〇　渣溪遗址采集遗物

六 窑上山遗址

1. 遗址概况

该遗址位于琅琚镇新南村委会高峰村（图三四一）。西南 200 米为高峰村，西北 200 米为河墩下遗址，东边为牛车板村，西北部 500 米为百石丘村（图三四二）。南距 966 县道约 570 米。遗址南部为橘子园，北部为新栽植稀松橘子林，西部紧邻稻田，东部为树林，东南部有一水塘。遗址所在山坡两侧有废弃的瓦窑，其北约 200 米为河墩下环壕遗址。遗址地表因人为翻动散见有陶片，因种植树木翻土对遗址造成较大破坏（图三四三）。该遗址的地理坐标为：北纬 27°53′24.2″，东经 116°39′26.9″，海拔 64 米。

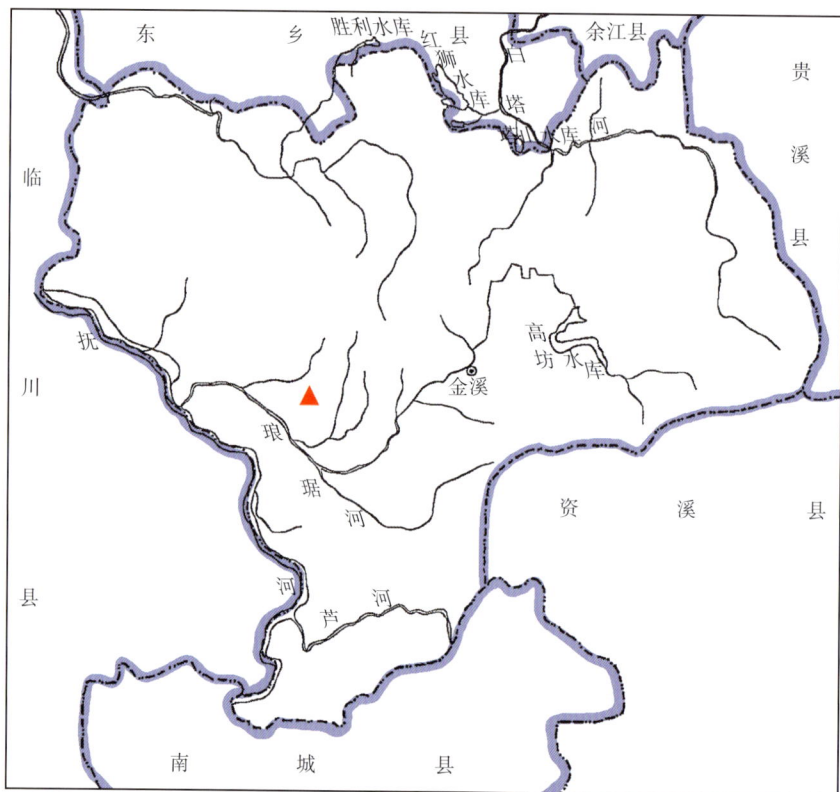

图三四一 窑上山遗址位置图

遗址处于琅琚河支流沿岸，其西北约 500 米有小河流经。该遗址与香岭山、河墩下遗址位置较近，是环壕聚落与岗地类聚落相邻分布的典型代表。

2. 遗物介绍

由于遗址地表经耕作，采集到较多的遗物，主要为陶器和石器。以下逐一予以介绍。

（1）石器

石锛 1 件。

2015JYS：1，青灰色闪长岩磨制而成，顶端平整，一侧斜直，刃部残断，器表一面磨制光滑。残高 5.7 厘米（图三四五，1）。

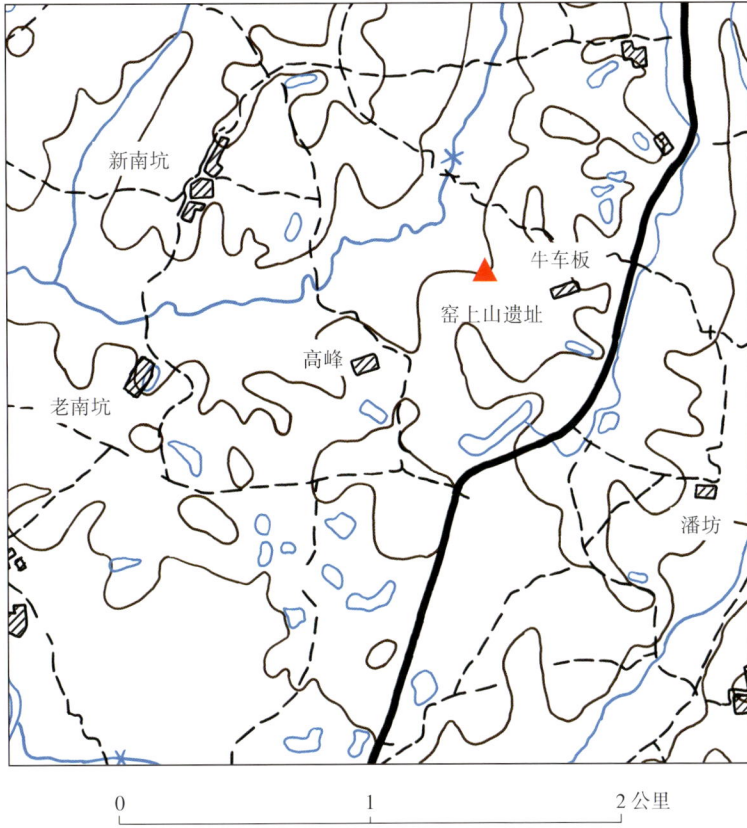

图三四二 窑上山遗址地貌图

图三四三 窑上山遗址远景图（由西向东）

（2）陶器

陶器以夹砂陶及印纹硬陶为主。硬陶以灰色、灰褐色为多，纹饰有菱格纹（图三四四，1~4、6）、方格纹（图三四四，5、7）、交错线纹和变体雷纹等，器形见有罐；夹砂陶以灰褐色和黄褐色为主，纹饰仅见绳纹，多为素面，器形可见豆、罐和鼎（足）等。

图三四四　窑上山遗址采集陶片纹饰拓片
1~4、6 菱格纹　5、7 方格纹

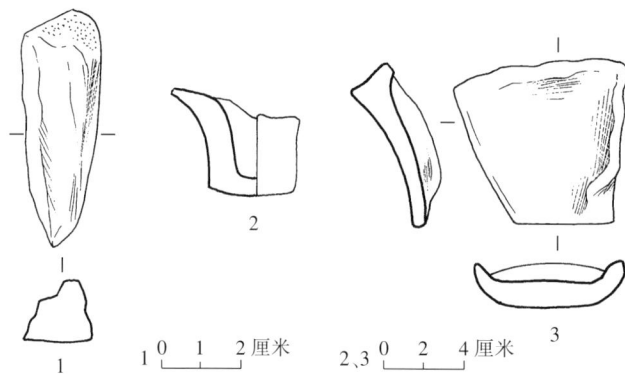

图三四五　窑上山遗址采集遗物
1. 石锛（2015JYS：1）　2. 器底（2015JYS：11）　3. C 型鼎足（2015JYS：6）

器底　1件。

2015JYS：11，夹砂黄褐陶，器腹向内弧收，小平底。素面。残高5.2厘米（图三三五，2）。

罐　2件。

2015JYS：3，灰褐色硬陶，侈口，窄平沿，斜方唇，沿下有一周凸棱。器表施折线纹。口径14.0、残高2.6厘米（图三四六，1）。

2015JYS：2，灰色硬陶，侈口，微卷沿，方唇，沿面内折。器表施菱格纹。口径12.0、残高5.0厘米（图三四六，2；图版二一，2）。

尊　1件。

2015JYS：4，灰色硬陶，近直口，圆唇，高领，颈部有一周凸棱。残高4.3厘米（图三二七，3）。

鼎足　6件。按形态差异可划分为三型：

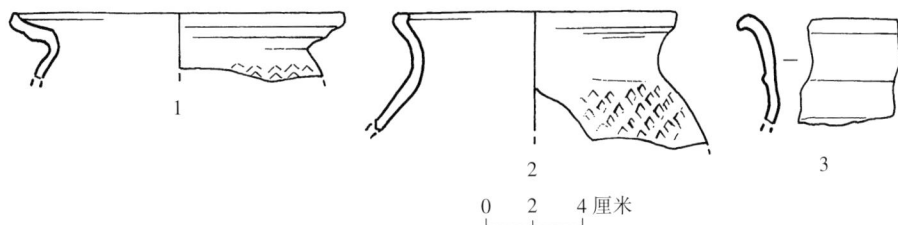

图三四六 窑上山遗址采集陶器

1、2. 罐（2015JYS：3、2015JYS：2） 3. 尊（2015JYS：4）

A 型：4 件。扁柱状。

2015JYS：5，夹砂灰褐陶。素面。残高 8.0 厘米（图三四七，1；图版二一，4）。

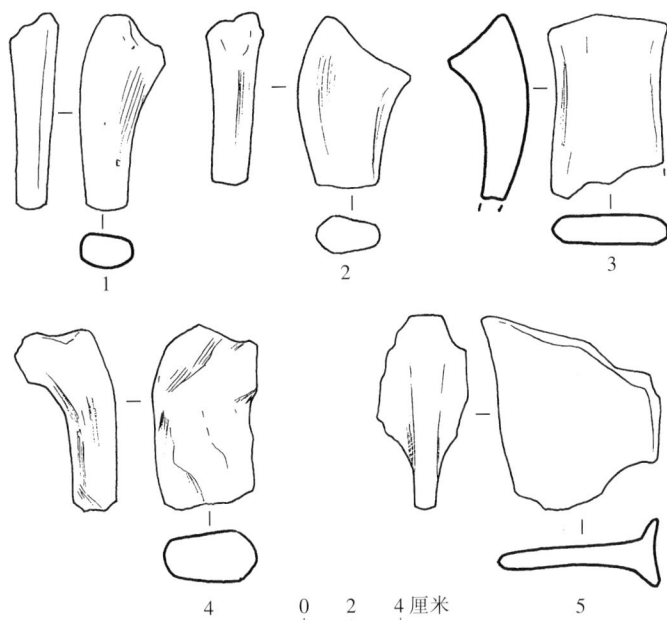

图三四七 窑上山遗址采集陶鼎足

1、2、3、4. A 型鼎足（2015JYS：5、2015JYS：8、2015JYS：9、2015JYS：10） 5. B 型鼎足（2015JYS：7）

2015JYS：8，夹砂黄褐陶。素面。残高 7.0 厘米（图三四七，2）。

2015JYS：9，夹砂黄褐陶。素面。残高 7.6 厘米（图三四七，3）。

2015JYS：10，夹砂灰褐陶。素面。残高 7.6 厘米（图三四七，4）。

B 型：1 件。宽扁状。

2015JYS：7，夹砂浅黄陶。素面。残高 8.0 厘米（图三四七，5；图版二一，3）。

C 型：1 件。瓦状。

2015JYS：6，夹砂黄褐陶，足侧见有捏制痕迹。残高 8.0 厘米（图三四五，3；图版二一，1）。

3. 遗址性质与年代

窑上山遗址是一处较典型的岗地类聚落，紧临小河，地势略高，适合古人居住。将该遗址采集的遗物与周边遗址进行比较，可划分为以下两个年代组：

　　第 1 组：以瓦状鼎足、陶尊、小平底形器，菱格纹硬陶等为代表。瓦状鼎足与鹰潭角山遗址所见陶鼎足十分相近，据后者报告①公布的测年结果，此类遗存的年代为早商时期或略早。

　　第 2 组：以方格纹硬陶罐、扁柱状陶鼎足为代表。此类遗存在抚河上游、中游地区十分常见，年代为东周时期，其与金溪县坪上、招家斜等遗址有同类遗存，年代可推定为东周时期，集中于春秋时期。

1. 鼎（2015JYS：6）　　　　　　　　　　2. 陶罐（2015JYS：2）

3. 鼎足（2015JYS：7）　　　　　　　　　4. 鼎足（2015JYS：5）

图版二一　窑上山遗址采集遗物

　　窑上山遗址与香岭山、河墩下等遗址相距较近，且河墩下遗址为环壕聚落，其与邻近几处岗地类聚落存在何种关系，还有待深入讨论。窑上山遗址的发现和初步分析有助于抚河流域文化序列的建构和聚落形态的深入研究。

---

　　① 江西省文物考古研究所资料，待刊。

七 香岭山遗址

1. 遗址概况

该遗址位于琅琚镇高峰村东部（图三四八），西部为高峰村村道，东南距 966 乡道约 340 米，东北距河墩下遗址约 440 米，西距高峰村面前山约 240 米（图三四九）。遗址东南部有两个水塘，西部紧邻高峰村村道，村道以西有部分民居，东北部为稻田。遗址整体呈不规则形，地势中部高，四周低。遗址地表种有梨树，外围为橘子树（图三五〇）。该遗址地理坐标为：北纬 27°53′14.1″，东经 116°39′22.3″，海拔 70 米。

经勘探，在遗址西部发现文化层堆积，厚约 0.5 米，包含有灰烬及红烧土块。

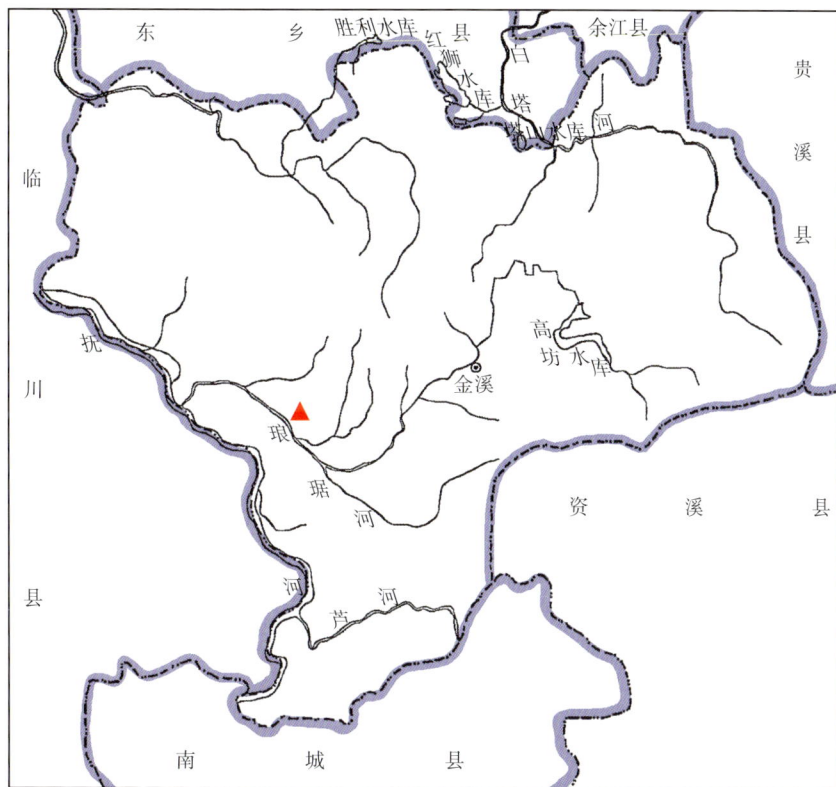

图三四八　香岭山遗址位置图

遗址处于琅琚河支流沿岸，地形为缓坡状山岗。在遗址农田村小道断面发现地层堆积，亦可见灰坑等遗迹（图三五一～三五四）。遗址采集遗物较为丰富。以下对地层堆积与采集遗物分别予以介绍。

2. 地层堆积

位于琅琚镇新南村委会高峰村东侧山坡上，西侧为高峰村乡道，东北约 700 米为牛车板村。在遗址发现一断面，夹杂大量印纹硬陶和烧土块。经清理，发现为两处灰坑，分别编号 H1、H2。

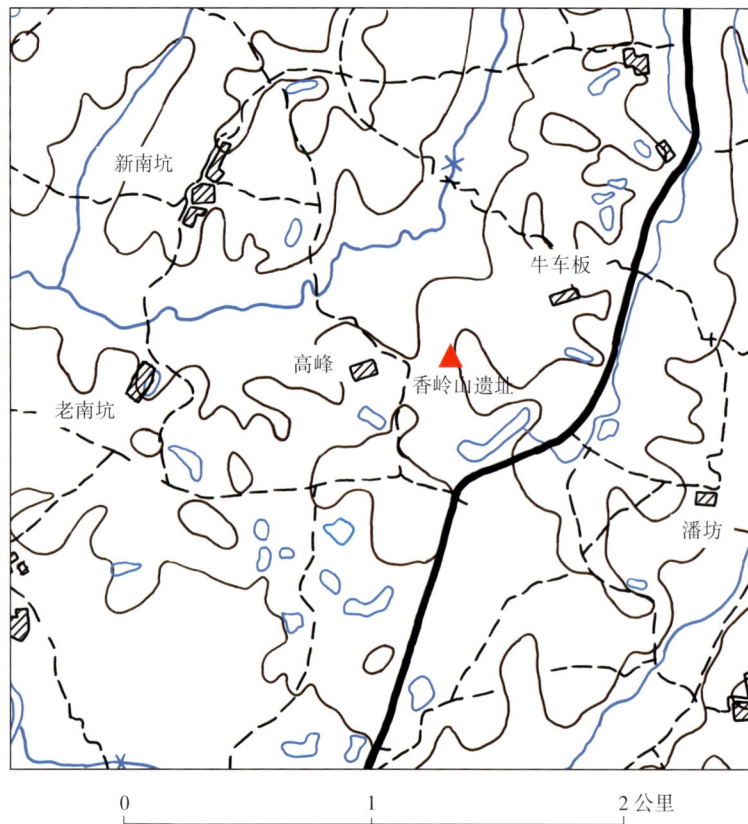

图三四九　香岭山遗址地貌图

图三五〇　香岭山遗址远景图（由东向西）

H1，表土层厚 10～15 厘米，据土质土色差异可划分为两层：①层，灰土，土质较疏松，砂质黏土，厚约 20 厘米，含有大量的陶片、烧土块、炭屑；②层，堆积层，红色土，土质疏松，厚约 31.8 厘米，包含陶片、烧土块。

图三五一　香岭山遗址 H1 剖面

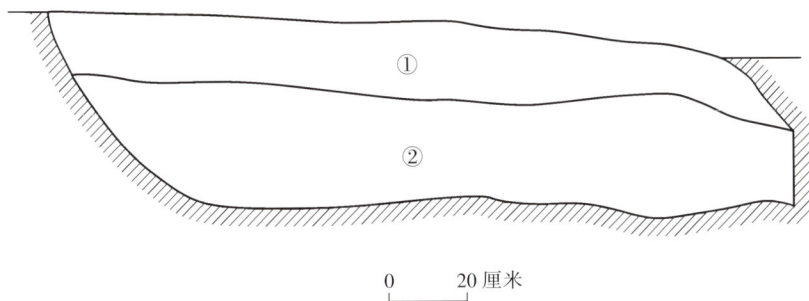

0　　20 厘米

图三五二　香岭山遗址 H1 剖面图

H2，表土层厚 10～15 厘米，据土质土色差异可划分为两层：①层，灰黄色土，土质较疏松，砂质黏土，水平堆积厚约 48.6 厘米，含有大量的陶片；②层，堆积层，灰红色土，土质疏松，厚 50～60 厘米，含有大量的陶片、烧土块、炭屑。

3. 遗物介绍

陶器以硬陶和夹砂陶为主。硬陶多为灰色，灰褐色，纹饰有折线纹（图三五五，3、5）、交错线纹（图三五五，1、2）、席纹（图三五五，6）和雷纹（图三五五，4、7），器形有尊、罐等；夹砂陶多为灰褐色、黄褐色，纹饰见有绳纹（图三五六，1～6），器形有鼎（足）、鬲（足）和罐等。

图三五三　香岭山遗址 H2 剖面

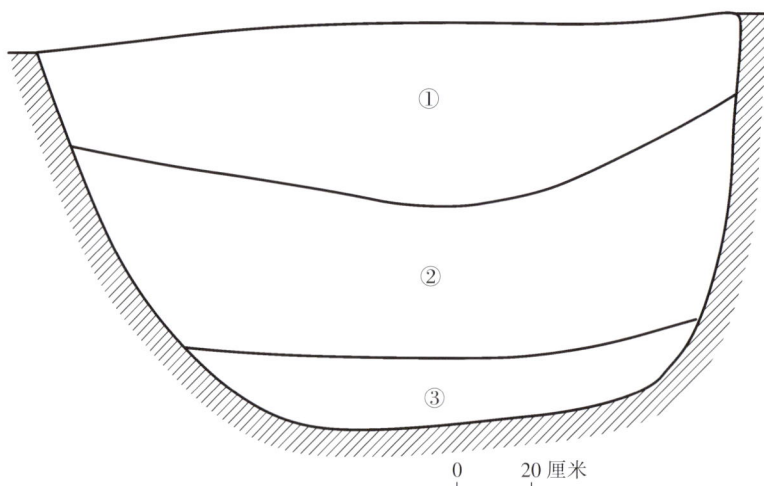

图三五四　香岭山遗址 H2 剖面图

罐　3 件。

2015JXJ：4，灰色硬陶，侈口，卷沿，圆唇。器表施菱格纹，口沿部分被抹平。残高 7.2 厘米（图三五七，1）。

2015JXJ：2，灰色硬陶，侈口，圆唇，窄斜沿，沿上有一周凸棱。器表施菱格纹。口径 19.4、4.6 厘米（图三五七，2；图版二二，2）。

2015JXJ：1，泥质灰褐陶，近直口，方唇，鼓腹，矮圈足。器表施凹弦纹，有明显轮制痕迹。口径 12.0、底径 8.0、残高 9.4 厘米（图三五八）。

盆　1 件。

2015JXJ：3，灰色硬陶，侈口，方唇。器表施菱格纹。残高 7.0 厘米（图三五七，3；图版二三，1）。

图三五五 香岭山遗址采集陶片纹饰拓片
1、2. 交错绳纹　3、5. 折线纹　4、7. 雷纹　6. 席纹

图三五六 香岭山遗址采集陶片纹饰拓片
1~6. 绳纹

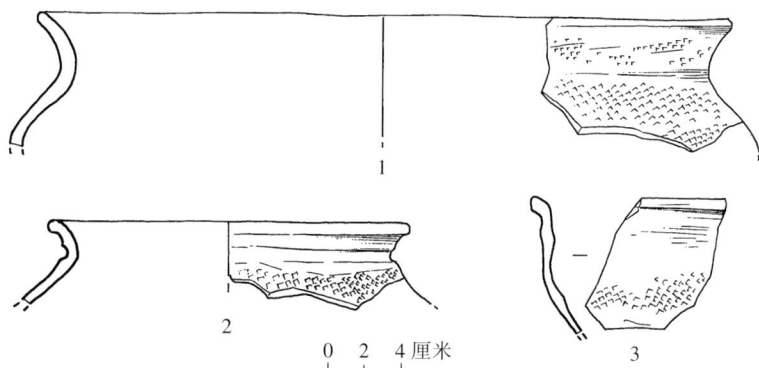

图三五七　香岭山遗址采集陶器
1、2. 罐（2015JXJ：4、2015JXJ：2）　3. 盆（2015JXJ：3）

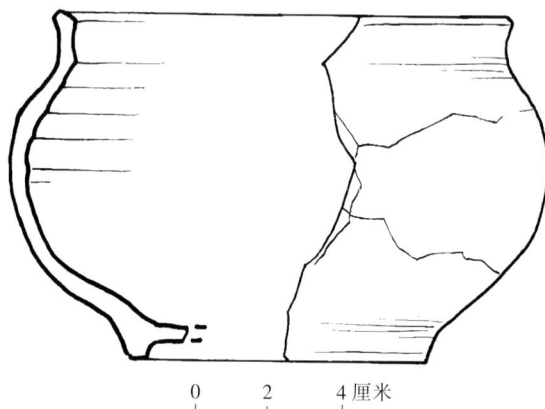

图三五八　香岭山遗址采集陶罐（2015JXJ：1）

鼎足　18件。据形态可划分为三型：

A型：7件。宽扁状。

2015JXJ：8，夹砂黄褐陶。素面。残高9.0厘米（图三五九，1；图版二二，3）。

2015JXJ：11，夹砂灰陶，一侧有一凹槽。残高7.8厘米（图三五九，2）。

2015JXJ：17，夹砂灰陶。素面。残高7.6厘米（图三五九，3）。

2015JXJ：9，夹砂黄褐陶，足根部有两对按压圆窝。残高10.4厘米（图三五九，4；图版二三，2）。

2015JXJ：12，夹砂灰陶。素面。残高6.6厘米（图三五九，5）。

2015JXJ：10，夹砂灰陶，足根部有两对按压圆窝。残高11.4厘米（图三五九，6）。

2015JXJ：7，夹砂黄褐陶，足根部有一对按压圆窝。残高6.0厘米（图三五九，7）。

B型：10件。扁柱状。

2015JXJ：14，夹砂灰陶，一侧有一凹槽。残高9.0厘米（图三五九，6）。

2015JXJ：18，夹砂灰陶，足根部有一对按压圆窝。残高11.2厘米（图三六〇，1；图版二二，5）。

2015JXJ：24，夹砂黄褐陶。素面。残高15.4厘米（图三六〇，2；图版二二，4）。

2015JXJ：25，夹砂黄褐陶。素面。残高14.0厘米（图三六〇，3）。

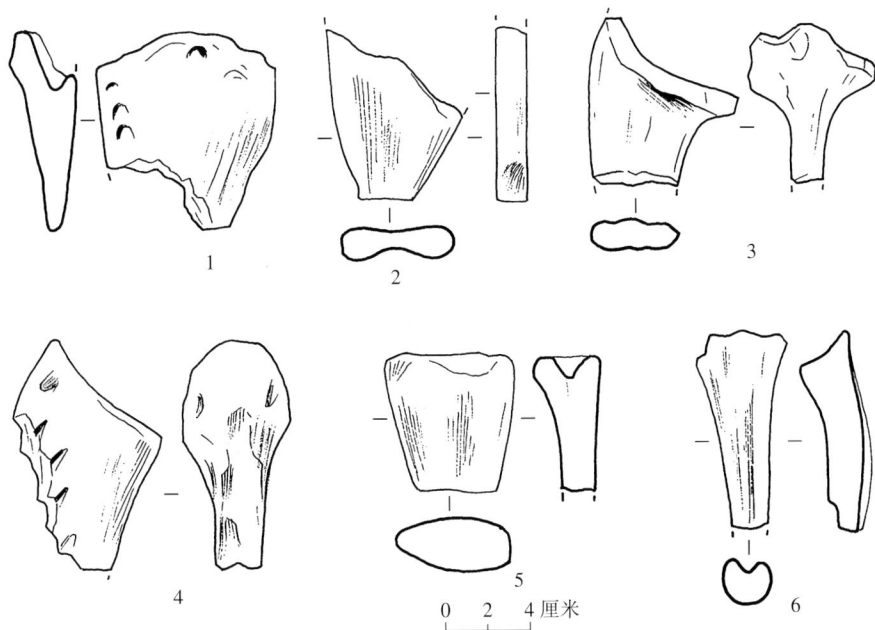

图三五九　香岭山遗址采集陶鼎足

1~5. A 型鼎足（2015JXJ：8、2015JXJ：11、2015JXJ：17、2015JXJ：9、2015JXJ：12）　6. B 型鼎足（2015JXJ：14）

2015JXJ：13，夹砂灰陶，足根部有一个按压圆窝。残高11.0厘米（图三六〇，5）。

2015JXJ：16，夹砂灰陶。素面。残高5.1厘米（图三六一，3）。

2015JXJ：22，夹砂黄褐陶。素面。残高9.0厘米（图三六一，4）。

2015JXJ：21，夹砂黄褐陶。素面。残高8.0厘米（图三六一，5）。

2015JXJ：19，夹砂灰褐陶。素面。残高6.0厘米（图三六一，6）。

2015JXJ：15，夹砂灰陶。素面。残高2.8厘米（图三六三，2）。

C 型：1件。截面为三棱形。

2015JXJ：20，夹砂灰陶。素面。残高7.0厘米（图三四一，4；图版二二，1）。

鬲足　1件。

2015JXJ：23，夹砂黄褐陶，袋足，柱状实足根。素面。残高6.0厘米（图三六三，3；图版二二，6）。

圈足　2件。

2015JXJ：5，泥质灰陶，矮圈足，近底部微外撇。素面。残高2.1厘米（图三六一，1）。

2015JXJ：6，夹砂灰陶，斜弧腹，矮圈足，近底部外撇。素面。残高3.8厘米（图三六一，2）。

陶刀　3件。

2015JXJ：29，夹砂黄陶，刀部残，弧背，有一个圆形穿孔。素面。残高4.4厘米（图三六二，1）。

2015JXJ：28，夹砂黄褐陶，弧背，两侧残，单面斜刃，近背部有两个圆形穿孔。素面。残高4.0厘米（图三六二，2；图版二三，3）。

2015JXJ：30，夹砂红褐陶，弧背，单面斜刃，近背部有两个圆形穿孔。素面。残高3.8厘米（图三六二，3；图版二三，4）。

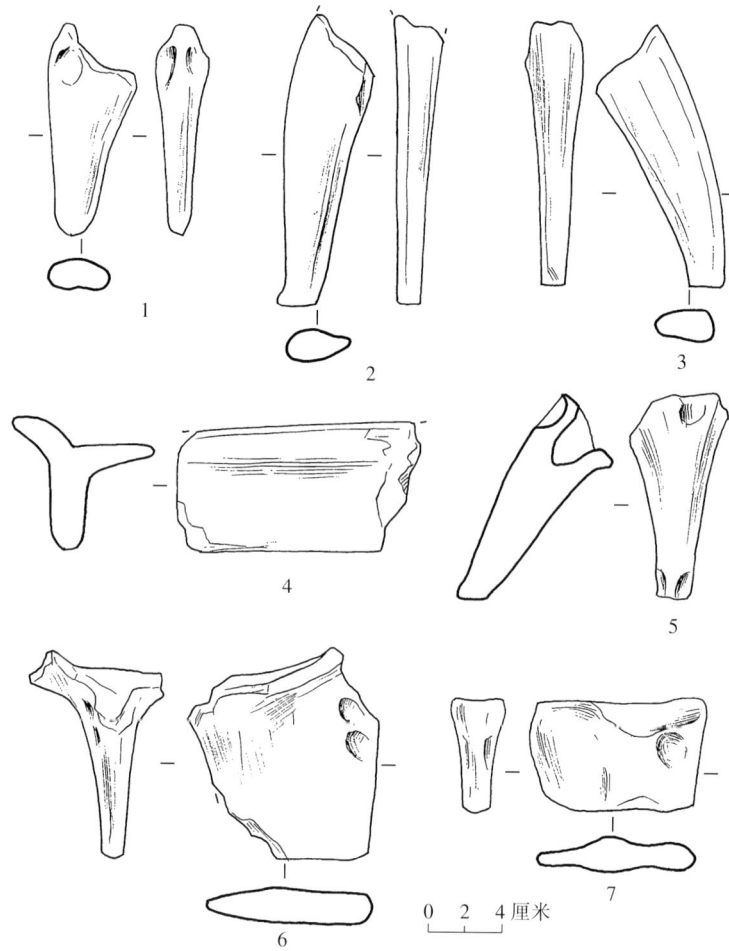

图三六〇　香岭山遗址采集陶鼎足

1~3、5. B 型鼎足（2015JXJ：18、2015JXJ：24、2015JXJ：25、2015JXJ：13）　4. C 型鼎足（2015JXJ：20）　6、7. A 型鼎足
（2015JXJ：10、2015JXJ：7）

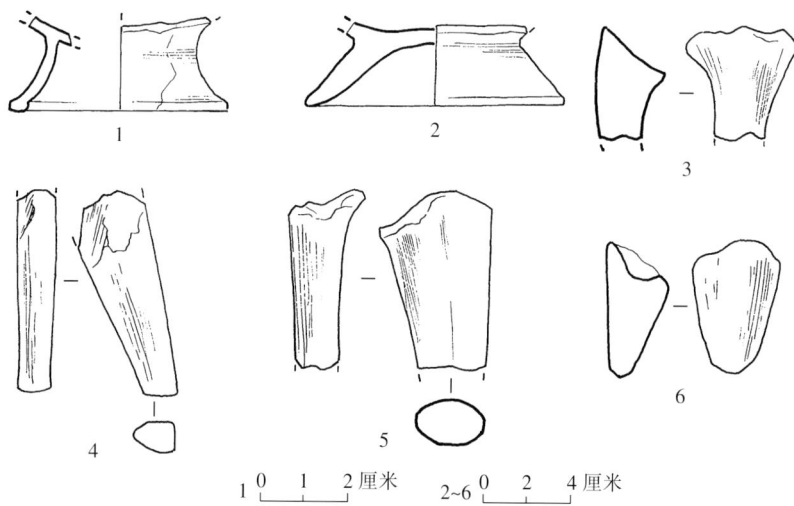

图三六一　香岭山遗址采集陶器

1、2. 圈足（2015JXJ：5、2015JXJ：6）　3~6. B 型鼎足（2015JXJ：16、2015JXJ：22、2015JXJ：21、2015JXJ：19）

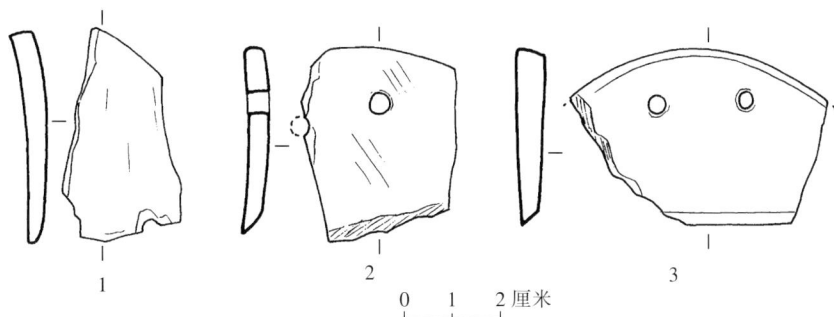

图三六二　香岭山遗址采集陶刀
1~3. 陶刀（2015JXJ：29、2015JXJ：28、2015JXJ：30）

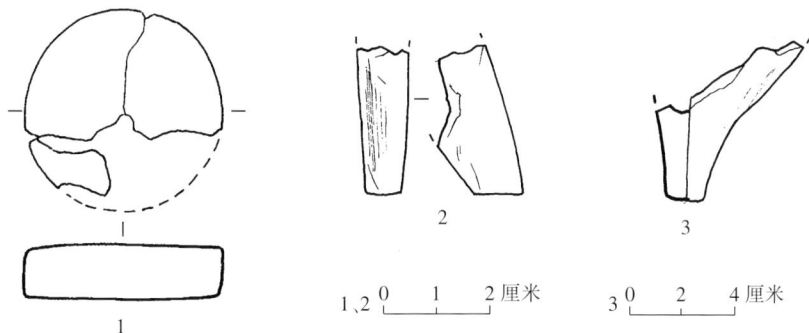

图三六三　香岭山遗址采集陶器
1. 陶纺轮（2015JXJ：31）　2. B 型鼎足（2015JXJ：15）　3. 鬲足（2015JXJ：23）

陶纺轮　1 件。

2015JXJ：31，夹砂灰褐陶，圆饼状，中部有一圆形穿孔。素面。直径3.7厘米（图三六三，1）。

陶空心柱状器　2 件。

2015JXJ：26，夹砂黄褐陶，截面呈圆环状，空心。素面。残高10.0厘米（图三六三，1）。

2015JXJ：27，夹砂黄褐陶，截面呈圆环状，空心。素面。残高8.8厘米（图三六四，2）。

4. 遗址性质与年代

香岭山遗址为一处典型的岗地类聚落。此类遗址地势较低缓，与郑家山、高坊水库等诸遗址所处的山岗有一定的差异。对岗地聚落可进行更细划分，可见有两种型式，即缓坡类与山岗类。两种聚落形态的存在与河流及山地地形密切相关。香岭山遗址采集遗物较多，从器形上进行比较，可划分为两个年代组。

第 1 组：以三棱状鼎足、宽扁状鼎足、鬲足，雷纹、折线纹硬陶为代表。该组遗存与周上村 I 号、II 号遗址第 1 年代组所见同类器较为相近；三棱状鼎足

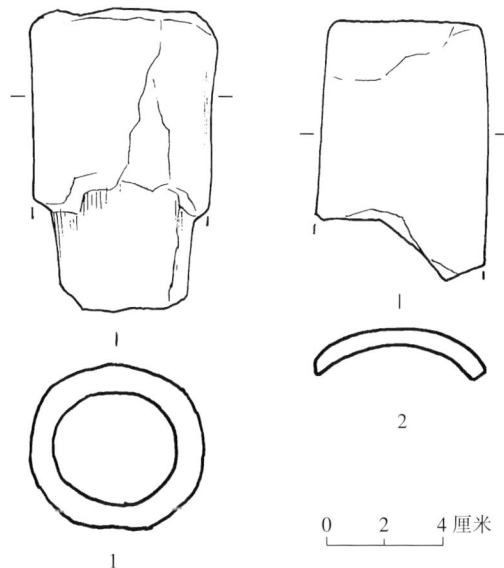

图三六四　香岭山遗址采集陶空心柱状器
1、2. 陶空心柱状器（2015JXJ：26、2015JXJ：27）

在乐安甲山遗址可见到相近者，由此，推断该组遗存的年代为商代早期或略早。

第2组：以扁柱状鼎足、方格纹陶罐等为代表。该组陶器在抚河流域多有发现，金溪县亦有多处该时期遗址，如周上村两处遗址第2年代组、竹木厂遗址第2年代组等。可推断该组年代为西周晚期至春秋时期。

1. 鼎足（2015JXJ：20）

2. 陶罐（2015JXJ：2）

3. 鼎足（2015JXJ：8）

4. 鼎足（2015JXJ：24）

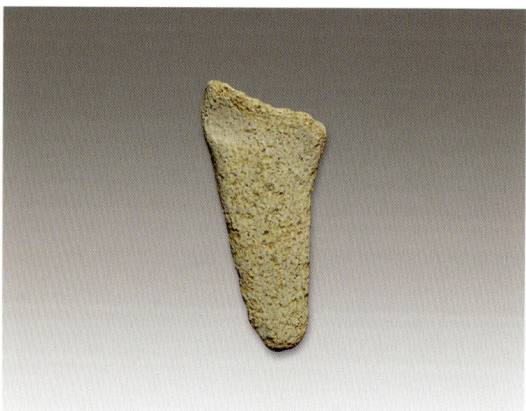

5. 鼎足（2015JXJ：18）

6. 鬲足（2015JXJ：23）

图版二二　香岭山遗址采集陶器

1. 陶盆（2015JXJ：3）

2. 鼎足（2015JXJ：9）

3. 陶刀（2015JXJ：28）

4. 陶刀（2015JXJ：30）

图版二三　香岭山遗址采集陶器

香岭山遗址东北侧为牛车板河墩下环壕遗址，窑上山遗址居于香岭山遗址与牛车板河墩下环壕之间，三者之间关系应十分密切。该遗址的发现对区域聚落形态演进研究及文化序列建构等提供了十分重要的实物资料。

八　高峰村面前山遗址

1. 遗址概况

该遗址位于琅琚镇高峰村南部（图三六五），东距 966 县道约 500 米，东北距香岭山遗址约 240 米，西距老南坑约 700 米（图三六六）。遗址平面呈不规则形，长径约 270 米，短径约 140 米，地形东西长，南北窄。为一山岗坡地，地势中部高，南、北部较低。遗址地表经过平整，种植有橘子树（图三六七），植被较稀松。遗址南、北部有水塘，西部为农田，东部为民居。该遗址地理坐标为：北纬 27°53′12.7″，东经 116°39′13.1″，海拔 67 米。

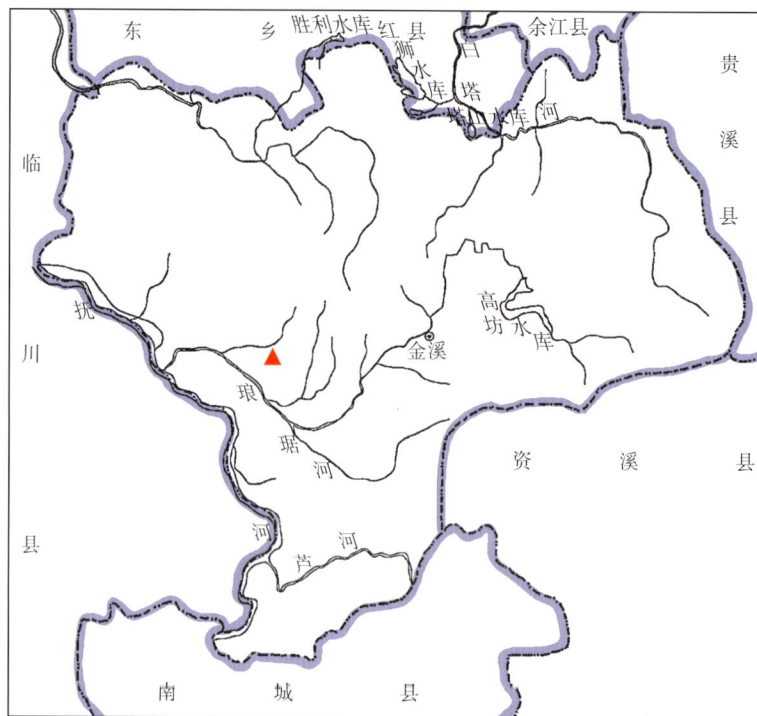

图三六五　高峰村面前山遗址位置图

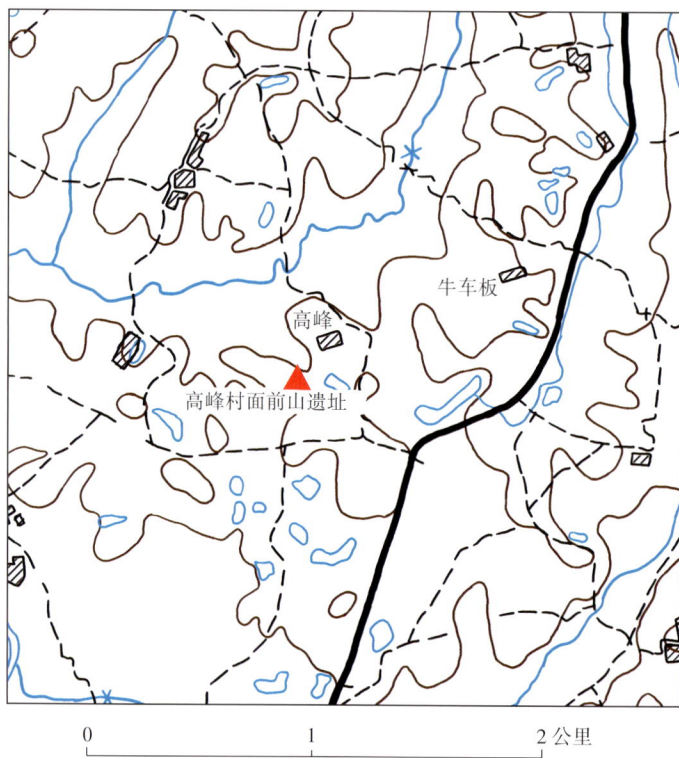

图三六六　高峰村面前山遗址地貌图

图三六七　高峰村面前山遗址远景图（由西向东）

2. 遗物介绍

遗址临近琅琚河，地形为缓坡状，地理环境较为优越。采集遗物较少，器类有石器和陶器。

（1）石器

石刀　1件。

2015JGM：1，青灰色砂岩磨制而成，弧背，一侧残，单面刃，上下面较为平整，器表磨制光滑。残长5.3、宽3.5厘米（图三六八，2；图版二四，6）。

石镞　1件。

2015JGM：2，青灰色闪长岩磨制而成，前锋较钝，两侧刃锋利，中部起脊，直铤。残高7.9厘米（图三六八，1；图版二五，1）。

（2）陶器

陶器以夹砂陶为主，印纹硬陶较少，夹砂陶以灰色、灰褐色居多，印纹硬陶以灰色、灰褐色为主，纹饰有绳纹（图三六九，1、2、3、5）、交错绳纹（图三六九，4）。器形主要有罐。

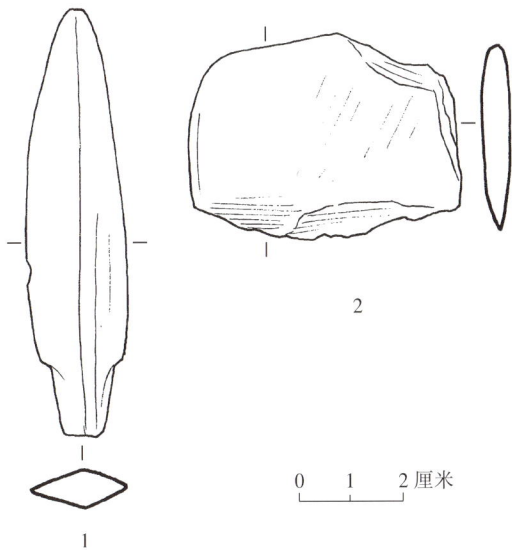

图三六八　高峰村面前山遗址采集石器

1. 石镞（2015JGM：2）　2. 石刀（2015JGM：1）

图三六九　高峰村面前山遗址采集陶片纹饰拓片
1、2、3、5. 绳纹　4. 交错绳纹

圈足　1件。

2015JGM：3，黄褐色硬陶，矮圈足，近底端外撇。圈足内外壁均见轮制痕迹。残高4.0、底径18.0厘米（图三七〇，3）。

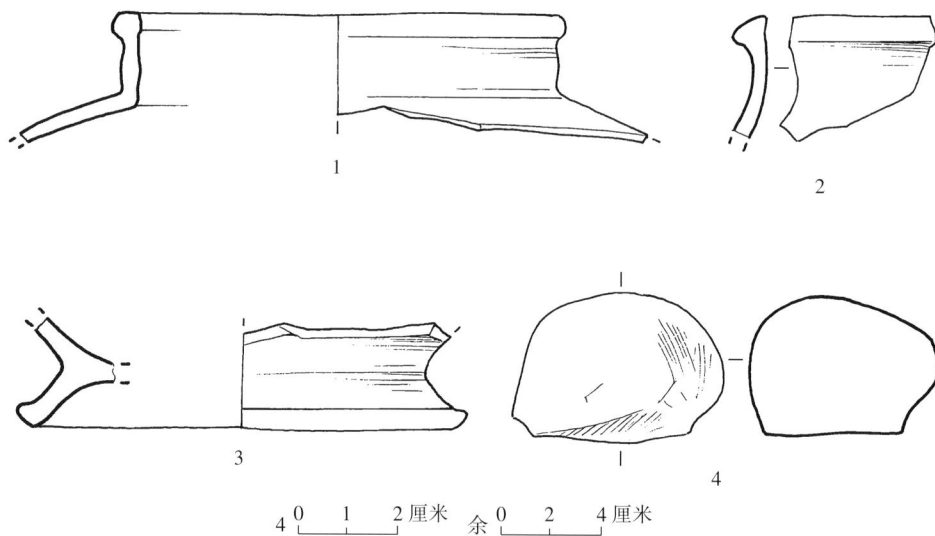

图三七〇　高峰村面前山遗址采集陶器
1、2. 罐（2015JGM：5、2015JGM：4）　3. 圈足（2015JGM：3）　4. 器盖纽（2015JGM：22）

罐　2件。

2015JGM：5，灰色硬陶，直口，圆唇，弧肩。素面。残高4.4、口径17.0厘米（图三七〇，1；图版二四，4）。

2015JGM：4，灰褐色硬陶，侈口，方唇，内外壁可见轮制痕迹。素面。残高4.8厘米（图三七〇，2）。

鼎足　14 件。据足部形态划分为四型：

A 型：3 件。截面呈"T"字形。

2015JGM：10，夹砂黄褐陶。素面。残高 11.2 厘米（图三七三，1；图版二四，1）。

2015JGM：14，夹砂灰褐陶。素面。残高 11.4 厘米（图三七三，3；图版二四，5）。

2015JGM：11，夹砂灰褐陶。素面。残高 9.0 厘米（图三七三，4）。

B 型：8 件。宽扁状足，分为三亚型：

Ba 型：4 件。边缘有按压痕。

2015JGM：6，夹砂灰褐陶，足侧上部有一对按压凹窝。残高 6.0 厘米（图三七二，3）。

2015JGM：15，夹砂灰陶，足侧上部可见一对按压凹窝。残高 5.4 厘米（图三七二，4）。

2015JGM：17，夹砂灰陶，足侧可见三对按压凹窝。残高 9.6 厘米（图三七一，5；图版二四，3）。

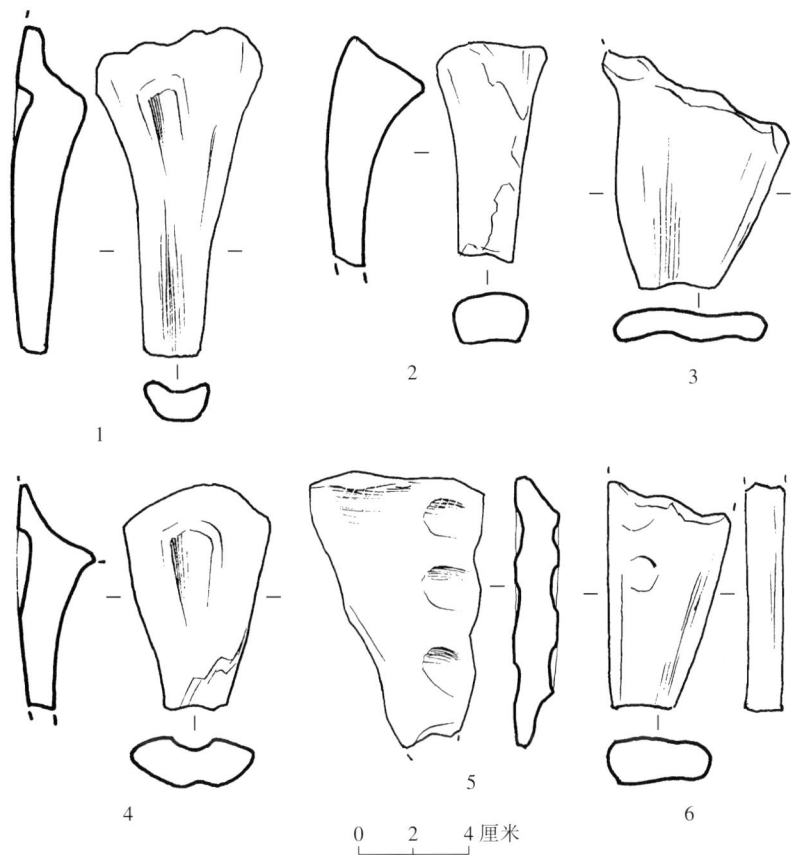

图三七一　高峰村面前山遗址采集鼎足

1、4. Bc 型鼎足（2015JGM：7、2015JGM：12）　2、6. C 型鼎足（2015JGM：13、2015JGM：16）　3. Bb 型鼎足（2015JGM：18）　5. Ba 型鼎足（2015JGM：17）

2015JGM：19，夹砂黄褐陶，足侧上部可见三对按压凹窝。残高 8.0 厘米（图三七二，2）。

Bb 型：2 件。未见按压痕。

2015JGM：18，夹砂灰褐陶。素面。残高 8.2 厘米（图三七一，3）。

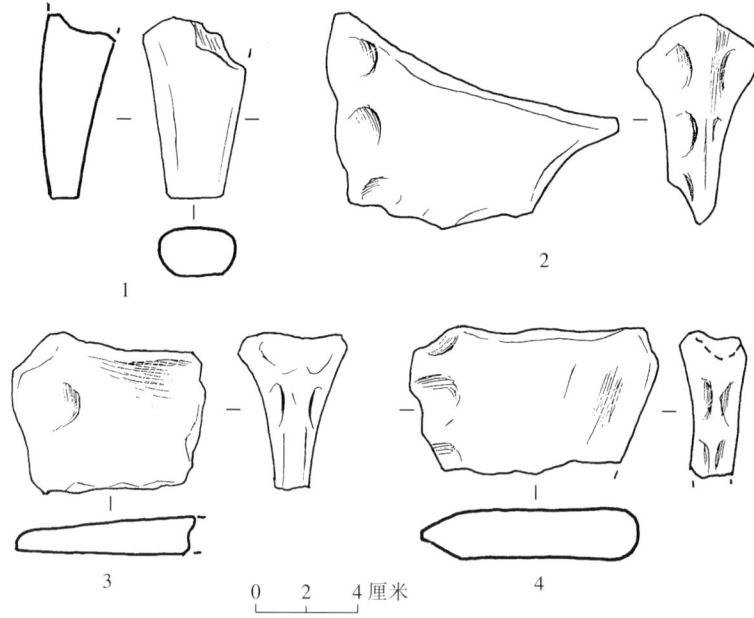

0　2　4 厘米

图三七二　高峰村面前山遗址采集鼎足

1. C 型鼎足（2015JGM：8）　　2～4. Ba 型鼎足（2015JGM：19、2015JGM：6、2015JGM：15）

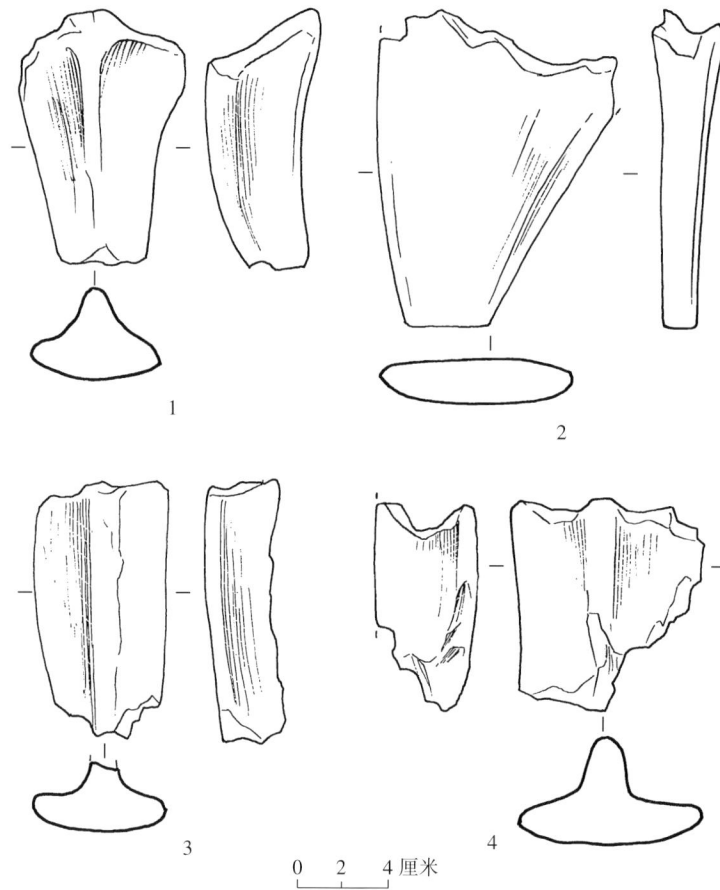

0　2　4 厘米

图三七三　高峰村面前山遗址采集鼎足

1、3、4. A 型鼎足（2015JGM：10、2015JGM：14、2015JGM：11）　　2. Bb 型鼎足（2015JGM：9）

2015JGM：9，夹砂黄褐陶。素面。残高 13.6 厘米（图三七三，2）。

Bc 型：2 件。宽扁状，器表见竖向凹槽。

2015JGM：7，夹砂灰陶。残高 11.6 厘米（图三七一，1；图版二四，2）。

2015JGM：12，夹砂灰褐陶。残高 8.0 厘米（图三七一，4）。

C 型：3 件。扁柱状足。

2015JGM：13，夹砂灰陶。素面。残高 8.0 厘米（图三七一，2）。

2015JGM：16，夹砂黄褐陶。素面。残高 8.0 厘米（图三七一，6）。

2015JGM：8，夹砂黄褐陶。素面。残高 7.0 厘米（图三七二，1）。

陶刀　2 件。

2015JGM：21，夹砂灰陶，略残，单面斜刃。素面。残长 4.2、宽 2.8 厘米（图三七四，1）。

2015JGM：20，夹砂灰陶，弧背，单面斜刃，近背部有两圆形穿孔。素面。残长 5.8、宽 2.7 厘米（图三七四，2；图版二五，2）。

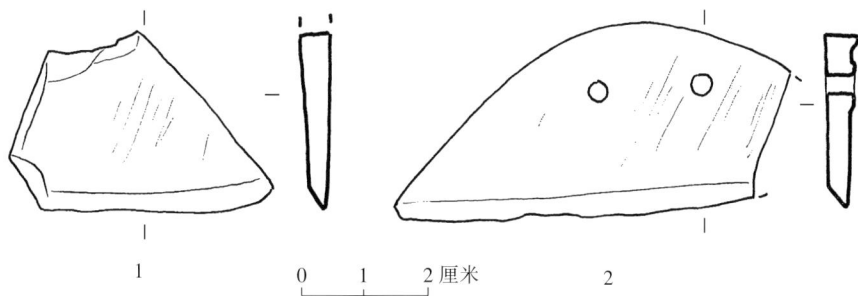

图三七四　高峰村面前山遗址采集陶刀
1、2. 刀（2015JGM：21、2015JGM：20）

盖纽　1 件。

2015JGM：22，夹砂灰陶，呈扁球状。素面。残长 4.2 厘米（图三五一，4）。

3. 遗址性质与年代

高峰村面前山遗址是一处典型的岗地类聚落，从该遗址采集陶器来看，应存在早晚差异，说明遗址延续时间较长。通过比较，可将所获遗存划分为三个年代组：

第 1 组：以三棱状鼎足（A 型鼎足）为代表。此类鼎足在周边遗址发现较多，其年代可推定为新石器时代末至夏代。

第 2 组：以宽扁状鼎足（Ba 型、Bc 型鼎足）为代表。所见鼎足器表多见刻槽或凹窝，其年代应为商代晚期至西周时期。

第 3 组：以 Bb 型、C 型陶鼎足、小直口罐为代表。该组所见鼎足均为素面，具有东周时期鼎足特征。

因此，可初步判断该遗址的年代为新石器时代末期至春秋时期。高峰村面前山遗址的发现与研究为区域文化序列建立及聚落形态演进等研究提供了十分重要的考古资料。

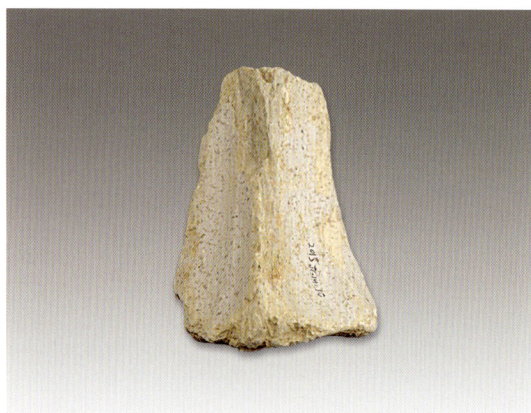

1. 鼎足（2015JGM：10）

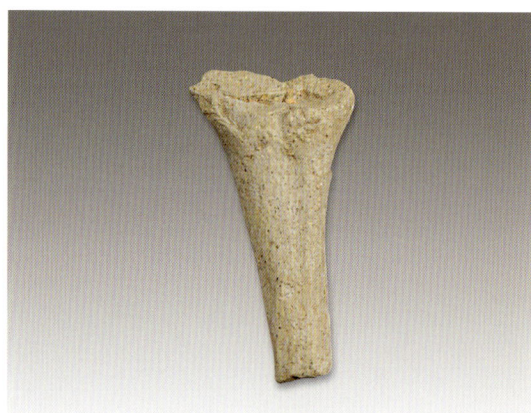

2. 鼎足（2015JGM：7）

3. 鼎足（2015JGM：17）

4. 陶罐（2015JGM：5）

5. 鼎足（2015JGM：14）

6. 石刀（2015JGM：1）

图版二四　高峰村面前山遗址采集遗物

1. 石镞（2015JGM：2）　　　　　　　　　2. 陶刀（2015JGM：20）

图版二五　高峰村面前山遗址采集遗物

九　牛家山遗址

1. 遗址概况

牛家山遗址位于琅琚镇城上村委会城上刘家村东南部（图三七五），西距邹坊郑家约660米，西北距城上刘家村约450米，西南距禾场山约800米，东距温源全家约1.5公里（图三七六）。该遗址地理坐标为：北纬27°53′43.8″，东经116°41′18.9″，海拔78米。遗址为一山岗地带，地势东

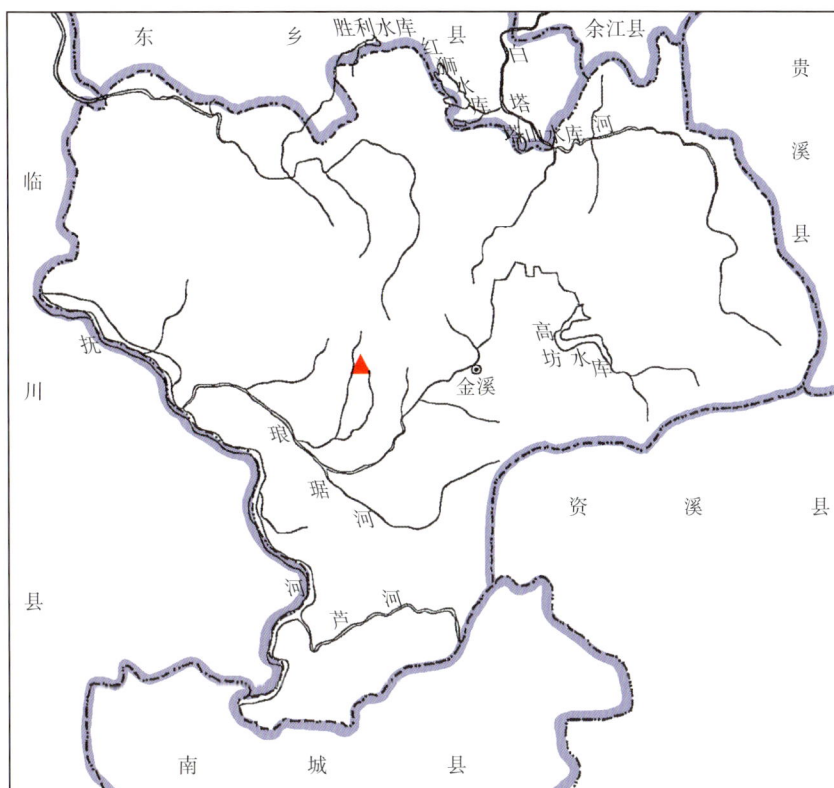

图三七五　牛家山遗址位置图

高西低。遗址北部经过平整土地，东北部和中部种植有栀子树，南部现种植有小树。遗址北和东侧为树林，南侧为农田（图三七七）。

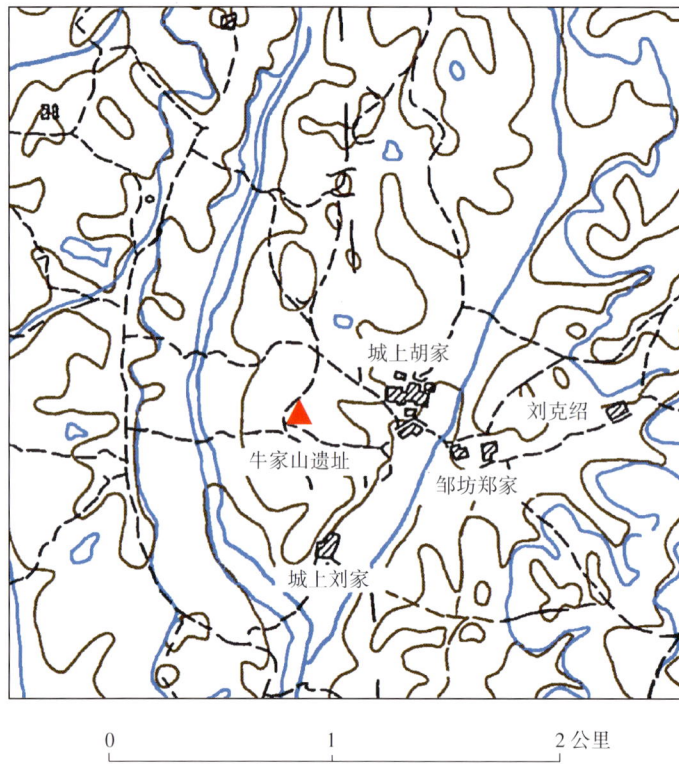

图三七六　牛家山遗址地貌图

图三七七　牛家山遗址远景图（由北向南）

牛家山遗址位于琅琚河支流沿岸，地理环境优越，适合古人居住。遗址采集遗物较为丰富，主要有石器和陶器。以下逐一进行介绍。

2. 遗物介绍

（1）石器

石镞　4件。

2015JNJ：1，青灰色砂岩磨制而成，前锋略钝，两侧刃锋利，铤残。残高1.6、厚0.4厘米（图三七九，3）。

2015JNJ：2，青灰色砂岩磨制而成，前锋残，两侧刃锋利，中部起脊，锥状短铤。残高2.5、厚0.4厘米（图三七九，2）。

2015JNJ：4，青灰色砂岩磨制而成，呈柱状，锥状铤。表面磨制光滑。残高3.5、宽0.9厘米（图三七九，4；图版二七，4）。

2015JNJ：7，青灰色砂岩磨制而成，刃部较钝，两侧斜直。器表较为光滑。残高6.0、宽1.5、厚0.6厘米（图三七九，5）。

石斧　6件。

2015JNJ：16，褐色砂岩打制而成，两侧内凹，边缘有使用疤痕，底端略经磨制成刃。残高7.3、宽5.6、厚2.3厘米（图三七八，1）。

2015JNJ：5，黄褐色页岩磨制而成，平面近三角形，底端磨制成刃。器表不甚平整。残高5.7、宽6.4、厚0.8厘米（图三七八，2）。

2015JNJ：10，灰色闪长岩磨制而成，扁平状，顶部残，两侧斜直，双面磨制成弧刃。器表磨制光滑。残高7.3、宽7.0、厚3.3厘米（图三七八，5）。

2015JNJ：3，黄褐色砂岩磨制而成，顶端及一侧残，双面磨成弧刃，器表磨制光滑。残高6.2、宽2.4、厚2.6厘米（图三七八，6；图版二七，2）。

2015JNJ：6，灰褐色闪长岩磨制而成，两端残，截面呈扁柱状，两侧圆弧。制作较为规整。残高5.9、宽5.1、厚3.4厘米（图三七九，1）。

2015JNJ：13，红色砂岩磨制而成，顶部略残，两侧斜直，双面磨制成弧刃。磨制较为规整。残高13.8、宽6.6、厚4.6厘米（图三八〇；图版二八，2）。

砺石　1件。

2015JNJ：14，红色砂岩磨制而成，器形较为规整，研磨面微凹。残高10.8、宽11.0、厚9.4厘米（图三七八，3）。

石锛　1件。

2015JNJ：15，红色砂岩磨制而成，平面呈长方形，顶部略残，两侧平直，单面斜刃。器表磨制光滑。残高6.3、宽4.3、厚1.4厘米（图三七八，4）。

（2）陶器

陶器主要以夹砂灰、红、灰褐、红褐陶为主，器形见有罐、鼎等；印纹硬陶数量较少，陶色主要有灰、浅红、红褐色，纹饰主要有方格纹（图三八二，1）、变体雷纹、折线纹（图三八二，2、

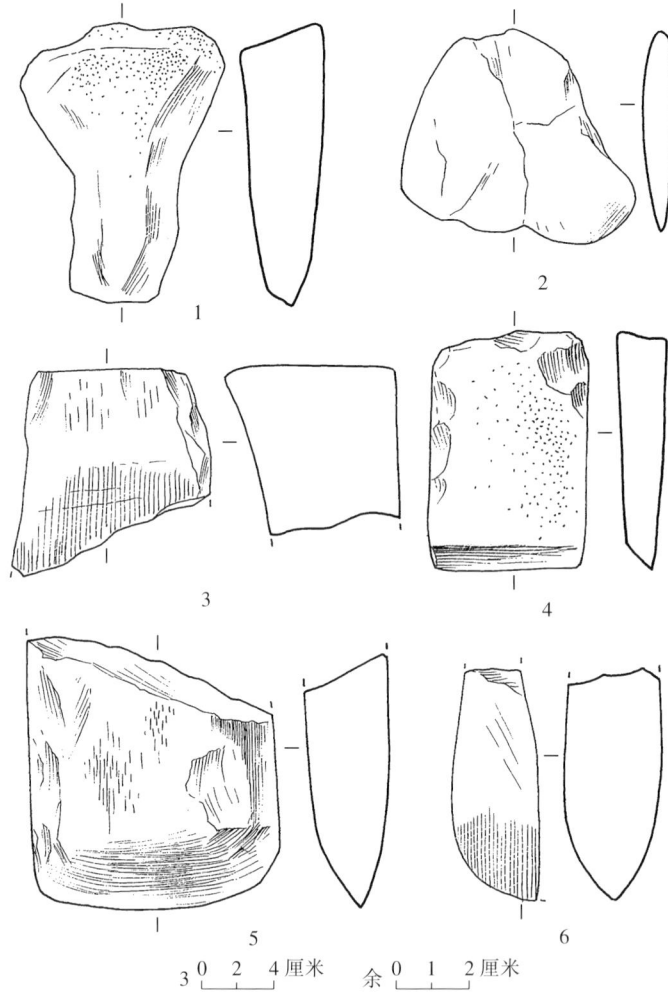

图三七八　牛家山遗址采集石器

1、2、5、6. 石斧（2015JNJ：16、2015JNJ：5、2015JNJ：10、2015JNJ：3）　3 砺石（2015JNJ：14）　4 石锛（2015JNJ：15）

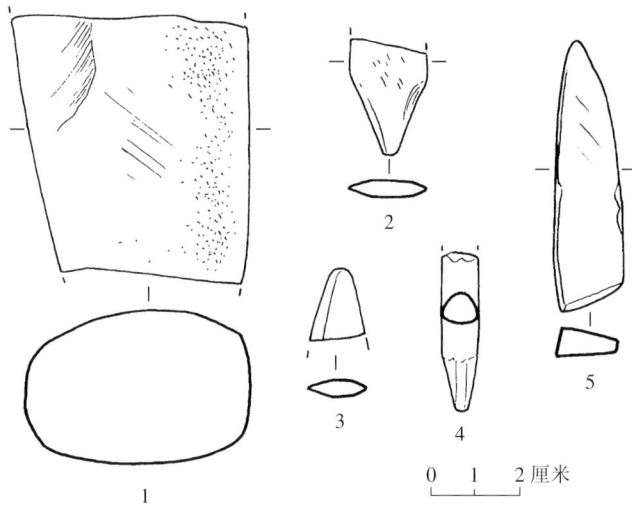

图三七九　牛家山遗址采集石器

1. 石斧（2015JNJ：6）　2～5. 石镞（2015JNJ：2、2015JNJ：1、4、7）

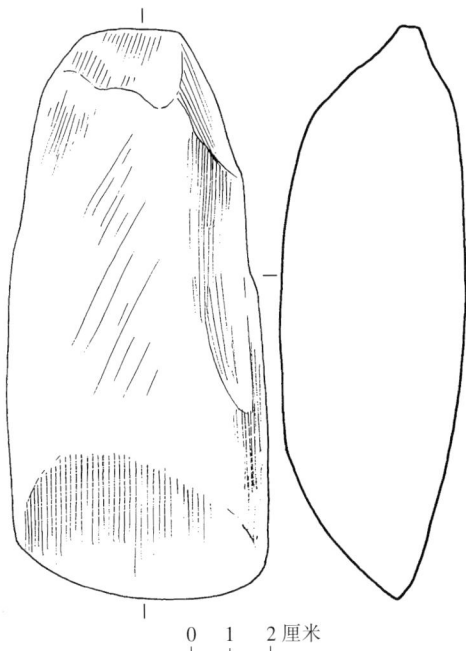

图三八〇 牛家山遗址采集石斧（2015JNJ：13）

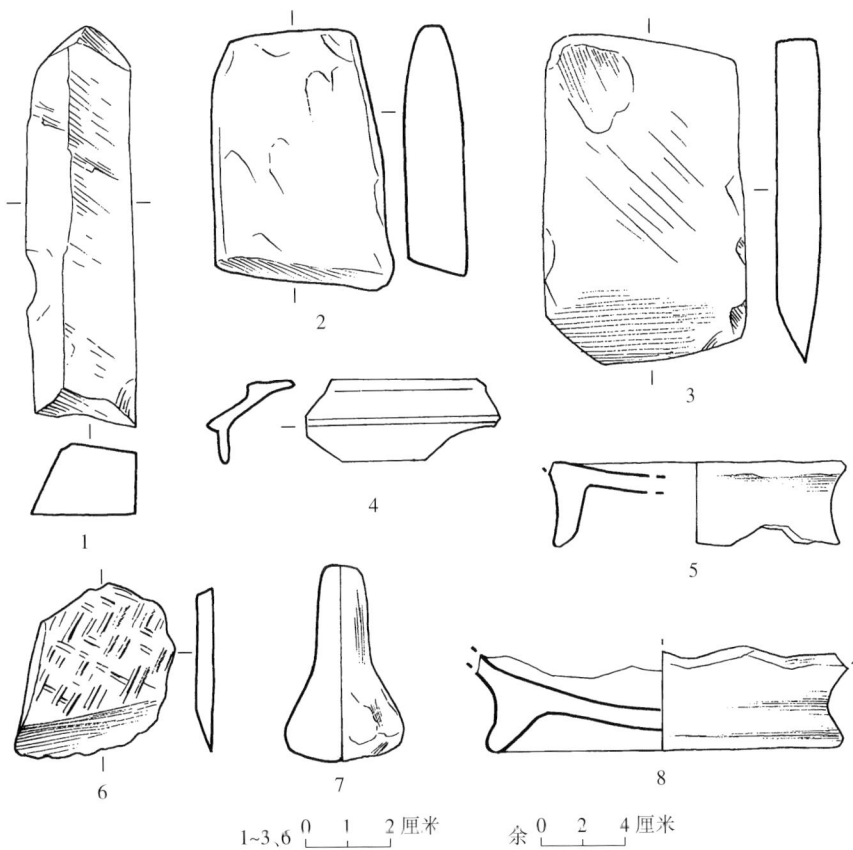

图三八一 牛家山遗址采集遗物

1、3.陶锛（2015JNJ：9、2015JNJ：11） 2.陶斧（2015JNJ：12） 4.器盖（2015JNJ：8） 5、8.器底（2015JNJ：29、2015JNJ：30） 6.陶刀（2015JNJ：89） 7.陶垫（2015JNJ：86）

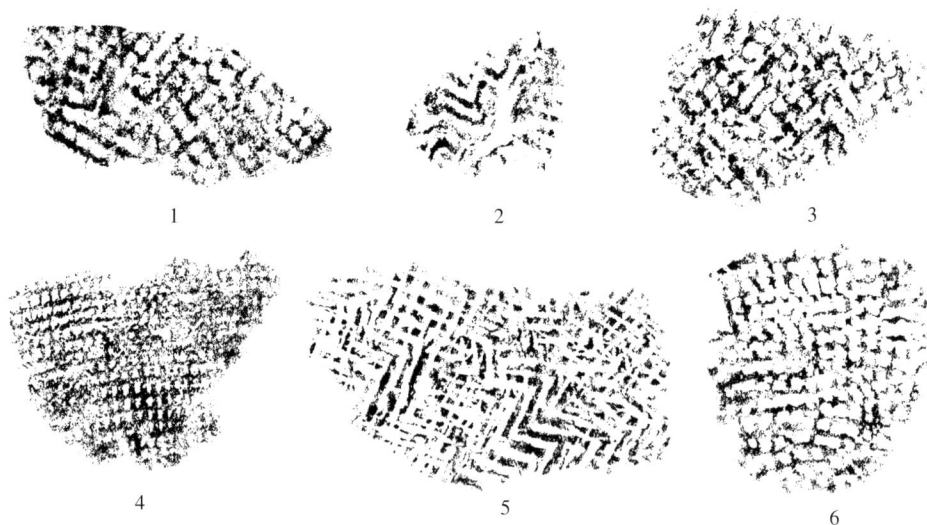

图三八二　牛家山遗址采集陶片纹饰拓片
1. 方格纹　2、5. 折线纹　3、4、6. 小方格纹

5）、小方格纹（图三八二，3、4、6）、短线纹、网格纹等，器形见有罐、缸等。

器盖　1件。

2015JNJ：8，夹砂浅黄陶，子母口，口沿上部有一周凸棱。素面。残高3.8厘米（图三八一，4）。

陶锛　2件。

2015JNJ：9，浅黄色夹砂陶，两端残，一侧较为平整。残高9.1、宽2.3、厚1.6厘米（图三八一，1）。

2015JNJ：11，夹细砂红褐陶，顶部斜直，两侧近直，单面磨制成刃。器表光滑。残高7.5、宽4.8、厚1.1厘米（图三八一，3；图版二七，1）。

陶斧　1件。

2015JNJ：12，夹砂灰陶，顶部平整，两侧平整，双面磨制成刃。器表较平整。残高6.0、宽4.1、厚1.5厘米（图三八一，2；图版二八，4）。

罐　10件。据口沿及腹部特征可分为三型：

A型：4件。直口，沿下见有凸棱，近直腹。

2015JNJ：19，夹砂灰白陶，尖圆唇。素面。残高6.0厘米（图三八三，2）。

2015JNJ：26，夹砂浅黄陶，尖唇。素面。残高6.0厘米（图三八三，4）。

2015JNJ：24，夹砂灰陶，尖唇。素面。残高5.0厘米（图三八三，5）。

2015JNJ：20，夹砂灰黑陶，尖圆唇。素面。残高6.0厘米（图三八三，8）。

B型：5件。侈口，斜弧腹。据口沿特征分为两个亚型。

Ba型：3件。卷沿。

2015JNJ：27，灰褐色硬陶，圆唇，沿面有三道凹槽。器表施菱格纹与竖线纹组合纹饰。残高5.4厘米（图三八三，3）。

2015JNJ：25，黄褐色硬陶，尖圆唇。器表施方格纹。残高8.0厘米（图三八三，6）。

2015JNJ：23，灰褐色硬陶，方唇。器表施折线纹与竖线纹组合纹饰。残高7.8厘米（图三八三，7；图版二六，5）。

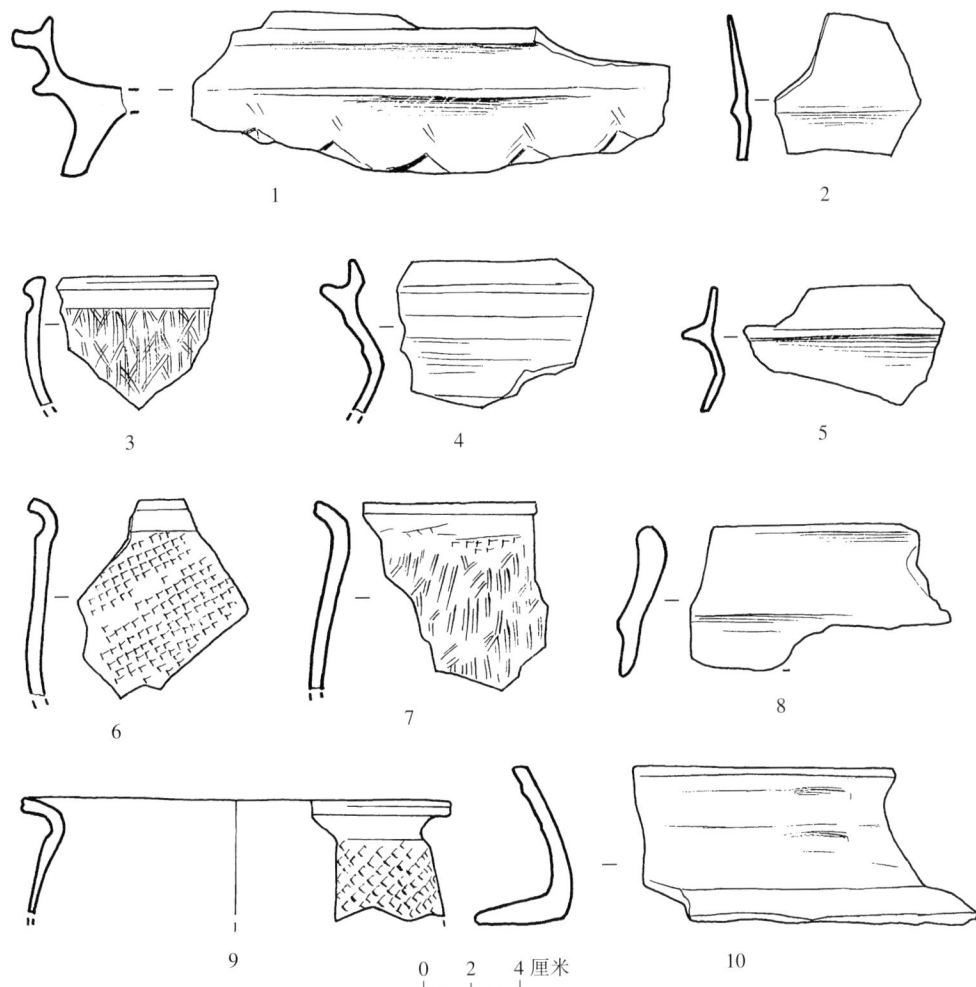

图三八三　牛家山遗址采集陶器残片

1. 缸（2015JNJ：28）　　2、4、5、8. A 型罐（2015JNJ：19、2015JNJ：26、2015JNJ：24、2015JNJ：20）　　3、6、7. Ba 型罐（2015JNJ：27、2015JNJ：25、2015JNJ：23）　　9. Bb 型罐（2015JNJ：21）　　10. C 型罐（2015JNJ：17）

Bb 型：2 件。宽平折沿。

2015JNJ：21，夹砂浅黄陶，方唇。器表施方格纹。残高4.8、口径18.0厘米（图三八三，9；图版二九，1）。

2015JNJ：18，灰色硬陶，圆唇，沿面有三道凹槽。器表施雷纹、网格纹、线纹组合纹饰。残高11.6、口径22.0厘米（图三八四；图版二六，4）。

C 型：1 件。宽折沿，斜肩，鼓腹。

2015JNJ：17，夹砂灰黑陶，方唇。素面。残高6.4厘米（图三八三，10）。

大口缸　1 件。

2015JNJ：28，夹砂红陶，直口，卷沿，方唇。沿下可见两周凸棱，折肩处有戳印纹。残高6.2

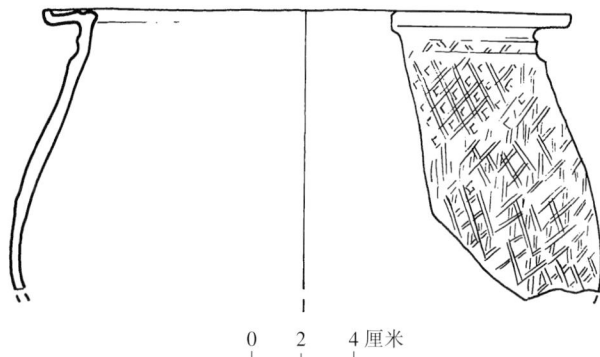

图三八四　牛家山遗址采集陶罐（Bb 型）（2015JNJ：18）

厘米（图三八三，1）。

器底　2 件。

2015JNJ：29，夹砂浅灰陶，近平底，矮圈足。素面。残高 4.0 厘米（图三八一，5）。

2015JNJ：30，夹粗砂红陶，圜底，矮圈足。素面。残高 4.8 厘米（图三八一，8）。

鼎足　52 件。据形态差异，可分为六型。

A 型：5 件。扁弧状，近铲形。

2015JNJ：93，夹砂黄褐陶，两面均有斜向短刻槽。残高 6.0 厘米（图三八五，1）。

2015JNJ：94，夹砂浅黄陶，一侧有两排枝叶状短刻槽。残高 5.2 厘米（图三八五，2）。

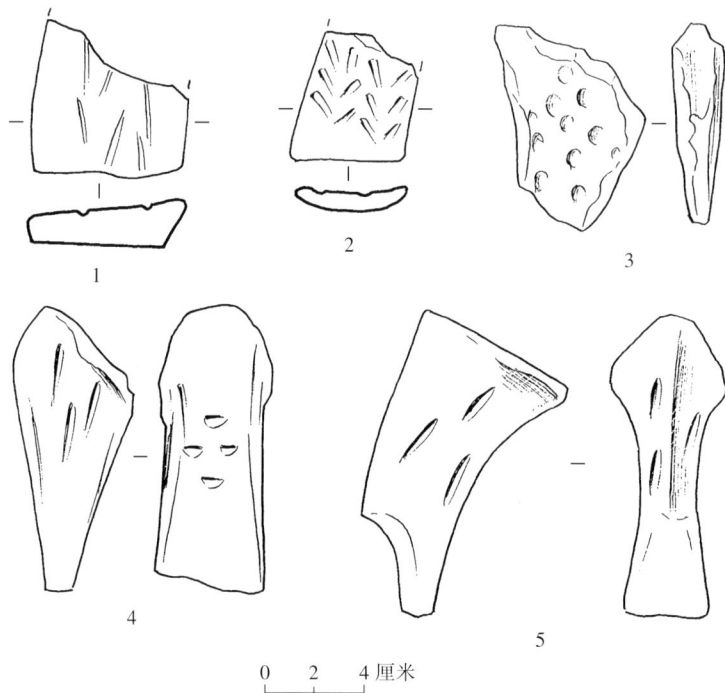

图三八五　牛家山遗址采集陶鼎足

1～5. A 型鼎足（2015JNJ：93、2015JNJ：94、2015JNJ：40、2015JNJ：62、2015JNJ：46）

2015JNJ：40，夹砂浅黄陶，器表可见对向戳印短刻槽。残高 8.0 厘米（图三八五，3；图版二九，2）。

2015JNJ：62，夹砂黄褐陶，足上部可见戳印短刻槽。残高11.2厘米（图三八五，4）。

2015JNJ：46，夹砂灰白陶，外缘近底部内凹呈铲状足，足两侧可见戳印短刻线。残高12.0厘米（图三八五，5；图版二六，6）。

B型：7件。管状扁足。

2015JNJ：60，夹砂黄陶。素面。残高6.8厘米（图三八六，1）。

2015JNJ：42，夹砂浅红陶，一侧足上部有一近三角形穿孔。残高7.0厘米（图三八六，2）。

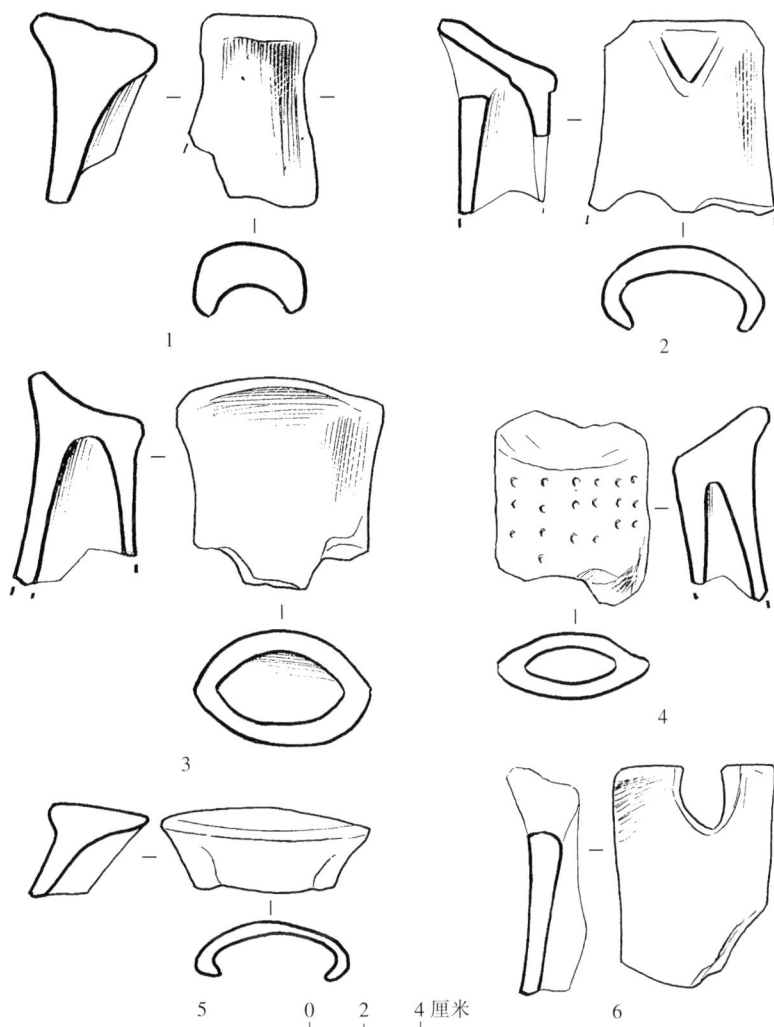

图三八六 牛家山遗址采集陶鼎足

鼎足（2015JNJ：60、2015JNJ：42、2015JNJ：44、2015JNJ：43、2015JNJ：22、2015JNJ：68）

2015JNJ：44，夹砂黄褐陶，一侧足上部可见两圆圈，素面。残高7.6厘米（图三八六，3）。

2015JNJ：43，夹砂灰褐陶。素面。残高7.0厘米（图三八六，4）。

2015JNJ：22，夹砂灰褐陶，一面有两道竖向刻槽。残高3.1厘米（图三八六，5）。

2015JNJ：68，夹砂浅红陶，足部有一圆形穿孔。素面。残高8厘米（图三八六，6）。

2015JNJ：79，夹砂浅红陶，足部可见一圆形穿孔。素面。残高8.0厘米（图三八二；图版二

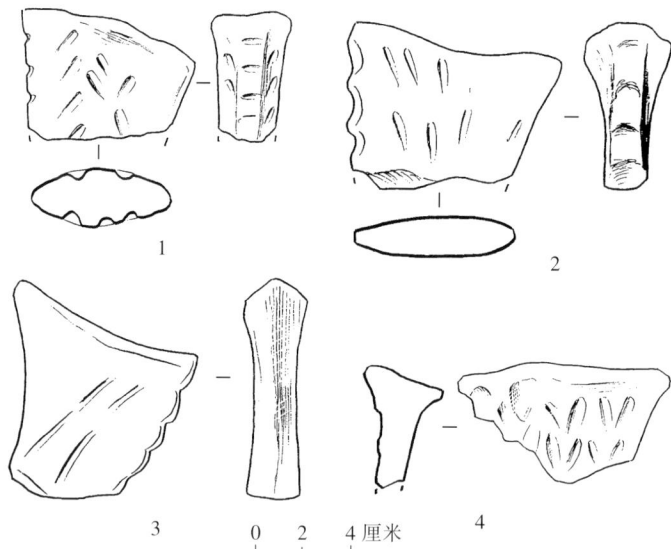

图三八七　牛家山遗址采集陶鼎足

1~4. C 型鼎足（2015JNJ：38、2015JNJ：52、2015JNJ：35、2015JNJ：33）

六，1）。

C 型：9 件。舌状扁足。

2015JNJ：38，夹砂浅红陶，器表可见对向戳印短刻线。残高 5.2 厘米（图三八七，1）。

2015JNJ：52，夹砂浅黄陶，器表可见短刻槽。残高 7.0 厘米（图三八七，2）。

2015JNJ：35，夹砂浅红陶，器表可见戳印短刻槽。残高 9.2 厘米（图三八七，3；图版二六，2）。

2015JNJ：33，夹砂浅黄陶，一面可见对向戳印短刻槽。残高 5.0 厘米（图三八七，4）。

2015JNJ：45，夹砂黄褐陶。素面。残高 3.2 厘米（图三八九，3）。

2015JNJ：54，夹砂黄褐陶。素面。残高 5.0 厘米（图三八九，5）。

2015JNJ：36，夹砂红褐陶。素面。残高 7.0 厘米（图三九〇，2）。

2015JNJ：47，夹砂灰褐陶。素面。残高 8.6 厘米（图三九〇，8；图版二九，3）。

2015JNJ：65，夹砂黄陶，一面可见竖向刻槽。残高 9.8 厘米（图三九一，8）。

D 型：18 件。宽扁状足。

2015JNJ：55，夹砂黄陶，足顶部见有两小按窝。残高 8.2 厘米（图三八八，1）。

2015JNJ：63，夹砂浅黄陶，足上部可见一按压凹窝。残高 7.0 厘米（图三八八，4）。

2015JNJ：64，夹砂灰陶，一面可见交错短刻线。残高 9.0 厘米（图三八八，7）。

2015JNJ：59，夹砂灰陶，足顶部施竖向短刻线。残高 10.0 厘米（图三八八，9）。

2015JNJ：53，夹砂灰白陶。素面。残高 9.2 厘米（图三八九，1）。

2015JNJ：61，夹砂黄陶，足上部有一个按压凹窝。残高 13.0 厘米（图三八九，4）。

2015JNJ：49，夹砂灰陶，足顶部可见一按压圆窝。残高 7.0 厘米（图三九〇，4）。

2015JNJ：58，夹砂浅红陶。素面。残高 8.6 厘米（图三九〇，5）。

2015JNJ：41，夹砂红陶。两侧可见戳印纹。残高 9.0 厘米（图三九〇，6）。

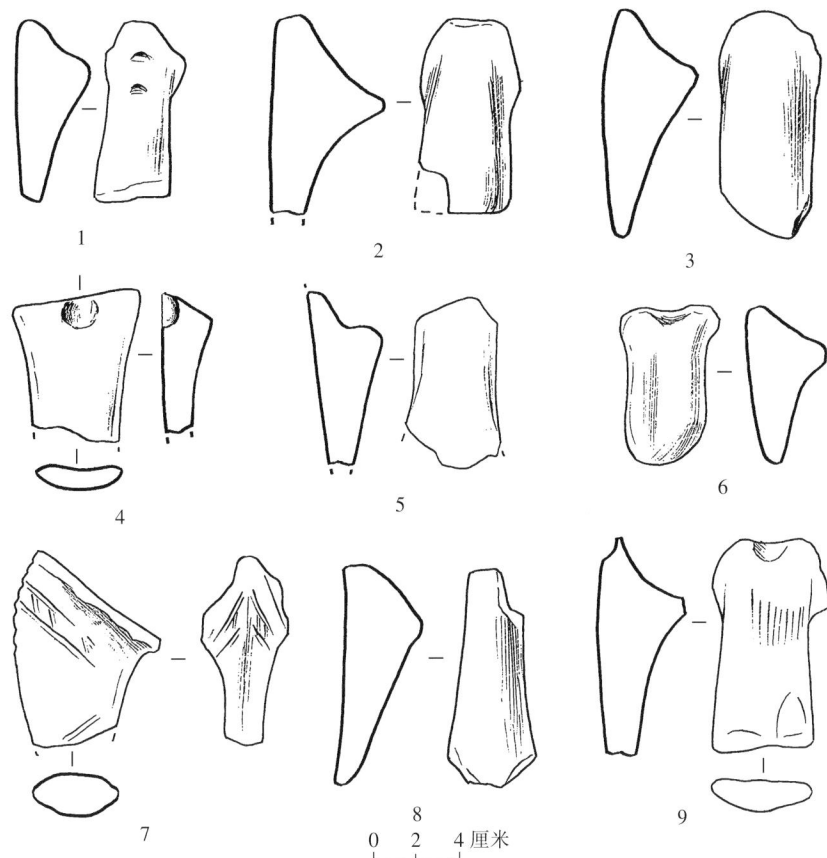

图三八八　牛家山遗址采集陶鼎足

1、4、7、9. D 型鼎足（2015JNJ：55、2015JNJ：63、2015JNJ：64、2015JNJ：59）　2、3、5、6、8. F 型鼎足（2015JNJ：72、2015JNJ：74、2015JNJ：75、2015JNJ：76、2015JNJ：66）

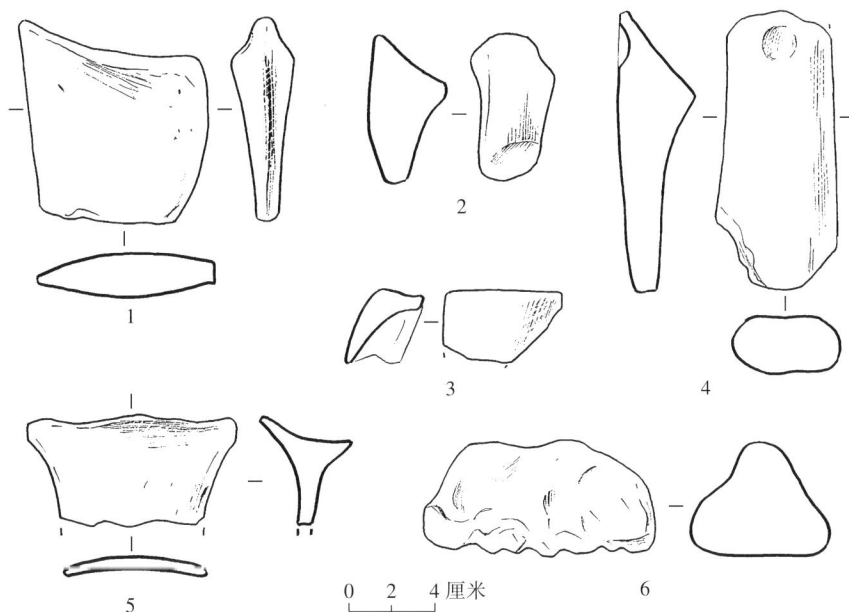

图三八九　牛家山遗址采集陶鼎足

　1、4. D 型鼎足（2015JNJ：53、2015JNJ：61）　2. F 型鼎足（2015JNJ：77）　3、5. C 型鼎足（2015JNJ：45、2015JNJ：54）　6. E 型鼎足（2015JNJ：37）

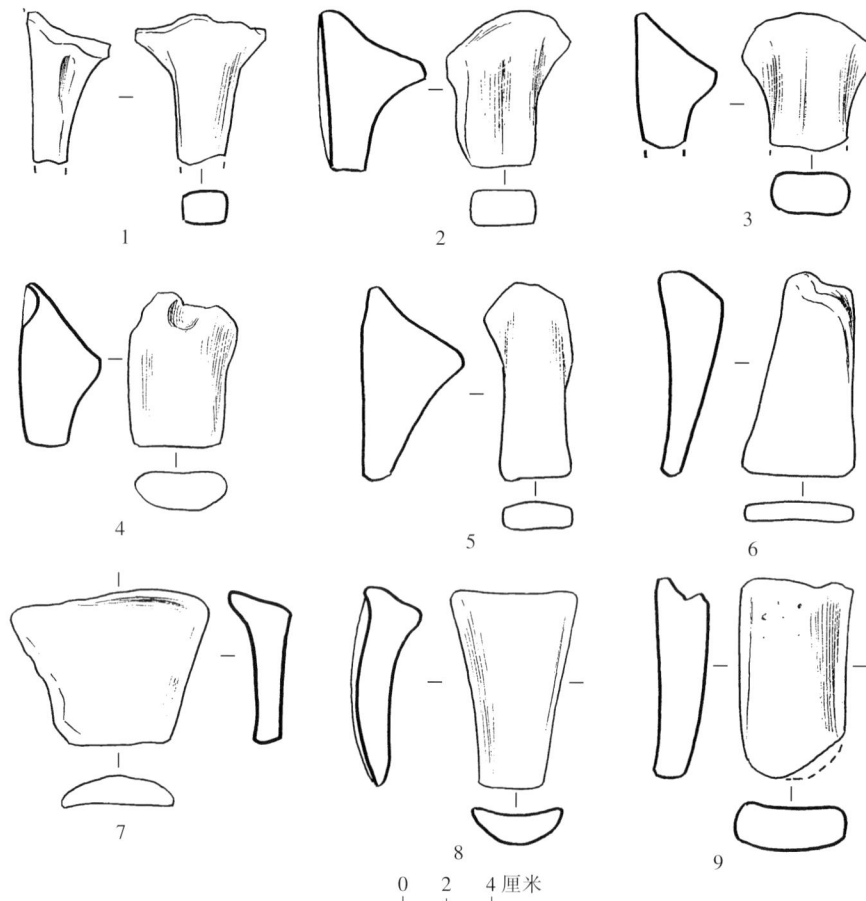

图三九〇　牛家山遗址采集陶鼎足

1、3. F 型鼎足（2015JNJ：31、2015JNJ：50）　　2、8. C 型鼎足（2015JNJ：36、2015JNJ：47）　　4～7、9. D 型鼎足（2015JNJ：49、2015JNJ：58、2015JNJ：41、2015JNJ：51、2015JNJ：48）

　　2015JNJ：51，夹砂红陶。素面。残高 7.0 厘米（图三九〇，7）。

　　2015JNJ：48，夹砂灰陶。素面。残高 9.0 厘米（图三九〇，9）。

　　2015JNJ：32，夹砂红褐陶。素面。残高 7.4 厘米（图三九一，1）。

　　2015JNJ：34，夹砂黄陶，一面可见竖向戳印短刻槽。残高 7.4 厘米（图三九一，2）。

　　2015JNJ：56，夹砂灰陶，足顶部可见一按压凹痕。残高 4.8 厘米（图三九一，4）。

　　2015JNJ：57，夹砂黄陶。素面。残高 5.0 厘米（图三九一，5）。

　　2015JNJ：69，夹砂浅红陶。素面。残高 6.2 厘米（图三九一，6）。

　　2015JNJ：67，夹砂灰褐陶。素面。残高 10.0 厘米（图三九一，9）。

　　2015JNJ：70，夹砂黄褐陶，一侧内凹呈铲状，一面可见竖向短刻槽。残高 6.0 厘米（图三九一，11）。

　　E 型：1 件。三棱状鼎足。

　　2015JNJ：37，夹粗砂红褐陶，器表粗糙，一面可见数道凹槽。残高 5.2 厘米（图三八九，6）。

　　F 型：12 件。扁柱状。

　　2015JNJ：72，夹砂黄陶。素面。残高 9.0 厘米（图三八八，2）。

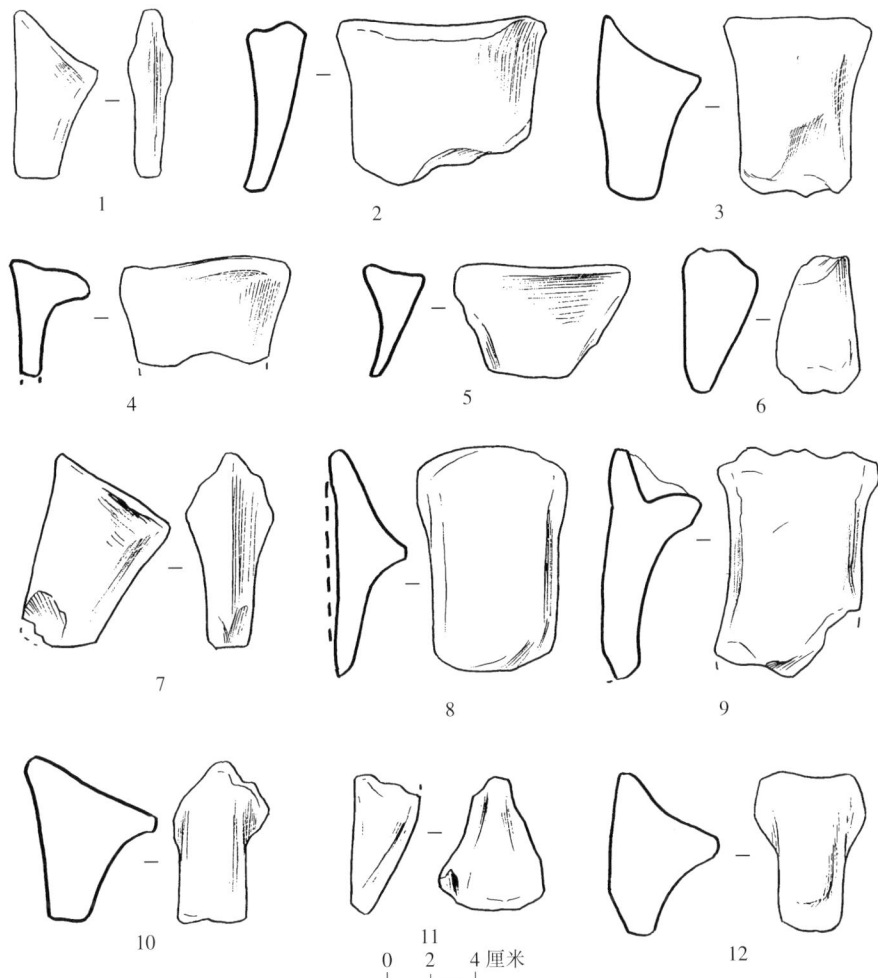

图三九一 牛家山遗址采集陶鼎足

1、2、4~6、9、11. D 型鼎足（2015JNJ：32、2015JNJ：34、2015JNJ：56、2015JNJ：57、2015JNJ：69、2015JNJ：67、2015JNJ：70）

3、7、10、12. F 型鼎足（2015JNJ：39、2015JNJ：78、2015JNJ：71、2015JNJ：73） 8. C 型鼎足（2015JNJ：65）

2015JNJ：74，夹砂灰陶。素面。残高 10.4 厘米（图三八八，3）。

2015JNJ：75，夹砂黄褐陶。素面。残高 8.0 厘米（图三八八，5）。

2015JNJ：76，夹砂红陶。素面。残高 7.4 厘米（图三八八，6）。

2015JNJ：66，夹砂黄陶。素面。残高 10.0 厘米（图三八八，8）。

2015JNJ：77，夹砂浅红陶。素面。残高 7.0 厘米（图三八九，2）。

2015JNJ：31，夹砂灰陶，足上部有按压凹痕。残高 6.6 厘米（图三九〇，1）。

2015JNJ：50，夹砂灰陶。素面。残高 6.0 厘米（图三九〇，3）。

2015JNJ：39，夹砂浅黄陶。素面。残高 8.0 厘米（图三九一，3）。

2015JNJ：78，夹砂黄陶。素面。残高 8.6 厘米（图三九一，7）。

2015JNJ：71，夹砂黄陶。素面。残高 7.2 厘米（图三九一，10）。

2015JNJ：73，夹砂红褐陶。素面。残高 7.0 厘米（图三九一，12；图版二八，3）。

豆柄 6 件。

2015JNJ：80，夹砂浅黄陶，喇叭口状底座。素面。残高 3.4 厘米（图三九三，1）。

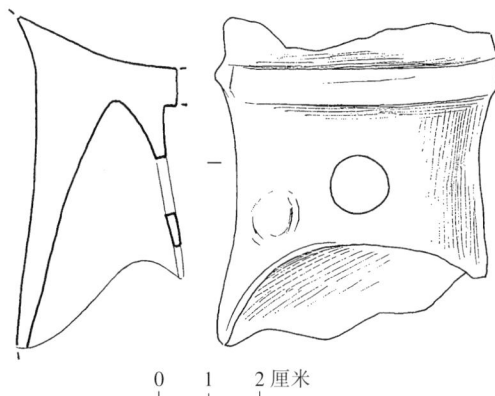

图三九二　牛家山遗址采集陶鼎足（B 型）（2015JNJ：79）

2015JNJ：83，夹砂红陶，喇叭口状底座。素面。残高4.0厘米（图三九三，2；图版二六，3）。

2015JNJ：85，夹砂灰褐陶，柱状实心柄。素面。残高4.0厘米（图三九三，3）。

2015JNJ：81，夹砂浅黄陶，残柄。素面。残高3.6厘米（图三九三，4）。

2015JNJ：82，夹砂灰褐陶，空心残柄。素面。残高4.0厘米（图三九三，5）。

2015JNJ：84，夹砂灰褐陶，喇叭口状底座。素面。残高5.0厘米（图三九三，6；图版二八，6）。

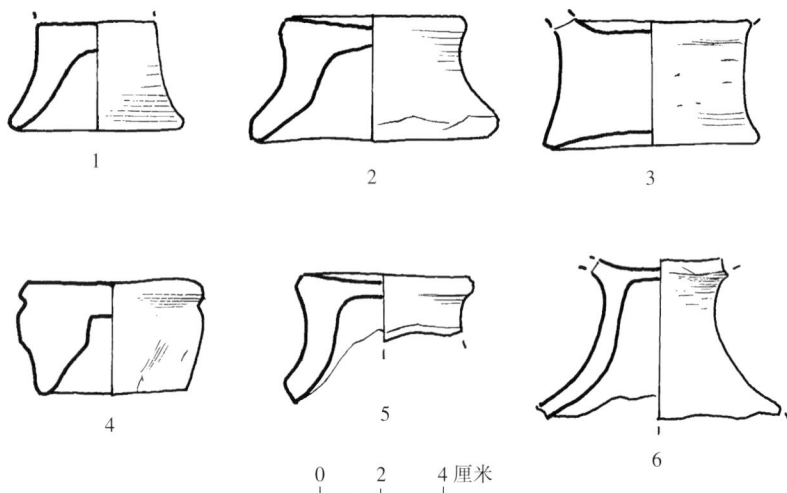

图三九三　牛家山遗址采集陶豆柄

1~6. 豆柄（2015JNJ：80、2015JNJ：83、2015JNJ：85、2015JNJ：81、2015JNJ：82、2015JNJ：84）

陶垫　1件。

2015JNJ：86，夹砂浅黄陶，锥状柄，顶部大致呈半球状。素面。残高9.0厘米（图三八一，7；图版二九，4）。

陶纺轮　4件。

2015JNJ：92，夹砂红褐陶，截面近梯形，中部有一圆形穿孔。素面。直径5.0、孔径0.4厘米（图三九四，1；图版二七，6）。

2015JNJ：87，夹砂灰陶，近鼓形，上下面平直，中部有一圆形穿孔。素面。直径4.4、孔径0.4厘米（图三九四，2；图版二七，5）。

2015JNJ：91，夹砂灰陶，截面近梯形，中部有一圆形穿孔。素面。直径4.4、孔径0.4厘米（图三九四，3；图版二八，1）。

2015JNJ：90，夹砂黄陶，近鼓形，截面呈梯形，中部有一圆形穿孔。素面。直径4.0、孔径0.4厘米（图三九四，4；图版二八，5）。

陶圆饼　1件。

2015JNJ：88，夹砂浅红陶，饼状。素面。直径4.2厘米（图三九四，5）。

陶刀　1件。

2015JNJ：89，夹砂灰陶，背部残，单面斜刃，一侧斜直。一面器表施短线纹。残高4.0厘米（图三八一，6；图版二七，3）。

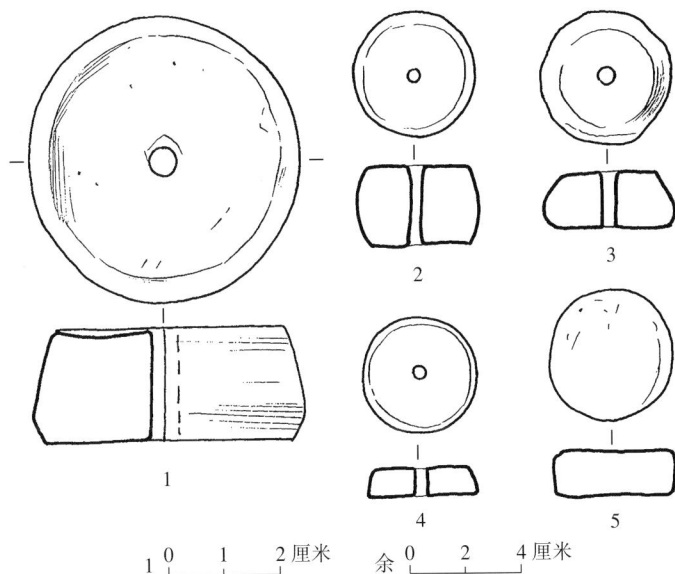

图三九四　牛家山遗址采集陶器

1~4. 纺轮（2015JNJ：92、2015JNJ：87、2015JNJ：91、2015JNJ：90）　5. 陶圆饼（2015JNJ：88）

3. 遗址性质与年代

牛家山遗址采集遗物十分丰富。整体上看，遗址延续时间较长，说明该区域是古人生活的宜居之地。遗址临近小河，距抚河较近，地理环境十分优越。与周边遗存比较，可将牛家山遗址所获遗存分为四个年代组。

第1年代组：以A型、B型鼎足，A型陶罐为代表。这一阶段所见陶器多为夹砂陶，少见硬陶。鼎足颇有特征，呈铲状或管状，器表多见戳印纹装饰。此类鼎足多见于新石器时代晚期遗存，如在广丰社山头遗址①、新余拾年山遗址②等新石器时代晚期的遗存中见到同类器。因此，可以推断该组年代为新石器时代晚期。

---

① 江西省文物考古研究所、厦门大学人类学系、广丰县文物管理所：《江西广丰社山头遗址发掘》，《东南文化》1993年第4期。

② 江西省文物考古研究所、厦门大学人类学系、新余市博物馆：《江西新余市拾年山遗址》，《考古学报》1991年第3期。

1. 鼎足（2015JNJ：79）

2. 鼎足（2015JNJ：35）

3. 豆柄（2015JNJ：83）

4. 陶罐（2015JNJ：18）

5. 陶罐（2015JNJ：23）

6. 鼎足（2015JNJ：46）

图版二六　牛家山遗址采集陶器

第 2 年代组：以 C 型、E 型鼎足，Ba 型罐等为代表。该组所见鼎足与乐安县甲山、金溪县香岭山遗址所见同类器相近。该组年代大致推断为早商或更早的年代，或已进入夏代。

1. 陶锉（2015JNJ：11）

2. 石斧（2015JNJ：3）

3. 陶刀（2015JNJ：89）

4. 石镞（2015JNJ：4）

5. 陶纺轮（2015JNJ：87）

6. 陶纺轮（2015JNJ：92）

图版二七　牛家山遗址采集遗物

第3组：以D型鼎足、Bb型罐、C型罐等为代表。该组所见陶器鼎足为宽扁状，部分器表可见凹窝或按压纹。此类陶鼎足在乐安、宜黄等县多有发现，年代为西周时期或略早。从该组陶罐见有方格纹或"回"字纹等特征，可推断其年代为西周时期或略早。

1. 陶纺轮（2015JNJ：91）

2. 石斧（2015JNJ：13）

3. 鼎足（2015JNJ：73）

4. 陶斧（2015JNJ：12）

5. 陶纺轮（2015JNJ：90）

6. 豆柄（2015JNJ：84）

图版二八　牛家山遗址采集遗物

第 4 组：以 F 型鼎足为代表，硬陶多见有方格纹。该组所见遗存在抚河流域十分常见，年代主要集中在东周时期。由此，可推断第 4 组的年代为春秋时期。

通过以上的年代分析，该遗址延续时间较长，从新石器时代晚期延续至春秋时期。牛家山遗址是一处典型的岗地类聚落，由于地理环境优越，古人在此生活时间较长。牛家山遗址的发现与初步分析为区域文化序列的建立提供了十分重要的实物资料，该遗址亦有助于聚落结构演进等方面的研究。

1. 陶罐（2015JNJ∶21）

2. 鼎足（2015JNJ∶40）

3. 鼎足（2015JNJ∶47）

4. 陶垫（2015JNJ∶86）

图版二九　牛家山遗址采集陶器

一〇　石桥背山遗址

1. 遗址概况

该遗址位于琅琚镇安吉村委会山上聂家村东南部，南邻抚济高速，西北距山上聂家村约 700 米，东南距陈源村约 820 米（图三九五、三九六）。遗址平面呈不规则形，长径约 146 米，短径约 133 米。为一山岗地形，地势较平缓，中部偏东地区稍高，其余地区略低。遗址中部土地经过平整，种植有小树苗，西北部为树林，东部被部分树木、杂草和灌木丛覆盖，植被较茂密；南部为杂草覆盖，西部紧邻人工水渠，其余部分为农田（图三九七、三九八）。该遗址地理坐标为：北纬27°52′33.2″，东经116°37′14.6″，海拔57米。

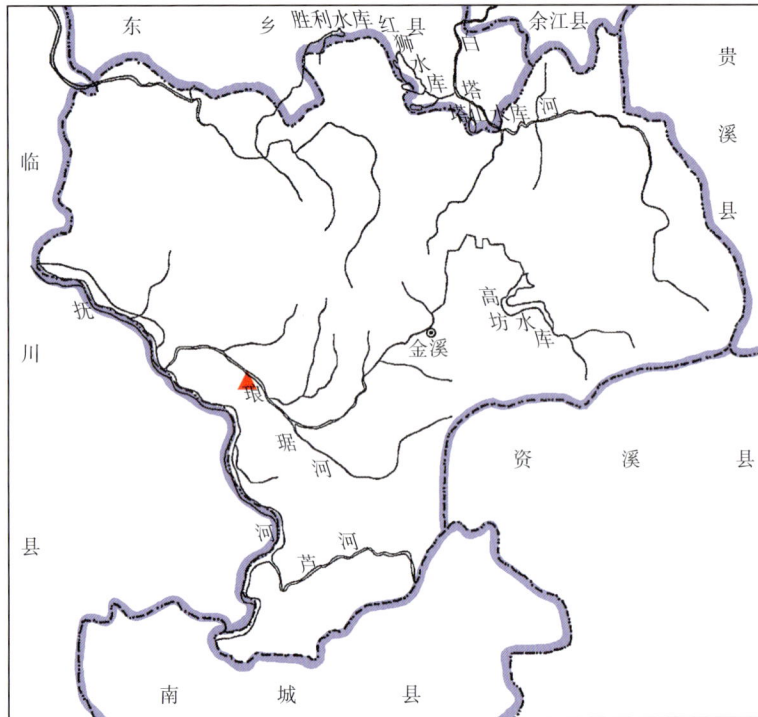

图三九五　石桥背山遗址位置图

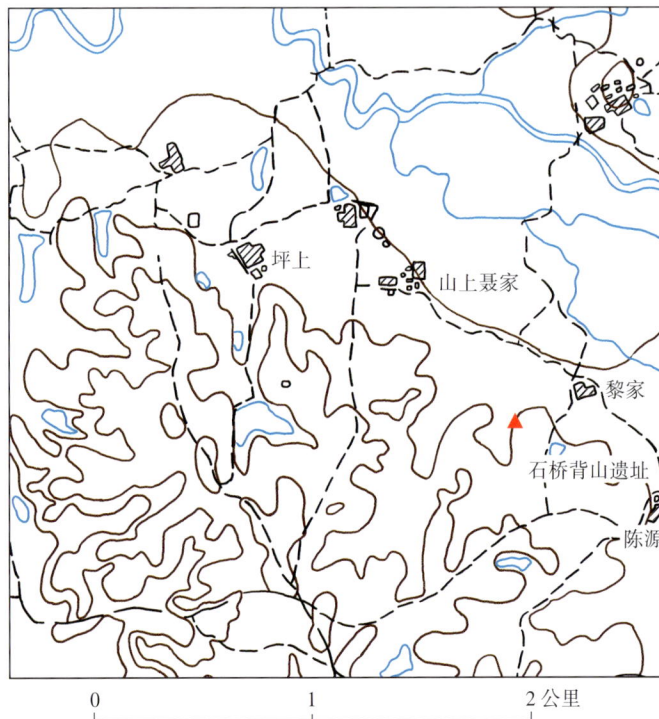

图三九六　石桥背山遗址地貌图

图三九七　石桥背山遗址远景图（由东向西）

图三九八　石桥背山遗址远景图（由北向南）

石桥背山遗址位于琅琚河沿岸，为一处岗地类聚落，遗址所处地理位置较为优越。该遗址地表采集遗物较少，仅见有少量陶片。

2. 遗物介绍

采集陶器见有夹砂陶和硬陶，夹砂陶多见灰色或灰褐色，以陶鼎（足）为代表；硬陶多为灰色或浅灰色，纹饰见有变体雷纹（图三九九，1）、绳纹（图三九九，2）和方格纹（图三九九，3），

图三九九　石桥背山遗址采集陶器纹饰拓片

1. 变体雷纹　2. 绳纹　3. 方格纹

器形见有陶罐。

罐　3件。

2015JCY：1，黄褐色硬陶，敛口，窄折沿，尖圆唇。素面。残高2.0厘米（图四〇〇，2）。

2015JCY：2，夹砂黄褐陶，侈口，尖圆唇。素面。残高2.0厘米（图四〇〇，3）。

2015JCY：3，夹砂灰黑陶，微敛口，沿外有一周凸棱。素面。残高2.0厘米（图三四〇〇，4）。

鼎足　1件。

2015JCY：4，夹砂红褐陶，扁柱足，足上部有一对按压凹窝。残高8.0厘米（图四〇〇，1）。

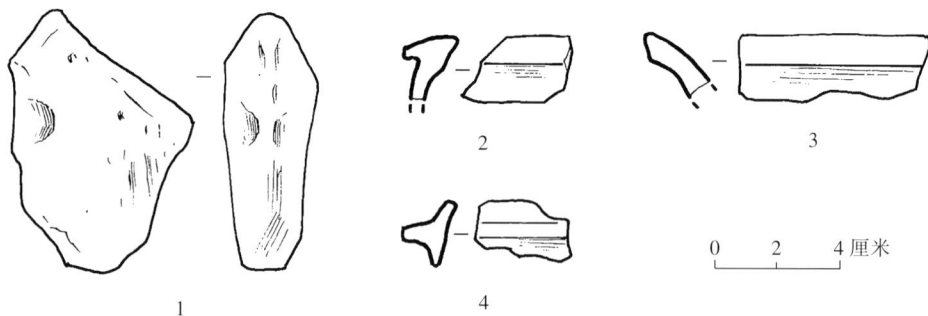

图四〇〇　石桥背山遗址采集陶器

1. 鼎足（2015JCY：4）　2、3、4. 罐（2015JCY：1、2015JCY：2、2015JCY：3）

3. 遗址性质与年代

石桥背山是一处典型的岗地类聚落。从遗址采集到的陶片来看，扁状鼎足近顶端见有按窝，具有西周时期鼎足特征，陶罐亦是这一时期的风格。因此，可以推定石桥背山遗址的年代大致为西周时期或略晚。石桥背山遗址的发现增加了区域内先秦时期遗址的数量，也为该地区文化序列建立及聚落演进研究提供了十分重要的资料。

一一　东家山遗址

1. 遗址概况

该遗址位于琅琚镇渣溪村东南部（图四〇一），东部有一宽约10米的人工水渠，北距946县道约380米，西南距吴家源约420米。遗址西北方向约800米为渣溪遗址（图四〇二）。遗址平面呈不规则形，长径约 89 米，短径约 62 米。遗址为一山岗地形，自山顶向南延伸成缓坡地形，地表种植松树，落叶堆积较厚。遗址外围东部为断崖，断崖东侧为人工水渠；西部为陡坡，北部邻近山林（图四〇三、四〇四）。该遗址地理坐标为：北纬 27°51′40.3″，东经 116°38′28.4″，海拔 60 米。

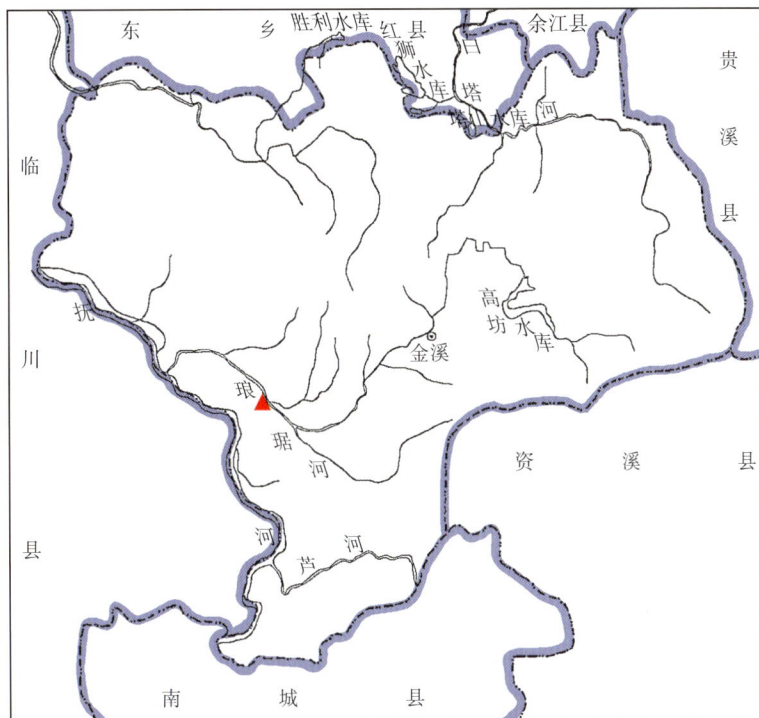

图四〇一　东家山遗址位置图

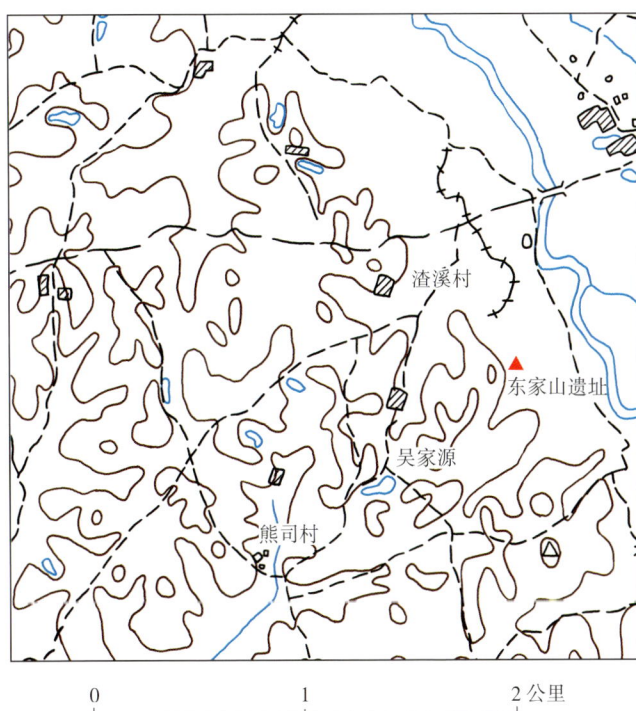

图四〇二　东家山遗址地貌图

图四〇三　东家山遗址远景图（由南向北）

图四〇四　东家山遗址远景图（由西向东）

2. 遗物介绍

遗址采集遗物较少，见有石器和陶器残片。

（1）石器

石刀　1件。

2015JDJ：1，青灰色闪长岩制成，刃端残，背圆弧，上下面平整，器表较光滑。残高4.8、宽6.6厘米（图四〇五）。

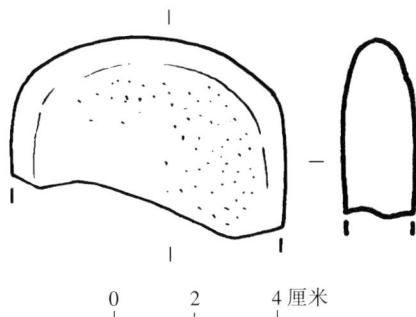

图四〇五　东家山遗址采集石刀（2015JDJ：1）

（2）陶器

陶器以印纹硬陶为主，多灰褐色，纹饰有雷纹（图四〇六，4）、绳纹（图四〇六，6）、方格纹（图四〇六，1、2）、菱格纹（图四〇六，3）、折线纹（图四〇六，5）；夹砂陶较少。未有可辨器形。

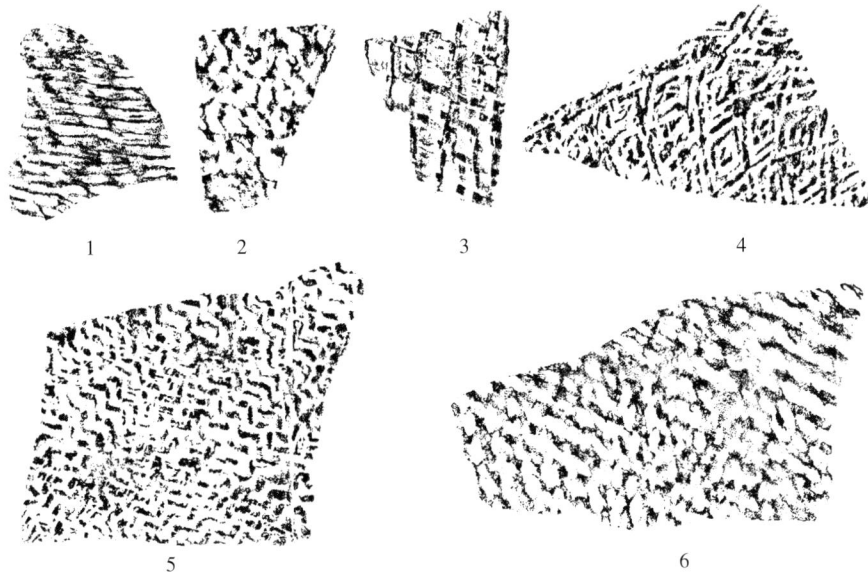

图四〇六　东家山遗址采集陶片纹饰拓片
1、2. 方格纹　3. 菱格纹　4. 雷纹　5. 折线纹　6. 绳纹

3. 遗址性质与年代

东家山遗址是一处典型岗地类聚落，遗址位于琅琚河沿岸，地理环境优越。从遗址采集陶器来看，硬陶较多，纹饰流行折线纹、大方格纹、雷纹，其为商、西周时期遗存常见纹饰，因此，可初步推定，东家山遗址的年代为商至西周时期。该遗址的发现与初步分析为区域文化序列建立及聚落形态研究提供了重要资料。

一二 祝坊村卵子墩遗址

1. 遗址概况

该遗址位于琅琚镇枫山村委会祝坊村东部，北距 316 国道约 240 米，东北距何家畈村约 250 米，西距祝坊村约 500 米（图四〇七、四〇八）。遗址位于琅琚河沿岸，地形为低矮山岗，地理环境优越。遗址北部被毛竹、杂草和灌木丛覆盖，植被非常茂密，南部为橘子林，台地四周为稻田（图四〇九）。该遗址地理坐标为：北纬 27°55′12.9″，东经 116°40′20.6″，海拔 70 米。

经勘探发现，在遗址西北部有明显的文化层堆积，厚约 0.4 ~ 0.7 米，包含有灰烬及红烧土块等。

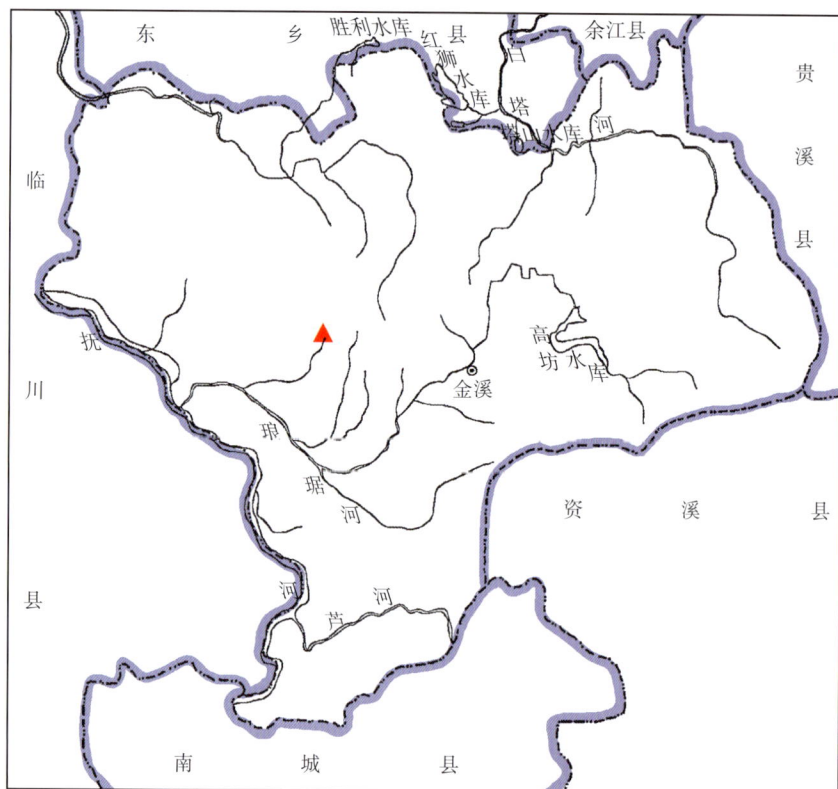

图四〇七 祝坊村卵子墩遗址位置图

2. 遗物介绍

该遗址采集遗物数量较少，主要器类为石器和陶器残片，以下逐一予以介绍。

（1）石器

采集有磨制石器，器形见有石锛及梭形石器。

梭形石器 1 件。

2015JZL：1，灰色闪长岩制成，近梭形，上下面较平整，器表可见磨制痕迹。高 8.7 厘米（图四一〇，1）。

石锛 1 件。

2015JZL：2，灰色砾石磨制而成，截面近方形，顶端及刃部残，器表较为粗糙。残长 4.5、宽 1.7 厘米（图四一〇，2；图版三〇，3）。

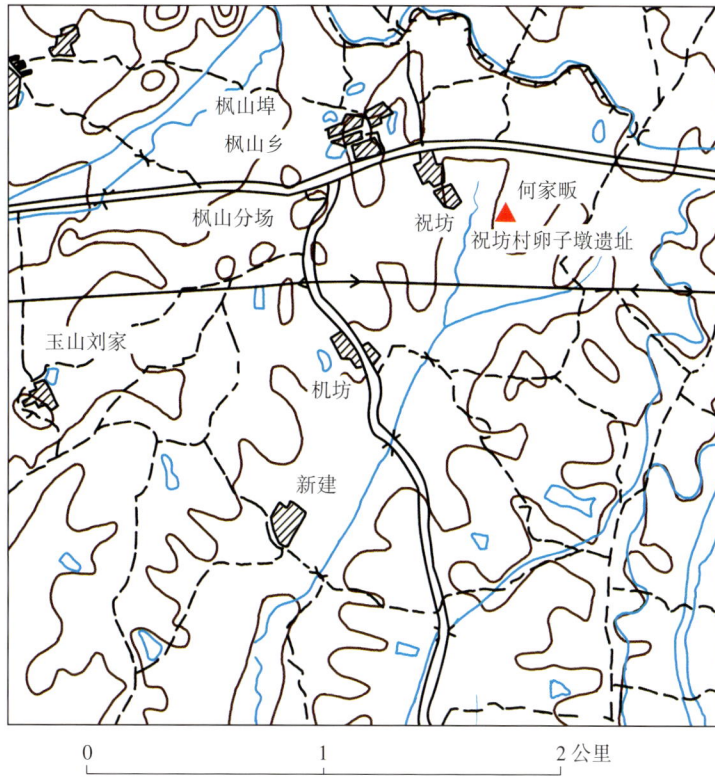

图四〇八 祝坊村卵子墩遗址地貌图

图四〇九 祝坊村卵子墩遗址远景图（由南向北）

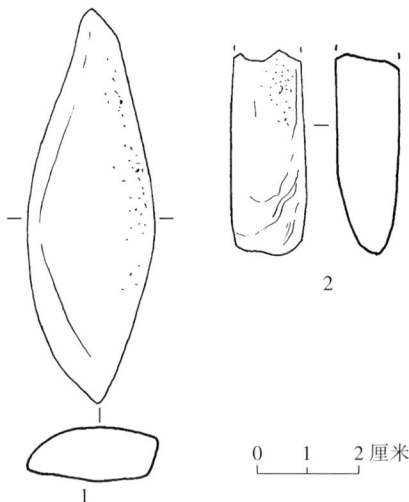

图四一〇　祝坊村卵子墩遗址采集石器

1. 梭形石器（2015JZL：1）　2. 石锛（2015JZL：2）

（2）陶器

陶器以夹砂陶为主，浅黄、灰褐色为多，多素面，器形有豆、鼎（足）、纺轮、罐等；印纹硬陶较少，纹饰为交错绳纹（图四一一）。

图四一一　祝坊村卵子墩遗址
采集陶片纹饰拓片

豆盘　1件。

2015JZL：3，夹砂灰褐陶，深腹，折盘。素面。残高4.2厘米（图四一二，4）。

鼎足　2件。

2015JZL：4，夹砂灰陶，截面呈椭圆形。素面。残高6.2厘米（图四一二，1；图版三〇，2）。

2015JZL：5，夹砂灰陶，铲状扁足。素面。残高9.6厘米（图四一二，2；图版三〇，4）。

器底　1件。

2015JZL：6，夹砂黄褐陶，空心柄，喇叭状底座。素面。残高6.4厘米（图四一二，3）。

陶纺轮　1件。

2015JZL：7，夹砂灰褐陶，近鼓形，上下平整，四周微鼓，中部有一圆形穿孔。素面。直径4.0、孔径0.4、厚3.0厘米（图三一二，5；图版三〇，1）。

3. 遗址性质与年代

祝坊村卵子墩遗址属于典型岗地类聚落，从采集遗物与周边遗存相比较，可大致推定遗址的年代。整体上看，卵子墩遗址采集遗物较为单纯，所见陶鼎足为扁柱状，外弧近铲状，采集有小平底器，这些器形与周边地区商时期所见同类器较为相近。由于可供比较的标本较少，大致推断卵子墩遗址的年代为商周时期，对该遗址准确年代的判断还有待更多的陶器标本。

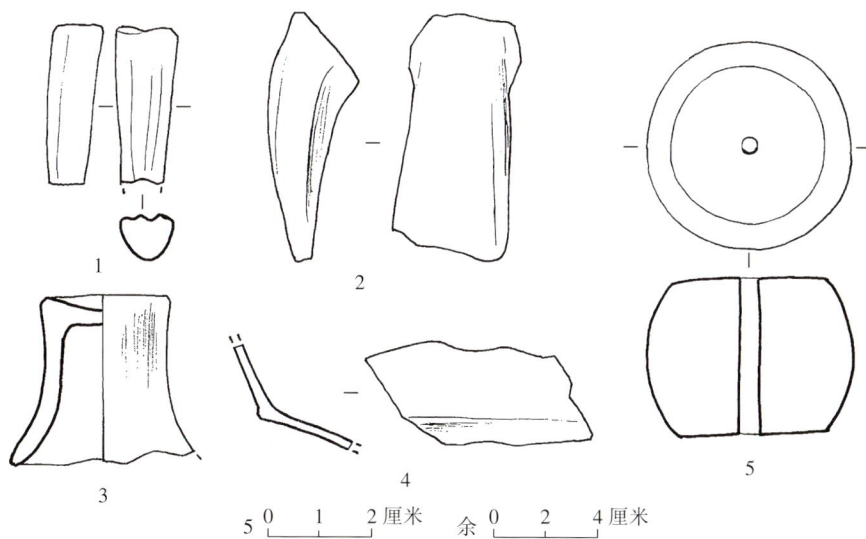

5 ├─0──1──2─┤ 厘米　　余 ├─0──2──4─┤ 厘米

图四一二　祝坊村卵子墩遗址采集陶器

1、2. 鼎足（2015JZL：4、2015JZL：5）　3. 器底（2015JZL：6）　4. 豆盘（2015JZL：3）　5. 纺轮（2015JZL：7）

1. 陶纺轮（2015JZL：7）

2. 鼎足（2015JZL：4）

3. 石器（2015JZL：2）

4. 鼎足（2015JZL：5）

图版三〇　祝坊村卵子墩遗址采集遗物

祝坊村卵子墩遗址的发现，增加了区域内先秦时期遗址的数量，为抚河流域文化序列的建立及聚落演进研究提供了十分重要的考古资料。

一三　马街水库遗址

1. 遗址概况

马街水库遗址位于秀谷镇马街村委会马街水库南部（图四一三），地处马街水库的东岸，南东距蔡家山约 1.3 公里，东北距南坑约 1.1 公里，南距 944 县道约 1.7 公里，北距坪上村约 2 公里（图四一四）。该遗址地理坐标为：北纬 27°54′27.8″，东经 116°50′13.2″，海拔 127 米。遗址现存地表大部分为杂草和竹木林覆盖，植被较为茂密。西部紧邻水库，东部为树林（图四一五、四一六）。流水侵蚀和当地居民的生产生活对遗址有一定程度的破坏。

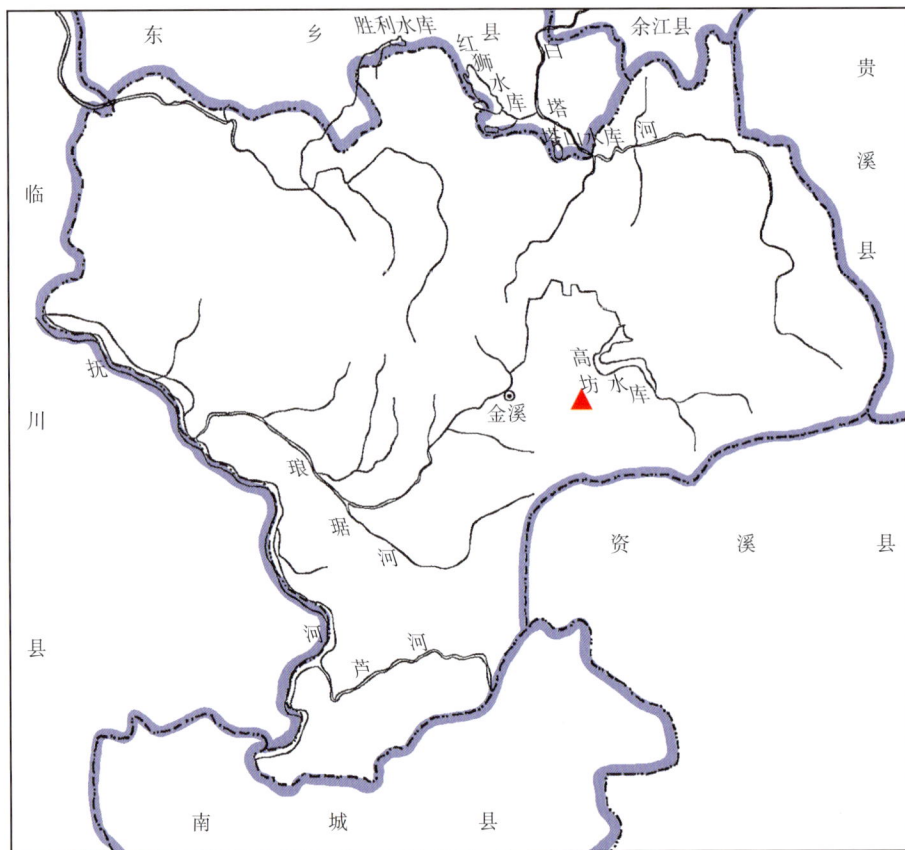

图四一三　马街水库遗址位置图

遗址所在位置属金溪水与瑶河的上游，由于水库的建设，遗址大部分已被淹没，仅在水库边缘山岗较高处采集到遗物。据当地居民讲述，水库未修建前，遗址所在区域两侧为山岗，中部低洼处为小河。调查时正值水库丰水期，沿山岗缓坡仅采集到少量遗物。以下逐一予以介绍。

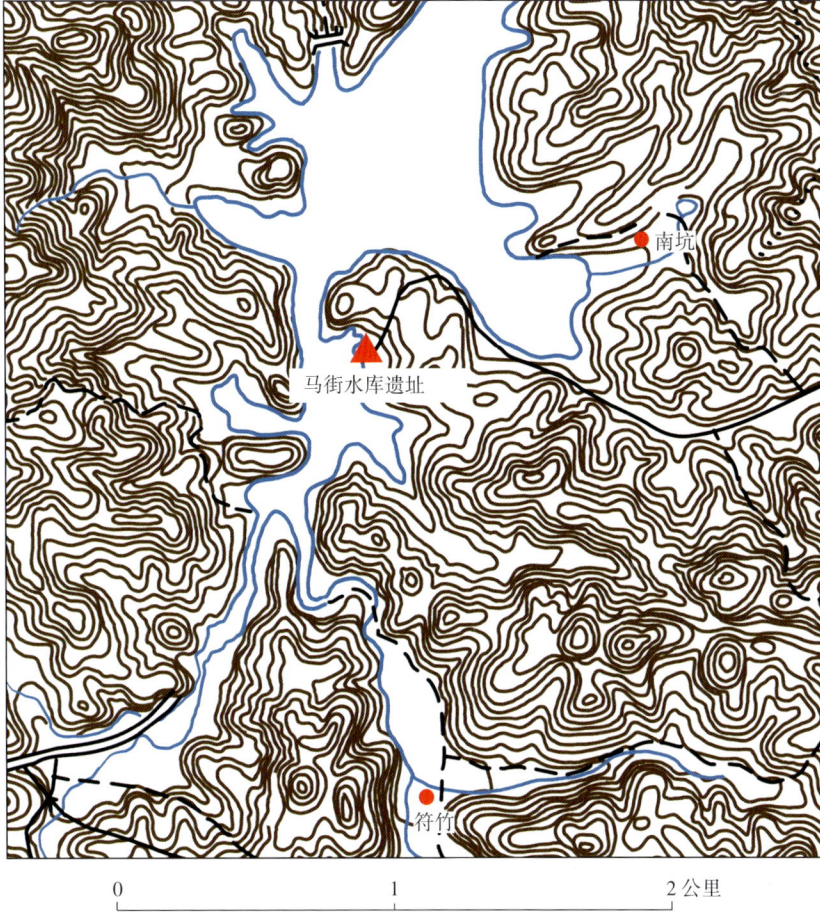

图四一四　马街水库遗址地貌图

图四一五　马街水库遗址远景图（由西南向东北）

图四一六　马街水库遗址远景图（由西向东）

2. 遗物介绍

马街水库遗址采集遗物主要有石器和陶器，石器器形有石矛、砺石；陶器器形见有罐。

（1）石器

石矛　1件。

2015JMJ：1，青灰色闪长岩磨制而成，一端残，尖端呈圭首状，器表磨制光滑。残高3.1厘米（图四一七，2；图版三一，1）。

砺石　1件。

2015JMJ：2，灰褐色砂岩而成，平面近梯形，研磨面内凹，器表可见磨制痕。器表较平整。残长14.0、宽8.6厘米（图四一七，1；图版三一，3）。

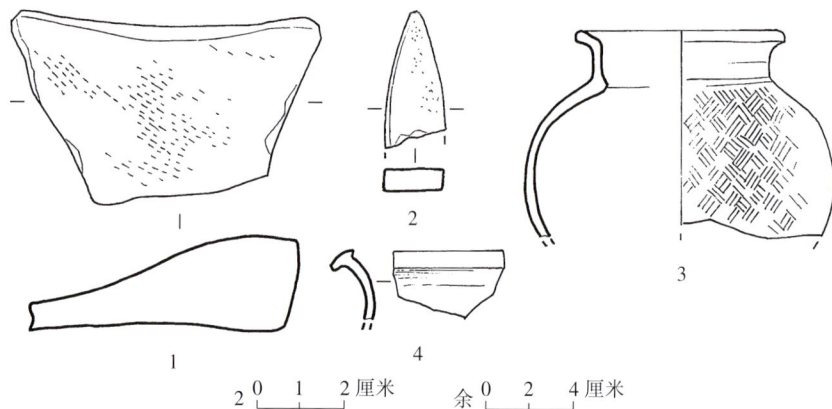

图四一七　马街水库遗址采集遗物

1. 砺石（2015JMJ：2）　2 石矛（2015JMJ：1）　3、4. 罐（2015JMJ：3、2015JMJ：4）

（2）陶器

陶器以硬陶为主，夹砂陶较少。硬陶主要为灰色、灰褐色陶，纹饰有菱格纹（图四一八，6）、交错线纹（图四一八，3、4）、绳纹（图四一八，5、7）、"⊠"字纹（图四一八，2）、雷纹与交错线纹组合纹（图四一八，1）、凸点纹与方形线纹组合纹（图四一八，8），器形有陶罐；夹砂陶多为灰褐色、黄褐色陶，纹饰有绳纹，器形有陶罐等。

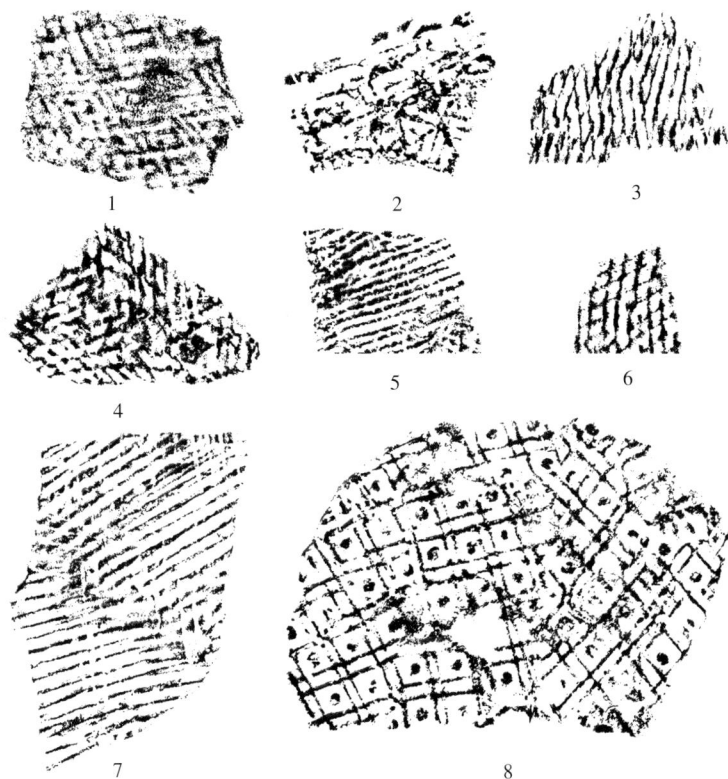

图四一八 马街水库遗址采集陶片纹饰拓片
1. 雷纹 + 交错线纹 2. "⊠"字纹 3、4. 交错线纹 5、7. 绳纹 6. 菱格纹 8. 凸点纹 + 方形线纹

罐 3件。

2015JMJ：3，灰色硬陶，矮领，近直口，折沿，圆唇，鼓腹。器表施席纹。口径9.6、残高9.2厘米（图四一七，3；图版三一，2）。

2015JMJ：4，灰褐色硬陶，侈口，卷沿，尖圆唇。素面。残高3.0厘米（图四一七，4）。

2015JMJ：5，灰色硬陶，鼓肩，斜弧腹，底部内凹。器表施交错短线纹，大部分被抹平。底径10.4、残高21.8厘米（图四一九）。

3. 遗址性质与年代

马街水库遗址属于典型岗地类聚落，为斜坡状地形。由于大部分被水库淹没，遗址低缓地带仅在枯水期可见。通过对采集遗物比较分析米看，流行绳纹、菱格纹、席纹及雷纹等纹饰，器形所见直领鼓腹罐、小口鼓肩罐，此类遗存具有商晚期至西周早中期的特征，同类遗址在抚河上游乐安县、宜黄县亦有较多发现，属于金溪县的老鼠山、高坊水库等遗址亦可见到该类遗存。

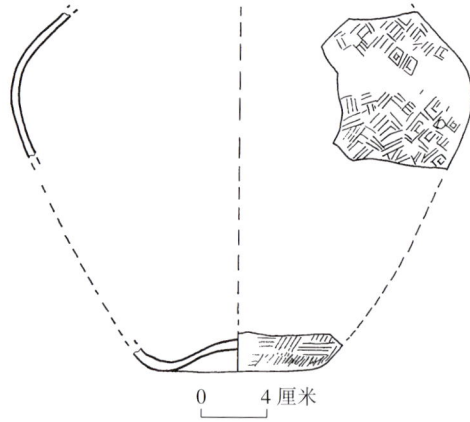

图四一九　马街水库遗址采集陶罐残片（2015JMJ：5）

　　马街水库往年进行过多次调查，金溪县文物保护所曾在水库岸边采集到硬陶象鼻盉，其年代或早到夏代。马街水库遗址的发现与研究，有助于区域文化序列及聚落形态的构建与深入揭示。

1. 石镞（2015JMJ：1）

2. 陶罐（2015JMJ：3）

3. 磨石（2015JMJ：2）

图版三一　马街水库遗址采集遗物

一四 科城面前山遗址

1. 遗址概况

该遗址位于秀谷镇塘山村委会科城村的西南部（图四二〇），东北距科城村约 200 米，西北距洪泗桥约 300 米，东南距西洲村约 300 米（图四二一）。遗址西北距科城环壕遗址约 500 米。地势西高东低，沿着通往科城村的村道两侧分布，道路两侧为大面积杉树林，十分茂密。遗址西部有民居和两处小山包，西北部有一水塘（图四二二、四二三）。遗址地理坐标为：北纬 27°58′24.5″，东经 116°44′02.7″，海拔 68 米。

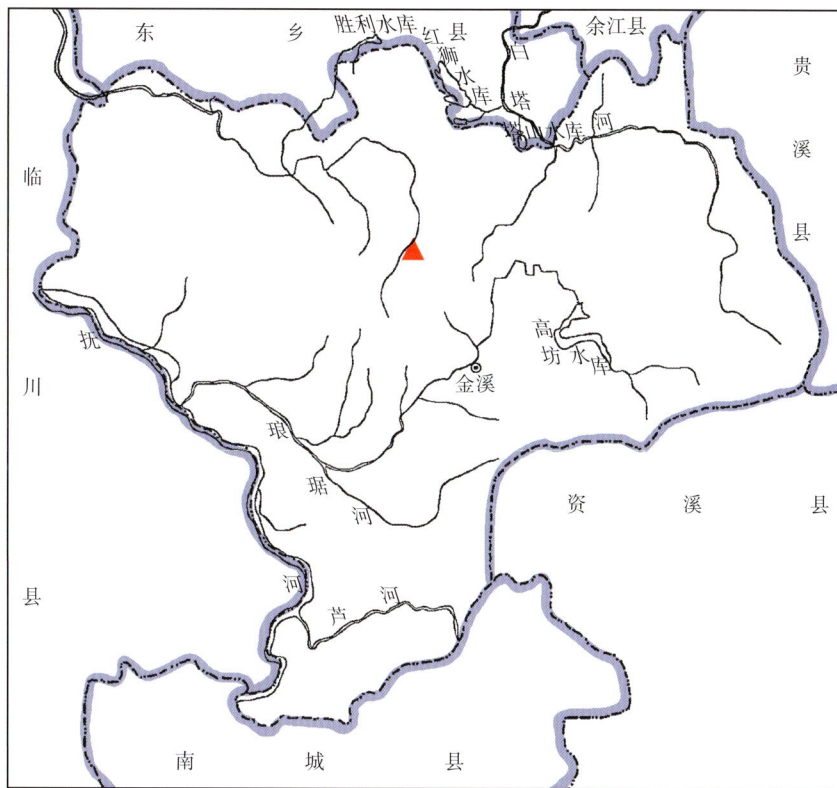

图四二〇 科城面前山遗址位置图

科城面前山属较低矮山岗地形，遗址位于双陈河上游两条支流之间，区域水系发达。遗址所在地势为斜坡状，地理环境优越，适合古人居住生活。由于遗址临路处被人为铲平，地表暴露较多遗物，以下逐一予以介绍。

2. 遗物介绍

采集遗物主要为陶器，器形较多。另采集到石斧 1 件。

（1）石器

石斧 1 件。

2015JKM：1，黄褐色砂岩磨制而成，弧顶，底端磨刃，制作较为规整。长 7.6、宽 8.8 厘米（图四二四）。

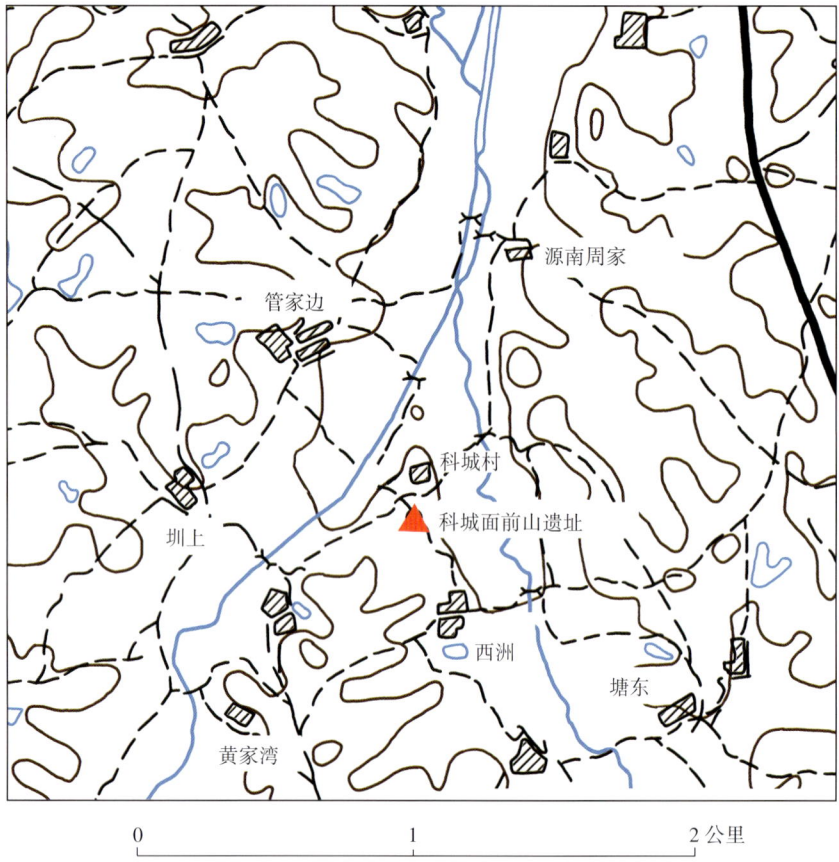

图四二一　科城面前山遗址地貌图

图四二二　科城面前山遗址远景图（由北向南）

图四二三　科城面前山遗址远景图（由西向东）

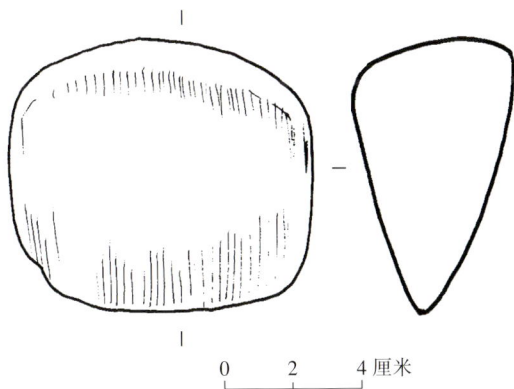

0　　2　　4厘米

图四二四　科城面前山遗址采集石斧（2015JKM：1）

（2）陶器

陶器主要以印纹硬陶为主，以灰色或灰褐色为多，器形主要有罐、尊，纹饰见有折线纹（图四二五，1）、方格纹、绳纹（图四二五，4）、席纹（图四二五，2、5）、刻划交错纹（图四二五，6）、小方格纹（图四二五，3；图四二六，1~6）、绳纹、雷纹与席纹的组合纹饰（图四二五，7）、雷纹与折线纹的组合纹饰（图四二五，8）等；夹砂陶数量较少，主要以灰陶为主，纹饰有绳纹，器形为罐、甗等。

尊　1件。

2015JKM：31，黄褐色硬陶，侈口，卷沿，圆唇，口沿下有一周凸棱。器表施菱格纹。残高28.0厘米（图四二七）。

图四二五　科城面前山遗址采集陶片纹饰拓片

1. 折线纹　2、5. 席纹　3. 小方格纹　4. 绳纹　6. 刻划交错纹　7. 雷纹+席纹　8. 雷纹+折线纹

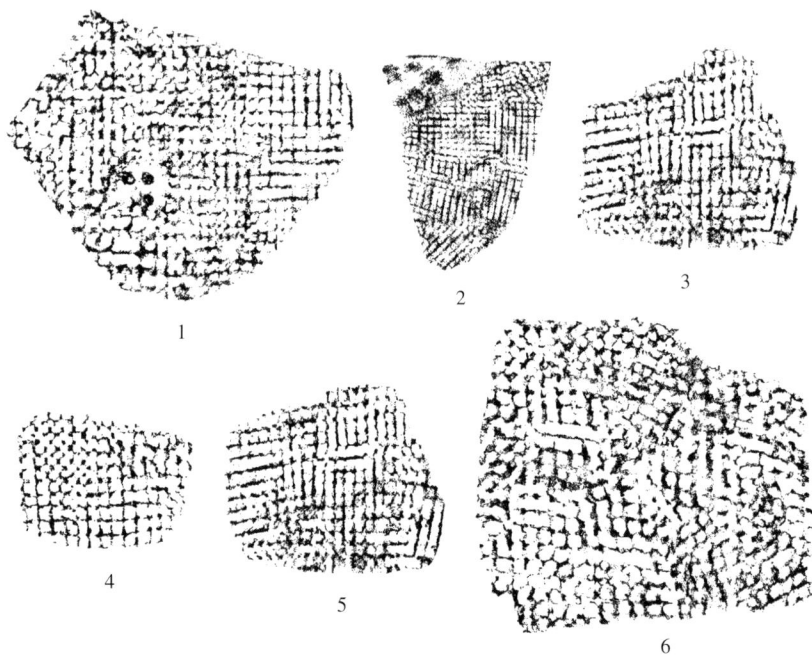

图四二六　科城面前山遗址采集陶片纹饰拓片

1~6. 小方格纹

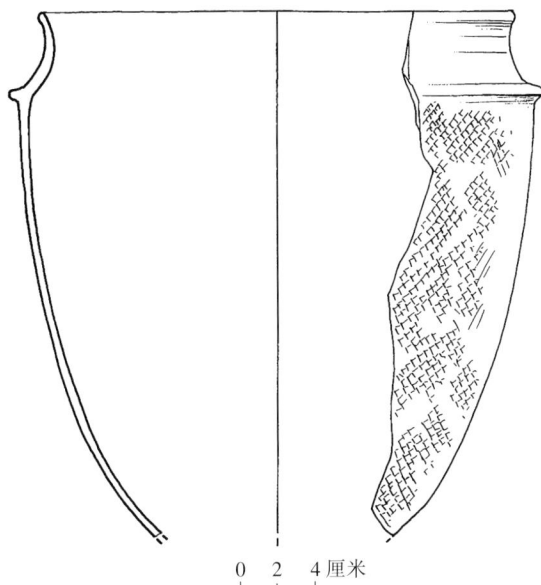

图四二七 科城面前山遗址采集陶尊（2015JKM：31）

罐口沿 27件。据腹部特征可划分为四型：

A型：10件。弧腹。

2015JKM：10，黄色硬陶，侈口，卷沿，圆唇。器表施菱格纹，部分被抹平。残高4.0厘米（图四二八，1）。

2015JKM：19，黄色硬陶，微侈口，卷沿，圆唇。器表施菱格纹，部分被抹平。残高4.4厘米（图四二八，2）。

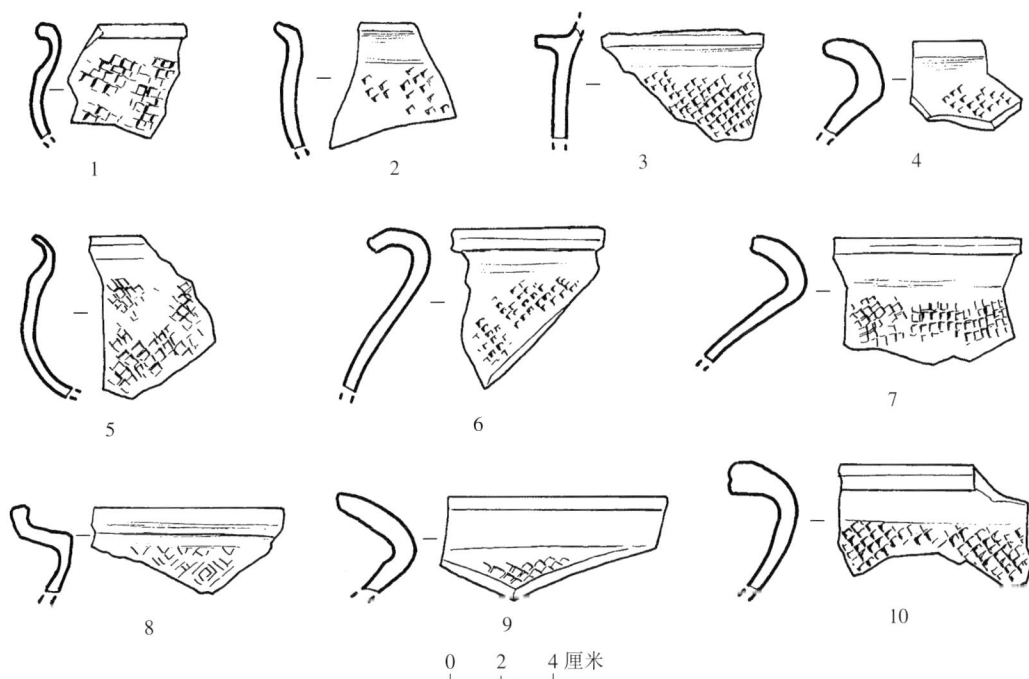

图四二八 科城面前山遗址采集陶罐

1、2、4、5、8、9. A型罐口沿（2015JKM：10、2015JKM：19、2015JKM：18、2015JKM：11、2015JKM：13、2015JKM：9） 3. C型罐口沿（2015JKM：17） 6、7、10. B型罐口沿（2015JKM：15、2015JKM：3、2015JKM：8）

2015JKM：18，夹砂黄褐陶，侈口，卷沿，圆唇。器表施菱格纹。残高3.2厘米（图四二八，4）。

2015JKM：11，黄褐色硬陶，侈口，卷沿，尖圆唇。器表施菱格纹。残高5.8厘米（图四二八，5；图版三二，1）。

2015JKM：14，灰色硬陶，侈口，卷沿，尖圆唇。素面。残高4.2厘米（图四三一，6）。

2015JKM：13，灰色硬陶，侈口，折沿，方唇微内折。器表施雷纹。残高3.0厘米（图四二八，8）。

2015JKM：9，黄褐色硬陶，侈口，宽折沿，尖圆唇。器表施菱格纹。残高3.8厘米（图四二八，9）。

2015JKM：5，黄褐色硬陶，侈口，卷沿，圆唇。器表施戳印网格纹。残高3.8厘米（图四三一，1）。

2015JKM：6，灰色硬陶，侈口，折沿，圆唇，唇面微凹。器表施折线纹。残高4.6厘米（图四三一，2）。

2015JKM：2，灰褐色硬陶，侈口，窄平沿，圆唇。器表施折线纹。残高6.6厘米（图四三一，5）。

B型：5件。斜腹。

2015JKM：3，黄褐色硬陶，侈口，卷沿，方唇。器表施方格纹。残高4.4厘米（图四二八，7）。

2015JKM：7，黄褐色硬陶，侈口，折沿，圆唇。器表施菱格纹。残高6.0厘米（图四三一，3）。

2015JKM：8，灰褐色硬陶，侈口，卷沿，方唇。唇面有一周凹槽，器表施菱格纹。残高4.6厘米（图四二八，10）。

2015JKM：15，黄褐色硬陶，侈口，卷沿，圆唇。器表施菱格纹。残高5.8厘米（图四二八，6）。

C型：10件。直腹。

2015JKM：17，黄褐色硬陶，近直口，略残，沿下有一周凸棱。器表施菱格纹。残高4.0厘米（图四二八，3）。

2015JKM：28，黄褐色硬陶，微敛口，口沿下有一周凸棱。器表施菱格纹，部分被抹平。残高8.0厘米（图四二九，1）。

2015JKM：23，黄褐色硬陶，斜直口，尖圆唇，口沿下有一周凸棱。器表施菱格纹。残高6.8厘米（图四二九，2；图版三二，5）。

2015JKM：30，黄褐色硬陶，斜直口，圆唇，口沿下有一凸棱。器表施菱格纹，部分被抹平。残高4.2厘米（图四二九，3）。

2015JKM：24，黄褐色硬陶，斜直口，圆唇，口沿下有一周凸棱。器表施菱格纹。残高4.8厘米（图四二九，4）。

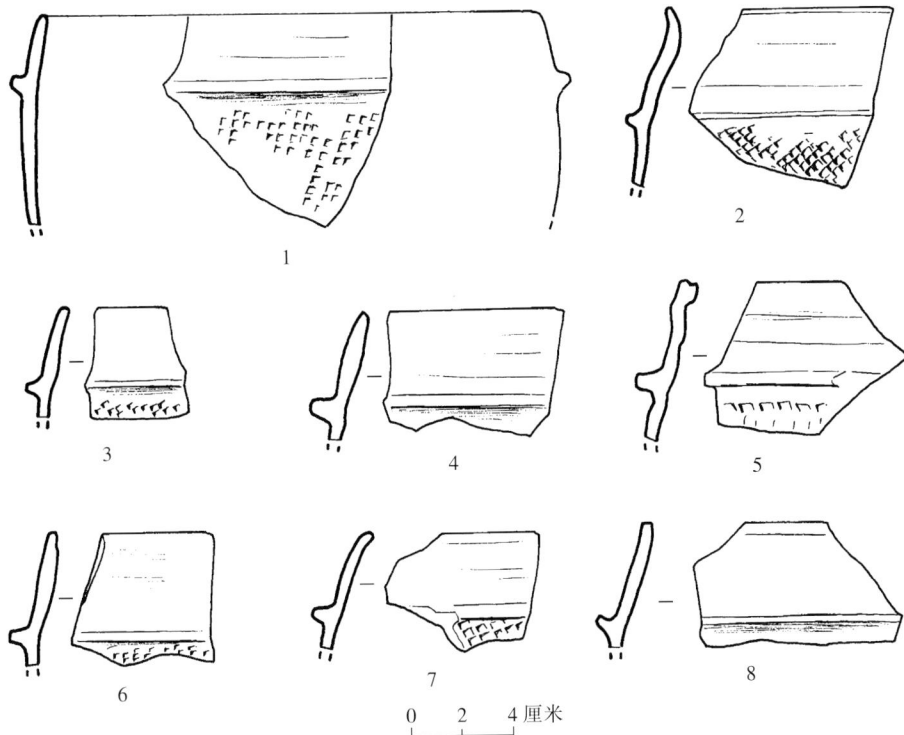

图四二九　科城面前山遗址采集陶罐

1~8.C 型罐口沿（2015JKM：28、2015JKM：23、2015JKM：30、2015JKM：24、2015JKM：20、2015JKM：27、2015JKM：26、2015JKM：25）

　　2015JKM：20，黄褐色硬陶，斜直口，方唇，唇上有一道凹槽，口沿下有一周凸棱。器表施菱格纹。残高6.0厘米（图四二九，5）。

　　2015JKM：27，黄褐色硬陶，斜直口，方唇，口沿下有一周凸棱。器表施方格纹。残高5.0厘米（图四二九，6）。

　　2015JKM：26，黄褐色硬陶，斜直口，尖唇，口沿下有一凸棱。器表施菱格纹。残高4.4厘米（图四二九，7）。

　　2015JKM：25，夹砂黄褐陶，斜直口，尖圆唇，沿面有一周凸棱。内外壁可见轮制痕迹。残高4.8厘米（图四二九，8）。

　　2015JKM：4，夹砂黄陶，侈口，卷沿，圆唇。器表施菱格纹，大部分被抹平。残高5.2厘米（图四三〇，1）。

　　2015JKM：22，黄褐色硬陶，近直口，圆唇，内外壁可见轮制痕迹。素面。残高4.2厘米（图四三〇，2）。

　　D 型：2件。小口，圆鼓腹。

　　2015JKM：16，灰色硬陶，直口，圆唇。器表施菱格纹，部分被抹平。残高2.6厘米（图四二〇，4）。

　　2015JKM：21，黄色硬陶，直口，方唇。内外壁可见轮制痕迹。残高2.8厘米（图四三〇，5）。

　　罐底　1件。

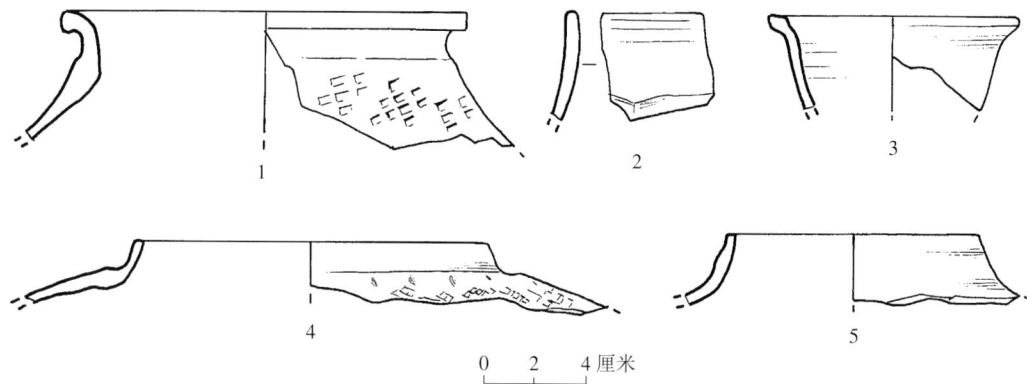

图四三○　科城面前山遗址采集陶器

1、2. C 型罐口沿（2015JKM：4、2015JKM：22）　3. 盆（2015JKM：29）　4、5. D 型罐口沿（2015JKM：16、2015JKM：21）

2015JKM：32，灰褐色硬陶，斜弧腹，平底。近底处有数道刻槽。残高 4.1 厘米（图四三二，1；图版三二，3）

盆　2 件。

2015JKM：29，灰色硬陶，微侈口，折沿，尖圆唇。内外壁可见明显轮制痕迹。残高 3.6 厘米（图四三○，3）。

2015JKM：12，灰色硬陶，侈口，折沿，尖圆唇，圆弧腹。器表施方格纹。残高 5.4 厘米（图四三一，4；图版三二，2）。

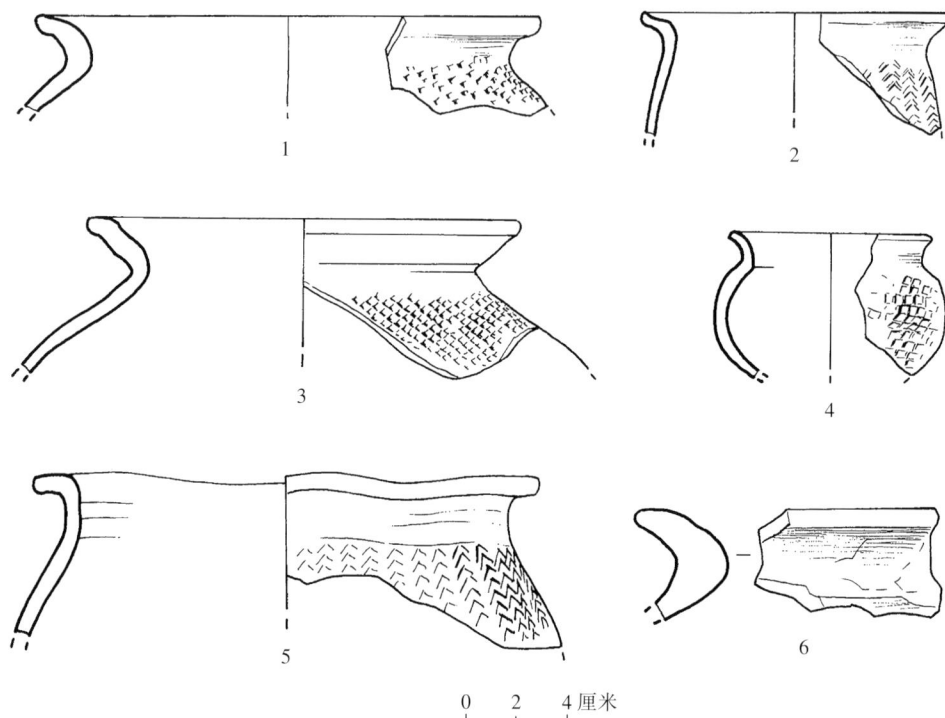

图四三一　科城面前山遗址采集陶器

1、2、5、6. A 型罐口沿（2015JKM：5、2015JKM：6、2015JKM：2、2015JKM：14）　3. B 型罐口沿（2015JKM：7）　4. 盆（2015JKM：12）

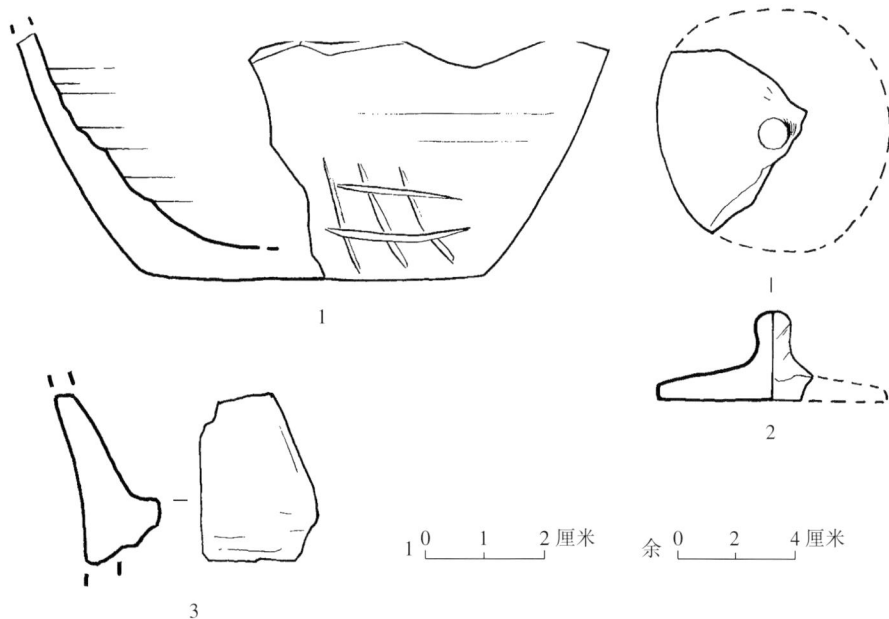

图四三二　科城面前山遗址采集陶器

1. 罐底（2015JKM：32）　2. 器盖（2015JKM：33）　3. 甗腰（2015JKM：34）

器盖　1件。

2015JKM：33，夹砂黄褐陶，近圆形，中部有一圆形凸组。素面。残高3.0厘米（图四三二，2；图版三二，4）。

甗腰　1件。

2015JKM：34，夹砂黄褐陶，窄腰隔。素面。残高5.8厘米（图四三二，3）。

3. 遗址性质与年代

科城面前山遗址属典型岗地类聚落，其西北侧约500米为科城环壕聚落，两者距离较近，应具有密切关系。该遗址采集较多遗物，为遗址年代的判断提供了重要资料。与周边地区比较，可将遗址所获分为以下两个年代组：

第1组：以折线纹、雷纹硬陶、陶尊、A型陶罐、B型陶罐、C型陶罐、陶甗等为代表。该组陶器与西周早中期所见同类器相近。此类遗存在坪上遗址、跑马场遗址有同类器发现，年代为商代晚期至西周早中期。综合来看，可推断该遗址的年代为西周早中期。

第2组：以小方格纹硬陶、小口鼓腹罐（D型陶罐）为代表。小方格纹流行于东周时期，此类陶器在抚河流域分布较广，是该区域人口较密集的历史阶段。

总体来看，科城面前山遗址的年代主要集中在西周至春秋时期，其与科城环壕遗址应存在一定的联系。此类岗地类聚落与环壕类聚落是否存在功能方面的差异，还有待发掘工作的开展。科城面前山遗址的发现对于区域文化序列建立，环壕与岗地聚落关系的深入探讨提供了重要的实物资料。

1. 陶罐（A型）（2015JKM：11）

2. 陶盆（2015JKM：12）

3. 罐底（2015JKM：32）

4. 器盖（2015JKM：33）

5. 陶罐（C型）（2015JKM：23）

图版三二　科城面前山遗址采集陶器

一五　釜山遗址

1. 遗址概况

釜山遗址位于金溪县城东北部（图四三三），南距白马大道约 100 米，西距 206 国道约 700 米，东北侧为县道（图四三四）。该遗址区域外围因修路、取土等因素已大部被破坏，仅存有中部不规则形山地，山上为杂木林和灌木丛，十分茂密（图四三五）。该遗址地理坐标为：北纬 27°55′07.9″，东经 116°46′19.6″，海拔 88 米。

经勘探，该遗址发现文化层堆积分布范围不规则，堆积厚度约 0.5 ~ 1.8 米，堆积内包含有灰烬，红烧土块及少量陶片。

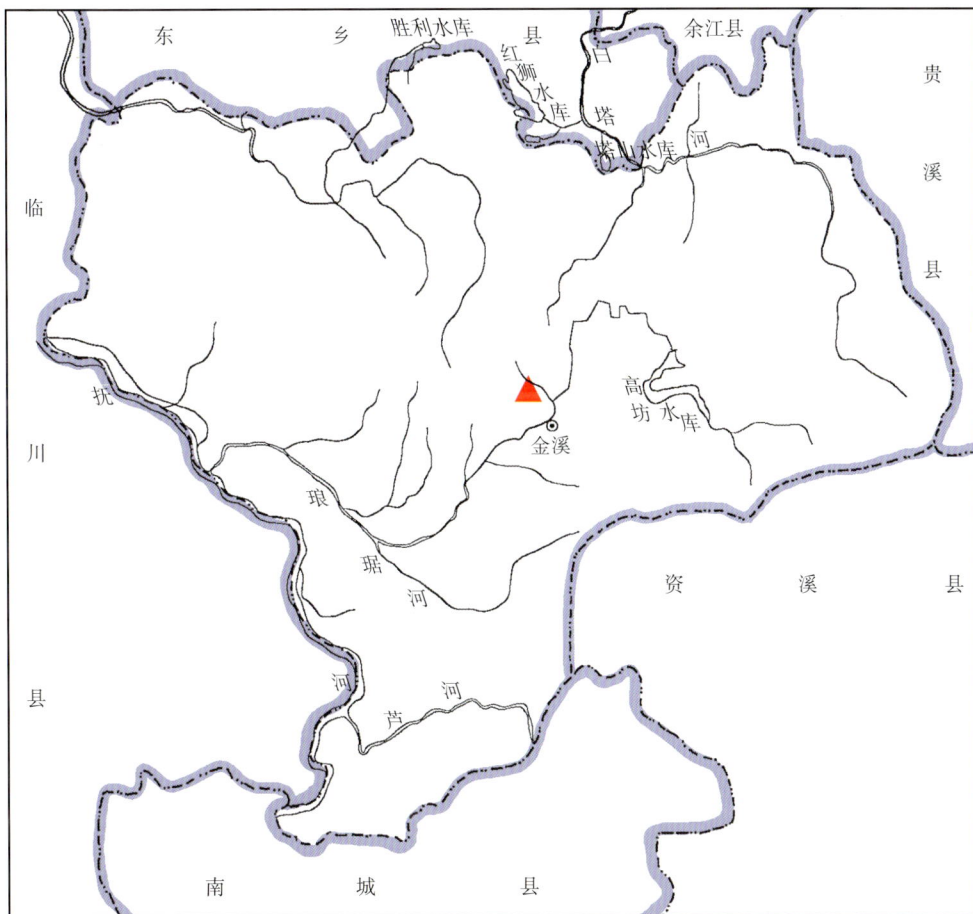

图四三三　釜山遗址位置图

2. 遗物介绍

该遗址经过多次调查，本次调查采集遗物较少，仅见零星陶器，以夹砂陶为主，多为灰褐色、黄褐色，纹饰多为素面，仅见绳纹，器形有陶罐、陶鼎（足）等。

鼎足　1 件。

2015JBM：1，夹砂黄褐陶，截面呈扁圆形，足顶部有一对按压凹窝。残高 6.0 厘米（图四三六）。

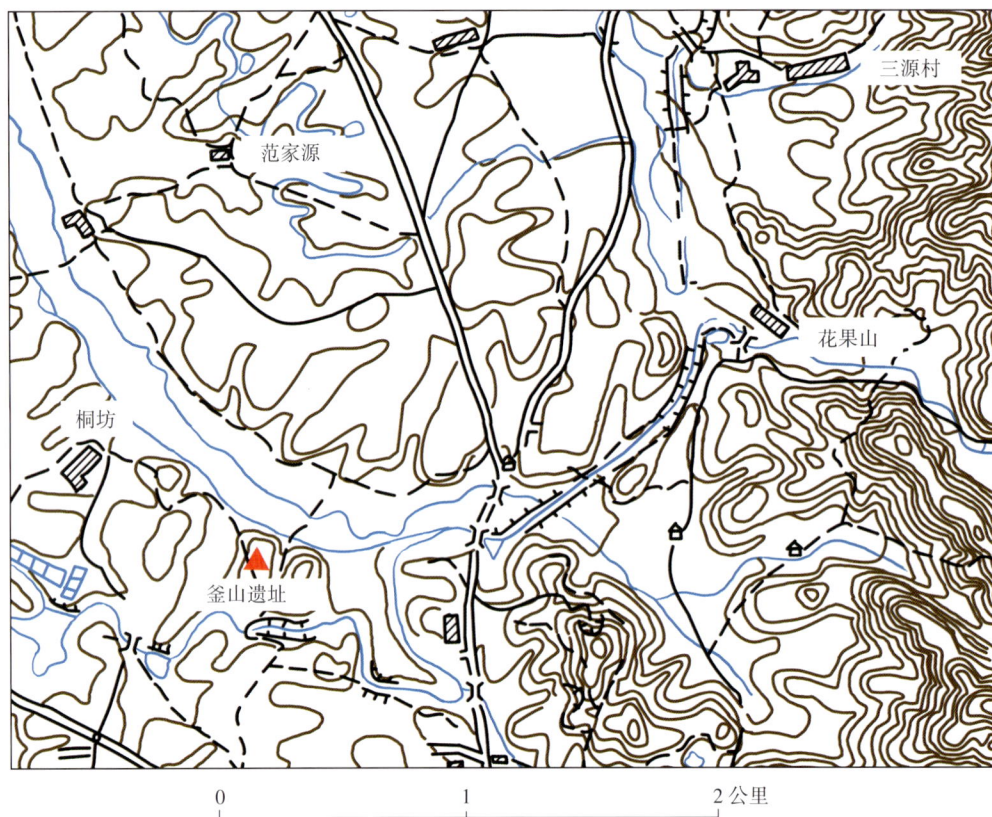

图四三四　釜山遗址地貌图

图四三五　釜山遗址远景图（由西南向东北）

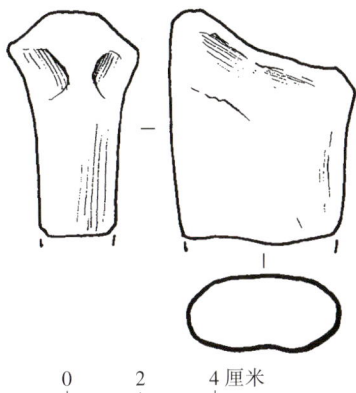

图四三六　釜山遗址采集陶鼎足（2015JBM：1）

3. 遗址性质与年代

该遗址位于金溪县城，北侧为琅琚河支流。呈山岗坡状，遗址边缘破坏严重。据当地文物保护人员告知，该遗址曾采集到大量陶器和石器。遗址堆积较厚，此次调查在遗址一断面上清理出剖面，发现有灰土堆积（图四三七）。由于破坏严重，山岗顶部植被十分茂密。遗址采集遗物较少，仅见有一陶鼎足。此外调查人员在金溪县文物保护所见到釜山遗址采集到的丰富遗物。整体上看，该遗址文化面貌较复杂，有新石器时代鼎足和商周时期陶罐、尊等器。因此，釜山遗址的年代应为新石器时代晚期至商周时期。有关该遗址的具体年代应需要更多考古工作的开展。

釜山遗址的发现为区域考古学文化序列的建立及聚落演进等方面的研究提供了重要的考古资料。

图四三七　釜山遗址堆积剖面图

一六　后龙山遗址

1. 遗址概况

该遗址位于秀谷镇五里新安村的北部（图四三八），北面为深沟和树林，东临 G35 高速，西距 G206 国道约 900 米，南部紧邻五里新安村村委会（图四三九）。遗址为山岗地形，中部较高，四周为斜坡，遗址南部有琅琚河支流经过。遗址为一片竹木林，植被十分茂密（图四四〇）。区域内因人为翻土对遗址有较大程度的破坏。该遗址地理坐标为：北纬 27°55′40.7″，东经 116°47′36.2″，海拔 108 米。

由于竹林较茂密，地表少见有遗物，仅在流水冲刷断面处采集到零星陶片。

经勘探，发现有文化层堆积，呈不规则状分布，堆积厚约 0.5 ~ 0.8 米，包含物见有灰烬和少量陶片。另在遗址分布区内发现近现代墓葬多座。

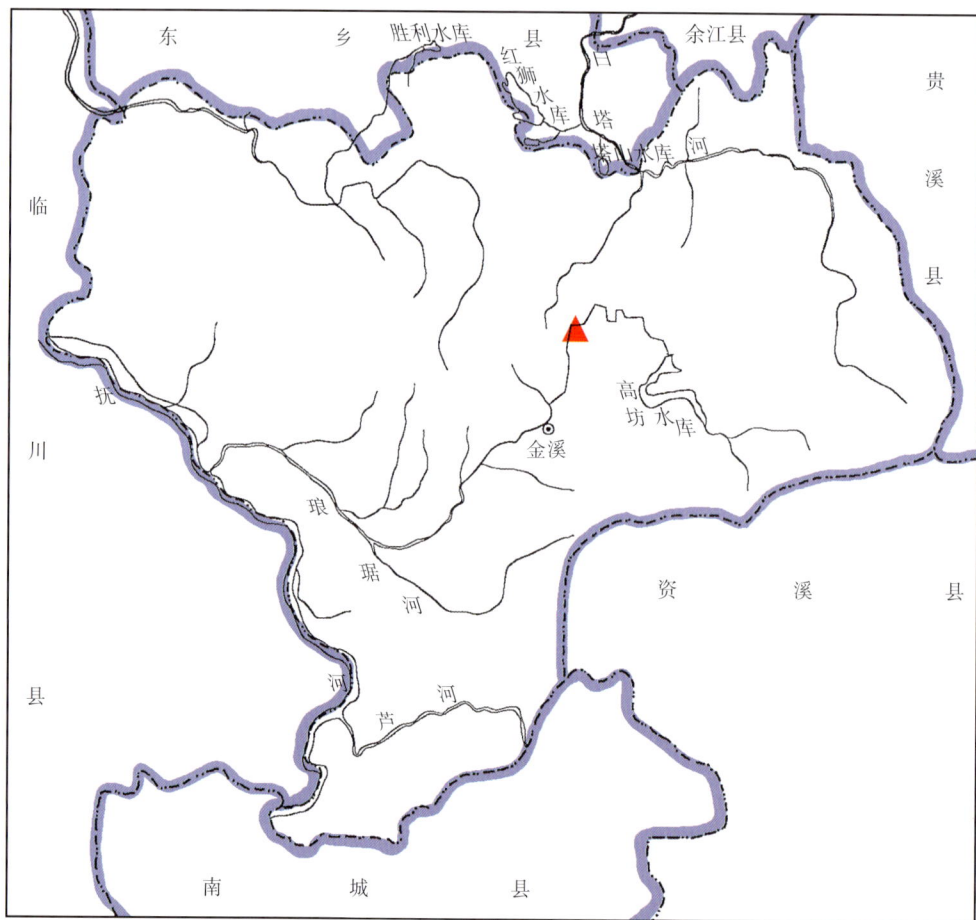

图四三八　后龙山遗址位置图

2. 遗物介绍

陶器以硬陶和夹砂陶为主。硬陶多为灰色、灰褐色，纹饰有绳纹，器形有罐等；夹砂陶多为灰色、黄褐色，纹饰以素面居多，仅见有绳纹（图四四一），器形有鬹等。

罐　1 件。

2015JHLS：1，灰色硬陶，侈口，折沿，沿面微折，圆唇。器表施横向绳纹。残高 6.4 厘米

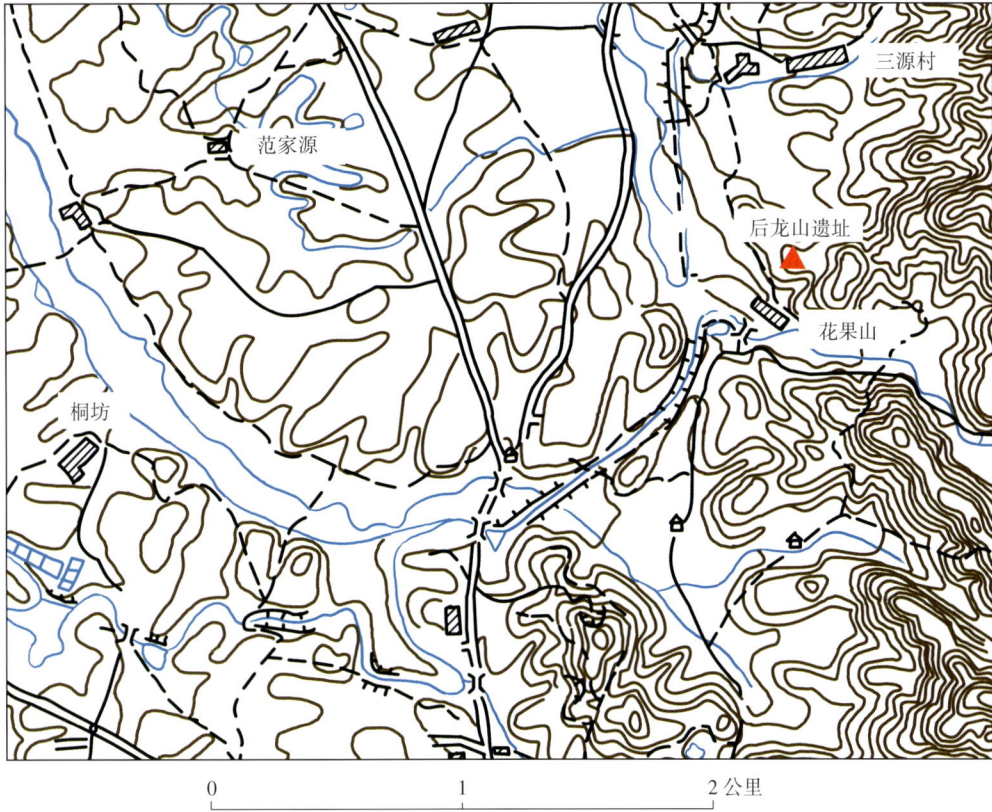

图四三九　后龙山遗址地貌图

图四四〇　后龙山遗址远景图（由西向东）

图四四一　后龙山遗址采集陶片纹饰拓片

1、2. 绳纹

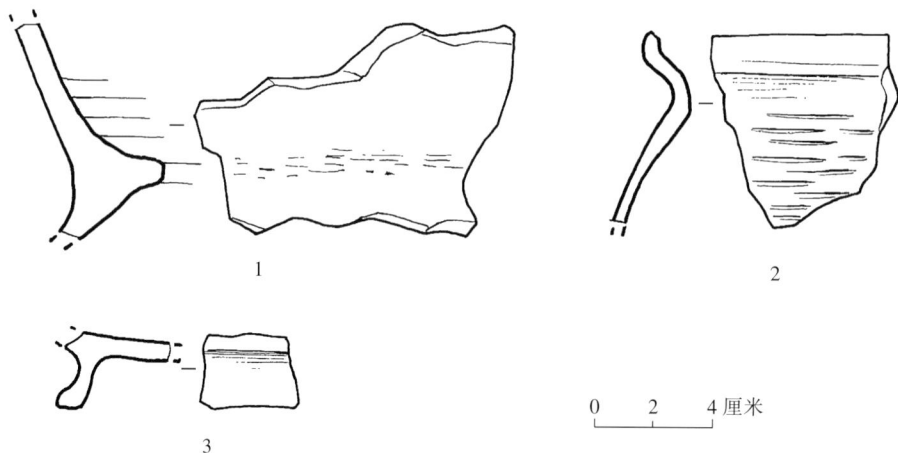

图四四二　后龙山遗址采集陶器

1. 甗腰（2015JHLS：2）　2. 罐（2015JHLS：1）　3. 圈足（2015JHLS：3）

（图四四二，2）。

甗腰　1件。

2015JHLS：2，夹砂黄褐陶，斜弧腹，窄腰隔。素面。残高7.4厘米（图四四二，1）。

圈足　1件。

2015JHLS：3，灰色硬陶，矮圈足，近底端微撇。器表外底可见斜线纹。残高2.6厘米（图四四二，3）。

3. 遗址性质与年代

后龙山遗址是一处典型的岗地类聚落，紧邻小河，与母猪嘴、花果山遗址相邻，地理环境较优越。由于遗址地表采集遗物较少，与周边遗存比较可大致判断其年代。遗址所见甗形器为该地区晚商至西周所流行，折沿罐为西周时期常见器形，其特征为折沿，沿面内折。综合观之，后龙山遗址的年代集中在西周时期。后龙山遗址的发现对区域文化序列建立及聚落形态研究都提供了十分重要的考古资料。

一七　母猪嘴遗址

1. 遗址概况

该遗址位于秀谷镇的北部，遗址所在山包被称为"母猪嘴山"（图四四三），地形为斜坡状山岗。该遗址东临济广高速（G635）约200米，西距206国道约700米。遗址西北侧为花果山遗址，南边有一火葬场，离北部的五里新安村约有1000米（图四四四）。遗址西侧为一条由北向南流经的小溪，属于琅琚河水系支流，该小溪现已被改造成灌溉水渠。遗址所在的母猪嘴山因人为取土，西侧山坡已被挖成断崖，取土所剩区域被修整成平地（图四四五）。遗址所在的山上植被茂密，主要种植松树，杂草丛生（图四四六）。该遗址地理坐标为：北纬27°55′23.4″，东经116°47′26.9″，海拔104米。

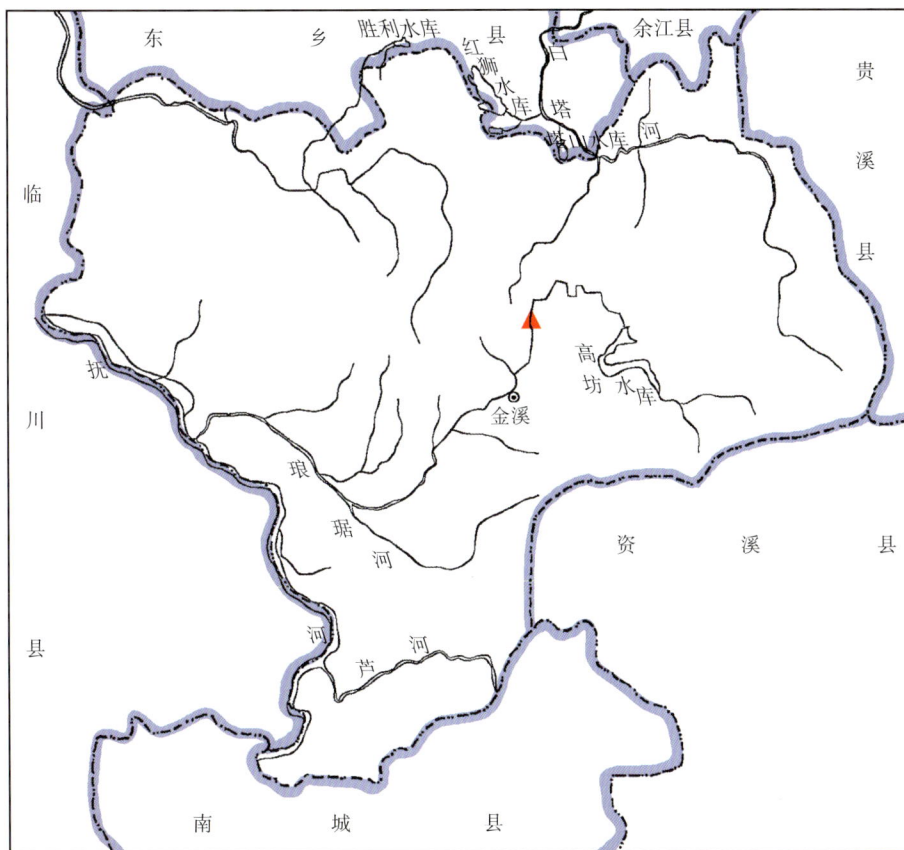

图四四三　母猪嘴遗址位置图

2. 遗物介绍

在对该遗址进行考古调查过程中，发现较为丰富的陶器残片，器形及纹饰均极为丰富。采集所见陶器以印纹硬陶器为多，多为灰色、褐色或红色，纹饰主要有折线纹（图四四七，1、3~6，图四四八，13）、绳纹（图四四八，8、12）、线纹（图四四八，1、2、5、6）、交错线纹（图四四七，3、4、6、7、10）、短线纹（图四四七，2、7；图四四九，9）、雷纹（图四四九，2~5）、变体雷纹（图四四九，1、6、7）、凹弦纹（图四四八，9）、小方格纹（图四四七，8、9）、刻划纹（图四四八，11）、波折纹（图四四九，8、10、11）等，器形主要以罐、盆等为主；夹砂陶以灰褐色、红褐色为主，纹饰见有绳纹、凹弦纹等，器形有支脚、甗形器、罐、尊、鼎（足）等。

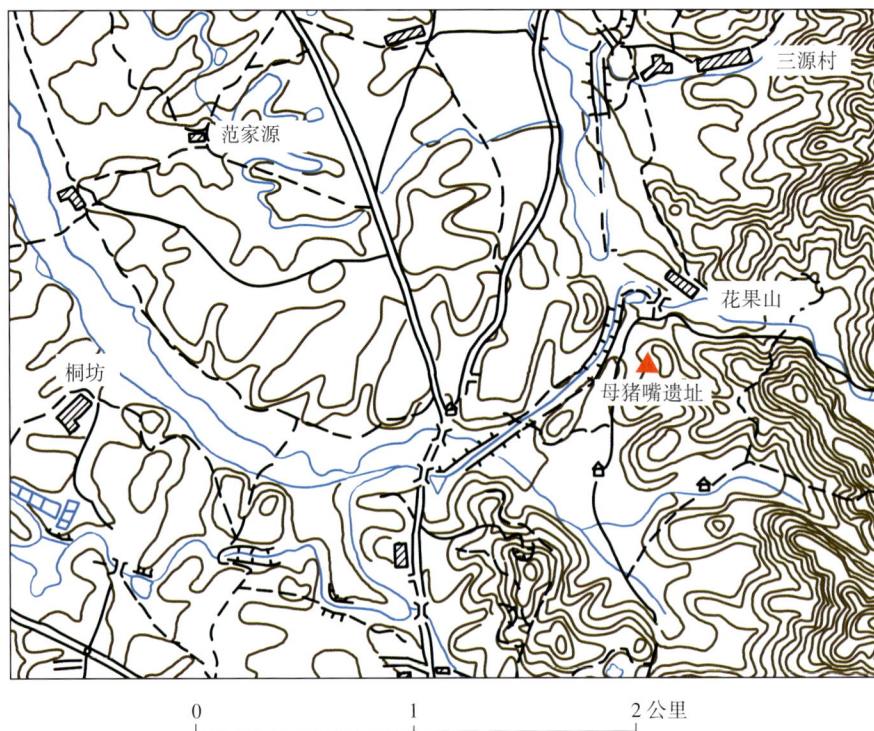

图四四四　母猪嘴遗址地貌图

图四四五　母猪嘴遗址远景图（由北向南）

图四四六 母猪嘴遗址远景图（由东向西）

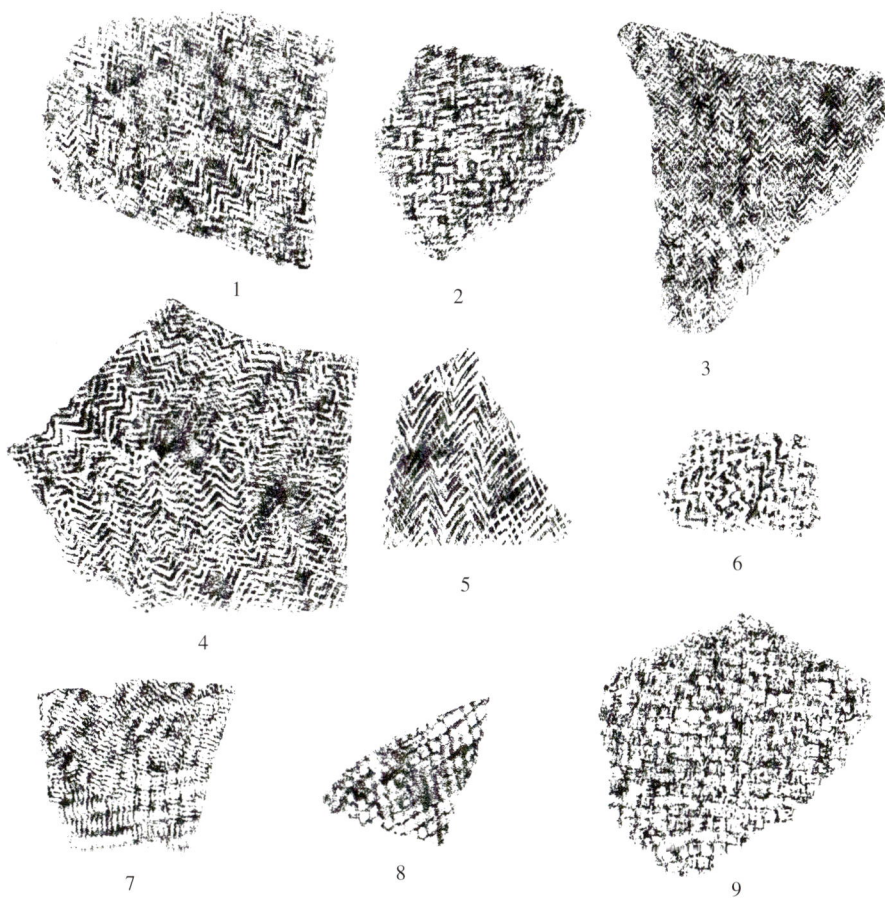

图四四七 母猪嘴遗址采集陶片纹饰拓片

1、3～6. 折线纹 2、7. 短线纹 8、9. 小方格纹

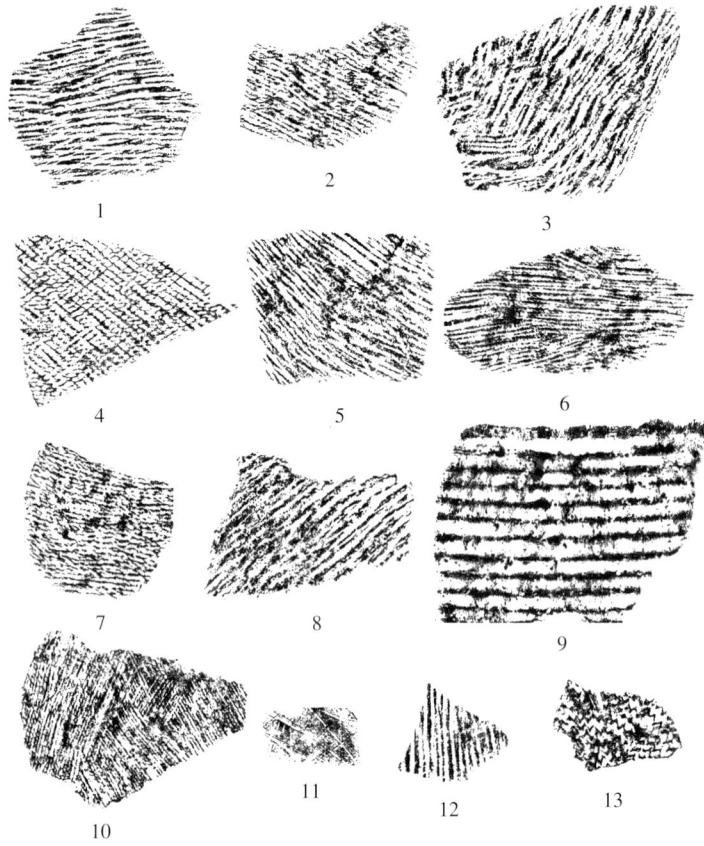

图四四八　母猪嘴遗址采集陶片纹饰拓片

1、2、5、6. 线纹　3、4、7、10. 交错线纹　8、12. 绳纹　9. 凹弦纹　11. 刻划纹　13. 折线纹

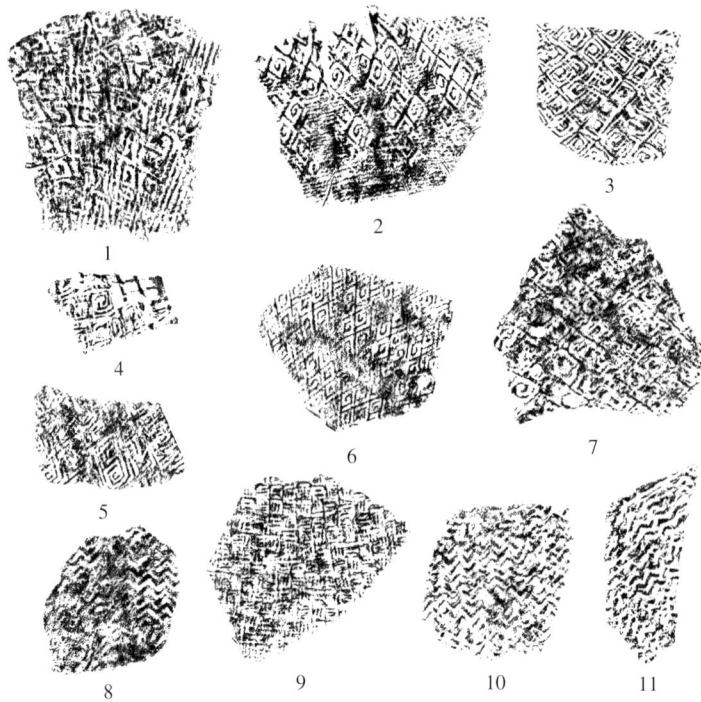

图四四九　母猪嘴遗址采集陶片纹饰拓片

1、6、7. 变体雷纹　2~5. 雷纹　8、10、11. 波折纹　9. 短线纹

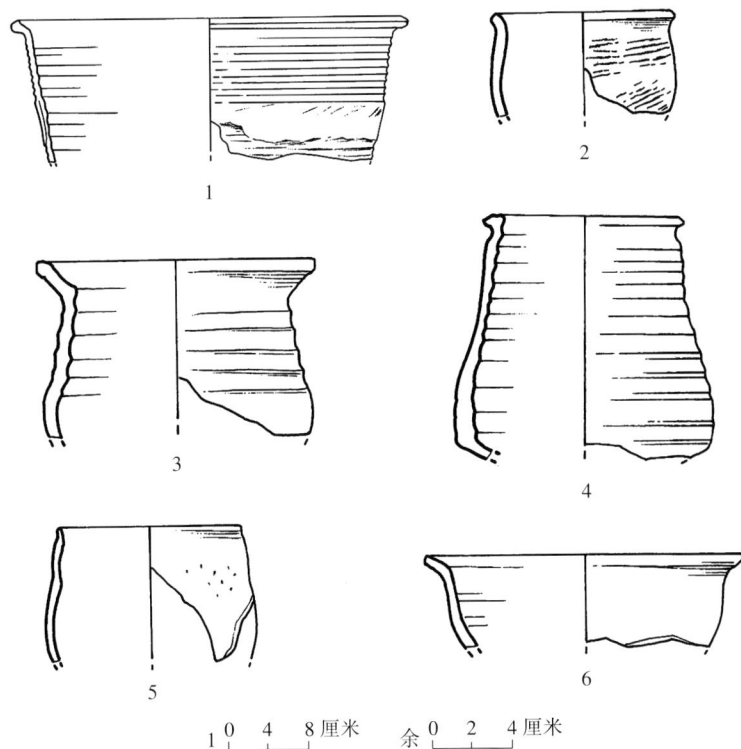

图四五〇　母猪嘴遗址采集陶器

1、2. A 型盆口沿（2015JMZ：1、2015JMZ：46）　3～5. D 型罐（2015JMZ：36、2015JMZ：49、2015JMZ：18）　6. B 型盆口沿（2015JMZ：29）

盆口沿　7 件。据器腹深浅可划分为两型：

A 型：4 件。深腹盆。

2015JMZ：1，夹砂红褐陶，直口，折沿，方唇。内外壁可见泥条盘筑痕迹。残高 14.0、口径 40.0 厘米（图四五〇，1）。

2015JMZ：46，夹砂红褐陶，直口，微卷沿，圆唇。器表施横向绳纹。残高 5.0、口径 9.2 厘米（图四五〇，2）。

2015JMZ：26，夹砂黄褐陶，敞口，近平沿，圆唇。素面。残高 5.0 厘米（图四五二，5；图版三三，1）。

2015JMZ：14，夹砂灰褐陶，侈口，折沿，圆唇。内外壁可见明显轮制痕迹。残高 11.2、口径 15.0 厘米（图四五〇，5）。

B 型：3 件。浅腹盆。

2015JMZ：29，夹砂黄褐陶，敞口，折沿，圆唇，弧腹。素面。残高 4.6、口径 16.0 厘米（图四五〇，6）。

2015JMZ：60，灰褐色硬陶，敞口，卷沿，弧腹，平底。外壁有数道凹弦纹，内壁有明显轮制痕迹。残高 4.8、口径 12.4 厘米（图四五一，6）。

2015JMZ：41，夹砂黄陶，侈口，圆唇，斜折沿。素面。残高 3.0 厘米（图四五二，9）。

盆底　4 件。据底部差异，可分为两型：

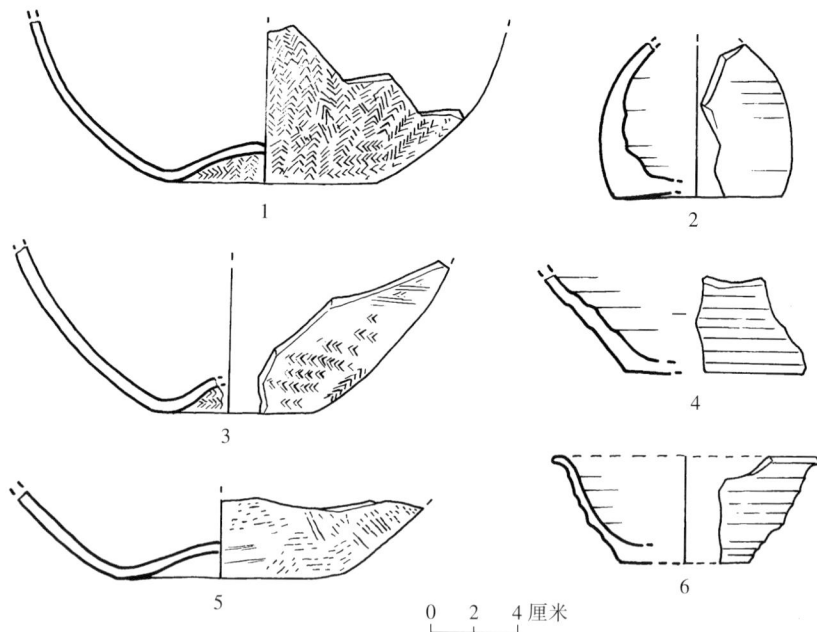

图四五一　母猪嘴遗址采集陶器

1、3、5. A 型盆底（2015JMZ：57、2015JMZ：59、2015JMZ：56）　2. 罐底（2015JMZ：58）　4. B 型盆底（2015JMZ：51）　6. B 型盆口沿（2015JMZ：60）

A 型：3 件。凹底。

2015JMZ：57，灰色硬陶，弧腹，底部内凹。器表施折线纹，底部有刻划痕迹。残高 7.0、底径 10.2 厘米（图四五一，1；图版三四，5）。

2015JMZ：59，红褐色硬陶，斜弧腹，底部内凹。器表施折线纹。残高 7.0、底径 7.8 厘米（图四五一，3）。

2015JMZ：56，灰褐色硬陶，斜弧腹，底部内凹。器表施交错线纹。残高 3.6 厘米（图四五一，5）。

B 型：1 件。平底。

2015JMZ：51，灰色硬陶，斜腹，平底。器表明显轮制痕迹。残高 4.4 厘米（图四五一，4）。

罐口沿　38 件。据口部及腹部特征，可分为以下四型：

A 型：24 件。斜弧腹。据口沿宽窄可分为两亚型：

Aa 型：9 件。窄折沿。

2015JMZ：30，红褐色硬陶，斜直口，圆唇，沿面有数道凹槽。器表施凹弦纹，纹痕较浅。残高 5.2 厘米（图四五二，1）。

2015JMZ：21，夹砂灰褐陶，侈口，圆唇。器表施绳纹。残高 5.0 厘米（图四五二，3）。

2015JMZ：4，夹砂灰褐陶，敛口，尖圆唇，沿面有凹弦纹，沿下有一道凸棱。器表施雷纹，部分被抹平。残高 4.6 厘米（图四五二，4）。

2015JMZ：39，黄色硬陶，敛口，平折沿，圆唇，沿面有数道凹槽。器表施折线纹。残高 3.9 厘米（图四五二，11）。

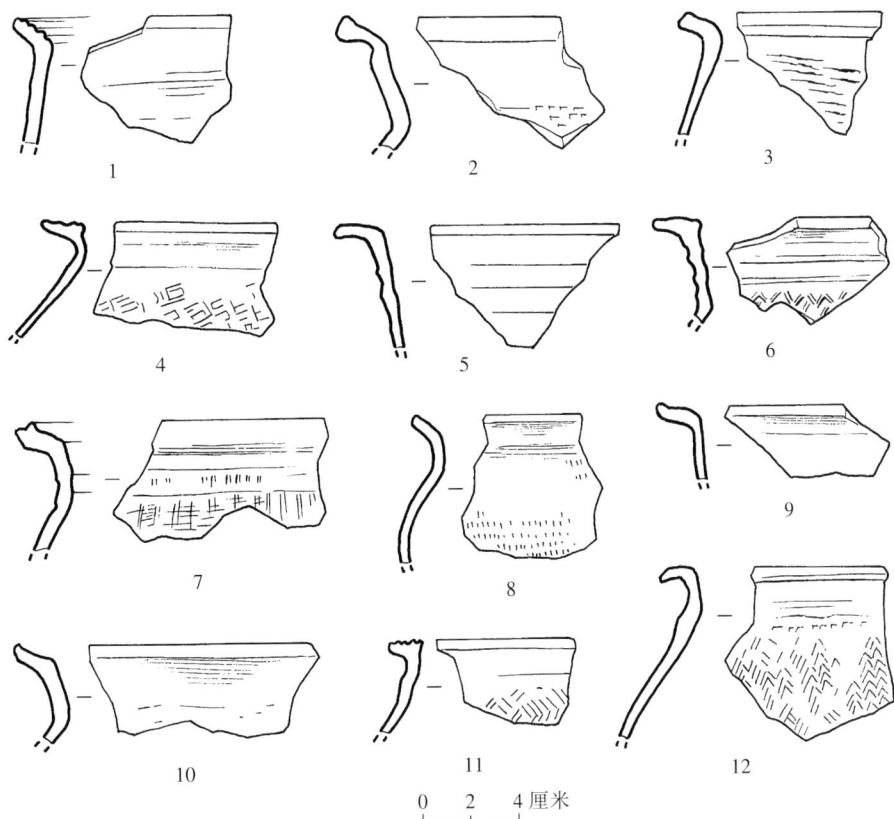

图四五二　母猪嘴遗址采集陶器

1、3、4、11. Aa 型罐口沿（2015JMZ：30、2015JMZ：21、2015JMZ：4、2015JMZ：39）　2、6、10. Ab 型罐口沿（2015JMZ：23、2015JMZ：15、2015JMZ：47）　5. A 型盆口沿（2015JMZ：26）　7、12. Ac 型罐口沿（2015JMZ：38、2015JMZ：34）　8. Bb 型罐口沿（2015JMZ：43）　9. B 型盆口沿（2015JMZ：41）

2015JMZ：19，灰褐色硬陶，圆唇，沿面有数道凹痕。器表施折线纹，部分被抹平。残高 4.0、口径 16.0 厘米（图四五四，2）。

2015JMZ：28，夹砂红褐陶，侈口，方唇，沿内有一道凸棱。器表施绳纹。残高 4.2 厘米（图四五六，1）。

2015JMZ：3，灰色硬陶，侈口，方唇。器表见有数道凹弦纹。残高 4.6 厘米（图四五八，3）。

2015JMZ：2，黄褐色硬陶，侈口，圆唇，沿面有四道凸棱。器表施细线纹，大部分被抹平。残高 6.6 厘米（图四五八，4；图版三三，2）。

2015JMZ：17，夹砂灰陶，侈口，圆唇，沿内有一道凸棱。器表施绳纹。残高 6.0 厘米（图四五八，5）。

Ab 型：4 件。宽折沿。

2015JMZ：23，夹砂灰白陶，侈口，圆唇。器表施戳印纹。残高 5.4 厘米（图四五二，2）。

2015JMZ：15，灰色硬陶，侈口，圆唇。沿下施数道凹槽，腹部施戳印折线纹。残高 4.4 厘米（图四五二，6）。

2015JMZ：47，夹砂黄陶，侈口，尖圆唇。素面。残高 3.8 厘米（图四五二，10）。

2015JMZ：25，夹砂黄陶，侈口，方唇。器表施细绳纹，部分被抹平。残高 4.6（图四五七，4）。

Ac 型：10 件。卷沿。

2015JMZ：38，黄褐色硬陶，侈口，微卷沿，方唇内凹。内壁可见轮制痕迹，器表施线纹和戳印纹。残高 5.0 厘米（图四五二，7）。

2015JMZ：34，灰色硬陶，直口，尖唇。器表施折线纹。残高 7.2 厘米（图四五二，12）。

2015JMZ：13，灰褐色硬陶，侈口，圆唇。器表施绳纹。残高 4.0 厘米（图四五四，5）。

2015JMZ：31，灰色硬陶，侈口，圆唇，圆弧腹。器表施绳纹。残高 11.6 厘米（图四三六，1）。

2015JMZ：42，灰色硬陶，圆唇。素面。残高 4.6 厘米（图四五七，1）。

2015JMZ：22，夹砂灰白陶，侈口，圆唇。沿面有数道凹槽，器表施绳纹。残高 4.6 厘米（图四五七，5）。

2015JMZ：16，夹砂灰陶，侈口，圆唇。口沿下有一道凹弦纹。残高 3.8 厘米（图四五七，6）。

2015JMZ：20，灰色硬陶，侈口，方唇。器表施交错绳纹。残高 3.8、口径 14.0 厘米（图四五七，7；图版三四，1）。

2015JMZ：27，红褐色硬陶，侈口，斜方唇。器表施折线纹。残高 4.8 厘米（图四五七，8）。

Ad 型：1 件。敛口。

2015JMZ：44，褐色硬陶，折沿内敛，方唇，斜腹。器表施横向凹弦纹。残高 4.6 厘米（图四五七，3）。

B 型：9 件。鼓腹。据口部特征分为两亚型：

Ba 型：4 件。近直口。

2015JMZ：8，灰色硬陶，近直口，方唇内凹。器表施折线纹。残高 5.8、口径 12.0 厘米（图四五四，3）。

2015JMZ：7，灰褐色硬陶，卷沿，圆唇，弧肩。器表施雷纹和绳纹。残高 7.4 厘米（图四五四，4）。

2015JMZ：10，黄褐色硬陶，直口，卷沿近平，圆弧肩，圆唇。沿面有数道凹弦纹，肩部施折线纹。残高 6.2、口径 24.4 厘米（图四五八，1）。

2015JMZ：6，红褐硬陶，卷沿，圆唇，沿面有一周凹槽。器表施折线纹。残高 4.4、口径 9.2 厘米（图四五八，2）。

Bb 型：4 件。侈口。

2015JMZ：43，夹砂灰陶，卷沿，圆唇。器表施细线纹，部分被抹平。残高 6.0 厘米（图四五二，8）。

2015JMZ：32，灰色硬陶，方唇，圆弧腹。腹部施绳纹。残高 10.0 厘米（图四三四；图版五三，4）。

2015JMZ：12，灰褐色硬陶，宽折沿。器表施方格纹。残高 7.8 厘米（图四五四，1）。

2015JMZ：62，灰色硬陶，圆弧腹。肩部以下施雷纹。残高 12.3 厘米（图四五六，4）。

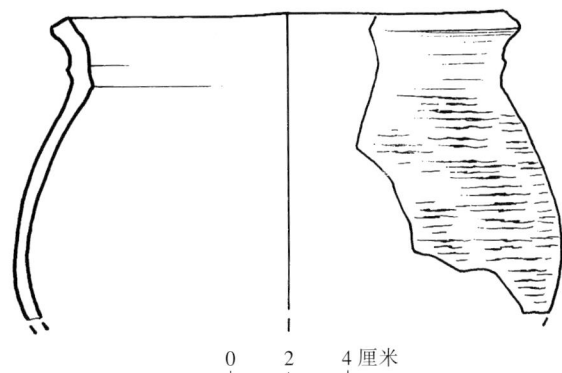

图四五三 母猪嘴遗址采集 Bb 型陶罐口沿 （2015JMZ：32）

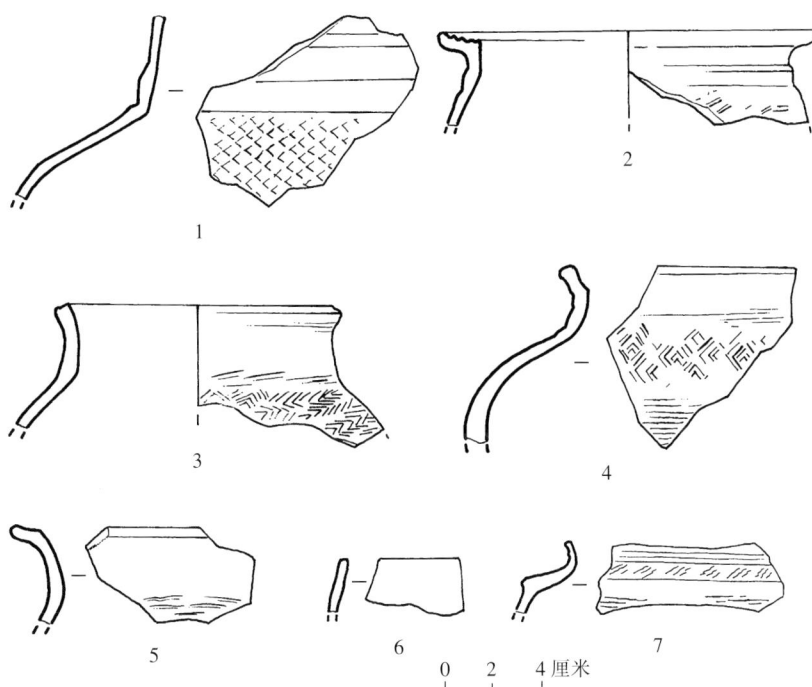

图四五四 母猪嘴遗址采集陶罐

1. Bb 型罐口沿（2015JMZ：12） 2. Aa 型罐口沿（2015JMZ：19） 3、4. Ba 型罐口沿（2015JMZ：8、2015JMZ：7）
5. Ac 型罐口沿（2015JMZ：13） 6. C 型罐口沿（2015JMZ：35） 7. 尊（2015JMZ：9）

Bc 型：1 件。折沿。

2015JMZ：48，灰色硬陶，侈口，宽折沿，圆唇。沿外可见凹弦纹，肩部有一道附加堆纹，其上见有两道凹弦纹，器表施方格纹。残高 10.6 厘米（图四五五，2）。

C 型：2 件。直腹。

2015JMZ：35，灰褐色硬陶，斜直口，圆唇，口沿下有一周凸棱。素面。残高 2.4 厘米（图四五四，6）。

2015JMZ：40，黄色硬陶，微卷沿，圆唇，沿面有数道凹槽。内外壁可见轮制痕迹。残高 3.0 厘米（图四五六，2）。

D 型：3 件。小型罐。

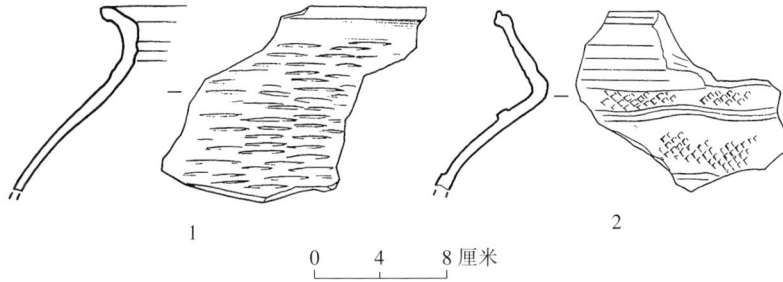

0　4　8厘米

图四五五　母猪嘴遗址采集陶罐

1. Ac 型罐口沿（2015JMZ：31）　　2. Bc 型罐口沿（2015JMZ：48）

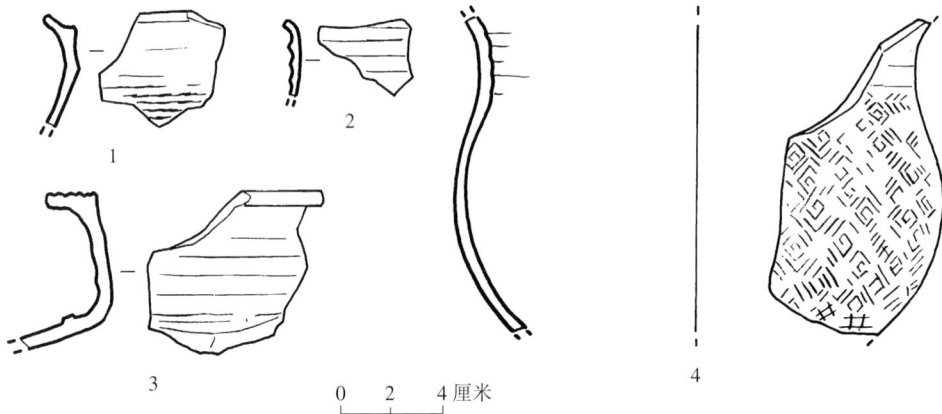

0　2　4厘米

图四五六　母猪嘴遗址采集陶器

1. Aa 型罐口沿（2015JMZ：28）　　2. C 型罐口沿（2015JMZ：40）　　3. 尊（2015JMZ：24）　　4. Bb 型罐口沿（2015JMZ：62）

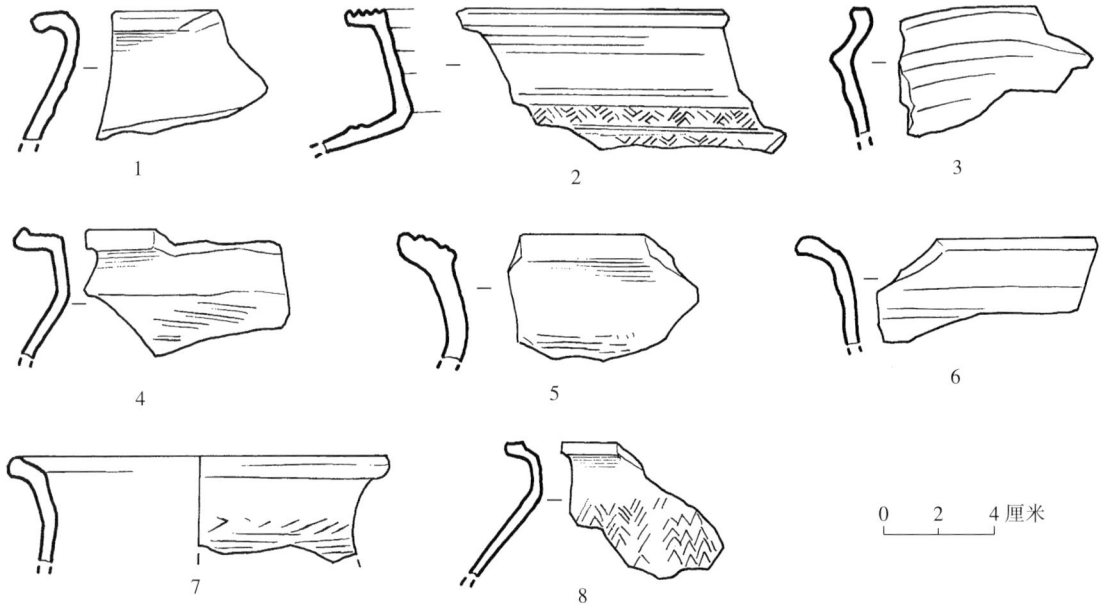

0　2　4厘米

图四五七　母猪嘴遗址采集陶器

1、5～8. Ac 型罐口沿（2015JMZ：42、2015JMZ：22、2015JMZ：16、2015JMZ：20、2015JMZ：27）　　2. 尊（2015JMZ：37）　　3. Ad 型罐口沿（2015JMZ：44）　　4. Ab 型罐口沿（2015JMZ：25）

2015JMZ：36，夹砂灰陶，侈口，折沿，方唇。内外壁可见凹弦纹。残高8.4、口径14.0厘米（图四五〇，3）。

2015JMZ：49，黄褐色硬陶，直口，窄平沿，尖唇，沿面有数道凹槽，斜直腹，平底。内外壁均可见凹弦纹，底部有刻划痕。残高11.6、口径10.0厘米（图四五〇，4；图版三三，4）。

2015JMZ：18，黄褐色硬陶，直口，尖唇。器表施戳印纹，纹痕较浅。残高6.6厘米（图四五〇，5）。

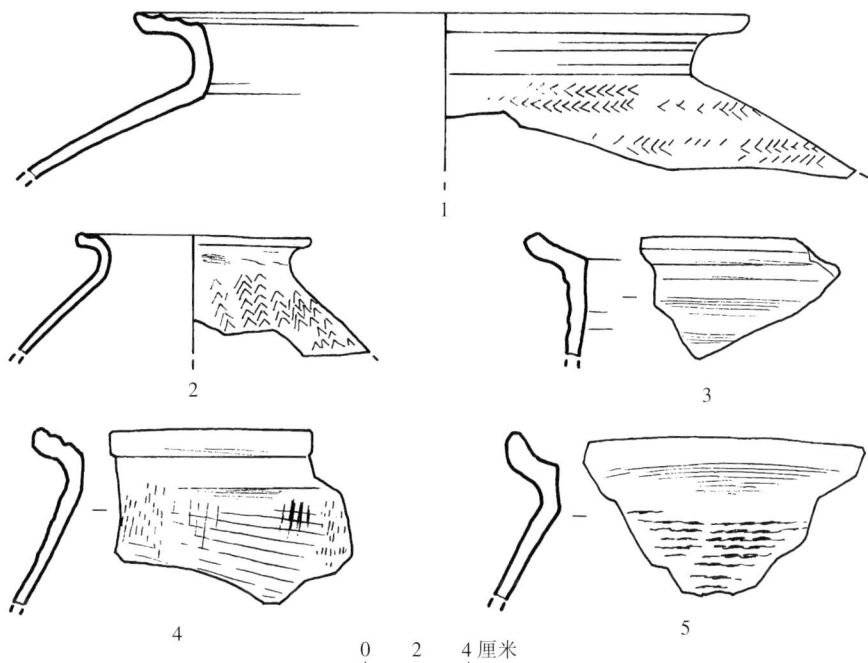

图四五八　母猪嘴遗址采集陶罐

1、2.Ba型罐口沿（2015JMZ：10、2015JMZ：6）　　3～5.Aa型罐口沿（2015JMZ：3、2015JMZ：2、2015JMZ：17）

罐底　8件。

2015JMZ：53，灰褐色硬陶，底部内凹。器表施折线纹。残高2.2、底径9.8厘米（图四五九，1）。

2015JMZ：52，灰褐色硬陶，弧腹，平底。内外壁均可见明显轮制痕迹。残高4.8厘米（图四五九，2）。

2015JMZ：61，夹砂红褐陶，斜弧腹，近平底。内外壁可见明显轮制痕迹。残高5.4厘米（图四五九，3）。

2015JMZ：54，夹砂灰陶，斜腹，平底内凹。素面。残高3.2厘米（图四五九，4）。

2015JMZ：50，夹砂灰白陶，弧腹，近平底。素面。残高3.6厘米（图四五九，5）。

2015JMZ：65，夹砂灰褐陶，弧腹，平底。内外壁可见轮制痕迹。残高4.2厘米（图四五九，6）。

2015JMZ：55，灰褐色硬陶，弧腹，平底。内壁有明显轮制痕迹，器底可见刻划痕迹。残高4.6厘米（图四五九，7）。

2015JMZ：58，灰褐色硬陶，敛口，弧腹，平底。内壁可见轮制痕迹。素面。残高6.8厘米（图四五一，2）。

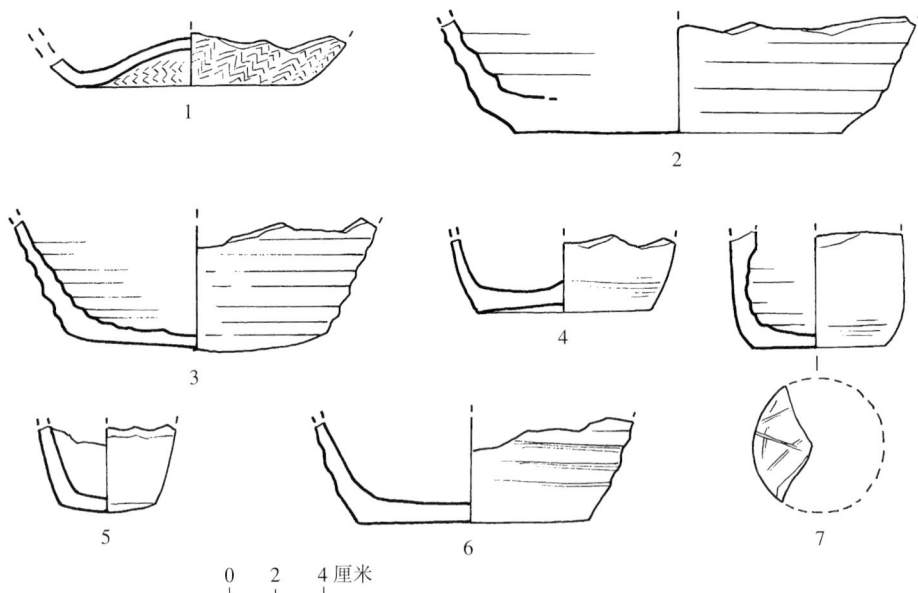

图四五九　母猪嘴遗址采集陶罐底

1～7. 罐底（2015JMZ：53、2015JMZ：52、2015JMZ：61、2015JMZ：54、2015JMZ：50、2015JMZ：65、2015JMZ：55）

尊　6件。

2015JMZ：9，灰色硬陶，侈口，卷沿，折肩。肩部戳印一周简化"S"形纹饰。残高3.0厘米（图四五四，7）。

2015JMZ：24，灰色硬陶，高领，侈口，窄平沿，圆唇，沿面有数道凹槽。颈部饰凹弦纹，肩上部有一道附加堆纹。残高6.0厘米（图四五六，3）。

2015JMZ：37，灰色硬陶，高领，侈口，宽折沿，圆唇，沿面有数道凹弦纹。颈部内外壁可见轮制痕迹，器表施雷纹和折线纹。残高5.0厘米（图四五七，2；图版三三，3）。

2015JMZ：11，黄褐色硬陶，侈口，窄平沿，圆唇，斜弧腹。器表施交错绳纹。残高14.2厘米（图四六〇，1，图版三四，3）。

2015JMZ：33，灰色硬陶，高领，侈口，窄折沿，圆唇。器表可见轮制痕迹。残高6.8厘米（图四六〇，2）。

2015JMZ：45，夹砂黄陶，高领，侈口，卷沿，圆唇。器表施折线纹。残高5.0厘米（图四六〇，3）。

甑腰　9件。

2015JMZ：69，夹砂红褐陶，窄腰隔。器表施戳印纹。残高9.6厘米（图四六一）。

2015JMZ：68，夹砂红褐陶，弧腹，窄腰隔。下腹施斜向绳纹。残高8.0厘米（图四六二，1）。

2015JMZ：71，夹砂红褐陶，弧腹，窄腰隔。器表施绳纹。残高10.4厘米（图四六二，2；图版三三，5）。

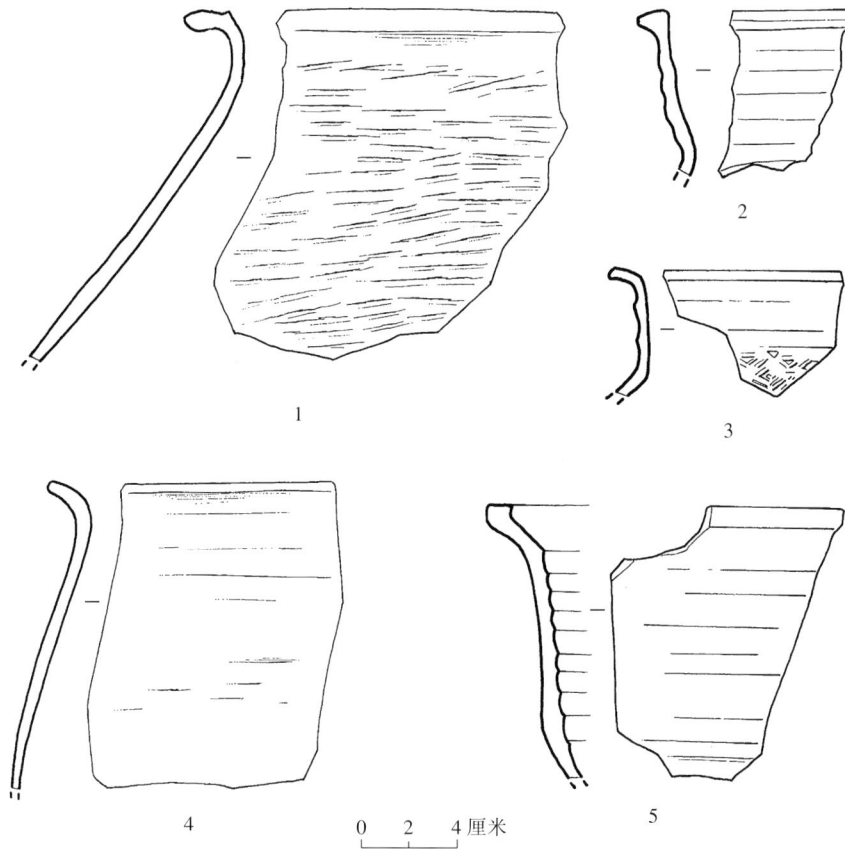

图四六〇　母猪嘴遗址采集陶器

1~3. 尊（2015JMZ：11、2015JMZ：33、2015JMZ：45）　4. Ac 型罐（2015JMZ：5）　5. 盆（2015JMZ：14）

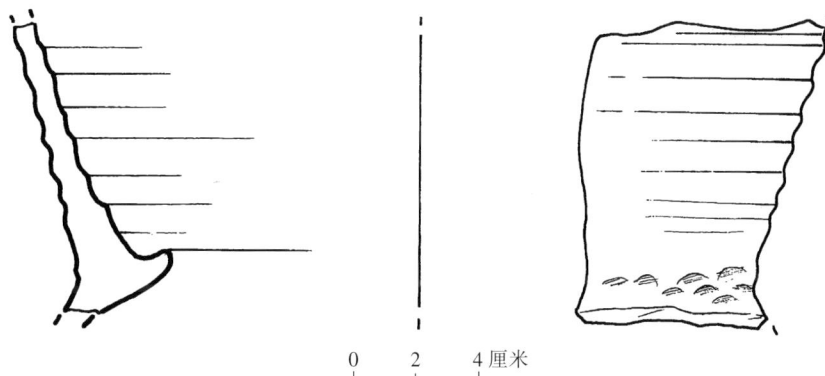

图四六一　母猪嘴遗址采集陶甗腰（2015JMZ：69）

2015JMZ：64，夹砂灰褐陶，弧腹，束腰，窄腰隔。器表施斜向绳纹。残高 8.2 厘米（图四六二，3）。

2015JMZ：72，夹砂红褐陶，斜弧腹，窄腰隔。器表施多道凹弦纹。残高 7.4 厘米（图四六二，4）。

2015JMZ：63，夹砂红褐陶，弧腹，束腰，窄腰隔。素面。残高 10.4 厘米（图四六三，1）。

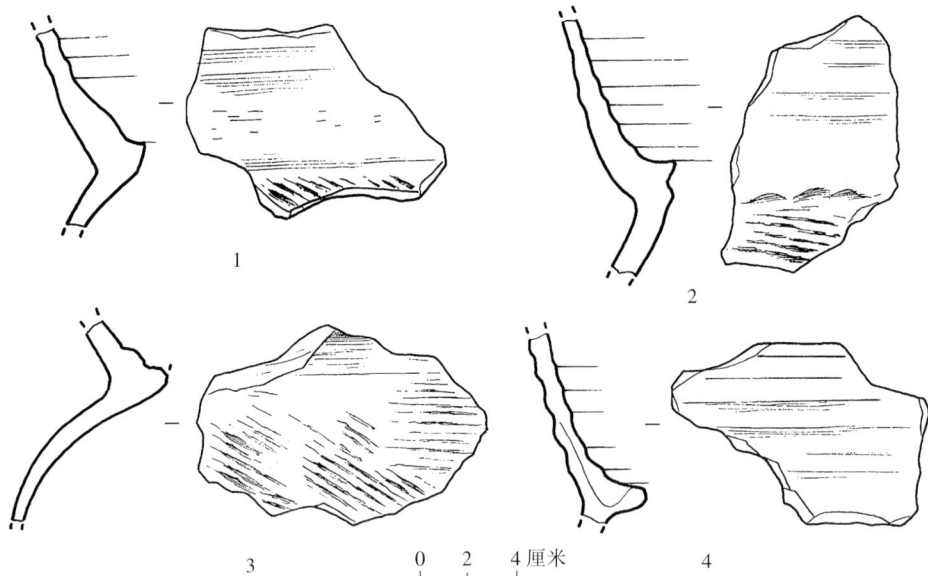

图四六二　母猪嘴遗址采集陶甗腰

1~4. 甗腰（2015JMZ：68、2015JMZ：71、2015JMZ：64、2015JMZ：72）

2015JMZ：70，夹砂灰陶，弧腹，窄腰隔，见有箅孔。器表施线纹，部分被抹平。残高6.4厘米（图四六三，2）。

2015JMZ：67，夹砂黄褐陶，斜弧腹，窄腰隔。内外壁可见泥条盘筑痕迹。残高10.4厘米（图四六三，4）。

2015JMZ：66，夹砂灰陶，斜腹，窄腰隔。器表施斜向绳纹，部分被抹平。残高7.0厘米（图四六三，5）。

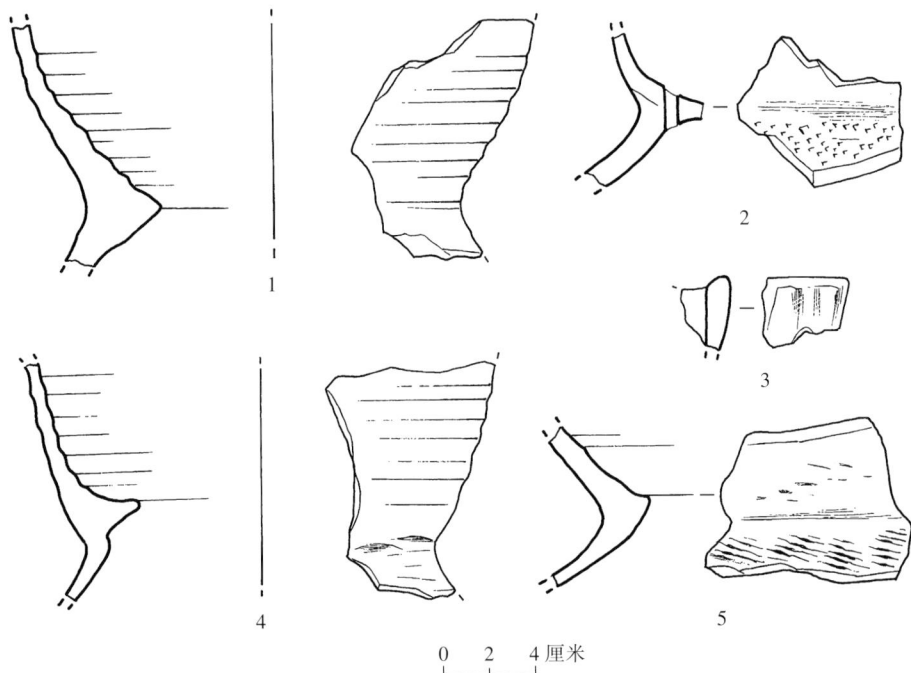

图四六三　母猪嘴遗址采集陶器

1、2、4、5. 甗腰（2015JMZ：63、2015JMZ：70、67、66）　3. 箅孔（2015JMZ：73）

　　箅孔　1件。

　　2015JMZ：73，夹砂灰褐陶，形状呈不规则状，有三个圆形穿孔。残高3.0厘米（图四六三，3）。

　　鼎足　2件。

　　2015JMZ：74，夹砂黄褐陶，截面呈半圆形。素面。残高10.0厘米（图四六四，1）。

　　2015JMZ：76，夹砂红褐陶，扁圆柱状，截面呈近梯形。素面。残高7.0厘米（图四六四，2）。

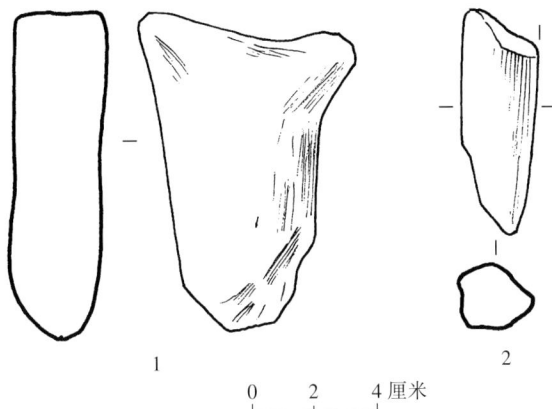

图四六四　母猪嘴遗址采集陶鼎足
1、2. 鼎足（2015JMZ：74、2015JMZ：76）

　　陶支脚　6件。均为蹄状，一端为圆弧面，另端略残。

　　2015JMZ：77，夹砂红褐陶。器表施竖向线纹。残高9.0厘米（图四六五，1）。

　　2015JMZ：84，夹砂黄陶，截面呈近圆形。素面。残高6.1厘米（图四六五，2；图版三三，6）。

　　2015JMZ：83，夹粗砂黄褐陶，截面呈椭圆形。素面。残高6.6厘米（图四六五，3）。

　　2015JMZ：82，夹粗砂黄褐陶，截面呈椭圆形，低端平整。素面。残高13.0厘米（图四六五，4）。

　　2015JMZ：81，夹粗砂黄褐陶，截面呈椭圆形。素面。残高10.4厘米（图四六五，5；图版三四，2）。

　　2015JMZ：75，夹粗砂黄褐陶，截面呈椭圆形。素面。残高12.0厘米（图四六五，6）。

　　器耳　2件。

　　2015JMZ：79，夹砂灰陶，桥形附耳，内侧施绳纹，部分被抹平。残高8.0厘米（图四六六，1）。

　　2015JMZ：78，灰色硬陶，直口，方唇，扁状把手。器内壁有轮制痕迹。残高7.0厘米（图四六六，2）。

　　鬲足　1件。

　　2015JMZ：80，夹砂灰褐陶，残袋足。素面。残高3.2厘米（图四六六，3）。

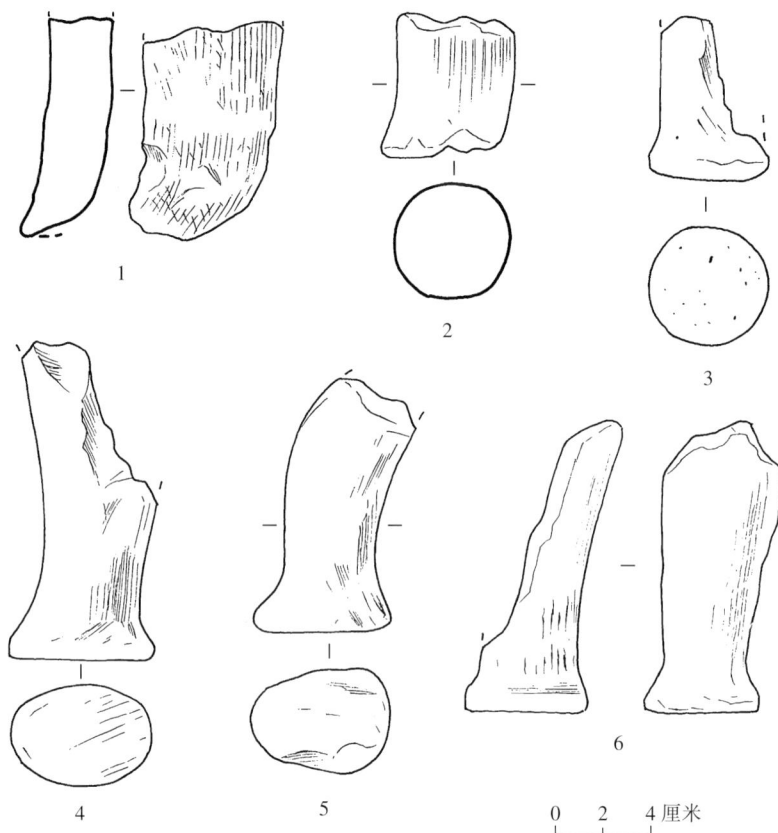

图四六五　母猪嘴遗址采集陶支脚

1～6. 支脚（2015JMZ：77、2015JMZ：84、2015JMZ：83、2015JMZ：82、2015JMZ：81、2015JMZ：75）

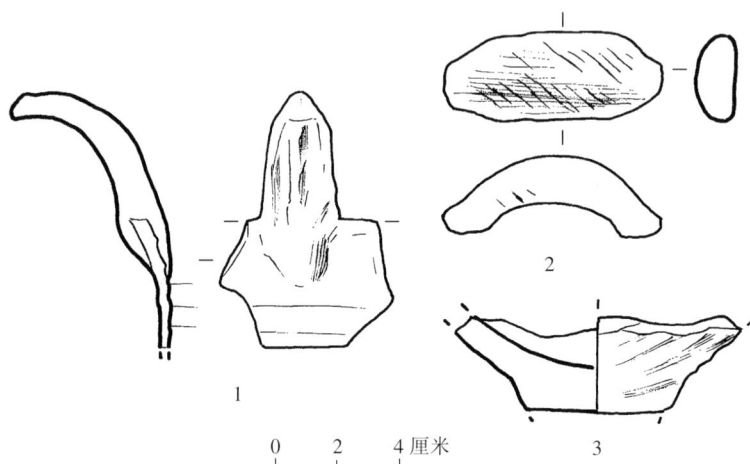

图四六六　母猪嘴遗址采集陶器

1、2. 器耳（2015JMZ：78、2015JMZ：79）　3. 鬲足（2015JMZ：80）

3. 遗址性质与年代

母猪嘴遗址位于琅琚河（金溪水）的上游地带，遗址所在的山地西侧有小溪由北向南流经，地理位置优越。该遗址属于典型的岗地型聚落，采集遗物主要分布在山地缓坡地带，说明古人生活于临近水源、阳光充足的西侧山坡。结合琅琚河沿岸先秦遗址的分布态势来看，低矮丘陵地带是适合古人居住之地。因此，古人对居住地的选择是对自然不断认识的过程。

1. 陶盆（2015JMZ：26）

2. 陶罐（2015JMZ：2）

3. 陶尊（2015JMZ：37）

4. 陶罐（2015JMZ：49）

5. 陶鬴腰（2015JMZ：71）

6. 陶支脚（2015JMZ：84）

图版三三　母猪嘴遗址采集陶器

1. 陶罐（2015JMZ：20）

2. 陶支脚（2015JMZ：81）

3. 陶尊（2015JMZ：11）

4. 陶罐（2015JMZ：32）

5. 盆底（2015JMZ：57）

图版三四　母猪嘴遗址采集陶器

母猪嘴遗址采集到十分丰富的陶器残片，从整体上看，采集陶器以印纹硬陶器为多，夹砂陶较少，印纹硬陶纹饰十分丰富，以雷纹、折线纹、线纹、绳纹等为代表，器形多见陶盆、陶尊、陶罐、陶甗、陶支脚等器。与周边遗址相比较，母猪嘴遗址采集陶器与信江流域鹰潭角山[①]、万年县[②]等遗址所见陶器有较多的相似。1987 年在抚州市西郊调查所获陶器[③]，与母猪嘴所见高领罐、鼓腹罐、直腹弦纹罐等较为相似。该遗址所见陶罐口沿多见数道凹槽，可视为该类遗存的特征之一。遗址采集的陶支脚数量较多，以往在赣东地区商时期有所发现，鹰潭角山遗址便有此类支脚与甗形器组合使用的发现[④]。因此，母猪嘴遗址的主体年代应为商代，其与信江流域的商代遗存有较多的相似性。值得注意的是，该遗址采集到的小方格纹陶片、素面扁状鼎足等器，具有东周时期遗存的特征，进而可以初步判断，至东周时期该遗址亦有人类在此生活。

母猪嘴遗址的发现与初步认识对抚河及信江流域文化序列的建立，水系间的文化互动，区域聚落形态与结构等方面研究提供了十分重要的实物资料。

一八　五里桥遗址

1. 遗址概况

该遗址位于秀谷镇北面的五里桥村（图四六七），东北部紧邻稻田，东部及中南部为鱼池，西部紧邻 206 国道，南部近临东台小学（图四六八）。遗址现为民居、村路、鱼池、稻田和竹木林，东部有一台地，台地呈缓坡，植被较为茂密；西部主要为稻田和民居；中部及南部为竹木林，十分茂密；西北部为稻田，地势较低（图四六九）。该遗址地理坐标为：北纬 27°56′33.8″，东经 116°47′14.2″，海拔 86 米。

该遗址所在区域为琅琚河、高坊河两条河流交汇之地。遗址西侧约 500 米便是山地前缘地带，遗址临河背山，地理环境十分优越。由于受现代民居和耕田等因素的影响，遗址破坏十分严重。从地貌来看，遗址原来应为低矮山岗的缓坡地形，应属于岗地类聚落。五里桥遗址采集遗物较少，主要为陶器，下文对其逐一进行介绍。

2. 遗物介绍

陶器以硬陶为主，夹砂陶较少。硬陶多为灰褐色、黄褐色，纹饰有变体雷纹（图四七〇，4）、方格纹、小方格纹（图四七〇，1、9、10）、折线纹（图四七〇，7、8）、细绳纹、席纹（图四七〇，5、6）和交错线纹，器形主要为罐；夹砂陶多为灰褐色、黄褐色，纹饰可见细绳纹（图四七〇，2、3），多为素面，器形有甗、陶支脚等。

---

① 江西省文物工作队、鹰潭市博物馆：《江西鹰潭角山窑址试掘简报》，《华夏考古》1990 年第 1 期，第 34～50 页。

② 江西省文物管理委员会：《一九六一年江西万年遗址的调查和墓葬清理》，《考古》1962 年第 4 期，第 167、170 页。

③ 江西省文物工作队、抚州市博物馆：《江西抚州市西郊商代遗址调查》，《考古》1990 年第 2 期，第 97～101 页。

④ 江西省文物考古研究所资料，待刊。

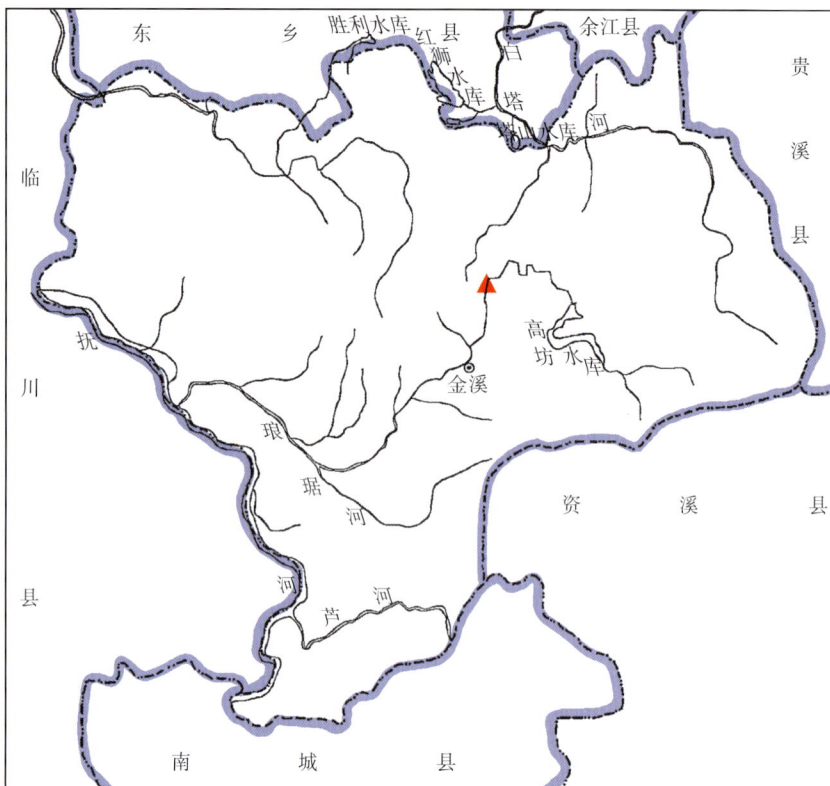

图四六七　五里桥遗址位置图

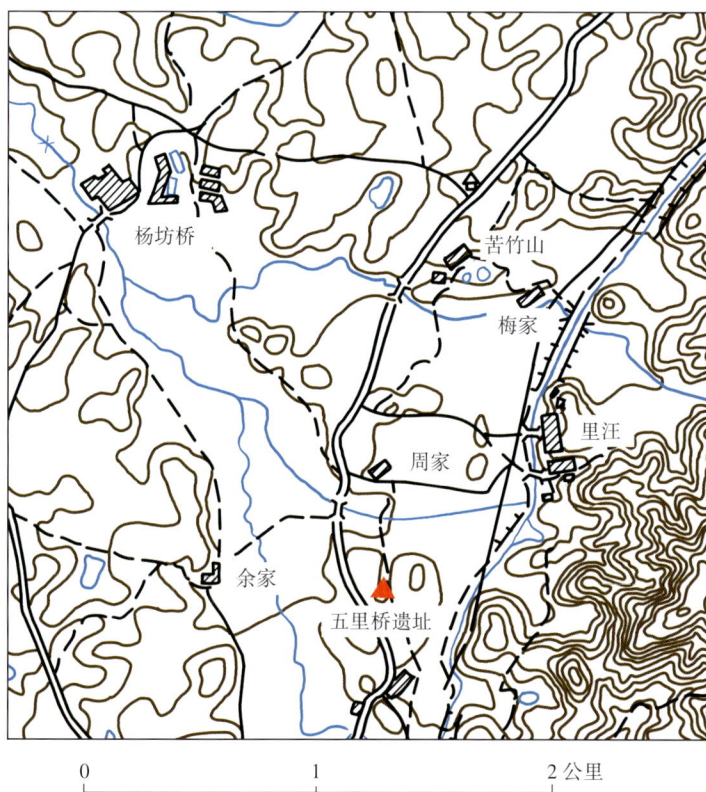

图四六八　五里桥遗址地貌图

图四六九 五里桥遗址远景图（由北向南）

图四七〇 五里桥遗址采集陶片纹饰拓片

1、9、10. 小方格纹 2、3. 细绳纹 4. 变体雷纹 5、6. 席纹 7、8. 折线纹罐　2件。

2015JWL：2，灰色硬陶，敛口，窄平沿，尖圆唇，沿面有三道凹槽。器表施雷纹。残高4.4厘米（图四七一，1；图版三三，2）。

2015JWL：1，灰褐色硬陶，侈口，微卷沿，方唇。器表施方格纹。残高7.6厘米（图四七一，2；图版三三，3）。

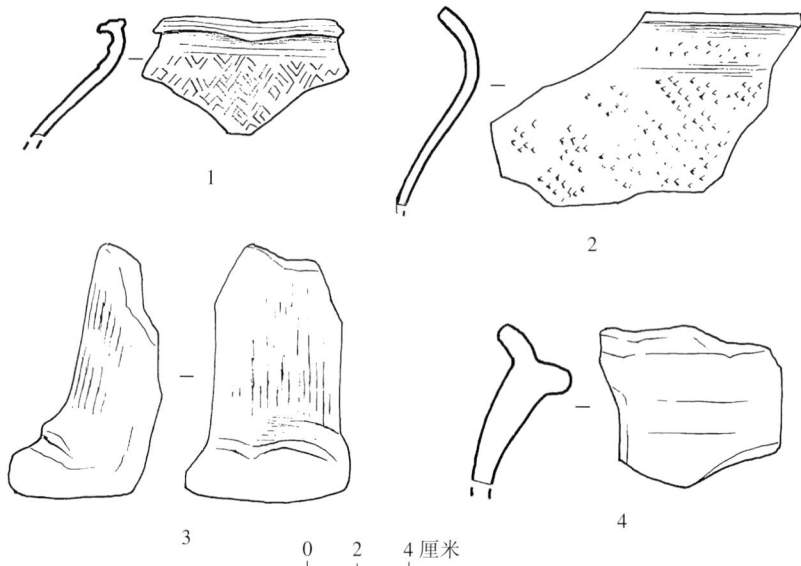

图四七一　五里桥遗址采集陶器
1、2. 罐（2015JWL：2、2015JWL：1）　3. 陶支脚（2015JWL：4）　4. 甗腰（2015JWL：3）

甗腰　1件。

2015JWL：3，夹砂黄褐陶，斜直腹，窄腰隔。素面。残高6.0厘米（图四七一，4）。

陶支脚　1件。

2015JWL：4，夹砂黄褐陶，近蹄状，圆柱状柄，底部呈圆饼状。器表饰线纹。残高9.6厘米（图四七一，3；图版三三，1）。

3. 遗址性质与年代

五里桥遗址处于两条河流交汇的三角地带，地理位置十分优越。从遗址采集到的遗物部分可分为两个年代组。

第1组：以宽平沿罐、陶支脚、变体雷纹、折线纹、席纹硬陶及细绳纹夹砂陶为代表。从纹饰来看，雷纹、折线纹、席纹等硬陶具有商时期施纹风格。宽平沿罐沿面见有三道凹槽。此类纹饰风格在郑家山、母猪嘴等多处遗址见到。该遗址所见陶支脚也与母猪嘴遗址所见相近。甗形器也具时代特征。因此，可判断五里桥第1组的年代为商代晚期。

第2组：以卷沿硬陶罐、小方格纹硬陶为代表。该组遗存时代特征十分显著，小方格纹具有东周时期硬陶施纹风格。此组遗存在抚河上游及中游地区普遍存在，可见东周时期抚河流域聚落分布较为密集。因而，第2组的年代为东周时期。

五里桥遗址虽遭到破坏，但仍可清晰观察到该遗址的聚落类型。由于特殊的地理环境，该

1. 陶支脚（2015JWL：4）

2. 陶罐（2015JWL：2）

3. 陶罐（2015JWL：1）

图版三五　五里桥遗址采集遗物

遗址延续时间较长。五里桥遗址的发现对区域文化序列及聚落形态的深入研究提供了十分重要的实物资料。

一九　竹木厂遗址

1. 遗址概况

遗址位于秀谷镇的北部（图四七二），西南部紧邻湿地公园，北部为工厂，东南临 206 国道，东部临近 942 县道（图四七三）。遗址整体呈不规则形，为一斜坡状湖岸地带，地势较为平缓，遗址东南部为树林，其他区域地表为杂草分布。南部有人工栽植的公园景观树木和灌木丛（图四七四）。该遗址地理坐标为：北纬 27°55′20.1″，东经 116°46′49.7″，海拔 91 米。

遗址位于金溪县城，属金溪水支流北岸，地理位置优越。由于遗址地表破坏严重，采集遗物较少，见有少量石器和陶器。以下逐一进行介绍。

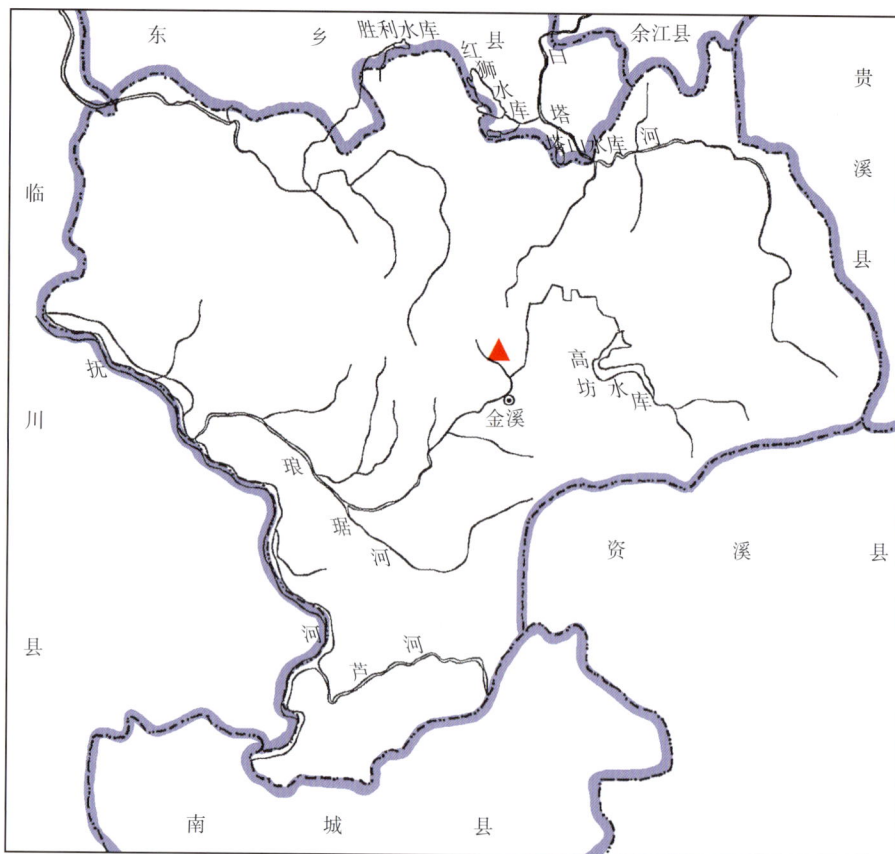

图四七二 竹木厂遗址位置图

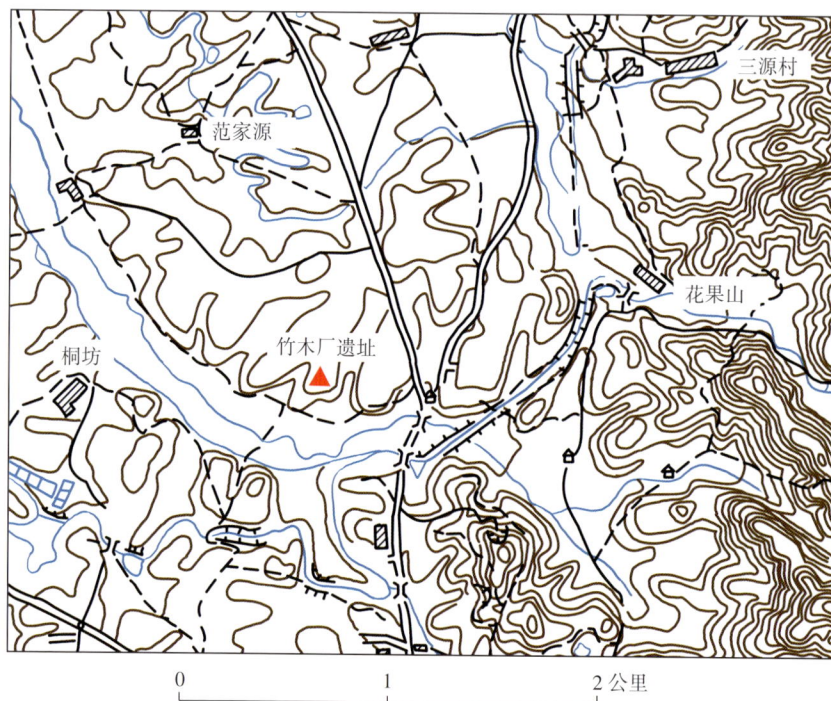

图四七三 竹木厂遗址地貌图

图四七四 竹木厂遗址远景图（由北向南）

2. 遗物介绍

（1）石器

柱状石器 1件。

2015JZM：1，黄褐色砂岩制成，截面呈方形，两端残，两侧平直，上下面磨制较光滑。残高6.0、宽4.0、厚2.6厘米（图四七五，3）。

砺石 1件。

2015JZM：2，黄褐色砂岩制成，形状不规则，一面磨制平整，研磨面呈内凹状。残高9.6、宽11.0、厚6.6厘米（图四七五，1）。

石锛 1件。

2015JZM：3，灰褐色闪长岩磨制而成，平面长方形，顶端斜直，两侧残，单面刃，上下面较为平整，器表磨制光滑。残高5.6、宽3.8、厚2.5厘米（图四七五，2）。

（2）陶器

陶器以硬陶及夹砂陶为主。硬陶多为灰色、灰褐色、黄褐色，纹饰有绳纹、菱格纹（图四七六，1、2；图四七七，1、2、4~8）、方格纹（图四七七，3）、交错线纹（图四七六，6、7、8）和雷纹，器形有罐等；夹砂陶多为

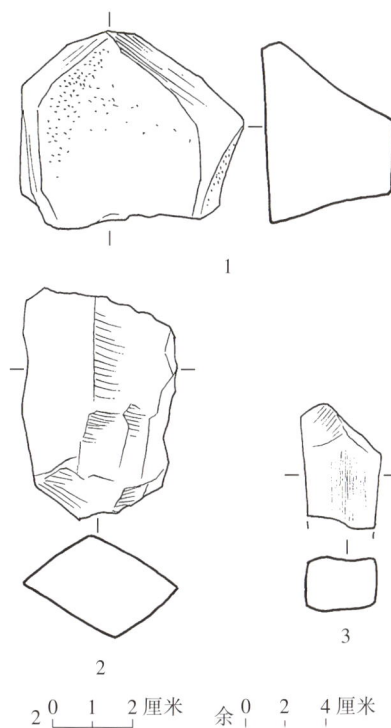

图四七五 竹木厂遗址采集石器
1. 砺石（2015JZM：2） 2. 石锛（2015JZM：3） 3. 柱状石器（2015JZM：1）

灰色、黄褐色，纹饰有绳纹（图四七六，4、5）、交错线纹，器形有罐、鼎（足）等。

罐　10件。据口部特征，分为四型：

图四七六　竹木厂遗址采集陶片纹饰拓片

1、2. 菱格纹　4、5. 绳纹　6、7、8. 交错线纹

图四七七　竹木厂遗址采集陶片纹饰拓片

1、2、4~8. 菱格纹　3. 方格纹

A 型：2 件。侈口，卷沿。

2015JZM：14，灰色硬陶，方唇。器表施交错线纹。残高 3.6 厘米（图四七八，4）。

2015JZM：11，灰色硬陶，方唇。素面。残高 3.6 厘米（图四七八，9）。

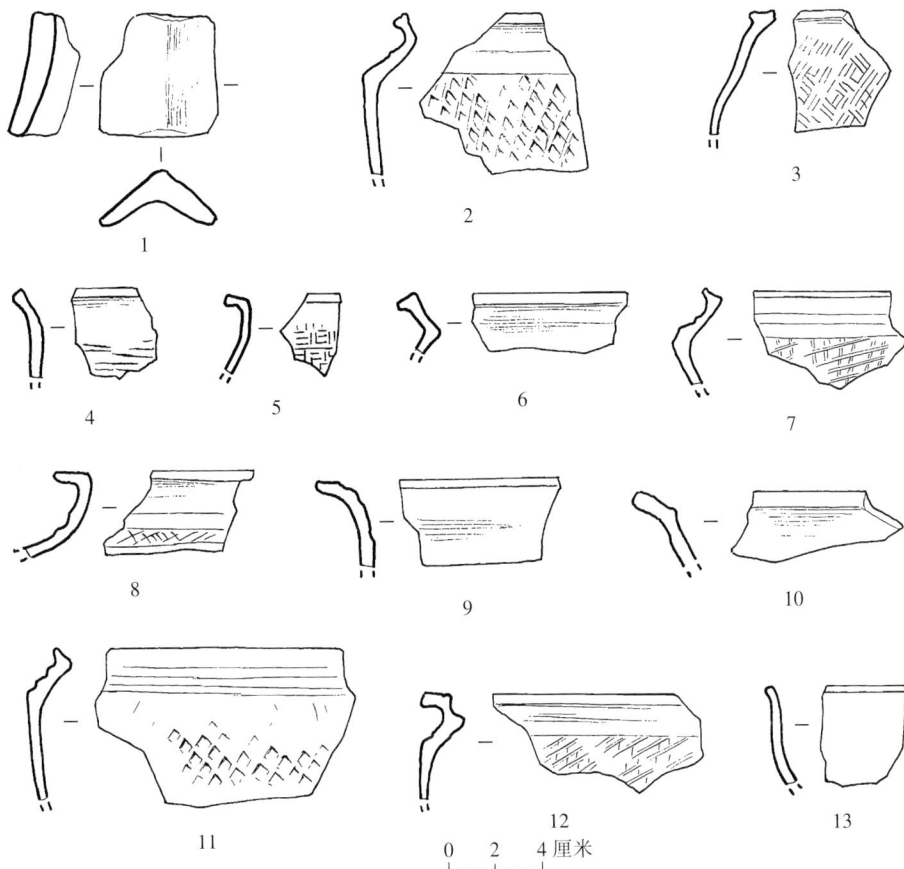

图四七八　竹木厂遗址采集陶器

1. 鼎足（2015JZM：9）　2、3、7、11、12. B 型罐（2015JZM：7、2015JZM：8、2015JZM：6、2015JZM：5、2015JZM：4）　4、
9. A 型罐（2015JZM：14、2015JZM：11）　5、8. C 型罐（2015JZM：15、2015JZM：13）　6. D 型罐（2015JZM：12）　10、13.
盆（2015JZM：10、2015JZM：16）

B 型：5 件。敛口，折沿。

2015JZM：7，灰色硬陶，方唇，折肩。腹部施菱格纹。残高 6.6 厘米（图四七八，2）。

2015JZM：8，灰色硬陶，沿面有数道凹槽。器表施交错短线纹。残高 5.0 厘米（图四七八，3；图版三六，4）。

2015JZM：6，灰色硬陶，方唇，肩部有两道凸棱。器表施交错线纹，纹痕较浅。残高 4.0 厘米（图四七八，7；图版三六，3）。

2015JZM：5，黄褐色硬陶，斜方唇，肩部有一周凸棱。腹部施菱格纹，纹痕较浅。残高 6.2 厘米（图四七八，11）。

2015JZM：4，灰色硬陶，圆唇。器表施交错线纹。残高 4.2 厘米（图四七八，12）。

C 型：2 件。弧肩，平折沿。

2015JZM：15，灰色硬陶，窄平沿，方唇。器表施交错短线纹。残高 3.2 厘米（图四七八，5）。

2015JZM：13，灰色硬陶，窄平沿，圆唇。器表施菱格纹。残高3.6厘米（图四七八，8）。

D型：1件。弧腹，折沿。

2015JZM：12，灰色硬陶，侈口，方唇。素面。残高2.4厘米（图四七八，6）。

盆　2件。

2015JZM：10，灰色硬陶，侈口，圆唇，沿面有一周凸棱。素面。残高3.0厘米（图四七八，10）。

2015JZM：16，泥质灰陶，敞口，圆唇，斜弧腹。内外壁可见轮制痕迹，素面。残高4.2厘米（图四七八，13）。

鼎足　5件。据形态差异分为两型：

A型：1件。扁体。鼎足呈内弧状。

2015JZM：18，夹砂灰白陶，一侧施竖向短刻槽与戳印圆窝。残高13.0厘米（图四七九，4；图版三六，1）。

B型：4件。扁柱状。

2015JZM：9，夹砂黄褐陶，弧状面。素面。残高5.0厘米（图四七八，1）。

2015JZM：21，夹砂灰陶。素面。残高5.2厘米（图四七九，1）。

2015JZM：20，夹砂黄褐陶。素面。残高4.8厘米（图四七九，2）。

2015JZM：19，夹砂灰陶。足腹结合处饰绳纹。残高4.2厘米（图四七九，3）。

器底　1件。

2015JZM：17，灰色硬陶，弧腹，平底。内外壁可见轮制痕迹，器底见有刻痕。残高4.0厘米

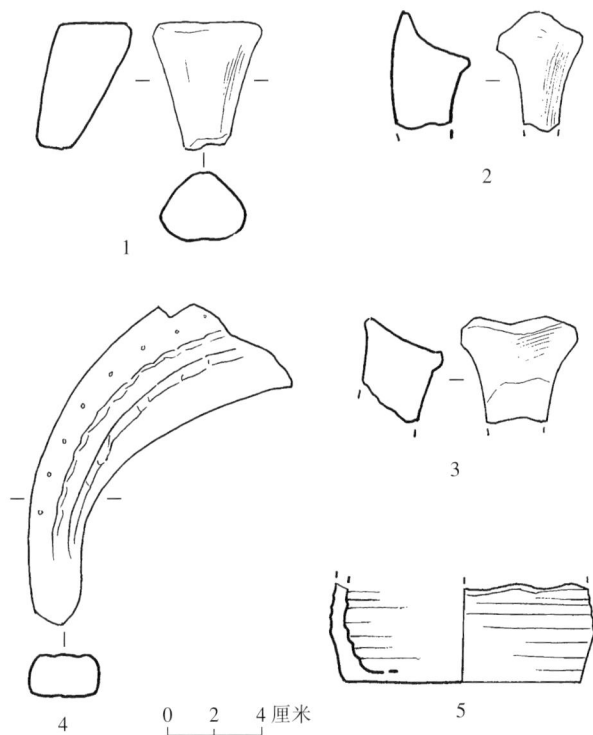

图四七九　竹木厂遗址采集陶器

1～4. 鼎足（2015JZM：21、2015JZM：20、2015JZM：19、2015JZM：18）　5. 器底（2015JZM：17）

（图四七九，5；图版三六，2）。

3. 遗址性质与年代

竹林厂遗址位于县城北侧，为河岸北侧缓坡状山岗，属于岗地类聚落。从遗址采集器物来看，可将其划分为两个年代组。

第1组：以扁弧状鼎足（A型鼎足），深方格纹、席纹硬陶及绳纹夹砂陶等为代表。从鼎足形态来看，其与新石器时代晚期社山头遗址①所见陶鼎足有一定的相似性，该组年代为新石器时代晚期。

第2组：以扁状鼎足、敛口罐、宽沿罐、菱格纹、交错绳纹等硬陶为代表。从鼎足来看，此类扁足具有东周时期的特征，结合纹饰，该组的年代主要为西周晚期至春秋时期。

总体上，竹林厂遗址的年代主要为新石器时代晚期和西周晚期至春秋时期。该遗址的发现与初步研究为区域文化序列的建立、聚落演进都提供了十分重要的实物资料。

1. 鼎足（2015JZM：18）

2. 器底（2015JZM：17）

3. 陶罐（2015JZM：6）

4. 陶罐（2015JZM：8）

图版三六 竹木厂遗址采集陶器

① 江西省文物考古研究所、厦门大学人类学系、广丰县文物管理所：《江西广丰社山头遗址发掘》，《东南文化》1993年第4期。

二〇　戴家山遗址

1. 遗址概况

该遗址位于秀谷镇以北（图四八〇），北部紧邻民居，东侧距竹木厂遗址约 340 米，南侧为金溪县釜山湿地公园（图四八一）。遗址现处于江西富山惠田实业有限公司内部东侧，区域大部分为树林和橘子树林，东部紧邻厂房内部道路，人为动土对遗址有很大程度上的破坏。地形为低矮山岗的缓坡地带，地势较平缓。遗址被一砖厂取土破坏，南侧为公园湖岸漫坡地，杂草丛生，较为茂密；北部为民居，西北部为厂房，区域见有多个小土包，表面被杂草覆盖（图四八二、四八三）。该遗址地理坐标为：北纬 27°55′19.5″，东经 116°46′32.2″，海拔 83 米。

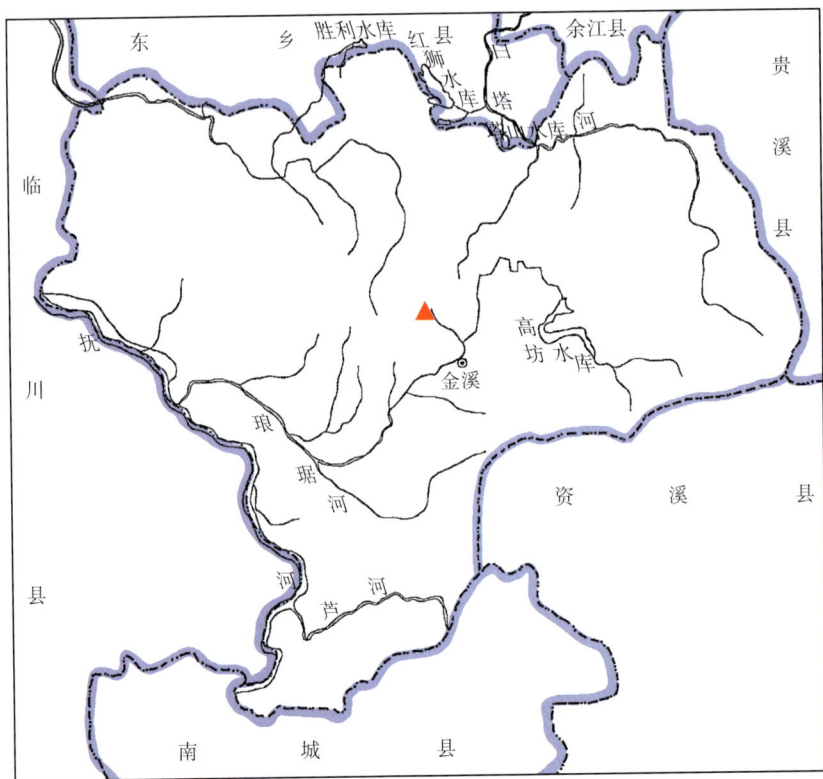

图四八〇　戴家山遗址位置图

戴家山遗址紧邻金溪县城区，属金溪水沿岸，地理环境优越。其与釜山、竹林等遗址相邻。由于遗址破坏十分严重，地表多被铲平。调查仅采集到少量遗物。以下逐一进行介绍。

2. 遗物介绍

戴家山遗址采集遗物主要为石器和陶器。

（1）石器

石斧　3 件。

2015JDSJ：2，黄褐色砂岩制成，平面近长方形，一端有打制痕迹，刃部较钝，制作较为粗糙。残高 12.0、宽 5.6、厚 2.0 厘米（图四八五，1；图版三七，3）。

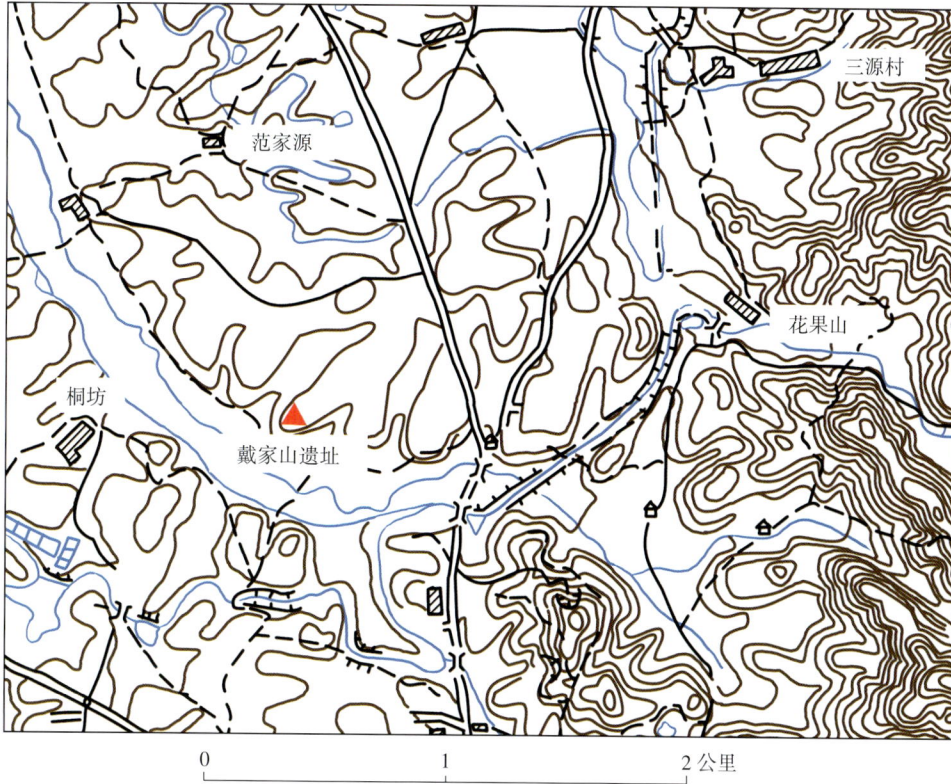

图四八一　戴家山遗址地貌图

图四八二　戴家山遗址远景图（由北向南）

图四八三　戴家山遗址远景图（由东向西）

2015JDSJ：3，青灰色砂岩制成，顶端平整，双面磨制成刃。器表较为光滑。残高8.0、宽7.2、厚2.0厘米（图四八五，3；图版三七，4）。

2015JDSJ：1，灰褐色砂岩磨制而成，平面近梯形，顶部残，两侧斜直，单面刃。器表磨制较为光滑。残高8.2、宽5.3、厚1.8厘米（图四八五，2；图版三七，2）。

（2）陶器

采集陶器多为硬陶，夹砂陶较少。硬陶多为灰色、灰褐色，纹饰有叶脉纹（图四八四，1、5）、雷纹、绳纹（图四八四，3、4）和小方格纹（图四八四，2、6、7），器形有罐；夹砂陶多为灰色，以素面居多，器形见有罐。

罐　2件。

2015JDSJ：5，灰色硬陶，侈口，斜折沿，尖圆唇。沿面有一周凸棱。残高3.2厘米（图四八五，4）。

2015JDSJ：4，灰褐色硬陶，侈口，窄平沿，圆唇，沿面有四道凹槽。器表施雷纹。残高4.2厘米（图四八五，5；图版三七，1）。

3. 遗址性质与年代

戴家山遗址位于金溪县城区北缘，地形为山岗类坡地，属岗地类聚落。其南侧为釜山遗址，其东北侧为竹禾厂遗址，三者距离相近，形成了关系密切的聚落群。将采集到的陶器与周边地区比较，可大致推断该遗址的年代。

高领罐、叶脉纹、绳纹硬陶片时代特征明显。所见高领罐口沿斜折，沿内侧可见四道凹槽，此类陶器，在金溪县的郑家山、母猪嘴等遗址可见到，其年代应为商代。

图四八四　戴家山遗址采集陶片纹饰拓片

1、5. 叶脉纹　2、6、7. 小方格纹　3、4. 绳纹

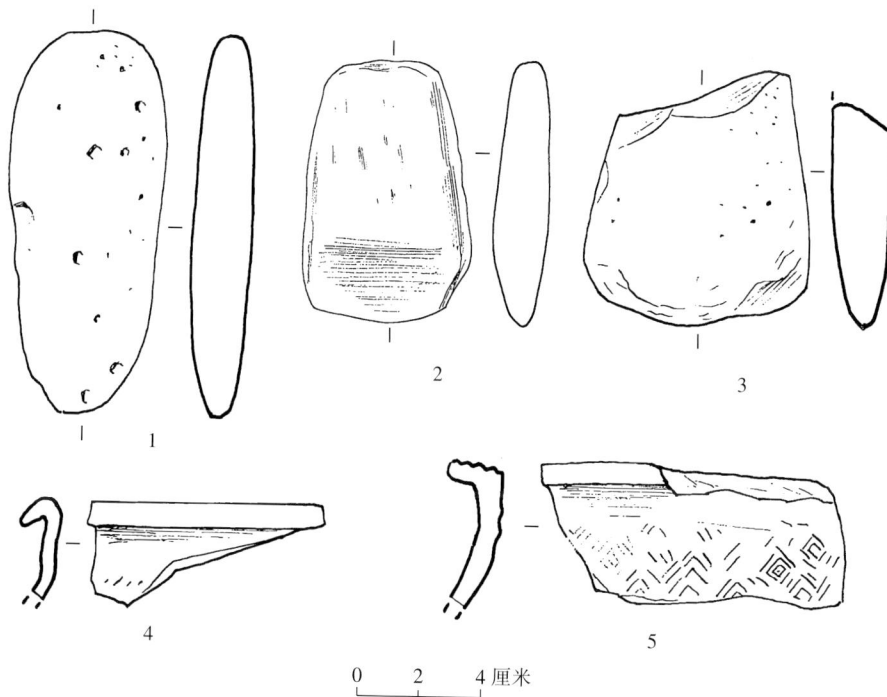

0　　2　　4厘米

图四八五　戴家山遗址采集遗物

1、2、3 石斧（2015JDSJ：2、2015JDSJ：1、2015JDSJ：3）　4、5. 陶罐（2015JDSJ：5、2015JDSJ：4）

戴家山遗址紧邻河流，地理环境优越。该遗址的发现有助于区域文化序列建立及聚落形态研究的深入开展。

1. 陶罐 （2015JDSJ：4）　　　　　2. 石斧 （2015JDSJ：1）

3. 石斧 （2015JDSJ：2）　　　　　4. 石斧 （2015JDSJ：3）

图版三七　戴家山遗址采集遗物

二一　花果山遗址

1. 遗址概况

该遗址位于秀谷镇北部（图四八六），处于江西富山惠田实业有限公司内部，北部为树林，东部距 G35 高速约 400 米，东部紧邻厂房内部道路（图四八七）。该遗址整体呈不规则形，为岗地缓坡地形，地势东北高西南低。区域大部分为橘子树林，东部紧邻厂房内部道路。区域内因人为动土对遗址有很大程度上的破坏（图四八八）。该遗址地理坐标为：北纬 27°55′34.0″，东经 116°47′12.0″，海拔 101 米。

花果山遗址东侧地势坡度较大，紧邻现代人工水渠（原为小河，后经人工修成渠道），遗址东侧为母猪嘴遗址，东北侧为后龙山遗址。

2. 遗物介绍

花果山遗址采集遗物较为丰富，主要见有石器和陶器，以下逐一进行介绍。

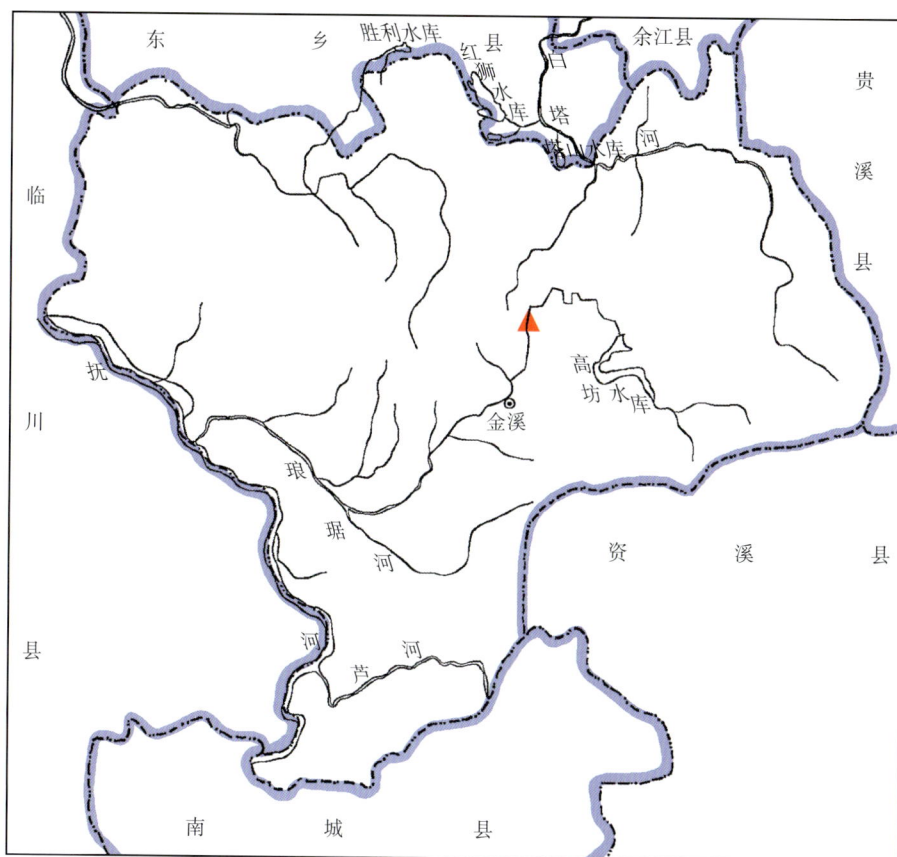

图四八六　花果山遗址位置图

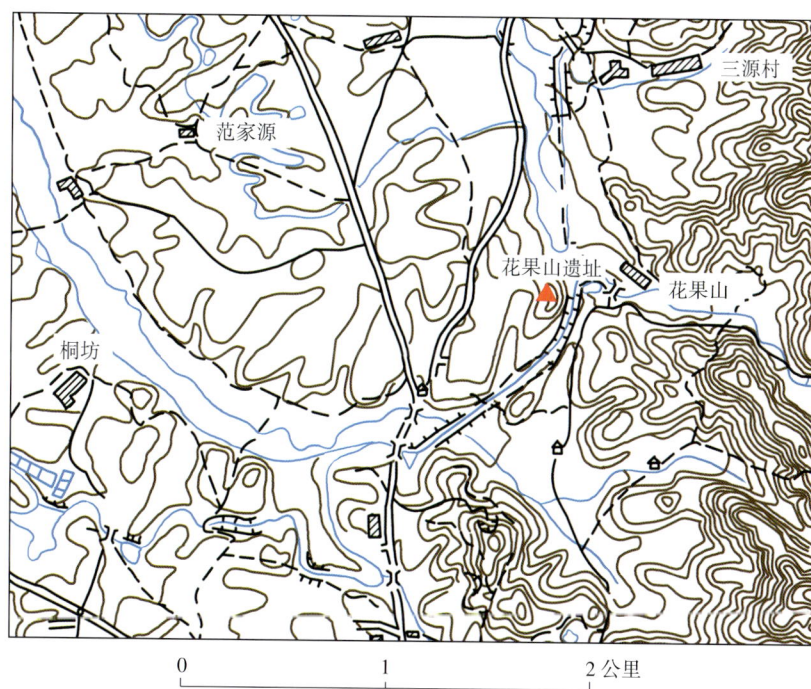

图四八七　花果山遗址地貌图

图四八八　花果山遗址远景图（由西北向东南）

（1）石器　5件。

石斧　4件。

2015JHG：2，灰褐色砂岩制成，顶端残，底端打制成刃，打制痕迹明显，器表较为粗糙。长7.0、高10.0厘米（图四八九，1；图版三八，2）。

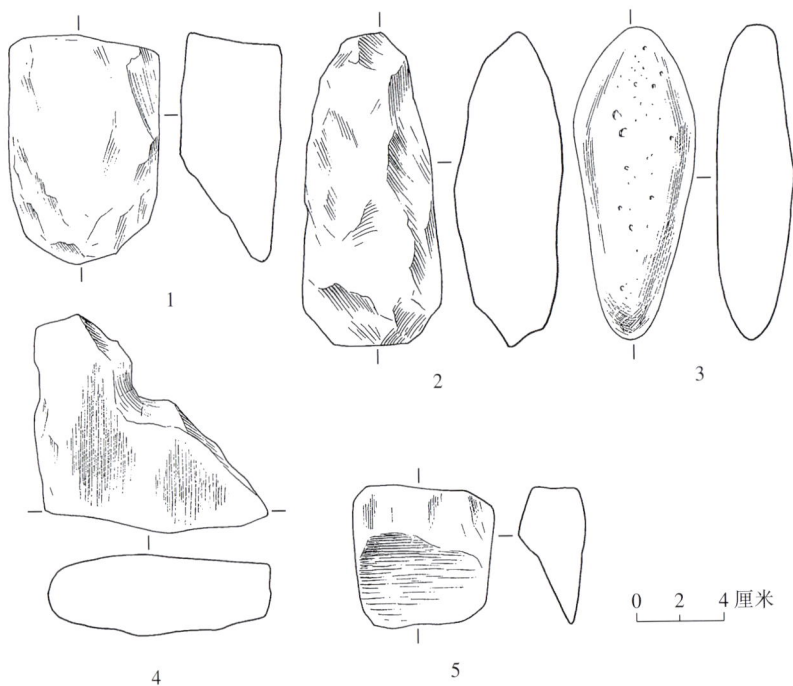

图四八九　花果山遗址采集石器

1~4. 石斧（2015JHG：2、2015JHG：4、2015JHG：5、2015JHG：3）　5. 石锛（2015JHG：1）

2015JHG：4，灰褐色砂岩制成，呈扁平状，顶端微弧，底端打制成刃，器表较为粗糙。长6.1、高14.0厘米（图四八九，2；图版三八，1）。

2015JHG：5，灰褐色砂岩制成，近梭形，两侧斜直，上下面平整，刃部不明显。长5.7、高14.0厘米（图四八九，3）。

2015JHG：3，灰褐色砂岩制成，一端残，形状不规则，上下面较为平整。长10.3、高9.7厘米（图四八九，4）。

石锛　1件。

2015JHG：1，灰褐色砂岩制成，顶端残，底端见有斜刃，器表较平整。长6.4、高6.0厘米（图四八九，5）。

（2）陶器

以硬陶和夹砂陶为主。硬陶多为灰色、灰褐色，纹饰有雷纹（变体雷纹）、交错短线纹、绳纹、席纹、凹弦纹、折线纹、菱格纹和方格纹（图四九〇、四九一）等，器形有罐；夹砂陶多为灰褐色、黄褐色，纹饰有绳纹、戳印纹，器形见有罐、豆、甗、鼎（足）等。

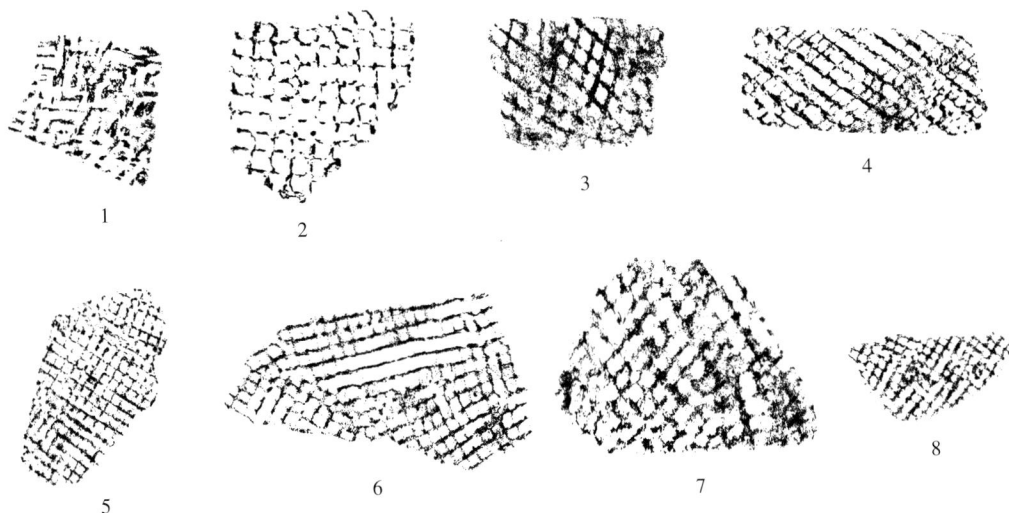

图四九〇　花果山遗址采集陶片纹饰拓片
1. 雷纹　2~8. 方格纹

罐　7件。

2015JHG：6，灰色硬陶，侈口，折沿，方唇，沿面有数道凹槽，沿内有一道凸棱。残高3.0厘米（图四九二，1）。

2015JHG：9，灰色硬陶，侈口，微卷沿，圆唇。器表施折线纹。残高3.2厘米（图四九二，3）。

2015JHG：8，灰褐色硬陶，侈口，折沿，方唇，沿面内凹，有三道凹槽。器表施菱格纹。口径17.6、残高4.9厘米（图四九二，4）。

2015JHG：7，灰色硬陶，侈口，宽斜沿，圆唇，沿面有一周凸棱。内外壁可见轮制痕迹。残高3.2厘米（图四九二，5）。

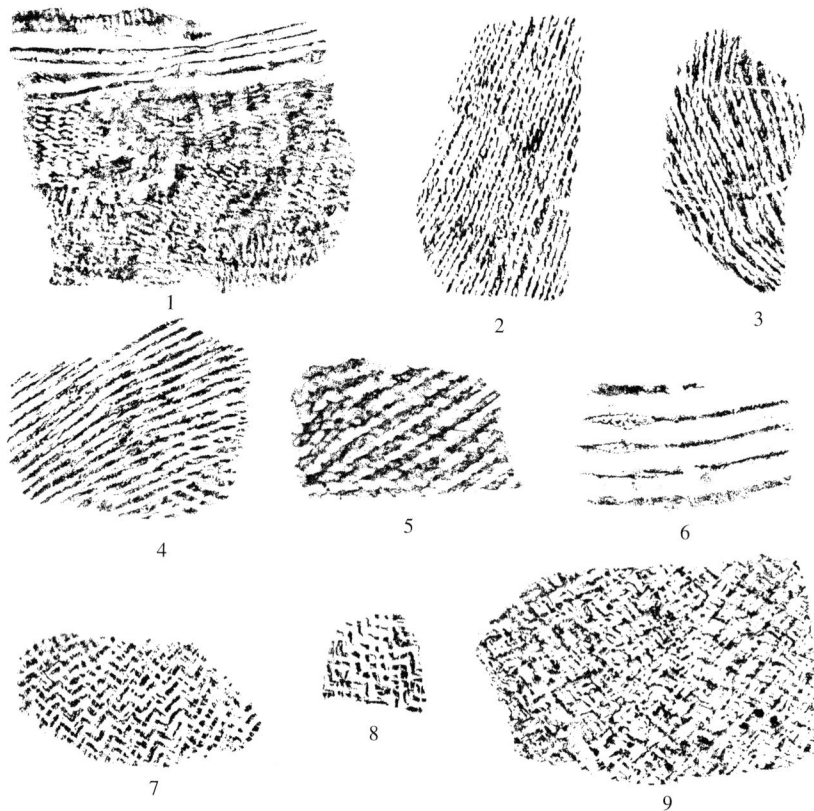

图四九一　花果山遗址采集陶片纹饰拓片
1. 交错短线纹　2~5. 绳纹　6. 凹弦纹　7、8. 折线纹　9. 席纹

　　2015JHG：10，灰色硬陶，敛口，方唇，折沿，沿内见一道凸棱。器表施菱格纹。残高2.8厘米（图四九三，3）。

　　2015JHG：11，灰色硬陶，侈口，卷沿，圆唇，弧腹。器表施菱格纹。残高5.6厘米（图四九三，4；图版三八，3）。

　　2015JHG：12，灰色硬陶，侈口，折沿，斜肩。器表施菱格纹，纹痕较浅。残高5.2厘米（图四九三，5）。

　　器底　3件。

　　2015JHG：15，夹砂灰黑陶，斜腹，小平底。素面。残高3.0厘米（图四九二，2）。

　　2015JHG：13，灰色硬陶，弧腹，底部内凹。器表施交错绳纹。残高3.4厘米（图四九三，1）。

　　2015JHG：14，灰色硬陶，斜弧腹，平底内凹。内外壁可见轮制痕迹。底径6.0、残高3.2厘米（图四九三，2）。

　　鼎足　5件。

　　2015JHG：18，夹砂黄褐陶，扁平状足。素面。残高10.0厘米（图四九四，1）。

　　2015JHG：16，夹砂黄褐陶，铲状扁足。素面。残高7.6厘米（图四九四，2）。

　　2015JHG：20，灰色硬陶，扁柱状。素面。高9.6厘米（图四九四，3）。

　　2015JHG：19，夹砂黄褐陶，扁平状足，两侧均可见竖向短刻槽。残高8.0厘米（图四九四，4）。

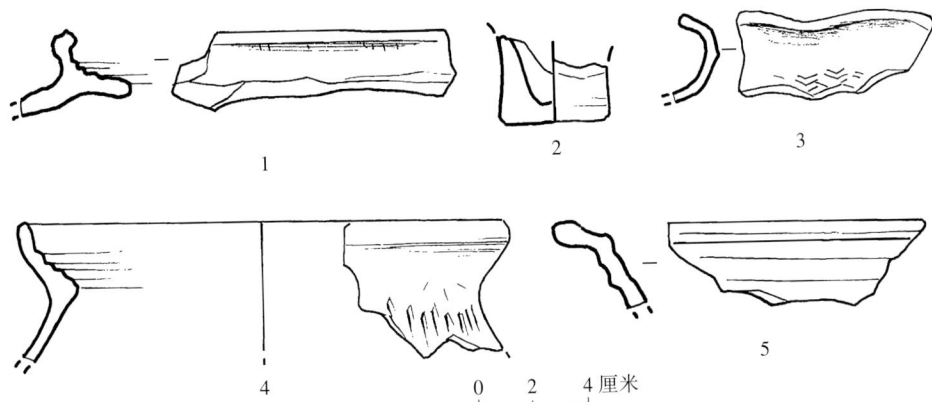

图四九二　花果山遗址采集陶器

1、3～5. 罐（2015JHG：6、2015JHG：9、8、7）　2. 器底（2015JHG：15）

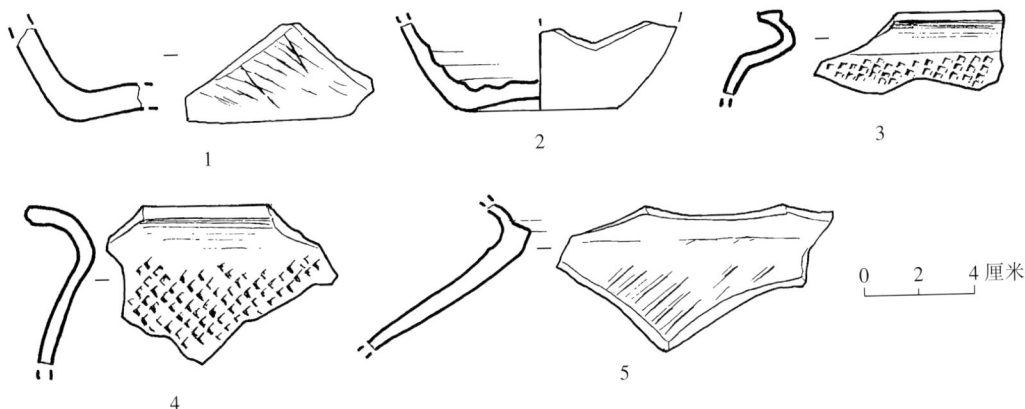

图四九三　花果山遗址采集陶器

1、2. 器底（2015JHG：13、2015JHG：14）　3～5. 罐（2015JHG：10、2015JHG：11、2015JHG：12）

2015JHG：17，夹砂灰褐陶，扁平状足，两侧均可见戳印短刻槽。残高5.4厘米（图四九四，5；图版三八，4）。

器耳　1件。

2015JHG：21，灰色硬陶，桥形耳，截面呈扁圆形。素面。高8.4厘米（图四九四，6）。

陶纺轮　1件。

2015JHG：22，泥质黄褐陶，呈算珠状，一面平整，一面圆弧，中部有一圆形穿孔，一侧近缘处有两周戳印圆圈纹。直径3.9、孔径4.0、厚1.3厘米（图四九五）。

3. 遗址性质与年代

花果山遗址是一处典型的岗地类聚落，遗址两侧地形较缓，多见有遗物。通过对采集遗物进行比较，可初步判断花果山遗址的年代。遗址所见宽折沿罐、折沿内凹陶罐，沿面多见凹槽或凸棱，其特征与黄泥塘①等遗址所见相近，年代应为西周时期。遗址所见鼎足主体分为两型，一型器表见

① 江西省文物考古研究所、西北大学文化遗产学院、抚州市文物博物管理所、宜黄县文物管理所、乐安县博物馆：《江西抚河流域先秦时期遗址考古调查报告Ⅰ（乐安县·宜黄县）》，文物出版社，2015年。

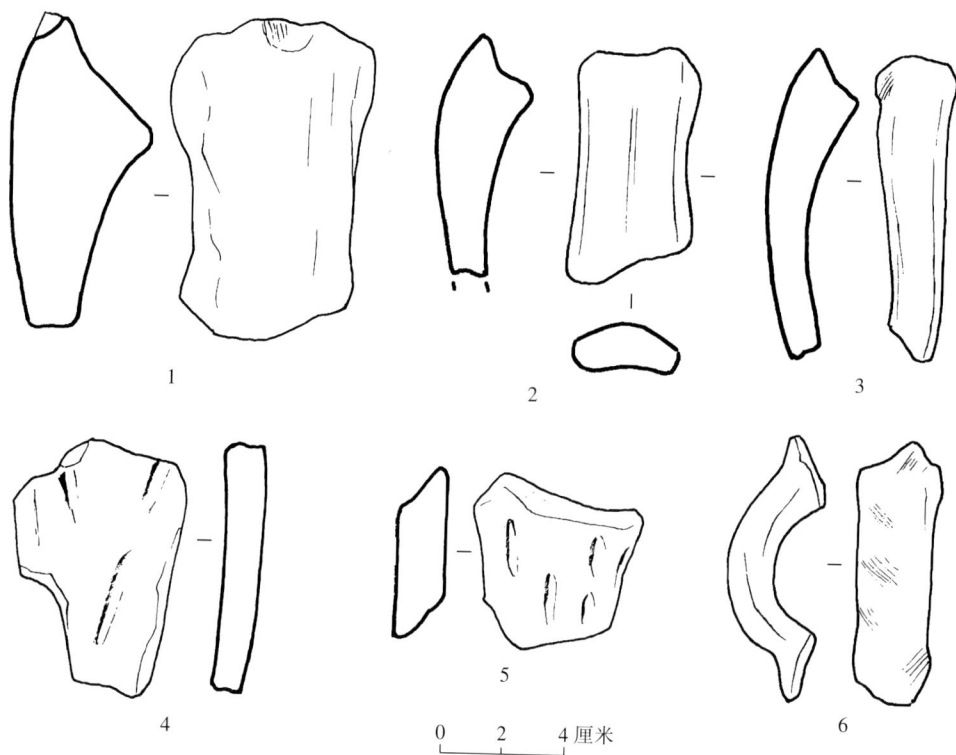

图四九四　花果山遗址采集陶器

1~5. 鼎足（2015JHG：18、2015JHG：16、2015JHG：20、2015JHG：19、2015JHG：17）　6. 器耳（2015JHG：21）

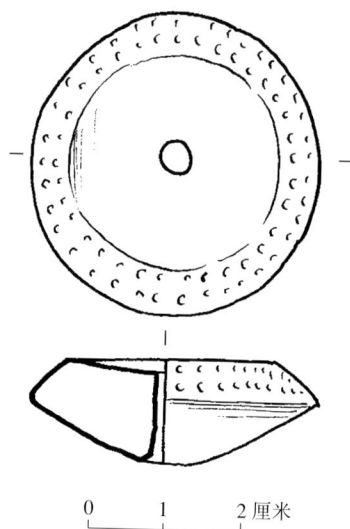

图四九五　花果山遗址采集陶纺轮（2015JHG：22）

有竖向刻槽，一型为近顶部见有圆形凹窝。此类鼎足是在抚河上游的乐安、宜黄县有所发现，年代为西周中晚期或略早。综合来看，花果山遗址的年代应为西周时期。花果山遗址的发现，为建立抚河流域先秦时期文化序列提供了重要资料，同时也有助于区域聚落形态的深入研究。

1. 石斧（2015JHG：4）

2. 石斧（2015JHG：2）

3. 陶罐（2015JHG：11）

4. 陶鼎足（2015JHG：17）

图版三八 花果山遗址采集遗物

二二 朱家岭遗址

1. 遗址概况

该遗址位于秀谷镇的北部（图四九六），杨坊村砖厂的西南部，北部紧邻民居，西北距苦竹山约 500 米，西部为农田，东部为河谷与林地（图四九七）。遗址整体呈不规则形，砖厂取土将遗址破坏严重。所在区域地势较为平缓，区域中东部有一土包，西、北、东部部分因砖厂取土形成断面（图四九八）。该遗址地理坐标为：北纬 27°57′27.4″，东经 116°47′06.7″，海拔 90 米。

2. 遗物介绍

遗址位于琅琚河支流北侧山岗，属于典型的岗地类聚落。遗址采集遗物较少，主要为陶器。以下逐一进行介绍。

陶器以硬陶和夹砂陶为主。硬陶多见灰色、黄褐色，纹饰有菱格纹、席纹、折线纹，小方格纹、粗绳纹、大方格纹、交错线纹和短线纹（图四九九、五○○），器形有罐；夹砂陶以灰色、灰褐色为主，纹饰可见大方格纹和绳纹，器形可见罐等器。

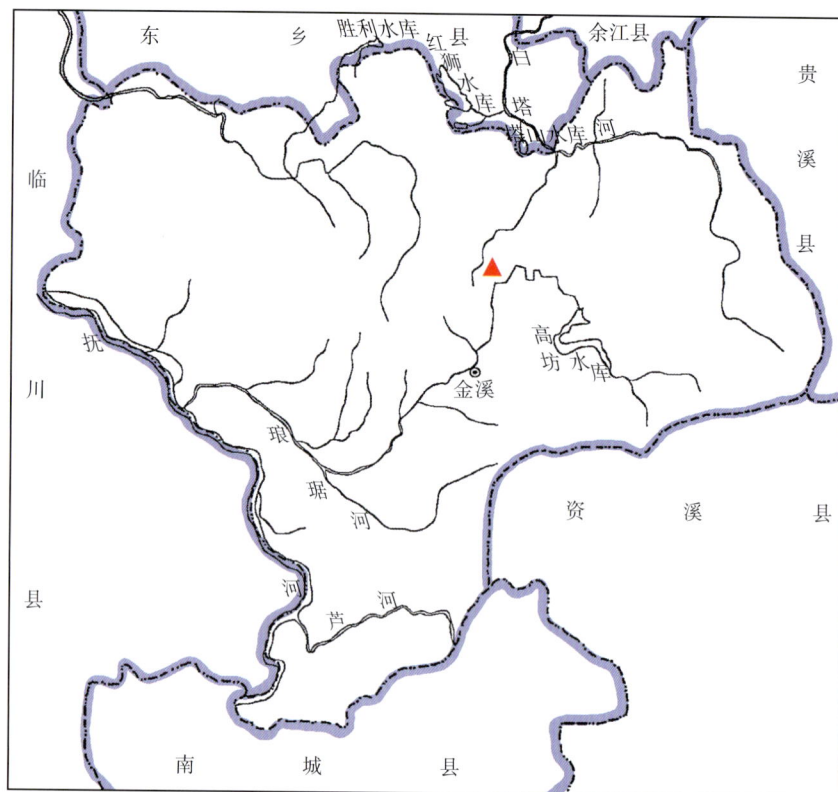

图四九六　朱家岭遗址位置图

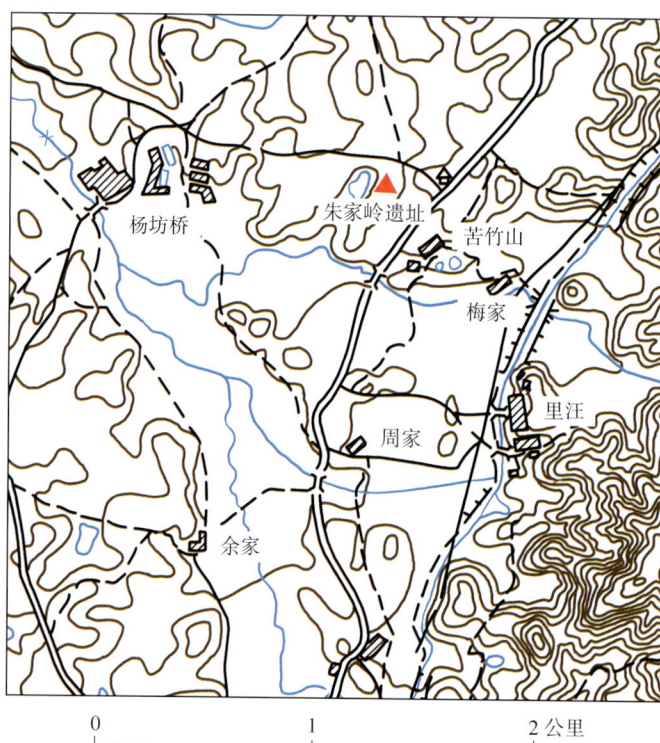

图四九七　朱家岭遗址地貌图

图四九八　朱家岭遗址远景图（由西向东）

图四九九　朱家岭遗址采集陶片纹饰拓片
1. 方格纹　2. 短线纹　3~5. 绳纹

罐　9件。据口部及腹部形态，分为两型。

A型：4件。鼓腹，宽卷沿。

图五〇〇　朱家岭遗址采集陶片纹饰拓片

1、2. 席纹　3. 交错线纹　4. 折线纹

2015JZJL：2，灰色硬陶，侈口，圆唇。器表施交错折线纹。残高 5.2 厘米（图五〇一，1；图版三九，1）。

2015JZJL：5，红褐色硬陶，侈口，圆唇。器表施菱格纹。残高 3.6 厘米（图五〇一，5）。

2015JZJL：10，夹砂黄褐陶，侈口，圆唇。素面。残高 3.2 厘米（图五〇一，6）。

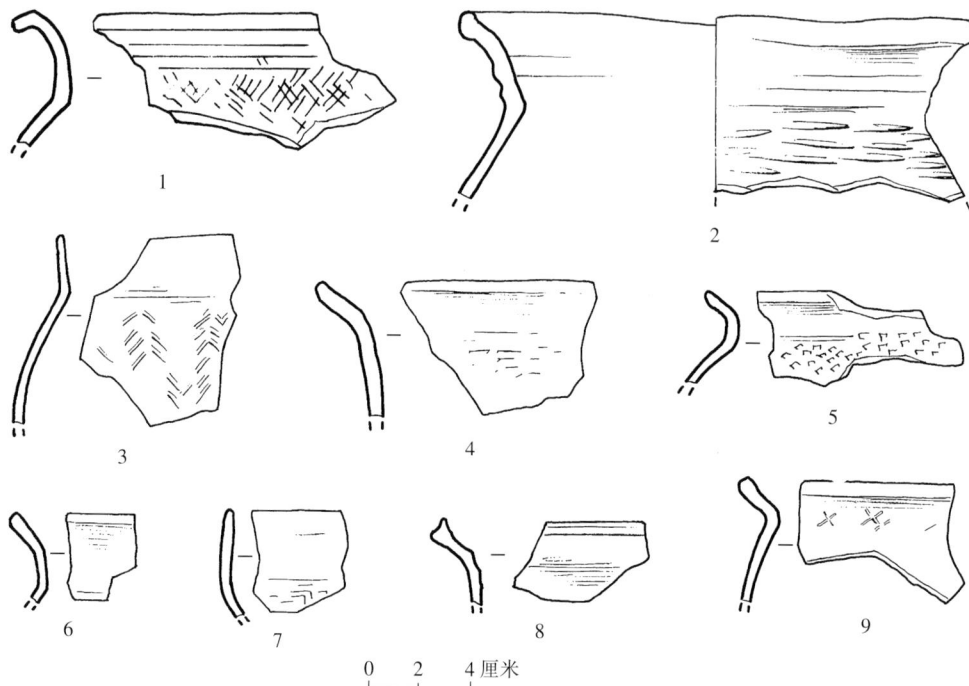

图五〇一　朱家岭遗址采集陶器

1～6、8、9. 罐（2015JZJL：2、2015JZJL：4、6、3、5、10、8、7）　7. 陶杯（2015JZJL：9）

2015JZJL：8，灰褐色硬陶，侈口，方唇，唇面有一道凹槽。内外壁可见轮制痕迹。残高 3.0 厘米（图五〇一，8）。

B 型：5 件。弧腹，宽折沿。

2015JZJL：4，黄褐色硬陶，侈口，圆唇。器表施交错线纹。残高 7.0 厘米（图五〇一，2；图版三九，2）。

2015JZJL：6，灰褐色硬陶，微侈口，圆唇。器表施折线纹。残高 7.0 厘米（图五〇一，3）。

2015JZJL：3，灰褐色硬陶，侈口，圆唇。器表施交错线纹，纹痕较浅。残高 5.0 厘米（图五〇一，4）。

2015JZJL：7，灰色硬陶，敛口，方唇。器表施菱格纹，纹痕较浅。残高 4.6 厘米（图五〇一，9）。

2015JZJL：1，黄褐色硬陶，侈口，圆唇。器表施绳纹。残高 6.4 厘米（图五〇二，1）。

陶杯　1 件。

2015JZJL：9，灰褐色硬陶，近直口，圆唇，斜直腹。素面。残高 4.0 厘米（图五〇一，7）。

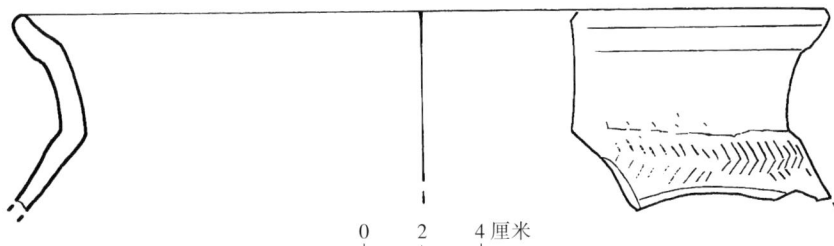

图五〇二　朱家岭遗址采集陶罐（2015JZJL：1）

甑腰　1 件。

2015JZJL：11，夹砂灰褐陶，窄腰隔，腰隔处可见圆形箅孔。残高 4.2 厘米（图五〇三，2；图版三九，3）。

器盖　1 件。

2015JZJL：12，灰褐色硬陶，呈覆钵形，顶部平整，有一桥形附耳。残高 6.0 厘米（图五〇三，1）。

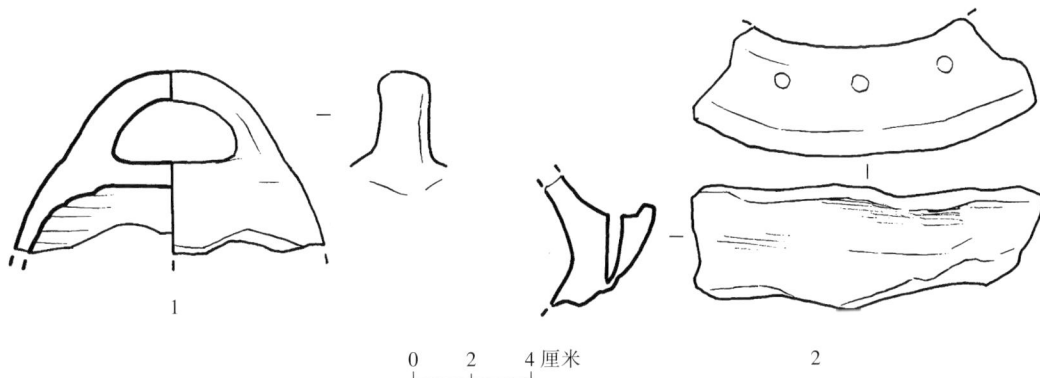

图五〇三　朱家岭遗址采集陶器

1. 器盖（2015JZJL：12）　2. 甑腰（2015JZJL：11）

3. 遗址性质与年代

朱家岭遗址是一处典型的岗地类聚落。由于砖厂取土，遗址被破坏殆尽，仅在遗址中部残留台地发现陶片。从采集所得陶片来看，该遗址所见遗物较为单纯，应属于同一时期。与周边比较，朱家岭遗址所在宽折沿、宽卷沿罐有西周时期陶器特征。遗址所见席纹、折线纹等硬陶亦为商周硬陶所见纹饰。另见有鬶腰，其为商代晚期至西周时期常见器类。因此，可以推定朱家岭遗址的年代为西周时期。

朱家岭遗址的发现增加了区域先秦遗址的数量，为抚河流域文化序列建立、聚落形态演进等都提供了十分重要的实物资料。

1. 陶罐（2015JZJL：2）　　　　　　　　2. 陶罐（2015JZJL：4）

3. 鬶腰（2015JZJL：11）

图版三九　朱家岭遗址采集遗物

二三　车家岭遗址

1. 遗址介绍

该遗址位于金溪县秀谷镇南部（图五〇四），北部紧邻村道，西邻水塘，南距双溪桥村约 600 米，西距联乐村村委会下邓村约 500 米（图五〇五）。地势北高南低，区域内地表基本已被平整，已圈墙准备建房。圈墙外围地表被杂草覆盖，较为茂密（图五〇六）。该遗址地理位置为：北纬 27°53′23.9″，东经 116°45′27.7″，海拔 89 米。该遗址处于琅琚河支流沿岸，为山岗状缓坡，由于遗址破坏严重，仅在地面采集到较少遗物。

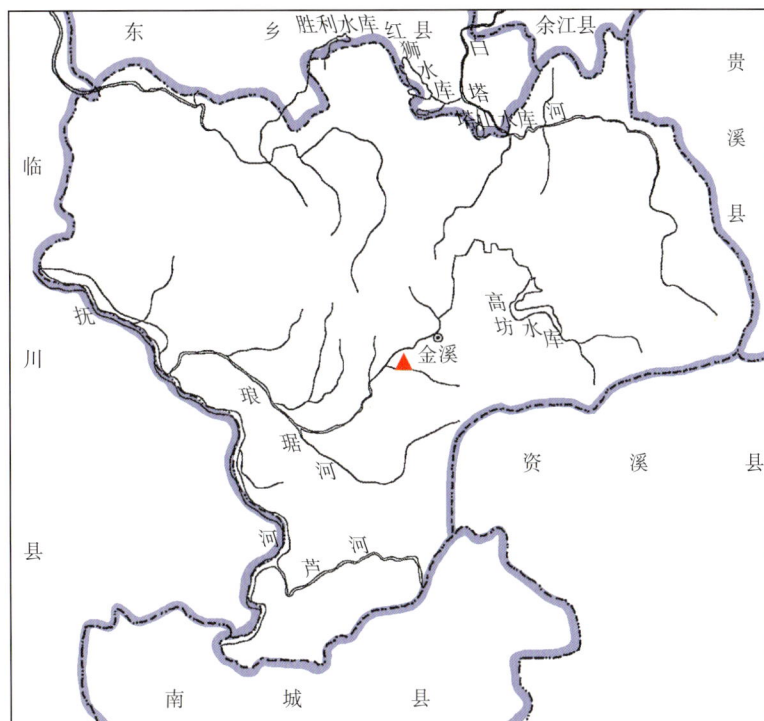

图五〇四　车家岭遗址位置图

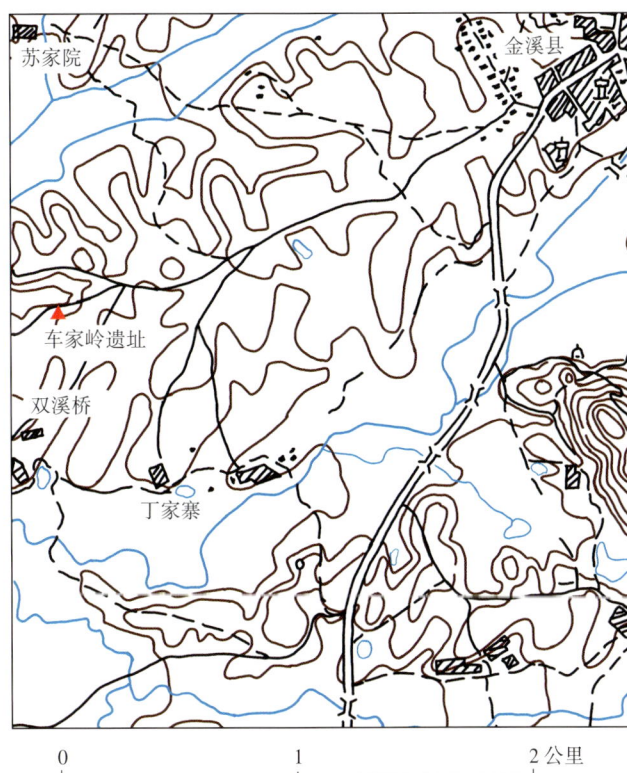

图五〇五　车家岭遗址地貌图

图五〇六　车家岭遗址远景图（由东北向西南）

2. 遗物介绍

采集遗物较少，主要为陶器。陶器以硬陶为主，夹砂陶很少。硬陶以灰褐色、黄褐色为多，纹饰有席纹、绳纹、雷纹和方格纹（图五〇七），器形有陶罐等；夹砂陶以灰褐色为主，纹饰以素面居多，少见绳纹，器形有陶罐。

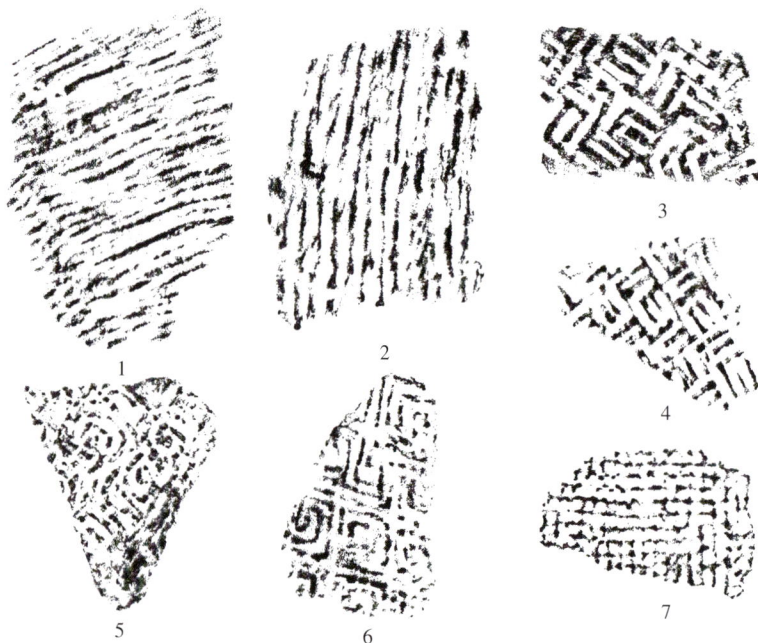

图五〇七　车家岭遗址采集陶片纹饰拓片

1、2. 绳纹　3、4. 席纹　5、6. 雷纹　7. 小方格纹

罐　5件。

2015JCJ：6，灰色硬陶，近直口，圆唇。素面。残高3.0厘米（图五〇八，1）。

2015JCJ：3，灰色硬陶，侈口，微卷沿，圆唇。素面。残高2.8厘米（图五〇八，2）。

2015JCJ：4，灰色硬陶，侈口，卷沿，斜方唇。素面。残高2.0厘米（图五〇八，3）。

2015JCJ：5，灰色硬陶，微敛口，圆唇。素面。残高3.0厘米（图五〇八，4）。

2015JCJ：1，灰色硬陶，侈口，折沿，圆唇。素面。残高3.2厘米（图五〇八，5）。

器底　1件。

2015JCJ：2，灰色硬陶，斜弧腹，平底。内外壁可见轮制痕迹。残高3.2厘米（图五〇八，6）。

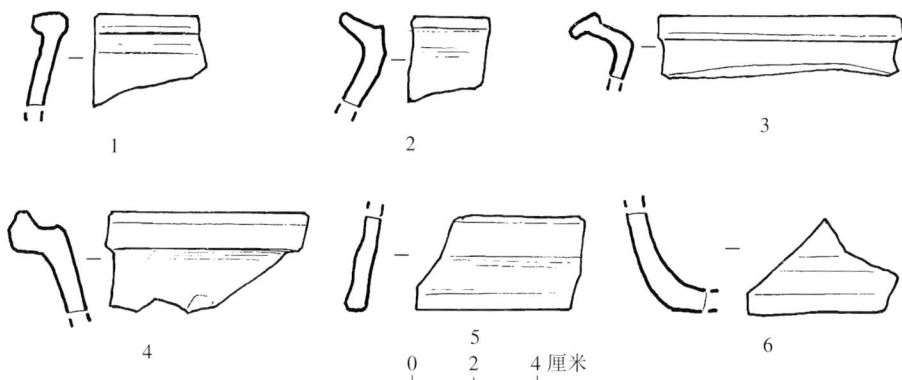

图五〇八　车家岭遗址采集陶器
1~5. 罐（2015JCJ：6、2015JCJ：3、2015JCJ：4、2015JCJ：5、2015JCJ：1）　6. 器底（2015JCJ：2）

3. 遗址性质与年代

车家岭遗址是一处典型的岗地类聚落，遗址破坏严重，已成为平地。遗址采集遗物较少，从所获陶器来看，折沿陶罐口沿内侧多见凸棱，具有西周时期陶器特征。所见硬陶纹饰，见有雷纹、席纹和绳纹，纹饰特征也具有西周时期特征。此外，采集所见小方格纹硬陶片，其年代存在略晚的特征。因此，可判断车家岭遗址的年代为西周时期或略晚。

车家岭遗址的发现增加了金溪县先秦时期遗址的数量，也为区域文化序列建立及聚落形态研究提供了十分重要的考古资料。

二四　下邓村禾斛山遗址

1. 遗址概况

下邓村禾斛山遗址位于秀谷镇以南（图五〇九），联乐村村委会下邓村西部，东北距周家山遗址约120米，北距陶家村约580米。遗址整体呈不规则形。基本是围绕中部砖厂分布，地势南、北、东部高，中、西低（图五一〇），四周部分区域因烧砖取土形成了断面，断面可看到为红色风化石渣。断面上部表面为树林和杂草地分布，植被较为茂密（图五一一）。遗址为一砖厂，该遗址地理坐标为：北纬27°53′09.4″，东经116°44′56.7″，海拔78米。

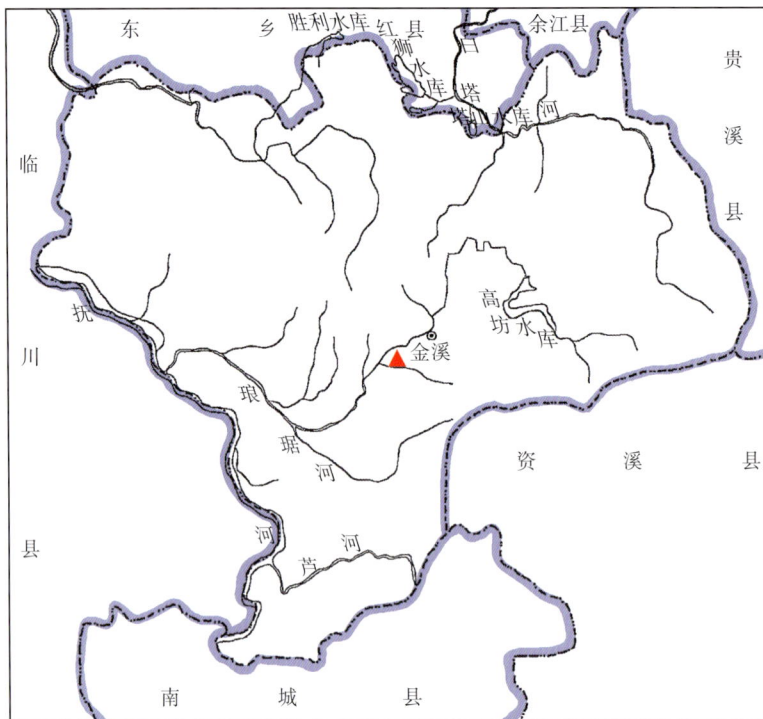

图五〇九　下邓村禾斛山遗址位置图

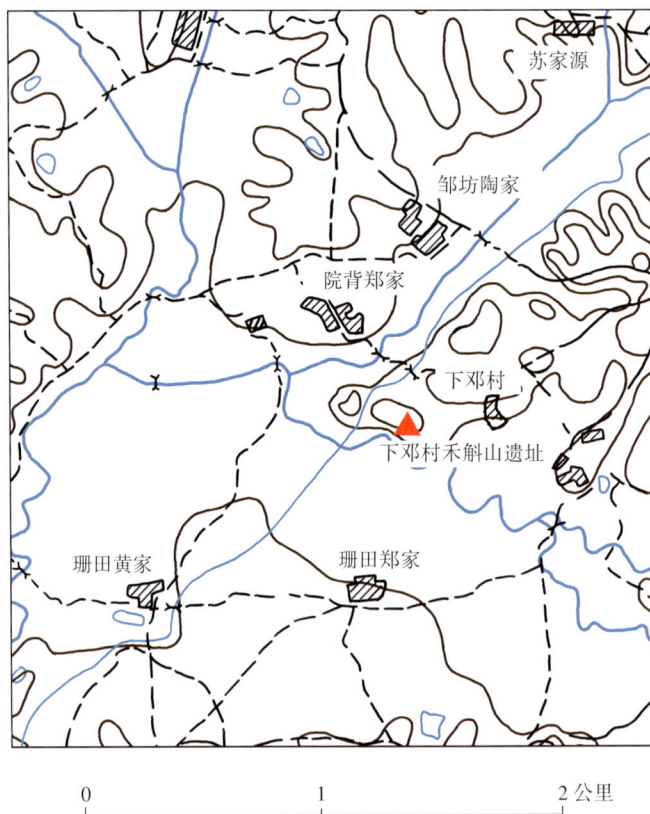

图五一〇　下邓村禾斛山遗址地貌图

图五一一　下邓村禾斛山遗址远景图（由北向南）

遗址南侧为琅琚河支流小河，地形为缓坡状山岗，高于南侧河水约 4～5 米。其南 1 公里为珊田郑家环壕遗址。

2. 遗物介绍

该遗址由于砖厂大量取土，破坏十分严重。地表可见大量陶片及石器。以下逐一进行介绍。

（1）石器

磨制石器　1 件。

2015JXDH：1，黄褐色砂岩磨制而成，扁状，两端残。残高 6.1、宽 9.5、厚 2.7 厘米（图五一二，7）。

石锛　3 件。

2015JXDH：5，青灰色砂岩磨制而成，顶端残，两侧平直，单面斜刃，一面磨制较规整。残高 7.5、宽 5.5、厚 1.8 厘米（图五一二，1；图版四二，4）。

2015JXDH：7，红褐色砂岩制成，两侧平直，底端磨成斜刃，上下面平整，磨制较为规整。残高 9.0、宽 3.5、厚 1.5 厘米（图五一二，3；图版四三，1）。

2015JXDH：8，青灰色砂岩磨制而成，顶端及一侧残，一侧斜直，单面斜刃，一面磨制较为光滑。残高 3.2、宽 3.6、厚 1.2 厘米（图五一二，5）。

石斧　2 件。

2015JXDH：2，黄褐色砂岩磨制而成，近棱形，底端略残，两侧斜直。器表磨制较规整。残高 10.0、宽 4.0、厚 5.0 厘米（图五一二，2）。

图五一二　下邓村禾山斛遗址采集石器

1、3、5. 石锛（2015JXDH：5、2015JXDH：7、2015JXDH：8）　2、8. 石斧（2015JXDH：2、2015JXDH：4）　4. 石镞（2015JXDH：6）　6. 砺石（2015JXDH：3）　7. 磨制石器（2015JXDH：1）

2015JXDH：4，青色页岩制成，上下两端残，一侧较为平整。残高4.8、宽4、厚1.2厘米（图五一二，8）。

石镞 1件。

2015JXDH：6，青灰色闪长岩磨制而成，上下端残，两刃锋利，中部起脊。残高2.7厘米（图五一二，4）。

砺石 1件。

2015JXDH：3，红褐色砂岩制成，两端及一侧残，一侧平直，研磨面平整，器表磨制光滑。残高7.0、宽4.5、厚2.3厘米（图五一二，6）。

（2）陶器

陶器以印纹硬陶为主，陶色多为灰色、灰褐色，纹饰主要见有折线纹、雷纹、绳纹、方格纹、叶脉纹、重"回"字纹、交错绳纹、斜短线纹、"米"字纹等，器形有罐、盆等；夹砂陶以灰色为主，另见有褐色，纹饰较少，见有绳纹、按窝纹、刻槽纹等，器形主要有鼎、罐等（图五一三～五一七）。

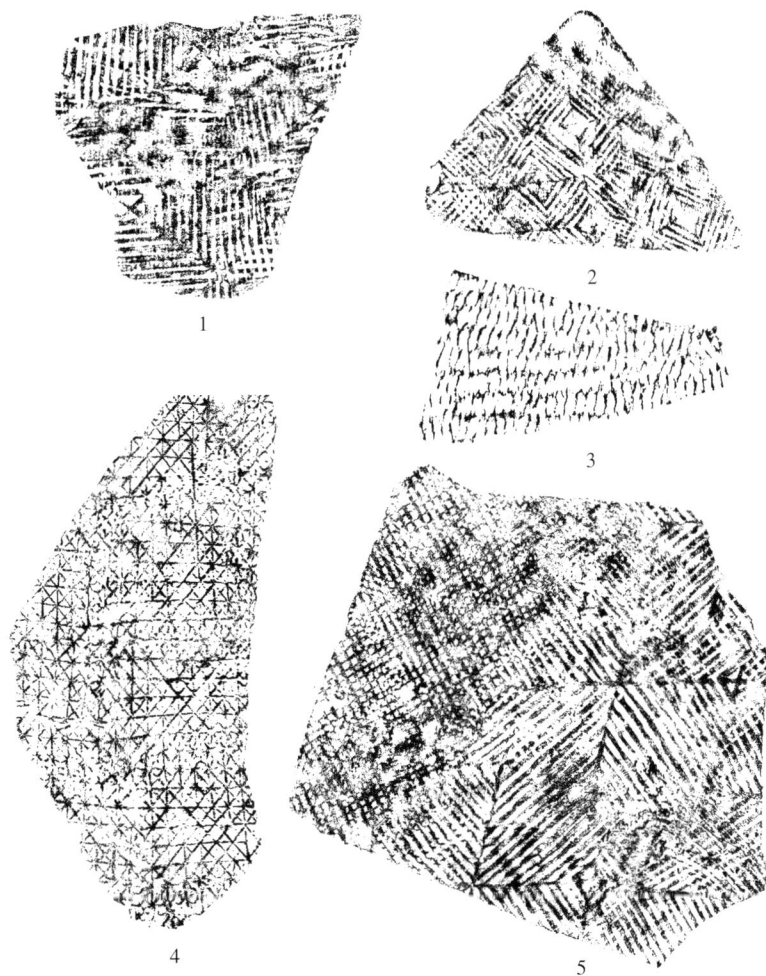

图五一三 下邓村禾斛山遗址采集陶片纹饰拓片

1. "⊠"字纹+交错绳纹 2. 重"回"字纹 3. 斜短线纹 4. "米"字纹 5. 小方格纹+叶脉纹

图五一四 下邓村禾斛山遗址采集陶片纹饰拓片

1、2、4、6、7. 交错绳纹 3. 细绳纹＋雷纹 5、8. 绳纹

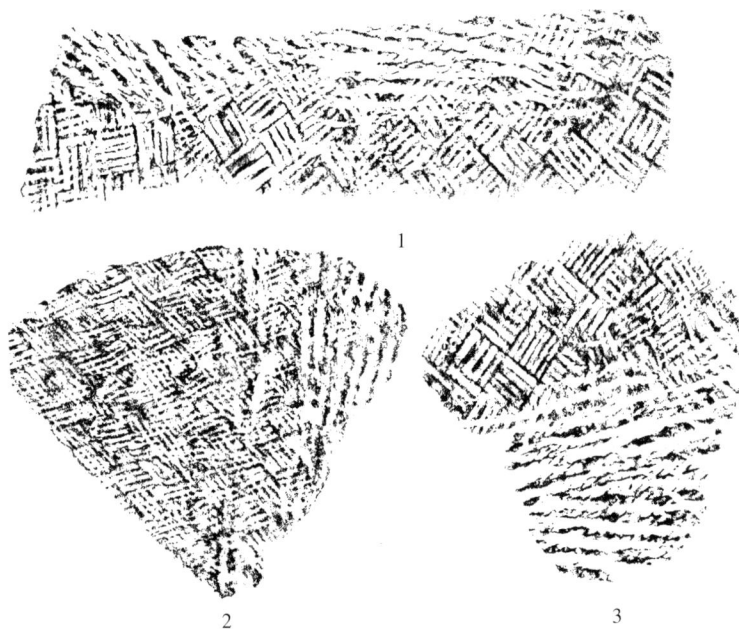

图五一五 下邓村禾斛山遗址采集陶片纹饰拓片

1、2、3. 绳纹＋席纹

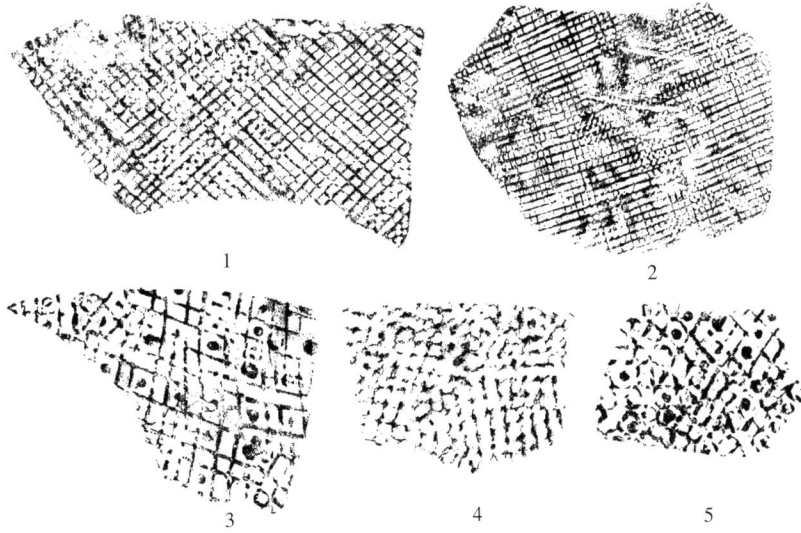

图五一六　下邓村禾斛山遗址采集陶片纹饰拓片

1、2. 小方格纹　3、5. "口" +凸点纹　4. 方格纹

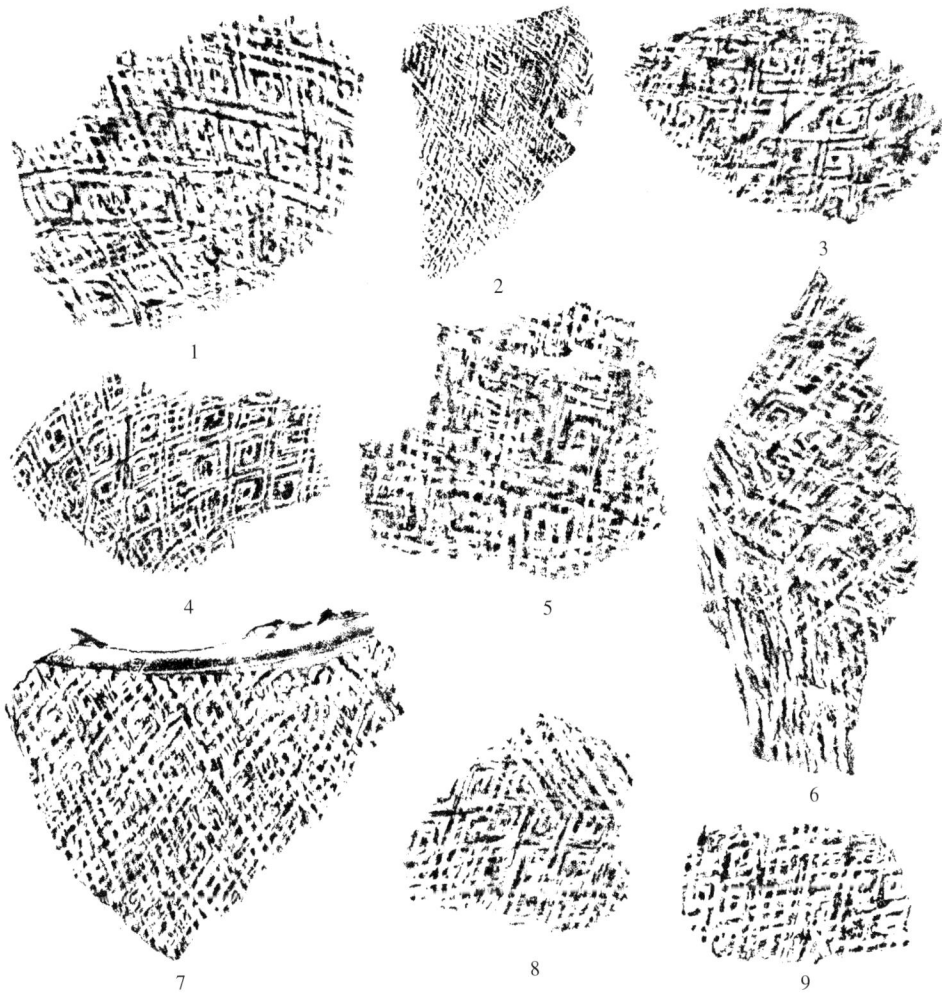

图五一七　下邓村禾斛山遗址采集陶片纹饰拓片

1~9. 雷纹

罐 18件。据口沿特征可分为四型：

A型：7件。侈口，折沿，斜弧腹。

2015JXDH：15，灰褐色硬陶，斜方唇。器表施横向绳纹。残高9.6厘米（图五一八，1）。

2015JXDH：11，夹砂灰陶，方唇。口沿以下施横向绳纹。残高8.6厘米（图五一八，2）。

2015JXDH：10，灰色硬陶，方唇内凹。器表施绳纹。残高5.0厘米（图五一八，3）。

2015JXDH：19，灰褐色硬陶，斜方唇，高领。器表有明显轮制痕迹。残高7.4厘米（图五一八，5）。

2015JXDH：21，黄褐色硬陶，方唇。口沿以下施绳纹。残高8.0厘米（图五一八，6）。

2015JXDH：22，夹砂浅黄陶，方唇。口沿以下施细绳纹。残高4.4厘米（图五一八，7）。

2015JXDH：17，黄褐色硬陶，斜方唇，唇内有一穿孔。素面。残高6.6厘米（图五一八，9）。

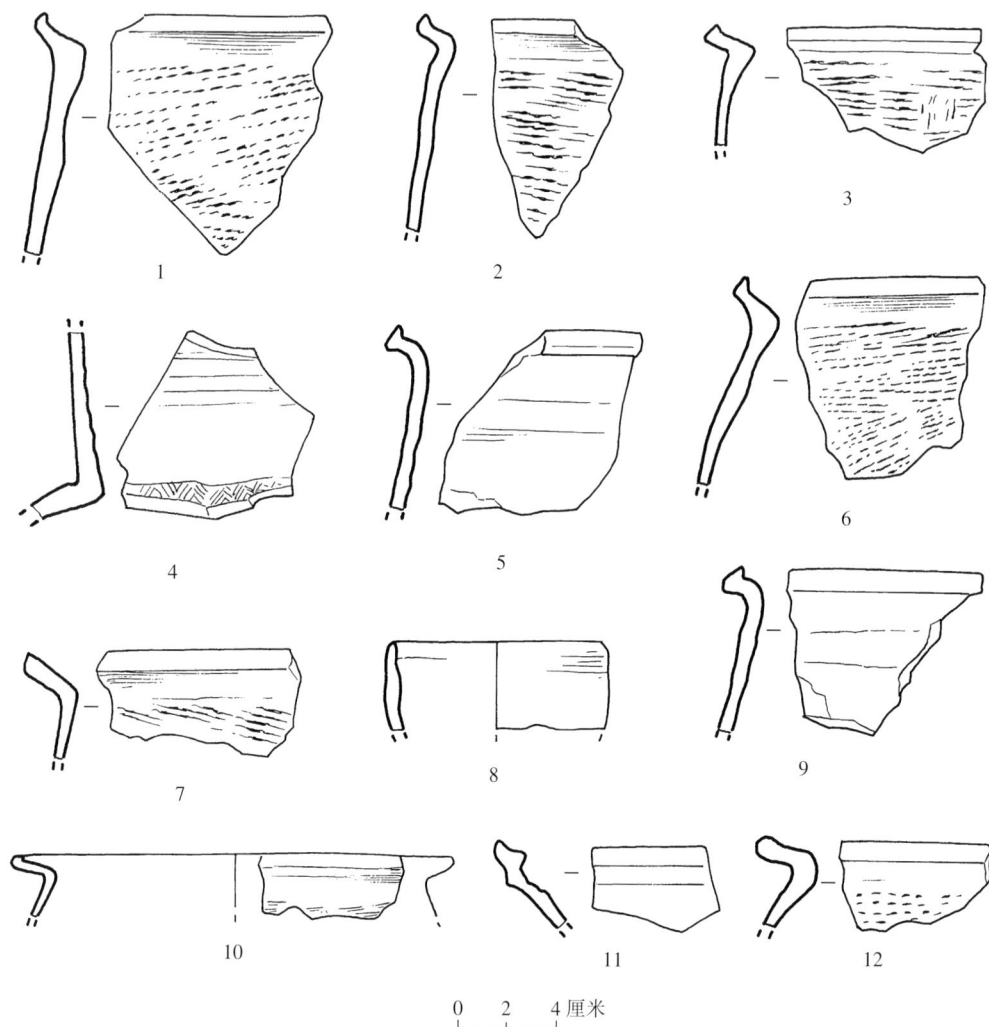

图五一八　下邓村禾斛山遗址采集陶罐

1、2、3、5、6、7、9. A型罐（2015JXDH：15、2015JXDH：11、2015JXDH：10、2015JXDH：19、2015JXDH：21、2015JXDH：22、2015JXDH：17）　4. 尊（2015JXDH：18）　8. D型罐（2015JXDH：28）　10、12. C型罐（2015JXDH：29、2015JXDH：30）　11. 盆（2015JXDH：16）

B 型：5 件。侈口，圆鼓腹。据口沿特征分为两个亚型：

Ba 型：3 件。卷沿。

2015JXDH：25，灰褐色硬陶，尖圆唇，斜肩，弧腹。器表施方格纹，肩部有横向"S"形附加堆纹。残高 12.8、口径 16.0 厘米（图五一九，1；图版四〇，5）。

2015JXDH：9，灰褐色硬陶，尖圆唇，鼓肩，弧腹。器表施方格纹。残高 11.0、口径 20.0 厘米（图五一九，2）。

2015JXDH：27，灰褐色硬陶，尖圆唇。器表施细方格纹。残高 3.0、口径 20.0 厘米（图五二二，1；图版四〇，4）。

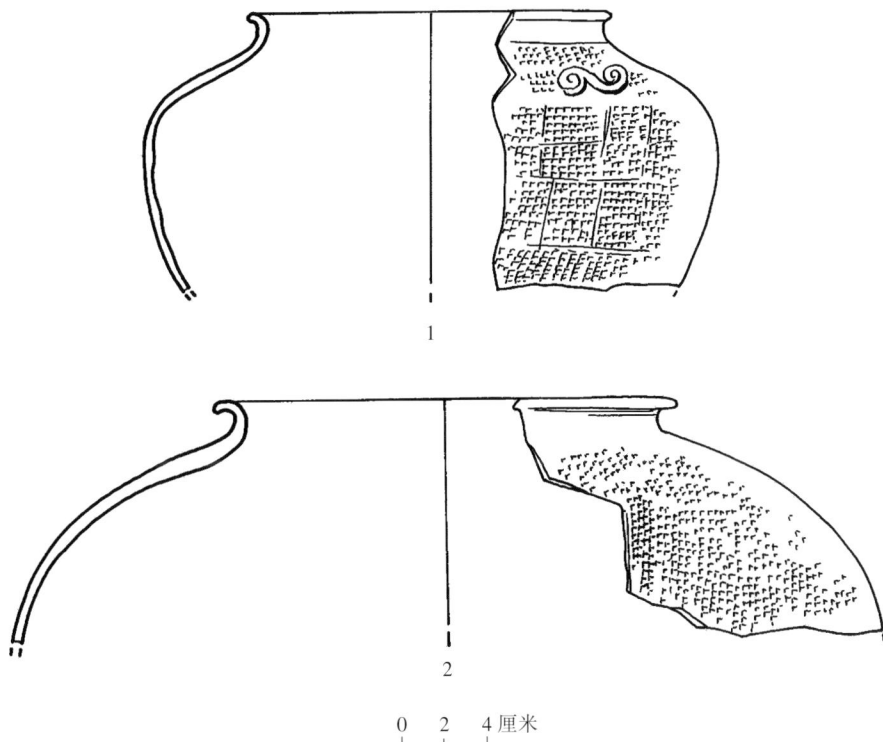

图五一九　下邓村禾斛山遗址采集陶罐
1、2. Ba 型罐（2015JXDH：25、2015JXDH：9）

Bb 型：2 件。宽折沿。

2015JXDH：31，灰色硬陶。器表施"回"字纹。残高 11.0、口径 10.0 厘米（图五二〇，1；图版四〇，3）。

2015JXDH：32，灰白色硬陶，圆唇。外壁上腹部有一桥形附耳，器表施席纹，下腹部有一道凹弦纹。残高 18.0、口径 14.0 厘米（图五二〇，2；图版四〇，2）。

C 型：5 件。折沿，弧腹。

2015JXDH：29，夹砂浅黄陶，侈口，圆唇。素面。残高 2.4、口径 18.0 厘米（图五一八，10）。

2015JXDH：30，黄褐色陶，侈口，方唇。素面。残高 3.6 厘米（图五一八，12）。

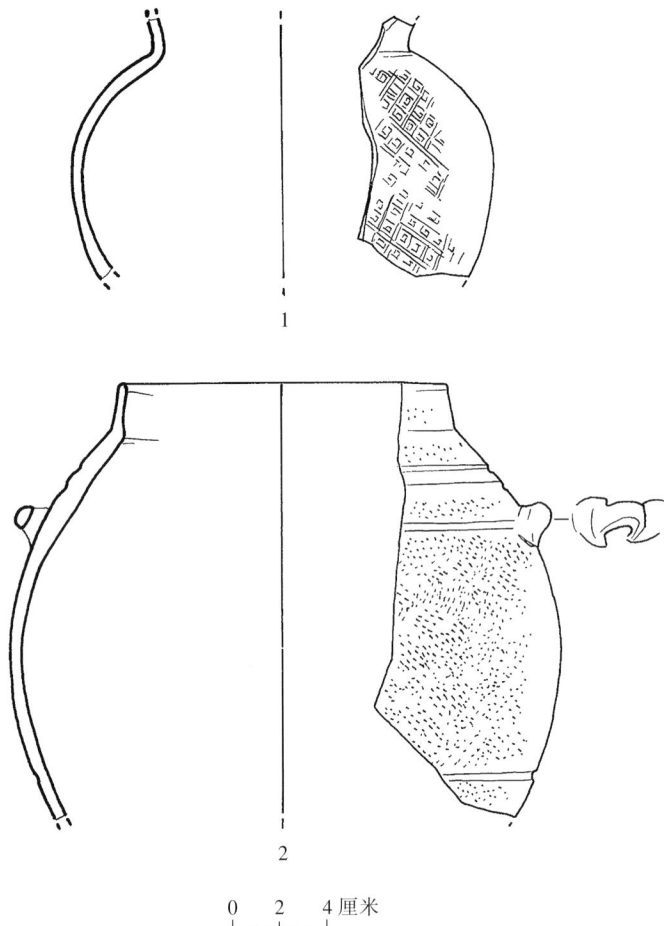

图五二〇　下邓村禾斛山遗址采集陶罐

1、2. Bb 型罐（2015JXDH：31、2015JXDH：32）

2015JXDH：26，灰褐色硬陶，侈口，方唇。器表施交错线纹。残高6.4厘米（图五二一，2；图版四一，1）。

2015JXDH：12，灰色硬陶，敛口，方唇，唇面有两周凹槽。口沿以下施米字纹与斜线纹组合纹饰。残高6.2厘米（图五二一，3）。

2015JXDH：24，灰色硬陶，敛口，尖唇，沿面有数道凹槽。器表施交错短线纹。残高3.8厘米（图五二一，4；图版四〇，6）。

D 型：1件。直腹。

2015JXDH：28，黄褐色硬陶，直口，尖唇。素面。残高3.6、口径8.0厘米（图五一八，8）。

盆　1件。

2015JXDH：16，夹砂红褐陶，敞口，折沿，斜方唇，沿内有一道凸棱。素面。残高3.6厘米（图五一八，11）。

尊　2件。

2015JXDH：18，灰褐色硬陶，高领。肩部施折线纹。残高7.6厘米（图五一八，4）。

2015JXDH：20，灰白色硬陶，侈口，方唇，高领。口沿内外壁有明显轮制痕迹。口径18.0、残高6.0厘米（图五二一，1；图版四一，2）。

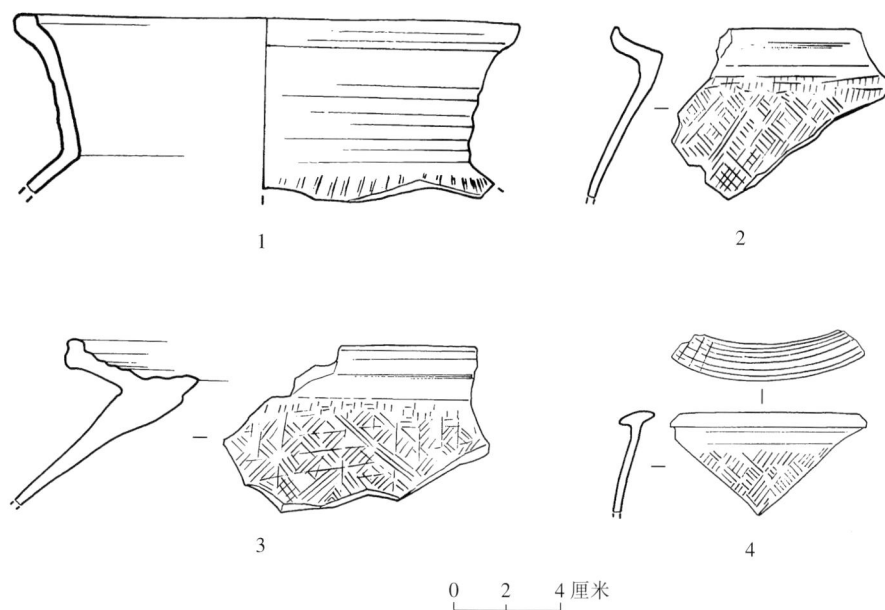

图五二一　下邓村禾斛山遗址采集陶器

1. 尊（2015JXDH：20）　　2～4. C型罐（2015JXDH：26、2015JXDH：12、2015JXDH：24）

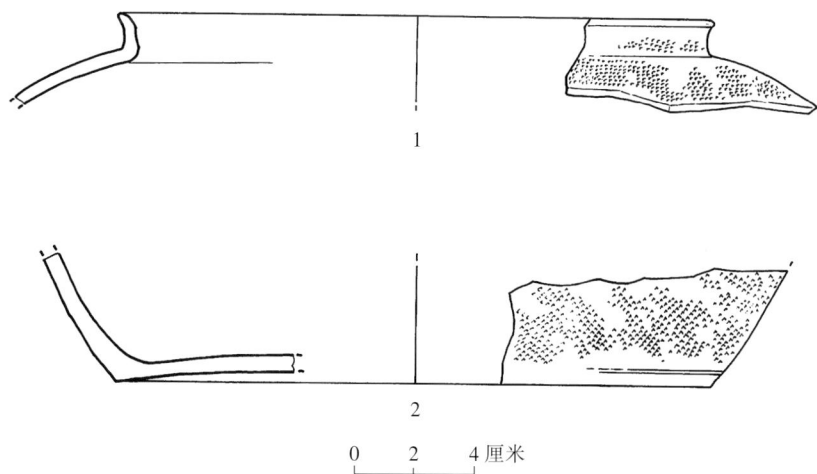

图五二二　下邓村禾斛山遗址采集陶器

1. Ba型罐（2015JXDH：27）　　2. 器底（2015JXDH：38）

器底　1件。

2015JXDH：27，灰褐色硬陶，斜腹，底部内凹。器表施细方格纹。底径31.0、残高6.5厘米（图五二二，2）。

鼎足　23件。据形态可分为三型：

A 型：3 件。半弧状鼎足。

2015JXDH：35，夹砂灰陶，两侧边缘内卷。素面。残高 6.8 厘米（图五二三，1；图版四二，5）。

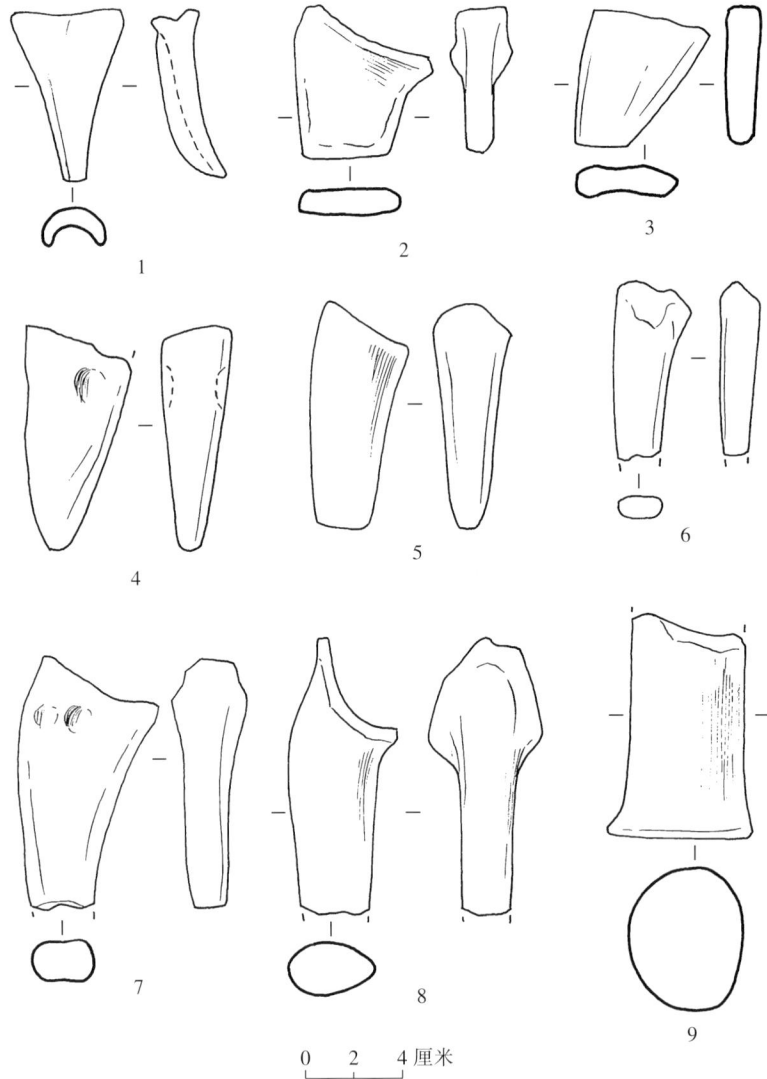

图五二三　下邓村禾斛山遗址采集陶鼎足

1. A 型鼎足（2015JXDH：35）　　2～4. B 型鼎足（2015JXDH：41、2015JXDH：58、2015JXDH：48）　　5～8. C 型鼎足（2015JXDH：46、2015JXDH：45、2015JXDH：52、2015JXDH：42）　　9. 陶支脚（2015JXDH：55）

2015JXDH：49，夹砂黄陶。素面。残高 6.6 厘米（图五二六，3）。

2015JXDH：51，夹砂灰陶，两侧边缘内卷。素面。残高 4.8 厘米（图五二六，9）。

B 型：9 件。宽扁状足。

2015JXDH：41，夹砂浅黄陶。素面。残高 6.0 厘米（图五二三，2）。

2015JXDH：58，夹砂灰陶。素面。残高 5.6 厘米（图五二三，3）。

2015JXDH：48，夹砂灰陶。素面。残高 9.0 厘米（图五二三，4）。

2015JXDH：50，夹砂黄陶。素面。残高 13.6 厘米（图五二四，1）。

2015JXDH：62，夹砂灰黑陶。足侧边缘见有三对按压凹窝。残高6.6厘米（图五二四，3）。

2015JXDH：43，夹砂灰褐陶。素面。残高7.0厘米（图五二五，3）。

2015JXDH：54，夹砂浅灰陶。素面。残高7.0厘米（图五二五，5）。

2015JXDH：56，夹砂黄褐陶。素面。残高12.0厘米（图五二五，7）。

2015JXDH：44，夹砂红褐陶，两侧均可见短刻槽。残高4.6厘米（图五二五，8）。

C型：11件。扁柱状鼎足。

2015JXDH：46，夹砂灰褐陶。素面。残高9.0厘米（图五二三，5；图版四二，3）。

2015JXDH：45，夹砂黄陶。素面。残高7.0厘米（图五二三，6）。

2015JXDH：52，夹砂灰陶，足侧见有一对按压凹窝。残高10.0厘米（图五二三，7）。

2015JXDH：42，夹砂灰陶。素面。残高11.0厘米（图五二三，8）。

2015JXDH：59，夹砂红褐陶。器表可见有戳印短刻槽。残高9.4厘米（图五二四，2）。

2015JXDH：53，夹砂灰褐陶。素面。残高7.0厘米（图五二四，4）。

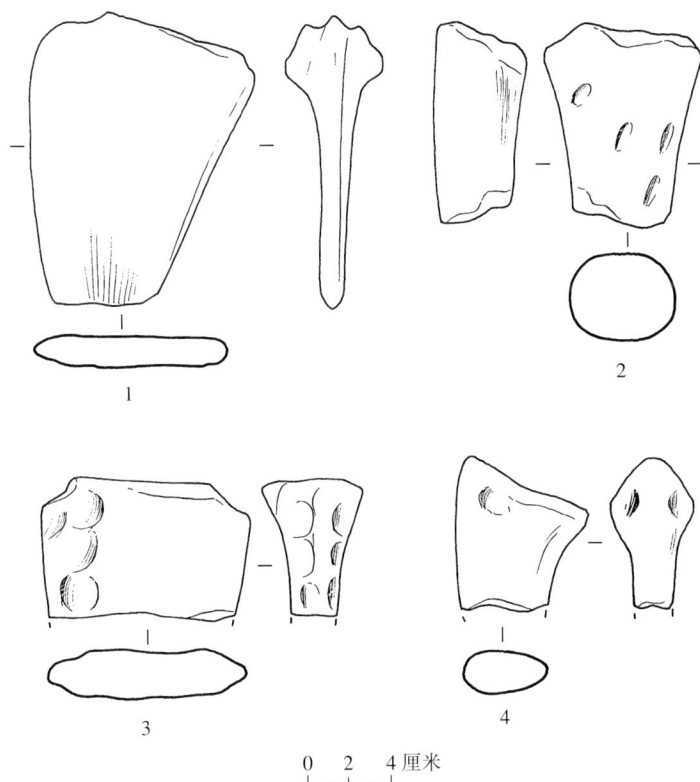

图五二四　下邓村禾斛山遗址采集陶鼎足

1、3. B型鼎足（2015JXDH：50、2015JXDH：62）　　2、4. C型鼎足（2015JXDH：59、2015JXDH：53）

2015JXDH：61，夹砂灰褐陶。素面。残高5.6厘米（图五二五，1）。

2015JXDH：63，夹砂红褐陶，足侧边缘有一按压凹窝。残高5.0厘米（图五二五，2）。

2015JXDH：57，夹砂灰陶。素面。残高7.0厘米（图五二五，4）。

2015JXDH：39，夹砂浅黄陶。一面拍印方格纹。残高6.0厘米（图五二五，6）。

2015JXDH：60，夹砂灰陶。素面。残高18.0厘米（图五二五，9；图版四〇，1）。

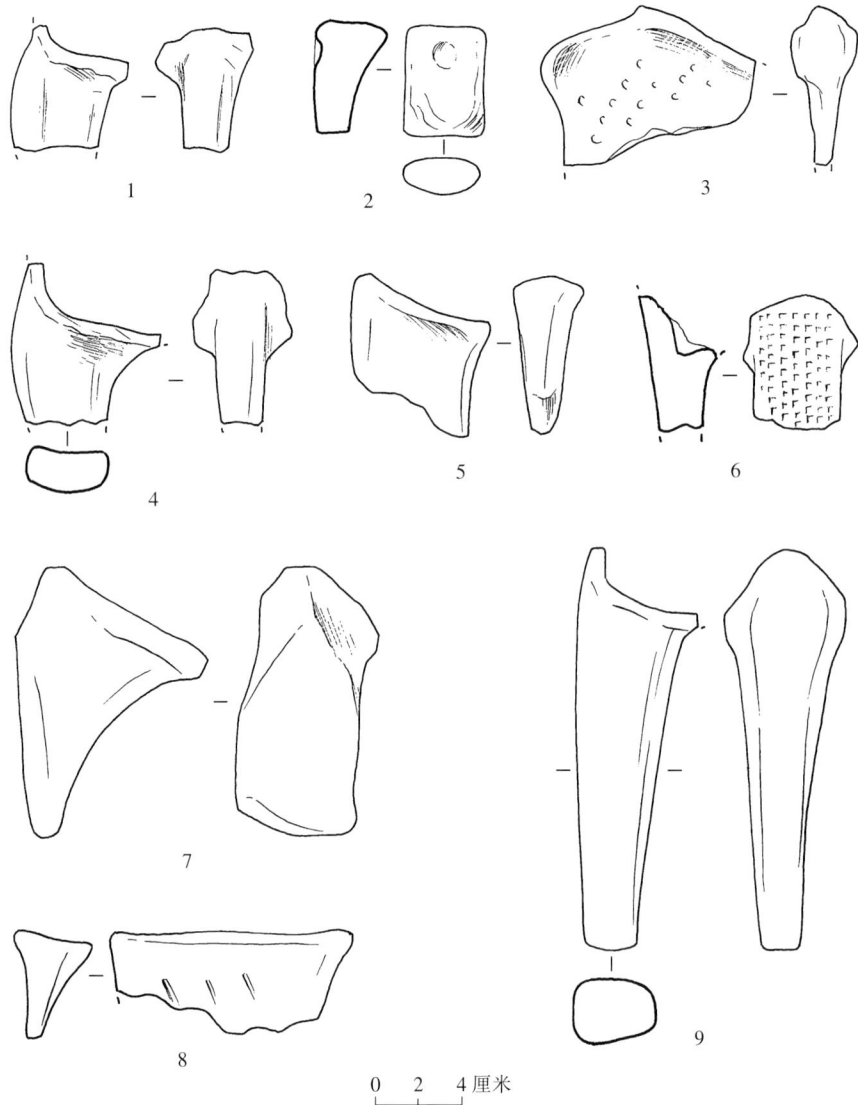

图五二五　下邓村禾斛山遗址采集陶鼎足

1、2、4、6、9. C型鼎足（2015JXDH：61、2015JXDH：63、2015JXDH：57、2015JXDH：39、2015JXDH：60）　3、5、7、8. B型鼎足（2015JXDH：43、2015JXDH：54、2015JXDH：56、2015JXDH：44）

钵　2件。

2015JXDH：33，灰色硬陶，敞口，圆唇，斜直腹，平底。器表有明显轮制痕迹。残高5.0、口径10.8厘米（图五二六，1；图版四一，3、4）。

2015JXDH：34，灰褐色硬陶，敞口，尖唇，斜直腹，平底。器表可见明显轮制痕迹。残高4.6、口径12.0厘米（图五二六，6；图版四一，5、6）。

甗腰　2件。

2015JXDH：13，夹砂灰褐陶，窄腰隔。下腹部施绳纹。残高6.6厘米（图五二六，2；图版四二，1）。

2015JXDH：40，夹砂黄陶，斜腹，窄腰隔。素面。残高4.0厘米（图五二六，5）。

豆 2件。

2015JXDH：36，夹砂灰陶，喇叭口状底座。素面。残高1.8厘米（图五二六，4）。

2015JXDH：65，夹砂灰陶，空心柄，喇叭口状底座。素面。残高4.6厘米（图五二六，7）。

陶支脚 2件。

2015JXDH：55，夹砂黄陶，柱状。素面。残高9.0厘米（图五二三，9；图版四二，2）。

2015JXDH：37，夹砂黄褐陶，柱状。素面。残高6.0厘米（图五二六，11）。

器把 2件。

2015JXDH：64，夹砂黄陶，柱状。素面。残高5.4厘米（图五二六，8）。

2015JXDH：47，夹砂灰陶，截面呈椭圆形。素面。残高7.4厘米（图五二六，10）。

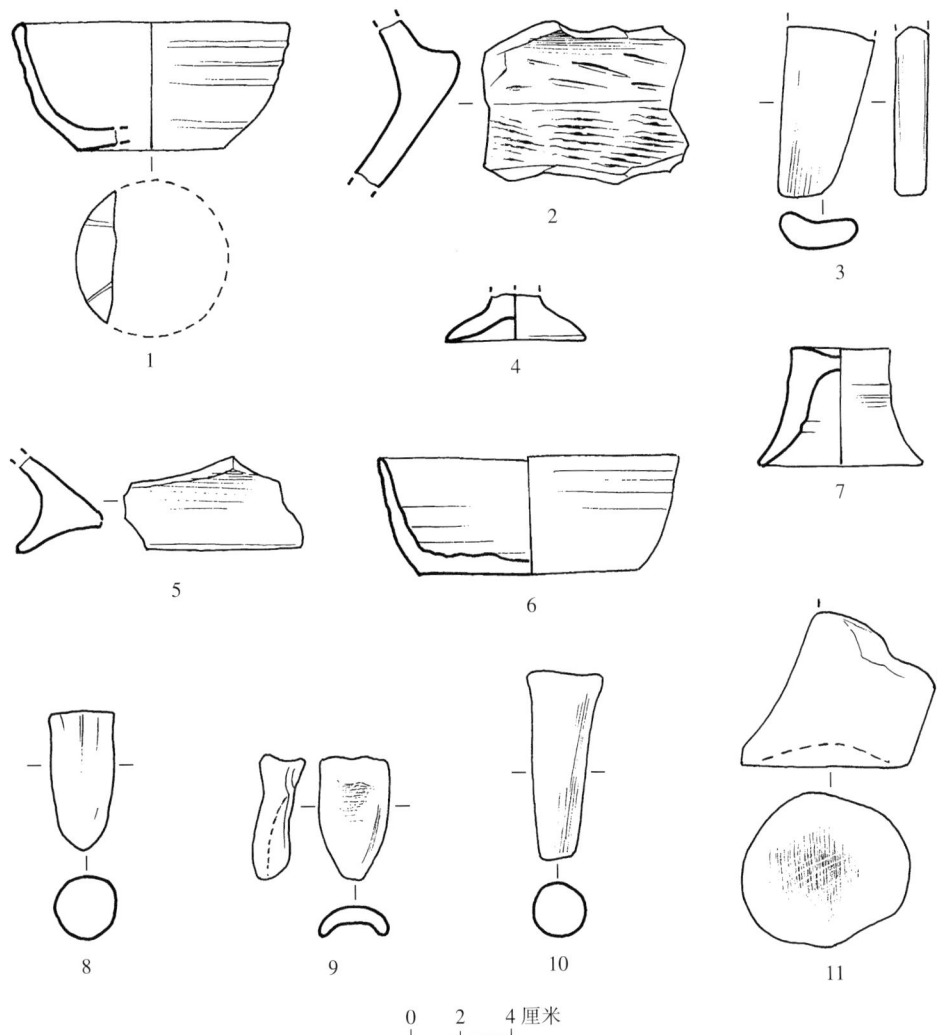

0 2 4厘米

图五二六 下邓村禾斛山遗址采集陶器

1、6. 钵（2015JXDH：33、2015JXDH：34） 2、5. 甗腰（2015JXDH：13、2015JXDH：40） 3、9. A型鼎足（2015JXDH：49、2015JXDH：51） 4、7. 豆（2015JXDH：36、2015JXDH：65） 8、10. 器把（2015JXDH：64、2015JXDH：47） 11. 陶支脚（2015JXDH：37）

陶刀 1件。

2015JXDH：14，泥质灰陶，刀背平直，刃部及一侧残，中部有一圆形穿孔。素面。残高1.7、宽3.4、厚0.4厘米（图五二七，1；图版四三，2）。

甑 1件。

2015JXDH：23，夹砂灰陶，圜底，器表有数个圆形箅孔。器表施交错线纹。残高5.0厘米（图五二七，2；图版四二，6）。

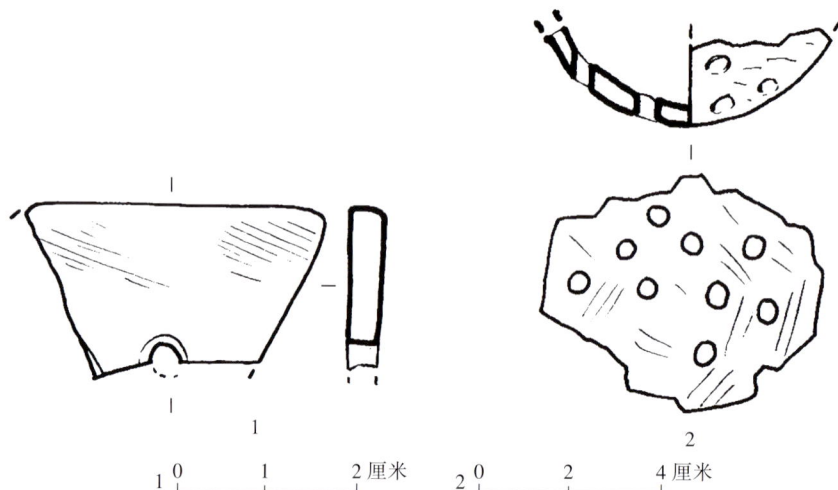

图五二七 下邓村禾斛山遗址采集陶器
1. 陶刀（2015JXDH：14） 2. 陶甑（2015JXDH：23）

3. 遗址性质与年代

下邓村禾斛山遗址位于地势略高的缓坡岗地，紧依河流，地理环境优越。与周边遗址比较，可初步将该遗址采集遗物划分为以下三个年代组。

第1组：以A型鼎足、A型陶罐、夹砂绳纹陶等为代表。该组陶器多为夹砂陶，硬陶较少。此类半弧状鼎足在乐安县双牛山第1组遗存可见到相同器形，其年代为新石器时代晚期。因而，可推断本组的年代为新石器时代晚期。

第2组：以宽扁状鼎足、Bb型陶罐、C型陶罐、甗形器、陶尊等为代表。纹饰流行雷纹、席纹、方格纹＋凸点纹、交错绳纹等。从C型陶罐来看，其口沿内多见数道凹槽，具有商代陶罐的特征。所见雷纹、席纹等纹饰亦具有商时期的特征。因此，可推断本组年代为商代。

第3组：以小方格纹硬陶罐、陶钵、扁柱状鼎足为代表。流行小方格纹、"☒"字纹，"米"字纹。该组陶片在乐安县、宜黄县等抚河上游地区有所发现，以"米"字纹、"☒"字纹为代表的遗存年代应为东周时期。可推断本组的年代为春秋至战国时期。

通过以上的年代分析，揭示了该遗址有较长的延续性。下邓村禾斛山遗址的发现对区域文化序列建立及聚落形态演进均提供了十分重要的考古资料。

1. 鼎足（2015JXDH：60）

2. 陶罐（2015JXDH：32）

3. 陶罐（2015JXDH：31）

4. 陶罐（2015JXDH：27）

5. 陶罐（2015JXDH：25）

6. 陶罐（2015JXDH：24）

图版四〇　下邓村禾斛遗址采集陶器

1. 陶罐（2015JXDH：26）

2. 陶罐（2015JXDH：20）

3. 陶钵（2015JXDH：33）

4. 陶钵（2015JXDH：33）

5. 陶钵（2015JXDH：34）

6. 陶钵（2015JXDH：34）

图版四一　下邓村禾斛遗址采集陶器

1. 甗腰（2015JXDH：13）

2. 陶支脚（2015JXDH：55）

3. 鼎足（2015JXDH：46）

4. 石锛（2015JXDH：5）

5. 鼎足（2015JXDH：35）

6. 陶甑（2015JXDH：23）

图版四二 下邓村禾斛遗址采集遗物

1. 石锛（2015JXDH：7）　　　　　　　　　　2. 陶刀（2015JXDH：14）

图版四三　下邓村禾斛遗址采集遗物

二五　熊家山遗址

1. 遗址概况

遗址位于秀谷镇南（图五二八），北邻联乐村村委会下邓村，东侧为农田，东北距下邓村约400米，西北距周家山遗址约300米（图五二九）。遗址整体呈不规则形，长径约196米，短径约121米。中、北部为树林，东、西、南端外围为农田。地势北高南低，地表为树林和杂草地分布，植被非常茂密（图五三〇、五三一）。该遗址地理坐标为：北纬27°53′18.8″，东经116°45′17.2″，海拔84米。

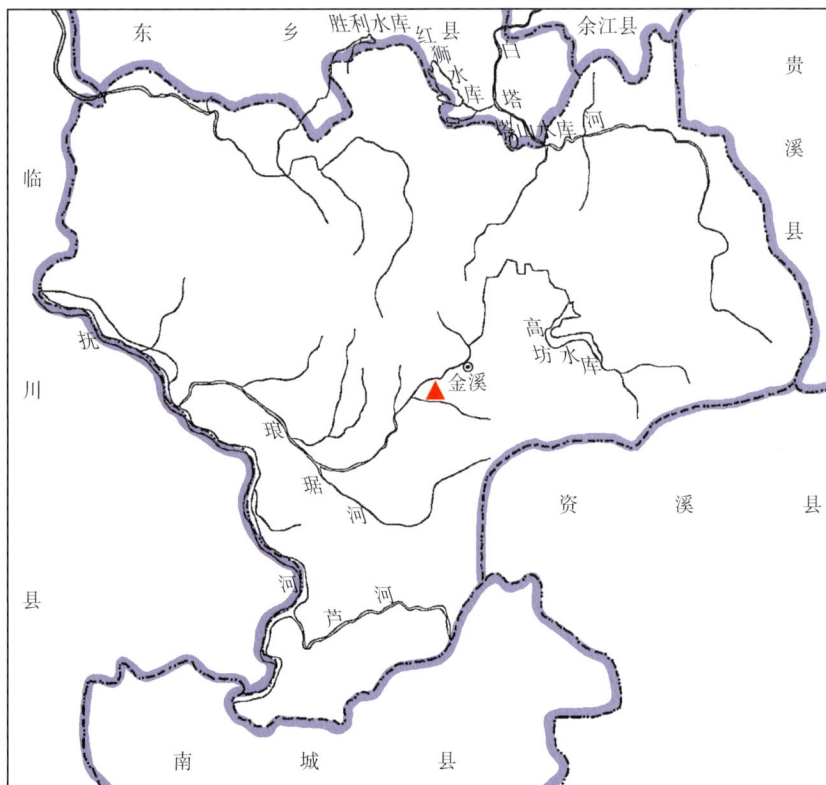

图五二八　熊家山遗址位置图

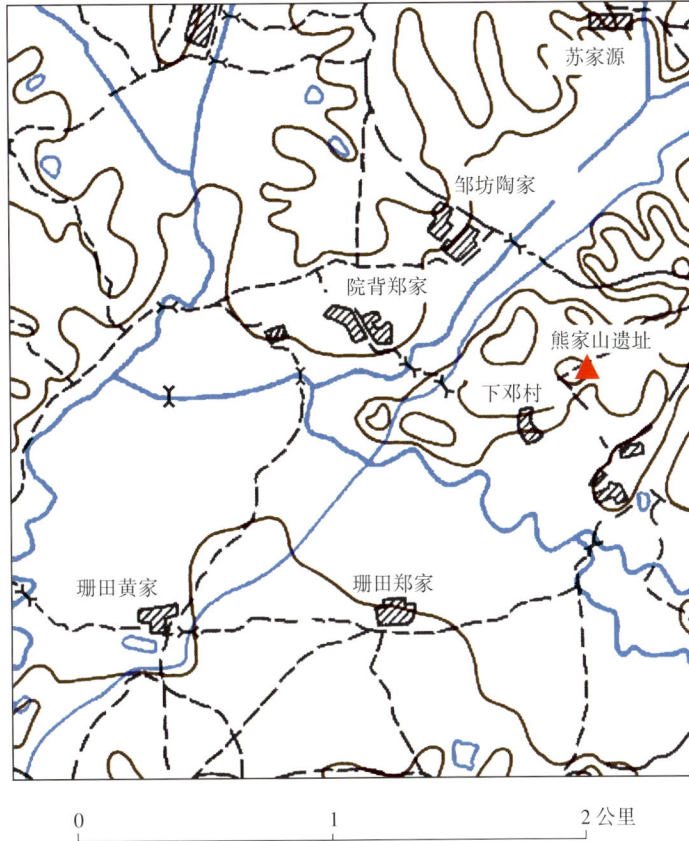

图五二九　熊家山遗址地貌图

图五三〇　熊家山遗址远景图（由南向北）

图五三一　熊家山遗址远景图（由西向东）

　　遗址位于琅琚河支流交汇形成的三角地带，地形为缓坡状山岗。该遗址采集到较为丰富的陶器残片，以下逐一进行介绍。

　　2. 遗物介绍

　　（1）石器

　　砺石　1件。

　　2015JXJ：1，黄褐色砂岩磨制而成，截面近方形，一端残，四面内凹。器表较为光滑。宽5.6、残高9.2厘米（图五三四，4）。

　　（2）陶器

　　以硬陶为主，夹砂陶较少。硬陶多为灰褐色、黄褐色，纹饰有绳纹、雷纹、折线纹、方格纹和菱格纹（图五三二），器形有陶罐、陶碗等；夹砂陶多为灰褐色、黄褐色，纹饰以素面居多，仅见绳纹，器形有陶罐、陶甗、陶鼎（足）等。

　　盆　4件。

　　2015JXJ：8，黄褐色硬陶，敛口，内折沿，圆唇。素面。口径18.0、残高4.8厘米（图五三三，1；图版四四，4）。

　　2015JXJ：6，灰褐色硬陶，敛口，折沿，斜方唇，内外壁可见数周凸棱。口径20.0、残高6.0厘米（图五三三，3）。

　　2015JXJ：10，灰色硬陶，侈口，折沿，方唇，斜弧腹。素面。残高4.0厘米（图五三三，8）。

　　2015JXJ：2，灰色硬陶，近直口，方唇，唇面内凹。素面。残高3.6厘米（图五三三，9）。

　　罐　5件。

　　2015JXJ：4，灰色硬陶，侈口，方唇。器表施菱格纹，部分被抹平。口径12.0、残高4.0厘米

图五三二　熊家山遗址采集陶片纹饰拓片

1、3、5. 绳纹　2、4. 细绳纹　6~8. 波折纹　9~11. 雷纹　12. 菱格纹

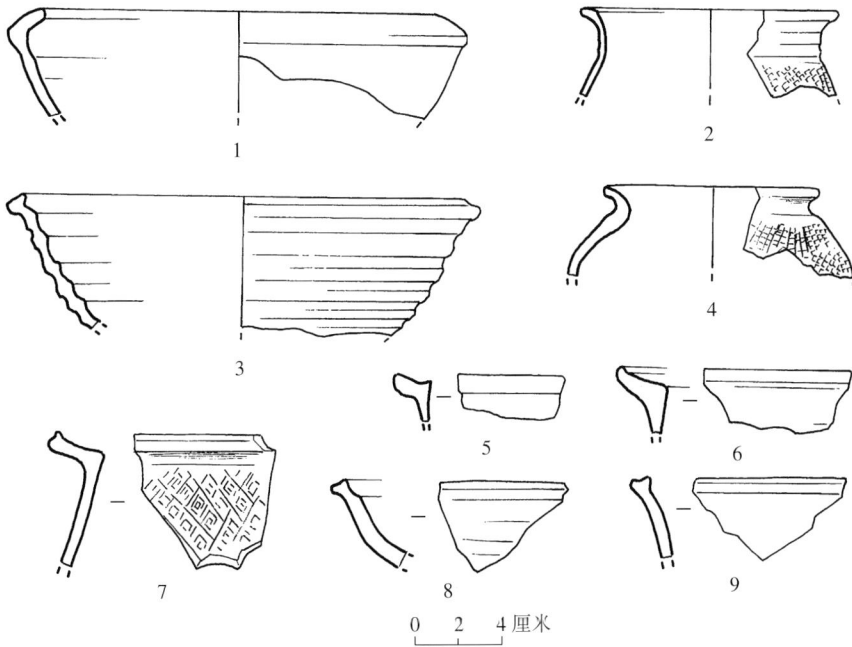

0　2　4厘米

图五三三　熊家山遗址采集陶器

1、3、8、9. 盆（2015JXJ：8、2015JXJ：6、2015JXJ：10、2015JXJ：2）　2、4~7. 罐（2015JXJ：4、2015JXJ：5、2015JXJ：3、2015JXJ：9、2015JXJ：7）

（图五三三，2；图版四四，5）。

2015JXJ：5，黄褐色硬陶，侈口，微卷沿，圆唇。器表施方格纹。口径10.0、残高4.0厘米（图五三三，4）。

2015JXJ：3，黄褐色硬陶，直口，折沿，斜方唇，沿面内凹。素面。残高2.1厘米（图五三三，5）。

2015JXJ：9，灰色硬陶，微侈口，窄平沿，斜方唇。素面。残高3.0厘米（图五三三，6）。

2015JXJ：7，黄褐色硬陶，斜直口，折沿，斜方唇。器表施雷纹，纹痕较浅。残高6.0厘米（图五三三，7；图版四四，3）。

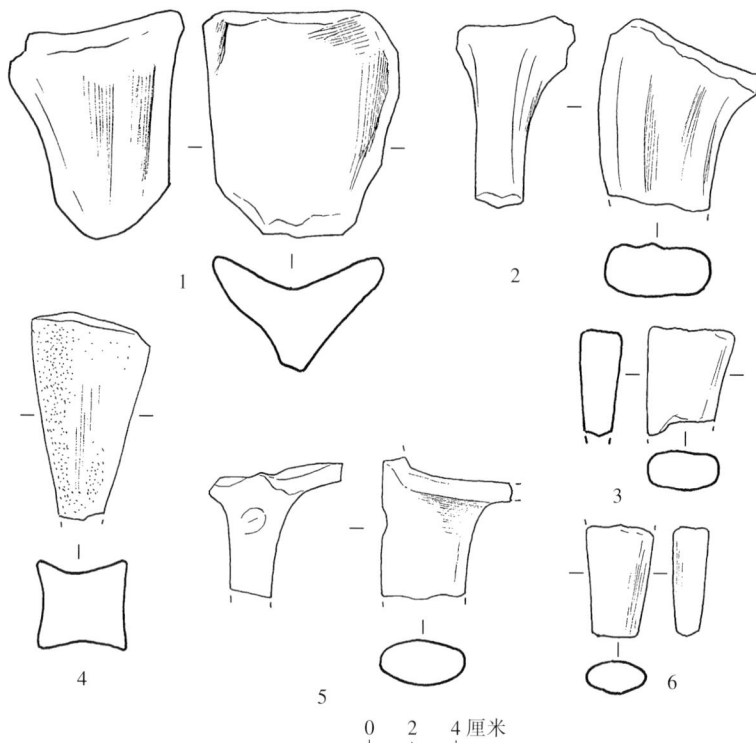

图五三四　熊家山遗址采集器物

1. A型鼎足（2015JXJ：11）　2、3、5、6. B型鼎足（2015JXJ：12、2015JXJ：13、2015JXJ：14、2015JXJ：15）　4. 磨石（2015JXJ：1）

鼎足　5件。

据形态可分为两型：

A型：1件。截面为三棱状。

2015JXJ：11，夹砂灰褐陶。素面。残高10.0厘米（图五三四，1；图版四四，1）。

B型：4件。柱状。

2015JXJ：12，夹砂灰陶。素面。残高8.4厘米（图五三四，2；图版四四，2）。

2015JXJ：14，夹砂灰陶，一侧足根部有一按压凹窝。残高6.0厘米（图五三四，5）。

2015JXJ：13，夹砂灰褐陶。素面。残高5.0厘米（图五三四，3）。

2015JXJ：15，夹粗砂黄褐陶。素面。残高5.0厘米（图五三四，6）。

3. 年代与性质

熊家山遗址是一处较为典型的岗地类聚落。从遗址采集到陶片来看，该遗址应存在有较长时间。与周边遗存相比较，初步将该遗址划分为两个年代组：

第1组：以三棱状鼎足、折沿罐、敞口盆等为代表。纹饰流行雷纹、折线纹、方格纹等。此类遗存在郑家山、母猪嘴遗址可见到同类器，其时代为商代。

1. 鼎足（2015JXJ：11）　　　　　　　2. 鼎足（2015JXJ：12）

3. 陶罐（2015JXJ：7）　　　　　　　4. 陶盆（2015JXJ：8）

5. 陶罐（2015JXJ：4）

图版四四　熊家山遗址采集遗物

第2组：以扁状鼎足为代表，纹饰多见菱格纹。所见扁状鼎足与周边遗址东周陶鼎足有相近处。因此，该组年代应为春秋时期。

熊家山遗址的发现为抚河流域先秦时期文化序列建立及聚落形态演变提供了十分重要的实物资料。

江西抚河流域先秦时期遗址
考古调查报告 II

———— 金溪县 （下） ————

江西省文物考古研究所
西北大学文化遗产学院
抚州市文物博物管理所 编著
金溪县文物管理所

文物出版社

第三章　金溪县先秦时期遗址

第二节　岗地类遗址

二六　周家山遗址

1. 遗址概况

该遗址位于秀谷镇南（图五三五），位于联乐村村委会下邓村北部，北距邹坊陶家约 500 米，西南距下邓村禾斛山遗址约 120 米（图五三六）。遗址整体呈不规则形，为一缓坡台地。地势北高南低，地表为杂草和灌木丛覆盖，植被较为茂密。北部为一陡坡，南部紧邻村道，西部为树林，东部为杂草地（图五三七）。该遗址地理坐标为：北纬 27°53′19.0″，东经 116°45′05.1″，海拔 81 米。

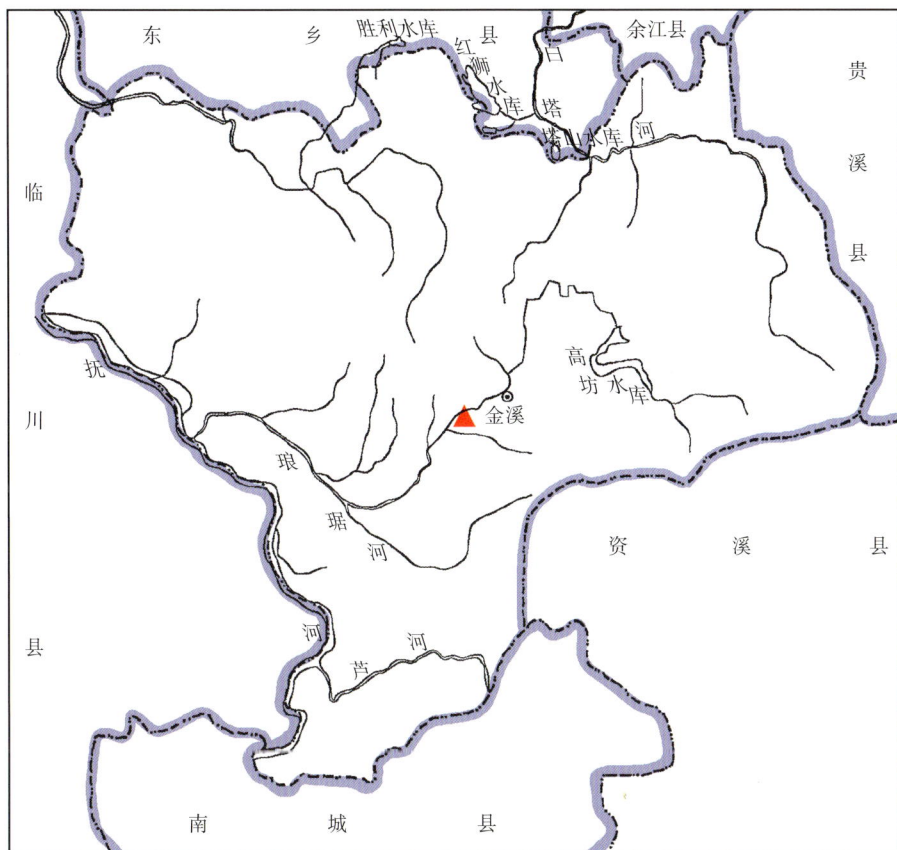

图五三五　周家山遗址位置图

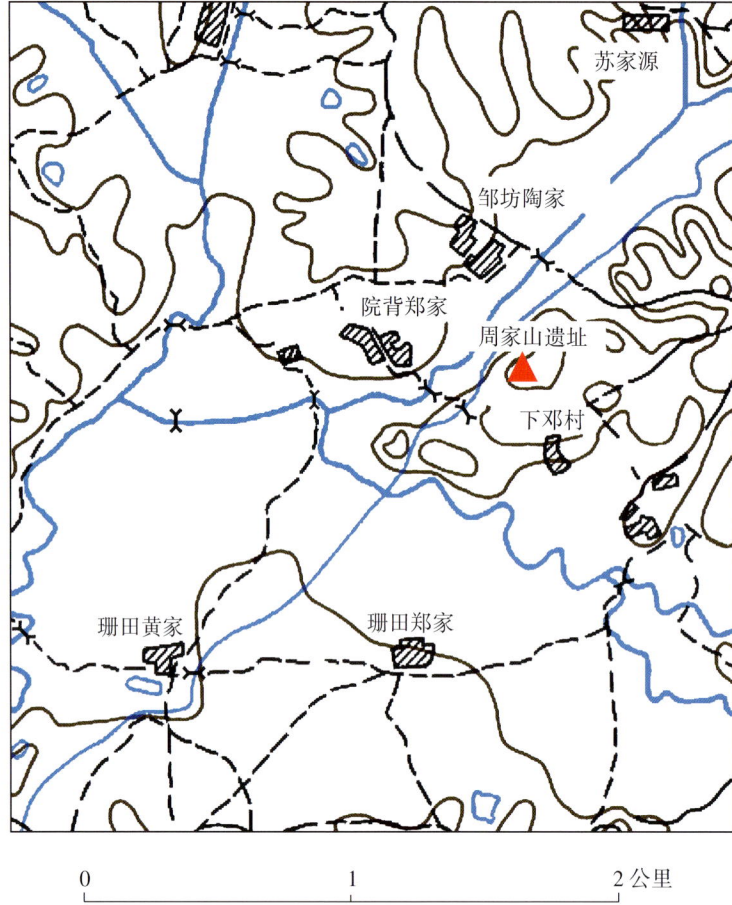

图五三六　周家山遗址地貌图

图五三七　周家山遗址远景图（由西向东）

经勘探，发现文化层堆积，厚约0.2~0.8米，堆积内包含有灰烬，烧土块及少量陶片。

遗址所在山岗紧邻琅琚河支流小河，地形略高，是一处较适合古人居住生活的地域。遗址采集遗物较为丰富，发现少量石器及较多陶器。以下对各类器物逐一进行介绍。

2. 遗物介绍

（1）石器

石镞 1件。

2015JZJ：1，灰褐色闪长岩磨制而成，两端残，中部起脊，两刃较锋利。器表磨制光滑。残长5.7、宽2.0厘米（图五三八，1）。

砺石 1件。

2015JZJ：2，灰褐色砂岩制成，形状不规则，一端残，两侧内凹，上下面较为平整。残高11.0厘米（图五三八，2；图版四五，2）。

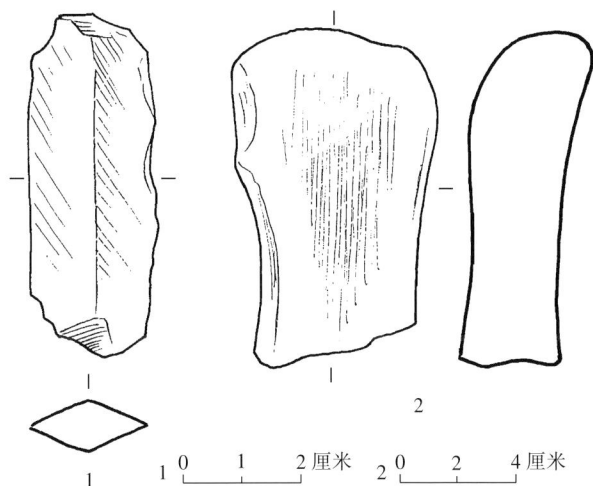

图五三八 周家山遗址采集石器
1. 石镞（2015JZJ：1） 2. 砺石（2015JZJ：2）

（2）陶器

陶器以印纹硬陶为多，主要是灰色、灰褐色，纹饰见有雷纹、变体雷纹、折线纹、绳纹、方格纹等，器形有尊、罐等；夹砂陶数量较少，多为灰褐色或褐色，纹饰少见，多见绳纹或戳印纹，器形见有鼎足、陶罐等。

陶尊 7件。

2015JZJ：3，夹砂灰陶，侈口，卷沿，斜方唇，高领。内外壁可见明显轮制痕迹。残高4.0厘米（图五三九，15）。

2015JZJ·4，灰色硬陶，斜直口，卷沿，圆唇。器表施折线纹。残高5.0厘米（图五三九，6；图版四五，5）。

2015JZJ：5，灰褐色硬陶，侈口，卷沿，斜方唇，沿面有一周凸棱。沿内壁可见S形刻划纹及戳印短刻槽。残高4.0、口径20.0厘米（图五三九，13）。

2015JZJ：7，灰色硬陶，侈口，卷沿，圆唇，沿内有数道凹槽。内外壁可见明显轮制痕迹。残高2.8厘米（图五三九，9）。

2015JZJ：8，灰色硬陶，侈口，斜折沿，尖圆唇。内外壁可见轮制痕迹。残高2.6厘米（图五三九，14）。

2015JZJ：11，灰褐色硬陶，侈口，折沿，圆唇，沿面有数道凹槽。内外壁可见轮制痕迹。残高3.4厘米（图五三九，7）。

2015JZJ：14，灰色硬陶，侈口，方唇。内外壁可见明显轮制痕迹。残高4.4厘米（图五三九，3）。

陶罐　8件。

2015JZJ：6，灰色硬陶，侈口，折沿，斜方唇。器表施雷纹。残高3.8厘米（图五三九，11）。

2015JZJ：9，灰色硬陶，近直口，折沿，斜方唇，唇面内凹。器表施绳纹。残高3.2厘米（图五三九，8）。

2015JZJ：10，灰色硬陶，侈口，折沿，斜方唇，唇面见有一周凸棱。素面。残高4.6厘米（图五三九，10）。

2015JZJ：12，灰色硬陶，侈直口，折沿，斜方唇。内外壁可见轮制痕迹。残高2.0厘米（图五三九，12）。

2015JZJ：13，灰色硬陶，侈口，斜方唇，唇面见有一周凸棱。器表施折线纹。残高2.0厘米（图五三九，5）。

2015JZJ：15，夹砂灰陶，敞口，窄折沿，尖圆唇，折腹。素面。残高4.0厘米（图五三九，2）。

2015JZJ：16，灰色硬陶，近直口，窄折沿，方唇。器表施绳纹。残高2.0厘米（图五三九，4）。

2015JZJ：17，灰色硬陶，近直口，窄平沿，高领。内外壁可见轮制痕迹。残高5.6厘米（图五三九，1）。

罐底　1件。

2015JZJ：18，灰色硬陶，斜直腹，平底。内外壁可见明显轮制痕迹。残高2.0、底径8.0厘米（图五三九，16）。

豆　1件。

2015JZJ：26，夹砂灰褐陶，空心柄，喇叭状圈座。素面。残高4.8厘米（图五四二，1）。

鼎足，10件。据形态分为三型。

A型：2件。三棱状足。

2015JZJ：29，夹砂灰褐陶。素面。残高12.0厘米（图五四〇，1）。

2015JZJ：25，夹砂灰褐陶。素面。残高8.0厘米（图五四〇，2；图版四五，4）。

B型：1件。扁平状。

2015JZJ：22，夹砂黄褐陶，足两侧均可见数排戳印凹窝。残高7.6厘米（图五四一，1；图版四五，3）。

C型：7件。扁柱状，分为两个亚型。

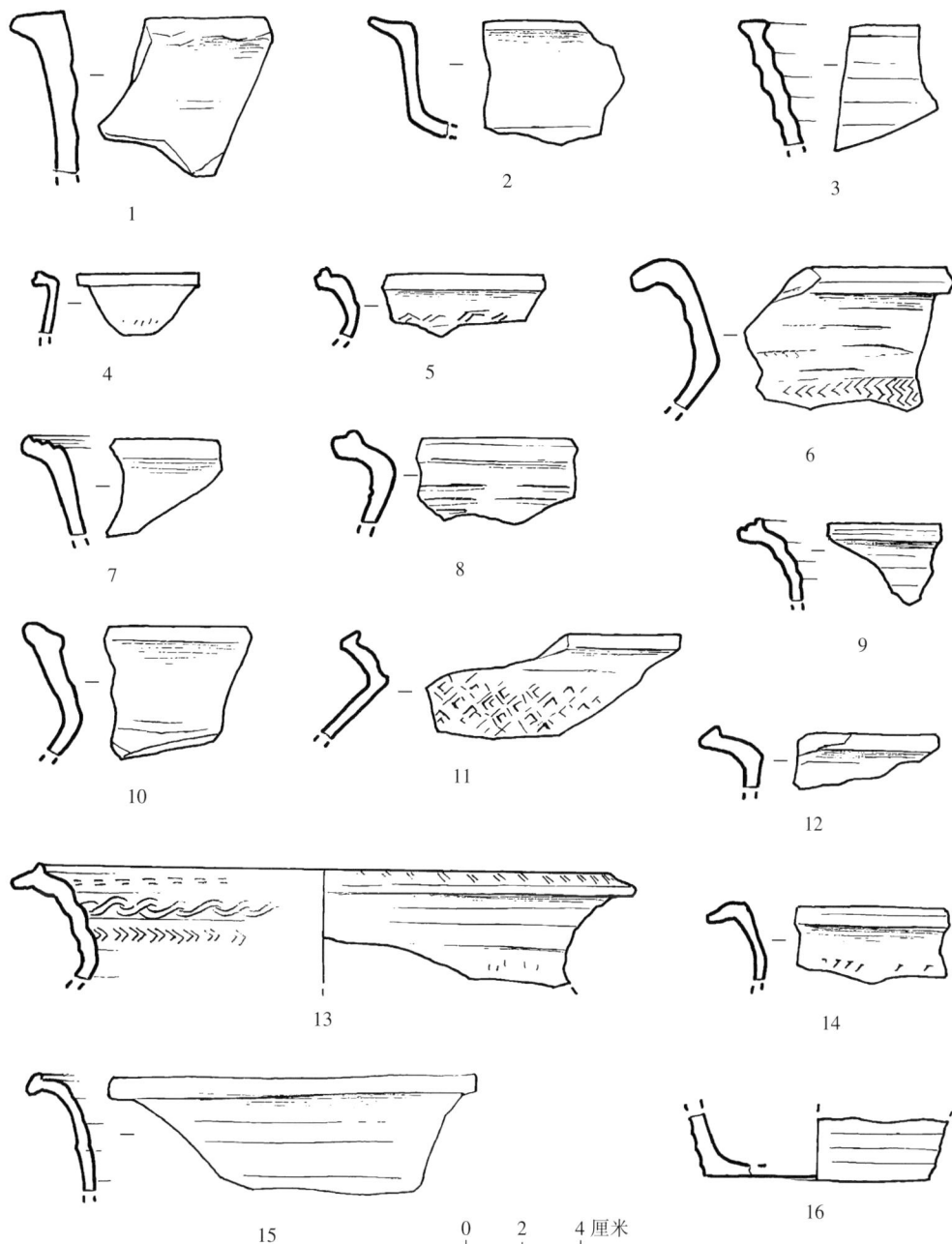

图五三九　周家山遗址采集陶器

1、2、4、5、8、10~12. 罐（2015JZJ：17、2015JZJ：15、2015JZJ：16、2015JZJ：13、2015JZJ：9、2015JZJ：10、2015JZJ：6、
2015JZJ：12）　3、6、7、9、13~15. 陶尊（2015JZJ：14、2015JZJ：4、2015JZJ：11、2015JZJ：7、2015JZJ：5、2015JZJ：8、
2015JZJ：3）　16. 罐底（2015JZJ：18）

Ca 型：2 件。足上端可见按窝痕。

2015JZJ：24，夹砂灰陶，一足侧边缘有一对按压凹窝。残高 6.8 厘米（图五四一，2）。

2015JZJ：20，夹砂黄褐陶，足上两侧部均可见戳印短刻槽。残高 6.0 厘米（图五四一，6）。

Cb 型：5 件。足上端未见刻槽。

2015JZJ：27，夹砂灰陶。素面。残高 5.0 厘米（图五四一，3）。

2015JZJ：21，夹砂灰陶。素面。残高 5.4 厘米（图五四一，4；图版四五，1）。

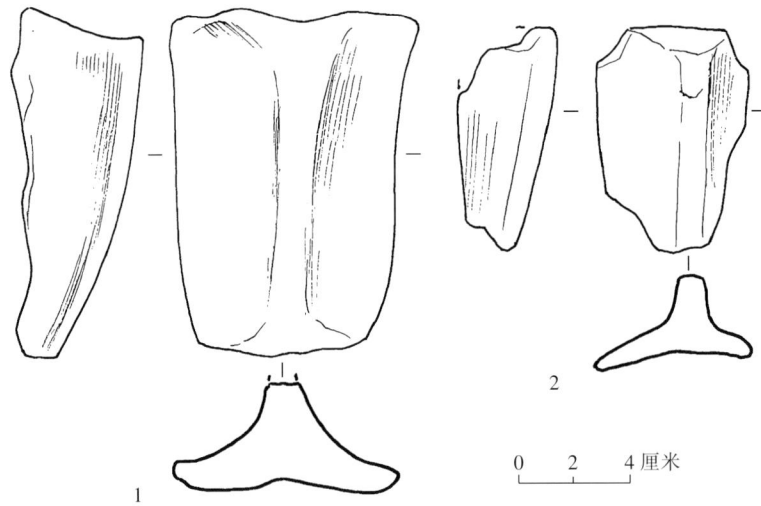

图五四〇 周家山遗址采集鼎足

1、2. A 型 （2015JZJ：29、2015JZJ：25）

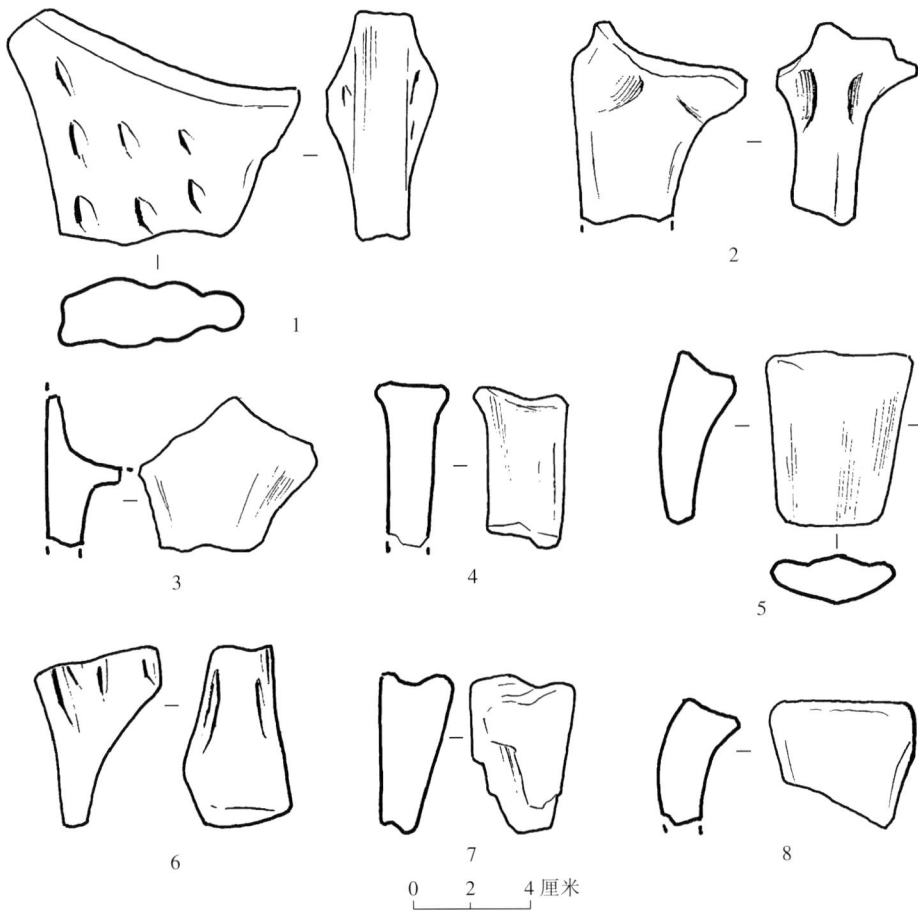

图五四一 周家山遗址采集陶鼎足

1. B 型 （2015JZJ：22） 2、6. Ca 型 （2015JZJ：24、2015JZJ：20） 3、4、5、7、8. Cb 型 （2015JZJ：27、2015JZJ：21、2015JZJ：23、2015JZJ：19、2015JZJ：28）

2015JZJ：23，夹砂灰白陶。素面。残高5.8厘米（图五四一，5）。

2015JZJ：19，夹砂灰陶。素面。残高5.0厘米（图五四一，7）。

2015JZJ：28，夹砂黄褐陶。素面。残高4.0厘米（图五四一，8）。

陶刀　2件。

2015JZJ：30，灰色硬陶，背部残，上下面平整，单面斜刃。素面。残长3.6、宽2.0厘米（图五四二，2）。

2015JZJ：31，夹砂灰褐陶，弧背内凹，两侧圆弧，单面弧刃，近背部有三圆形穿孔。素面。残长8.0、宽4.0厘米（图五四二，3；图版四五，6）。

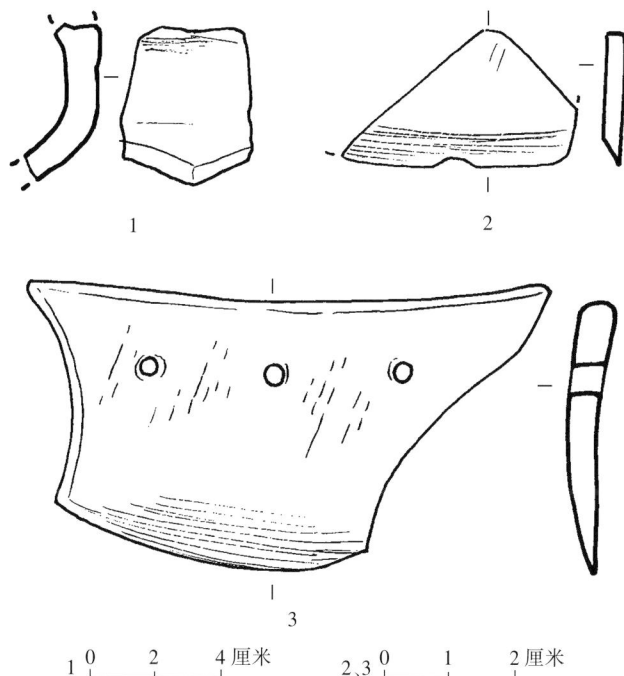

图五四二　周家山遗址采集器物

1. 豆柄（2015JZJ：26）　2、3. 陶刀（2015JZJ：30、2015JZJ：31）

3. 年代与性质

周家山遗址属典型岗地类聚落，坡前平缓地带南侧为河流。遗址采集遗物较为丰富。通过与周边遗存比较，初步将遗址采集遗物划分为三个年代组。

第1组：以三棱状鼎足、折线纹、绳纹等硬陶为代表。该组陶器多具有商代早期陶器的特征。其与鹰潭角山遗址有较多相近。在乐安县的甲山遗址，也发现有三棱状鼎足，其年代应晚于新石器时代末期，早于西周时期。此类鼎足与新石器时代晚期所见三棱状鼎足联系更为紧密。由此推测该组年代为夏代晚期至早商时期。

第2组：以刻槽扁状鼎足、宽折沿尊、卷沿罐等为代表。纹饰见有雷纹、变体雷纹、方格纹等。该组所见陶器具有商晚期至西周早中期的特征，此组陶器在周边地区有较多发现。

第3组：以扁状鼎足为代表。此种鼎足多为东周时期流行，在猛家山、模头岗等多个遗址有所发现。年代应为春秋时期。通过以上比较分析，可判断该遗址的年代为夏代晚期至春秋时期。遗址延续时间较长，该遗址是古人的宜居之地。周家山遗址的发现与研究，为区域文化序列的建立以及聚落形态研究提供了十分重要的考古资料。

1. 鼎足（2015JZJ：21）

2. 石器（2015JZJ：2）

3. 鼎足（2015JZJ：22）

4. 鼎足（2015JZJ：25）

5. 陶罐（2015JZJ：4）

6. 陶刀（2015JZJ：31）

图版四五　周家山遗址采集遗物

二七 鸡公岭遗址

1. 遗址概况

该遗址位于秀谷镇黄家村东部（图五四三）。西临 G35 济广高速，西距黄家村约 300 米，西距周家村约 101 公里，北距里江村约 500 米，东南距梅坊村约 3.5 公里（图五四四）。遗址平面呈不规则形，长径约 170.7 米，短径约 40 米。遗址为一岗地，地势由西南向东北逐渐变高，植被非常茂密（图五四五）。鸡公岭遗址临近双陈河支流，东侧为较高山岭，遗址所在山岗地势略低，较适合古人居住。该遗址地理坐标为：北纬 27°56′46.0″，东经 116°47′55.3″，海拔 134 米。

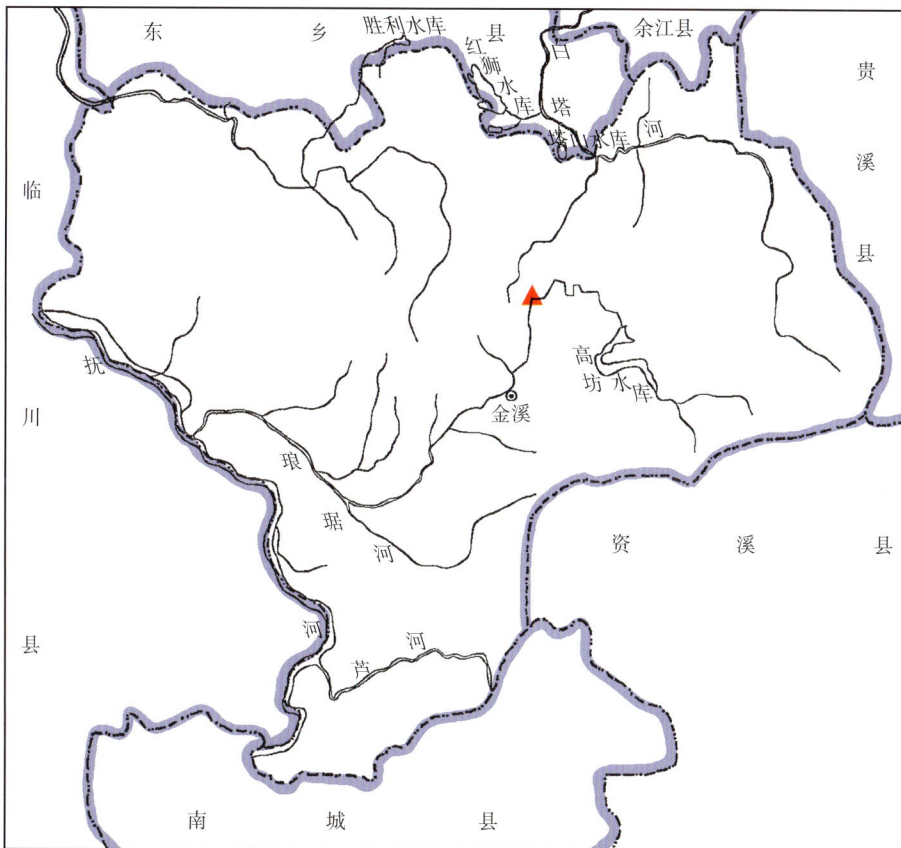

图五四三 鸡公岭遗址位置图

2. 遗物介绍

鸡公岭遗址采集遗物较少，见有石器和陶器。

（1）石器

砺石 1 件。

2015JGJ：1，灰褐色砂岩制成，截面大致呈梯形，一端残，上下面较为平整，两侧斜直，研磨面见有磨制痕迹。残高 5.5 厘米（图五四六）。

（2）陶器

以硬陶及夹砂陶为主。硬陶多为灰色、灰褐陶，以素面居多，器形有罐、盆等；夹砂陶多为灰

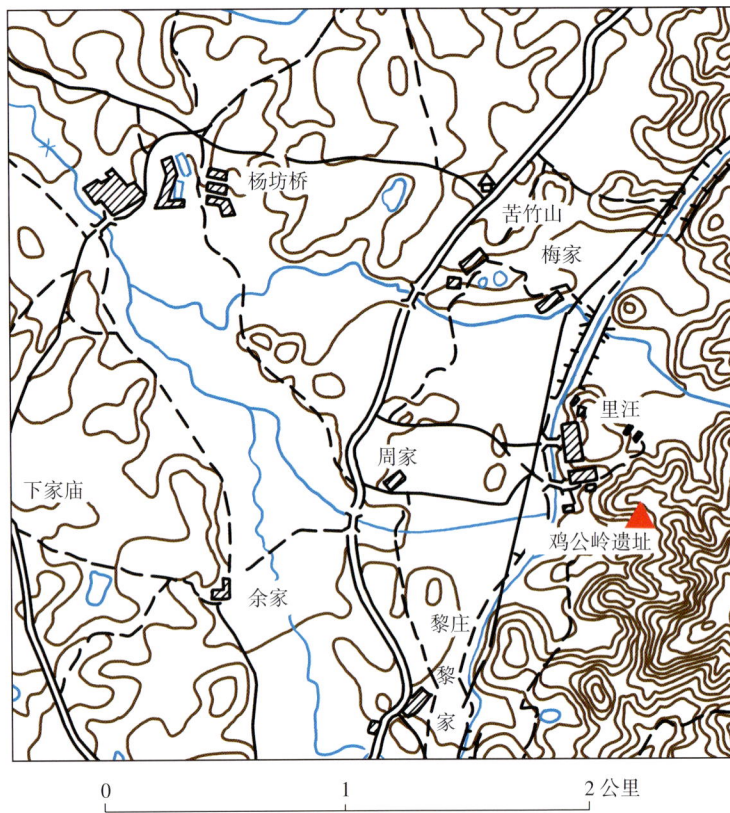

图五四四　鸡公岭遗址地貌图

图五四五　鸡公岭遗址远景图（由北向南）

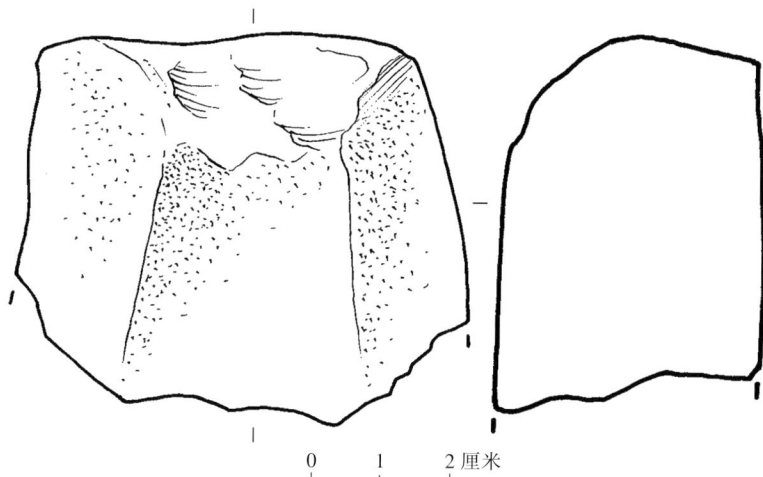

图五四六　鸡公岭遗址采集砺石（2015JGJ：1）

褐色，纹饰有绳纹，器形有罐、甗等。

甗腰　1件。

2015JGJ：3，夹砂灰褐陶，窄腰隔。器表施斜线纹。残高5.0厘米（图五四七，3）。

陶罐　1件。

2015JGJ：2，灰色硬陶，敛口，折沿，圆唇，斜肩。素面。残高3.2、口径12.0厘米（图五四七，1）。

器底　1件。

2015JGJ：4，灰色硬陶，斜直腹，平底。内壁可见轮制痕迹。素面。残高2.0、底径10.0厘米（图五四七，2）。

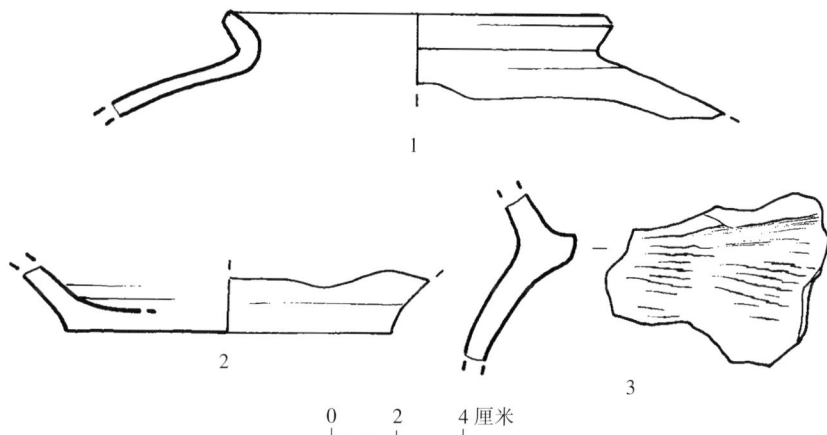

图五四七　鸡公岭遗址采集陶器

1. 陶罐（2015JGJ：2）　2. 器底（2015JGJ：4）　3. 甗腰（2015JGJ：3）

3. 遗址性质与年代

鸡公岭遗址是一处岗地类聚落，遗址所处山岗地形略高，采集遗物主要在山岗缓坡处。由于遗址采集遗物较少，对遗址的年代判断有较大困难，通过该遗址所见甗腰大致推断该遗址的年代为商周时期。对于该遗址年代的准确判断，还需要更多的考古工作。

鸡公岭遗址的发现增加了区域内先秦时期遗址的数量，为该地区聚落形态研究提供了十分重要的考古资料。

二八 鬼打拳遗址

1. 遗址概况

该遗址位于秀谷镇里吴村委会许垄村南部鬼打拳山（图五四八），北距许垄村约 700 米，东距 206 国道约 540 米（图五四九）。遗址所在地形，为一稍高山岗地带，地势为中部高四周低，区域南部紧邻村道，西南部有一处厂房，遗址地表种植茶树（图五五〇）。该遗址地理坐标为：北纬 27°50′24.9″，东经 116°45′22.4″，海拔 100 米。

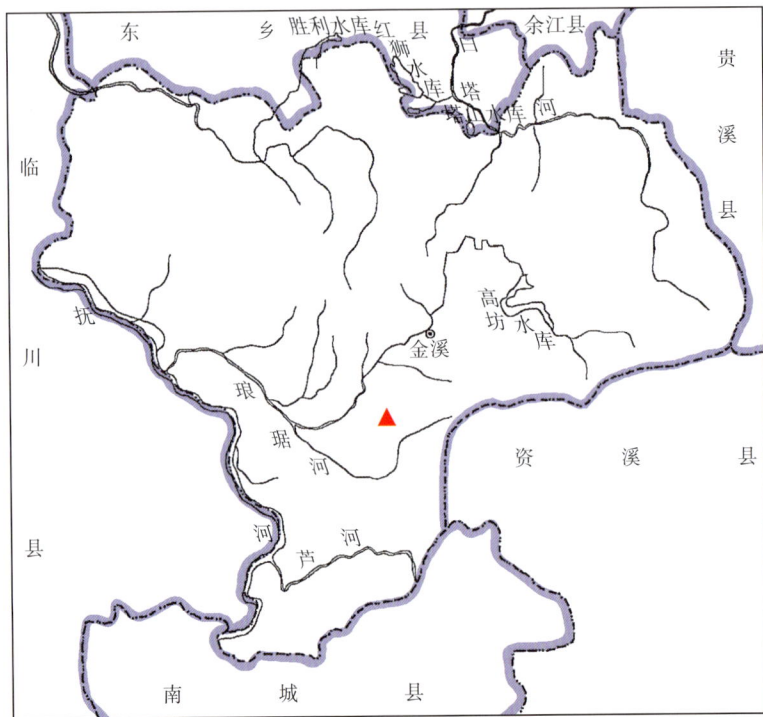

图五四八 鬼打拳遗址位置图

2. 遗物介绍

该遗址采集遗物较少，器类主要为石器和陶器。

（1）石器

砺石 1 件。

2015JGD：1，青灰色闪长岩制成，形状不规则，一面平整，一侧平直，见有磨制痕迹。残高 13.0 厘米（图五五二）。

（2）陶器

以硬陶为主，夹砂陶相对较少。硬陶多为灰色、灰褐色，纹饰有深菱格纹、折线纹、变体雷纹、绳纹、细绳纹、交错线纹、小方格纹（图五五三）等，器形多为罐；夹砂陶为灰色、灰褐色，

图五四九 鬼打拳遗址地貌图

图五五〇 鬼打拳遗址远景图（由南向北）

图五五一　鬼打拳遗址远景图（由东向西）

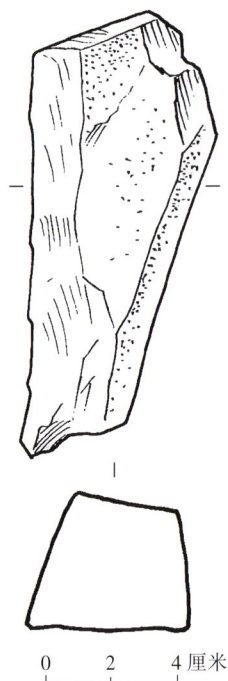

0　　2　　4 厘米

图五五二　鬼打拳遗址采集砺石（2015JGD：1）

纹饰以绳纹多见，器形也以罐为主。

罐　2 件。

2015JGD：3，灰色硬陶，敛口，折沿，尖唇，唇面有一周凹槽。器表施雷纹。残高 4.0 厘米（图五五四，1）。

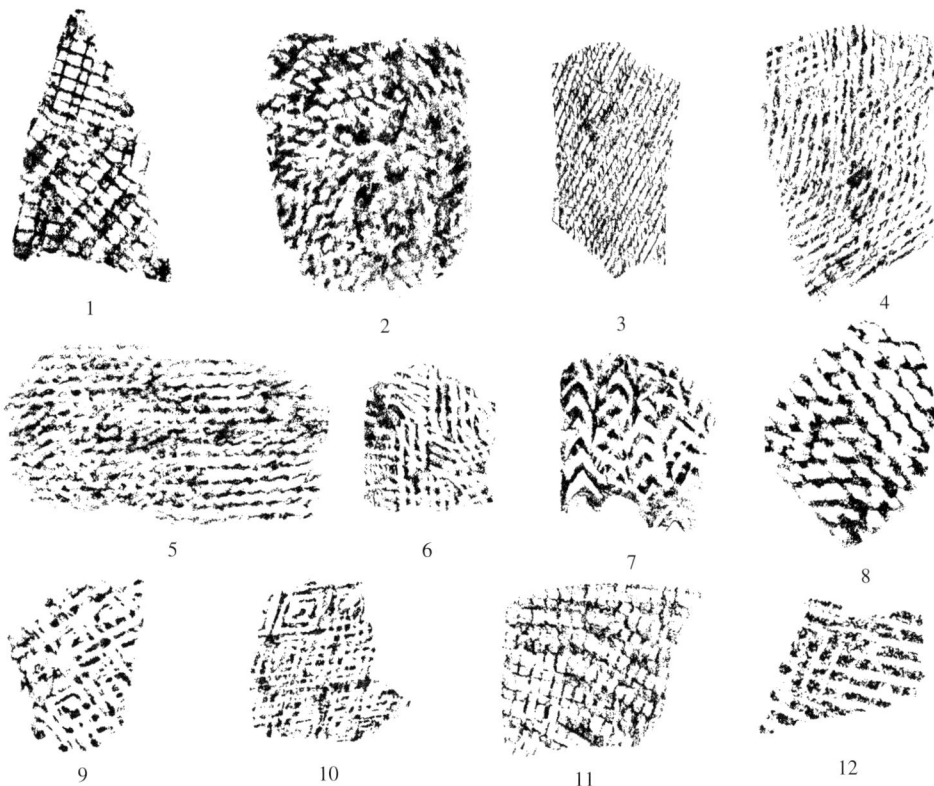

图五五三 鬼打拳遗址采集陶片纹饰拓片

1、11. 方格纹 2、8. 菱格纹 3. 线纹 4、12. 交错绳纹 5. 绳纹 6. 交错线纹 7. 折线纹 9、10. 变体雷纹

2015JGD：2，灰色硬陶，敛口，折沿，斜方唇。器表施折线纹与竖线纹组合纹饰。残高2.4厘米（图五五四，2）。

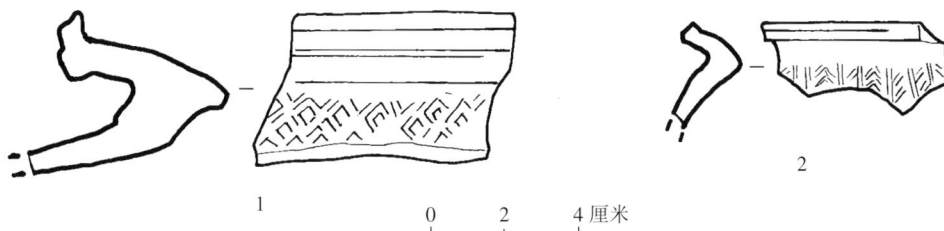

图五五四 鬼打拳遗址采集陶器

1、2. 罐（2015JGD：3、2015JGD：2）

3. 遗址性质与年代

鬼打拳遗址是一处典型的岗地类聚落，所在区域自然环境条件优越，适合古人在此居住生活。该遗址采集遗物较少，从硬陶纹饰来看，该遗址延续时间较长，所见折线纹、雷纹等为商代硬陶典型纹饰；所见折沿罐、方格纹、菱格纹等为西周时期陶器特征；而小方格纹则是东周时期常见纹饰。因此，可以大致看出，鬼打拳遗址的年代为商代延续至东周时期。遗址邻近琅琚河支流，与韭菜岗、盘亭城墩上环壕遗址相距较近。两处岗地类聚落与盘亭城墩上环壕聚落之间存在何种关系，还需深入更多工作。鬼打拳遗址的发现与研究为区域文化序列建立提供了重要的考古资料。

二九 对塘村面前山遗址

1. 遗址概况

对塘村面前山遗址位于双塘镇对塘村东南部的一处山岗上（图五五五），西北距对塘村约750米，南距朱家边村约1.3公里，南距茶山遗址约330米，北部有小路，应为居民种田道路（图五五六）。该遗址地表现为人工种植油茶树，植被较为稀松（图五五七、五五八）。周边基本为树林包围，受现代农田建设，遗址被破坏十分严重。该遗址地理坐标为：北纬28°02′07.9″，东经116°45′12.2″，海拔86米。

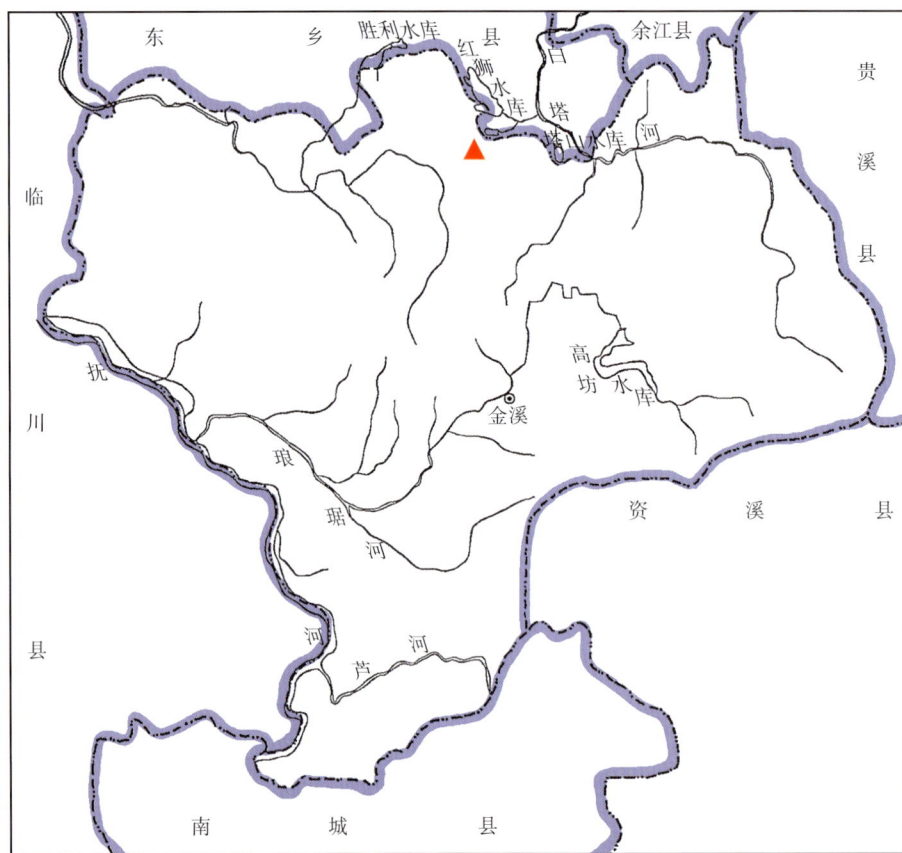

图五五五 对塘村面前山遗址位置图

对塘山面前山位于双陈河支流沿岸，属于缓坡状岗地类聚落。该遗址地表采集遗物较少，主要为陶器残片。以下予以介绍。

2. 遗物介绍

陶器以硬陶为主，夹砂陶较少。硬陶以灰褐色、黄褐色为多，纹饰见有绳纹、席纹、弦纹、折线纹和交错绳纹（图五五九），器形有罐；夹砂陶多为灰褐色及黄褐色，纹饰有交错绳纹，器形有罐、甗等。

陶罐 7件。主要为硬陶，多为矮领，口沿外折。

2015JDM：1，黄褐色硬陶，侈口，斜方唇，唇面内凹。器表施交错折线纹，部分被抹平。残高5.0厘米（图五六〇，1；图版四六，3）。

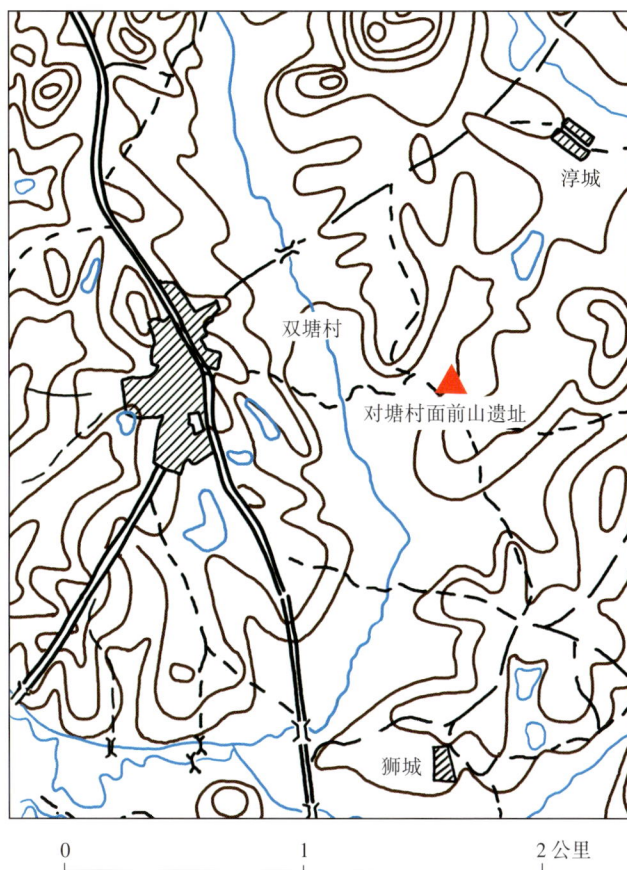

图五五六 对塘村面前山遗址地貌图

图五五七 对塘村面前山遗址远景图（由东向西）

图五五八　对塘村面前山遗址远景图（由南向北）

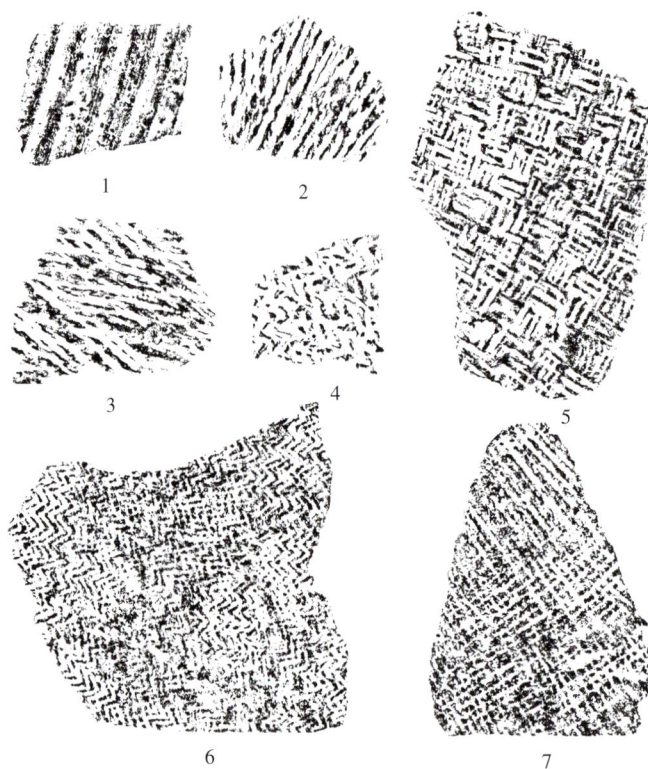

图五五九　对塘村面前山遗址采集陶片纹饰拓片

1. 弦纹　2. 绳纹　3. 交错绳纹　4. 折线纹　5. 席纹　6. 折线纹　7. 交错线纹

2015JDM：2，黄褐色硬陶，侈口，折沿，圆唇。器表施折线纹，纹痕较浅。口径18.6、残高5.0厘米（图五六〇，2）。

2015JDM：4，黄褐色硬陶，圆唇。器表施折线纹，纹痕较浅。残高4.2厘米（图五六〇，3；

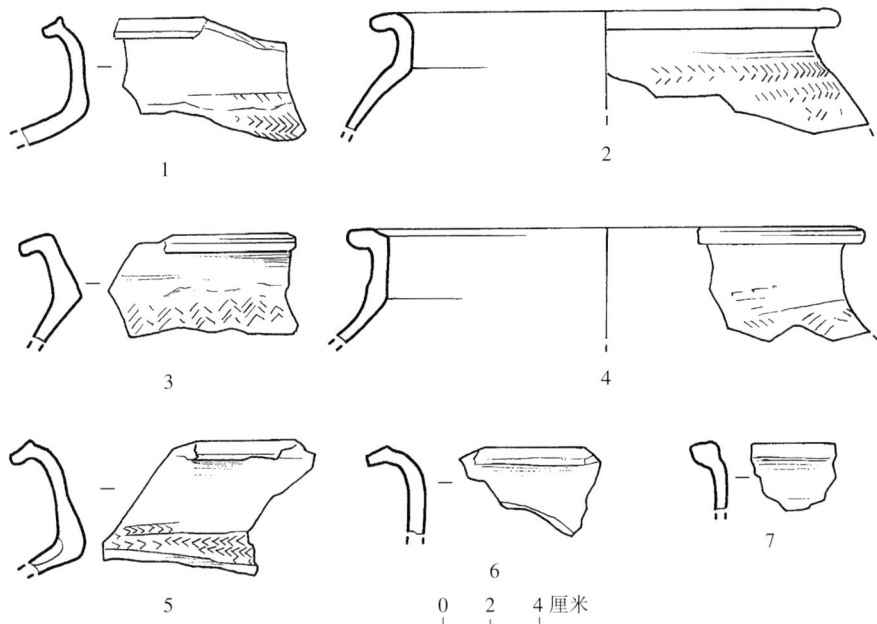

图五六〇 对塘村面前山遗址采集陶罐口沿

1~7. 陶罐（2015JDM：1、2015JDM：2、2015JDM：4、2015JDM：3、2015JDM：7、2015JDM：5、2015JDM：6）

图版四六，4）。

2015JDM：3，黄褐色硬陶，侈口，圆唇。器表施折线纹，纹痕较浅。口径20.6、残高4.6厘米（图五六〇，4）。

2015JDM：7，黄褐色硬陶，斜直口，斜方唇，高领。器表施折线纹。颈残高5.6厘米（图五六〇，5）。

2015JDM：5，灰褐色硬陶，侈口，斜方唇，唇面内凹。素面。残高3.8厘米（图五六〇，6）。

2015JDM：6，黄褐色硬陶，侈口，方唇。素面。残高2.8厘米（图五六〇，7）。

盆 1件

2015JDM：10，灰白色硬陶，侈口，微卷沿，圆唇，弧腹，平底。素面。口径6.8、底径6.0、残高3.6厘米（图五六一，2；图版四六，2）。

甑腰 1件

2015JDM：8，夹砂黄褐陶，斜直腹，窄腰格隔，格隔见有一周圆形箅孔。器表施交错绳纹。残高4.0厘米（图五六一，3；图版四六，1）。

器底 1件

2015JDM：9，灰褐色硬陶，斜直腹，平底。内外壁可见轮制痕迹。残高2.6厘米（图五六一，1）。

3. 遗址性质与年代

对塘村面前山遗址为典型的岗地类聚落，遗址所处的地理环境适合古人生活居住。该遗址采集遗物较单纯，从器形上来看，主要为矮领罐、甑形器，硬陶纹饰多见折线纹、席纹，夹砂陶纹饰主要为绳纹，以折线纹、有领罐为代表的器类的年代主要集中在商代，甑形器流行年代为晚商至西周

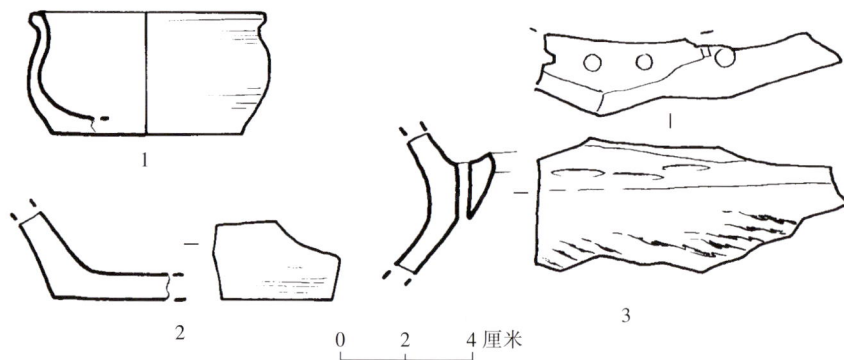

图五六一　对塘村面前山遗址采集遗物

1. 陶器底（2015JDM：9）　2. 陶盆（2015JDM：10）　3. 陶甗腰（2015JDM：8）

时期。综合来看，对塘村面前山遗址文化面貌较为单纯，主体年代应为商代或略晚。

　　由于区域内考古发掘工作较少，缺乏地层关系来判断诸遗存的相对年代。该遗址文化面貌单纯，对诸遗址进行年代比较提供了较好的材料。

1. 甗腰（2015JDM：8）

2. 陶罐（2015JDM：10）

3. 陶罐（2015JDM：1）

4. 陶罐（2015JDM：4）

图版四六　对塘村面前山遗址采集陶器

三〇 石岭山遗址

1. 遗址概况

该遗址位于双塘镇对塘村东南部的一处山岗上（图五六二），山名叫石岭山。遗址西北距神岭岗遗址约110米，西南距朱家边村约1000米（图五六三）。遗址现为人工种植油茶树，植被较为稀松。北部和西部为小路，西南部和东部为树林。周围群众生产生活对遗址有较大程度的破坏（图五六四）。该遗址地理坐标为：北纬28°01′34.6″，东经116°45′53.3″，海拔88米。

石岭山遗址与神岭岗、对塘村面前山、茶山等遗址相距较近，应为一处聚落群。遗址处于瑶河支流附近，区域自然环境较为优越，该遗址采集遗物较为丰富。以下逐一进行介绍。

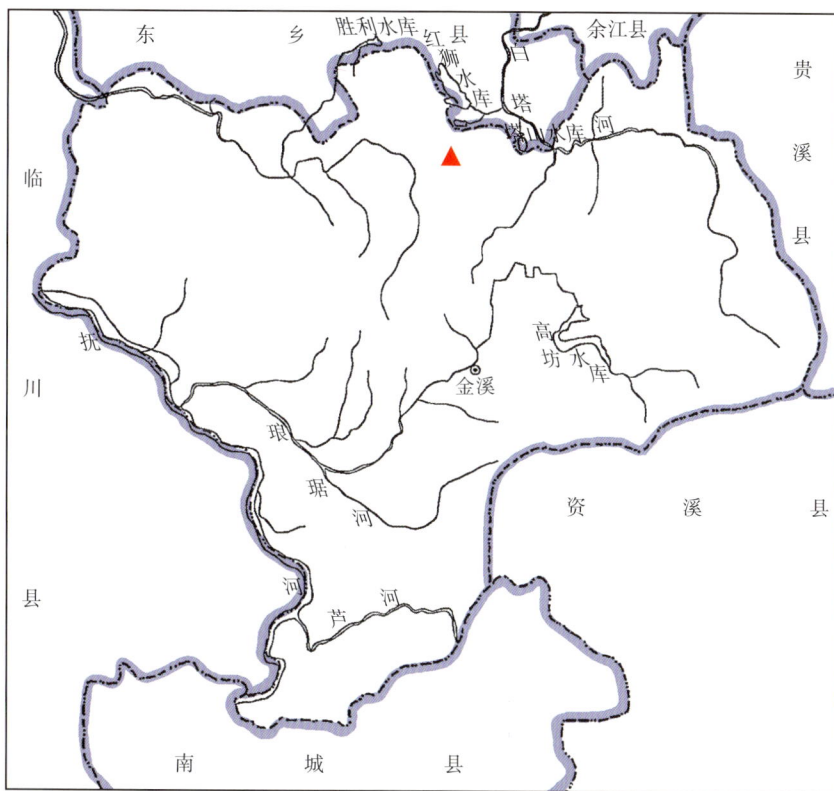

图五六二　石岭山遗址位置图

2. 遗物介绍

（1）石器

以磨制为主，器形有砺石、石锛、石斧等。

石斧　1件。

2015JSLS：1，青灰色闪长岩磨制而成，顶端略残，两侧斜直，表面磨制出刃，上卜面磨制较为规整。残长9.2厘米（图五六五，3；图版四七，2）。

砺石　1件。

2015JSLS：2，灰褐色砂岩磨制而成，大致呈方柱形，两侧残，研磨面微凹，一侧磨制平整。

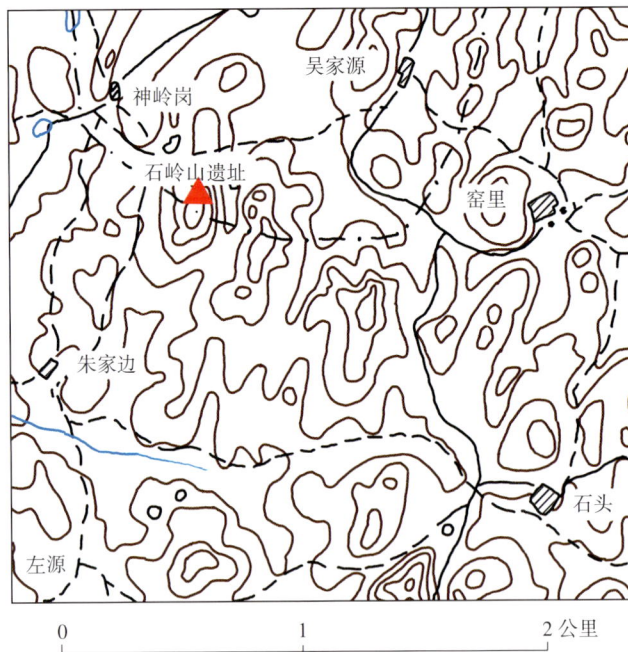

图五六三　石岭山遗址地貌图

图五六四　石岭山遗址远景图（由西北向东南）

残高 8.0 厘米（图五六五，1）。

石锛　1件。

2015JSLS：3，青灰色砂岩制成，截面大致呈梯形，两端斜直，单面斜刃，一侧磨制规整。残高 10.3 厘米（图五六五，2）。

石圆饼　1件。

2015JSLS：4，灰褐色砂岩磨制而成，圆饼状，边缘可见使用痕迹。直径5.1厘米（图五六五，4）。

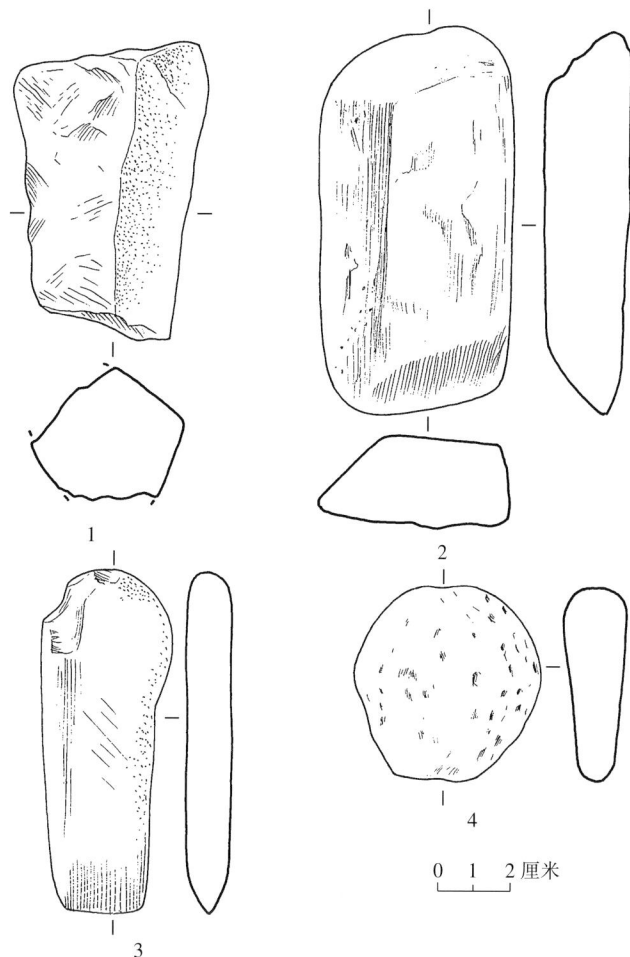

图五六五 石岭山遗址采集石器

1. 砺石（2015JSLS：2） 2. 石锛（2015JSLS：3） 3. 石斧（2015JSLS：1） 4. 石圆饼（2015JSLS：4）

（2）陶器

陶器以夹砂陶和印纹硬陶为多，硬陶多见灰色，有黄褐色、红褐色，纹饰主要有绳纹、折线纹、宽凹弦纹（图五六六～图五六八），器形有罐、盆等；夹砂陶主要为灰褐色及红褐色，器形主要有鼎（足）。

罐口沿 43件。数量较多，据形态可分为四型：

A型：11件。矮领，鼓肩。

2015JSLS：17，灰褐色硬陶，直口，微卷沿，尖圆唇。肩部可见折线纹。残高3.8厘米（图五六九，1）。

2015JSLS：24，灰褐色硬陶，直口，窄平沿，圆唇。颈部可见轮制痕迹。器表施折线纹。残高4.6厘米（图五六九，3）。

2015JSLS：14，灰褐色硬陶，直口，微卷沿，尖圆唇。沿面有数道凹弦纹。腹部施折线纹。残高4.2厘米（图五六九，5）。

2015JSLS：7，灰褐色硬陶，直口，窄平沿，尖圆唇，沿面有一周凸棱。器表施交错折线纹。残高3.8厘米（图五六九，8）。

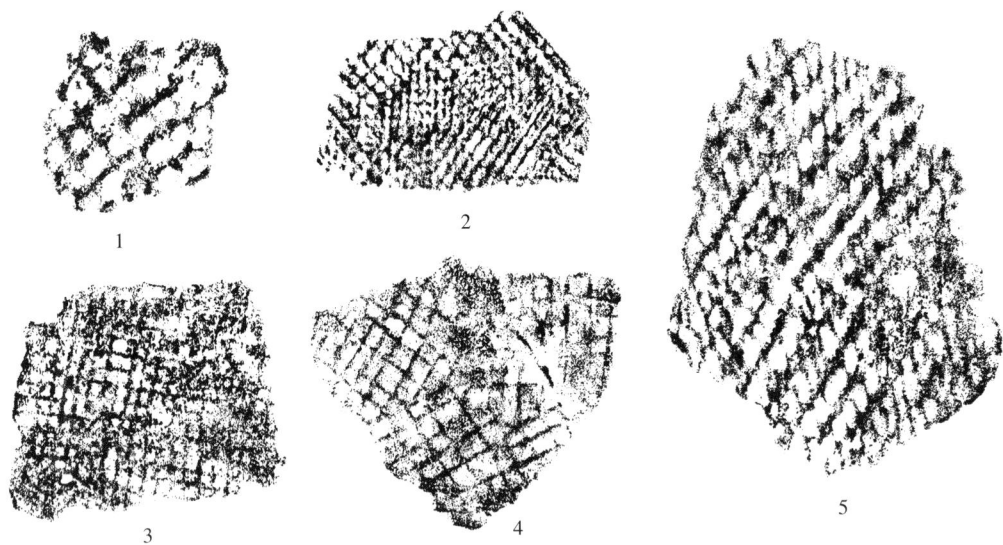

图五六六　石岭山遗址采集陶片纹饰拓片
1、5. 方格纹　2～4. 小方格纹

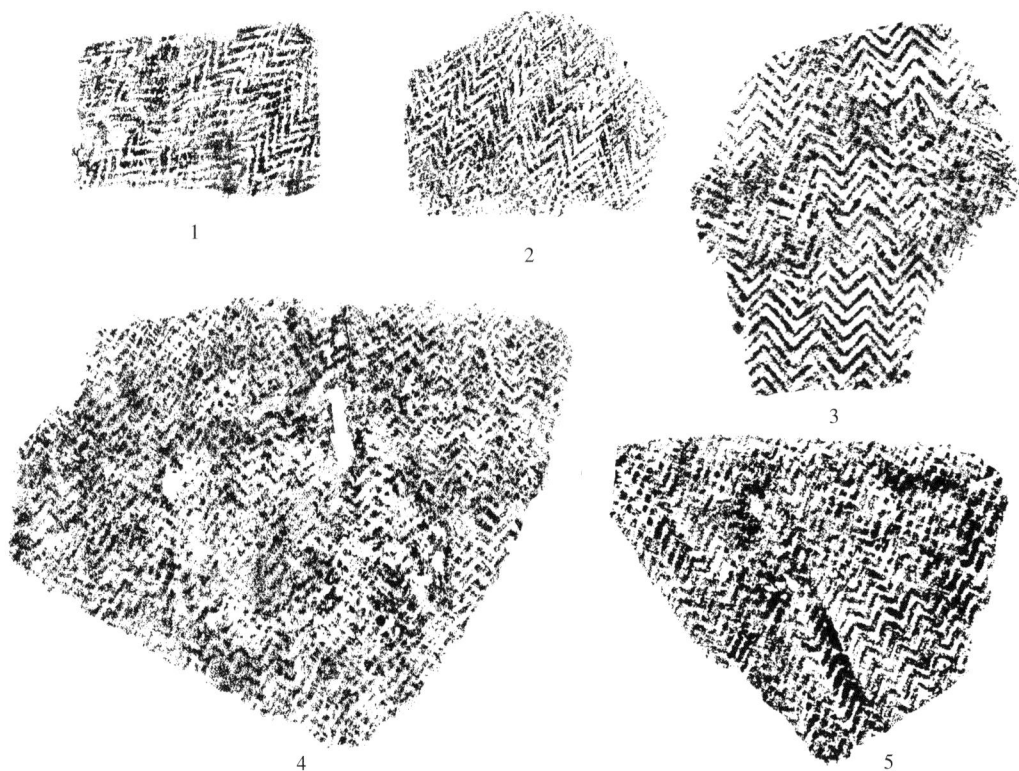

图五六七　石岭山遗址采集陶片纹饰拓片
1～5. 折线纹

　　2015JSLS：15，灰褐色硬陶，直口，窄平沿，尖圆唇，沿面有一周凸棱。器表有明显轮制痕迹。残高3.6厘米（图五七〇，3）。

　　2015JSLS：20，灰色硬陶，直口，微卷沿，内壁可见轮制痕迹。器表施折线纹。残高5.8厘米（图五七〇，4）。

图五六八 石岭山遗址采集陶片纹饰拓片
1～5. 绳纹

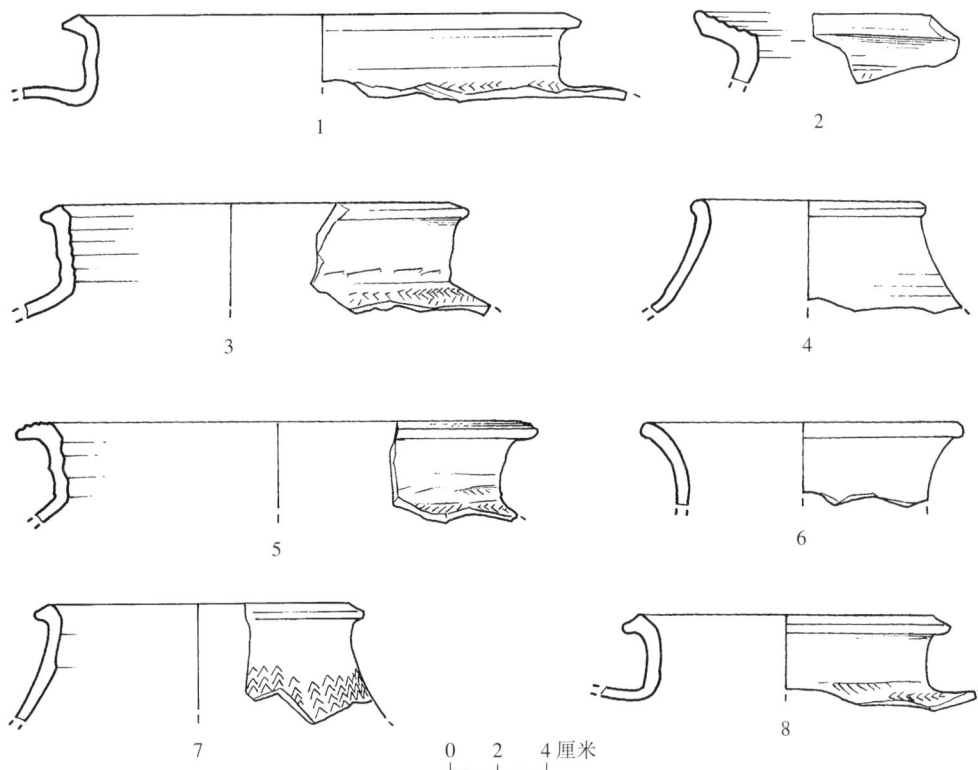

图五六九 石岭山遗址采集陶器

1、3、5、8. A 型罐口沿（2015JSLS：17、2015JSLS：24、2015JSLS：14、2015JSLS：7） 4、7. B 型罐口沿
（2015JSLS：10、2015JSLS：12） 2、6. Cb 型罐口沿（2015JSLS：18、2015JSLS：11）

2015JSLS：30，灰褐色硬陶，窄平沿，圆唇。内壁有明显轮制痕迹，器表施折线纹。残高4.8厘米（图五七○，7）。

2015JSLS：36，褐色硬陶，侈口，宽平沿，尖圆唇，沿面有数道凹槽。内外壁可见轮制痕迹。残高4.4厘米（图五七一，7）。

2015JSLS：25，灰褐色硬陶，直口，圆弧腹。器表施横向折线纹。残高10.2厘米（图五七二，1；图版四八，4）。

2015JSLS：29，褐色硬陶，侈口，斜折沿，尖圆唇，沿面内凹。颈部可见轮制痕迹。器表施交错折线纹。残高4.4厘米（图五七三，3）。

2015JSLS：26，褐色硬陶，直口，斜方唇。器表施折线纹。残高4.0厘米（图五七三，6）。

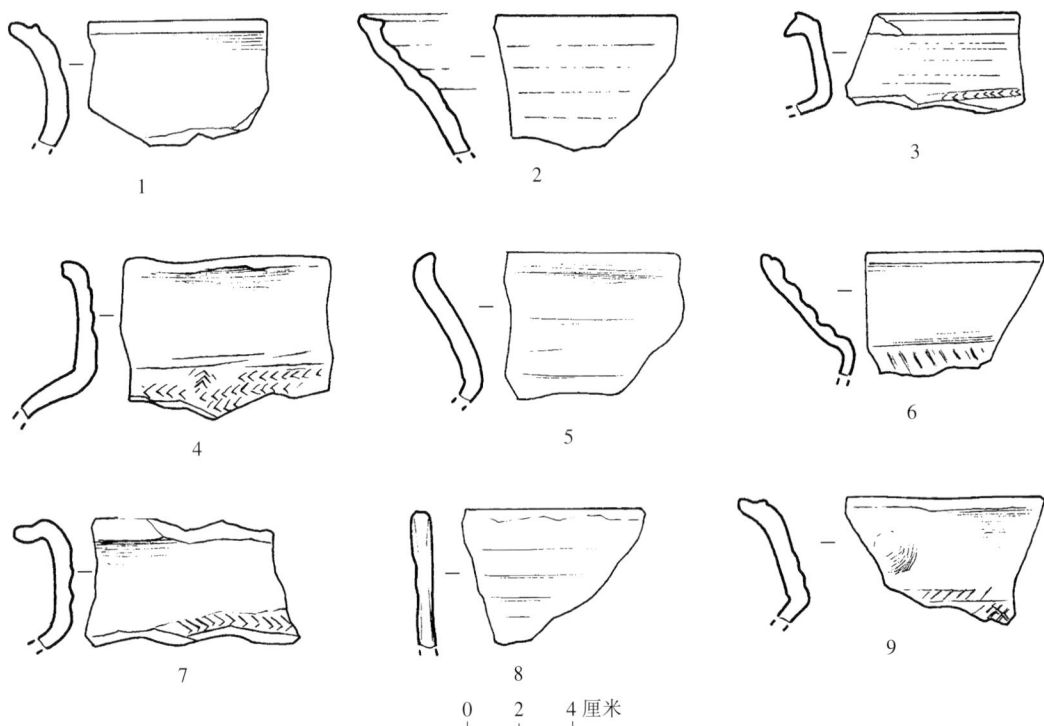

图五七○　石岭山遗址采集陶器

3、4、7. A型罐口沿（2015JSLS：15、2015JSLS：20、2015JSLS：30）　　2、5、6、9. Ca型罐口沿（2015JSLS：22、2015JSLS：19、2015JSLS：13、2015JSLS：23）　　1. Cb型罐口沿（2015JSLS：21）　　8. D型罐口沿（2015JSLS：35）

B型：10件。小口，斜肩。

2015JSLS：10，灰褐色硬陶，敛口，窄折沿，圆唇。素面。残高4.6厘米（图五六九，4）。

2015JSLS：12，灰褐色硬陶，敛口，斜折沿，方唇。器表施折线纹。残高4.8厘米（图五六九，7）。

2015JSLS：48，灰色硬陶，敛口，斜折沿，尖圆唇。器表施方格纹。残高3.4厘米（图五七一，1）。

2015JSLS：6，灰色硬陶，直口，斜方唇。器表施折线纹。残高4.8厘米（图五七一，4）。

2015JSLS：44，灰褐色硬陶，侈口，卷沿。器表施折线纹。残高4.8厘米（图五七一，9）。

2015JSLS：31，灰色硬陶，直口，折沿，方唇。器表施横向细线纹。残高4.6厘米（图五七三，4）。

2015JSLS：45，夹砂灰陶，侈口，斜折沿，尖唇。器表有明显轮制痕迹。残高3.2厘米（图五

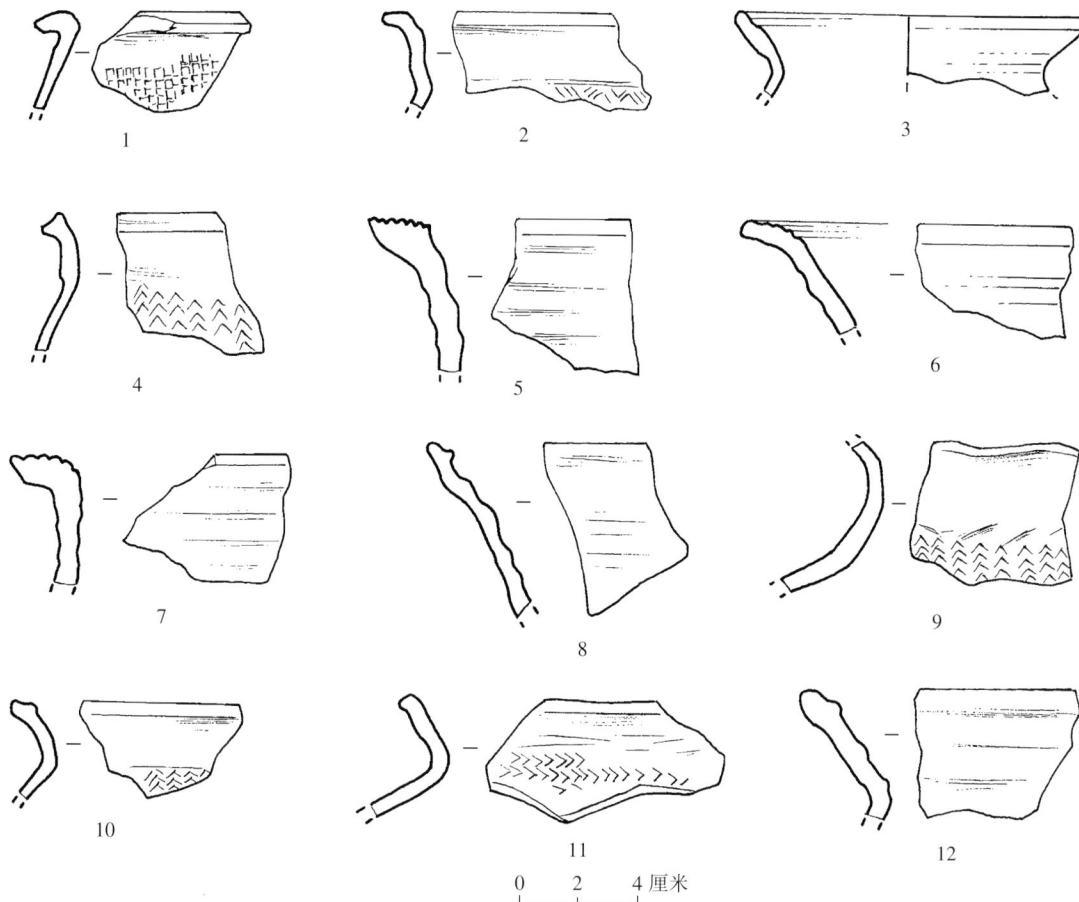

图五七一 石岭山遗址采集陶器

1、4、9. B 型罐口沿（2015JSLS：48、2015JSLS：6、2015JSLS：44） 7. A 型罐口沿（2015JSLS：36） 2、5、6、
8、12. Ca 型罐口沿（2015JSLS：47、2015JSLS：9、2015JSLS：41、2015JSLS：43、2015JSLS：34） 3、10、11. Cb 型
罐口沿（2015JSLS：46、2015JSLS：40、2015JSLS：39）

七四，1）。

2015JSLS：33，褐色硬陶，侈口，折沿，尖圆唇。口沿下施绳纹。残高2.8厘米（图五七四，2）。

2015JSLS：32，灰色硬陶，侈口，微卷沿，圆唇。器表施折线纹。残高4.0厘米（图五七四，4）。

2015JSLS：28，灰褐色硬陶，侈口，折沿，方唇。沿下内外壁可见两道凹弦纹，器表施竖向折线纹。残高5.0厘米（图五七四，6）。

C 型：21件。弧腹，侈口，折沿。可据口沿宽窄程度分为两亚型：

Ca 型：13件。宽沿。

2015JSLS：22，夹砂灰褐陶，斜方唇。内外壁可见明显轮制痕迹。残高5.0厘米（图五七〇，2）。

2015JSLS：19，夹砂灰陶，方唇。素面。残高5.6厘米（图五七〇，5）。

2015JSLS：13，夹砂灰褐陶，尖圆唇。沿内侧可见多道凹弦纹，腹部施斜向绳纹。残高4.6厘米（图五七〇，6）。

2015JSLS：23，灰褐色硬陶，圆唇，沿面有一道凸棱，内壁可见轮制痕迹，器表施横向折线纹。残高4.6厘米（图五七〇，9）。

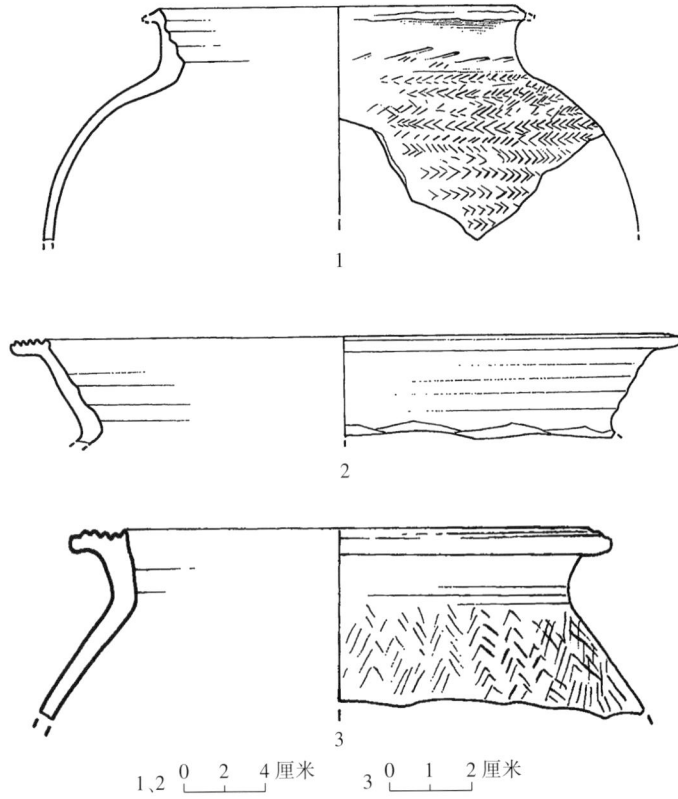

1、2 0 2 4厘米   3 0 1 2厘米

图五七二　石岭山遗址采集陶器

1. A 型罐口沿（2015JSLS：25）　2、3. Ca 型罐口沿（2015JSLS：27、2015JSLS：16）

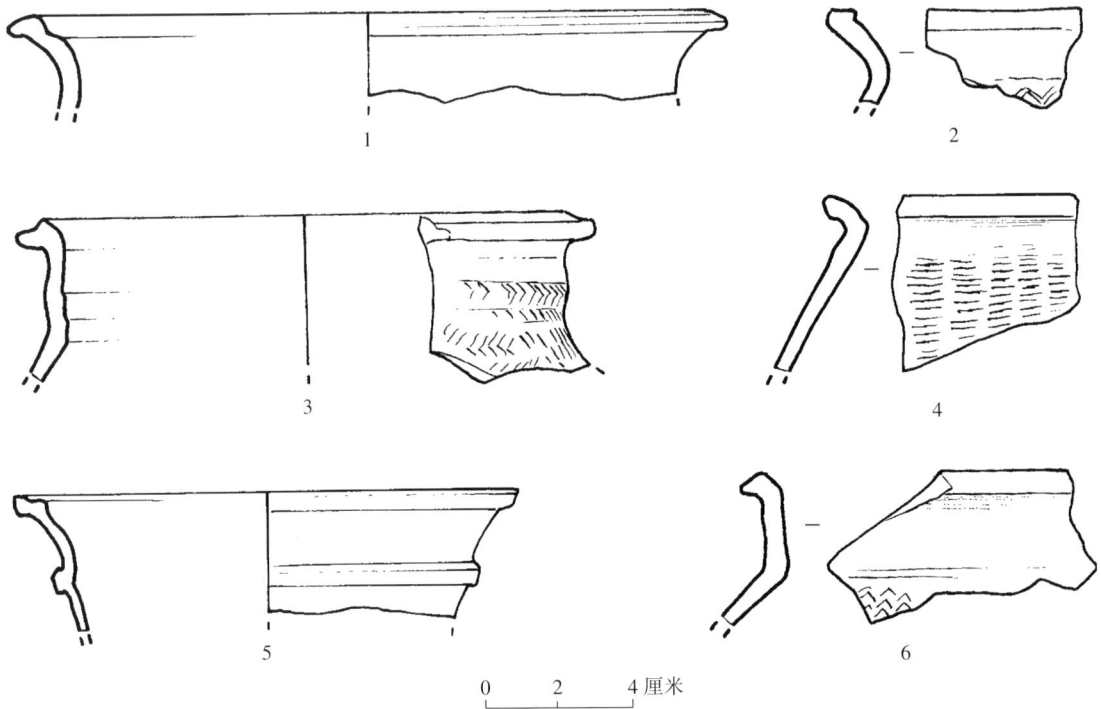

0 2 4厘米

图五七三　石岭山遗址采集陶器

3、6. A 型罐口沿（2015JSLS：29、2015JSLS：26）　4. B 型罐口沿（2015JSLS：31）　1、2. Cb 型罐口沿（2015JSLS：42、2015JSLS：38）　5. 盆（2015JSLS：37）

2015JSLS：47，灰褐色硬陶，圆唇。器表有折线纹。残高3.2厘米（图五七一，2）。

2015JSLS：9，灰褐色硬陶，尖圆唇，沿面可见六道凹槽。颈部内外侧有数道轮制痕迹。残高5.2厘米（图五七一，5）。

2015JSLS：41，灰色硬陶，圆唇。内外壁可见明显轮制痕迹。残高3.8厘米（图五七一，6）。

2015JSLS：43，灰褐色硬陶，斜方唇。有明显轮制痕迹。残高5.8厘米（图五七一，8）。

2015JSLS：34，夹砂灰陶，沿面有两道凸棱。残高4.2厘米（图五七一，12）。

2015JSLS：27，灰褐色硬陶，圆唇。沿面有五道凹弦纹，器表有明显轮制痕迹。残高5.2厘米（图五七二，2）。

2015JSLS：16，灰色硬陶，尖圆唇。沿面有数道凹弦纹，器表施交错折线纹。残高4.8厘米（图五七二，3；图版四七，4）。

2015JSLS：5，夹砂灰褐陶，圆唇。沿面可见轮制痕迹。残高3.2厘米（图五七四，3）。

2015JSLS：8，灰褐色硬陶，平折沿，尖圆唇。素面。残高3.6厘米（图五七四，7）。

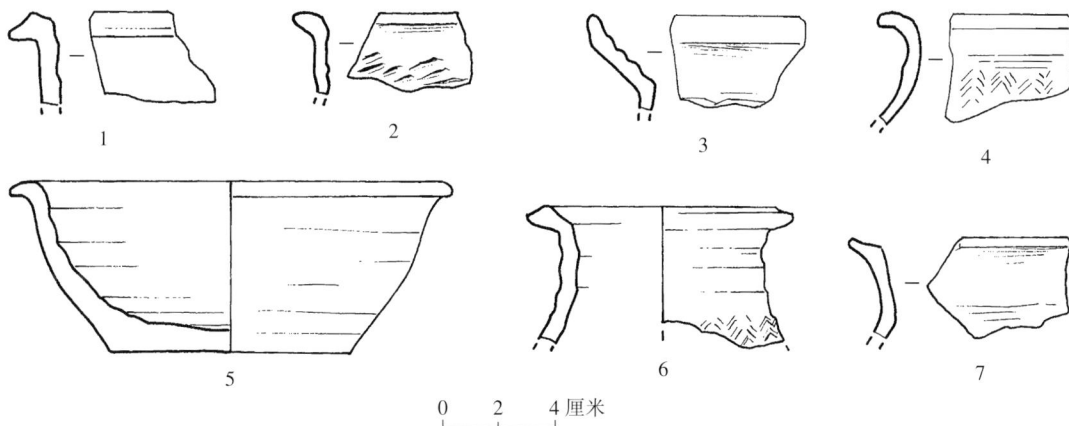

图五七四 石岭山遗址采集陶器

1、2、4、6. B 型罐口沿（2015JSLS：45、2015JSLS：33、2015JSLS：32、2015JSLS：28） 3、7. Ca 型罐口沿（2015JSLS：5、2015JSLS：8） 5. 盆（2015JSLS：49）

Cb 型：8 件。窄沿。

2015JSLS：18，灰褐色硬陶，圆唇。沿面可见五道凹弦纹，器表有明显轮制痕迹。残高3.0厘米（图五六九，2；图版四七，3）。

2015JSLS：11，夹砂灰陶，圆唇。素面。残高3.6厘米（图五六九，6）。

2015JSLS：21，黄褐色硬陶，圆唇，沿面有一周凸棱。内外壁可见明显轮制痕迹。残高4.6厘米（图五七〇，1）。

2015JSLS：46，灰色硬陶，圆唇。颈部有一道凹弦纹。残高2.8厘米（图五七一，3）。

2015JSLS：39，灰色硬陶，方唇。器表施折线纹。残高4.0厘米（图五七一，11）。

2015JSLS：40，灰色硬陶，方唇。器表施折线纹。残高3.2厘米（图五七一，10）。

2015JSLS：42，灰色硬陶，圆唇。素面。残高2.4厘米（图五七三，1）。

2015JSLS：38，灰褐色硬陶，尖圆唇。器表施折线纹。残高2.6厘米（图五七三，2）。

D 型：1 件。直口。

2015JSLS：35，夹砂灰褐陶，直口，圆唇。素面。残高 5.0 厘米（图五七〇，8）。

盆　2 件。

2015JSLS：37，灰褐色硬陶，侈口，斜方唇。颈部有一周凸棱。残高 3.6 厘米（图五七三，5）。

2015JSLS：49，灰褐色硬陶，敞口，微卷沿，尖圆唇，弧腹，平底。内外壁有明显轮制痕迹。高 6.0 厘米（图五七四，5；图版四八，2）。

罐底　8 件。

2015JSLS：56，红褐色硬陶，弧腹，平底。器表有数道凹弦纹。残高 5.0 厘米（图五七五，1；图版四八，3）。

2015JSLS：51，泥质灰陶，弧腹，平底。内壁有明显轮制痕迹。残高 4.4 厘米（图五七五，2）。

2015JSLS：55，灰褐色硬陶，弧腹，平底，微内凹。残高 5.2 厘米（图五七五，3）。

2015JSLS：54，灰褐色硬陶，弧腹，平底，内凹。内壁有明显轮制痕迹。残高 5.4 厘米（图五七五，4）。

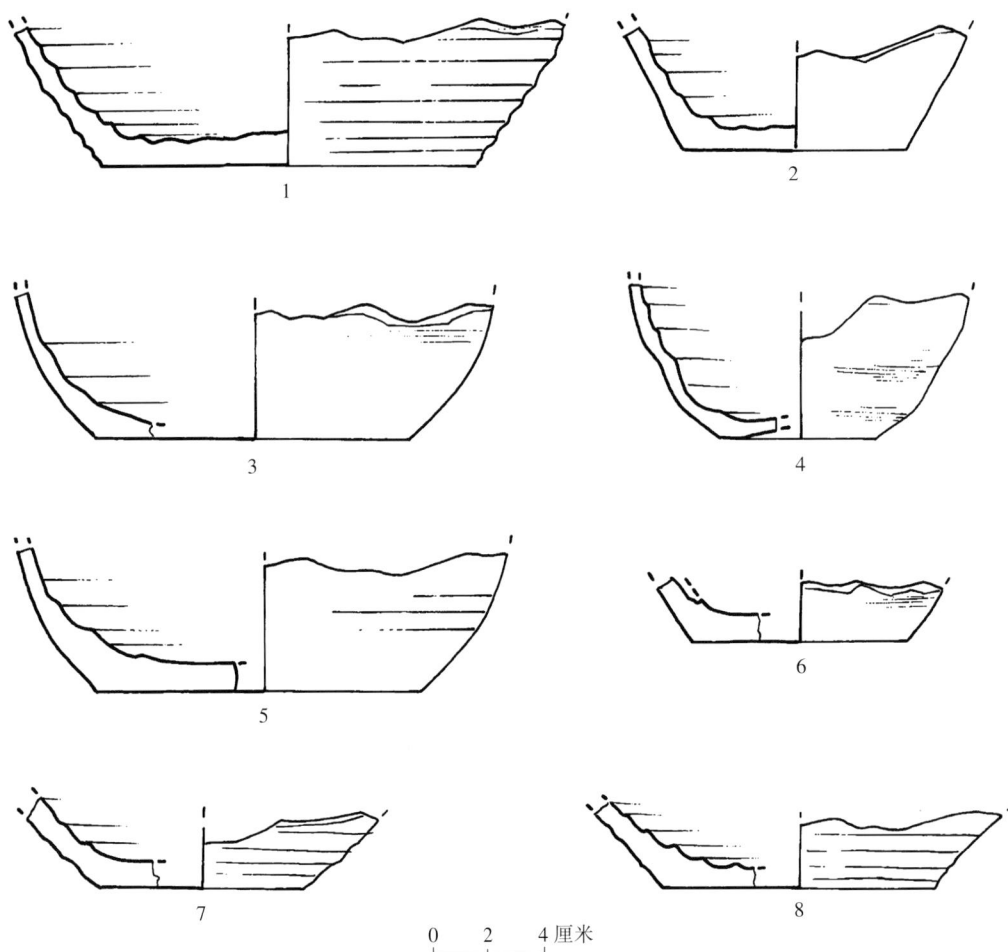

图五七五　石岭山遗址采集陶器

1～8. 罐底（2015JSLS：56、2015JSLS：51、2015JSLS：55、2015JSLS：54、2015JSLS：53、2015JSLS：52、2015JSLS：57、2015JSLS：58）

2015JSLS：53，灰褐色硬陶，弧腹，平底微内凹。内壁有明显轮制痕迹。残高5.0厘米（图五七五，5）。

2015JSLS：52，黄褐色硬陶，弧腹，平底。素面。残高2.4厘米（图五七五，6）。

2015JSLS：57，灰色硬陶，弧腹，平底。外底有凹弦纹。残高3.2厘米（图五七五，7）。

2015JSLS：58，夹砂灰褐陶，斜腹，平底。内外壁可见凹弦纹。残高3.0厘米（图五七五，8）。

鼎足　10件。据形态可分为两型：

A型：4件。宽扁状鼎足。

2015JSLS：61，夹砂灰褐陶。素面。残高8.5厘米（图五七六，3）。

2015JSLS：62，夹砂灰褐陶。素面。残高6.9厘米（图五七六，8）。

2015JSLS：63，夹砂灰陶。素面。残高6.3厘米（图五七六，9）。

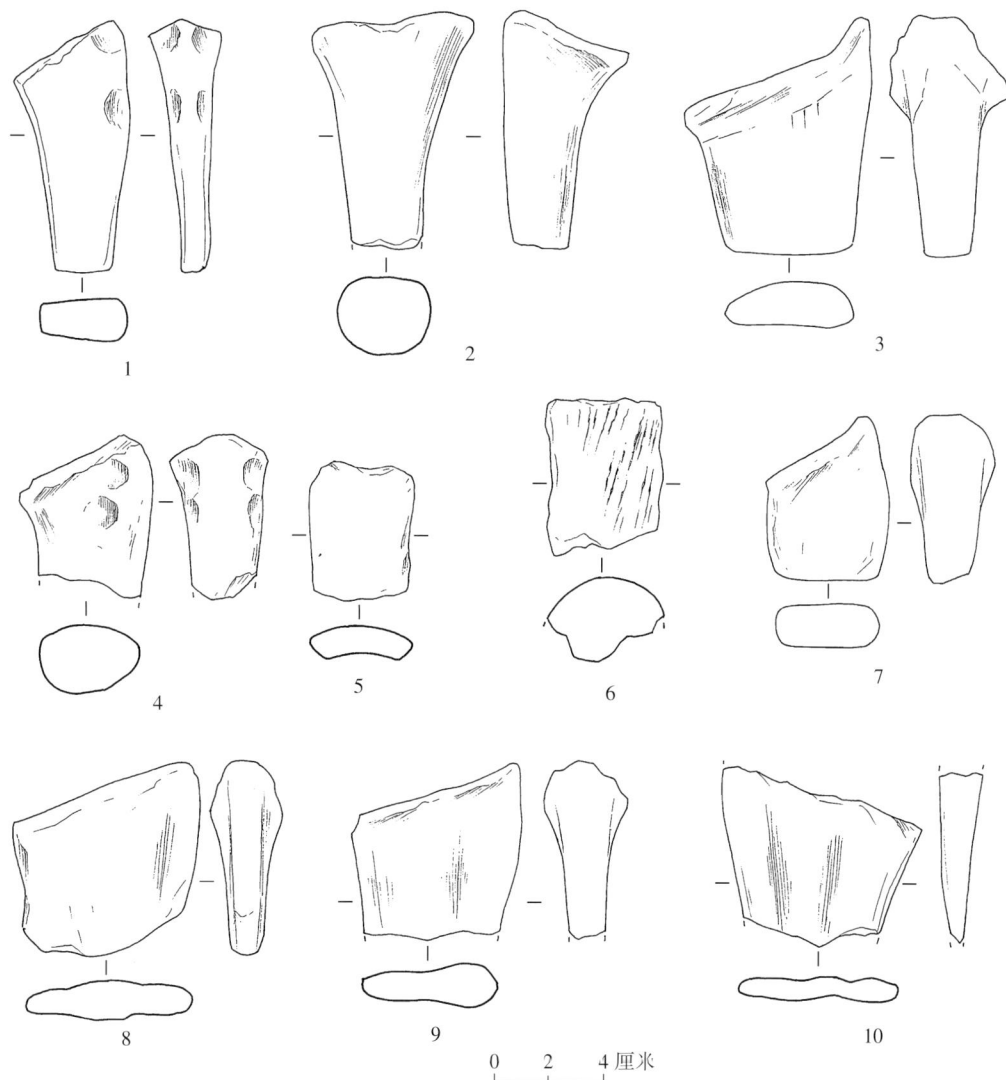

图五七六　石岭山遗址采集陶鼎足

3、8、9、10. A型鼎足（2015JSLS：61、2015JSLS：62、2015JSLS：63、2015JSLS：64）　1、2、4、5、6、7. B型鼎足（2015JSLS：59、2015JSLS：60、2015JSLS：67、2015JSLS：66、2015JSLS：68、2015JSLS：65）

2015JSLS：64，夹砂灰褐陶。素面。残高6.3厘米（图五七六，10）。

B型：6件。扁杜状鼎足。

2015JSLS：59，夹砂红褐陶，足侧缘有两对按压痕。残高8.9厘米（图五七六，1；图版四七，5）。

2015JSLS：60，夹砂灰褐陶。素面。残高8.5厘米（图五七六，2；图版四七，6）。

2015JSLS：67，夹砂灰褐陶，足侧缘有两按压痕。残高5.8厘米（图五七六，4；图版四八，1）。

2015JSLS：66，夹砂灰褐陶，近顶部有捏制痕迹。残高4.9厘米（图五七六，5）。

2015JSLS：68，夹砂灰褐陶，一面施斜线纹。残高5.6厘米（图五七六，6）。

2015JSLS：65，夹砂灰褐陶。素面。残高5.9厘米（图五七六，7）。

甗腰　1件。

2015JSLS：50，夹粗砂黄褐陶，窄腰隔。外壁有凹弦纹。残高7.0厘米（图五七七，3）。

器把　1件。

2015JSLS：69，灰色硬陶，圆锥状截面呈圆形。素面。残长8.5厘米（图五七七，1）。

鬲足　1件。

2015JSLS：70，夹砂灰褐陶，空袋足，锥状实足。素面。残高6.3厘米（图五七七，2；图版四七，1）。

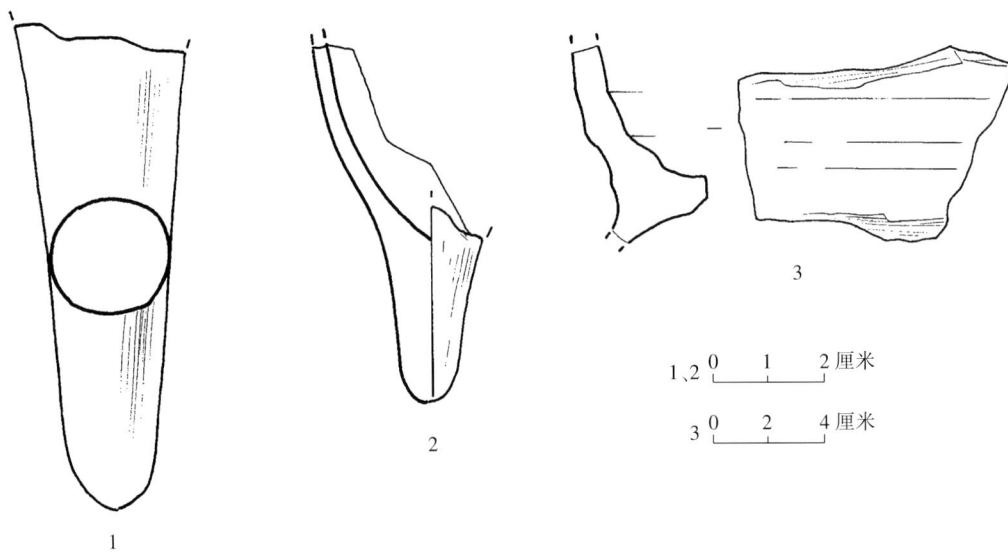

图五七七　石岭山遗址采集陶器
1. 器把（2015JSLS：69）　2. 鬲足（2015JSLS：70）　3. 甗腰（2015JSLS：50）

3. 遗址性质与年代

石岭山遗址是一处典型的岗地类聚落，遗址分布于缓坡地带，与河流相距较近。该地区发现有多处遗址位置相近，揭示该地区适合古人在此长时期居住、生活。石岭山遗址采集遗物较为丰富，与周边遗址相比较，可将石岭山遗址采集遗物划分为以下两组：

1. 鬲足（2015JSLS：70）

2. 石斧（2015JSLS：1）

3. 陶罐（2015JSLS：18）

4. 陶罐（2015JSLS：16）

5. 鼎足（2015JSLS：59）

6. 鼎足（2015JSLS：60）

图版四七　石岭山遗址采集遗物

1. 鼎足（2015JSLS：67）　　　　　2. 陶罐（2015JSLS：49）

3. 罐底（2015JSLS：56）　　　　　4. 陶罐（2015JSLS：25）

图版四八　石岭山遗址采集遗物

第1组：以 A 型、B 型、Ca 型陶罐，鬲足，甗腰等为代表。该组陶器多为硬陶，器表多见折线纹装饰，器形可与知青砖厂、母猪嘴、郑家山等遗址同类器所见相近，后三者的年代均为商代偏早阶段。该组所见鬲足、空袋足、高实足根，具有商代陶鬲的特征。因此，可推断该组年代为商代偏早阶段。

第2组：以陶鼎足、小方格纹硬陶器为代表。该组所见鼎足为宽扁状和扁柱状。与周边相比较，该组所见同类器物的年代被推定为西周至春秋时期。该组所见 A 型鼎足似有早于 B 型鼎足的可能。因此，可初步推断该组的年代为西周至春秋时期。

石岭山遗址采集遗物丰富，其延续时期亦较长，该遗址的发现，为区域文化序列的建构及聚落形态的研究提供了十分重要的考古资料。

三一 神岭岗遗址

1. 遗址概况

该遗址位于双塘镇对塘村委会对塘村东南部神岭岗（图五七八）。东南距石岭山遗址约800米，西南距朱家边村约1公里，西距茶山遗址约720米，北部和东部有小路穿过遗址（图五七九）。遗址地面现为人工种植油茶树，植被较为稀松（图五八〇）。北部和东部为小路，西部为树林。周围群众生产活动对遗址有较大程度的破坏。该遗址地理坐标为：北纬28°01′48.0″，东经116°45′50.0″，海拔103米。

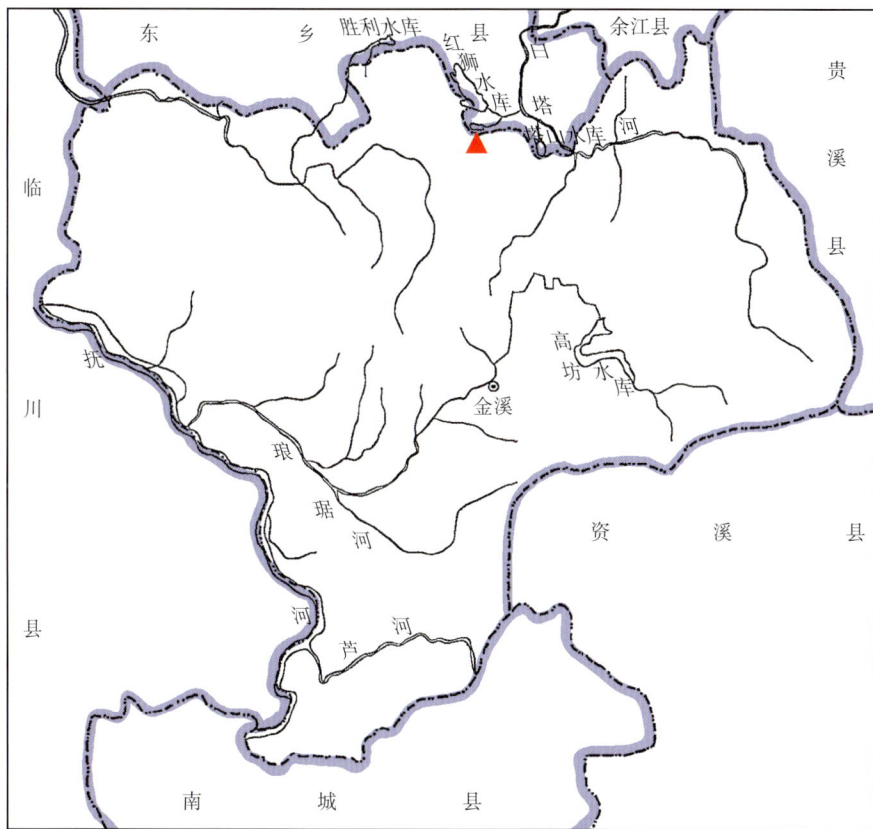

图五七八　神岭岗遗址位置图

神岭岗遗址位于瑶河支流附近，地形为缓坡山岗，在该区域有多处遗址发现。遗址采集遗物较少，以下逐一进行介绍。

2. 遗物介绍

神岭岗遗址采集遗物较少，主要以陶器为主。陶器以硬陶为多，夹砂陶较少。硬陶多为灰褐色、黄褐色，纹饰有方格纹、菱格纹、折线纹、交错线纹和短线纹（图五八一—五八二），器形有罐、碗等；夹砂陶以灰色、黄褐色多见，可见绳纹，多为素面，器形有罐。

陶罐　8件。

2015JSLG：2，灰褐色硬陶，侈口，卷沿，方唇，沿面有一周凹槽。器表施交错绳纹。残高5.0

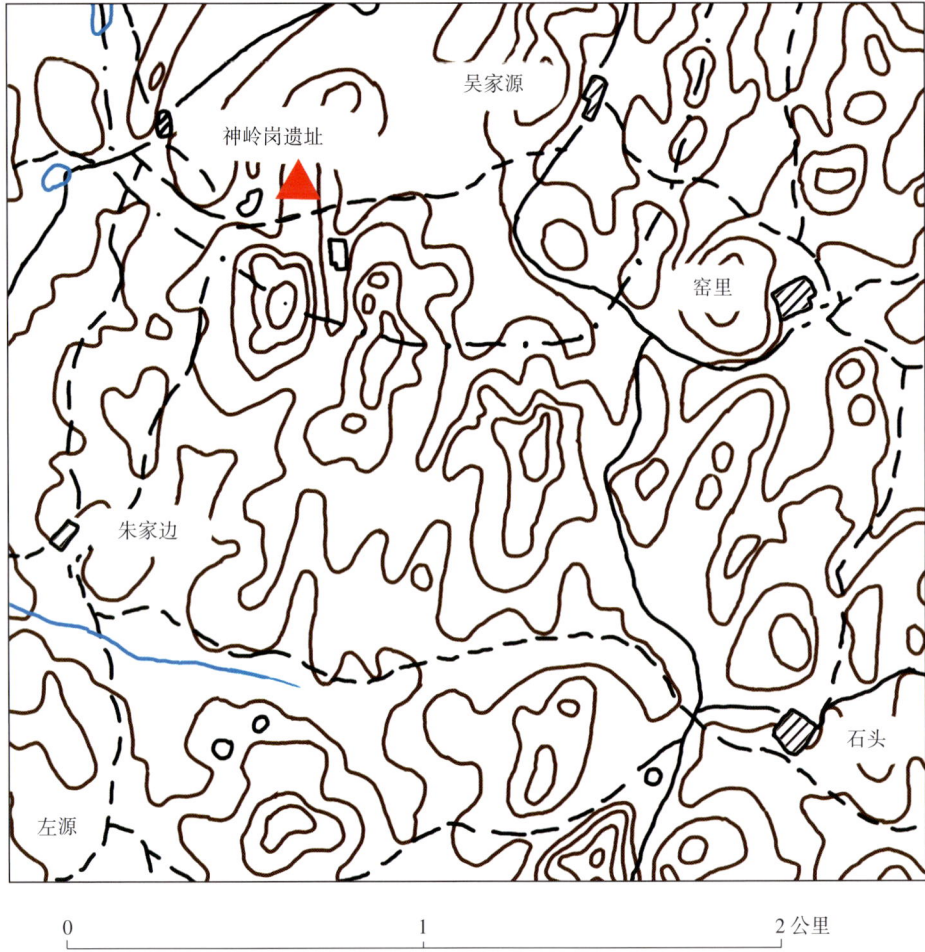

吴家源

神岭岗遗址

窑里

朱家边

石头

左源

0　　　　　　　　　　1　　　　　　　2公里

图五七九　神岭岗遗址地貌图

图五八〇　神岭岗遗址远景图（由西向东）

图五八一　神岭岗遗址采集陶片纹饰拓片
1、2、6. 绳纹　3、4. 短线纹　5. 凹弦纹　7、8、9. 折线纹

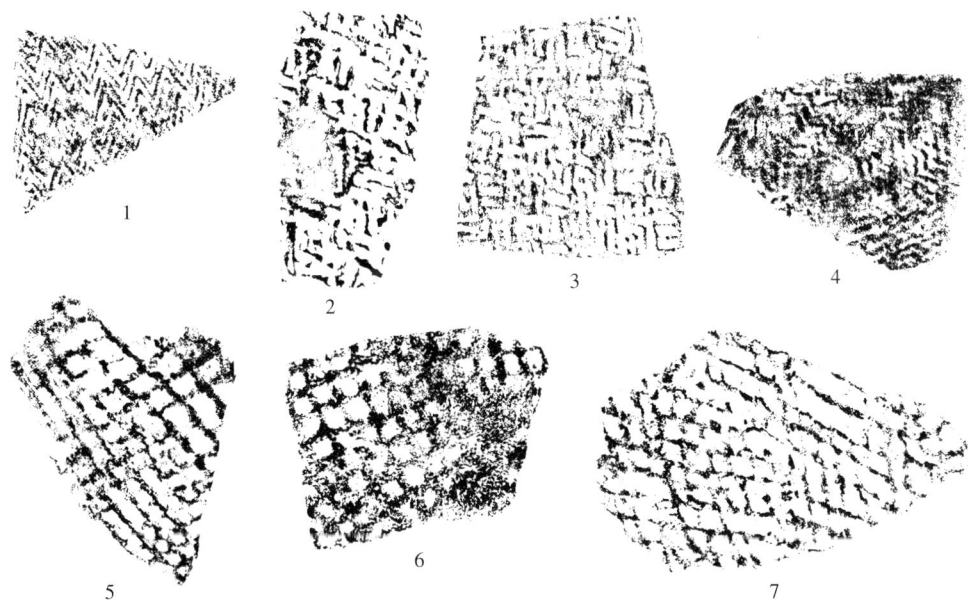

图五八二　神岭岗遗址采集陶片纹饰拓片
1、4. 折线纹　2、3. 席纹　5、6. 方格纹　7. 菱格纹

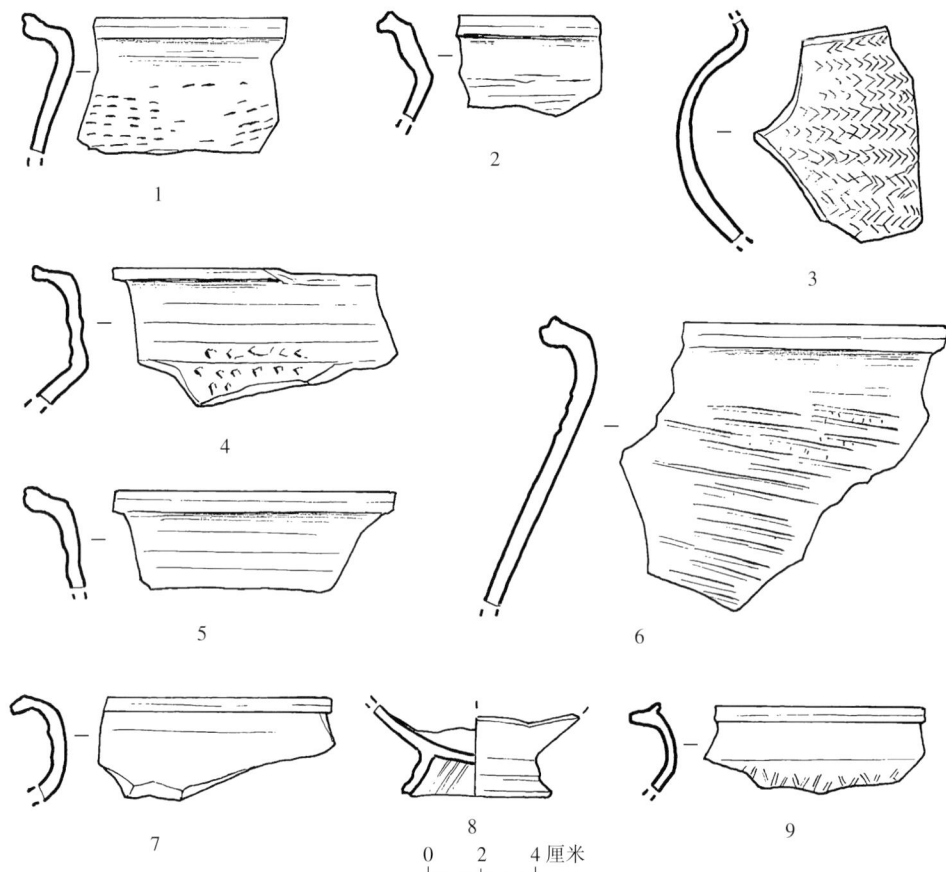

图五八三　神岭岗遗址采集陶器

1~7、9. 罐（2015JSLG：2、2015JSLG：7、2015JSLG：6、2015JSLG：4、2015JSLG：3、2015JSLG：1、2015JSLG：5、2015JSLG：8）　8. 圈足（2015JSLG：9）

厘米（图五八三，1）。

2015JSLG：7，浅黄色硬陶，侈口，宽折沿，圆唇。器表施交错绳纹。残高3.8厘米（图五八三，2）。

2015JSLG：6，灰褐色硬陶，侈口，圆鼓腹。器表施折线纹。残高8.0厘米（图五八三，3；图版四九，3）。

2015JSLG：4，灰色硬陶，侈口，折沿，方唇，高领。器表施方格纹，纹痕较浅。残高5.0厘米（图五八三，4）。

2015JSLG：3，黄褐色硬陶，侈口，折沿，方唇，唇面有一周凹槽。素面。残高3.6厘米（图五八三，5；图版四九，2）。

2015JSLG：1，黄褐色硬陶，侈口，卷沿，圆唇，沿面有一周凹槽。器表施绳纹。残高10.4厘米（图五八三，6；图版四九，1）。

2015JSLG：5，黄褐色硬陶，侈口，卷沿，尖圆唇。素面。残高3.8厘米（图五八三，7）。

2015JSLG：8，灰色硬陶，侈口，微卷沿，圆唇，沿面有一周凸棱。器表施折线纹。残高3.2厘米（图五八三，9）。

1. 陶罐（2015JSLG：1）

2. 陶罐（2015JSLG：3）

3. 陶片（2015JSLG：6）

图版四九 神岭岗遗址采集遗物

圈足　1件。

2015JSLG：9，灰色硬陶，斜弧腹，圈足外撇。内外壁可见轮制痕迹。底径5.6、残高3.2厘米（图五八三，8）。

3. 遗址性质与年代

神岭岗遗址是一处典型的岗地类遗址，从遗址采集陶片来看，该遗址文化面貌较为单纯。该遗址所见硬陶纹饰主要为折线纹、席纹、方格纹、菱格纹等，具有商代陶器纹饰风格。所见器形多为折沿罐、矮领式罐、亦可见陶罐口沿有凹棱特征，其与西周早中期陶罐有较多相似之处。因此可以推断神岭岗遗址的年代应为商代晚期至西周早中期。

神岭岗及周边遗址的发现，为区域文化序列建构，聚落形态及其演进研究提供了一手考古资料。

三二 农林场遗址

1. 遗址概况

该遗址位于双塘镇农林场所属山地（图五八四），西北距冠源村约960米，西距942县道约340米，东部距淳城村约1.3公里（图五八五）。遗址为一山丘缓坡地带，地势西南部高，其余区域较低，地面被人为翻动，树木已被砍伐（图五八六）。遗址地理坐标为：北纬28°02′36.7″，东经116°44′18.4″，海拔73米。

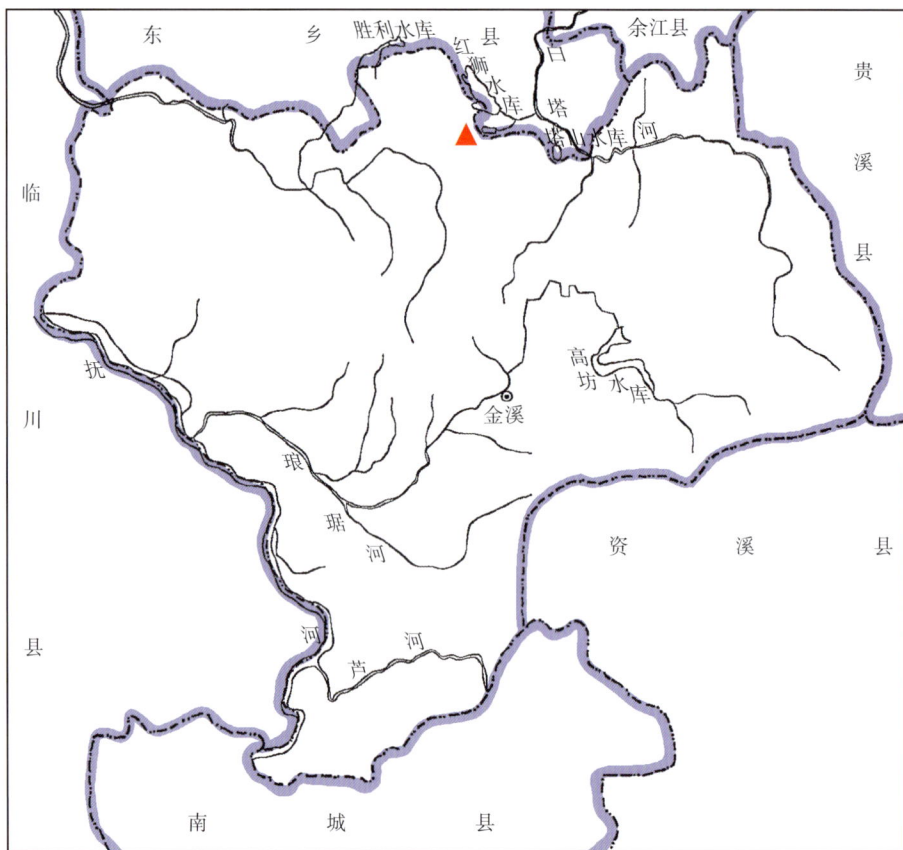

图五八四　农林场遗址位置图

该遗址位于双陈河支流沿岸，地理位置优越。受后期破坏，遗址采集遗物较少，均为陶器，以下予以介绍。

2. 遗物介绍

陶器以印纹硬陶为主，以灰褐色多见，纹饰主要有折线纹、方格纹、菱格纹、绳纹、交错线纹、刻划纹、短线纹（图五八七）等，器形有罐等；夹砂陶较少，以浅黄色、灰褐色为多，纹饰可见绳纹，器形见有罐、钵、鼎（足）等。

罐　2件。

2015JNL：1，灰色硬陶，侈口，卷沿，圆唇，沿内壁有数道凹槽。器表施绳纹。残高6.4厘米（图五八八，1）。

图五八五　农林场遗址地貌图

图五八六　农林场遗址远景图（由西南向东北）

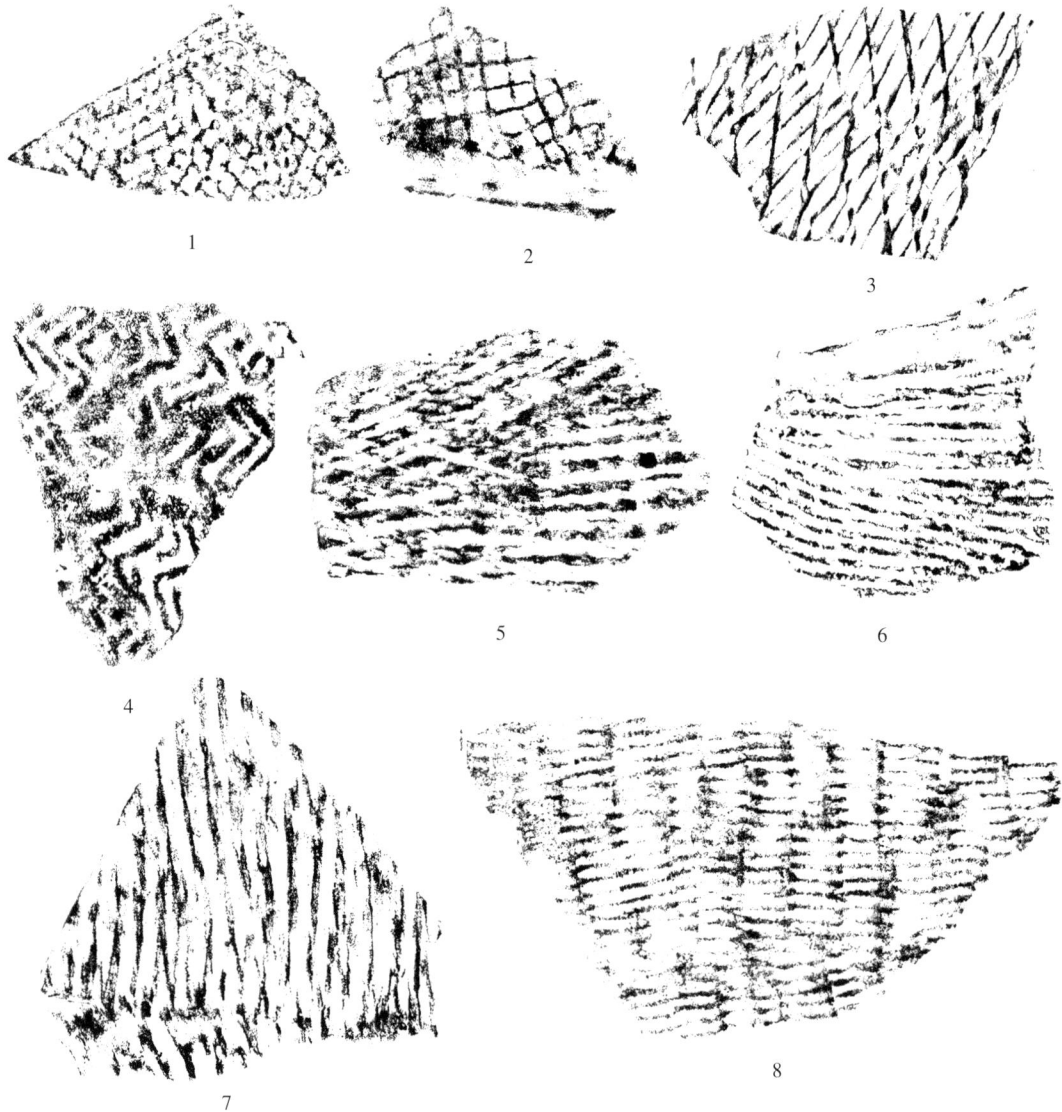

图五八七　农林场遗址采集陶片纹饰拓片

1. 菱格纹　2. 方格纹　3. 交错线纹　4. 折线纹　5~7. 绳纹　8. 短线纹

2015JNL：4，夹砂黄褐陶，侈口，微卷沿，圆唇，高领。素面。残高4.8厘米（图五八八，4）。

钵　1件。

2015JNL：3，夹砂灰褐陶，微敛口，圆唇，斜弧腹。内外壁可见轮制痕迹。残高3.0厘米（图五八八，3）。

鼎足　2件。

2015JNL：2，夹砂红褐陶，扁平状足。素面。残高5.6厘米（图五八八，2）。

2015JNL：5，夹砂灰陶，扁状，截面为椭圆形，器表见有竖向凹槽。残高8.0厘米（图五八九）。

3. 遗址性质与年代

农林场遗址属于典型岗地类聚落，是抚河流域先秦时期常见的聚落形态。对该遗址采集遗物与周边遗存进行比较分析，可大致推定该遗址的年代范围。经比较，可将农林场遗址采集遗物划分为两个年代组：

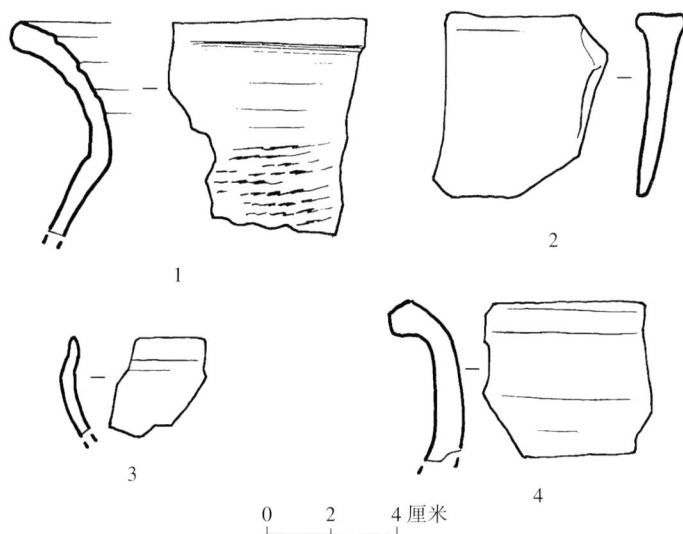

图五八八 农林场遗址采集陶器残片
1、4. 罐（2015JNL：1、2015JNL：4） 2. 鼎足（2015JNL：2） 3. 钵（2015JNL：3）

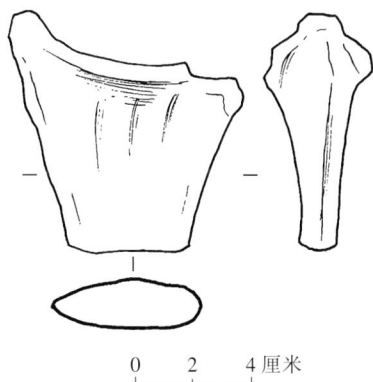

图五八九 农林场遗址采集陶鼎足（2015JNL：5）

第1组：以折线纹、大方格纹、菱格纹、交错线纹、绳纹等纹饰为代表，器形见有高领卷沿陶罐。此类纹饰及器形具有商代晚期至西周早中期的特征，如在乐安县的赖村松山可见到该类陶罐，后者年代被判断为商代晚期。值得注意的是，通过本年度对金溪县的调查来看，抚河上游的乐安、宜黄、崇仁等县所见商周时期硬陶纹饰中少见折线纹，多见方格纹、菱格纹，而折线纹应是抚河流域中游东部受信江流域及闽江上游地区的影响，其年代主要为商时期。考虑该组见有方格纹与菱格纹，存在年代略晚的可能。因此，基本推断本组遗存的年代为商代晚期至西周早中期。

第2组：以扁状鼎足，小方格纹为代表。扁状鼎足在抚河流域较为常见，据抚河上游地区的调查结果及初步分析来看，此类扁状鼎足及扁柱状鼎足年代一般多为春秋时期。本组所见扁状鼎足更显扁平，其年代或有稍早的可能。因此，可推断该组的年代为西周晚期至春秋时期。

整体上来看，农林场遗址的年代大致为晚商至春秋时期，延续时间较长。该遗址的发现及年代的初步推定为区域文化面貌的廓清、聚落形态的深入分析提供了重要的实物资料。

三三 上刘村面前山遗址

1. 遗址概况

该遗址位于双塘镇上刘村的南侧（图五九〇），西北部有一个养猪场，东南部为民居，南距湖家岭约210米，西部紧邻村道（图五九一）。遗址整体呈不规则形，区域南部为树林，植被较为茂密，西北部为小竹林，中北部紧邻有一水池。地形为山岗坡地，地势南高北低，南部地表较为平缓，表面以杂草及低矮松树为主（图五九二）。该遗址地理坐标为：北纬27°56′33.3″，东经116°45′00.1″，海拔91米。

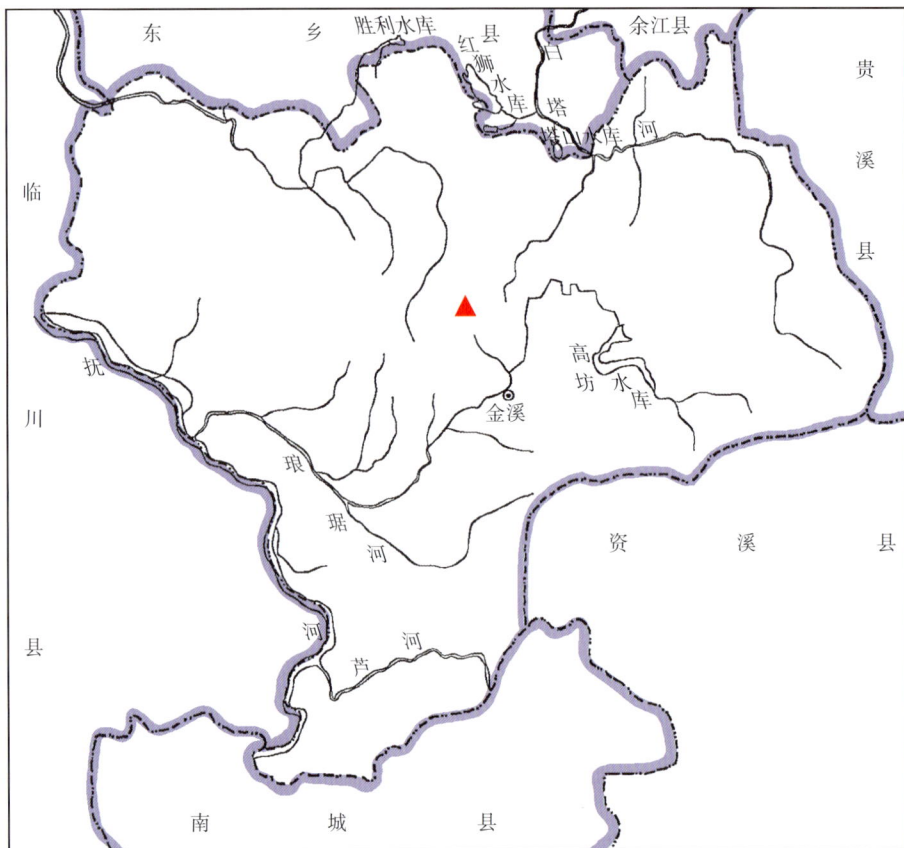

图五九〇　上刘村面前山遗址位置图

该遗址位于双陈河支流西岸，属岗地类聚落。由于遗址植被茂密，且人为破坏严重，采集遗物较少。以下逐一进行介绍。

2. 遗物介绍

陶器以硬陶为主，夹砂陶很少。硬陶多为灰褐色，纹饰有叶脉纹、菱格纹和方格纹（图五九三），器形有陶罐、陶瓮等；夹砂陶多为灰陶、黄褐色，均为素面，器形可见罐。

罐　8件。

2015JLJ：1，灰色硬陶，敞口，尖圆唇。素面。残高4.0厘米（图五九四，1）。

2015JLJ：3，灰色硬陶，侈口，尖圆唇。沿内见有一周凸棱，内外壁可见轮制痕迹。残高3.4厘

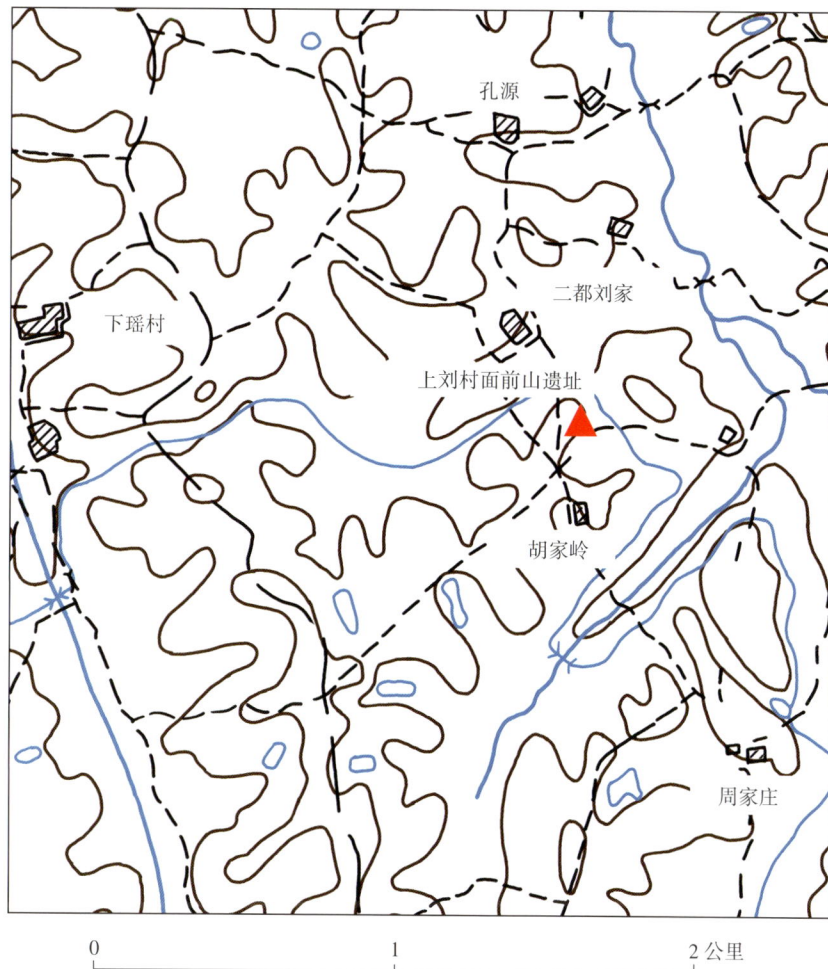

图五九一 上刘村面前山遗址地貌图

图五九二 上刘村面前山遗址远景图（由西向东）

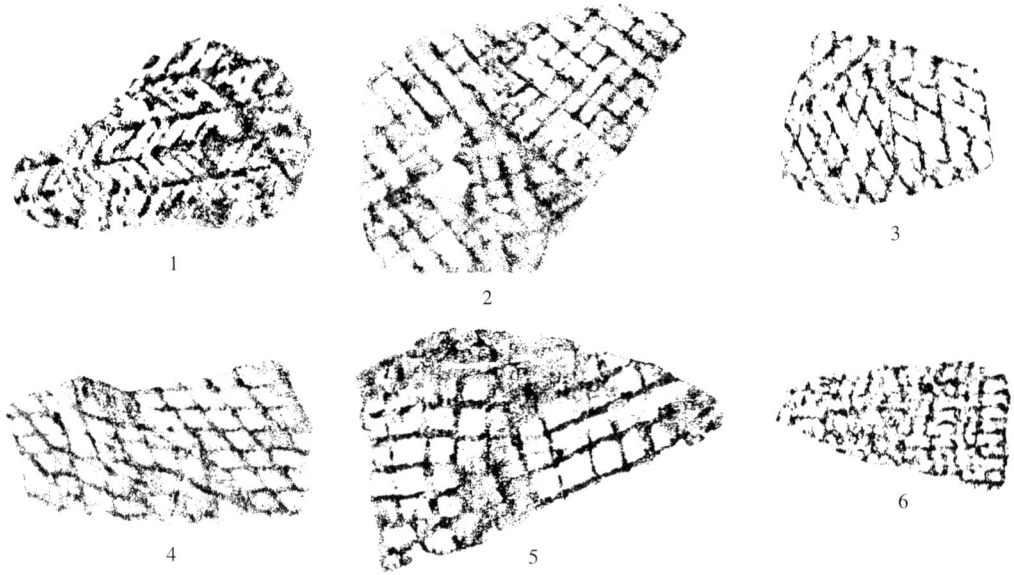

图五九三　上刘村面前山遗址采集陶片纹饰拓片
1. 叶脉纹　2、5、6. 方格纹　3、4. 菱格纹

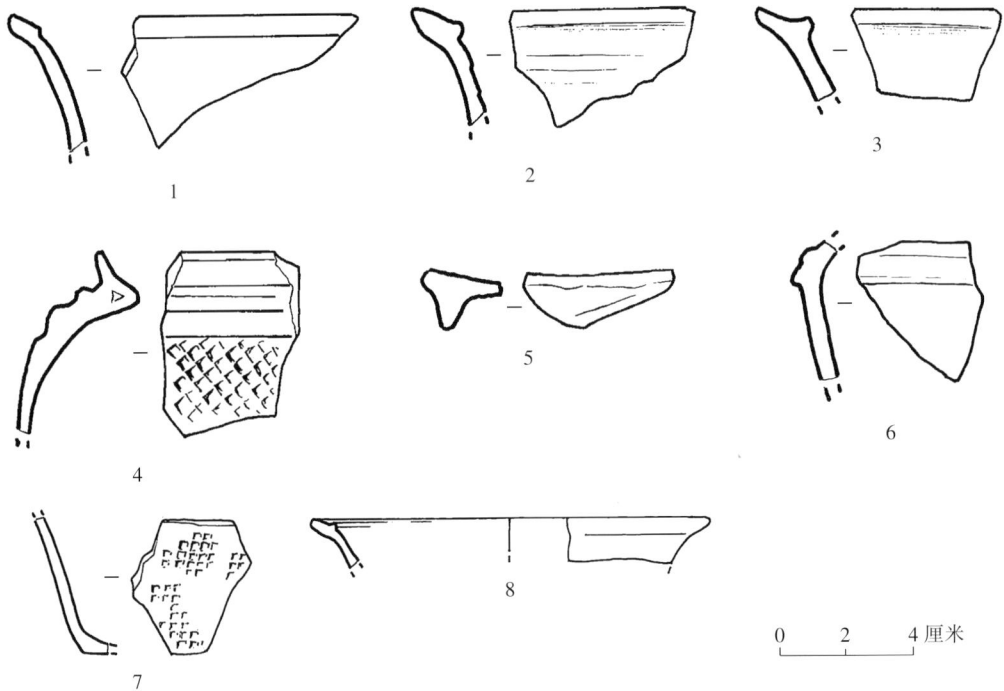

图五九四　上刘家面前山遗址采集陶器

1～6、8. 罐（2015JLJ：1、2015JLJ：3、2015JLJ：4、2015JLJ：6、2015JLJ：7、2015JLJ：5、2015JLJ：2）　7. 罐底（2015JLJ：8）

米（图五九四，2）。

2015JLJ：4，灰色硬陶，敞口，尖圆唇，沿内见有一周凸棱。素面。残高2.8厘米（图五九四，3）。

2015JLJ：6，灰色硬陶，敛口，窄折沿，尖圆唇，圆弧腹，口沿下可见三道凸棱。腹部施菱格纹。残高 5.4 厘米（图五九四，4）。

2015JLJ：7，夹砂黄陶，罐耳残片，近舌状。素面。残高 1.8 厘米（图五九四，5）。

2015JLJ：5，夹砂黄褐陶，敛口，肩部有两道凸棱。素面。残高 3.8 厘米（图五九四，6）。

2015JLJ：8，夹砂黄褐陶，罐底，斜弧腹，平底。器表施方格纹。残高 4.0 厘米（图五九四，7）。

2015JLJ：2，灰色硬陶，敞口，尖圆唇。素面。口径 11.5、残高 1.3 厘米（图五九四，8）。

3. 遗址性质与年代

上刘村面前山遗址采集遗物较少，通过纹饰，器形与周边遗址进行比较，可推断该遗址的年代。该遗址多见方格纹和菱格纹，一般纹痕较深。器形以罐为主，所见侈口宽沿陶罐特征较明显，口沿向内有凹棱特征，与西周晚期至春秋时期同类器较为相近，此类陶器在乐安、宜黄县具有较多发现。因而，可推断上刘家面前山遗址的年代集中在西周晚期至春秋时期。

上刘家面前山遗址虽采集物较少，但该遗址的地形地貌、所在水系及聚落类型都为区域文化与聚落研究提供了重要信息。

三四　茶山遗址

1. 遗址介绍

该遗址位于双塘镇对塘村东南部的一处山岗上（图五九五），遗址西北部为双塘镇石岭山，山下有一小水塘，北面为种有茶树的低缓山丘，西边为双塘镇，东部有小路，应为居民种田道路（图五九六）。地表为人工种植油茶树，植被较为稀松。东部紧邻村道，东、西、北部为稻田（图五九七）。地理坐标为北纬 28°01′48.9″，东经 116°45′16.6″，海拔 80 米。

茶山遗址属于岗地类聚落，所在区域为双陈河水系环绕，地理环境较为优越。该遗址采集遗物较为丰富，见有石器和陶器，以下逐一进行介绍。

2. 遗物介绍

（1）石器。

砺石　1 件。

2015JCS：1，青灰色砂岩制成，器状不规则，上下研磨面较为光滑。残高 9.4 厘米（图五九八）。

（2）陶器

以印纹硬陶为主，灰色或灰褐色为多，纹饰多见折线纹，另见有绳纹、方格纹、细短线纹交错绳纹（图五九九、六〇〇）等，器形有罐、盆等；夹砂陶较少，为灰白色或浅灰色，纹饰有绳纹，器形见有罐、甗形器、支脚、鼎（足）等。

罐口沿　16 件。所见器形均为硬陶矮领罐。

2015JCS：3，灰色硬陶，直口，窄平沿，沿面内凹，圆唇。器表施折线纹。残高 8.0、口径 20.0 厘米（图六〇二，1；图版五一，3）。

2015JCS：9，夹砂黄褐陶，微卷沿，圆唇。器表施折线纹。残高 4.6 厘米（图六〇一，2；图版五一，2）。

2015JCS：4，灰褐色硬陶，侈口，折沿沿面有一周凸棱，尖唇。器表施斜向绳纹。残高 5.4、口

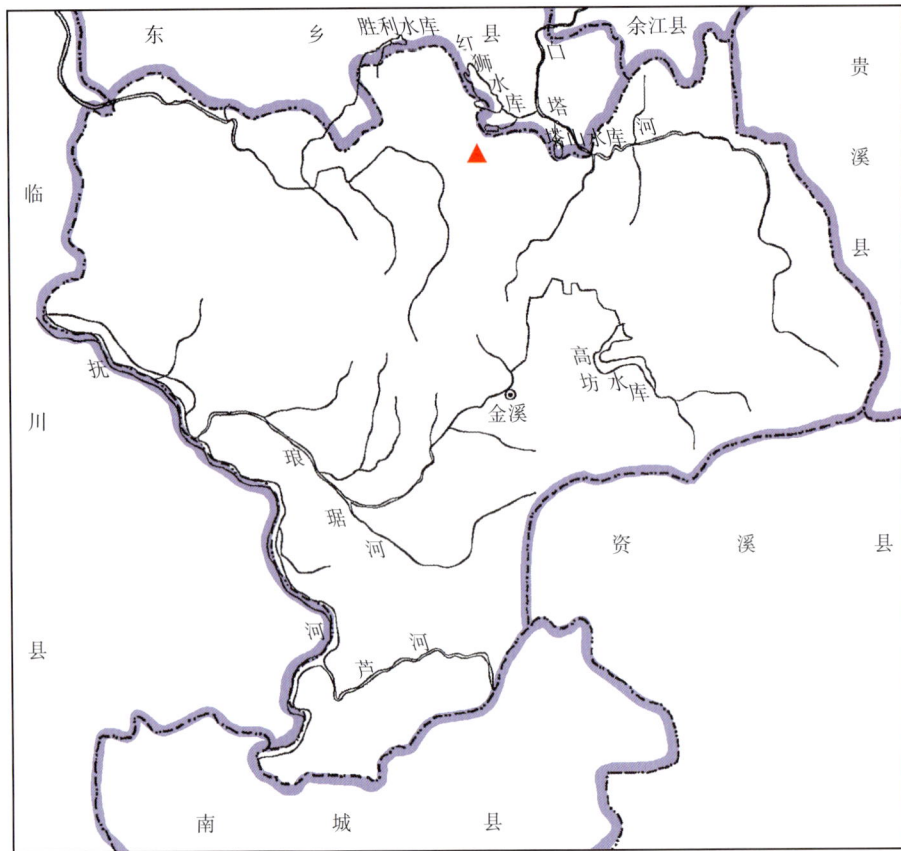

图五九五　茶山遗址位置图

径20.0厘米（图六〇一，3；图版五一，4）。

2015JCS：7，灰褐色硬陶，微侈口，窄平沿，沿面内凹，圆唇。素面。残高4.6厘米（图六〇一，4）。

2015JCS：5，灰褐色硬陶，侈口，卷沿，斜方唇。器表施折线纹。残高3.8、口径18.0厘米（图六〇一，5）。

2015JCS：10，黄褐色硬陶，侈口，折沿，圆唇。器表施折线纹。残高4.8、口径19.6厘米（图六〇一，6）。

2015JCS：6，灰色硬陶，侈口，卷沿，沿面有一周凸棱，圆唇。器表施折线纹，其上施青釉，釉层大部分脱落。残高5.0、口径22.0厘米（图六〇二，1）。

2015JCS：8，灰白色硬陶，微侈口，尖圆唇。器表施斜向绳纹。残高6.2厘米（图六〇二，3）。

2015JCS：13，灰色硬陶，侈口，方唇，唇面微凹。器表施折线纹。口径16.0厘米、残高4.0厘米（图六〇二，4）。

2015JCS：16，灰色硬陶，斜折沿，圆唇。器表施折线纹。残高4.8厘米（图六〇二，5）。

2015JCS：14，灰色硬陶，卷沿，斜方唇。器表施折线纹。残高4.0厘米（图六〇二，6）。

2015JCS：2，灰色硬陶，直口，窄平沿，沿面内凹，圆唇，圆弧肩。肩部施折线纹。残高9.4厘米（图六〇二，7；图版五一，1）。

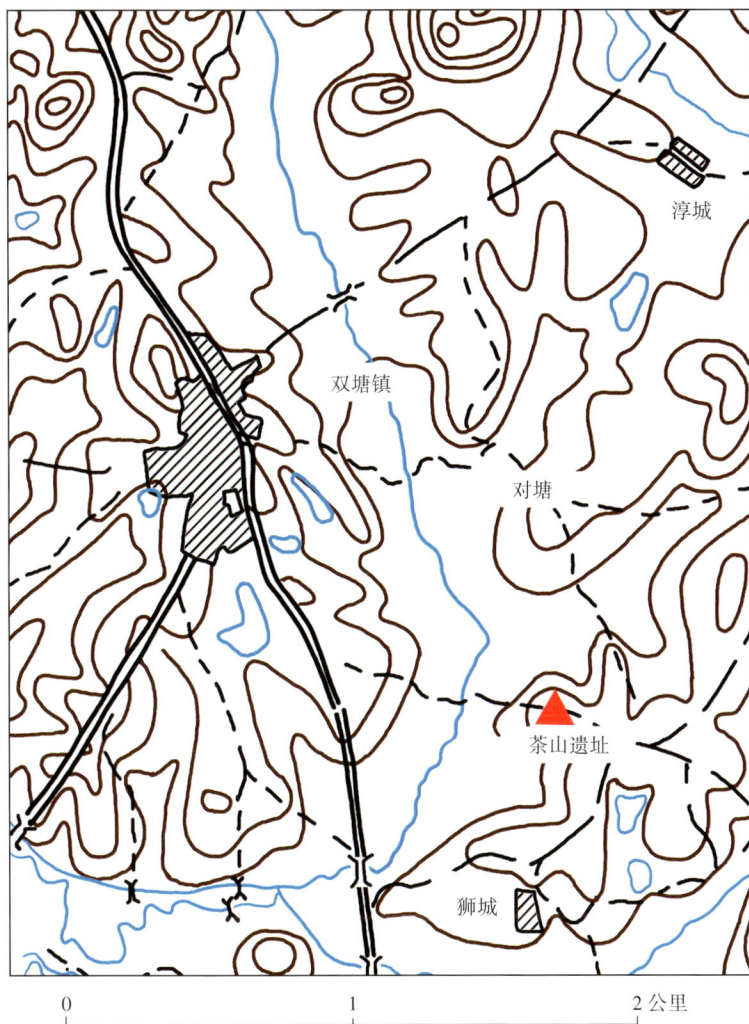

图五九六　茶山遗址地貌图

图五九七　茶山遗址远景图（由北向南）

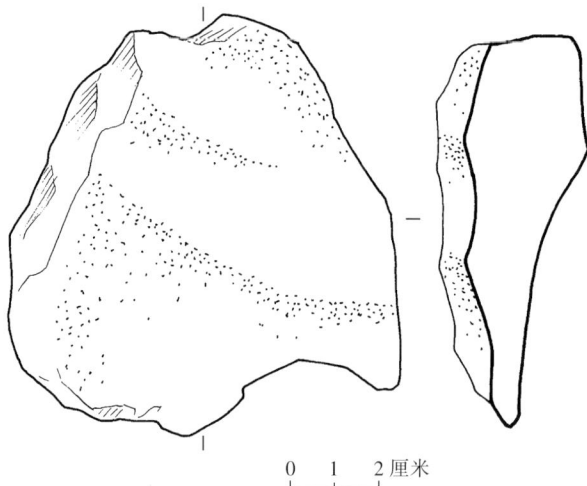

图五九八　茶山遗址采集砺石（2015JCS：1）

2015JCS：12，灰色硬陶，微侈口，尖圆唇。器表施折线纹。残高3.0厘米（图六○二，8）。

2015JCS：15，夹砂灰陶，侈口，斜折沿，尖圆唇。内壁可见轮制痕迹，器表施粗绳纹。残高4.4厘米（图六○二，9）。

2015JCS：18，夹砂灰陶，侈口，卷沿，圆唇。器表施折线纹。残高3.0厘米（图六○二，10）。

器底　3件。

2015JCS：20，灰色硬陶，底部内凹。器表施折线纹。残高2.2厘米（图六○五，4）。

2015JCS：21，灰色硬陶，斜直腹，平底。内外壁可见明显轮制痕迹，素面。残高5.2厘米（图六○五，5）。

2015JCS：22，灰色硬陶，底部内凹。器表施短线纹。残高3.0厘米（图六○五，6）。

盆　1件。

2015JCS：19，灰褐色硬陶，敞口，尖圆唇，弧腹，平底。器表可见轮制痕迹。残高4.6、底径10.0厘米（图六○五，2）。

盘　1件。

2015JCS：17，夹砂灰黑陶，侈口，折沿，圆唇，近平底，高圈足外撇。素面。残高3.0厘米（图六○二，2）。

甗腰　4件。

2015JCS：24，夹砂黄褐陶，斜腹，窄腰隔，腰隔见有圆形算孔。下腹部施斜向绳纹。残高6.0厘米（图六○三，1）。

2015JCS：23，夹砂黄褐陶，斜腹，窄腰隔，腰隔见有圆形算孔。素面。残高6.4厘米（图六○三，2）。

2015JCS：25，夹砂黄褐陶，斜弧腹，窄腰隔，腰隔见有圆形算孔。素面。残高6.0厘米（图六○三，3）。

2015JCS：26，夹砂黄褐陶，弧腹，窄腰隔。素面。残高8.0厘米（图六○三，4）。

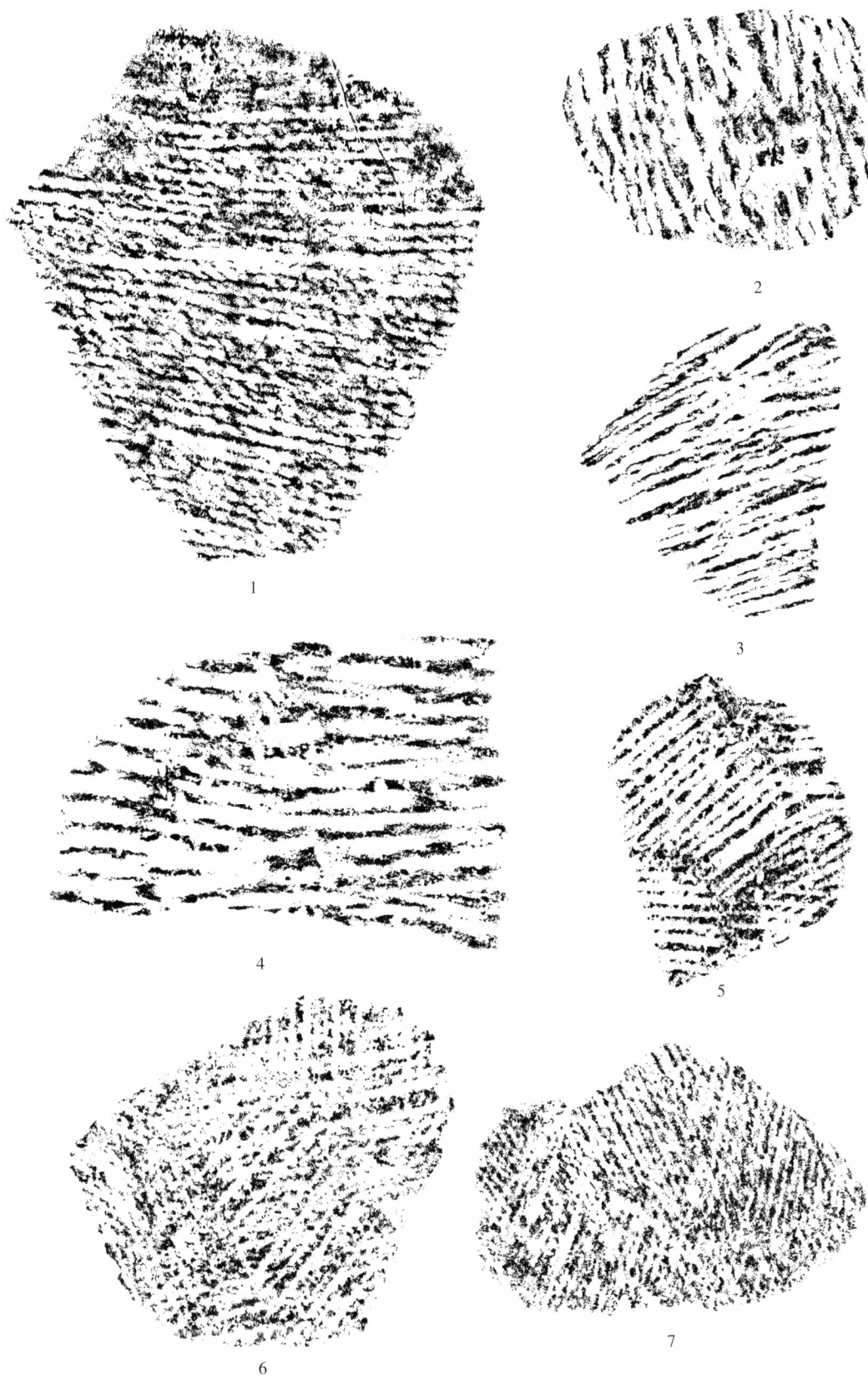

图五九九 茶山遗址采集陶片纹饰拓片

1~4. 绳纹 5~7. 交错绳纹

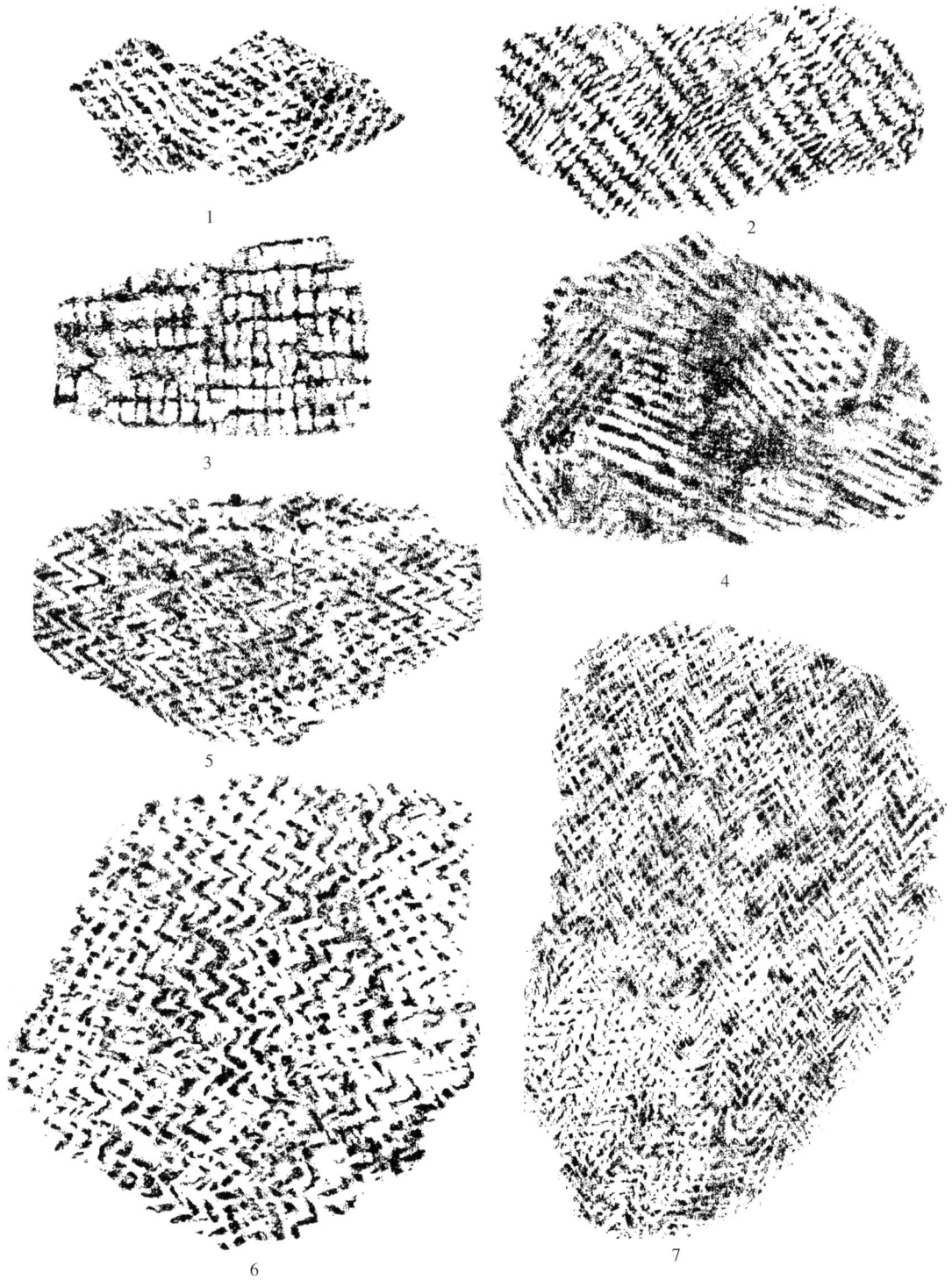

图六〇〇　茶山遗址采集陶片纹饰拓片

1、4. 交错绳纹　2. 细短绳纹　3. 方格纹　5～7. 折线纹

鼎足　5件。按足部特征可划分两型：

A型：2件。扁平状，侧向接足，器表多见戳印凹窝。

2015JCS：28，夹砂红褐陶，两面均可见戳印凹窝。残高8.0厘米（图六〇四，2；图版五〇，5）。

2015JCS：29，夹砂红褐陶。一面见有竖向短绳纹。残高6.4厘米（图六〇四，6）。

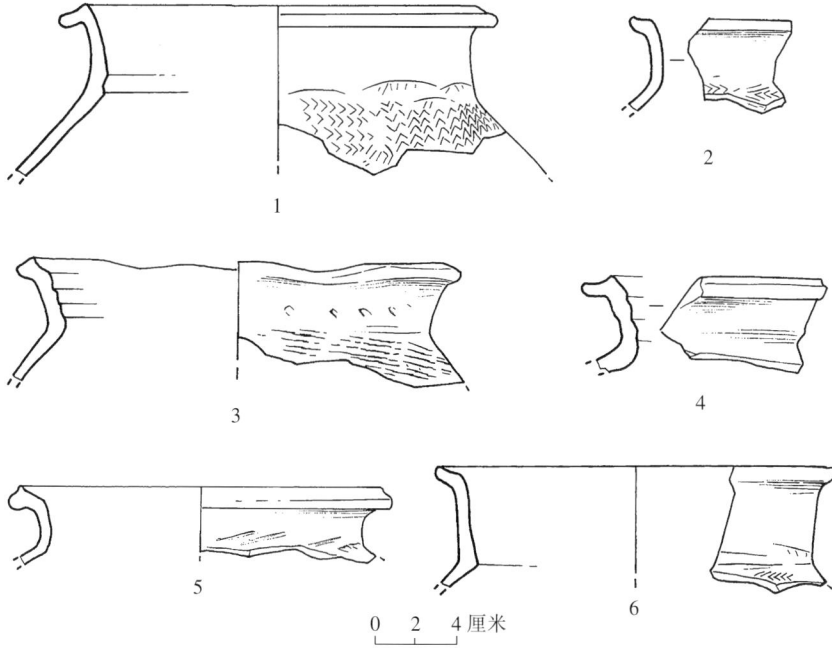

图六〇一 茶山遗址采集陶罐口沿

1~6.（2015JCS：3、2015JCS：9、2015JCS：4、2015JCS：7、2015JCS：5、2015JCS：10）

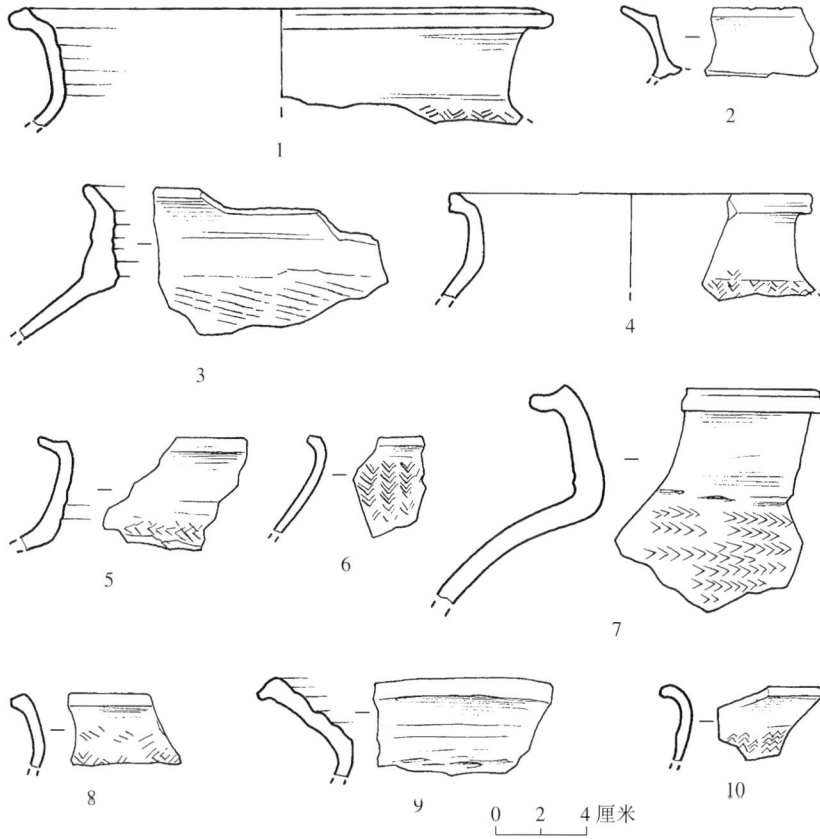

图六〇二 茶山遗址采集陶罐口沿

1. 罐口（2015JCS：6） 2. 盘（2015JCS：17） 3~10. 罐口（2015JCS：8、2015JCS：13、2015JCS：16、2015JCS：14、2015JCS：2、2015JCS：12、2015JCS：15、2015JCS：18）

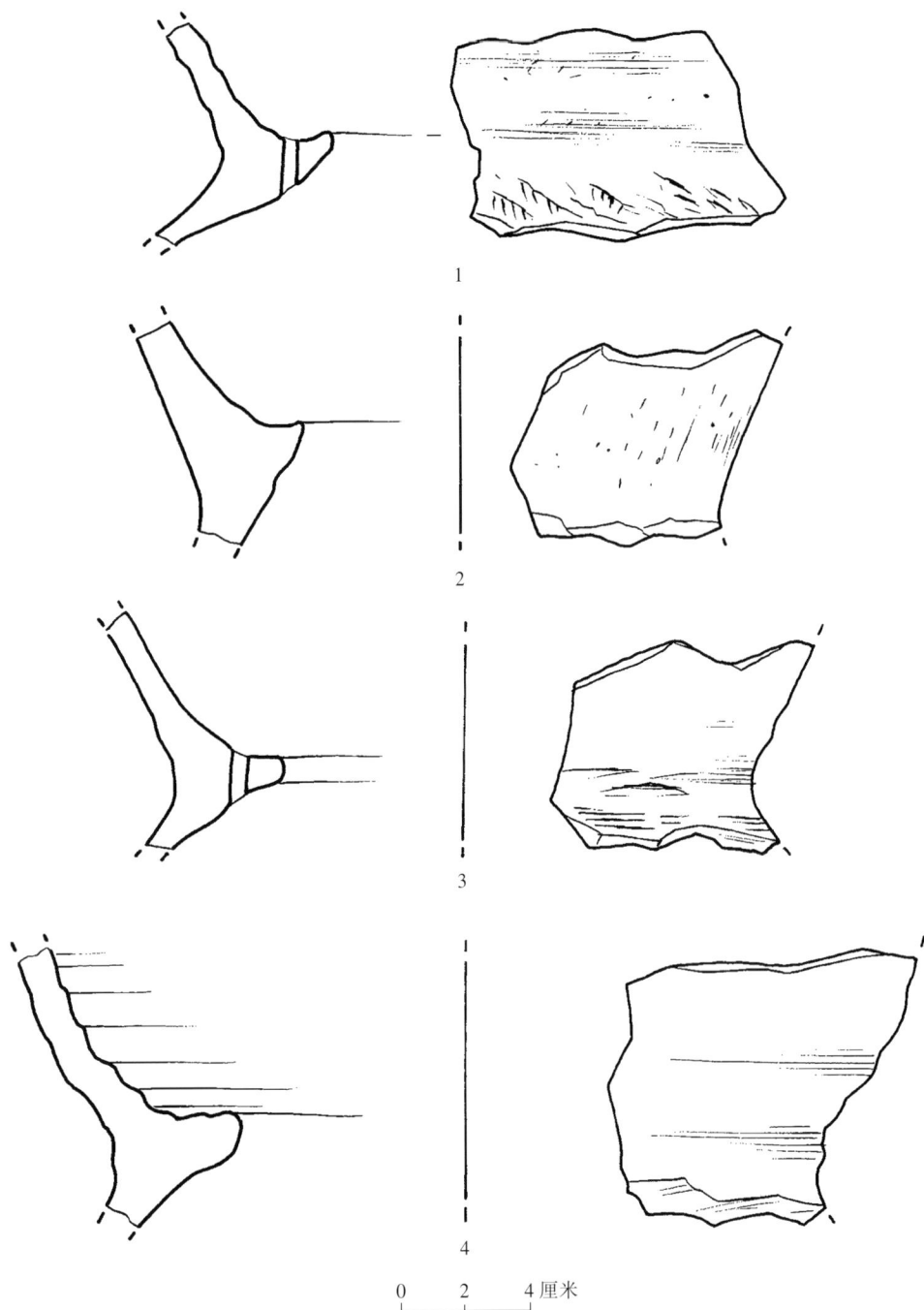

图六〇三　茶山遗址采集甗腰

1~4.（2015JCS：24、2015JCS：23、2015JCS：25、2015JCS：26）

B 型：3 件。扁柱状，正向接足。

2015JCS：31，夹砂灰褐陶，外侧近顶部有一按压凹窝。残高 8.6 厘米（图六〇四，1）。

2015JCS：32，夹砂黄褐陶。素面。残高 10.0 厘米（图六〇四，3）。

2015JCS：33，夹砂红褐陶，外侧近顶部有一按压圆窝。素面。残高 7.4 厘米（图六〇四，5；图版五〇，4）。

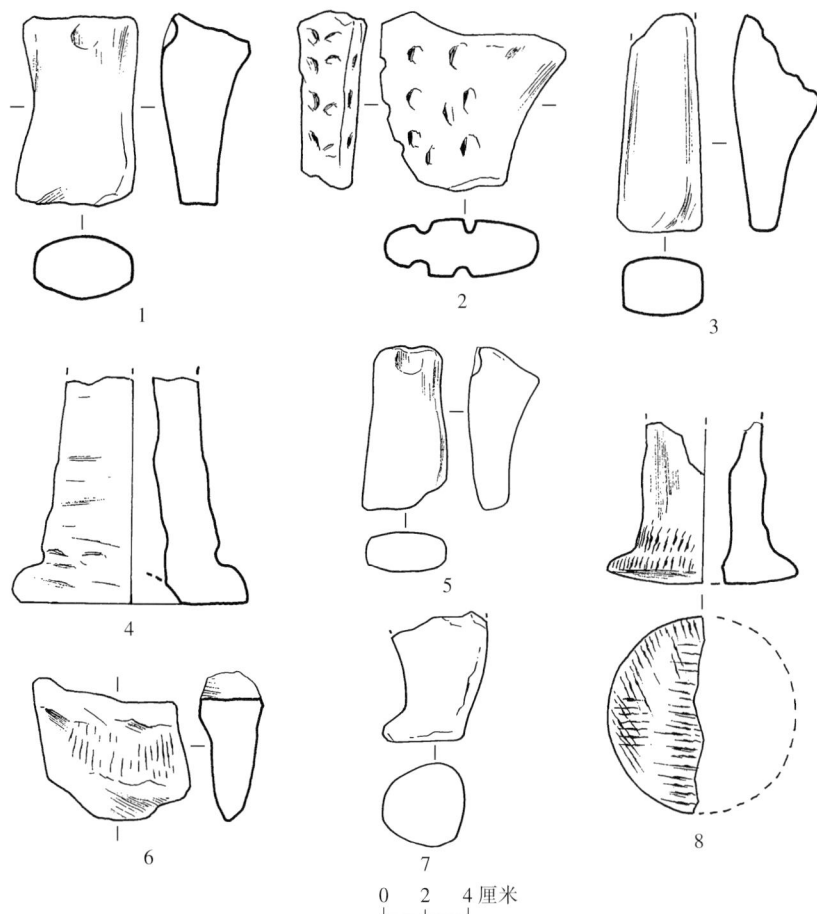

图六○四 茶山遗址采集陶器

2、6. A 型鼎足（2015JCS：28、2015JCS：29） 1、3、5. B 型鼎足（2015JCS：31、2015JCS：32、2015JCS：33） 4、7、8. 陶垫（2015JCS：35、2015JCS：30、2015JCS：34）

陶垫 3 件。近蹄状。

2015JCS：35，夹砂灰陶，圆柱状柄，底端呈扁圆形。素面。柄径 11.2、残高 10.4 厘米（图六○四，4）。

2015JCS：30，夹砂灰褐陶，圆柱状柄，底端呈扁圆形。素面。残高 6.0 厘米（图六○四，7；图版五○，3）。

2015JCS：34，夹砂灰褐陶，柱状柄，底端呈扁圆形。器表施绳纹。柄径 8.8、残高 7.4 厘米（图六○四，8；图版五○，6）。

陶纺轮 1 件。

2015JCS：36，夹砂红褐陶，圆鼓形，上下面平整，中部有一圆形穿孔。素面。直径 4.0、孔径 0.8 厘米（图六○五，3；图版五○，1）。

甑 1 件。

2015JCS：27，灰色硬陶，圜底，有圆形箅孔。残高 5.8 厘米（图六○五，1；图版五○，2）。

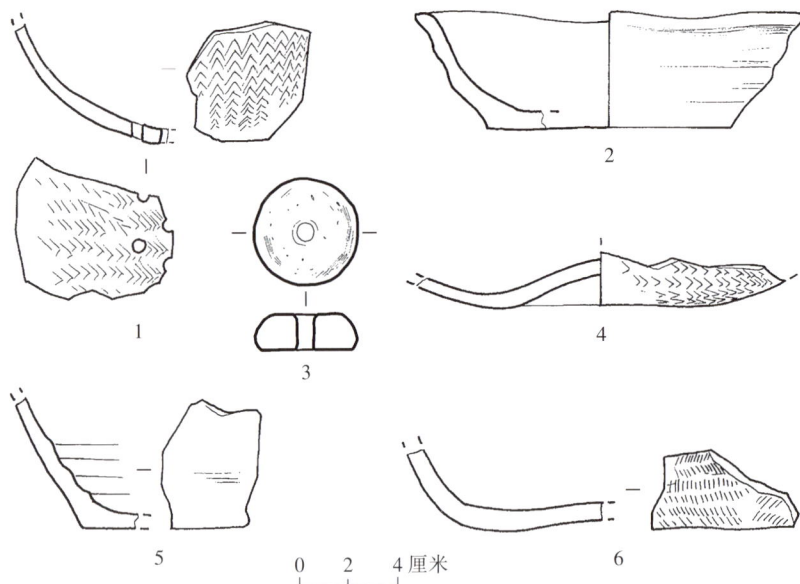

图六〇五　茶山遗址采集陶器

1. 甗（2015JCS：27）　　2. 盆（2015JCS：19）　　3. 纺轮（2015JCS：36）　　4～6. 器底
（2015JCS：20、2015JCS：21、2015JCS：22）

3. 遗址性质与年代

茶山遗址采集遗物较多，与周边遗址相比较，该遗址文化面貌较为单纯。采集陶器以印纹硬陶为主，器形主要见有矮领罐、甗形器、支脚，夹砂陶鼎足见有两型，即宽扁型与扁柱型。茶山遗址与邻近的对塘村面前山遗址所见带领罐较为相近，陶支脚在母猪嘴等遗址亦见到。这一时期遗存多见折线纹装饰，该遗存所见 A 型鼎足与本区域新石器时代末期陶鼎足有一定相似性，但后者形态更为窄扁。综合来看，茶山遗址的年代主要集中在商代，部分器物或有略早的可能。因此可判断茶山遗址的年代为商代或略早。

茶山遗址与对塘村面前山遗址年代相近，两遗址所处位置较近，年代亦相近，两者关系密切。该遗址的发现有利于区域文化序列的建立，亦为区域聚落演进提供了重要的考古资料。

1. 陶纺轮（2015JCS：36）　　　　　　　　　　2. 陶甗（2015JCS：27）

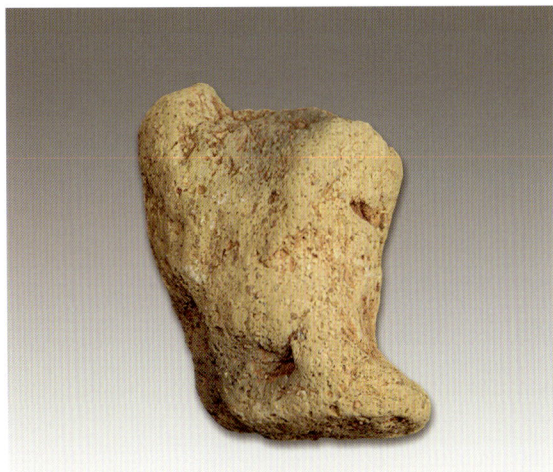

3. 陶垫（2015JCS：30）

4. 鼎足（2015JCS：33）

5. 鼎足（2015JCS：28）

6. 陶垫（2015JCS：34）

图版五〇　茶山遗址采集遗物

1. 陶罐（2015JCS：2）

2. 陶罐（2015JCS：9）

3. 陶罐（2015JCS：3）

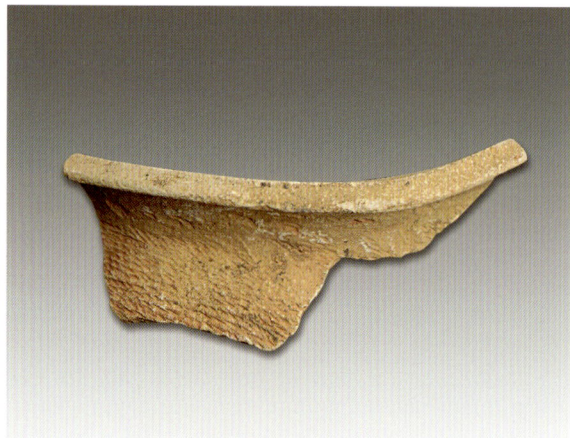

4. 陶罐（2015JCS：4）

图版五一　茶山遗址采集遗物

三五　高坊水库Ⅰ号遗址

1. 遗址概况

该遗址位于黄通乡高坊水库的西北水岸（图六〇六），遗址西部为山坡，东北与高坊村相邻，北侧为泄洪口和水库管理处，东部紧临水库（图六〇七）。该遗址整体呈不规则形，沿水库西部岸边呈南北向狭长分布，长径约 199 米，短径约 98 米。地势西高东低，自西向东分别为水岸和山坡，西侧河岸表面为沙土，东侧山坡为树林，植被非常茂密（图六〇八）。该遗址地理坐标为：北纬 27°55′58.9″，东经 116°51′16.3″，海拔 115 米。

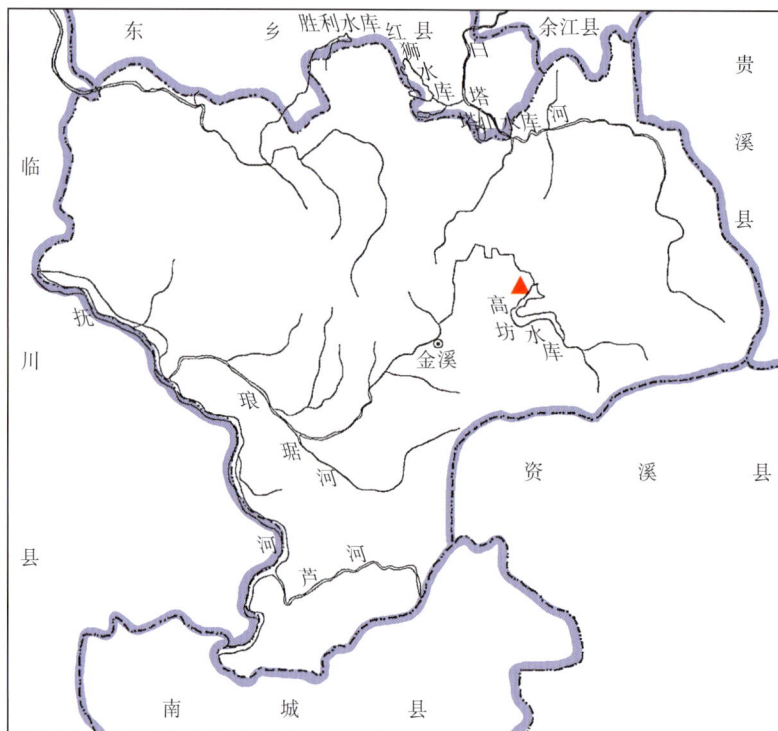

图六〇六　高坊水库Ⅰ号遗址位置图

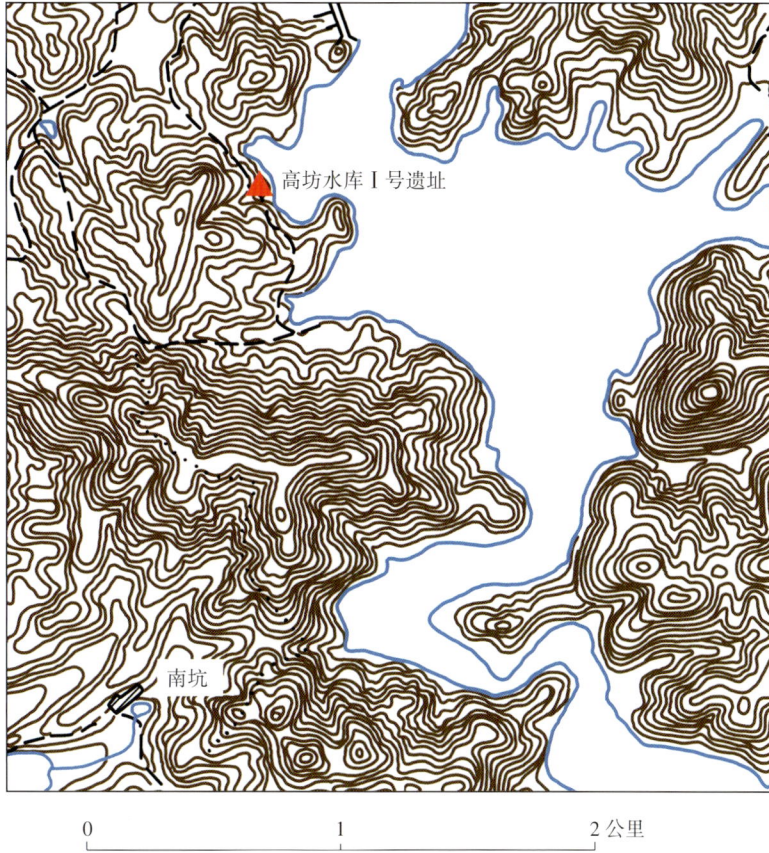

图六○七　高坊水库Ⅰ号遗址地貌图

图六○八　高坊水库Ⅰ号遗址远景图（由西向东）

2. 遗物介绍

高坊水库Ⅰ号遗址采集遗物较为丰富，主要为陶器和石器。部分区域有大量陶片集中分布（图六〇九），在水库岸边亦采集到完整器（图六一〇）。

图六〇九　高坊水库Ⅰ号遗址采集陶片

图六一〇　高坊水库Ⅰ号遗址采集陶器

（1）石器

石锛　2件

2015JGFⅠ:2，青灰色砂岩磨制而成，平面近长方形，顶端略直，两侧斜直，单面磨成斜刃。器表磨制较为规整。残长7.1、宽3.9厘米（图六一一，4；图版五三，3）。

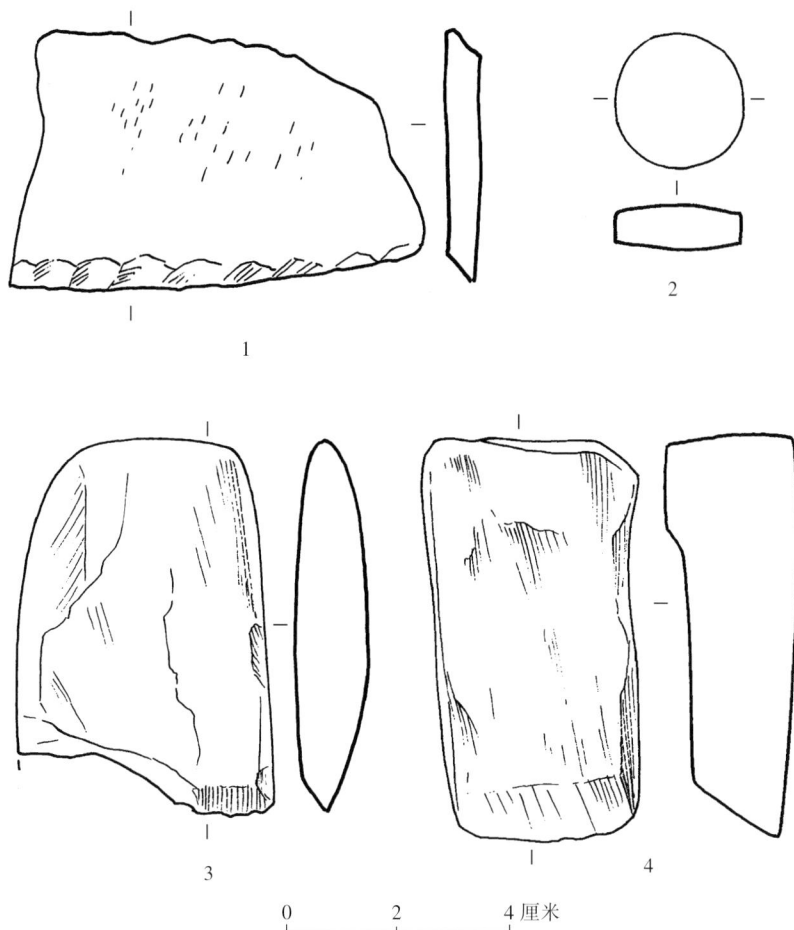

图六一一　高坊水库Ⅰ号遗址采集石器

1. 石刀（2015JGFⅠ:4）　2. 玉圆饼（2015JGFⅠ:1）　3. 石锛（2015JGFⅠ:3）　4. 石锛（2015JGFⅠ:2）

2015JGFⅠ:3，青灰色闪长岩磨制而成，平面呈长方形，弧顶，刃部略残，两侧竖直，单面磨成斜刃，器表不规整。残长6.6、宽4.6厘米（图六一一，3）。

石刀　1件。

2015JGFⅠ:4，青灰色砂岩打制而成，扁平状，单面斜刃，刃部可见打制痕迹。器表较平整。残长4.5、宽7.5厘米（图六一一，1）。

（2）玉器

玉圆饼　1件。

2015JGFⅠ:1，青褐色玉石磨制而成，圆饼状，上下面平整。器表磨制光滑。直径2.4、厚0.8厘米（图六一一，2；图版五三，4）。

（3）陶器

以印纹硬陶为主，灰色、灰褐色常见，纹饰主要有雷纹、叶脉纹、菱格纹、交错线纹、绳纹、小方格纹、折线纹（图六一二～六一五）等，器形见有罐、尊；夹砂陶以红色、红褐色为多，素面为主，另见有绳纹、戳印纹，器形见有罐、鼎、杯等。

陶罐　47件。据腹部及口沿特征可划分为以下七型：

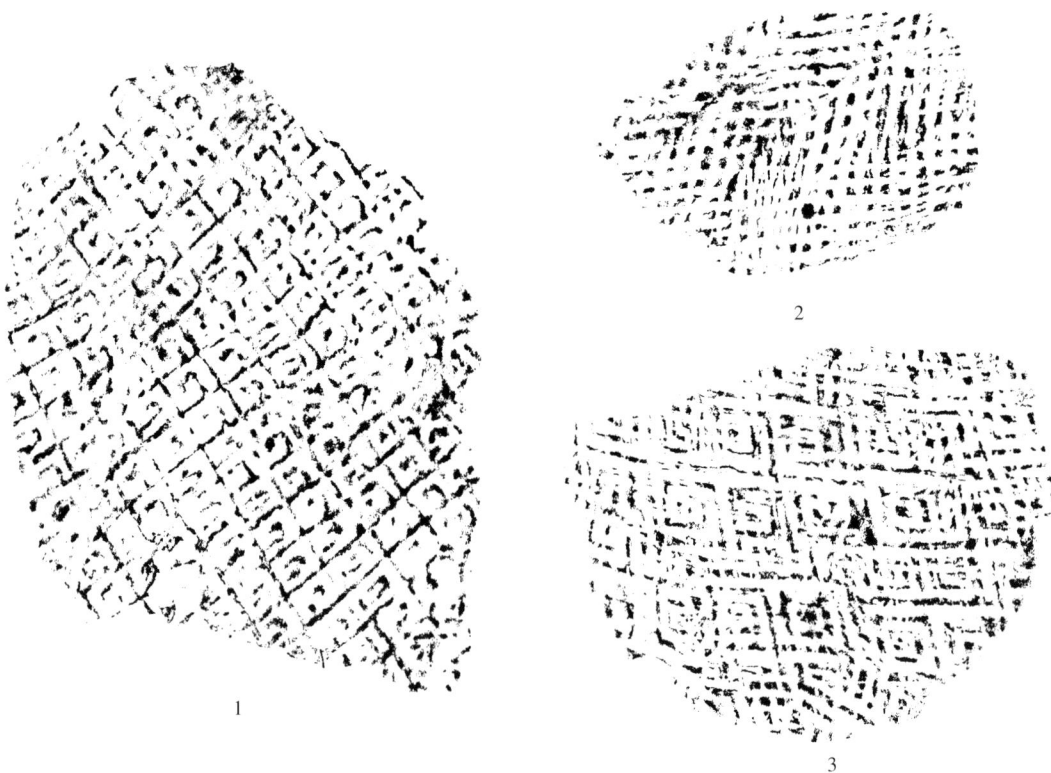

图六一二　高坊水库Ⅰ号遗址采集陶片纹饰拓片

1、3. 雷纹　2. 交错绳纹

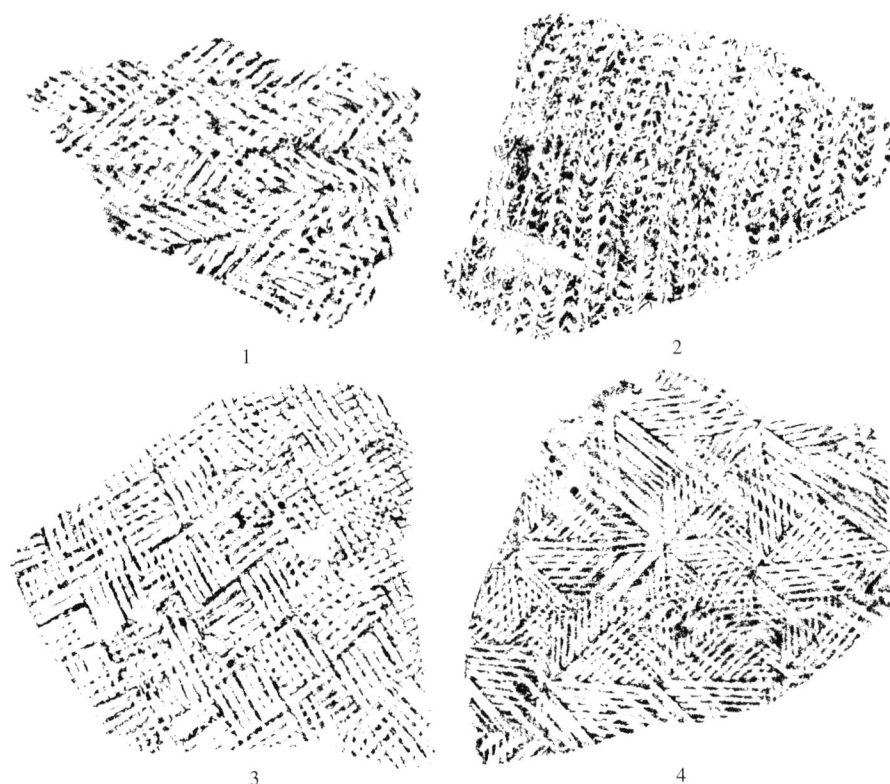

图六一三　高坊水库Ⅰ号遗址采集陶片纹饰拓片

1、2. 叶脉纹　3. 席纹　4. 交错线纹

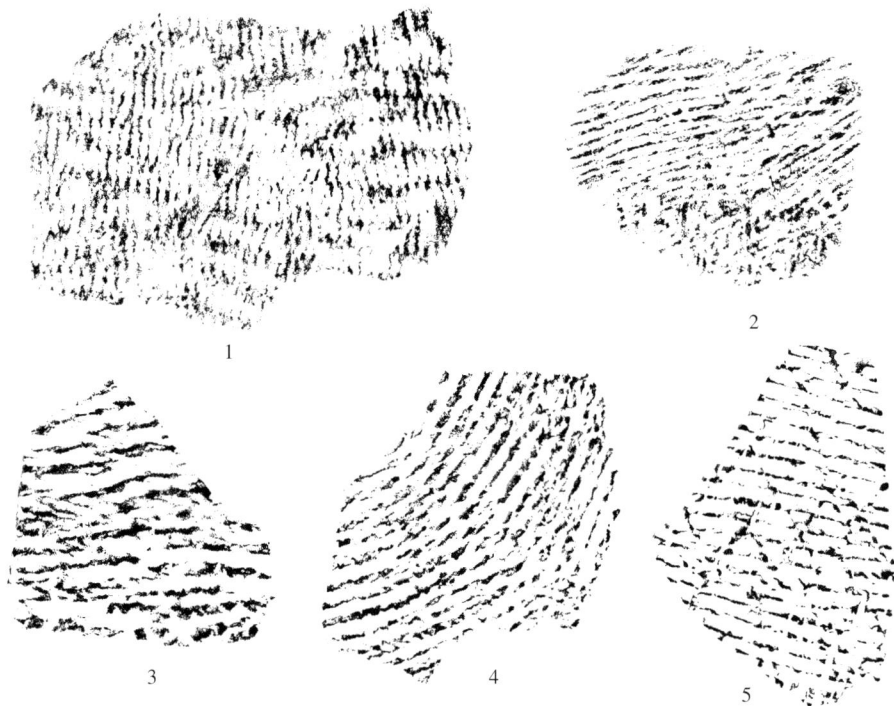

图六一四 高坊水库Ⅰ号遗址采集陶片纹饰拓片
1. 短线纹 2~5. 绳纹

A 型：14 件。矮领，斜肩。

2015JGFⅠ:42，灰色硬陶，斜直口，窄平沿，圆唇。颈部以下施菱格纹。残高7.6厘米（图六一六，1）。

2015JGFⅠ:53，灰色硬陶，侈口，卷沿，尖圆唇。颈部内外壁可见数道凸棱，器表施折线纹。残高6.0厘米（图六一六，2）。

2015JGFⅠ:31，灰色硬陶，斜直口，尖唇。颈部以下施菱格纹。残高5.2厘米（图六一六，3）。

2015JGFⅠ:47，灰色硬陶，侈口，折沿，方唇。颈部以下施雷纹。残高6.2厘米（图六一六，4）。

22015JGFⅠ:49，灰色硬陶，侈口，卷沿，方唇。器表施波浪纹。残高7.2厘米（图六一七；图版五四，4）。

2015JGFⅠ:51，灰色硬陶，近直口，卷沿。颈部以下施雷纹。残高6.4厘米（图六一八，1；图版五二，5）。

2015JGFⅠ:48，灰色硬陶，侈口，窄斜沿，沿面可见两道凹槽，尖圆唇。颈部以下施交错绳纹。残高7.0厘米（图六一八，2）。

2015JGFⅠ:30，灰色硬陶，侈口，平折沿，尖圆唇。颈部内外壁可见明显轮制痕迹，颈部以下施折线纹。残高5.2厘米（图六一八，3）。

2015JGFⅠ:45，灰色硬陶，侈口，窄折沿，方唇。器表施绳纹。残高3.8厘米（图六二〇，7）。

2015JGFⅠ:8，泥质红陶，侈口，圆唇，鼓腹。颈部施数道弦纹，腹部施雷纹。残高10.4厘米（图六二一，3）。

2015JGFⅠ:43，灰色硬陶，侈口，宽折沿，沿面可见数道凹槽，尖圆唇。颈部以下施菱格纹。

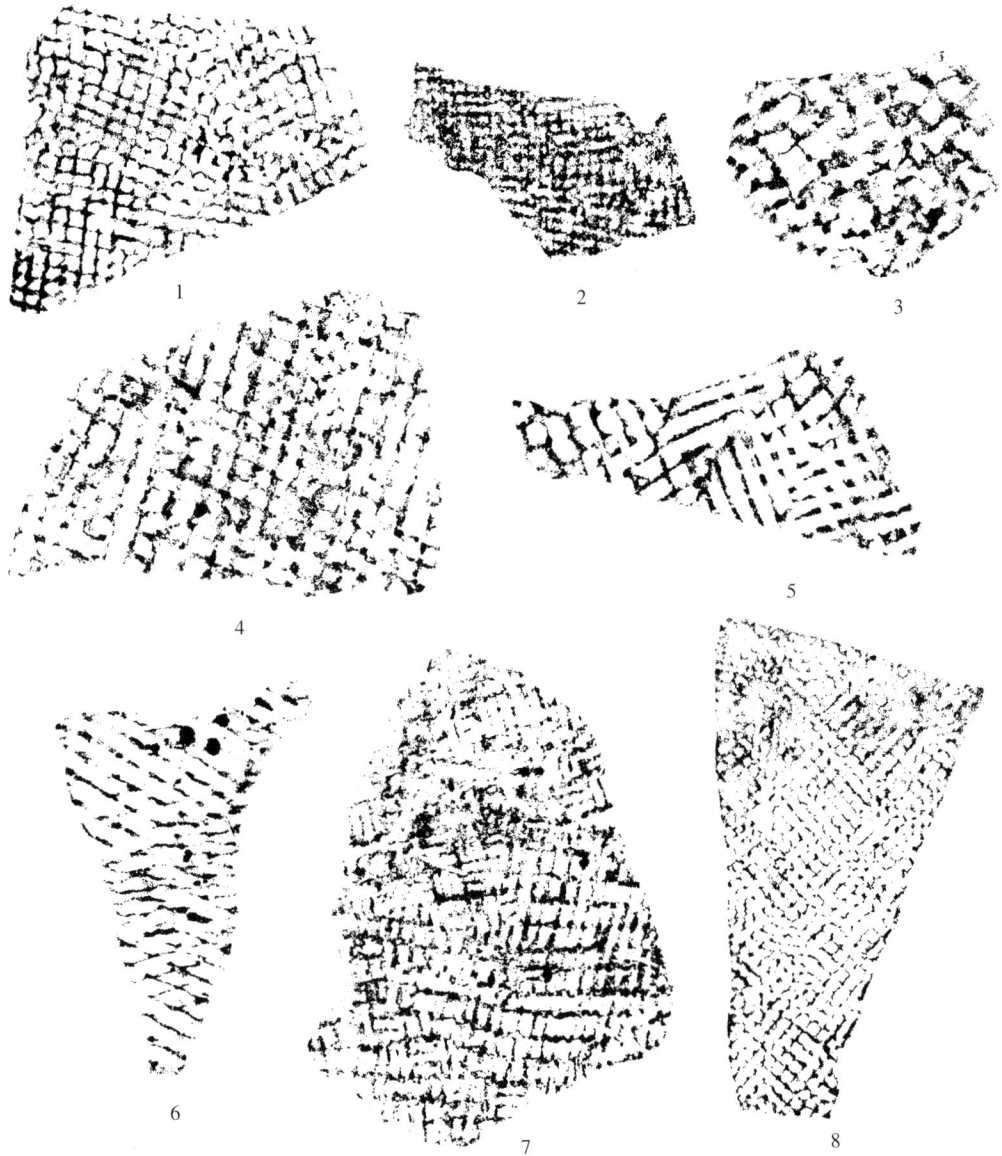

图六一五　高坊水库Ⅰ号遗址采集陶片纹饰拓片
1~4、7. 方格纹　5. 交错线纹　6. 菱格纹　8. 小方格纹

残高6.0厘米（图六一二，4）。

2015JGFⅠ:55，灰色硬陶，侈口，折沿，沿面内折见有两道凹槽，圆唇。器表施线纹。残高5.6厘米（图六二二，7）。

2015JGFⅠ:17，灰色硬陶，侈口，卷沿，方唇。器表施绳纹。残高4.6厘米（图六〇五，2）。

2015JGFⅠ:23，黄色硬陶，窄平沿，沿面可见一周凸棱，圆唇。器表施绳纹。残高4.4厘米（图六二五，2）。

B型：10件。弧鼓腹，窄折沿。

2015JGFⅠ:54，灰色硬陶，侈口，尖圆唇，沿面有一周凸棱。器表施菱格纹。残高7.0厘米（图六一九，1）

2015JGFⅠ:46，灰褐色硬陶，侈口，方唇。器腹施方格纹。残高6.0厘米（图六一九，2）。

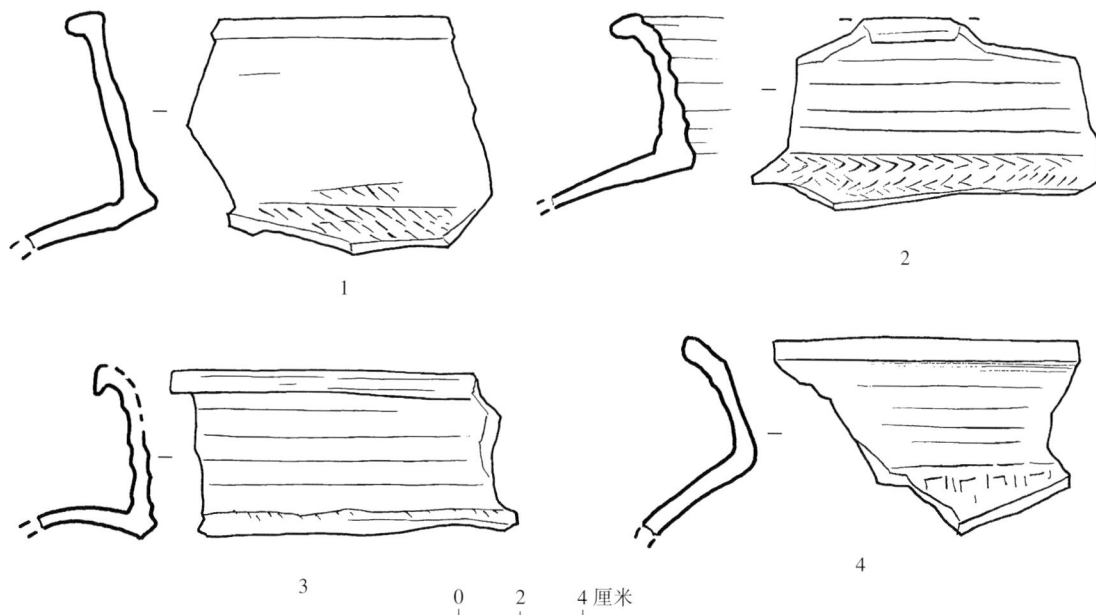

图六一六　高坊水库Ⅰ号遗址采集陶罐口沿

1～4. A 型罐口（2015JGFⅠ:42、2015JGFⅠ:53、2015JGFⅠ:31、2015JGFⅠ:47）

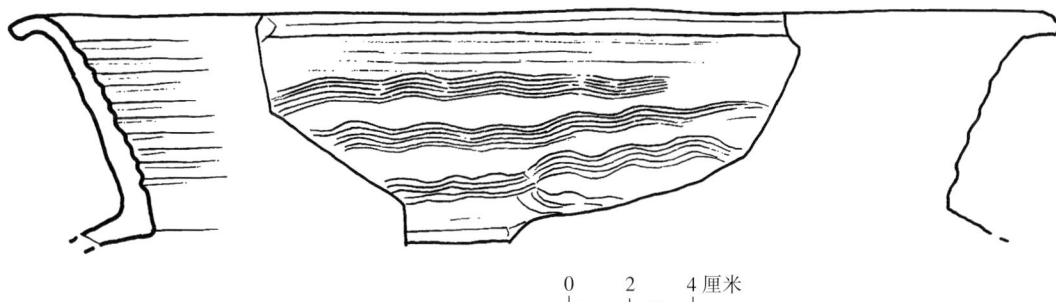

图六一七　高坊水库Ⅰ号遗址采集 A 型陶罐口沿（2015JGFⅠ:49）

2015JGFⅠ:37，灰色硬陶，侈口，方唇，唇面内凹。素面。残高4.2厘米（图六一九，3）。

2015JGFⅠ:41，夹砂黄褐陶，侈口，圆唇。器表施绳纹。残高6.6厘米（图六一九，4）。

2015JGFⅠ:40，灰色硬陶，侈口，方唇，肩部可见一附耳。素面。残高4.6厘米（图六二二，2）。

2015JGFⅠ:34，灰色硬陶，侈口，圆唇，沿面可见数道凹槽。器表施折线纹。残高6.2厘米（图六二二，3）。

2015JGFⅠ:13，灰色硬陶，侈口，尖圆唇，沿面有数道凹槽。器表施雷纹，部分被抹平。残高5.6厘米（图六二四，1）。

2015JGFⅠ:12，黄色硬陶，侈口，尖圆唇，沿面可见一周凸棱。器表施方格纹。残高7.2厘米（图六二四，3）。

2015JGFⅠ:14，夹砂黄陶，侈口，折沿，斜方唇，唇面内凹。器表施绳纹。残高4.2厘米（图六二四，4）。

2015JGFⅠ:35，灰色硬陶，侈口，尖圆唇，沿面可见三道凹槽。器表施菱格纹。残高4.0厘米

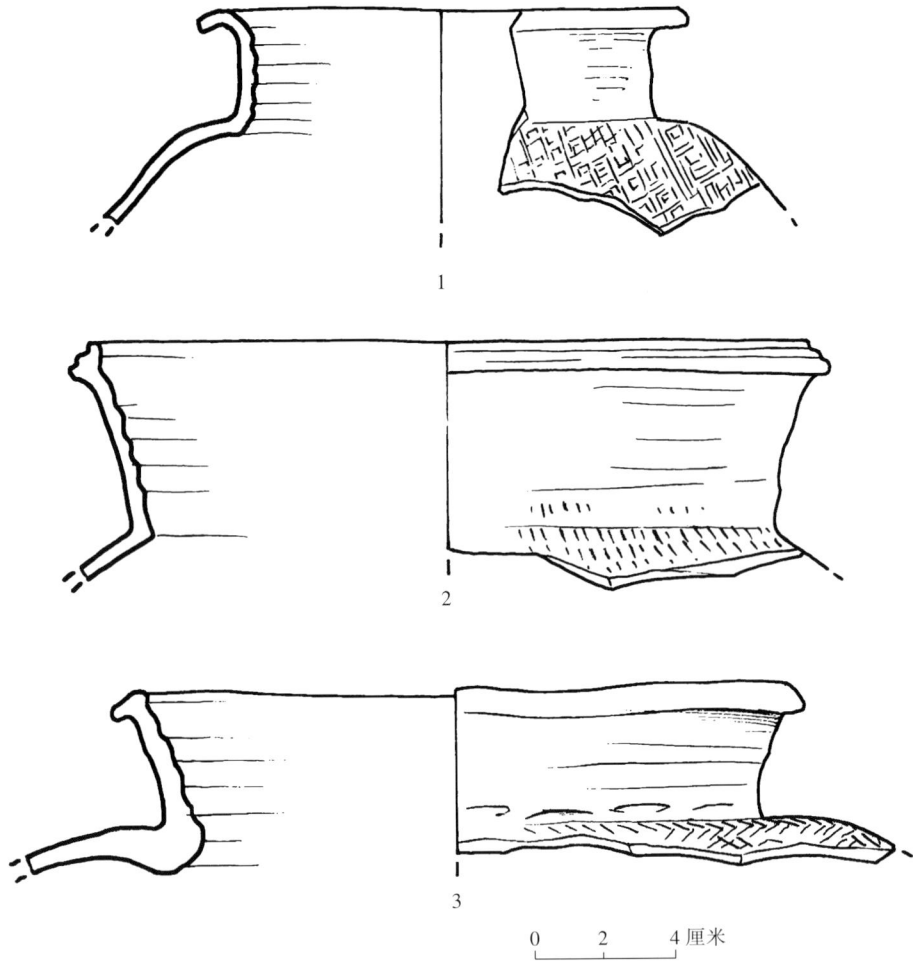

0 2 4厘米

图六一八　高坊水库Ⅰ号遗址采集陶罐口沿

1～3. A 型罐口（2015JGFⅠ∶51、2015JGFⅠ∶48、2015JGFⅠ∶30）

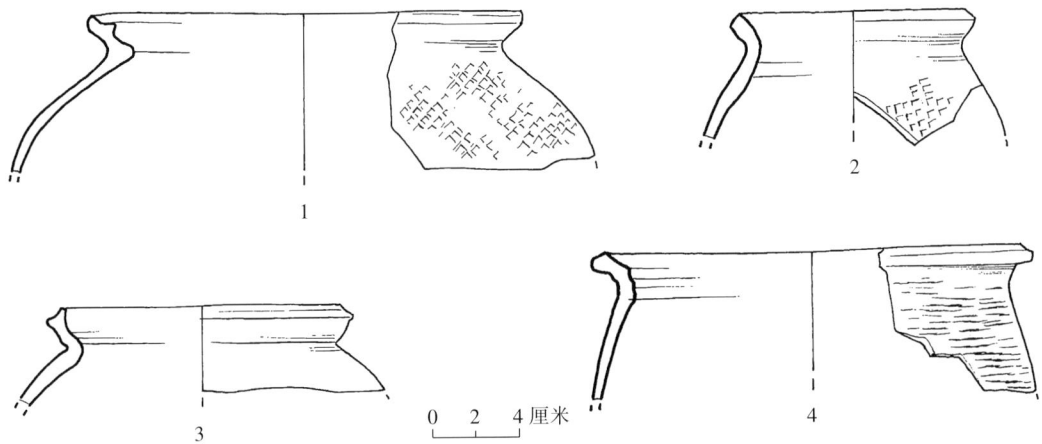

0 2 4厘米

图六一九　高坊水库Ⅰ号遗址采集陶罐口沿

1～4. B 型（2015JGFⅠ∶54、2015JGFⅠ∶46、2015JGFⅠ∶37、2015JGFⅠ∶41）

（图六二四，5）。

C 型：8 件。弧腹，敛口。

2015JGFⅠ:26，灰色硬陶，宽平沿，圆唇，沿面可见数道凹槽。器表施交错线纹。残高 6.0 厘米（图六二〇，2）。

2015JGFⅠ:27，灰色硬陶，微敛口，窄斜沿，圆唇，沿面可见两道凹槽。器表施交错线纹。残高 4.6 厘米（图六二〇，3）。

2015JGFⅠ:33，灰色硬陶，宽平沿，圆唇，沿面可见数道凹槽。器表施线纹。残高 2.8 厘米（图六二〇，4）。

2015JGFⅠ:29，灰色硬陶，窄平沿，圆唇，沿面可见数道凹槽。器表施菱格与粗线组合纹饰。残高 4.2 厘米（图六二〇，5）。

2015JGFⅠ:39，灰色硬陶，窄斜沿，圆唇，口沿下可见一道凸棱。器表施菱格纹。残高 4.6 厘米（图六二〇，9）。

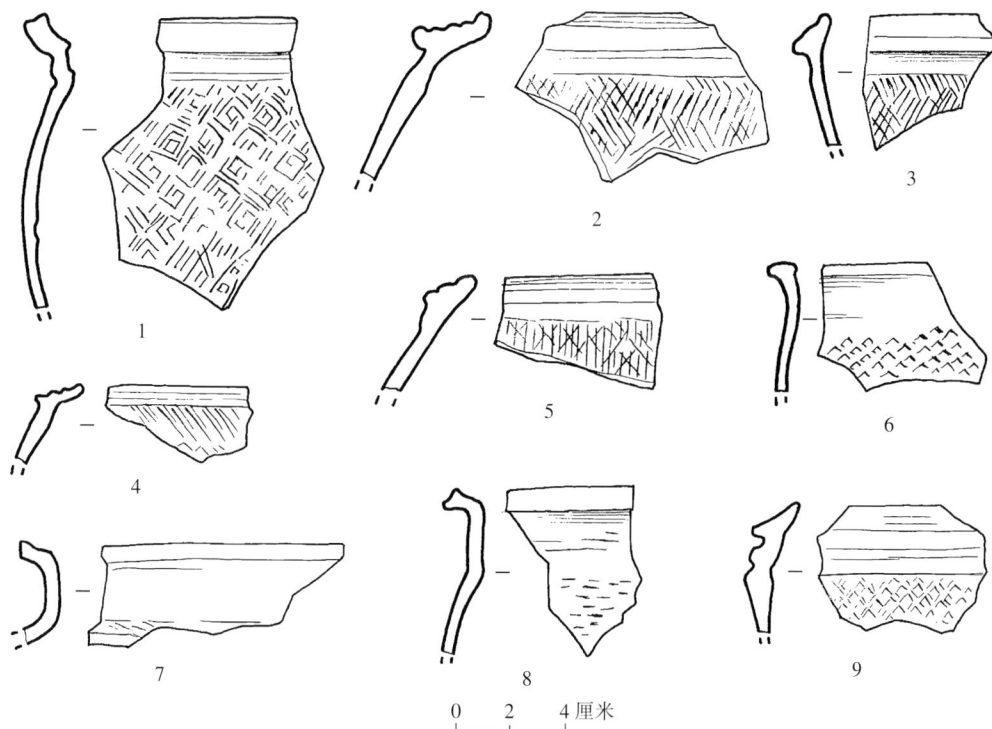

图六二〇　高坊水库Ⅰ号遗址采集陶罐口沿

1、6、8. E 型（2015JGFⅠ:19、2015JGFⅠ:50、2015JGFⅠ:56）　2～5、9. C 型（2015JGFⅠ:26、2015JGFⅠ:27、2015JGFⅠ:33、2015JGFⅠ:29、2015JGFⅠ:39）　7. A 型（2015JGFⅠ:45）

2015JGFⅠ:24，灰色硬陶，宽折沿，尖圆唇，沿面有三道凹槽。器表施菱格纹。残高 3.6 厘米（图六二五，3）。

2015JGFⅠ:36，黄色硬陶，内折沿，方唇，肩部可见一周凸棱。肩部以下施折线纹。残高 9.4 厘米（图六二二，4）。

2015JGFⅠ:22，灰色硬陶，宽平沿，圆唇，沿面可见数道凹槽。器表施折线纹。残高 3.2 厘米

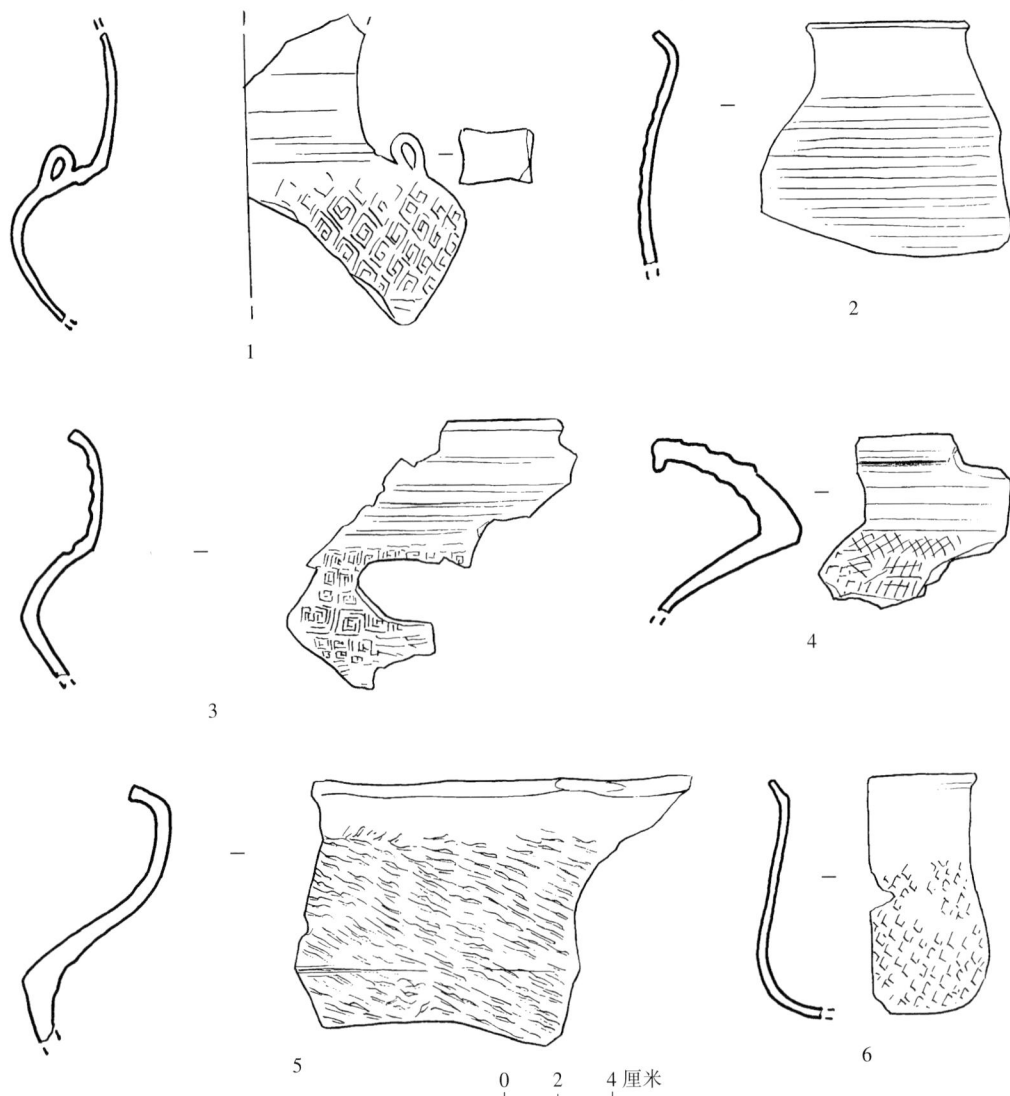

图六二一　高坊水库Ⅰ号遗址采集陶罐口沿

1. F 型（2015JGFⅠ：9）　　2、6. E 型（2015JGFⅠ：6、2015JGFⅠ：5）　　3、4. A 型（2015JGFⅠ：8、2015JGFⅠ：43）

5. G 型（2015JGFⅠ：7）

（图六二五，5）。

D 型：5 件。弧腹，卷沿。

2015JGFⅠ：52，灰色硬陶，侈口，尖圆唇，沿面见有多道凹槽。器表施折线纹。残高 6.8 厘米（图六二二，5）。

2015JGFⅠ：44，灰色硬陶，侈口，圆唇，沿面可见数道凹槽。器表施绳纹。残高 6.0 厘米（图六二二，6）。

2015JGFⅠ：32，灰色硬陶，敛口，斜方唇。器表施雷纹。残高 12.0 厘米（图六二三，1）。

2015JGFⅠ：16，黄色硬陶，侈口，方唇，唇面内凹。器表施网格纹。残高 8.8 厘米（图六二四，7）。

2015JGFⅠ：18，夹砂黄褐陶，侈口，圆唇。器表施绳纹。残高 6.0 厘米（图六二五，4）。

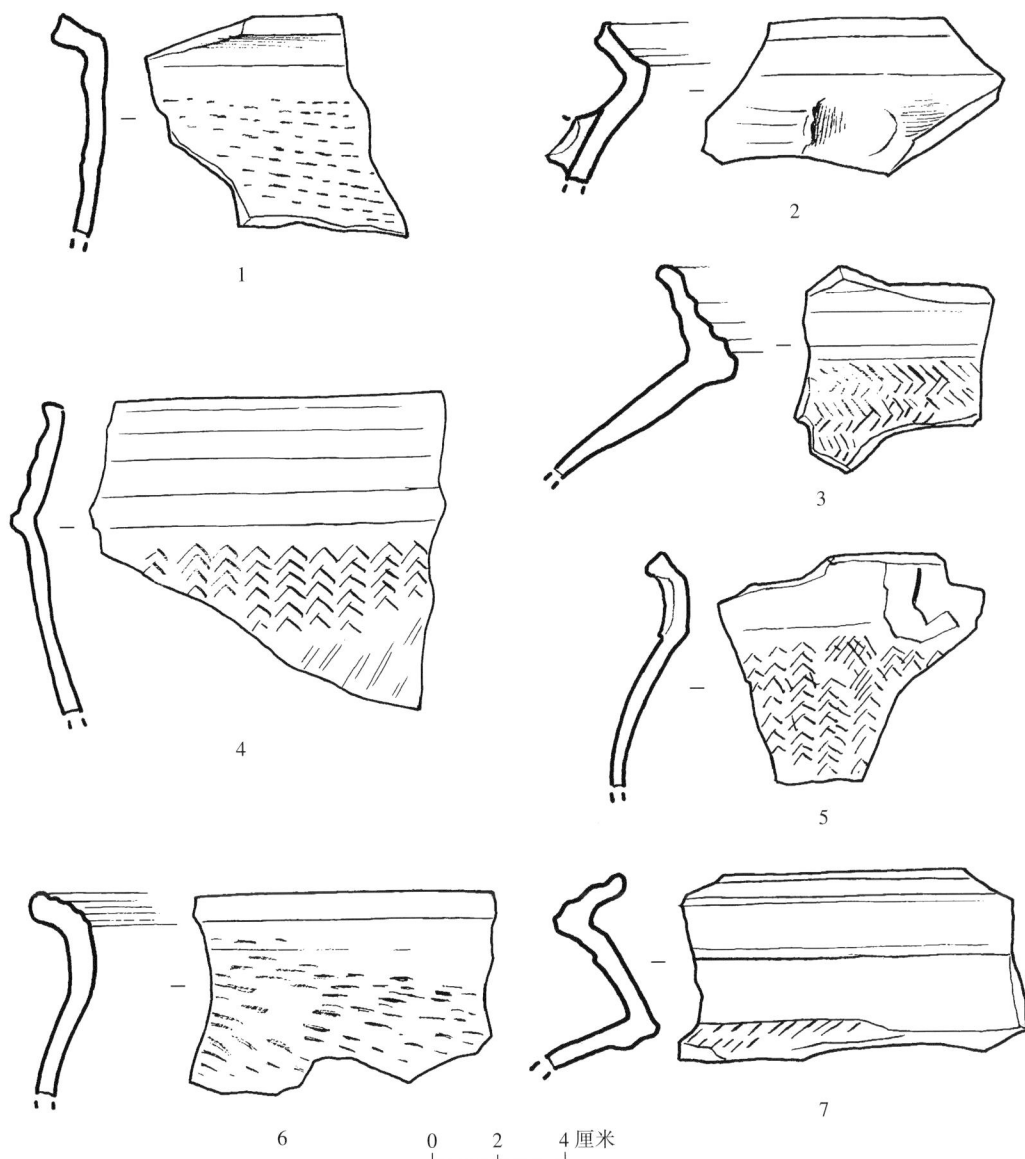

图六二二　高坊水库Ⅰ号遗址采集陶罐口沿

1. E 型（2015JGFⅠ:38）　　2、3. B 型（2015JGFⅠ:40、2015JGFⅠ:34）　　4. C 型（2015JGFⅠ:36）　　5、6. D
型2015JGFⅠ:52、2015JGFⅠ:44）　　7. A 型（2015JGFⅠ:55）

E 型：8 件。深腹，直口。

2015JGFⅠ:19，黄色硬陶，折沿，方唇，沿面可见两道凹槽。器表施雷纹。残高 10.4 厘米（图六二〇，1）。

2015JGFⅠ:50，灰色硬陶，窄平沿，尖圆唇。器表施菱格纹。残高 4.6 厘米（图六二〇，6）。

2015JGFⅠ:56，夹砂黄褐陶，卷沿，方唇，唇面内凹。器表施绳纹。残高 5.8 厘米（图六二〇，8）。

2015JGFⅠ:6，灰色硬陶，卷沿，方唇。腹部施凹弦纹。残高 8.3 厘米（图六二一，2）。

2015JGFⅠ:5，泥质红陶，折沿，尖唇，平底。腹部施方格纹。残高 8.4 厘米（图六二一，6）。

2015JGFⅠ:38，黄褐色硬陶，窄折沿，斜方唇。器表施绳纹。残高 6.4 厘米（图六二二，1）。

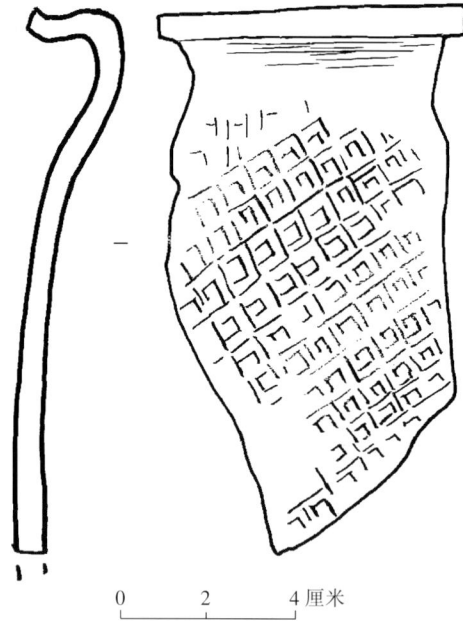

图六二三　高坊水库Ⅰ号遗址采集 D 型陶罐口沿（2015JGFⅠ:32）

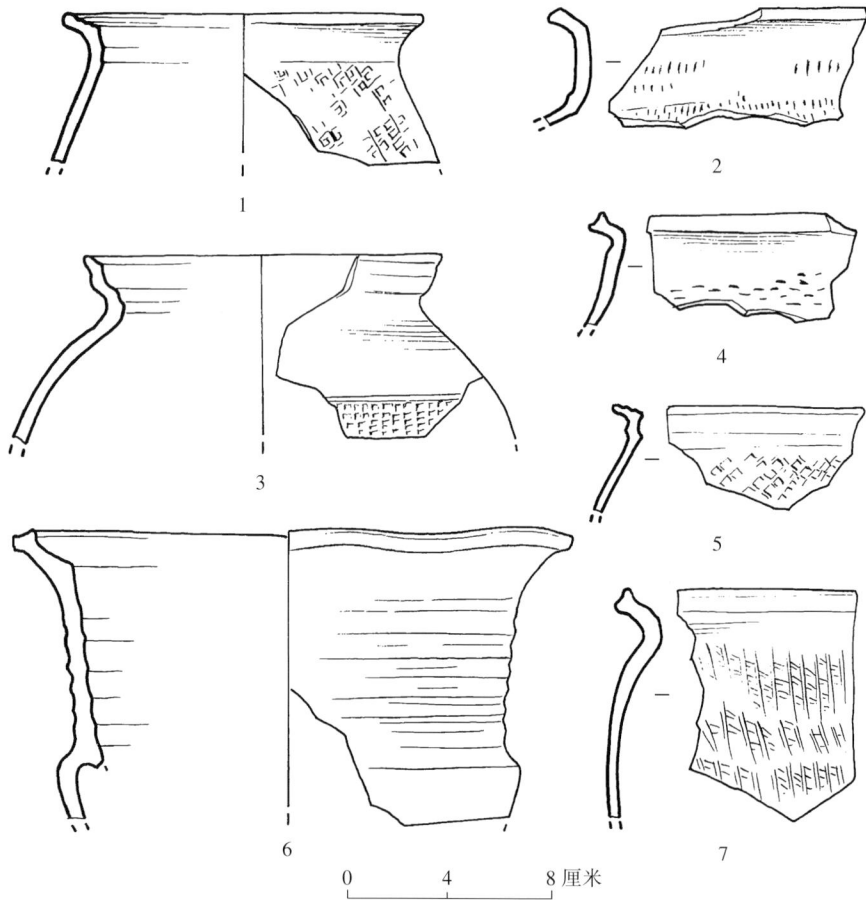

图六二四　高坊水库Ⅰ号遗址采集陶罐口沿

1、3~5. B 型（2015JGFⅠ:13、2015JGFⅠ:12、2015JGFⅠ:14、2015JGFⅠ:35）　　2. A 型
（2015JGFⅠ:17）　　6. 尊（2015JGFⅠ:15）　　7. D 型（2015JGFⅠ:16）

2015JGFⅠ:28，黄褐色硬陶，卷沿，斜方唇。器表施绳纹。残高8.6厘米（图六二五，1）。

2015JGFⅠ:25，灰色硬陶，窄折沿，尖圆唇。器表施菱格纹。残高5.0厘米（图六二五，7）。

F型：1件。高领，鼓腹。

2015JGFⅠ:9，红褐色硬陶，口部残，鼓腹，腹上饰一对纽形耳。颈部施数道弦纹，腹部施云雷纹。残高11.2厘米（图六二一，1）。

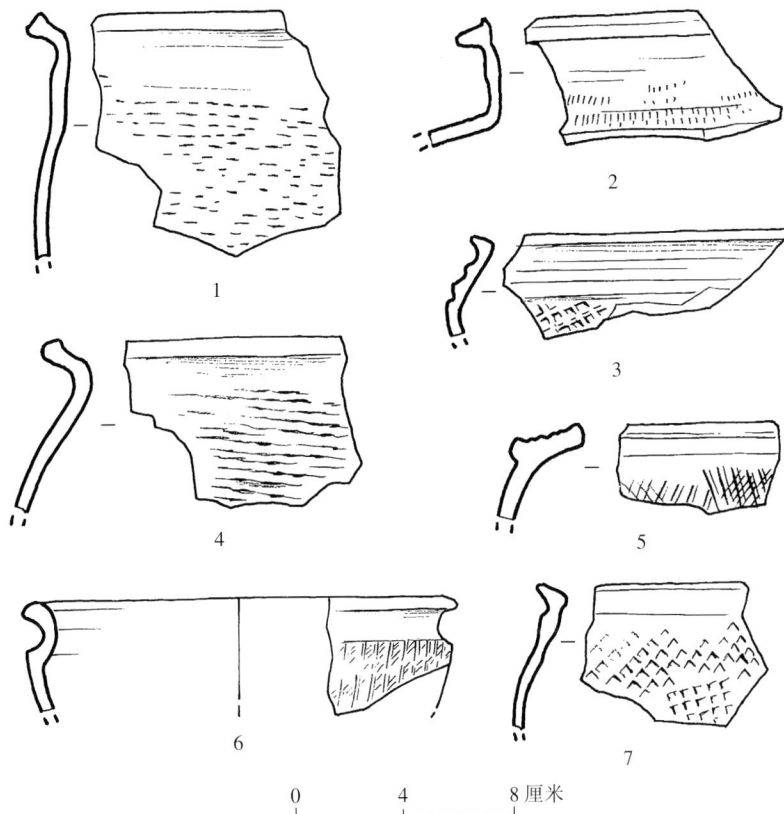

图六二五　高坊水库Ⅰ号遗址采集陶罐口沿

1、7. E型（2015JGFⅠ:28、2015JGFⅠ:25）　2. A型（2015JGFⅠ:23）　3、5. C型
（2015JGFⅠ:24、2015JGFⅠ:22）　4. D型（2015JGFⅠ:18）　6. 盆（2015JGFⅠ:21）

G型：1件。折肩，卷沿。

2015JGFⅠ:7，灰黑色硬陶，侈口，方唇。颈部以下施戳印纹。残高9.5厘米（图六二一，5）。

尊　1件。

2015JGFⅠ:15，夹砂灰陶，侈口，卷沿，圆唇，唇面内凹。内外壁可见明显轮制痕迹。残高11.2厘米（图六二四，6）。

盆　1件。

2015JGFⅠ:21，灰色硬陶，侈口，卷沿，尖圆唇，弧腹。颈部以下施网格纹。残高4.0厘米（图六二五，6）。

鼎足　38件。采集数量较多，据形态可划分为四型：

A型：10件。瓦状足。

2015JGFⅠ:92，夹砂灰白陶，一侧可见两道刻划凹槽。残高4.6厘米（图六二六，1）。

2015JGFⅠ:65，夹砂灰白陶。素面。残高9.0厘米（图六二六，2；图版五三，1）。

2015JGFⅠ:102，夹砂灰白陶。素面。残高11.0厘米（图六二六，3）。

2015JGFⅠ:78，夹砂黄陶，一侧足顶部可见一按压凹窝。残高7.2厘米（图六二六，4）。

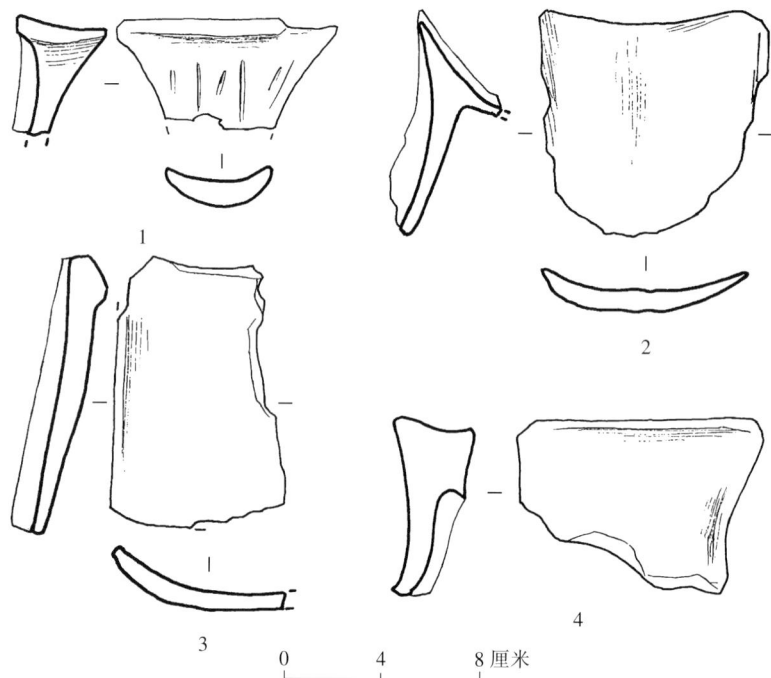

图六二六　高坊水库Ⅰ号遗址采集陶鼎足

1~4. A 型鼎足（2015JGFⅠ:92、2015JGFⅠ:65、2015JGFⅠ:102、2015JGFⅠ:78）

2015JGFⅠ:81，夹砂黄陶，一侧可见数道刻划短刻槽，同侧足顶部可见一按压凹窝。残高11.0厘米（图六二七，2）。

2015JGFⅠ:89，夹砂灰黑陶，一侧可见数道刻划短刻槽。残高10.4厘米（图六二七，3）。

2015JGFⅠ:101，夹砂黄陶，一侧可见数道刻划短刻槽。残高8.0厘米（图六二七，4；图版五四，3）。

2015JGFⅠ:77，夹砂黄陶，一侧可见数道刻划短刻槽，同侧足根部可见一按压凹窝。残高7.4厘米（图六二七，5）。

2015JGFⅠ:83，夹砂灰陶，一侧可见数道刻划短刻槽，同侧足顶部可见一按压凹窝。残高7.2厘米（图六二七，6；图版五二，4）。

2015JGFⅠ:71，夹砂黄陶，两侧均可见数道刻划短刻槽。残高6.0厘米（图六三〇，4）。

B 型：5 件。铲状足，器表多见戳印凹窝。

2015JGFⅠ:91，夹砂黄陶，两侧均可见数道戳印短凹槽。残高13.8厘米（图六二七，1；图版五三，6，图版五四，1）。

2015JGFⅠ:76，夹砂红褐陶，两侧均可见数道短凹槽。残高13.0厘米（图六二八，2）。

2015JGFⅠ:100，夹砂灰白陶，足顶部可见一圆形穿孔，一侧可见数道戳印短凹槽。残高9.0

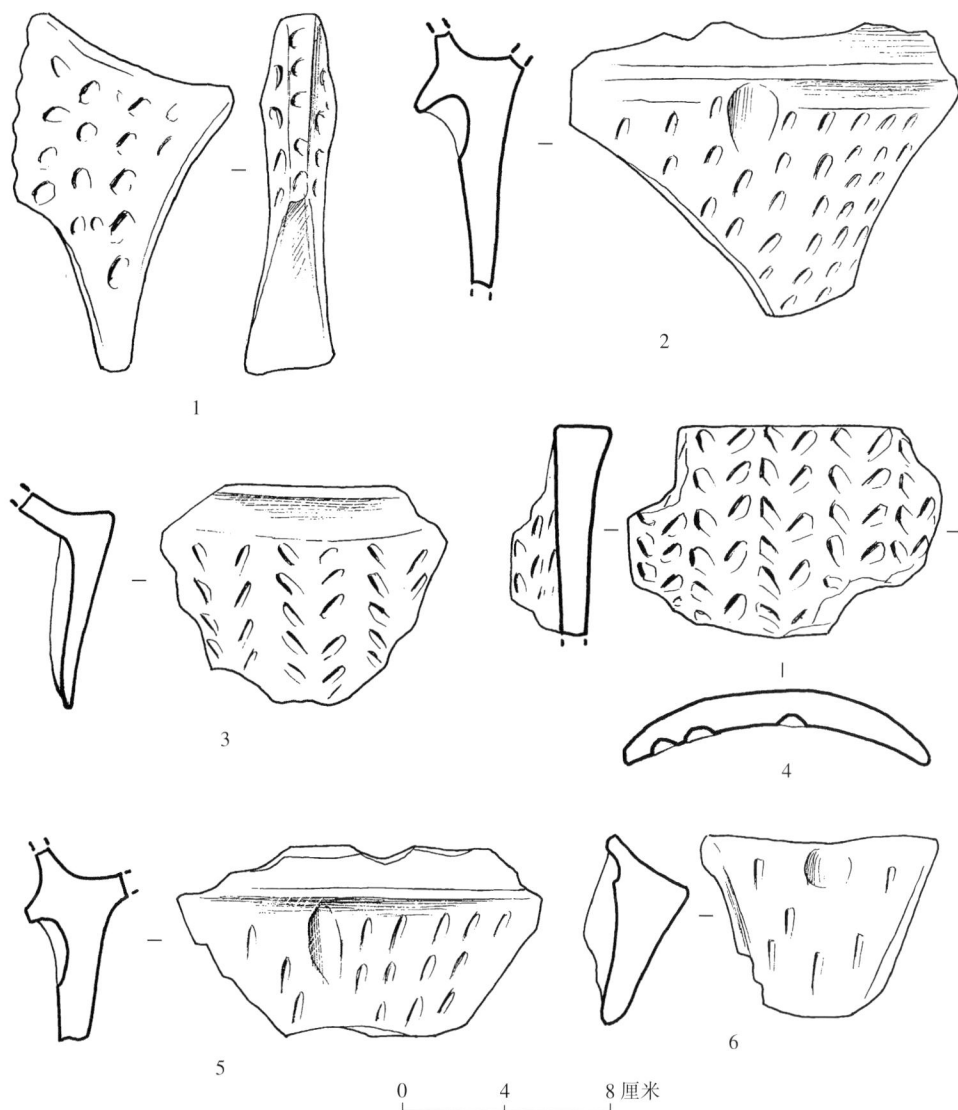

图六二七 高坊水库 I 号遗址采集陶鼎足

1. B 型（2015JGF I :91） 2~6. A 型（2015JGF I :81、2015JGF I :89、2015JGF I :101、2015JGF I :77、2015JGF I :83）

厘米（图六二八，3）。

2015JGF I :84，夹砂黄陶，一侧可见数道戳印短凹槽。残高 7.4 厘米（图六二八，4）。

2015JGF I :68，夹砂黄褐陶。素面。残高 8.0 厘米（图六二九，6）。

C 型：18 件。宽扁状，据器表有无纹饰划分为四亚型：

Ca 型：8 件。器表未见纹饰。

2015JGF I :97，夹砂灰陶。素面。残高 9.0 厘米（图六二九，1）。

2015JGF I :98，夹砂红陶。素面。残高 7.0 厘米（图六二九，2）。

2015JGF I :86，夹砂黄陶。素面。残高 7.0 厘米（图六二九，3）。

2015JGF I :74，夹砂黄陶，近顶端见有一凹窝。素面。残高 6.6 厘米（图六二九，4）。

2015JGF I :80，夹砂红褐陶。素面。残高 7.0 厘米（图六二九，5）。

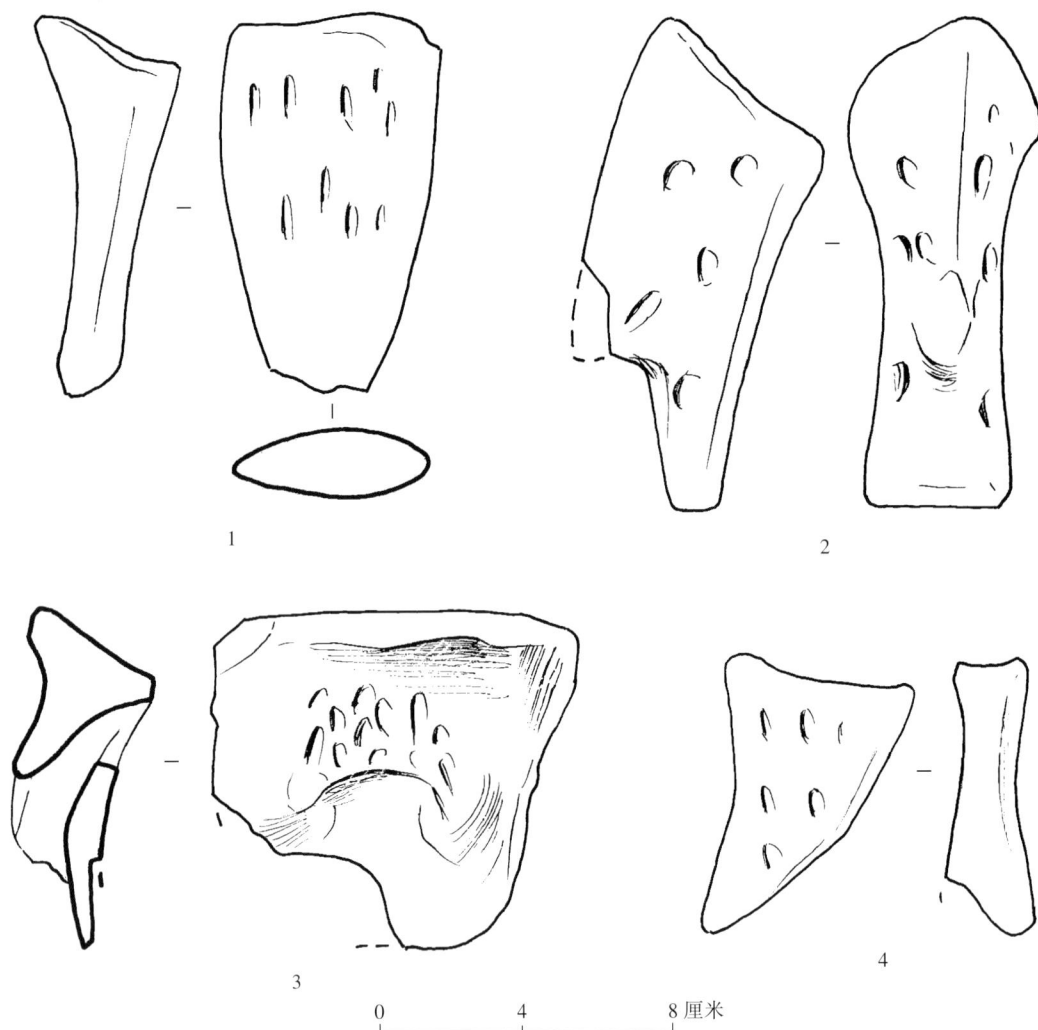

图六二八　高坊水库Ⅰ号遗址采集陶鼎足

1. Cb 型（2015JGFⅠ:72）　2~4. B 型（2015JGFⅠ:76、2015JGFⅠ:100、2015JGFⅠ:84）

2015JGFⅠ:93，夹砂红陶。素面。残高7.2厘米（图六三二，4）。

2015JGFⅠ:87，夹砂黄陶。素面。残高6.0厘米（图六三二，5）。

2015JGFⅠ:99，夹砂黄陶。素面。残高6.0厘米（图六三二，6）。

Cb 型：6件。器表见有竖向戳印纹。

2015JGFⅠ:72，夹砂红褐陶。一侧可见数道戳印短凹槽，足底可见捏制痕迹。残高10.0厘米（图六二八，1；图版五二，6）。

2015JGFⅠ:67，夹砂黄褐陶，两侧均可见数道戳印短凹槽。残高6.0厘米（图六三〇，1）。

2015JGFⅠ:69，夹砂灰褐陶，两侧均可见两排按压凹窝。残高8.8厘米（图六三〇，2）。

2015JGFⅠ:79，夹砂红褐陶，两侧均可见数道戳印短凹槽。残高6.8厘米（图六三〇，3）。

2015JGFⅠ:96，夹砂黄陶，两侧均可见数道戳印短凹槽。残高5.2厘米（图六三一，2）。

2015JGFⅠ:94，夹砂灰白陶，两侧均可见数道戳印短凹槽。残高7.0厘米（图六三一，3）。

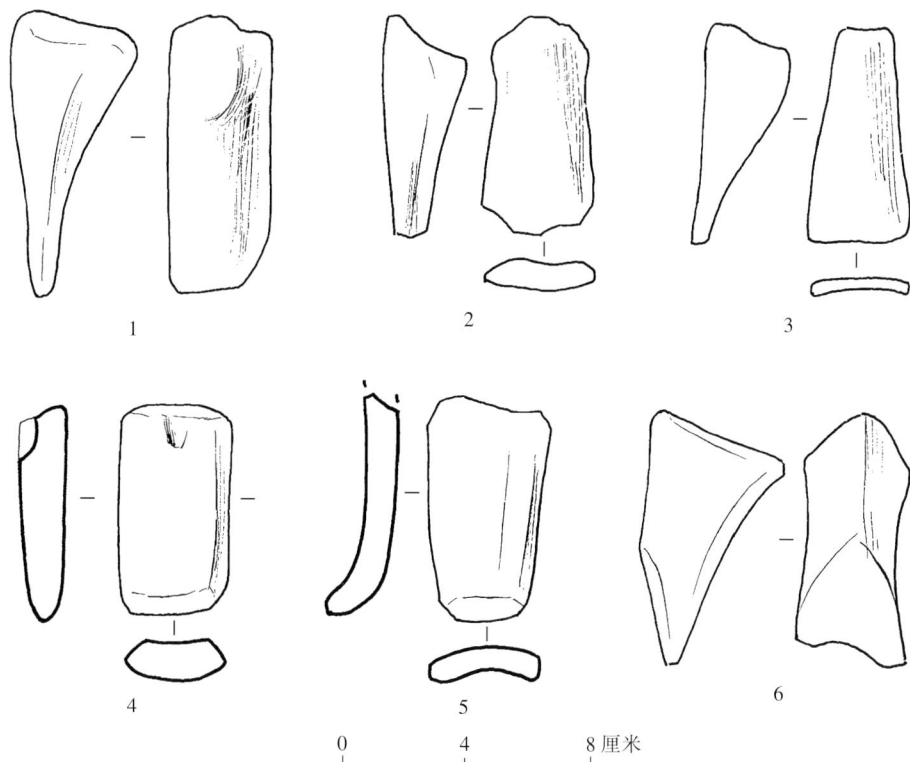

图六二九　高坊水库Ⅰ号遗址采集陶鼎足

1～5. Ca 型（2015JGFⅠ:97、2015JGFⅠ:98、2015JGFⅠ:86、2015JGFⅠ:74、2015JGFⅠ:80）

6. B 型（2015JGFⅠ:68）

Cc 型：3 件。近顶部见圆形凹窝。

2015JGFⅠ:88，夹砂黄褐陶，截面呈扁圆形，一侧足根部可见一按压凹窝。残高 6.4 厘米（图六三一，1）。

2015JGFⅠ:95，夹砂黄陶，截面大致呈长方形，一侧足根部可见一按压凹窝。残高 14.4 厘米（图六三一，4）。

2015JGFⅠ:73，夹砂灰白陶，截面呈椭圆形，一侧足根部可见一按压凹窝。残高 8.8 厘米（图六三一，6）。

Cd 型：1 件。边缘见有按压窝痕。

2015JGFⅠ:85，夹砂黄褐陶。足侧边缘近顶部可见按压凹窝。残高 10.0 厘米（图六三一，5）。

D 型：5 件。扁柱状。

2015JGFⅠ:70，夹砂黄陶。素面。残高 10.0 厘米（图六三二，1；图版五四，2）。

2015JGFⅠ:75，夹砂黄陶。素面。残高 8.6 厘米（图六三二，2）。

2015JGFⅠ:82，夹砂黄褐陶。素面。残高 9.0 厘米（图六三二，3）。

2015JGFⅠ:66，夹砂灰褐陶。素面。残高 7.0 厘米（图六三二，7）。

2015JGFⅠ:90，夹砂黄陶。素面。残高 12.6 厘米（图六三二，8）。

器盖　5 件。

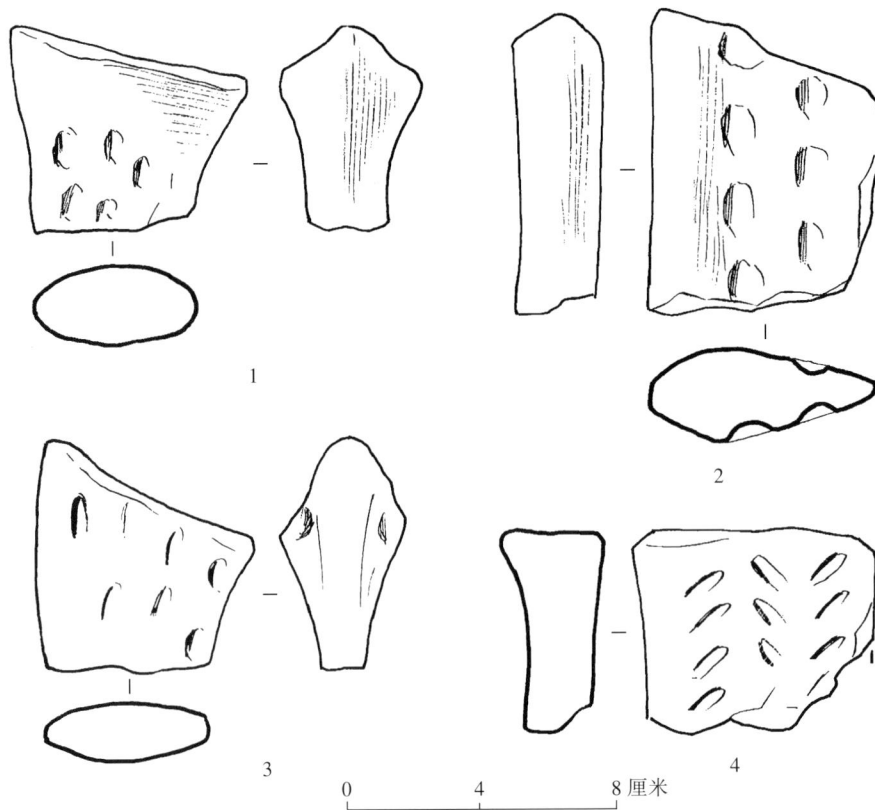

图六三〇　高坊水库Ⅰ号遗址采集陶鼎足

1~3. Cb 型（2015JGFⅠ:67、2015JGFⅠ:69、2015JGFⅠ:79）　4. A 型（2015JGFⅠ:71）

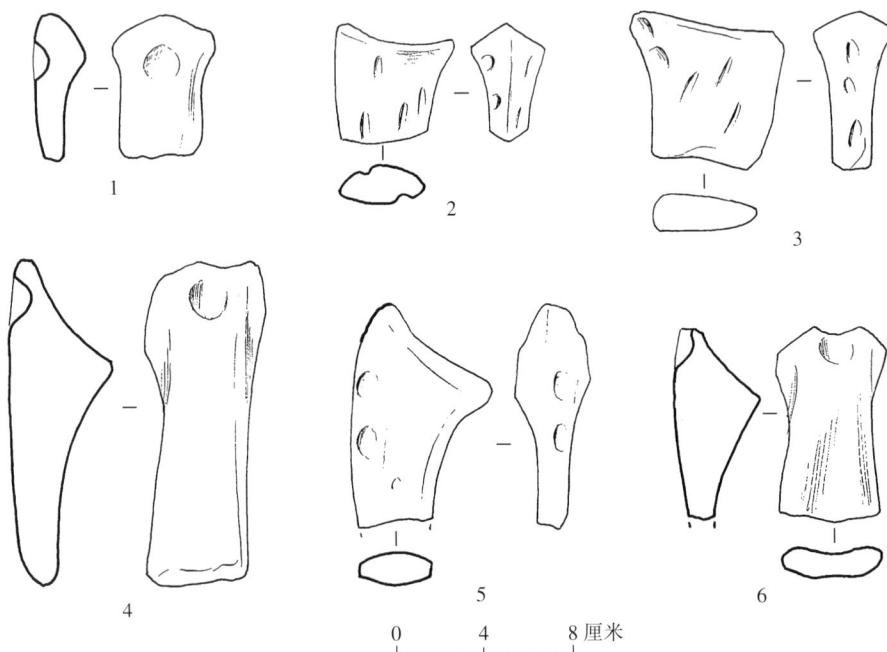

图六三一　高坊水库Ⅰ号遗址采集陶鼎足

1、4、6. Cc 型（2015JGFⅠ:88、2015JGFⅠ:95、2015JGFⅠ:73）　2、3. Cb 型（2015JGFⅠ:96、
2015JGFⅠ:94）　5. Cd 型（2015JGFⅠ:85）

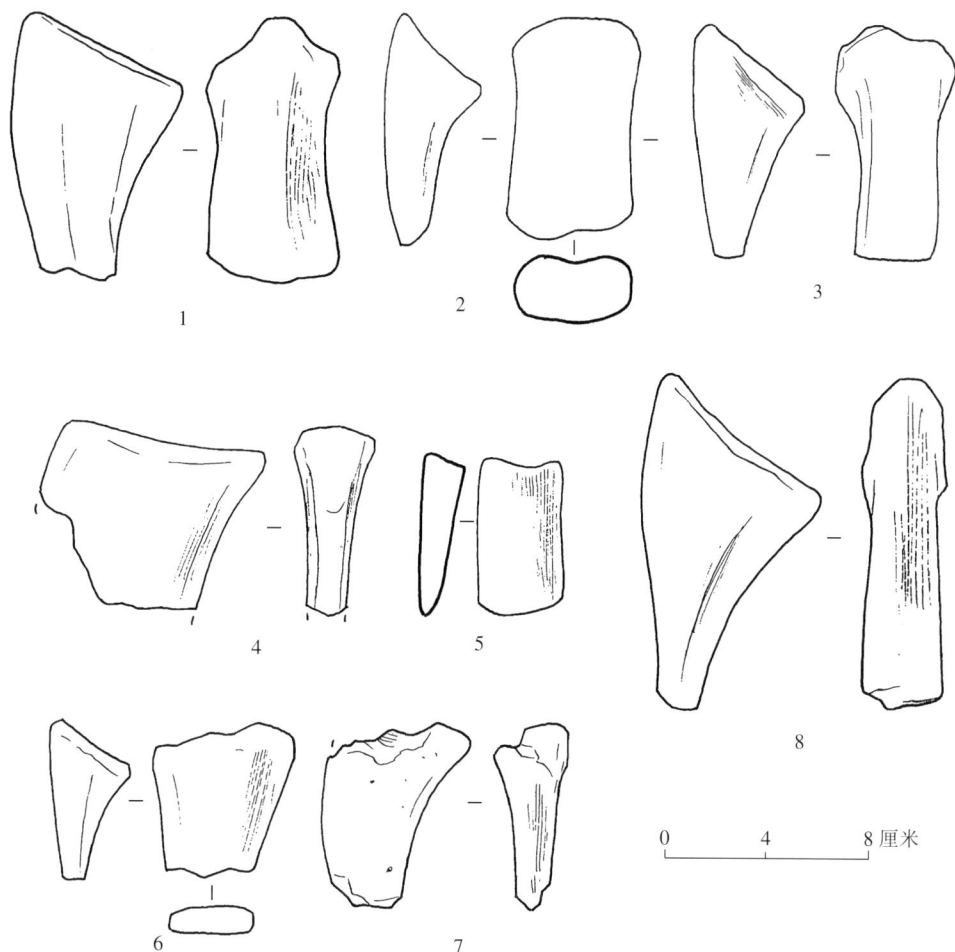

图六三二　高坊水库Ⅰ号遗址采集陶鼎足

1~3、7、8. D 型（2015JGFⅠ:70、2015JGFⅠ:75、2015JGFⅠ:82）　4~6. Ca 型（2015JGFⅠ:93、2015JGFⅠ:87、2015JGFⅠ:99）

2015JGFⅠ:106，夹砂黄陶，平顶，喇叭状口。素面。残高4.8厘米（图六三三，1）。

2015JGFⅠ:105，夹砂红陶，凹顶，喇叭状口。素面。残高3.8厘米（图六三三，2）。

2015JGFⅠ:104，夹砂灰褐陶，平顶，口部内收。素面。残高2.0厘米（图六三三，3）。

2015JGFⅠ:103，夹砂红褐陶，顶线，喇叭状口。素面。残高5.2厘米（图六三三，4）。

2015JGFⅠ:107，夹砂灰褐陶，平顶，喇叭状口。素面。残高3.2厘米（图六三三，5）。

甗腰　4件。

2015JGFⅠ:57，夹砂黄陶，斜弧腹，窄腰隔，其上可见一周圆形箅孔。腰部以下施绳纹，器表可见数道凸棱。残高9.6厘米（图六三四，1）。

2015JGFⅠ:59，夹砂黄褐陶，斜弧腹，窄腰隔。腰部以下施绳纹，器表可见数道凸棱。残高8.8厘米（图六三四，2）。

2015JGFⅠ:60，夹砂灰陶，斜弧腹，窄腰隔。腰部以下施绳纹，器表可见数道凸棱。残高10.2厘米（图六三四，4）。

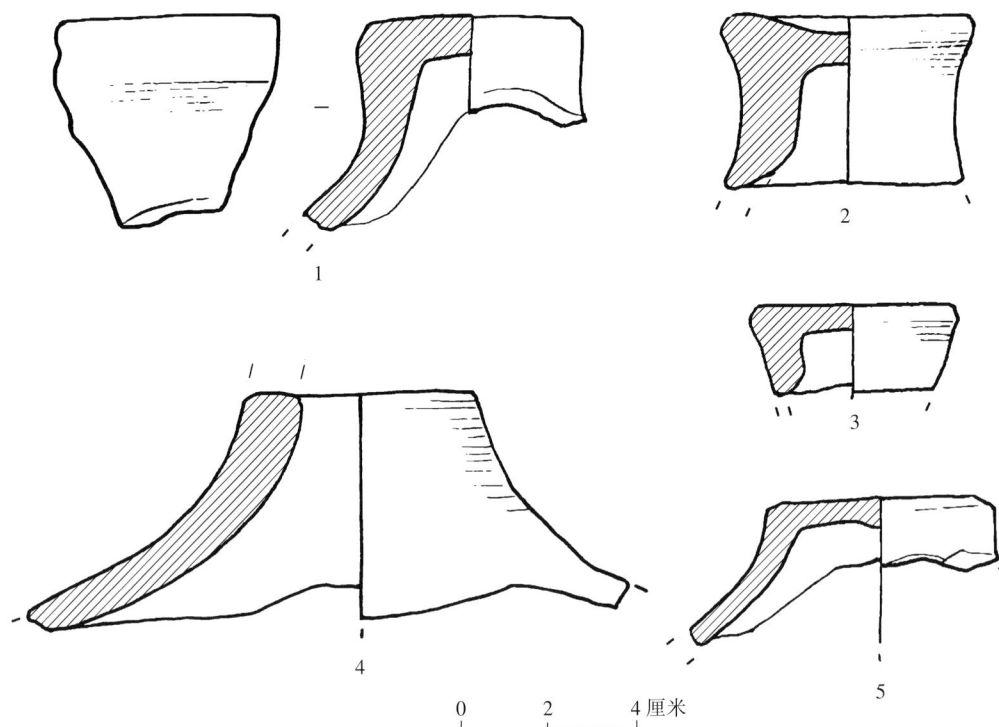

图六三三　高坊水库Ⅰ号遗址采集陶器盖

1～5. 器盖（2015JGFⅠ：106、2015JGFⅠ：105、2015JGFⅠ：104、2015JGFⅠ：103、2015JGFⅠ：107）

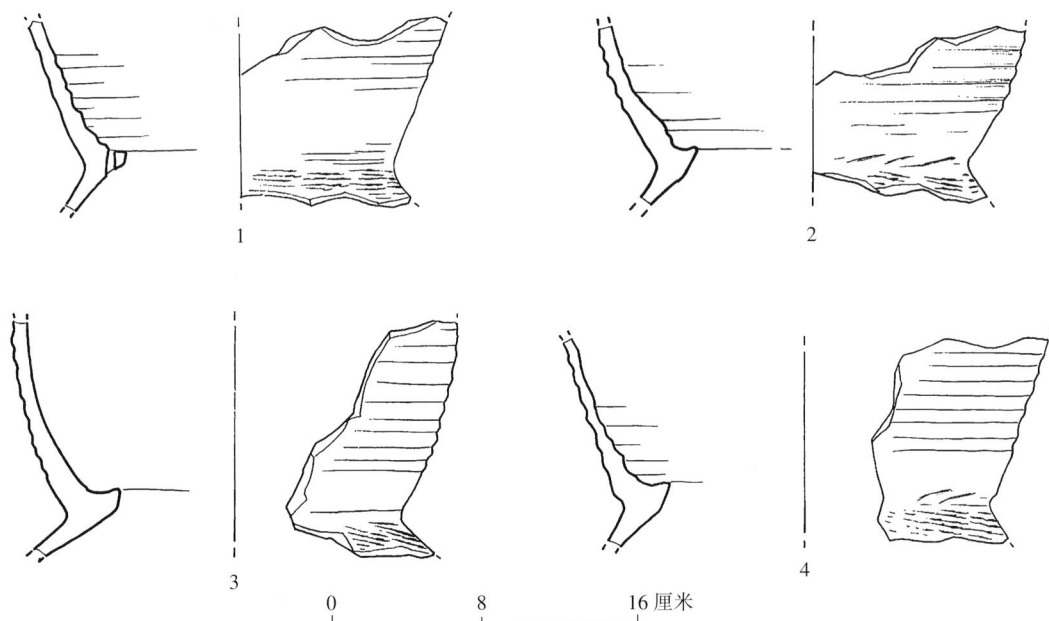

图六三四　高坊水库Ⅰ号遗址采集陶甗腰

1～4.（2015JGFⅠ：57、2015JGFⅠ：59、2015JGFⅠ：58、2015JGFⅠ：60）

　　2015JGFⅠ：58，夹砂灰褐陶。斜弧腹，窄腰隔。腰部以下施绳纹，器表可见数道凸棱。残高12.0厘米（图六三四，3；图版五三，5）。

　　器底　4件。

　　2015JGFⅠ：61，灰色硬陶，斜直腹，平底。微内凹。素面。残高4.0厘米（图六三五，1）。

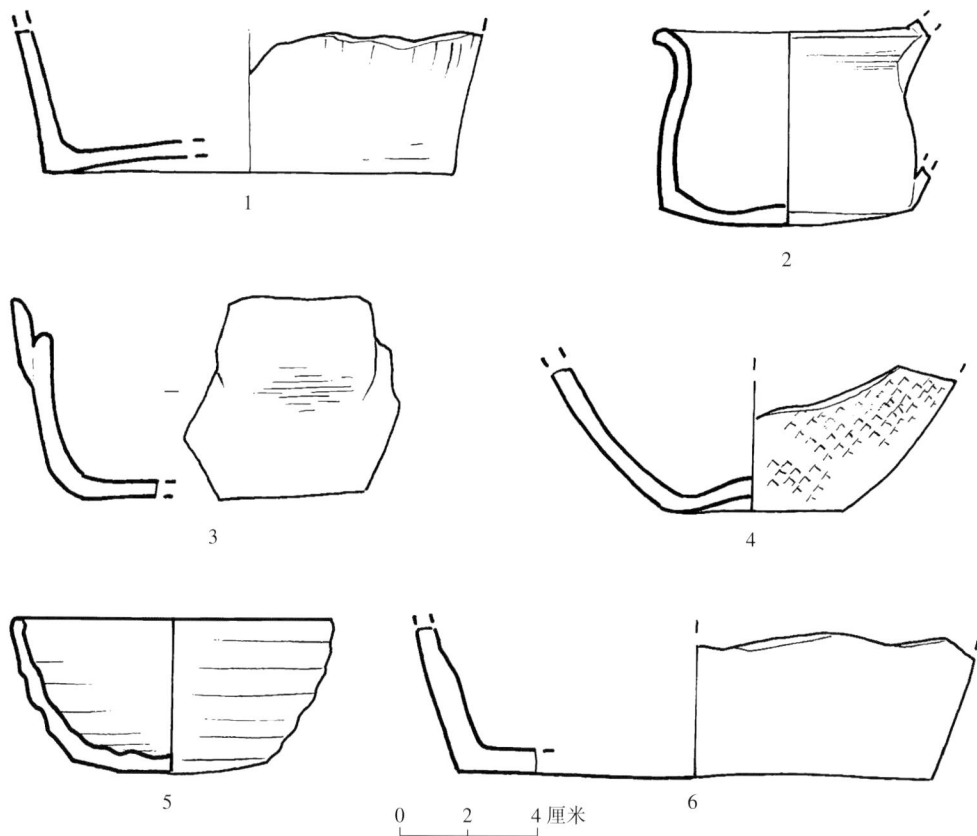

图六三五　高坊水库Ⅰ号遗址采集陶器

1、3、4、6. 器底（2015JGFⅠ：61、2015JGFⅠ：62、2015JGFⅠ：64、2015JGFⅠ：63）　2. 带把罐
（2015JGFⅠ：20）　5. 钵（2015JGFⅠ：112）

2015JGFⅠ：62，灰色硬陶，近直口，尖圆唇，斜直腹，口沿下侧可见一方形附耳，平底。素面。残高5.6厘米（图六三五，3）。

2015JGFⅠ：64，灰色硬陶，圆弧腹，底内凹。器表施方格纹。残高4.2厘米（图六三五，4）。

2015JGFⅠ：63，灰色硬陶，斜直腹，平底。素面。残高4.0厘米（图六三五，6）

钵　1件。

2015JGFⅠ：112，灰色硬陶，敞口，方唇，弧腹，近平底。内外壁均可见轮制痕迹。高5.6厘米（图六三五，5；图版五二，3）。

带把罐　1件。

2015JGFⅠ：20，红褐色硬陶，侈口，卷沿，尖圆唇，弧腹，近平底。沿下至器底见有把手接痕，素面。残高5.6厘米（图六三五，2；图版五二，1、2）。

器耳　3件。

2015JGFⅠ：109，泥质灰白陶，弧锥状附耳。素面。残长5.6厘米（图六三六，1）。

2015JGFⅠ：108，灰色硬陶，管状附耳，耳部可见数道凹槽。器表施折线纹。残高10.0、耳长3.4厘米（图六三六，2）。

2015JGFⅠ：110，灰色硬陶，附耳残片，大致近长方形。器表可见戳印纹，贴附于陶器口沿部位。残高4.0厘米（图六三六，4）。

陶刀　1件。

2015JGFⅠ：111，灰色硬陶，直背，一侧残断，一侧斜直，单面斜刃，近背部可见两圆形穿孔。素面。残长3.9、宽3.8厘米（图六三六，3；图版五三，2）。

陶圈足　2件。

2015JGFⅠ：10，夹砂红陶，近平底，圈足外撇。圈足内外壁施数道弦纹。圈足径11.2，残高3.4厘米（图六三七，1）。

2015JGFⅠ：11，夹砂灰陶，矮圈足，足底外斜。素面。圈足径9.4、残高3.0厘米（图六三七，2）。

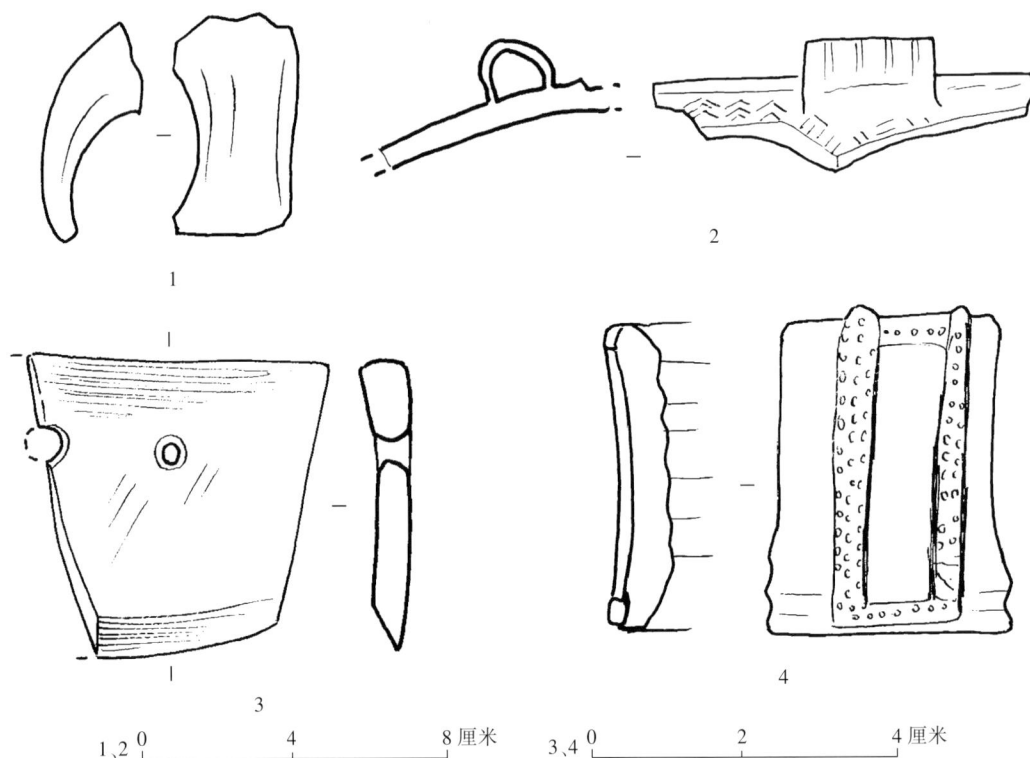

图六三六　高坊水库Ⅰ号遗址采集陶器

1. 器耳（2015JGFⅠ：109）　2. 器耳（2015JGFⅠ：108）　3. 陶刀（2015JGFⅠ：111）　4. 器耳（2015JGFⅠ：110）

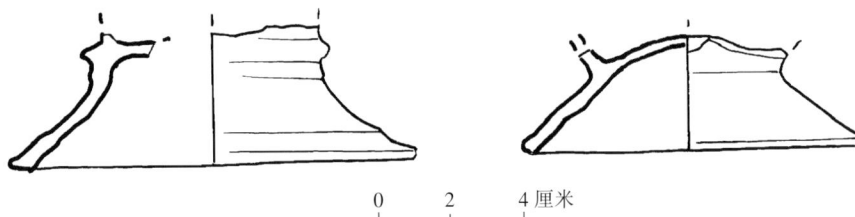

图六三七　高坊水库Ⅰ号遗址采集陶圈足

1. （2015JGFⅠ：10）　2. （2015JGFⅠ：11）

1. 带把罐（2015JGFⅠ:20）　　　　2. 带把罐（2015JGFⅠ:20）

3. 钵（2015JGFⅠ:112）　　　　4. 鼎足（2015JGFⅠ:83）

5. 罐口（2015JGFⅠ:51）　　　　6. 鼎足（2015JGFⅠ:72）

图版五二　高坊水库Ⅰ号遗址采集陶器

1. 鼎足（2015JGFⅠ:65）

2. 陶刀（2015JGFⅠ:111）

3. 石锛（2015JGFⅠ:2）

4. 玉圆饼（2015JGFⅠ:1）

5. 甑腰（2015JGFⅠ:58）

6. 鼎足（2015JGFⅠ:91）

图版五三　高坊水库Ⅰ号遗址采集陶器

1. 鼎足（2015JGFⅠ:91）

2. 鼎足（2015JGFⅠ:70）

3. 鼎足（2015JGFⅠ:101）

4. 陶罐（2015JGFⅠ:49）

图版五四　高坊水库Ⅰ号遗址采集陶器

3. 遗址年代与性质

高坊水库Ⅰ号遗址是一处典型的岗地类聚落，在高坊水库沿岸有多处此类聚落发现，值得注意的是，高坊水库西侧山岗所见遗址应有墓葬分布，在Ⅰ号遗址采集到完整陶器，Ⅲ号遗址清理了一座墓葬，Ⅱ号遗址亦发现较为完整的陶器。可以推测，水库西岸应是有存在墓地的可能。

高坊水库Ⅰ号遗址采集遗物较多，通过比较，可大致划分为四个年代组：

第1组：以A型、B型鼎足为代表。此类鼎足与新石器时代晚期鼎足有较多相似性，在母猪嘴、后龙岗等遗址亦有所见，可判定木组年代为新石器时代末或略晚。

第2组：以A型、C型、E型、F型陶罐，甗形器，Cb型、Cc型鼎足等为代表，纹饰常见折线纹、雷纹、叶脉纹、绳纹等。此类陶器与鹰潭角山遗址有较多的相似性，其年代相当于商代。

第3组：以B型罐，Ca型、Cd型鼎足为代表，见有方格纹、菱格纹、交错线纹等硬陶器。该组陶器与金溪县西周时期遗存有较多的相似性，可推定该组年代为西周时期。

第4组：以小方格纹硬陶、D型鼎足为代表。该组陶器在抚河流域东周时期特别是春秋时期遗存中较为多见。因此，可将该组年代推定为春秋时期。

高坊水库Ⅰ号遗址延续时间较长，从新石器时代发展至东周时期。该遗址的发现，为区域文化序列建立及聚落形态分析等方面提供了重要的考古资料。

三六　高坊水库Ⅱ号遗址

1. 遗址概况

该遗址位于黄通乡高坊水库西北部（图六三八），西北距高坊水库Ⅰ号遗址约392米，南距高坊水库Ⅲ号遗址约351米，东部为水库（图六三九）。遗址为水岸漫坡地带，基本是沿水库西岸呈南北向分布，长径约233米，短径约176米。地势西高东低，自西向东分别为水岸和山坡，由东向西呈缓坡状，西侧河岸地表为沙土，东侧山坡为树林，植被非常茂密（图六四○）。该遗址地理坐标为：北纬27°55′47.7″，东经116°51′24.6″，海拔119米。

遗址中部发现有文化层堆积，厚0.7～1.6米，包含有灰烬、烧土块及少量陶片。

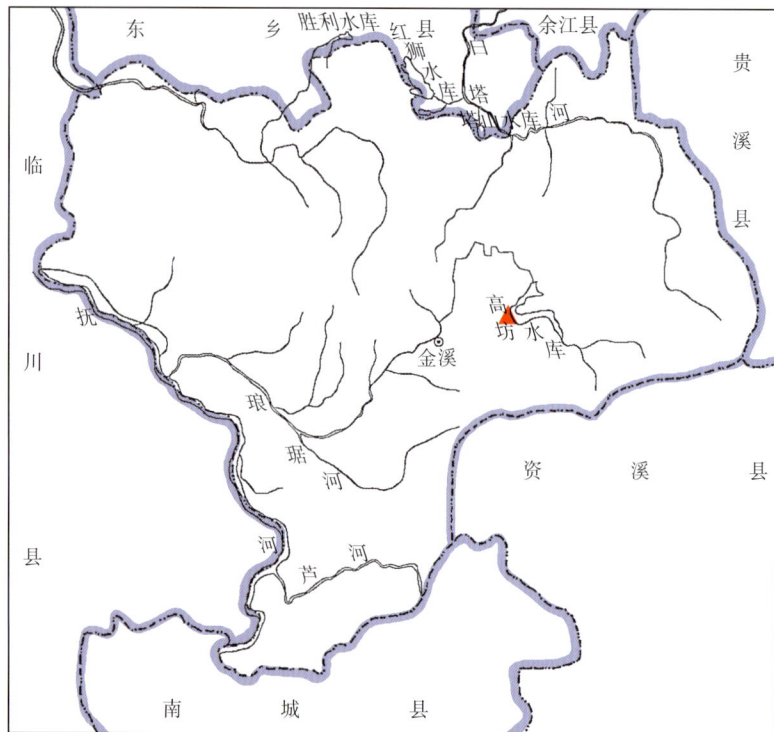

图六三八　高坊水库Ⅱ号遗址位置图

2. 遗物介绍

高坊水库Ⅱ号遗址采集遗物较为丰富，可分为石器和陶器两类。

（1）石器

石斧　5件。

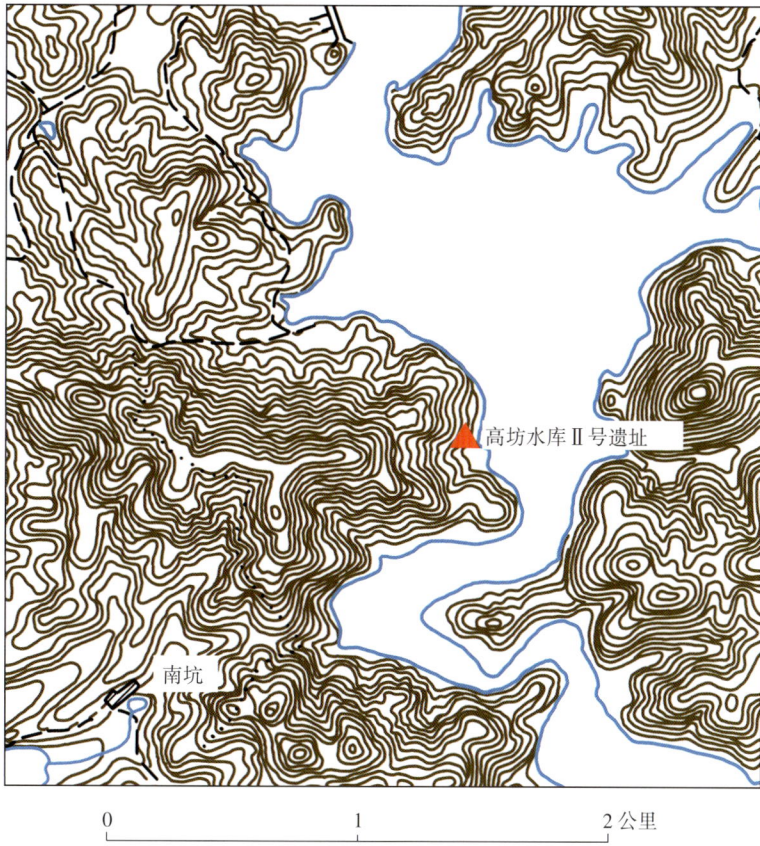

南坑

高坊水库Ⅱ号遗址

0   1   2公里

图六三九　高坊水库Ⅱ号遗址地貌图

图六四〇　高坊水库Ⅱ号遗址远景图（由北向南）

2015JGFⅡ:5，青灰色砂岩磨制而成，平面近长方形，顶部平直，两侧斜直，底部双面磨制成刃。器表磨制光滑。残长8.2、宽3.0、厚1.5厘米（图六四一，1；图版五六，2）。

2015JGFⅡ:4，黄褐色砂岩磨制而成，截面呈扁圆形，顶部平直，刃部略残，器表可见数道交错刻划痕。器表磨制较为规整。残长6.2、宽6.2、厚2.7厘米（图六四一，3）。

2015JGFⅡ:1，黄褐色砂岩磨制而成，顶部略残，两侧斜直，双面磨制成刃。器表磨制较为规整。残长5.3、宽4.2、厚1.5厘米（图六四二，1）。

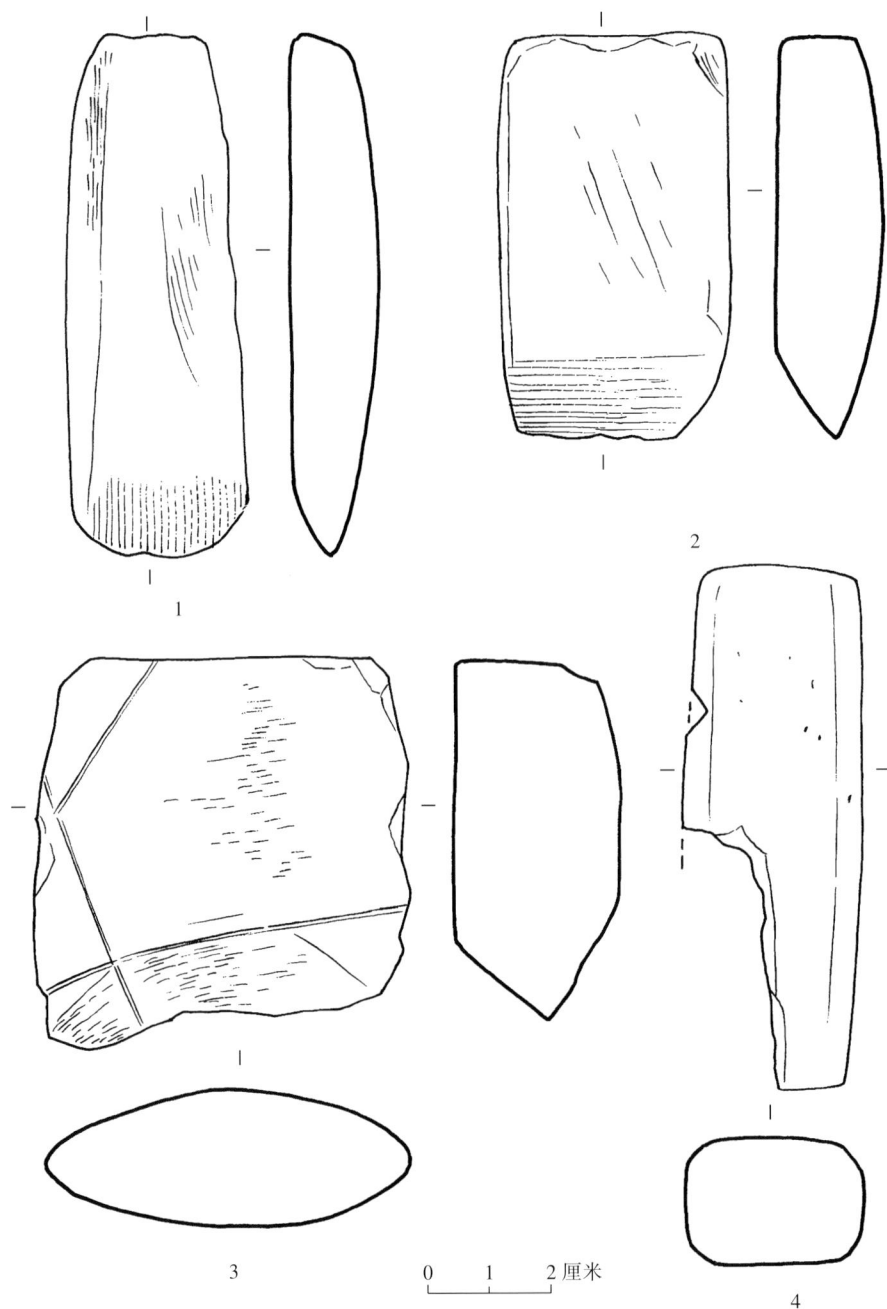

图六四一　高坊水库Ⅱ号遗址采集石器

1、3. 石斧（2015JGFⅡ:5、2015JGFⅡ:4）　　2、4. 石锛（2015JGFⅡ:3、2015JGFⅡ:7）

2015JGFⅡ:6，灰黑色砂岩磨制而成，平面近长方形，顶部残，两侧竖直，底部双面磨制成刃。器表较平整。残长4.3、宽1.8、厚0.8厘米（图六四二，2）。

2015JGFⅡ:2，灰黑色闪长岩磨制而成，平面近长方形，底端残，顶端平直。器表磨制较为规整。残长6.1、宽7.6、厚2.3厘米（图六四二，3）。

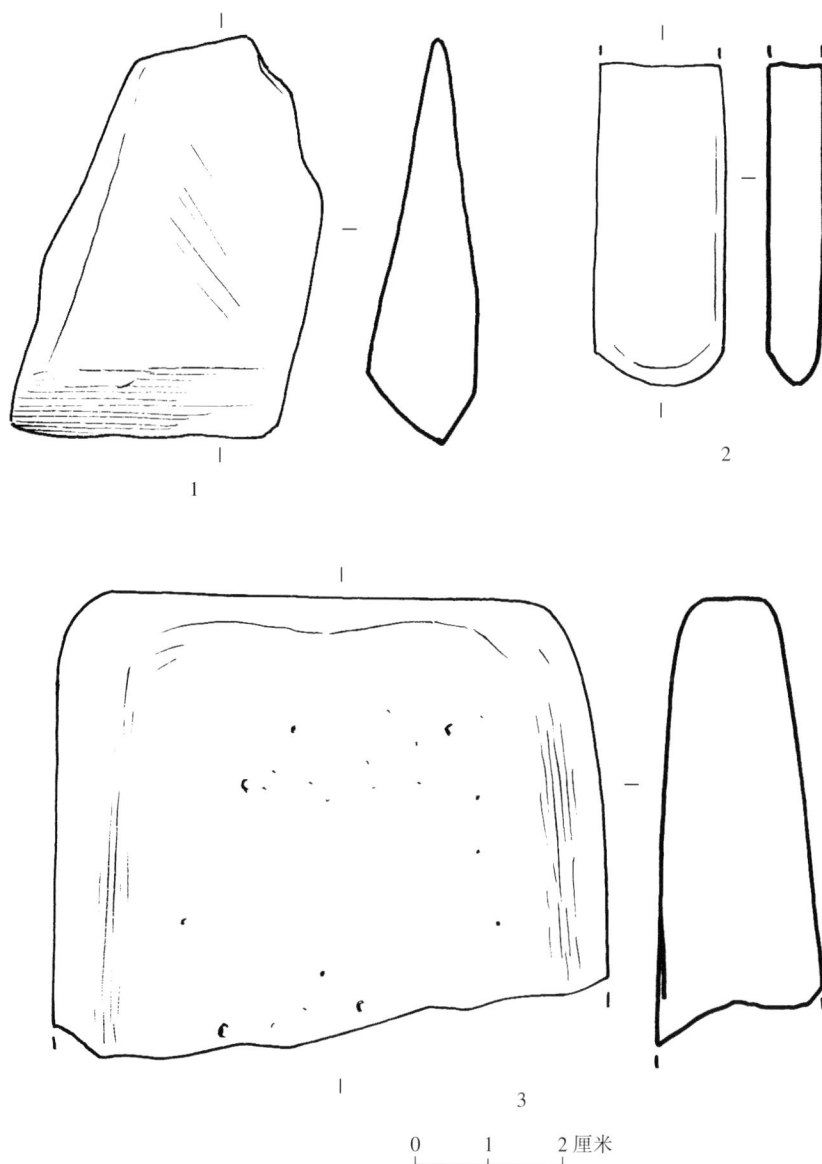

图六四二　高坊水库Ⅱ号遗址采集石器
1~3. 石斧（2015JGFⅡ:1、2015JGFⅡ:6、2015JGFⅡ:2）

石锛　2件。

2015JGFⅡ:3，青灰色砂岩磨制而成，顶部平直，两侧斜直，单面磨制成斜刃。器表磨制较为规整。残长6.4、宽3.7、厚1.8厘米（图六四一，2）。

2015JGFⅡ:7，灰褐色闪长岩磨制而成，扁柱状，截面呈椭圆形，上下面平整，一端残，未见刃部。器表磨制较为规整。残长8.2、宽2.9、厚2.0厘米（图六四一，4）。

（2）陶器

陶器以印纹硬陶为主，多为灰色和灰褐色，纹饰有折线纹，雷纹、交错线纹、方格纹、绳纹、卷云纹、小方格纹（图六四三~图六四八），器形有罐、盆等；夹砂陶主要为灰黄色或褐色，见有绳纹，器形有罐、甑形器等。

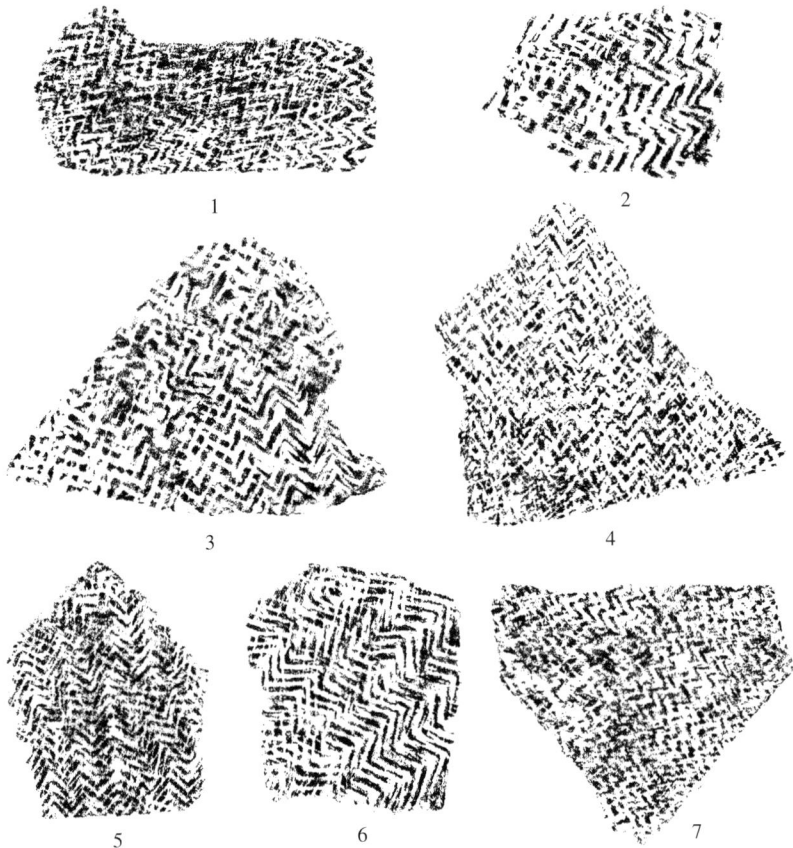

图六四三　高坊水库Ⅱ号遗址采集陶片纹饰拓片
1~7. 折线纹

罐

据腹部及口沿特征，可划分为六型：

A型：5件。矮领，斜弧腹。

2015JGFⅡ：9，黄褐色硬陶，侈口，斜方唇。领部以下施绳纹。残高7.4厘米（图六四九，1；图版五五，3）。

2015JGFⅡ：20，灰色硬陶，侈口，斜方唇。器腹施雷纹。残高8.2厘米（图六四九，2；图版五五，5；图版五六，1）。

2015JGFⅡ：18，灰色硬陶，直口，圆唇，领部见一附耳。素面。残高5.2厘米（图六四九，4）。

2015JGFⅡ：12，黄褐色硬陶，斜折沿，圆唇。领部可见数道凸棱，领部以下施折线纹。残高6.4厘米（图六五〇，1）。

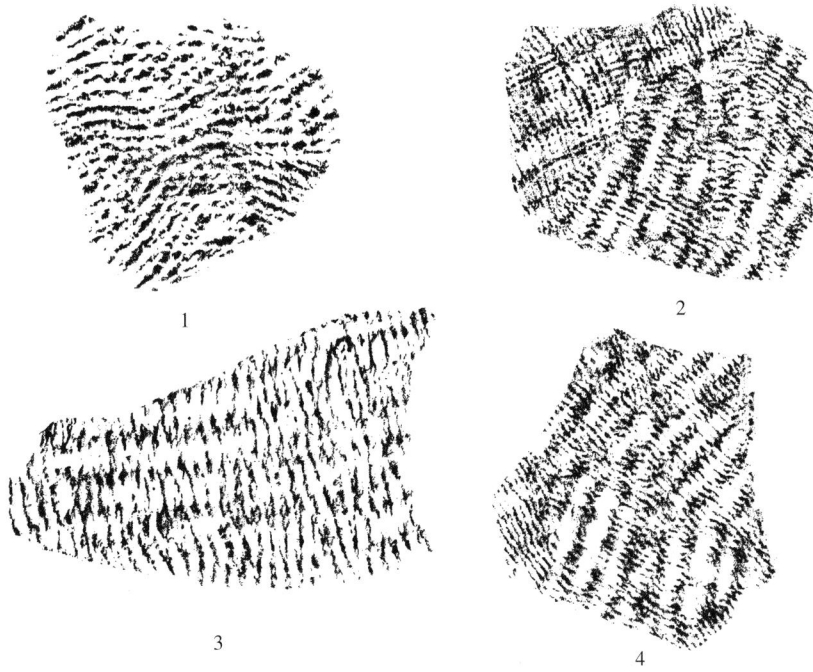

图六四四　高坊水库Ⅱ号遗址采集陶片纹饰拓片
1. 交错绳纹　2~4. 短线纹

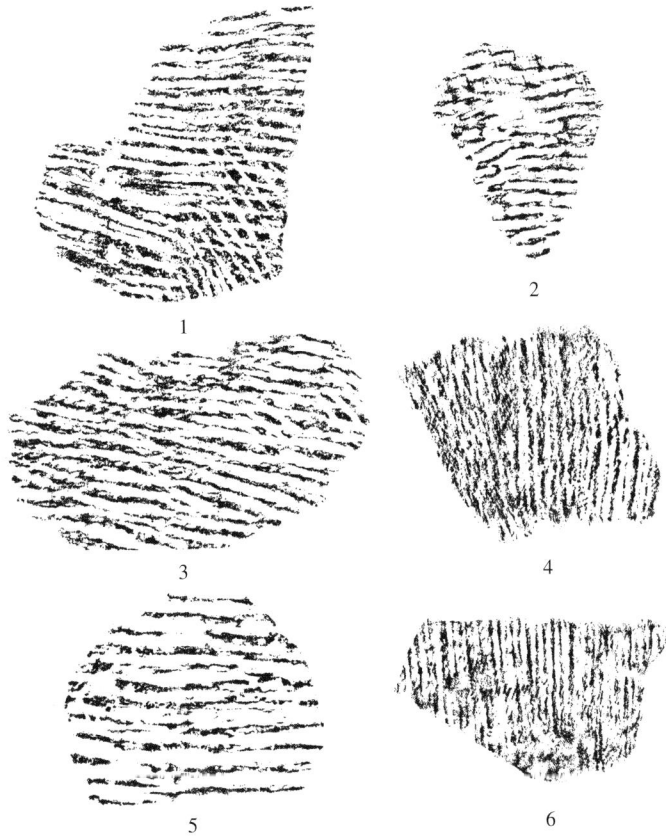

图六四五　高坊水库Ⅱ号遗址采集陶片纹饰拓片
1. 交错绳纹　2~6. 绳纹

图六四六　高坊水库Ⅱ号遗址采集陶片纹饰拓片

1~6. 方格纹

图六四七　高坊水库Ⅱ号遗址采集陶片纹饰拓片

1、3~5. 雷纹　2. 卷云纹

图六四八 高坊水库Ⅱ号遗址采集陶片纹饰拓片

1. 交错绳纹 2. 席纹 3. 方格纹 4. 绳纹

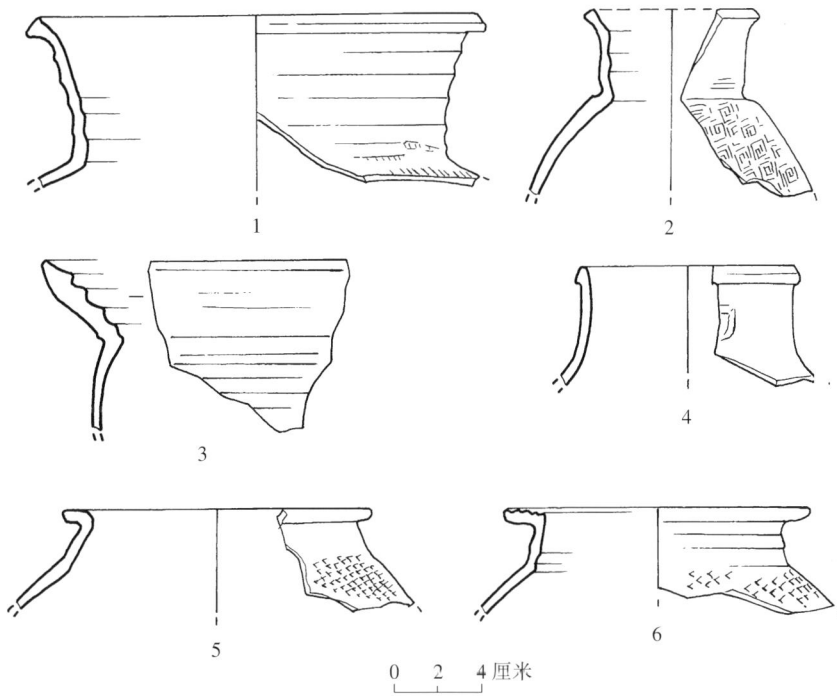

图六四九 高坊水库Ⅱ号遗址采集陶器

1、2、4. A 型罐（2015JGFⅡ：9、2015JGFⅡ：20、2015JGFⅡ：18） 3. B 型罐（2015JGFⅡ：21）

5、6. C 型罐（2015JGFⅡ：15、2015JGFⅡ：22）

2015JGFⅡ：19，灰色硬陶，微侈口，尖圆唇。颈部以下施菱格纹。残高7.6厘米（图六五六，2）。

B型：6件。弧腹，折沿。

2015JGFⅡ：21，灰色硬陶，侈口，圆唇。沿面可见数道凸棱。残高7.6厘米（图六四九，3）。

2015JGFⅡ：11，灰色硬陶，微侈口，圆唇。器表施绳纹。残高6.2厘米（图六五〇，2）。

2015JGFⅡ：13，黄褐色硬陶，侈口，圆唇。器表施绳纹。残高4.8厘米（图六五〇，3）。

2015JGFⅡ：14，灰色硬陶，敛口，沿面可见两道凹槽，圆唇。器表施菱格纹。残高3.8厘米（图六五一，2）。

2015JGFⅡ：28，灰色硬陶，侈口，圆唇。器表施菱格及乳钉组合纹饰。残高3.2厘米（图六五一，3）。

2015JGFⅡ：25，灰色硬陶，侈口，平折沿，圆唇。器表施菱格纹。残高4.8厘米（图六五一，7）。

C型：4件。斜肩，平沿。

2015JGFⅡ：15，灰色硬陶，敛口，圆唇。器表施菱格纹。残高4.4厘米（图六四九，5）。

2015JGFⅡ：22，黄褐色硬陶，近直口，圆唇，沿面有数道凹槽。器腹施菱格纹。残高4.6厘米（图六四九，6；图版五五，2）。

2015JGFⅡ：10，黄褐色硬陶、侈口，尖圆唇。器表施菱格纹。残高5.2厘米（图六五一，1）。

2015JGFⅡ：26，灰褐色硬陶，微侈口，尖圆唇，沿面有数道凸棱。器表施折线纹。残高4.2厘米（图六五一，6）。

D型：1件。直口，圆腹。

2015JGFⅡ：8，灰褐色硬陶，尖圆唇，矮领。器腹施折线纹。残高13.0厘米（图六五二，1）。

E型：2件。弧腹，平沿。

2015JGFⅡ：23，灰色硬陶，敛口，沿面可见两道凹槽。器表施菱格纹。残高7.6厘米（图六五一，4）。

2015JGFⅡ：24，黄褐色硬陶，侈口，斜方唇，平底。内外壁可见轮制痕迹。高9.0厘米（图六三七，4）。

F型：1件。斜肩，卷沿。

2015JGFⅡ：27，黄褐色硬陶，侈口，圆唇。器腹施菱格纹。残高5.4厘米（图六五一，5）。

盆　2件。

2015JGFⅡ：16，夹砂黄褐陶，敞口，圆唇。口沿下可见数道凸棱。残高19.0厘米（图六五〇，4）。

2015JGFⅡ：17，夹砂黄褐陶，敞口，折沿，圆唇。口沿及上腹内外可见数道凸棱。残高19.2厘米（图六五二，2）。

鼎足　3件。

2015JGFⅡ：36，夹砂灰陶，扁圆状足。素面。残高9.6厘米（图六五三，1；图版五五，6）。

2015JGFⅡ：35，夹砂灰陶，扁圆状足。素面。残高8.8厘米（图六五三，2）。

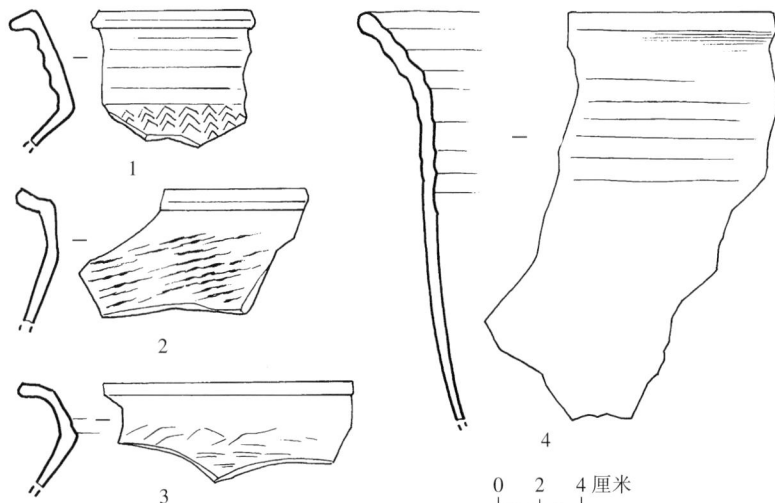

图六五〇　高坊水库Ⅱ号遗址采集陶器

1. A 型罐（2015JGFⅡ：12）　　2、3. B 型罐（2015JGFⅡ：11、2015JGFⅡ：13）　　4. 盆（2015JGFⅡ：16）

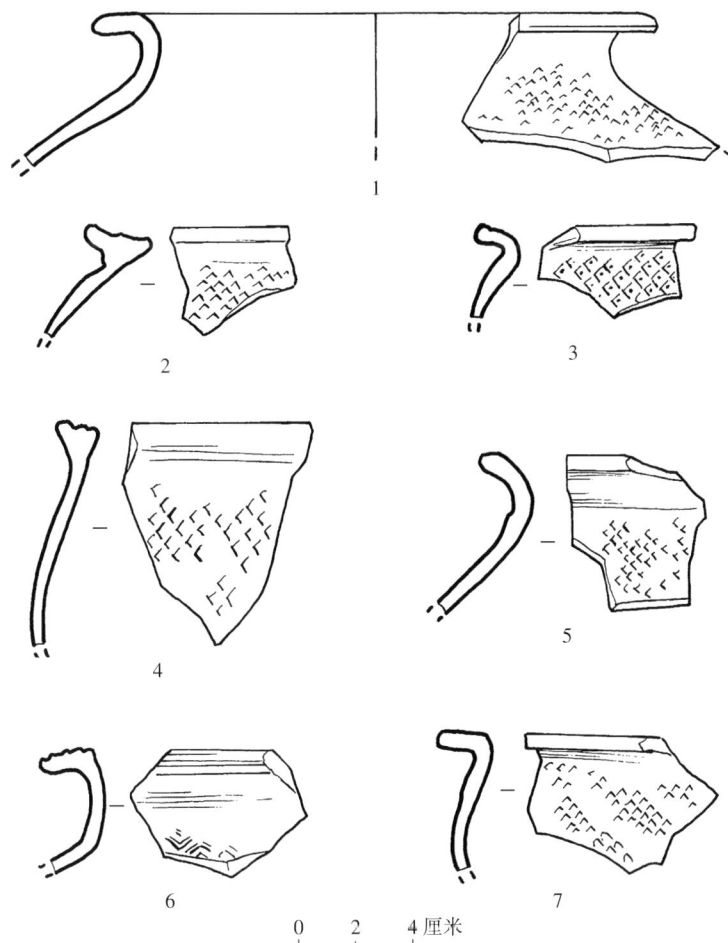

图六五一　高坊水库Ⅱ号遗址采集陶罐

1、6. C 型罐（2015JGFⅡ：10、2015JGFⅡ：26）　　2、3、7. B 型罐（2015JGFⅡ：14、2015JGFⅡ：28、2015JGFⅡ：25）　　4. E 型罐（2015JGFⅡ：23）　　5. F 型罐（2015JGFⅡ：27）

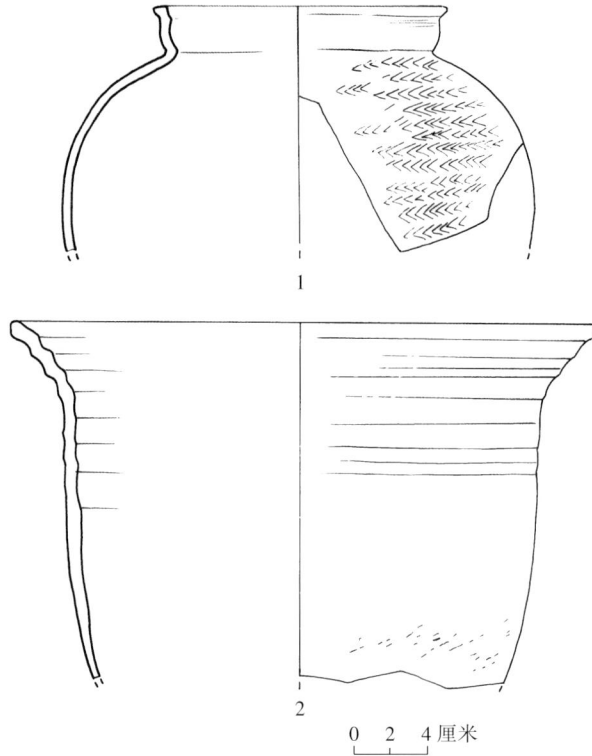

图六五二　高坊水库Ⅱ号遗址采集陶器
1. D 型（2015JGFⅡ：8）　2. 盆（2015JGFⅡ：17）

2015JGFⅡ：34，夹砂灰陶，圆锥状足。素面。残高 7.2 厘米（图六五三，3）。

鬲足　1 件。

2015JGFⅡ：37，夹砂灰陶，空袋足，锥状实足根。素面。残高 6.0 厘米（图六五三，4；图版五六，3）。

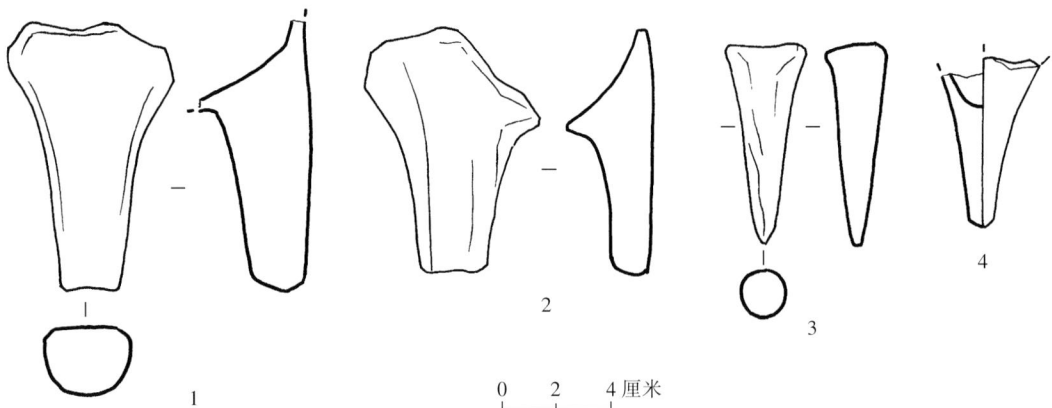

图六五三　高坊水库Ⅱ号遗址采集陶器
1、2、3. 鼎足（2015JGFⅡ：36、2015JGFⅡ：35、2015JGFⅡ：34）　4. 鬲足（2015JGFⅡ：37）

甗腰　4 件。

2015JGFⅡ：31，夹砂黄褐陶，弧腹，窄腰隔，内外壁可见数道凸棱。腰部以下施绳纹。残高 9.8 厘米（图六五四，1）。

2015JGFⅡ：32，夹砂黄褐陶，窄腰隔，腰隔见有一周圆形箅孔。腰部以下施绳纹。残高 10.2 厘米（图六五四，2）。

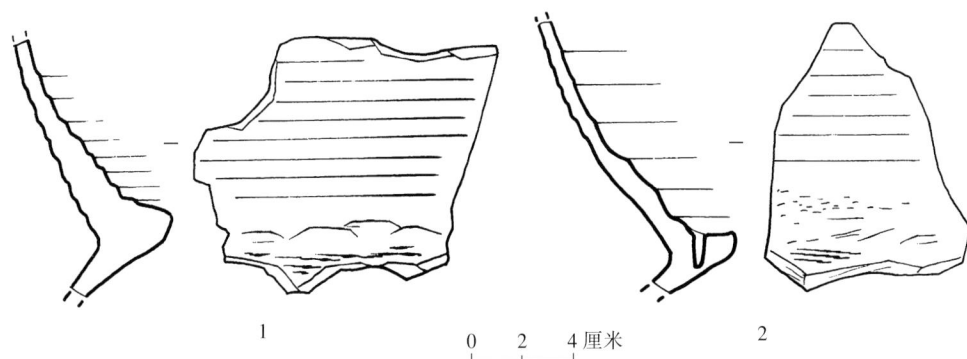

图六五四　高坊水库Ⅱ号遗址采集陶器
1、2. 甑腰（2015JGFⅡ：31、2015JGFⅡ：32）

2015JGFⅡ：29，夹砂黄褐陶，斜弧腹，窄腰隔，腰隔见有一周圆形箅孔。器表施绳纹。残高 8.8 厘米（图六五五，1；图版五五，1）。

2015JGFⅡ：30，夹砂黄褐陶，斜弧腹，窄腰隔，腰隔见有两个圆形箅孔。腰部以下施绳纹。残高 7.8 厘米（图六五五，2；图版五五，4）。

陶豆　1 件。

2015JGFⅡ：33，灰褐色硬陶，斜腹，圆底，高圈足外撇。内外壁可见明显轮制痕迹。残高 10.0 厘米（图六五六，1）。

陶刀　1 件。

2015JGFⅡ：38，灰色硬陶，直背，一侧斜直，双面磨制成刃，近背处可见两圆形穿孔。器表施折线纹。残长 2.5、宽 4.3、厚 0.6 厘米（图六五六，3；图版五六，4）。

3. 遗址年代与性质

高坊水库Ⅱ号遗址是一处典型的岗地类聚落，以高坊水库为中心，两岸有十余处遗址分布，均为山岗缓坡状地形。由于水库建设，两岸遗址均被淹没于水底。从地形上看，高坊水库所在区域是一处较为封闭的河谷地带，水资源充沛，两岸遗址分布密集，是先秦时期古人生活

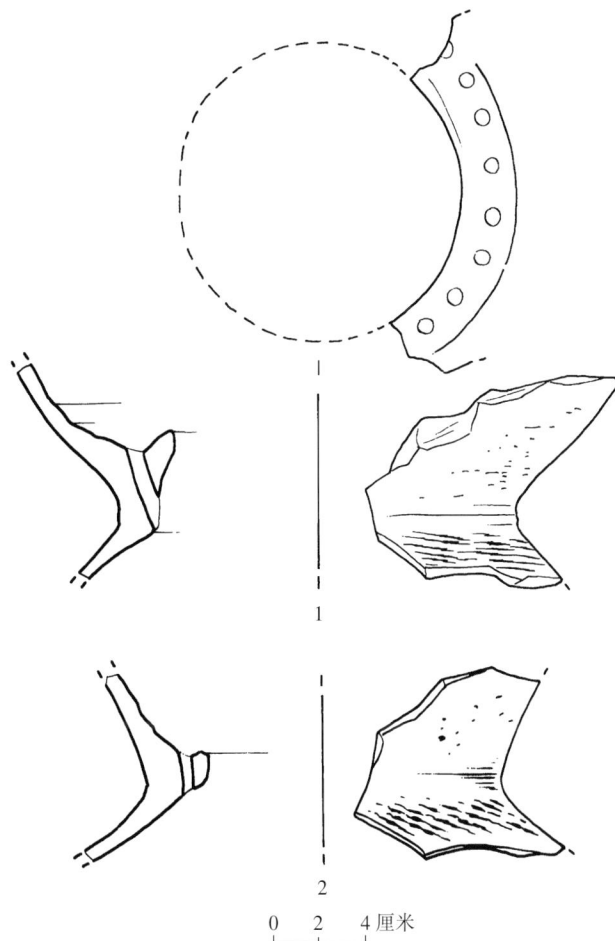

图六五五　高坊水库Ⅱ号遗址采集陶器
1、2. 甑腰（2015JGFⅡ：29、2015JGFⅡ：30）

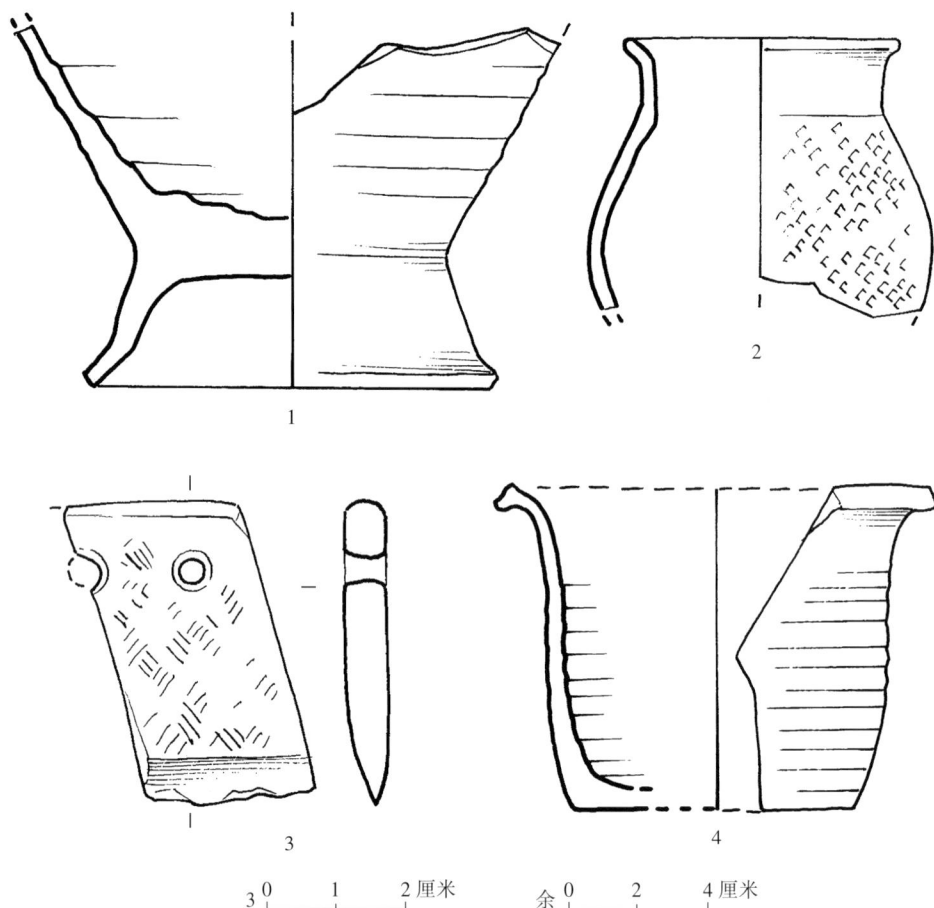

图六五六　高坊水库Ⅱ号遗址采集陶器

1. 陶豆（2015JGFⅡ：33）　2. A 型罐（2015JGFⅡ：19）　3. 陶刀（2015JGFⅡ：38）　4. E 型罐
（2015JGFⅡ：24）

的优选之地。

高坊水库Ⅱ号遗址采集到较多陶片，整体上可以划分为两个年代组：

第1组：A、B、C、E 型陶罐、瓿形器等为代表，纹饰见有折线纹、短线纹、雷纹等，这一阶段所见陶罐，以领部略高为特征，另见有平折沿，沿面有多道凹槽，其与母猪嘴、知青砖厂、郑家山遗址所见十分相近，可以推定该组遗存的年代为商代。

第2组：以扁柱状鼎足、小方格纹硬陶为代表。该组陶器极具时代特征，在抚河流域多个遗址均可见到，其年代推定为东周时期。

通过以上分析，可初步获得高坊水库Ⅱ号遗址的年代范围，即商代与东周，这两个时期是区域内文化较为发达的两个阶段。该遗址的发现，有利于区域内文化序列的建立，也为聚落形态及演进研究提供丰富的实物资料。

1. 甗腰 2015JGFⅡ:29

2. 罐 2015JGFⅡ:22

3. 罐 2015JGFⅡ:9

4. 甗腰 2015JGFⅡ:30

5. 罐 2015JGFⅡ:20

6. 鼎足 2015JGFⅡ:36

图版五五　高坊水库Ⅱ号遗址采集遗物

1. 罐 2015JGFⅡ：20

2. 石斧 2015JGFⅡ：5

3. 鬲足 2015JGFⅡ：37

4. 陶刀 2015JGFⅡ：38

图版五六　高坊水库Ⅱ号遗址采集遗物

三七　高坊水库Ⅲ号遗址

1. 遗址概况

该遗址位于黄通乡高坊水库的中西部（图六五七），西北距高坊水库Ⅱ号遗址约400米（图六五八）。西边靠近周上村。遗址整体呈不规则形，沿水库西岸南北向分布，长径约177米，短径约158米。地形为缓坡状河漫滩地，地势较平缓，东北紧临水库，西南地势高，山岗上树木丛生（图六五九）。该遗址地理坐标为：北纬27°55′36.7″，东经116°51′28.5″，海拔114米。

高坊水库Ⅲ号遗址采集遗物较为丰富，并在上岗缓坡处清理一座被破坏的墓葬，以下对发现遗迹与遗物逐一予以介绍。

2. 发现遗迹

（1）墓葬形制

在黄通乡高坊水库Ⅲ号遗址的中心位置，发现已被水流冲刷破坏的墓葬一座，编号M1（图六六〇）。该墓为竖穴土坑墓，墓向约220°，墓坑为长方形，在墓葬两端发现一组随葬器物，保存较完整。发现8件陶器，器形有罐、钵、瓿形器、尊、杯（图六六一～六六三），另有1件石锛（图

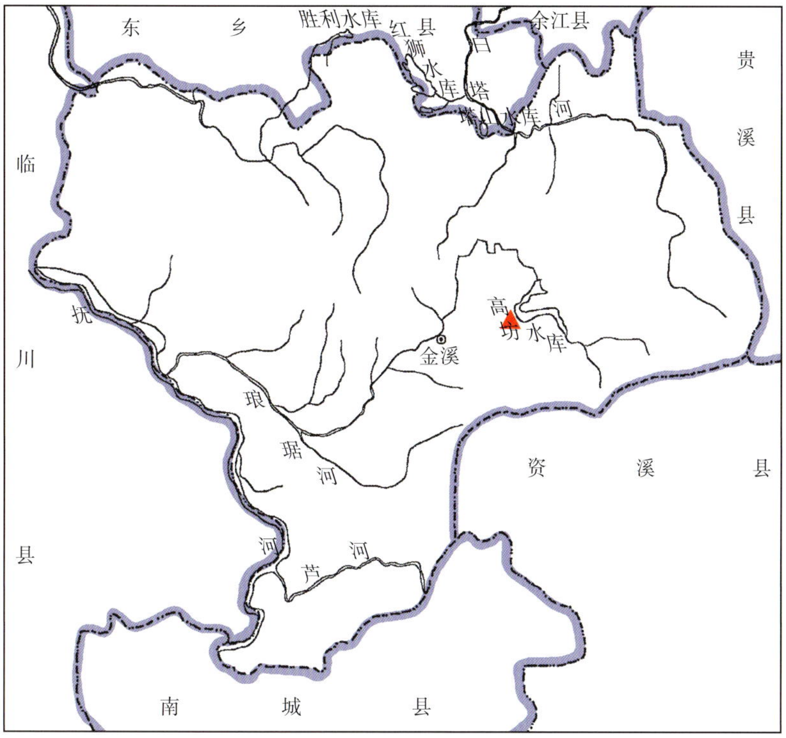

图六五七　高坊水库Ⅲ号遗址位置图

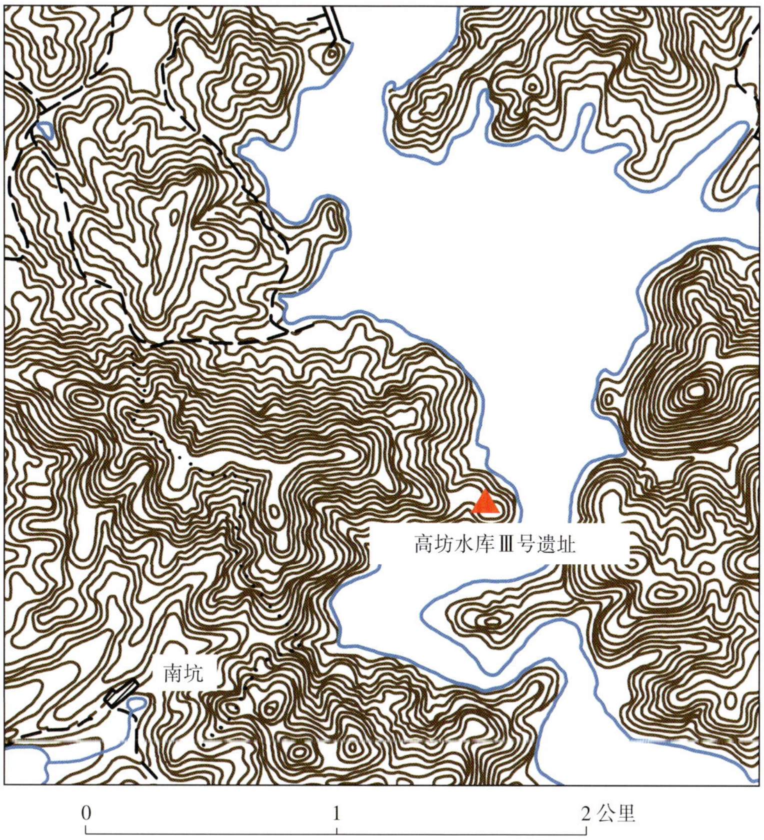

图六五八　高坊水库Ⅲ号遗址地貌图

图六五九　高坊水库Ⅲ号遗址远景图（由东向西）

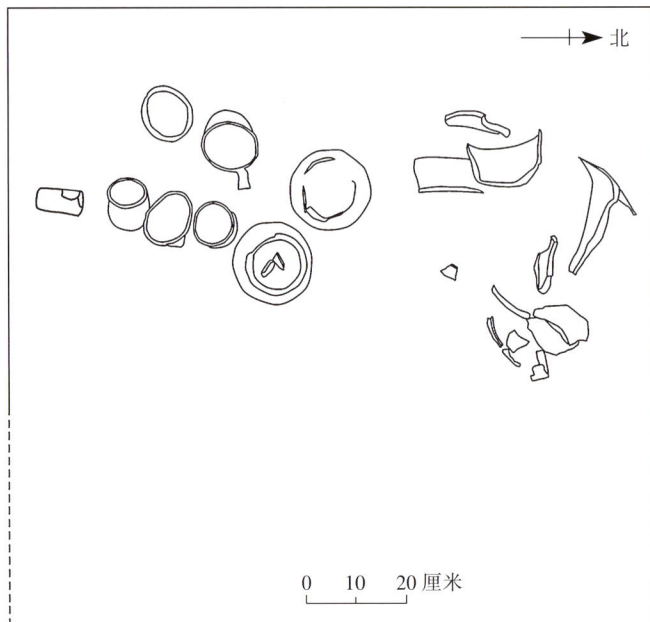

图六六〇　高坊水库Ⅲ号遗址 M1 出土器物图

六六一）。墓室已被破坏，未见人骨，墓室长约 2 米，宽约 1 米。

（2）出土器物

M1 出土陶器 8 件，石锛 1 件，以下对各件器物予以介绍：

甗形器　1 件。

2015JGFⅢM1∶1，夹砂灰褐陶，上部为甗盆，侈口，圆唇，腹向下收，束腰，腰隔较窄；下部

图六六一 高坊水库Ⅲ号遗址 M1 出土器物图

图六六二 高坊水库Ⅲ号遗址 M1 出土器物图

为鼓腹,腹部以下残。甗盆腹部饰数道弦纹,下部饰细绳纹。口径 33.0、残高 35.4 厘米(图六六四,1;图版五七,1)。

罐 2 件。

2015JGFⅢM1:2,红褐色硬陶,侈口,卷沿,圆唇,鼓腹,下腹斜收,平底内凹。颈内部饰数道弦纹,腹部饰短线纹。口径 11.6、残高 12.6 厘米(图六六四,2;图版五七,2)。

图六六三　高坊水库Ⅲ号遗址 M1 出土瓿形器

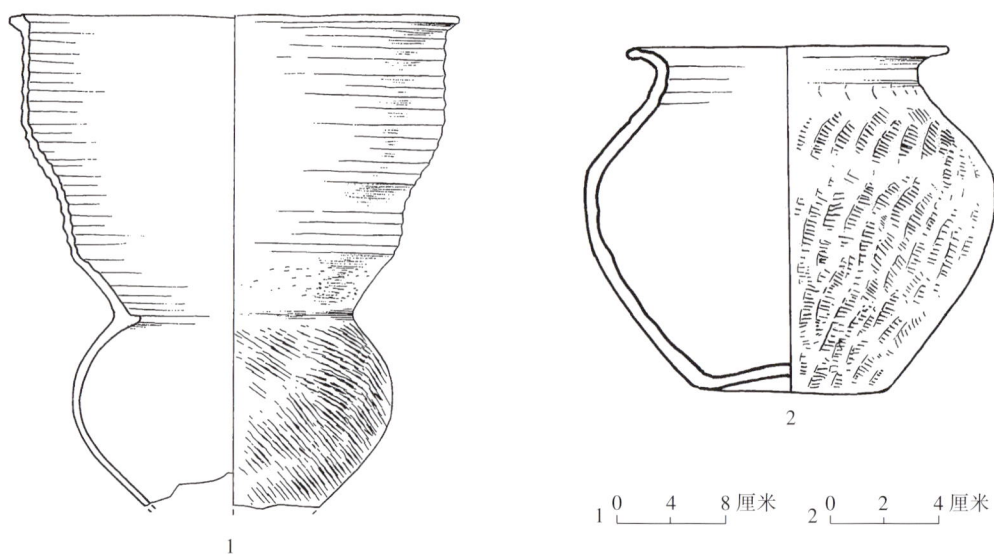

图六六四　高坊水库Ⅲ号遗址 M1 出土器物图
1. 瓿形器（2015JGFⅢM1：1）　2. 陶罐（2015JGFⅢM1：2）

　　2015JGFⅢM1：8，夹砂灰陶，侈口，方唇，折沿，弧腹，平底。腹内外均施数道弦纹。口径 7.2、残高 7.4 厘米（图六六五，3；图版五八，2）。

　　盆　2件。

　　2015JGFⅢM1：4，夹砂灰陶，侈口，圆唇，折沿，直腹，底部残，腹部施数道弦纹。口径 11.0、残高 6.6 厘米（图六六五，2；图版五七，4）。

　　2015JGFⅢM1：7，夹砂红陶，敞口，口沿高低不平，方唇，直腹，平底。腹上施数道弦纹。口径10.8、残高5.4厘米（图六六五，6；图版五八，1）。

杯　2件。

2015JGFⅢM1：6，夹砂浅陶，侈口，方唇，弧腹，平底内凹。器内壁凹弦纹。口径9.0、残高5.0厘米（图六六五，1；图版五七，6）。

2015JGFⅢM1：3，夹砂红陶，敞口，方唇，直腹，平底，口部附加一长条形器柄。腹部施数道弦纹。口径10.6、残高9.0厘米（图六六五，5；图版五七，3）。

尊　1件。

2015JGFⅢM1：5，灰色硬陶，侈口，圆唇，折沿，斜肩，斜腹下收，平底内凹，肩上附四个相互对称的云纹耳。腹部饰两周附加堆纹及戳印纹。口径12.2、残高12.0厘米（图六六五，4；图版五七，5）。

图六六五　高坊水库Ⅲ号遗址 M1 出土器物图

1、5. 杯（2015JGFⅢM1：6、2015JGFⅢM1：3）　2、6. 盆（2015JGFⅢM1：4、2015JGFⅢM1：7）　3. 罐（2015JGFⅢM1：8）　4. 尊（2015JGFⅢM1：5）

石锛　1 件。

2015JGFⅢM1：9，青灰色砂岩磨制而成，平面呈长方形，平顶，两侧竖直，单面斜刃。器表磨制光滑。残高 8.8、宽 5.1 厘米（图六六六，1；图版五八，3）。

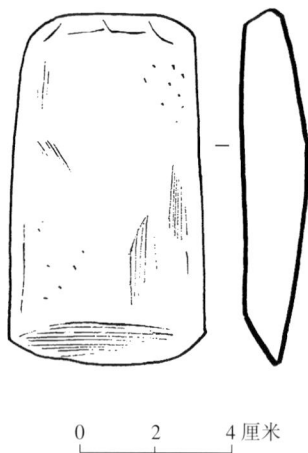

0　　2　　4 厘米

图六六六　高坊水库Ⅲ号遗址 M1 出土器物图
1. 石锛（2015JGFⅢM1：9）

3. 遗物介绍

（1）石器

采集石器较多，多磨制。器形有石锛、石斧等。

石锛　2 件。

2015JGFⅢ：1，青灰色砂岩磨制而成，平面近呈长方形，顶部平直，两侧平直，单面斜刃。器表磨制较平整。高 11.1 厘米（图六六七，1）。

2015JGFⅢ：2，青灰色砂岩磨制而成，平面近呈长方形，顶部平整，两侧略平直，单面刃，刃部有使用痕迹。器表经磨制修整。高 12.2 厘米（图六六七，2）。

石斧　1 件。

2015JGFⅢ：3，青灰色砂岩磨制而成，平面近长方形，顶部平整，两侧略平直，双面磨制成刀刃。器表磨制平整。高 8.8 厘米（图六六七，3）。

（2）陶器

尊　8 件。据肩部特征可分为三型：

A 型：1 件。鼓肩。

2015JGFⅢ：7，灰褐色硬陶，侈口，圆唇，矮领，鼓腹，斜腹内收，凹底。口沿及领部饰数道弦纹，领部以下饰细绳纹。口径 26.0、残高 46.0 厘米（图六七〇，1；图版五九，1）。

B 型：5 件。折肩，矮领。

2015JGFⅢ：8，灰色硬陶，直口，折沿，尖圆唇，肩上附四个相互对称的桥形耳，器腹内收，凹底。口沿及领部饰数道弦纹，领部以下饰方格纹及两周附加堆纹，耳上饰数道刻划纹。口径 19.0、残高 23.0 厘米（图六七〇，2；图版五九，2）。

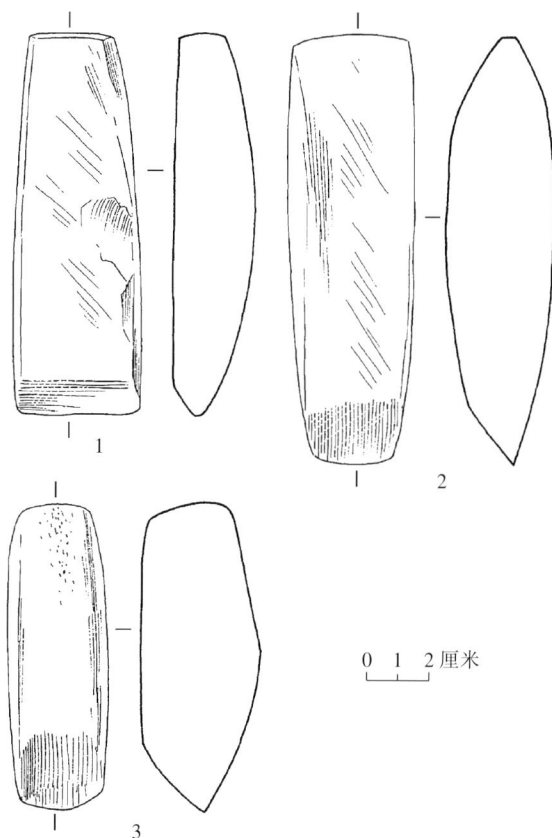

图六六七　高坊水库Ⅲ号遗址采集石器

1、2. 石锛（2015JGFⅢ：1、2015JGFⅢ：2）　3. 石斧（2015JGFⅢ：3）

2015JGFⅢ：5，灰色硬陶，直口，折沿，尖圆唇，肩上附五个桥形耳，腹部内收，凹底。腹部以上饰数道弦纹及两周附加堆纹，肩部以下饰交错绳纹，耳上饰数道刻划纹。口径16.8、残高25.4厘米（图六七〇，3；图版五八，5）。

2015JGFⅢ：9，灰褐色硬陶，直口，折沿，圆唇，沿面见有四道凹槽，肩上附四个相互对称的桥形耳，腹部内收，凹底。口沿及领部饰数道弦纹，领部以下饰云雷纹及两周附加堆纹，耳上饰数道刻划纹。口径17.6、残高24.0厘米（图六七〇，4；图版五九，3）。

2015JGFⅢ：4，灰色硬陶，侈口，折沿，尖圆唇，肩上附三个桥形耳，弧腹内收，凹底。口沿及领部饰数道弦纹，领部以下饰波浪纹及两周附加堆纹，耳部饰数道刻划纹。口径20.6、残高28.0厘米（图六七〇，5；图版五八，4）。

2015JGFⅢ：31，灰色硬陶，直口，折沿，圆唇。领上施数道弦纹，器腹施绳纹。残高5.4厘米（图六七五，4）。

C型：2件。折肩，宽折沿。

2015JGFⅢ：6，灰色硬陶，尖圆唇，斜腹，凹底。口沿部饰数道弦纹，肩部饰细绳纹，腹部及以下饰席纹。口径26.2、残高33.4厘米（图六七一，1；图版五八，6）。

2015JGFⅢ：19，灰色硬陶，侈口，尖唇。领以下施方格纹。残高6.8厘米（图六七六，1）。

陶罐　26件。据形态可分为四型：

图六六八　高坊水库Ⅲ号遗址采集陶片纹饰拓片
1. 凹弦纹　2. 折线纹　3. 短线纹　4~6. 绳纹

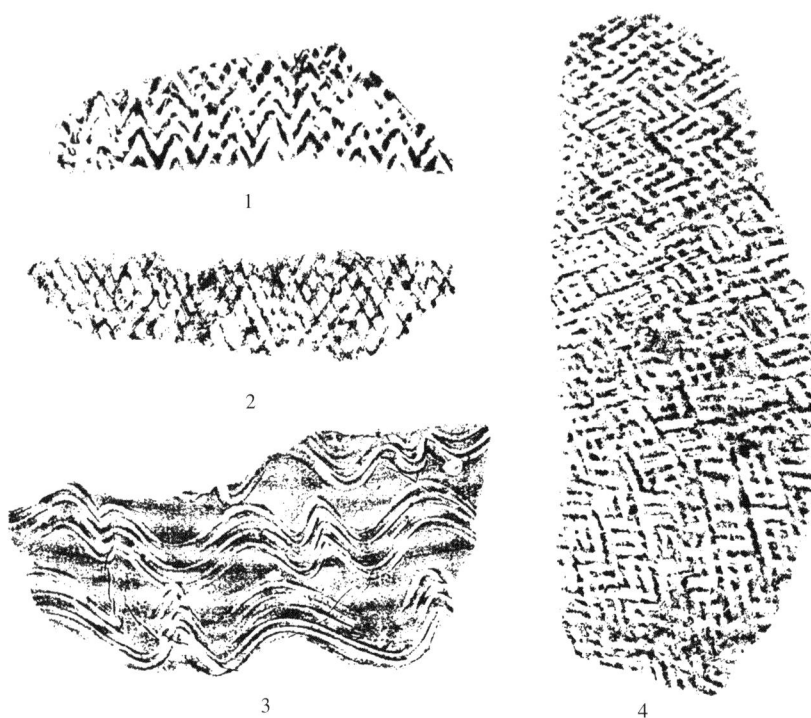

图六六九　高坊水库Ⅲ号遗址采集陶片纹饰拓片
1. 折线纹　2. 菱格纹　3. 波浪纹　4. 席纹

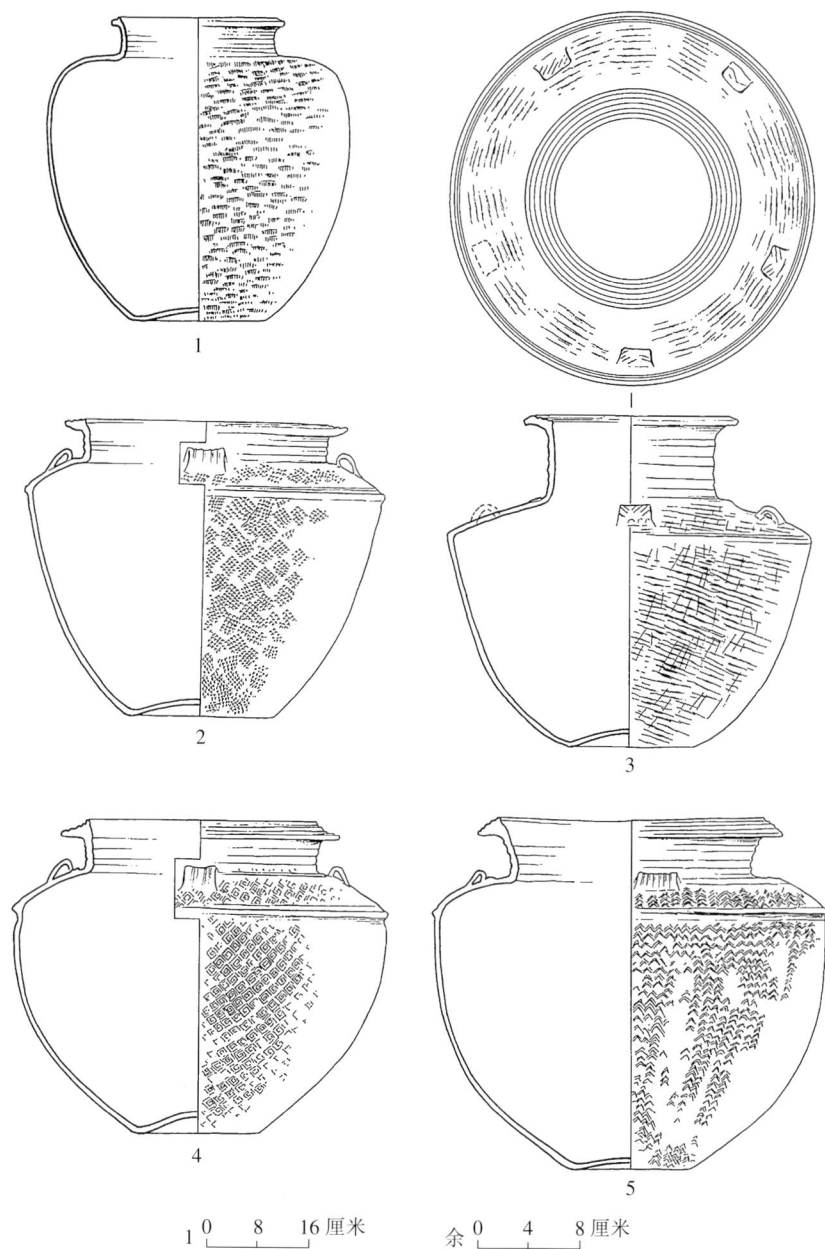

图六七〇 高坊水库Ⅲ号遗址采集陶器

1~5. 尊（2015JGFⅢ：7、2015JGFⅢ：8、2015JGFⅢ：5、2015JGFⅢ：9、2015JGFⅢ：4）

A 形：9 件。弧腹，宽折沿。

2015JGFⅢ：13，夹砂红陶。侈口，方唇。口沿以下施弦纹。残高6.8厘米（图六七三，1）。

2015JGFⅢ：14，灰色硬陶，侈口，方唇。口沿以下施方格纹。残高5.0厘米（图六七四，2）。

2015JGFⅢ：20，夹砂灰陶，侈口，尖圆唇。口沿下施粗绳纹。残高8.0厘米（图六七七，4）。

2015JGFⅢ：26，夹砂灰陶，侈口，圆唇。口沿下施折线纹。残高5.0厘米（图六七四，6）。

2015JGFⅢ：25，夹砂褐陶，侈口，圆唇。口沿下施绳纹。残高7.0厘米（图六七四，7）。

2015JGFⅢ：32，夹砂灰陶，侈口，方唇，唇面微凹。腹部施折线纹。残高5.0厘米（图六七

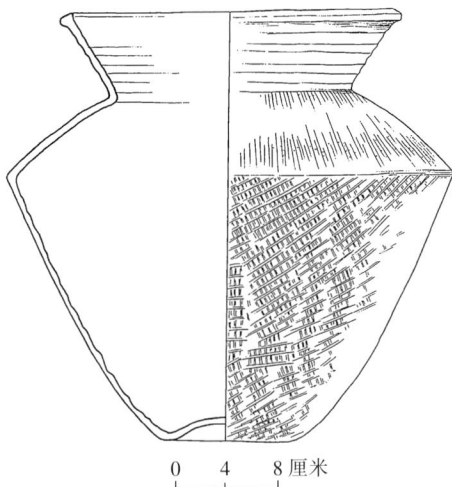

0　4　8厘米

图六七一　高坊水库Ⅲ号遗址采集陶器
1. 尊（2015JGFⅢ：6）

六，3）。

2015JGFⅢ：43，红褐色硬陶，侈口，尖圆唇。腹部施绳纹。残高7.1厘米（图六七六，5）。

2015JGFⅢ：27，夹砂灰陶，侈口，尖唇。口沿以下施绳纹。残高6.0厘米（图六七六，6）。

2015JGFⅢ：34，夹砂褐陶，侈口，方唇，唇面内凹。腹部施绳纹。残高6.6厘米（图六七七，2）。

B型：13件。鼓腹，卷沿。

2015JGFⅢ：10，灰色硬陶，侈口，圆唇。口沿以下施数道弦纹。残高5.6厘米（图六七三，2）。

2015JGFⅢ：23，夹砂灰陶，侈口，尖唇。口沿内外数道弦纹，腹部施席纹。残高7.8厘米（图六七三，4）。

2015JGFⅢ：36，夹砂褐陶，侈口，圆唇。沿部以下内外施数道弦纹。残高7.0厘米（图六七四，1）。

2015JGFⅢ：17，夹砂灰陶，侈口，圆唇，沿内部见数道凹槽。器壁内外均见凹弦纹。残高6.0厘米（图六七四，3；图版五九，6）。

2015JGFⅢ：21，夹砂灰陶，侈口，圆唇。器内外均施弦纹。残高7.0厘米（图六七四，4）。

2015JGFⅢ：18，褐色硬陶，侈口，圆唇。口沿以下施叶脉纹。残高4.0厘米（图六七四，5）。

2015JGFⅢ：40，褐色硬陶，侈口，尖圆唇，沿内见四道凹槽。腹部施叶脉纹。残高5.0厘米（图六七四，8）。

2015JGFⅢ：27，夹砂灰陶，侈口，方唇，唇面内凹。口沿以下施绳纹。残高4.4厘米（图六七五，1）。

2015JGFⅢ：28，夹砂灰陶，侈口，方唇，唇面内凹。口沿以下施绳纹。残高5.8厘米。（图六七五，3）

2015JGFⅢ：42，夹砂灰陶，侈口，方唇，唇面内凹。器表施绳纹。残高8.0厘米（图六七五，6）。

2015JGFⅢ：37，灰褐色硬陶，侈口，圆唇。口沿下施折线纹。残高5.0厘米（图六七六，2）。

2015JGFⅢ：29，泥质灰陶，侈口，圆唇，沿内见有两道凹槽。器腹施折线纹。残高5.2厘米（图六七六，4）。

2015JGFⅢ：22，灰色硬陶，侈口，圆唇。沿外壁刻划波浪纹。残高7.0厘米（图六七六，7）。

C型：2件。小口，鼓肩。

2015JGFⅢ：15，灰色硬陶，折沿，尖唇。器腹施席纹。残高7.0厘米（图六七六，8；图版五九，4）。

2015JGFⅢ：30，红色硬陶，卷沿，圆唇。器腹施方格纹。残高4.0厘米（图六七七，1）。

D型：2件。敛口。

2015JGFⅢ：39，红色硬陶，方唇，折沿，鼓肩，肩部见有一道凹棱。素面。残高11.0厘米（图六七七，3）。

2015JGFⅢ：58，褐色硬陶，方唇，折沿，鼓肩，肩部见有一道凸棱。素面。残高10.0厘米（图六七七，5；图版六〇，2）。

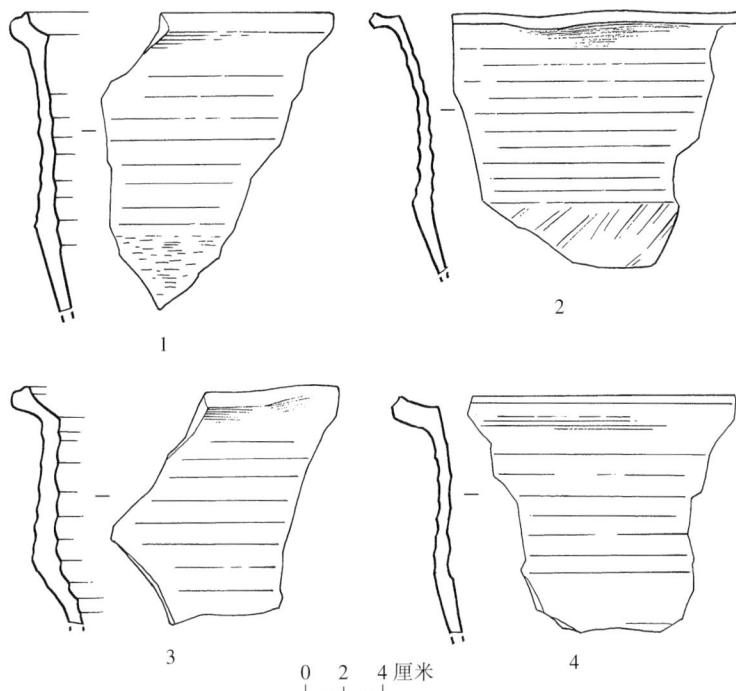

图六七二　高坊水库Ⅲ号遗址采集陶器

1~4.盆（2015JGFⅢ：11、2015JGFⅢ：16、2015JGFⅢ：41、2015JGFⅢ：44）

盆　10件。

2015JGFⅢ：11，褐色硬陶，敞口，折沿，圆唇，斜腹下收。口沿下内外壁施数道弦纹，器腹施细绳纹。残高15.0厘米（图六七二，1）。

2015JGFⅢ：16，夹砂红陶，敞口，折沿，圆唇，斜腹下收。腹部内外壁见数道凹弦纹。残高13.2厘米（图六七二，2；图版五九，5）。

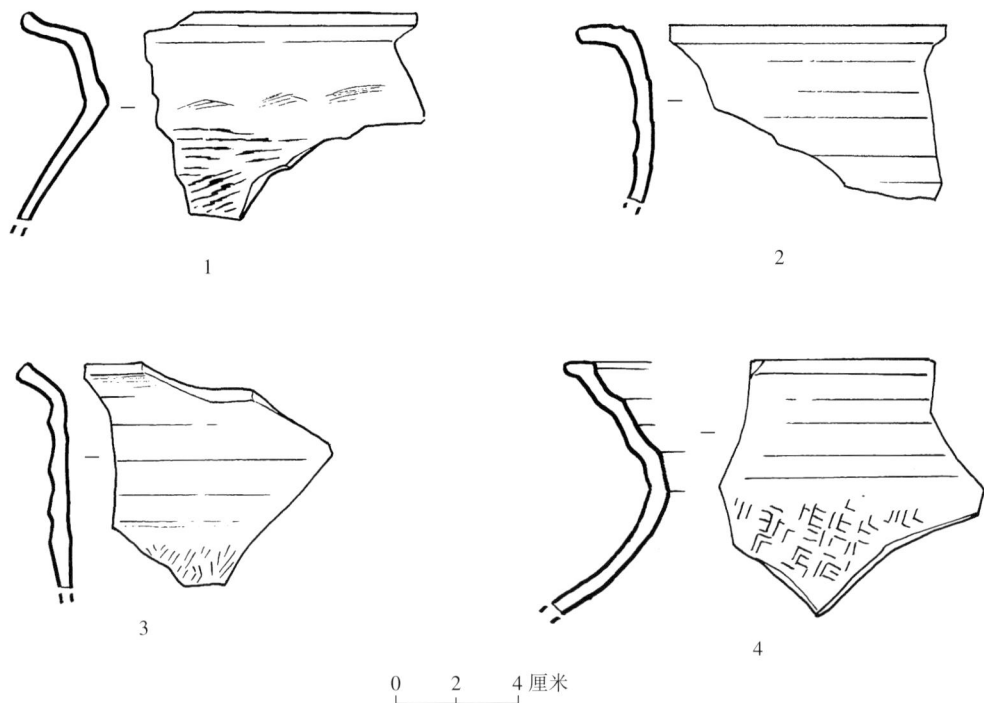

0 2 4厘米

图六七三　高坊水库Ⅲ号遗址采集陶器

1. A 型罐（2015JGFⅢ：13）　2、4. B 型罐（2015JGFⅢ：10、2015JGFⅢ：23）　3. 盆（2015JGFⅢ：12）

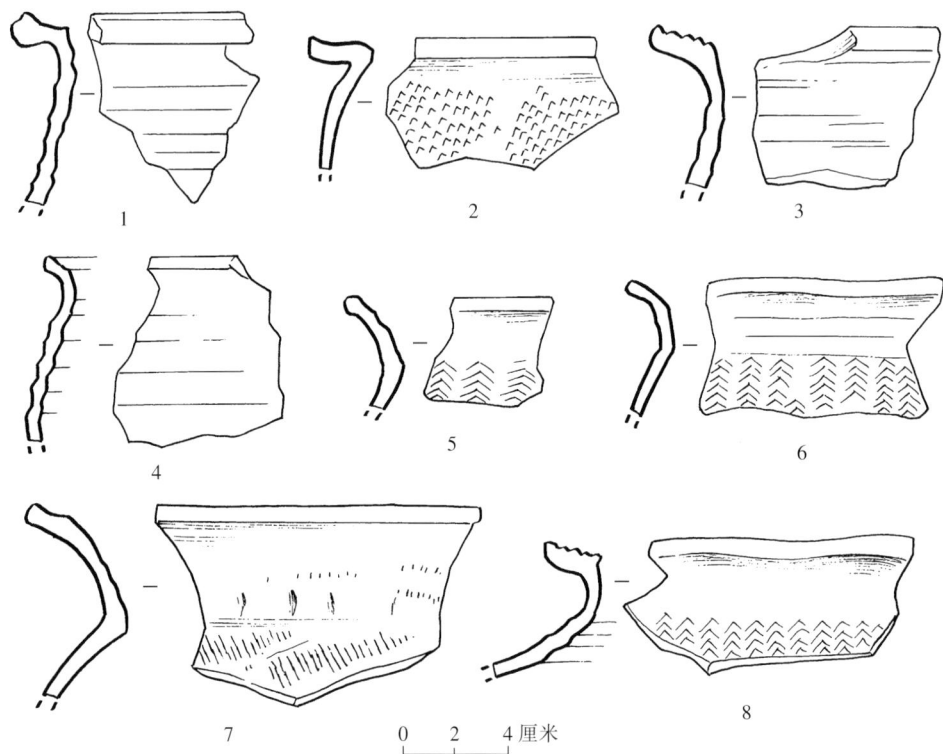

0 2 4厘米

图六七四　高坊水库Ⅲ号遗址采集陶器

1、3、4、5、8. B 型罐（2015JGFⅢ：36、2015JGFⅢ：17、2015JGFⅢ：21、2015JGFⅢ：18、2015JGFⅢ：40）

2、6、7. A 型罐（2015JGFⅢ：14、2015JGFⅢ：26、2015JGFⅢ：25）

2015JGFⅢ：41，夹砂灰陶，侈口，折沿。尖圆唇，斜腹下收。腹部施数道线纹。残高 12.0 厘米（图六七二，3）。

2015JGFⅢ：44，夹砂褐陶，敞口，尖圆唇，折沿，直腹。器腹部内外壁见数道凹弦纹。残高 12.0 厘米（图六七二，4）。

2015JGFⅢ：12，泥质灰陶，敞口，折沿，圆唇。沿部以下内外腹见数道凹弦纹，器腹施斜向绳纹。残高 7.0 厘米（图六七三，3）。

2015JGFⅢ：24，红褐色硬陶，侈口，折沿。圆唇。器表施短线纹。残高 6.0 厘米（图六七五，2）。

2015JGFⅢ：33，褐色硬陶，侈口，折沿。尖圆唇，弧腹。腹部施绳纹。残高 9.0 厘米（图六七五，5）。

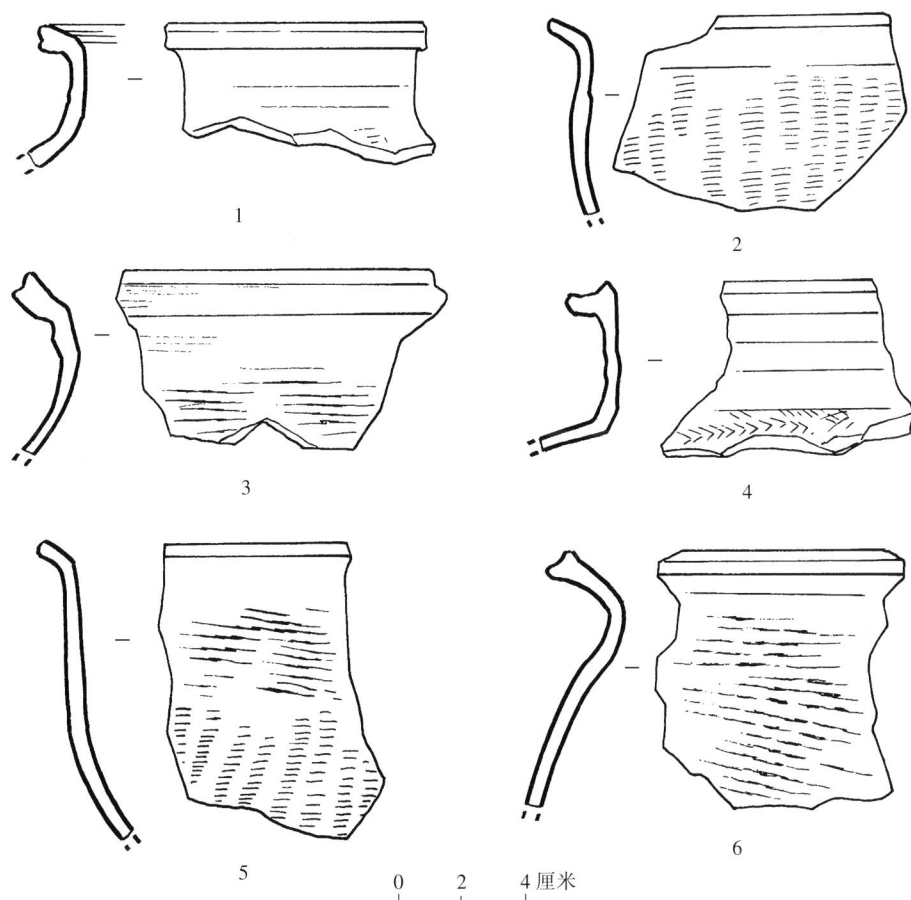

图六七五　高坊水库Ⅲ号遗址采集陶器

1、3、6. B 型罐（2015JGFⅢ：27、2015JGFⅢ：28、2015JGFⅢ：42）　2、5. 盆（2015JGFⅢ：24、2015JGFⅢ：33）　4. B 型尊（2015JGFⅢ：31）

2015JGFⅢ：52，褐色硬陶，敞口，尖唇，斜腹，平底。腹部施弦纹，底部施戳印纹。残高 5.6 厘米（图六七九，3）。

2015JGFⅢ：51，红色硬陶，斜腹，平底。腹内壁施弦纹。残高 4.0 厘米（图六七九，4）。

2015JGFⅢ：53，红色硬陶，敞口，尖唇，斜腹，平底。腹外壁施弦纹。残高 6.0 厘米（图六七九，5）。

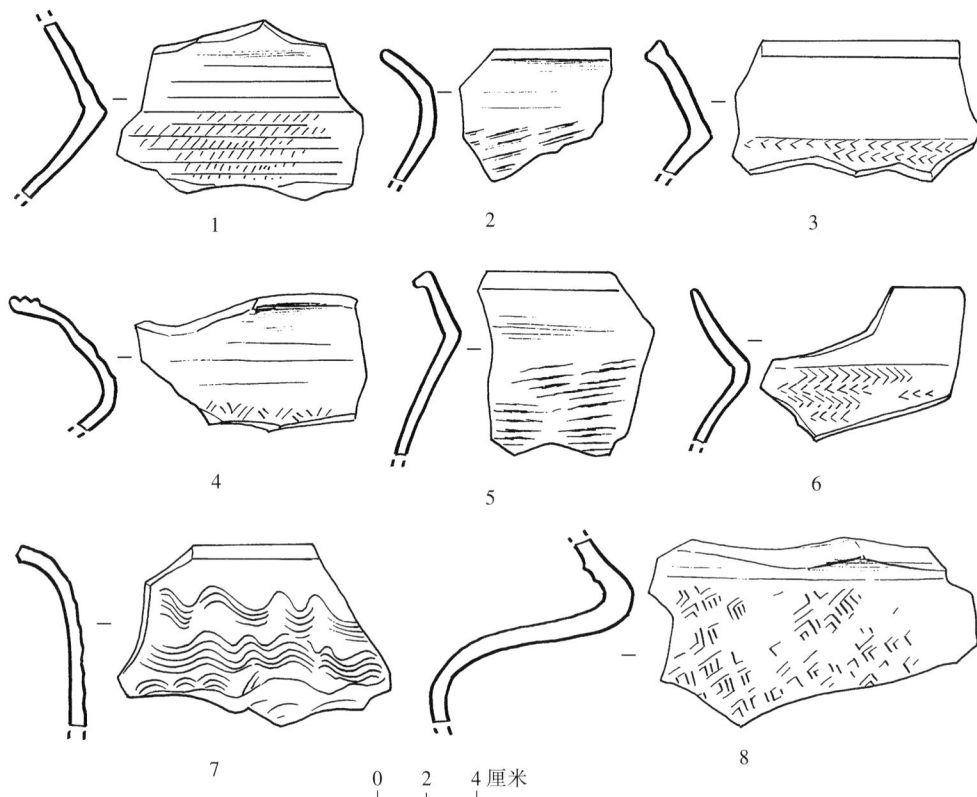

图六七六　高坊水库Ⅲ号遗址采集陶器

1. C 型尊（2015JGFⅢ：19）　　2、4、7. B 型罐（2015JGFⅢ：37、2015JGFⅢ：29、2015JGFⅢ：22）　　3、5、6. A 型罐（2015JGFⅢ：32、2015JGFⅢ：43、2015JGFⅢ：27）　8. C 型罐（2015JGFⅢ：15）

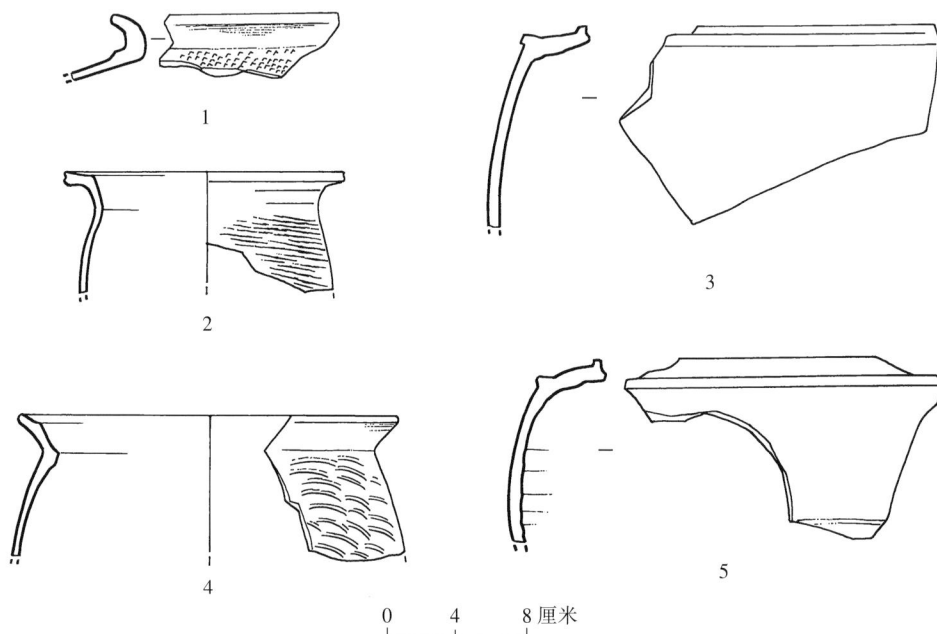

图六七七　高坊水库Ⅲ号遗址采集陶器

1. C 型罐（2015JGFⅢ：30）　　2、4. A 型罐（2015JGFⅢ：34、2015JGFⅢ：20）　　3、5. D 型罐（2015JGFⅢ：39、2015JGFⅢ：58）

陶杯 2件。

2015JGFⅢ：55，灰色硬陶，斜直腹，平底内凹。腹内外壁施弦纹。残高6.0厘米（图六七九，1）。

2015JGFⅢ：54，灰色硬陶，弧腹，平底。素面。残高4.0厘米（图六七九，2）。

甑形器 6件。

2015JGFⅢ：48，夹砂灰陶，斜直腹，窄腰隔。器内外壁施弦纹。残高4.6厘米（图六七八，1）。

2015JGFⅢ：49，夹砂红陶，斜直腹，窄腰隔。素面。残高3.9厘米（图六七八，2）。

2015JGFⅢ：46，夹砂红褐陶，斜直腹，窄腰隔。素面。残高4.5厘米（图六七八，3）。

2015JGFⅢ：45，夹砂灰陶，斜直腹，窄腰隔。器内外壁施弦纹。残高5.3厘米（图六七八，4）。

2015JGFⅢ：47，夹砂褐陶，斜直腹，窄腰隔。器内外壁施弦纹。残高4.5厘米（图六七八，5）。

2015JGFⅢ：50，褐色硬陶，直腹，窄腰隔。器内外壁施弦纹。残高6.5厘米（图六七八，6）。

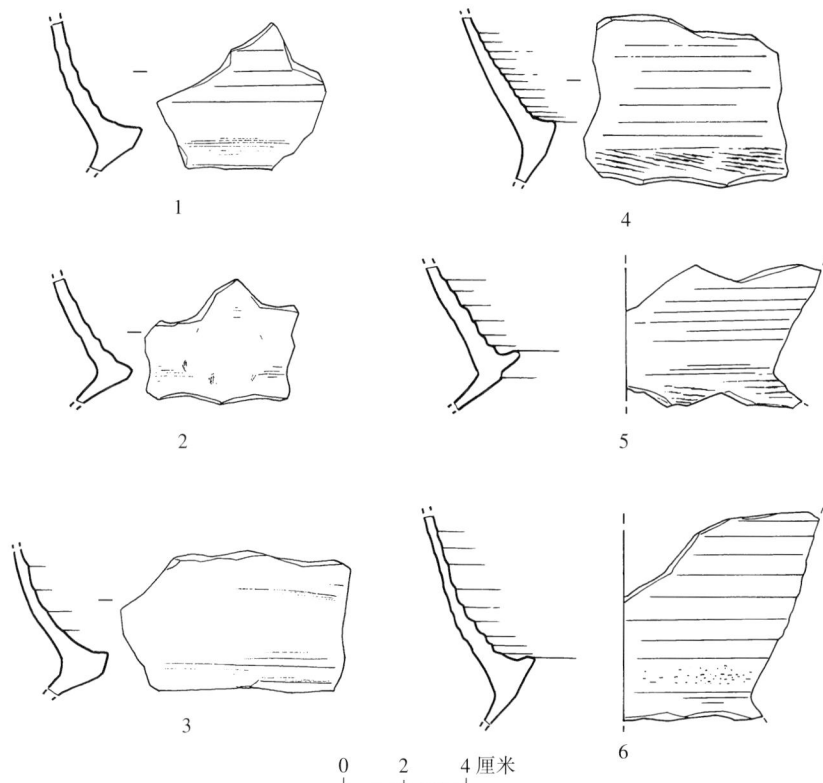

图六七八 高坊水库Ⅲ号遗址采集陶器

1~6. 甑形器（2015JGFⅢ：48、2015JGFⅢ：49、2015JGFⅢ：46、2015JGFⅢ：45、2015JGF
Ⅲ：47、2015JGFⅢ：50）

鼎足 4件。

2015JGFⅢ：56，夹砂灰陶，扁平状足。素面。残高8.0厘米（图六八〇，1）。

2015JGFⅢ：57，夹砂灰陶，扁柱状足。素面。残高5.4厘米（图六八〇，2；图版六〇，1）。

2015JGFⅢ：61，夹砂灰黑陶，扁平状足。素面。残高6.6厘米（图六八〇，3）。

2015JGFⅢ：60，夹砂灰陶，扁平状足，足侧边缘见有三对按压凹窝。残高14.8厘米（图六八〇，4；图版六〇，3）。

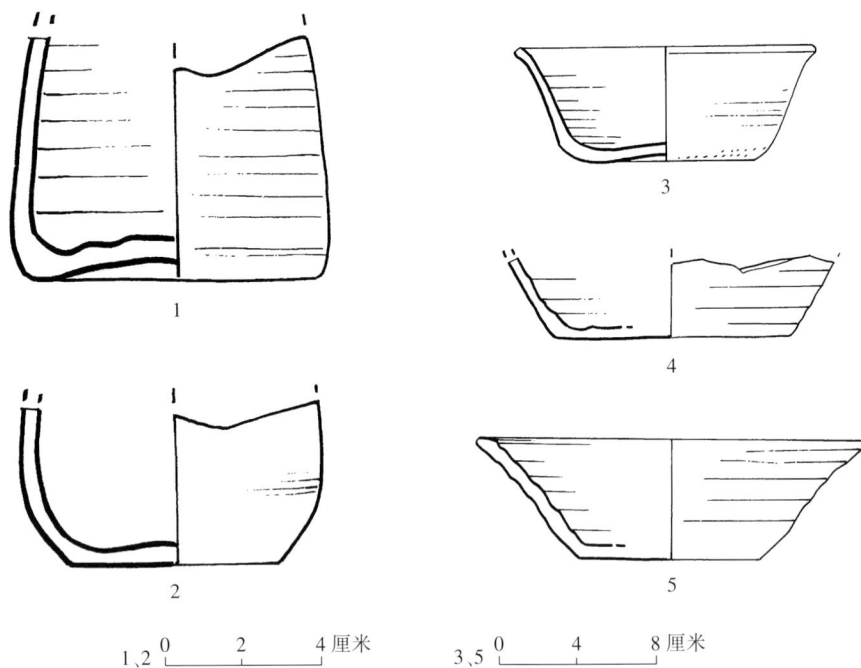

图六七九　高坊水库Ⅲ号遗址采集陶器

1、2. 陶杯（2015JGFⅢ：55、2015JGFⅢ：54）　　3～5. 盆（2015JGFⅢ：52、2015JGFⅢ：51、2015JGFⅢ：53）

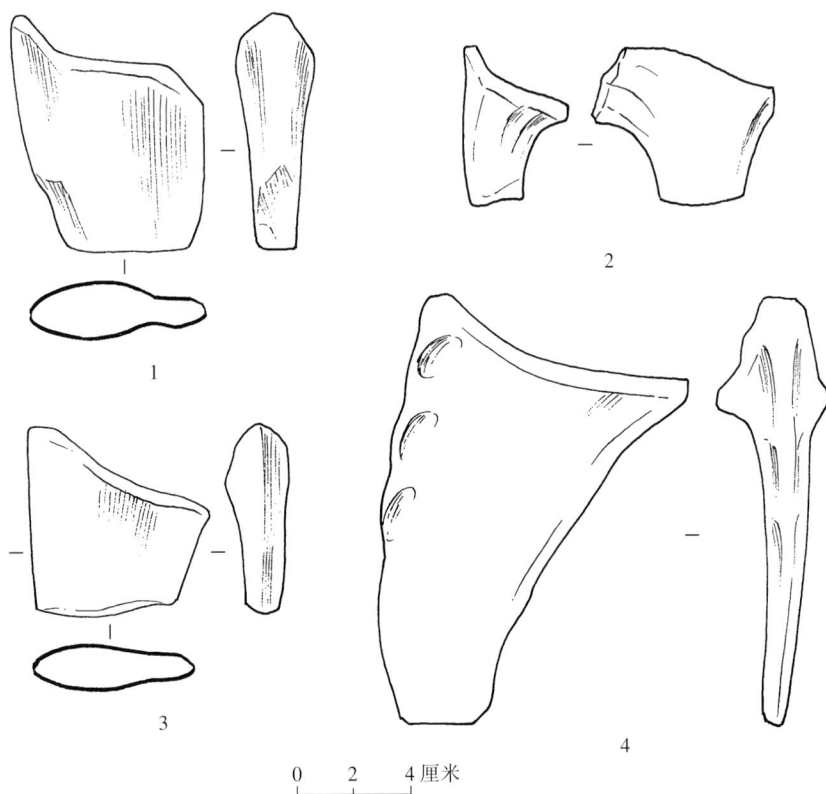

图六八〇　高坊水库Ⅲ号遗址采集陶鼎足

1～4. 鼎足（2015JGFⅢ：56、2015JGFⅢ：57、2015JGFⅢ：61、2015JGFⅢ：60）

陶把手　2件。

2015JGFⅢ:62，夹砂灰陶，截面呈矩形。器表施绳纹。残高7.6厘米（图六八一，1；图版六〇，4）。

2015JGFⅢ:59，夹砂灰陶，曲尺形把手。素面。残高7.0厘米（图六八一，2）。

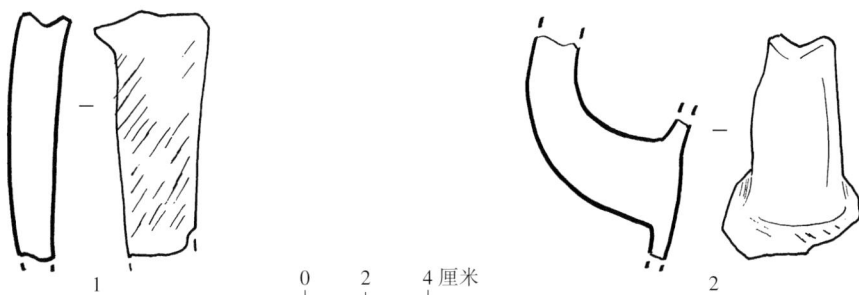

0　2　4厘米

图六八一　高坊水库Ⅲ号遗址采集陶器
1、2. 陶把手（2015JGFⅢ:62、2015JGFⅢ:59）

器耳　3件。

2015JGFⅢ:35，泥质灰陶，纽状耳。器耳表面施数道刻划纹。残高4.5厘米（图六八二，3）。

2015JGFⅢ:61，夹砂红陶，桥形耳。素面。残高6.8厘米（图六八二，1）。

2015JGFⅢ:63，夹砂红陶，桥形耳。素面。残高7.0厘米（图六八二，2）。

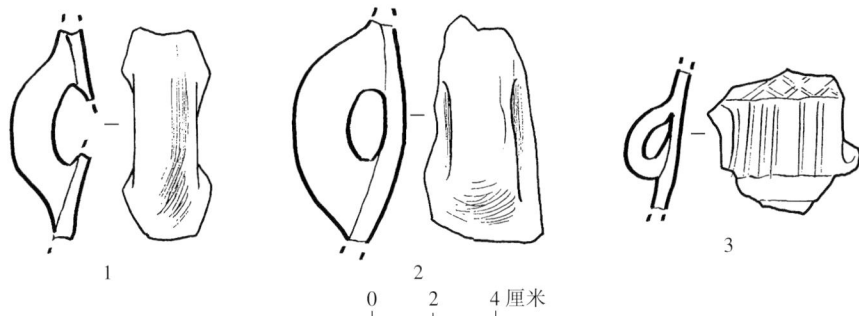

0　2　4厘米

图六八二　高坊水库Ⅲ号遗址采集陶器
1～3. 器耳（2015JGFⅢ:61、2015JGFⅢ:63、2015JGFⅢ:35）

3. 遗址性质与年代

高坊水库Ⅲ号遗址是一处堆积较为丰富的先秦时期遗址，由于遗址采集遗物较为丰富，可供年代比较之器物较多。该遗址所见M1随葬品较为丰富，器类见有陶罐、杯、尊、盆，其与鹰潭角山遗址、吴城遗址所见陶器较为相似。可推定该遗址的年代为商时期，采集其他遗物与M1出土器物相近，说明该遗址文化面貌单纯，主体年代为商代。值得注意的是，该遗址除了M1之外，地表采集有多件可复原陶器，多为陶尊、罐等器，与M1出土器物较为接近。因此，可以推测该遗址有较多墓葬分布。除了Ⅲ号遗址之外，在I号、Ⅱ号及周上村I号遗址均有完整器发现，说明沿河岸山地或有多处墓地分布。

通过以上分析，可判断高坊水库Ⅲ号遗址的年代为商时期，该遗址应分布有较多墓葬的可能性较大。该遗址的发现，为区域文化序列建立及区域聚落形态演进等方面提供了十分重要的考古资料。

1. 甂形器 2015JGFⅢM1:1

2. 罐 2015JGFⅢM1:2

3. 带柄杯 2015JGFⅢM1:3

4. 盆 2015JGFⅢM1:4

5. 尊 2015JGFⅢM1:5

6. 陶杯 2015JGFⅢM1:6

图版五七　高坊水库Ⅲ号遗址采集遗物

1. 盆 2015JGFⅢM1：7

2. 罐 2015JGFⅢM1：8

3. 石锛 2015JGFⅢM1：9

4. 尊 2015JGFⅢ：4

5. 尊 2015JGFⅢ：5

6. 尊 2015JGFⅢ：6

图版五八　高坊水库Ⅲ号遗址采集遗物

1. 尊 2015JGFⅢ：7

2. 尊 2015JGFⅢ：8

3. 尊 2015JGFⅢ：9

4. 罐 2015JGFⅢ：15

5. 盆 2015JGFⅢ：16

6. 罐 2015JGFⅢ：17

图版五九　高坊水库Ⅲ号遗址采集遗物

1. 鼎足 2015JGFⅢ：57

2. 罐 2015JGFⅢ：58

3. 鼎足 2015JGFⅢ：60

4. 陶把手 2015JGFⅢ：62

图版六〇　高坊水库Ⅲ号遗址采集遗物

三八　高坊水库Ⅳ号遗址

1. 遗址概况

该遗址位于黄通乡高坊水库的东南部（图六八三），北距高坊水库Ⅴ号遗址约 230 米，西距周上村Ⅰ号遗址约 400 米，西南距周上村Ⅱ号遗址约 430 米（图六八四）。遗址为水库岸边山岗地带，地势东高西低，南部略低，呈缓坡状河漫滩，山岗顶部为树林，植被非常茂盛（图六八五）。该遗址地理坐标为：北纬 27°55′23.0″，东经 116°52′02.3″，海拔 123 米。

2. 遗物介绍

高坊水库Ⅳ号遗址采集遗物较多，主要为石器和陶器。

（1）石器

主要为砂岩和闪长岩制成，器形有石斧、石刀、石锛、砺石等。

石斧　1件。

2015JGFⅣ：3，黄褐色砂岩打制而成，一面较为平整，弧底两侧略直，底端打制成刃。器表有

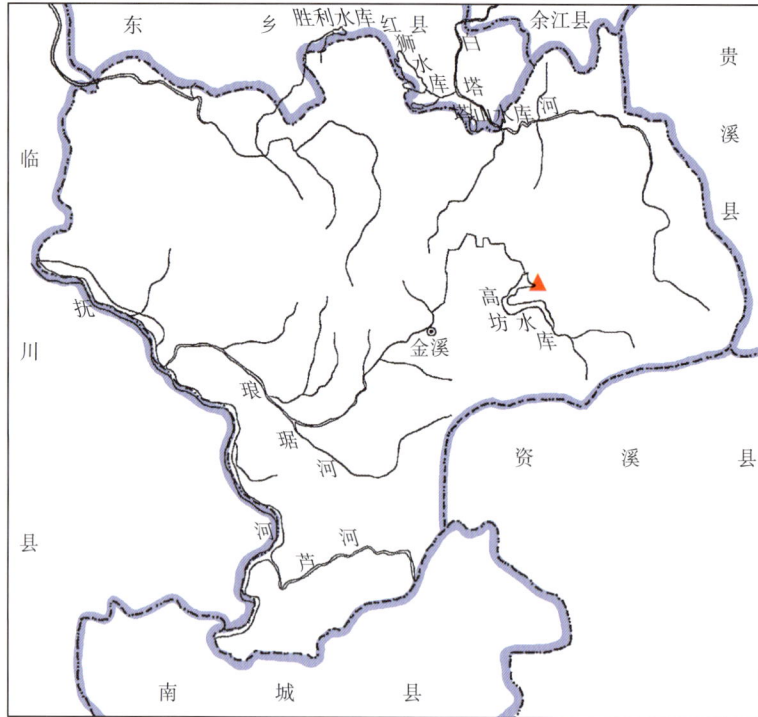

图六八三　高坊水库Ⅳ号遗址位置图

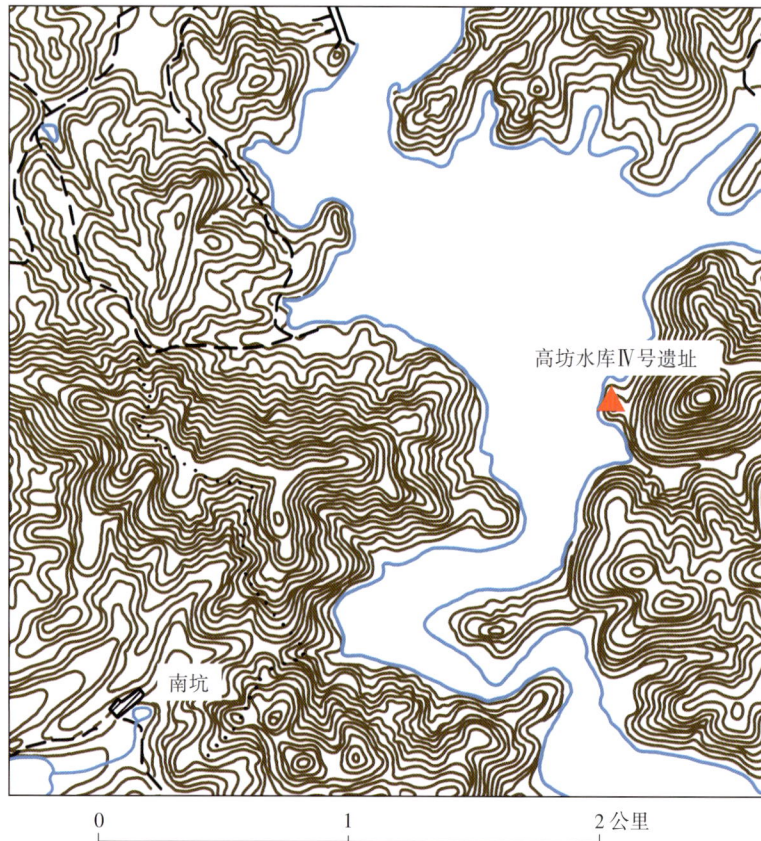

图六八四　高坊水库Ⅳ号遗址地貌图

图六八五　高坊水库Ⅳ号遗址远景图（由北向南）

明显打制痕迹。残长9.1、宽5.1厘米（图六八六，1；图版六一，5）。

石刀　1件。

2015JGFⅣ：4，青色闪长岩磨制而成，残半，弧背，单面斜刃，颈背部有一圆形对钻穿孔。器表磨制光滑。残长2.0、宽2.8厘米（图六八六，3；图版六一，2）。

圆盘状石器　1件。

2015JGFⅣ：1，黄褐色砂岩打制而成，上下面略平整，边缘有使用痕迹，一面中部有圆形凹窝。长径7.8、短径7.1厘米（图六八六，6；图版六一，4）。

石锛　2件。

2015JGFⅣ：2，青灰色闪长岩磨制而成，顶端略残，两侧斜直，单面斜刃。上下面磨制较为光滑。残长4.1、宽3.6厘米（图六八六，5；图版六一，3）。

2015JGFⅣ：5，黄褐色砂岩磨制而成，上下两端残，两侧斜直。制作较为规整。残长9.0厘米（图六八六，7）。

砺石　2件。

2015JGFⅣ：7，黄褐色砂岩制成，形状不规整，一端残，一端平直，上下研磨面内凹。残长6.7、宽4.3厘米（图六八六，2）。

2015JGFⅣ：6，黄褐色砂岩制成，形状不规整，上下研磨面内凹。残长7.0、宽5.0厘米（图六八六，4）。

（2）陶器

陶器以夹砂陶为主，陶色多为灰褐色或灰色，纹饰主要有绳纹，器形多见鼎足、罐、豆等。见有少量泥质灰陶，器形有豆等。印纹硬陶数量略多，多为灰色，灰褐色，另有浅红色，纹饰多样，主要有变体雷纹、方格纹、叶脉纹、菱格纹、绳纹、细线纹、方格纹与雷纹组合纹，细线与短线组合纹、小方格纹等（图六八七～六九〇）。

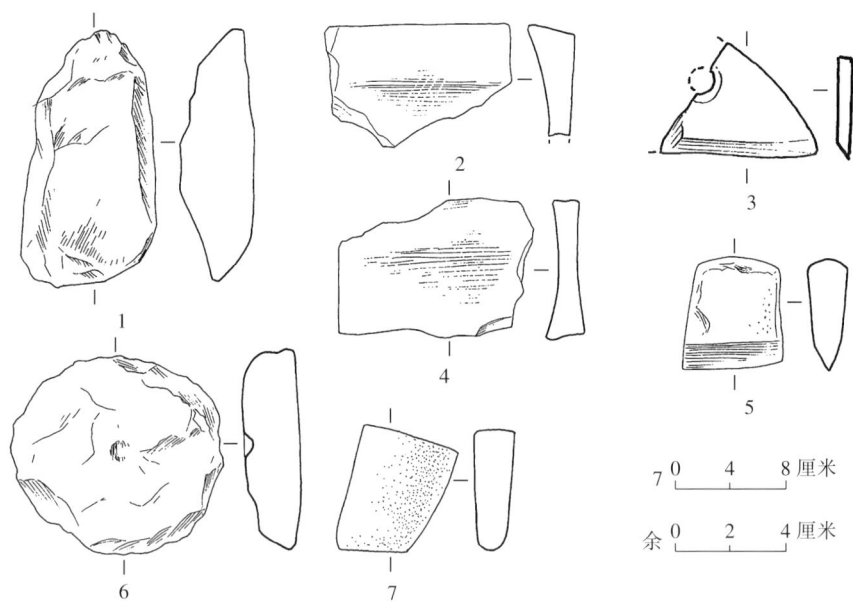

图六八六　高坊水库Ⅳ号遗址采集石器

1. 石斧（2015JGFⅣ∶3）　2、4. 砺石（2015JGFⅣ∶7、2015JGFⅣ∶6）　3. 石刀（2015JGF
Ⅳ∶4）　5、7. 石锛（2015JGFⅣ∶2、2015JGFⅣ∶5）　6. 圆盘状石器（2015JGFⅣ∶1）

图六八七　高坊水库Ⅳ号遗址采集陶片纹饰拓片

1、3、4. 雷纹　2. 方格纹＋雷纹

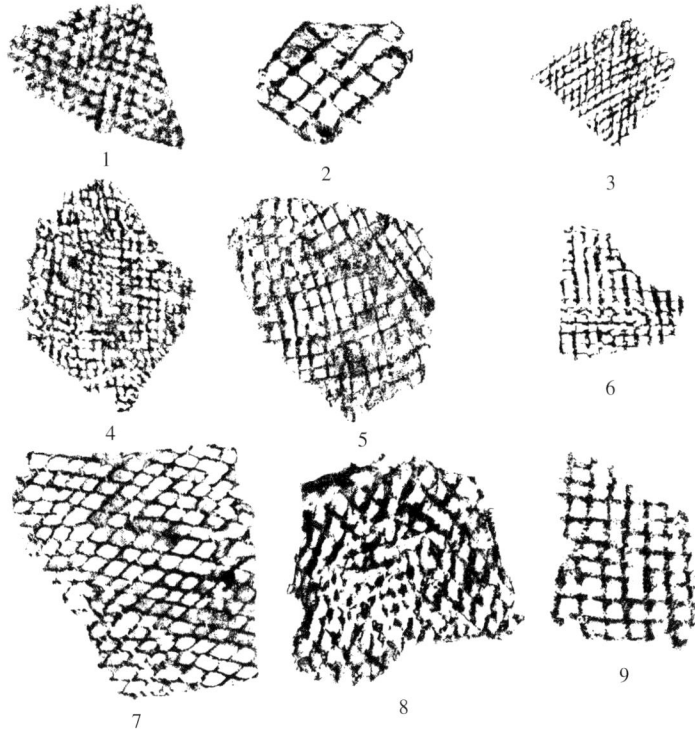

图六八八 高坊水库Ⅳ号遗址采集陶片纹饰拓片
1、3、4、5、6. 小方格纹 2、8、9. 方格纹 7、菱格纹

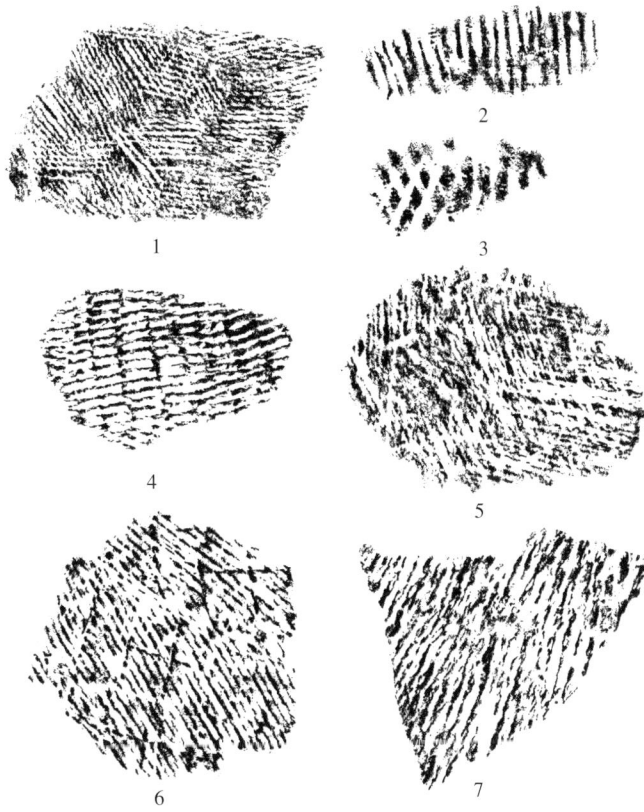

图六八九 高坊水库Ⅳ号遗址采集陶片纹饰拓片
1. 交错绳纹 2. 弦纹 3、5. 交错线纹 4. 短线纹 6、7. 细线纹

图六九〇　高坊水库Ⅳ号遗址采集陶片纹饰拓片
1. 折线纹　2. 折线纹　3、4. 叶脉纹　5、6. 席纹

陶罐　11件。据腹部及口沿，可划分为三型：

A型：9件。弧腹，折沿。据口沿宽度，可分为两亚型：

Aa型：1件。窄折沿。

2015JGFⅣ：9，灰色硬陶，敛口，圆唇。器表施交错绳纹。残高5.8、口径18.0厘米（图六九一，1）。

Ab型：8件。宽折沿。

2015JGFⅣ：14，灰色硬陶，侈口，斜方唇。器表施菱格纹。残高5.4厘米（图六九一，3；图版六二，1）。

2015JGFⅣ：18，夹砂灰陶，侈口，圆唇，沿内可见一周凸棱。器表施绳纹。残高6.4厘米（图六九一，4）。

2015JGFⅣ：19，灰色硬陶，侈口，斜方唇。器表施绳纹。残高4.8、口径15.2厘米（图六九一，5）。

2015JGFⅣ：15，灰色硬陶，侈口，斜方唇，唇内见两道凹弦纹。器表施绳纹。残高5.6厘米（图六九一，7）。

2015JGFⅣ：16，灰色硬陶，侈口，圆唇，沿面内侧有三周凸棱。器表施绳纹。残高7.0厘米（图六九一，8）。

2015JGFⅣ：17，夹砂黄褐陶，侈口，圆唇。沿面可见轮制痕迹。残高6.0厘米（图六九一，9）。

2015JGFⅣ：12，夹砂灰陶，侈口，斜方唇。沿面内部可见明显轮制痕迹，器表施绳纹。残高5.4厘米（图六九一，10）。

2015JGFⅣ：11，灰褐色硬陶，侈口，圆唇，沿面见有三道凸棱。器表施菱格纹。残高5.6厘米（图六九一，12）。

B型：1件。矮领，斜肩。

2015JGFⅣ：13，夹砂灰褐陶，直口，微卷沿。素面。残高6.0，口径14.0厘米（图六九一，2）。

C型：1件。敛口，弧腹。

2015JGFⅣ：8，灰色硬陶，窄平沿，圆唇，沿面有数道凹槽。器表施雷纹。残高5.6厘米（图六九一，6；图版六一，6）。

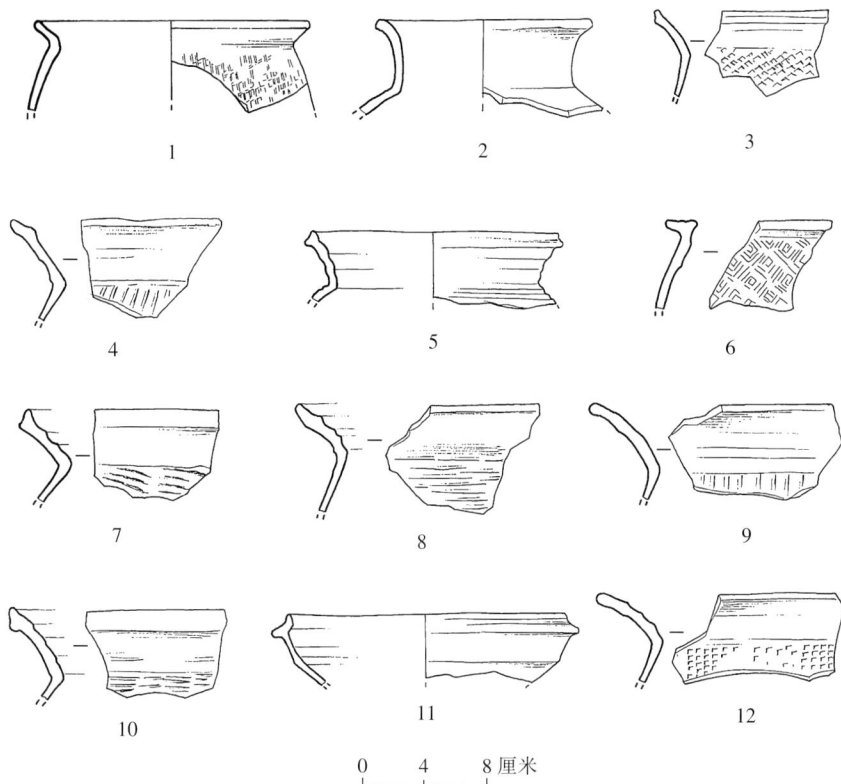

图六九一　高坊水库Ⅳ号遗址采集陶器

1. Aa型罐（2015JGFⅣ：9）　2. B型罐（2015JGFⅣ：13）　3~5、7~10、12. Ab型罐
（2015JGFⅣ：14、2015JGFⅣ：18、2015JGFⅣ：19、2015JGFⅣ：15、2015JGFⅣ：16、2015JGF
Ⅳ：17、2015JGFⅣ：12、2015JGFⅣ：11）　6. C型罐（2015JGFⅣ：8）　11. 豆盘
（2015JGFⅣ：10）

鼎足　33件。发现数量较多，据形态可分为三型：

A型：1件。截面呈"T"字形。

2015JGFⅣ：45，夹砂灰陶。素面。残高10.0厘米（图六九六，9；图版六二，3）。

B型：30件。宽扁状足，据器表边缘有无按压痕，可分为两亚型：

Ba型：16件。足部边缘见有按压痕。

2015JGFⅣ：28，夹砂灰陶，足侧顶部有两对按压凹窝。残高15.0厘米（图六九二，1）。

2015JGFⅣ：29，夹砂黄褐陶，足侧顶部有一对按压凹窝。残高8.8厘米（图六九二，2）。

2015JGFⅣ：25，夹砂灰陶，足侧顶部有一对按压凹窝。残高9.2厘米（图六九二，3）。

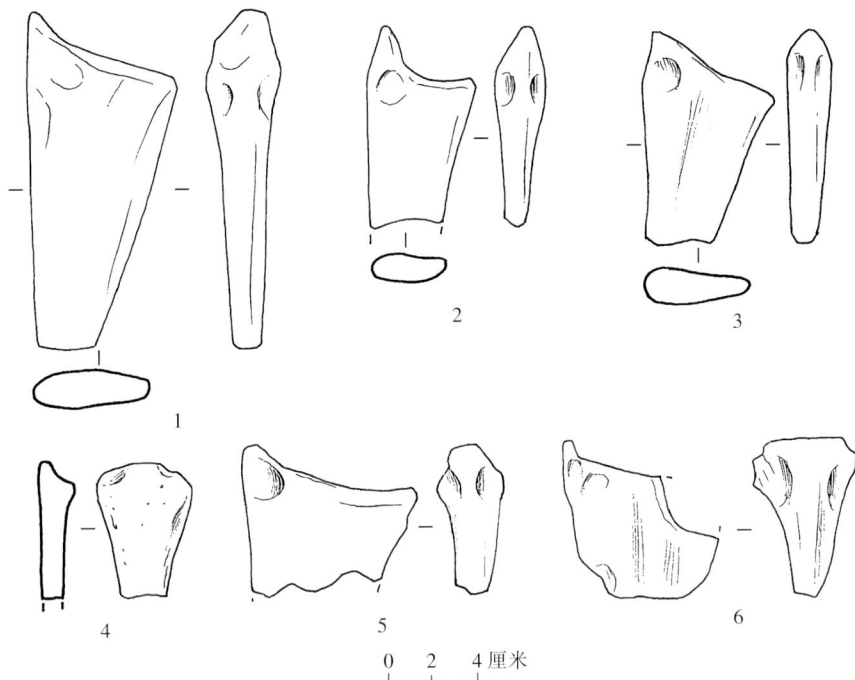

图六九二　高坊水库Ⅳ号遗址采集陶器

2～6. Ba 型鼎足（2015JGFⅣ：28、2015JGFⅣ：29、2015JGFⅣ：25、2015JGFⅣ：37、2015JGF
Ⅳ：43、2015JGFⅣ：50）

2015JGFⅣ：37，夹砂灰陶，足侧见有按压窝痕。残高 6.0 厘米（图六九二，4）。

2015JGFⅣ：43，夹砂灰陶，一侧足上部有一对按压凹窝。残高 6.6 厘米（图六九二，5）。

2015JGFⅣ：50，夹砂灰陶，足侧顶部见有按压凹窝。残高 7.0 厘米（图六九二，6）。

2015JGFⅣ：46，夹砂灰陶，足侧边缘有一对按压凹窝。残高 9.0 厘米（图六九三，1）。

2015JGFⅣ：22，夹砂灰褐陶，足侧边缘见有一对压窝痕。残高 6.0 厘米（图六九三，2）。

2015JGFⅣ：23，夹砂灰陶，足侧顶部有两对按压凹窝。残高 7.8 厘米（图六九三，3）。

2015JGFⅣ：51，夹砂灰陶，足侧顶部见有两对按压凹窝。残高 8.0 厘米（图六九三，4）。

2015JGFⅣ：26，夹粗砂灰褐陶，足侧顶部有两对按压凹窝。残高 10.8 厘米（图六九四，1）。

2015JGFⅣ：44，夹砂灰褐陶，足侧边缘见有三对按窝痕。残高 11.0 厘米（图六九四，2）。

2015JGFⅣ：24，夹砂灰褐陶，足侧顶部见有两对按压凹窝。残高 10.0 厘米（图六九四，3）。

2015JGFⅣ：41，夹砂黄褐陶，一侧足上部有一对按压凹窝，底部有捏制痕迹。残高 7.4 厘米（图六九四，4）。

2015JGFⅣ：32，夹砂灰陶，足侧顶部有一对按压凹窝，与鼎身相接面可见交错线纹。残高 9.2 厘米（图六九四，5）。

2015JGFⅣ：33，夹砂灰陶，足侧顶部有一对按压凹窝。残高 5.8 厘米（图六九五；图版六二，5）。

Bb 型：14 件。足部边缘未见按压痕。

2015JGFⅣ：47，夹砂灰陶，足根底部有捏制痕迹。素面。残高 5.6 厘米（图六九六，1）。

2015JGFⅣ：35，夹砂灰陶。素面。残高 8.0 厘米（图六九六，2）。

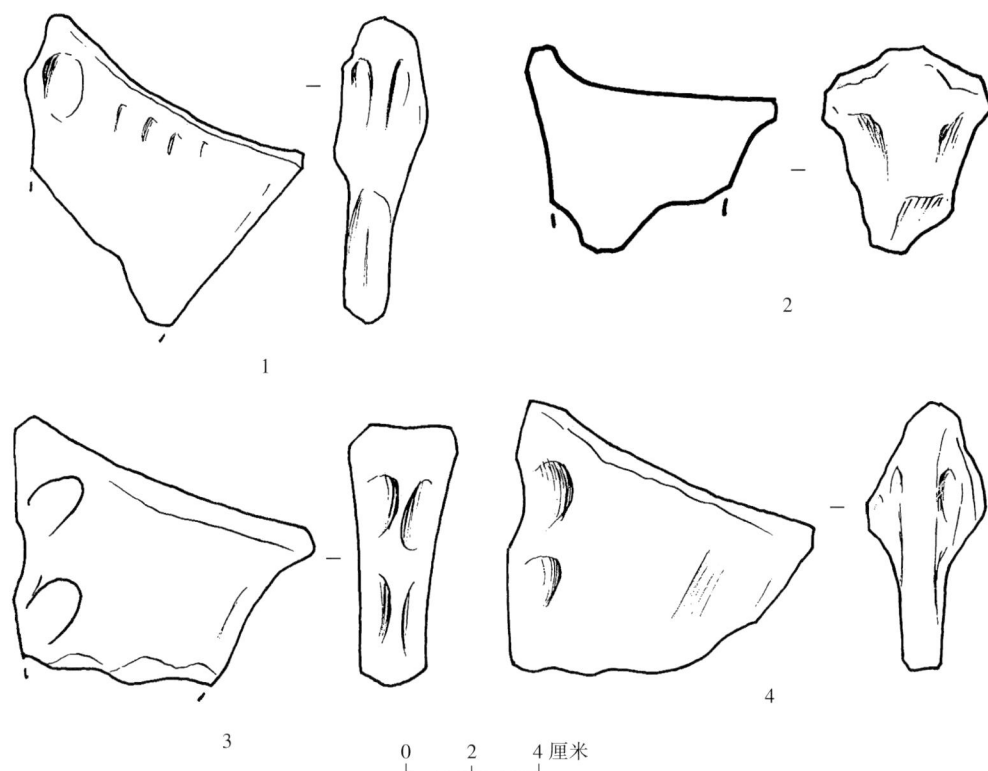

图六九三 高坊水库Ⅳ号遗址采集陶器

1～4. Ba 型鼎足（2015JGFⅣ：46、2015JGFⅣ：22、2015JGFⅣ：23、2015JGFⅣ：51）

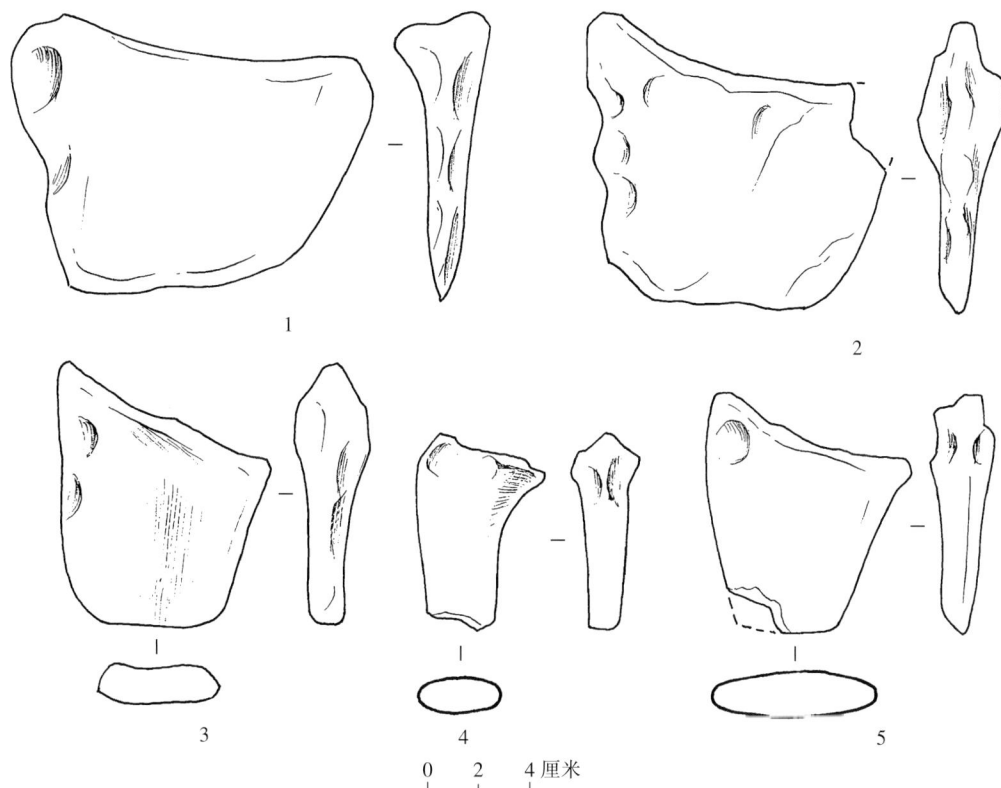

图六九四 高坊水库Ⅳ号遗址采集陶器

1～5. Ba 型鼎足（2015JGFⅣ：26、2015JGFⅣ：44、2015JGFⅣ：24、2015JGFⅣ：41、2015JGFⅣ：32）

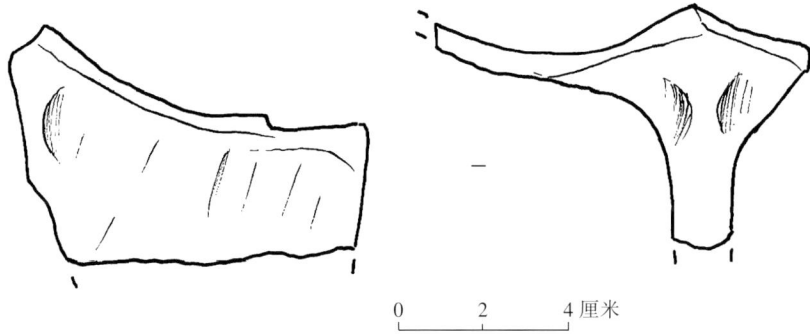

0 2 4 厘米

图六九五　高坊水库Ⅳ号遗址采集陶器
Ba 型鼎足（2015JGFⅣ∶33）

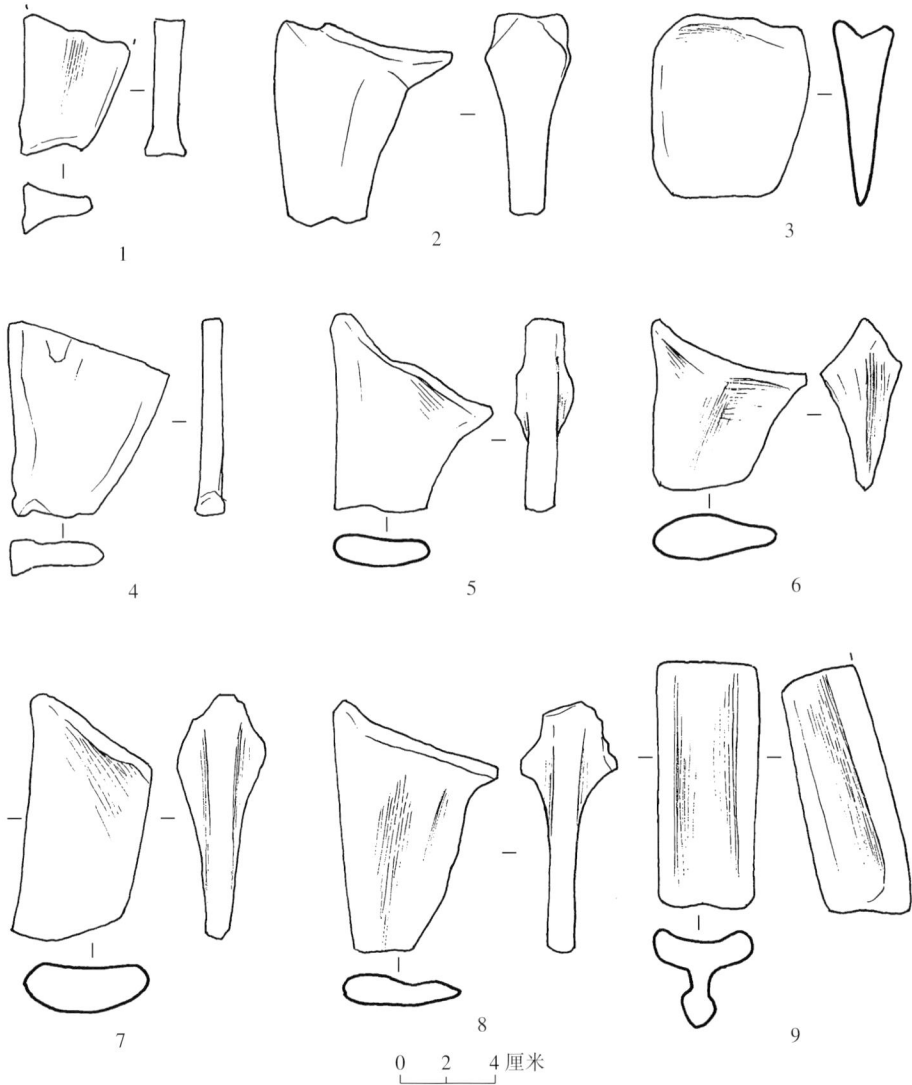

0 2 4 厘米

图六九六　高坊水库Ⅳ号遗址采集陶器

1～8. Bb 型鼎足（2015JGFⅣ∶47、2015JGFⅣ∶35、2015JGFⅣ∶40、2015JGFⅣ∶30、2015JGFⅣ∶31、2015JGFⅣ∶27、2015JGFⅣ∶42、2015JGFⅣ∶36）　9. A 型鼎足（2015JGFⅣ∶45）

2015JGFⅣ∶40，夹砂灰陶。素面。残高 7.6 厘米（图六九六，3）。

2015JGFⅣ∶30，夹砂灰陶，足底部有捏制痕迹。残高 8.0 厘米（图六九六，4）。

2015JGFⅣ：31，夹砂灰陶。素面。残高 8.1 厘米（图六九六，5）。

2015JGFⅣ：27，夹砂灰陶，一面见有一道竖向凸棱。残高 7.0 厘米（图六九六，6）。

2015JGFⅣ：42，夹砂黄褐陶。素面。残高 10.0 厘米（图六九六，7）。

2015JGFⅣ：36，夹砂灰褐陶。素面。残高 10.2 厘米（图六九六，8）。

2015JGFⅣ：48，夹砂灰陶。素面。残高 7.0 厘米（图六九七，1）。

2015JGFⅣ：21，夹砂灰白陶。素面。残高 5.8 厘米（图六九七，2）。

2015JGFⅣ：52，夹砂灰陶，足根底部有捏制痕迹。素面。残高 7.6 厘米（图六九七，3）。

2015JGFⅣ：53，夹砂灰陶，足根底部有捏制痕迹。素面。残高 13.6 厘米（图六九七，4；图版六二，4）。

2015JGFⅣ：49，夹砂灰陶。素面。残高 8.8 厘米（图六九七，5）。

2015JGFⅣ：39，夹砂灰陶，足底部有捏制痕迹。残高 12.0 厘米（图六九七，7）。

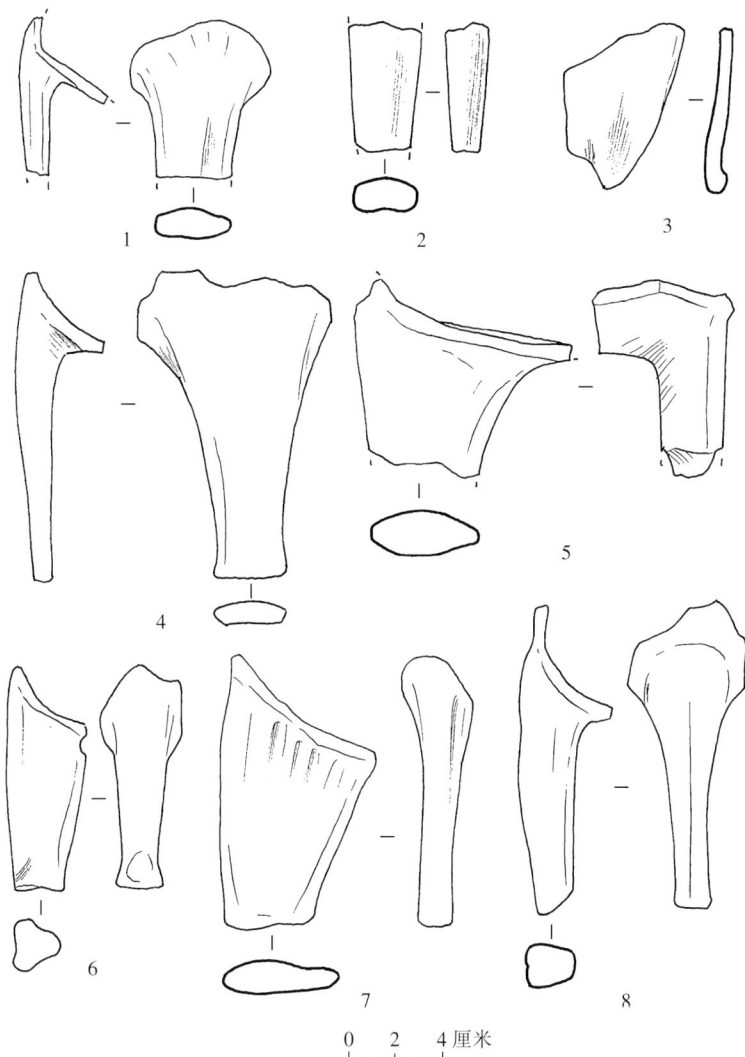

图六九七　高坊水库Ⅳ号遗址采集陶器

1~5、7. Bb 型鼎足（2015JGFⅣ：48、2015JGFⅣ：21、2015JGFⅣ：52、2015JGFⅣ：53、2015JGFⅣ：49、2015JGFⅣ：39）　6、8. C 型鼎足（2015JGFⅣ：38、2015JGFⅣ：34）

C型：2件。扁柱状。

2015JGFⅣ：38，夹砂灰陶，足底部有捏制痕迹。素面。残高10.0厘米（图六九七，6）。

2015JGFⅣ：34，夹砂浅灰陶，足根底部有捏制痕迹。残高13.6厘米（图六九七，8）。

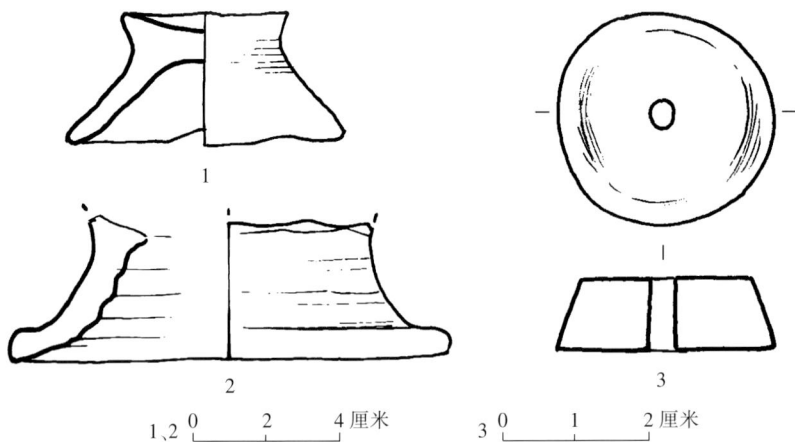

图六九八　高坊水库Ⅳ号遗址采集陶器
1. 豆柄（2015JGFⅣ：54）　2. 圈足（2015JGFⅣ：20）　3. 陶纺轮（2015JGFⅣ：55）

豆盘　1件。

2015JGFⅣ：10，泥质灰陶，敛口，圆唇，沿下有一周凸棱，弧腹，浅盘。素面。残高4.4、口径18.0厘米（图六九一，11）。

豆柄　1件。

2015JGFⅣ：54，夹砂灰褐陶，弧底，喇叭口状底座。素面。残高3.4厘米（图六九八，1）。

圈足　1件。

2015JGFⅣ：20，灰色硬陶，高圈足外撇，内壁见轮痕。残高3.8厘米（图六九八，2；图版六二，2）。

陶纺轮　1件。

2015JGFⅣ：55，夹砂灰褐陶，截面呈梯形，上下面平整，四周斜直，中部有一圆形穿孔。直径3.0、孔径0.3厘米（图六九八，3；图版六一，1）。

3. 遗址年代与性质

高坊水库Ⅳ号遗址属于典型的岗地类聚落，遗址采集遗物较丰富，与周边遗址相比较，可将所获遗物划分为三个年代组：

第1组：以"T"字形鼎足为代表。这一阶段多见夹砂陶，硬陶较少，所见该类鼎足为新石器时代晚期多见，如在广丰社山头、新余拾年山遗址均有所见到，该组年代应为新石器时代末期。

第2组：以B型鼎足，A、B型陶罐，雷纹，方格纹，折线纹硬陶等为代表。该组所见折线纹及折沿罐沿面有凹槽的特征具有商时期陶器风格。遗址所见A、B型陶罐及B型鼎足则与西周时期陶器有较多相似性。因此，可将本组的年代推定为商代晚期至西周时期。

第3组：以C型鼎足、小方格纹硬陶为代表。该组陶器为该区域东周时期所常见，其年代可推定为春秋时期。

　　高坊水库Ⅳ号遗址延续时间较长，说明该地区拥有优越的自然环境，适合古人长期的生活。该遗址的发现有助于区域先秦时期文化序列及聚落演进等方面研究的深入开展。

1. 陶纺轮 2015JGFⅣ：55

2. 石刀 2015JGFⅣ：4

3. 石锛 2015JGFⅣ：2

4. 圆盘状石器　2015JGFⅣ：1

5. 石斧 2015JGFⅣ：3

6. C 型罐 2015JGFⅣ：8

图版六一　高坊水库Ⅳ号遗址采集遗物

1. Ab 型罐 2015JGFⅣ：14

2. 圈足 2015JGFⅣ：20

3. A 型鼎足 2015JGFⅣ：45

4. Bb 型鼎足 2015JGFⅣ：53

5. Ba 型鼎足 2015JGFⅣ：33

图版六二　高坊水库Ⅳ号遗址采集遗物

三九　高坊水库Ⅴ号遗址

1. 遗址概况

该遗址位于黄通乡高坊水库的中东部（图六九九），南距高坊水库Ⅳ号遗址约230米，西距高坊水库Ⅲ号遗址约980米，北距高坊水库Ⅵ号遗址约390米（图七〇〇）。遗址为山岗缓坡地形，长径约271米，短径约118米。遗址处于水岸低洼地带，地势中部、西部稍低，北部、南部和东部稍高。山顶为树林，植被非常茂盛（图七〇一）。该遗址地理坐标为：北纬27°55′36.5″，东经116°52′07.5″，海拔120米。

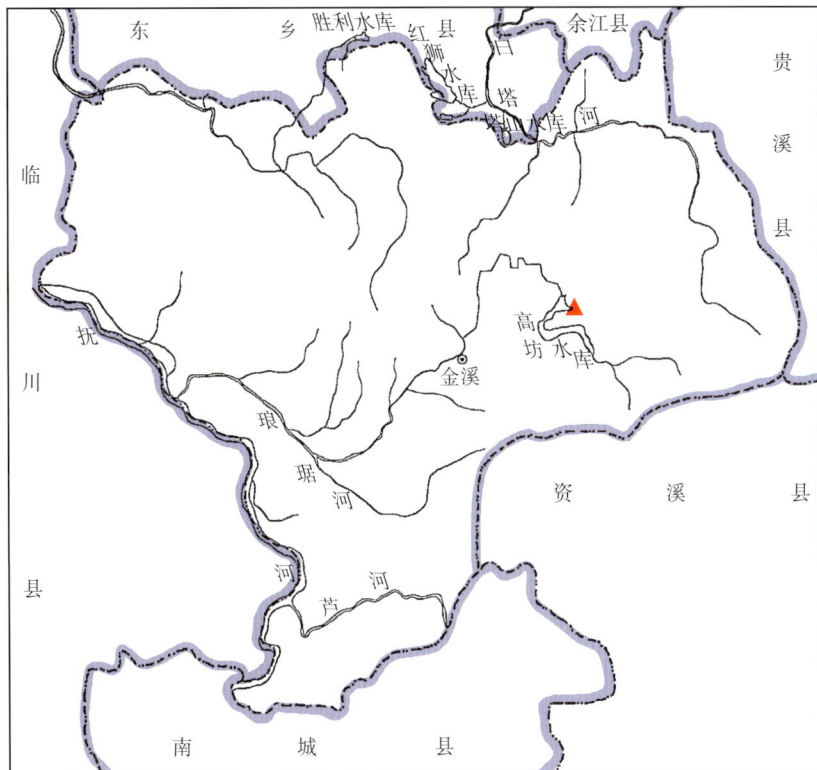

图六九九　高坊水库Ⅴ号遗址位置图

2. 遗物介绍

高坊水库Ⅴ号遗址在河漫滩处采集遗物较为丰富，主要有石器和陶器。

（1）石器

主要为砂岩磨制而成，器形主要有石镞、石锛、砺石等。

石锛　2件。

2015JGFⅤ：6，青色砂岩磨制而成，平面近长方形，两端残，两侧竖直。器表磨制较光滑。残高6.2、宽3.6、厚2.4厘米（图七〇二，1）。

2015JGFⅤ：5，青灰色砂岩磨制而成，平面近长方形，顶端残，两侧平直，底端单面斜刃。器表磨制规整。残长6.5、宽5.4厘米（图七〇二，4；图版六三，4）。

0　　　　　　　　1　　　　　　　　2公里

图七〇〇　高坊水库Ⅴ号遗址地貌图

图七〇一　高坊水库Ⅴ号遗址远景图（西北向东南）

石斧　3件。

2015JGFV：2，灰褐色砂岩磨制而成，顶端残，一侧平直，双面磨制成刃。器表磨制较为规整。残长7.3、宽5.2厘米（图七〇二，2）。

2015JGFV：3，青灰色页岩打制而成，平面近长方形，器表略经修整，顶部圆弧，两侧略平直，双面磨制成刃。残长8.1、宽3.8厘米（图七〇二，3；图版六四，3）。

2015JGFV：7，青灰色砂岩磨制而成，边缘经过修整，弧顶，两侧竖直，刃部略经磨制，刃部可见使用痕迹。残长12.3、宽5.8厘米（图七〇三，1；图版六三，3）。

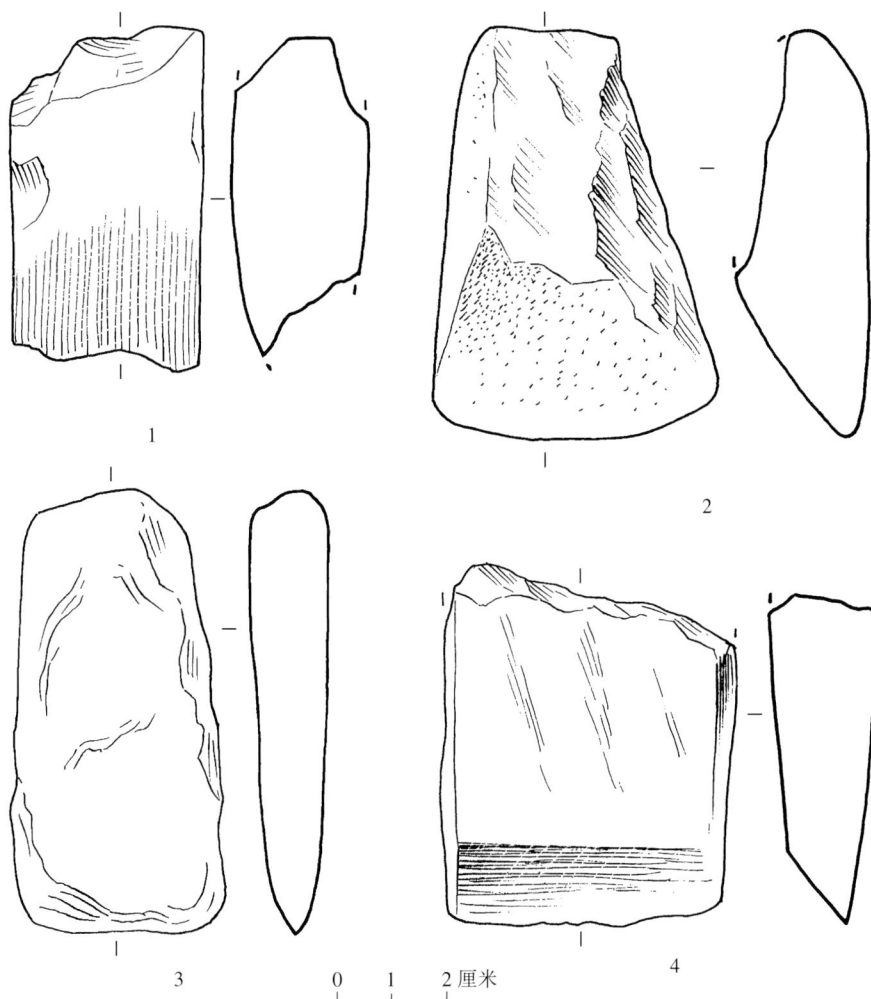

图七〇二　高坊水库Ⅴ号遗址采集石器
1、4. 石锛（2015JGFV：6、2015JGFV：5）　2、3. 石斧（2015JGFV：2、2015JGFV：3）

石镞　1件。

2015JGFV：1，青色砂岩磨制而成，呈扁平状，前锋残，两侧刃锐利，中部起脊，铤残。表面磨制光滑。残长4.5、宽1.8厘米（图七〇三，2；图版六四，5）。

砺石　1件。

2015JGFV：4，黄褐色砂岩磨制而成，形状不规则，研磨面内凹。表面光滑。残长18.0、宽

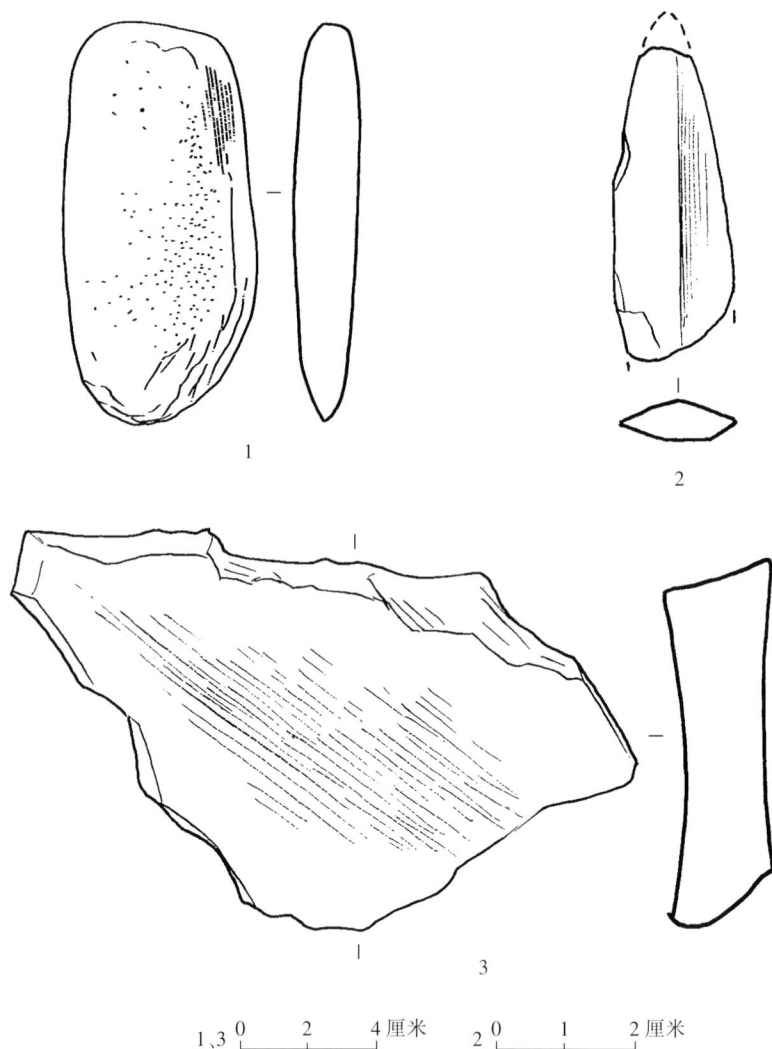

图七〇三　高坊水库Ⅴ号遗址采集石器

1. 石斧（2015JGFV：7）　　2. 石镞（2015JGFV：1）　　3. 砺石（2015JGFV：4）

11.4 厘米（图七〇三，3；图版六三，2）。

（2）陶器

以印纹硬陶为主，多为灰色、灰褐色，纹饰主要见有线纹、方格纹、交错绳纹、折线纹、雷纹、席纹、交错线纹等（图七〇四～七〇七），器形主要有罐；夹砂陶亦较多，多以灰色，灰白色为主，主要为素面，器类多为鼎（足）、罐等；泥质陶较少，多为灰色，器形有浅盘豆、碗等。

陶罐　11 件。据腹部和口部特征，可分为四型：

A 型：8 件。弧腹，侈口，折沿。

2015JGFV：16，灰色硬陶，圆唇，沿面有一周凸棱及轮制痕迹。器表施方格纹。残高 4.8 厘米（图七〇八，1）。

2015JGFV：8，灰色硬陶，圆唇，唇内侧有一周凸棱。器表施交错绳纹。残高 6.0 厘米（图七〇八，2；图版六四，1）。

图七〇四　高坊水库Ⅴ号遗址采集陶片纹饰拓片
1、3. 方格纹　2. 小方格纹　4、5. 折线纹

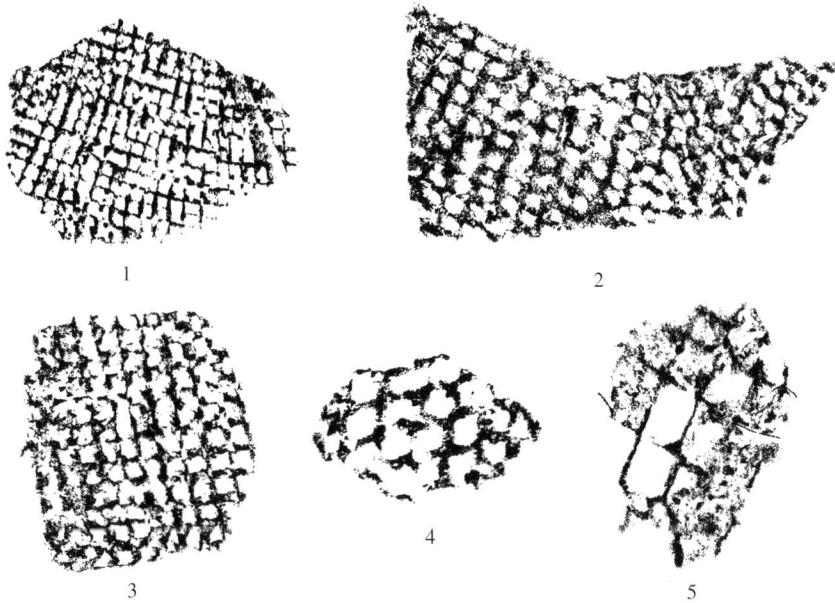

图七〇五　高坊水库Ⅴ号遗址采集陶片纹饰拓片
1、2、3. 方格纹　4、5. 大方格纹

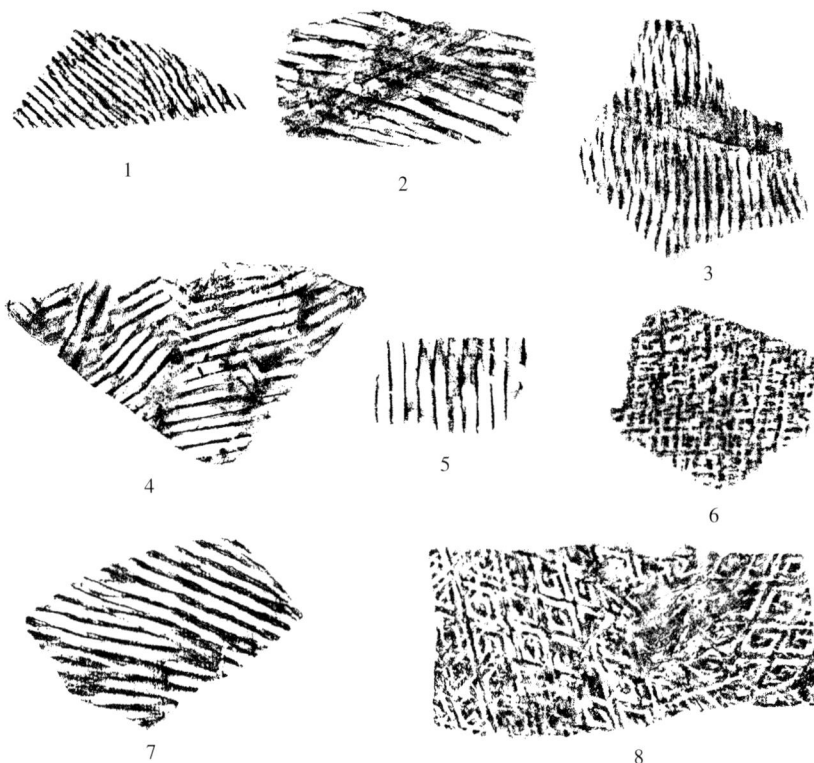

图七〇六　高坊水库Ⅴ号遗址采集陶片纹饰拓片

1. 绳纹　2、3、5、7. 弦纹　4. 交错线纹　6、8. 雷纹

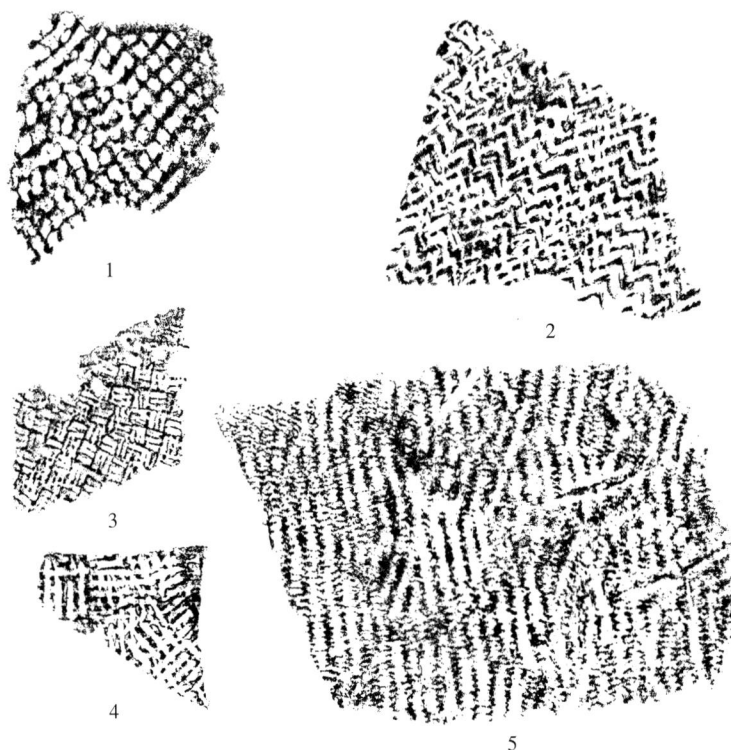

图七〇七　高坊水库Ⅴ号遗址采集陶片纹饰拓片

1. 方格纹　2. 折线纹　3. 席纹　4. 交错线纹　5. 交错绳纹

2015JGFV:13，夹砂红褐陶，圆唇，沿面内侧有明显轮制痕迹。器表施方格纹。残高4.8厘米（图七〇八，3）。

2015JGFV:9，灰色硬陶，尖唇，沿面有五道凹槽。器表施斜向绳纹。残高4.6厘米（图七〇八，5）。

2015JGFV:18，灰色硬陶，圆唇，沿面有一道凸棱，器表施绳纹。残高5.2厘米（图七〇九，1）。

2015JGFV:14，灰色硬陶，斜方唇。器表施菱格纹。残高6.0厘米（图七〇九，3）。

2015JGFV:11，灰色硬陶，圆唇，沿面有明显轮制痕迹。器表施交错绳纹，纹痕较浅。残高7.2厘米（图七〇九，4）。

2015JGFV:10，灰色硬陶，方唇，沿面有明显轮制痕迹。器表施斜向粗绳纹。残高10.0厘米（图七〇九，5）。

B型：1件。鼓腹，折沿。

2015JGFV:15，黄褐色硬陶，侈口，折沿内凹，方唇。沿内侧有轮制痕迹，近腹处有两道凹弦纹。器表施方格纹。口径12.0、残高6.0厘米（图七〇九，2）。

C型：1件。敛口，折肩。

2015JGFV:12，泥质灰陶，圆唇，斜折腹。素面。口径20.0、残高3.6厘米（图七〇八，6；图版六四，2）。

D型：1件。弧腹，卷沿。

2015JGFV:17，灰色硬陶，圆唇。器表施方格纹。残高9.2厘米（图七〇九，6）。

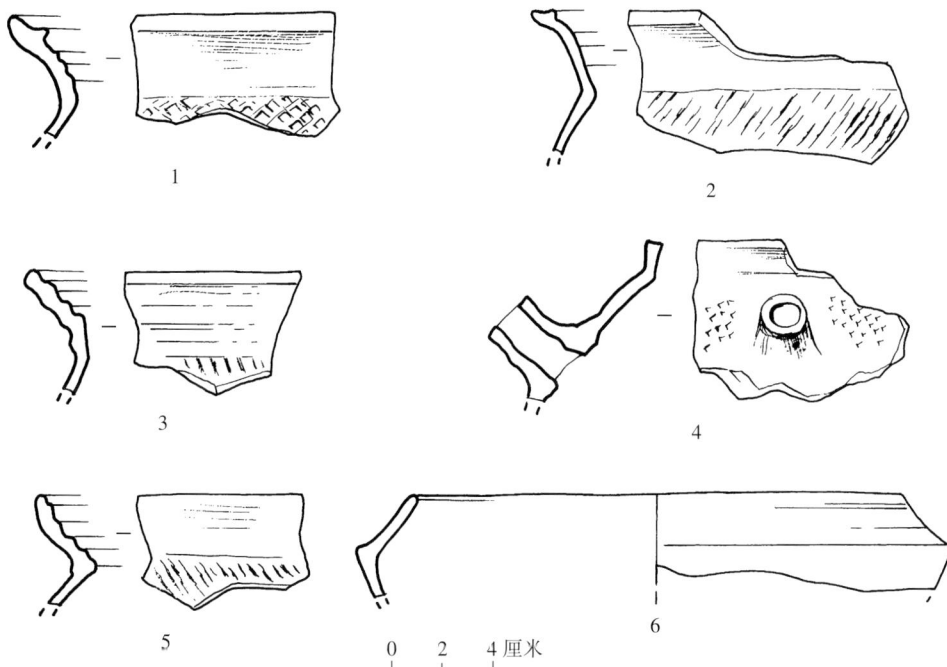

图七〇八 高坊水库Ⅴ号遗址采集陶器

1～3、5. A型（2015JGFV:16、2015JGFV:8、2015JGFV:13、2015JGFV:9） 4. 带流罐（2015JGFV:19） 6. C型（2015JGFV:12）

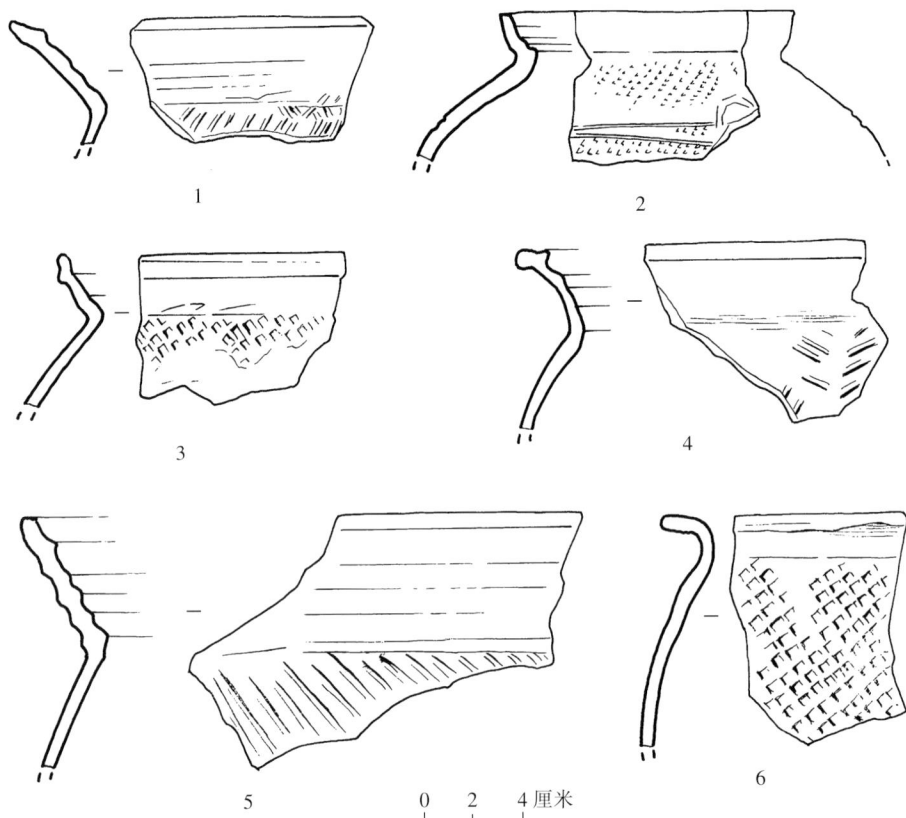

图七〇九　高坊水库Ⅴ号遗址采集陶罐口沿

1、3～5. A型（2015JGFV：18、2015JGFV：14、2015JGFV：11、2015JGFV：10）　2. B型
（2015JGFV：15）　6. D型（2015JGFV：17）

带流罐　1件。

2015JGFV：19，黄褐色硬陶，近直口，方唇，弧鼓腹，腹部有管状短流。器表施细方格纹。残高6.4厘米（图七〇八，4）。

陶鼎足　35件。据形态特征，可分为两型。

A型：20件。宽扁状，据有无按窝分为两亚型：

Aa型：9件。鼎足边缘见有按窝。

2015JGFV：35，夹砂灰陶，足侧顶部有一对按压凹痕。残高12.0厘米（图七一五，1）。

2015JGFV：36，夹砂灰陶，足侧顶部有一对按压凹窝。残高7.0厘米（图七一六，2）。

2015JGFV：37，夹砂灰陶，足侧顶部有按压痕，底部有捏制痕迹。残高12.6厘米（图七一六，1）。

2015JGFV：38，夹砂灰陶，足侧顶部有一对按压圆窝。残高11.0厘米（图七一五，2）。

2015JGFV：43，夹砂灰陶，足侧顶部有一对按压圆窝。残高8.0厘米（图七一三，1）。

2015JGFV：46，夹砂灰陶，器表有多个按压圆窝。残高8.4厘米（图七一三，3）。

2015JGFV：47，夹砂灰陶，足侧顶部有两对按压凹痕，与鼎上部相接面见有绳纹。残高6.0厘米（图七一三，6）。

2015JGFV：53，夹砂灰陶，足侧顶部有一对按压凹窝。残高8.8厘米（图七一六，4）。

2015JGFV：57，夹砂灰陶，足侧顶部有两对按压凹窝。残高6.2厘米（图七一二，2）。

Ab型：11件。鼎足边缘未见有按窝。

2015JGFV：25，夹砂灰陶。素面。残高5.4厘米（图七一三，5）。

2015JGFV：26，夹砂灰陶。素面。残高6.0厘米（图七一二，3）。

2015JGFV：29，夹砂灰陶。素面。残高4.2厘米（图七一六，3）。

2015JGFV：31，夹砂灰黑陶。素面。残高7.2厘米（图七一二，4）。

2015JGFV：33，夹砂灰褐陶。素面。残高8.4厘米（图七一一，3）。

2015JGFV：39，夹砂黄褐陶。素面。残高7.0厘米（图七一〇，6）。

2015JGFV：41，夹砂灰黑陶。素面。残高6.4厘米（图七一〇，2）。

2015JGFV：49，夹砂灰陶。素面。残高10.0厘米（图七一四，3）。

2015JGFV：51，夹砂黄褐陶。素面。残高5.8厘米（图七一一，5）。

2015JGFV：52，夹砂灰陶。足与鼎底相接处留下绳纹痕迹。残高7.6厘米（图七一一，1）。

2015JGFV：55，夹砂黄陶。素面。残高9.8厘米（图七一二，1；图版六三，1）。

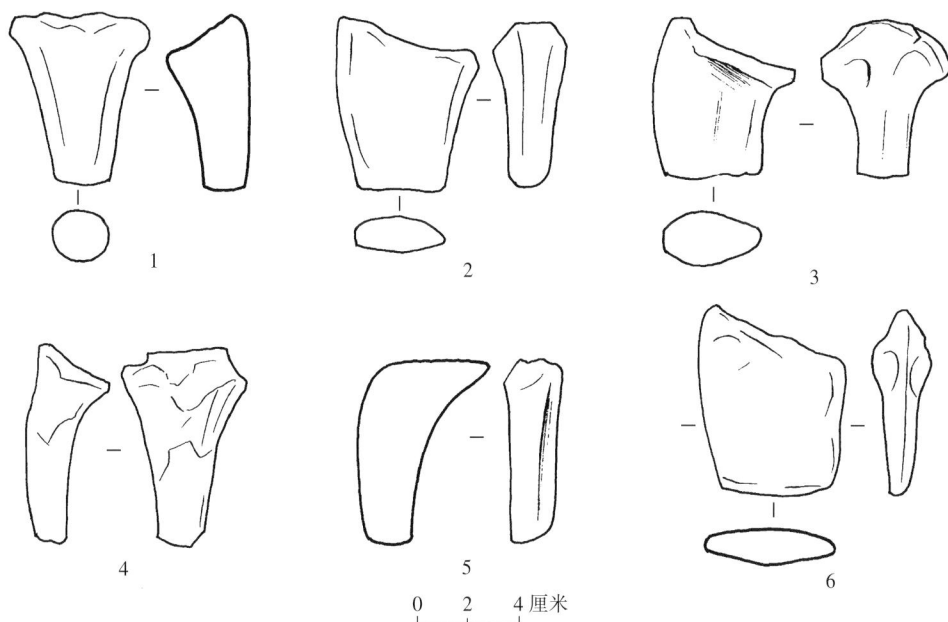

图七一〇　高坊水库Ⅴ号遗址采集陶鼎足

1、3～5. B型（2015JGFV：40、2015JGFV：42、2015JGFV：44、2015JGFV：45）　2、6. Ab型（2015JGFV：41、2015JGFV：39）

B型：15件。扁柱状。

2015JGFV：27，夹砂灰陶。素面。残高6.8厘米（图七一三，2）。

2015JGFV：28，夹砂灰陶。素面。残高9.0厘米（图七一四，4）。

2015JGFV：30，夹砂灰陶。素面。残高9.0厘米（图七一四，1）。

2015JGFV：32，夹砂灰陶，一侧有竖向凹槽。残高12.0厘米（图七一四，2）。

2015JGFV：34，夹砂灰陶。素面。残高9.2厘米（图七一四，6）

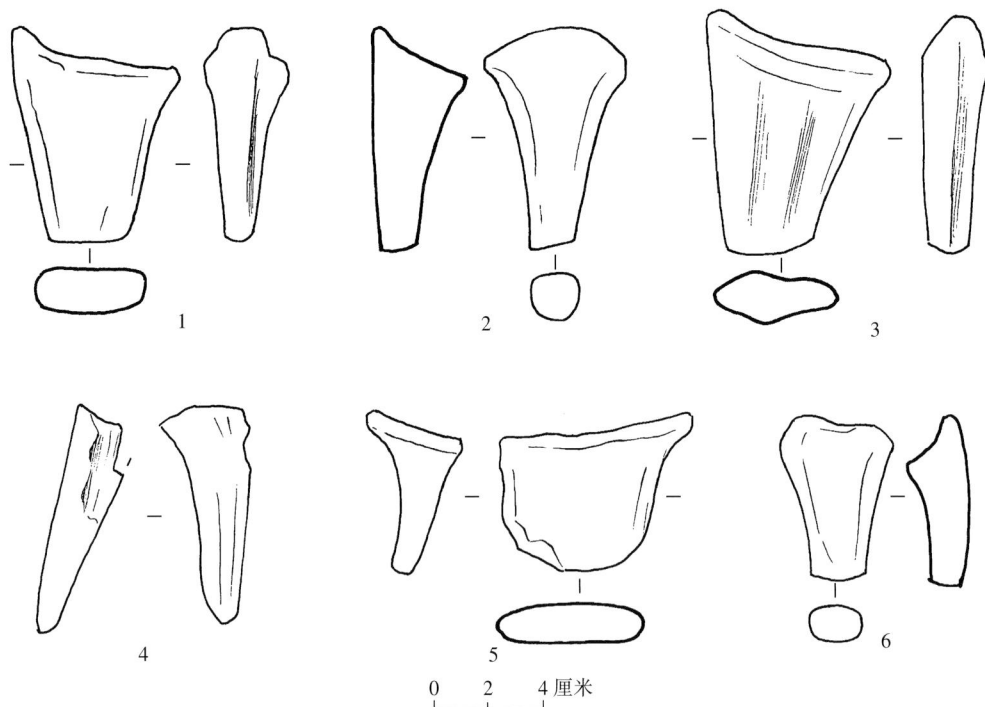

0   2   4厘米

图七一一　高坊水库Ⅴ号遗址采集陶鼎足

1、3、5. Ab 型（2015JGFV：52、2015JGFV：33、2015JGFV：51）　　2、4、6. B 型（2015JGFV：54、2015JGFV：59、2015JGFV：48）

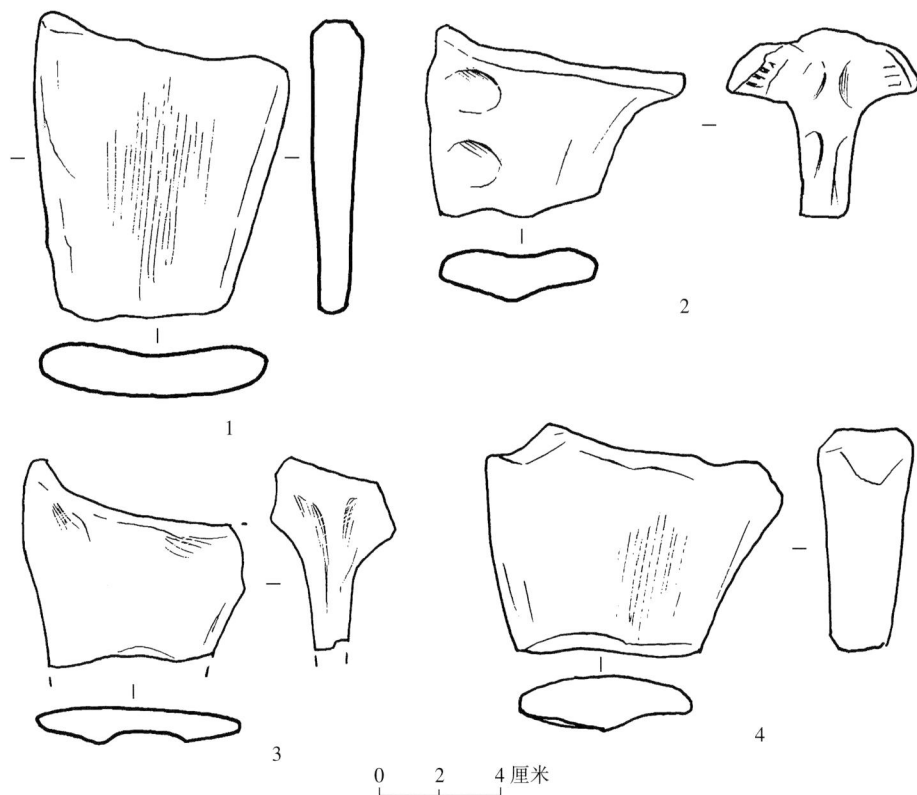

0   2   4厘米

图七一二　高坊水库Ⅴ号遗址采集陶鼎足

1、3、4. Ab 型（2015JGFV：55、2015JGFV：26、2015JGFV：31）　　2. Aa 型（2015JGFV：57）

2015JGFV：40，夹砂灰陶，足顶部与鼎体相接处可见绳纹痕迹。残高6.6厘米（图七一○，1）。

2015JGFV：42，夹砂灰陶。素面。残高6.1厘米（图七一○，3）。

2015JGFV：44，夹砂灰陶。素面。残高7.6厘米（图七一○，4）。

2015JGFV：45，夹砂黄陶。素面。残高7.0厘米（图七一○，5）。

2015JGFV：48，夹砂灰陶。素面。残高6.0厘米（图七一一，6）。

2015JGFV：50，夹砂灰陶。素面。残高5.2厘米（图七一六，5）。

2015JGFV：54，夹砂黄褐陶。素面。残高8.0厘米（图七一一，2）。

2015JGFV：56，夹砂黄褐陶。素面。残高8.6厘米（图七一三，4）。

2015JGFV：58，夹砂灰陶，足底部有捏制痕迹。残高8.0厘米（图七一四，5；图版六四，4）。

2015JGFV：59，夹砂灰白陶。素面。残高7.8厘米（图七一一，4）。

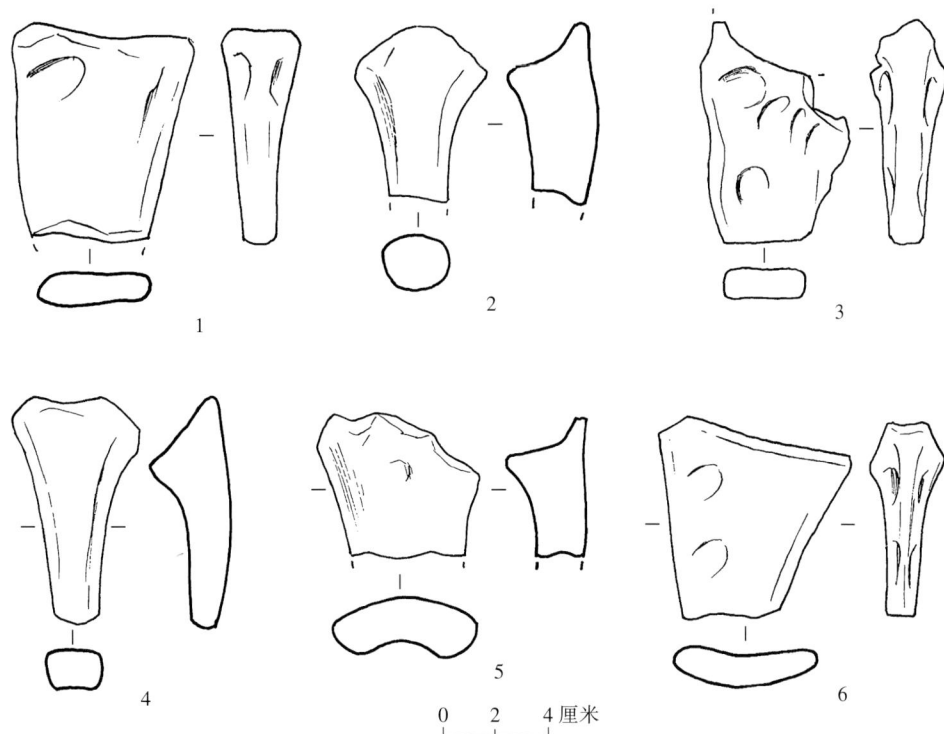

图七一三　高坊水库Ⅴ号遗址采集陶鼎足

1、3、6. Aa 型（2015JGFV：43、2015JGFV：46、2015JGFV：47）　5. Ab 型（2015JGFV：27、2015JGFV：25）　2、4. B 型（2015JGFV：56）

豆柄　1件。

2015JGFV：60，泥质灰陶，空心竹节状豆柄，内壁可见泥条盘筑痕迹。残高4.4厘米（图七一七，4；图版六三，5）。

碗　1件。

2015JGFV：22，泥质灰陶，斜腹，矮圈足。素面。残高4.0厘米（图七一七，1）。

器底　4件。

2015JGFV：21，灰褐色硬陶，斜腹，平底。素面。底径18.0、残高5.2厘米（图七一七，2）。

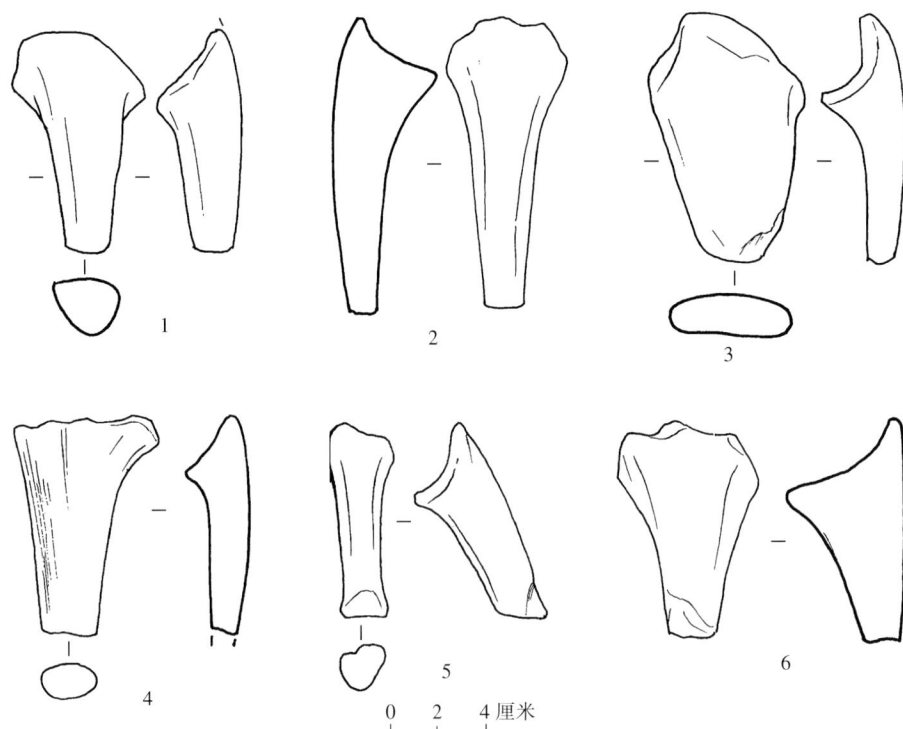

图七一四　高坊水库Ⅴ号遗址采集陶鼎足

1、2、4～6. B 型（2015JGFⅤ∶30、2015JGFⅤ∶32、2015JGFⅤ∶28、2015JGFⅤ∶58、2015JGFⅤ∶34）　3. Ab 型（2015JGFⅤ∶49）

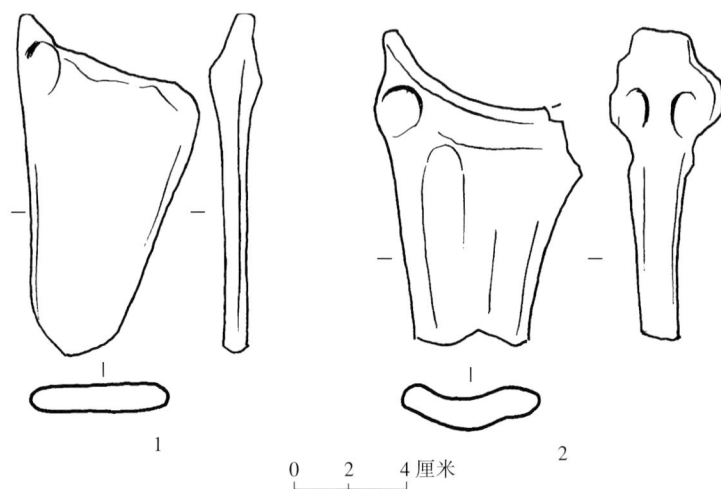

图七一五　高坊水库Ⅴ号遗址采集陶鼎足

1、2. Aa 型（2015JGFⅤ∶35、2015JGFⅤ∶38）

2015JGFⅤ∶23，灰色硬陶，矮圈足。器底施绳纹。残高 2.4 厘米（图七一七，3）。

2015JGFⅤ∶24，灰褐色硬陶，矮圈足。外腹部施交错细线纹。残高 3.0 厘米（图七一七，5）。

2015JGFⅤ∶20，夹砂灰褐陶，高圈足，近底端外撇，有明显轮制痕迹。素面。残高 4.8 厘米（图七一七，8；图版六三，6）。

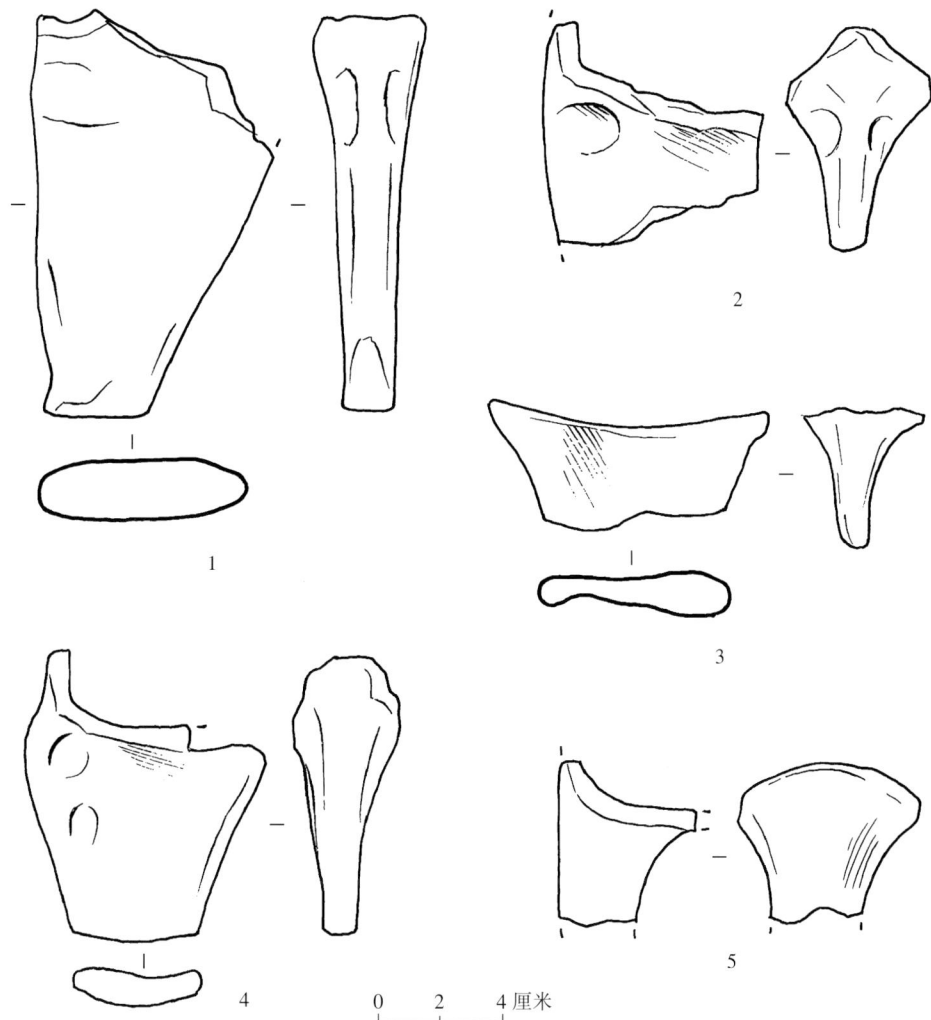

图七一六　高坊水库Ⅴ号遗址采集陶鼎足

1、2、4. Aa 型（2015JGFⅤ：37、2015JGFⅤ：36、2015JGFⅤ：53）　3. Ab 型（2015JGFⅤ：29）
5. B 型（2015JGFⅤ：50）

陶刀　2 件。

2015JGFⅤ：64，灰褐色硬陶，直背，刃部残，近背部有两圆形穿孔。素面。残长 2.8 厘米（图七一七，7）。

2015JGFⅤ：65，黄褐色硬陶，弧背，单面直刃，近背部有一圆形穿孔。素面。残长 4.0 厘米（图七一八，3；图版六四，6）。

陶器耳　1 件。

2015JGFⅤ：61，黄褐色硬陶，肩腹结合处有一桥形附耳。器表施方格纹，部分被抹平。残高 5.8 厘米（图七一七，6）。

陶纺轮　2 件。

2015JGFⅤ：63，夹砂灰褐陶，扁平状，上下面平整，截面呈梯形，中部有一穿孔。素面。直径 2.9、孔径 0.4 厘米（图七一八，1；图版六四，7）。

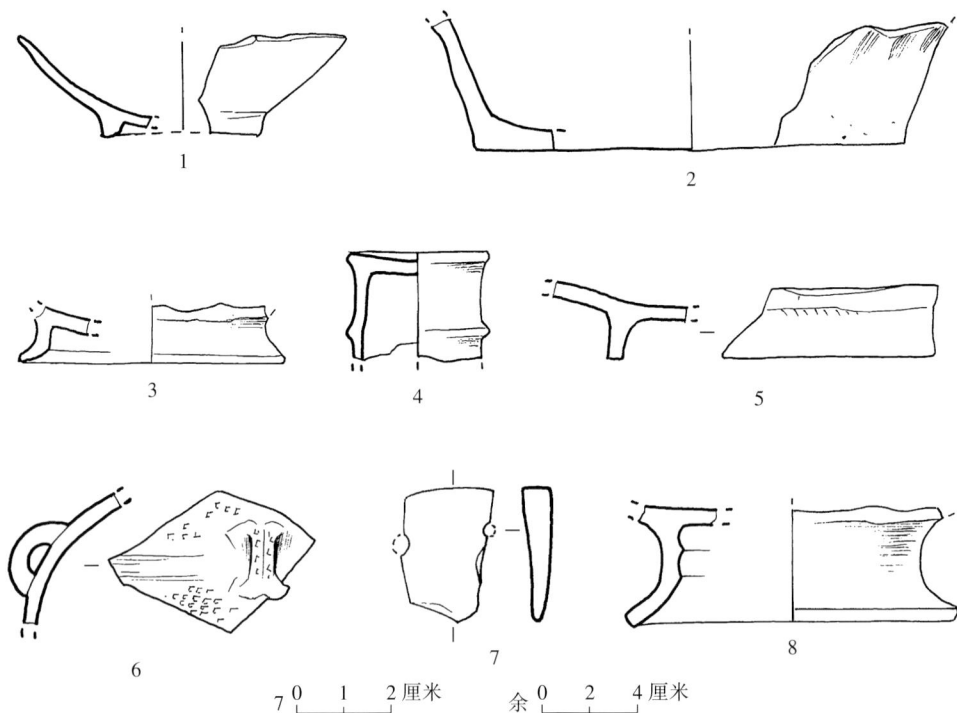

图七一七　高坊水库Ⅴ号遗址采集陶器

1. 碗（2015JGFV：22）　　2、3、5、8. 器底（2015JGFV：21、2015JGFV：23、2015JGFV：24、2015JGFV
：20）　4. 豆柄（2015JGFV：60）　6. 器耳（2015JGFV：61）　7. 陶刀（2015JGFV：64）

2015JGFV：62，夹砂灰黑陶，扁平状，截面呈梯形，中部有一穿孔。素面。直径2.7、孔径0.4厘米（图七一八，2）。

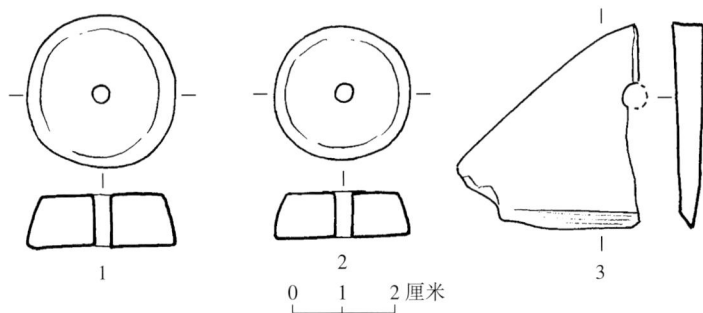

图七一八　高坊水库Ⅴ号遗址采集陶器

1、2. 陶纺轮（2015JGFV：63、62）　3. 陶刀（2015JGFV：65）

3. 遗址性质与年代

高坊水库Ⅴ号遗址是一处典型的岗地类聚落，该遗址地表采集了较多遗物，为年代判断提供了丰富材料。从整体上看，该遗址可划分为两个年代组：

第1组：以A型罐、Aa型鼎足、折线纹硬陶为代表。该组陶器与周边遗址相比，陶罐器形多为折沿罐，特征与西周所见器形相近；所见折线纹，具有商代纹饰特征，可以推定该组年代为晚商至西周时期。

第2组：以Ab型、B型鼎足，小方格纹硬陶为代表。该组陶器与东周时期所见器形相近，年代为春秋时期。

　　通过以上分析，可以判断该遗址的年代为商代晚期至春秋时期。高坊水库 V 号遗址的发现，为区域文化序列建构及聚落形态演进等提供了十分重要的考古资料。

1. 鼎足（2015JGFV：55）

2. 砺石（2015JGFV：4）

3. 石斧（2015JGFV：7）

4. 石锛（2015JGFV：5）

5. 豆柄（2015JGFV：60）

6. 圈足（2015JGFV：20）

图版六三　高坊水库 V 号遗址采集遗物

1. 罐（2015JGFV：8）

2. 罐（2015JGFV：12）

3. 石斧（2015JGFV：3）

4. 鼎足（2015JGFV：58）

5. 石镞（2015JGFV：1）

6. 陶刀（2015JGFV：65）

7. 陶纺轮（2015JGFV：63）

图版六四　高坊水库Ⅴ号遗址采集遗物

四〇　高坊水库Ⅵ号遗址

1. 遗址概况

高坊水库Ⅵ号遗址位于黄通乡高坊水库的东南部（图七一九），北距高坊书库Ⅴ号遗址约 230 米，西距周上村Ⅰ号遗址约 400 米，西南距周上村Ⅱ号遗址约 430 米（图七二〇）。遗址整体呈不规则形，长径约 102 米，短径约 83 米。所在地形为水库岸边山岗，地势东高西低，南部稍低，呈缓坡状河漫滩，山岗向上为树林，植被十分茂密（图七二一）。该遗址地理坐标：北纬 27°55′23.0″，东经 116°52′02.3″，海拔 123 米。

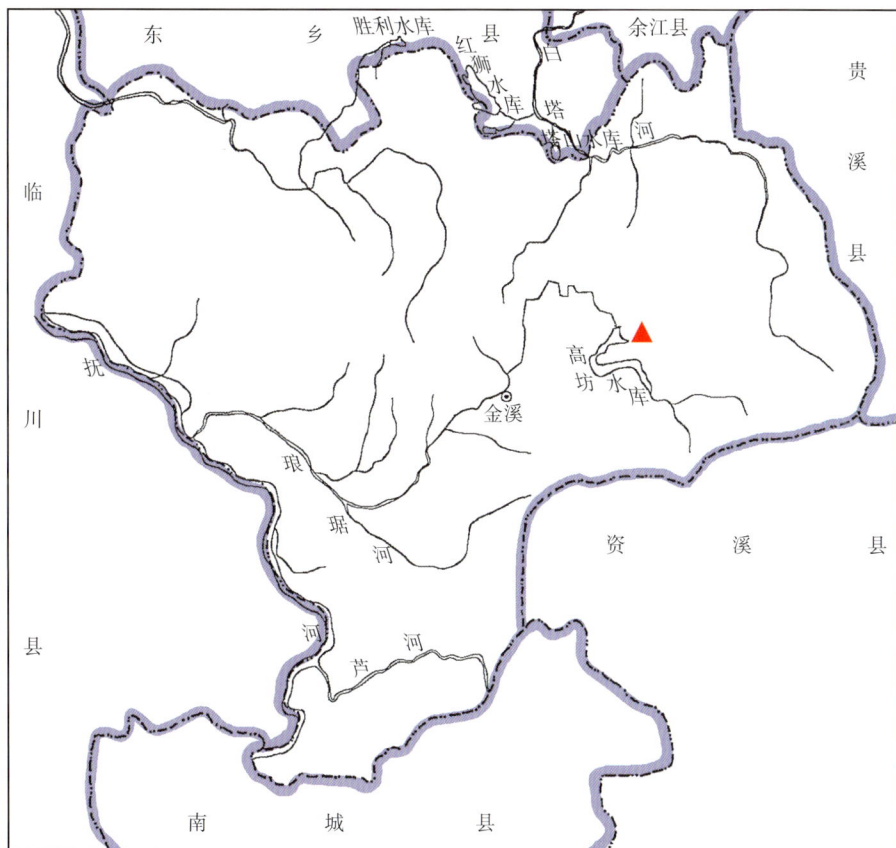

图七一九　高坊水库Ⅵ号遗址位置图

2. 遗物介绍

该遗址采集遗物较为丰富，主要见石器和陶器。

（1）石器　7 件。

主要以砂岩磨制，多为砺石。

砺石　3 件。

2015JGFⅥ：5，灰褐色砂岩磨制而成，呈扁平状，上下研磨面均内凹。残长 13.0 厘米（图七二三，2）。

2015JGFⅥ：6，红褐色砂岩磨制而成，两端残，截面近梯形，一侧磨制成凹槽，另有两侧研磨

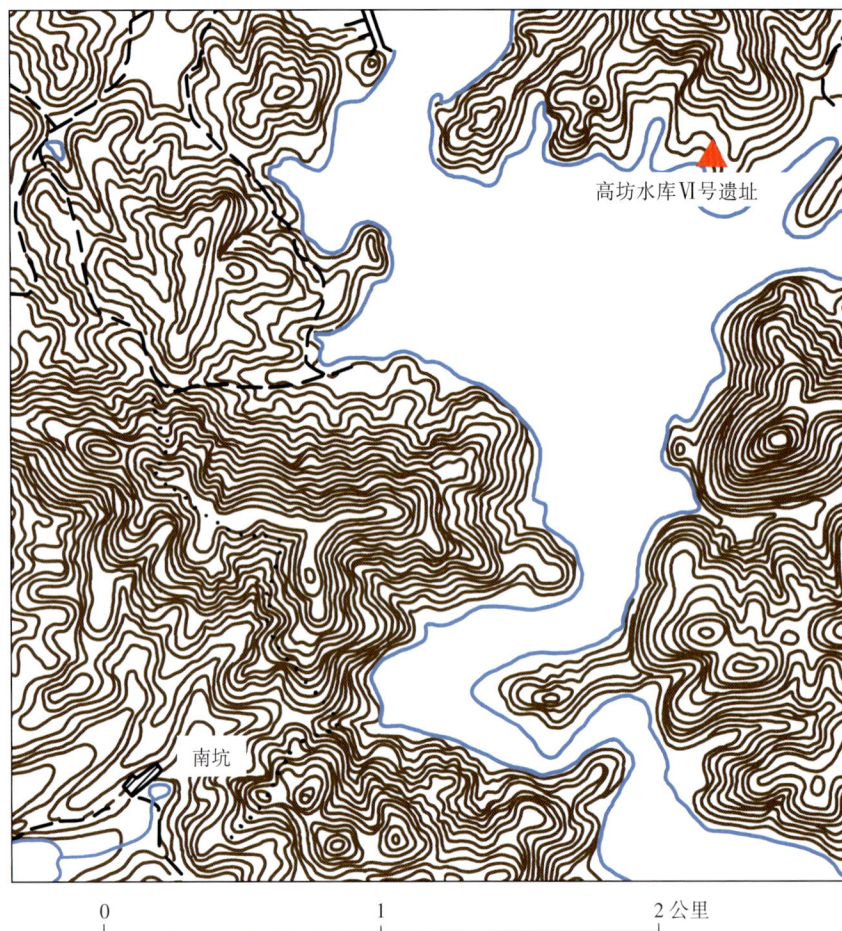

图七二〇　高坊水库Ⅵ号遗址地貌图

图七二一　高坊水库Ⅵ号遗址远景图（由北向南）

面内凹，一侧较平整。残长7.2厘米（图七二三，3）。

2015JGFⅥ：7，灰褐色砂岩磨制而成，扁平状，上下研磨面内凹。残长16.0厘米（图七二三，1；图版六五，4）。

石斧　1件。

2015JGFⅥ：4，青灰色闪长岩磨制而成，刃部略残，顶端近平直，两侧竖直。器表磨制较为规整。残高8.9厘米（图七二二，1；图版六六，5）。

石锛　1件。

2015JGFⅥ：1，青灰色砂岩磨制而成，长条状，顶端较平直，底端单面磨出斜刃。残高9.5米（图七二二，2；图版六六，4）。

石刀　2件。

2015JGFⅥ：3，灰褐色页岩磨制而成，形状不规则，背部及刃部均残，残断处可见一对钻穿孔。器表磨制较平整。残高7.7厘米（图七二二，3；图版六六，6）。

2015JGFⅥ：2，灰褐色砂岩磨制而成，顶端残，一侧斜直，双面磨出刃。器表磨制较为光滑。残高5.2厘米（图七二二，4）。

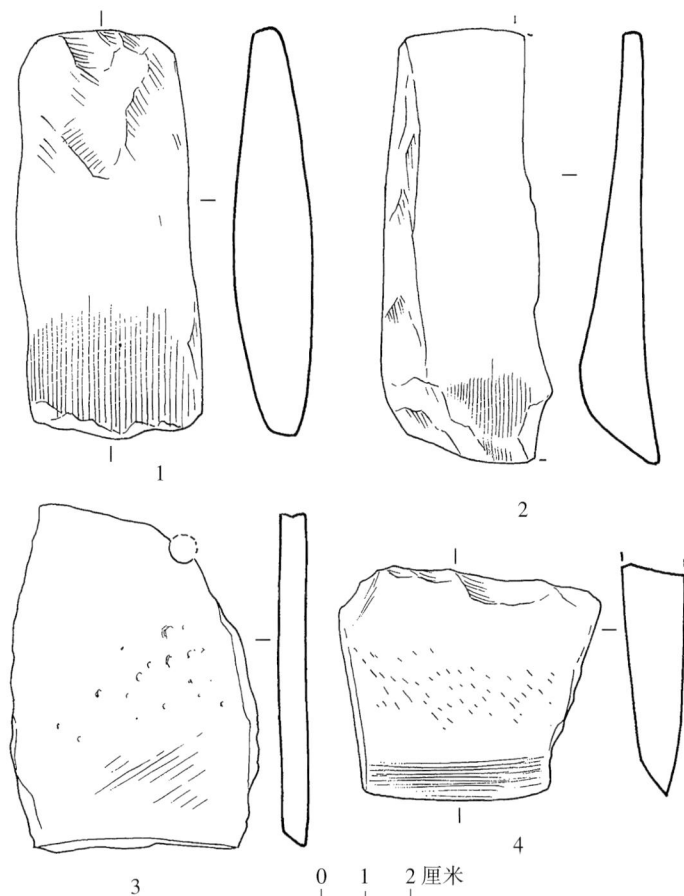

图七二二　高坊水库Ⅵ号遗址采集石器

1. 石斧（2015JGFⅥ：4）　2. 石锛（2015JGFⅥ：1）　3、4. 石刀（2015JGFⅥ：3、2015JGFⅥ：2）

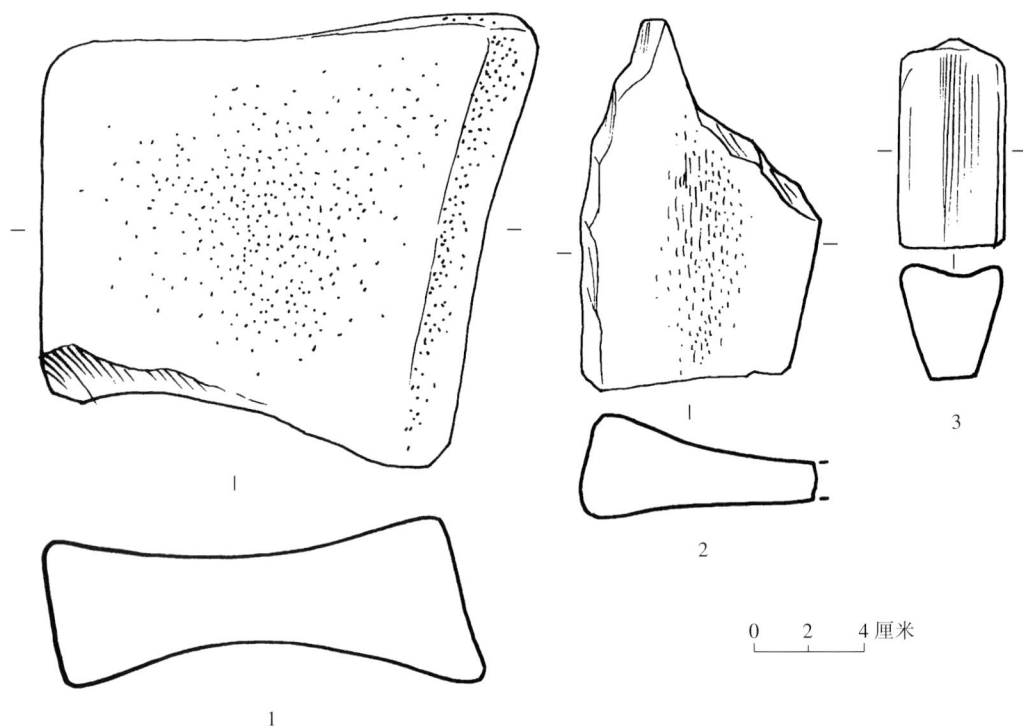

图七二三　高坊水库Ⅵ号遗址采集石器
1～3. 砺石（2015JGFⅥ：7、2015JGFⅥ：5、2015JGFⅥ：6）

（2）陶器

高坊水库Ⅵ号遗址中印纹硬陶与夹砂陶相当，硬陶以灰色或灰褐色为主，烧制火候略低，纹饰主要以绳纹、交错线纹、线纹、方格纹（图七二四～图七二六）为主，纹痕较深，器形主要为罐、陶刀等；夹砂陶多为灰色，灰白色及红色，器形主要为罐、鼎（足），多为素面，偶见绳纹；另有少量泥质陶，以红褐、灰色为主，器形主要有杯，圈足。

罐　18件。数量较多，据腹部及口部特征，可分为三型。

A型：12件。弧腹，折沿。

2015JGFⅥ：13，夹砂灰陶，侈口，圆唇。器表施斜向绳纹。口径19.0，残高5.8厘米（图七二七，1）。

2015JGFⅥ：14，夹砂灰白，侈口，圆唇，沿内有数道轮制痕迹。器腹施斜向绳纹。残高5.2厘米（图七二七，2）。

2015JGFⅥ：19，夹砂灰陶，侈口，方唇，唇面内凹，口沿外侧可见一周凸棱。腹部施菱格纹。口径15.8、残高5.2厘米（图七二七，3）。

2015JGFⅥ：21，夹砂灰陶，侈口，斜方唇，沿内面有数道凹弦纹。腹部施斜向绳纹。残高6.1厘米（图七二七，4）。

2015JGFⅥ：23，夹砂黄褐陶，侈口，圆唇，唇面内凹，沿内见有两道凹弦纹。器表施菱格纹。残高6.6厘米（图七二七，5）。

2015JGFⅥ：24，夹砂灰褐陶，侈口，方唇。器表施斜线纹。口径15.8、残高5.8厘米（图七二

图七二四　高坊水库Ⅵ号遗址采集陶片纹饰拓片

1、2. 绳纹　3~5. 交错线纹　6. 折线纹

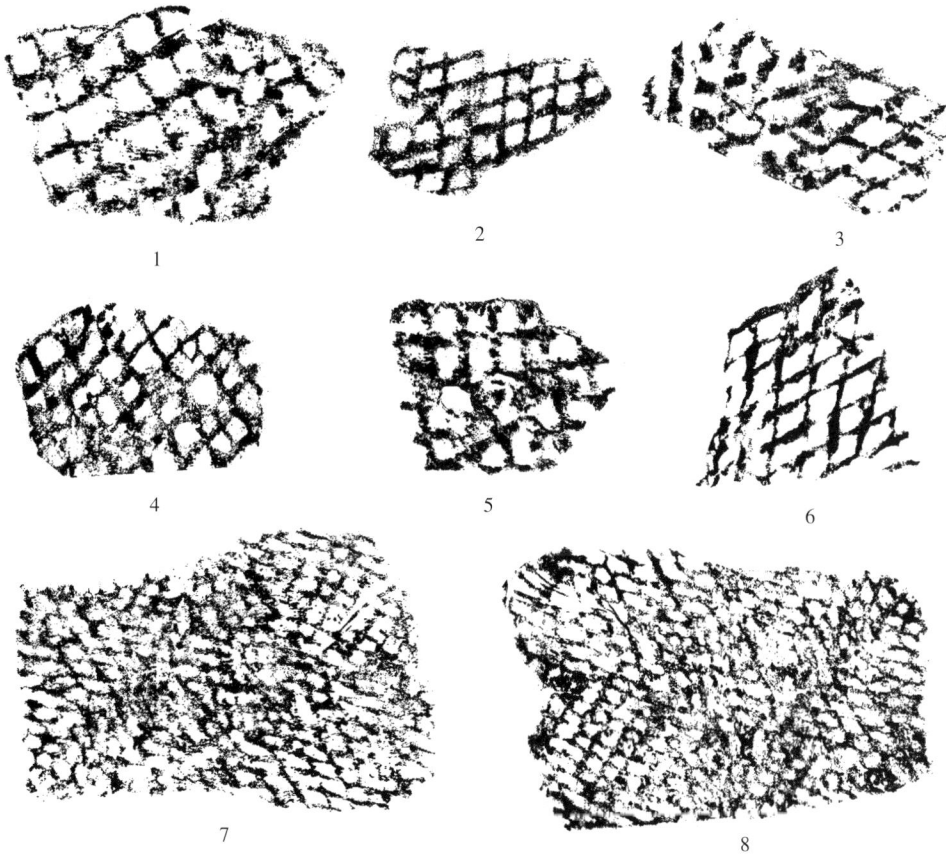

图七二五　高坊水库Ⅵ号遗址采集陶片纹饰拓片

1、4、5、8. 方格纹　2、3、6、7. 菱格纹

图七二六　高坊水库Ⅵ号遗址采集陶片纹饰拓片
1. 交错线纹　2. 菱格纹　3. 折线纹　4~8. 绳纹　9. 细绳纹

七，6）。

2015JGFⅥ：20，夹砂灰陶，侈口，斜方唇。腹部施绳纹。残高4.2厘米（图七二八，4）。

2015JGFⅥ：16，夹砂灰陶，侈口，圆唇，沿面有一周凸棱。腹部施斜向绳纹。残高8.2厘米（图七二九，2；图版六五，5）。

2015JGFⅥ：17，夹砂灰陶，侈口，方唇内凹。腹部施菱格纹。残高7.0厘米（图七二九，3）。

2015JGFⅥ：12，夹砂灰陶，侈口，方唇内凹，沿内侧有轮制痕迹。器表施方格纹。口径16.0、残高7.2厘米（图七二九，5；图版六五，1）。

2015JGFⅥ：11，夹砂灰陶，侈口，方唇，沿面内凹，沿内侧可见数道轮制痕迹。器表施斜线纹。口径26.0、残高6.8厘米（图七二九，6）。

2015JGFⅥ：18，夹砂灰陶，侈口，尖圆唇。施横向绳纹。残高5.2厘米（图七二九，7）。

B型：4件。鼓腹，高领。

2015JGFⅥ：8，灰褐色硬陶，侈口，微卷沿，圆唇，斜肩，沿外侧见有数道短刻槽。肩部施绳纹。口径8.0、残高4.3厘米（图七二八，1；图版六五，2）。

2015JGFⅥ：22，灰色硬陶，侈口，微卷沿，尖圆唇，弧肩。肩部施横向绳纹。口径7.8、残高4.8厘米（图七二八，2）。

2015JGFⅥ：65，夹砂灰陶，侈口，斜方唇，口沿内外侧可见轮制痕迹。腹部施菱格纹。残高6.0厘米（图七二八，3）。

2015JGFⅥ：10，夹砂红陶，侈口，微卷沿，方唇，斜肩。器表施斜向绳纹。口径10.4、残高7.1厘米（图七二九，4）。

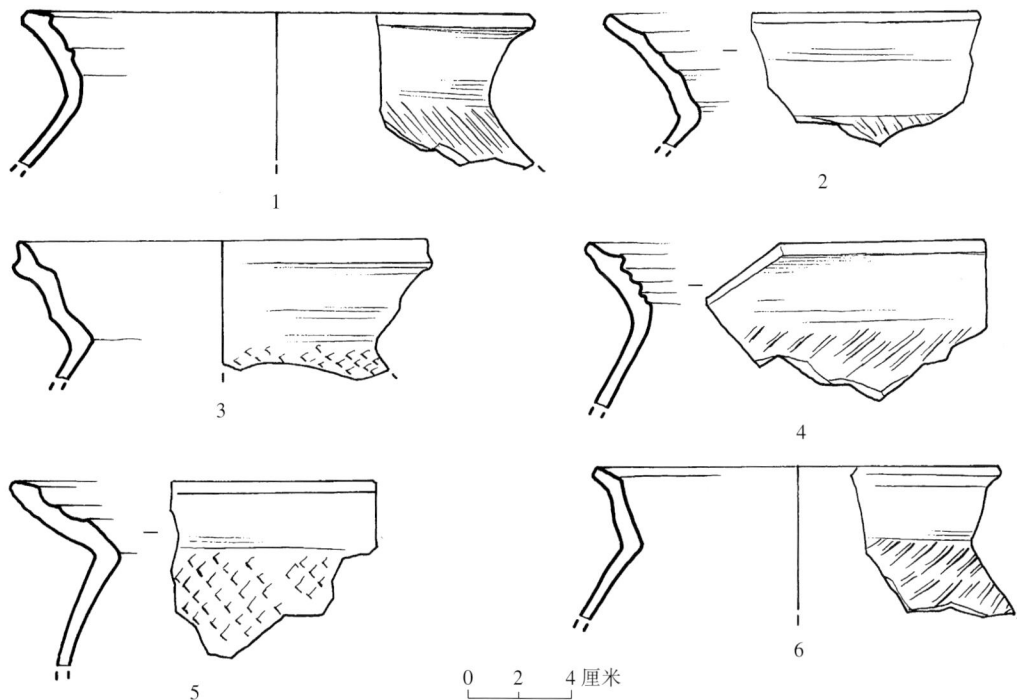

图七二七　高坊水库Ⅵ号遗址采集 A 型陶罐口沿

1~6.（2015JGFⅥ：13、2015JGFⅥ：14、2015JGFⅥ：19、2015JGFⅥ：21、2015JGFⅥ：23、2015JGFⅥ：24）

C 型：2件。敛口，折沿。

2015JGFⅥ：15，灰色硬陶，方唇，微折肩，斜直腹。器表施菱格纹。残高3.8厘米（图七二八，5）。

2015JGFⅥ：9，黄褐色硬陶，圆唇，圆弧腹。器表施细密方格纹。口径17.4，残高9.0厘米（图七二九，1）。

陶鼎足　26件。发现数量较多，依形态可分为四型。

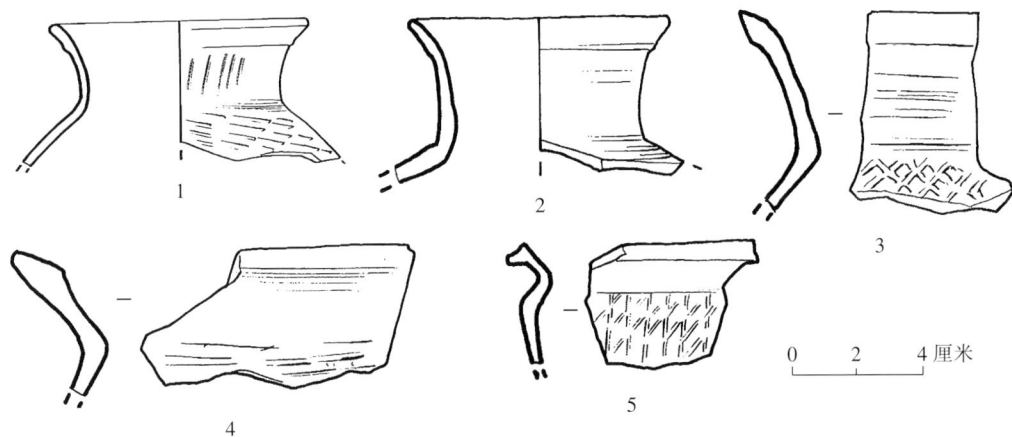

图七二八　高坊水库Ⅵ号遗址采集陶罐口沿

1~3. B 型罐口（2015JGFⅥ：8、2015JGFⅥ：22、2015JGFⅥ：65）　4. A 型罐口（2015JGFⅥ：20）　5. C 型罐口（2015JGFⅥ：15）

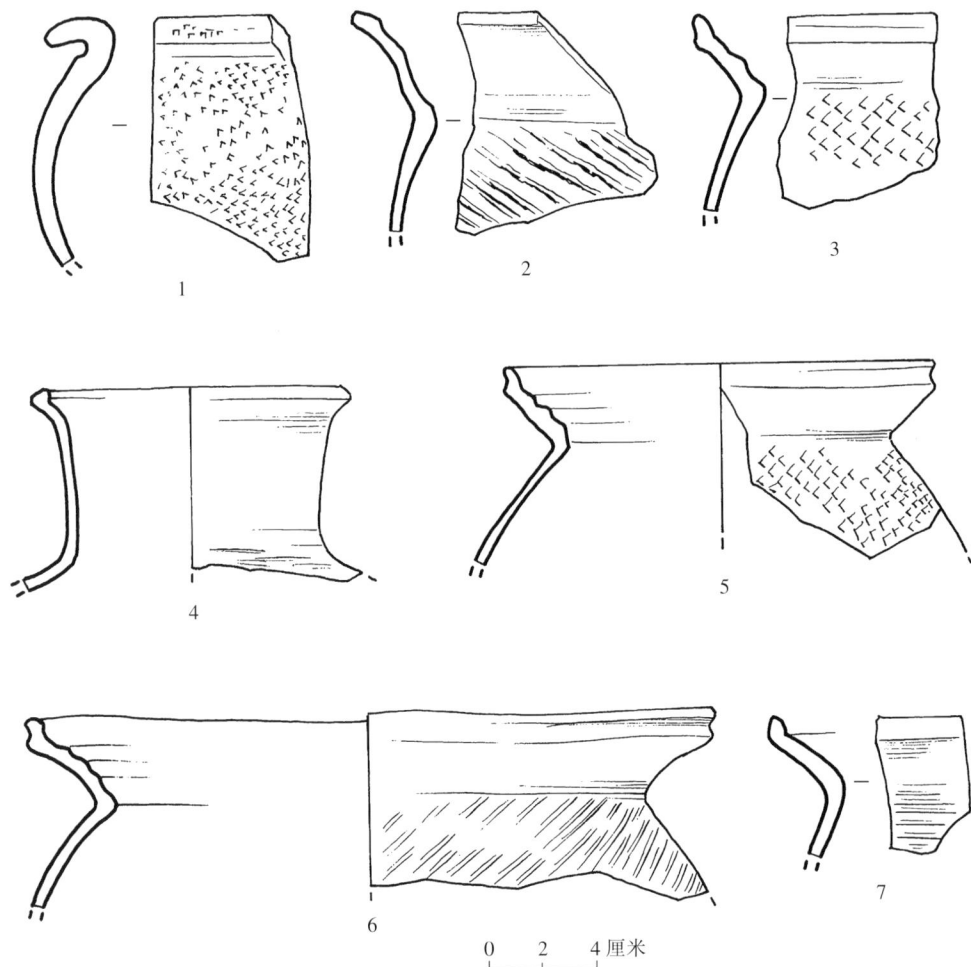

图七二九　高坊水库Ⅵ号遗址采集陶罐口沿

1. C 型罐口（2015JGFⅥ：9）　2、3、5~7. A 型罐口（2015JGFⅥ：1、2015JGFⅥ：17、2015JGFⅥ：12、2015JGFⅥ：11、2015JGFⅥ：18）　4. B 型罐口（2015JGFⅥ：10）

A 型：1 件。截面呈 "T" 字形。

2015JGFⅥ∶48，夹砂灰褐陶。素面。残高 7.0 厘米（图七三三，2）。

B 型：1 件。瓦状鼎足。

2015JGFⅥ∶44，夹砂灰陶。素面。残高 8.2 厘米（图七三二，3）。

C 型：7 件。宽扁状鼎足，边缘多见按窝。

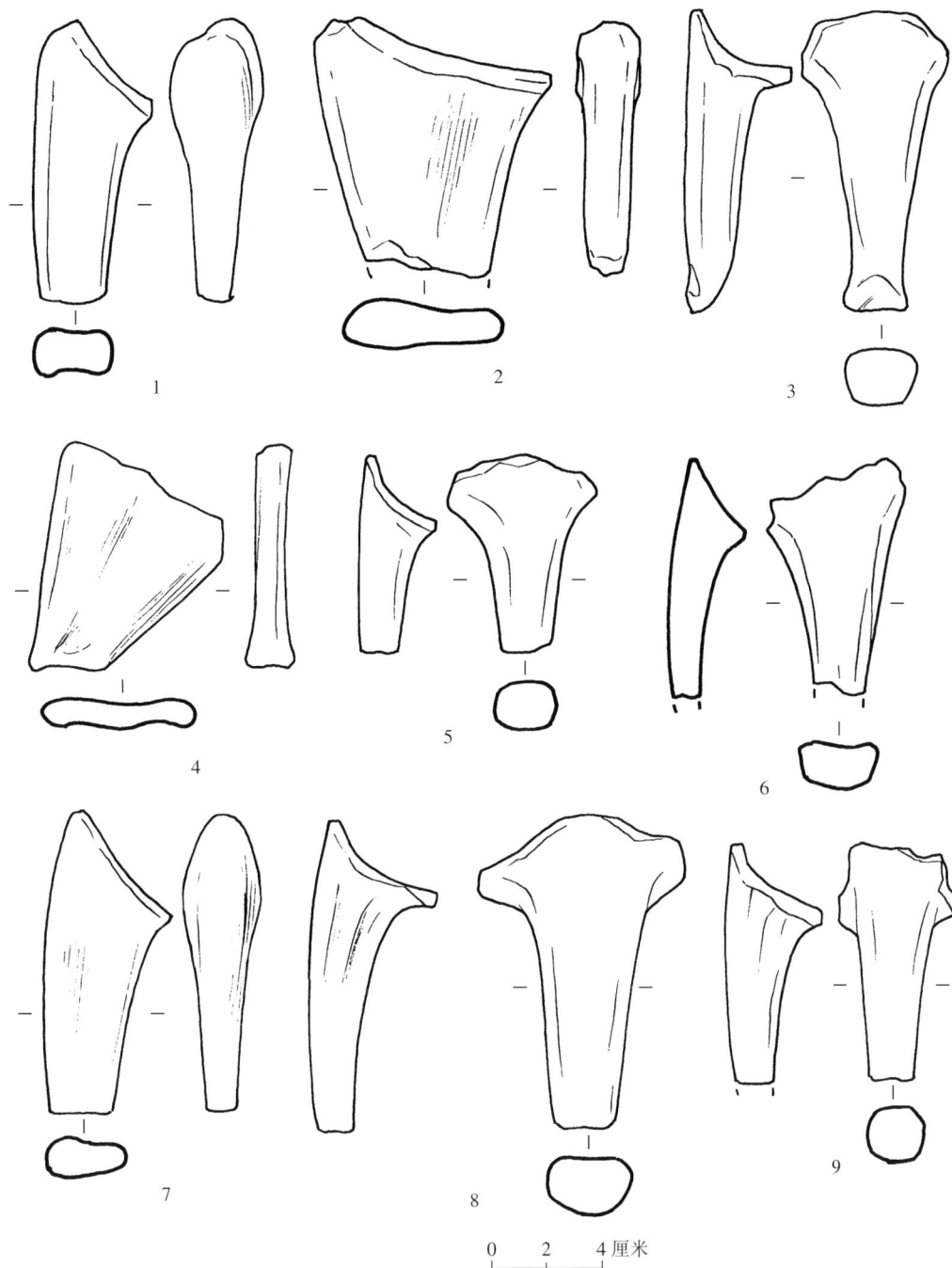

图七三〇　高坊水库Ⅵ号遗址采集陶鼎足

1、2、3、5~9. D 型鼎足（2015JGFⅥ∶30、2015JGFⅥ∶31、2015JGFⅥ∶32、2015JGFⅥ∶36、2015JGFⅥ∶38、2015JGFⅥ∶34、2015JGFⅥ∶37、2015JGFⅥ∶35）　4. C 型鼎足（2015JGFⅥ∶33）

2015JGFⅥ：33，夹砂灰陶，足底捏制成尖状。残高8.0厘米（图七三〇，4）。

2015JGFⅥ：43，夹砂灰陶，足侧顶部有两对按压圆窝。残高12.0厘米（图七三二，1；图版六七，5）。

2015JGFⅥ：42，夹砂灰陶，足侧顶部有三按压圆窝。残高11.0厘米（图七三二，2；图版六七，4）。

2015JGFⅥ：55，夹砂灰白陶，足侧顶部有三对按压凹窝。残高10.0厘米（图七三二，4）。

2015JGFⅥ：47，夹砂灰陶，足侧顶部有一对按压圆窝。残高9.6厘米（图七三三，1）。

2015JGFⅥ：39，夹砂灰陶，足顶部有两对按压圆窝。残高8.6厘米（图七三三，3）。

2015JGFⅥ：52，夹砂灰陶，足顶部有两对按压圆窝。残高7.0厘米（图七三三，4）。

D型：17件。扁柱状鼎足，器表未见按窝痕。

2015JGFⅥ：30，夹砂灰陶。素面。残高10.0厘米（图七三〇，1）。

2015JGFⅥ：31，夹砂灰陶。素面。残高9.0厘米（图七三〇，2）。

2015JGFⅥ：32，夹砂灰陶。底部经捏制。残高10.6厘米（图七三〇，3；图版六六，3）。

2015JGFⅥ：36，夹砂灰陶。素面。残高7.0厘米（图七三〇，5）。

2015JGFⅥ：38，夹砂灰陶。素面。残高8.2厘米（图七三〇，6）。

2015JGFⅥ：34，夹砂灰褐陶。素面。残高10.6厘米（图七三〇，7）。

2015JGFⅥ：37，夹砂灰陶。素面。残高11.0厘米（图七三〇，8）。

2015JGFⅥ：35，夹砂灰陶。素面。残高8.4厘米（图七三〇，9）。

2015JGFⅥ：40，夹砂灰陶。素面。残高11.6厘米（图七三一，1）。

2015JGFⅥ：41，夹砂灰褐陶。素面。残高10.0厘米（图七三一，2）。

2015JGFⅥ：45，夹砂灰陶。素面。残高9.6厘米（图七三一，3；图版六五，6）。

2015JGFⅥ：46，夹砂灰陶。素面。残高12.6厘米（图七三一，4）。

2015JGFⅥ：49，夹砂灰褐陶。素面。残高8.8厘米（图七三一，5）。

2015JGFⅥ：50，夹砂灰陶。素面。残高10.0厘米（图七三一，6）。

2015JGFⅥ：51，夹砂灰陶。足底部有捏制痕迹。素面。残高6.8厘米（图七三一，7）。

2015JGFⅥ：53，夹砂黄褐陶。素面。残高8.0厘米（图七三一，8）。

2015JGFⅥ：54，夹砂灰陶，近铲状。素面。残高10.6厘米（图七三一，9）。

圈足　3件。

2015JGFⅥ：26，夹砂灰陶，平底，矮圈足外撇。素面。底径10.4、残高3.4厘米（图七三四，1）。

2015JGFⅥ：28，灰褐色硬陶，矮圈足。器表施绳纹。底径14.0、残高3.2厘米（图七三四，2）。

2015JGFⅥ：27，灰褐色硬陶，近平底，矮圈足。器表施交错绳纹，器底施斜向绳纹。底径12.0、残高3.0厘米（图七三四，3）。

2015JGFⅥ：25，夹砂灰陶，平底，矮圈足，近底端外撇。素面。足径10.8、残高4.4厘米（图七三五，3）。

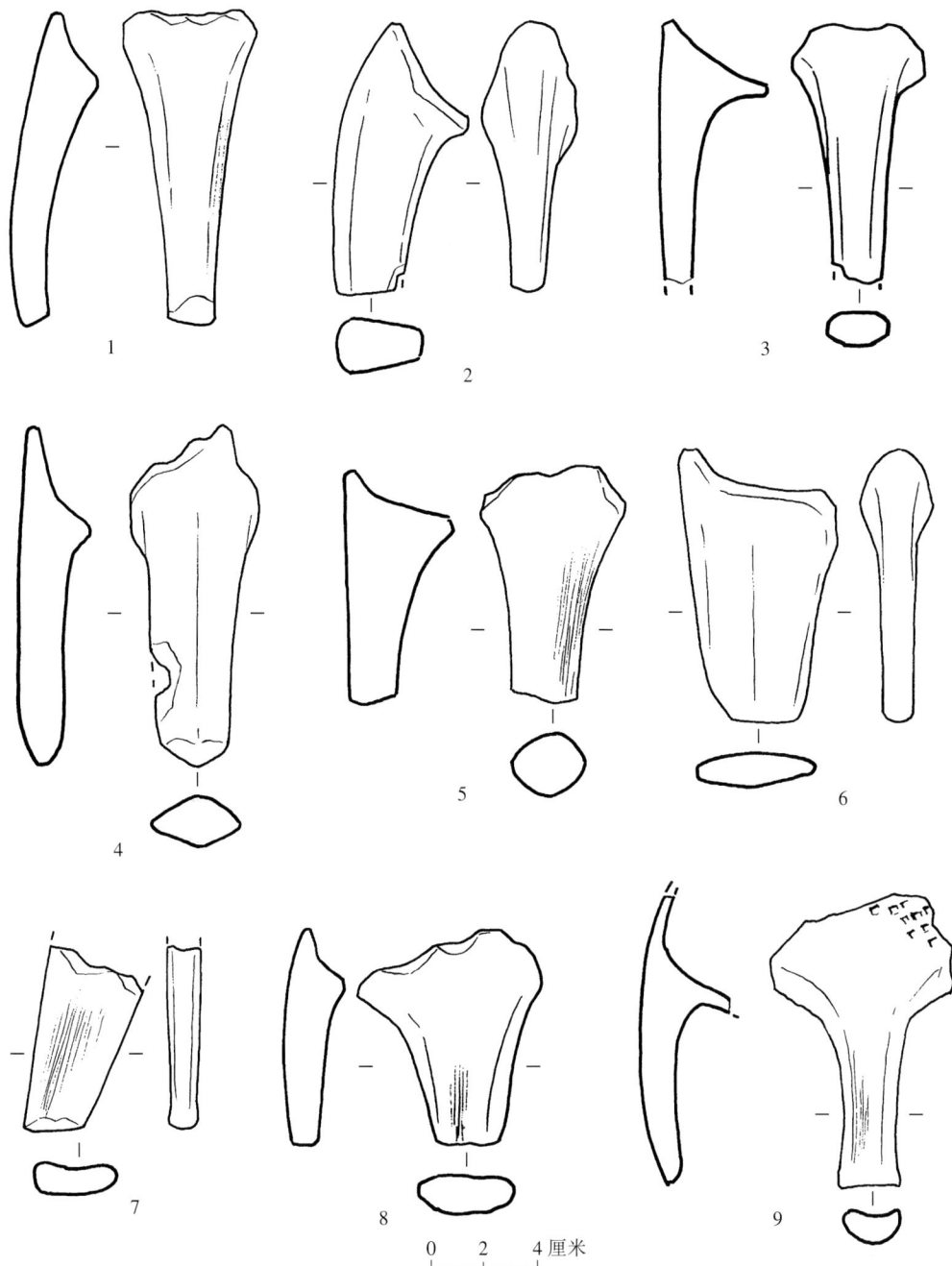

图七三一　高坊水库Ⅵ号遗址采集鼎足

1～9. D 型鼎足（2015JGFⅥ：40、2015JGFⅥ：41、2015JGFⅥ：45、2015JGFⅥ：46、2015JGFⅥ：49、2015JGF
Ⅵ：50、2015JGFⅥ：51、2015JGFⅥ：53、2015JGFⅥ：54）

杯　1件。

2015JGFⅥ：57，泥质灰陶，斜直腹，平底。素面。残高4.6厘米（图七三五，1）。

豆柄　2件。

2015JGFⅥ：56，泥质灰陶，弧腹，平底微凹。素面。残高4.0厘米（图七三五，2）。

2015JGFⅥ：58，泥质红褐陶，空柄，足底外撇，内壁有明显轮制痕迹。素面。残高8.0厘米
（图七三五，5；图版六六，1、2）。

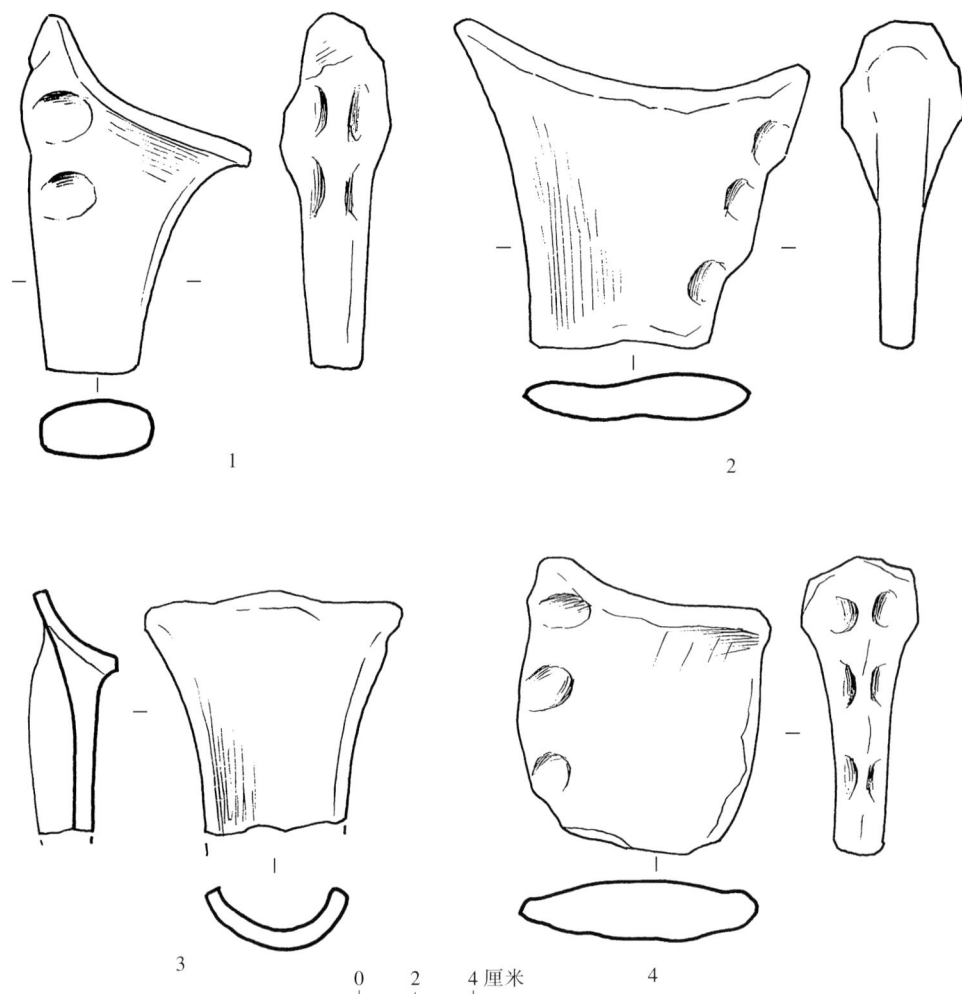

图七三二　高坊水库Ⅵ号遗址采集鼎足

1、2、4. C 型鼎足（2015JGFⅥ：43、2015JGFⅥ：42、2015JGFⅥ：55）　3. B 型鼎足（2015JGFⅥ：44）

鬲足　1件。

2015JGFⅥ：29，夹砂黄褐陶，锥状空袋足。器表施细绳纹，纹痕较浅。残长5.1厘米（图七三五，4；图版六五，3）。

陶刀　6件。

2015JGFⅥ：61，灰褐色硬陶，弧残背，单面直刃，近背部有两圆形穿孔。素面。残长4.0厘米（图七三六，1）。

2015JGFⅥ：64，灰褐色硬陶，弧背，单面斜刃，近背部有一圆形穿孔。素面。残长4.2厘米（图七三六，2）。

2015JGFⅥ：60，黑色硬陶，弧背，弧刃，近背部可见两圆形穿孔。素面。残长6.0、宽4.1厘米（图七三六，3；图版六七，1）。

2015JGFⅥ：62，夹砂灰褐陶，弧背，单面斜刃，近背部有两圆形穿孔。素面。残长4.1厘米（图七三六，4）。

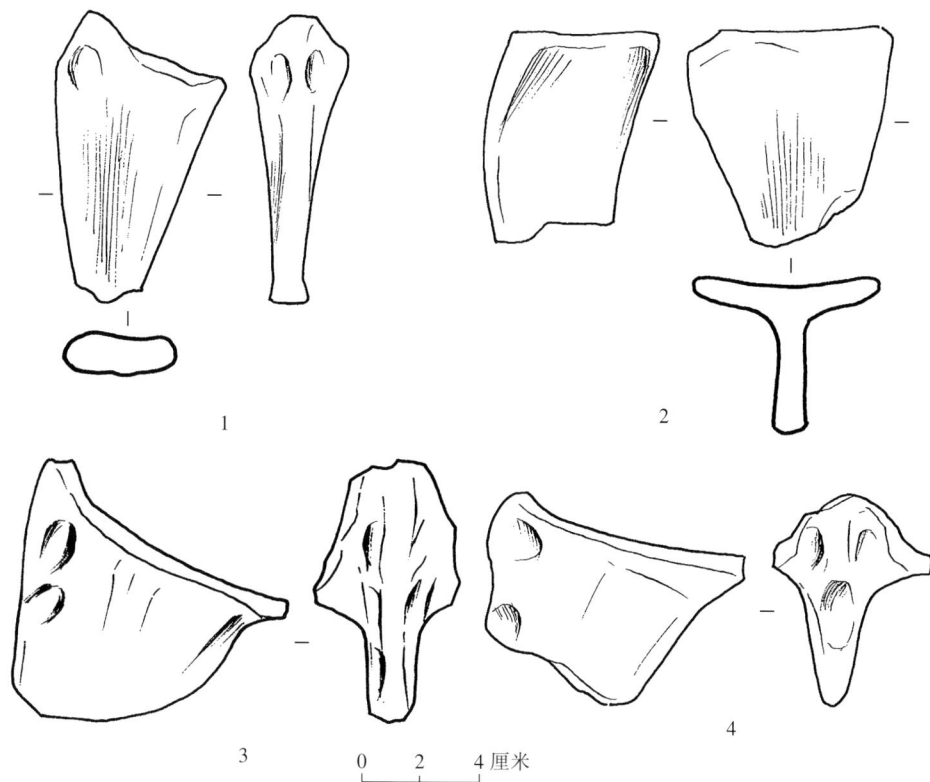

图七三三　高坊水库Ⅵ号遗址采集陶鼎足

1、3、4. C 型鼎足（2015JGFⅥ：47、2015JGFⅥ：39、2015JGFⅥ：52）　2. A 型鼎足（2015JGFⅥ：45）

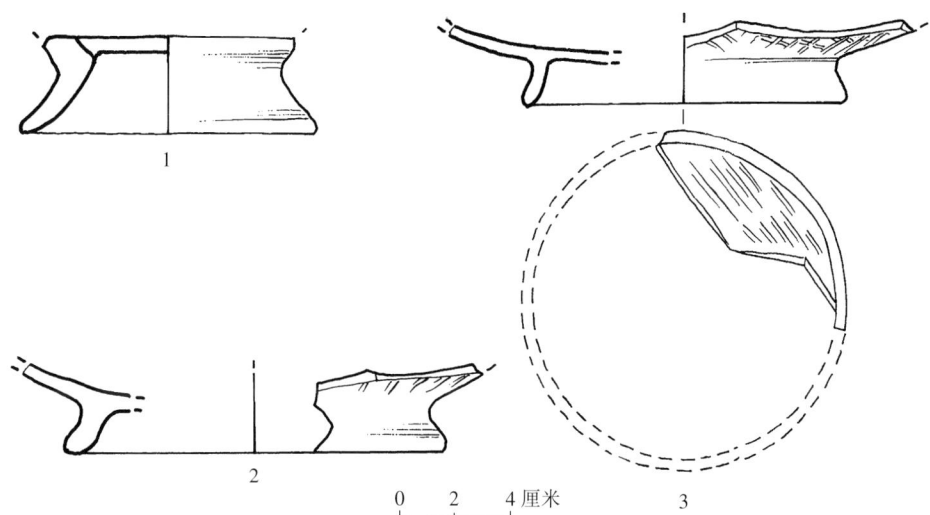

图七三四　高坊水库Ⅵ号遗址采集陶圈足

1～3.（2015JGFⅥ：26、2015JGFⅥ：28、2015JGFⅥ：27）

2015JGFⅥ：63，灰褐色硬陶，弧背，单面斜刃，近背部有两圆形穿孔。残长3.3厘米（图七三六，5；图版六七，3）。

2015JGFⅥ：59，灰色硬陶，弧背，单面斜刃，近背部有两圆形穿孔。素面。残长3.6厘米（图七三六，6；图版六七，2）。

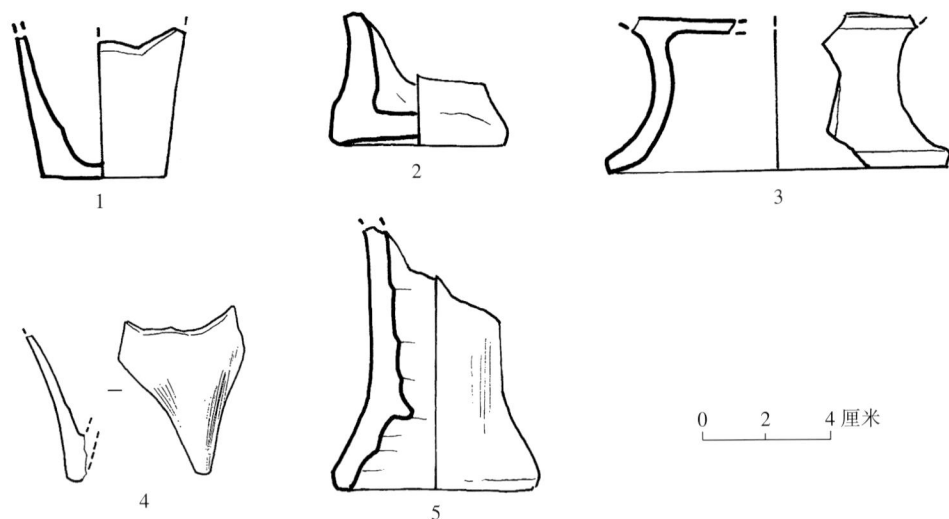

图七三五　高坊水库Ⅵ号遗址采集陶器

1. 杯（2015JGFⅥ：57）　2、5. 豆柄（2015JGFⅥ：56、2015JGFⅥ：58）　3. 圈足（2015JGFⅥ：25）
4. 鬲足（2015JGFⅥ：29）

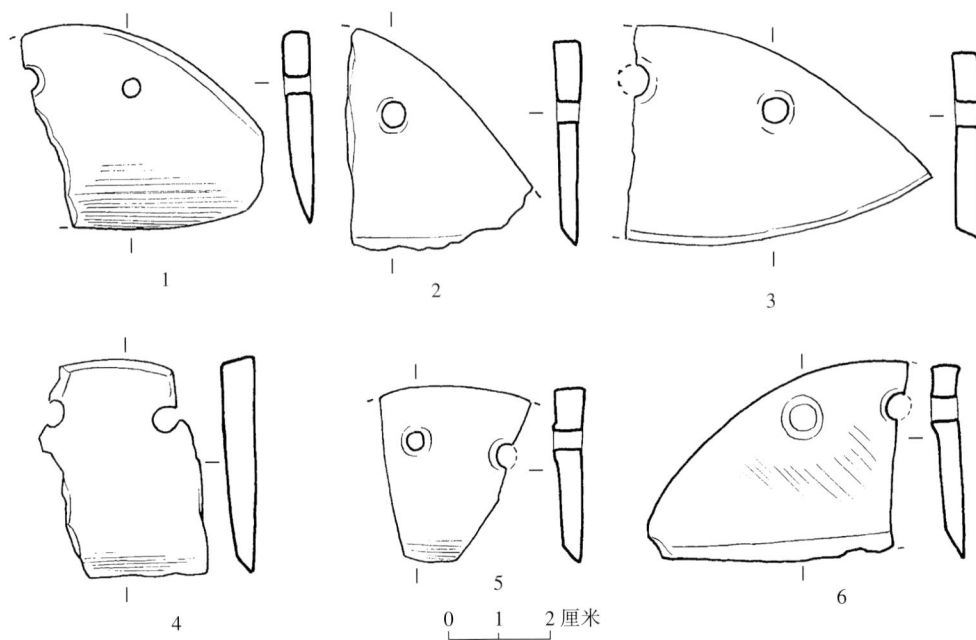

图七三六　高坊水库Ⅵ号遗址采集陶刀

1～6.（2015JGFⅥ：61、2015JGFⅥ：64、2015JGFⅥ：60、2015JGFⅥ：62、2015JGFⅥ：63、2015JGFⅥ：59）

3. 遗址性质与年代

该遗址采集遗物较为丰富，所处地形适合古人生活、居住，是一处典型的岗地类聚落。与周边遗存比较，可大致将该遗址采集遗存划分为三个年代组：

第1组：以 A、B 型鼎足为代表。这一时期多为夹砂陶，硬陶较少，该地所见鼎足与广丰社山头、新余拾年山遗址新石器时代末期遗存相近，可推定年代为新石器时代末期或略晚。

1. 陶罐（2015JGFⅥ：12）

2. 陶罐（2015JGFⅥ：8）

3. 鬲足（2015JGFⅥ：29）

4. 石锛（2015JGFⅥ：7）

5. 陶罐（2015JGFⅥ：16）

6. 陶鼎足（2015JGFⅥ：45）

图版六五　高坊水库Ⅵ号遗址采集遗物

1. 豆柄（2015JGFⅥ：58）

2. 豆柄（2015JGFⅥ：58）

3. 鼎足（2015JGFⅥ：32）

4. 石锛（2015JGFⅥ：1）

5. 石斧（2015JGFⅥ：4）

6. 石刀（2015JGFⅥ：3）

图版六六　高坊水库Ⅵ号遗址采集遗物

1. 陶刀（2015JGFⅥ：60）

2. 陶刀（2015JGFⅥ：59）

3. 陶刀（2015JGFⅥ：63）

4. 陶鼎足（2015JGFⅥ：42）

5. 陶鼎足（2015JGFⅥ：43）

图版六七　高坊水库Ⅵ号遗址采集陶器

第2组：以C型鼎足，A、B型陶罐，鬲足为代表。硬陶较多，纹饰见有绳纹、方格纹、菱格纹等。这一阶段所见遗物较多，与周边比较，该组所见器物与抚河流域商代晚期至西周时期同类器十分相近，年代也应相近。值得说明的是，抚河流域少见陶鬲，仅在少数遗址中见到，陶鬲在抚河流域的年代应为商至西周时期，这种文化传播应与吴城文化有密切关系。

第3组：以D型鼎足、C型陶罐等为代表。该组陶器在抚河流域多有分布，其年代可推定为西周晚至春秋时期。

高坊水库Ⅵ号遗址的发现，初步可建立该区域新石器时代晚期至春秋时期的文化序列，同时也为聚落形态及其演进研究提供了十分重要的考古资料。

四一 高坊水库Ⅶ号遗址

1. 遗址概况

高坊水库Ⅶ号遗址位于黄通乡高坊水库北部地带（图七三七），西北距高坊水库泄洪口约200米，西距水坝约360米（图七三八）。遗址处于水库岸边山岗，沿水库西部岸边东北－西南向分布，地形为缓坡状河漫滩地，东面为小山岗，顶部树木茂密，西临水库（图七三九、七四〇）。地势中部稍高，周边地势较低。该遗址地理坐标为：北纬27°56′09.4″，东经116°51′39.1″，海拔129米。

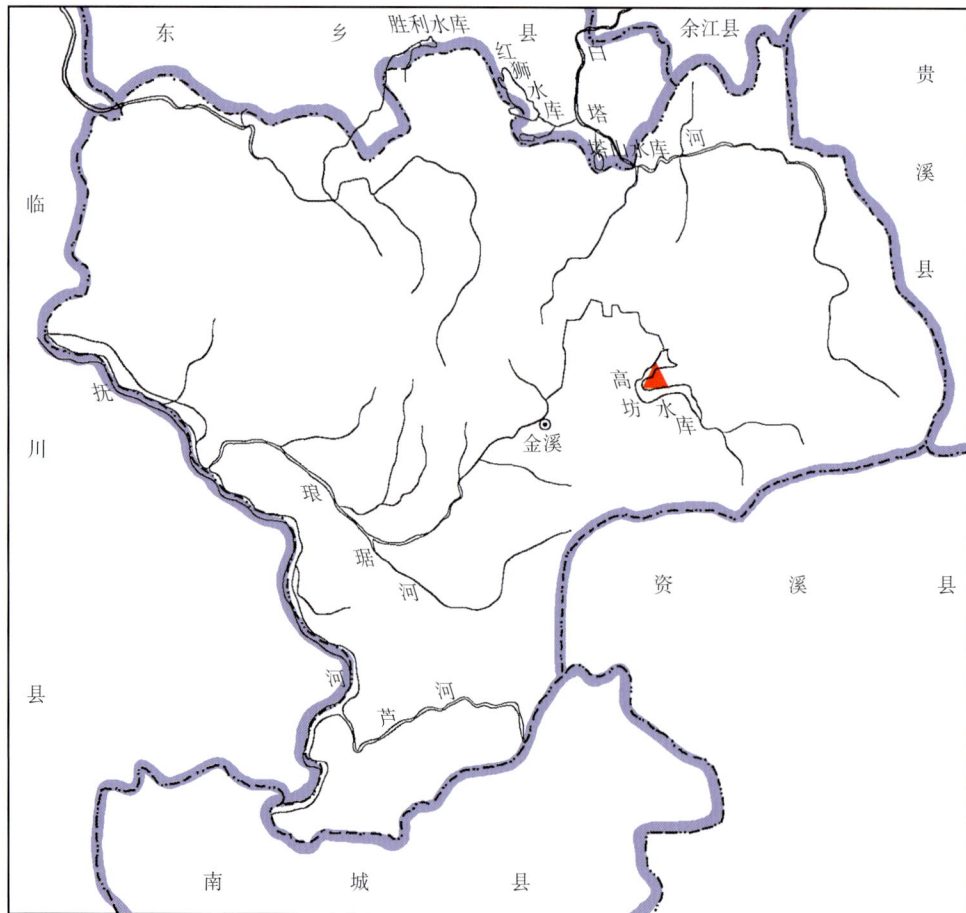

图七三七　高坊水库Ⅶ号遗址位置图

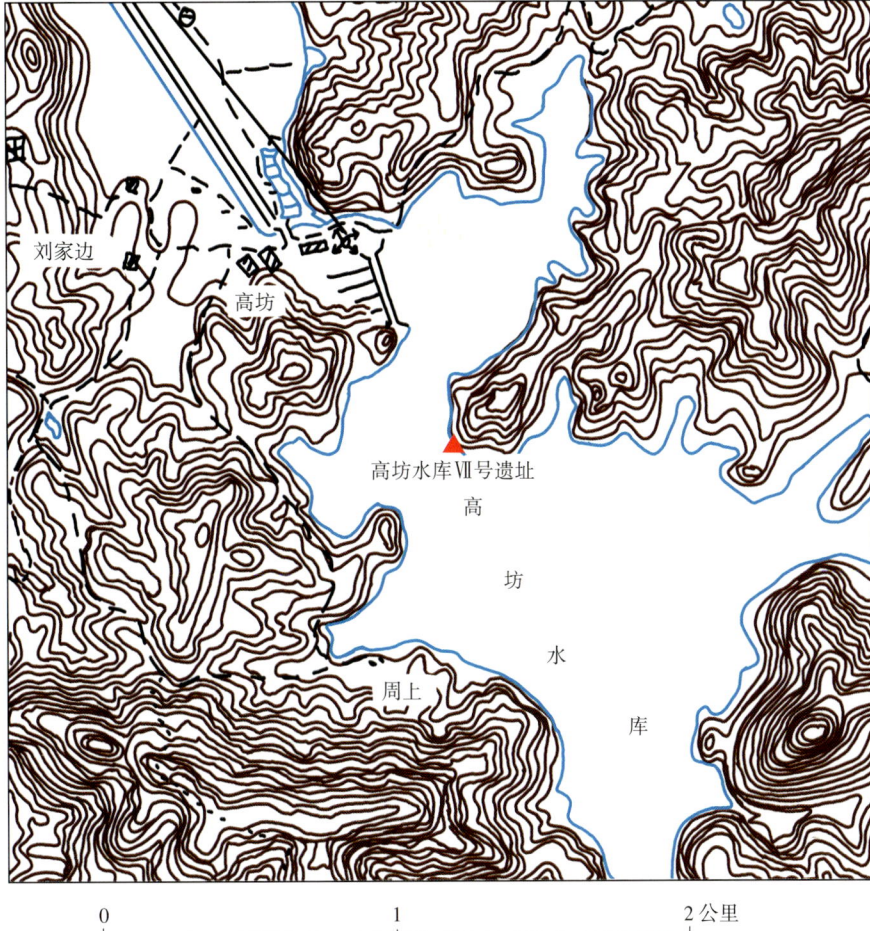

图七三八　高坊水库Ⅶ号遗址地貌图

图七三九　高坊水库Ⅶ号遗址远景图（由西向东）

图七四〇　高坊水库Ⅶ号遗址远景图（由西南向东北）

2. 遗物介绍

该遗址采集到较丰富的遗物，主要为陶器。以下逐一予以介绍。

所见陶器以硬陶为主，夹砂陶较少。硬陶多为灰褐色、黄褐色，纹饰有折线纹、绳纹、席纹、线纹（图七四一），器形有罐等；夹砂陶多为灰色、灰褐色，纹饰见有绳纹，器形有罐等。

图七四一　高坊水库Ⅶ号遗址采集陶片纹饰拓片

1~3、7. 折线纹　4. 席纹　5~6、8~9. 绳纹

罐 9 件。据腹部及口沿形态可分为四型：

A 型：4 件。弧腹，窄沿。

2015JGFⅦ：1，灰褐色硬陶，侈口，圆唇。器表施折线纹。残高 5.2 厘米（图七四二，5）。

2015JGFⅦ：2，灰褐色硬陶，侈口，圆唇。器表施菱格纹。口径 9.6、残高 5.0 厘米（图七四二，1）。

2015JGFⅦ：6，黄褐色硬陶，侈口，圆唇，唇面有一周凸棱。器表施绳纹。残高 7.4 厘米（图七四二，2；图版六八，2）。

2015JGFⅦ：10，灰色硬陶，侈口，圆唇。器表施绳纹。残高 4.6 厘米（图七四二，4）。

B 型：2 件。矮领，窄沿。

2015JGFⅦ：8，灰色硬陶，近直口，圆唇。器表施菱格纹。残高 5.4 厘米（图七四二，6）。

2015JGFⅦ：11，灰色硬陶，侈口。领部施数道凹弦纹，器表施方格纹。残高 8.4 厘米（图七四三，3）。

C 型：2 件。鼓腹，窄沿。

2015JGFⅦ：7，灰色硬陶，侈口，卷沿，圆唇，沿面有一周凸棱。器表施折线纹。残高 13.0 厘米（图七四三，1；图版六八，1）。

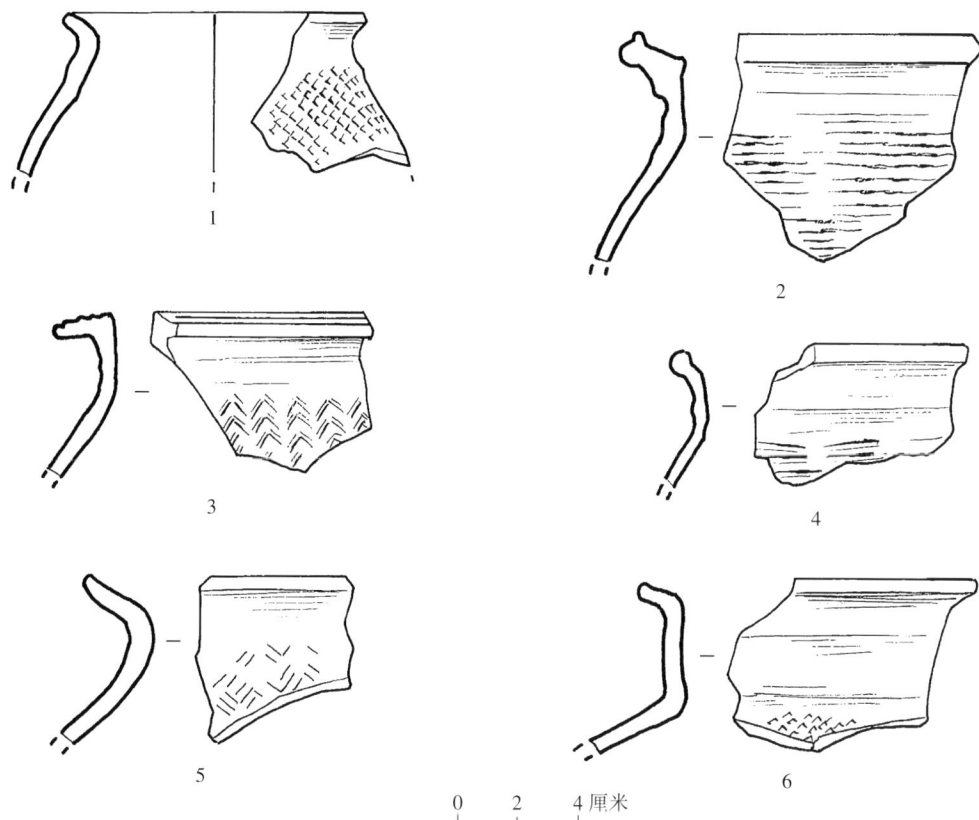

图七四二 高坊水库Ⅶ号遗址采集陶罐

1、2、4、5. A 型（2015JGFⅦ：2、2015JGFⅦ：6、2015JGFⅦ：10、2015JGFⅦ：1） 3. C 型（2015JGFⅦ：9）

6. B 型（2015JGFⅦ：8）

2015JGFⅦ:9，灰褐色硬陶，侈口，斜折沿，圆唇，沿面有数道凹槽。器表施折线纹。残高5.0厘米（图七四二，3；图版六八，3）。

D型：1件。小口，斜弧肩。

2015JGFⅦ:5，灰色硬陶，直口，折沿，圆唇。素面。口径13.8、残高3.6厘米（图七四三，2）。

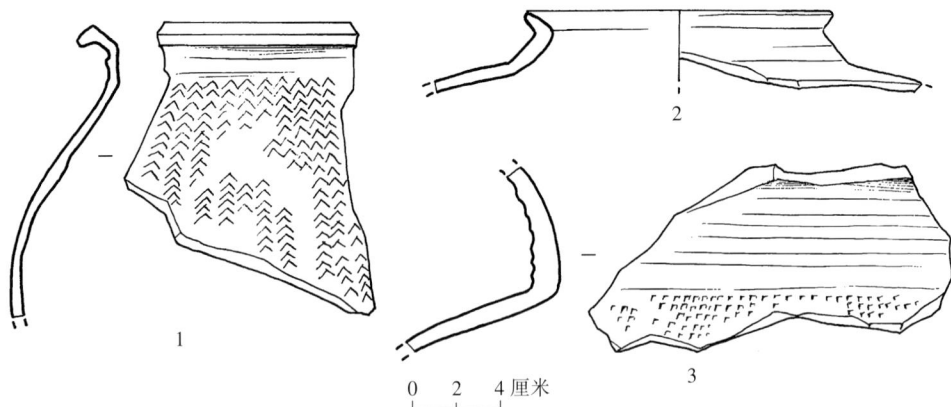

图七四三　高坊水库Ⅶ号遗址采集陶罐

1. C型（2015JGFⅦ:7）　2. D型（2015JGFⅦ:5）　3. B型（2015JGFⅦ:11）

陶刀　2件。

2015JGFⅦ:4，灰色硬陶，背部及两侧圆弧内凹，单面斜刃，近背部有两圆形穿孔。一面施交错折线纹。长8.7、高4.4厘米（图七四四，1；图版六八，5）。

2015JGFⅦ:3，灰褐色硬陶，两端残，直背，单面斜刃，近背部有两圆形穿孔。一面施折线纹。残高4.1、残长5.5厘米（图七四四，2；图版六八，4）。

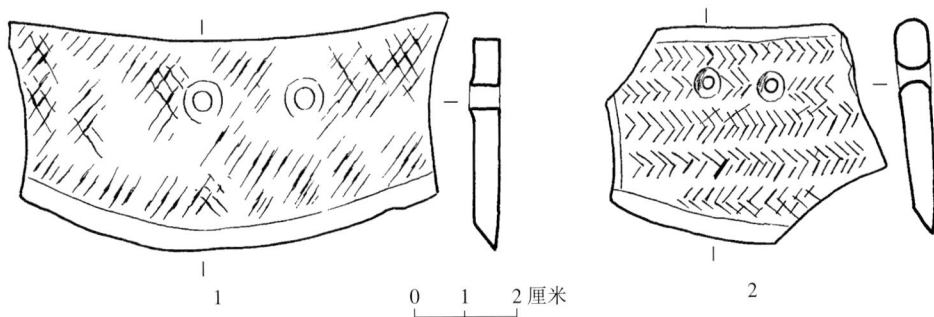

图七四四　高坊水库Ⅶ号遗址采集陶刀

1.（2015JGFⅦ:4）　2.（2015JGFⅦ:3）

3. 遗址性质与年代

高坊水库Ⅶ号遗址是一处典型岗地类聚落，水库修建之前，遗址为山岗缓坡地形，紧依高坊水库水岸。该区域发现十余处聚落，且相互间距离较近，构成了较为密集的聚落分布区。

该遗址采集遗物文化特征较为相似，应属于同一类遗存。将该遗址与周边比较，可获得其相对年代。遗址多见硬陶，纹饰以折线纹多见，器形有矮领罐（B型）、平折沿罐，沿面见有数道凹槽。此类陶器风格与周边遗址同类器有较多相近，年代应为商代时期，在高坊水库已发现的遗址中，大多数遗址均发现有这一时期的遗存，说明商时期这一区域有较多聚落分布，亦揭示了商时期人口的大幅度增加。

通过以上分析，可判断高坊水库Ⅶ号遗址的年代为商时期。该遗址及高坊水库其他遗址的发现，为区域文化序列的建构和聚落形态演进研究提供了重要的考古资料。

1. 陶罐（2015JGFⅦ：7）

2. 陶罐（2015JGFⅦ：6）

3. 陶罐（2015JGFⅦ：9）

4. 陶刀（2015JGFⅦ：3）

5. 陶刀（2015JGFⅦ：4）

图版六八　高坊水库Ⅶ号遗址采集遗物

四二　高坊水库Ⅷ号遗址

1. 遗址概况

遗址位于黄通乡高坊水库的东北部（图七四五），西距高坊村约1000米。北距高坊水库Ⅸ号遗址约100米（图七四六）。遗址处于山岗地带，沿水库西岸呈东北—西南向分布，主要为陡坡状河漫滩地，东高西低，地势较陡（图七四七、七四八），山岗顶部树林茂密。该遗址地理坐标为：北纬27°56′26.6″，东经116°51′48.0″，海拔131米。

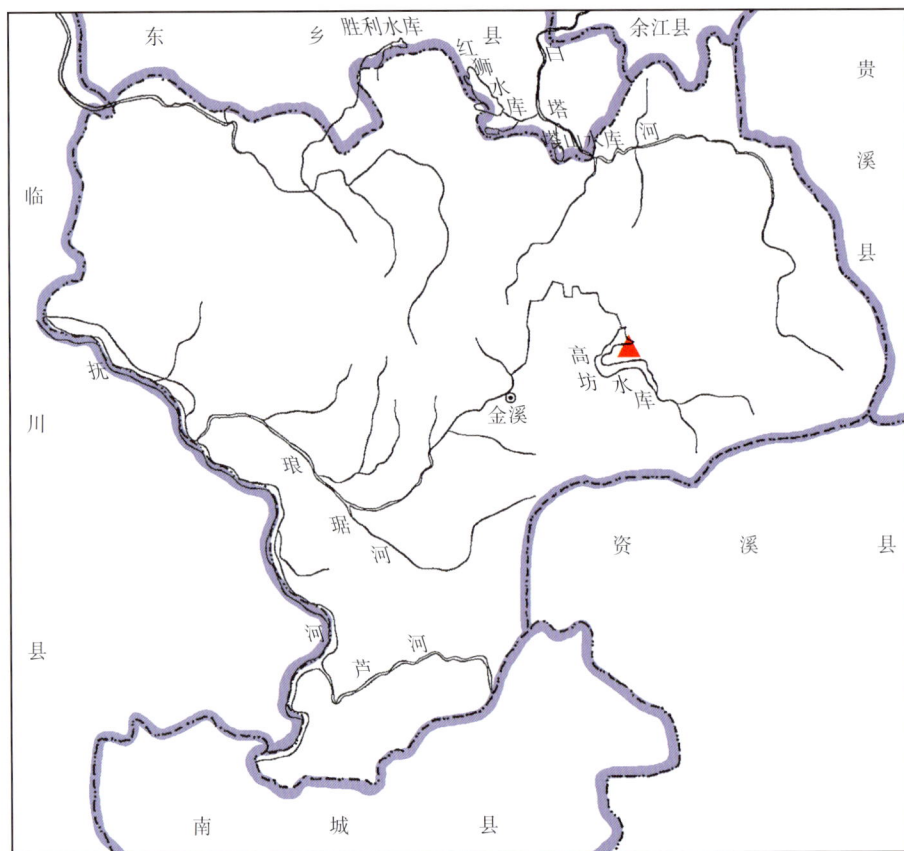

图七四五　高坊水库Ⅷ号遗址位置图

2. 遗物介绍

高坊水库Ⅷ号遗址采集遗物较为丰富，主要为陶器。遗址部分区域有陶片集中分布的现象（图七四九）陶器以印纹硬陶为主，夹砂陶很少。印纹硬陶以灰陶和灰白陶为主，灰褐陶较少，纹饰有绳纹、细线纹、雷纹、菱格纹、交错线纹、折线纹和小方格纹（图七五〇、七五一）等，器形有罐、尊；夹砂陶多为灰褐色，纹饰有绳纹，器形可见鬲、罐等。

罐　22件。据腹部及口沿形态可分为四型：

A型：11件。弧腹，卷沿。

2015JGFⅧ：16，黄褐色硬陶，侈口，方唇。器表施绳纹，部分被抹平。残高8.0厘米（图七五二，1）。

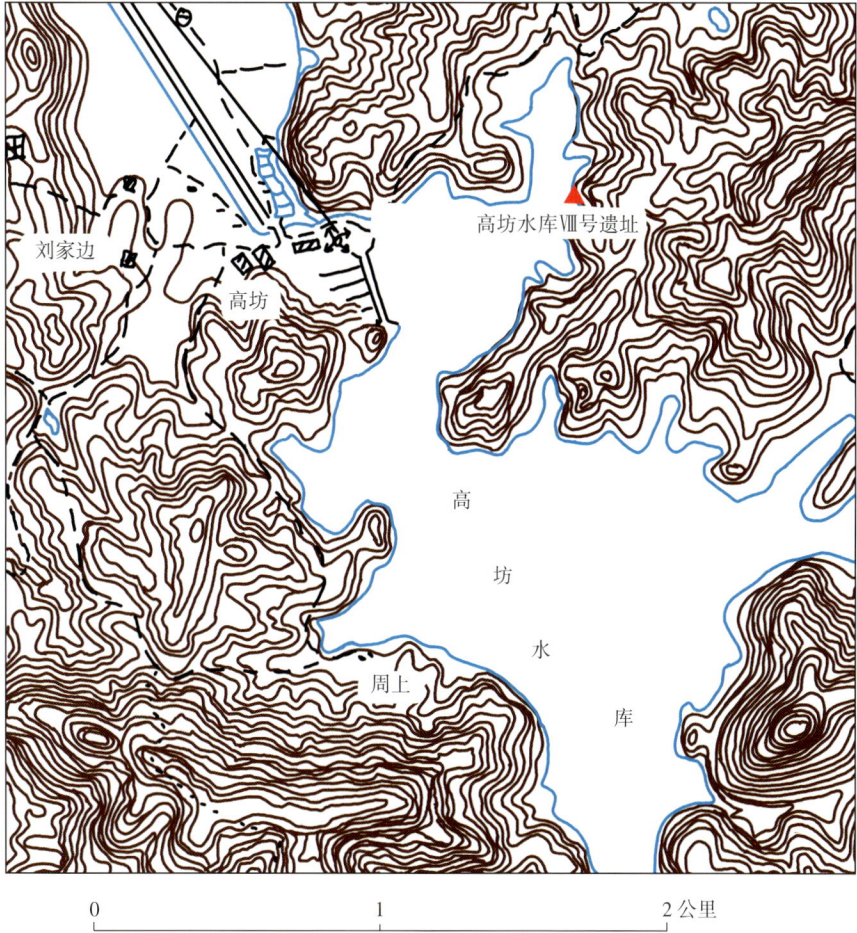

图七四六　高坊水库Ⅷ号遗址地貌图

图七四七　高坊水库Ⅷ号遗址远景图（由北向南）

图七四八　高坊水库Ⅷ号遗址远景图（由西向东）

图七四九　高坊水库Ⅷ号遗址采集陶片

2015JGFⅧ：9，黄褐色硬陶，敛口，圆唇。素面。残高7.0厘米（图七五二，2）。

2015JGFⅧ：8，灰色硬陶，侈口，圆唇。器表施绳纹。残高12.0厘米（图七五二，3；图版六九，5）。

2015JGFⅧ：13，灰褐色硬陶，侈口，圆唇。器表施绳纹。残高8.0厘米（图七五二，4）。

2015JGFⅧ：11，夹砂黄褐陶，敞口，方唇。器表施绳纹。残高9.2厘米（图七五二，6）。

图七五〇 高坊水库Ⅷ号遗址采集陶片纹饰拓片

1. 折线纹 2. 细线纹 3. 卷云纹 4. 线纹 5、7. 绳纹 6. 菱格纹 8. 细绳纹 9. 交错线纹

2015JGFⅧ：20，灰色硬陶，侈口，圆唇。器表施短线纹。残高3.4、口径10.0厘米（图七五三，2）。

2015JGFⅧ：6，灰色硬陶，敛口，方唇。器表施绳纹。残高4.8、口径20.0厘米（图七五四，1）。

2015JGFⅧ：1，黄褐色硬陶，侈口，尖圆唇。素面。残高3.0厘米（图七五五，3）。

2015JGFⅧ：5，夹砂红褐陶，侈口，圆唇。器表施绳纹。残高5.4厘米（图七五五，5）。

2015JGFⅧ：2，黄褐色硬陶，侈口，方唇。器表施绳纹。残高5.4厘米（图七五五，6）。

2015JGFⅧ：17，黄色硬陶，侈口，圆唇。器表施折线纹。残高4.8厘米（图七五五，9）。

B型：5件。鼓腹，折沿。

2015JGFⅧ：3，夹砂黄褐陶，侈口，尖唇。器表施折线纹。残高5.0、口径10.0厘米（图七五二，5）。

2015JGFⅧ：15，灰褐色硬陶，侈口，斜方唇。器表施折线纹。残高3.6厘米（图七五五，1）。

2015JGFⅧ：14，黄褐色硬陶，侈口，圆唇。素面。残高3.0、口径18.0厘米（图七五五，2）。

图七五一　高坊水库Ⅷ号遗址采集陶片纹饰拓片
1、2、3. 折线纹　4、5. 短线纹　6、8. 小方格纹　7. 菱格纹　9. 交错线纹

2015JGFⅧ：7，灰褐色硬陶，侈口，圆唇。器表施绳纹，部分被抹平。残高5.2厘米（图七五五，4）。

2015JGFⅧ：21，灰褐色硬陶，近直口，方唇，唇面内凹。器表施斜线纹。残高5.2厘米（图七五五，7）。

C型：4件。矮领，鼓腹。

2015JGFⅧ：18，黄色硬陶，直口，窄平沿，尖圆唇。器表施折线纹。口径15.2、残高4.2厘米（图七五三，1）。

2015JGFⅧ：12，灰色硬陶，侈口，卷沿，方唇，唇面有一周凹槽。器表施席纹。口径18.0、残高5.0厘米（图七五三，3）。

2015JGFⅧ：4，黄褐色硬陶，侈口，卷沿，圆唇。器表施菱格纹。口径20.0、残高11.0厘米（图七五四，2；图版六九，6）。

2015JGFⅧ：19，灰褐色硬陶，近直口，窄斜沿，方唇。唇面内凹，口沿内壁见轮制痕迹。器表施绳纹。残高5.4厘米（图七五五，8）。

D型：2件。直腹。

2015JGFⅧ：10，黄褐色硬陶，近直口，尖圆唇，口沿下有一周凸棱。器表施折线纹。残高7.0

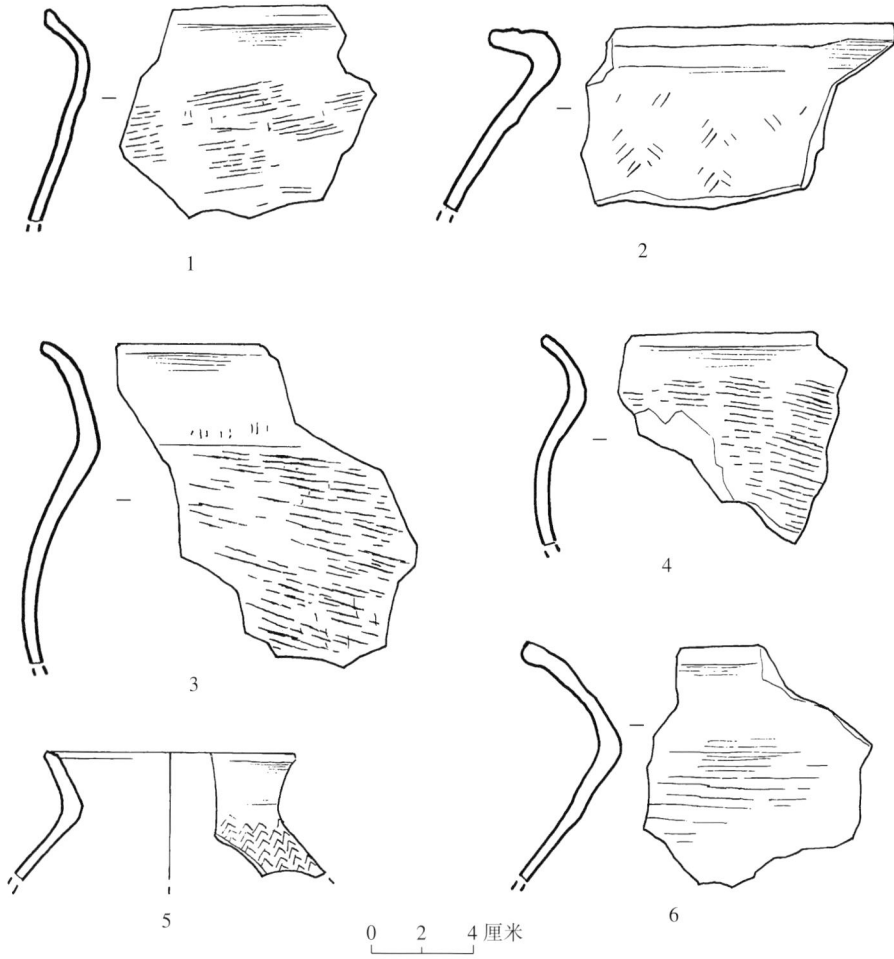

图七五二　高坊水库Ⅷ号遗址采集陶器

1～4、6. A 型（2015JGFⅧ：16、2015JGFⅧ：9、2015JGFⅧ：8、2015JGFⅧ：13、2015JGFⅧ：11）

5. B 型（2015JGFⅧ：3）

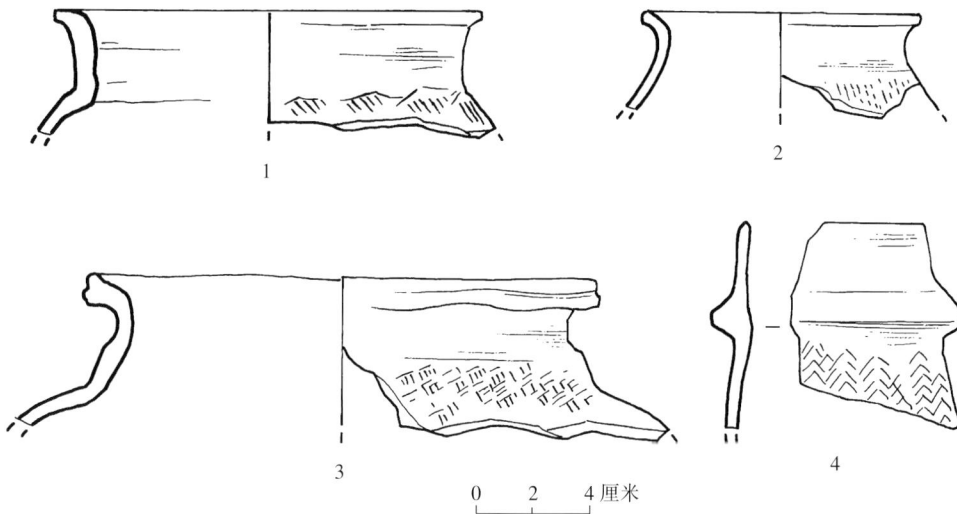

图七五三　高坊水库Ⅷ号遗址采集陶器

1、3. C 型（2015JGFⅧ：18、2015JGFⅧ：12）　　2. A 型（2015JGFⅧ：20）　　4. D 型（2015JGFⅧ：10）

厘米（图七五三，4；图版六九，1）。

2015JGFⅧ：24，黄褐色硬陶，直口，口沿下有一周凸棱。器表施折线纹。残高8.0厘米（图七五六，1；图版六九，2）。

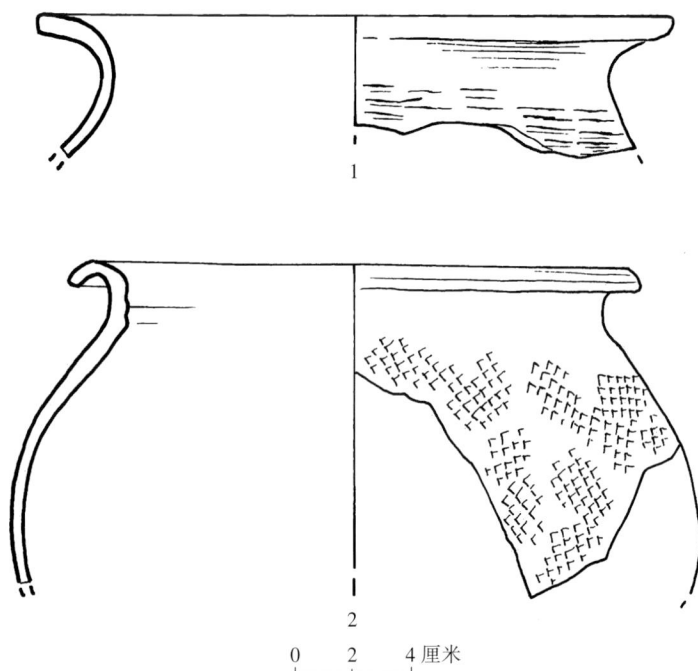

图七五四　高坊水库Ⅷ号遗址采集陶器

1. A 型（2015JGFⅧ：6）　2. C 型（2015JGFⅧ：4）

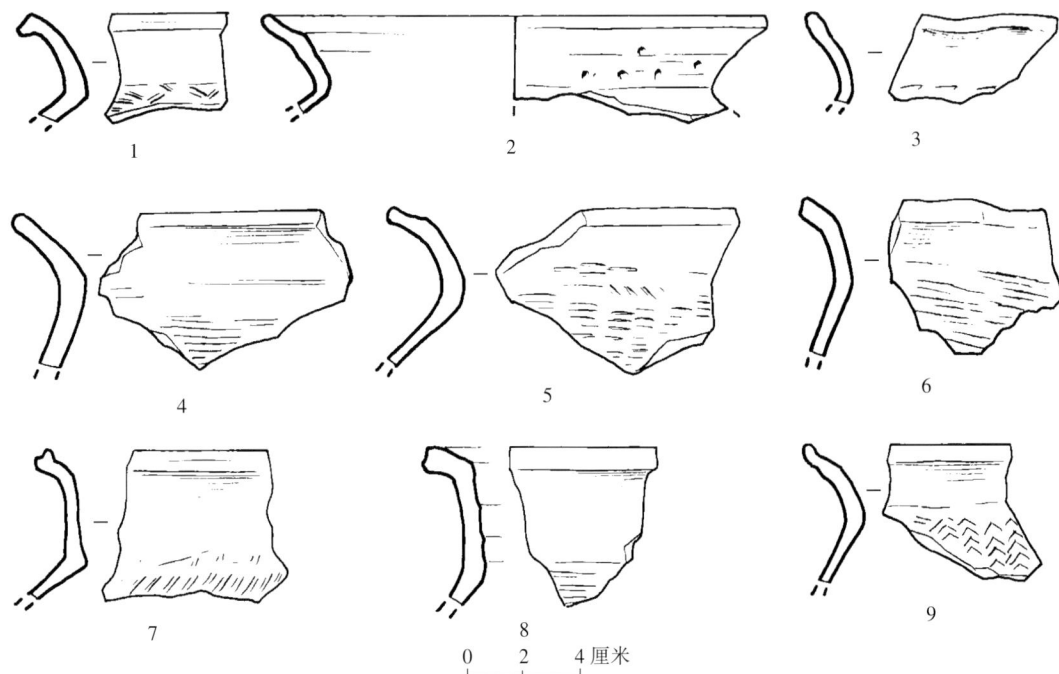

图七五五　高坊水库Ⅷ号遗址采集陶器

1、2、4、7. B 型（2015JGFⅧ：15、2015JGFⅧ：14、2015JGFⅧ：7、2015JGFⅧ：21）　3、5、6、9. A 型（2015JGFⅧ：1、2015JGFⅧ：5、2015JGFⅧ：2、2015JGFⅧ：17）　8. C 型（2015JGFⅧ：19）

器底 1件。

2015JGFⅧ：26，灰色硬陶，斜直腹，平底。器表施方格纹，部分被抹平。残高7.0、底径14.0厘米（图七五六，5）。

豆（1件）

2015JGFⅧ：22，灰色硬陶，敞口，尖圆唇，斜直腹，凸平底。素面。口径12.0、残高4.0厘米（图七五六，3；图版六九，3）。

甑腰 2件。

2015JGFⅧ：23，夹砂灰褐陶，弧腹，窄腰隔，腰隔见有一周圆形箅孔。残高7.2厘米（图七五六，4）。

2015JGFⅧ：25，夹砂黄褐陶，斜弧腹，窄腰隔。素面。残高6.2厘米（图七五六，2）。

陶刀 1件。

2015JGFⅧ：27，灰褐色硬陶，直背，两侧残，单面斜刃，近背部可见两圆形穿孔。一面饰交错线纹。残高3.8厘米（图七五六，6；图版六九，4）。

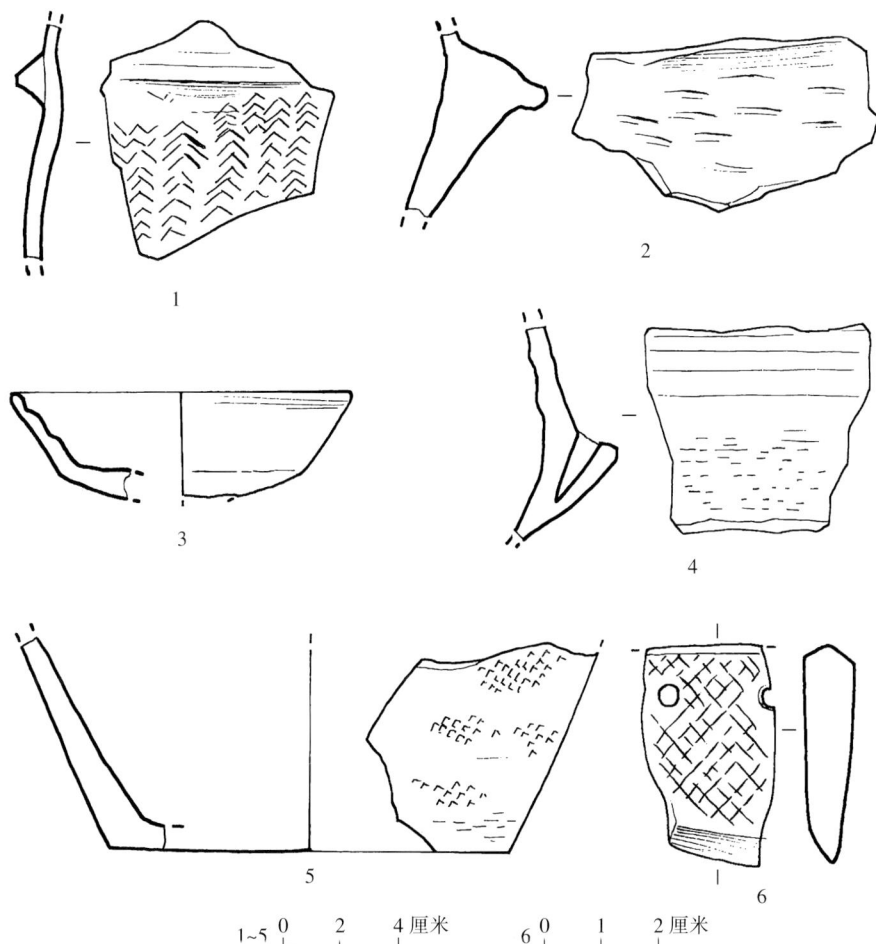

图七五六 高坊水库Ⅷ号遗址采集陶器

1. 罐（2015JGFⅧ：24） 2、4. 甑腰（2015JGFⅧ：25、23） 3. 豆（2015JGFⅧ：22） 5. 罐底（2015JGFⅧ：26） 6. 陶刀（2015JGFⅧ：27）

1. 陶罐（2015JGFⅧ：10）

2. 陶罐（2015JGFⅧ：24）

3. 豆（2015JGFⅧ：22）

4. 陶刀（2015JGFⅧ：27）

5. 陶罐（2015JGFⅧ：8）

6. 陶罐（2015JGFⅧ：4）

图版六九　高坊水库Ⅷ号遗址采集遗物

3. 遗址性质与年代

高坊水库Ⅷ号遗址是一处典型的岗地类聚落，修建水库之前，该区域两侧为山岗，中部为河谷地带，河流两侧山岗缓坡地带均分布有遗址。从高坊水库诸遗址的年代来看，多集中在商周时期，说明这一时期该区聚落众多，人口数量亦多。从遗址采集陶器来看，所见各类陶罐、甑形器等均见有商代晚期至西周时期特征，这一时期纹饰主要流行折线纹和绳纹。另外，遗址所见小方格纹或许暗示着该遗址亦存在东周时期遗存。综合来看，高坊水库Ⅷ号遗址的主体年代为商代晚期至西周时期。

该遗址的发现与初步研究，不仅增加了区域内先秦时期遗址的数量，更为重要的是为先秦时期文化序列建立及聚落演进研究提供了重要的考古资料。

四三　高坊水库Ⅸ号遗址

1. 遗址概况

该遗址位于黄通乡高坊水库的东北部（图七五七），南距高坊水库Ⅷ号遗址约 100 米（图七五八）。该遗址整体呈不规则形，沿水库东部岸边南北向分布，西部距水库边约 16 米，长径约 89 米，短径约 59 米。为山岗状坡地，地势东高西低，地表见灌木丛，山岗植被非常茂密（图七五九）。该遗址地理坐标为：北纬 27°56′32.6″，东经 116°51′46.8″，海拔 121 米。

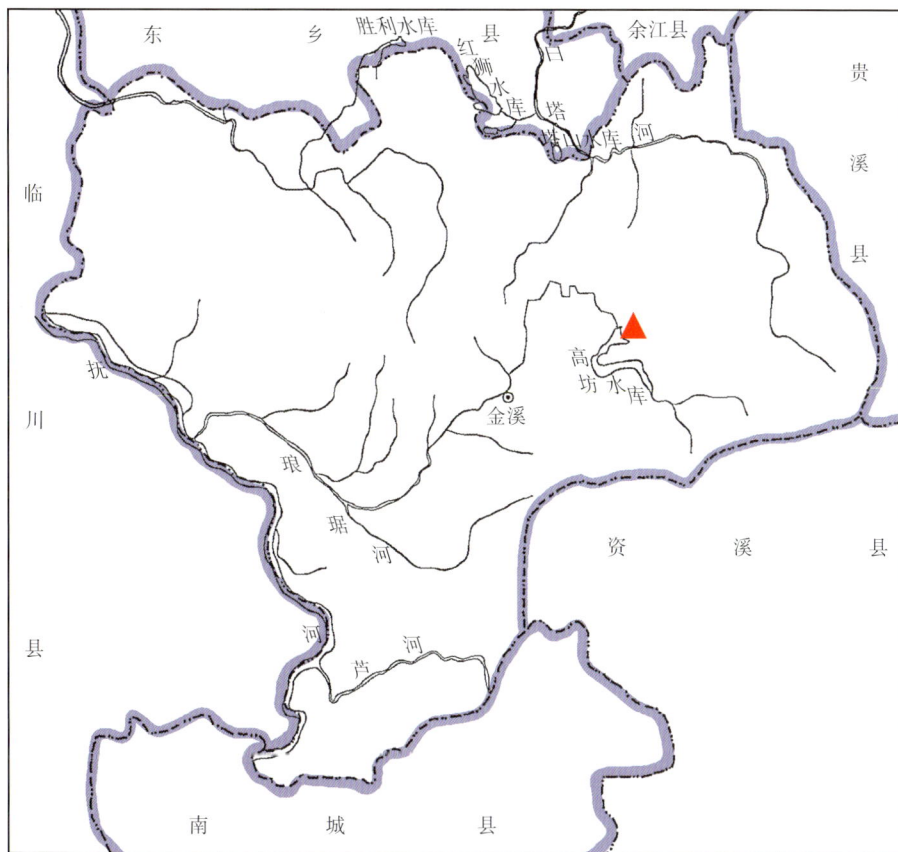

图七五七　高坊水库Ⅸ号遗址位置图

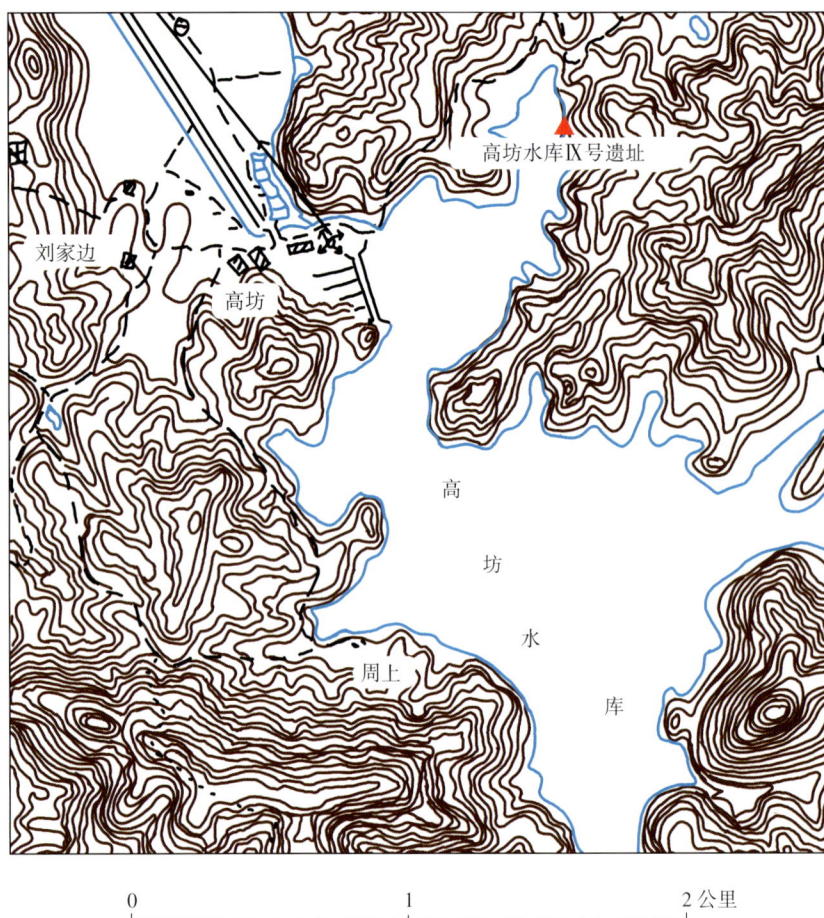

图七五八　高坊水库Ⅸ号遗址地貌图

图七五九　高坊水库Ⅸ号遗址远景图（由北向南）

2. 遗物介绍

该遗址采集遗物较为丰富，主要为陶器。以硬陶为主，夹砂陶较少。硬陶主要为灰色、灰褐色，纹饰有折线纹、细绳纹、交错线纹、交错绳纹和小方格纹（图七六〇），器形有尊、罐等；夹砂陶多为灰褐色，纹饰有绳纹，器形可见罐、甗。

图七六〇　高坊水库Ⅸ号遗址采集陶片纹饰拓片
1、5. 折线纹　2. 交错线纹　3. 交错绳纹　4. 小方格纹

陶罐　12 件。根据腹部和口沿特征可分为三型。

A 型：4 件。弧腹，卷沿。

2015JGFⅨ：8，灰褐色硬陶，侈口，尖圆唇。内外壁可见轮制痕迹。残高 5.4 厘米（图七六一，9）。

2015JGFⅨ：9，灰褐色硬陶，侈口，斜方唇，唇面内凹。器表施折线纹。残高 8.4 厘米（图七六一，3）。

2015JGFⅨ：10，灰色硬陶，侈口，斜方唇。器表施绳纹。残高 11.0 厘米（图七六一，2；图版七〇，4）。

2015JGFⅨ·13，灰色硬陶，侈口，圆唇，沿面有一周凸棱。器表饰菱格纹。残高 4.0 厘米（图七六一，6）。

B 型：6 件。鼓腹，宽折沿。

2015JGFⅨ：1，黄褐色硬陶，侈口，圆唇。器表施折线纹。残高 6.6 厘米（图七六一，8）。

2015JGFⅨ：2，灰褐色硬陶，侈口，圆唇，沿面有轮制痕迹。器表施折线纹。残高6.0、口径28.0厘米（图七六三，3）

2015JGFⅨ：3，灰白色硬陶，侈口，圆唇。器表施折线纹，部分被抹平。残高3.4厘米（图七六一，5）。

2015JGFⅨ：5，灰褐色硬陶，侈口，方唇，唇面内凹，沿面见有轮制痕迹。器表施折线纹。残高5.0、口径26.0厘米（图七六三，2）。

2015JGFⅨ：6，灰褐色硬陶，侈口，方唇。器表施折线纹。残高4.0、口径28.0厘米（图七六三，1）。

2015JGFⅨ：7，黄褐色硬陶，侈口，方唇，唇面内凹。器表施折线纹。残高7.2厘米（图七六一，4）。

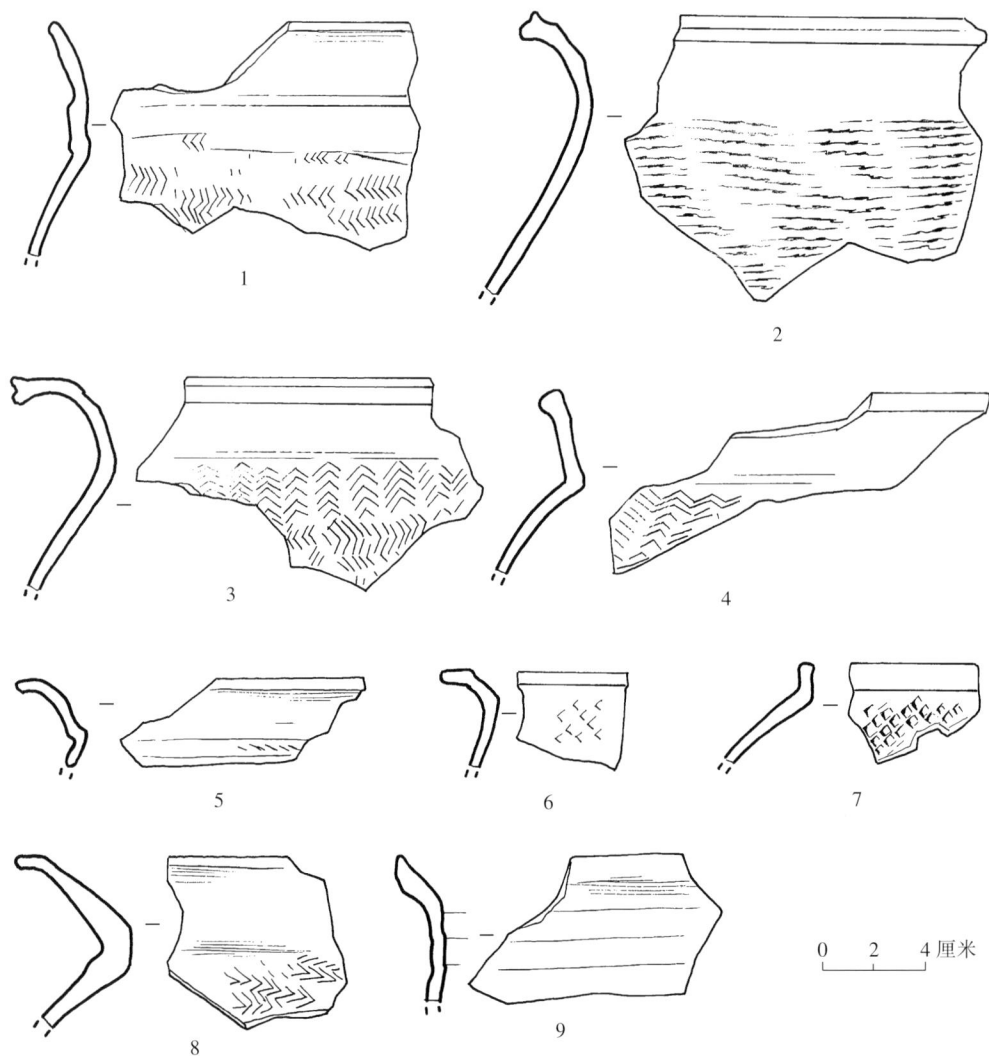

图七六一　高坊水库Ⅸ号遗址采集陶罐

1、7. C 型（2015JGFⅨ：11、2015JGFⅨ：14）　　2、3、6、9. A 型（2015JGFⅨ：10、2015JGFⅨ：9、2015JGFⅨ：13、2015JGFⅨ：8）　　4、5、8. B 型（2015JGFⅨ：7、2015JGFⅨ：3、2015JGFⅨ：1）

C 型：2 件。鼓腹，直口。

2015JGFⅨ：11，灰色硬陶，斜直口，圆唇。器表施交错线纹，纹痕较浅。残高 9.0 厘米（图七六一，1；图版七〇，2）。

2015JGFⅨ：14，灰色硬陶，小直口，方唇。器表施菱格纹。残高 4.0 厘米（图七六一，7）。

盆　2 件。

2015JGFⅨ：4，灰色硬陶，近直口，弧腹，圆唇。口沿下有一周凸棱。器表施折线纹，部分被抹平。残高 9.0、口径 20.0 厘米（图七六二，1；图版七〇，3）。

2015JGFⅨ：12，黄褐色硬陶，侈口，微卷沿，圆唇，弧腹。器表施细绳纹。残高 13.0 厘米（图七六二，2；图版七〇，6）。

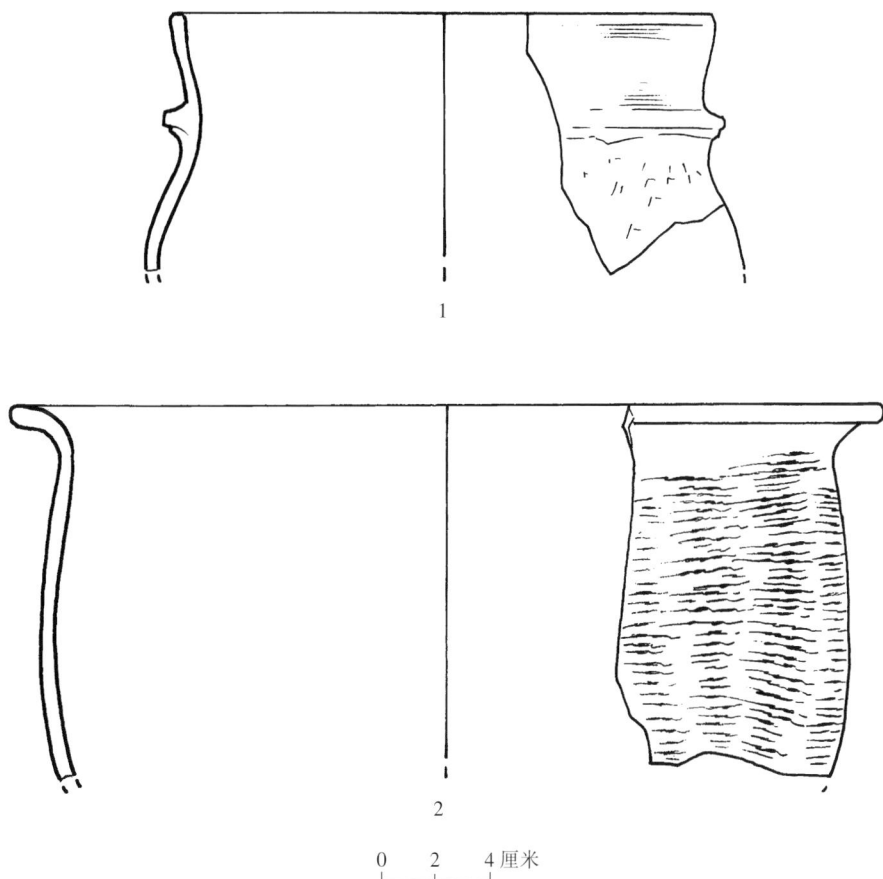

图七六二　高坊水库Ⅸ号遗址采集陶盆
1.（2015JGFⅨ：4）　2.（2015JGFⅨ：12）

甗腰　4 件。

2015JGFⅨ：15，夹砂灰褐陶，弧腹，窄腰隔，腰隔见有三个圆形算孔。器表施细线纹。残高 7.0 厘米（图七六四，2；图版七〇，1）。

2015JGFⅨ：16，夹砂灰陶，斜弧腹，窄腰隔。器表施绳纹。残高 11.0 厘米（图七六五，1）。

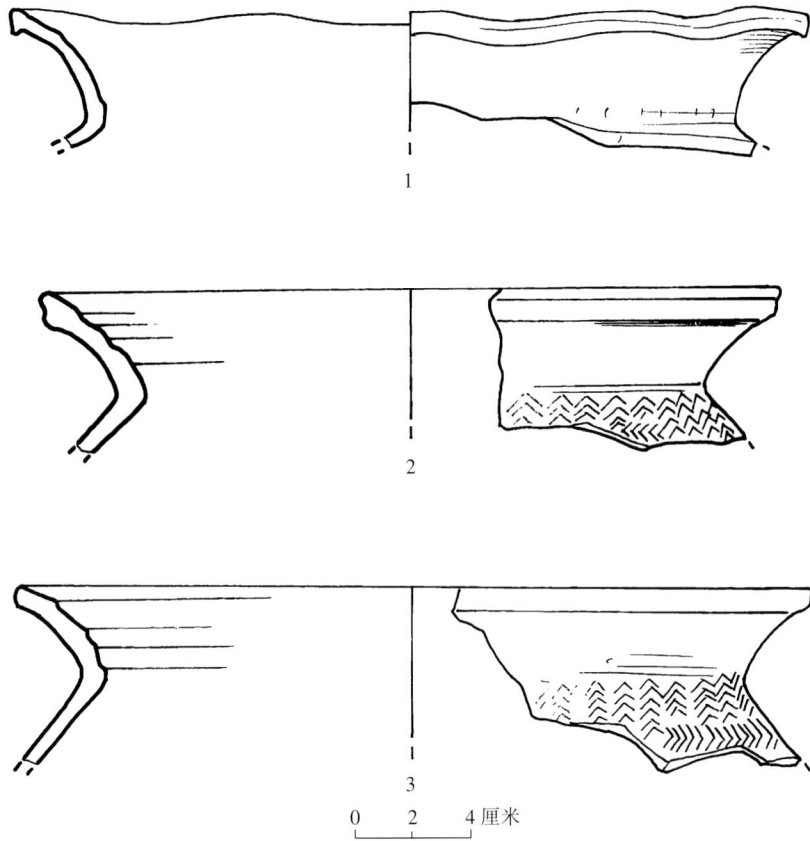

图七六三　高坊水库Ⅸ号遗址采集陶罐

1~3. B 型陶罐（2015JGFⅨ：6、2015JGFⅨ：5、2015JGFⅨ：2）

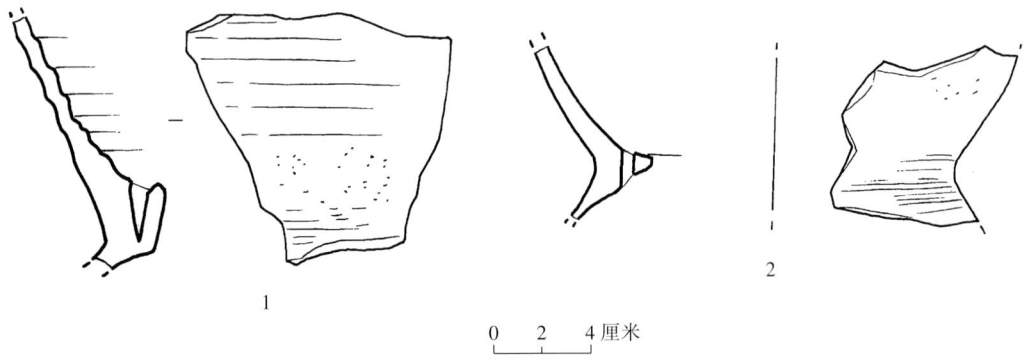

图七六四　高坊水库Ⅸ号遗址采集甗腰

1.（2015JGFⅨ：17）　2.（2015JGFⅨ：15）

2015JGFⅨ：17，夹砂灰陶，斜弧腹，窄腰隔。内外壁可见轮制痕迹。残高 10.0 厘米（图七六四，1）。

2015JGFⅨ：18，夹砂黄褐陶，斜弧腹，窄腰隔。器表施绳纹。残高 15.0 厘米（图七六五，2；图版七〇，5）。

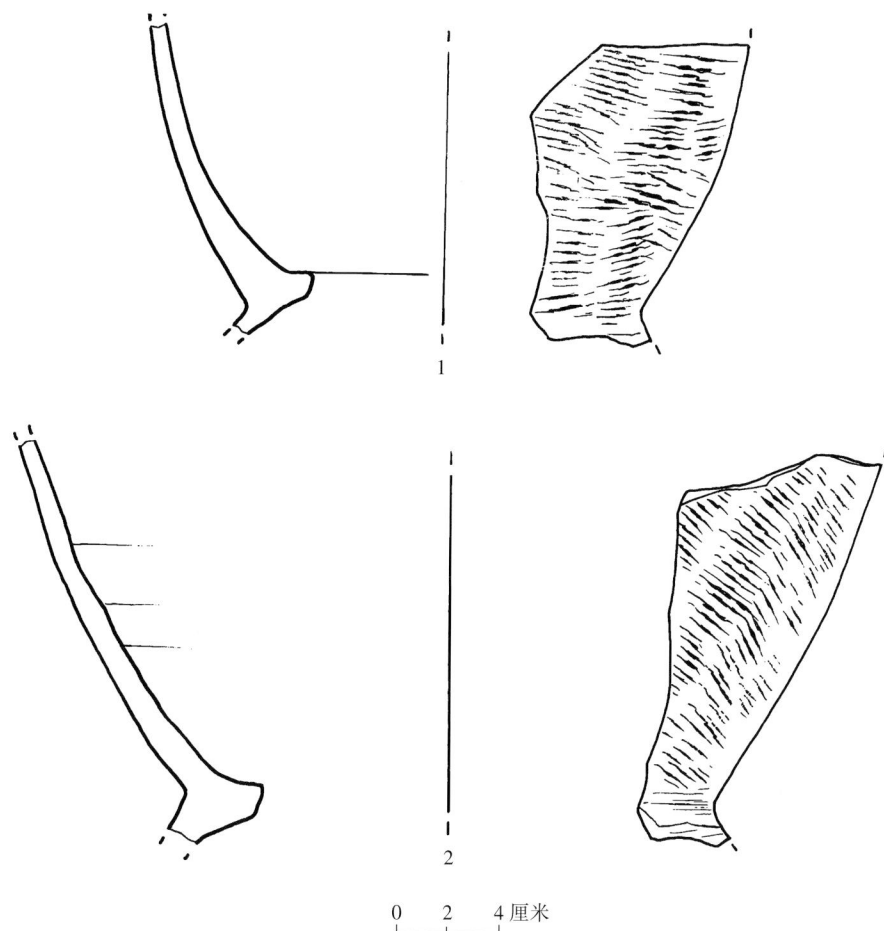

0　2　4厘米

图七六五　高坊水库Ⅸ号遗址采集甗腰

1.（2015JGFⅨ∶16）　2.（2015JGFⅨ∶18）

鼎足　2件。

2015JGFⅨ∶19，夹砂灰褐陶，扁平状足。素面。残高4.4厘米（图七六六，1）。

2015JGFⅨ∶20，夹砂灰陶，扁平状足，足顶一侧有对按压圆窝。残高5.0厘米（图七六六，2）。

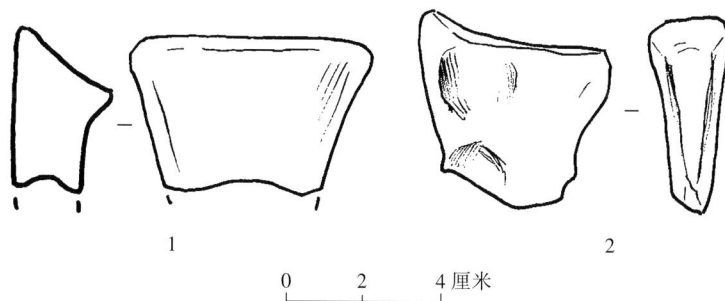

0　2　4厘米

图七六六　高坊水库Ⅸ号遗址采集鼎足

1.（2015JGFⅨ∶19）　2.（2015JGFⅨ∶20）

1. 陶甗（2015JGFⅨ：15）

2. 陶罐（2015JGFⅨ：11）

3. 盆（2015JGFⅨ：4）

4. 陶罐（2015JGFⅨ：10）

5. 陶甗（2015JGFⅨ：18）

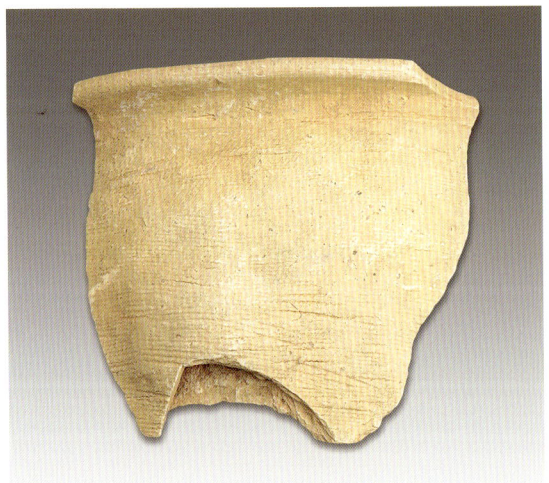

6. 盆（2015JGFⅨ：12）

图版七〇　高坊水库Ⅸ号遗址采集遗物

3. 遗址性质与年代

高坊水库Ⅸ号遗址是一处典型的岗地类聚落，在水库修建之前，遗址地理环境优越，紧邻高坊水，小河沿岸分布有大量山岗类聚落。从采集陶器来看，该遗址文化面貌较为单纯，遗址所见多为硬陶，纹饰以折线纹常见，器形有宽折沿罐、深腹盆、卷沿罐、甗形器等，这些特征与周边属于商代晚期至西周时期遗址所见器形相近。遗址所见扁状鼎足亦有西周时期特征。因此，可以初步判断高坊水库Ⅸ号遗址的年代为商代晚期至西周时期。

该遗址的发现与分析，为区域内先秦时期文化序列建立及聚落演进研究等方面提供了十分重要的考古资料。高坊水库沿岸十余处岗地类聚落为该区域先秦聚落结构研究提供了典型案例。

四四　周上村Ⅰ号遗址

1. 遗址概况

该遗址位于黄通乡高坊水库的中西部（图七六七），水库东南方向约 400 米处，正南方向为周上村，约 450 米处，北部邻高坊水库Ⅲ号遗址 400 米（图七六八）。遗址整体呈不规则形，长径约 235 米，短径约 189 米。为一山岗缓坡地带，地势西高东低，呈缓坡状河漫滩，自西向东分别为水岸、树林，山岗顶部植被十分茂盛（图七六九）。该遗址地理坐标为：北纬 27°55′21.1″，东经 116°51′45.7″，海拔 109 米。

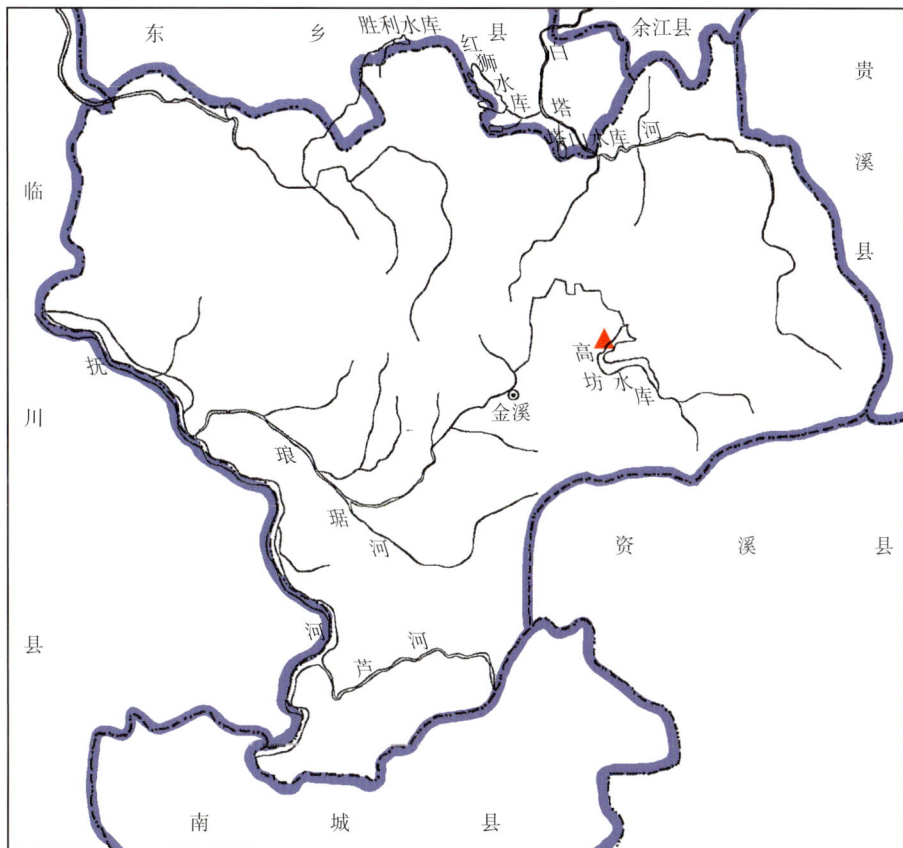

图七六七　周上村Ⅰ号遗址位置图

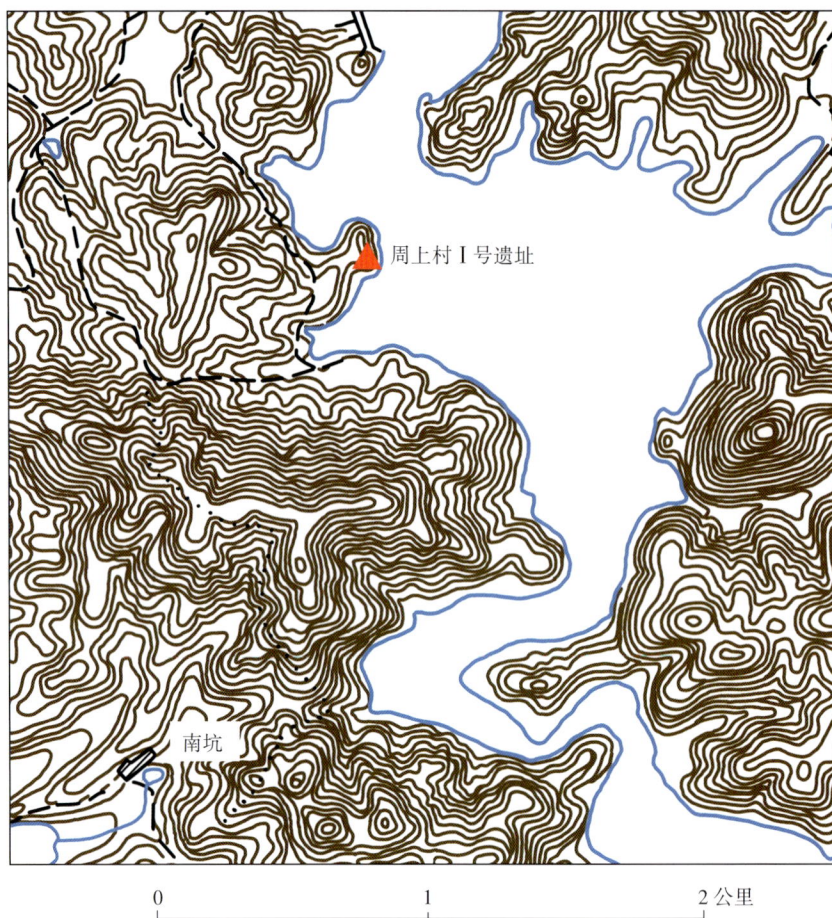

图七六八　周上村Ⅰ号遗址地貌图

图七六九　周上村Ⅰ号遗址远景图（由北向南）

图七七〇　周上村Ⅰ号遗址采集陶尊

遗址位于高坊水库西岸山岗地带，属于典型的岗地类聚落。该遗址采集遗物较为丰富，采集到完整陶尊1件（图七七〇）。以下逐一进行介绍。

2. 遗物介绍

（1）石器

石器器类较丰富，以砂岩、页岩为主要原料，器形主要有砺石、石锛、石斧。

砺石　3件。

2015JZSⅠ∶5，黄褐色砂岩磨制而成，磨制规整，研磨面内凹。残高8.7、宽5.7、厚2.7厘米（图七七一，4）。

2015JZSⅠ∶6，褐色砂岩磨制而成，形状不规则，研磨面微凹。残高9.3、宽7.3、厚1.8厘米（图七七一，6）。

2015JZSⅠ∶8，褐色砂岩磨制而成，一端残，三面可见磨痕。器表较为规整。残高10.5、宽7.9、厚2.9厘米（图七七一，1）。

石斧　1件。

2015JZSⅠ∶7，青灰色砂岩制成，弧状顶，两侧斜直，刃部残。器表较为粗糙。残高6.9、宽6.2厘米（图七七一，2）。

石锛　4件。

2015JZSⅠ∶1，黄褐色砂岩磨制而成，顶端及一侧残，一侧平直，单面磨制成刃。器表磨制较为规整。残高5.9、宽4.4、厚1.4厘米（图七七一，7；图版七三，4）。

2015JZSⅠ∶2，红色页岩制成，顶端圆弧，一侧斜直，底端磨制成斜刃。器表较平整。残高9.5、宽4.0厘米、厚1.7厘米（图七七一，8；图版七二，6）。

2015JZSⅠ:3，青灰色砂岩磨制而成，顶部平整，两侧平直，一面中部起段，底部单面磨成斜刃。器表较光滑。残高9.3、宽4.3、厚2.5厘米（图七七一，3；图版七二，5）。

2015JZSⅠ:4，青色砂岩制成，顶端残，两侧斜直，单面斜刃。器表较为光滑。残高6.5、宽5.8、厚1.6厘米（图七七一，5；图版七三，1）。

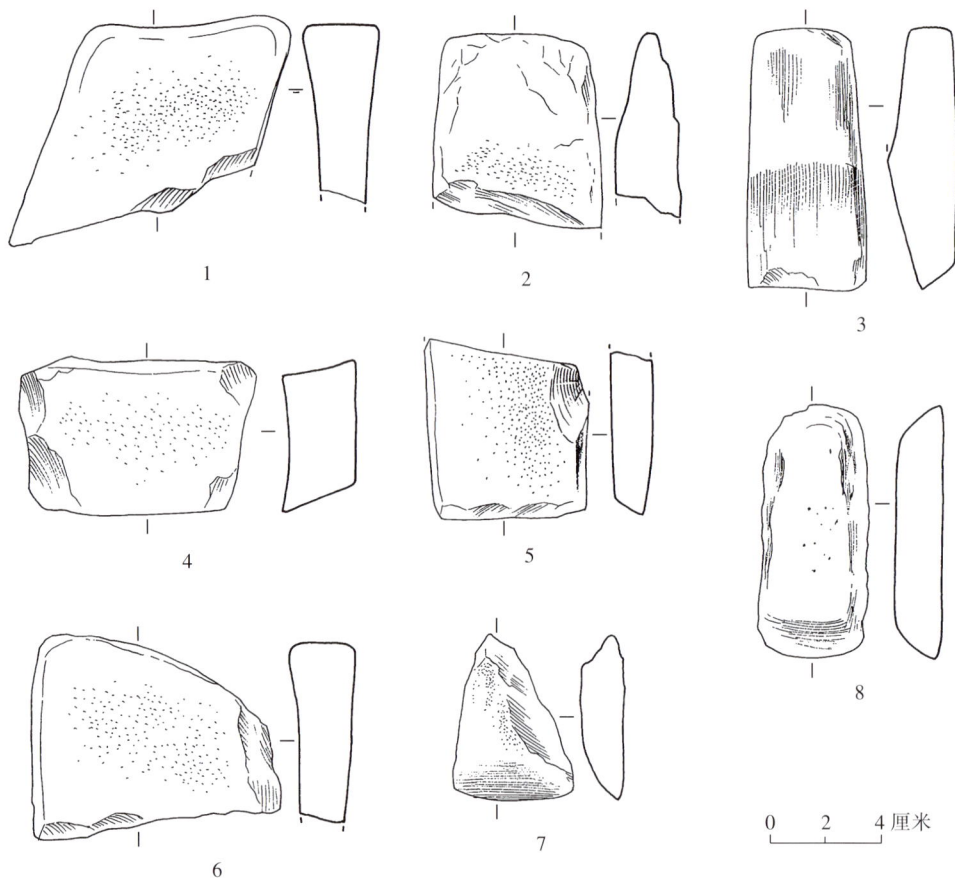

图七七一　周上村Ⅰ号遗址采集石器

1、4、6. 砺石（2015JZSⅠ:8、2015JZSⅠ:5、2015JZSⅠ:6）　2. 石斧（2015JZSⅠ:7）　3、5、7、8. 石锛（2015JZSⅠ:3、2015JZSⅠ:4、2015JZSⅠ:1、2015JZSⅠ:2）

（2）陶器

陶器以印纹硬陶为多，陶色多为灰黑、浅灰色，纹饰主要见有折线纹、绳纹、"▨"纹，雷纹，交错线纹，线纹，方格纹，卷云纹（图七七二、七七三）等，纹痕一般略深，器形主要有罐等；夹砂陶数量较少，主要以灰色，灰白色为主，器形主要为鼎（足）、陶罐等。

陶罐　28件。

据器腹及口沿特征，可划分为四型：

A型：16件。弧腹，斜折沿。可分为两个亚型：

Aa型：7件。沿面有凹槽。

2015JZSⅠ:11，灰色硬陶，微敛口，尖圆唇，沿上有四道凹槽。器表施绳纹。残高5.8厘米

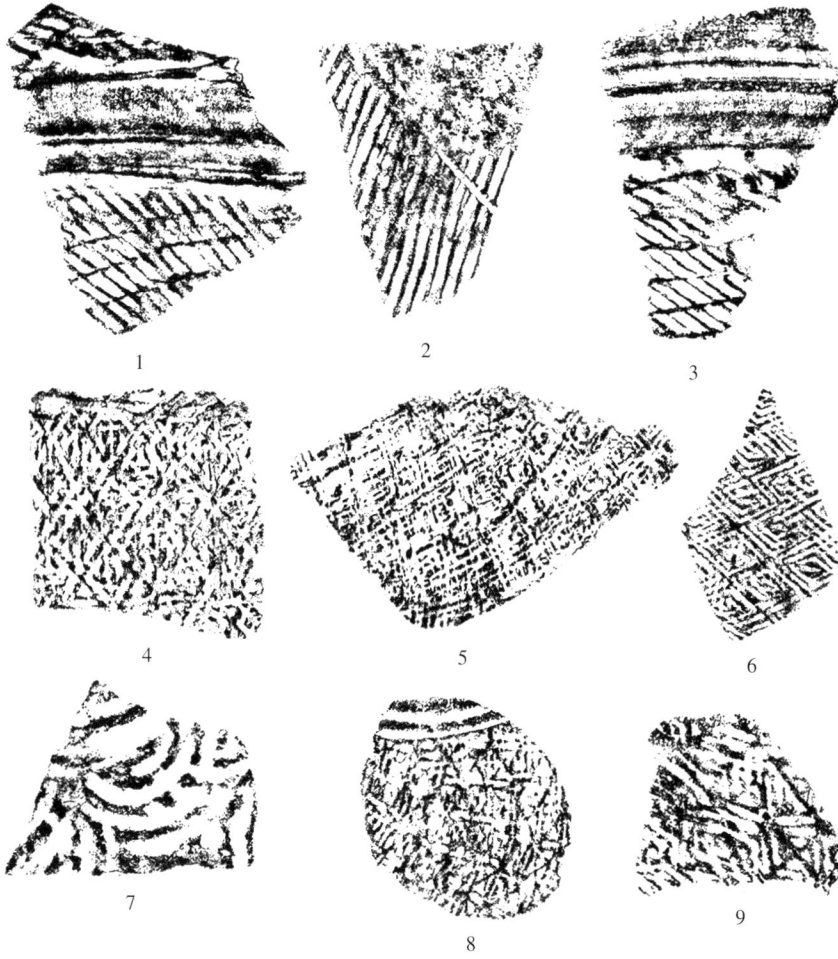

图七七二 周上村 I 号遗址采集陶片纹饰拓片
1、3. 斜方格纹 2. 绳纹 4、5、6. 雷纹 7. 卷云纹 8、9. "⊠"字纹

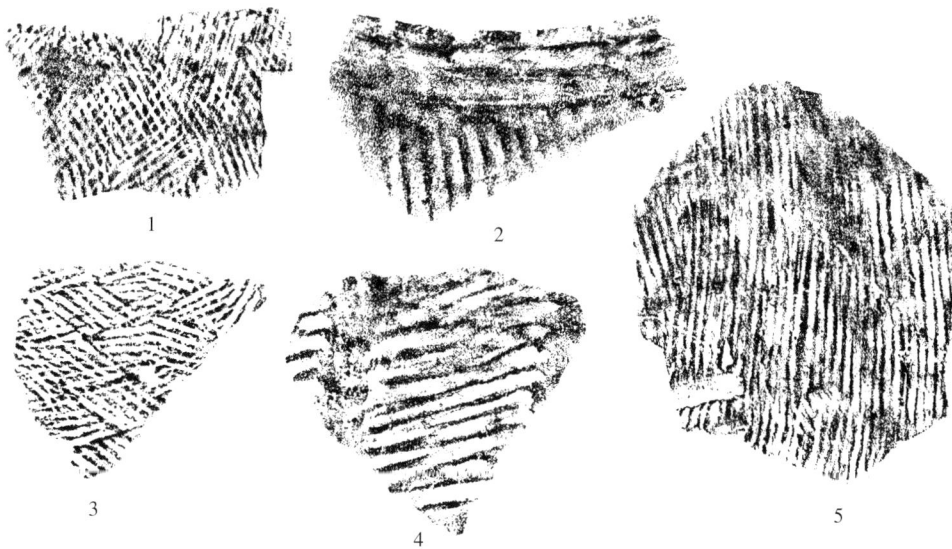

图七七三 周上村 I 号遗址采集陶片纹饰拓片
1、3. 交错线纹 2、4. 绳纹 5. 线纹

（图七七四，1）。

2015JZSⅠ：18，灰色硬陶，敛口，圆唇，沿面有四道凹槽。表面施折线纹与短线纹组合纹饰。残高6.2厘米（图七七四，7；图版七二，2）。

2015JZSⅠ：26，灰色硬陶，敛口，沿面有四道凹槽。表面施菱格与短线组合纹。残高6.8厘米（图七七四，8）。

2015JZSⅠ：13，红褐色硬陶，敛口，圆唇，沿面有三道凹槽。表面施"⊠"字形纹饰。残高6.6厘米（图七七五，4）。

2015JZSⅠ：29，灰褐色硬陶，敛口，尖圆唇，沿面有两道凹槽。器表施菱格纹，纹痕较浅。残高4.6厘米（图七七五，5）。

2015JZSⅠ：28，灰色硬陶，敛口，圆唇，沿面有三道凹槽。器表施横向折线纹，纹痕较浅。残高3.6厘米（图七七七，3）。

2015JZSⅠ：16，灰色硬陶，敛口，圆唇，沿面有一道凹槽。器表施折线纹。残高3.4厘米（图七七七，5）。

Ab型：9件。沿面无凹槽。

2015JZSⅠ：38，灰色硬陶，侈口，斜方唇。器表施方格纹。残高5.8厘米（图七七四，3）。

2015JZSⅠ：31，灰色硬陶，敛口，圆唇器。器表施菱格纹。残高5.2厘米（图七七四，4）。

2015JZSⅠ：30，灰色硬陶，敛口，方唇。器表施方格纹。残高5.8厘米（图七七四，5）。

2015JZSⅠ：12，灰色硬陶，侈口，尖唇。器表施方格纹，部分被抹平。残高4.0厘米（图七七五，2）。

2015JZSⅠ：32，灰色硬陶，敛口，方唇。器表施稀疏雷纹。残高5.2厘米（图七七五，3）。

2015JZSⅠ：34，灰色硬陶，侈口，圆唇。器表施交错线纹。口径14.0、残高5.4厘米（图七七六，1）。

2015JZSⅠ：10，夹砂灰陶，侈口，方唇。沿下施雷纹。口径30.0、残高7.8厘米（图七七七，1）。

2015JZSⅠ：9，灰色硬陶，侈口，方唇。器表施方格纹。口径20.0、残高4.2厘米（图七七七，2）。

2015JZSⅠ：19，夹砂灰陶，侈口，圆唇。器表施方格纹，纹痕较浅。口径22.0、残高6.0厘米（图七七八，3）。

B型：8件。鼓腹，高领。

2015JZSⅠ：17，灰色硬陶，侈口，卷沿，方唇。器表施方格纹。残高5.6厘米（图七七四，2）。

2015JZSⅠ：39，灰色硬陶，侈口，窄折沿，圆唇，斜肩。颈部内外侧可见凹弦纹，器表施菱格纹。残高5.6厘米（图七七四，6）。

2015JZSⅠ：27，灰色硬陶，侈口，卷沿，方唇。器表施方格纹。口径16.0、残高7.0厘米（图七七六，2；图版七二，3）。

2015JZSⅠ：35，灰色硬陶，微侈口，卷沿，尖圆唇。器表施菱格纹。口径10.0、残高8.0厘米

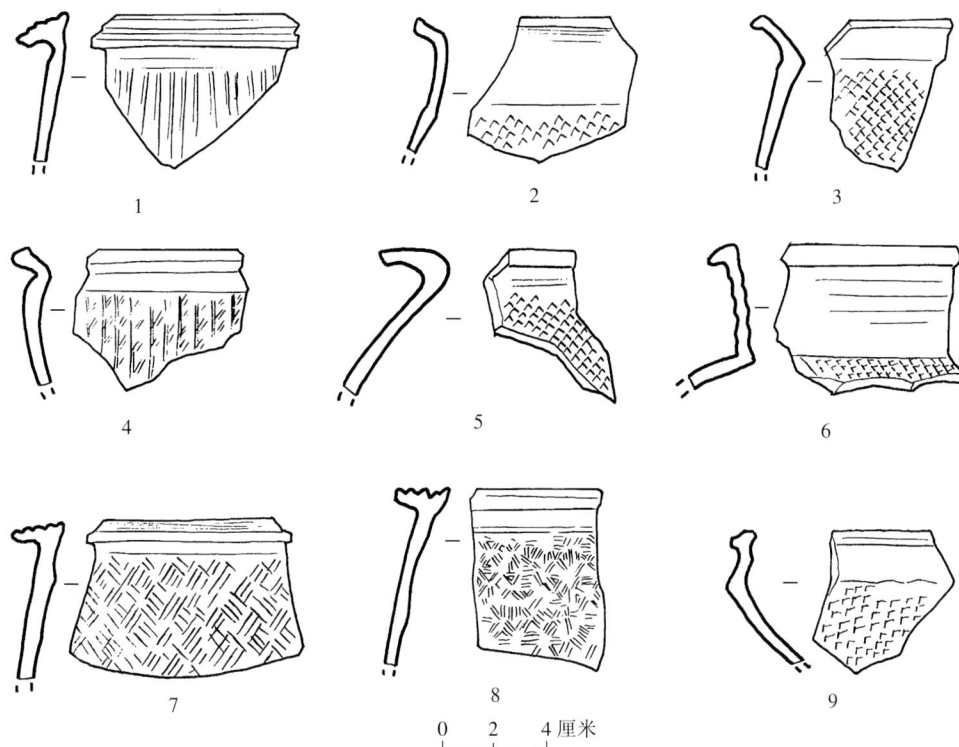

图七七四　周上村Ⅰ号遗址采集陶罐口沿

1、7、8. Aa 型（2015JZSⅠ:11、2015JZSⅠ:18、2015JZSⅠ:26）　3 ~ 5. Ab 型（2015JZSⅠ:38、2015JZSⅠ:31、2015JZSⅠ:30）　2、6. B 型（2015JZSⅠ:17、2015JZSⅠ:39）　9. D 型（2015JZSⅠ:36）

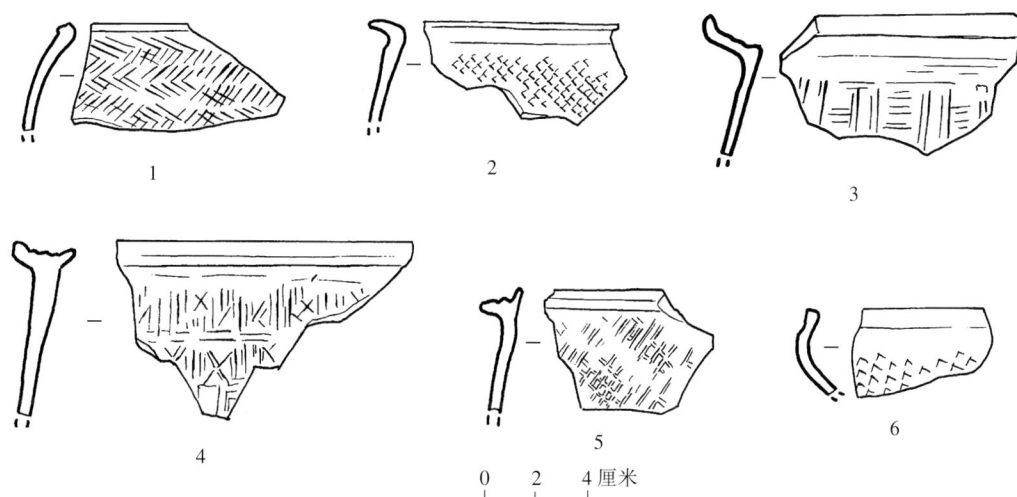

图七七五　周上村Ⅰ号遗址采集陶器口沿残片

1、6. 钵（2015JZSⅠ:22、2015JZSⅠ:23）　2、3. Ab 型罐（2015JZSⅠ:12、2015JZSⅠ:32）　4、5. Aa 型罐（2015JZSⅠ:13、2015JZSⅠ:29）

（图七七六，3；图版七一，5）。

2015JZSⅠ:33，灰色硬陶，侈口，微卷沿，方唇，折肩。器表施组合纹饰。口径 12.0、残高 7.8 厘米（图七七六，4）。

2015JZSⅠ:15，灰色硬陶，直口，圆唇。器表施竖线纹与斜线纹组合纹饰。口径 9.2、残高 6.6

厘米（图七七六，5）。

2015JZSⅠ:21，灰色硬陶，侈口，卷沿，圆唇。器表施方格纹。残高6.2厘米（图七七六，6）。

2015JZSⅠ:24，灰色硬陶，侈口，平折沿，圆唇，口沿下有一残附耳。器表可见折线纹。口径12.0、残高6.0厘米（图七七八，1；图版七一，4）。

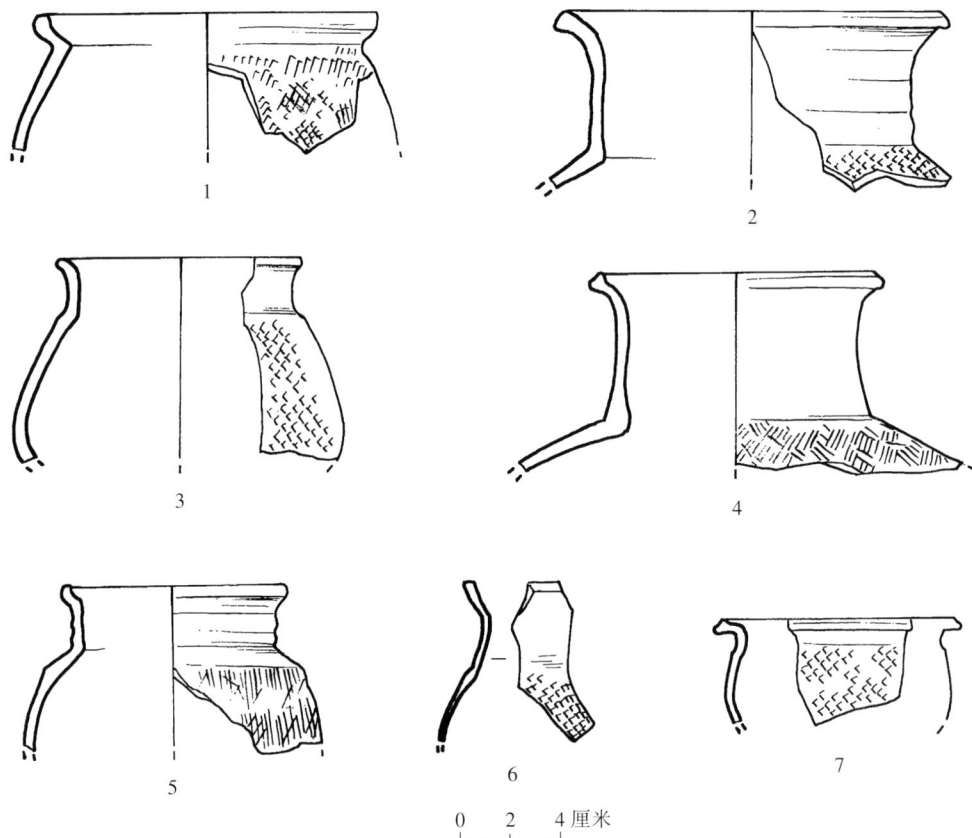

图七七六　周上村Ⅰ号遗址采集陶器

1. Ab 型罐（2015JZSⅠ:34）　2~6. B 型罐（2015JZSⅠ:27、2015JZSⅠ:35、2015JZSⅠ:33、2015JZSⅠ:15、2015JZSⅠ:21）　7. 盆（2015JZSⅠ:25）

C 型：3 件。圆肩，宽折沿。

2015JZSⅠ:37，灰色硬陶，侈口，尖圆唇，矮领。肩部可见菱格纹。残高4.4厘米（图七七七，4）。

2015JZSⅠ:40，灰色硬陶，微侈口，圆唇，沿内外有数道凹痕。器表施卷云纹。残高5.0厘米（图七七七，7）。

2015JZSⅠ:14，灰色硬陶，侈口，方唇。肩部施方格纹，纹痕较浅。口径12.0、残高6.4厘米（图七七八，2）。

D 型：1 件。敛口，折沿。

2015JZSⅠ:36，灰色硬陶，圆唇。器表施菱格纹，纹痕较浅。残高5.2厘米（图七七四，9）。

陶钵　3 件。

2015JZSⅠ:22，灰色硬陶，敛口，圆唇，弧腹。器表施折线纹。残高4.0厘米（图七七五，1）。

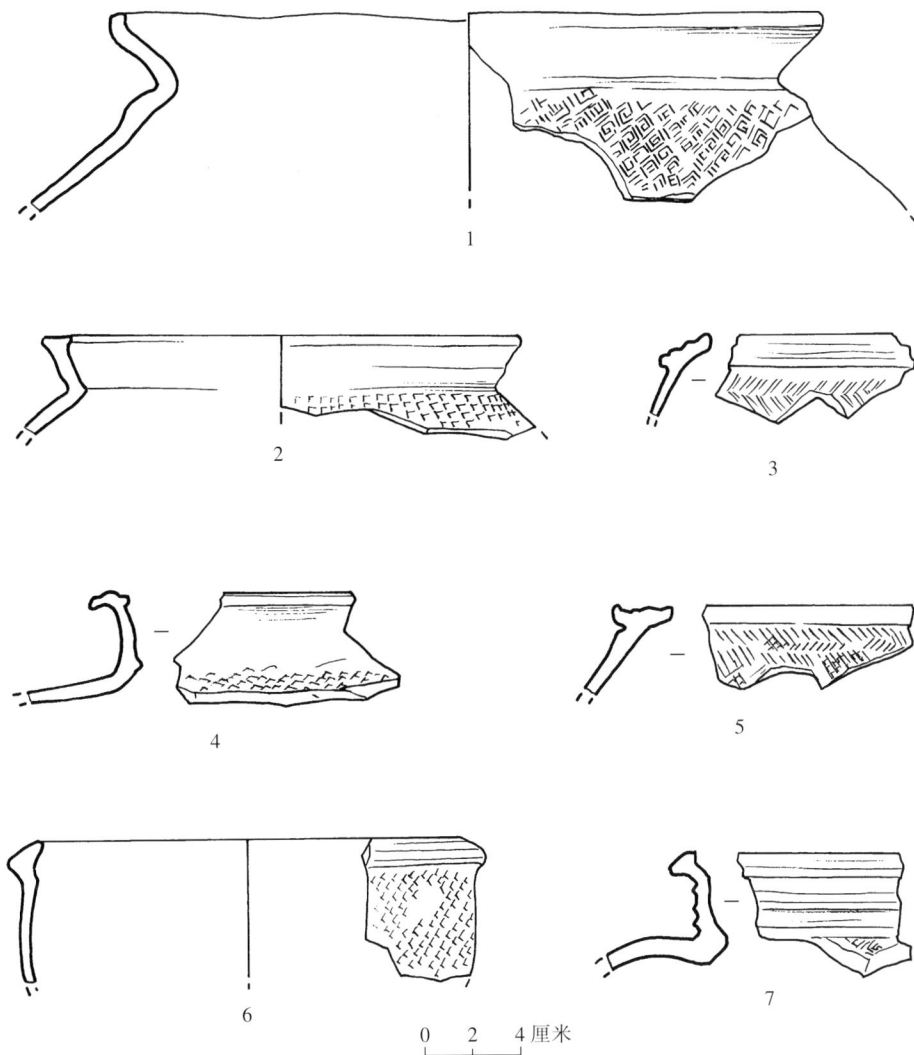

图七七七　周上村Ⅰ号遗址采集陶器口沿

3、5. Aa 型罐（2015JZSⅠ:28、2015JZSⅠ:16）　　1、2. Ab 型罐（2015JZSⅠ:10、2015JZSⅠ:9）

4、7. C 型罐（2015JZSⅠ:37、2015JZSⅠ:40）　6. 盆（2015JZSⅠ:20）

2015JZSⅠ:23，灰色硬陶，敛口，方唇，弧腹。器表施菱格纹。残高 3.2 厘米（图七七五，6）。

2015JZSⅠ:41，灰色硬陶，直口，方唇，弧腹，平底。器底可见捏制痕迹，素面。残高 4.0、口径 10.4 厘米（图七八四，3；图版七二，4）。

盆　2 件。

2015JZSⅠ:25，灰色硬陶，微敛口，卷沿，斜方唇。器表施菱格纹。残高 4.0、口径 10.0 厘米（图七七六，7）。

2015JZSⅠ:20，灰色硬陶，直口，斜平沿，方唇，沿面有三道凹槽。器表施菱格纹。残高 6.0、口径 20.0 厘米（图七七七，6）。

陶尊　1 件。

2015JZSⅠ:69，黄褐色硬陶，侈口，折沿，方唇，圆肩，弧腹，凹底，沿内壁可见轮制痕迹。器表施交错折线纹。口径 21.2、底径 9.0、高 22.2 厘米（图七七九，图版七三，5、6）。

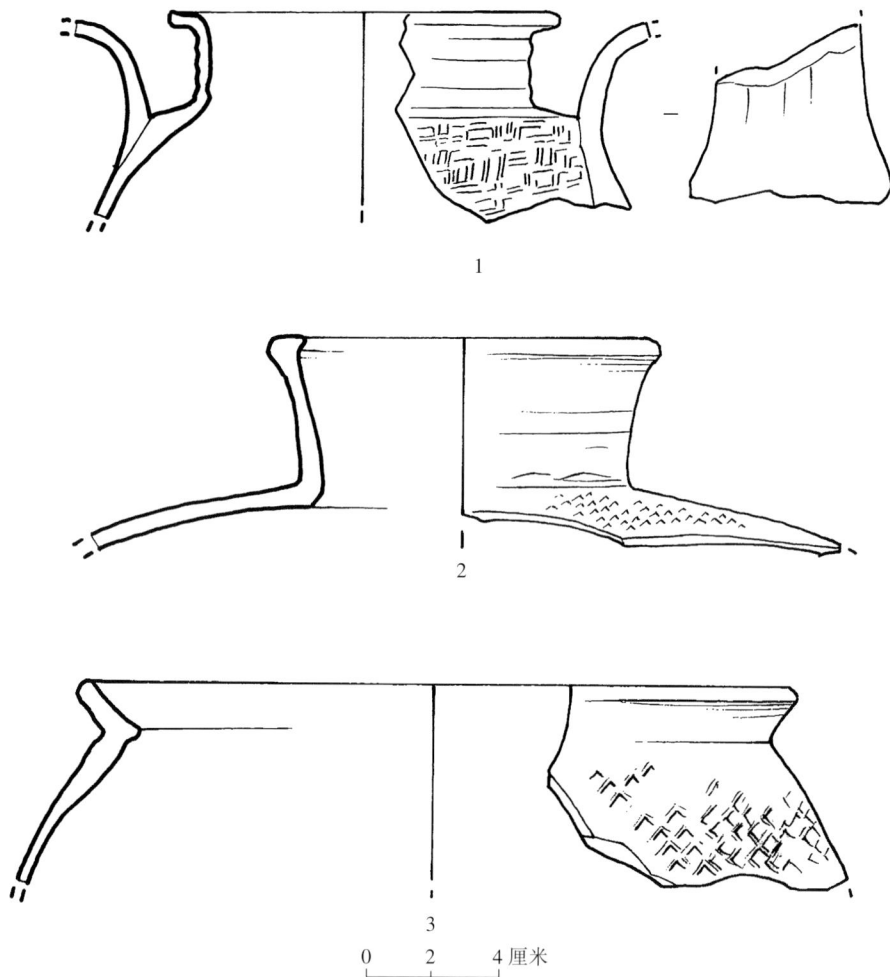

1

2

3

0   2   4厘米

图七七八　周上村Ⅰ号遗址采集陶罐

1. B 型（2015JZSⅠ:24）　　2. C 型（2015JZSⅠ:14）　　3. Ab 型（2015JZSⅠ:19）

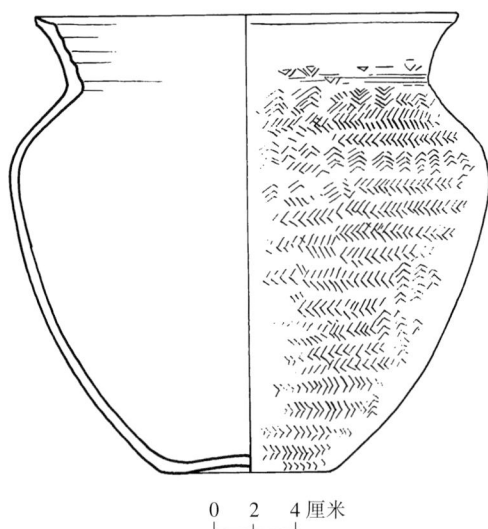

0   2   4厘米

图七七九　周上村Ⅰ号遗址采集陶尊

（2015JZSⅠ:69）

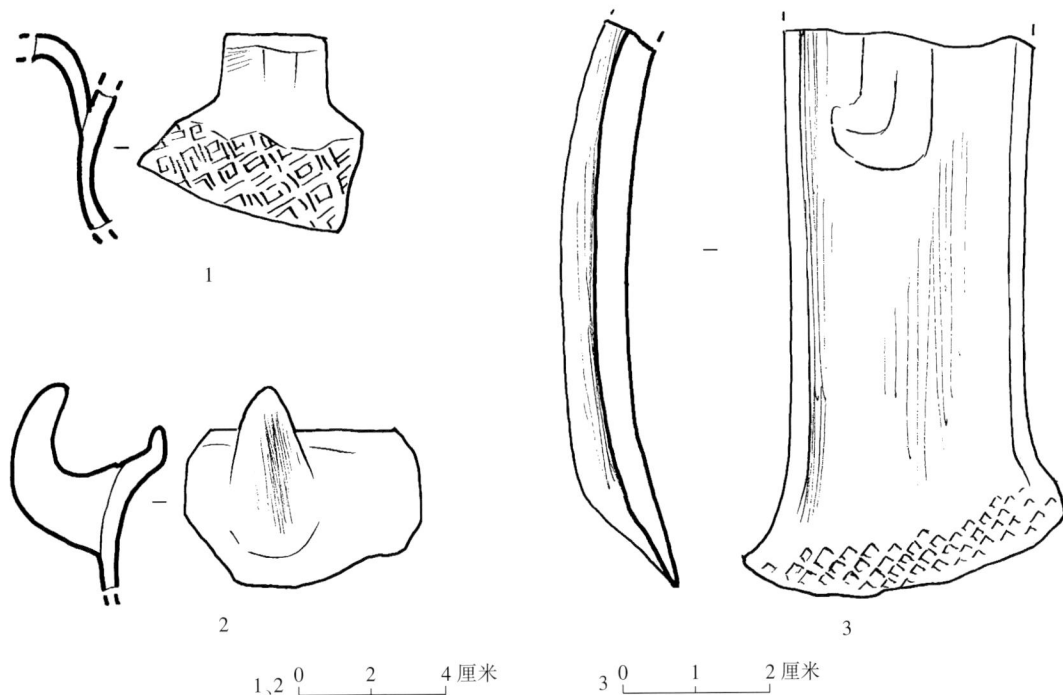

图七八〇　周上村Ⅰ号遗址采集陶器

1~3. 器耳（2015JZSⅠ:66、2015JZSⅠ:67、2015JZSⅠ:68）

器耳　3件。

2015JZSⅠ:66，灰色硬陶，口沿外贴附一弧形耳。器表施雷纹。残高5.2厘米（图七八〇，1；图版七三，3）。

2015JZSⅠ:67，浅黄色硬陶，肩部附弧状耳。素面。残高4.2厘米（图七八〇，2；图版七三，2）。

2015JZSⅠ:68，灰褐色硬陶，宽条状器耳，中部有鸟啄形刻划纹。器表施菱格纹。残高7.4厘米（图七八〇，3；图版七二，1）。

盘　1件。

2015JZSⅠ:42，夹砂灰陶，敞口，尖圆唇，曲腹，平底。内壁可见数道凹痕，素面。口径34.0、底径24.0、残高3.6厘米（图七八四，1；图版七一，2）。

圈足　1件。

2015JZSⅠ:43，夹砂灰褐陶，矮圈足。素面。残高4.0厘米（图七八四，2）。

鼎足　22件。

据形态可分为两型。

A型：11件。长扁状。据有无按压凹窝，分为两个亚型。

Aa型：8件。器表有按压凹窝。

2015JZSⅠ:62，夹砂灰陶，足侧顶部有一对按压凹窝。残高9.0厘米（图七八一，1）。

2015JZSⅠ:58，夹砂灰陶，足侧顶部有一对按压凹窝。残高9.0厘米（图七八一，2）。

2015JZSⅠ:45，夹砂灰陶，足侧顶部有两对按压凹窝。残高8.0厘米（图七八一，3）。

2015JZSⅠ:53，夹砂灰陶，足侧顶部可见两对按压凹窝。残高7.0厘米（图七八一，4）。

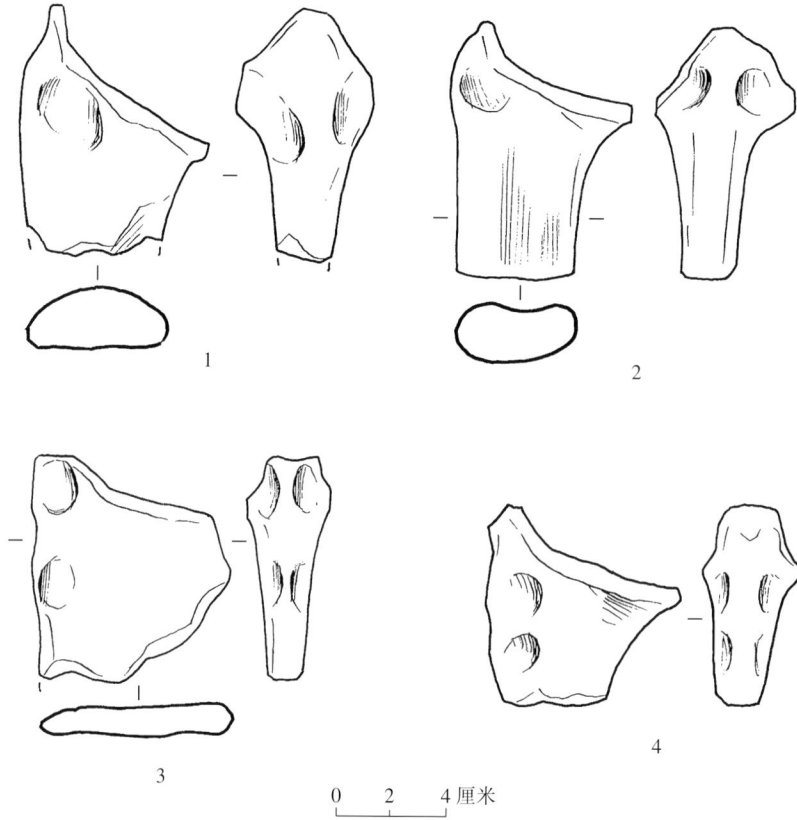

0   2   4厘米

图七八一　周上村Ⅰ号遗址采集陶鼎足

1~4. Aa 型（2015JZSⅠ:62、2015JZSⅠ:58、2015JZSⅠ:45、2015JZSⅠ:53）

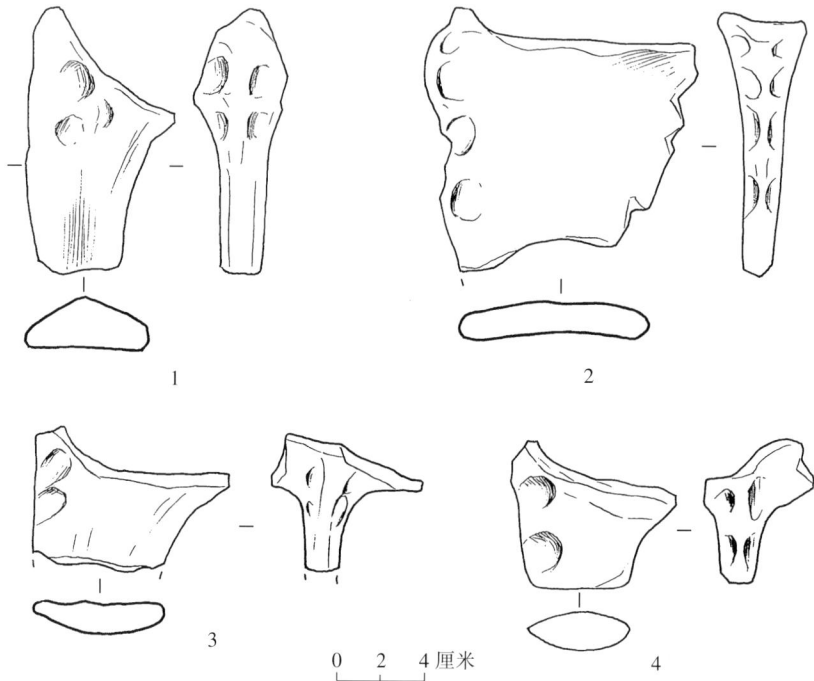

0   2   4厘米

图七八二　周上村Ⅰ号遗址采集陶鼎足

1~4. Aa 型（2015JZSⅠ:50、2015JZSⅠ:59、2015JZSⅠ:57、2015JZSⅠ:64）

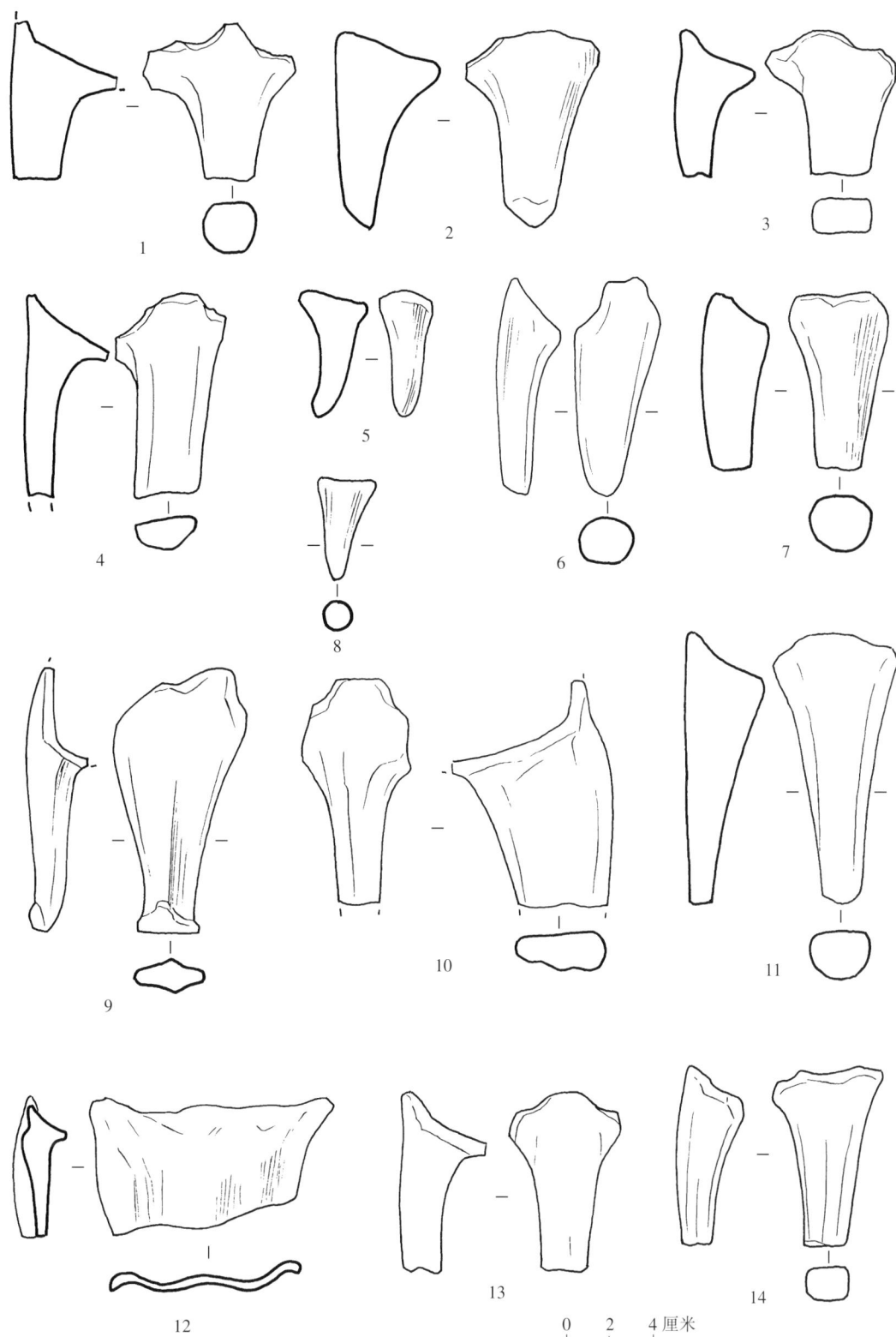

图七八三 周上村 I 号遗址采集陶鼎足

1～8、11、13～14. B 型（2015JZS I：44、2015JZS I：51、2015JZS I：60、2015JZS I：55、2015JZS I：49、2015JZS I：52、2015JZS I：63、2015JZS I：65、2015JZS I：56、2015JZS I：61、2015JZS I：54）　9、10、12. Ab 型（2015JZS I：47、2015JZS I：48、2015JZS I：46）

2015JZSⅠ:50，夹砂灰陶，足侧顶部有两对按压凹窝。残高11.8厘米（图七八二，1；图版七一，6）。

2015JZSⅠ:59，夹砂灰陶，足侧顶部有三对按压圆窝。残高11.8厘米（图七八二，2；图版七一，1）。

2015JZSⅠ:57，夹砂灰陶，足侧顶部有两个按压凹窝。残高4.4厘米（图七八二，3）。

2015JZSⅠ:64，夹砂灰陶，足侧顶部有两对按压凹窝。残高6.2厘米（图七八二，4）。

Ab型：3件。器表未见凹窝。

2015JZSⅠ:47，夹砂灰陶，足底部见有捏痕。素面。高11.8厘米（图七八三，9）。

2015JZSⅠ:48，夹砂灰褐陶。素面。残高10.0厘米（图七八三，10）。

2015JZSⅠ:46，夹砂黄陶。素面。残高6.0厘米（图七八三，12）。

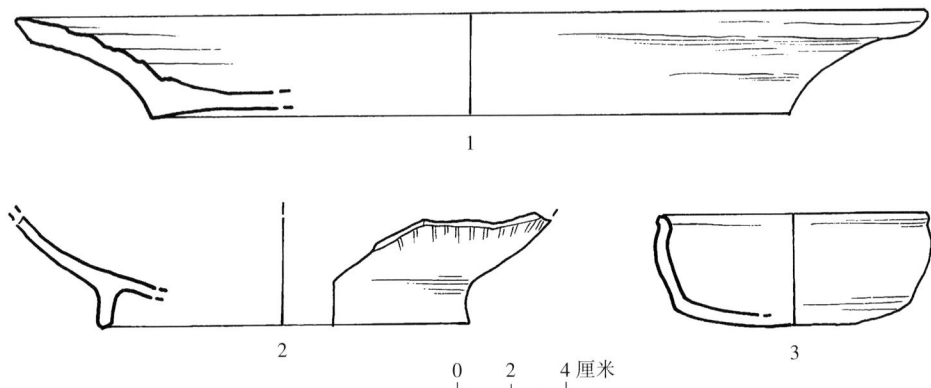

图七八四　周上村Ⅰ号遗址采集陶器

1. 盘（2015JZSⅠ:42）　2. 圈足（2015JZSⅠ:43）　3. 钵（2015JZSⅠ:41）

B型：11件。扁柱状。

2015JZSⅠ:44，夹砂灰陶。素面。残高7.0厘米（图七八三，1）。

2015JZSⅠ:51，夹砂灰陶。素面。残高8.8厘米（图七八三，2）。

2015JZSⅠ:60，夹砂灰陶。素面。残高6.4厘米（图七八三，3）。

2015JZSⅠ:55，夹砂灰陶。素面。残高9.0厘米（图七八三，4）。

2015JZSⅠ:49，夹砂黄褐陶。素面。高5.6厘米（图七八三，5）。

2015JZSⅠ:52，夹砂黄褐陶。素面。高9.6厘米（图七八三，6）。

2015JZSⅠ:63，夹砂黄褐陶。素面。残高8.0厘米（图七八三，7）。

2015JZSⅠ:65，夹砂灰陶。素面。残高4.4厘米（图七八三，8）。

2015JZSⅠ:56，夹砂灰白陶。素面。高12.0厘米（图七八三，11；图版七一，3）。

2015JZSⅠ:61，夹砂灰陶。素面。残高8.0厘米（图七八三，13）。

2015JZSⅠ:54，夹砂灰陶。素面。残高8.0厘米（图七八三，14）。

3. 年代与性质

周上村Ⅰ号遗址位于高坊水库沿岸，位于山岗缓平地带。水库两侧均为较高山岗。山岗之间为河谷地带。该区域具有优越的地理环境，适合古人在此长期居住与生活。

1. 鼎足（2015JZSⅠ:59）

2. 陶盘（2015JZSⅠ:42）

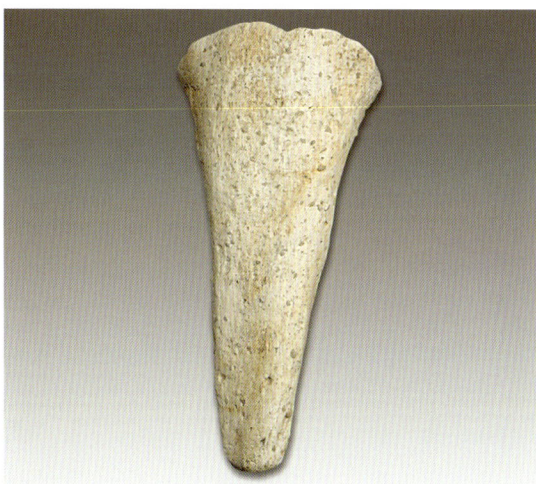

3. 鼎足（2015JZSⅠ:56）

4. 陶罐（2015JZSⅠ:24）

5. 陶罐（2015JZSⅠ:35）

6. 鼎足（2015JZSⅠ:50）

图版七一　周上村Ⅰ号遗址采集遗物

1. 器耳（2015JZSⅠ:68）

2. 陶罐（2015JZSⅠ:18）

3. 陶罐（2015JZSⅠ:27）

4. 陶钵（2015JZSⅠ:41）

5. 石锛（2015JZSⅠ:3）

6. 石锛（2015JZSⅠ:2）

图版七二　周上村Ⅰ号遗址采集遗物

1. 石锛（2015JZSⅠ：4）

2. 器耳（2015JZSⅠ：67）

3. 器耳（2015JZSⅠ：66）

4. 石锛（2015JZSⅠ：1）

5. 陶尊（2015JZSⅠ：69）

6. 陶尊（2015JZSⅠ：69）

图版七三　周上村Ⅰ号遗址采集遗物

通过对该遗址采集器物的对比分析，初步可将所获遗物划分为两个年代组：

第1组：以扁平状鼎足（A型鼎足）、Aa型罐、B型罐、C型罐、陶尊，以折线纹、雷纹硬陶为代表。与周边遗址比较，此类遗存在母猪嘴、郑家山等遗址均可见到，亦与鹰潭角山遗址部分器形有相似之处，年代可推测为商代早期。

第2组：以扁柱状鼎足、斜方格纹硬陶、线纹硬陶为代表。该组陶器在周边遗址多有发现，如抚河上游的乐安县、宜黄县，及抚河中游的金溪县均有这一时期的遗存，年代应为西周晚期至春秋时期。

周上村Ⅰ号遗址的发现与初步分析有助于区域文化序列的建立及聚落形态的深入研究。

四五　周上村Ⅱ号遗址

1. 遗址概况

该遗址位于黄通乡高坊水库的中西部（图七八五、七八六），北邻周上村Ⅰ号遗址，南靠周上村，东北距高坊水库Ⅳ号遗址约430米。遗址整体呈不规则形，长径约98米，短径约71米。水库两岸为缓坡状河漫滩，地势西高东低，中部稍低，山顶植被非常茂盛（图七八七、七八八）。该遗址地理坐标为：北纬27°55′14.6″，东经116°51′49.6″，海拔111米。

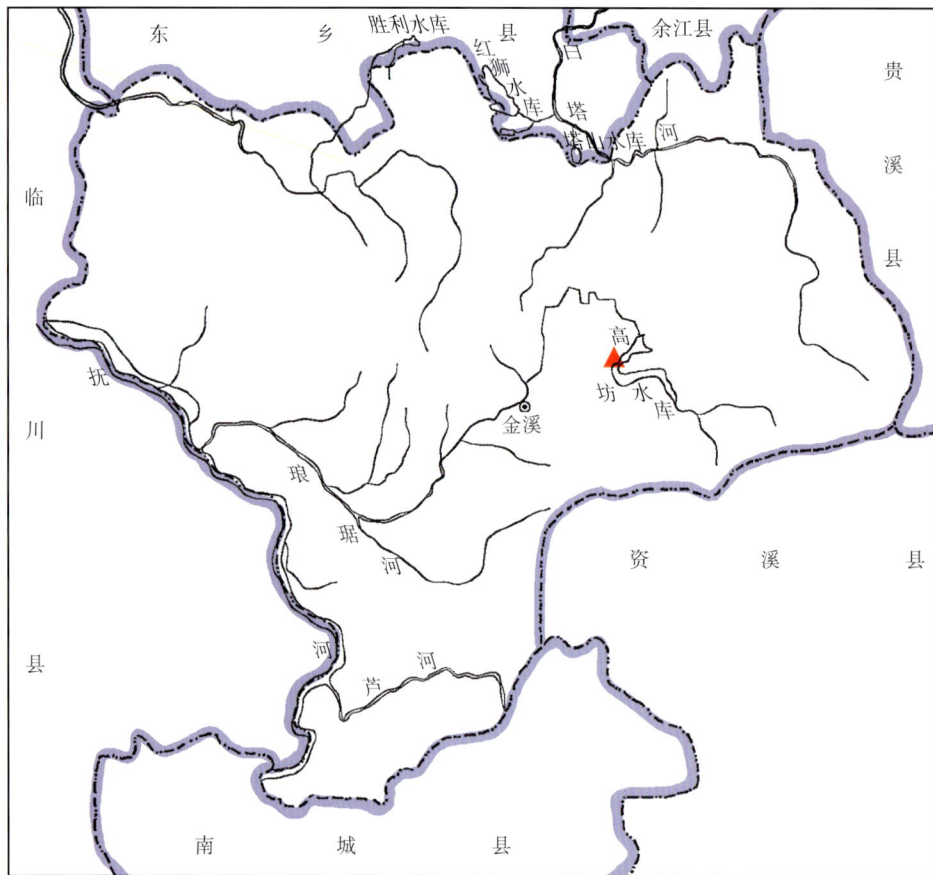

图七八五　周上村Ⅱ号遗址位置图

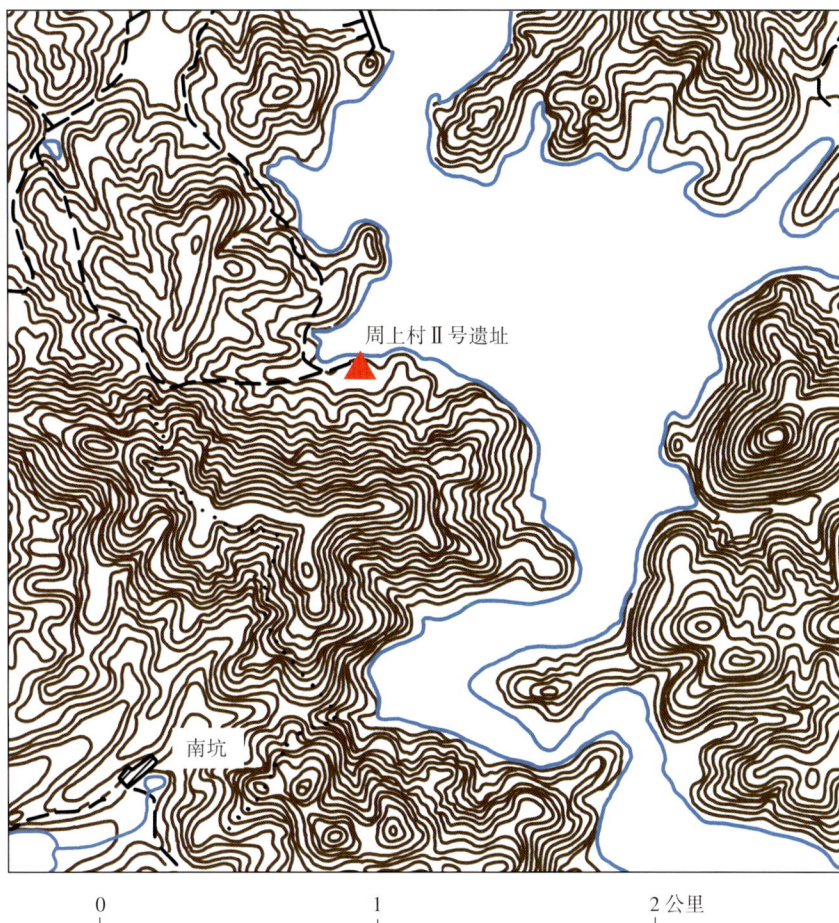

图七八六　周上村Ⅱ号遗址地貌图

图七八七　周上村Ⅱ号遗址远景图（由北向南）

图七八八　周上村Ⅱ号遗址远景图（由东向西）

　　周上村Ⅱ号遗址为一处典型的岗地类聚落，遗址地理位置优越，适合古人居住生活。周上村Ⅱ号遗址采集遗物不甚丰富，主要可见石器和陶器。以下逐一进行介绍。

　　2. 遗物介绍

　　（1）石器

　　石器仅见石镞。

　　2015JZSⅡ:1，青灰色闪长岩磨制而成，长条形，锋残，两侧刃较锋利，直铤，截面呈菱形。残长4.0、宽1.6、厚0.5厘米（图七八九）。

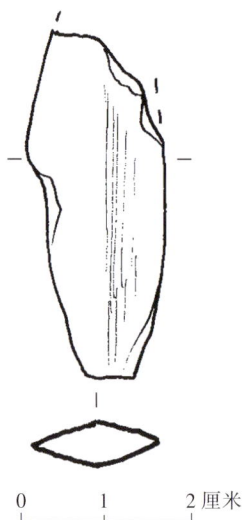

图七八九　周上村Ⅱ号遗址采集石镞
（2015JZSⅡ:1）

（2）陶器

主要为硬陶与夹砂陶。硬陶为灰色、灰褐色，纹饰有菱格纹、折线纹和小方格纹、弧线纹（图七九〇）等，器形有陶罐等；夹砂陶多为灰褐色，纹饰仅见绳纹，多为素面，器形有罐、鼎（足）和甗形器等。

图七九〇　周上村Ⅱ号遗址采集陶片纹饰拓片
1、3 弧线纹　2 折线纹　4 小方格纹　5 斜方格纹　6、7 绳纹

罐　3 件。

2015JZSⅡ:4，夹砂黄褐陶，直口，方唇，高领。器表施菱格纹，部分被抹平。残高 6.4 厘米（图七九一，1）。

2015JZSⅡ:3，灰色硬陶，近直口，斜方唇，唇面有两道凹槽。器表施交错线纹。口径 12.0、残高 4.4 厘米（图七九一，2）。

2015JZSⅡ:5：灰色硬陶，敛口，折沿，圆唇。器表施折线纹。残高 5.0 厘米（图七九一，3；图版七四，5）。

簋　1 件。

2015JZSⅡ:2，灰色硬陶，侈口，方唇，唇面内凹，折腹。内外壁可见轮制痕迹，素面。口径 11.2、残高 4.6 厘米（图七九一，4；图版七四，4）。

甗腰　1 件。

2015JZSⅡ:6，夹砂黄褐陶，窄腰隔。器表施交错线纹。残高 6.0 厘米（图七九一，5）。

鼎足　11 件。据截面形态可分为三型。

A 型：1 件。内弧状，近瓦状足。

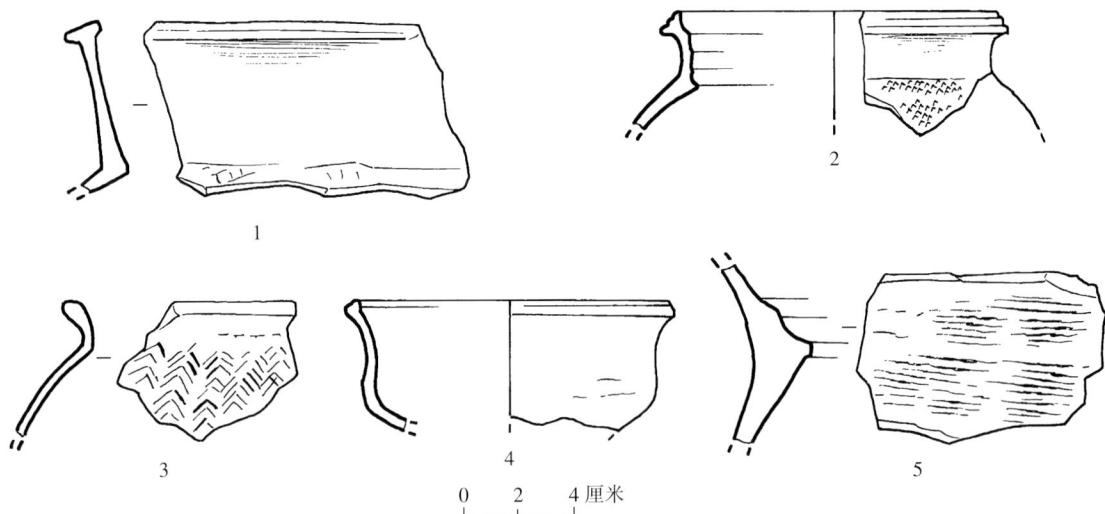

图七九一　周上村Ⅱ号遗址采集陶器

1～3. 罐（2015JZSⅡ:4、2015JZSⅡ:3、2015JZSⅡ:5）　　4. 簋（2015JZSⅡ:2）　　5. 甗腰（2015JZSⅡ:6）

2015JZSⅡ:9，夹砂灰陶，瓦状扁足。素面。残高10.6厘米（图七九二，1；图版七四，1）。

B型：5件。扁平状。

2015JZSⅡ:12，夹砂灰陶，扁足，足侧顶部有一对按压凹窝。残高5.2厘米（图七九二，4）。

2015JZSⅡ:14，夹砂灰陶，扁足。素面。残高5.8厘米（图七九二，5）。

2015JZSⅡ:10，夹砂灰陶，扁足。素面。残高8.4厘米（图七九二，6；图版七四，3）。

2015JZSⅡ:8，夹砂黄褐陶，铲状扁足。素面。残高6.6厘米（图七九二，7）。

2015JZSⅡ:16，夹砂灰陶，扁足，足侧顶部有两对按压凹窝。残高4.0厘米（图七九二，8）。

C型：5件。扁柱状。

2015JZSⅡ:11，夹砂灰陶。素面。残高8.0厘米（图七九二，2）。

2015JZSⅡ:13，夹砂灰陶。素面。残高9.0厘米（图七九二，3）。

2015JZSⅡ:7，灰色硬陶。素面。残高9.2厘米（图七九二，9；图版七四，2）。

2015JZSⅡ:15，夹砂灰陶。素面。残高7.0厘米（图七九二，10）。

2015JZSⅡ:17，夹砂灰陶。素面。残高7.0厘米（图七九二，11）。

3. 年代与性质

周上村Ⅱ号遗址与周上村Ⅰ号遗址及高坊水库9处遗址均位于高坊水库外围山岗缓坡地带。诸遗址大部已被水库淹没，未修建水库之前，两侧山岗之间为河谷，高坊水由南向北流出。从聚落分布来看，这一地区遗址分布十分密集，反映区域内人口较为稠密。

周上村Ⅱ号遗址采集遗物可与周边地区比较。可大致获得相对年代信息。通过分析，可将调查所获遗物划分为两个年代组。

第1组：以扁弧状鼎足、扁平状鼎足、折线纹罐等为代表。该组与周上村Ⅰ号遗址第1年代组所见相近，后者年代为商代早期。此组所见A型鼎足为瓦状扁弧状，形态有较早的形态。可以推定，该组的年代为商代早期或更早。

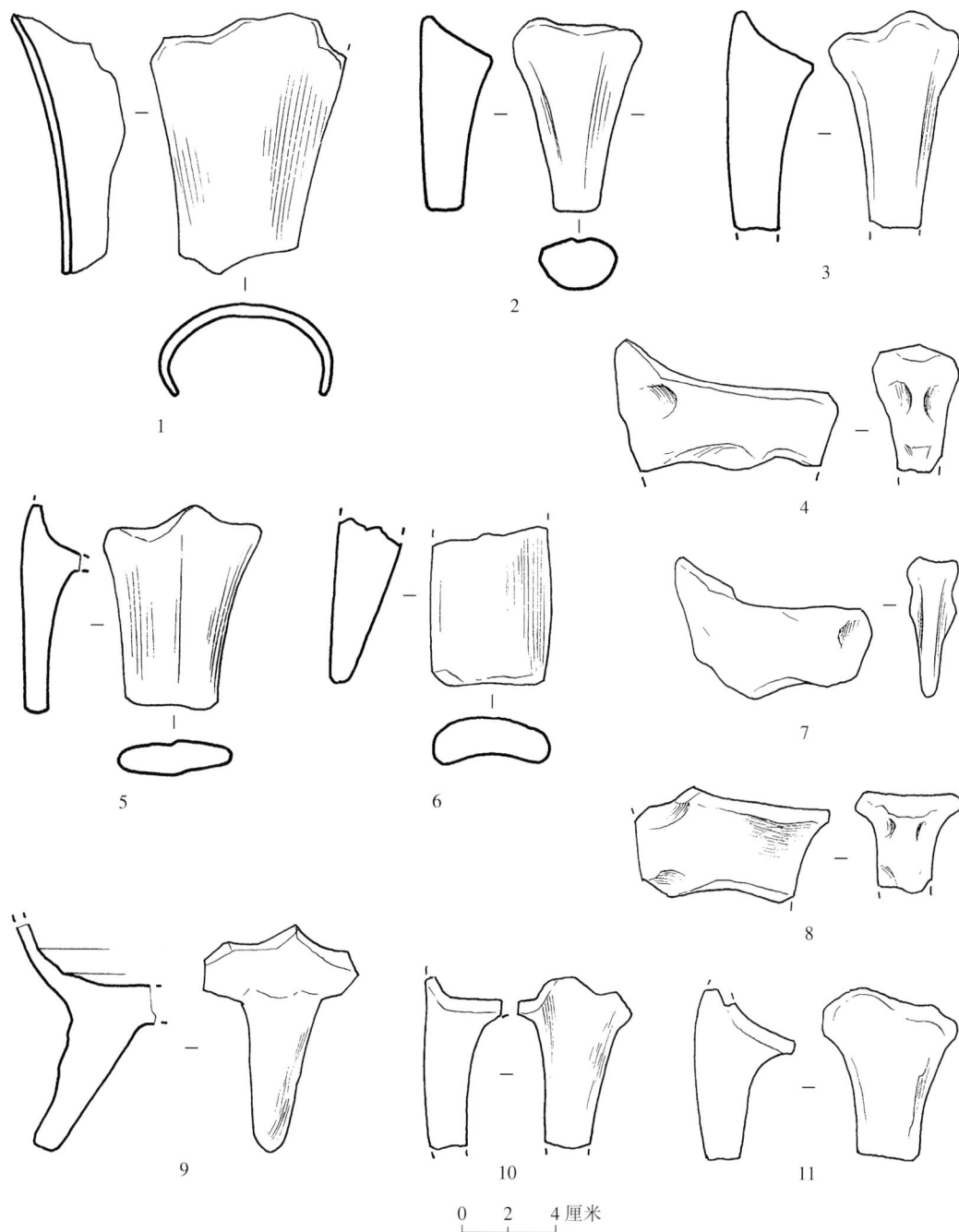

图七九二 周上村Ⅱ号遗址采集陶鼎足

1. A 型（2015JZSⅡ:9） 2、3、9、10、11. C 型（2015JZSⅡ:11、2015JZSⅡ:13、2015JZSⅡ:7、2015JZSⅡ:15、2015JZSⅡ:17） 4~8. B 型（2015JZSⅡ:12、2015JZSⅡ:14、2015JZSⅡ:10、2015JZSⅡ:8、2015JZSⅡ:16）

第2组：以扁柱状鼎足、瘪腰、小方格纹等为代表。该组年代与周边较多遗址有相似性，如周上村Ⅰ号遗址亦发现有此类遗存，其年代为西周晚期至春秋时期。

周上村Ⅱ号遗址的发现对区域文化序列建构及聚落形态演进都具有十分重要的意义。

1. 陶鼎足（2015JZSⅡ:9）

2. 陶鼎足（2015JZSⅡ:7）

3. 陶鼎足（2015JZSⅡ:10）

4. 陶簋（2015JZSⅡ:2）

5. 陶罐（2015JZSⅡ:5）

图版七四　周上村Ⅱ号遗址采集遗物

四六 石坑遗址

1. 遗址概况

该遗址位于黄通乡石坑村北部（图七九三），地处高坊水库上游，南部紧邻石坑村，西距蔡家山约 1.7 公里，东距黄通村约 1.6 公里（图七九四）。遗址现存为一河漫滩地带，地表大部分为杂草覆盖。流水侵蚀和周围群众生产生活对遗址有一定程度的破坏。遗址所在水系属高坊水上游地区。由于高坊水库建设，遗址所在山坡多被淹没，冬季枯水期露出漫滩（图七九五）。该遗址地理坐标为：北纬 27°54′22.4″，东经 116°52′15.9″，海拔 114 米。

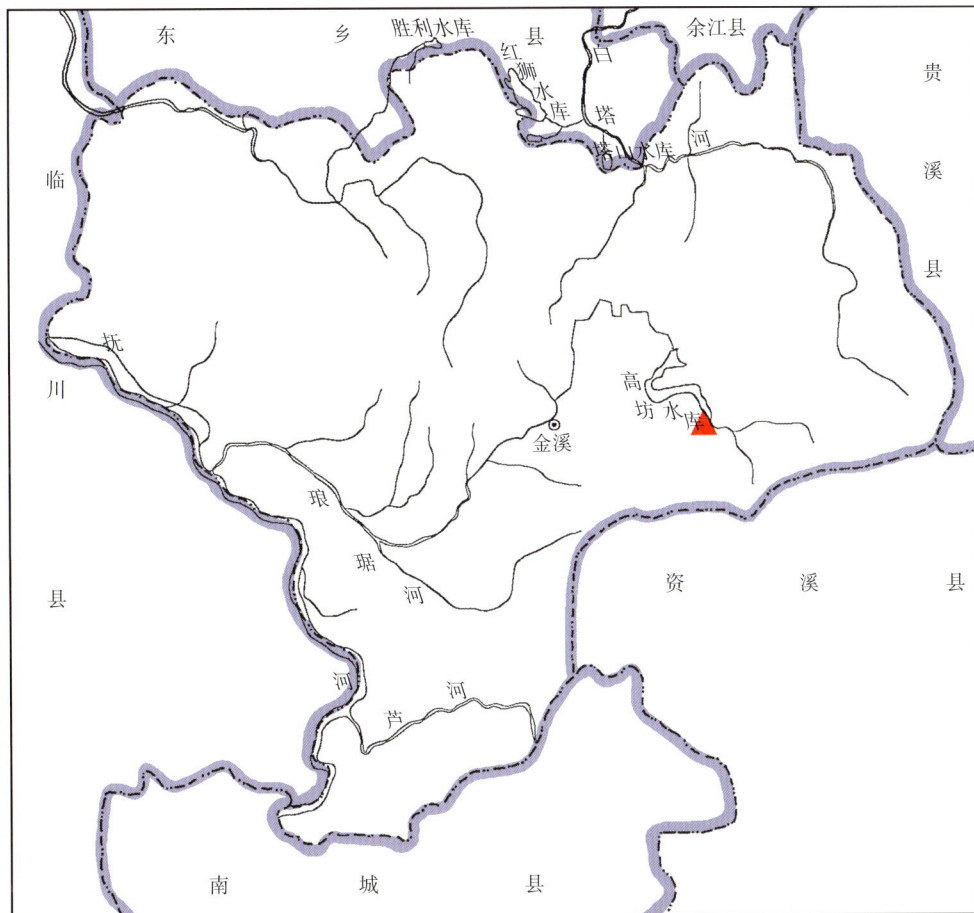

图七九三　石坑遗址位置图

石坑遗址位于山岗东侧缓坡地带，高坊水西岸。属岗地类聚落。由于该遗址被河水冲刷破坏严重，地表可采集到较多遗物，主要为石器和陶器残片。以下逐一进行介绍。

2. 遗物介绍

遗址采集到的石器主要以砂岩磨制而成，器形主要有石斧、砺石等。陶器以印纹硬陶为主，主要为灰色或灰褐色，纹饰见有雷纹、折线纹、菱格纹、方格纹、绳纹、"▨"字纹（图七九六~图七九七）等，印纹一般较深，器形有罐、盆等；夹砂陶多灰色或灰白色，器形主要见有鼎（足）、罐等。

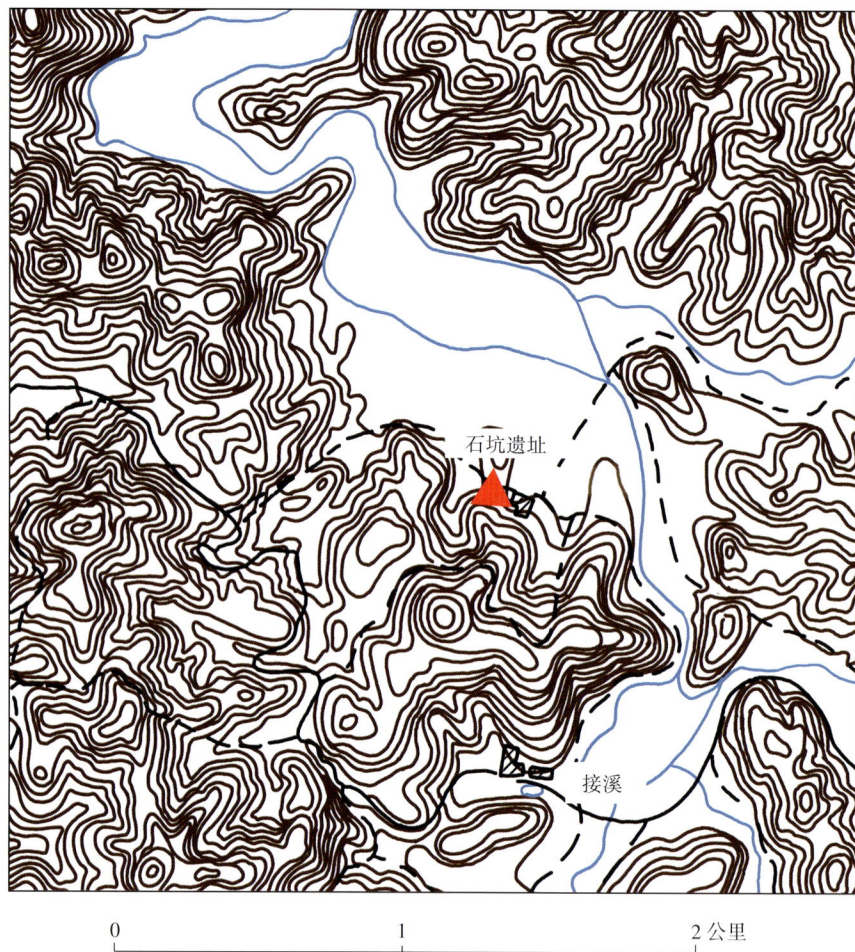

图七九四　石坑遗址地貌图

图七九五　石坑遗址远景图（由东南向西北）

图七九六 石坑遗址采集陶片纹饰拓片

1～3. 绳纹 4、5、9. 席纹 6 "☒" 字纹 7、8. 折线纹

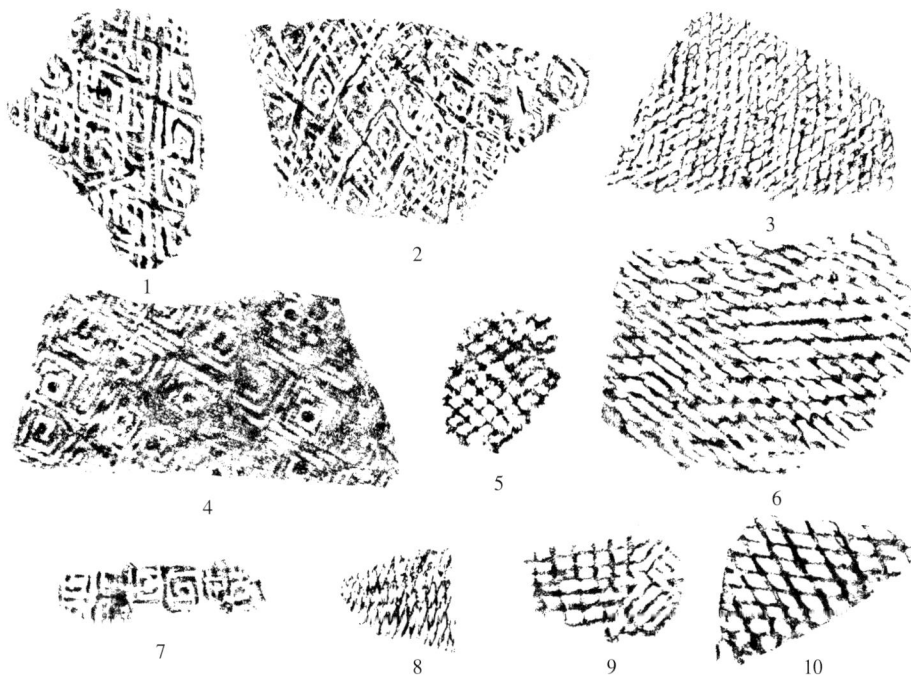

图七九七 石坑遗址采集陶片纹饰拓片

1、2、4、7. 雷纹 3、6、8、10. 菱格纹 5、9. 方格纹

（1）石器

石刀　1件。

2015JSK：8，青色闪长岩磨制而成，一端残，一端斜直，上下面较为平整，单面刃。残高7.3、宽3.2厘米（图七九八，7）。

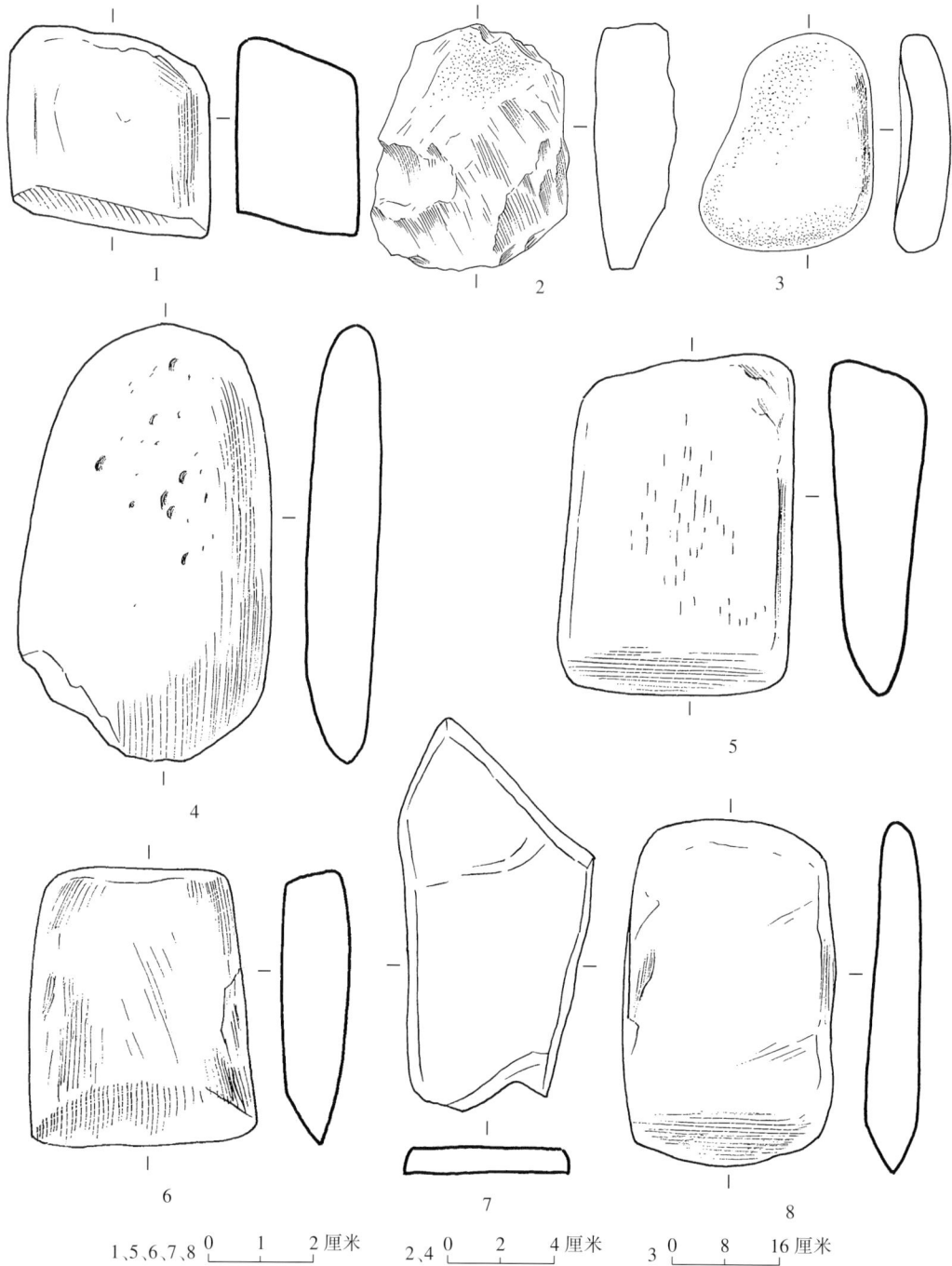

1、5、6、7、8 ⊢—0—1—2厘米⊣　2、4 ⊢—0—2—4厘米⊣　3 ⊢—0—8—16厘米⊣

图七九八　石坑遗址采集石器

1、4~6、8. 石斧（2015JSK：5、2015JSK：2、2015JSK：6、2015JSK：1、2015JSK：7）　2. 刮削器（2015JSK：4）

3. 砺石（2015JSK：3）　7. 石刀（2015JSK：8）

刮削器　1 件。

2015JSK：4，红褐色砂岩打制而成，形状不规则，一端圆弧，有打制痕迹。器表较为粗糙。残高 9.1、宽 7.5、厚 3.0 厘米（图七九八，2）。

砺石　1 件。

2015JSK：3，青灰色砂岩制成，形状不规则，研磨面内凹。磨制较为光滑。高 16.0、宽 13.0、厚 4.2 厘米（图七九八，3）。

石斧　5 件。

2015JSK：5，青灰色闪长岩制成，顶端平直，刃端残，两侧斜直，上下面较为平整。残高 3.9、宽 3.8、厚 2.4 厘米（图七九八，1）。

2015JSK：2，灰褐色砾石打制而成，大致呈椭圆形，一端有打制痕迹，上下面较为平整。高 16.0、宽 9.6、厚 2.8 厘米（图七九八，4）。

2015JSK：6，浅灰色砂岩磨制而成，顶端残，两侧竖直，双面磨成刃，上下面平整。器表磨制光滑。高 6.1、宽 4.3、厚 1.9 厘米（图七九八，5；图版七五，1）。

2015JSK：1，青灰色页岩磨制而成，平面近梯形，顶部平直，双面刃，上下面较为平整，器表磨制光滑。残高 5.0、宽 4.4、厚 1.3 厘米（图七九八，6；图版七五，5）。

2015JSK：7，浅灰色砂岩磨制而成，平面近长方形，顶端圆弧，双侧竖直，双面磨成刃，上下面平整。器表较为光滑。残高 6.4、宽 4.0 厘米（图七九八，8；图版七五，2）。

（2）陶器

陶罐口沿，15 件。根据口部特征划分为两型：

A 型：11 件。折沿。可分为两个亚型：

Aa 型：8 件。宽折沿。

2015JSK：13，夹砂灰陶，侈口，圆唇。素面。残高 4.8 厘米（图七九九，1）。

2015JSK：10，夹砂浅黄陶，侈口，方唇，沿内外壁可见轮制痕迹。器表施绳纹。残高 5.2 厘米（图七九九，3）。

2015JSK：11，夹砂浅黄陶，侈口，沿面有一周凸棱。器表施绳纹。残高 5.2 厘米（图七九九，5）。

2015JSK：15，灰色硬陶，侈口。器表施绳纹。残高 5.2 厘米（图七九九，8）。

2015JSK：19，灰色硬陶，侈口，圆唇，沿面有一周凸棱。器表施绳纹。残高 4.2 厘米（图七九九，9）。

2015JSK：18，夹砂灰陶，侈口，方唇。素面。残高 3.0 厘米（图八〇〇，2）。

2015JSK：21，夹砂灰陶，侈口，方唇，沿内外壁可见轮制痕迹。素面。残高 3.0 厘米（图八〇〇，4）。

2015JSK：23，夹砂灰陶，侈口，圆唇，唇面有一周凸棱。素面。残高 3.0 厘米（图八〇〇，5）。

Ab 型：3 件。窄折沿。

2015JSK：20，灰褐色硬陶，敛口，方唇，沿面内凹。器表施雷纹。残高 3.6 厘米（图八〇

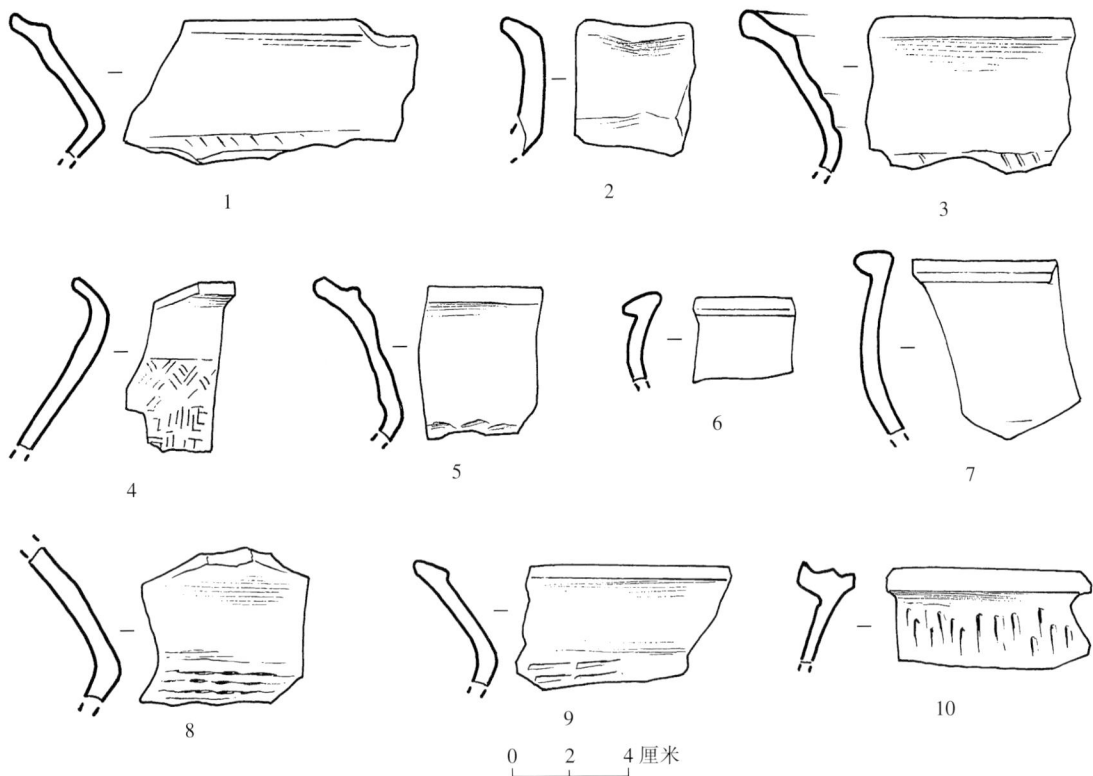

图七九九　石坑遗址采集陶器口沿

1、3、5、8、9. Aa 型罐（2015JSK：13、2015JSK：10、2015JSK：11、2015JSK：15、2015JSK：19）　　2、4. B 型罐（2015JSK：9、2015JSK：14）　　6、7. 盆（2015JSK：26、2015JSK：16）　　10. Ab 型罐（2015JSK：17）

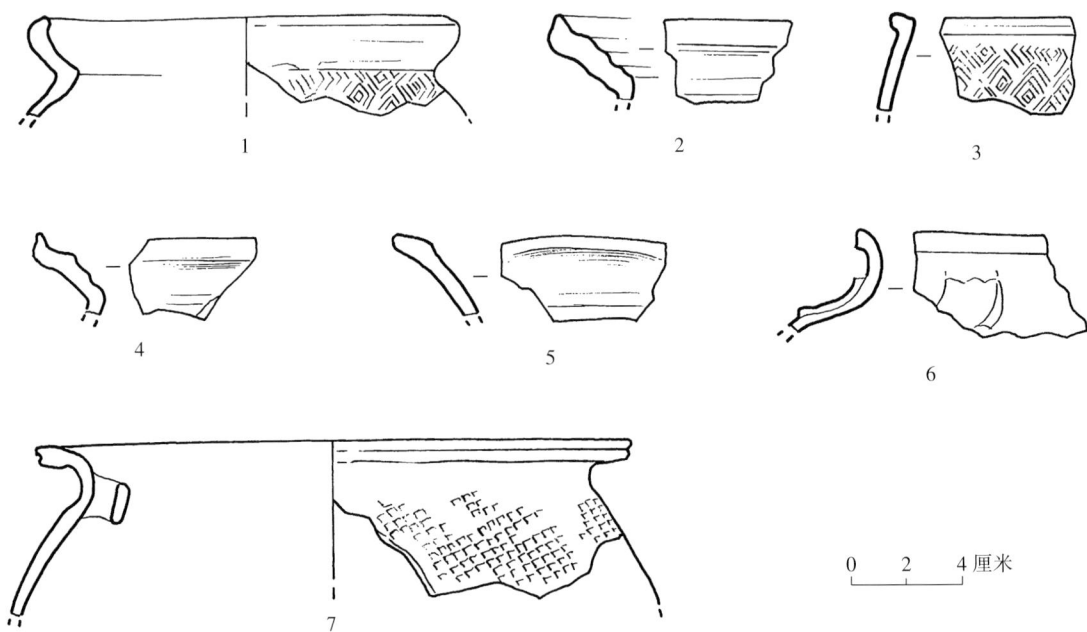

图八〇〇　石坑遗址采集陶器残片

1、3. Ab 型罐（2015JSK：20、2015JSK：25）　　2、4、5. Aa 型罐（2015JSK：18、2015JSK：21、2015JSK：23）　　6、7. B型罐（2015JSK：22、2015JSK：12）

○，1）。

2015JSK：17，灰色硬陶，敛口，方唇，沿面有两道凹槽。器表施交错线纹。残高3.4厘米（图七九九，10）。

2015JSK：25，灰褐色硬陶，近直口，方唇，唇面有一道凹槽。器表施雷纹。残高3.4厘米（图八〇〇，3；图版七六，1）。

B型：4件。卷沿。

2015JSK：9，灰色硬陶，近直口，圆唇。素面。残高4.6厘米（图七九九，2）。

2015JSK：14，灰色硬陶，微侈口，圆唇。器表施交错短线纹。残高5.8厘米（图七九九，4；图版七六，2）。

2015JSK：22，灰色硬陶，敛口，方唇。内外壁可见轮制痕迹，颈部有堆塑泥片，素面。残高3.6厘米（图八〇〇，6）。

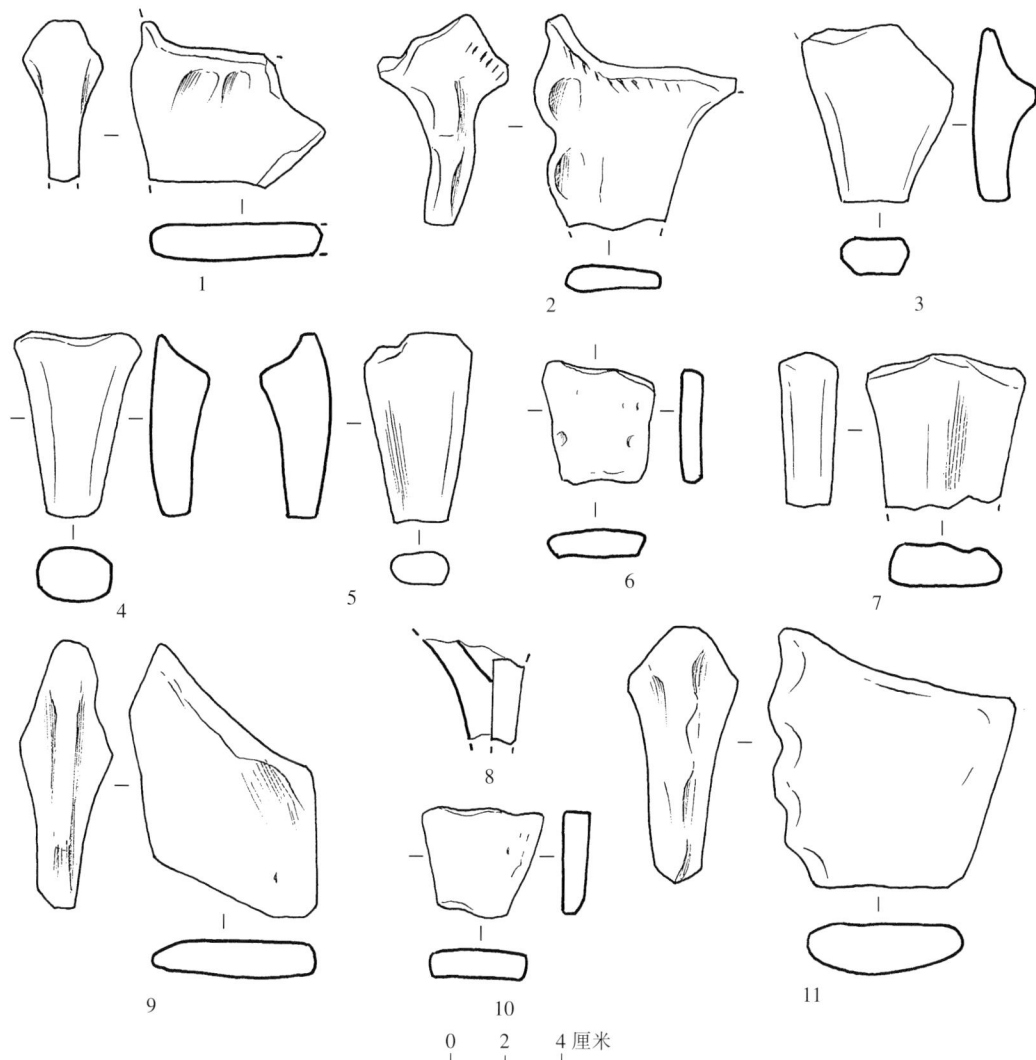

图八〇一 石坑遗址采集陶器

1、2、11. A型鼎足（2015JSK：29、2015JSK：27、2015JSK：39） 3～7、9、10. B型鼎足（2015JSK：28、2015JSK：35、2015JSK：34、2015JSK：31、2015JSK：33、2015JSK：36、2015JSK：37） 8. 鬲（2015JSK：38）

2015JSK：12，灰褐色硬陶，敛口，方唇，唇面有一周凹槽，口沿内壁有一桥形内附耳，其上施方格纹。器表施菱格纹。残高6.0厘米（图八〇〇，7；图版七五，4）。

盆　2件。

2015JSK：26，灰色硬陶，敛口，窄平沿，圆唇。素面。残高2.8厘米（图七九九，6）。

2015JSK：16，灰色硬陶，微敛口，窄平沿，圆唇，圆弧腹，器内外壁可见轮制痕迹。素面。残高6.0厘米（图七九九，7）。

鼎足，12件，均为扁状，据边缘及近器腰部有无捏制凹窝，可划分为两型：

A型：3件。边缘及近器底可见捏制凹窝痕。

2015JSK：29，夹砂灰黑陶，足上部有一对按压凹窝。残高5.8厘米（图八〇一，1）。

2015JSK：27，夹砂灰陶，一侧足上部有一对按压凹窝。残高7.6厘米（图八〇一，2；图版七五，3）。

2015JSK：39，夹砂灰陶，一侧足上部有一对按压凹窝。残高9.0厘米（图八〇一，11；图版七五，6）。

B型：9件。边缘及近器底无凹窝痕。

2015JSK：28，夹砂灰陶，截面大致呈方形。素面。残高6.2厘米（图八〇一，3）。

2015JSK：35，夹砂浅灰陶。素面。残高6.6厘米（图八〇一，4）。

2015JSK：34，夹砂灰陶。素面。残高6.8厘米（图八〇一，5）。

2015JSK：31，夹砂灰陶。素面。残高4.4厘米（图八〇一，6）。

2015JSK：33，夹砂灰褐陶。素面。残高5.4厘米（图八〇一，7）。

2015JSK：36，夹砂灰陶。素面。残高9.6厘米（图八〇一，9）。

2015JSK：37，夹砂灰褐陶。素面。残高3.8厘米（图八〇一，10）。

2015JSK：30，夹砂灰陶。素面。残高8.4厘米（图八〇二，1）。

2015JSK：32，夹砂灰陶，一侧足上部有一对按压凹窝。残高6.8厘米（图八〇二，2）。

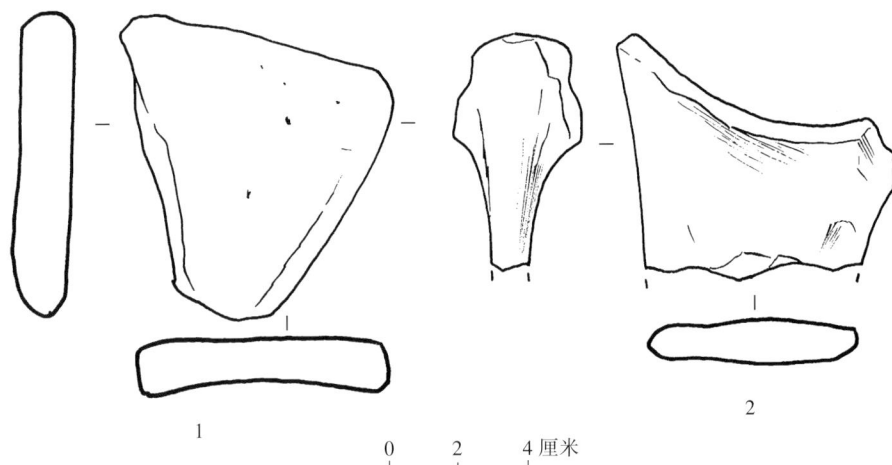

0　2　4厘米

图八〇二　石坑遗址采集鼎足

1.（2015JSK：30）　2.（2015JSK：32）

1. 石斧（2015JSK：6）

2. 石斧（2015JSK：7）

3. 鼎足（2015JSK：27）

4. 陶罐（2015JSK：12）

5. 石斧（2015JSK：1）

6. 鼎足（2015JSK：39）

图版七五　石坑遗址采集遗物

1. 陶罐（2015JSK：25）　　　　　　　　2. 陶罐（2015JSK：14）

图版七六　石坑遗址采集遗物

鬲足　1件。

2015JSK：38，泥质灰陶，空心袋状足，实足根。素面。残高3.8厘米（图八〇一，8）。

器底　1件。

2015JSK：24，红褐色硬陶，斜直腹，平底微凹。内外壁可见轮制痕迹。残高4.6厘米（图八〇三）。

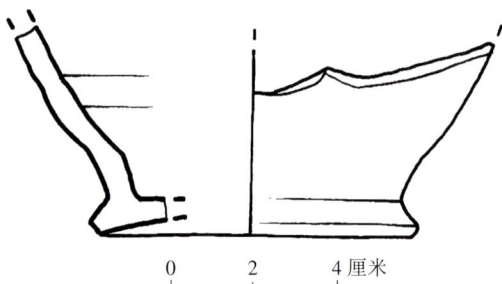

图八〇三　石坑遗址采集器底

（2015JSK：24）

3. 遗址性质与年代

石坑遗址位于高坊水库上游，为高坊河水系。该遗址属于典型岗地类遗址。该地河道较为宽阔，环境条件适合古人在此居住。

对石坑遗址采集遗物进行比较分析，可获得有关遗址年代的初步判断。遗址所见宽折沿陶罐及内附耳陶罐，器表多见雷纹、折线纹、席纹、菱格纹。宽折沿罐、折线纹、雷纹，具有商代陶器的特征，此类纹饰在坪上遗址可见到。年代可推断为商代晚期至西周中期。采集菱格纹、方格纹硬陶，扁状鼎足等具有西周晚期至春秋时期的鼎足特征，这一类鼎足在宜黄县新亭下、金溪县招家斜等较多遗址可见，年代为春秋时期。因此，可初步判断石坑遗址的年代为商代晚期至春秋时期。

石坑遗址属于典型岗地类聚落，该遗址的发现为区域文化序列建立与聚落形态研究都提供了十分重要的实物资料。

四七　猛家山遗址

1. 遗址概况

该遗址位于左坊镇严家村委会郑家村的西南部（图八〇四），北距下左源村约1公里，东南距东田村约2.1公里，东距206国道约1.9公里，西距余家村约0.5公里。遗址为一山岗，地势中部高四周低，西部大部为山坡（图八〇五），地表为树木、杂草和灌木丛覆盖，植被非常茂密，中部有一村道，遗址基本沿村道南部分布（图八〇六、八〇七）。该遗址地理坐标为：北纬27°48′03.5″，东经116°44′27.1″，海拔74米。

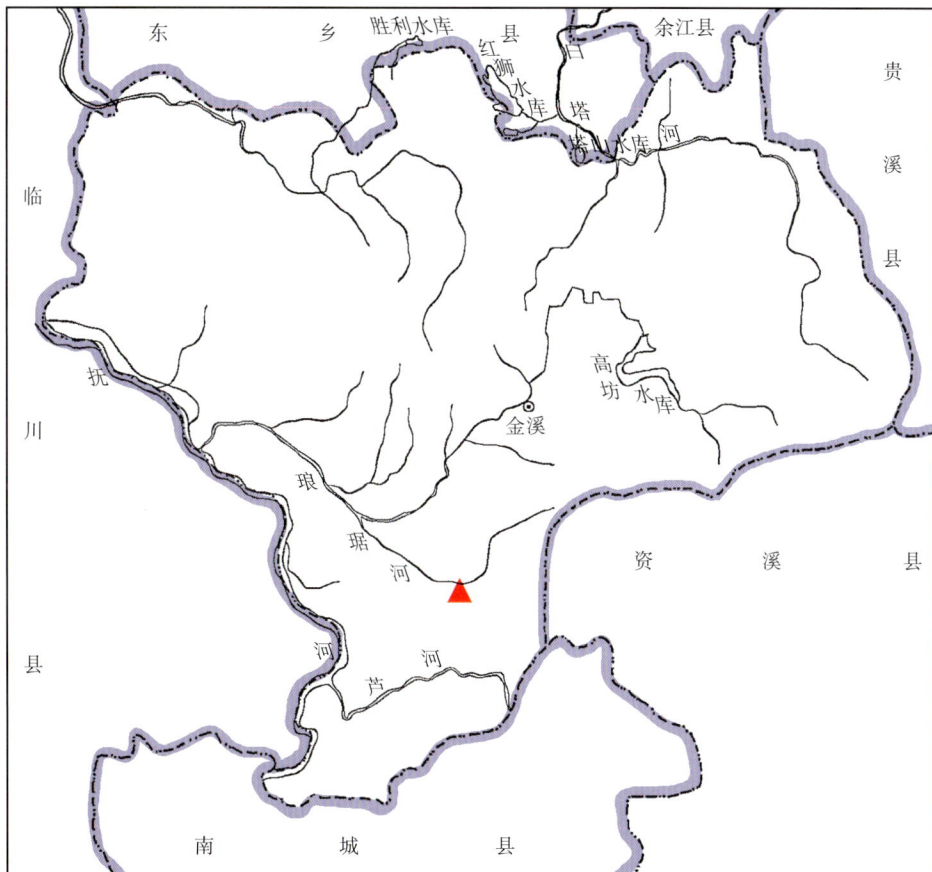

图八〇四　猛家山遗址位置图

遗址位于金溪水支流沿岸，处于坡状山岗地形。考古调查采集较为丰富的遗物，主要有石器和陶器。以下逐一予以介绍。

2. 遗物介绍

（1）石器

石镞　1件。

2015JMJS：1，青灰石磨制而成，锋残，两侧刃较锐，扁锥状铤。残长5.0厘米（图八〇八，1；图版七七，6）。

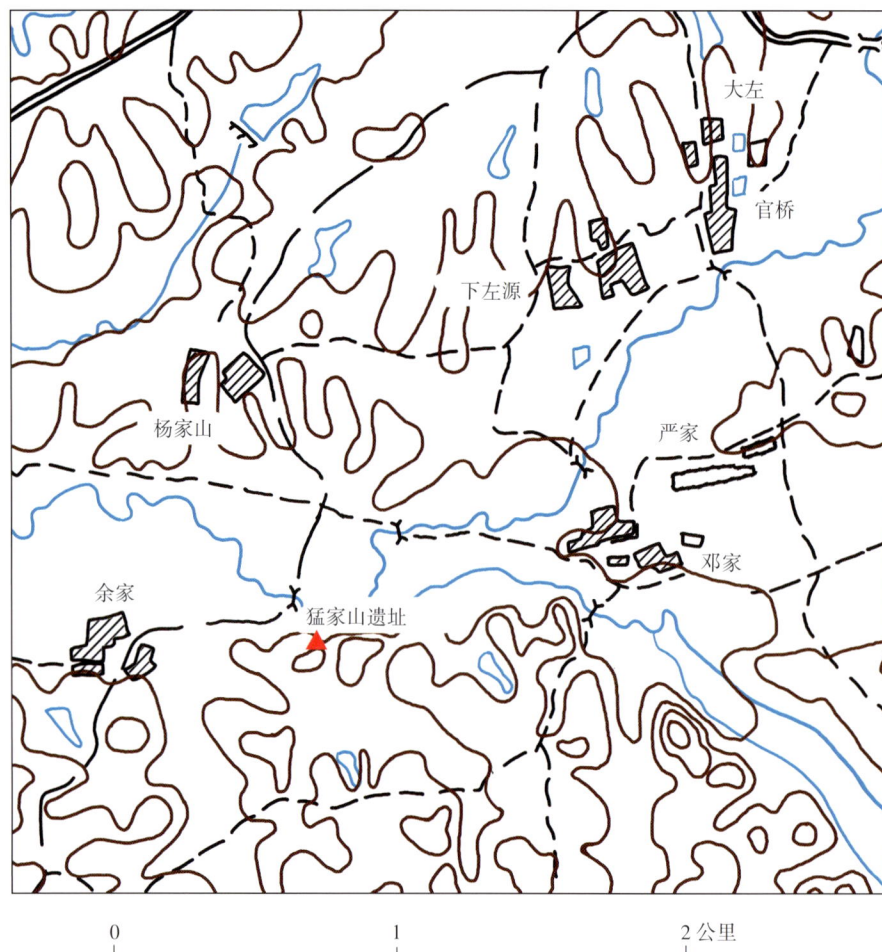

图八〇五　猛家山遗址地貌图

图八〇六　猛家山遗址远景图（由东向西）

图八〇七 猛家山遗址远景图（由南向北）

石斧 1件。

2015JMJS：2，灰褐色砂岩制成，顶端残，两侧竖直，两面磨成刃。器表磨制较规整。残高3.2、宽3.5、厚1.3厘米（图八〇八，2；图版七七，5）。

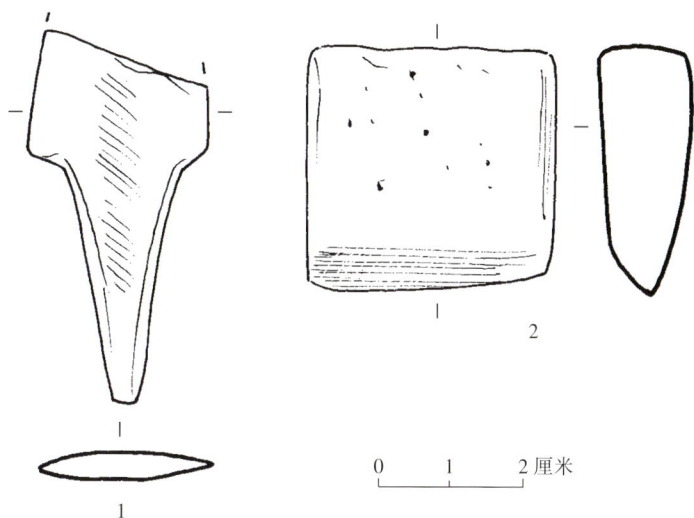

图八〇八 猛家山遗址采集石器
1. 石镞（2015JMJS：1） 2. 石刀（2015JMJS：2）

（2）陶器

以夹砂陶及硬陶为主。夹砂陶多为灰褐色、黄褐色，纹饰有绳纹，器形有罐、鼎（足）等；硬陶为灰色、灰褐色，纹饰有雷纹、菱格纹（图八〇九，3）、绳纹（图八〇九，2）、折线纹、方格纹（图八〇九，1、4）等，器形有罐等。

图八〇九　猛家山遗址采集陶片纹饰拓片
1、4. 方格纹　2. 绳纹　3. 菱格纹

罐　6件。据口沿特征分为两型。

A 型：4件。折沿，斜弧腹。

2015JMJS：4，夹砂灰陶，侈口，方唇。器表施有菱格纹。残高3.0厘米（图八一〇，1）。

2015JMJS：3，夹砂灰陶，侈口，方唇，唇面有一周凸棱。器表施横向绳纹。残高3.8厘米（图八一〇，2）。

2015JMJS：5，夹砂灰陶，侈口，圆唇。器表施有竖向凹弦纹。残高3.6厘米（图八一〇，6；图版七七，3）。

2015JMJS：8，夹砂灰陶，侈口，折沿，方唇。器表施有雷纹。残高3.6厘米（图八一〇，7）。

B 型：2件。高领，折沿。

2015JMJS：7，夹砂灰陶，侈口，圆唇，沿面有一周凸棱。素面。残高3.3厘米（图八一〇，3）。

2015JMJS：10，夹砂灰陶，侈口，圆唇。器表可见明显泥条盘筑痕迹。残高4.6厘米（图八一〇，8）。

盆　2件。

2015JMJS：9，夹砂灰陶，敞口，尖圆唇，斜折沿。器表施有勾连雷纹。残高6.2厘米（图八一〇，4；图版七七，4）。

2015JMJS：6，夹砂黄褐陶，敛口，斜折沿，圆唇，唇内侧有一周凸棱。残高3.6厘米（图八一〇，5）。

鼎足　4件。据截面形态，可分为两型：

A 型：3件，扁柱状。

2015JMJS：12，夹砂灰陶。素面。残高5.6厘米（图八一〇，9）。

2015JMJS：11，夹粗砂灰陶。素面。残高8.0厘米（图八一〇，10；图版七七，1）。

2015JMJS：14，夹砂灰陶，器表有数道凹槽。残高8.6厘米（图八一〇，11；图版七七，2）。

B 型：1件。扁弧状。

2015JMJS：13，夹砂黄褐陶，扁足，实心。素面。残高5.0厘米（图八一〇，12）。

3. 遗址性质与年代

猛家山遗址属于典型的岗地类聚落，遗址采集遗物较为丰富。通过与周边遗存比较，可大致分

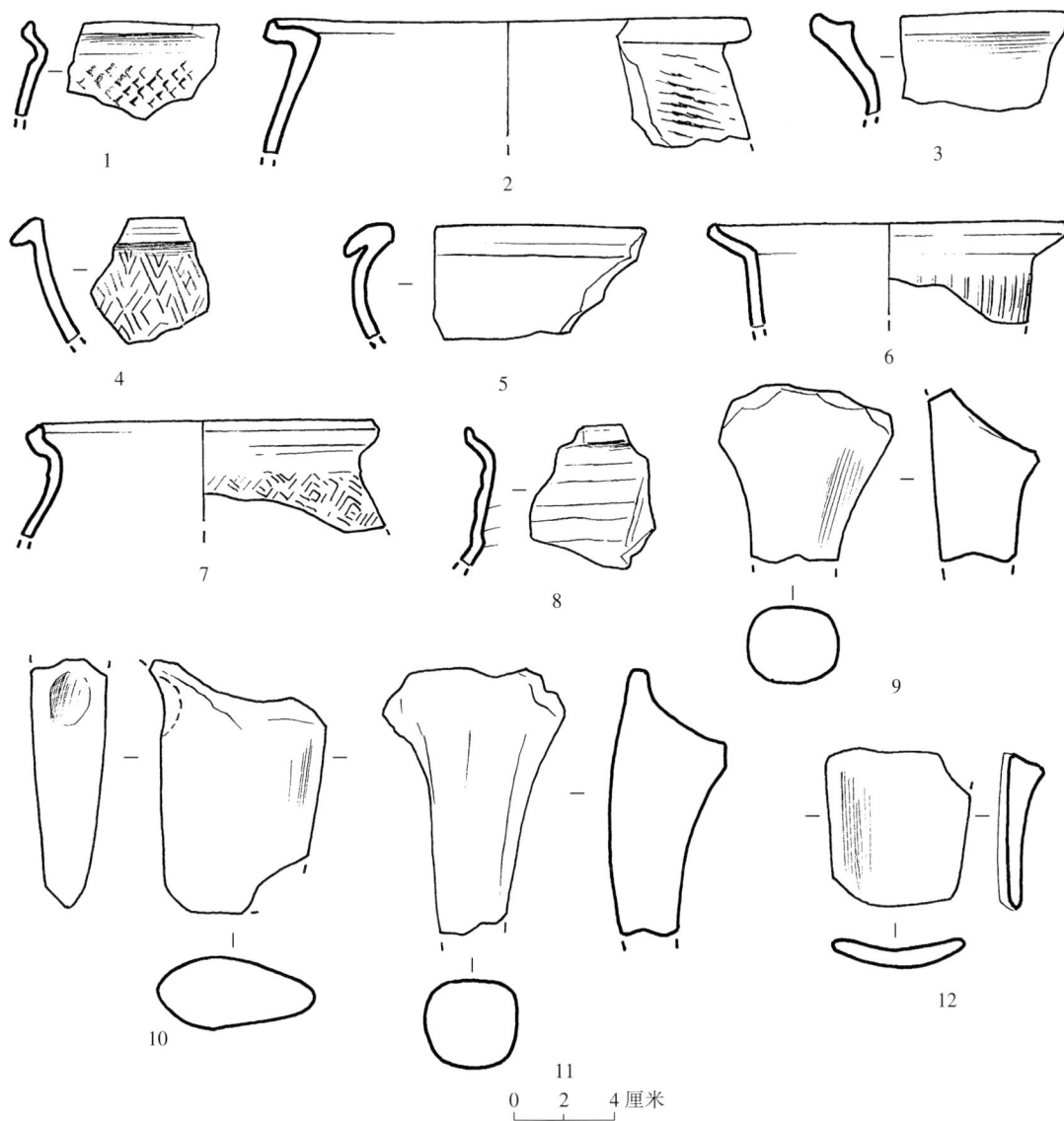

图八一〇 猛家山遗址采集陶器

1、2、6、7. A 型罐（2015JMJS：4、2015JMJS：3、2015JMJS：5、2015JMJS：8） 3、8. B 型罐（2015JMJS：7、2015JMJS：10）

4、5. 盆（2015JMJS：9、2015JMJS：6） 9～12. 鼎足（2015JMJS：12、2015JMJS：11、2015JMJS：14、2015JMJS：13）

为两个年代组。

第 1 组：以折沿盆、高领罐（B 型罐）为代表。此类陶器在母猪嘴、郑家山、高坊水库等遗址均有发现，其年代为商代晚期。

第 2 组：以扁状鼎足、A 型陶罐、方格纹等为代表。该组陶器中陶鼎足为春秋时期常见器形。A 型陶罐器表饰有方格纹、雷纹，此类器形与纹饰具有西周时期特征。因此，第 2 组的年代为西周晚期至春秋时期。

总体来看，猛家山遗址的年代为商代晚期至春秋时期。猛家山遗址的发现与研究，有助于区域文化序列的完善，也有助于抚河流域先秦时期聚落结构的深入研究。

1. 鼎足（2015JMJS：11）

2. 鼎足（2015JMJS：14）

3. 陶罐（2015JMJS：5）

4. 陶罐（2015JMJS：9）

5. 石锛（2015JMJS：2）

6. 石镞（2015JMJS：1）

图版七七　猛家山遗址采集遗物

四八　铜钱山遗址

1. 遗址概况

该遗址位于左坊镇汤家村委会邹家村东部铜钱山上（图八一一），北部紧邻村道，西距邹家村民居约 50 米，东距杨家村山约 650 米，东南距余家村约 860 米，古城墩遗址位于铜钱山遗址东南约 200 米（图八一二）。遗址平面呈不规则形，长径约 101.7 米，短径约 68.7 米。为一山坡地带，地势西高东低，西部被人为推平，区域北部紧邻村道，东、南大部为稻田，地表被杂草和灌木丛覆盖，植被较为茂密（图八一三）。该遗址地理坐标为：北纬 27°48′29.1″，东经 116°43′20.6″，海拔 72 米。

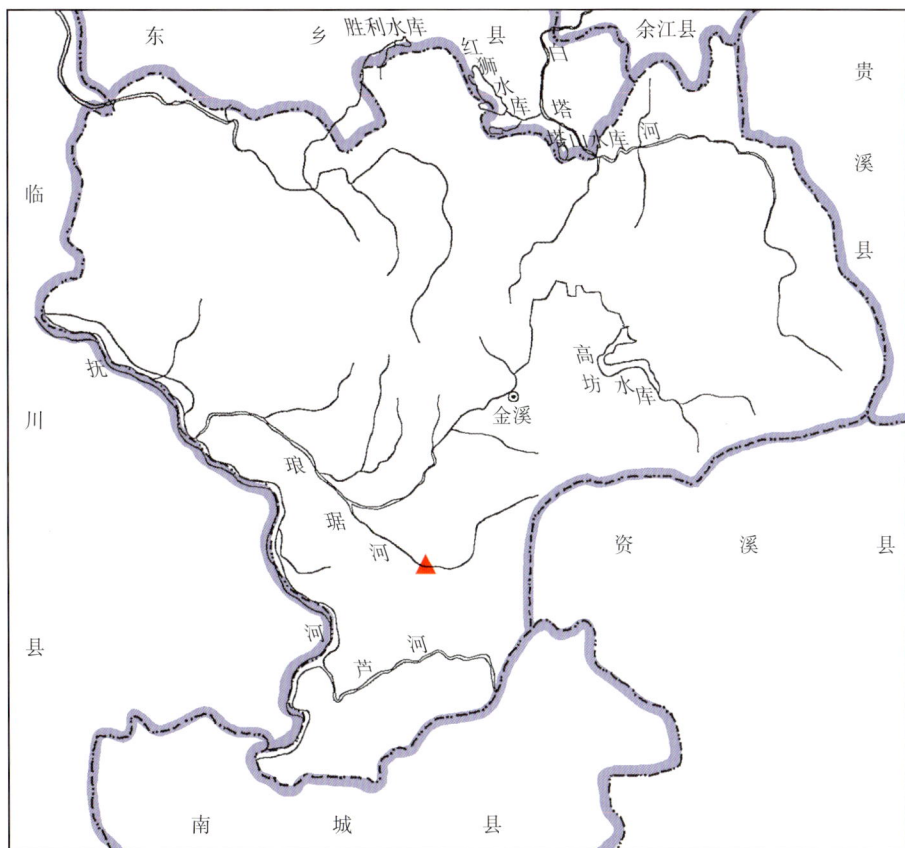

图八一一　铜钱山遗址位置图

2. 遗物介绍

遗址位于琅琚河支流沿岸。地形为缓平状山岗。遗址局部已被取土所破坏。遗址地表采集遗物数量较少，主要为石器和陶器。以下逐一予以介绍。

（1）石器

该遗址采集石器较少，仅 1 件石锛。

石锛　1 件。

2015JTQ：1，灰褐色砂岩磨制而成，呈长条形，顶部略平，两侧竖直，单面磨制成刃。器表较为粗糙。残高 9.8、宽 2.8、厚 1.5 厘米（图八一四；图版七八，3）。

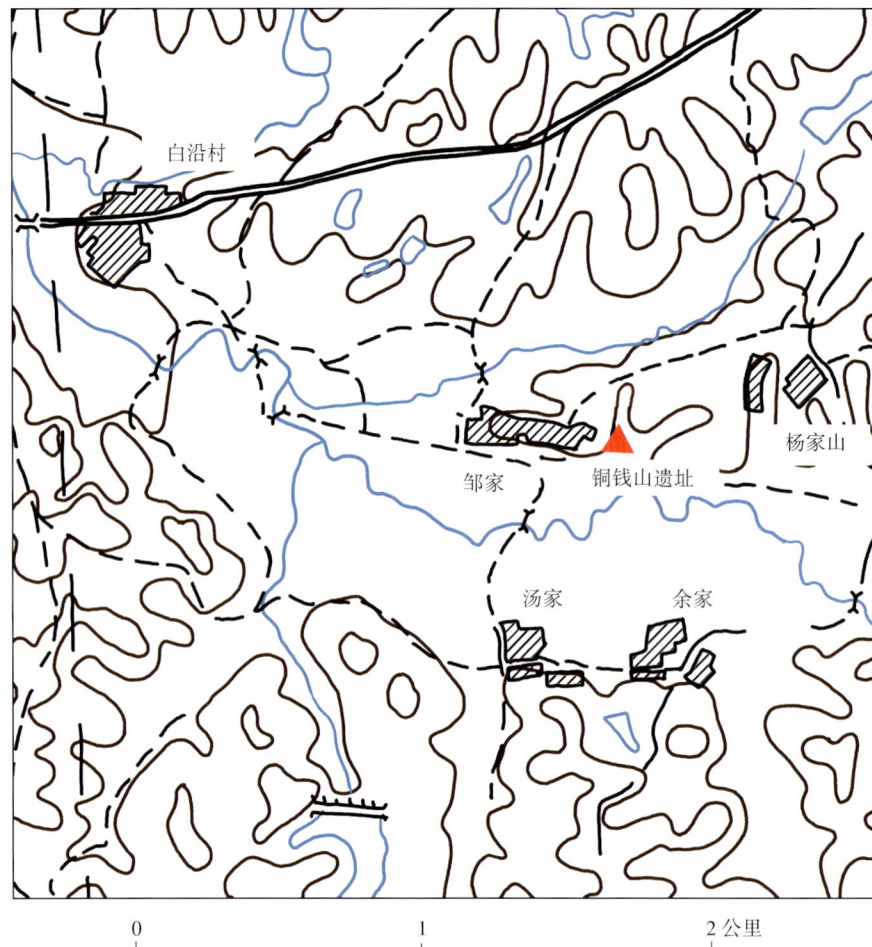

0   1   2公里

图八一二　铜钱山遗址地貌图

图八一三　铜钱山遗址远景图（由南向北）

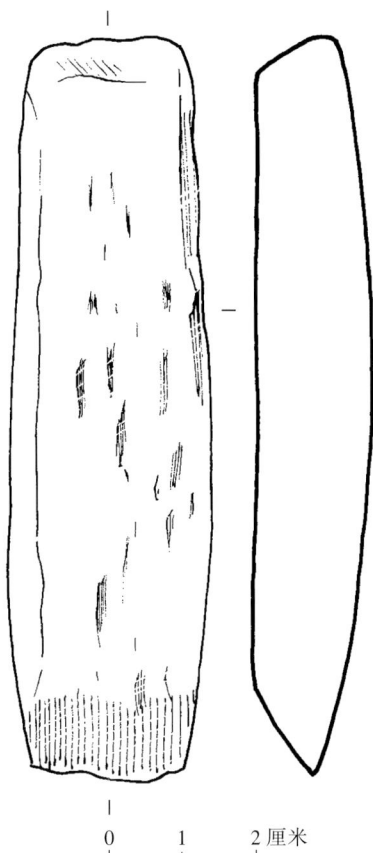

图八一四　铜钱山遗址采集石锛（2015JTQ：1）

（2）陶器

陶器以印纹硬陶为主，以灰色、灰褐色为主，纹饰有绳纹（图八一五，3、4）、菱格纹（图八一五，6～10）、雷纹、小方格纹（图八一五，11）、交错线纹（图八一五，5），器形见有陶罐；夹砂陶以灰褐色、浅黄色为多，纹饰为细绳纹，器形见有鼎足。

罐　4件。据口部特征分为两型：

A型：1件。宽折沿。

2015JTQ：2，灰色硬陶，侈口，圆唇，沿面有一周凸棱。素面。残高3.4厘米（图八一六，1）。

B型：3件。卷沿。

2015JTQ：3，黄褐色硬陶，侈口，方唇。器表施交错绳纹。残高4.0厘米（图八一六，6）。

2015JTQ：4，灰色硬陶，微侈口，方唇，折肩。器表施菱格纹。残高5.0厘米（图八一六，3；图版七八，4）。

2015JTQ：5，夹砂灰陶，敛口，折肩，弧腹。器表施菱格纹，纹痕较浅。残高4.0厘米（图八一六，2）。

鼎足　2件。

2015JTQ：6，夹砂灰褐陶，截面呈椭圆形。素面。残高6.0厘米（图八一六，4；图版七八，2）。

2015JTQ：7，夹砂灰褐陶，柱状足。素面。残高8.0厘米（图八一六，5；图版七八，1）。

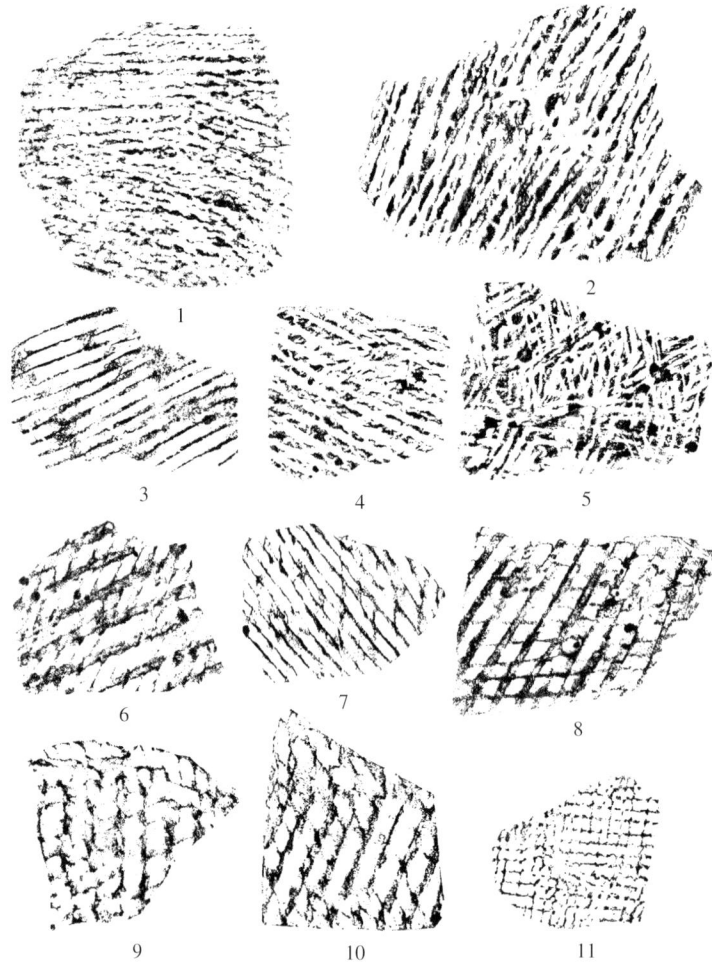

图八一五　铜钱山遗址采集陶片纹饰拓片

1、2. 细绳纹　3、4. 绳纹　5. 交错纹　6~10. 菱格纹　11. 小方格纹

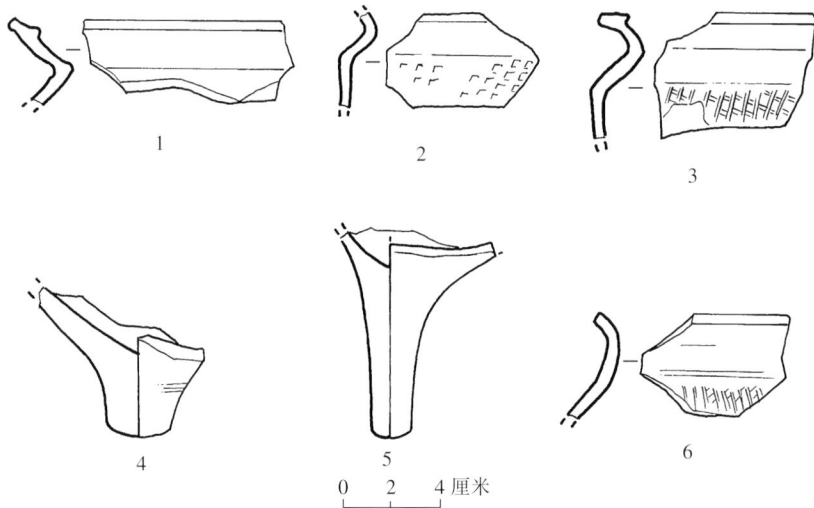

图八一六　铜钱山遗址采集陶器

1. A 型罐（2015JTQ：2）　2、3、6. B 型罐（2015JTQ：5、2015JTQ：4、2015JTQ：3）

4、5. 鼎足（2015JTQ：6、2015JTQ：7）

3. 遗址性质与年代

铜钱山遗址是一处岗地类聚落，与其邻近的古城墩环壕聚落相距 1.5 公里，沿河而下在白沿村亦发现有环壕聚落。通过调查，发现这一区域先秦时期遗址分布十分密集。对该遗址采集到陶片与周边地区进行比较，可以看出，卷沿、折沿罐为代表的遗存，器形及纹饰具有两周时期的特征，如与宜黄县秋田山遗址所见同类器相近，后者年代为两周时期。采集所见圆柱状鼎足及小方格纹、菱格纹硬陶等器，周边遗址东周时期多见小方格纹硬陶器，因而其具有年代略晚的特征。因此，可以推测，铜钱山遗址的年代为西周至东周时期，遗址延续时间较长。

铜钱山遗址与白沿村环壕遗址相距较近，两遗址间应具有密切的联系。铜钱山遗址的发现与初步分析，对区域聚落结构文化序列建立都具有重要意义。

1. 鼎足（2015JTQ∶7）

2. 鼎足（2015JTQ∶6）

3. 石锛（2015JTQ∶1）

4. 罐（B型）（2015JTQ∶4）

图版七八 铜钱山遗址采集遗物

四九 韭菜岗遗址

1. 遗址概况

该遗址位于左坊镇左坊村委会蔡家村的西部（图八一七），南距范坊村约 570 米，东北距许垄村约 300 米，东距 206 国道约 810 米，西北部有一工厂（图八一八）。遗址平面呈不规则形，长径约

219.1 米，短径约 134.3 米。为一山岗地带，地势中偏南高四周低。区域西部、北部紧邻村道，南部有一水塘，东南部为树林，地表种植油花树（图八一九）。遗址受到工厂及村民建房的破坏，在工厂围墙附近采集到较多陶器残片。该遗址地理坐标为：北纬 27°50′20.8″，东经 116°45′12.4″，海拔 97 米。

韭菜岗遗址位于琅琚河沿岸，地理位置较优越，其东部邻近鬼打拳遗址，东南约 800 米为盘亭城墩上环壕遗址。遗址采集遗物较为丰富，以下予以介绍。

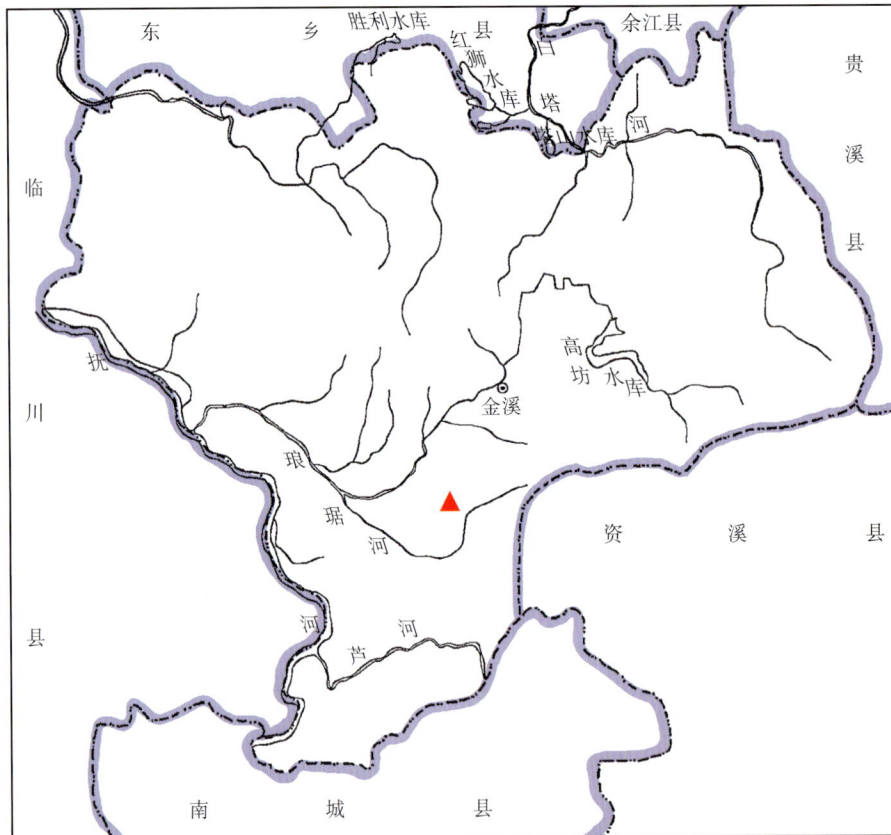

图八一七　韭菜岗遗址位置图

2. 遗物介绍

采集遗物主要为陶器，另有少量石器。

（1）石器

石锛　1 件。

2015JJC：1，青灰色闪长岩磨制而成，顶部平整，刃部残。器表磨制光滑。残高 8.8 厘米（图八二〇；图版七九，3）。

石范　1 件。

2015JJC：2，灰黑色闪长岩磨制而成，大致呈长方形，一端残，顶部平整，两侧平直，一面磨制光滑，一面见有龟甲状刻划痕。残长 4.9 厘米（图八二一，1；图版七九，2）。

石斧　1 件。

2015JJC：3，黄褐色砂岩制成，大致呈长方形，顶端残，两侧平直，两面磨出刃，上下面较为

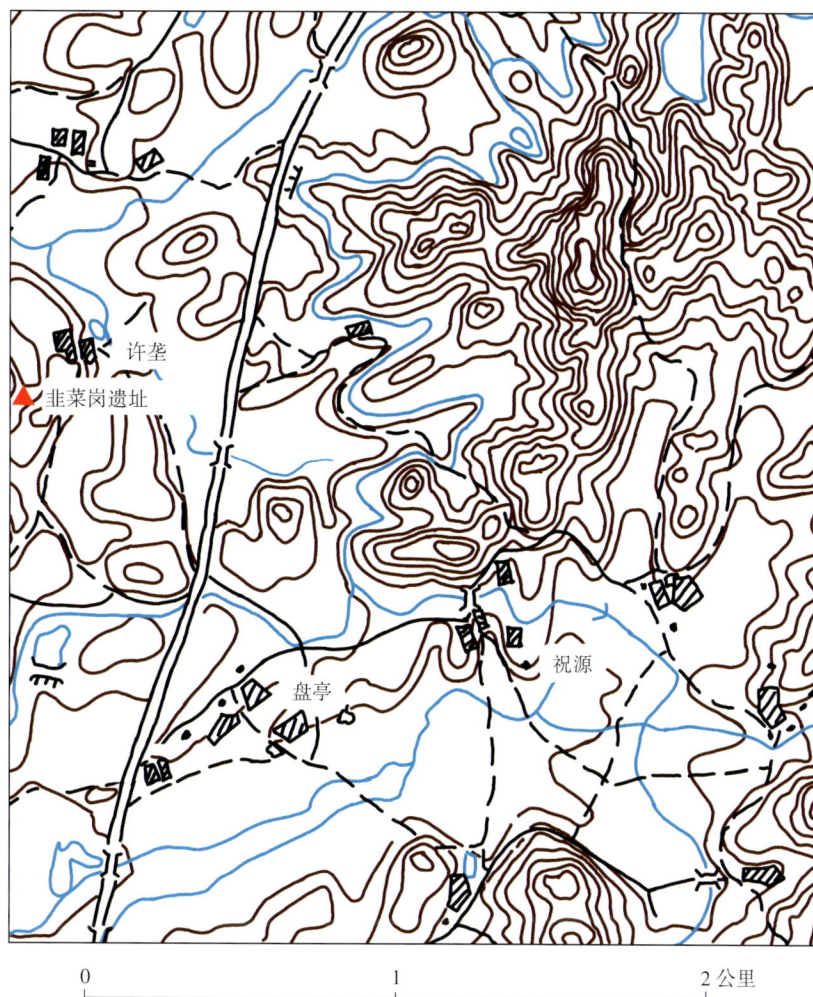

图八一八　韭菜岗遗址地貌图

图八一九　韭菜岗遗址远景图（由北向南）

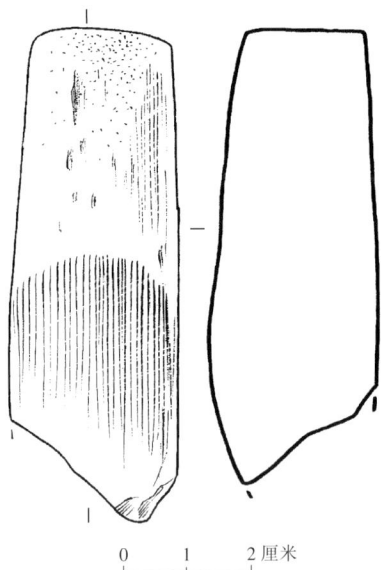

图八二〇　韭菜岗遗址采集石锛
（2015JJC：1）

平整。残高3.2厘米（图八二一，2；图版七九，1）。

（2）陶器

陶器以印纹硬陶为多，多为灰色或灰褐色，纹饰主要有方格纹（图八二三，2、4）、菱格纹（图八二二，1、2，图八二三，3、5）、雷纹（图八〇五，5）、绳纹（图八二二，3、4）、席纹（图八二四，1、2、4）、刻划折线纹（图八二四，3）交错绳纹（图八二三，1、6）等，器形主要有陶罐；夹砂陶数量较少，以灰色常见，多素面，偶见绳纹，器形见有罐等。

罐　23件。据形态可分为三型：

A型：12件。折口，斜腹。

2015JJC：27，灰色硬陶，近直口，方唇。器表饰菱格纹。残高3.0厘米（图八二五，1）。

2015JJC：26，灰色硬陶，微侈口，圆唇，上腹部有一周凸棱。器表施菱格纹。残高2.8厘米（图八二五，2）。

2015JJC：21，夹砂灰陶，敛口，鼓肩。下腹部施菱格纹。残高3.0厘米（图八二五，3）。

2015JJC：25，灰色硬陶，近直口，方唇，上腹部有一周凸棱。器表施菱格纹，纹痕较浅。残高3.2厘米（图八二五，4）。

2015JJC：22，红褐色硬陶，直口，斜方唇，折肩，上腹部有一周凸棱。器表施交错线纹，纹痕较浅。残高3厘米（图八二五，5）。

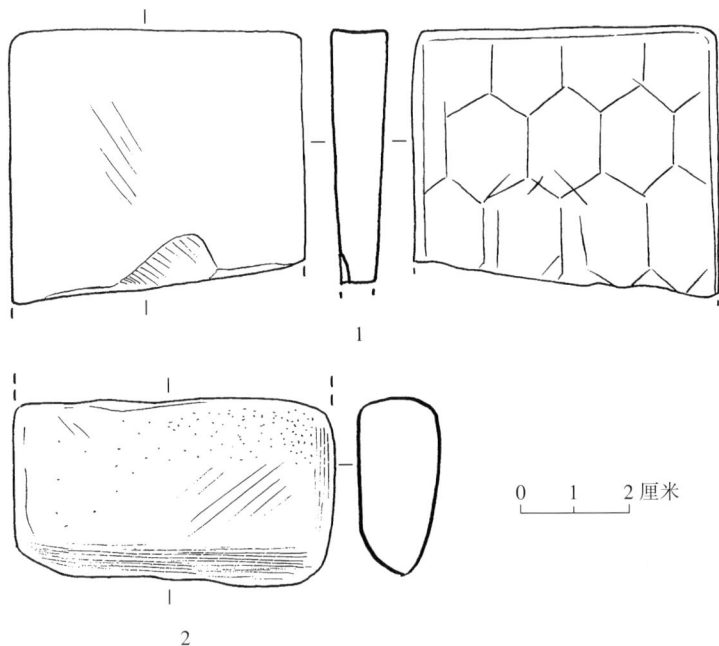

图八二一　韭菜岗遗址采集石器
1. 石范（2015JJC：2）　2. 石斧（2015JJC：3）

图八二二　韭菜岗遗址采集陶片纹饰拓片
1、2. 菱格纹　3、4. 绳纹

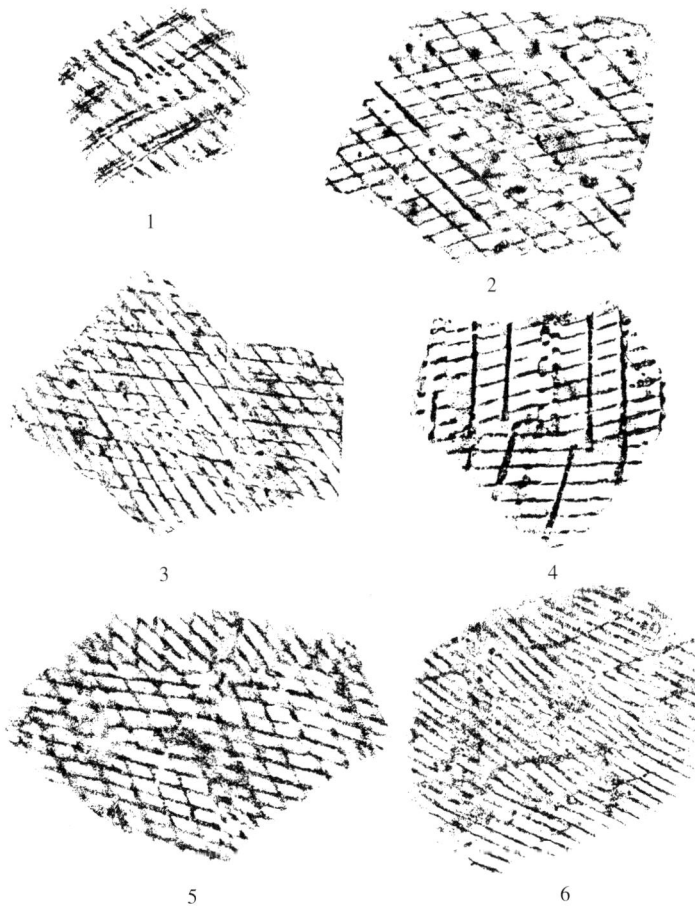

图八二三　韭菜岗遗址采集陶片纹饰拓片
1、6. 交错绳纹　2、4. 方格纹　3、5. 菱格纹

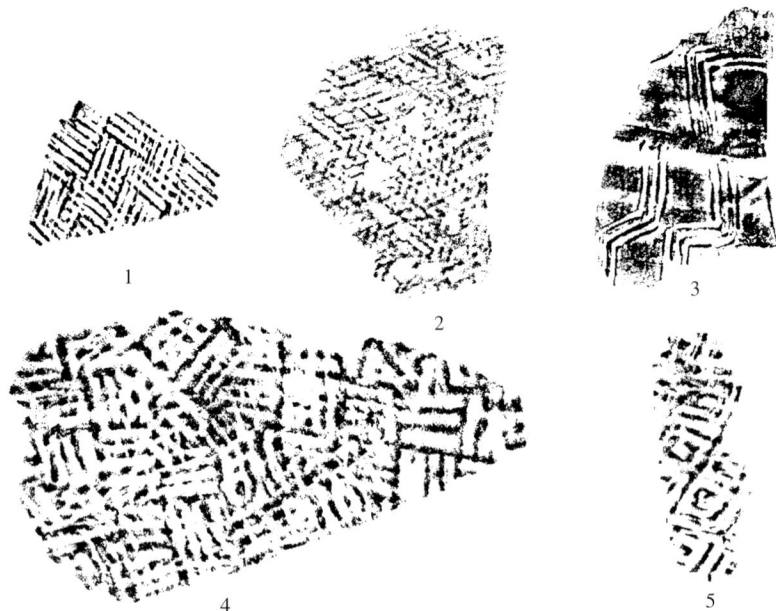

图八二四　韭菜岗遗址采集陶片纹饰拓片

1、2、4. 席纹　3. 刻划折线纹　5. 雷纹

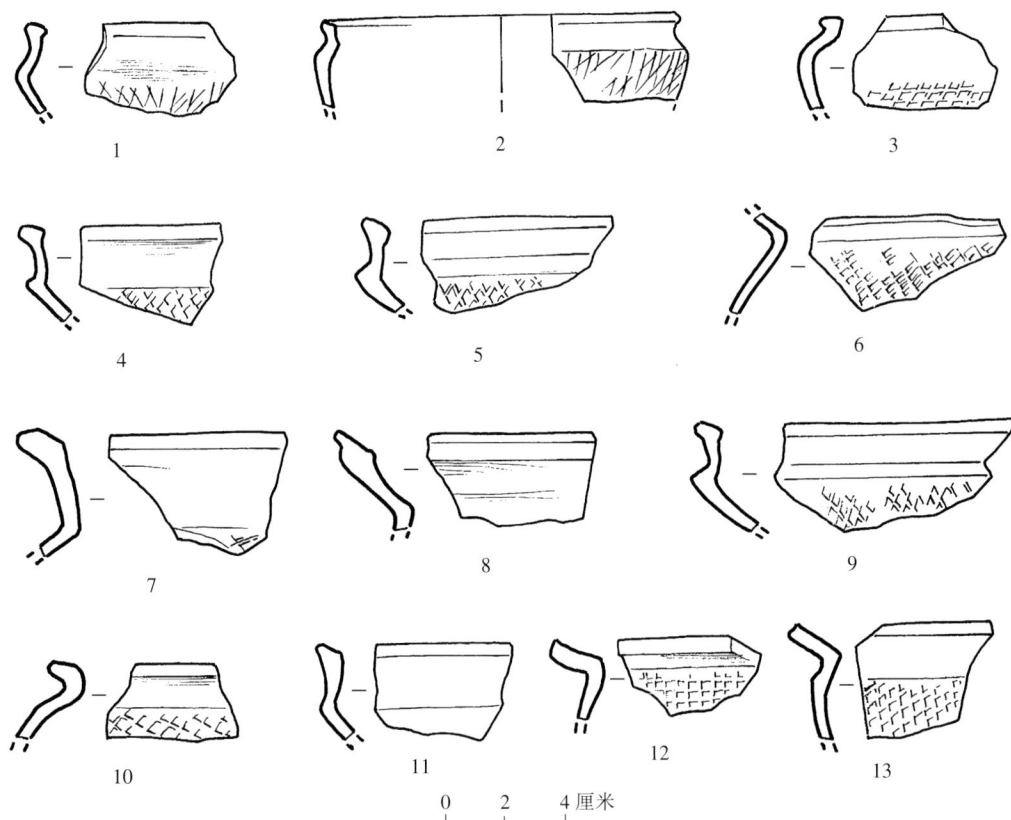

图八二五　韭菜岗遗址采集陶罐

1～5、9、11、13. A 型罐（2015JJC：27、2015JJC：26、2015JJC：21、2015JJC：25、2015JJC：22、2015JJC：15、2015JJC：19、2015JJC：4）　6～8、10、12. B 型罐（2015JJC：12、2015JJC：24、2015JJC：17、2015JJC：20、2015JJC：13）

2015JJC：15，灰色硬陶，侈口，方唇。器表施菱格纹。残高3.6厘米（图八二五，9）。

2015JJC：19，夹砂灰陶，侈口，方唇，上腹部有一周凸棱。素面。残高3.2厘米（图八二五，11）。

2015JJC：4，灰褐色硬陶，侈口，方唇。器表施菱格纹。残高3.8厘米（图八二五，13）。

2015JJC：10，灰色硬陶，敞口，方唇，口沿下有一周凸棱。器表施交错线纹。残高3.8厘米（图八二七，2）。

2015JJC：8，红褐色硬陶，敛口，微卷沿，圆唇。器表施菱格纹。残高3.6厘米（图八二六，3）。

2015JJC：18，灰褐色硬陶，侈口，微卷沿，尖圆唇，鼓肩。器表施方格纹。残高3.4厘米（图八二六，4）。

2015JJC：9，灰色硬陶，敛口，窄平沿，圆唇，上腹部有一周凹槽。器表施菱格纹。残高5.6厘米（图八二七，4；图版七九，4）。

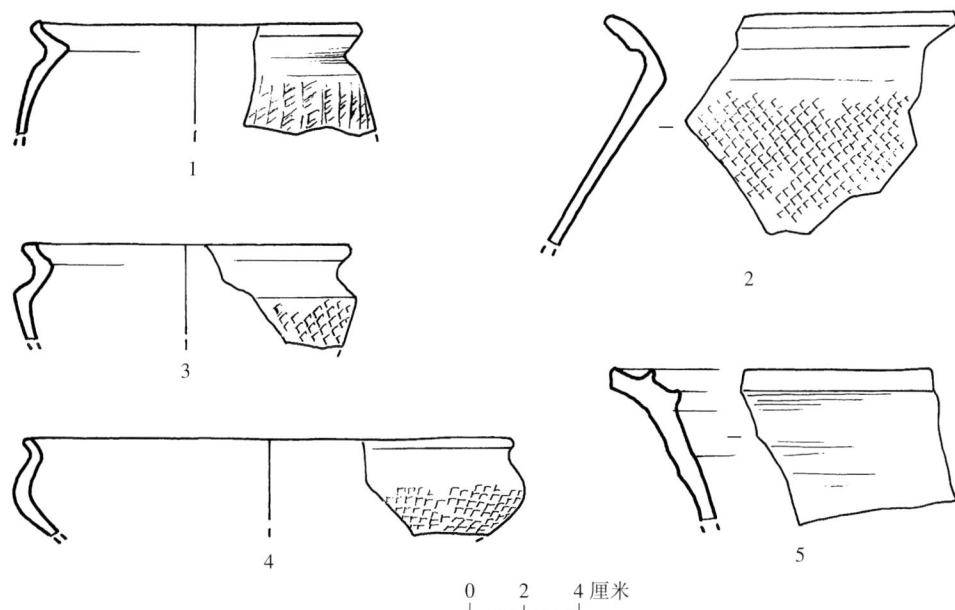

图八二六　韭菜岗遗址采集陶罐

1. B型罐（2015JJC：14）　　2. Ca型罐（2015JJC：5）　　3、4. A型罐（2015JJC：8、2015JJC：18）　　5. Cb型罐（2015JJC：7）

B型：7件。侈口，折沿。

2015JJC：12，灰色硬陶。器表施交错线纹。残高3.1厘米（图八二五，6）。

2015JJC：24，灰色硬陶，圆唇。内外壁可见轮制痕迹。残高4.0厘米（图八二五，7）。

2015JJC：17，夹砂灰陶，尖圆唇。沿面有一周凸棱。残高3.2厘米（图八二五，8）。

2015JJC：20，灰色硬陶，尖圆唇。器表施菱格纹。残高2.5厘米（图八二五，10）。

2015JJC：13，黄褐色硬陶，圆唇。器表施方格纹。残高2.6厘米（图八二五，12）。

2015JJC：14，灰色硬陶，方唇。器表施交错线纹。残高4.0厘米（图八二六，1；图版七九，6）。

2015JJC：11，红褐色硬陶，方唇。素面。残高5.6厘米（图八二七，1）。

C型：4件。斜腹，折沿。可分为两亚型：

Ca 型：1 件。窄折沿。

2015JJC：5，灰褐色硬陶，圆唇。器表施菱格纹。残高 8.0 厘米（图八二六，2；图版七九，5）。

Cb 型：3 件。宽折沿。

2015JJC：7，黄褐色硬陶，侈口，方唇，沿面有两周凸棱。内外壁可见轮制痕迹。残高 5.5 厘米（图八二六，5）。

2015JJC：6，夹砂灰陶，侈口。素面。残高 4.2 厘米（图八二七，3）。

2015JJC：23，黄褐色硬陶，侈口，方唇，沿面有一周凸棱。残高 5.3 厘米（图八二七，5）。

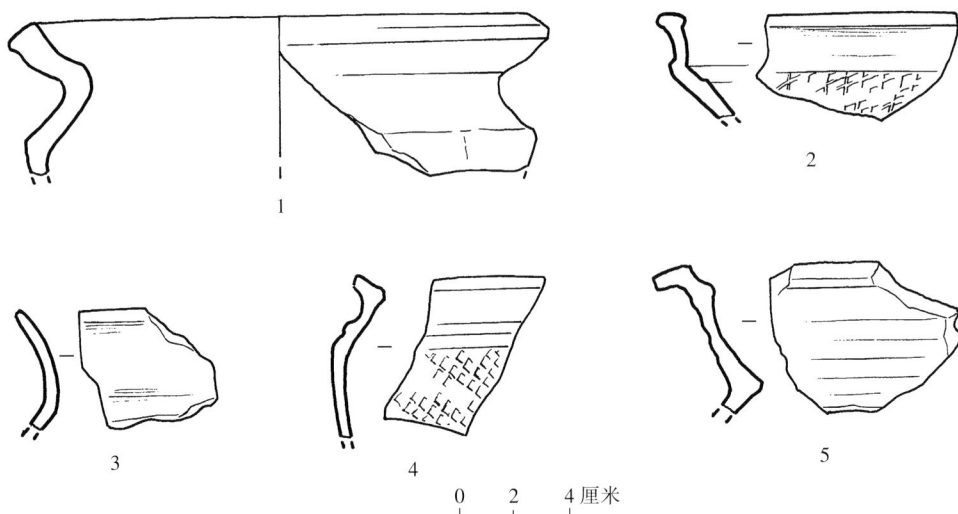

图八二七　韭菜岗遗址采集陶罐

1. B 型罐（2015JJC：11）　　2、4. A 型罐（2015JJC：10、2015JJC：9）　　3、5. Cb 型罐（2015JJC：6、2015JJC：23）

鼎足　1 件。

2015JJC：16，夹砂灰褐陶，扁平状足。素面。残高 6.0 厘米（图八二八）。

3. 遗址性质与年代

韭菜岗遗址是一处典型的岗地类聚落，遗址所在区域有较多遗址分布，是适合古人居住、生活之地。从遗址采集遗物来看，该遗址所见陶器较为单纯，应属同类遗存，与周边比较，所见 A 型陶罐，多饰方格纹，具有西周时期器形与纹饰特征，其与模头岗第 2 年代组所见相近，后者年代为商代晚期至西周时期。值得注意的是，韭菜岗遗址见有瓦状鼎足，其年代应略早。综合来看，韭菜岗遗址的主体年代应为商代晚期至西周时期。

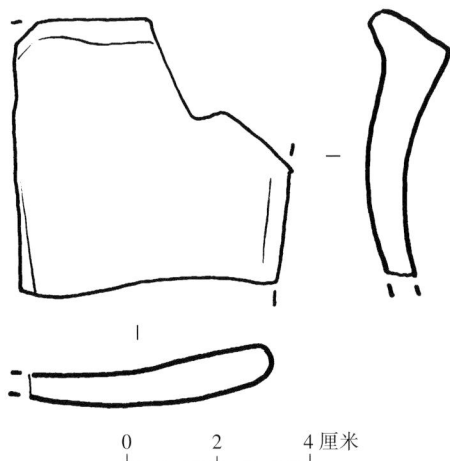

图八二八　韭菜岗遗址采集陶鼎足
（2015JJC：16）

该遗址的发现与初步分析增加了区域内先秦时期遗址的数量，为区域文化序列建立及聚落形态演进研究提供了十分重要的考古实物资料。

1. 石斧（2015JJC：3）

2. 石斧（2015JJC：2）

3. 石锛（2015JJC：1）

4. 陶罐（2015JJC：9）

5. 陶罐（2015JJC：5）

6. 陶罐（2015JJC：14）

图版七九　韭菜岗遗址采集遗物

五〇 郑家山遗址

1. 遗址概况

该遗址位于石门乡石门村的东部（图八二九），北距638乡道约200米，西距966乡道约300米，东南部距东排村约2.6公里，西北距石门乡政府所在地约800米。遗址整体呈不规则形，长径约214.1米，短径约122.1米（图八三〇）。为一山岗缓坡地带，地势南部高，北部低，地表为橘子树林，东侧有村道，北部为山顶部（图八三一）。该遗址地理坐标为：北纬27°46′20.3″，东经116°40′15.2″，海拔71米。

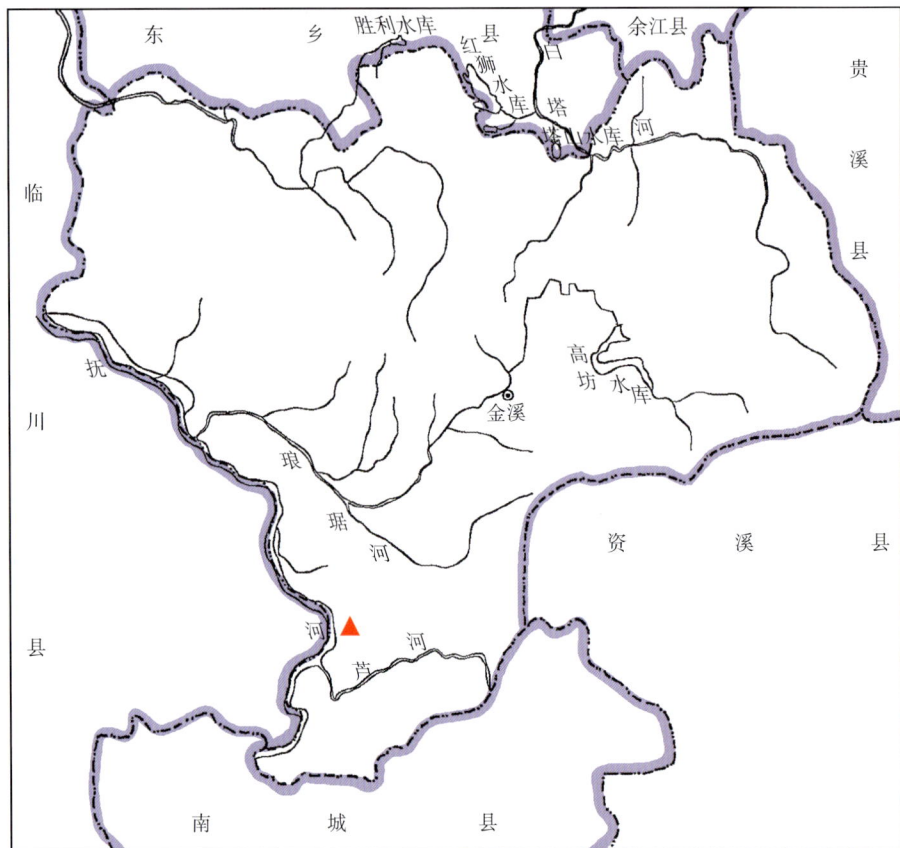

图八二九　郑家山遗址位置图

2. 遗物介绍

郑家山遗址位于抚河东岸，遗址属典型的岗地类聚落。由于遗址所在的山体局部被挖土所破坏，在山顶发现较多遗物，主要为石器和陶器。以下逐一进行介绍。

（1）石器

石锛　2件。

2015JZJ：2，灰褐色砂岩磨制而成，顶部平整，两侧竖直，单面斜刃，器表磨制平整。残高3.5、宽2.8厘米（图八三二，1）。

2015JZJ：1，灰色砂岩磨制而成，平面长条形，平顶，两侧竖直，单面斜刃，器表磨制平整。

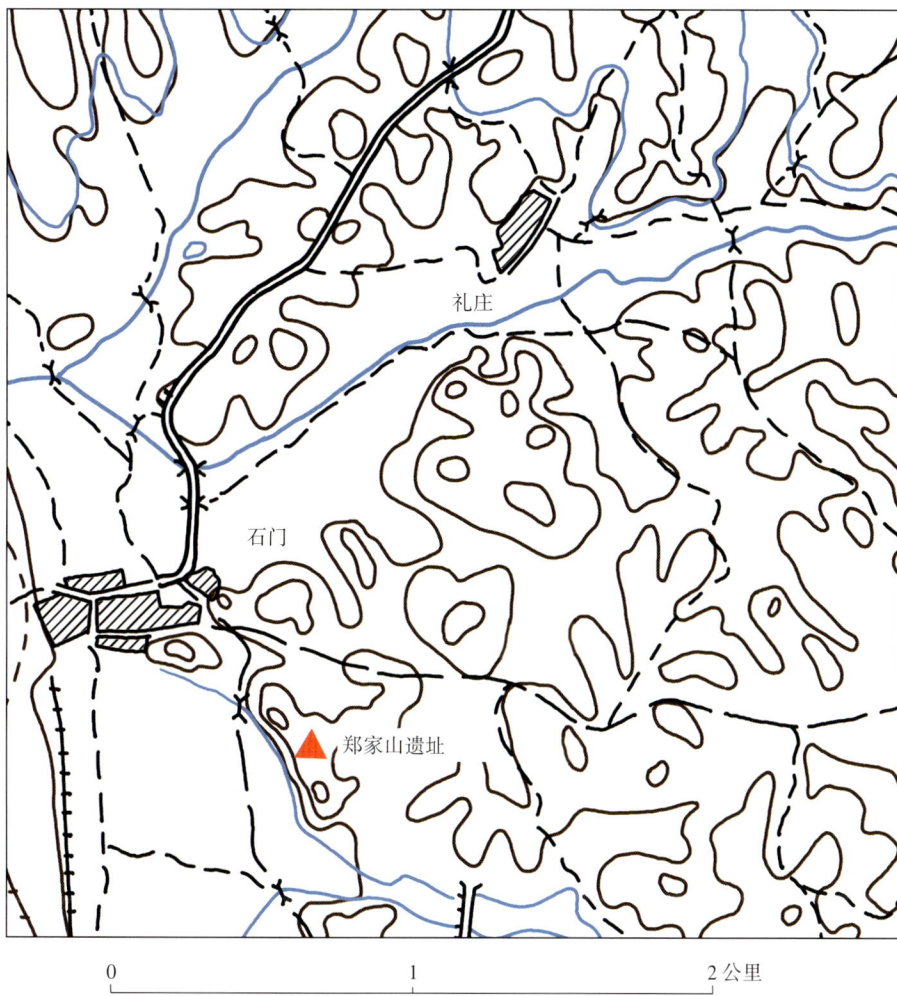

图八三〇 郑家山遗址地貌图

图八三一 郑家山遗址远景图（由东向西）

高 5.9、宽 1.2、厚 1.4 厘米（图八三二，7）。

石镞　2 件。

2015JZJ：6，灰褐色砂岩磨制而成，尖锋，两侧刃较锋利，中部起脊，扁平状铤。残高 4.3、宽 1.7 厘米（图八三二，3）。

2015JZJ：3，青灰色砂岩磨制而成，两刃锋利，中部起脊，铤部圆锥状。长 6.0、宽 1.8 厘米（图八三二，6）。

石器　2 件。

2015JZJ：8，青灰色砂岩磨制而成，边缘残，两侧较规整，单面斜刃。残高 6.3 厘米（图八三二，2）。

2015JZJ：4，青灰色砂岩磨制而成，边缘经打制，一侧面较为规整。残高 1.7 厘米（图八三二，8）。

石饰件　1 件。

2015JZJ：5，青灰色砂岩磨制而成，一端圭形首，另一端呈扁方形。器表磨制光滑。残高 4.4 厘

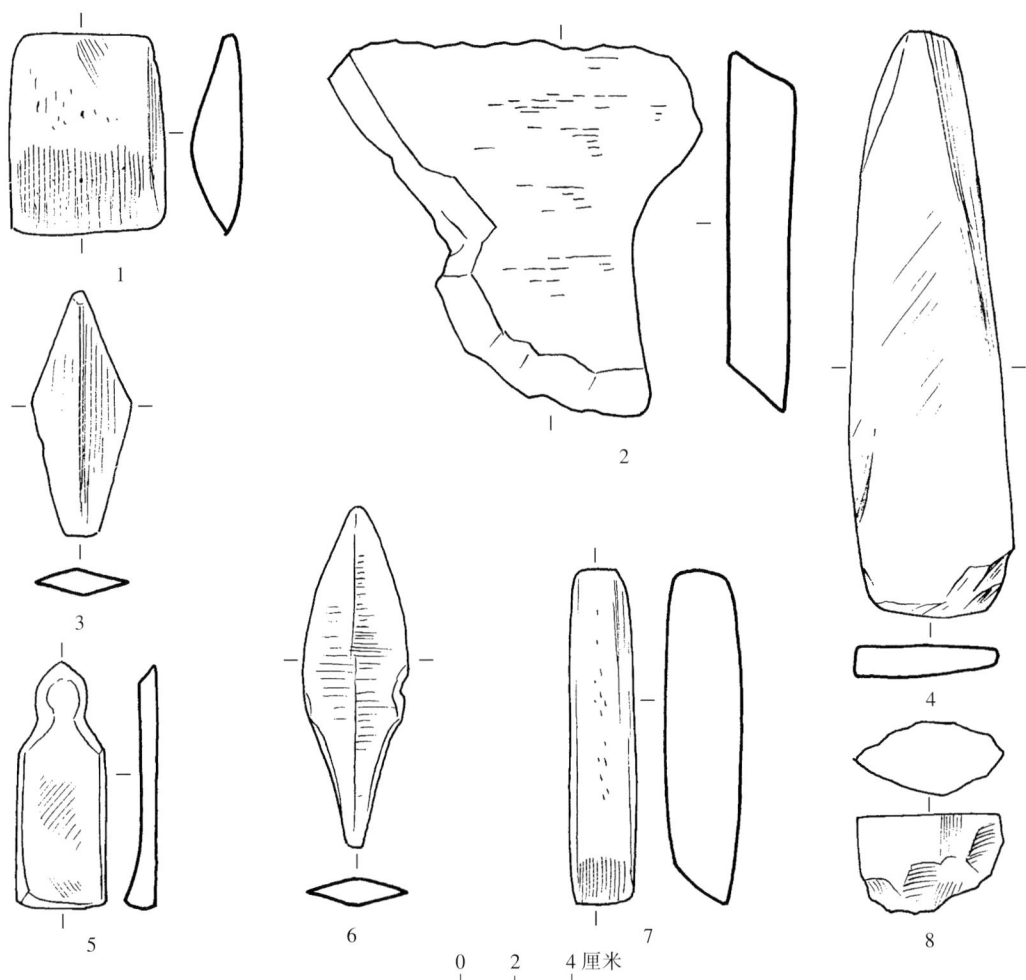

图八三二　郑家山遗址采集石器

1、7. 石锛（2015JZJ：2、2015JZJ：1）　　2、8. 石器残片（2015JZJ：8、2015JZJ：4）　　3、6. 石镞（2015JZJ：6、2015JZJ：3）　　4. 石矛（2015JZJ：7）　　5. 石饰件（2015JZJ：5）

米（图八三二，5）。

石矛　1件。

2015JZJ：7，灰褐色砂岩磨制而成，平面长条状，顶端残。两侧磨制较规整。残高10.0厘米（图八三二，4；图版八〇，1）。

（2）陶器

以硬陶为主，夹砂陶较少。硬陶多为灰褐色、黄褐色，纹饰有绳纹（图八三三，3、4、6、7）、方格纹与交错绳纹组合纹饰（图八三三，8）、雷纹（图八三三，9；图八三四，1~4；图八三五，9）、凹弦纹（图八三三，2）、短线纹（图八三三，1、5）、交错绳纹（图八三五，1~3、5~7、10）、折线纹（图八三五，4）、席纹（图八三五，8）等，器形有罐；夹砂陶多为黄褐色、灰褐色，纹饰有绳纹、交错线纹等，器形有罐。

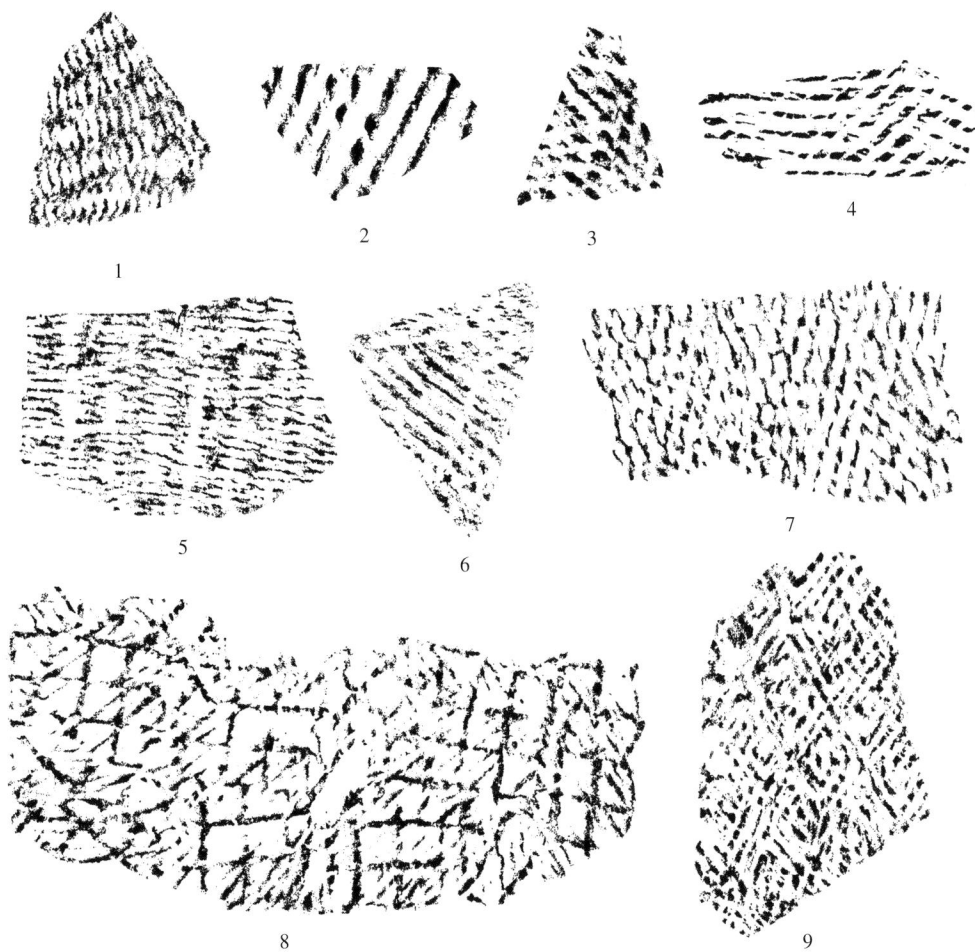

图八三三　郑家山遗址采集陶片纹饰拓片

1、5. 短线纹　2. 凹弦纹　3、4、6、7. 绳纹　8. 方格纹＋绳纹　9. 雷纹

罐　27件。据口部特征可划分为三型。

A型：19件。弧腹，宽平沿。

2015JZJ：9，夹砂灰陶，敛口，方唇，沿面有数道凹槽。器表施交错线纹。残高4.0厘米（图

图八三四　郑家山遗址采集陶片纹饰拓片

1～4. 雷纹

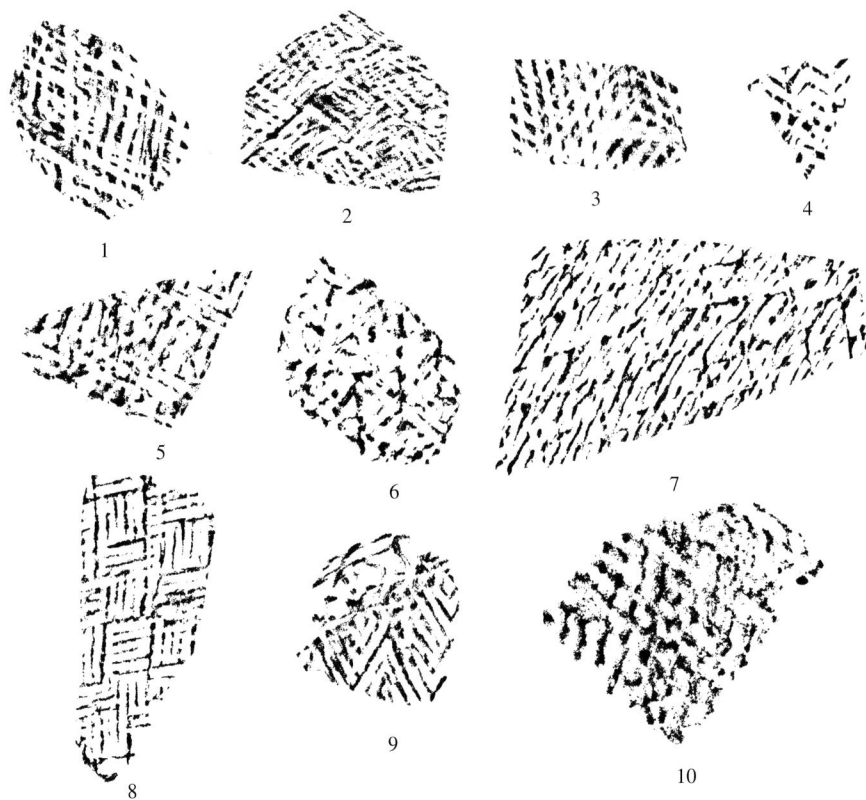

图八三五　郑家山遗址采集陶片纹饰拓片

1～3、5～7、10. 交错绳纹　4. 折线纹　8. 席纹　9. 雷纹

八三六，1；图版八〇，5）。

2015JZJ：11，夹砂灰陶，敛口，方唇，沿面有数道凹槽。器表施回纹。残高2.8厘米（图八三六，2）。

2015JZJ：14，夹砂灰陶，敞口，方唇，沿面有数道凹槽。器表施雷纹。残高2.4厘米（图八三六，3）。

2015JZJ：15，夹砂灰陶，敛口，方唇，口沿上有数道凹槽。器表施雷纹。残高4.0厘米（图八三六，5）。

2015JZJ：22，夹砂灰褐陶，敛口，方唇，沿面有数道凹槽。器表施竖向线纹。残高5.0厘米（图八三六，6）。

2015JZJ：28，夹砂灰褐陶，敛口，方唇，沿面有数道凹槽。器表施折线纹。残高4.2厘米（图八三六，7）。

2015JZJ：24，夹砂灰褐陶，敛口，方唇，沿面有数道凹槽。器表施雷纹。残高4.0厘米（图八三六，9）。

2015JZJ：17，夹砂灰褐陶，敛口，方唇，沿面有数道凹槽。器表施雷纹。残高4.0厘米（图八三六，10）。

2015JZJ：29，夹砂灰褐陶，敛口，方唇，沿面有数道凹槽。器表施交错线纹。残高3.0厘米（图八三六，11）。

2015JZJ：30，夹砂灰褐陶，敞口，方唇，沿面有数道凹槽。器表施几何形纹饰。残高4.0厘米（图八三六，12）。

2015JZJ：32，夹砂灰陶，敛口，方唇，沿面有数道凹槽。器表施折线纹。残高4.8厘米（图八三七，1）。

2015JZJ：21，夹砂灰褐陶，敛口，方唇。器表施交错线纹。残高6.6厘米（图八三七，4；图版八〇，4）。

2015JZJ：34，夹砂灰陶，敛口，方唇，沿面有数道凹槽。器表施雷纹。残高3.0厘米（图八三八，1）。

2015JZJ：35，夹砂灰陶，敛口，方唇。器表施折线纹，部分被抹平。残高3.0厘米（图八三八，2）。

2015JZJ：37，夹砂灰陶，敛口，方唇，沿面有数道凹槽。器表施折线纹。残高3.0厘米（图八三八，3）。

2015JZJ：38，夹砂灰陶，敛口，方唇，沿面有数道凹槽。器表施竖向线纹。残高3.6厘米（图八三八，4）。

2015JZJ：39，夹砂灰褐陶，敛口，方唇，沿面有数道凹槽。器表施交错线纹。残高3.0厘米（图八三八，5）。

2015JZJ：41，夹砂灰陶，敛口，方唇，沿面有数道凹槽。器表施雷纹。残高3.0厘米（图八三八，7）。

2015JZJ：16，夹砂灰陶，微侈口，方唇。器表见有轮制痕迹。残高4.6厘米（图八三八，11）。

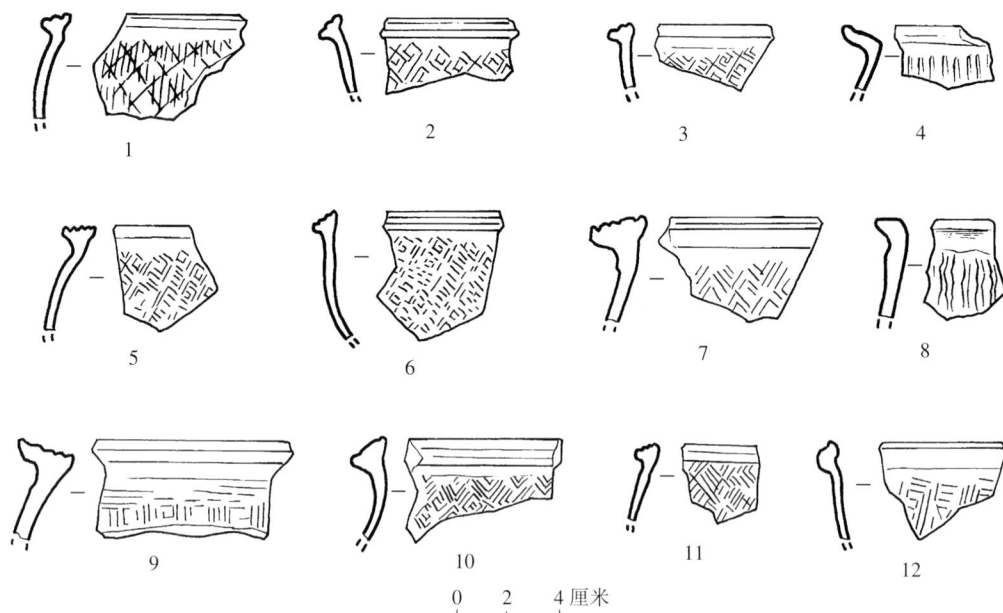

图八三六　郑家山遗址采集陶罐

1~3、5~7、9~12. A 型罐（2015JZJ：9、2015JZJ：11、2015JZJ：14、2015JZJ：15、2015JZJ：22、2015JZJ：28、2015JZJ：24、2015JZJ：17、2015JZJ：29、2015JZJ：30）　4、8. B 型罐（2015JZJ：23、2015JZJ：25）

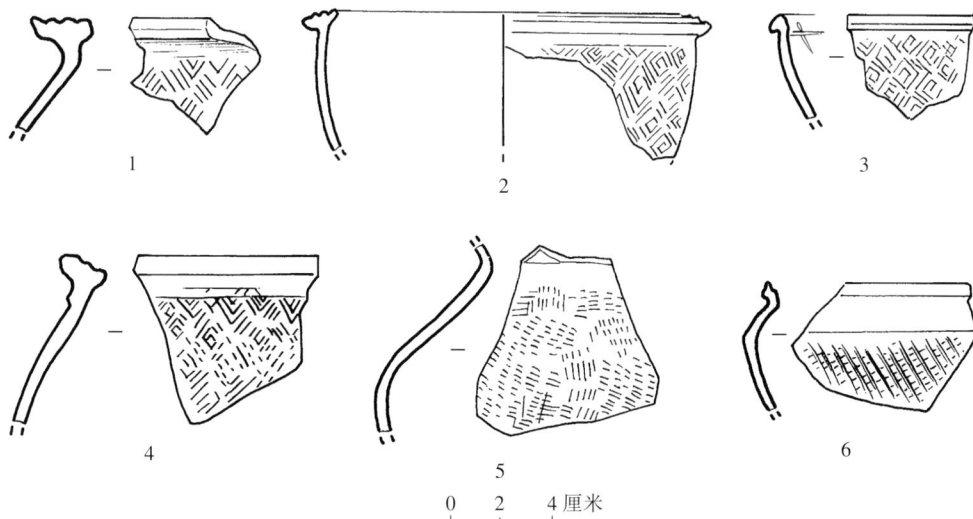

图八三七　郑家山遗址采集陶器

1、4. A 型罐（2015JZJ：32、2015JZJ：21）　5. C 型罐（2015JZJ：18）　2、3、6. 盆（2015JZJ：26、2015JZJ：36、2015JZJ：33）

B 型：5 件。弧腹，折沿。

2015JZJ：23，夹砂灰陶，微侈口，圆唇。器表施竖向线纹。残高2.4厘米（图八三六，4）。

2015JZJ：25，夹砂灰陶，敛口。器表施竖向线纹。残高3.8厘米（图八三六，8）。

2015JZJ：40，夹砂灰陶，侈口，尖圆唇。器表施竖向线纹。残高3.6厘米（图八三八，6）。

2015JZJ：31，夹砂灰陶，微侈口，圆唇。器表施数线纹。残高 3.0、口径 12.0 厘米（图八三八，13）。

2015JZJ：20，夹砂灰陶，侈口，圆唇。器表施横向细线纹。残高 3.0 厘米（图八三八，14）。

C 型：3 件。鼓腹，卷沿。

2015JZJ：18，夹砂灰陶，敛口。器表施交错细线纹。残高 7.0 厘米（图八三七，5）。

2015JZJ：13，夹砂灰陶，侈口，方唇。唇面有两道凹槽。残高 4.8 厘米（图八三八，9）。

2015JZJ：10，夹砂灰褐陶，侈口，尖圆唇。素面。残高 4.4 厘米（图八三八，12）。

盆　5 件。

2015JZJ：26，夹砂灰褐陶，敛口，圆唇，口沿上有数道凹槽。器表施雷纹。残高 5.0、口径 14.0 厘米（图八三七，2；图版八〇；3）。

2015JZJ：36，夹砂灰陶，敛口，折沿，尖圆唇，口沿上有数道凹槽，并见有刻划纹。器表施雷纹。残高 4.0 厘米（图八三七，3）。

2015JZJ：33，夹砂灰陶，敛口，折沿，方唇。器表施菱格纹。残高 5.0 厘米（图八三七，6）。

2015JZJ：27，夹砂灰陶，敛口，卷沿，圆唇，弧腹。素面。残高 3.4 厘米（图八三八，8）。

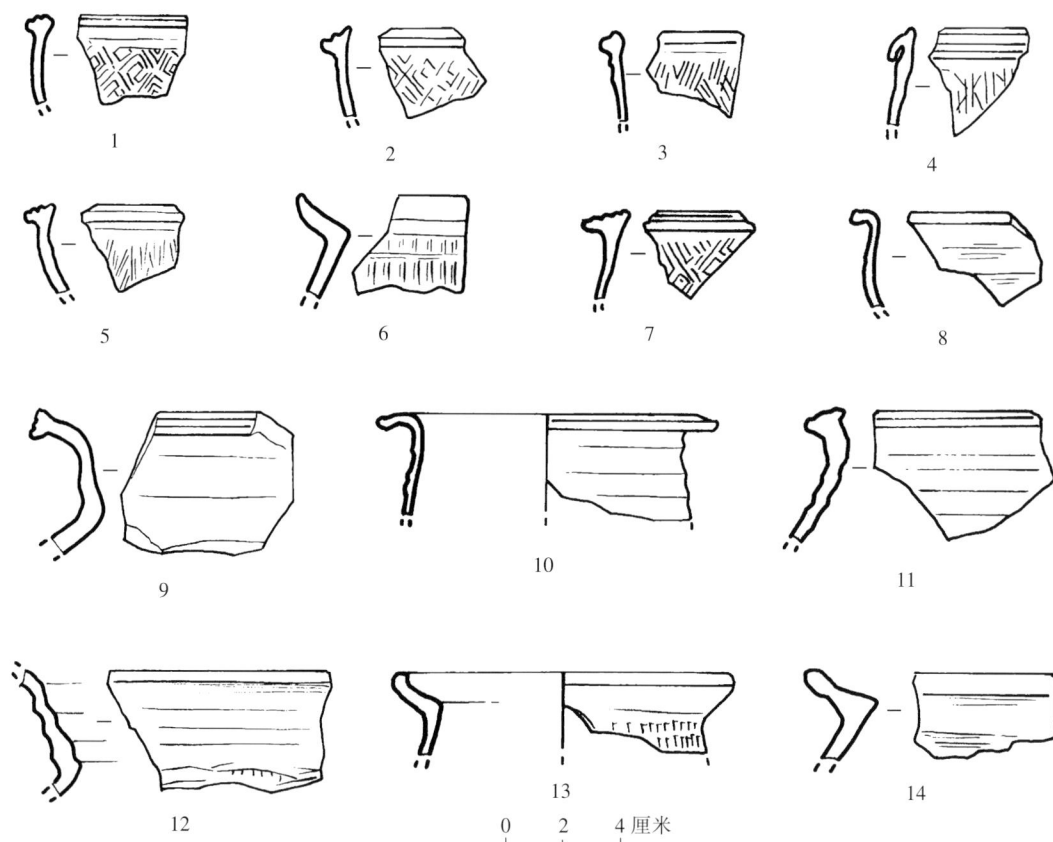

图八三八　郑家山遗址采集陶器

1～5、7、11. A 型罐（2015JZJ：34、2015JZJ：35、2015JZJ：37、2015JZJ：38、2015JZJ：39、2015JZJ：41、2015JZJ：16）
6、13、14. B 型罐（2015JZJ：40、2015JZJ：31、2015JZJ：20）　8、10. 盆（2015JZJ：27、2015JZJ：12）　9、12. C 型罐（2015JZJ：13、2015JZJ：10）

2015JZJ：12，夹砂灰陶，微侈口，卷沿，尖圆唇。有明显轮制痕迹，口沿内有"口"字形刻划纹。残高4.0、口径10.0厘米（图八三八，10；图版八〇，6）。

器耳　1件。

2015JZJ：19，夹砂灰陶，敛口，圆唇，口沿下有一舌形附耳。器表施折线纹。残高3.0厘米（图八三九，2）。

刻槽器　1件。

2015JZJ：42，夹砂灰陶，圆柱状，有两对横向凹槽。高2.0厘米（图八三九，1；图版八〇，2）。

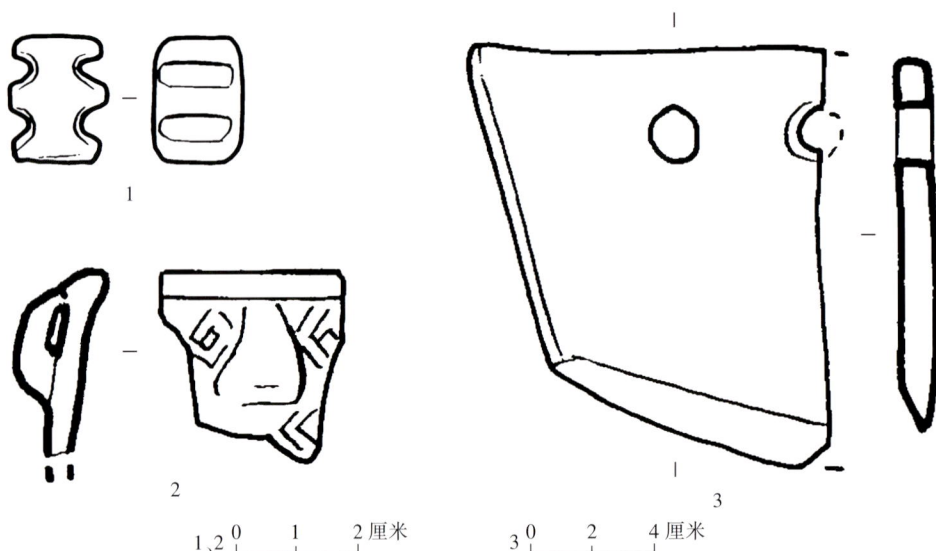

图八三九　郑家山遗址采集陶器

1. 刻槽器（2015JZJ：42）　2. 器耳（2015JZJ：19）　3. 陶刀（2015JZJ：43）

陶刀　1件。

2015JZJ：43，夹砂灰褐陶，直背，一侧残，一侧斜直单面成刃。素面。残高3.1厘米（图八三九，3）。

1. 石矛（2015JZJ：7）

2. 刻槽器（2015JZJ：42）

3. 陶罐（2015JZJ∶26）

4. 陶罐（2015JZJ∶21）

5. 陶罐（2015JZJ∶9）

6. 陶罐（2015JZJ∶12）

图版八〇　郑家山遗址采集遗物

3. 遗址性质与年代

郑家山遗址采集遗物较为丰富，文化面貌较为单纯。与周边遗存比较，可初步判断该遗址的年代范围。遗址所见宽平沿陶罐为该遗址最具代表的器形，此类陶罐口沿内侧见有凹槽的作法具有时代特色，该类陶器与母猪嘴遗址所见十分相近。这一时期，流行雷纹、席纹，其纹饰具有商代硬陶纹饰风格。总体上来看，郑家山遗址主体年代为商代。

郑家山遗址的发现与初步研究，为抚河流域先秦时期文化序列建构及聚落演进研究提供十分重要的实物资料。

五一　荒山遗址

1. 遗址概况

该遗址位于石门镇礼庄村南侧 2.5 公里处（图八四〇），南侧为 638 乡道，北部为一水塘。北距九河山遗址约 210 米，东距跑马场遗址约 50 米，遗址西北距礼庄村约 800 米（图八四一）。遗址位于山坡地带，地势中北部较高，南部和北端较低。遗址种植橘子树，另见有灌木和杂草丛，植被较为茂密（图八四二）。该遗址地理坐标为：北纬27°46′30.6″，东经116°40′15.9″，海拔68米。

遗址南侧约1.5公里为抚河，地理位置较为优越，该遗址属于典型岗地类聚落。遗址采集遗物较少，仅见少量陶片，以下简单予以介绍。

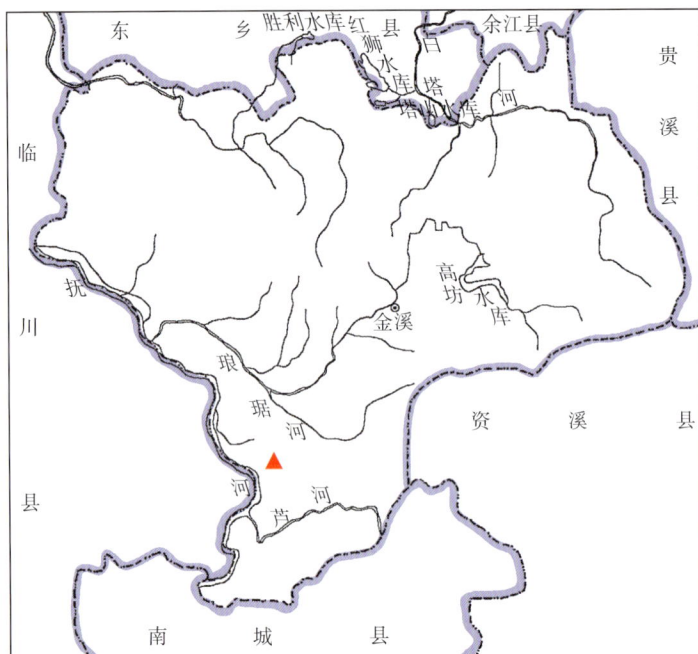

图八四〇　荒山遗址位置图

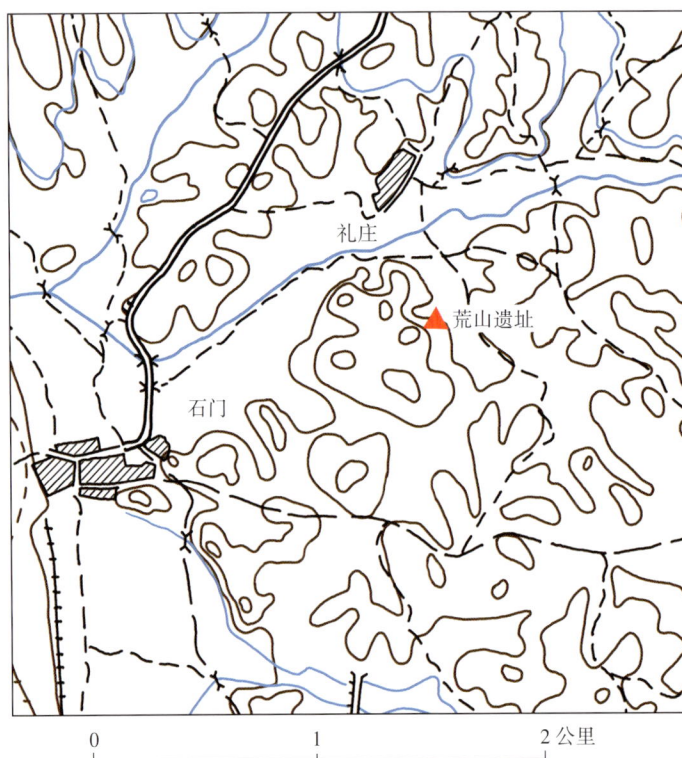

图八四一　荒山遗址地貌图

图八四二 荒山遗址远景图（由东向西）

2. 遗物介绍

荒山遗址调查采集陶器较少，主要以硬陶及夹砂陶为主。硬陶包括灰色、灰褐色，纹饰有"回"字形纹（图八四三，1）和菱格纹（图八四三，2），器形有罐等；夹砂陶多为灰褐色，以素面居多，器形有罐、豆等。

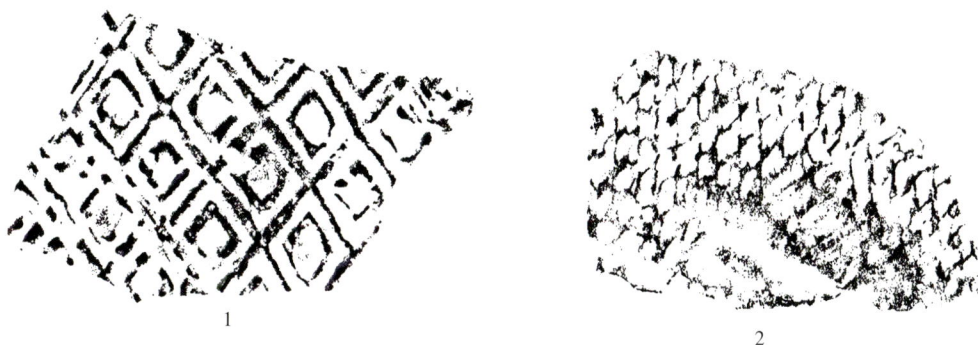

图八四三 荒山遗址采集陶片纹饰拓片
1. 回字形纹 2. 菱格纹

器盖 1件。

2015JHS：1，夹砂灰褐陶，圆形捉手，斜弧腹。素面。残高3.2厘米（图八四四）。

3. 遗址性质与年代

荒山遗址采集遗物较少，对其年代判断仅能依靠采集到的少量陶片。所见印纹硬陶纹饰有回字形纹、菱格纹，该类纹饰多流行于该地区西周时期。因此，可推定荒山遗址的年代为西周时期。

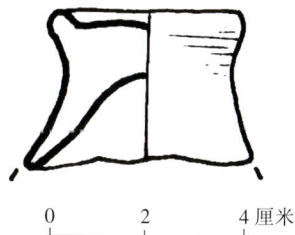

图八四四 荒山遗址采集器盖
（2015JHS：1）

荒山遗址的发现与研究，丰富了区域内先秦时期遗址的数量，为区域文化序列的建立、聚落形态研究提供了重要的实物资料。

五二　黄泥塘遗址

1. 遗址概况

该遗址位于石门乡的东南部（图八四五），西北距石门乡约 600 米，遗址北邻 638 乡道。北距跑马场遗址约 40 米，东距满路遗址约 120 米（图八四六）。遗址整体呈不规则形，长径约 168 米，短径约 107 米。所在地形为一坡状山岗，地势中部稍高，四周低。地表被橘子树、灌木和杂草丛等覆盖，植被较为茂密（图八四七）。该遗址地理坐标为：北纬 27°46′25.7″，东经 116°40′18.4″，海拔 68 米。

遗址两侧河流均为抚河支流，古人在此生活水源充足，山岗缓坡为古人生活提供了优越的地形条件。黄泥塘遗址与跑马场、满路、九河山、黄山、郑家山等遗址位置相距较近，揭示了该区域是古人频繁活动之地。遗址地表采集到的遗物较少，主要见有零星石器和少量陶器残片，以下逐一进行介绍。

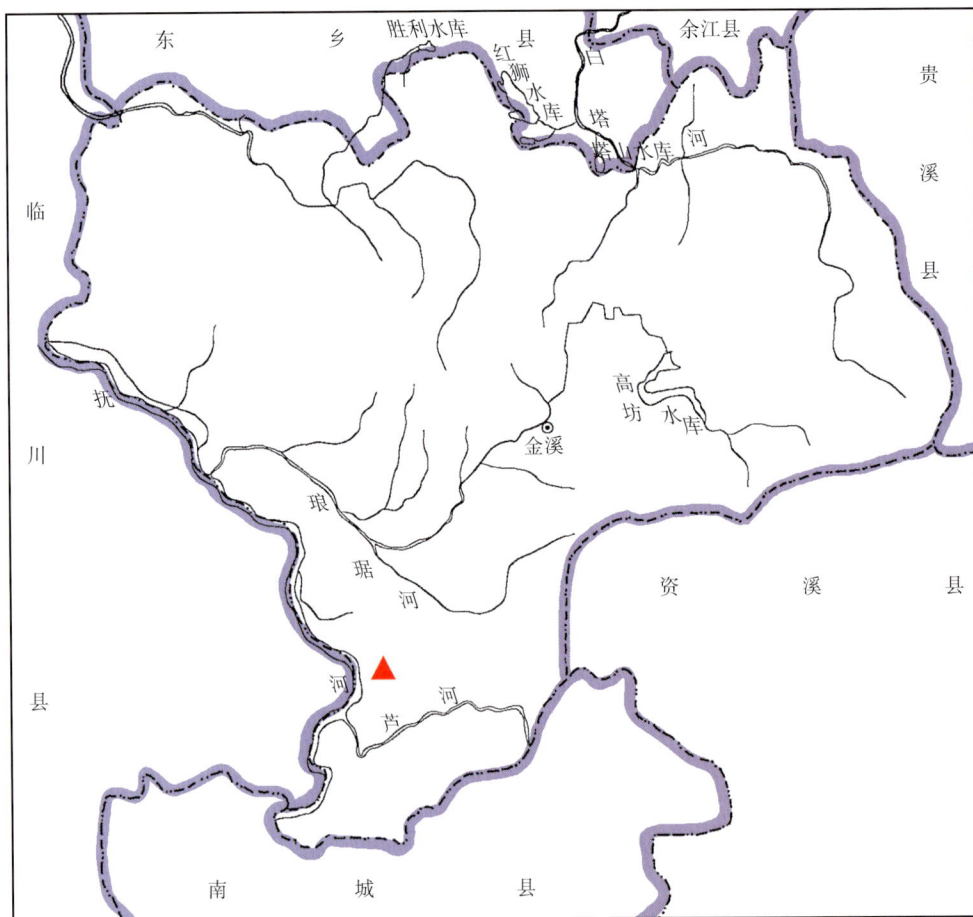

图八四五　黄泥塘遗址位置图

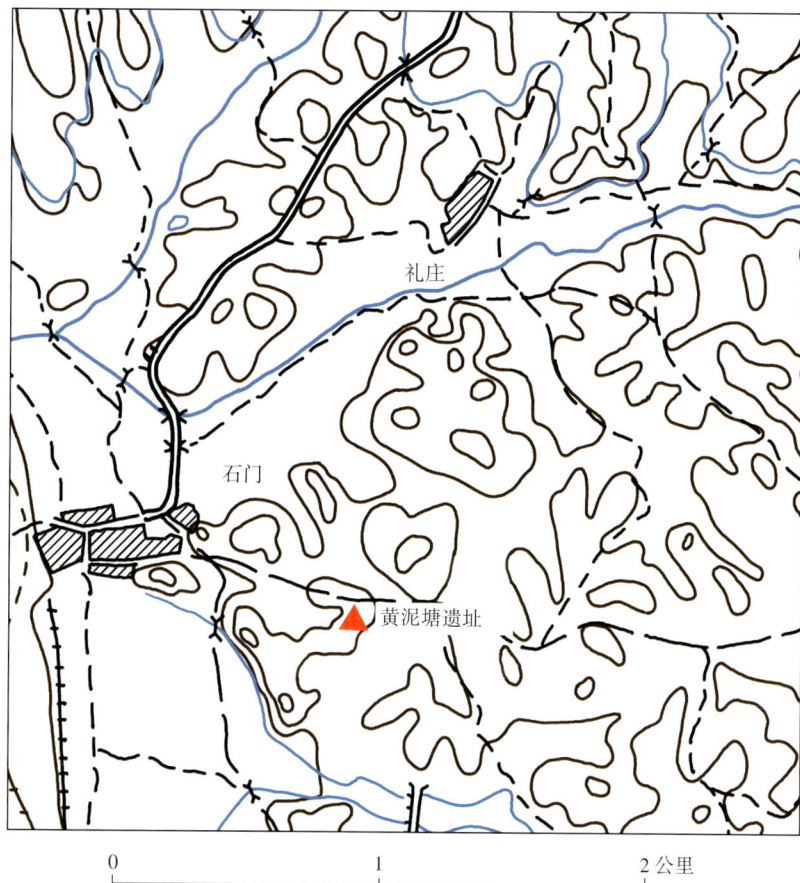

图八四六 黄泥塘遗址地貌图

图八四七 黄泥塘遗址远景图（由南向北）

2. 遗物介绍

（1）石器

梭形石器 1件。

2015JHN：1，黄褐色砂岩制成，呈梭形，一端有打制痕迹。器表较为粗糙。残长11.2、宽5.0厘米（图八四八，1）。

石刀 1件。

2015JHN：2，青灰色闪长岩制成，一端残，底端双面磨成刃。器表较粗糙。残长5.0、宽5.0厘米（图八四八，2）。

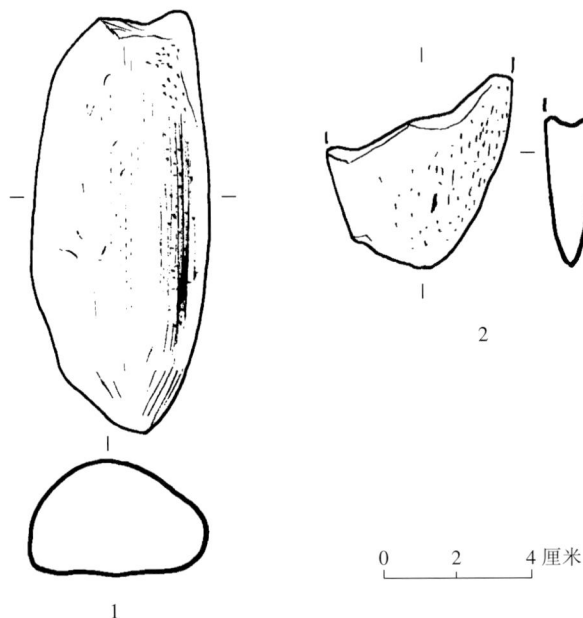

图八四八 黄泥塘遗址采集石器
1. 梭形石器（2015JHN：1） 2. 石刀（2015JHN：2）

（2）陶器

黄泥塘遗址采集的陶器以印纹硬陶为多，主要为灰色、灰褐色，纹饰见有雷纹、方格纹（图八四九，1~3）、菱格纹（图八四九，5）、交错线纹（图八四九，6）、刻划纹、小方格纹、双线菱格纹（图八四九，4）等，器形见有罐、鼎（足）等。

罐 7件。据形态差异可分为三型：

A型：3件。侈口，宽折沿。

2015JHN：4，灰色硬陶，敞口，方唇。素面。残高2.0厘米（图八五〇，1）。

2015JHN：6，夹砂灰陶，侈口，圆唇。素面。残高2.4厘米（图八五〇，2）。

2015JHN：5，灰色硬陶，侈口，方唇。素面。残高2.6厘米（图八五〇，6）。

B型：3件。斜腹，窄折沿。

2015JHN：3，灰色硬陶，敛口。器表施菱格纹。残高3.6厘米（图八五〇，4）。

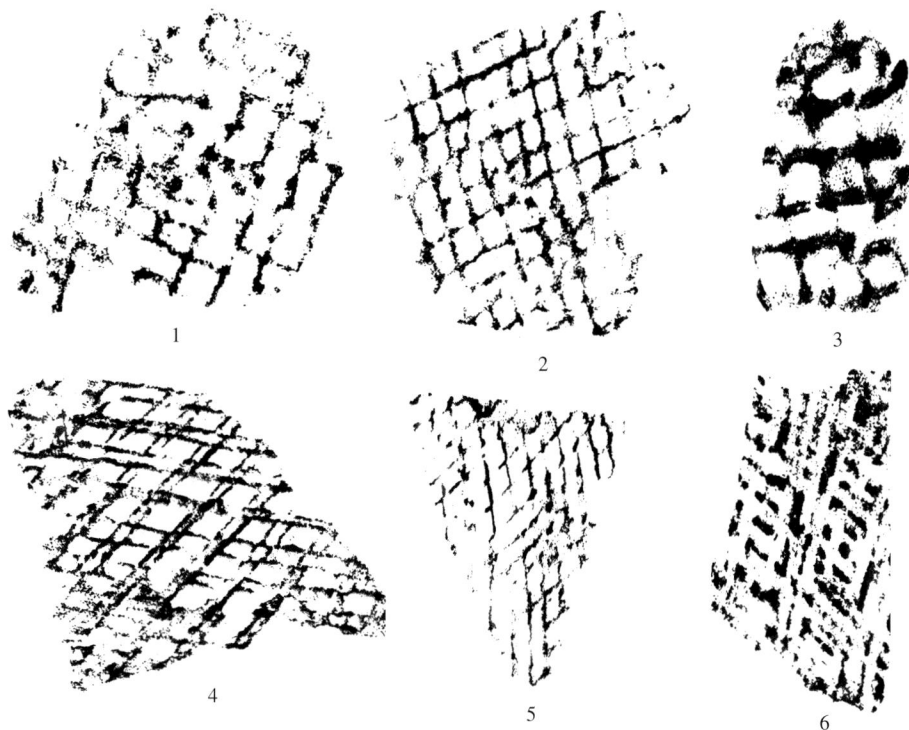

图八四九 黄泥塘遗址采集陶片纹饰拓片

1～3. 方格纹 4. 双线菱格纹 5. 菱格纹 6. 交错线纹

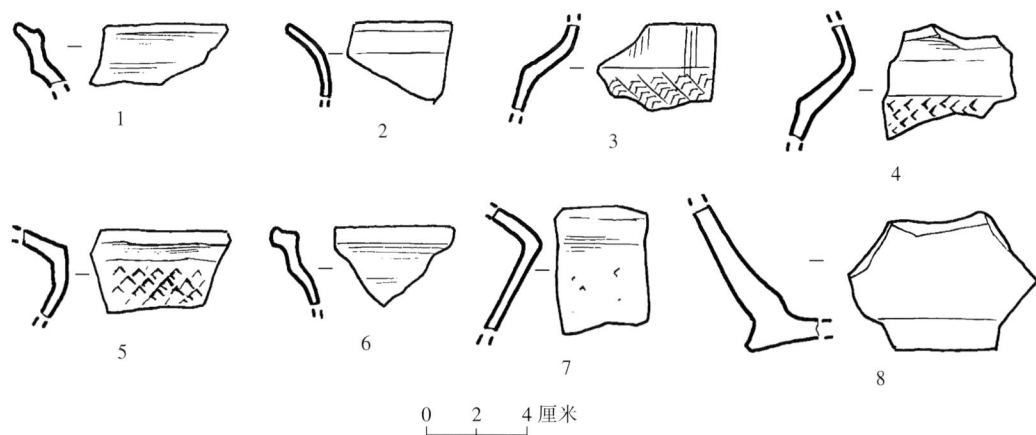

0 2 4厘米

图八五〇 黄泥塘遗址采集陶器

1、2、6. A 型罐（2015JHN：4、2015JHN：6、2015JHN：5） 3. C 型罐（2015JHN：7） 4. B 型罐（2015JHN：3、2015JHN：8、2015JHN：12） 8. 器底（2015JHN：9）

2015JHN：8，灰色硬陶，敛口。器表施菱格纹，纹痕较浅。残高2.6厘米（图八五〇，5；图版八一，2）。

2015JHN：12，灰色硬陶，侈口。器表施菱格纹，大部分被抹平。残高4.0厘米（图八五〇，7）。

C型：1件。敛口，折沿。

2015JHN：7，灰色硬陶，敛口，肩部有两组竖向刻槽，腹部施菱格纹。残高2.8厘米（图八五〇，3）。

器底　1件。

2015JHN：9，灰褐色硬陶，斜直腹，平底内凹。内外壁可见轮制痕迹，素面。残高4.6厘米（图八五〇，8）。

鼎足　2件。

2015JHN：10，灰色硬陶，瓦状扁足。素面。残高9.0厘米（图八五一，1；图版八一，1）。

2015JHN：11，夹砂黄褐陶，扁柱状足。素面。残高5.5厘米（图八五一，2）。

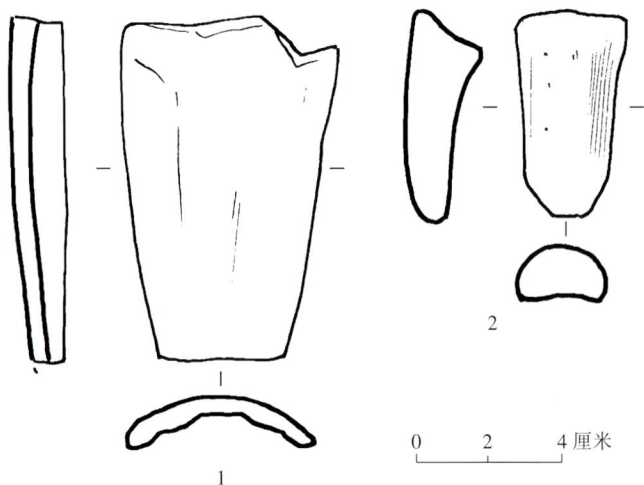

0　2　4厘米

图八五一　黄泥塘遗址采集陶鼎足
1. 鼎足（2015JHN：10）　2. 鼎足（2015JHN：11）

1. 鼎足（2015JHN：10）　　　　　2. 罐（2015JHN：8）

图版八一　黄泥塘遗址采集陶器

3. 遗址性质与年代

黄泥塘遗址是一处典型的岗地类聚落，该遗址与邻近诸遗址构成了抚河中游沿岸聚落群。从采集的遗物来看，该遗址文化面貌较为单纯。与周边比较，黄泥塘遗址所见陶罐，主要为两型，即侈口宽折沿与斜腹窄折沿，前者口沿沿面见有凹棱，两型陶罐器表均见有方格纹。此类器形和纹饰与西周时期陶器风格相似。遗址所见鼎足为扁柱状，素面，为东周时期常见形态。遗址所见瓦状鼎足与鹰潭角山遗址所见鼎足十分相近，后者年代为商代。因此，可以推断黄泥塘遗址的年代为晚商至春秋时期。

黄泥塘遗址的发现与初步研究为抚河流域先秦时期文化序列建构和聚落形态演进研究提供了十分重要的考古资料，亦为先秦时期人与自然关系的研究提供重要资料。

五三　九河山遗址

1. 遗址概况

该遗址位于石门镇礼庄村南侧两公里处（图八五二），南侧三公里处为抚河。南邻水塘，东、西为橘树林，南距 638 乡道约 330 米，遗址南距茶山遗址约 210 米，西北距礼庄村约 900 米（图八五三）。九河山遗址为一低矮岗地，中部偏高，四周呈缓坡。遗址现种植大量橘树，部分地域杂草较为茂盛（图八五四）。该遗址地理坐标为：北纬 27°46′38.9″，东经 116°40′18.7″，海拔 66 米。

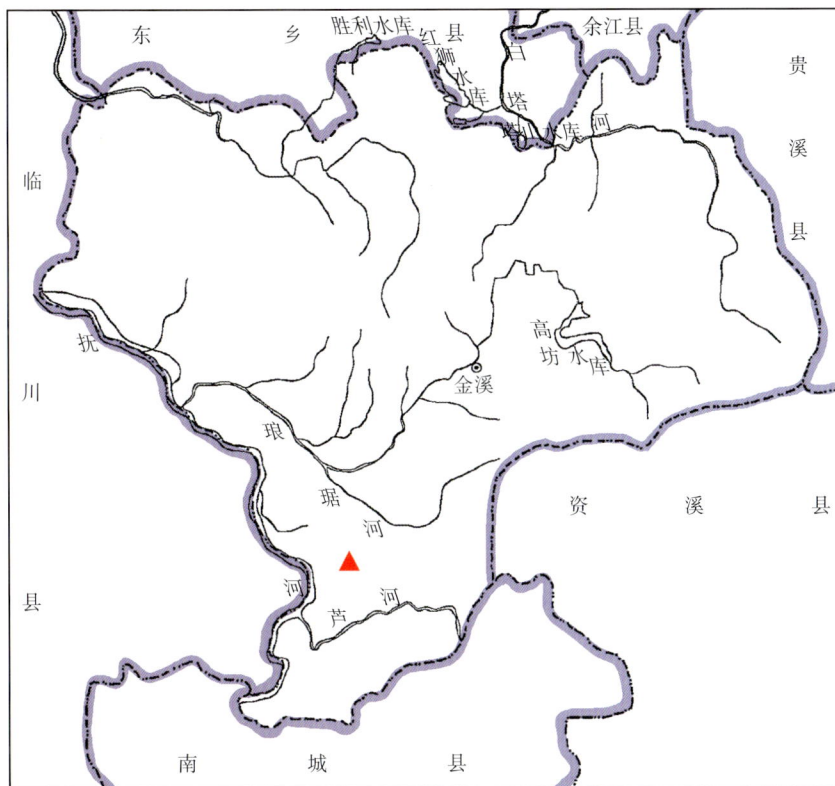

图八五二　九河山遗址位置图

2. 遗物介绍

九河山遗址采集遗物较少，主要为陶器残片，以下对其进行介绍。

陶器以硬陶为主，夹砂陶较少，另见晚期瓷器。硬陶多为灰色、灰褐色，纹饰有交错绳纹（图八五五，2）、雷纹（图八五六，4、6）、席纹（图八五六，2、3）、交错线纹（图八五六，5、7）和菱格纹（图八五六，1）、细绳纹（图八五五，5），器形可见罐、盆等；夹砂陶多为灰褐陶，纹饰有绳纹（图八五五，1、3、4）等，器形见有罐。

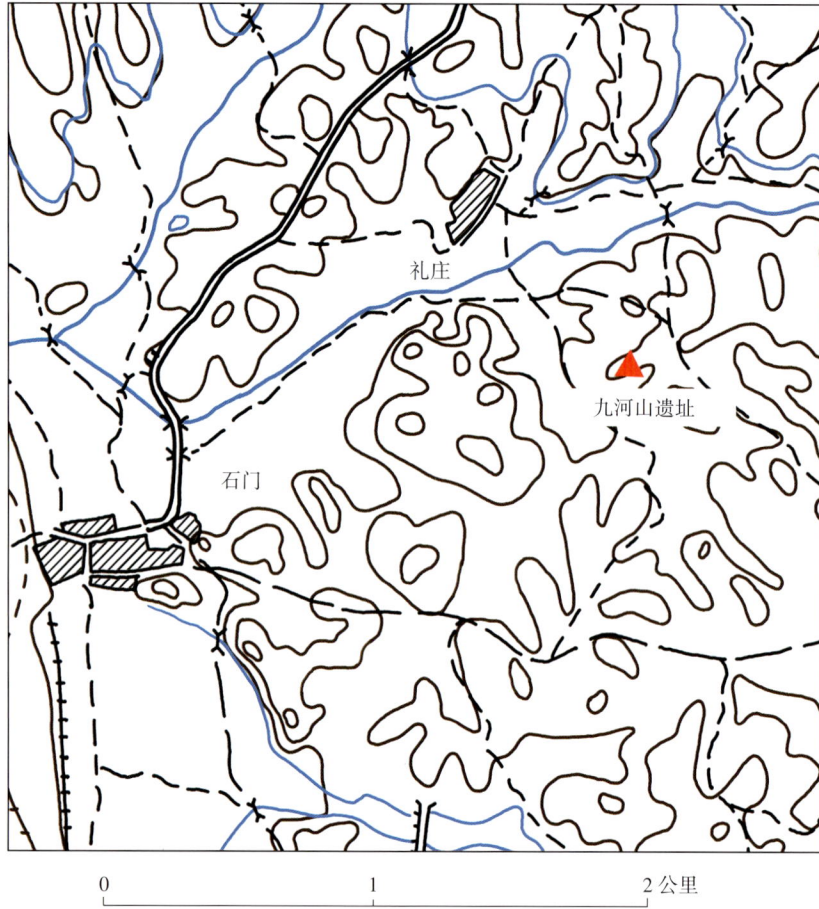

图八五三　九河山遗址地貌图

图八五四　九河山遗址远景图（由西向东）

图八五五　九河山遗址采集陶片纹饰拓片

1、3、4. 绳纹　2. 交错绳纹　5. 细绳纹

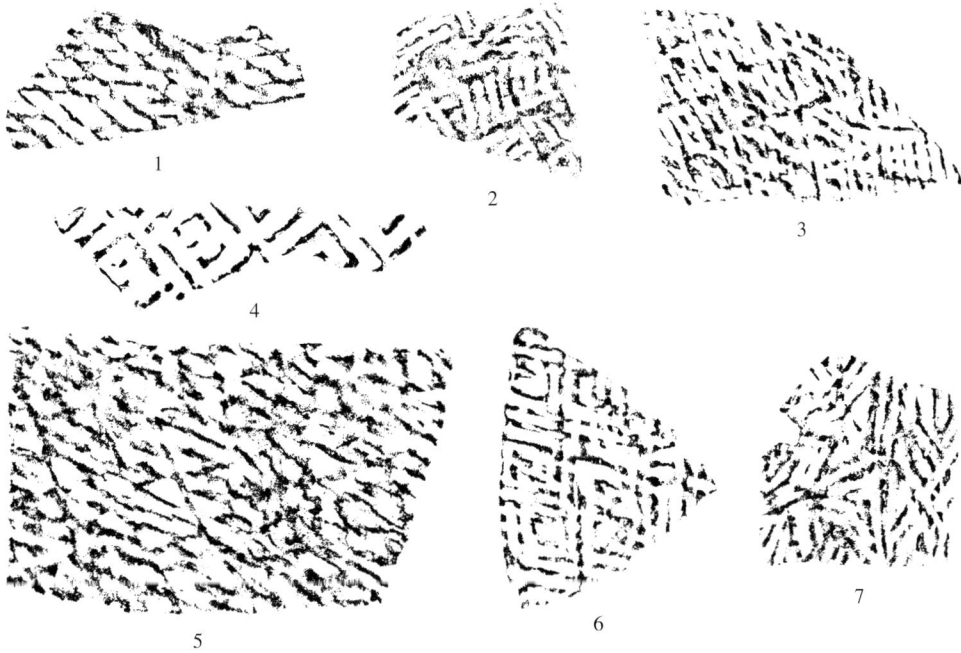

图八五六　九河山遗址采集陶片纹饰拓片

1. 菱格纹　2、3. 席纹　4、6. 雷纹　5、7. 交错线纹

罐　8件。据形态可分为两型。

A型：6件。矮领，直口，鼓肩。

2015JJH：6，灰色硬陶，圆唇。器表施雷纹。残高8.0厘米（图八五七，1；图版八二，2）。

2015JJH：3，灰色硬陶，斜方唇，唇面有两道凹槽。内外壁可见明显轮制痕迹，器表施绳纹。残高6.2、口径14.0厘米（图八五七，2）。

2015JJH：8，灰褐色硬陶，领部有数道凸棱。器表施席纹。残高5.0厘米（图八五七，4）。

2015JJH：4，灰褐色硬陶，斜折，窄平沿，尖唇，沿面有两道凹槽。器表施雷纹。残高6.0厘米（图八五七，5；图版八二，3）。

2015JJH：7，灰褐色硬陶。器表施交错绳纹。残高6.2厘米（图八五七，6）。

2015JJH：2，灰色硬陶，方唇，唇面有两道凹槽。内外壁可见明显轮制痕迹，器表施交错线纹。残高8.2厘米（图八五七，8；图版八二，1）。

图八五七　九河山遗址采集陶罐

1、2、4~6、8.A型罐（2015JJH：6、2015JJH：3、2015JJH：8、2015JJH：4、2015JJH：7、2015JJH：2）

3、7.B型罐（2015JJH：1、2015JJH：5）

B 型：2 件。斜肩，斜折沿。

2015JJH：1，灰色硬陶，敛口，圆唇，沿面有两道凹槽。器表施交错线纹，纹痕较浅。残高 6.0 厘米（图八五七，3）。

2015JJH：5，红褐色硬陶，近直口，方唇。素面。残高 4.0 厘米（图八五七，7）。

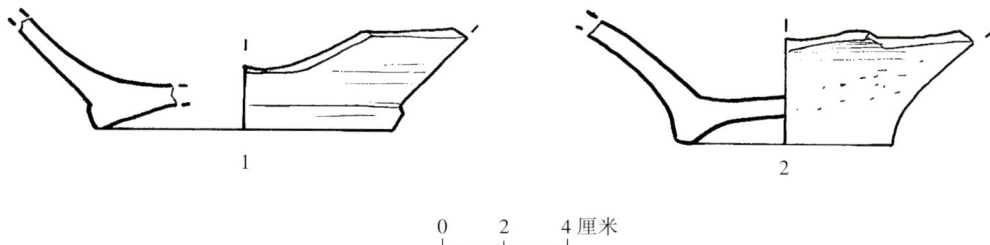

0   2   4厘米

图八五八　九河山遗址采集陶器
1、2. 器底（2015JJH：9、2015JJH：10）

器底　2 件。

2015JJH：9，灰色硬陶，斜直腹，凹底。内外壁可见轮制痕迹。残高 3.2 厘米（图八五八，1）。

2015JJH：10，夹砂灰褐陶，斜直腹，凹底。素面。残高 3.6 厘米（图八五八，2）。

1. 陶罐（2015JJH：2）

2. 陶罐（2015JJH：6）

3. 陶罐（2015JJH：4）

图版八二　九河山遗址采集遗物

3. 遗址性质与年代

九河山遗址属于典型岗地类聚落，该聚落与荒山、黄泥塘、跑马场、郑家山等聚落相距不远，诸遗址应有紧密关系。将遗址采集陶器与周边遗存相比较，九河山遗址采集遗物较为单纯，且与邻近遗址有较多相近特征，如与郑家山、跑马场等遗址较为相近。所见矮领鼓腹罐、窄折沿罐，沿面见有多道凹槽等特征，与知青砖厂、母猪嘴等遗址所见同类器近同。因此，可推定九河山遗址的年代为商代。

九河山遗址的发现与初步分析，有助于区域文化序列建构，亦有助于抚河流域聚落形态演进等方面的深入研究。

五四　跑马场遗址

1. 遗址概况

跑马场遗址位于抚河东岸（图八五九），西距抚河 3 公里。遗址两侧为一小河。该遗址位于石门镇荒山南侧的半山腰处，山坡下为 638 乡道，遗址西北距石门乡政府所在地约 1000 米，遗址与黄泥塘遗址以乡道相隔（图八六○）。遗址整体呈不规则形，为缓坡状山岗，地势东北高，西南低，地表被橘子树、灌木和杂草丛等覆盖，植被较为茂密（图八六一）。该遗址地理坐标为：北纬 27°46′28.2″，东经 116°40′19.6″，海拔 67 米。

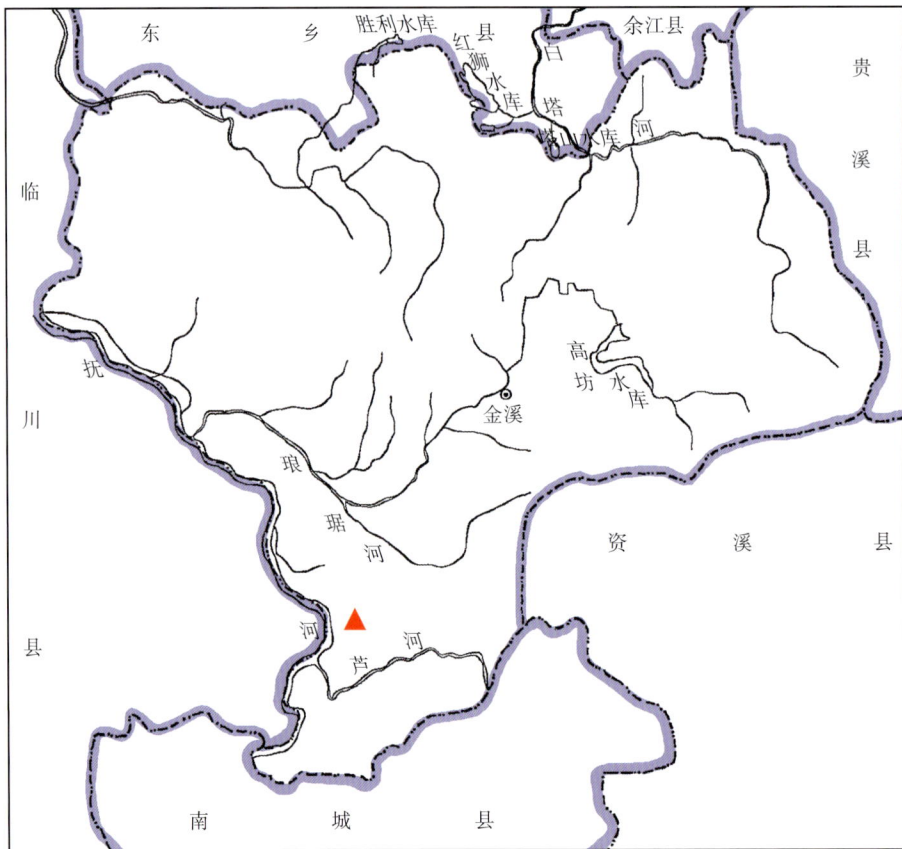

图八五九　跑马场遗址位置图

图八六〇 跑马场遗址地貌图

图八六一 跑马场遗址远景图（由东向西）

2. 遗物介绍

跑马场遗址采集遗物较为丰富，主要有石器和陶器。石器见有石刀、石镞、砺石等。

（1）石器

石镞　1件。

2015JPM：1，青灰色闪长岩磨制而成，扁平状，尖锋，略残，两侧刃较钝，锥状铤。器表磨制光滑。残长3.1、宽1.1厘米（图八六二，3；图版八三，6）。

砺石　1件。

2015JPM：2，青灰色砂岩制成，两端残，研磨面内凹。残长11.0、宽6.4厘米（图八六二，1）。

石刀　1件。

2015JPM：3，灰褐色砂岩磨制而成，直背，两侧竖直，刃部残，上下面平整。器表较为光滑。残长2.6、宽5.8厘米（图八六二，2）。

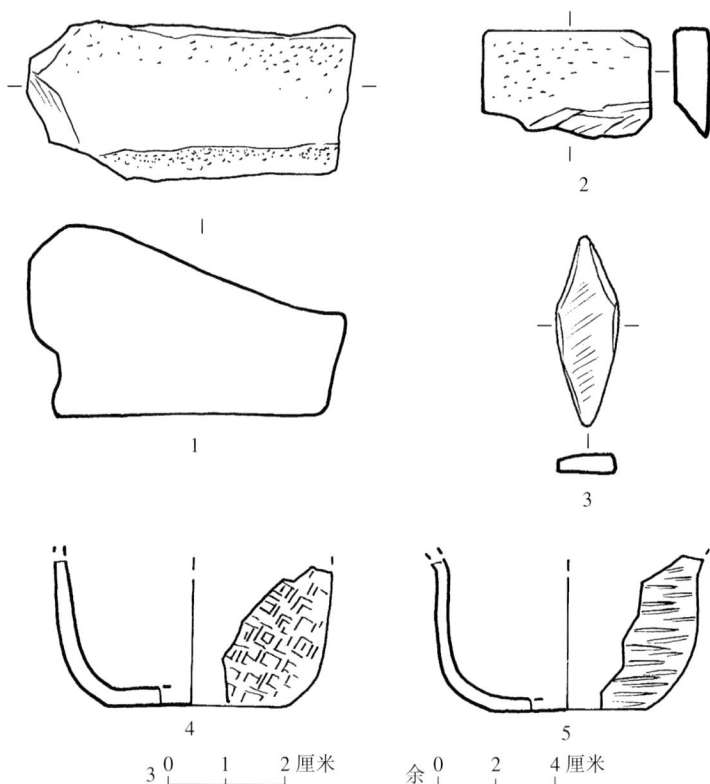

图八六二　跑马场遗址采集遗物

1. 砺石（2015JPM：2）　2. 石刀（2015JPM：3）　3. 石镞（2015JPM：1）
4、5. 罐底（2015JPM：19、2015JPM：20）

（2）陶器

陶器以印纹硬陶为主，夹砂陶较少。硬陶多为灰褐色、黄褐色，纹饰有绳纹（图八六四，1、2）、交错绳纹（图八六四，3~5）、变体雷纹（图八六四，11、14）、方格纹（图八六三，1~4）、菱格纹（图八六三，5、6；图八六四，6）和席纹（图八六四，12）、叶脉纹（图八六四，13）等，器形有罐等；夹砂陶多为灰褐陶、浅黄陶，纹饰有绳纹、交错线纹等，器形有罐等。

图八六三 跑马场遗址采集陶片纹饰拓片
1~4. 方格纹 5、6. 菱格纹

罐口沿 14件。据口沿特征，可划分为三型：

A型：7件。侈口，宽折沿。

2015JPM：4，灰色硬陶，宽平沿，斜方唇，唇面有一凸棱。器表施菱格纹。残高3.4厘米（图八六五，1）。

2015JPM：5，灰色硬陶，宽折沿，斜方唇，唇面有一凸棱。器表施雷纹。残高3.8厘米（图八六五，2）。

2015JPM：6，灰色硬陶，折沿，方唇。沿面有枝叶状刻痕，器表施叶脉纹。残高3.6厘米（图八六五，3）。

2015JPM：11，灰色硬陶，方唇，唇内有一凸棱。器表施绳纹。残高7.6厘米（图八六五，11；图版八三，2）。

2015JPM：17，灰色硬陶，窄斜沿，方唇，沿面有一凸棱。器表施交错线纹，纹痕较浅。残高4.8厘米（图八四七，1）。

2015JPM：16，夹砂红褐陶，方唇。器表见有线纹。残高2.6厘米（图八六六，3）。

2015JPM：15，灰色硬陶，宽平沿，斜方唇，唇内有一凸棱。器表施菱格纹，大部分被抹平。残高2.8厘米（图八六六，4）。

B型：7件。侈口，窄折沿，沿面见有凹槽。

2015JPM：7，灰色硬陶，敛口，圆唇，沿面有数道凹槽。残高2.4厘米（图八六五，4）。

2015JPM：8，灰色硬陶，敛口，圆唇，沿面有数道凹槽。器表施雷纹。残高3.8厘米（图八六五，5）。

2015JPM：9，灰色硬陶，敛口，沿面有四道凹槽。器表施雷纹。残高2.8厘米（图八六五，6）。

2015JPM：10，灰色硬陶，尖圆唇，沿面有一周凸棱。内外壁可见轮制痕迹。残高4.4厘米（图

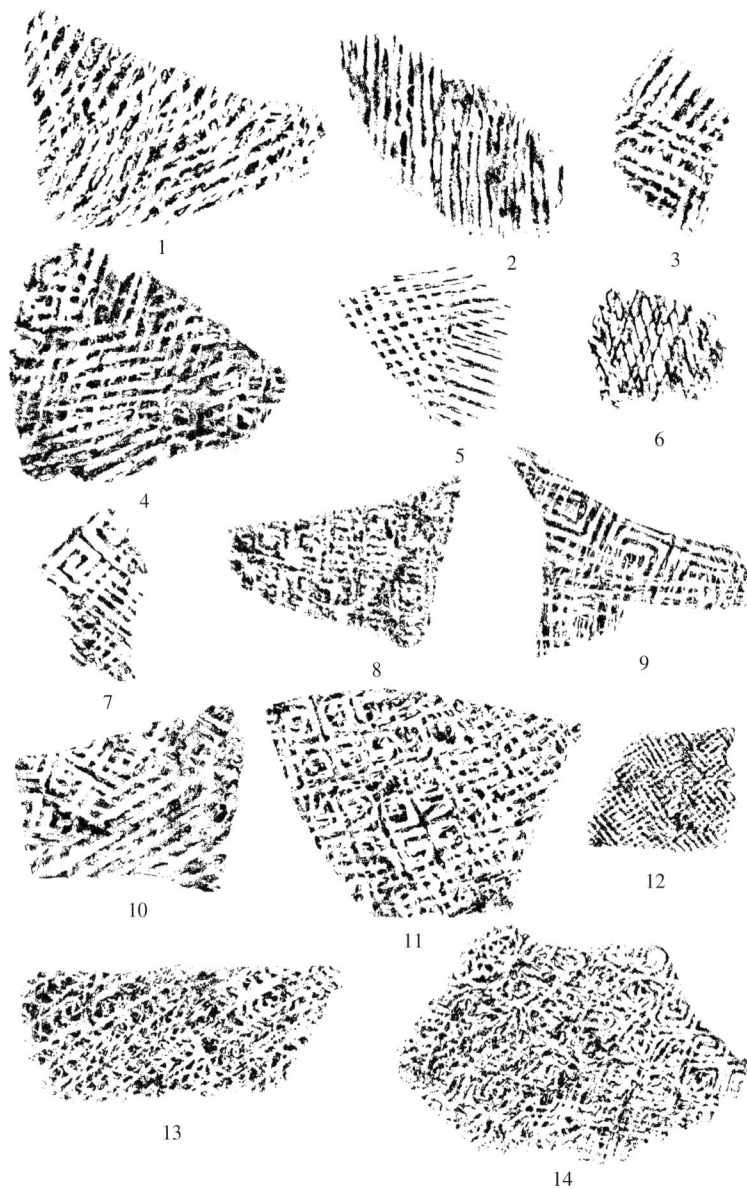

图八六四　跑马场遗址采集陶片纹饰拓片

1、2. 绳纹　3~5. 交错绳纹　6. 菱格纹　7、9、10. 雷纹+绳纹　8. 雷纹
11、14. 变体雷纹　12. 席纹　13. 叶脉纹

八六五，7）。

2015JPM：13，灰色硬陶，圆唇，沿面有四道凹槽。器表施交错短线纹。残高3.6厘米（图八六五，8；图版八三，1）。

2015JPM：14，灰色硬陶，尖圆唇。器表施交错短线纹。残高2.8厘米（图八六五，9）。

2015JPM：12，灰色硬陶，沿面有数道凹槽。器表施变体雷纹。残高7.0厘米（图八六五，10；图版八三，4）。

罐底　2件。

2015JPM：19，灰色硬陶，弧腹，平底。器表施雷纹。残高4.8厘米（图八六二，4；图版八三，3）。

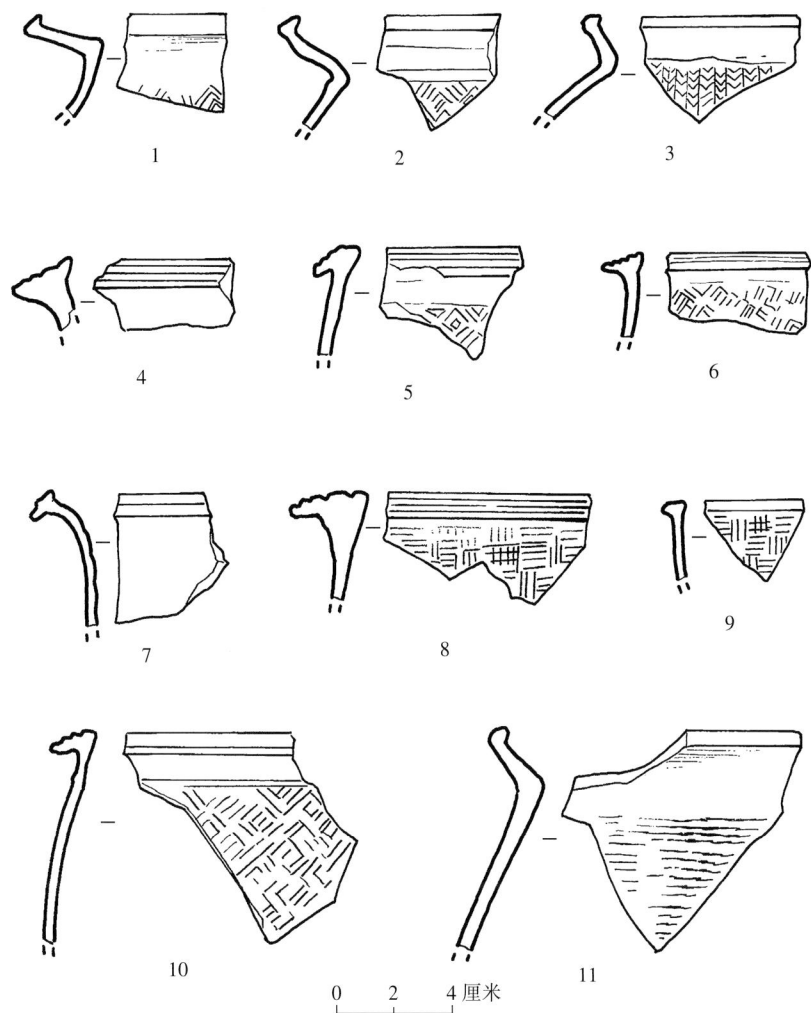

图八六五　跑马场遗址采集陶罐

1～3、11. A 型罐口沿（2015JPM：4、2015JPM：5、2015JPM：6、2015JPM：11）　4～10. B 型罐口沿
（2015JPM：7、2015JPM：8、2015JPM：9、2015JPM：10、2015JPM：13、2015JPM：14、2015JPM：12）

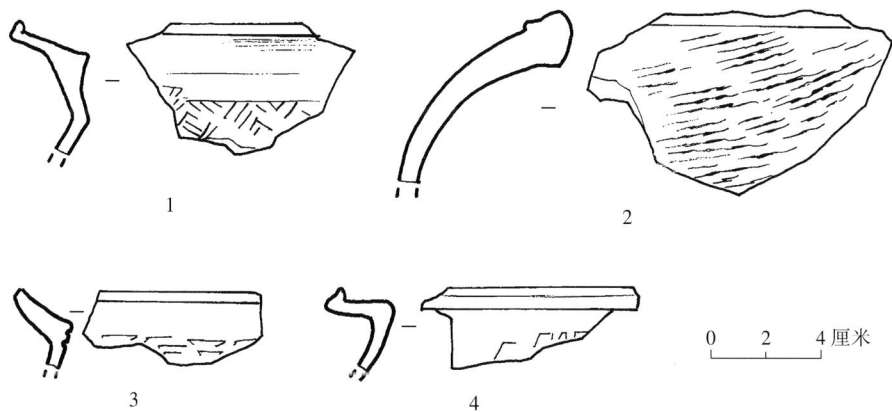

图八六六　跑马场遗址采集陶器

1、3、4. A 型罐口沿（2015JPM：17、2015JPM：16、2015JPM：15）　2. 甗腰（2015JPM：18）

2015JPM：20，夹砂灰褐陶，弧腹，平底。器表施交错粗线纹。残高5.0厘米（图八六二，5；图版八三，5）。

瓿腰　1件。

2015JPM：18，灰色硬陶，鼓腹，窄腰隔。器表施交错绳纹。残高6.4厘米（图八六六，2）。

1. 陶罐（2015JPM：13）

2. 陶罐（2015JPM：11）

3. 陶罐（2015JPM：19）

4. 陶罐（2015JPM：12）

5. 陶罐（2015JPM：20）

6. 石镞（2015JPM：1）

图版八三　跑马场遗址采集遗物

3. 遗址性质与年代

跑马场遗址位于抚河东岸，距抚河约 3 公里，遗址西北侧临近抚河支流。跑马场为缓坡状山岗，遗址所处位置十分优越。在跑马场遗址附近先后发现满路、郑家山、黄泥塘、荒山、九河山等遗址，说明先秦时期古人在此地有较多的分布。

从遗址采集到的遗物与周边遗址比较来看，跑马场遗址可划分为两个阶段：

第 1 组：以窄折沿短领罐为代表。此类印纹硬陶罐口沿沿面多见四道凹槽，其形态与母猪嘴、郑家山遗址所见相近。这一时期印纹硬陶见有雷纹、绳纹，与鹰潭角山遗址商代遗存十分相似。可以推测，跑马场所见此类遗存的年代为商时期。

第 2 组：以宽折沿陶罐、变体雷纹、菱格纹、方格纹印纹硬陶片为代表。与周边遗址相比，丁家山遗址所见陶罐口沿与其相似。在抚河上游乐安县、宜黄县调查有较多此类遗存。在樟树彭家山[①]亦发现此类折沿罐，后者年代为西周早期。因此，可判断跑马场遗址第 2 组的年代为西周早期。

跑马场遗址属于典型的岗地类遗址，其附近发现有较多同类遗址。该区域为临河低丘陵地形，适宜古人在此居住。跑马场遗址的发现为该区域考古学文化序列的建立、区域聚落形态研究等方面提供了十分重要的实物资料。

五五　满路遗址

1. 遗址概况

该遗址位于石门乡石门村的东部（图八六七），北邻 638 乡道，西距 966 乡道约 1 公里，东南距东排村约 2 公里。遗址东侧为满路水库，东南侧为丰水水库，西北侧为跑马场遗址。遗址为一山岗缓坡地带，地势中南部稍高，四周低（图八六八）。遗址西北部种植橘子树林，其余区域被杂草和灌木丛等覆盖，植被较为茂密（图八六九）。该遗址地理坐标为：北纬 27°46′21.2″，东经 116°40′41.6″，海拔 75 米。

遗址处于抚河东岸，其南侧见有小溪。满路遗址属于典型的岗地类聚落。该遗址采集遗物较少，见有石器和陶器。以下予以介绍。

2. 遗物介绍

（1）石器

石刀　2 件。

2015JML：2，灰褐色闪长岩磨制而成，一侧残，弧背，单面刃，近背部有一圆形对钻穿孔。器表较为光滑。高 2.9、残宽 4.8 厘米（图八七〇，1）。

2015JML：1，青色砂岩磨制而成，近三角形，一端残。器表磨制较为光滑。残高 4.1、残宽 2.1 厘米（图八七〇，2；图版八四，3）。

---

① 江西省文物考古研究所、江西省樟树市博物馆：《江西樟树彭家山西周遗址发掘简报》，《南方文化》1999 年第 3 期。

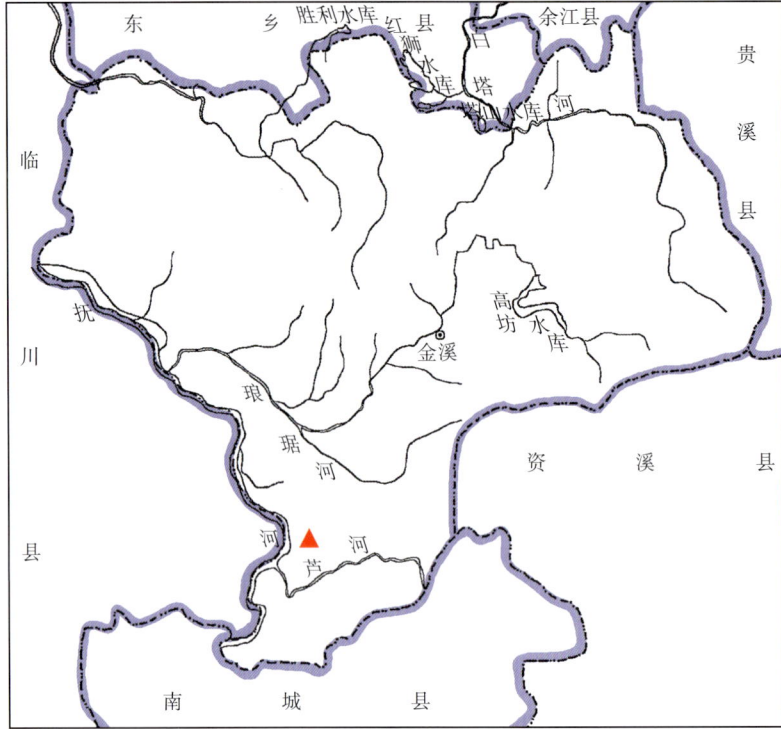

图八六七　满路遗址位置图

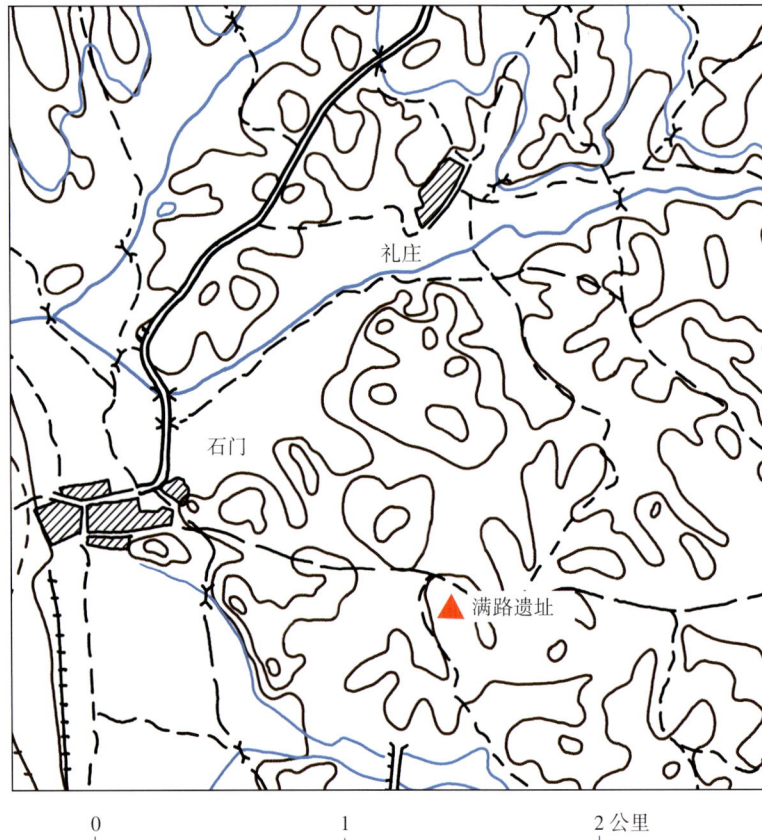

图八六八　满路遗址地貌图

图八六九　满路遗址远景图（由东向西）

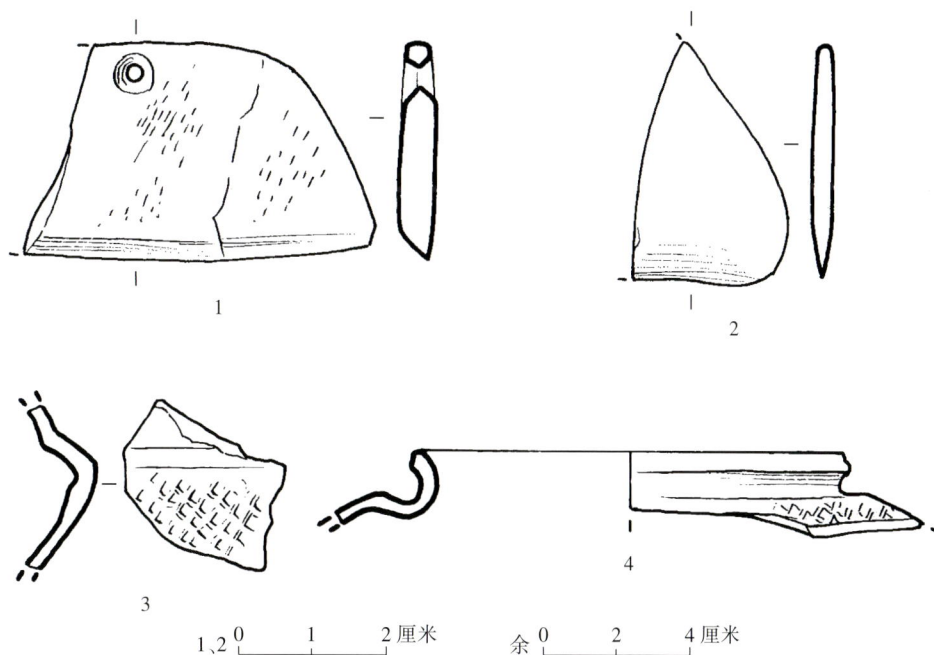

1

2

3

4

1、2　0　1　2厘米　　余　0　2　4厘米

图八七○　满路遗址采集遗物

1、2. 石刀（2015JML：2、2015JML：1）　3、4. 陶罐（2015JML：3、2015JML：4）

（2）陶器

以硬陶为主，夹砂陶极少。硬陶以灰褐色为多，纹饰有方格纹（图八七一，1、4、5、6、8、9）、交错线纹（图八七一，2）、折线纹（图八七一，11）、绳纹（图八七一，10）和菱格纹（图八七一，3、7）等，器形有罐等；夹砂陶以灰褐色为主，大部分素面，少见绳纹，器形有罐、鼎（足）等。

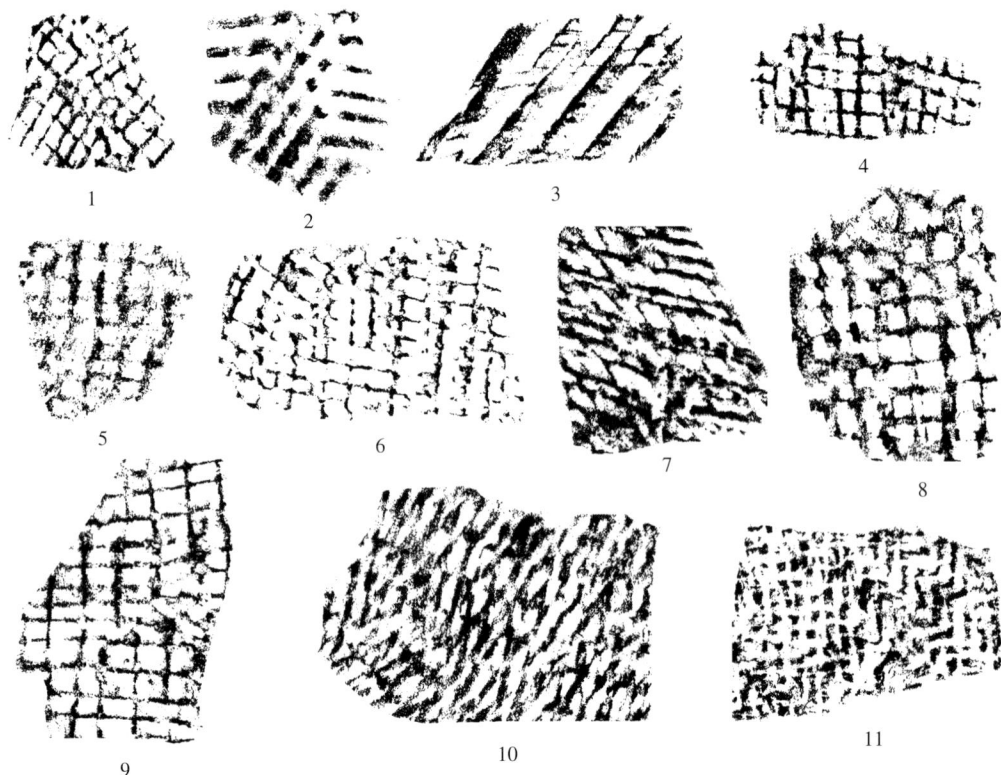

图八七一　满路遗址采集陶片纹饰拓片
1、4、5、6、8、9. 方格纹　2. 交错线纹　3、7. 菱格纹　10. 绳纹　11. 折线纹

罐　2件。

2015JML：3，灰色硬陶，侈口，折沿，方唇。器表施菱格纹，纹痕较浅。残高4.4厘米（图八七〇，3；图版八四，2）。

2015JML：4，灰色硬陶，侈口，卷沿。器表施菱格纹。口径12.0、残高2.0厘米（图八七〇，4；图版八四，1）。

3. 遗址性质与年代

满路遗址是一处较为典型的岗地类聚落。遗址位于抚河东岸，为缓坡地形，此类环境条件适合古人居住生活。满路遗址采集遗物较少，通过对陶器纹饰与器形的比较，可初步判断该遗址的年代。

遗址所见方格纹、菱格纹规格较大，纹痕较深，另见有折线纹，此类纹饰具有西周时期硬陶施纹的风格，采集所见宽折沿罐亦具有西周时期陶器特征，其与铜钱山、跑马场等遗址同类相近。因此，可初步判断满路遗址的年代为西周时期或略晚。

满路及其附近有较多处遗址发现，其均沿抚河分布。该遗址的发现对区域文化序列建立及聚落形态特征研究都具有一定的推动作用。

1. 陶罐（2015JML：4）

2. 陶罐（2015JML：3）

3. 石刀（2015JML：1）

图版八四　满路遗址采集遗物

五六　招家斜遗址

1. 遗址概况

该遗址位于合市镇田南村委会上城村小组（图八七二），遗址位于上城村牌楼北侧，东北距上城村约 150 米，东南距上城遗址 100 米，南距 636 乡道 450 米（图八七三）。遗址南侧约 50 米为上城村环壕遗址。遗址所在水系为双陈河（又称齐冈水）支流，其东侧为小河流经。遗址整体呈不规则形，山岗坡地高出村道约 3 米。遗址地表种植蔬菜及橘树，西面和南面为松树林（图八七四）。该遗址地理坐标为：北纬 27°56′42.3″，东经 116°42′43.2″，海拔 77 米。

2. 遗物介绍

遗址采集遗物以石器和陶器为主，石器主要有石锛和石镞。

（1）石器

石镞　1 件。

2015JZJX：1，灰褐色闪长岩磨制而成，前锋残，两刃锋利，截面呈菱形，中部起脊。器表磨制光滑。残长 4.0 厘米（图八七五，2；图版八五，3）。

石锛　1 件。

2015JZJX：2，青灰色砂岩磨制而成，顶部较为平整，两侧斜直，上下面平整，单面刃。器表磨

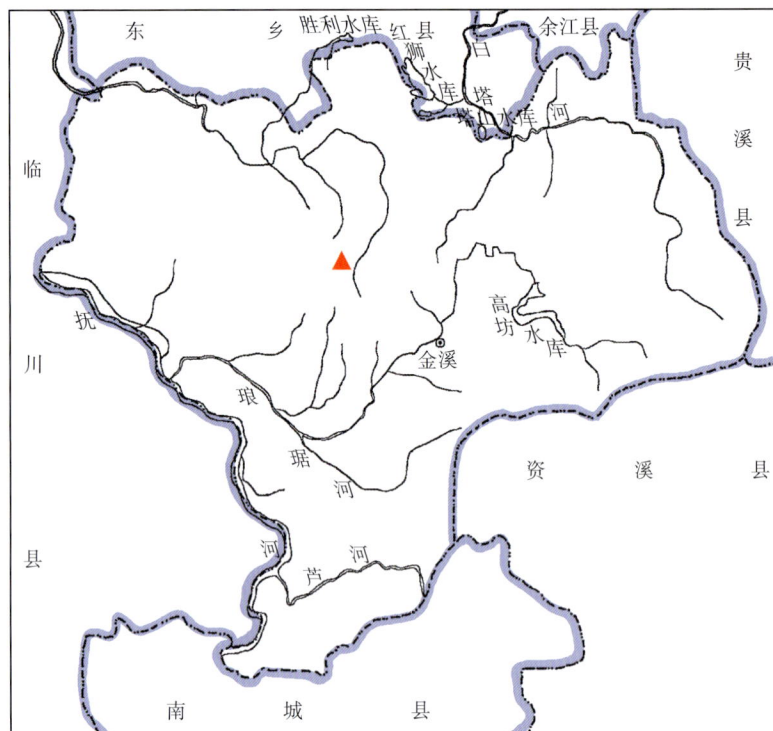

图八七二　招家斜遗址位置图

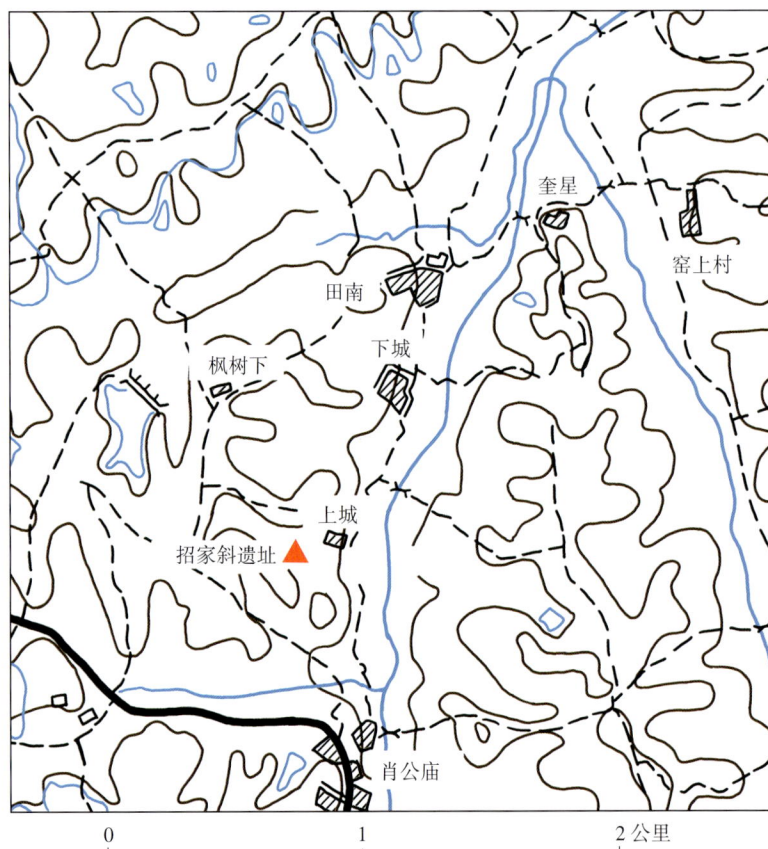

图八七三　招家斜遗址地貌图

图八七四　招家斜遗址远景图（由西向东）

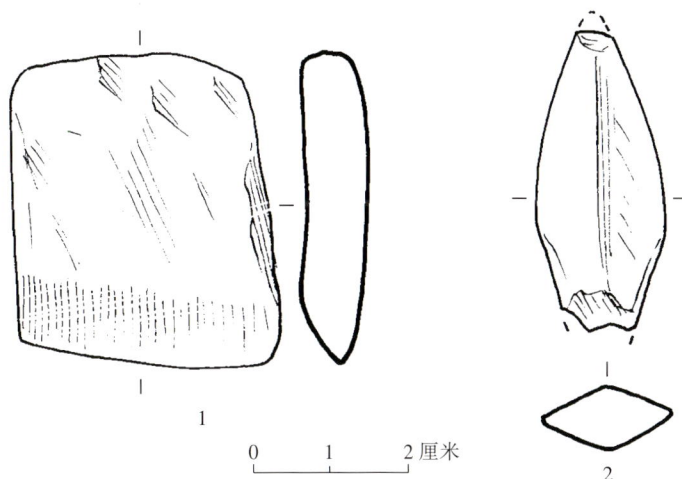

图八七五　招家斜遗址采集石器
1. 石镞（2015JZJX：2）　　2. 石锛（2015JZJX：1）

制较为规整。残长4.0、残宽3.3厘米（图八七五，1；图版八五，2）。

（2）陶器

陶器以硬陶及夹砂陶为主。硬陶多为灰色、灰褐色，纹饰有折线纹（图八七六，4）、小方格纹（图八七六，6～10）和绳纹（图八七六，1～3、5），器形主要有陶罐等；夹砂陶为灰褐色、黄褐色，纹饰有绳纹、交错线纹，器形有陶罐、陶豆、陶鼎（足）等。

罐　6件。据口部特征可分为四型：

A型：2件。高领，侈口，卷沿。

2015JZJX：6，灰色硬陶，方唇。口沿内壁见有轮制痕迹，器表施折线纹。口径14.0、残高4.0

图八七六　招家斜遗址采集陶片纹饰拓片
1~3、5. 绳纹　4. 折线纹　6~10. 小方格纹

厘米（图八七七，2）。

2015JZJX：5，灰褐色硬陶，斜方唇。素面。残高3.4厘米（图八七七，6）。

B型：3件。无领，侈口。根据沿部特征分为两亚型：

Ba型：2件。卷沿。

2015JZJX：8，黄褐色硬陶，圆唇。器表施菱格纹。残高2.8厘米（图八七七，3）。

2015JZJX：7，灰色硬陶，圆唇，唇面有一周凹槽。内外壁可见轮制痕迹。残高2.8厘米（图八七七，5）。

Bb型：1件。折沿。

2015JZJX：4，灰色硬陶，圆唇，圆鼓腹。内外壁可见轮制痕迹，素面。残高5.0、口径18.0厘米（图八七七，1）。

C型：1件。敛口。

2015JZJX：3，灰色硬陶，敛口，方唇。内外壁可见轮制痕迹，素面。残高2.8厘米（图八七七，4）。

鼎足　9件。

按形态可分为三型：

A型：6件。扁平状。

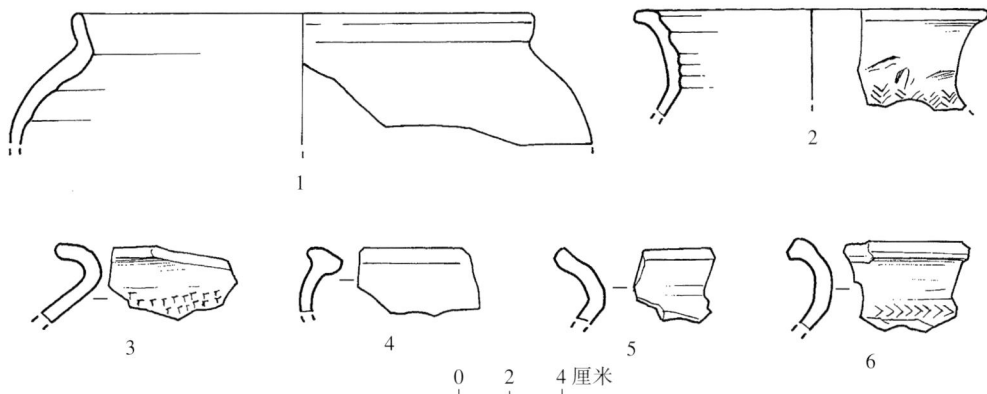

图八七七　招家斜遗址采集陶罐

1. Bb 型罐（2015JZJX：4）　　2、6. A 型罐（2015JZJX：6、2015JZJX：5）　　3、5. Ba 型罐（2015JZJX：8、2015JZJX：7）　　4. C 型罐（2015JZJX：3）

2015JZJX：12，夹砂灰陶。素面。残高5.8厘米（图八七八，1；图版八五，1）。

2015JZJX：18，夹砂灰陶。素面。残高4.3厘米（图八七八，2）。

2015JZJX：10，夹砂灰陶。素面。残高4.8厘米（图八七八，3）。

2015JZJX：11，夹砂灰陶。素面。残高5.8厘米（图八七八，4）。

2015JZJX：14，夹砂黄褐陶。素面。残高4.8厘米（图八七八，5）。

2015JZJX：16，夹砂灰陶。素面。残高6.7厘米（图八七八，6）。

B 型：2 件。扁柱状。

2015JZJX：9，夹砂黄褐陶。素面。残高6.9厘米（图八七九，1）。

2015JZJX：15，夹砂黄褐陶。素面。残高8.4厘米（图八七九，3）。

C 型：1 件。三棱形。

2015JZJX：13，夹砂黄褐陶。素面。残高6.5厘米（图八七九，2）。

豆柄　1 件

2015JZJX：17，夹砂黄褐陶，实心，柱状柄，平底内凹。素面。残高4.0厘米（图八七九，4）。

3. 年代与性质

招家斜遗址采集遗物较丰富，与周边遗址比较可将采集陶器划分为两组：

1组：以高领卷沿罐（A 型罐）、三棱状鼎足为代表。A 型罐器表多施折线纹，这一阶段亦多见绳纹。与周边比较，遗址所见陶罐与郑家山遗址、跑马场等遗址所见同类罐较相近。因此可判断该组的年代为商代晚期。

2组：以小方格纹硬陶，素面扁状鼎足为代表。该组陶器在抚河上游宜黄县有较多发现，此时期主要流行小方格纹硬陶器，多见夹砂素面鼎足，年代为东周时期。因此，可判断该组年代为东周时期。

招家斜遗址紧邻河流，地势较平坦，适合古人在此居住、生活。从招家斜遗址所处的位置来看，其与上城村环壕距离较近，两者应有十分密切的关系。对该处遗址的深入研究，有助于环壕聚落与岗地聚落关系进一步明晰。招家斜遗址的发现有助于区域文化序列和聚落结构的深入研究。

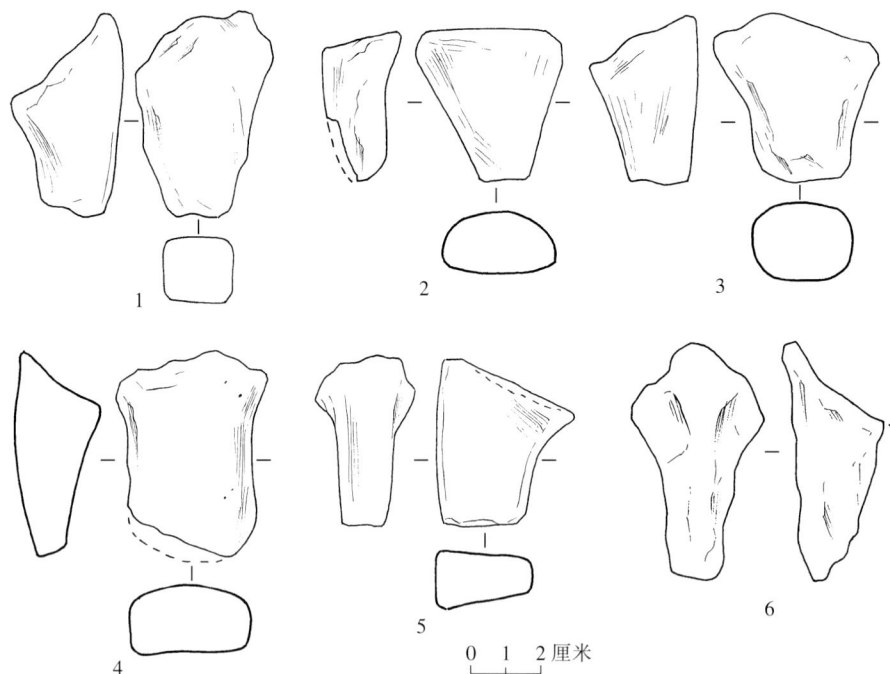

图八七八　招家斜遗址采集陶器

1～6. A 型鼎足（2015JZJX：12、2015JZJX：18、2015JZJX：10、2015JZJX：11、2015JZJX：14、2015JZJX：16）

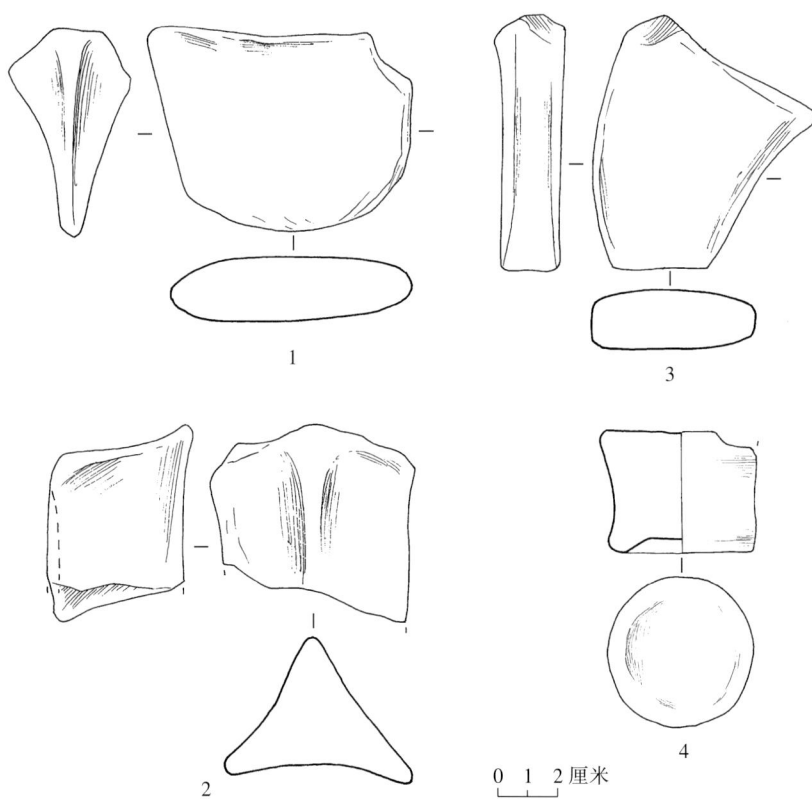

图八七九　招家斜遗址采集陶鼎足

1、3. B 型鼎足（2015JZJX：9、2015JZJX：15）　2. C 型鼎足（2015JZJX：13）　4. 豆柄（2015JZJX：17）

1. 鼎足（2015JZJX：12）

2. 石锛（2015JZJX：2）

3. 石镞（2015JZJX：1）

图版八五　招家斜遗址采集遗物

五七　模头岗遗址

1. 遗址概况

遗址位于合市镇合市村委会下羊村（图八八〇），西距966县道约600米，东南距上羊村约600米，西北距武坊村约800米（图八八一）。遗址整体呈不规则形，长径约612米，短径约286米。遗址为缓坡状山岗地形，种有樟树苗，遗址的西面和南面为松树林（图八八二）。该遗址地理坐标为：北纬28°02′04.2″，东经116°38′25.5″，海拔63米。

遗址所处水系为双陈河支流，距河流较近，遗址地形适合古人居住、生活。模头岗遗址采集遗物较为丰富，主要为石器和陶器，以下逐一进行介绍。

2. 遗物介绍

（1）石器

主要是砂岩磨制而成，主要为石斧、石锛、石镞等。

石斧　5件。

2015JMT：9，黄褐色砂岩磨制而成，顶部、刃部均残，两侧平直。器表磨制光滑。残长5.5、宽5.9厘米（图八八三，1）。

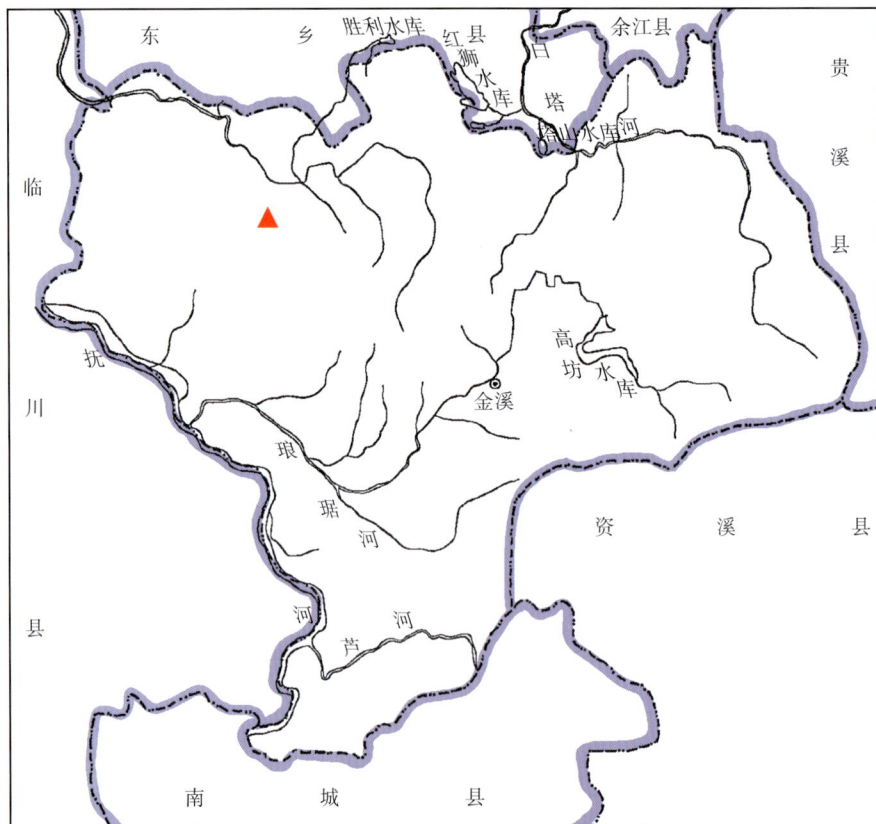

图八八〇　模头岗遗址位置图

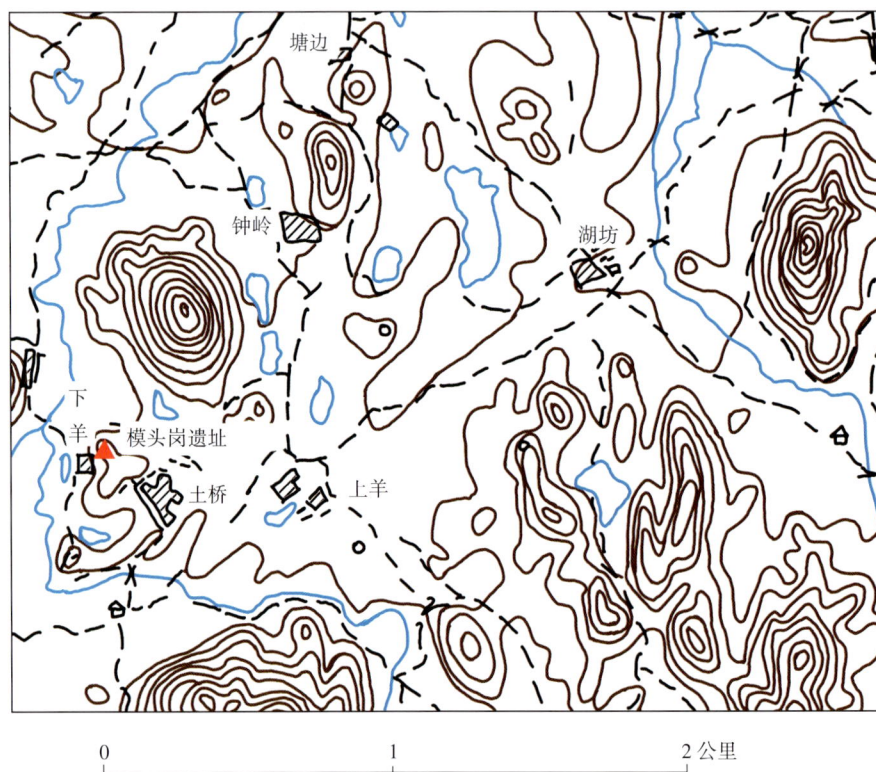

图八八一　模头岗遗址地貌图

图八八二 模头岗遗址远景图（由西向东）

2015JMT：11，黄褐色砂岩磨制而成，近方柱状，顶部圆弧，双面刃较钝。器表可见竖向磨痕。残长12.3、宽4.9厘米（图八八四，1；图版八八，4）。

2015JMT：5，黄褐色砂岩磨制而成，近方柱状，顶端斜直，底端残。器表较为规整。残长9.7、宽4.0厘米（图八八四，3）。

2015JMT：1，黄褐色砂岩磨制而成，呈方柱状，顶端略残，底端亦残，四面平整。残长8.6、宽3.8厘米（图八六六，3）。

2015JMT：16，青灰色砂岩磨制而成，顶部略微规整，刃部略残，双面磨制而成。器表较平整。残长6.8、宽3.5厘米（图八六六，5；图版八六，3）。

石锛 5件。

2015JMT：3，黄褐色砂岩磨制而成，截面呈近椭圆形，顶端残，两侧斜直，底端切割成斜面。表面光滑。残高4.4、宽5.3厘米（图八八三，4）。

2015JMT：18，青色砂岩磨制而成，顶端残，内侧斜直，双面磨制成刃，刃部平直。残长4.2、宽4.9厘米（图八八三，5）。

2015JMT：2，黄褐色砾石磨制而成，平面呈长方形，平顶，两侧竖直，单面斜刃。制作较为规整。残长11.8、宽5.0厘米（图八八四，2；图版八八，3）。

2015JMT：20，青绿色闪长岩磨制而成，平面近梯形，制作规整，平顶，两侧斜直，中部有段，单面斜刃。器表光滑。长9.3、宽4.7厘米（图八八四，4；图版八六，6）。

2015JMT：7，青灰色页岩磨制而成，顶端平直，两侧斜直，单面斜刃，刃部略残。器表略平整。残长6.5、宽3.6厘米（图八八五，4；图版八六，4）。

石刀 5件。

2015JMT：4，灰色页岩磨制而成，两端残，两侧斜直，上下端可见两圆形对钻穿孔。器表磨制光滑。残长6.3、宽5.6厘米（图八八三，2；图版八六，5）。

2015JMT：8，青色页岩磨制而成，两端残，顶端较厚，双面磨制成刃。器表较为光滑。残长

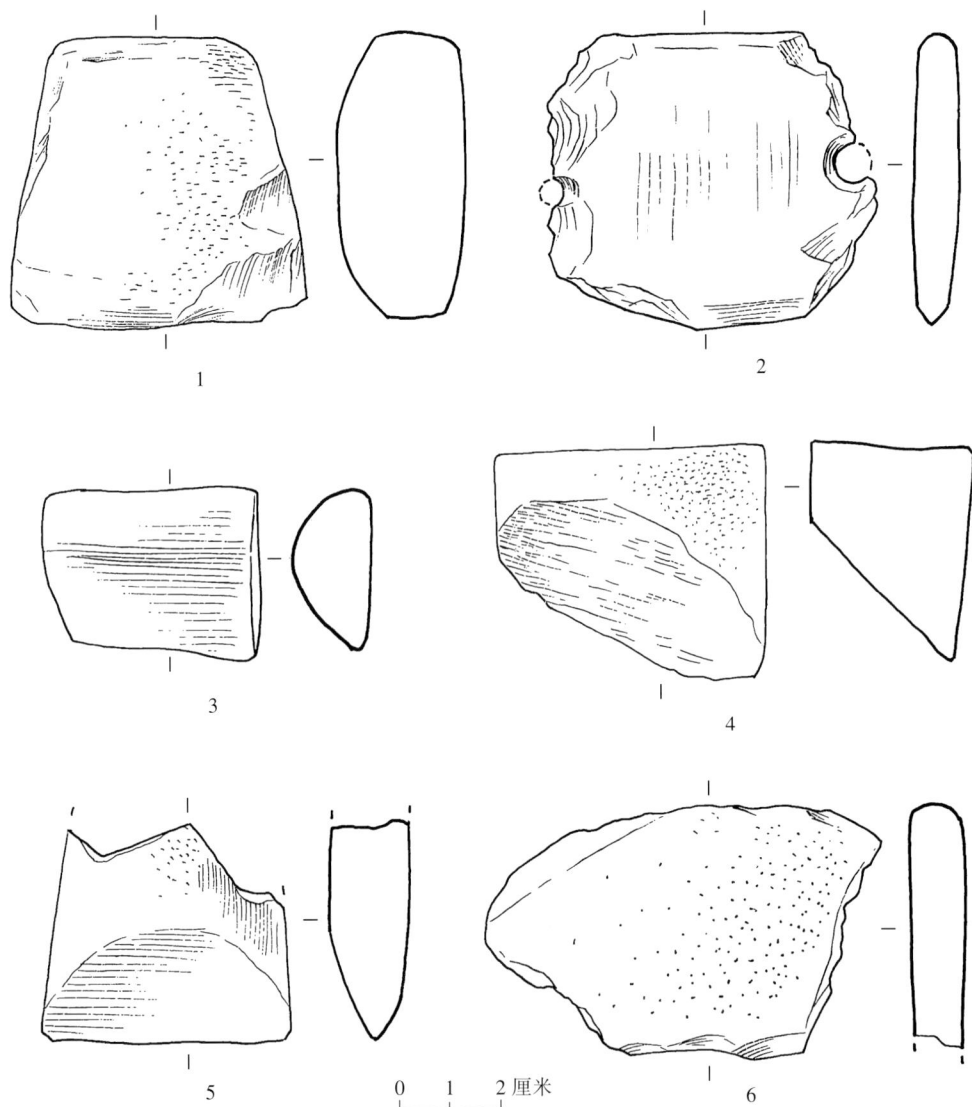

图八八三　模头岗遗址采集石器

1. 石斧（2015JMT：9）　　2、3、6. 石刀（2015JMT：4、2015JMT：8、2015JMT：12）　　4、5. 石锛
（2015JMT：3、2015JMT：18）

4.2、宽3.2厘米（图八八三，3）。

2015JMT：12，青色砂岩磨制而成，石刀残片。器表较为光滑。残长7.6、宽4.9厘米（图八八三，6）。

2015JMT：19，红褐色砂岩磨制而成，弧背，近背部有一圆形对钻穿孔，两侧斜直，刃部残。残长7.1、宽3.1厘米（图八八五，1；图版八六，2）。

2015JMT：15，青灰色页岩磨制而成，背部略残，两侧斜直，残断处见一圆形穿孔。器表光滑。残长4.6、宽3.0厘米（图八八五，2）。

石镞　3件。

2015JMT：14，青色页岩磨制而成，两端残，两侧刃部锋利，中部起脊。器表光滑。残长4.0厘米（图八八五，8）。

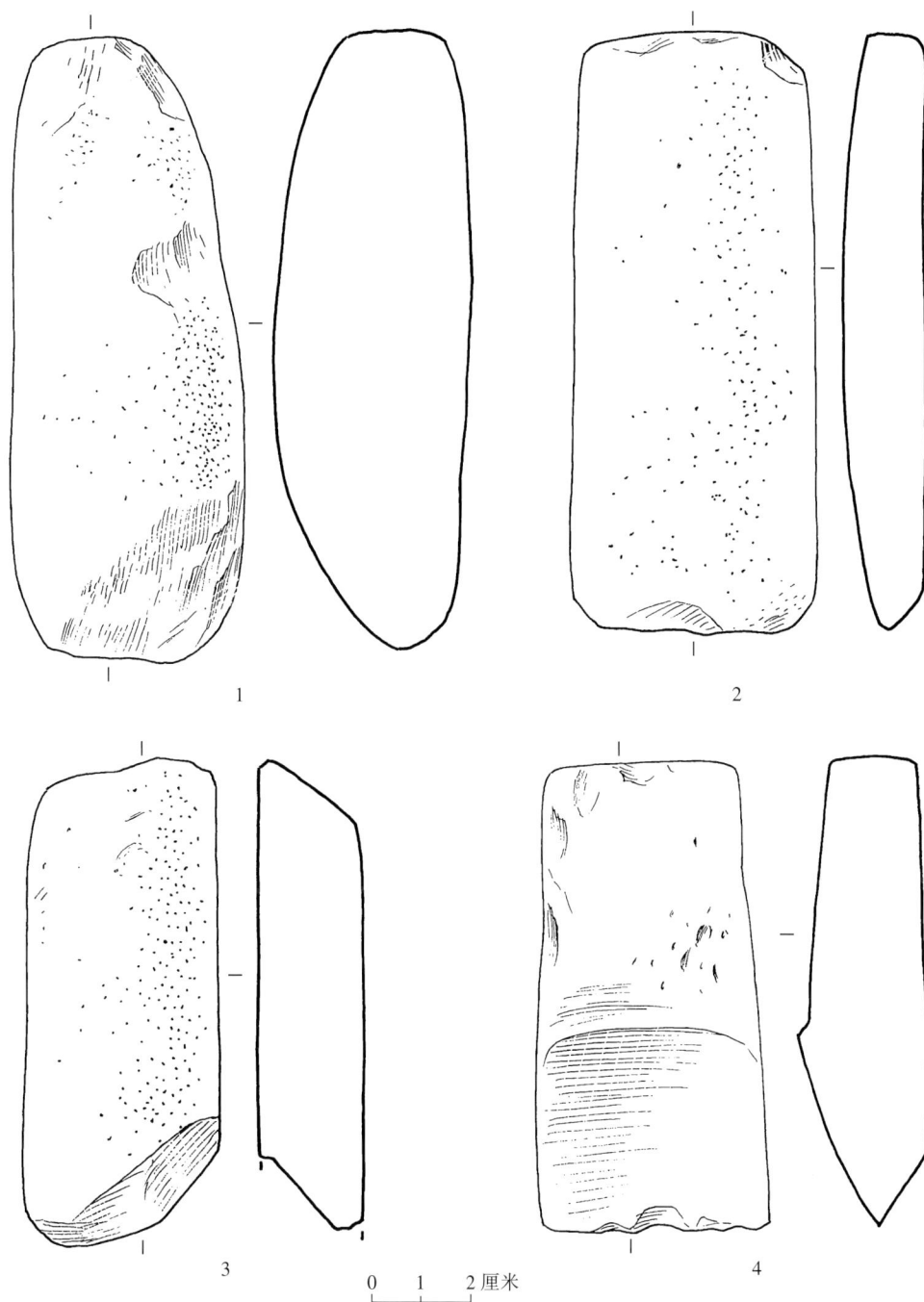

图八八四 模头岗遗址采集石器

1、3. 石斧（2015JMT：11、2015JMT：5） 2、4. 石锛（2015JMT：2、2015JMT：20）

2015JMT：10，青色页岩磨制而成，尖锋，两刃较为锋利，中部起脊，铤残。器表磨制光滑。残长5.0厘米（图八八五，9；图版八六，1）。

2015JMT：17，灰褐色砂岩磨制而成，两端残，两刃锋利，中部起脊，截面呈菱形。器表较半整。残长3.1厘米（图八八五，10）。

石矛 1件。

2015JMT：13，红褐色页岩磨制而成，两端残，两刃锋利，中部起脊，截面呈菱形。器表磨制光

图八八五　模头岗遗址采集石器

1、2. 石刀（2015JMT：19、2015JMT：15）　3、5. 石斧（2015JMT：1、2015JMT：16）　4. 石锛
（2015JMT：7）　6. 石矛（2015JMT：13）　7. 磨制石片（2015JMT：6）　8、9、10. 石镞（2015JMT：
14、2015JMT：10、2015JMT：17）

滑。残长6.5厘米（图八八五，6）。

磨制石片　1件。

2015JMT：6，黄褐色砂岩磨制而成，两端残。两面平直。器表光滑。残长4.8、宽4.1厘米
（图八八五，7）。

（2）陶器

以印纹硬陶为主，硬陶多夹有细砂，以浅灰色，灰褐色为多，陶质坚硬，纹样主要见有方格纹（图八八六，1、2）、雷纹（图八八七，4、5、6）、绳纹（图八八八，4、6、7、8）、菱格纹（图八八六，3、7；图八八七，2；图八八八，5）、交错线纹（图八八八，1）、附加堆纹（图八八八，9）、小方格纹（图八八六，4、8）、折线纹与弦纹组合纹饰（图八八六，5）、折线纹与刻划纹组合纹饰（图八八六，6）、交错绳纹（图八八七，1）、凹弦纹（图八八七，3）、绳纹与雷纹组合纹饰（图八八七，7）、折线纹（图八八七，8）、曲折纹（图八八八，2、3）等，器形见有罐、尊、钵等；夹砂陶较少，多为灰陶或黄褐，纹饰见有绳纹，按窝纹，器形主要为陶罐、鼎（足）。

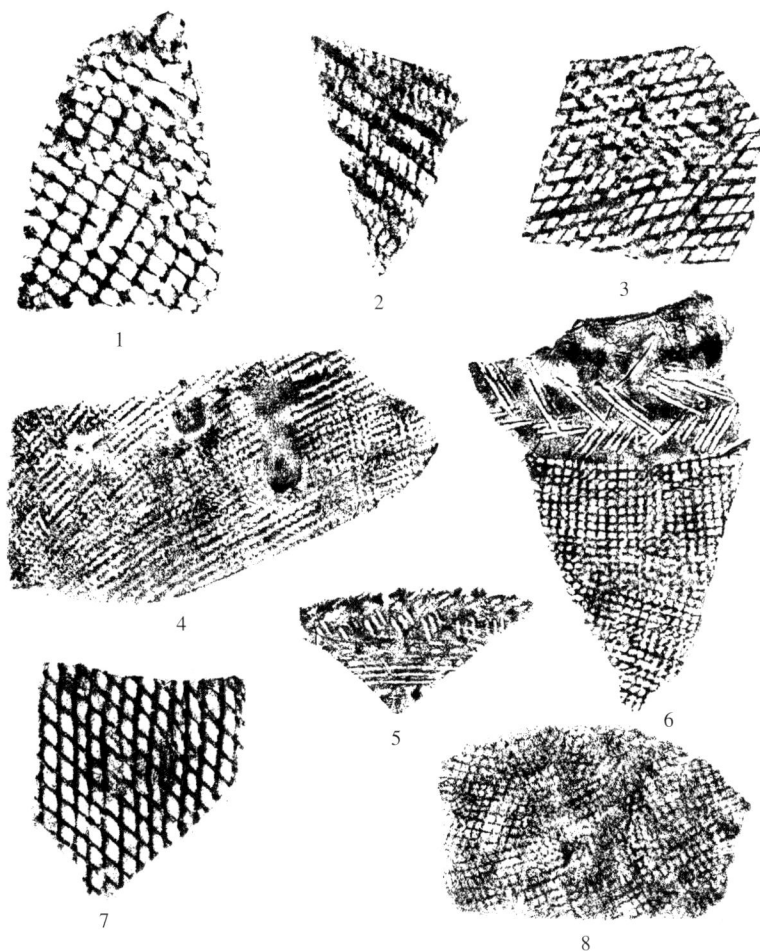

图八八六　模头岗遗址采集陶片纹饰拓片

1、2. 方格纹　3、7. 菱格纹　4、8. 小方格纹　5. 折线纹 + 弦纹　6. 折线纹 + 刻划纹

罐　26 件。数量较多，主要为硬陶，据口沿特征可划分为三型：

A 型：9 件。敛口，内折沿。

2015JMT∶52，夹砂黄陶，圆唇，折肩，斜直腹。器表施菱格纹。残高 4.0 厘米（图八八九，1）。

2015JMT∶29，灰色硬陶，方唇。器表施方格纹。残高 3.6 厘米（图八八九，5）。

2015JMT∶22，黄褐色硬陶，圆唇，唇面内凹，折肩。器表施菱格纹。残高 6.0 厘米（图八八

图八八七　模头岗遗址采集陶片纹饰拓片

1. 交错绳纹　2. 菱格纹　3. 凹弦纹　4、5、6. 雷纹　7. 绳纹＋雷纹　8. 折线纹

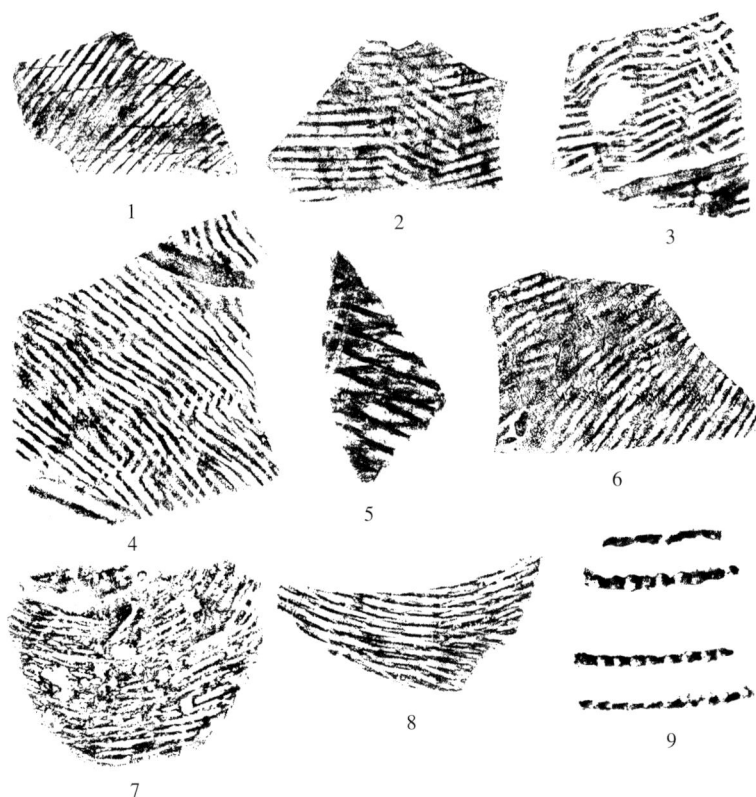

图八八八　模头岗遗址采集陶片纹饰拓片

1. 交错线纹　2、3. 曲折纹　4、6、7、8. 绳纹　5. 菱格纹　9. 附加堆纹

九，7）。

2015JMT：40，黄褐色硬陶，圆唇，折肩，斜弧腹。器表施菱格纹。残高 8.0 厘米（图八九〇，2；图版八七，3）。

2015JMT：51，灰色硬陶，圆唇，沿面微凹。腹部施菱格纹。残高 3.0 厘米（图八九一，3）。

2015JMT：48，灰色硬陶，圆唇，沿面内凹，弧腹。上腹部可见凹弦纹，下腹部施斜菱格纹。残高 4.0 厘米（图八九一，7）。

2015JMT：46，灰色硬陶，斜折腹，圆唇，折肩，斜腹。腹部施方格纹。残高 4.6 厘米（图八九一，9）。

2015JMT：43，褐色硬陶，斜方唇，折肩，斜弧腹。器表施弦断纹。残高 4.8 厘米（图八九二，2）。

2015JMT：45，灰色硬陶，圆唇，唇下有两道凹弦纹，斜弧腹。器表施菱格纹。残高 5.2 厘米（图八九二，4）。

B 型：11 件。侈口，折沿，据口沿形态可分为两亚型：

Ba 型：6 件。宽折沿。

2015JMT：21，夹砂灰陶，尖圆唇，沿面内凹。腹部施斜向绳纹。残高 6.6 厘米（图八八九，4）。

2015JMT：24，夹砂黄褐陶，尖唇。素面。残高 3.4 厘米（图八八九，2）。

2015JMT：32，夹砂灰陶，圆唇。素面。残高 7.6 厘米（图八九〇，1）。

2015JMT：38，夹砂灰陶，圆唇，沿面内凹。器腹施斜向绳纹。残高 4.8 厘米（图八九〇，12）。

2015JMT：49，灰褐色硬陶，夹细砂，方唇。沿下施小方格纹。残高 6.4 厘米（图八九一，1）。

2015JMT：54，夹砂灰陶，圆唇，弧肩。素面。残高 8.0 厘米（图八九一，10）。

Bb 型：5 件。窄折沿。

2015JMT：30，夹砂黄褐陶，尖唇，弧腹。器表施粗绳纹，纹痕较浅。残高 6.0 厘米（图八八九，6）。

2015JMT：36，灰褐色硬陶，方唇。器腹施菱格纹。残高 3.8 厘米（图八九〇，6；图版八七，1）。

2015JMT：28，灰色硬陶，尖唇，弧腹。器表施菱格纹。残高 4.6 厘米（图八九〇，8）。

2015JMT：35，灰色硬陶，圆唇。器表施方格纹，大部分被抹平。残高 4.8 厘米（图八九〇，9）。

2015JMT：55，灰色硬陶，方唇，唇口内凹。器表施方格纹。残高 3.6 厘米（图八九一，8）。

C 型：6 件。小口，斜肩，据口沿特征分为两亚型：

Ca 型：3 件。直口。

2015JMT：26，夹砂灰白陶，圆唇，斜肩。素面。残高 5.0 厘米（图八八九，8）。

2015JMT：58，夹砂灰陶，圆形底。素面。残高 4.0 厘米（图八九〇，5）。

2015JMT：33，夹砂红褐陶，圆唇，斜弧腹。器表施竖向绳纹。残高 5.2 厘米（图八九〇，11）。

Cb 型：3 件。折沿。

2015JMT：39，灰褐色硬陶，敛口，圆唇。器表施小方格纹。残高 4.0 厘米（图八九〇，7）。

2015JMT：50，红褐色硬陶，器胎厚重，敛口，圆唇，斜肩。腹部施方格纹，纹痕较浅。残高

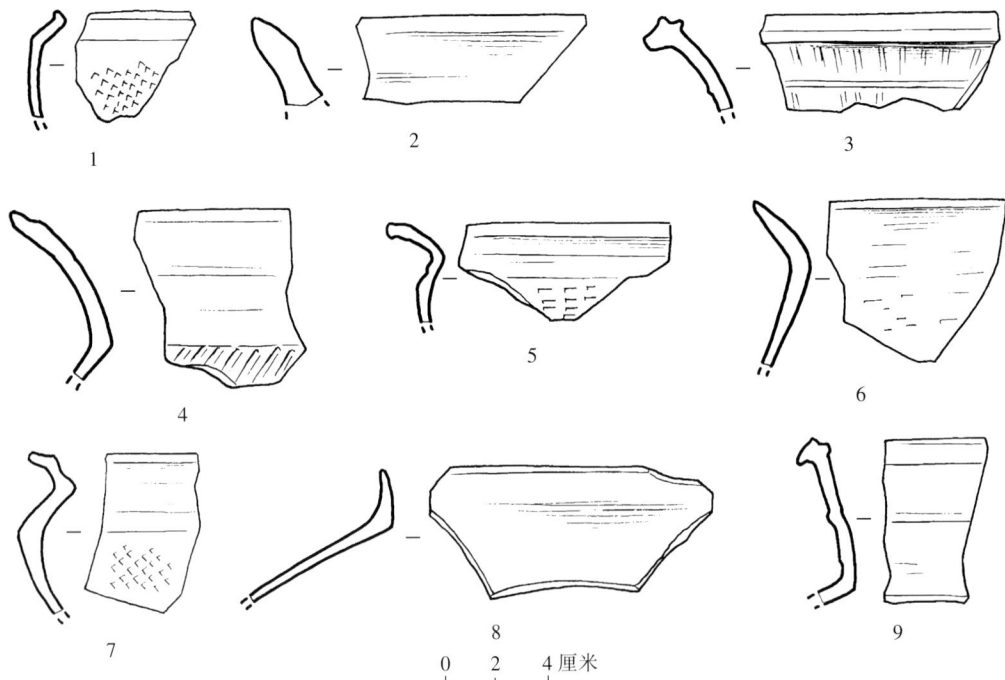

图八八九　模头岗遗址采集陶器

1、5、7. A 型罐（2015JMT：52、2015JMT：29、2015JMT：22）　　2、4. Ba 型罐（2015JMT：24、2015JMT：21）
3、9. 尊（2015JMT：23、2015JMT：31）　　6. Bb 型罐（2015JMT：30）　　8. Ca 型罐（2015JMT：26）

5.4 厘米（图八九一，2）。

2015JMT：53，红褐色硬陶，器胎较厚，敛口，圆唇，鼓腹。器表施短线纹。残高 4.2 厘米（图八九一，5）。

尊　7 件。

2015JMT：23，灰色硬陶，侈口，窄斜沿，方唇，沿面有一周凹弦纹。外侧可见数道双线纹。残高 3.8 厘米（图八八九，3）。

2015JMT：31，灰色硬陶，侈口，宽折沿，尖圆唇，沿内侧为一周凹槽，口沿外可见一周凸棱。器腹饰绳纹。残高 6.2 厘米（图八八九，9；图版八七，2）。

2015JMT：41，灰褐色硬陶，侈口，宽折沿，方唇，沿面可见一道凹槽，口沿外有一周凸棱。器表施粗线纹。残高 6.2 厘米（图八九〇，3）。

2015JMT：34，夹砂褐陶，侈口，宽折沿，圆唇，沿内侧有数道凹痕，口沿外有一周凸棱。素面。残高 4.2 厘米（图八九〇，4）。

2015JMT：37，灰色硬陶，侈口，宽斜沿，圆唇，沿面内凹，器表有一周凸棱。素面。残高 2.1 厘米（图八九〇，10）。

2015JMT：44，红褐色硬陶，侈口，宽折沿，方唇。沿内有明显轮制痕迹，沿外有两道凸棱，间饰刻划纹与折线纹，肩部施交错线纹。口径 25.4、残高 9.0 厘米（图八九二，1；图版八八，5）。

2015JMT：42，夹砂灰陶，侈口，宽斜沿，圆唇。沿面有明显轮制痕迹，沿下可见折线纹。口径 24.0、残高 3.6 厘米（图八九二，3）。

钵　2件。

2015JMT：47，灰色硬陶，微敛口，圆唇。素面。残高3.2厘米（图八九一，4）。

2015JMT：27，灰褐色硬陶，敞口，圆唇，斜弧腹。器表有两道凹弦纹。残高3.0厘米（图八九一，6）。

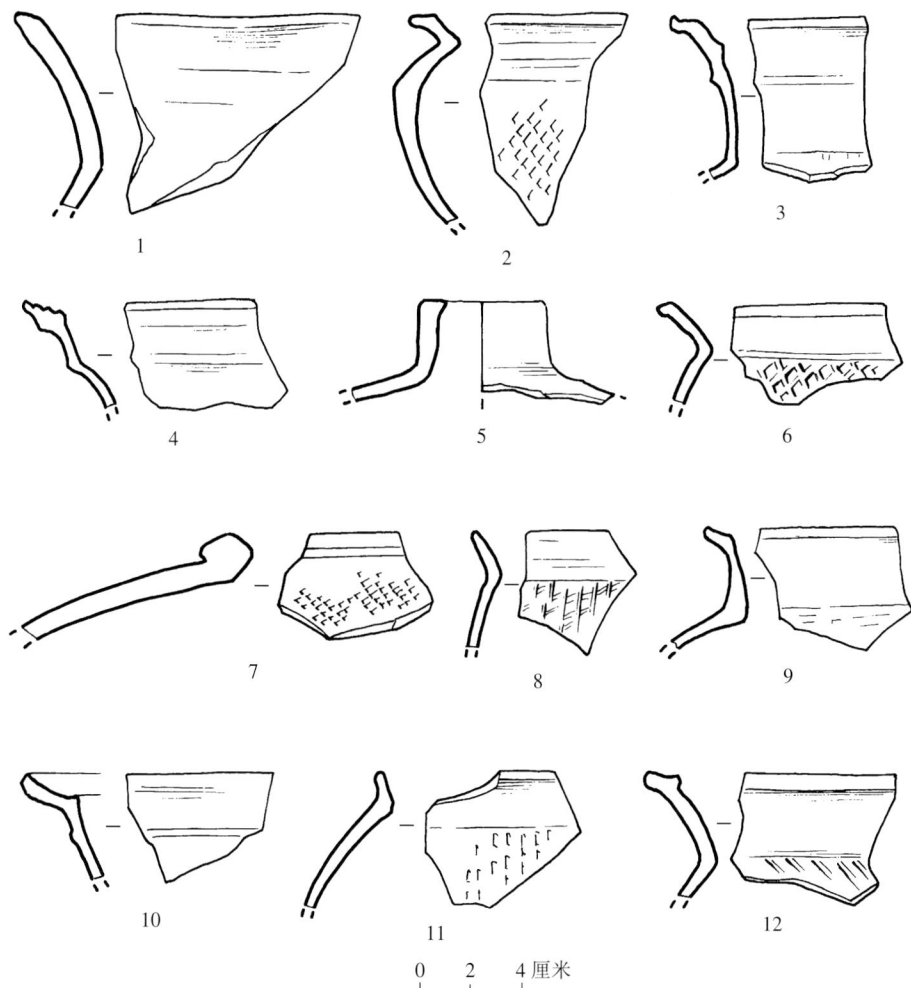

0　2　4厘米

图八九〇　模头岗遗址采集陶器

1、12. Ba 型罐（2015JMT：32、2015JMT：38）　2. A 型罐（2015JMT：40）　3、4、10. 尊（2015JMT：41、2015JMT：34、2015JMT：37）　5、11. Ca 型罐（2015JMT：58、2015JMT：33）　6、8、9. Bb 型罐（2015JMT：36、2015JMT：28、2015JMT：35）　7. Cb 型罐（2015JMT：39）

鼎足　40件。夹砂陶，数量较多，据形态可分为以下四型：

A 型：6件。扁状，两端近铲状，器表多见戳印纹饰。

2015JMT：70，夹砂灰褐陶，内外侧施竖向刻槽。残高10.2厘米（图八九三，3）。

2015JMT：84，夹砂黄褐陶，两侧施有戳印纹。残高14.0厘米（图八九二，7；图版八八，1）。

2015JMT：97，夹砂黄褐陶，外侧有两道短刻槽，上端有捏制痕迹。残高9.0厘米（图八九四，1）。

2015JMT：77，夹砂黄褐陶，内外侧均施有成排戳印纹。残高10.4厘米（图八九四，2；图版八七，6）。

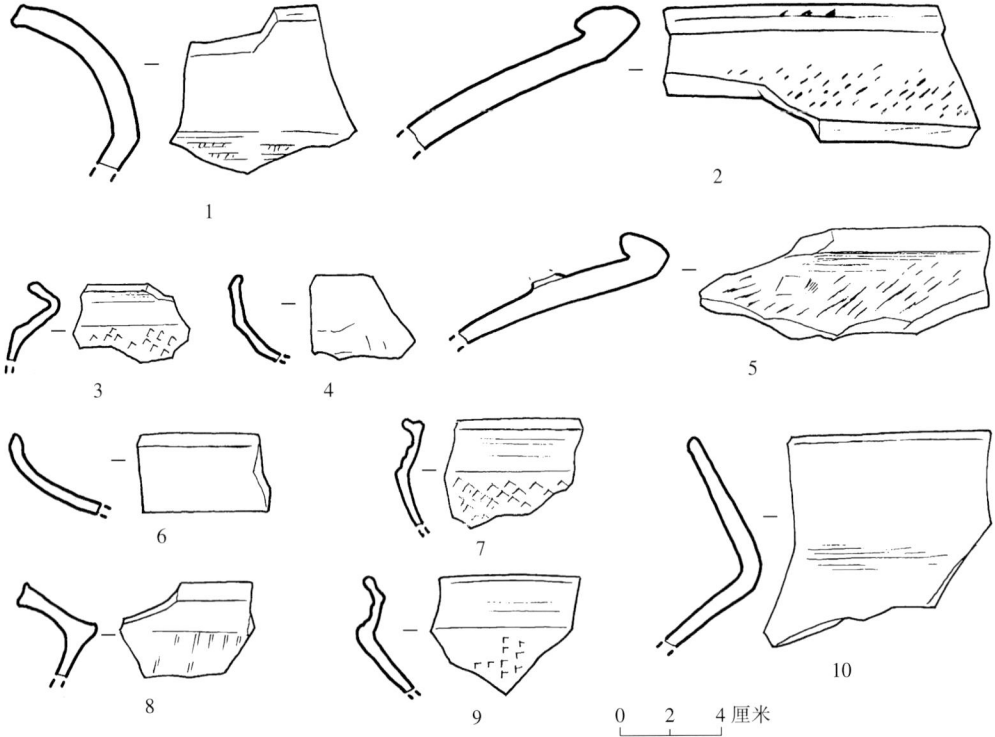

图八九一　模头岗遗址采集陶器

1、10. Ba 型罐（2015JMT：49、2015JMT：54）　2、5. Cb 型罐（2015JMT：50、2015JMT：53）　3、7、9. A 型罐（2015JMT：51、2015JMT：48、2015JMT：46）　4、6. 钵（2015JMT：47、2015JMT：27）　8. Bb 型（2015JMT：55）

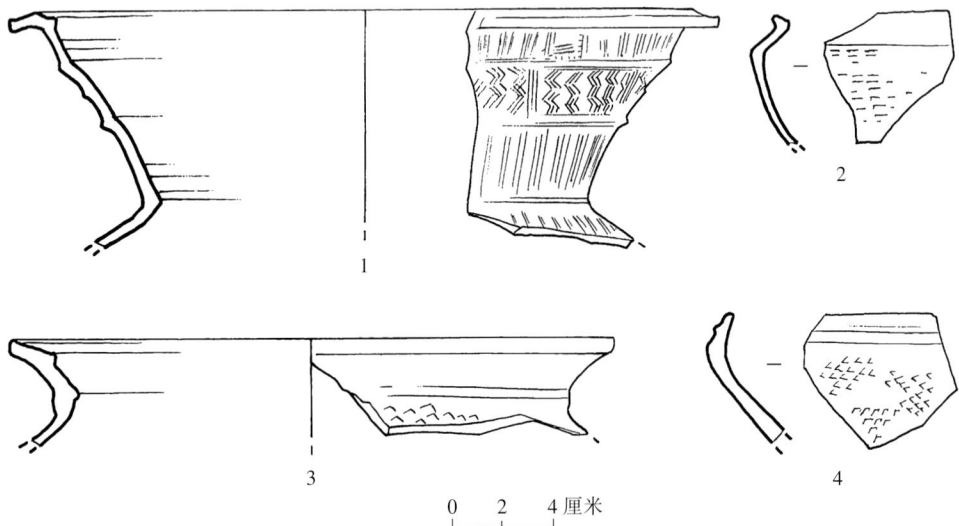

图八九二　模头岗遗址采集陶器

1、3. 尊（2015JMT：44、2015JMT：42）　2、4. A 型罐（2015JMT：43、2015JMT：45）

2015JMT：79，夹砂黄褐陶，内外侧均施有竖向短刻槽。残高9.2厘米（图八九四，4）。

2015JMT：80，夹砂灰陶，足内外侧可见戳印凹痕。残高6.8厘米（图八九四，8）。

B 型：7 件。扁状，足面微凹，近舌状。

2015JMT：93，夹砂黄褐陶，足侧顶部有压圆窝及戳印纹。残高4.6厘米（图八九四，9）。

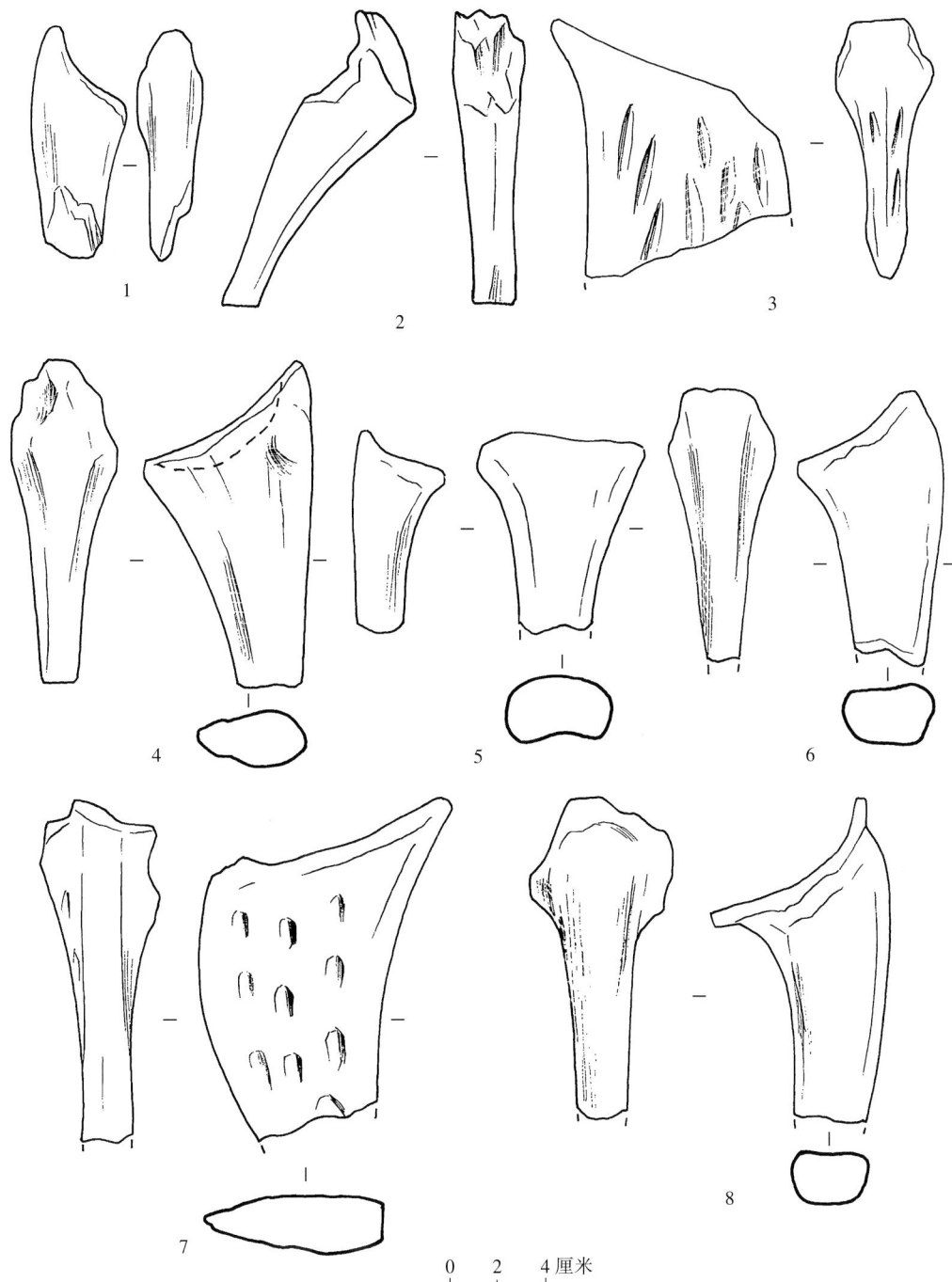

图八九三　模头岗遗址采集陶鼎足

1、2、5、6、8. D 型鼎足（2015JMT：71、2015JMT：86、2015JMT：66、2015JMT：72、2015JMT：90）　3、7. A 型
鼎足（2015JMT：70、2015JMT：84）　4. C 型鼎足（2015JMT：60）

2015JMT：65，夹砂黄褐陶，足中部有一道凹痕。残高 8.0 厘米（图八九五，2）。

2015JMT：89，夹砂灰白陶，内侧有两道竖向凹痕。残高 11.0 厘米（图八九五，3；图版八

七，4）。

2015JMT：92，夹砂灰黑陶。素面。残高 4.0 厘米（图八九六，4）。

2015JMT：75，夹砂红褐陶，足外侧上部可见一按压凹窝。残高 7.4 厘米（图八九六，6；图版

八七，5）。

2015JMT：87，夹砂灰陶。素面。残高4.2厘米（图八九六，9）。

2015JMT：100，夹砂灰陶，截面呈椭圆形。素面。残高5.6厘米（图八九六，12）。

C型：6件。宽扁状，部分近足顶有按压窝痕。

2015JMT：60，夹砂灰陶，顶端表面可见凹槽，足上部有一对按压圆窝。残高13.2厘米（图八九三，4；图版八八，2）。

2015JMT：68，夹砂黄褐陶，一侧边缘可见两对捏制圆窝。残高9.8厘米（图八九四，3）。

2015JMT：64，夹砂灰白陶，足侧顶端有一对按压圆窝。残高6.0厘米（图八九四，7）。

2015JMT：81，夹砂黄褐陶，一侧边缘可见按压痕迹。残高8.0厘米（图八九四，5）。

2015JMT：76，夹砂红褐陶，顶端与腹底相接处可见刻槽。残高5.6厘米（图八九六，1）。

2015JMT：67，夹砂灰陶，顶部与器表相接处可见粗线纹，足侧边缘可见一对按压圆窝。残高4.0厘米（图八九六，3）。

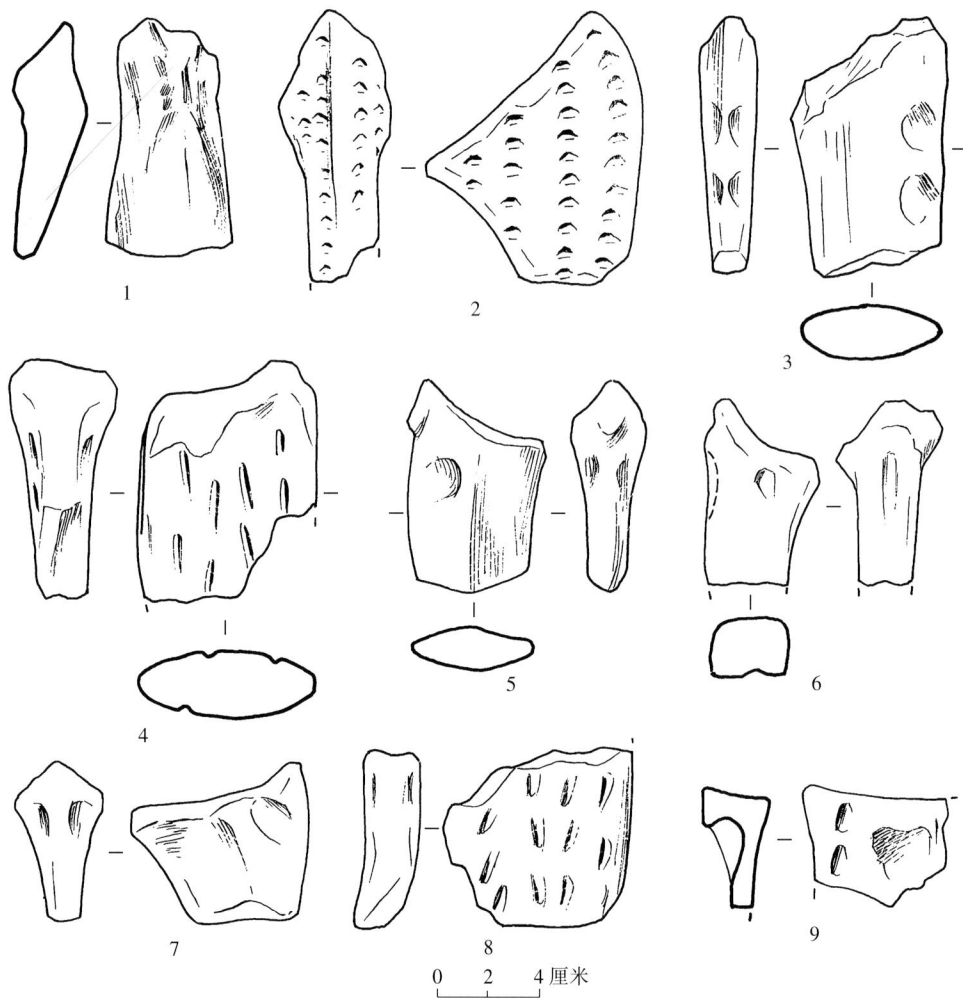

图八九四　模头岗遗址采集陶鼎足

1、2、4、8.A型鼎足（2015JMT：97、2015JMT：77、2015JMT：79、2015JMT：80）　3、5、7.C型鼎足
（2015JMT：68、2015JMT：81、2015JMT：64）　6.D型鼎足（2015JMT：98）　9.B型鼎足（2015JMT：93）

D 型：21 件。扁柱状。

2015JMT：71，夹砂灰褐陶。素面。残高9.4厘米（图八九三，1）。

2015JMT：86，夹砂灰陶。素面。残高12.0厘米（图八九三，2）。

2015JMT：66，夹砂灰褐陶。素面。残高8.2厘米（图八九三，5）。

2015JMT：72，夹砂黄陶。素面。残高11.2厘米（图八九三，6）。

2015JMT：90，夹砂灰陶。素面。残高13.0厘米（图八九三，8）。

2015JMT：98，夹砂灰陶，足侧顶部可见一对凹窝。残高7.0厘米（图八九四，6）。

2015JMT：91，夹砂红褐陶，实心。素面。残高8.4厘米（图八九五，1）。

2015JMT：63，夹砂黄陶。素面。残高5.6厘米（图八九五，4）。

2015JMT：96，夹砂黄褐陶。素面。残高5.4厘米（图八九五，5）。

2015JMT：73，夹砂黄褐陶。素面。残高6.0厘米（图八九五，6）。

2015JMT：94，夹砂红褐陶。素面。残高4.4厘米（图八九五，7）。

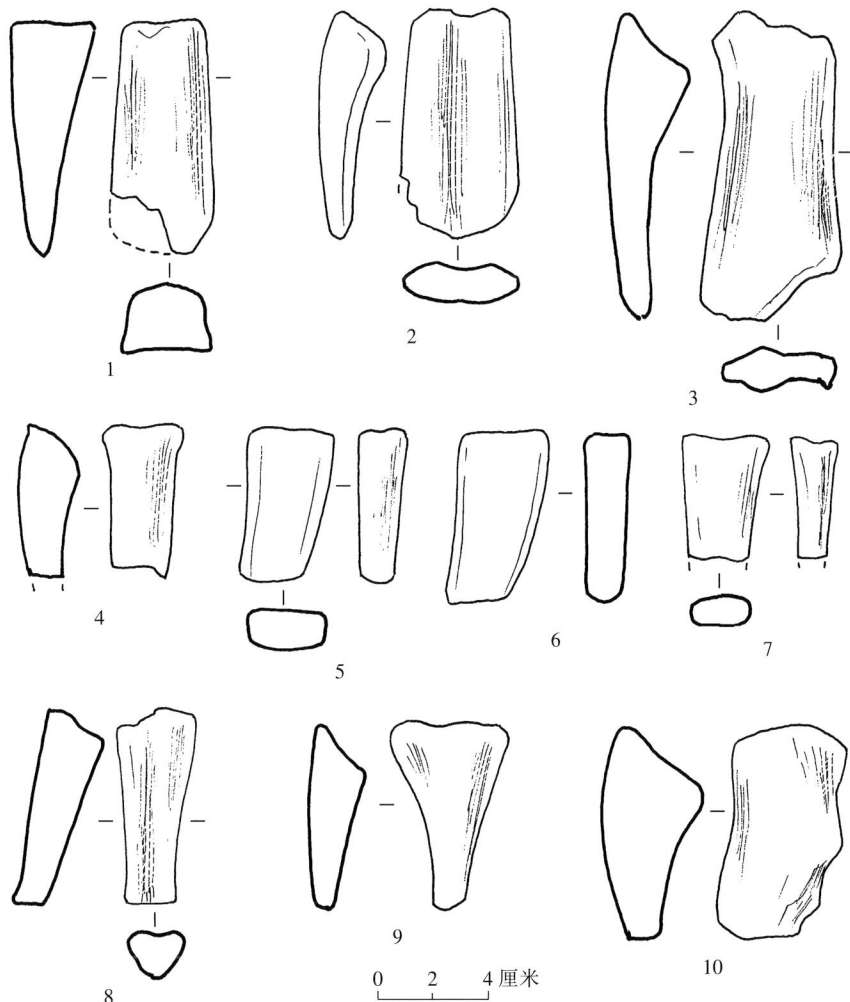

图八九五　模头岗遗址采集陶鼎足

1、4～10. D 型鼎足（2015JMT：91、2015JMT：63、2015JMT：96、2015JMT：73、2015JMT：94、2015JMT：88、
2015JMT：62、2015JMT：61）　　2、3. B 型鼎足（2015JMT：65、2015JMT：89）

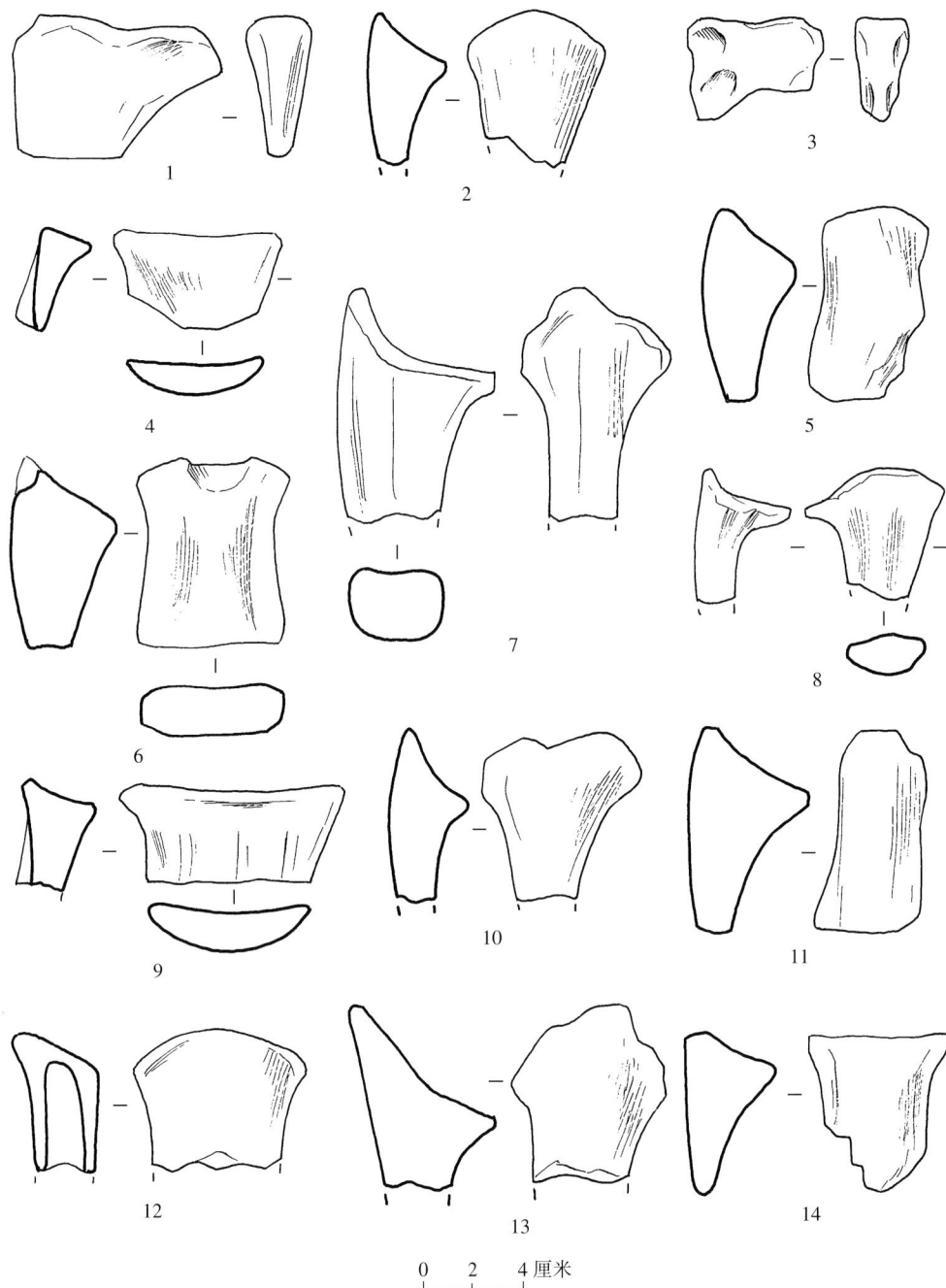

图八九六　模头岗遗址采集陶鼎足

1、3. C 型鼎足（2015JMT：76、2015JMT：67）　　2、5、7、8、10、11、13、14. D 型鼎足（2015JMT：78、2015JMT：83、2015JMT：85、2015JMT：99、2015JMT：69、2015JMT：82、2015JMT：95、2015JMT：74）　　4、6、9、12. B 型鼎足（2015JMT：92、2015JMT：75、2015JMT：87、2015JMT：100）

2015JMT：88，夹砂灰陶，器表可见数道竖向凹痕。素面。残高7.0厘米（图八九五，8）。

2015JMT：62，夹砂灰白陶。素面。残高6.8厘米（图八九五，9）。

2015JMT：61，夹砂灰陶。素面。残高6.9厘米（图八九五，10）。

2015JMT：69，夹砂灰陶。素面。残高6.9厘米（图八九六，10）。

2015JMT：78，夹砂红褐陶。素面。残高6.2厘米（图八九六，2）。

2015JMT：83，夹砂灰白陶。素面。残高7.6厘米（图八九六，5）。

2015JMT：85，夹砂灰陶。器表可见数道竖向凹痕。残高9.0厘米（图八九六，7）。

2015JMT：99，夹砂浅灰陶。素面。残高5.2厘米（图八九六，8）。

2015JMT：82，夹砂红褐陶。素面。残高8.0厘米（图八九六，11）。

2015JMT：95，夹砂红褐陶。素面。残高7.0厘米（图八九六，13）。

2015JMT：74，夹砂红褐陶。素面。残高6.2厘米（图八九六，14）。

器盖 3件。

2015JMT：101，夹砂红陶，平顶，喇叭状口。素面。残高5.0厘米（图八九七，1）。

2015JMT：102，夹砂灰褐陶，平顶，喇叭状口。素面。残高3.2厘米（图八九七，2）。

2015JMT：103，夹砂黄陶，平顶，喇叭状口。素面。残高3.4厘米（图八九七，5）。

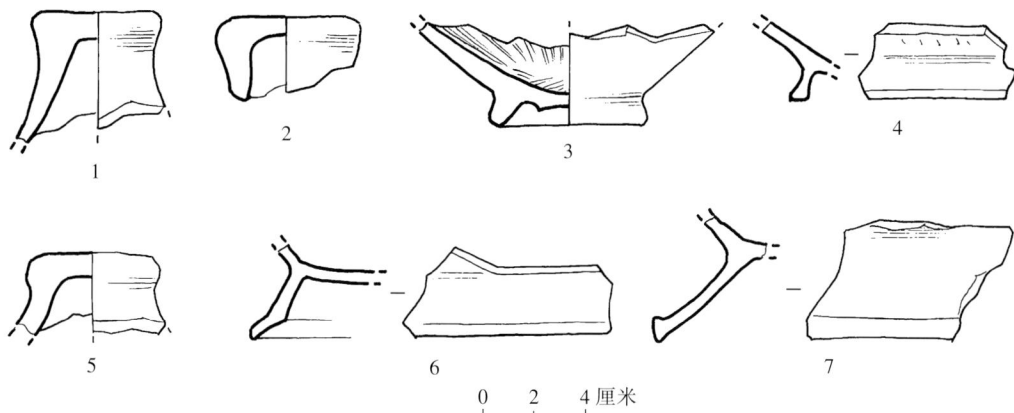

图八九七 模头岗遗址采集陶器

1、2、5. 器盖（2015JMT：101、2015JMT：102、2015JMT：103） 3、4、6、7. 圈足（2015JMT：57、2015JMT：59、2015JMT：56、2015JMT：25）

圈足 4件。

2015JMT：57，褐色硬陶，矮圈足，斜弧腹，弧底，器内壁可见交错刻槽。圈足径6.1、残高3.9厘米（图八九七，3）。

2015JMT：59，红褐色硬陶，矮圈足，外撇。器腹施斜线纹。残高2.8厘米（图八九七，4）。

2015JMT：56，夹砂灰陶，高圈足，底端外撇。内底可见轮制痕迹，素面。残高3.6厘米（图八九七，6）。

2015JMT：25，夹砂灰陶，喇叭状圈足，近底端外撇。素面。残高4.6厘米（图八九七，7）。

3. 遗址性质与年代

模头岗遗址是一处较为典型的岗地类聚落，遗址地理位置优越，古人应在此有较长的居住时间。从采集到的丰富遗物来看，该遗址应存在三个阶段，与周边遗址进行比较，可获得各阶段的相对年代。

第1组：以A型、B型鼎足为代表。器表多见戳印痕，与周边地区比较，在广丰社山头、新余拾年山等新石器时代末期遗址有同类鼎足发现，比较来看，第1组的年代应为新石器时代末至夏代。

1. 石镞 (2015JMT：10)

2. 石刀 (2015JMT：19)

3. 石斧 (2015JMT：16)

4. 石锛 (2015JMT：7)

5. 石刀 (2015JMT：4)

6. 石锛 (2015JMT：20)

图版八六　模头岗遗址采集遗物

1. 陶罐 (2015JMT:36)

2. 陶尊 (2015JMT:31)

3. 陶罐 (2015JMT:40)

4. 鼎足 (2015JMT:89)

5 鼎足 (2015JMT:75)

6. 鼎足 (2015JMT:77)

图版八七 模头岗遗址采集遗物

1. 鼎足（2015JMT：84）

2. 鼎足（2015JMT：60）

3. 石锛（2015JMT：2）

4. 石锛（2015JMT：11）

5. 陶罐（2015JMT：44）

图版八八　模头岗遗址采集遗物

第 2 组：以 A 型、Ba 型陶罐，C 型鼎足等为代表，该地所见鼎足器表多见有凹窝，硬陶多饰方格纹，纹痕较重，与周边遗址比较来看，该类陶器具有商时期的特征。Bb 型陶罐则有西周时期陶器特征，可以推测，该组年代为商代晚期至西周时期。

第 3 组：以 D 型鼎足、硬陶尊、小方格纹硬陶为代表，这一阶段所见陶器与抚河流域多数遗址有相近的器形。这一阶段的年代主要为西周晚期至春秋时期。

通过以上分析，可初步判断模头岗遗址的年代从新石器晚期可延续至春秋时期，该遗址的发现，对区域文化序列的建立提供了重要的年代标尺，为该地区聚落形态演进研究提供了一手资料。

五八 磨盘山遗址

该遗址位于合市镇南部崇麓村东部的磨盘山上（图八九八），遗址距废弃粮站北部约 100 米。西北部为城墩村，北部、东部为稻田，西南距胡锡村约 130 米，南距 636 乡道约 300 米，西距 966 县道约 500 米（图八九九）。遗址为一山坡地带，地势中部高四周低，表面被栀子树、灌木和杂草丛等覆盖，植被较为茂密（图九〇〇、九〇一）。北部为一竹林，西部和东部有稻田，南部有民居。该遗址在调查时发现有较多明清时期墓葬，大多被盗掘，地表散落瓷片等遗物。该遗址地理坐标为：北纬 27°57′20.2″，东经 116°41′16.8″，海拔 72 米。

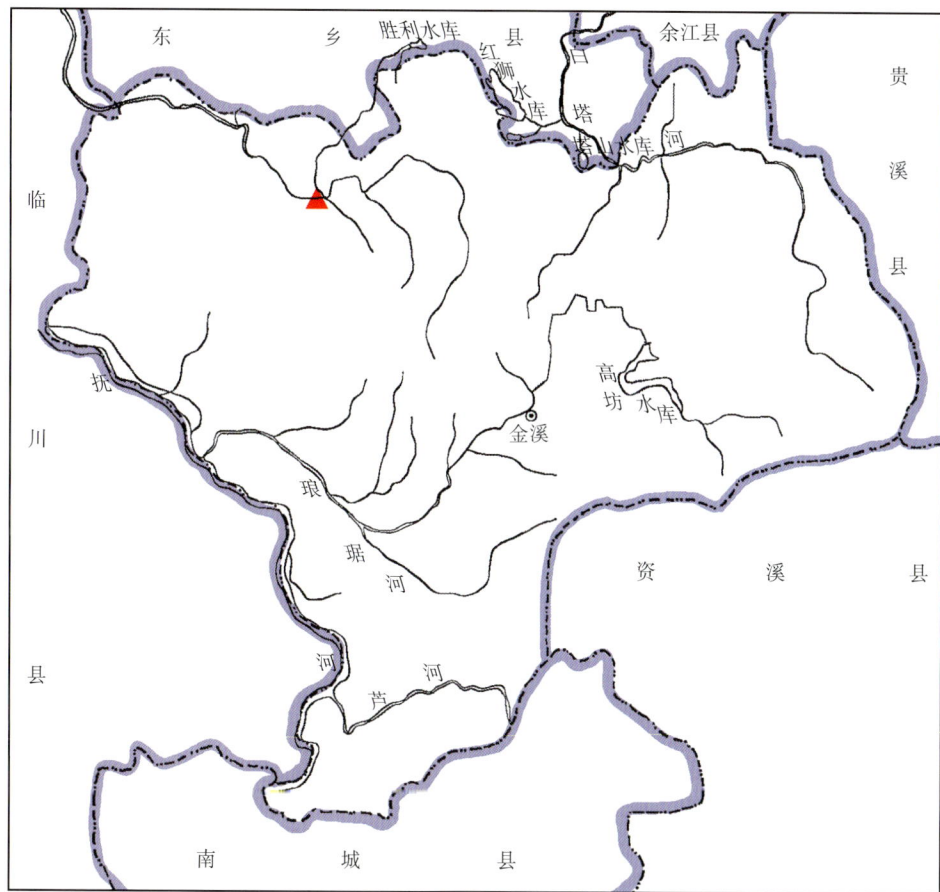

图八九八 磨盘山遗址位置图

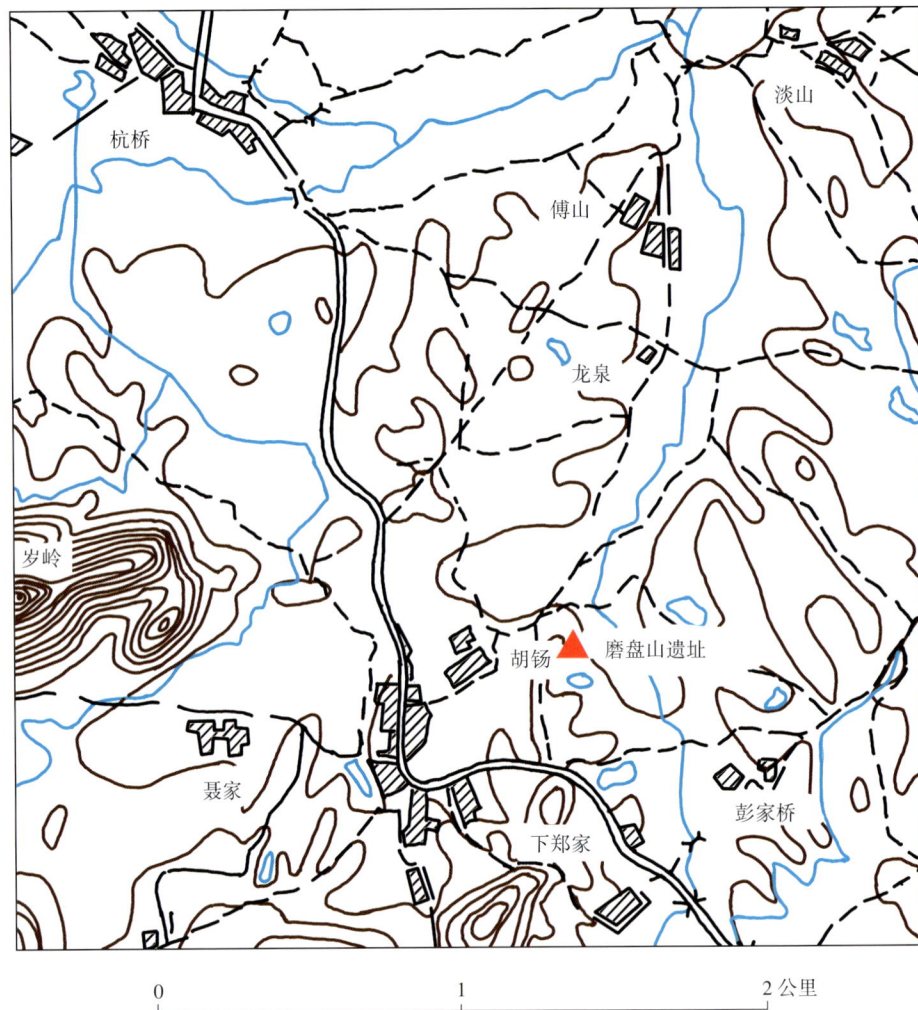

杭桥

淡山

傅山

龙泉

岁岭

胡钖 ▲ 磨盘山遗址

聂家

下郑家

彭家桥

0　　　　　　　　　1　　　　　　　2公里

图八九九　磨盘山遗址地貌图

图九〇〇　磨盘山遗址远景图（由西南向东北）

图九〇一　磨盘山遗址近景图（由西北向东南）

经勘探，遗址发现较明显的文化层堆积，分布不甚规则，原约 0.2～0.3 米，堆积包含有灰烬、陶片和烧土块。

磨盘山遗址属双陈河支流是典型的坡状岗地类聚落，由于地表植被茂密，仅采集到零星陶片。磨盘山遗址，地理位置优越，适合古人居住与生活。往年金溪县文物保护所对该遗址进行了调查①，从采集到的印纹硬陶片来看，该遗址的主体年代应为商周时期。磨盘山遗址的发现为抚河流域文化序列的建立及聚落形态的深入研究提供了十分重要的实物资料。

五九　知青砖厂遗址

1. 遗址概况

知青砖厂遗址位于秀谷镇岗东村委会西湖村（图九〇二），西湖环壕遗址西北约 200 米，北距陈坛周家村约 400 米，东北距港东周家 1200 米。东侧紧邻知青砖厂（图九〇三）。遗址原有地貌为小岗类缓坡状，由于砖厂常年取土，遗址被破坏严重，大部被推平、挖空，所剩仅有局部断面（图九〇四）。该地表长有杂草和小树木（图九〇五）。该遗址地理坐标为：北纬 27°94′212″，东经 116°75′378″，海拔 66 米。

遗址所在区域水系发达，其与西湖村环壕遗址相邻，两者应当有密切的关系。

2. 遗物介绍

由于知青砖厂遗址破坏十分严重，地表可见较多遗物，以下逐一进行介绍。

采集遗物主要为陶器，未见石器。陶器以印纹硬陶为多，陶色多见灰色，有浅黄、红褐色，纹

---

①　该遗址又称"崇麓遗址"，以往调查发现有较多陶片，此次调查，由于植被茂密，仅采集到少量陶片。

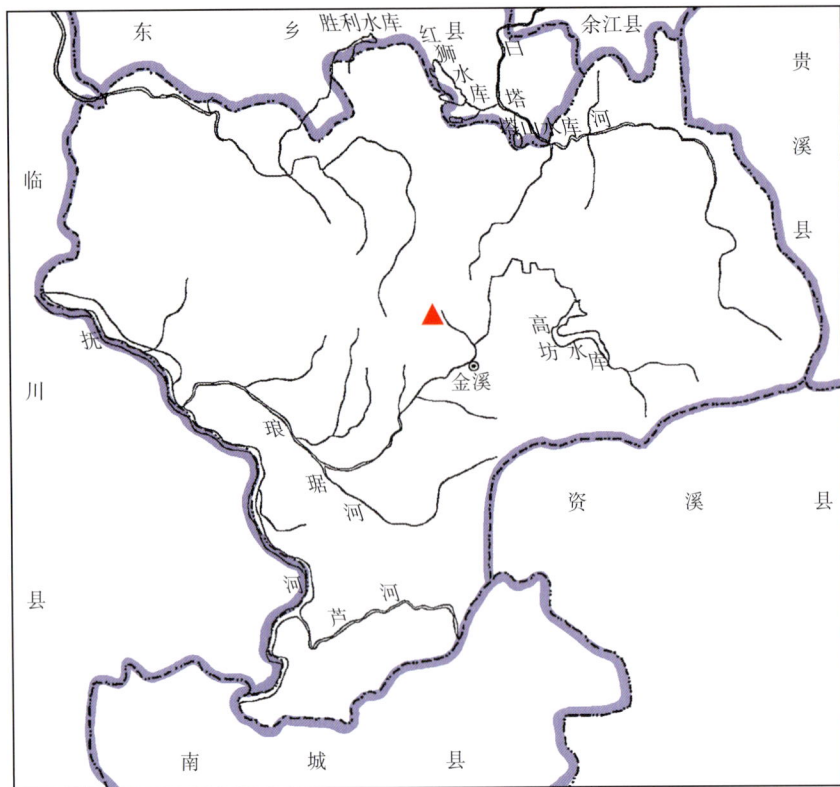

图九〇二　知青砖厂遗址位置图

饰主要有绳纹（图九〇六，1、2、8）、雷纹（图九〇六，4~6）、折线纹、菱格纹（图九〇六，7）、宽凹弦纹（图九〇六，3），器形有罐、盆等；夹砂陶略少，主要为浅黄色，灰色等，纹饰主要见有绳纹，器形有甗、罐等。

盆　4件。

2015JZQ：6，灰褐色硬陶，侈口，窄折沿，圆唇，沿面有数道凹槽。器表可见轮制痕迹。残高4.0、口径16.0厘米（图九〇八，4）。

2015JZQ：1，灰褐色硬陶，侈口，微卷沿，圆唇，深弧腹，沿面有一周凸棱。器表施绳纹。残高10.0、口径16.0厘米（图九〇八，7；图版八九，4）。

2015JZQ：27，黄褐色硬陶，敛口，折沿，圆唇。器表施凹弦纹。残高14.0、口径24.0厘米（图九〇八，8；图版八九，1）。

2015JZQ：29，灰褐色硬陶，敞口，窄平

图九〇三　知青砖厂遗址地貌图

图九〇四 知青砖厂遗址远景图（由北向南）

图九〇五 知青砖厂遗址远景图（由南向北）

沿，圆唇，沿面有两道凹槽，斜弧腹，平底。器表施凹弦纹，底部有短刻槽。残高 7.6、底径 8.8 厘米（图九一二，1；图版八九，2）。

罐口沿 24 件。器形较多，据形态可分为五型：

A 型：12 件。侈口，宽折沿。

2015JZQ：23，夹砂黄褐陶，圆唇，沿面有数道凹槽。器表可见轮制痕。残高 3.2、口径 28.0 厘米（图九〇七，1）。

2015JZQ：9，灰褐色硬陶，圆唇，高领，沿面有四道凹槽。颈部可见轮制痕迹，器表施绳纹。残高 6.0、口径 22.0 厘米（图九〇七，2）。

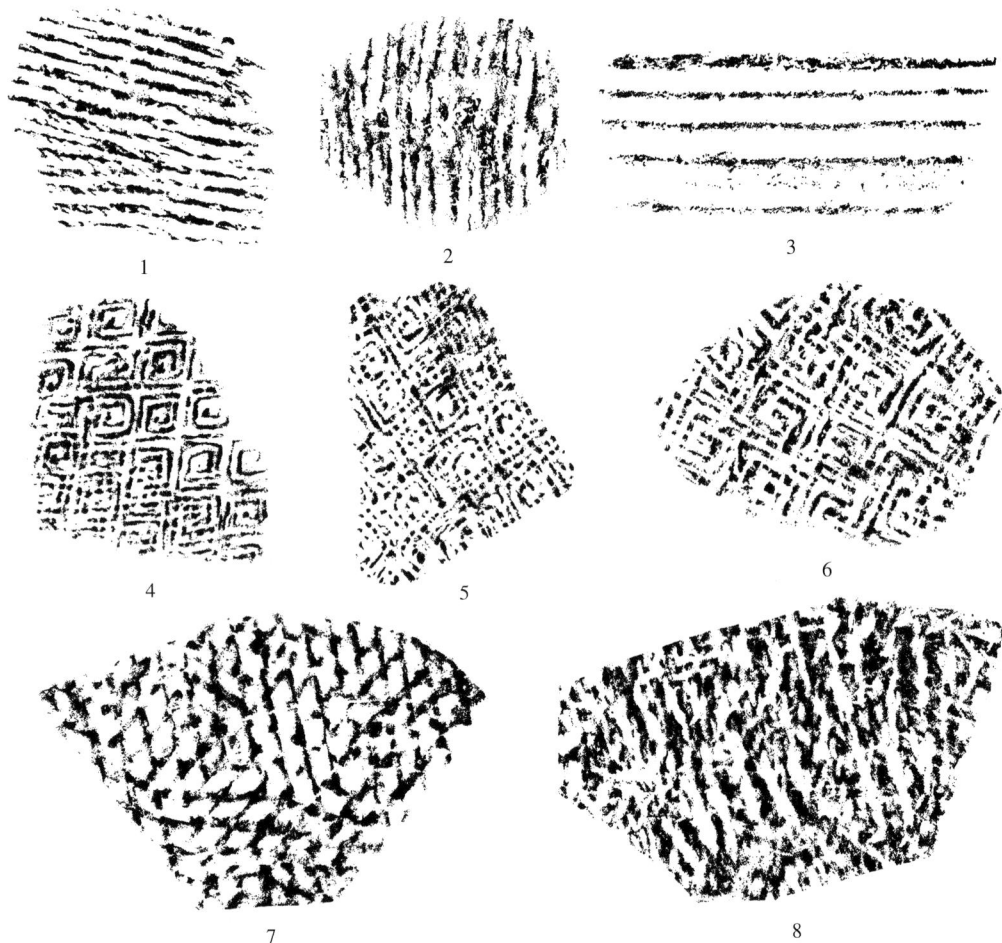

图九〇六　知青砖厂遗址采集陶片纹饰拓片

1、2、8. 绳纹　3. 宽凹弦纹　4、5、6. 雷纹　7. 菱格纹

2015JZQ：25，灰白色硬陶，圆唇，沿面有四道凹槽。器表可见轮制痕迹。残高4.4、口径28.0厘米（图九〇七，5；图版八九，3）。

2015JZQ：8，黄褐色硬陶，圆唇，沿面有数道凹槽。器表见有轮制痕迹。残高3.0、口径16.0厘米（图九〇八，1）。

2015JZQ：7，灰色硬陶，沿面有数道凹槽，圆唇。有明显轮制痕迹。残高1.6、口径20.0厘米（图九〇八，6）。

2015JZQ：17，灰色硬陶，尖唇，沿面可见明显轮制痕迹。素面。残高1.6厘米（图九〇九，5）。

2015JZQ：14，灰色硬陶，圆唇，沿面有四道凹槽。素面。残高2.0厘米（图九〇九，6）。

2015JZQ：16，浅黄色硬陶，圆唇，沿面有数道凹槽。素面。残高2.0厘米（图九〇九，7）。

2015JZQ：22，灰褐色硬陶，斜方唇。器面内凹。器表施凹弦纹。残高6.0厘米（图九〇九，9）。

2015JZQ：21，夹砂灰褐陶，圆唇，沿面有数道凹槽。器表施折线纹。残高5.4厘米（图九〇九，10）。

2015JZQ：20，夹砂黄陶，圆唇，沿面有两道凹槽，口沿内外壁可见轮制痕迹。素面。残高5.8厘米（图九〇九，11）。

2015JZQ：5，灰褐色硬陶，圆唇，沿内壁有一周凸棱。素面。残高5.0厘米（图九〇九，13）。

B型：8件。斜腹，窄折沿。

2015JZQ：4，灰褐色硬陶，敛口，圆唇，沿面有三道凹槽。器表施雷纹。残高5.0、口径18.0厘米（图九〇七，3）。

2015JZQ：24，夹砂灰褐陶，侈口，圆唇，沿面有一周凸棱。素面。残高4.8、口径24.0厘米（图九〇七，4）。

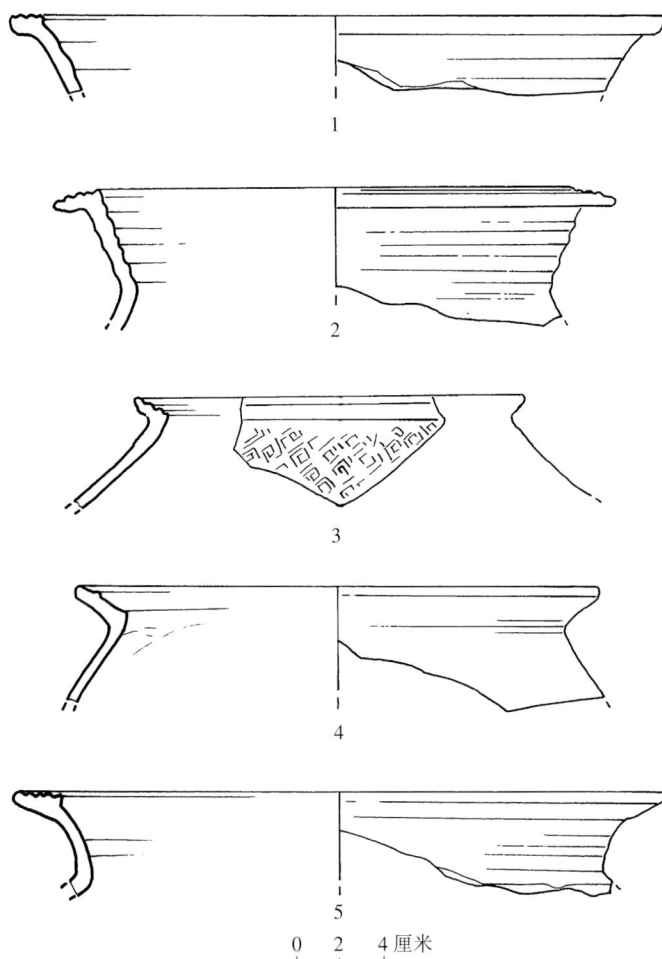

图九〇七　知青砖厂遗址采集陶罐

1、2、5. A型罐口沿（2015JZQ：23、2015JZQ：9、2015JZQ：25）　3、4. B型罐口沿（2015JZQ：4、2015JZQ：24）

2015JZQ：3，灰褐色硬陶，侈口，斜方唇，沿面内凹。器表施绳纹。残高5.0、口径19.0厘米（图九〇八，3）。

2015JZQ：18，黄褐色硬陶，侈口。器表施折线纹。残高4.6厘米（图九〇九，1）。

2015JZQ：11，夹砂黄褐陶，侈口，尖唇。沿面有两道凹槽。器表施折线纹。残高4.0厘米（图九〇九，2）。

2015JZQ：10，红褐色硬陶，侈口，圆唇，沿面有一周凸棱。器表施方格纹。残高3.0厘米（图九〇九，3）。

2015JZQ：13，夹砂浅黄陶，侈口，圆唇，沿面有一道凸棱。素面。残高4.0厘米（图九〇九，4）。

2015JZQ：19，灰色硬陶，侈口，圆唇，沿面内凹。器表施绳纹。残高4.4厘米（图九〇九，14）。

C型：2件。矮领，斜沿。

2015JZQ：2，红褐色硬陶，微侈口，斜卷沿，尖圆唇，沿面有数道凹槽，领部内外见有轮痕。器表施折线纹。残高4.4厘米（图九〇八，2）。

2015JZQ：15，夹砂红褐陶，侈口，圆唇，沿面有数道凹槽。器腹施绳纹。残高3.0、口径6.0厘米（图九〇九，8）。

D型：1件。折肩，窄折沿。

2015JZQ：12，灰褐色硬陶，敛口，方唇。肩腹接合处有一道凹弦纹。残高2.4、口径12.0厘米（图九〇八，5）。

E型：1件。圆腹，近直口。

2015JZQ：28，灰褐色硬陶，圆鼓肩。器表施折线纹，肩部有两周堆塑凸棱。残高9.0厘米（图九〇九，12）。

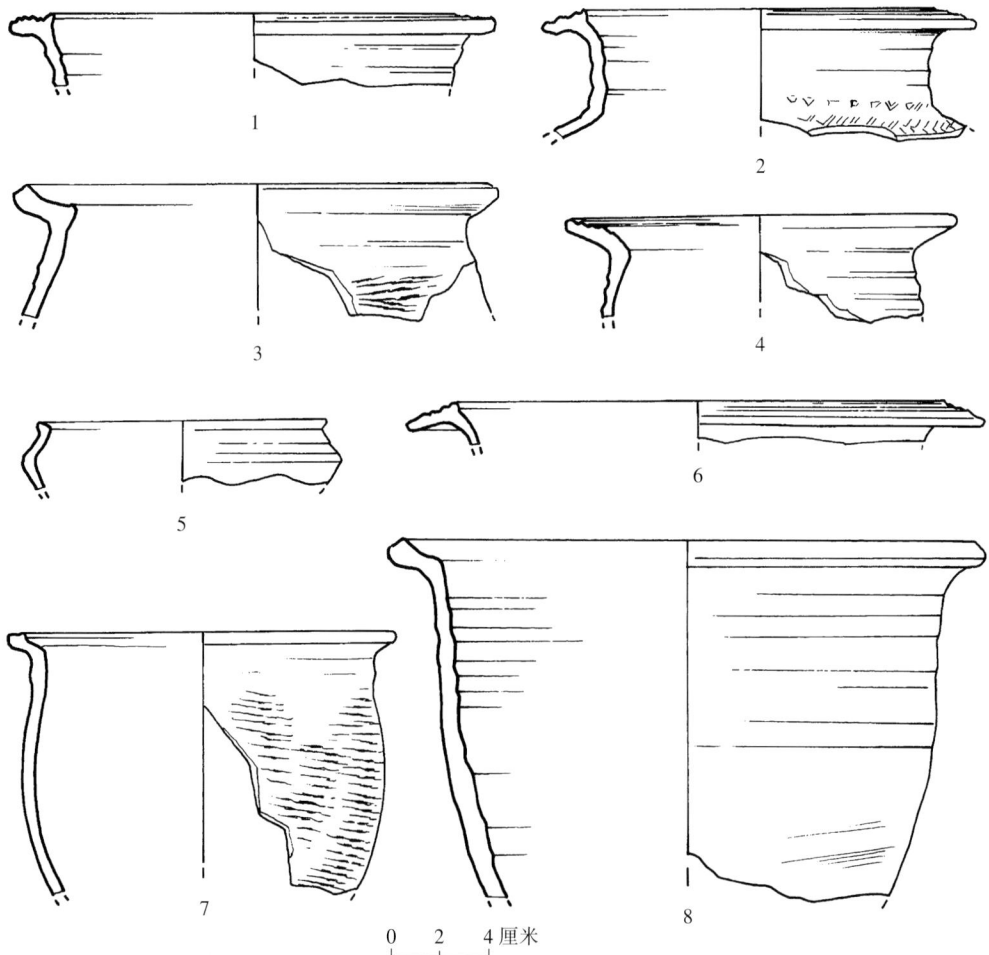

图九〇八　知青砖厂遗址采集陶器

1、6. A型罐口沿（2015JZQ：8、2015JZQ：7）　　2. C型罐口沿（2015JZQ：2）　　3. B型罐口沿（2015JZQ：3）

4、7、8. 盆（2015JZQ：6、2015JZQ：1、2015JZQ：27）　　5. D型罐口沿（2015JZQ：12）

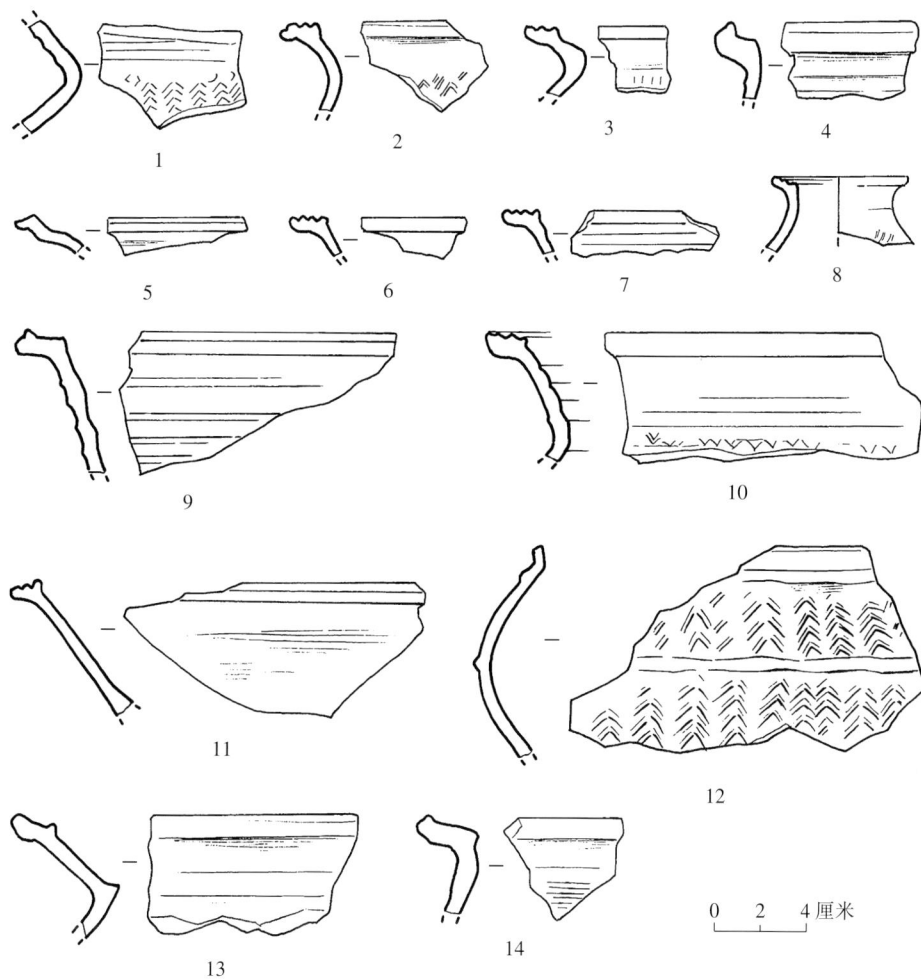

图九〇九 知青砖厂遗址采集陶器

1~4、14. B 型罐口沿（2015JZQ：18、2015JZQ：11、2015JZQ：10、2015JZQ：13、2015JZQ：19） 5~7、9~11、

13. A 型罐口沿（2015JZQ：17、2015JZQ：14、2015JZQ：16、2015JZQ：22、2015JZQ：21、2015JZQ：20、2015JZQ：

5） 8. C 型罐口沿（2015JZQ：15） 12. E 型罐口沿（2015JZQ：28）

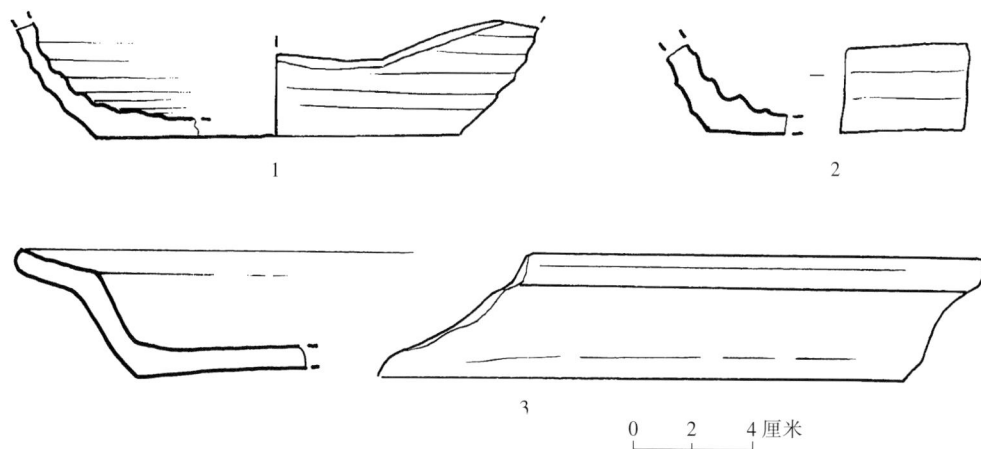

图九一〇 知青砖厂遗址采集陶器

1、2. 罐底（2015JZQ：33、2015JZQ：32） 3. 盘（2015JZQ：26）

罐底 2件。

2015JZQ：33，灰褐色硬陶，弧腹，平底。内外壁有明显轮制痕迹。残高3.6厘米（图九一〇，1）。

2015JZQ：32，灰褐色硬陶，斜直腹，平底。内外壁可见明显轮制痕迹。残高2.8厘米（图九一〇，2）。

盘 1件。

2015JZQ：26，红褐色硬陶，敞口，宽平沿，圆唇，浅腹，平底。器表可见轮制痕迹。残高4.0、口径32.0、底径25.0厘米（图九一〇，3）。

甗形器 2件。

2015JZQ：30，夹砂黄褐陶，弧腹，窄腰隔。器内外壁施凹弦纹。残高9.6厘米（图九一一，1）。

2015JZQ：31，夹砂黄陶，斜弧腹，窄腰隔。内外壁均施凹弦纹。残高23.0厘米（图九一一，2；图版八九，5）。

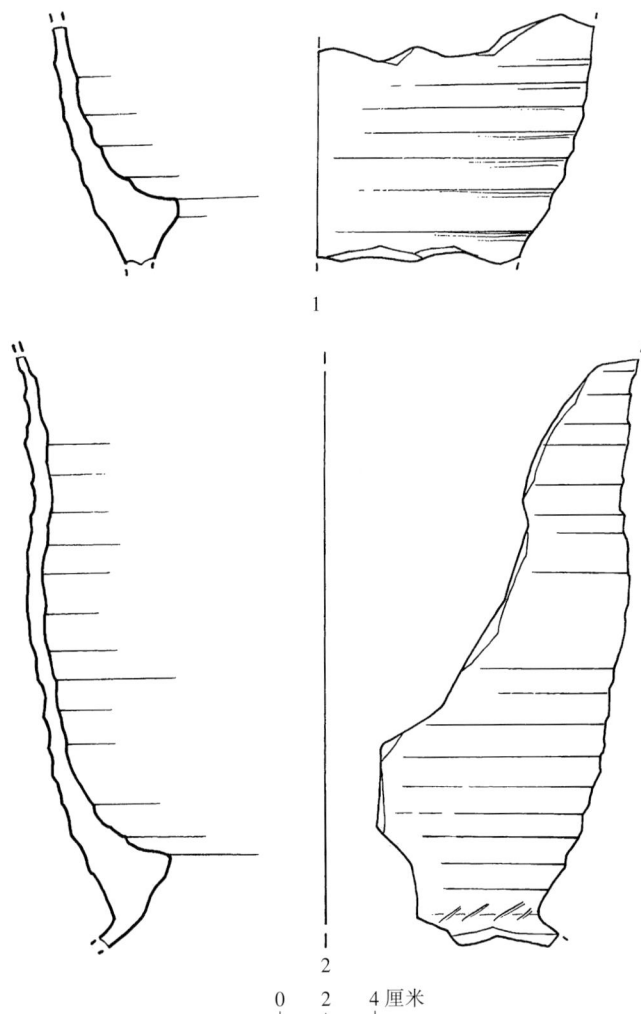

图九一一 知青砖厂遗址采集甗形器

1. 甗形器（2015JZQ：30） 2. 甗形器（2015JZQ：31）

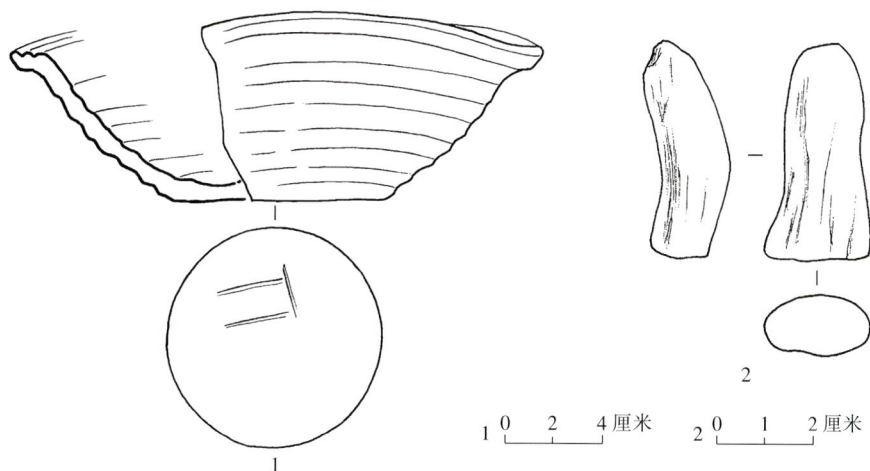

图九一二 知青砖厂遗址采集陶器
1. 盆（2015JZQ：29） 2. 器把（2015JZQ：34）

器把 1件。

2015JZQ：34，夹砂黄褐陶，近柱状。素面。残高4.4厘米（图九一二，2）。

3. 遗迹性质与年代

知青砖厂遗址属于典型的岗地类聚落，遗址附近水系发达，自然环境优越。从遗址采集到的遗物来看，各类器物纹饰及制作工艺等方面较为相近，说明该遗址所见遗存文化面貌较为单纯，遗址所见宽折沿罐（A型罐）、C型矮领罐、深腹盆、甗形器及浅腹盆等器在金溪县母猪嘴、郑家山等遗址均可见到，特别是陶罐口沿沿面多见凹槽及折线纹装饰，其应是该区域商代早期陶器普遍的特征。遗址所见甗形器、浅腹盆等器与鹰潭角山遗址所见十分相近，两者年代也相当。因此，可推定知青砖厂遗址采集遗物的年代为商代早期或略早。

该遗址的发现，为该区域其他遗址的年代判断提供了重要的年代标尺。知青砖厂遗址的发现与初步研究为区域聚落形态演进等方面提供了十分重要的考古资料。

1. 陶盆（2015JZQ：27）

2. 陶盆（2015JZQ：29）

3. 陶罐（A 型）（2015JZQ：25）

4. 陶盆（2015JZQ：1）

5. 甗形器（2015JZQ：31）

图版八九　知青砖厂遗址采集遗物

六〇　大科山遗址

1. 遗址概况

该遗址位于陆坊乡官桥村委会赤岭源村东部（图九一三），西距济广高速（G35）约 980 米，南距彭村约 690 米。遗址所处位置属高坊河支流沿岸，遗址所在地势较高，为岗地类地形（图九一四）。调查过程中发现有较多墓葬被盗，见有长条状盗坑。地表为杂草和灌木丛覆盖，植被较为茂密（图九一五）。该遗址地理坐标为：北纬 27°58′20.2″，东经 116°49′31.6″，海拔 105 米。

2. 遗物介绍

陶器以硬陶为主，夹砂陶较少。硬陶纹饰有折线纹（图九一六，3~5）、方格纹（图九一六，6）、短线纹、交错折线纹和菱格纹，陶色以灰褐色、黄褐色为主，器形有罐和杯等；夹砂陶多为灰褐色、黄褐色，纹饰可见粗、细绳纹（图九一六，1、2），器形有罐、鼎（足）和甗等。

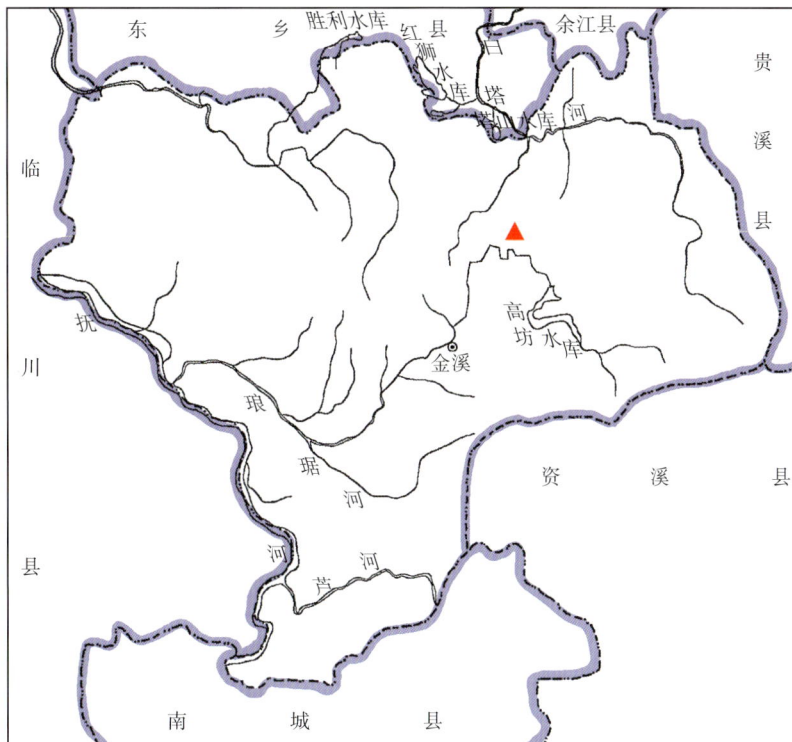

图九一三 大科山遗址位置图

图九一四 大科山遗址地貌图

图九一五　大科山遗址远景图（由北向南）

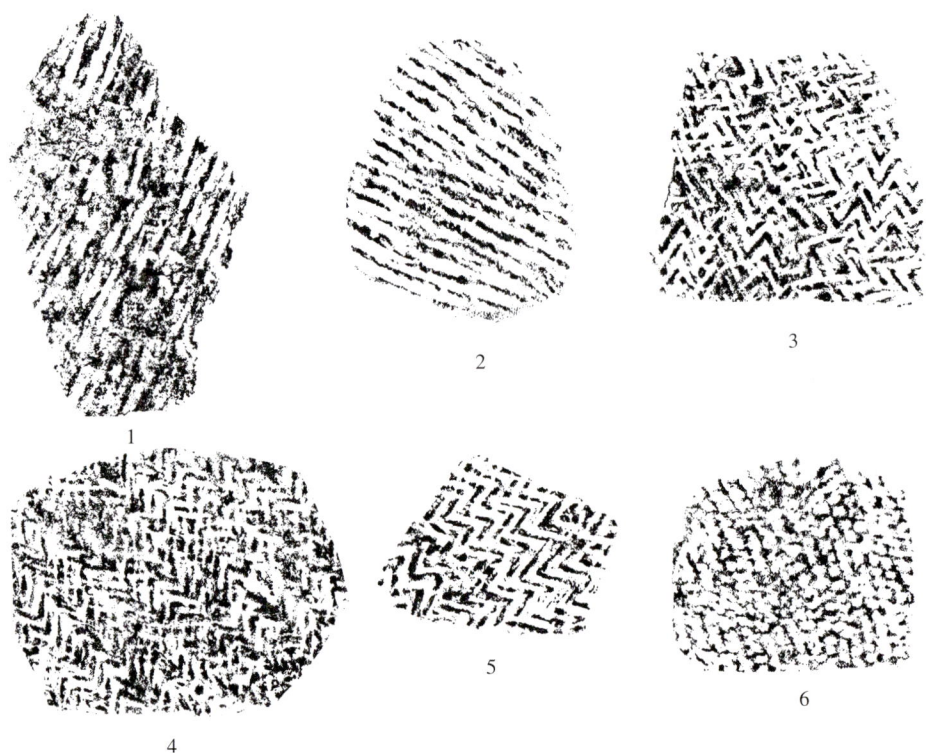

图九一六　大科山遗址采集陶片纹饰拓片
1、2. 绳纹　3~5. 折线纹　6. 方格纹

罐　6件。

2015JDK：4，黄褐色硬陶，侈口，宽斜沿，圆唇。器表施绳纹。口径略、残高5.4厘米（图九一七，1；图版九〇，4）。

2015JDK：1，灰色硬陶，直口，微卷沿，圆唇，唇面内凹。器表施折线纹。口径18.0、残高4.2厘米（图九一七，2）。

2015JDK：5，灰色硬陶，侈口，微卷沿，圆唇，沿面有一周凸棱。素面。口径23.6、残高4.0厘米（图九一七，3）。

2015JDK：8，黄褐色硬陶，微侈口，卷沿，斜方唇，圆鼓腹，底部内凹。器表饰折线纹。口径8.2、残高7.8厘米（图九一八，1）。

2015JDK：6，灰褐色硬陶，侈口，平折沿，圆唇。器表施深菱格纹。残高6.0厘米（图九一八，2）。

2015JDK：2，灰色硬陶，敛口，卷沿，方唇，沿面有四道凹槽。器表饰折线纹。口径11.0、残高5.6厘米（图九一八，4；图版九〇，5）。

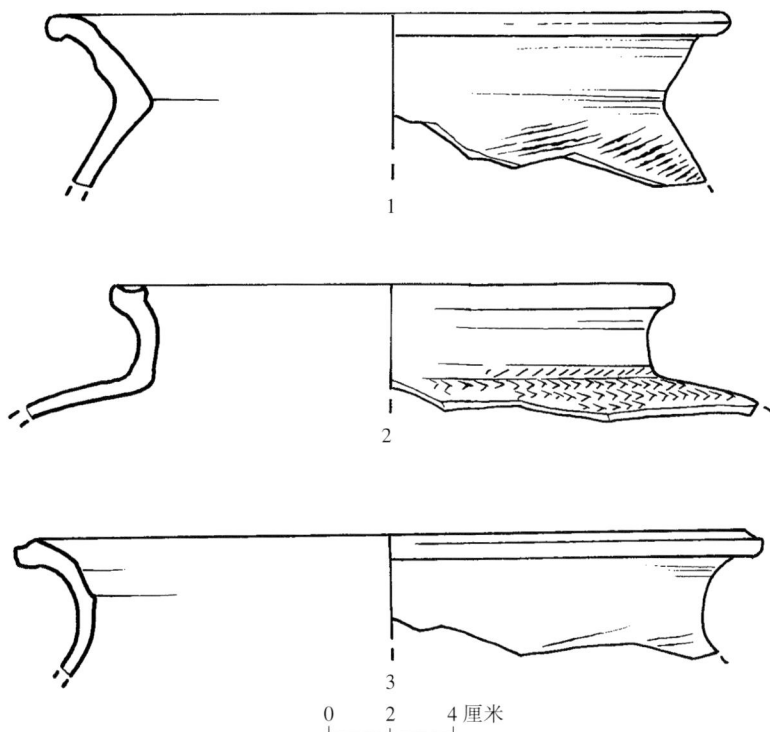

图九一七　大科山遗址采集陶罐

1～3. 罐（2015JDK：4、2015JDK：1、2015JDK：5）

瓿形器　1件。

2015JDK：3，灰色硬陶，侈口，微卷沿，斜方唇。素面。口径31.6、残高10.6厘米（图九一八，5）。

钵　1件。

2015JDK：7，灰褐色硬陶，敞口，圆唇，斜弧腹，平底。内外壁可见轮制痕迹。口径7.6、残高4.2厘米（图九一八，3）。

杯　1件。

2015JDK：9，夹砂灰陶，斜直腹，平底。内外壁可见明显轮制痕迹，外底施斜线纹，纹痕较浅。底径11.6、残高6.8厘米（图九一九，2；图版九〇，1）。

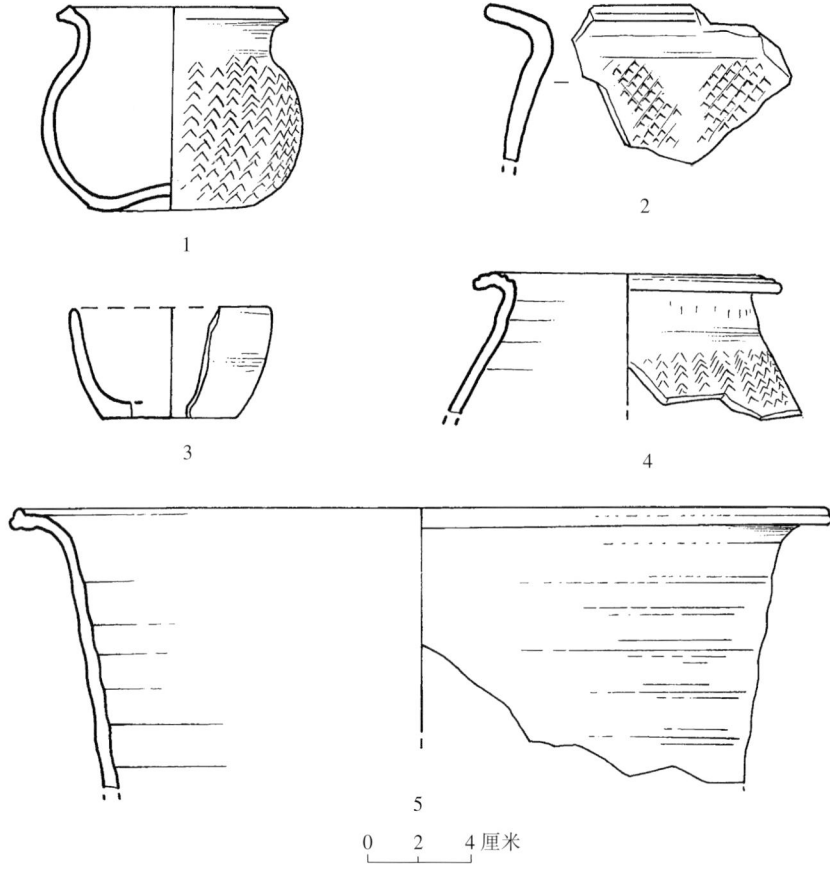

图九一八 大科山遗址采集陶器

1、2、4. 罐（2015JDK：8、2015JDK：6、2015JDK：2） 3. 钵（2015JDK：7） 5. 甑形器（2015JDK：3）

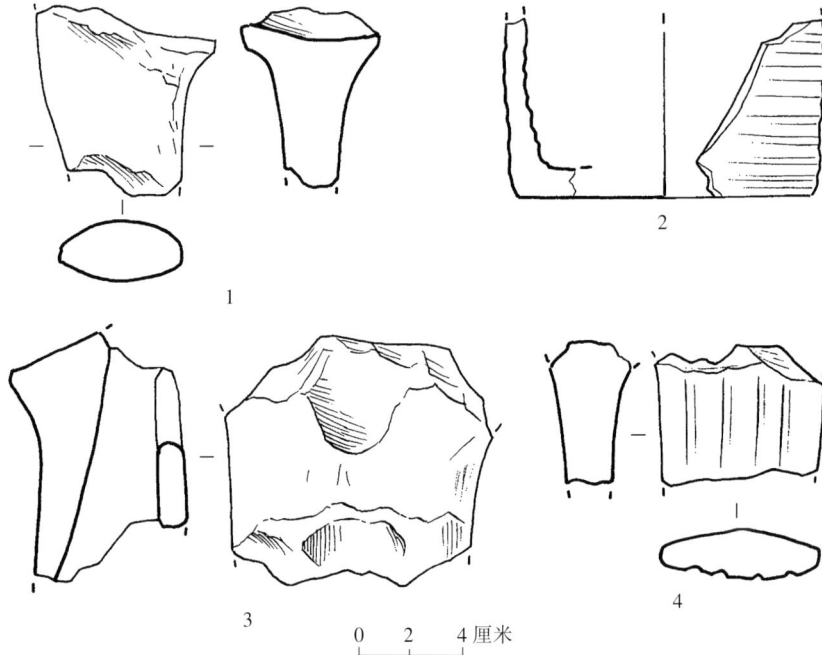

图九一九 大科山遗址采集陶器

1、3、4. 鼎足（2015JDK：10、2015JDK：11、2015JDK：12） 2. 杯（2015JDK：9）

鼎足 3 件。

2015JDK：10，夹砂灰褐陶，扁柱状足。素面。残高 7.2 厘米（图九一九，1）。

2015JDK：11，夹砂黄褐陶，管状。素面。残高 9.6 厘米（图九一九，3；图版九〇，3）。

2015JDK：12，夹砂黄褐陶，扁平状足，一侧有数道竖向刻槽。残高 5.4 厘米（图九一九，4；图版九〇，2）。

1. 陶杯（2015JDK：9）

2. 鼎足（2015JDK：12）

3. 鼎足（2015JDK：11）

4. 陶罐（2015JDK：4）

5. 陶罐（2015JDK：2）

图版九〇 大科山遗址采集遗物

3. 遗址性质与年代

由于大科山遗址地表树木十分繁茂，采集遗物较困难。从地形来看，该遗址属于岗地类聚落。采集陶片较少，比较来看，遗址的文化面貌较为单一。采集遗物以硬陶为多，纹饰多见折线纹和绳纹。器形见有陶罐、钵、甗形器、杯、鼎等，该类陶器在金溪县有较多发现，如母猪嘴、郑家山等遗址均见有此类遗存，通过比较，可推断其年代应为商代。大科山遗址所见空心鼎足，年代或有略早的可能。因此，可推断大科山遗址的年代为商代早期或略早。

大科山遗址的发现，为区域文化序列的建构及聚落形态演进等方面的研究提供了重要的实物资料。

第四章 采集陶器科技分析与模拟实验

第一节 郑家山遗址采集陶片初步分析报告

一 文物信息

陶片样品均出土于郑家山遗址，共有 25 片，分别编号为 25 – 001、25 – 002、25 – 003 等进行后续研究测试。

表一 文物基本信息表

名称	照片信息	文物描述
郑家山遗址 编号 25 – 001		灰陶，明显分层，雷纹，绳纹，质量偏重。切面厚度约 0.4 ~ 0.6 厘米，胎质较致密，断面光滑，气孔少。陶片内壁分布少量石英颗粒，断面有明显黑色污染物。
编号 25 – 002		红陶，无分层，绳纹，雷纹。切面厚度 0.5 ~ 0.65 厘米，表面纹饰清晰，内侧分布大面积的黑色污渍。

名称	照片信息	文物描述
编号 25-003		灰陶，无分层，绳纹，切面厚度0.4~0.5厘米，表面边缘有泥土沾染，内侧有凸起的部分（疑为气泡）。
编号 25-004		灰陶，无分层，纹饰不详，质量偏重，切面厚度0.5~0.8厘米，中间纹饰有磨损，表面有黑色污染物，气孔少，胎质致密。
编号 25-005		灰陶，纹饰不详，无分层，质量偏重，切面厚度0.5~0.7厘米，磨损程度较大，气孔少，胎体致密。
编号 25-006		红陶，分层，绳纹，中间凸起部分磨损程度较严重，切面厚度0.4~0.6厘米，切面处有黑色污染物，内侧有黑色小斑点。

名称	照片信息	文物描述
编号 25 - 007		灰陶，无分层，绳纹，胎质疏松，气孔多，有些部分磨损，切面厚度 0.4～0.8 厘米，表面有少量龟裂。
编号 25 - 008		红陶，分层，交错绳纹，切面厚度 0.25～0.4 厘米，表面黑色。
编号 25 - 009		红陶，无分层，雷纹，本身带有弧度，切面厚度 0.4～0.7 厘米，中间凸起部分纹饰磨损严重，内壁和断面都附着大量污染物。
编号 25 - 010		灰陶，无分层，较坚硬，质量偏重。切面厚度 0.4～0.7 厘米，表面绳纹，凸凹明显，表面有不均匀红色污染物。断面整齐。

江西抚河流域先秦时期遗址考古调查报告Ⅱ

名称	照片信息	文物描述
编号 25 – 011		红陶，无分层，较坚硬，质量偏轻。表面施均匀绳纹，纹饰凸起。切面厚度 0.5～0.6 厘米，断面处有黑色污染物。
编号 25 – 012		红陶，无明显分层，较坚硬，质量偏轻。表面施均匀绳纹，纹饰凸起。切面厚度 0.21～0.35 厘米，断面处有黑色污染物。
编号 25 – 013		红陶，无明显分层，较坚硬，整体较重。表面施交错绳纹，花纹模糊，切面厚度 0.40～0.71 厘米，表面平整。
编号 25 – 014		红陶，无分层，较坚硬，质量偏轻。表面有规整菱形纹，纹饰清晰，纹饰凸起。切面厚度 0.34～0.45 厘米，断面粗糙。

名称	照片信息	文物描述
编号 25 - 015		灰陶，无明显分层，较坚硬，质量较轻。表面施网格纹，局部模糊绳纹，纹饰略凸起，花纹模糊。陶片本身有一定弧度。切面厚度 0.2～0.35 厘米。
编号 25 - 016		红陶，无分层，较坚硬，质量较重。表面有复杂纹，局部凌乱，纹饰凸起明显。切面厚度 0.60～0.75 厘米，陶片边缘锐利。
编号 25 - 017		红陶，较坚硬，质量偏轻。表面施交错纹，纹饰有些模糊，切面厚度 0.32～0.48 厘米，断面无分层。
编号 25 - 018		灰陶，无分层，表面为绳纹，局部有复杂纹饰，质量较轻，胎体较薄，约 0.25～0.3 厘米，有少量石英颗粒杂质，陶片表面局部泛红。

名称	照片信息	文物描述
编号 25 – 019		红陶，无分层，表面为交错绳纹，夹杂较多黑色炭颗粒，胎体有较多气孔，厚度在 0.4～0.5 厘米之间。
编号 25 – 020		红陶，断面有分层，外层颜色较浅，表面为绳纹，夹杂较多大颗粒石英杂质，胎体厚度不均匀，厚度在 0.35～0.7 厘米，较为致密。
编号 25 – 021		灰陶，残片为瓶颈部分，表面为方格纹与绳纹的组合纹饰，胎质疏松，有较多气孔，口沿厚度约为 0.9 厘米，陶身断面厚度约为 0.3 厘米。
编号 25 – 022		红陶，表面为方格纹，有分层，断面表层为红褐色，里层为浅红色，厚度均匀，侵蚀较为严重，整体较为疏松。

名称	照片信息	文物描述
编号 25－023		红陶，表面纹饰为雷纹，质量较轻，厚度由厚至薄均匀递减，约在0.3~0.4厘米之间，胎体略泛红色。
编号 25－024		灰陶，表面为方格纹与绳纹的组合纹饰，表面灰色与灰黑色交替分布，胎体较为致密，呈灰色，厚度较均匀，约0.3厘米。
编号 25－025		灰陶，残片较小，表面为线条细腻的席纹，胎体较致密，呈灰色，夹杂少量白色石英颗粒，残片内侧凹凸不平，有划痕。

二　分析测试

1. 超景深显微镜分析

采用超景深显微镜对观察样品的微观结构，并分析表面结构对釉色的影响。观察前先确认观察部位能够体现陶片综合特征，将该部位先用毛刷清理表层污染物，之后用脱脂棉沾无水乙醇进行擦拭。观察陶器本体特征需要将陶片局部截断，裸露新鲜断面，观察实验后可重新拼接。实验放大倍数根据样品具体情况进行调整。

2. 可移动微区 X 荧光光谱仪（XRF）分析

使用的仪器是德国 BRUKER 公司生产的 ARTAX－400 型能量色散型微区 X 射线荧光分析仪，测试条件均为：铑（Rh）靶，电压 30KV，电流 900，氦气环境，测试时间 300 秒。测试选择标准陶器（pottery）曲线参考，为了明确陶片本体组成，进行荧光分析时测试点均为超景深观察中的裸露新鲜断面。测试区域能充分代表该陶片胎体特征与元素组成。

三 数据分析

1. 超景深显微镜实验

观察郑家山遗址出土陶片样品，选取充分体现残断面结构特征的区域，清理表面污染后进行微观观察，从而分析陶器的结构组成、制作工艺、埋藏特点及腐蚀情况等，观察结果见表二。

表二 残片原始残断面超景深观察结果表

样品编号	显微照片	微观特征描述
编号 25 - 001		该断面胎质致密，分层明显，从纹饰表面到胎内颜色逐渐加深。内侧有明显的黑色污染物，胎体中分布有均匀的长度约 0.4 毫米裂纹。
编号 25 - 002		该断面侵蚀污染严重，有大面积黑色污染物，污染物中夹有白色晶体颗粒。胎质较疏松，多孔。
编号 25 - 003		该断面污染较严重，分布较多黑色斑点，断面裂隙多，泥土污染较严重。

样品编号	显微照片	微观特征描述
编号 25 - 004		该断面呈灰色，局部有黑色颗粒，断面分布大量长短不一的裂隙，有土壤渗入。
编号 25 - 005		该断面无分层，较均匀。表面附有大量黑色污染。
编号 25 - 006		该断面呈红褐色，表面有 1 毫米颜色较淡，内部分布较多黑色点状污染。
编号 25 - 007		该断面胎质粗糙疏松，有细小石英颗粒。有大量黑色颗粒。

样品编号	显微照片	微观特征描述
编号 25-008		总体看该断面胎体较均一，有少量细小裂纹。
编号 25-009		总体看该断面侵蚀污染严重，分布大面积黑色污染物。土壤污染，含有石英颗粒。
编号 25-010		总体看该断面，胎体整体结构疏松，分布较多微裂隙与圆形孔洞，胎体为灰色，局部有褐红色污染。
编号 25-011		总体看该断面，胎体较均匀，胎体中间约1毫米呈浅褐色，表面灰色约2毫米，胎体较疏松，夹杂较多黑色圆形颗粒及少量微裂隙。

样品编号	显微照片	微观特征描述
编号 25 – 012		总体看该断面，侵蚀污染较严重，胎质粗糙不均，表面有大量含有石英颗粒的黑色类污染。
编号 25 – 013		总体看该断面，胎体呈灰色，存在大量孔洞，少量孔洞内有明显晶体填充。
编号 25 – 014		总体看该断面，胎面中间存在明显裂隙，裂隙呈红褐色，胎体表面呈灰色，且局部有黑色污染物。
编号 25 – 015		总体看断面，胎体均匀呈浅灰色，边缘纹饰区域粗糙，且覆盖大量黑色污染物。

样品编号	显微照片	微观特征描述
编号 25－016		总体看该断面，胎面粗糙，结构疏松，胎体呈红褐色，表面有黑色杂质，夹杂大量细小石英颗粒。
编号 25－017		总体看该断面，胎体结构疏松，存在少量裂隙及孔洞，有明显黑色污染物。
编号 25－018		总体看该断面，含有大量均匀黑色孔洞。
编号 25－019		总体看，该陶片断面侵蚀污染较为严重，含有较多黑色斑点状污渍，有较大的裂隙与凹坑，胎体呈浅褐色。

样品编号	显微照片	微观特征描述
编号 25－020		总体看，该陶片断面较致密，纹饰层表面约 0.8 毫米呈白色，其余部分呈灰褐色，泥土侵蚀污染严重。
编号 25－021		瓶颈断面，该陶片胎质疏松多孔，呈灰色。断面粗糙，侵蚀污染较为严重。
编号 25－022		该陶片断面侵蚀污染严重，胎质疏松，有较多粗大裂隙及大小不均圆孔侵蚀坑。
编号 25－023		总体看该陶片断面胎质致密，夹杂少量白色石英颗粒与红褐色污渍，胎体整体呈红褐色，表层有 0.5 毫米呈灰色。

样品编号	显微照片	微观特征描述
编号 25－024		总体看该断面结构较为均匀、致密，花纹层为浅灰色胎色，素面层为褐色，夹杂少量石英颗粒。
编号 25－025		总体看断面侵蚀污染较严重，整体布满块状褐色杂质，有孔洞，夹杂大块白色石英颗粒。

由表二可见，陶片样品断面均侵蚀污染较严重，无法观察断面详细信息，胎体结构不一，有结构致密均一的陶片，也有结构疏松杂质较多的陶片，可见其制作工艺、陶土成分均不相同，可能与陶器制作条件有关，并且受埋藏环境影响，其表面侵蚀污染也存在较大差异。

为进一步了解陶片更多的微观性能特征和信息，用 BUEHLER 公司生产型号 Isomet500 精密切割机对陶片进行切割约 2 平方厘米，选择新鲜截面用超景深观察，从而对比研究，获取真实准确的信息（见表三）。

表三　新鲜截面超景深观察结果表

样品编号	显微照片	显微信息描述
编号 25－001		新鲜断面，中间部分约 2.5 毫米呈浅黄褐色，表面素面与花纹面均有约 2.5 毫米呈灰黑色，判断可能与烧制工艺有关，胎体有较多微裂隙，伴有石英颗粒。

样品编号	显微照片	显微信息描述
编号 25－002		新鲜断面，胎体呈红褐色，分布有褐色颗粒，胎质疏松多孔，大量微裂隙，夹杂白色晶体颗粒。
编号 25－003		新鲜断面，胎体呈灰色，结构疏松，存在大量微裂隙，受泥土侵蚀污染，微裂隙中有大量泥土沉积，另胎体中均匀分布黑色炭颗粒。
编号 25－004		新鲜断面，胎体为灰色，结构疏松，有大量裂隙与圆形孔洞。
编号 25－005		新鲜断面，胎质呈灰色，有较多长短不均裂隙，大部分裂隙无色，有些裂隙呈红棕色，胎体中还有大小不均黑色颗粒。

样品编号	显微照片	显微信息描述
编号 25-006		新鲜断面，呈灰色，边缘被泥土侵蚀污染，胎体结构疏松，分布大量大小不一微裂隙与孔洞，也夹有少量黑色泡状颗粒，伴有少量石英颗粒。
编号 25-007		新鲜断面，胎体呈灰色，分布大量大小不一孔洞，夹杂有黑色泡状颗粒，胎体表面被泥土侵蚀污染，有褐色泥土沉积物渗入胎体中，胎中混有少量石英颗粒。
编号 25-008		新鲜断面，胎质致密少孔，污染物少，胎体均匀。
编号 25-009		新鲜断面，胎体断面呈红色，被土壤污染，胎质结构疏松多孔，夹杂较多石英颗粒。

样品编号	显微照片	显微信息描述
编号 25 –010		新鲜断面，胎体呈灰色，夹杂大量炭颗粒，结构疏松，大小不一裂隙分布与胎体中，少量为褐色，推测可能是泥土沉积污染所致。
编号 25 –011		新鲜断面，胎体总体呈灰色，中间约有 1.2 毫米呈浅褐色，胎体结构疏松，分布大量微孔隙，并夹杂黑色炭颗粒。
编号 25 –012		新鲜断面，胎体呈黄褐色，结构较疏松，存在较多裂隙，胎中均匀混杂黑色微小炭颗粒及较大晶体颗粒。
编号 25 –013		新鲜断面，胎体为灰色，结构疏松，分布大量大小不均裂隙某些裂隙可能被泥土污染，有黄褐色泥土沉积，胎中还有大小不均黑色泡状结构。

样品编号	显微照片	显微信息描述
编号 25 – 014		新鲜断面，胎体呈灰色，胎体结构疏松，分布大量裂隙，夹杂黑色颗粒及大小不均白色晶体，胎体厚薄不均。
编号 25 – 015		新鲜断面，存在少量裂隙和孔洞，夹杂黑色炭颗粒，胎体整体呈灰色，较均匀。
编号 25 – 016		新鲜断面，胎体呈黄褐色，胎质疏松多孔，有较多裂隙，可能被泥土污染，夹杂白色晶体。
编号 25 – 017		新鲜断面，分布少量裂隙及小孔洞，夹杂少量晶体，胎体整体呈淡黄褐色。

样品编号	显微照片	显微信息描述
编号 25 – 018		新鲜断面。断面较均匀，分布少量裂隙与孔洞，夹杂黑色炭颗粒，胎体浅褐色，颜色不均。
编号 25 – 019		新鲜断面，结构较均匀，分布较多孔洞与均匀分布细小黑色炭颗粒。
编号 25 – 020		新鲜断面，胎体呈灰色，结构较致密，夹杂黑色颗粒状碳粒，有较大气泡。
编号 25 – 021		新鲜断面，胎体呈灰色，较多孔洞，夹杂较多黑色颗粒以及少量白色晶体。

样品编号	显微照片	显微信息描述
编号 25－022		新鲜断面，胎体较疏松，分布大量孔洞与裂隙，夹杂黑色颗粒，中间约有 3.8 毫米呈浅褐色，表面约 0.5 毫米为灰色。
编号 25－023		新鲜断面，胎体结构疏松多孔，胎体中有大量大小不均裂隙，胎体均匀混杂黑褐色颗粒，有少量白色晶体。
编号 25－024		新鲜断面，胎体疏松呈黄褐色，胎体较多裂隙，有白色晶体夹杂。
编号 25－025		新鲜断面，胎体呈灰色，局部有铁红色杂质，结构较均匀，有较多孔洞，夹杂黑色颗粒。

由表二可见，陶片原始截面，由于常年埋于土中，受腐蚀风化较严重，截面信息特征不明显，很难直接观察到陶片的真实结构，表三新鲜截面更能直观表现陶片自身信息。郑家山遗址筛选的陶片按其颜色与结构可分为灰陶和红陶，大部分为灰陶，所有陶片胎体均分布有黑色颗粒，推测该地区陶器制作过程中可能存在有意识的向胎中加入炭粒，部分陶片由于长期埋葬环境，有大量泥土沉积；该批陶片中灰陶胎体结构较致密，烧制温度较高，但胎体微裂隙较多，强度不高，胎中有少量夹砂但不均匀，推测为无意识混入；而红陶结构较疏松多裂隙，烧结温度较低，强度很低，胎中混入石英颗粒。部分红陶胎体中间呈红褐色，胎体两侧呈灰色，初步推测可能与陶器的制作工艺与烧制温度有关。

2. 荧光数据分析

根据陶片特征结合超精深分析，在陶片新鲜断面层上胎质上，尽量选取结构较均匀的部位进行测试，测试中每个样品选取 3 个不同位置，进行分别测试，对 25 个陶片样品进行荧光分析测试结果如下。

表四　郑家山遗址样品 25 - 001 荧光数据

元素	25 - 001 - 1	25 - 001 - 2	25 - 001 - 3
Na	0.259	0.175	0.018
Mg	0.015	0.014	0.014
Al	27.634	26.166	24.915
Si	62.326	65.346	65.806
P	0.001	0.001	0.001
K	2.394	1.987	2.004
Ca	0.218	0.149	0.151
Ti	1.344	1.199	1.227
Cr	0.013	0.013	0.014
Mn	0.031	0.025	0.025
Fe	5.957	5.044	6.011
Ni	0.012	0.009	0.01
Cu	0.006	0.006	0.009
Zn	0.018	0.016	0.015

表五　郑家山遗址样品 25 - 002 荧光数据

元素	25 - 002 - 1	25 - 002 - 2	25 - 002 - 3
Na	0.025	0.046	0.02
Mg	0.377	0.016	0.016
Al	30.51	27.964	25.276
Si	59.877	63.647	67.751
P	0.002	0.001	0.002
K	1.76	1.618	1.416

元素	25 - 002 - 1	25 - 002 - 2	25 - 002 - 3
Ca	0.174	0.128	0.123
Ti	1.615	1.407	1.142
Cr	0.018	0.013	0.009
Mn	0.026	0.031	0.024
Fe	5.849	5.276	4.454
Ni	0.011	0.009	0.007
Cu	0.005	0.01	0.004
Zn	0.017	0.015	0.013

表六 郑家山遗址样品 25 - 003 荧光数据

元素	25 - 003 - 1	25 - 003 - 2	25 - 003 - 3
Na	0.028	0.025	0.024
Mg	0.021	0.103	1.113
Al	33.785	32.109	33.095
Si	51.657	52.043	52.154
P	0.005	0.142	
K	2.295	1.799	1.861
Ca	0.238	0.178	0.194
Ti	1.91	1.922	1.898
Cr	0.022	0.023	0.02
Mn	0.05	0.047	0.045
Fe	10.272	11.794	9.842
Ni	0.015	0.014	0.014
Cu	0.015	0.016	0.015
Zn	0.026	0.024	0.027

表七 郑家山遗址样品 25 - 004 荧光数据

元素	25 - 004 - 1	25 - 004 - 2	25 - 004 - 3
Na	0.02	0.357	0.02
Mg	1.786	0.015	0.015
Al	27.226	24.763	25.072
Si	62.069	67.041	66.74
P	0.001	0.001	0.001
K	2.263	1.959	1.984
Ca	0.223	0.165	0.166
Ti	1.337	1.145	1.173
Cr	0.013	0.011	0.014

	25 – 004 – 1	25 – 004 – 2	25 – 004 – 3
Mn	0.028	0.026	0.029
Fe	5.229	4.73	4.961
Ni	0.01	0.008	0.007
Cu	0.004	0.004	0.006
Zn	0.016	0.016	0.015

表八　郑家山遗址样品 25 – 005 荧光数据

元素	25 – 005 – 1	25 – 005 – 2	25 – 005 – 3
Na	0.022	0.405	0.163
Mg	0.017	0.016	0.011
Al	28.269	27.021	26.007
Si	61.584	63.099	63.942
P	0.002	0.069	0.001
K	2.343	1.966	2.174
Ca	0.207	0.129	0.153
Ti	1.288	1.22	1.151
Cr	0.012	0.013	0.011
Mn	0.033	0.033	0.037
Fe	6.463	6.264	6.46
Ni	0.013	0.01	0.01
Cu	0.008	0.008	0.006
Zn	0.02	0.018	0.017

表九　郑家山遗址样品 25 – 006 荧光数据

元素	25 – 006 – 1	25 – 006 – 2	25 – 006 – 3
Na	0.268	0.621	1.212
Mg	0.013	0.013	0.018
Al	24.661	24.566	25.586
Si	67.406	67.297	65.528
P	0.001	0.003	0.002
K	1.883	1.928	1.858
Ca	0.15	0.163	0.156
Ti	1.164	1.124	1.168
Cr	0.015	0.013	0.011
Mn	0.035	0.031	0.032
Fe	4.501	4.352	4.588
Ni	0.008	0.006	0.006
Cu	0.004	0.006	0.006
Zn	0.014	0.016	0.015

表一〇　郑家山遗址样品 **25 - 007** 荧光数据

元素	25 - 007 - 1	25 - 007 - 2	25 - 007 - 3
Na	0.415	0.018	0.8
Mg	0.015	0.777	0.014
Al	26.338	26.385	25.287
Si	62.88	64.003	64.665
P	0.029	0.002	
K	2.09	2.083	2.422
Ca	0.175	0.175	0.159
Ti	1.164	1.147	1.077
Cr	0.011	0.01	0.01
Mn	0.098	0.036	0.04
Fe	7.003	5.49	5.643
Ni	0.012	0.013	0.013
Cu	0.007	0.007	0.005
Zn	0.017	0.017	0.016

表一一　郑家山遗址样品 **25 - 008** 荧光数据

元素	25 - 008 - 1	25 - 008 - 2	25 - 008 - 3
Na	0.859	0.017	0.018
Mg	0.013	1.846	0.014
Al	25.737	25.404	25.676
Si	64.47	63.858	65.147
P		0.001	0.053
K	2.159	2.151	2.151
Ca	0.119	0.128	0.122
Ti	1.137	1.146	1.209
Cr	0.014	0.012	0.016
Mn	0.023	0.021	0.023
Fe	5.614	5.555	5.668
Ni	0.008	0.007	0.011
Cu	0.006	0.008	0.007
Zn	0.016	0.016	0.016

表一二　郑家山遗址样品 **25 - 009** 荧光数据

元素	25 - 009 - 1	25 - 009 - 2	25 - 009 - 3
Na	0.021	1.366	0.676
Mg	1.065	0.016	0.016
Al	26.183	24.556	26.709
Si	65.016	67.251	65.454

元素	25 - 009 - 1	25 - 009 - 2	25 - 009 - 3
P	0.002	0.029	0.002
K	1.293	1.245	1.339
Ca	0.108	0.104	0.111
Ti	1.285	1.215	1.352
Cr	0.014	0.012	0.017
Mn	0.031	0.031	0.019
Fe	5.146	4.4	4.597
Ni	0.008	0.008	0.013
Cu	0.008	0.007	0.006
Zn	0.015	0.014	0.014

表一三　郑家山遗址样品 25 - 010 荧光数据

元素	25 - 010 - 1	25 - 010 - 2	25 - 010 - 3
Na	0.017	0.972	0.018
Mg	1.172	2.065	0.014
Al	26.629	25.466	25.5
Si	63.603	62.876	66.082
P	0.002	0.001	0.001
K	1.916	1.81	1.897
Ca	0.178	0.187	0.189
Ti	1.164	1.184	1.136
Cr	0.017	0.013	0.012
Mn	0.037	0.035	0.036
Fe	5.389	5.448	5.238
Ni	0.008	0.008	0.009
Cu	0.005	0.003	0.007
Zn	0.015	0.014	0.016

表一四　郑家山遗址样品 25 - 011 荧光数据

元素	25 - 011 - 1	25 - 011 - 2	25 - 011 - 3
Na	0.608	0.019	0.619
Mg	0.015	0.014	0.735
Al	25.576	26.276	25.708
Si	65.1	65.465	64.235
P	0.002	0.001	0.025
K	2.06	2.054	2.075
Ca	0.176	0.187	0.191

元素	25 – 011 – 1	25 – 011 – 2	25 – 011 – 3
Ti	1.149	1.096	1.146
Cr	0.013	0.013	0.011
Mn	0.037	0.031	0.034
Fe	5.47	4.968	5.431
Ni	0.009	0.011	0.01
Cu	0.007	0.005	0.007
Zn	0.016	0.017	0.016

表一五　郑家山遗址样品 25 – 012 荧光数据

元素	25 – 012 – 1	25 – 012 – 2	25 – 012 – 3
Na	0.019	0.23	0.019
Mg	0.015	0.014	0.527
Al	34.851	32.096	34.226
Si	56.745	59.553	56.788
P	0.001	0.001	0.024
K	0.889	0.989	0.863
Ca	0.068	0.081	0.073
Ti	1.802	1.764	1.822
Cr	0.017	0.019	0.018
Mn	0.019	0.021	0.018
Fe	5.647	5.284	5.711
Ni	0.015	0.015	0.016
Cu	0.007	0.005	0.005
Zn	0.018	0.015	0.016

表一六　郑家山遗址样品 25 – 013 荧光数据

元素	25 – 013 – 1	25 – 013 – 2	25 – 013 – 3
Na	1.354	0.019	0.178
Mg	2.252	0.015	0.937
Al	25.106	24.56	24.937
Si	62.4	67.077	65.45
P	0.001	0.001	0.002
K	1.966	2.029	2.001
Ca	0.167	0.164	0.168
Ti	1.174	1.139	1.185
Cr	0.014	0.021	0.011
Mn	0.026	0.026	0.03

元素	25 - 013 - 1	25 - 013 - 2	25 - 013 - 3
Fe	5. 675	5. 089	5. 328
Ni	0. 006	0. 02	0. 007
Cu	0. 007	0. 007	0. 008
Zn	0. 016	0. 014	0. 014

表一七　郑家山遗址样品 25 - 014 荧光数据

元素	25 - 014 - 1	25 - 014 - 2	25 - 014 - 3
Na	0. 018	0. 018	0. 017
Mg	0. 014	0. 014	2. 471
Al	27. 489	28. 606	26. 632
Si	62. 719	61. 042	61. 497
P	0. 028		0. 002
K	2. 139	2. 06	1. 968
Ca	0. 138	0. 132	0. 137
Ti	1. 374	1. 45	1. 399
Cr	0. 016	0. 019	0. 016
Mn	0. 017	0. 018	0. 015
Fe	6. 259	6. 782	5. 977
Ni	0. 015	0. 015	0. 009
Cu	0. 009	0. 012	0. 008
Zn	0. 016	0. 017	0. 016

表一八　郑家山遗址样品 25 - 015 荧光数据

元素	25 - 015 - 1	25 - 015 - 2	25 - 015 - 3
Na	0. 209	0. 051	0. 017
Mg	0. 477	0. 013	0. 013
Al	26. 054	26. 09	26. 037
Si	64. 69	65. 404	65. 371
P	0. 001	0. 001	0. 001
K	2. 183	2. 152	2. 18
Ca	0. 16	0. 162	0. 164
Ti	1. 199	1. 137	1. 15
Cr	0. 01	0. 01	0. 012
Mn	0. 032	0. 033	0. 031
Fe	5. 132	5. 044	5. 127
Ni	0. 01	0. 009	0. 01
Cu	0. 007	0. 006	0. 008
Zn	0. 016	0. 016	0. 016

表一九　郑家山遗址样品25－016荧光数据

元素	25－016－1	25－016－2	25－016－3
Na	0.053	0.022	0.023
Mg	0.017	0.017	0.018
Al	26.843	26.946	26.659
Si	62.238	62.815	62.447
P	0.002	0.002	0.002
K	2.343	2.243	2.295
Ca	0.18	0.163	0.171
Ti	1.323	1.294	1.3
Cr	0.013	0.02	0.018
Mn	0.032	0.033	0.033
Fe	7.201	6.655	7.276
Ni	0.01	0.007	0.009
Cu	0.011	0.008	0.009
Zn	0.018	0.018	0.018

表二〇　郑家山遗址样品25－017荧光数据

元素	25－017－1	25－017－2	25－017－3
Na	0.022	0.656	0.95
Mg	0.017	0.016	0.823
Al	39.697	39.858	35.197
Si	49.974	49.68	53.923
P	0.001	0.002	0.001
K	0.106	0.156	0.39
Ca	0.044	0.046	0.046
Ti	2.019	1.969	1.799
Cr	0.024	0.025	0.022
Mn	0.011	0.014	0.014
Fe	8.2	7.764	7.021
Ni	0.016	0.018	0.015
Cu	0.004	0.007	0.004
Zn	0.022	0.022	0.022

表二一　郑家山遗址样品25－018荧光数据

元素	25－018－1	25－018－2	25－018－3
Na	0.297	0.02	0.725
Mg	0.017	0.015	0.015
Al	32.491	27.25	28.446
Si	58.64	65.563	63.698

元素	25 – 018 – 1	25 – 018 – 2	25 – 018 – 3
P	0.005	0.001	0.001
K	0.73	1.253	1.088
Ca	0.072	0.093	0.073
Ti	1.792	1.453	1.597
Cr	0.018	0.012	0.015
Mn	0.014	0.013	0.012
Fe	6.193	4.476	4.514
Ni	0.008	0.009	0.009
Cu	0.005	0.007	0.004
Zn	0.013	0.014	0.012

表二二　郑家山遗址样品 25 – 019 荧光数据

元素	25 – 019 – 1	25 – 019 – 2	25 – 019 – 3
Na	1.87	0.019	0.02
Mg	1.287	0.371	0.015
Al	24.974	25.026	24.929
Si	63.179	66.487	65.465
P	0.025	0.001	0.001
K	2.238	2.136	2.175
Ca	0.165	0.18	0.205
Ti	1.15	1.115	1.182
Cr	0.015	0.012	0.014
Mn	0.033	0.035	0.05
Fe	5.197	4.819	6.131
Ni	0.012	0.006	0.01
Cu	0.023	0.009	0.01
Zn	0.031	0.017	0.016

表二三　郑家山遗址样品 25 – 020 荧光数据

元素	25 – 020 – 1	25 – 020 – 2	25 – 020 – 3
Na	0.053	0.464	0.018
Mg	0.014	0.014	1.648
Al	25.535	25.071	25.125
Si	66.428	65.856	65.375
P	0.001	0.002	0.001
K	1.93	1.924	1.918
Ca	0.171	0.17	0.159

江西抚河流域先秦时期遗址考古调查报告Ⅱ

元素	25－020－1	25－020－2	25－020－3
Ti	1.162	1.629	1.135
Cr	0.011	0.01	0.012
Mn	0.033	0.033	0.031
Fe	4.832	4.957	4.752
Ni	0.009	0.011	0.005
Cu	0.005	0.007	0.006
Zn	0.014	0.015	0.015

表二四　郑家山遗址样品 25－021 荧光数据

元素	25－021－1	25－021－2	25－021－3
Na	0.018	0.63	0.157
Mg	1.659	0.197	0.014
Al	26.055	28.41	27.682
Si	64.279	61.802	61.543
P	0.001	0.002	0.003
K	1.996	2.03	1.997
Ca	0.172	0.178	0.169
Ti	1.153	1.337	1.382
Cr	0.015	0.011	0.016
Mn	0.043	0.045	0.059
Fe	4.721	5.462	7.024
Ni	0.012	0.01	0.01
Cu	0.007	0.011	0.01
Zn	0.018	0.019	0.02

表二五　郑家山遗址样品 25－022 荧光数据

元素	25－022－1	25－022－2	25－022－3
Na	0.023	1.173	0.355
Mg	0.018	2.269	1.451
Al	29.815	28.77	25.798
Si	57.755	56.201	58.672
P	0.002	0.002	0.001
K	2.081	2.108	3.259
Ca	0.149	0.155	0.513
Ti	1.544	1.522	1.418
Cr	0.021	0.02	0.017
Mn	0.042	0.037	0.086

元素	25－022－1	25－022－2	25－022－3
Fe	8.81	7.969	8.415
Ni	0.011	0.01	0.013
Cu	0.009	0.011	0.011
Zn	0.019	0.019	0.021

表二六 郑家山遗址样品 25－023 荧光数据

元素	25－023－1	25－023－2	25－023－3
Na	0.018	1.388	0.018
Mg	0.012	1.755	0.014
Al	26.653	26.077	26.062
Si	64.553	61.895	65.329
P	0.001	0.001	0.001
K	2.058	2.083	2.059
Ca	0.215	0.206	0.2
Ti	1.175	1.208	1.121
Cr	0.016	0.012	0.01
Mn	0.054	0.051	0.048
Fe	5.437	5.502	5.368
Ni	0.006	0.01	0.011
Cu	0.005	0.008	0.006
Zn	0.016	0.016	0.018

表二七 郑家山遗址样品 25－024 荧光数据

元素	25－024－1	25－024－2	25－024－3
Na	0.018	0.354	0.018
Mg	0.014	0.014	0.014
Al	26.207	25.381	26.507
Si	65.516	66.439	65.174
P	0.001	0.001	0.005
K	1.544	1.468	1.596
Ca	0.128	0.119	0.137
Ti	1.18	1.13	1.194
Cr	0.011	0.015	0.012
Mn	0.017	0.02	0.015
Fe	5.519	5.199	5.513
Ni	0.01	0.01	0.007
Cu	0.006	0.006	0.006
Zn	0.013	0.013	0.013

表二八　郑家山遗址样品 25 - 025 荧光数据

元素	25 - 025 - 1	25 - 025 - 2	25 - 025 - 3
Na	0.044	0.089	0.018
Mg	0.014	1.381	1.436
Al	25.967	24.94	23.992
Si	66.586	66.584	66.993
P	0.001	0.001	0.001
K	1.881	1.797	1.819
Ca	0.183	0.169	0.182
Ti	1.161	1.128	1.108
Cr	0.014	0.013	0.01
Mn	0.028	0.027	0.028
Fe	4.225	4.009	4.552
Ni	0.009	0.012	0.009
Cu	0.004	0.008	0.005
Zn	0.015	0.014	0.016

由荧光分析可见，该批陶片主体元素相差不大，基本可以确定制陶原料基本一致，为就地取材自制，该批陶片 Fe 元素普遍含量较高，制陶胎土中含铁量较高，K、Ti 元素含量偏高。陶片本身非均一体，在荧光分析中不能准确定位超精深分析位置，分析测试结果仅提供参考，尚不足以全面代表陶片本身元素组成。

第二节　金溪县周上村Ⅰ号遗址印纹硬陶施纹方法分析

一　样品来源

本次实验的样品为周上村Ⅰ号遗址的印纹硬陶片，共86片，具体情况如表二九及表三〇。这些印纹硬陶片均为残片，形状不规则，是2015年江西抚河流域先秦时期遗址考古调查中在金溪县周上村Ⅰ号遗址采集所得。

表二九　印纹硬陶纹饰特征分期

分期 种类	产生	发展		兴盛	衰落
		早段	晚段		
方格纹	方格较大	方格变小，表面平整	方格略有凹凸	方格凹凸明显	方格小而密，略有凹凸
雷纹		雷纹散乱，略有凹凸		雷纹规整，凹凸明显，出现大而松散的雷纹及勾连雷纹	

种类＼分期	产生	发展		兴盛	衰落
		早段	晚段		
绳纹	绳纹较粗，凹凸不明显	绳纹变细，略有凹凸，出现交错绳纹		绳纹凹凸明显，排列规整，表面尖锐	绳纹细小平整
席纹		席纹散乱	席纹规整，略有凹凸	席纹规整，凹凸明显	
网纹		网纹规整平滑			
叶脉纹				叶脉纹规整，凹凸明显	
波折纹		波折纹规整，略有凹凸			
组合纹饰		方格纹类组合中方格纹凹凸明显，绳纹类组合中绳纹凹凸明显，排列规整			

表三〇　印纹硬陶片各期数量

种类＼分期	产生	发展		兴盛	衰落	合计
		早段	晚段			
方格纹	1 片	8 片	4 片	10 片	7 片	30 片
雷纹		3 片		9 片		12 片
绳纹	1 片	6 片		9 片	3 片	19 片
席纹		3 片	2 片	4 片		9 片
网纹		8 片				8 片
叶脉纹				4 片		4 片
波折纹		2 片				2 片
组合纹饰		2 片				2 片
合计	2 片	74 片			10 片	86 片

二　实验地点

西北大学文化遗产学院陶瓷器实验室。

三　实验器材

竹叶、草茎、树枝、转轮、竹片、木片、黏土、案板、擀面杖、刻刀、针形器、麻绳（见表三一）。

江西抚河流域先秦时期遗址考古调查报告Ⅱ

	竹叶、草茎、树枝
	转轮
	制陶工具
	麻绳

四　实验方法

1. 通过对印纹硬陶片纹饰、形状的观察，预判施纹方法。

2. 利用实验器材，并结合附近遗址所采集到陶拍的形态。制作不同形状，不同纹饰的陶拍（见表三二），进行模拟施纹实验。由于受陶土材料的限制，本项实验工作中利用黏土制作陶拍，未能制作印纹硬陶质陶拍。

3. 制作完整陶器，利用陶片实验结论，进行完整陶器施纹的实验。

表三二　自制陶拍

	席纹陶拍
	雷纹陶拍
	绳纹陶拍

江西抚河流域先秦时期遗址考古调查报告Ⅱ

	绳纹陶拍
	叶脉纹陶拍
	方格纹陶拍
	波折纹陶拍

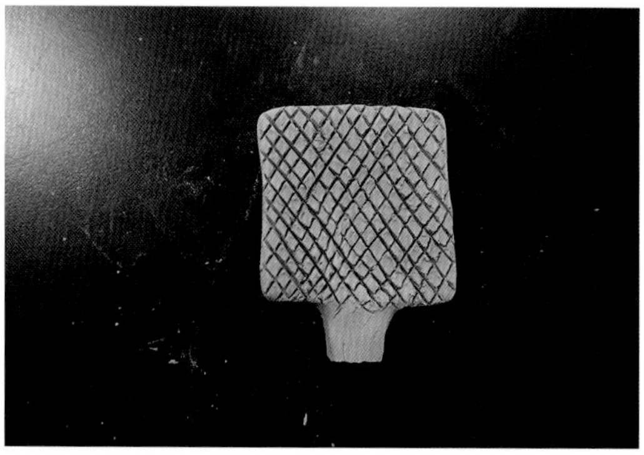	网纹陶拍
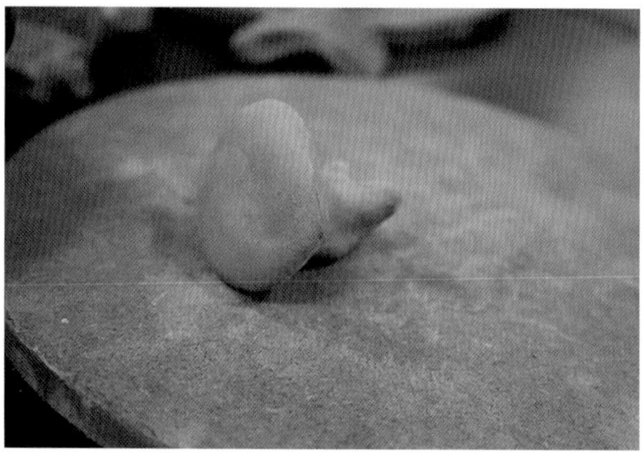	素面陶拍
	陶支垫

五 实验步骤

1. 绳纹施纹方法实验

将所有绳纹陶片按分期顺序放置，观察其纹饰状况，大致预估其施纹方法有压印、拍印两种，然后进行施纹方法实验，具体流程如下：

（1）压印法

①根据选取的绳纹陶片形状，利用黏土制作与所选印纹硬陶片形状相似的陶片，将陶片放置阴凉处，阴干5分钟后，进行实验。

②选取粗细适宜的树枝一根，在陶片上压印，观察记录压印出的纹饰状况。

③选取粗细适宜的植物根茎一根，在陶片上压印，观察记录压印出的纹饰状况。

④将两片竹叶拧在一起，在陶片上压印，观察记录压印出的纹饰状况。

⑤用一股麻绳在陶片上进行压印，观察记录压印出的纹饰状况。

⑥将两股麻绳拧在一起，在陶片上压印，观察记录压印出的纹饰状况。

⑦将三股麻绳拧在一起，在陶片上压印，观察记录压印出的纹饰状况。

⑧将四股麻绳拧在一起，在陶片上压印，观察记录压印出的纹饰状况。

⑨将麻绳缠绕于树枝上，于陶片上滚动压印，观察记录纹饰状况。

（2）拍印法

①根据选取的绳纹陶片形状，用黏土制作与印纹硬陶片形状相似的陶片。将陶片放置阴凉处，阴干5分钟后，进行实验。

②制作陶拍三件，陶支垫一件。其中两件陶拍为素面，形状为圆方各一，另一件为刻刀刻划出绳纹的方形陶拍。阴干至坚硬后，在方形素面陶拍上成圈绕上麻绳。

③用缠上麻绳的陶拍在陶片上拍打，观察记录拍印出的纹饰状况。

④用刻划有绳纹的陶拍在陶片上拍打，观察记录拍印出的纹饰状况。

⑤用刻划有绳纹的陶拍在陶片上进行两次拍打，且拍打方向不一致，观察记录拍印出的纹饰状况。

（3）对拍印法及压印方法结果进行总结分析。

2. 方格纹施纹方法实验

将所有方格纹陶片按分期顺序放置，观察其纹饰状况，确定其施纹方法为拍印法，然后进行施纹方法实验，具体流程如下：

①根据选取的方格纹陶片形状，用黏土制作形状相似的陶片。将陶片放置阴凉处，阴干5分钟后，进行实验。

②用刻刀刻划不同深浅、方格大小不同的方形陶拍三件，阴干至坚硬。

③将不同形态陶拍在陶片上进行拍印，观察记录拍印结果。

④对拍印结果进行总结分析。

3. 网纹施纹方法实验

将所有的网纹陶片按分期顺序放置，观察其纹饰状况，确认其施纹方法为拍印法，然后进行施纹方法试验，具体流程如下：

①根据选取的网纹陶片形状，用黏土制作形状相似的陶片。将陶片放置阴凉处，阴干5分钟后，进行实验。

②用刻刀刻划成网纹方形陶拍一件，阴干至坚硬。

③用陶拍在陶片上进行拍印，观察记录拍印结果。

④对拍印的结果进行总结分析。

4. 席纹施纹方法实验

将所有的席纹陶片按分期顺序放置，观察其纹饰状况，确认其施纹方法为拍印法，然后进行施纹方法实验，具体流程如下：

①根据选取的席纹陶片形状，用黏土制作一些形状相似的陶片。将陶片放置阴凉处，阴干 5 分钟后，进行实验。

②用刻刀刻划有不同形状及深浅的席纹方形陶拍两件，阴干至坚硬。

③用不同陶拍分别在陶片上拍印，观察记录拍印结果。

④对拍印的结果进行总结分析。

5. 波折纹施纹方法实验

将所有的波折纹陶片按分期顺序放置，观察其纹饰状况，确认其施纹方法为拍印法，然后进行施纹方法试验，具体流程如下：

①根据选取的波折纹纹陶片形状，用黏土制作一些形状相似的陶片。将陶片放置阴凉处，阴干 5 分钟后，进行实验。

②用刻刀刻画有波折纹的方形陶拍一件，阴干至坚硬。

③利用陶拍在陶片上进行拍印，观察记录拍印结果。

④对拍印的结果进行总结分析。

6. 叶脉纹施纹方法实验

将所有的叶脉纹陶片按分期顺序放置，观察其纹饰状况，确认其施纹方法为拍印法，然后进行施纹方法试验，具体流程如下：

①根据选取的叶脉纹陶片形状，用黏土制作一些形状相似的陶片。将陶片放置阴凉处，阴干 5 分钟后，进行实验。

②用刻刀刻划有不同形状及深浅的叶脉纹圆形陶拍两件，阴干至坚硬。

③用不同的陶拍分别在陶片上拍印，观察记录拍印结果。

④对拍印的结果进行总结分析。

7. 雷纹施纹方法实验

将所有的雷纹陶片按分期顺序放置，观察其纹饰状况，确认其施纹方法为拍印法，然后进行施纹方法试验，具体流程如下：

①根据选取的雷纹陶片形状，用黏土制作一些形状相似的陶片。将陶片放置阴凉处，阴干 5 分钟后，进行实验。

②用刻刀刻划有不同形状及深浅的雷纹方形陶拍三个，阴干至坚硬。

③用不同的陶拍分别在陶片上拍印，观察记录拍印结果。

④对拍印的结果进行总结分析。

8. 方格纹与雷纹组合纹饰施纹方法实验

观察该陶片纹饰状况，确认其施纹方法为多次拍印法，然后进行施纹方法试验，具体流程如下：

①根据该陶片形状，用黏土制作一些形状相似的陶片。将陶片放置阴凉处，阴干 5 分钟后，进行实验。

②用方格纹陶拍在陶片上拍印，全部拍印完后，用雷纹陶拍进行局部拍印，观察记录拍印结果。

9. 绳纹与叶脉纹组合纹饰施纹方法实验

观察该陶片纹饰状况，大致估计其施纹方法为多次拍印法，然后进行施纹方法试验，具体流程如下：

①根据该陶片形状，用黏土制作一些形状相似的陶片。将陶片放置阴凉处，阴干 5 分钟后，进行实验。

②用刻划有绳纹的陶拍在陶片上拍印，全部拍印完后，用叶脉纹陶拍进行局部拍印，观察记录拍印结果。

10. 刻划纹施纹方法实验

将刻划纹陶片按分期顺序放置，观察其纹饰状况，确认其施纹方法为刻划法，然后进行施纹方法试验，具体流程如下：

①根据选取的刻划纹陶片形状，用黏土制作一些形状相似的陶片。将陶片放置阴凉处，阴干 5 分钟后，进行实验。

②用竹叶在陶片上刻划，观察记录分析刻划结果。

③用竹刀或木刀在陶片上刻划，观察记录分析刻划结果。

11. 总结归纳上述所有施纹方法，并采用泥条盘筑法，制作完整陶杯，在完整陶器上进行施纹（见表三三）。具体流程如下：

①选取揉练好的黏土，放置于案板上，用擀杖擀至平整，且保留有一定厚度，将擀制好的黏土放置于转轮上，快速旋转，用针形器向下扎，借旋转之力形成一个圆作为陶杯的底，并去除转轮上除陶杯底以外多余的黏土。

②将案板上的黏土揉成直径 1～2 厘米泥条，每揉制一根便盘筑在陶杯底上，注意泥条接缝处及第一根泥条与陶杯底的衔接，可用手沾点水进行粘接。每盘铸二到三根泥条后，注意上下泥条之间的衔接，可用手沾点水后进行粘接，并用陶支垫在陶杯内壁支撑，用素面陶拍在外壁拍打加固。

③盘筑七条泥条后，陶杯初步制成。一人一手持陶支垫在陶杯内壁支撑，一手持素面陶拍在外部拍打加固。另一人随着拍打加固情况转动转轮。通体拍打加固后，匀速旋转转轮，用竹片或木片修整器壁及口沿，修整好后，再次拍打加固。

④陶杯修整好后，连同转盘一起放置于阴凉之地，大约过 40～50 分钟后，用陶拍在陶器上进行纹饰的拍印，拍印时，一人一手持陶支垫在陶杯内部支撑，一手持绳纹陶拍在外部拍印纹饰。另一个人随着拍印情况转动转轮。

⑤陶杯通体施纹结束后，用细线或细铁丝从转轮上取下，放置阴凉处阴干。

	泥条盘筑
	修整泥条
	修整器壁
	拍打加固

|  | 修整成型 |
|  | 拍印绳纹 |

12. 归纳整理总结周上村Ⅰ号遗址的印纹硬陶片的施纹方法，结合已有研究成果，探索抚河流域印纹硬陶施纹方法。

六　实验结果

1. 压印法

表三四　绳纹压印法结果

|  | 树枝压印结果与新石器时代晚期绳纹相似，此方法成立。 |

植物根茎压印结果与新石器时代晚期绳纹相似，此方法成立。

两片竹叶拧在一起压印后，形成的痕迹与绳纹相似，此方法成立。

一股绳子压印结果与样品相似，此方法成立。

两股绳子压印结果与样品相似，此方法成立。

	三股绳子压印结果与样品相似，此方法成立。
	四股绳子压印结果与样品相似度不高，但由于样品量有限，不排除此方法被用于施绳纹。

综合以上情况来看，压印法施绳纹成立，当时的人们用到的工具可能有树枝、植物根茎、竹叶、麻绳。

2. 拍印法

（1）绳纹

表三五　绳纹拍印结果

	拍印结果与样品一致，此方法成立。

拍印结果与样品一致，此方法成立。

综合以上情况来看，拍印法施绳纹成立，人们可能将绳子缠绕在陶拍上拍印，也可能在陶拍上刻划绳纹施纹。

（2）方格纹

表三六　方格纹拍印结果

拍印结果与样品一致，该方法成立。

拍印结果与样品一致，该方法成立。

拍印结果与样品一致，该方法成立。

综合以上情况来看，拍印法施方格纹成立。

（3）网纹

表三七　网纹拍印结果

拍印结果与样品一致，该方法成立。

综合以上情况来看，拍印法施网纹成立。

（4）席纹

表三八　席纹拍印结果

拍印结果与样品一致，该方法成立。

综合以上情况来看，拍印法施席纹成立。

（5）波折纹

表三九　波折纹拍印结果

|  | 拍印结果与样品一致，该方法成立。 |

综合以上情况来看，拍印法施波折纹成立。

（6）叶脉纹

表四〇　叶脉纹拍印结果

|  | 拍印结果与样品一致，该方法成立。 |

综合以上情况来看，拍印法施叶脉纹成立。

（7）雷纹

表四一　雷纹拍印结果

|  | 拍印结果与样品一致，该方法成立。 |

综合以上情况来看，拍印法施雷纹成立。

（8）方格纹与雷纹组合

表四二　方格纹与雷纹组合纹饰拍印结果

拍印结果与样品一致，该方法成立。

综合以上情况来看，多次拍印法施组合纹饰成立。

（9）绳纹与叶脉纹组合

表四三　绳纹与叶脉纹组合纹饰拍印结果

拍印结果与样品一致，该方法成立。

综合以上情况来看，多次拍印法施组合纹饰成立。

（10）刻划纹

表四四　刻划纹施纹结果

刻划结果与样品一致，该方法成立。

刻划结果与样品一致，该方法成立。

综合以上情况来看，用边缘锋利的植物或木片施刻划纹成立。

（11）完整器

表四五 完整器

方格纹陶杯

方格纹陶杯细节

七 实验结论

印纹硬陶的成型包括选土炼泥、拉坯成型、施纹装饰、烧制成型四个环节，这次实验主要针对施纹装饰这一环节进行研究。通过研究，我们发现印纹硬陶器的施纹涉及四个问题：一是施纹工具，二是施纹方法，三是施纹次数，四是影响因素。

根据彭适凡先生的观点①，印纹硬陶器施纹工具主要有不同材质的内垫、印模以及竹类工具。根据我们的研究，印纹硬陶的施纹工具大体与彭适凡先生的研究相似，但是我们增加了草茎、树枝等施纹工具。以绳纹为例，早期的绳纹纹饰较浅且较为平缓，摸上去不如中晚期纹饰有割手之感且凹凸感明显。根据实验，我们认为早期绳纹的施纹大体存在两种情况：一是在没有拍子的情况下，当时可能采用将几片竹叶拧到一起压印施纹或者用较粗的草茎、粗细适中的树枝在器物上压印施纹的方法。由于压印时泥坯不似后来的拍印受力大，因此其纹饰较浅。并且由于压印时用力不均，存在绳纹中间较平、两边凹陷较深的情况。二是在没有拍子的情况下直接用绳子压印施纹，由于绳子所拧的股数不同，形成的图案也就不同。产生拍子后，人们或将绳子缠绕在拍子上施纹，形成一排排纵向延伸，较为平直的绳纹。或在拍子上刻划纹饰，即印模，用印模直接施纹，也形成了较为平直的纹饰，更有甚者，在施纹时多次施纹，形成了交错绳纹。综合以上情况来看，我们认为在拍子产生以前，早期人们的施纹工具应主要选用人们身边的事物，如草、叶、树枝等。拍子产生以后，人们更多地使用了拍子。使用拍子不仅提升了施纹的效率，也为纹饰种类的丰富提供了可能，因此到了商周时期，印纹硬陶纹饰种类变得更加丰富，纹饰风格变得更加多样。

施纹方法方面，已有的研究②认为以拍印法为主，即使像绳纹、篮纹这类非几何形纹饰也可以通过拍印实现，凹弦纹、篦点纹等则是用有凹槽的细长的竹片通过刮削实现。通过实验，我们的结果与此类似，拍子出现以后，主要纹饰诸如绳纹、网纹、方格纹等均是用拍子拍印而成。在拍印时，两人合作，一人一手执拍子在器表施纹，一手执内垫在器物内壁支撑，另一人随拍印情况转动转轮。一些非主要纹饰诸如刻划纹、戳印纹则采用细长的竹刀刻划而成。这里需要补充的是，在没有竹刀的情况下，刻划纹亦可用边缘较为锋利的叶或者草完成。拍子出现以前，我们认为人们在使用绳子、树枝、草茎时用到了压印法，但是结合此类陶片数量不多这一情况来看，这种方法使用时间应当不长。

施纹次数方面，仅从周上村Ⅰ号遗址的印纹硬陶来看，就有单次施纹和两次施纹两种情况，单次施纹的主要用于方格纹、雷纹、绳纹等单一纹饰陶器，而方格纹与雷纹、绳纹与叶脉纹这类组合纹饰在施纹时则采用两次施纹的方法，先施一层底纹，再局部拍印一些其他的纹饰。结合已有的印纹硬陶情况来看，商周时期三种纹饰组合的情况也有出现，因此，组合纹饰印纹硬陶的施纹次数当至少为两次。

关于印纹硬陶施纹的影响因素，我认为主要有拍子形状、拍子大小、器物形状三种因素。从拍子形状来看，根据彭适凡先生的研究③，目前发现的陶拍的形状共有八类：长方形、蘑菇形、柱状蹄形、方形或近方形、扁椭圆形、圆角长方形、半圆形、乒乓球拍状。我们实验时依此做了圆形、蘑菇形、方形或近方形、柱状四种陶拍，经过拍印我们发现，方形或近方形陶拍由于其边缘明显，在拍印时容易在陶器上留下边缘痕迹。而蘑菇形陶拍及圆形陶拍虽然不会留下边缘痕迹，但倘若一

① 彭适凡：《我国南方古代印纹陶制作工艺的探讨》，《景德镇陶瓷》，1984 年 S1 期。
② 彭适凡：《我国南方古代印纹陶制作工艺的探讨》，《景德镇陶瓷》，1984 年 S1 期。
③ 彭适凡：《我国南方古代印纹陶制作工艺的探讨》，《景德镇陶瓷》，1984 年 S1 期。

排拍过去，纹饰之间会出现空缺部位，此时便需要再次拍印填补空缺，这样的结果往往导致纹饰有部分重叠。从拍子大小来看，一方面，拍子大小视器物大小而定。另一方面，组合纹饰在拍印时，一些再次拍印的纹饰仅单一分散于器物不同部位，这时所用的陶拍形制较小，且上面仅有单一的纹饰。从器物形状来看，一些器物的某些部位可能难以施纹，如鬲的裆部，用拍子拍印时很难拍印到，此时便会出现裆部不拍印或出现不同方向绳纹的情况。

注：本文系西北大学大学生创新创业训练计划项目"江西抚河中游商周时期印纹硬陶施纹方法研究（项目编号：1085）"的研究成果。

第五章　结语

2015 年度对抚河中游地区的金溪县开展的考古调查取得了较多收获，先后在金溪县各水系调查先秦时期遗址 104 处，其中环壕类遗址发现 44 处，岗地类遗址发现 60 处。在诸遗址采集到较为丰富的实物遗存，这些为区域考古学文化序列建立、聚落形态及其演进研究起到了十分重要的推动作用。下文以金溪县调查遗址为对象，对抚河中游地区的文化序列与聚落结构等方面进行初步分析、总结，以助于区域文化、历史等相关问题的深入探讨。

第一节　抚河中游地区先秦时期考古学遗存年代序列探索

一　遗址阶段划分

本报告第三章对发现的 104 处遗址进行介绍时，已通过与周边遗存的比较，初步判断出诸遗址的年代，从金溪县环壕遗址和岗地遗址的年代列表（表四六、表四七）可以看出，该区域先秦时期遗址以时间早晚可划分为六个阶段：

第一阶段：新石器时代晚期。该时期发现遗址数量较多，且诸遗址可延续至商周时期。这一时期代表性遗址有后龙岗、豪猪墩、井上村等环壕类聚落，高坊水库Ⅱ号、Ⅳ号及Ⅵ号、模头岗、渣溪、牛家山、竹木厂及下邓村禾斛山等岗地类聚落。所见遗址主要分布于金溪县琅琚河、双陈河、云山河及瑶河等水系及其支流，部分遗址临近抚河干流沿岸。河流所经地势较低，两侧多为低矮丘陵，岗地类遗址多位于河边山岗缓坡地带，部分环壕类聚落则位于地势平坦之地，人工堆土而成。从采集遗物来看，这一时期少见印纹硬陶，主要为夹砂陶，所夹颗粒较大，烧制火候较低；陶色主要为浅黄色或红褐色，部分见有浅红色；器形多见陶鼎足和陶罐，鼎足数量较大，形态多样，以铲状、舌状、管状、"T"字形截面状鼎足为代表，一般鼎足器表见有刻槽或凹窝装饰，这类鼎足与抚河上游地区出土鼎足有相似之处，陶罐数量相对较少，纹饰见有绳纹。从年代上来看，这一时期该地区已开始营建和使用环壕聚落，这与豫东、江淮等地有较多相似之处。

第二阶段：夏至早商时期。属于这一阶段的环壕类遗址有城上龚家、豪猪墩、城墩上及下左源禾斛坪等；岗地类遗址有窑上山、香岭山、牛家山、母猪嘴、戴家山、熊家山、石岭山、茶山、高坊水库Ⅰ号、Ⅱ号、Ⅶ号、周上村Ⅰ号、Ⅱ号、郑家山等诸多遗址。从分布特征来看，这一时期遗址较多分布于金溪县东部，该县西部邻近抚河沿岸则发现较少。从这一时期采集遗物来看，硬陶数量明显增多，器形多见深腹尊、平折沿深腹罐、深腹盆等。所见平折沿罐，口沿沿面见有多道凹槽，这一时期所见硬陶纹饰主要为折线纹、雷纹、绳纹及交错线纹等，一般纹痕较深。夹砂陶以鼎足最具代表性，见有"T"字形，该类鼎足较第一阶段有所退化，三面凸棱不甚突出，另见有扁状鼎足，器表饰竖向短凹槽，与第一阶段鼎足所饰较为接近。这一时期区域内有较多遗址分布，应是该区域文化繁盛的时期。

第三阶段：晚商时期。在承继第二阶段的基础上，本阶段遗址数量有所增加。属于该阶段的环壕遗址有城墙山、城仔下等遗址；岗地类遗址数量较多，有坪上、山上聂家、老鼠山、渣溪、高峰村面前山、东家山、母猪嘴、戴家山、周家山、石岭山、高坊水库Ⅰ、Ⅱ、Ⅲ、Ⅳ、Ⅴ、Ⅵ、Ⅶ、Ⅷ、Ⅸ号、石坑、郑家山等诸遗址。从分布来看，这一阶段所见遗址在各水系均有分布。这一时期硬陶数量大增，烧制水平较高，器形见有罐、尊、杯、壶等，纹饰有雷纹、席纹、折线纹、大方格纹、大菱格纹等。夹砂陶见有鼎、罐、豆、瓯形器、杯等。该阶段所见鼎足多为扁柱状，近顶部见有一圆形凹窝，应具有时代特征。从遗址分布及遗存特征来看，这一阶段是本地区文化繁荣、人口大增的时期。

第四阶段：西周早中期。这一时期与上一阶段较为相似，发现遗址数量较多。属于这一时期的环壕类遗址有上城、丁家山、后龙岗、城上龚家、井上村、城墙山、城仔下、彭家山等；岗地类遗址数量较多，代表性遗址有坪上、老鼠山、牛家山、东家山、花果山、车家岭、鬼打拳、神岭岗、农林场、高坊水库Ⅰ号、高坊水库Ⅳ号、高坊水库Ⅴ号、高坊水库Ⅵ号、高坊水库Ⅸ号、石坑、铜钱山、韭菜岗、荒山、跑马场、模头岗、磨盘山等。从数量来看，这一阶段所见遗址数量略少于上一阶段；从遗址分布来看，在各水系均可见到这一时期的遗存。与抚河上游比较，两者在这一阶段所见遗存有较高的相似度，说明这一时期抚河流域文化面貌近乎一致。该阶段所见硬陶主要有罐、盆，纹饰流行变体雷纹、短线纹、方格纹、菱格纹、交错线纹等。夹砂陶见有罐、鼎、豆、杯、瓯形器等。所见鼎足多为扁平状、近顶端侧缘见有按压凹窝痕。整体上看，这一阶段属于区域文化发展的阶段，环壕聚落数量增多，人口亦有增加趋势。

第五阶段：西周晚期至春秋时期。该时期抚河中游地区所见遗存与抚河上游所见文化面貌相近。聚落数量较多，应是该地区人口增加、文化繁荣的又一高峰。这一时期所见遗址数量较多，环壕类遗址有上城环壕、丁家山、里汪、后龙岗、常丰村城墩上、豪猪墩、白沿村Ⅱ号、井上村、城塘山、古城墩、堪头山等；岗地类遗址有坪上、山上聂家、塘山、渣溪、窑上山、香岭山、高峰村面前山、牛家山、科城面前山、五里桥、竹木厂、熊家山、周家山、招家斜、模头岗等。这一阶段所见陶器器类较上一阶段有所减少。硬陶主要见有罐、尊、壶等，部分器表可见施釉迹象。纹饰见有菱格纹、方格纹、刻划波浪纹、刻划斜体"S"形纹等。夹砂陶发现数量较少。陶鼎足数量较多，多为扁柱状，器表素面。这一时期是区域文化面貌统一的阶段，也是区域文化发展的重要阶段。

第六阶段：战国时期。这一阶段发现遗址数量较少，与抚河上游地区比较，金溪县所见这一时期遗存十分稀少，仅在彭家山环壕和下邓村禾斛山遗址发现有该阶段遗存。该时期所见硬陶器类主要有罐，器形主要为小口罐或肩部附加系耳罐，纹饰见有小方格纹、"米"字纹，"⊠"字纹等。该阶段夹砂陶少见，亦未有鼎足发现。与上阶段比较，战国时期区域文化有衰退趋势，人口数量也应较上一时期有所减少。

表四六　金溪县先秦时期环壕类遗址年代对应表

时代\遗址	新石器时代晚期	夏至早商时期	晚商时期	西周早中期	西周晚至春秋时期	战国至汉初
上城环壕				√	√	
丁家山	√			√	√	
里汪			?		√	
后龙岗	1组		?	2组	3组	
城上龚家		1组		2组		
常丰村城墩上				√	√	
豪猪墩	1组	2组	√		3组	
白沿村Ⅱ号					√	
井上村	1组		?	2组	3组	
城墙山			√	√		
城塘山					√	
城仔下			√	√		
古城墩	√				√	
金盆架					√	
堪头山					√	
奎星					√	
盘亭城墩上					√	
彭家山				√		√
西湖村					√	
下左源禾斛坪	√	√				

注：由于部分环壕遗址年代判断存在较大困难，这里仅列出可明确判断年代的遗址；"√"表示该遗址存在这一时期的遗存；"?"表示对这一时期遗存年代判断还有待进一步讨论。

表四七　金溪县先秦时期岗地类遗址年代对应表

时代\遗址	新石器时代晚期	夏至早商时期	晚商时期	西周早中期	西周晚至春秋时期	战国至汉初
坪上			√	1组	2组	
山上聂家			1组		2组	
老鼠山			√	√		
塘山					√	
渣溪	1组		√	2组	3组	
窑上山		1组			2组	
香岭山		1组			2组	
高峰村面前山	1组		√	2组	3组	
牛家山	1组	2组		3组	4组	
石桥背山				√		

时代 遗址	新石器时代晚期	夏至早商时期	晚商时期	西周早中期	西周晚至春秋时期	战国至汉初
东家山			√	√		
祝坊村卵子墩			√	√		
马街水库			√	√		
科城面前山				1组	2组	
釜山	√		√	√	√	
后龙山				√		
母猪嘴		√	√		√	
五里桥			1组		2组	
竹木厂	1组				2组	
戴家山		√	√			
花果山				√		
朱家岭				√		
车家岭				√	?	
下邓村禾斛	1组	√	2组		√	3组
熊家山		1组			2组	
周家山		√	1组	2组	3组	
鸡公岭			?	?		
鬼打拳			√	√	√	
对塘村面前山		√	√			
石岭山		1组			2组	
神岭岗			√	√		
农林场			√	1组	2组	
上刘村面前山					√	
茶山		√	√			
高坊水库Ⅰ号	1组	√	2组	3组	4组	
高坊水库Ⅱ号		√	1组		2组	
高坊水库Ⅲ号		√	√			
高坊水库Ⅳ号	1组	√		2组	3组	
高坊水库Ⅴ号			√	1组	2组	
高坊水库Ⅵ号	1组		√	2组	3组	
高坊水库Ⅶ号		√	√			
高坊水库Ⅷ号			√	√	√	
高坊水库Ⅸ号			√	√		
周上村Ⅰ号		1组			2组	
周上村Ⅱ号		1组			2组	
石坑			√	√	√	

时代 遗址	新石器时代晚期	夏至早商时期	晚商时期	西周早中期	西周晚至春秋时期	战国至汉初
猛家山			1组		2组	
铜钱山				√	√	
韭菜岗		√		√		
郑家山	√	√				
荒山				√		
黄泥塘			√	√	√	
九河山	√		√			
跑马场			1组	2组		
满路				√		
招家斜			1组		2组	
模头岗	1组		2组	2组	3组	
磨盘山			√	√		
知青砖厂		√				
大科山		√				

注："√"表示该遗址存在这一时期的遗存；"？"表示对这一时期遗存年代判断还有待进一步讨论。

二　典型遗物演变

上文通过诸遗址的演变特征进行分析，将以金溪县为代表的抚河中游地区先秦时期遗存划分为六个发展阶段，每个阶段都具有自身特征。由于该区域考古发掘工作较少，缺乏明确的地层关系对遗物进行更为详细的年代判断，本文仅是粗线条勾勒出区域文化的演进特征。以下主要从印纹硬陶器和鼎足的变化来考察各阶段的文化特征。

1. 印纹硬陶器

印纹硬陶是长江中下游地区新石器时代晚期至青铜时代较为常见的器类，亦是代表地方文化特征的器类。随着时间的变化，印纹硬陶器在纹饰、器形及组合上有所变化，结合金溪县2015年考古调查资料，可将印纹硬陶器的变化划分为五个发展阶段，以下从器形和纹饰两方面予以说明（图九二〇、九二一）。

第一阶段：与遗址所划分的第二阶段相对应，年代相当于夏至早商阶段。这一阶段硬陶数量大幅增多，烧制水准有所增高，所见器形主要有深腹折肩尊、矮领罐、平折沿深腹罐、深腹凹底盆等。部分器形与赣江流域的吴城遗址[①]所见同类器有较多相似。纹饰流行折线纹、雷纹等。

第二阶段：与遗址第三阶段相对应，年代相当于晚商时期。这一时期印纹硬陶数量大增，所见器形有尊、罐、壶、杯等。纹饰流行雷纹、席纹等。该阶段区域内遗址数量较多，印纹硬陶器得到了快速发展，鹰潭角山遗址发现窑址等现象说明这一时期区域内硬陶烧造技术较为先进。

第三阶段：与遗址第四阶段相对应，年代相当于西周早中期。这一时期所见硬陶器形主要有

---

①　江西省文物考古研究所、樟树市博物馆：《吴城：1973－2002年考古发掘报告》，科学出版社，2005年。

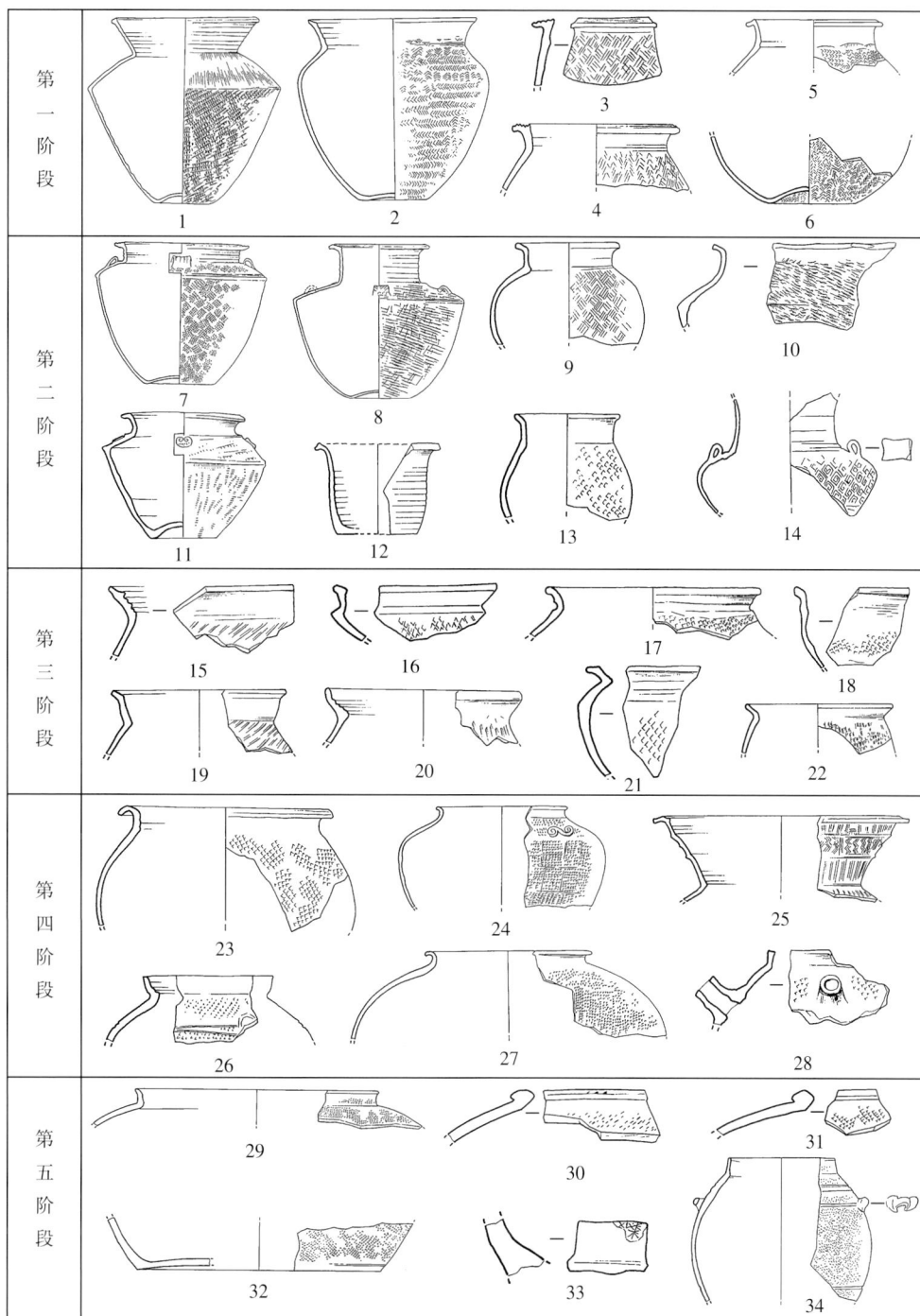

图九二〇　抚河中游地区印纹硬陶组合演变图

1. 陶尊（2015JGFⅢ：6）　2. 陶尊（2015JZSⅠ：69）　3. 陶罐（2015JZSⅠ：18）　4. 陶罐（2015JSLS：16）　5. 陶罐
（2015JCS：3）　6. 陶盆（2015JMZ：57）　7. 陶尊（2015JGFⅢ：8）　8. 陶尊（2015JGFⅢ：5）　9. 陶罐（2015JMJ：3）
10. 陶尊（2015JGFⅠ：7）　11. 陶尊（2015JGFⅢM1：5）　12. 陶杯（2015JGFⅡ：24）　13. 陶罐（2015JGFⅡ：19）　14.
陶壶（2015JGFⅠ：9）　15. 陶罐（2015JGFⅥ：21）　16. 陶盆（2015JJC：15）　17. 陶罐（2015JXJ：2）　18. 陶盆
（2015JXJ：3）　19. 陶罐（2015JGFⅥ：24）　20. 陶罐（2015JHG：8）　21. 陶盆（2015JMT：40）　22. 陶罐（2015JGFⅣ：9）
23. 陶罐（2015JGFⅧ：4）　24. 陶罐（2015JXDH：25）　25. 陶尊（2015JMT：44）　26. 陶罐（2015JGFⅤ：15）　27. 陶罐
（2015JXDH：9）　28. 陶壶（2015JGFⅤ：9）　29. 陶罐（2015JXDH：27）　30. 陶罐（2015JMT：50）　31. 陶罐（2015JMT：39）
32. 陶罐（2015JXDH：38）　33. 陶罐（2015JPJ：6）　34. 陶罐（2015JXDH：32）

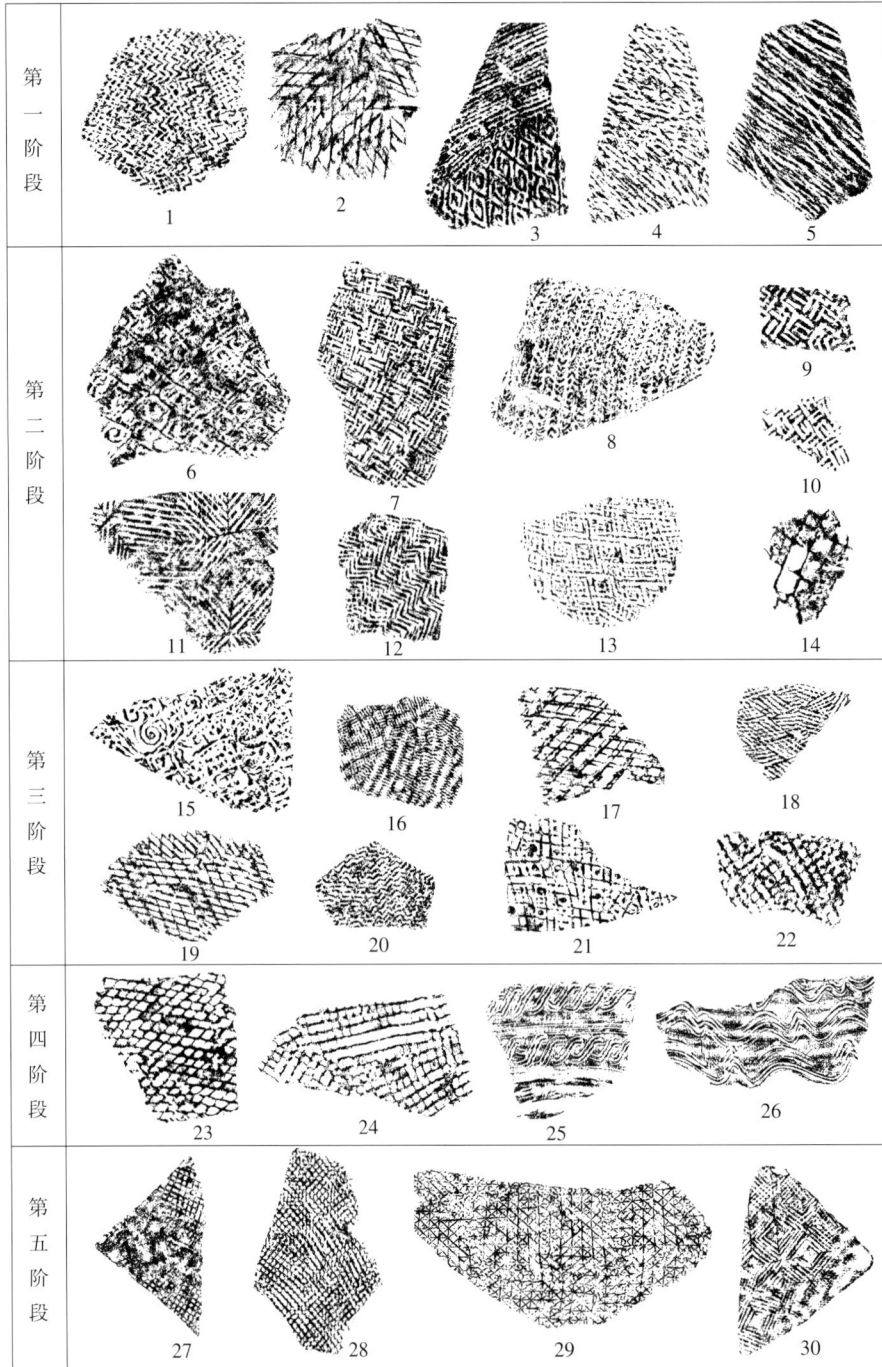

图九二一　抚河中游地区印纹硬陶纹饰阶段演变图

1. 折线纹（茶山遗址采集）　2. 菱格纹（模头岗遗址采集）　3. 绳纹＋雷纹（模头岗遗址采集）　4. 交错绳纹（九河山遗址采集）　5. 绳纹（石岭山遗址采集）　6. 变体雷纹（母猪嘴遗址采集）　7. 席纹（对塘村遗址采集）　8. 叶脉纹（高坊水库第Ⅰ号遗址采集）　9、10. 席纹（车家岭遗址采集）　11. 叶脉纹（戴家山遗址采集）　12. 折线纹（高坊水库第Ⅱ遗址采集）　13. 雷纹（高坊水库第Ⅰ遗址采集）　14. 大方格纹（高坊水库第Ⅴ遗址采集）　15. 卷云纹（高坊水库第Ⅱ遗址采集）　16. 短线纹（高坊水库第Ⅱ遗址采集）　17. 双线菱格纹（黄泥塘遗址采集）　18. 交错线纹（周上村Ⅰ号遗址采集）　19. 菱格纹（韭菜岗遗址采集）　20. 折线纹（神岭岗遗址采集）　21. "口"＋凸点纹（下邓村禾斛山遗址采集）　22. 方格纹（跑马场遗址采集）　23、菱格纹（高坊水库第Ⅳ遗址采集）　24. 方格纹（花果山遗址采集）　25. "S"形刻划纹（坪上遗址采集）　26. 波浪纹（高坊水库第Ⅲ遗址采集）　27. 小方格纹（戴家山遗址采集）　28. 方格纹（高坊水库第Ⅴ遗址采集）　29. "米"字纹（下邓村禾斛遗址采集）　30. 重"回"字纹（下邓村禾斛遗址采集）

罐、尊、壶等，陶罐多宽折沿，沿面多见凸棱特征。器类较为单一。纹饰流行方格纹、菱格纹、变体雷纹、短线纹等。

第四阶段：与遗址第五阶段相对应，年代相当于西周晚至春秋时期。这一阶段遗存数大增，硬陶形态有较大变化，与上阶段相比，所见陶罐口沿变窄，多为小口，一般器形较大，陶胎略厚。器表多饰小方格纹或刻划纹等。部分器表可见施釉痕迹。

第五阶段：与遗址第六阶段相对应，年代为战国至汉初。这一阶段发现遗迹较少，硬陶在继承上一阶段的基础上，器形更显单一。主要见有小口罐、敛口罐、双系耳小口罐等。纹饰见有小方格纹、"米"字纹，"⊠"字纹等。抚河上游所见该时期遗存与抚河中游所见极为相近，说明西周晚期区域文化开始趋于一致。

2. 陶鼎足

调查所见夹砂陶以鼎足发现数量为多，陶色多见浅红、红褐、灰色、灰褐，形式多样，器表可见多种装饰。从器形演变来看，不同时期陶鼎足具有不同的时代特征。以下从形态及纹饰变化等特征出发，将该区域调查所见先秦时期陶鼎足的演变过程划分为以下五个阶段（图九二二）：

第一阶段：与遗址第一阶段相对应，年代为新石器时代晚期。这一时期所见鼎足形式多样，包括实足和空心足两大类。其中实足又可分为舌状、"T"字形、锥状等类型，器表多见斜向或竖向短刻槽，"T"字形截面鼎足多素面，三棱较为突出；舌状鼎足呈弧状，器体扁薄；空心鼎足呈锥状，顶部略细，部分器表见有圆形穿孔。这一阶段所见鼎足含砂量较大，多为浅红或红褐色，烧制温度较低，所见器形一般较大。

第二阶段：与遗址第二阶段相对应，年代为夏至早商时期。该阶段所见鼎足种类较少，主要为两种，即截面呈"T"字形鼎足与扁平状鼎足。前者在继承上一阶段的基础上，三棱不甚突出；后者继续延用上一阶段的竖向短刻槽纹饰。自该阶段以后，"T"字形鼎足及竖向刻槽纹少见。

第三阶段：与遗址第三阶段相对应，年代为商代晚期。这一阶段所见鼎足种类更为单一，器形多为扁柱状，近顶端可见一圆形凹窝。对于该类鼎足的年代判断还需要更多考古资料来验证，由于缺乏地层关系，仅靠调查对遗物进行分组和年代判断，只能得到粗线条的较笼统的认识。

第四阶段：与遗址第四阶段相对应，年代为西周早、中期。这一阶段所见鼎足特征较为明确，常见器形为宽扁状，侧面边缘有成对按压窝痕。这一阶段发现遗存较多，此类鼎足在抚河上游地区少见，说明不同区域器物形态有一定差异。

第五阶段：与遗址第五阶段相对应，年代为西周晚至春秋时期。所见鼎足为扁柱状，素面，未见纹饰。从安足方式来看，第一阶段所见舌状、空心状多为正装安足，即足部最宽处向外，而宽扁状或扁柱状鼎足为侧装安足，即足部最窄处向外。不同的安足方式也应与时代变化及使用习惯等方面相关。

以上对各类器物的演变及诸遗址的年代进行了初步分析，将该地区先秦时期遗存划分了六个阶段，每个阶段具有一定的时代特征。需要说明的是，由于考古调查工作有多方面的局限，且该区域考古发掘工作较少，尚未建立起文化序列。仅仅依靠调查资料进行分期与年代判断是远远不够的，还需要大量的考古发掘工作来解决诸多问题。

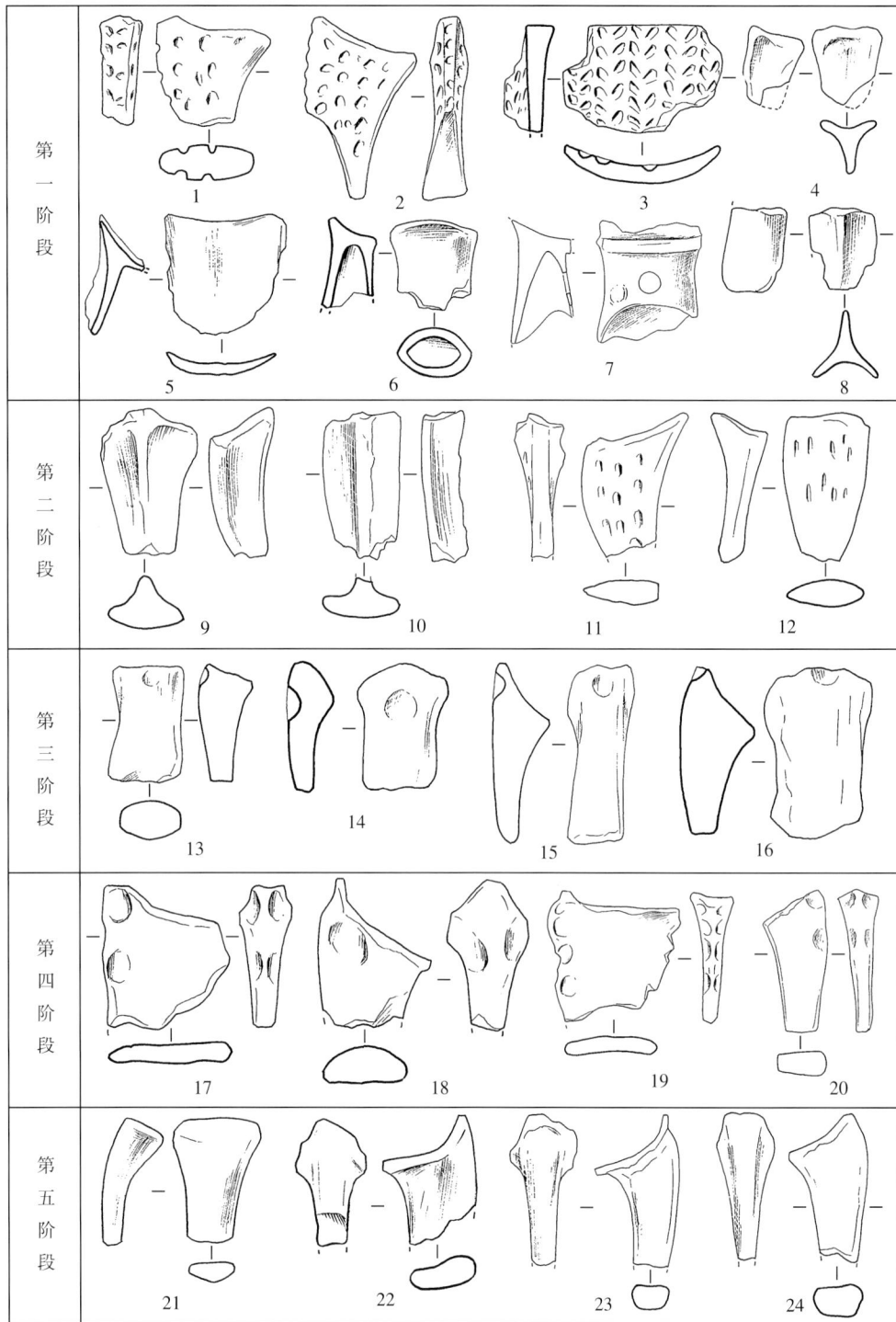

图九二二　抚河中游地区所见陶鼎足演变图

1. 鼎足（2015JCS：28）　2. 鼎足（2015JGFⅠ：91）　3. 鼎足（2015JGFⅠ：101）　4. 鼎足（2015JHLG：49）5. 鼎足（2015JGFⅠ：65）　6. 鼎足（2015JNJ：44）　7. 鼎足（2015JNJ：79）8. 鼎足（2015JHLG：51）9. 鼎足（2015JGM：10）　10. 鼎足（2015JGM：14）　11. 鼎足（2015JMT：84）　12. 鼎足（2015JGFⅠ：72）　13. 鼎足（2015JCS：31）　14. 鼎足（2015JGFⅠ：88）　15. 鼎足（2015JGFⅠ：95）　16. 鼎足（2015JHG：18）　17. 鼎足（2015JZSⅠ：45）　18. 鼎足（2015JZSⅠ：50）　19. 鼎足（2015JZSⅠ：59）20. 鼎足（2015JSLS：59）21. 鼎足（2015JHLG：60）　22. 鼎足（2015JHLG：33）　23. 鼎足（2015JMT：90）　24. 鼎足（2015JMT：72）

第二节　抚河中游地区先秦时期聚落形态初探

聚落是人们居住与生活的场所，是人们获取资源、改造自然的反映。通过考古工作来发现聚落并对聚落形态与结构进行分析，可以揭示不同时期人们对于居住方式的选择和对外部压力的适应等问题。

本年度在金溪县调查时，发现大量古遗址，通过采集遗物和地形地貌分析，可以确认所调查104处遗址应是古代聚落。按形态可分为两大类：即环壕类聚落和岗地类聚落。以下从聚落分布情况及聚落结构方面对调查所见聚落形态进行简要分析说明。

一　单个聚落形态

金溪县各水系及其支流沿岸有多个聚落分布，大多为独立分布或可见成群分布者。从形态上来看，单个聚落有较为明确的四周范围，特别是环壕聚落，封闭性功能十分突出。以下将从环壕类聚落和岗地类聚落两方面进行说明。

1. 环壕类聚落

金溪县调查发现各类环壕44处。依建造方式可分为三大类：

甲类：平地起建，人工堆垒中部台地及壕沟外围台地，壕沟底部为取土后地面。聚落一般建于平坦之地，多为地势低平的河道区域。该类聚落发现数量较多，依形状可划分为三型：

A型：平面为近方形或近长方形，壕沟形状规则，亦为近方形或近长方形。该聚落以珊田郑家禾斛山环壕（图九二三，1）、杨家坪环壕（图九二三，2）、彭家山环壕（图九二三，3）、河墩下环壕（图九二三，4）、科城环壕（图九二三，5）、西湖村环壕（图九二三，6）为代表。所见环壕面积较小，一般中部台地长约50~100米，面积一般小于1万平方米。彭家山环壕见有由中部台地通往壕沟外的通道。该型环壕聚落在抚河中游地区多见，人工堆垒起台地明显，在中部台地边缘发现有较厚堆积，部分台地边缘可见低矮墙体。

B型：平面近圆形或椭圆形，壕沟亦为圆形或椭圆形。该型环壕以里汪村环壕（图九二三，7）、城湖村Ⅰ号环壕（图九二三，8）为代表。此型聚落发现数量较少，聚落面积亦较小，中部近圆形台地为人工堆筑，一般为外围略高，中部稍低。此型聚落在该区域不甚流行。

C型：中部为大小相依的两处台地，壕沟呈长方形。目前此类聚落仅上城环壕一处（图九二三，9）。此聚落由中部一长方形台地和近方形小型台地相连，调查过程中发现小台地地势较低，与大台地相接处呈斜坡状，两台地依靠斜坡可通上下。从形状及现场观察来看，小型台地应为大台地的附属建筑，或具有防卫、戍守之功能。

乙类：利用山岗地形，在山岗边缘地带人为挖出壕沟，中部及外围地势略高，经人类长时间活动，中部台地愈来愈高。在位置选择上，我们发现此类环壕多位于小河交汇之地的边缘，与甲类相比，可减省修建时的人工耗费。其建造方式与长江流域、黄河流域新石器时代常见的环壕聚落相同，但抚河流域所见此类环壕在地形选择上更具特点。一般选择小型河流交汇之处，某种意义上具

图九二三　金溪县甲类环壕聚落（A、B、C型）

1~6. A型环壕（珊田郑家禾斛环壕、杨家坪环壕、河墩下环壕、彭家山环壕、科城环壕、西湖村环壕）　7、8. B型环壕（里汪环壕、城湖村Ⅰ号环壕）　9. C型环壕（上城环壕）

有控制交通路线的意义。据形态，乙类环壕聚落可划分为两型：

A型：平面近方形或长方形，一般面积不大，不超过1万平方米，多选择在河道边突伸的山岗边缘。该型聚落以茶家坰环壕（图九二四，1）、葫芦墩环壕（图九二四，2）、路边倪家磨盘山环壕（图九二四，3）、周家塘环壕（图九二四，4）、堪头山环壕（图九二四，5）、城湖村Ⅱ号环壕（图九二四，6）、城仔下环壕（图九二四，9）为代表。该型聚落发现数量较多。

B型：平面近椭圆形或近三角形，面积不大，小于1万平方米。选择在河流交汇之地的山岗边缘。该类聚落以井上村环壕（图九二四，7）、麻山环壕（图九二四，8）为代表。该型聚落发现数量较少。

丙类：利用山岗地形，围绕山岗四周挖出壕沟，聚落整体地势较高。该类聚落与长江、黄河流域早期聚落形态相似。利用地形，直接挖出壕沟，即可排水又可防御，此类环壕聚落为原始形态。此类聚落一般面积较大，多与山岗面积大小有关。据平面形状，可分为两型：

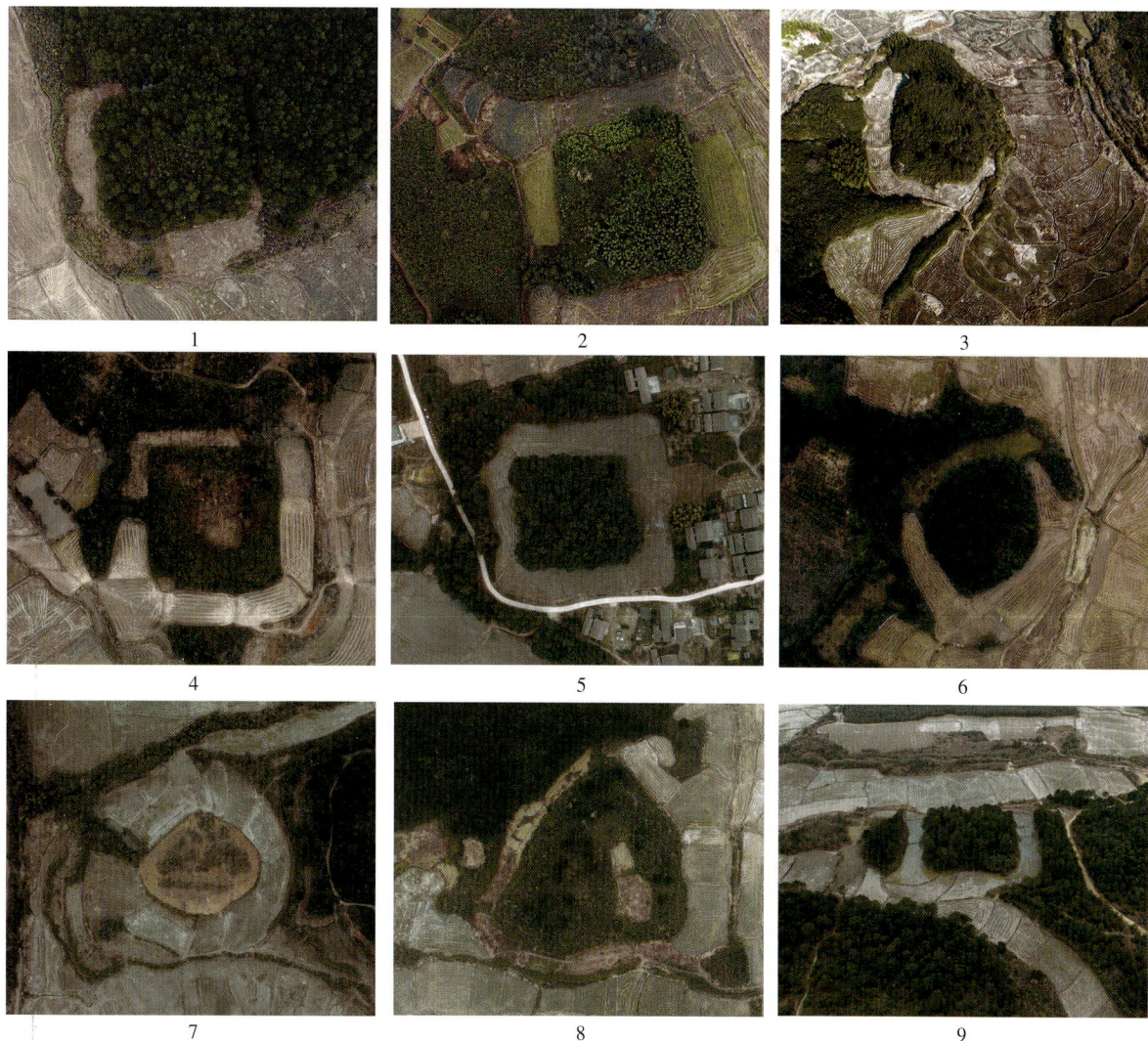

图九二四　金溪县乙类环壕聚落（A、B型）

1～6、9. A型环壕（茶家坑环壕、葫芦墩环壕、路边倪家磨盘山环壕、周家塘环壕、堪头山环壕、城湖村Ⅱ号环壕、城仔下环壕）　7、8. B型环壕（井上村环壕、麻山环壕）

A型：平面形状不规则，在山岗外围挖出壕沟，此类环壕聚落面积较大，如城上龚家环壕聚落面积约20万平方米（图九二五，3），为区域内面积最大的环壕聚落。前城墩环壕（图九二五，1）、后城墩环壕聚落（图九二五，2）亦为此型。

B型：平面形状近方形，外围环壕较窄。该型遗址发现数量较少，以后龙岗环壕聚落（图九二五，4）为代表。这种利用自然地形挖出方形环壕的做法，较A型更具特殊，应是有意形成此类环壕样式。

2. 岗地类聚落

本年度调查过程中发现有较多数量的岗地类聚落，数量达60处。岗地类聚落一般邻近河流，水资源充沛，地势较高可避免洪水灾害，是古人长时间较为普遍使用的聚落形式。此类聚落形态与抚河上游所见聚落十分相近，多位于河流沿岸分布，多个遗址相距较近，且有相近的存在年代，形成聚落群的可能性较大。由于各地地形有所差异，岗地类聚落亦有较多差异。据地形差异，可将岗

图九二五　金溪县丙类环壕聚落

1~3. A 型环壕（前城墩环壕、后城墩环壕、城上龚家环壕）　4. B 型环壕（后龙岗环壕）

地类聚落划分为两型：

A 型：缓坡类。该类聚落一般选择在临河缓坡地带，聚落面积大小不一，小者不足 1 万平方米，大者可达十余万平方米。此类聚落较多，代表性遗址有山上聂家遗址、跑马场遗址、下邓村禾斛山遗址等。

B 型：山岗类。此型聚落地势较陡，山地坡度略大。一般在山顶发现有人类活动迹象，如在郑家山遗址山顶发现较多石器和陶器，另外高坊水库Ⅳ、Ⅴ、Ⅵ号聚落均为山地类聚落，山体地势较斜。

二　聚落群形态观察

聚落群是由时空特征相近、相互关系密切的多个聚落构成，聚落位置相近、年代相当且呈群状分布是聚落群的基本条件。抚河上游地区已发现有多个聚落群，抚河中游地区先秦时期亦见有多处聚落群分布。由于部分遗址年代判断还有待精确，是否能够构成聚落群，还有待进一步工作。以下举例说明环壕聚落、山岗类聚落存在的聚落群形态：

1. 环壕聚落群

以白沿村五处环壕聚落为例来说明（图九二六）。五处聚落属于环壕聚落中的 A 型，一般中部台地面积较小，较大者为Ⅰ号环壕，面积约 5000 平方米，其余四处均小于Ⅰ号环壕。从位置上来看，Ⅰ号环壕东南部即为Ⅱ号环壕，两者相聚不足 20 米，Ⅰ号环壕西北即为Ⅴ号环壕，东北部约 100 米为Ⅲ号环壕，东部约 100 米为Ⅳ号环壕。有关五处聚落的年代，现在还缺乏明确的年代判断。白沿村Ⅱ号遗址的年代为西周晚至春秋时期，Ⅳ号遗址的年代为商周时期。钻探过程中，采集诸遗址的陶片碎块，年代应为先秦时期。如果诸遗址的年代有重合，说明该五处环壕聚落有效构成了环壕聚落群，聚落之间关系密切，这种既独立又联合的聚落形态可以揭示区域社会组织结构的特征。

图九二六　白沿村五处环壕聚落分布图

2. 岗地类聚落

以高坊水库聚落群为例进行说明。高坊水库原为高坊水流行的山谷，由于两侧山体略高，由多条小溪汇入高坊水，基于此修建高坊水库。在该区域考古调查中，沿水岸山坡发现多处遗址，且发现遗物十分丰富。沿水库两岸除了高坊水库Ⅰ～Ⅸ号遗址外，周上村Ⅰ、Ⅱ号遗址亦位于高坊水库沿岸。诸遗址位置较近，所在山岗相互依连，年代上，诸遗址大多发现有晚商、西周时期遗存，说明这一时期诸遗址有时间上的重合。这类岗地聚落从时空上已具备了聚落群的特征，但在诸聚落中尚未发现中心聚落，聚落群等级结构仍不明晰。

通过以上举例来看，抚河中游地区聚落形态有多种结构，或由多个环壕聚落构成，或由多个岗地类聚落构成。该区域发现有较大规模的聚落，城上龚家环壕面积约 20 万平方米，较其他环壕聚落在面积上有较大不同，揭示了该区域聚落存在等级差异。

三 聚落演变的历时性观察

以时间为线索，粗线条来观察金溪县先秦时期聚落的演变特征。

新石器时代晚期，区域内聚落数量较少，开始出现环壕聚落，岗地聚落多分布于各水系沿岸，未形成中心聚落；夏至早商时期，聚落数量大为增加，环壕聚落相对较少，岗地聚落数量较多。这一时期是否存在中心聚落，以目前资料尚不明确；晚商时期，区域聚落扩增，人口数量大增，人群来往频繁，出现多个聚落群；西周时期，区域聚落数量较多，与抚河上游地区比较有较多相近之处；春秋时期，是抚河中游人口和聚落大幅增加的时期，与抚河上游一样，这一时期是人群、聚落迅速扩大的阶段。这一现象或与这一地区春秋属吴国所辖，后经"吴越之争"有关。战国时期聚落与人口有大幅减少的趋势，聚落形态不甚清楚。

附录一　金溪县先秦时期遗址统计表

编号	遗址名称	遗址类型	地理位置	地理坐标	文化层堆积保存状况	时代
1	西湖村环壕遗址	环壕遗址	秀谷镇岗东村委会西湖村砖厂南边	N：27°56′16.0″ E：116°45′31.0″ H：73米	文化堆积区可划分为两个重点分布区，编号Ⅰ区、Ⅱ区。文化层堆积Ⅰ区，位于台地东部，文化层厚约1.1~1.2米，文化层堆积内包含大量灰烬和烧土块。文化层堆积Ⅱ区，位于台地中部，文化层厚0.3米，堆积内包含大量灰烬和烧土块。	西周晚期 — 春秋时期
2	科城环壕遗址	环壕遗址	秀谷镇科城村北部	N：27°58′44.6″ E：116°44′10.0″ H：59米	文化层堆积呈不规则形。中心区域（文化层堆积Ⅰ区）文化层厚约0.9~1.1米，包含有致密的夯土遗迹，以及部分灰烬和烧土块、风化石渣等。外环区域（文化层堆积Ⅱ区）文化层厚约1.2~2.6米，包含有致密的夯土遗迹，以及部分灰烬和烧土块、夯土遗迹、风化石渣等。	先秦时期
3	里汪环壕遗址	环壕遗址	秀谷镇五里桥村	N：27°57′01.7″ E：116°47′34.0″ H：89米	文化层堆积基本覆盖整个台地。可划分为三个重点分布区。文化层堆积Ⅰ区，台地西部，厚约0.9米，堆积内包含少量灰烬和烧土块。文化层堆积Ⅱ区，台地中部，厚约0.3~0.4米，堆积内包含少量灰烬和烧土块。文化层堆积Ⅲ区，台地东部，厚约0.6米，堆积内包含大量灰烬和烧土块。	商代晚期至春秋时期
4	麻山环壕遗址	环壕遗址	秀谷镇麻山村北部	N：27°57′50.0″ E：116°44′39.0″ H：65米	遗址中部高台地发现大面积文化层堆积，平面呈不规则环形分布，堆积厚0.3~0.6米。堆积内包含部分灰烬、烧土块和少量陶片，部分区域文化层堆积较不明显。	先秦时期

续表

编号	遗址名称	遗址类型	地理位置	地理坐标	文化层堆积保存状况	时代
5	珊田郑家禾斛山环壕遗址	环壕遗址	秀谷镇珊田郑家村东南部	N: 27°52′44.8″ E: 116°45′03.6″ H: 68米	遗址范围内未发现明显文化层堆积。地表为栽植的栀子树，十分茂密。	先秦时期
6	堪头高山环壕遗址	环壕遗址	秀谷镇合源村委会堪头村	N: 27°52′18.6″ E: 116°43′42.2″ H: 71米	该遗址中心台地发现大面积文化层堆积，文化层厚2.1~4米。地表为树木、灌木和杂草丛等覆盖，植被较为茂密。	西周晚期至春秋时期
7	丁家山环壕遗址	环壕遗址	秀谷镇先锋村丁家山上	N: 27°52′50.2″ E: 116°46′35.5″ H: 96米	台地东南部发现文化层堆积区域，有早晚两层堆积，晚期堆积厚约0.8米，早期堆积厚度不详，堆积内包含灰烬和烧土块。地表为竹子和灌木丛覆盖，植被非常茂密。	新石器晚期、西周早中期～春秋时期
8	河墩下环壕遗址	环壕遗址	琅琚镇牛车板村的西部	N: 27°53′28.7″ E: 116°39′18.1″ H: 57米	遗址中部台地发现文化层堆积区域，平面呈不规则形，堆积厚约0.9米，堆积内包含部分灰烬、烧土块和陶片。地表植被较为茂密。	先秦时期
9	豪猪墩环壕遗址	环壕遗址	琅琚镇城上刘家村东南部	N: 27°53′41.2″ E: 116°41′07.5″ H: 67米	遗址中部高台地发现大面积文化层堆积，基本覆盖整个台地之上。	新石器末至春秋时期
10	井上村环壕遗址	环壕遗址	琅琚镇邹家坊郑家西南部	N: 27°53′59.3″ E: 116°41′22.6″ H: 72米	遗址中部高台地发现大面积文化层堆积，分为外环、内环和中心区域。外环区域文化层堆积厚0.5米，堆土块和部分陶片；内环区域文化层堆积厚1.3米，宽度约1米，堆积内包含大量灰烬、烧土块和部分陶片；中心区域文化层堆积厚0.4米，平面呈不规则形，长径约45米，短径约33.8米，堆积内包含少量灰烬和烧土块。	新石器晚期、商代晚期至西周、春秋时期

编号	遗址名称	遗址类型	地理位置	地理坐标	文化层堆积保存状况	时代
11	城仔下环壕遗址	环壕遗址	琅琚镇杨建桥村西北部	N: 27°51'41.1" E: 116°42'17.0" H: 67米	遗址范围内未发现明显的文化层堆积，地表为毛竹、树木、杂草和灌木丛覆盖，植被非常茂密。	商代晚期至西周时期
12	祝坊村环壕遗址	环壕遗址	琅琚镇祝坊村东部	N: 27°55'17.4" E: 116°40'16.6" H: 72米	遗址中部台地东北部发现文化的文化堆积区域，近似房址1处。平面近椭圆形，房址内文化堆积厚度约0.3米，堆积内包含部分灰烬和烧土块。	先秦时期
13	盘亭城墩上环壕遗址	环壕遗址	左坊镇盘亭村西南部	N: 27°50'02.1" E: 116°45'29.9" H: 88米	遗址范围内中部高台地发现大面积文化层堆积，分为三个区域。文化层堆积Ⅰ区位于遗址西部，平面呈不规则形厚约2.9~3.7米，中间疑似有夯土遗迹，包含有部分灰烬。风北石渣、烧土块和少量陶片。文化层堆积Ⅱ区，为除西北部及四周以外区域，文化层堆积厚约0.8~1.6米，包含部分灰烬、烧土块和少量陶片。文化层堆积Ⅲ区，位于遗址中部区域，平面呈不规则形，厚约1.4~2.4米，包含部分灰烬、烧土块和少量陶片。	西周晚期~春秋时期
14	和尚山环壕遗址	环壕遗址	左坊镇郑家村西南部	N: 27°48'25.4" E: 116°44'18.2" H: 70米	遗址范围内未发现明显文化层堆积。遗址现存中部台地地表为毛竹林，非常茂密。	先秦时期
15	大月山环壕遗址（原名七星山环壕遗址）	环壕遗址	左坊镇郑家村西南部	N: 27°48'14.8" E: 116°44'51.4" H: 72米	遗址范围内文化层堆积分为两个区域，Ⅰ区位于遗址中部，厚0.3~0.4米，内包含部分灰烬和烧土块。文化层堆积Ⅱ区位于遗址南部，堆积厚0.2~0.3米，内包含部分灰烬和烧土块，堆积内有疑似夯土层。	商周时期
16	古城墩环壕遗址	环壕遗址	左坊镇杨家山村西南部	N: 27°48'27.0" E: 116°43'34.5" H: 76米	遗址范围内中部高台地发现大面积文化层堆积，平面近不规则环形分布，堆积厚0.7米左右，堆积内包含部分灰烬和烧土块。	夏代、东周时期

续表

编号	遗址名称	遗址类型	地理位置	地理坐标	文化层堆积保存状况	时代
17	下左源禾斛坪环壕遗址	环壕遗址	左坊镇下左源村东南部	N: 27°48′35.9″ E: 116°44′27.7″ H: 73 米	遗址中部高地发现大面积文化层堆积区域，基本覆盖整个高地之上。文化层堆积厚 0.4～1.2 米，部分区域有疑似灰烬和烧土块，部分区域有疑似夯土遗迹。	新石器晚期至夏代
18	白沿村Ⅰ号环壕遗址	环壕遗址	左坊镇白沿村南部	N: 27°48′41.6″ E: 116°42′25.3″ H: 61 米	遗址所在高地发现大面积文化层堆积，分为三个区域。文化堆积Ⅰ区平面呈不规则形，文化层堆积厚约 2.3～2.8 米，中间疑似有夯土遗迹，包含有大量灰烬和烧土块。文化堆积Ⅱ区平面呈不规则半圆形，文化层堆积厚约 0.6 米，包含部分灰烬和烧土块。文化堆积Ⅲ区平面呈不规则形，文化层堆积厚约 0.3 米，包含部分灰烬和烧土块。	先秦时期
19	白沿村Ⅱ号环壕遗址	环壕遗址	左坊镇白沿村南部	N: 27°48′40.4″ E: 116°42′28.4″ H: 62 米	文化层堆积基本覆盖整个台地。按照分布又可划分为两个区域。 文化层堆积Ⅰ区，遗址西部，堆积厚 2.2～2.5 米，包含灰烬和烧土块，中间有疑似夯土遗迹。 文化层堆积Ⅱ区，遗址东半部，厚 0.3～1 米，文化层堆积内包含灰烬和烧土块。	西周晚期至春秋时期
20	白沿村Ⅲ号环壕聚落	环壕聚落	左坊镇白沿村南部	N: 27°48′41.3″ E: 116°42′30.7″ H: 63 米	遗址范围内台地内发现大面积文化层堆积，基本覆盖整个高台。文化层堆积较不明显，厚 0.9～1.0 米，包含少量灰烬和烧土块。	先秦时期
21	白沿村Ⅳ号环壕遗址	环壕遗址	左坊镇白沿村南部	N: 27°48′43.8″ E: 116°42′29.5″ H: 63 米	文化层堆积沿遗址所在台地边沿呈不规则环形分布，文化层堆积厚约 0.3～1 米，包含部分灰烬和烧土块，堆积区域东部较不明显。	商周时期
22	白沿村Ⅴ号环壕遗址	环壕遗址	左坊镇白沿村南部	N: 27°48′43.0″ E: 116°42′22.6″ H: 61 米	在遗址所在台地东部发现大面积文化层堆积，约厚 1.2～1.6 米，内包含部分灰烬和烧土块，文化层堆积之上有怀疑夯土遗迹。地表采集少量陶片。	先秦时期

续表

编号	遗址名称	遗址类型	地理位置	地理坐标	文化层堆积保存状况	时代
23	金盆架环壕遗址	环壕遗址	左坊镇东排村东北部	N：27°46'26.2" E：116°42'35.9" H：69米	文化层堆积基本沿着遗址所在台地外缘分布，平面呈不规则环形，文化层堆积较薄，厚0.2米左右，包含部分灰烬和烧土块。地表采集少量陶片。地表植被非常茂密。	春秋时期
24	杨家坪墩环壕遗址	环壕遗址	左坊镇南部杨家坪墩	N：27°44'48.4" E：116°42'09.5" H：58米	遗址所在台地西北部发现文化层堆积，平面呈不规则形分布，堆积厚约1.1米，包含部分灰烬和烧土块，该文化层堆积之上有怀疑土有夯土遗迹。	先秦时期
25	常丰村城墩上环壕遗址	环壕遗址	琉璃乡常丰村	N：27°57'05.4" E：116°36'46.0" H：65米	文化层堆积基本覆盖整个遗址所在台地。分布大致分为东北部沿台地带、西南部边沿地带和中部三个区域。堆积厚约0.3~1.4米不等，堆积内包含部分灰烬和烧土块，有疑似夯土遗迹。	西周至春秋
26	城墙山环壕遗址	环壕遗址	琉璃乡城丘村城墙山	N：28°01'48.4" E：116°36'01.0" H：52米	文化层堆积区域位于遗址所在台地西部，平面呈不规则形分布，文化层较不明显，约0.5米，堆积内包含有少量灰烬、烧土块和陶片。地表采集少量陶片。	商代晚期至西周时期
27	城塘山环壕遗址	环壕遗址	琉璃乡中末村城塘山	N：27°59'50.2" E：116°36'50.2" H：54米	文化层堆积主要分布于遗址两个区域。中部台地文化层堆积平面近椭圆形，厚1~1.3米，包含大量灰烬、烧土块和陶片。南部台地文化层堆积平面呈不规则形，厚0.2米，堆积内包含少量灰烬、烧土块和陶片。	西周晚期至春秋时期
28	葫芦墩环壕遗址（原美蓉墩环壕遗址）	环壕遗址	陆坊乡上李村	N：27°58'49.0" E：116°49'38.4" H：73米	遗址范围内未发现明显文化层堆积，采集少量陶片。遗址所在台地四周大部为稻田，台地表为毛竹林，植被非常茂密。	先秦时期
29	彭家山环壕遗址	环壕遗址	陆坊乡赤岭源村西部	N：27°58'31.8" E：116°49'17.5" H：75米	遗址所在台地中部发现大面积文化层堆积，平面呈不规则形分布，厚0.5~0.7米左右，堆积内包含灰烬和烧土块。	西周至战国时期

编号	遗址名称	遗址类型	地理位置	地理坐标	文化层堆积保存状况	时代
30	莲花墩环壕遗址	环壕遗址	对桥镇下太坪村南部	N：28°02′21.9″ E：116°51′54.5″ H：58米	在台地南侧中部发现1处文化层堆积区域，平面呈不规则形，长径约14米，短径约6米，面积约67平方米，距地表约0.4米出现，约1米结束。堆积内包含部分灰烬和烧土块。地表为竹林，植被较为茂密。	先秦时期
31	城上龚家环壕遗址	环壕遗址	对桥镇城上龚家村	N：28°01′54.3″ E：116°51′58.2″ H：63米	遗址范围内文化堆积厚约0.4~2.8米不等，包含部分烧土块和灰烬，部分区域发现有夯土遗迹。在遗址中发现少量陶片。	新石器晚期至夏、西周至春秋时期
32	山城下环壕遗址	环壕遗址	对桥镇横源村东南部	N：27°59′46.4″ E：116°54′36.1″ H：74米	遗址范围内未发现明显连续分布的文化层堆积。	先秦时期
33	周家塘环壕遗址	环壕遗址	合市镇杨桂林村周家塘山	N：28°03′13.6″ E：116°38′14.0″ H：62米	文化层堆积位于遗址中部，厚0.7米左右，包含有灰烬、烧土块、陶片和草木灰。台地西南部发现墓葬3座，均已被盗，地表可见盗坑。	先秦时期
34	奎星环壕遗址	环壕遗址	合市镇田南村	N：27°57′33.8″ E：116°43′21.4″ H：64米	遗址处于高地台地带，平面呈不规则形。该遗址被一现代墓葬打开，地表上覆盖有竹木和灌木丛，植被茂密，地表仅见少量陶片。	西周晚期至春秋时期
35	城湖村城墩上I号环壕遗址	环壕遗址	陈坊积乡城湖村城墩上	N：28°02′56.9″ E：116°32′27.3″ H：39米	遗址范围内未发现明显的文化层堆积，该遗址位于一养殖户居民院内，现存一稍高台地，高于周围地表约2~4米，台地上分布着该户居民的房屋和橘园。	先秦时期
36	城湖村城墩上II号环壕遗址	环壕遗址	陈坊积乡城湖村城墩上	N：28°02′24.8″ E：116°33′11.3″ H：49米	文化层堆积根据分布位置划分为两个区域，厚约0.2~0.4米，堆积内部包含灰烬、烧土块和陶片。	先秦时期
37	后龙岗环壕遗址	环壕遗址	陈坊积乡岐山后科村后龙岗	N：28°04′19.1″ E：116°33′46.2″ H：47米	文化层堆积区域平面近圆环形，堆积厚约0.4米，堆积内包含灰烬烧土块和少量陶片。	新石器末期至春秋时期

续表

编号	遗址名称	遗址类型	地理位置	地理坐标	文化层堆积保存状况	时代
38	前城墩环壕遗址	环壕遗址	陈坊积乡苏坊源村南部	N：28°01′42.2″ E：116°35′35.2″ H：56 米	文化层堆积区域主要分布于遗址所在台地边沿地带，平面呈不规则半环状，厚约0.3~0.9米，堆积内包含部分灰烬和烧土块。	先秦时期
39	后城墩环壕遗址	环壕遗址	陈坊积乡苏坊源村北部	N：28°02′01.4″ E：116°35′34.3″ H：53 米	文化层堆积主要分布于遗址所在台东南平面呈不规则形，堆积厚约1米，包含部分灰烬和烧土块。发现有少量陶片。	先秦时期
40	路边倪家村磨盘山环壕遗址	环壕遗址	何源镇路边倪家村北部	N：28°00′25.5″ E：116°58′24.9″ H：95 米	遗址范围内未发现明显文化层堆积。台地上部高于周围稻田5~7米，地表为毛竹林，植被非常茂密。壕沟内现为稻田。	商周时期
41	车门村城墩上环壕遗址	环壕遗址	合市镇车门村东北部	N：27°58′55.9″ E：116°41′56.6″ H：57 米	文化层堆积主要分布于遗址所在高台沿沿区域，呈不规则环形分布。堆积厚0.3~0.6米，包含部分灰烬和烧土块。地表发现少量陶片。	先秦时期
42	上城环壕遗址	环壕遗址	合市镇上城村村口	N：27°56′39.0″ E：116°42′47.5″ H：75 米	文化层堆积区可划分为四个重点分布区，文化层堆积内包含有灰烬，红烧土块和陶片。	西周早中期～春秋时期
43	茶家埂环壕遗址	环壕遗址	双塘镇双塘村东北部	N：28°02′30.7″ E：116°44′31.0″ H：69 米	遗址范围内未发现明显文化层堆积。遗址地表为竹子、树木、杂草和灌木丛覆盖，植被较为茂密。	先秦时期
44	上羊村环壕遗址	环壕聚落	合市镇上洋村西面	N：28°01′52.5″ E：116°38′45.5″ H：50 米	文化层堆积位于遗址所在台地中部，大致呈椭圆形分布，厚0.7米左右。堆积区域内中部及北部文化层较不明显。堆积内包含灰烬、烧土块和少量陶片。	先秦时期
45	茶山遗址	岗地遗址	双塘镇对塘村东南部	N：28°01′48.9″ E：116°45′16.6″ H：80 米	遗址范围内未发现明显文化层堆积。地表散见陶片。遗址地表现为人工种植茶油树覆盖，植被较为稀松。	商代

续表

编号	遗址名称	遗址类型	地理位置	地理坐标	文化层堆积保存状况	时代
46	对塘村面前山遗址	岗地遗址	双塘镇对塘村东南部	N：28°02′07.9″ E：116°45′12.2″ H：86米	遗址范围内未发现明显文化层堆积，地表散见陶片。遗址地表现为人工种植油茶树覆盖，周围基本为树林包围。	商早期，西周至春秋时期
47	石岭山遗址	岗地遗址	双塘镇对塘村东南部石岭山	N：28°01′34.6″ E：116°45′53.3″ H：88米	遗址范围内未发现明显文化层堆积，地表散见陶片。遗址地表现为人工种植油茶树覆盖，西南部和东部为树林。	商代、西周至春秋时期
48	神岭岗遗址	岗地遗址	双塘镇塘村东南部神岭岗	N：28°01′48.0″ E：116°45′50.0″ H：103米	遗址范围内未发现明显文化层堆积，地表散见陶片。遗址地表现为人工种植油茶树覆盖，西部为树林。	晚商时期、西周早中期
49	农林场遗址	岗地遗址	双塘镇农林场所属山地	N：28°02′36.7″ E：116°44′18.4″ H：73米	遗址范围内未发现明显文化层堆积，地表散见陶片。遗址表面已被人为翻动，上部树木已被砍伐。	晚商时期—春秋时期
50	上刘村面前山遗址	岗地遗址	双塘镇上刘村的南面	N：27°56′33.3″ E：116°45′00.1″ H：91米	遗址范围内未发现明显文化层堆积，地表散见陶片。遗址地表南部为树林，部分区域表面以杂草为主。	西周晚至春秋时期
51	石坑遗址	岗地遗址	黄通乡石坑村北部	N：27°54′22.4″ E：116°52′15.9″ H：114米	遗址范围内未发现明显文化层堆积，该遗址发现有大量陶片和少量石器。遗址现存为一河漫滩地带，地表大部分为杂草覆盖。	晚商—春秋时期
52	高坊水库I号遗址	岗地遗址	黄通乡高坊水库西北部岸边	N：27°55′58.9″ E：116°51′16.3″ H：115米	遗址范围内未发现明显文化层堆积，地表有大量陶片及陶器器足。	新石器末、商至春秋时期
53	高坊水库II号遗址	岗地遗址	黄通乡高坊水库西北部	N：27°55′47.7″ E：116°51′24.6″ H：119米	遗址中部发现文化层堆积，厚0.7~1.6米，包含大量灰烬、烧土块和陶片。	商代、东周时期

续表

编号	遗址名称	遗址类型	地理位置	地理坐标	文化层堆积保存状况	时代
54	高坊水库Ⅲ号遗址	岗地遗址	黄通乡高坊水库中西部	N: 27°55′36.7″ E: 116°51′28.5″ H: 114 米	遗址范围内未发现明显文化层堆积。地表因水土流失等原因发现大量陶片。	夏代
55	高坊水库Ⅳ号遗址	岗地遗址	黄通乡高坊水库东南部	N: 27°55′23.0″ E: 116°52′02.3″ H: 123 米	遗迹整体呈不规则形，采集遗物较多，主要为石器和陶器。地表植被较为茂盛。	新石器晚期、晚商至春秋时期
56	高坊水库Ⅴ号遗址	岗地遗址	黄通乡高坊水库中东部	N: 27°55′36.5″ E: 116°52′07.5″ H: 120 米	遗址范围内未发现明显文化层堆积。地表可见有部分陶片。	晚商时期—春秋时期
57	高坊水库Ⅵ号遗址	岗地遗址	黄通乡高坊水库东南部	N: 27°55′23.0″ E: 116°52′02.3″ H: 123 米	遗址范围内未发现明显文化层堆积。地表有大量陶片。	新石器晚期、商至春秋时期
58	高坊水库Ⅶ号遗址	岗地遗址	黄通乡高坊水库北部	N: 27°56′09.4″ E: 116°51′39.1″ H: 129 米	遗址范围内未发现明显文化层堆积。地表有大量陶片。	商代
59	高坊水库Ⅷ号遗址	岗地遗址	黄通乡高坊水库东北角	N: 27°56′26.6″ E: 116°51′48.0″ H: 131 米	遗址范围内未发现明显文化层堆积。地表因水土流失等原因出现许多陶片。	商晚期至两周时期
60	高坊水库Ⅸ号遗址	岗地遗址	黄通乡高坊水库东北角	N: 27°56′32.6″ E: 116°51′46.8″ H: 121 米	遗址范围内未发现明显文化层堆积。地表因水土流失等原因发现大量陶片。	商晚期至两周时期
61	周上村Ⅰ号遗址	岗地遗址	黄通乡高坊水库的中西部	N: 27°55′21.1″ E: 116°51′45.7″ H: 109 米	遗址范围内未发现明显文化层堆积。遗址区域内因水土流失等因素发现大量陶片。	商代早期西周晚期至春秋时期

续表

编号	遗址名称	遗址类型	地理位置	地理坐标	文化层堆积保存状况	时代
62	周上村2号遗址	岗地遗址	黄通乡高坊水库中西部	N：27°55′14.6″ E：116°51′49.6″ H：111米	遗址范围内未发现明显文化层堆积。地表可见部分陶片。	商代早期、西周晚期至春秋时期
63	马衔水库遗址	岗地遗址	秀谷镇马衔水库南东岸	N：27°54′27.8″ E：116°50′13.2″ H：127米	遗址范围内未发现明显文化层堆积。地表可见少量陶片。	夏代、商晚期至西周时期
64	科城面前山遗址	岗地遗址	秀谷镇科城村西南部	N：27°58′24.5″ E：116°44′02.7″ H：68米	遗址范围内未发现明显文化层堆积。	西周早中期—春秋时期
65	鬼打拳遗址	岗地遗址	秀谷镇许垄村南部鬼打拳山	N：27°50′24.9″ E：116°45′22.4″ H：100米	遗址范围内未发现明显文化层堆积。地表散见有少量陶片。	商至东周时期
66	釜山遗址	岗地遗址	金溪县城东北部	N：27°55′07.9″ E：116°46′19.6″ H：88米	文化层堆积整体呈不规则形，堆积厚0.5～1.8米。文化层内包含有灰烬、红烧土块和夹砂陶片等。	新石器晚期至商周时期
67	后龙山遗址	岗地遗址	秀谷镇五里新安村北部	N：27°55′40.7″ E：116°47′36.2″ H：108米	文化层堆积厚0.5～0.8米，内含部分灰烬和陶片，整体呈不规则形分布。遗址中部和东部有现代墓葬及部分迁移墓葬遗留的墓坑。	商晚期至西周同时期
68	母猪嘴遗址	岗地遗址	秀谷镇的北面	N：27°55′23.4″ E：116°47′26.9″ H：104米	遗址范围内未发现明显文化层堆积。地表散见陶片。	商代、东周时期
69	五里桥遗址	岗地遗址	秀谷镇北面的五里桥村	N：27°56′33.8″ E：116°47′14.2″ H：86米	遗址范围内未发现明显文化层堆积。地表散见陶片。	商代晚期、东周时期

续表

编号	遗址名称	遗址类型	地理位置	地理坐标	文化层堆积保存状况	时代
70	竹木厂遗址	岗地遗址	该遗址位于秀谷镇的北面	N: 27°55′20.1″ E: 116°46′49.7″ H: 91米	遗址范围内未发现明显文化层堆积，地表散见陶片。	新石器晚期、西周晚期至春秋时期
71	戴家山遗址	岗地遗址	秀谷镇以北	N: 27°55′19.5″ E: 116°46′32.2″ H: 83米	遗址范围内未发现明显文化层堆积，地表散见陶片。	商代
72	花果山遗址	岗地遗址	秀谷镇北面	N: 27°55′34.0″ E: 116°47′12.0″ H: 101米	遗址范围内未发现明显文化层堆积，地表散见陶片。地表大部分为树林和橘子树林。	西周时期
73	朱家岭遗址	岗地遗址	秀谷镇北面	N: 27°57′27.4″ E: 116°47′06.7″ H: 90米	遗址范围内未发现明显文化层堆积，地表散见陶片。	西周时期
74	车家岭遗址	岗地遗址	秀谷镇南面	N: 27°53′23.9″ E: 116°45′27.7″ H: 89米	遗址范围内未发现明显文化层堆积，地表散见有少量陶片。	西周时期
75	下邓村禾制遗址	岗地遗址	秀谷镇南面	N: 27°53′09.4″ E: 116°44′56.7″ H: 78米	遗址范围内未发现明显文化层堆积，遗址内地表散见有陶片，地表为树林和茶草，植被较为茂密。	新石器晚期、商代、春秋至战国时期
76	熊家山遗址	岗地遗址	秀谷镇南面	N: 27°53′18.8″ E: 116°45′17.2″ H: 84米	遗址范围内未发现明显文化层堆积，遗址内地表散见有部分陶片。植被非常茂密。	商代、春秋时期
77	周家山遗址	岗地遗址	秀谷镇南面	N: 27°53′19.0″ E: 116°45′05.1″ H: 81米	遗址范围内文化层堆积厚 0.2～0.8 米，包含烧土块、灰烬和陶片。遗址内部地表散见有部分陶片。	夏代晚期至春秋时期

续表

编号	遗址名称	遗址类型	地理位置	地理坐标	文化层堆积保存状况	时代
78	鸡公岭遗址（原黄家村遗址）	岗地遗址	秀谷镇黄家村东部	N: 27°56′46.0″ E: 116°47′55.3″ H: 134米	遗址范围内未发现明显文化层堆积。地表面因人为翻土散见有少量陶片。地表为树木，植被非常茂密。	商周时期
79	坪上遗址	岗地遗址	琅琚镇坪上聂家村西南	N: 27°52′41.9″ E: 116°36′43.7″ H: 69米	遗址范围内未发现明显文化层堆积。地表面为树木、灌木和杂草丛等覆盖，植被较为茂密。	晚商至西周早期、东周时期
80	山上聂家遗址	岗地遗址	琅琚镇山上聂家村南	N: 27°52′32.6″ E: 116°36′51.2″ H: 71米	遗址范围内未发现明显文化层堆积。地表散见有部分陶片。地表植被较为茂密。	商代、春秋时期
81	老鼠山遗址	岗地遗址	琅琚镇山上聂家村西南部	N: 27°52′22.0″ E: 116°36′42.2″ H: 79米	遗址范围内未发现明显文化层堆积。地表散见有部分陶片。表面植被较为茂密。	晚商时期至西周早中期
82	塘山遗址	岗地遗址	琅琚镇朝墩村东部	N: 27°52′22.0″ E: 116°36′42.2″ H: 79米	遗址范围内未发现明显文化层堆积。遗址地表散见有少量陶片。表面植被较为茂密。	春秋时期
83	渣溪遗址	岗地遗址	琅琚镇查溪村西北部	N: 27°51′49.4″ E: 116°38′12.4″ H: 68米	遗址范围内未发现明显文化层堆积。地表植被较为茂密。	新石器末期、晚商时期至春秋时期
84	窑上山遗址	岗地遗址	琅琚镇高峰村	N: 27°53′24.2″ E: 116°39′26.9″ H: 64米	遗址范围内未发现明显文化层堆积，地表因人为翻动散见有部分陶片。	早商时期、东周时期
85	春岭山遗址	岗地遗址	琅琚镇高峰村东部	N: 27°53′14.1″ E: 116°39′22.3″ H: 70米	遗址西部发现文化层堆积，厚约0.5米，堆积内部包含灰烬和烧土块。	早商时期、西周晚期至春秋时期

续表

编号	遗址名称	遗址类型	地理位置	地理坐标	文化层堆积保存状况	时代
86	高峰村面前山遗址	岗地遗址	琅琚镇高峰村南部	N：27°53′12.7″ E：116°39′13.1″ H：67米	遗址范围内未发现明显文化层堆积。遗址现存土地经过平整，地表种植有橘子树，植被较稀松。	新石器末至夏代、商代晚期至东周
87	牛家山遗址	岗地遗址	琅琚镇城上刘家村东南	N：27°53′43.8″ E：116°41′18.9″ H：78米	遗址范围内未发现明显文化层堆积。地表经过人为平整，散见陶片。	新石器晚期、早商时期、西周至春秋时期
88	石桥背山遗址	岗地遗址	琅琚镇山上聂家村东南	N：27°52′33.2″ E：116°37′14.6″ H：57米	遗址范围内未发现明显文化层堆积。土地经过平整，地表植被较茂密。	西周时期
89	东家山遗址	岗地遗址	琅琚镇渣溪村东南部	N：27°51′40.3″ E：116°38′28.4″ H：60米	遗址范围内未发现明显文化层堆积。表面主要为大型乔木覆盖，植被较好。	商至西周时期
90	祝坊村叼子墩遗址	岗地遗址	琅琚镇祝坊村东部	N：27°55′12.9″ E：116°40′20.6″ H：70米	遗址范围内西北部发现文化层堆积，平面呈不规则形，文化层堆积厚约0.4~0.7米，堆积内含部分灰烬和烧土块。	商、周时期
91	韭菜岇遗址（原九老山遗址）	岗地遗址	左坊镇蔡家村西部	N：27°50′20.8″ E：116°45′12.4″ H：97米	遗址范围内未发现明显文化层堆积。遗址内部因为植树等活动有很大程度上的破坏。	商代晚期至西周时期
92	猛家山遗址	岗地遗址	左坊镇郑家村西南部	N：27°48′03.5″ E：116°44′27.1″ H：74米	遗址范围内未发现明显文化层堆积。遗址区域因人为取土有很大程度上的破坏。	晚商、西周晚期至春秋时期
93	铜钱山遗址	岗地遗址	左坊镇邹家村东部	N：27°48′29.1″ E：116°43′20.6″ H：72米	遗址范围内未发现明显文化层堆积。遗址为一山坡地带，地表为杂草和灌木丛处覆盖，植被较为茂密。	西周至东周时期

续表

编号	遗址名称	遗址类型	地理位置	地理坐标	文化层堆积保存状况	时代
94	满路遗址	岗地遗址	石门乡石门村东部	N：27°46′21.2″ E：116°40′41.6″ H：75米	遗址范围内未发现明显的文化层堆积，地表有明显的人为翻动痕迹。植被较为茂密，	西周时期
95	郑家山遗址	岗地遗址	石门乡石门村东部	N：27°46′20.3″ E：116°40′15.2″ H：71米	遗址范围内未发现明显文化层堆积，地表采集大量陶片及少量石器。	商代
96	荒山 （又名鹅科山） 遗址	岗地遗址	石门乡礼庄村南侧	N：27°46′30.6″ E：116°40′15.9″ H：68米	遗址范围内未发现明显的文化层堆积，地表采集少量陶片，地表植被较为茂密。	西周时期
97	黄泥塘遗址	岗地遗址	石门乡东南方	N：27°46′25.7″ E：116°40′18.4″ H：68米	遗址范围内未发现明显的文化层堆积，地表采集少量陶片，地表植被被较为茂密。	晚商至春秋时期
98	九河山遗址	岗地遗址	石门乡礼庄村南侧	N：27°46′38.9″ E：116°40′18.7″ H：66米	遗址范围内未发现明显的文化层堆积，地表采集大量陶片，地表植被较为茂密。	商代
99	跑马场遗址	岗地遗址	石门乡荒山南侧	N：27°46′28.2″ E：116°40′19.6″ H：67米	遗址范围内未发现明显文化层堆积，地表采集少量陶片，地表植被较为茂密。	商代中晚期至西周早期
100	大科山墓地遗址	岗地遗址	陆坊乡赤岭源村东部	N：27°58′20.2″ E：116°49′31.6″ H：105米	遗址范围内未发现明显的文化层堆积，在该遗址区域内发现墓葬52座，均已被盗掘，仅存地表盗坑，均为古墓葬，具体年代不详。地表发现部分陶片。	商代早期
101	招家斜遗址	岗地遗址	合市镇上城村	N：27°56′42.3″ E：116°42′43.2″ H：77米	遗址范围内未发现明显的文化层堆积，地表采集少量印纹硬陶片和石器。遗址所在台地表为菜地和橘树林，西面和南面为松树林。	商代晚期、东周时期

续表

编号	遗址名称	遗址类型	地理位置	地理坐标	文化层堆积保存状况	时代
102	模头岗遗址	岗地遗址	合市镇下羊村	N: 28°02′04.2″ E: 116°38′25.5″ H: 63 米	遗址范围内未发现明显文化层堆积，在地表采集大量陶片、鼎足和少量石器。遗址所在山岗地表种植樟树苗。西面和南面为松树林。	新石器末至夏代、商代晚期至春秋时期
103	磨盘山遗址	岗地遗址	合市镇北部磨盘山上	N: 27°57′20.2″ E: 116°41′16.8″ H: 72 米	文化层堆积平面呈不规则形分布，厚 0.2～0.3 米，内部包含少量灰烬、陶片和烧土块。地表植被较为茂密。	商周时期
104	知青岗厂遗址	岗地遗址	秀谷镇岗东村委会西湖村	N: 27°94′212″ E: 116°75′378″ H: 66 米	遗址被破坏严重，大部被推平、掘空，所剩仅有局部断面。采集有陶片等，地表长有杂草和小树木。	商代

注：1. 部分遗址采集遗物较少，年代判断较为困难，通过陶片残块及聚落形态对遗址初步判定为先秦时期，具体年代确认需要考古工作的深入开展。
　　2. 诸遗址的文化层堆积情况是经考古勘探结果而得出的。

附录二　2015 年金溪县考古调查日记摘录

2015 年 11 月 2 日　周一　雾转晴

全体调查人员到达金溪县。上午开车去琅琚镇以西，这一区域位于琅琚河与抚河之间。在金溪县文保所小全的带领下，直接去遗址调查。调查分为两组，今天先后找到遗址六处。第一次做考古调查，虽然很累，但是学到了不少东西，看到了江南的风景也是相当开心的。

调查队员合影

1. 山上聂家遗址

位于琅琚镇安吉村委会山上聂家小组，乡村公路及村民住宅破坏了遗址大部。遗址西南为抚河，东部为琅琚河，地处抚河东岸二级台地 2 公里处，遗址东部紧邻金抚高速。遗址地貌为坡岗，除了民房破坏遗址之外，山坡多见松树、橘树。附近有汉代墓葬发现。2012 年 9 ~ 12 月江西省文物考古所为配合高速公路建设，在该遗址进行考古发掘。该遗址采集有石刀、印纹硬陶器。

2. 坪上遗址

位于山上聂家遗址的西侧，两侧山之间有山沟为界，南侧为金抚高速，北侧为金东水渠，西邻曹家村，东北部为水塘。遗址为坡状山岗，中部高处采集遗物较多。遗址植被西北侧为树林草丛。遗址东南坡文化层较厚。

3. 石桥背遗址

位于陈源村石桥背山地，遗址位于金抚高速西侧，人工水渠东北侧，距聂家老村约 500 米。遗址所处位置地势略高，多被人工平整，未平整之处为松树林，植被较为茂密，发现有被盗掘晚期墓葬两座。遗址采集夹砂红陶鼎足、印纹硬陶片。

4. 老鼠山遗址

位于聂家遗址对面，金抚高速南侧，坡岗状地貌，山坡被人为修整过，种植橘树，地表遗址稀少，山岗顶部保留原有地层堆积，采集陶片较多。该遗址位于山上聂家、坪上遗址东侧，被金抚高速所分隔，高速所过之处原本为低洼地形。遗址采集鼎足、陶器口沿等。

5. 塘山遗址

位于张芳村西南 100 米，乡村公路南侧山岗，公路破坏遗址北部边缘，在破坏的断面处采集玉器、鼎足、印纹硬陶片等遗物。遗址北侧为稻田及橘树林。遗址西侧距朝目敦村约 200 米。

塘山遗址讨论调查方法

渣溪遗址断面选取土样

6. 渣溪遗址

位于琅琚镇西侧渣溪村，遗址主要位于乡村公路以南，琅琚河西岸山岗。遗址南侧为稻田、民房及果树林，地势低洼。渣溪村新修民居将遗址几乎破坏殆尽。在遗址西侧采集较多陶片及鼎足，在遗址东侧断面清理地层堆积，编号为 H1，堆积厚约 1.5 米。采集较多数量陶片，鼎足。

2015 年 11 月 3 日　星期二　晴

今天是调查的第二天，除了腿比较酸之外无其他不适感。吃过了早饭的我们直奔石门镇，漫山遍野的橘林令人愉悦不已，将路途的颠簸全都消散而去。漫山遍野地跑了几处后，只发现少量的陶片，对讲机里的串信号让人捧腹大笑。翻过山头，映入眼帘的是成片的栀子花。今日调查九和山遗址、荒山遗址、黄泥塘遗址、跑马场遗址、满路遗址、郑家山遗址。

满路遗址橘园

郑家山遗址采集石器

2015 年 11 月 4 日　星期三　小雨转晴

今天去高坊水库，上午找到一处遗址，采集大量陶片，并有石器发现。中午在水库吃饭，烧鲜鱼。下午继续去高坊水库，发现周上村Ⅰ、Ⅱ号遗址。晚饭吃刀削面、饺子等。饭后整理今天采集遗物，对部分陶片进行筛选。

高坊水库Ⅰ号遗址

位于黄通乡周上村高坊水库泄洪口的泄洪坝西南方向约 100 米处，信号塔的正南约 200 米处，遗址密集区域主要集中在向水库内侧凸进去的两处马鞍形土岗处。南部土岗地表处有大量红烧土，疑似为倒塌的陶窑，北部土岗发现火烧痕迹，基本确认为灰坑。地形为坡状河漫滩，顶部为茂密的树林（杂树林）。遗址东西约 100 米，南北约 200 米。采集陶片数量较多，纹饰类型较丰富，见有绳纹、云雷纹、网格纹等。发现大量鼎足，腹部及口沿，少量石器。有完整器物和可复原器物。水库 3~7 月份为蓄水期，遗址被水覆盖，其余月份为枯水期，遗址裸露出来。遗址地表露出大量晚期墓葬。

高坊水库Ⅰ号遗址冒雨调查

高坊水库Ⅰ号遗址冒雨调查

高坊水库Ⅰ号遗址调查

高坊水库Ⅰ号遗址发现宋代墓碑

2015 年 11 月 5 日　星期四　多云

上午调查马街水库，下午在下邓村一带调查。马街水库遗址位于马街水库的东侧，中心位置位于水库内，原为桐坊村，人现已迁走，村庄为水所淹没。地形属于小山坳。遗址地表植被为杂草覆盖，山坡为竹林、杂林。据当地人描述，原有大量陶片。下午调查下邓村禾斛山遗址、车家岭遗址、熊家山遗址和周家山遗址。

马街水库乘船渡河

马街水库被淹没村庄调查

2015 年 11 月 6 日　星期五　多云，阵雨

今天在高坊水库调查一天，发现遗址三处。天气奇异，一会儿下雨，一会儿放晴。中午在水库吃饭。

1. 高坊水库Ⅱ号遗址

位于黄通乡高坊水库南侧的占家山坡上，周上村在其西面约 1 公里处，两处相隔一座山。遗址狭长分布。地形为由西向东的坡状河漫滩，坡较缓。遗址为河漫滩，山顶为茂密的柏树林。采集大

高坊水库Ⅱ号遗址调查

高坊水库Ⅱ号遗址整理采集遗物

量陶片。纹饰有云雷纹、网格纹、绳纹等。明清墓葬分布较多，但大都被盗。遗址采集到一定数量陶片，主要为夹砂灰陶和印纹硬陶，可辨器形有鼎足、罐、盆等。

2. 高坊水库Ⅲ号遗址

位于黄通乡高坊水库南侧的占家山坡上，距离高坊水库Ⅱ号遗址约100米，周上村在其西面约1公里处，相隔一座山。遗址南侧与陡峭的石壁隔水相望。地形为由西向东的坡状河漫滩，坡较陡。采集较多的陶片和几件可复原的器物。纹饰有云雷纹、网格纹、绳纹等。遗址南北长约300米，东西呈坡状宽约50米。清理被水流破坏的一座墓葬，编号为M1。该墓为长方形，墓室方向为西东向，发现一组随葬器物，保存较完整，8件陶器，一件石锛。墓室已被破坏，墓室残长约2米，宽约1米，未见人骨。

高坊水库Ⅲ号遗址清理墓葬

高坊水库Ⅲ号遗址清理墓葬

3. 高坊水库Ⅳ号遗址

高坊水库Ⅳ号遗址位于高坊水库东南部，沙坊源村东南1公里处，西侧与高坊水库Ⅱ号遗址隔水相望。遗址为一台地，东南至西北地势逐渐升高，遗址所在的山顶为茂盛的树林。调查面积约1.5万平方米。采集到较为丰富的陶器及石器，陶器主要为夹砂灰陶和印纹硬陶，纹饰主要有绳纹、方格纹、雷纹，亦可见素面陶器，石器主要为石锛和磨石等。

4. 高坊水库Ⅴ号遗址

高坊水库Ⅴ号遗址位于高坊水库东部，沙坊源村西南约1千米处，西南100米处即为高坊水库Ⅳ号遗址，行政隶属于黄通乡公署——占家山。遗址为一波状河漫滩，原为村落，现已废弃，遗留有多处石墙，山顶为茂密树林。遗址长约200米，宽约100米，采集了较为丰富的陶片，多为印纹硬陶和夹砂灰陶，可辨器形有鼎足、罐的口沿等，纹饰可见方格纹、绳纹等，此外，遗址中发现一处十余米长，1米多厚的文化层堆积，包含有大量陶片。

2015 年 11 月 10 日　星期二　阴

今天调查遗址6处。下午调查城址，城墙内面积约1万平方米，墙外有环壕类设置，宽约20余米，环壕之外还有人为建筑，需要进一步工作。

上刘村面前山遗址位于秀谷镇岗东村委会上刘村面前山遗址已经被破坏，已建养猪场。

1. 神岭岗遗址

位于双塘镇木溪村，神岭岗东南500米处。采集到一定数量的先秦时期陶片，主要为夹砂灰陶和印纹硬陶，陶器纹饰主要有绳纹和折线纹。

对塘村面前山遗址调查收获颇丰

对塘村面前山远景

珊田郑家环壕遗址察看堆积剖面

珊田郑家环壕遗址墙体外侧远眺

2. 石岭山遗址

位于双塘镇朱家边村石岭山，距离西北方向的神岭岗村约有 800 米，距离东北方向的吴家源村约 1.5 公里，距离东南方向的石岗村约 1 公里。北部为神岭山，南部为厦米山。

3. 茶叶山遗址

位于双塘镇茶叶山，西部为茶树，其余为稻田，遗址东北方向有一池塘。

4. 对塘村面前山遗址

位于双塘镇对塘村面前山上，西南部约 1 公里为对塘村，西北方向为淳城村，东部与神岭岗相对，南部与茶叶山相对。陶片数量较少。

5. 珊田郑家方城遗址

位于秀谷镇联乐村委会珊田村珊田郑家禾斛山，遗址为一方形环壕。清理断面发现遗址堆积呈倾斜状。

2015 年 11 月 11 日　星期三　雨

今天第一站是上城村，因为路太滑，无法确认其是否为城址。在连绵细雨的催促下，我们赶到了神仙岩，千年古刹，别有洞天。位于金溪县琉璃镇印山村神仙岩，为一处朝南向的洞穴，现已建设为道教庙宇。中午在当地村书记的款待之后，我们直奔王安石墓去。王安石，字介甫，北宋年间曾官至宰相，后为荆国公。在经过王氏族谱的核对后，月塘村确实为王氏后人居住地，为明朝时期从南京迁葬守墓而世居于此。因为路太滑，我们只能将这些事情交由勘探队负责了。下午转战五里村组里汪村，确认今日唯一的一处商周时期遗址。

月塘村古建筑

蒲塘村古建筑

神仙岩洞穴调查

神仙岩洞穴远景

2015 年 11 月 14 日　星期六　晴

今天调查环壕 2 处，遗址 5 处。黄家村遗址位于秀谷镇黄家村无价山上，西邻 G35，距西北侧的里汪城址约 1 公里，距西北侧的黄家村约 50 米，地表采集到少量陶片，均为印纹硬陶。

1. 彭家山环壕

位于秀谷镇关桥村委会赤岭源村彭家山上，东部约 50 米处为赤岭源村，北为樟树岭，四周为水稻田，南部有小溪。钻探 2 米深未见生土。环壕宽约 25 米，局部环壕被破坏。采集陶片较少。

彭家山遗址测量环壕宽度

大科山遗址调查休憩时间

2. 大科山遗址

位于秀谷镇关桥村委会赤岭源村大科山上，距西面的彭家山城址约 600 米，在赤岭源村东南方向约 500 米。分为两个地点：在修路被水冲出的山坡上，山林中有大量汉代墓葬区。采集大量陶片，均为印纹硬陶。

3. 科城面前山遗址

位于秀谷镇科城村面前山上，西北方向约 500 米为科城，南边 50 米为乡道，东约 250 米为洪泗桥村，西部约 200 米为西洲村，四周为高大的杉木林。采集到大量的陶片，均为印纹硬陶，有腹部、口沿、鼎足等。

4. 科城环壕

位于秀谷镇科城村，向南约 50 米为村庄，四周为水稻田。环壕大部已被破坏。勘探发现有大量红烧土。

5. 西湖村环壕

位于秀谷镇岗东村委会西湖村知青砖厂南部，东边约 100 米为西湖村，北部约 600 米为陈坊周家，南部约 500 米为周家庄，西北约 1 公里为湖家岭。

6. 知青砖厂遗址

位于秀谷镇岗东村委会西湖村，西湖遗址西北 200 米处，北距陈坊周家 400 米，东面紧邻知青砖厂。遗址原为小山岗，现大部分被取土推平，余下未被推掉的高地长有杂草和树木。采集到少量印纹硬陶。

2015 年 11 月 18 日　星期三　小雨转阴

今天在琅琚镇一带寻找遗址，共发现遗址 5 处。

1. 牛车板河墩下环壕遗址

位于琅琚镇新南村委会牛车板村，西南方向约 200 米为高峰村，正南方向为高峰山，四周为水稻田。发现有环壕，宽约 20 米，面积约为 2500 平方米。钻探 1.5 米处见红烧土块、陶片等，1.9 米处见生土。周围采集到少量陶片。

香岭山遗址察看地层堆积

河墩下环壕遗址调查

2. 窑上山遗址

位于琅琚镇新南村委会高峰村窑上山，高峰村位于其西部约 200 米处，山坡西侧有废弃的瓦窑，河墩下环壕位于其正北约 200 米处。采集到大量印纹硬陶和鼎足。

3. 香岭山遗址

位于琅琚镇新南村委会高峰村东侧山坡上，西侧为高峰村乡道，东北约 700 米为牛车板村。发现有断面，地层堆积包含有大量印纹硬陶和烧土块。

香岭山遗址清理烧土遗迹

香岭山遗址察看堆积

4. 东家山遗址

位于琅琚镇渣溪村东家山、周家山上。遗址东侧为水渠，东有琅琚河，南有水塘，西北方向约100米处为渣溪村和渣溪遗址。采集到3枚残石镞及少量陶片。

5. 城仔下环壕遗址

位于琅琚镇陈河村委会杨建桥村城仔下，四周均为水稻田。北部200米为杨建桥村。钻探1米见有夹砂陶片，2.5米处见生土。遗址面积约为2500平方米。遗址外围采集到少量陶片及鼎足。

2015 年 11 月 21 日　星期六　小雨

今天去黄通乡一带调查，高坊水库上游，属于瑶河水系。徒步行进，找到遗址一处，即石坑遗址。石坑遗址位于黄通乡石坑村高坊水库石坑山上，高坊水库上游地区，北部为高坊水库，东1.5公里为黄通乡邮政所，南部约500米为石坑村。采集到大量陶片及少量石器。遗址区域有大量近现代废弃窑址及废弃村落。

翻山

渡河

攀岩

架桥

2015 年 11 月 22 日　星期日　小雨、阴

今天在左坊、陆坊一带调查。发现遗址四处。

1. 和尚山环壕遗址

位于左坊镇严家村委会邓家村和尚山，东北部约 500 米为下左源禾斛坪环壕，东部约 800 米为严家村。遗址面积约 2736 平方米。遗址地表为杂木林，四周为水稻田。

2. 葫芦墩环壕遗址

位于陆坊乡上李村委会上李村葫芦墩，距离西侧樟树岭较近，约 600 米，距离西北侧高速公路约 1 公里，北侧约 400 米为毛洪殿村。遗址四周为水稻田。

3. 大月山环壕遗址

位于左坊镇严家村委会严家村南部，东北距龙子源约 600 米。遗址为一近方形山岗，外部似有环壕，仅存北部和西部的一部分。

4. 猛家山遗址

位于左坊镇晏家村委会邓家村，东北距严家村约 1 公里，西距余家约 1.4 公里，遗址为一小山包。采集到大量印纹硬陶及少量石器。

和尚山环壕遗址调查

葫芦墩环壕遗址调查

猛家山遗址清理陶器

猛家山遗址清理陶器

2015 年 11 月 28 日　星期六　多云

今日开始整理金溪县调查资料。明日开赴资溪县。

后　记

"江西抚河流域先秦遗址考古调查"是经江西省文物考古研究所申请，国家文物局立项批复的专题项目，该项工作由江西省文物考古研究所、西北大学文化遗产学院、西安弘道文化遗产保护工程有限公司、抚州市文物博物管理所、抚州市所涉县市共同合作完成，江西省文物考古研究所徐长青同志负责全面统筹协调工作，王上海同志负责调查、勘探、资料整理、报告编撰及统稿等工作的具体实施。

根据年度工作计划，2015~2016年在金溪县文管所、东乡县博物馆、临川区文管所、资溪县文管所协助下顺利完成了抚河流域金溪县、东乡县、临川区、资溪县境内先秦遗址的调查、勘探工作。由于调查成果颇丰，此次先期推出金溪县调查的详细所获，随后再公布崇仁、临川、资溪、东乡等县区调查资料，便于读者深入研究。

参加调查和资料整理的工作人员有王上海、豆海锋、程林泉、习通源、严振洪、张杰、余琦、赵耀、余志忠、刘卉、王淑娇、丁潮康、史一甜、吴泉辉、许挺、全建武、林家琛、史三虎、李宝兴、毛林林、程威嘉、史智伟、张弥、王森、吴磊、张满财、史忞、陈琴、曾莉、夏福德、高勇、闫红贤、王瑞、程永静、杜博瑞、李可可、李伟为、曹凯、王倩、苗凌毅、张文文、付胜龙、刘瑶佳、蔡孟芳、于朋飞、韦星星、杨瑞琛、姚尧、姜鹏等，航空摄影由程威嘉、习通源、王倩完成；绘图工作由刘军幸、方丹、姜淼完成；器物摄影由程威嘉、王倩完成；器物拓片由闫红贤、程永静、姜鹏完成。

报告中的第一章第一节由吴泉辉、张杰完成，第二、三节由严振洪、余琦完成；第二章由史一甜、赵耀、程威嘉、张弥、毛林林完成；第三章由豆海锋完成；第四章第一节由孙丽娟完成，第二节由张佳扬、赵文正完成；第五章由豆海锋、王上海完成；附录一由丁潮康、严振洪、刘卉完成；附录二为夏福德、李宝兴工作日记摘录；王上海、严振洪统稿，徐长青最后审定。

该项目从田野调查到资料整理，直至报告出版，得到了国家文物局、省文化厅（文物局）和当地政府在资金和人力上的大力支持，得到了单位的高度重视，得到了同仁们的无私相助，特别是国家文物局文物保护与考古司考古处张磊同志在工作中给予了许多具体的指导，西北大学文化遗产学院院长陈洪海教授、考古学系副主任冉万里教授在业务上提供了无私帮助，谨表谢意。

编　者

2016 年 12 月